U0358494

戴海斌 著

晚清人物丛考

初编

生活·讀書·新知 三联书店

图书在版编目(CIP)数据

晚清人物丛考/戴海斌著.—北京:生活·读书·新知三联书店,
2018.9(2019.3重印)
(采铜文丛)
ISBN 978 - 7 - 108 - 06398 - 4

Ⅰ.①晚…　Ⅱ.①戴…　Ⅲ.①人物研究－中国－清后期
Ⅳ.①K820.52

中国版本图书馆 CIP 数据核字(2018)第 205141 号

责任编辑　王婧娅
封面设计　黄　越
责任印制　黄雪明
出版发行　生活·讀書·新知 三联书店
　　　　　(北京市东城区美术馆东街 22 号)
邮　　编　100010
印　　刷　常熟文化印刷有限公司
版　　次　2018 年 9 月第 1 版
　　　　　2019 年 3 月第 2 次印刷
开　　本　720 mm×965 mm　1/16　印张　48.25
字　　数　763 千字
定　　价　128.00 元(全二册)

自　序

这是我的第一本书。虽然和原先设想中的样子很不一样，但是，现在，"就是它了"（借用内子的话）！从博士毕业到现在，陆陆续续写作、发表了一些论文，回头稍一检点，发现竟然有差不多超过一半的篇什，直接以人物为主题，或借由人物切入讨论某一问题。这大概可以反映个人研究的一些偏好，或者再大着一点胆子说，反映我在目前阶段进入中国近代史研究的主要取径。那么，把这些文章收在一起，出一个集子，对自己来说，应该不算是一件无意义的事情吧。

中国史学一向强调以"人"为主，传统史书首重纪传一体，旨在"以人系事""因事见人"。近世新史学的提倡者虽然对"二十四史"有强烈的批判，但仍重视精英人物的历史（史学）位置，如梁启超心目中的"理想专传"，"其对象虽止一人，而目的不在一人"，"是以一个伟大人物对于时代有特殊关系者为中心，将周围关系事实归纳其中，横的竖的，网罗无遗"（《中国历史研究法补编》"分论一：人的专史"）。此处"伟大"，如取其"宏大"义项而不涉褒贬意，则亦可理解梁氏提示有所谓"历史的人格者"以"关系的伟大"而结合各"史迹集团""时代集团"，有此提纲挈领，方可"将当时及前后的潮流趋向分别说明"。他本人所写的传记，也无一例外均以关系到一代时局者为主人公，如《李鸿章传》（一名《中国四十年来大事记》）之作，即因"四十年来，中国大事，几无一不与李鸿章有关系，故为李鸿章作传，不可不以作近世史之笔力行之"（《李鸿章传·序例》）。近代学术风尚与方法屡经迁易，"人物研究"

毕竟不完全同于"传记(传叙)文学",而钱穆等人强调国史研究中"不当重事而轻人""尤不当于人无褒贬"(《中国史学发微》)等观念,更多是对时流的一种防御性反拨。进入新时期以后,如何"评价历史人物"一跃成为理解"历史的创造"之必然性的关键(《马克思主义经典作家论历史人物评价问题》"说明"),也在此后相当长一段时间里成为学界"论辩"的焦点之一(参看《二十世纪中国学术论辩书系·中国历史人物研究论辩》)。余风所及,直至80年代,"历史研究极为活跃,但研究得最多、最旺的还是历史人物",不过像陈旭麓先生这样的思想敏锐者已在反思既存的问题,指出"我们研究近代人物,首先要掌握这个变的时代","要懂得此人的时代性,要有形象思维,没有这个,一定写得干巴巴;要有理论思想,否则写不深"(《陈旭麓文集第三卷·谈近代人物研究》)。迄于今日,日益倚重社会科学方法、凸出"问题本位"的史学研究,已渐不以人物为当然主角,更有甚者竟全然不见"人"的踪影,遂有学者感叹历史书写中"人的消失",同时检讨由此形成的"一个矛盾现象":一般民众渴盼读到有"人"的历史,专业史学界则反其道而行,认为愈没有"人"的历史,层次愈高,人名太多的历史是"软"的历史,反之才是"硬"的历史,只好把"人"的历史交给通俗传记作家或文史工作者(王汎森《人的消失?!——兼论20世纪史学中"非个人性历史力量"》)。不过,政治史或是较少的一个例外,据我所见,此一领域的研究者尚对"人物"抱有持续的关心,并在研究中不吝笔墨加以"深描"。在我更熟悉的晚清史研究领域,似乎有一种牢固的但确乎行之有效的以"人物"刻画"时代"的传统或风气,从民国到当代,从内地到港台,均受其沾溉,一般公认高段位的学人(有些人未必乐以"学者"自限),几乎很少例外地都在人物研究上下过功夫,且能拿出相当水准的代表之作。对于这种学术现象背后的脉络,我有一些朦胧的感觉,尚无法详晰表述,但可以肯定的是,它已经对我的研究取向实际产生了影响。很早以来我就比较喜欢读人物自传、日记、书信、诗文集一类文字(不单纯出于研究目的),现在学校开课时也讲过"人物研究"的专题,多多少少写了一些人物(总体仍以"精英"为取向),对为何研究、如何研究也自然有一些思考，甚至还自主发明了诸如"中等人物"之类的概念（从较宽泛的角度，姑取其地位介于达官显贵与草根平民之间、知识阅历上往往具备传统与新学双重训练之意，我较注意这一类人物作用于历史关节点的机缘与影响）。此次相关论文有机会汇编成集，我一度妄想是否要专门作一篇文字，对迄今所思做一番发挥，但很快打消了这个念头。史学研究首重实证，见诸行事，方法、道理即默寓其中。"实不足而竞于文"，其弊有类空言制胜、华辩伤理；况且，吾辈所思是否真能"知意"，或有多少"创见"，自信尚不足，又何敢灌输于人。一本小书，值不得这样精巧的不老实，故终究还是决定守拙。

本书涉及的人物不在少数，而材料杂出，头绪纷乱，每一主题的论证处理，都绕不开史料考辨与史事考订的基础工作。"丛考"一名，古已有之，用之今日似略显老派，我却以为妥帖。近年来有两本案头书，常翻常新，深觉有味。一是陈垣的《史源学实习及清代史学考证法》。陈先生以"实习"方式讲授考寻史源之法，等于授人以渔，而"毋信人之言，人实诳汝"二句金言读之难忘，令人心折。二是罗尔纲的《困学集》。这是罗先生晚年的学术自选集，由于成文年代的关系，收在集中各篇在今人读来，或不免一些政治说教的气味，但所展示的"假设""本证""辨伪""笔迹鉴定""调查"诸种考据手法以及史、论细部的精密结合，却有十足的"干货"。在某一特定的历史语境下，两位先生固曾就"科学的考据"与"旧考据"的差别发生过辩论（见陈垣《〈论科学的考据与旧考据的不同〉一文审查意见》），然若征名责实，既谓之"考据"，仍必有其不易标准在。以上两书均未特别标榜有何研究门径与取法，实际仍以问题为导向，所谓过河搭桥、逢山开路，为解决问题自然而然用到很多"方法"，自家武库的备用兵器本来就多，兼能上下取法，从而左右逢源。近代史料向称繁富，不惧其寡，但苦其多，或因如此，在利用方面往往不甚"精细"。然如果留心体察，"近代史研究"在史料考辨与史事考订方面实有其传统，凡有成就的学者，固非以考据自限，但在考据上必见其功力。清人焦循论"学"，以为"无所谓考据也"，"惟求有据，不能用思以求通者"必流入"考据学之末路"（钱穆《中国近三百年学术史·焦里堂》）。此语针对的是乾嘉时代的经学家"知据不知通之弊",对后世学界也有其适用性,所以蒙思明在民国针对时风,直指"考据不能独当史学重任",并呼吁中国的史学界"需要有目的的考据,更精密的考据学,具特识的考据家"(《考据在史学上的地位》)。诚然,考据或"不得别称一家",考据非学问目的,本书之"考",正如庄子笔下庖丁所谓"臣之所好者道也,进乎技矣"之"技"而已。吾于"道",但有仰之弥高的憧憬,尚无钻之弥坚的执念。本书各篇之作,各具触因,亦或多或少有欲抒发者,套用现代学术语言,带一些"问题意识""价值关怀",然文章俱在,不必再赘,此处也不宜做何总括和阐发,我情愿承认一个朴素的想法:编这个集子不过为自验所学之深浅,止于"技"耳。按"技",古训"巧也"。孟子言:"梓匠轮舆能与人规矩,不能使人巧。"(《孟子·尽心下》)康德也说过:"提供的一切规范不论多么详细,它的典范不论多么优秀,我们也不能学会灵气十足地进行创作。"(《判断力批判》第47节)孟子所说的"工匠精神"与康德此语指向的"诗艺"创作,未必在同一层次,但均提示了"规矩"或"规范"以内尚有不易把握、须实践体会者。我想自己不过是一个尚待检验能否出师的学徒,现在锻炼的是"技艺",追求的只是那股子"巧"劲罢了。此处的"技艺",非敢依傍或攀比西人所谓"历史学家的技艺"(The Historian's Craft),当然没有任何"新史学"包蕴的深意,只取其字面的原初意。窃以为这或许已成了我们习焉不察、久假不归的一类东西,只能在实践中摸索、锤炼,渐至打磨成型。本书也便是一个习史者经历初阶的记录。

近世精读清人文集大概最多(之一)的张舜徽,晚年做一总结,谓:"平生涉览清人文集,至于千家,而深病乾嘉诸儒能为考证之学,多不能为考证之文,具二者之长可以无憾者,特寥寥十数家耳,下者乃至词不达意,甚或文理不通,奚由能自抒所得?"(《爱晚庐随笔·文与学之分合》)以张先生之法眼,清人能为考证之文者,尚不过"寥寥十数家",反观文史传统乖离日久、语文教育积重难返的今世,恐怕更是绝无仅有了。考证之作,或谓质胜于文,易失之偏枯、干燥,此似势所必至,却非理所当然。胡适讲人物研究,除了"用绣花针的细密功夫来搜求考证他们的事实",也应该"有写生传神的大手笔

来记载他们的生平,用大刀阔斧的远大识见来评判他们在历史上的地位",
"最要能写出他的实在身份,实在神情,实在口吻,要使读者如见其人,要使
读者感觉真可以尚友其人"(《〈南通张季直先生传记〉序》)。傅斯年尝以文
学史写作为例,谈考证与著述之间的关系,其基调迥异于我们一般熟知的史
料学观点:"写文学史当无异于写音乐史或绘画史,所要写的题目是艺术,艺
术不是一件可以略去感情的东西,而写一部的史,应当有一个客观的设施的
根基,所用的材料可靠,所谈的人和物有个客观的真实,然后可得真知识。
把感情寄托在真知识上,然后是有着落的感情……希望诸君能发乎考证,止
乎欣感,以语学始,以波涛动荡止。"(《中国古代文学史讲义》)本人既是当代
学院培养机制的产物,本书各篇概不免今日学术表述的诸种通病,我所努力
的只是尽量"达意",至少避免"不通"。不过,前述各家之言仍有相当大的启
示意义,我愿以之自勉,"发乎考证,止乎欣感"固是一种化境,却值得著史者
去追求、逼近。

　　收入本书的一部分论文,在学术对话时设定了明确的对手方,表现于观
点上且不无针锋相对处,用较早前史学界的专用术语来说,即带有所谓的
"争鸣"性质。此或予以读者"好辩"的印象。我也只能承认修养不足,尚乏
"逢古必敬、临文必恕"的一颗"虚心"。学术进展,譬如积薪,本书但凡有所
见,无不得自先行研究的启迪和滋养,即使有所商讨辩驳,也绝不稍减我对
他们的尊敬。我亦深知"剃人头者,人亦剃其头"的道理。此前驳正他人的
文章,今已见与本人再"商榷"者,此诚学者之幸,我要表达十二分的欢迎,同
时提醒自己"以学心听、以公心辩"(《荀子·正名》),时怀懔惧,下笔当更加
矜慎。

　　本书中最早发表的文章,距今差不多也快有十年。本人由一个初出学
术茅庐的懵懂青年,转眼到了该被人调侃"作法不自毙"的不惑之年,却全无
一丝"悠然"的心绪。我很佩服许多前辈和同辈"不悔少作"的底气或勇气,
但面对自己的文字再一次变成铅字的机会,还是未敢率由旧章。每次文章
发表以后,多会即刻发现诸种不尽如人意处,而随着整体研究的进步、新材

料的出现以及身边师友的提点指谬,若一厢情愿地允许一仍其旧,有点近似于自我原谅(或欺骗)。所以趁此次结集出版,我还是花了不少的时间和气力,对入集各文尽可能做了修订和补订,个别文章的改动幅度还相当之大。若幸蒙读者垂注,无论批评指正,或参考引用,敬祈以此次收入本书的版本为准。唯尽管如此,仍有改不胜改之憾,如2017年末出版的上海图书馆编《张佩纶家藏信札》,颇多有价值的内容,我第一时间找来拜读,并对相关材料做了抄录整理,但交稿时限已迫,来不及做大篇幅的补订了。另附带说明,凡引文内由笔者订正或注释的文字,一律用圆括号括注,引文原注,一律用方括号括注。此次入集的文章,均以"人物"为题旨,因合计体量偏大,今姑总题一名,辑作初、二两编,这也是一个开放的做法,如果将来自己的学术兴趣不会很快转移的话,再积累若干,容或有三编之续。与收入集中的这些"人物"相关,本人也有两三个正在进行或接近完成的专题研究,希望不久后能以主旨更加集中、论述更加完善的专书形式呈于学界,接受检验与批评。

自知小书简陋,恐会有辱师教,但仍要衷心感谢我曾经受教的绍兴鲁迅小学、文理学院附中(师专附中)、稽山中学、兰州大学历史学系、北京大学历史学系的各位老师,是他们用知识和人格形塑了今天的我。张克非教授、尚小明教授、茅海建教授,在我进学的不同阶段,予以直接引领与恳切教诲,受恩至为深重。感谢我曾经与现在服务的单位——上海社会科学院历史研究所、复旦大学历史学系。收在本书的文章,十之八九都是在历史所工作时期写成的,现在想来,那段日子的意义,不仅在于给我研究、写作的优裕空间,而且助我形成了有关"学术"或"学问"的一些固定的看法。2016年入复旦历史系工作后,环境的变化使我有机会接受不同学术传统的熏陶,并且省思自己所在的位置与今后的道路,诸师长与同事惠我良多,没有他们的关心与支持,也不可能有这本小书的问世。一路走来,得到学院内外许多师友的教益与砥砺,我内心深知,正是因为他们的"挟持",才使得习于怠惰的自己不敢不稍自振作,耻居下流。大谢不言,唯有铭感。本书最后定稿以及完成这篇自序时,我正在北京大学人文社会科学研究院驻访,这个静谧优雅的小院子,恰是当年北大求学时期历史系的所在。距离毕业将近十年以后,故地重回,在最初学术起步的地方见证第一本小书的诞生,对自己也是一个特别的纪念吧。

2018 年 2 月 10 日 初写于沪上六平斋

4 月 20 日 定稿于北大静园二院 115

初编　目录

重审周立春：
"嘉定之变"与上海小刀会起义诸问题考论

　　160年前上海小刀会起义，除上海县城为主战场外，周边嘉定、宝山、青浦、南汇、川沙等地亦烽火燃烧。而时间上发生最早的嘉定起义，被研究者公认为上海小刀会起义的先导，并极大地推动了革命形势的扩张与高涨。当时亲历事变的嘉定绅士王汝润（1797—1868）在日记中写道："嘉定之变，莫大于咸丰三年七八月间青浦周烈（立）春谋反。"[①]在较早前的一些论者看来，"作者系地主阶级出身，对起义颇多诽谤"[②]，但这一份从地方视角提供的历史记忆，或也可为宏大的革命史补白。上海小刀会起义的过程中，很明显存在两种性质不同的起义：一是上海附近各县的农民起义，一是上海县城内的游民起义。两者之间"互相联结，互相声援，但又有各自发动的原因和过程"[③]。概言之，上海县城中以粤、闽、浙籍客帮人为主的队伍与活跃于周边乡村市镇的本籍民众都曾卷入这场起义风暴，后者则以嘉定县南部的南翔、青浦县塘湾以及两县交界处的黄渡为风暴眼，以周立春、徐耀等人为首、活跃于当地的地方力量，构成了上海县城之外起义队伍的骨干。关于他们的历史，长久以来被革命化的宏大叙事所笼罩，他们的形象、作为及施于地方的实际影响，诸多环节仍然模糊，如重新检视史料，实有不少问题值得

---

① 王汝润：《馥芬居日记》，上海社会科学院历史研究所编《上海小刀会起义史料汇编》（以下简称《汇编》），上海人民出版社，1980，第1074页。
② 王汝润：《馥芬居日记》"编者按语"，《汇编》，第1074页。
③ 周育民、邵雍：《中国帮会史》，上海人民出版社，1993，第194页。

进一步讨论与反思。

一、 周立春是否经刘丽川动员加入了天地会？
——兼谈地方志史料的利用问题

"上海小刀会起义"这一出于今人定义的名词,实际包含丰富的历史信息。究其源流,极端复杂,而人员构成,有谓"帮内有帮,帮外有派"[④],至于起义过程也是分分合合,一波三折,远非单一线索可以概括。既有历史叙事为突出革命阶级"联合斗争"的意义,往往过分地强调他们在组织和性质上的"统一性",如谓:"上海的刘丽川、潘起亮和嘉定、青浦的周立春、徐耀等劳动人民的领袖和兴安泉漳会馆董事李仙云等,结成反对清朝封建统治和反对帝国主义的革命联盟。这个革命的秘密组织就是小刀会。"[⑤]罗尔纲所著《太平天国史》为周立春立有专传,谓其"加入上海小刀会,与刘丽川等同谋革命""为着赶快响应太平天国,决定发动苏南农民和上海市民在八月起义"。[⑥]郭豫明著《上海小刀会起义史》一书,据清朝档案的线索,指出"上海小刀会"内部实际存在着分别以周立春和刘丽川为首的两个派系。这是一个非常有价值的发现,惜郭先生只是在一条注释中简略处理了这条资料[⑦],并未继续追索史实,该书的论证仍然以周立春为小刀会成员为前提,认为起

---

④ 盛巽昌:《帮内有帮,帮外有派——点评上海小刀会领导层》,傅一峰、华强主编《东南民众运动与上海小刀会》,香港天马图书有限公司,2004,第339页。

⑤ 《上海小刀会起义综述》,《汇编》,第10—11页。

⑥ 罗尔纲:《太平天国史》第四册,中华书局,1991,第113页。

⑦ 该条注云:"1987年底,我赴北京故宫中国第一历史档案馆查阅上海小刀会起义的档案,在《两江总督怡良奏周立春解省审明凌迟处死折》(咸丰三年九月初一日,军机录副奏折)的附件中,发现了周立春的两个印章拓片:一为'提督本标全部大元帅',一为'统理军机',喜出望外;可惜其中的另外两个附件,即一份周立春供词抄件和一份周立春告示抄件,却在1953年6月4日整理档案时就注明'缺'了。这两个印章所表示的周立春衔名,与当时他所处的地位完全相符,为目前见到的资料所未载,极为珍贵。他的衔名同刘丽川相等,均为大元帅,促使我对起义军的内部组织状况进行探索,从而分辨出其内部实际存在着一个以他为首和另一个以刘丽川为首的两个派系,彼此的职称不尽一致,组成人员的成分也有差别。"参见郭豫明:《上海小刀会起义史》,中国大百科全书出版社上海分社,1993,第81页注释2。

义前夕周已经"在刘丽川的动员下"加入了天地会,"这样上海小刀会就同青浦等地农民建立了联系,并在他们之中扩张自己的队伍,从而壮大了力量"。⑧ 周育民、邵雍合著《中国帮会史》侧重讨论上海小刀会起义前夕帮会的分布和演变情况,以嘉定罗汉党为土著力量,而将青浦周立春纳入广东帮天地会的势力范围,也认为各帮派及秘密结社相互结合,"最终形成了统一的上海小刀会"。⑨ 2003 年王继杰、黄岸青论文更多注意到周立春队伍"在抗阻抗赋斗争过程中形成壮大"这一社会背景,对其初期是否已经是天地会或"帮""党""堂"等秘密社会组织表示怀疑,一个重要理由是:"在小刀会起义之前的武装对抗过程中,官方并以会党视之,虽然,他们在民间承担了与之相仿的职能。"不过,该文仍然延续了嘉定起义者与上海县城的小刀会"达成联盟"的传统观点,相应举证包括二者"约期举事",周立春"在上海县城小刀会起义的第二天率兵四千前来支援",等等。⑩ 那么,事实是否真的如此呢?

周立春最早与广东天地会发生联系,学界公认缘于当地鸦片贩运引起的一次土客冲突。咸丰三年(1853)六月,广东嘉应州公所董事、天地会成员李绍熙(又名少卿)⑪由上海贩运一批鸦片烟至苏州,途经青浦黄渡镇,为当地监生金仁保率众劫夺,李绍熙往见周立春,求还所掠,周遂命金仁保等人将鸦片烟土悉数归还。关于这点,多种史料都有相似的记载,而其中成文最早、叙事最详的诸成琮《桑梓闻见录》,对这件事的结果仅谓"广东人素闻烈春(即立春)名,至是益信其为众所服。其魁王国初、李少卿遂深相结,推以为主"⑫,并未语及周立春结交刘丽川、归附天地会的情节。

前揭著述论证周立春加入天地会,常引材料主要来自地方志。如民国

---

⑧ 郭豫明:《上海小刀会起义史》,第 74 页。

⑨ 周育民、邵雍:《中国帮会史》,第 192 页。

⑩ 王继杰、黄岸青:《上海周边乡镇小刀会起义论析——以嘉定、青浦地区为例》,《东南民众运动与上海小刀会》,第 225—226 页。

⑪ 李绍熙性多变,一生投靠多方,人谓"反复狡猾,自负枭雄",其相关事迹可参王韬:《瓮牖余谈·记李少卿事》,《汇编》,第 1024—1025 页。

⑫ 诸成琮:《桑梓闻见录·周烈春据城始末》(1909 年嘉定学会丛刻本),《汇编》,第 1055 页。

《黄渡续志》，即有"李（少卿）深德之，导立春赴沪，与刘丽川相接纳"⑬等语。又光绪十年（1884）刊刻的《松江府续志》记："是年（1853）七月，广匪李某贩烟土至吴淞被抢，诉于周，周令还货。李说周结连刘逆，亦附名添弟会。于是宝山匪孟培等四五百人推周为首，嘉定之陷，潘贼助焉。"⑭其实，若细致爬梳，可发现类似"附名添弟会"的记载还出现在更早的地方文献中。同治十一年（1872）《上海县志》记：

> 咸丰三年癸卯秋八月，闽、广会匪刘丽川等纠众作乱。……巡道吴健彰招广东乡勇，署县袁祖惠以兴化会馆董事李仙云所招福建乡勇，各为保护。又有无赖潘某（号小镜子，江宁籍）坐事系狱，或言于令，谓盍释潘某俾练勇自赎。袁从之。潘遂结连刘逆及陈阿林、陈阿六、林阿福、李咸池、李绍熙、李爽轩，聚群不逞之徒，附名添弟会，溷杂城厢。初三日，青浦乱民周立春等攻陷嘉定。⑮

光绪五年（1879）《青浦县志》记：

> 咸丰三年癸卯秋八月，闽、广会匪刘丽川等纠合塘湾土匪周立春作乱。……时兵备道吴健彰招广勇，私号双刀会党。知县袁祖惠召闽勇，私号鸟党。邑绅招乡勇，私号百龙党。各为保护。七月，广匪李某贩土至吴淞被抢，往诉于周，周令还货。李说周往沪，结连刘逆，附名添弟会，遂入党。又潘某号小镜子，招集匪徒，为百龙党魁，与宝山匪孟浯等四、五百人，推周为首，约期举事。⑯

---

⑬ 章圭璪等纂：《黄渡续志》（1923 年排印本），《汇编》，第 1087 页。
⑭ 溥润、姚光发等纂：《松江府续志》（清光绪十年刻本），卷十九《武备志》，《汇编》，第 968 页。
⑮ 叶廷眷、俞樾纂：《上海县志》（清同治十一年刻本），卷十一《兵防》，《汇编》，第 958 页。
⑯ 汪祖绶等纂：《青浦县志》（清光绪五年尊经阁刻本），卷十《兵防》，《汇编》，第 1157—1158 页。

对比一下上面几段引文，不难看出地方志类型的文献记事多有因袭和舛讹。年代最早的《上海县志》记"附名添弟会"为"潘某"，即潘起亮，而径呼周立春为"青浦乱民"，与小刀会并不相干。晚出的《青浦县志》则以周立春为附天地会者，并加上了潘起亮等"推周为首，约期举事"的情节。更晚的《松江府续志》相关文字几乎全袭自《青浦县志》。同一事情，记载混淆竟至于此，其难凭信可知矣。旧方志的问题除文字因袭、史源不明外，编纂者固有的乡邦本位最易生流弊，此种影响，只要看《上海县志》和《青浦县志》中记"附名添弟会"一节时的潘、周易位，就能了然。不止于此，光绪七年刻行的《嘉定县志》甚谓"塘湾地保周烈春乘衅聚众，上海游匪王国初、刘丽川等附之"[17]云云。这一区分主力与偏师的解说，同样有将本地方意义放大的嫌疑，故不值得信任。

论者多谓周立春主动与上海小刀会联络，约期举事，上海方面遂"派李绍熙和宁波人王国初等前往黄渡，共商大计，先从嘉定揭开义旗，夺取县城，再在上海起事，扩大战果"[18]，"利用了农民群众与封建官府的矛盾日益激化的有利条件，指示周立春先攻占嘉定县城，然后小刀会在上海县城举行武装起义"[19]。为证明各地先后起事实出于"一盘棋"，民国《法华乡志》中的一段话屡被引用：

> 邻邑青浦之乡有巨憨焉，曰周立春者，抗粮拒捕，多年未获，煽惑乡愚，自虞力薄，时时遣人招诱诸盗，相约起事。潜通金陵发逆，密期八月十六日，由上海发端。[20]

查这段话最初来源，实出自袁祖志《随园琐记》：

---

⑰ 程其珏等纂：《嘉定县志》（清光绪七年刻本），卷十《防御》，《汇编》，第1084页。
⑱ 郭豫明：《上海小刀会起义史》，第78页。
⑲ 周育民、邵雍：《中国帮会史》，第194页。
⑳ 胡人凤辑：《法华乡志》（1922年铅印本），《汇编》，第964页。

祸在青浦之乡有巨憝焉,曰周立春者,抗粮拒捕,多年未获,煽惑乡愚,自虞力绌,时时遣人来沪,招诱诸盗,相约起事。潜通金陵发逆,密期八月十六日,由上海发端。㉑

按《随园琐记》刊印于光绪五年,作者袁祖志(1827—1898),字翔甫,浙江钱塘人,为小刀会起义时上海知县袁祖惪之弟,长期在沪担当《新报》《新闻报》主笔,有"洋场才子""报馆名士"之目。㉒ 袁祖惪在上海被小刀会杀害,祖志对青浦、嘉定事非出于亲见,所记晚出,并不十分可信。类似记载如《上海小刀会起事本末》,亦有"时青浦乡间,亦多结党横行,以周立村(春)为魁,实与小刀会呼吸相通,阴为声势,约克期举事"㉓云云。此类事后记述很容易将先后发生的嘉定、上海两地起事联系起来,认为是事前约定的结果。然而,由档案材料,可见至少两个直接的反证。一是《忆昭楼洪杨奏稿》收录清朝官方接到一份有关"上海嘉定情形"的探报,所记事发生在嘉定起义前,其中有云:

　　此间马宅有轿夫阿毛,初间差往沪、川公干,兹于初七回来。据禀,初五情形,系闻、粤人勾结乡勇滋事。小刀会匪首者姓李,曾纠合过周立春,约同举事,周正言回绝。㉔

二是"松江府禀",这份文件形成于八月十五日前,亦谓:

　　现在嘉定、上海匪结滋事,民间传言,皆有周立春在内。卑署府细

㉑ 袁祖志:《随园琐记》,《汇编》,第 1019 页。
㉒ 参见鄢琨:《叙论:沪上文人笔下的西洋镜》,载袁祖志著,鄢琨点校《瀛海采问纪实》,岳麓书社,2016,第 17—25 页。
㉓《上海小刀会起事本末》(1909 年嘉定学会丛刻本),《汇编》,第 38 页。
㉔《又上海嘉定情形》,《忆昭楼洪杨奏稿》,《汇编》,第 141 页。

加察访,知上邑闽、广匪首原与周立春交往,是日滋事之时,曾约周立春同往,周立春许而未去。大抵闽广匪欲借周立春为援系,周立春亦恃匪徒为声势,居心诚不可问,而是日并未同往滋事,则其天良尚未尽没。㉕

第一份材料中的李姓"小刀会匪首",即广东人李少卿,也即第二份材料中所说与周立春交往的"上邑闽、广匪"之一,他于嘉定起义前已经返回上海县。从两份材料看,李确曾"纠合过周立春",并有意引周立春势力至上海,但未能实现。

为论证周立春与刘丽川的"联盟"关系,论者经常举的一个例子是上海县小刀会起义后次日,周立春亲率四千人大队赶来支援,其出处为《上海小刀会起事本末》咸丰三年八月初六日记事:"初六日,青浦周立村(春)率兵四千来至上海,见闽、广两党不和,遂去。"㉖罗尔纲《周立春传》进而认为"见闽、广两党不和,遂去"乃是"地主阶级分子"歪曲事实的记载,故而采信《北华捷报》(1853 年 9 月 10 日,第 163 期)报道"大批从嘉定和青浦来的人,在周立春的率领下加入广东帮的战斗队伍",坚持使用如下表述:"上海义旗一举,立春亲自率领嘉定和青浦的起义农民四千人前来加入刘丽川的战斗队伍。"㉗周立春队伍即使真的到过上海,目前也无任何材料可以支持说他们参加过当地战斗,而对于到过上海的说法,至少仍有两点值得怀疑:(1)八月初三日攻嘉定城之起义军人数,从"百余人"到"三千余人",记载不一,郭豫明经辨析取"大约是二三千人"一说。㉘起义军据城后,城门及各水旱关口不容有失,防守在在需人,即使曾召集乡民、扩充兵力,周立春也不可能在极短时间内抽调四千人大队赴援上海。(2)有不少材料均证实,嘉定政权成立后,周立春虽封"提督本标全部大元帅","统理军机",实际上并未坐镇嘉

㉕《松江府禀》(八月十五日到),《忆昭楼洪杨奏稿》,《汇编》,第 1171 页。
㉖《上海小刀会起事本末》(1909 年嘉定学会丛刻本),《汇编》,第 41 页。
㉗ 罗尔纲:《太平天国史》第四册,第 113 页。
㉘ 郭豫明:《上海小刀会起义史》,第 80 页注 3。

定县城,而是一度返回青浦黄渡老巢。㉙ 在嘉定指挥攻防及北上太仓者,实为"元帅"王国初、"军师"杜文藻等人。㉚ 周立春直接领导的军事行动是八月十五日(9月17日)率队攻占青浦县城,人数则不过"四百余人"或"五六百人",且俱为青浦土著。㉛ 因嘉定城防吃紧,王国初"遣人至黄渡,迎立春复嘉定,筹战守,立春许之",于十八日(9月20日),返嘉定"劳军"。十九日,吴县知县丁国恩即调兵攻嘉定城,二十日,城破,周被捕,旋解往苏州遭杀害。综上来看,周立春本人很少直接带兵,而且喜在青浦老家活动,说他曾带四千人大队至上海,实难凭信。

另外,还有两点不能不提:一是占领嘉定后起义军以"义兴公司"的名义发布告示,一是清军后来从他家搜出"明帝朱洪竹"等红色牌位。郭豫明据此认为:"周立春与刘丽川相接纳才入会,而刘丽川原系天地会,周立春加入的是天地会,也可理解。"㉜笔者对此解释有所保留。周立春与刘丽川有无直接联系,前文已有论证,他从李绍熙处了解天地会的情况,是可能的,然作为新成立的农民政权借用天地会组织的一些形式,与周立春是否正式加入天地会以及嘉定、上海两地政权是否为同盟关系,仍是性质不同的两个问题。

二、 周立春与罗汉党关系的几点辨正

现有著述论及"嘉定人民武装起义",一般表述为两次:第一次为七月

㉙ 章圭璈等纂:《黄渡续志》(1923年排印本),《汇编》,第1088页。《娄县禀》,《忆昭楼洪杨奏稿》,《汇编》,第1107页。
㉚ 据周立春后来供述:"那上海李少卿起事,小的原不该听了王国初的话,到嘉定衙门内去,实是错的。……嘉定闹事,是王国初商量,叫军师宝山罗店人文生杜成斋写示遍贴。现在王国初、杜成斋被官军杀死的了。是实。"(《关于审讯周立春的清方档案》(八月二十三日录),《忆昭楼洪杨奏稿》,《汇编》,第1102页)另有材料反映:"嘉定匪徒为首者,系上海人,借口僧贯之、陈木金二案,欲杀官幕。又冒充周立春之侄,或云寄儿,现在编(偏)拜富户,欲要捐助银两。前往上海之公启,金陵请兵二千,以备防剿。"(《又上海嘉定情形》,《忆昭楼洪杨奏稿》,《汇编》,第141页)按此处"嘉定匪徒",即王国初。
㉛ 《青浦淀山司巡检禀》《昆山禀》,《汇编》,第1176、1181页。
㉜ 郭豫明:《上海小刀会起义史》,第74页注4,第82页注3。

十三日(8月17日)占领嘉定县城,毁坏县署,释放被监犯人;第二次为八月初三日(9月5日)二度占领县城,发布“义兴公司”告示,成立革命政权。第一次行动由罗汉党人发起,所解救者亦为罗汉党人。有论者谓,罗汉党事先“同青浦周立春等商议,准备冲入县城,直接将徐耀等人救出”㉝。也有研究认为,此次行动系“周立春与上海县城内的小刀会建立了联系”后的主动出击,“他联络嘉定的罗汉党发动了第一次武装起义,攻入嘉定县城,救出罗汉党首领徐耀等人”㉞,“周立春参加天地会之后,于1853年8月联络嘉定的罗汉党发动了武装起义,攻入嘉定县城,救出罗汉党首领徐耀后,马上撤离”㉟。

按罗汉党是以嘉定南翔为基地的会党,于咸丰三年(1853)夏间由陈木金、徐耀等人创立于南翔仙师庙(又名仙水庙)。该庙住持胜传被俘后曾供:“上年(咸丰三年)六月,有素识南翔人徐耀等二百余人到庙,同僧人结拜兄弟,共二十余桌,僧在第十桌作主,盟帖上第八名,叫罗汉党。”㊱其党约有五百人,按佛教“五百阿罗汉”之说得名,“散处彭安庙、陈典、真如地方,横行南翔镇上,械斗劫人,不一而足”。㊲ 当年陈木金、徐耀分别因盗劫举人王鑅家和南翔大德寺住持贯之,被官拘捕,囚于木笼,在县衙前示众。七月十三日(8月17日),罗汉党张昌寅、封洪等聚集乡民千余人,持械拥入嘉定县城,一举救出陈、徐等人,又释放监犯,抢毁县衙,知县冯翰逃遁不返。据后来署理知县的郑扬旍报告:

> 窃照嘉定县前有贼匪陈木金,纠约五六百人创立罗汉会名目,到处抢劫,经事主举人王鑅禀控有案。冯令拿获,供认不讳,并起有原赃,与僧贯之案内抢犯徐耀等一并收禁。该匪党纠约多人,于上年七月十三

㉝ 郭豫明:《上海小刀会起义史》,第47页。
㉞ 周育民、邵雍:《中国帮会史》,第194页。
㉟ 邵雍:《上海小刀会起义前的闽广移民》,《东南民众运动与上海小刀会》,第122页。
㊱《吴县禀二》(九月初七日到),《忆昭楼洪杨奏稿》,《汇编》,第1112页。
㊲ 诸成琮:《桑梓闻见录》,《汇编》,第1053页。

日进城劫狱，将陈木金劫回，复到县署搬抢银洋。⑧

徐耀的同案犯南翔人孙渭也趁此出狱，并参加了第二次嘉定起义，于嘉定城破后再度被捕，他在供词中承认：

> 今年二月二十九日，徐耀起意，纠约小的同朱裕、陈显、顾寅芳、甘渭，还有不识姓名二十余人，往抢大德寺僧人贯之之家伙什物。僧贯之报案，于三月初三日县差将小的并朱裕等获案，徐耀是初五日拿到的，俱装木笼。七月初三，有张昌寅纠人，把徐耀并小的六人在木笼内劫出。张昌寅复纠小的们多人劫狱，抢毁县署。⑨

七月十三日，知县冯翰出逃，逗留省城，"自是县无令尹者十余日"⑩。嘉定县城实际处在无政府状态。迟至七月二十七日（8月17日），镇洋县知事郑扬旌始被派兼理嘉定县事。其间，南翔罗汉党又两次进入嘉定县城，据郑扬旌报："该匪等以官不回任，复于十四、十七等日，两次进城，愈肆抢掠。"⑪对于罗汉党作为，时人也留有详细的记载：

> 十三日，嘉定乡民与南翔罗汉会纠集千余人，手持器械入城，将监犯及木笼示众之犯尽皆劫去。县官逃避民间，署内银钱衣饰尽皆抢去，家伙什物尽皆毁坏，一无完具。
>
> 十四日，复又来六七百人，向典当要去钱六七十千文。
>
> 十七日，又来千余人，盘踞四门，竟有头目出面要饭食钱，并要州道

---

⑧ 《郑扬旌禀》，《吴煦档案中的太平天国史料选辑》，《汇编》，第 1124 页。

⑨ 《关于审讯孙渭的清方档案》（九月十九日到），《忆昭楼洪杨奏稿》，《汇编》，第 1113—1114 页。

⑩ 程庭鹭：《梦盦居士自编年谱》，《汇编》，第 1079 页。

⑪ 《郑扬旌禀》，《吴煦档案中的太平天国史料选辑》，《汇编》，第 1124 页。

宪安民告示。因此又给钱二百千文。捕厅出示，始行退去。㊷

上述三方面材料可以互相印证，其中都未有涉及周立春。考虑到周为八月初三日嘉定起事首犯，如果他与七月十三日劫狱案有一丝半毫关系，在官、在民皆不可能只字不提，故可推知"十三日嘉定县乡民聚众入城，拆署纵囚，十六七日又至，人数愈众，各持器械"㊸等情，实系罗汉党单独行动，周立春并未与闻。

有关罗汉党与周立春的结合，诸成琮《桑梓闻见录》记："七月中，徐耀等自木笼中出，即归烈春，约有五百余人。杜文藻、孙万堂谋曰：我众已就，势不可散，嘉定无备，可袭而取，然后徐议所向。"㊹《黄渡续志》记："耀既出狱，即至黄渡，约立春克日起事，立春尚犹豫不决，杜文藻、孙万堂等力持之，遂定。"㊺既有著述多据此展开，认为陈木金、徐耀等出狱后，立即附于青浦周立春势力，又经周氏周边幕僚策动，遂定计大举，罗汉党、周立春及闽、广籍小刀会众经过集会拜盟，祭旗举事，由此"将嘉定、青浦、上海等地的反清力量聚集在一起，为在嘉定举行起义迈出了具有决定意义的实际步骤"㊻。然而，这样的叙事过于简单，并有失实。这里有必要详引兼署嘉定知县郑扬旌的一份禀报：

  ……该犯陈木金自知身犯重罪，即逃至南翔，口称此番打枪，必有大兵前来会拿，非鸠集多人帮助，断无生理。遂串通该处地棍王姓、孙姓等，四处纠合，约有一千余人之多。该犯陈木金复往上海，求闽、广人前来入会。即于七月二十四、五、六等日，在南翔庙，宰杀猪羊，祭旗宴

㊷ 《嘉定紧报》，《平粤纪闻》，《汇编》，第1117页。
㊸ 悟迟老人：《漏网喁鱼集》，《汇编》，第1043页。
㊹ 诸成琮：《桑梓闻见录·周烈春据城始末》，《汇编》，第1055页。
㊺ 章圭璋等纂：《黄渡续志》（1923年排印本），《汇编》，第1087页。
㊻ 王其兴：《南翔罗汉党与上海小刀会》，《东南民众运动与上海小刀会》，第286—287页。

饮，歃血为盟，名为"齐心酒"，亦称三刀会。各人头扎红巾，跪伏地下，不知口作何语，经数时之久才立起来。观者胆裂，闻者心惊。并闻前月十七日纷纷进城滋闹，该犯亦在其内，且口称抢掠大户，由嘉定到太仓，一路打枪，投奔江宁贼营而去等语。

现嘉邑大户纷纷迁移，甚有目击其事而不敢言者，恐其报复故也。土匪势焰一至此极。幸闻、广来者三十余人，查知卑职新任此地，颇有乡情，不肯入会，已于二十九日经南翔人雇轿送回上海。该犯见闻、广人去，复往青浦纠合匪类救援，已经允许，党羽更多。[47]

此处"该犯"指劫狱出逃的陈木金、徐耀等人，据郑禀大致可以分析以下几点：（1）罗汉党人等自知重罪难逃，故继续纠合人众，以图大举，这是他们铤而走险的行为。论者曾引其口称"抢掠大户，由嘉定到太仓，一路打枪，投奔江宁贼营而去"等语，用以证明嘉定起事与太平天国有所联系，实则此言出于八月十七日罗汉党人入嘉定县城抢掠之际，应属临时夸口、虚张声势而已。（2）陈木金等逃回南翔后，并未径赴青浦依附周立春，而是先与上海闽、广籍人联络，继而结盟拜会，立"三刀会"名目，周亦未参与其中。歃血为盟的地点"南翔庙"，即南翔仙水庙，为罗汉党诞生之所，原址位于今宝山区大场镇南大村骆家窑自然村，时属南翔真如厂官二十图，后或宝或嘉，隶属多变，罗汉党成立后，许多重大活动都在此庙进行。[48] 当时下层群众利用偏僻庙宇进行秘密活动，是常见形态，如周立春在青浦的据点即为塘湾土地庙。"三刀会"是罗汉党与天地会结合后的一次易名，发生在南翔庙顺理成章。而周立春与会党素无渊源，即使退一步，假设周为三刀会成员，以其当时势力压过罗汉党，那么会盟地点也应该在青浦，不会远路迢迢跑到嘉定北部的

⑪《兼理嘉定县郑扬旌禀》（八月初一日发，初八日到，初九日接），《平粤纪闻》，《汇编》，第1115—1116 页。
⑱ 参看许洪新：《简谈罗汉党若干史料价值》，《东南民众运动与上海小刀会》，第 295 页。

仙水庙。^㊾（3）据郑扬旌所述,由陈木金招来南翔的闽、广籍人三十余人,受当地官员压力,来而复返,于七月二十九日回上海,罗汉党因感势单力孤,才前往青浦求援。复按《漏网喁鱼集》,亦记罗汉党"退到大德寺,宰杀猪羊盟约,各备枪刀,即纠合青浦周立春同事"^㊿。也就是说,罗汉党往青浦"约立春克日起事"发生在"求闽、广人前来入会"并改名"三刀会"之后,复经大力劝说,才得到周立春"允许"。

陈木金等连日在南翔仙水庙宰牲祭旗,跪拜念咒,动静太大,引起地方官的恐慌。郑扬旌当时认为"嘉定匪首,以陈木金为最著,亟须设法拿获,其余方可次第翦除"⁵¹,周立春尚不在其视野之内。八月初二日(9月4日)夜,郑扬旌亲带兵勇包围距县城南门外五里的陈木金家,将该人拿获,本拟解送苏州,因绅董"佥称该犯党羽甚众,途中恐有疏虞,请即就地正法",遂将陈木金杀害。郑扬旌本以为先下手为强,胜券在握,孰料次日(9月5日)天明返回县署之际,由青浦黄渡出发的起义军已经冲进城门,"直至监狱,将犯尽行释放,复进内署,将家人杀毙二人",郑扬旌本人亦被殴致重伤,经人抬救出署,方始保命。⁵²

有论者认为,"还在陈木金被害前,周立春、王国初和徐耀等人就对起义作了周密布置",又引《黄渡续志》中"立春先遣人至嘉定,以番银一枚啖西门城卒,诡称延医,令夜间不下键"等语,作为"周密布置"的证明。地方志的记

㊾ 旧说认为"三刀会"其命名是由嘉定罗汉党、周立春为首的青浦农民和上海小刀会等"三股势力会合而成"。（卢耀华：《上海小刀会的源流》,台湾《食货》月刊第3卷第5期)郭豫明已辨其说非是,并疑三刀会为"三合会"的误抄,其论证仍以周立春早在三刀会成立之前已经被刘丽川吸收加入天地会为前提。参看《上海小刀会起义史》,第79页注释1。

㊿ 悟迟老人：《漏网喁鱼集》(1959年近代史料笔记丛刊本),《汇编》,第1043页。据周立春被捕后供称："本年七月十二[三]日嘉定闹事,是嘉定县人封洪及青浦监生李章,与他妹丈戴举人之侄戴砚峰同杨锦廷们,因嘉定石角门王裕干吃官司起衅。"(《关于审讯周立春的清方档案》,《忆昭楼洪杨奏稿》,《汇编》,第1102页)按李章为参与抗粮斗争的塘湾地保之一,与周立春熟识,罗汉党人与周立春发生联系,极可能是经由这一条路线。

51 《郑扬旌禀》,《吴煦档案中的太平天国史料选辑》,《汇编》,第1124页。

52 《太仓州禀二》(八月初五日,十三日接),《平粤纪闻》,《汇编》,第1120—1121页。

载,有较随意的戏剧性成分,不宜遽信。实则八月初三日起事,具有相当的偶然性,陈木金之被捕杀,起到了导火索的作用。郑扬旌事后探访得知:"该匪党倚恃人众,希图劫狱,迨闻知陈木金业已处斩,即拥至县署。"㉝

在进攻嘉定县城时,周立春队伍与罗汉党确曾协同作战,但彼此有明显界限。时人呼周立春为"贼党",记其"以弟兄相呼,其称贼目为大哥,以红巾为号,惟徐耀等五百人则用白巾"㉞。攻嘉定之际,"立春在黄渡部署已定,惟徐耀一股首扎白布,其余沪匪王国初等、土匪李獐、项瑞、王进先、臧逸舟、任尚宾等其他乡愚数百人,皆首扎红巾,拨队前进"㉟。如果周立春等确已加入"三刀会",那么这必然不是一个经过歃血为盟的统一会党应有的形态。又据罗汉党人胜传的后来供述:"八月初一[三],又约一百余人到庙(仙师庙),商占嘉定城,不料青浦等处人先入城,徐耀及僧等后至。"㊱语气中不难看出双方暗中争先落下的芥蒂。起义军政权成立后,松江娄县人沈鲁斋一度在"嘉定账房"供事,此处系掌握军政机要之处,他后来向官府供称:"这嘉定县城是周立春托王国初把守的,账房内有杜润斋、金守坪、[金]其、杨先生、周松泉一同料理,各人都有一块大红绉纱为记。"㊲沈鲁斋同时还供出上述各人年貌籍贯,这些人无一例外都是周立春的部下。有研究者注意到嘉定城破后,地方政权基本为周立春势力控制,"徐耀等罗汉党人在嘉定革命政权中似都未任要职,这与罗汉党人在起义中所起的作用不甚相称"㊳,确为有所见。

三、 重审周立春及其与地方政府的关系

那么,这个周立春究竟是什么样的人呢? 周立春(1814—1853),青浦县

㉝ 《郑扬旌禀》,《吴煦档案中的太平天国史料选辑》,《汇编》,第 1124—1125 页。

㉞ 诸成琮:《桑梓闻见录·周烈春据城始末》,《汇编》,第 1056 页。

㉟ 章圭琭等纂:《黄渡续志》(1923 年排印本),《汇编》,第 1087 页。

㊱ 《吴县禀二》(九月初七到),《忆昭楼洪杨奏稿》,《汇编》,第 1112 页。

㊲ 《娄县禀》,《忆昭楼洪杨奏稿》,《汇编》,第 1107 页。

㊳ 王继杰、黄岸青:《上海周边乡镇小刀会起义论析——以嘉定、青浦地区为例》,《东南民众运动与上海小刀会》,第 229 页。

四十五堡八十九图塘湾人，世代农民，无兄弟，原充本图地保。(59) 在时人记载中，多有“青浦巨滑”(60)、“素以智术笼络其乡人者”、“以豪滑横于乡，乡之桀黠者皆依之，官弗能问”等描述(61)。看起来，他是土生土长的农民，也是靠个人能力在地方拥有权势的豪强一类人物。

关于周立春领导抗粮斗争的背景和过程，先行研究已有非常详尽的交代(62)，此处再稍微补充一点材料，以便进一步观察起义前周立春与地方政府的关系。咸丰二年(1852)五月，青浦知县余龙光下令追征道光三十年(1850)前已奉诏豁免的所谓“熟田未完钱粮”，又因禁催收不利的粮差，因而激发民怨，引起反弹。(63) 据两江总督怡良等奏报：

> 查得县境东北乡黄渡及塘湾数村欠数最多，系已获监毙之差役徐溁承催……萧茂因与徐溁同图充当粮差，于是月十二日进监探望徐溁，虑及追比，商令萧茂邀约各图地保粮户赴县求缓，萧茂许为下乡约会。……萧茂下乡，寻见与徐溁素好已获正法之地保周立春，告知前情，周立春起意聚众赴县打打闹挟制，向萧茂商议，萧茂嘱令纠人，周立春随商同庄月舟与已获正法之地保杨锦庭及在逃之地保李章、朱友三、冯得、金观、王玉田等，各自纠人，有不愿同往者派令出钱，给同往之人作为饭食费用，如敢不允，即行放火烧屋。

---

(59) 据周立春被捕后供述，“年四十岁”，按传统年岁计算法推算，生年应为1814年，即嘉庆十九年。《关于审讯周立春的清方档案》，《忆昭楼洪杨奏稿》，《汇编》，第1102页。按原题《逆首周立春供状》，注云“八月二十三日录”。又本件“平粤纪闻”和“粤匪杂录”曾抄辑，题作《八月二十一日可园讯供》(可园为苏州地名)。

(60) 程庭鹭：《小松园阁杂著》，《汇编》，第1077页。

(61) 周闲：《范湖草堂遗稿》，《汇编》，第1081页。

(62) 郭豫明：《上海小刀会起义史》，第41—47页。裴宜理：《晚清抗粮斗争：上海小刀会和山东刘培德》，《史林》1988年第2期。

(63) 余龙光在任内本有贪污事迹，又以征粮不当，导致民乱，后遭到清廷处分。参看《两江总督怡良江苏巡抚吉尔杭阿奏为遵旨审拟已革青浦县知县余龙光贪污酿乱事》，咸丰四年八月十三日，国家清史工程数字资源总库，朱批奏折，档号：03-4579-020，缩微号：328-2094。

据上可知，此项追征钱粮以周立春所在黄渡及塘湾等地数量最多，压力之下，遂"起意聚众赴县打闹挟制"，串联邻图地保，要求各自派人，并出钱作饭食费用，否则"即行放火烧屋"。最终敛钱六十余千文，纠集三百余人。据怡良等奏，此后周立春曾经率众两度冲击官署：

> 于是月十九日，周立春分给每人饭钱二百文，一齐进城，赴县署大堂哄闹。余龙光坐堂谕禁，各犯声言要缓钱粮，余龙光不依，喝拿周立春、王阿辛、王宝和、张小度、杨雨庭、何金虎等将余龙光拉下，门丁金升、家丁马福等拢护，王阿辛用棍拦殴，致伤马福等臂膊，带伤余龙光耳轮额角。杨雨庭拥进内署，打毁门窗，抛掷箱笼，许炎观等又将拦阻之门皂庄上殴伤左臂，各散。……旋将余龙光撤任，饬委李初坼代理县事。李初坼缮发告示，谕令乡民将周立春捆送，委新泾巡检钟集祥分贴。周立春于八月二十日复纠王阿辛、许炎观、陈泳图、王树观、王才忠等及不识姓名四五十人，前往巡检衙门哄闹，将该巡检幼子踢伤，并向武生任琳、监生任文蔚、任大文敛钱不遂，于二十三日纠同王阿辛、许炎观等及不识姓名者五六十人，前往放火抄抢，许炎观并未动手，所抢衣物钱文不记名色确数，均由周立春收存公用。九月初三日，周立春又挟龚秀为县差眼线，并任尚宾即任琳帮官引拿之嫌，纠同王阿辛、张小度等及不识姓名三四十人，将龚秀、任尚宾房屋烧毁，并烧毙龚秀幼女一口。

先是五月十九日（7月6日），周立春率领三百人"一齐进城"，大闹县署大堂，并将知县余龙光打伤。余龙光旋遭撤任，李初坼代理县事，发布告示，追捕在逃的周立春。过了三个月，周在八月二十日（10月3日）复纠集四五十人，冲击巡检衙门，并报复"为县官眼线"的文武生员，大肆勒索敛钱、放火抄抢，尤其九月初三日的一把火，导致了某绅士家毁人亡的后果。初六日（10月18日），知县李初坼带领兵勇往拿，周立春集合四五百人，"或带枪械，或系徒手，同出村外，适兵勇赶到喊拿，周立春喝令各犯放枪拒殴，轰伤乡勇梁锦华殒命，其余乡勇间有受伤，仍奋力扑捕"。经此役，周立春方面因伤毙命十九人，被捕八人。次日，苏州府中军参将钟殿选督带兵丁，会同青浦县再次前往追捕，拿获三人，周立春本人潜逃。此后，"因周立春等骤难弋获，将兵撤回归伍，由该府县购线躧缉"。[54]

直至咸丰三年七月，周立春实际一直都是朝廷通缉的逃犯。之所以能长期逍遥法外，除了他和手下多为青浦本地人，有地利方面的优势，还因为抗粮拒捕的行为，为他在民众中赢得威信和号召力，就连他的反对者也不得不承认："（周立春）以黄渡为薮窟，与嘉定固接壤，抗粮玩法，聚党日众。先是，大府檄兵搜捕未获，益肆然无忌。"[55]聚集在周立春周边的农民队伍越来越多，"遂视官民为不足畏，以周立春为可以倚附，相率抗粮，盘踞勾结，不服拘拿"[56]。另一个重要的客观原因是，当时清朝军队专顾太平军起义而不暇，"苏、松太仓官兵调出防剿，本地空虚"，没有对青浦地方的一撮"土匪"投入兵力，而府县衙门的勇丁人数和战斗力都极有限，镇压周立春这样的豪强势力尚嫌不足。[57]

周立春本人确有强横的一面，但他由"聚众抗粮"走上"武装起义"的道路，中间的跨度仍不可谓不大。前文对周立春是否加入天地会及其与上海小刀会是否"联盟"有所辨析，对此产生疑问的一大触因，是笔者看到收在《上海小刀会起义史料汇编》的几条官方材料，它们对嘉定起事前后周立春与地方政府关系有所反映，但让人奇怪的是，既有研究著述似乎从未正面处理过这些材料。我想，可能的原因是，这些材料透露出的周立春与那个"淋

---

[54] 以上均据《两江总督怡良江苏巡抚吉尔杭阿奏为审明青浦县地保周立春聚众哄堂殴官拒捕案定拟事》，咸丰四年十月初八日，国家清史工程数字资源总库，朱批奏折，档号：04 - 01 - 01 - 0856 - 016，缩微号：04 - 01 - 01 - 122 - 1243。

[55] 程庭鹭：《小松园阁杂著》，《汇编》，第 1077 页。

[56] 《两江总督怡良等奏查明嘉定等县小刀会起事缘由并督办上海情形折》，咸丰三年十月初九日，录副奏折，转引自郭豫明：《上海小刀会起义史》，第 45 页。

[57] 《怡制宪奏稿二》，《忆昭楼洪杨奏稿》，《汇编》，第 926 页。

漓尽致地反映了中国传统农民的反抗精神"⑱的革命家形象差距实在太远。
兹将这几条史料录下：

（一）（八月）初二日局函

青浦抗粮聚众之周立春，现愿投诚报效，已奉抚宪札饬，妥示抚勖。兹经绅士前往晓谕，如果真心，准予免究前罪，随营效力。惟闻周立春以所聚之人率多土著，若调往别处，恐迁地弗良等语禀及，是以又经往谕矣。

（二）青浦耆民马大成等禀［八月初十日录］

周立春充当地保，舆论素洽，上年因案逃避。今春粤匪窜扰金陵，恭奉上谕，饬令各处自行团练，守望相助，其自行团练，系保卫乡间，一遇贼匪，即行合力歼擒，则捍御之攻，亦与效力行间同其赏赉，奉宪钦遵分别谕饬地方绅董举办，晓示在案。并有身（免）犯刑章，奉大宪奏准，宽免收录，以备驱策等因。东北乡民心未安，自奉晓谕之后，周立春之兄子即遵谕出劝该乡民，各自团练保卫，得以土匪不致蠢动，守望相安。即奉劝助军饷，亦为辗转劝导有力之户，竭力输将，地方大为得益。伏念前案，周立春等身为地保，先经失于约束乡民，固属咎无可辞，现在其子敌忾情殷，在乡团练，以御外侮，冀赎父愆。可否邀恩详情转奏，网开一面，予以自新。……全乡感顶上禀。

（三）青浦县禀［八月十三日录］

现在上海、嘉定广匪、土匪纷纷窜扰蠢动，奉闻卑县乡民滋事，案内奉饬缉拿之周立春，匪等约之入伙。周立春久有悔心，坚不从匪。缘周立春先行犯案逃避，嗣因颁贴告示，恭奉谕旨，饬令各处自行团练，并闻宿州招募壮勇案内，有愚民身犯罪名者，曾蒙恩旨：既知感惧，力图报效，亦何不可赦其既往，予以自新等因。是以周立春亲属子侄即在乡团练乡勇，保护闾里，土匪不致窃发。经该处耆老马大成等以闾阎受益，

⑱ 刘牧楠、赵欣：《略论周立春》，《东南民众运动与上海小刀会》，第351页。

代为环求乞恩自效。卑职窃以事在权宜,当经允其转禀,若将周立春许其出力免罪,当更奋勉自效,实于地方有益等语。⑥⑨

由上可知,嘉定起事前,周立春向官府表示过"投诚报效"的意愿,据地方绅士禀请,其在乡亲属子侄亦愿劝助军饷、团练乡勇。青浦县有批:"周立春等亲属,因见钦奉谕旨,饬办团练,即有身犯刑章,亦准收录等因。是以出力,约同乡民团练保卫,冀赎罪愆。既据尔等联名环求,代为乞恩,自当俯顺舆情,准即据情转禀可也。"⑦⑩这并非只有官方的单方面记述。亲历嘉定之变的地方人士,也说过这样的话:

> 周立春自上年拆署拒捕,严缉未获,居心尚无叛志,实官逼致变,听其指挥者,不过数千人,皆系农民,因逼近上海,勾通建、广匪徒,乘机观变。⑦①

由这种"乘机观变"的心态,也就可以解释,为何会出现前文提到的情形:罗汉党往青浦鼓动起事,周立春"尚犹豫不决",广东人李少卿返回上海时,曾约周立春同往,周亦"许而未去"。周立春身边其实不乏胆大者,"宝山文生杜文藻,以漕事褫衣衿,有谋叛意,嘉定人孙万堂,平日好大言,托知天文地理,咸归烈春,劝以起事",然而周本人"犹未敢也"。⑦②

嘉定、上海相继起事后,清朝政府曾派人邀集城乡绅士,于八月初十日左右"赴青(浦)说降周列(立)春",据禀复:

> 周列(立)春坚称:上海、嘉定相招,伊并不从贼,今蒙谕示,拟往嘐城讨回新泾司钟老爷以明迹,等语。旋又据禀复:伊本欲投诚,因丁大

---

⑥⑨ 以上三段见《忆昭楼洪杨奏稿》,《汇编》,第 1169—1171 页。
⑦⑩ 《青浦耆民马大成等禀》,《忆昭楼洪杨奏稿》,《汇编》,第 1170 页。
⑦① 悟迟老人:《漏网喁鱼集》(1959 年近代史料笔记丛刊本),《汇编》,第 1043—1043 页。
⑦② 诸成琮:《桑梓闻见录·周烈春据城始末》,《汇编》,第 1055 页。

老爷禀其在嘉从贼，上海又禀亲见伊身穿黄袍，在沪办事。伊并无分身之术，而被诬如此，百喙难辞，只好来生图报等语。(73)

按“新泾司钟老爷”，即新泾巡检钟集祥；“丁大老爷”，即吴县知县丁国恩。周立春的话在官看来难免有“逆匪狡狯”的一面，但至少反映了他本人投机观望、两面依违的情态，更说明他与上海小刀会的关系，绝非我们惯常所认知的那样。平情论之，这种“狡狯”符合周立春作为农民出身的乡里强人的本性。他的行事风格，明显不同于徐耀这样的土著会党，也不同于王国初、李少卿这样的客籍游民。八月十五日，据松江府禀道：“卑署府当已遣人前往剀切晓谕，劝令投诚自效，免其治罪，果能杀敌立功，一体保奏请奖。及反复开导，该犯颇有悔罪之意，现在已与闽、广匪徒绝迹。其意终虑到官治罪，不肯自投。”(74)不久，青浦县城被陷，周立春终于选择了铤而走险的一条路。后来的事实证明，这也是一条不归路。(75)

四、结语

上文大体按三组关系，梳理了嘉定起义及其领导人周立春相关的一些史实，凡有与前说不同处，已随行文一一交代，此处不再赘。如果说从方法论角度还可以稍微小结一下的话，我想承认本文利用的史料不是什么新的，

---

(73)《八月二十七日录来信二》，《忆昭楼洪杨奏稿》，《汇编》，第1101页。按原题作《已决逆匪周列春狡狯情形》，注云“八月二十七日录”。

(74)《松江府禀》（八月十五日到），《忆昭楼洪杨奏稿》，《汇编》，第1171页。

(75) 周立春以“谋逆”罪名遭凌迟处死，而此前“抗粮聚众”“逞凶殴官”等罪也并入谋逆案处置。参看两江总督怡良等奏报：“此案周立春因粮差徐滐等令约粮户求缓钱粮，辄敢聚众哄堂殴官，肆行毁抢，复赴巡检衙门哄闹，并挟任琳等不允出钱及龚秀为县差作线之嫌，放火抄抢，烧毙龚秀幼女，闻拿拒捕，轰伤乡勇梁锦华毙命，不法已极。其放火致毙一命，拒杀乡勇，按例均罪止斩决，自应从重问拟。周立春合依刁民约会抗粮聚众、哄堂塞署、逞凶殴官为首斩决枭示例，拟斩决枭示，已归谋逆案内凌迟处死，毋庸议。”《两江总督怡良江苏巡抚吉尔杭阿奏为审明青浦县地保周立春聚众哄堂殴官拒捕案定拟事》，咸丰四年十月初八日，国家清史工程数字资源总库，朱批奏折，档号：04-01-01-0856-016，缩微号：04-01-01-122-1243。

只是在利用时注意了一些问题,包括史料形成时间的先后、相近内容的史料间的因袭和变异关系、史料作者的身份背景以及不同类型史料的表述侧重(如地方志史料较狭隘的本土观念与整体历史视点的差异性)等等,相应地从史料中得出结论不尽同于前说。当然,前辈学者在研究时未必对这些史料利用的基本原则缺少了解和应用,我想更大的一个问题,可能还在于研究对象相对特殊,导致观念上画地为牢,相应割裂性地使用史料。关于上海小刀会起义研究,既存的最大一个迷思,也是本文试图追问的,即历史上实际存在过一个囊括各股力量、形成整体布局的"统一的上海小刀会"吗?既有著述在讨论上海小刀会的源流演变时,也常强调土/客、闽/粤、上海/周边、农民/游民、会党/农民武装等等复杂的关系,但在分析各种"起义"的性质时,又不自觉地将它们视同革命的"联盟",比如"嘉定之变"与上海县小刀会起义,便被未经反思地径直归纳为统一布置、彼此约定、相互支持的同盟关系,而其领导人无例外地都属于天地会成员。类似的"联合革命"的逻辑还可以继续往外推,这大概也是多年来一众学者前赴后继、孜孜矻矻地反复论证"上海小刀会与太平天国的关系"而不餍的一个潜因。本文在南翔起事的领导人周立春身上花费笔墨,除了有考订史实、厘清误解的目的,同时更想贴近历史本来脉络来写"人",而不是将他继续当作被某一解释框架规定或束缚的傀儡。[76] 本文大致还是属于较为传统的从政治史视角出发的写法,

---

[76] 另一显例是被誉为"女中英雄"的周立春之女周秀英的斗争事迹长期流传于民间,进而被写入罗尔纲《太平天国史》等史著,得到大力表彰。实际上历史上有无周秀英其人,所谓"周秀英"真实身份为何,依旧是一大疑问。据周立春被捕后自供,"生有一子阿弥,年四岁,女儿已故";清朝官方战报亦谓收复嘉定之役,"周立春于西门率岳丈、婿、女,正在下船逃窜,被乡民擒获,解送丁公营内,其女逞凶,即时枭首",另报称该役"阵斩"者包括"周立春婢女伪女将军飞霞"。(《关于审讯周立春的清方档案》《八月二十七日录来信一》《吴县丁令禀》,九月初六日到,《忆昭楼洪杨奏稿》,《汇编》,第1100、1102、1104页)是则周立春之女在嘉定被陷时已战死,所谓率部突围、投奔刘丽川以及在上海县城作战时以"勇猛"著称的"周秀英"实另有其人,而此类身份混淆是当时人有意为之的结果,还是后世本土民俗文化发挥的产物,仍待考。有关"周秀英"相关文献记载的梳理及民俗学与历史学关系的初步讨论,可参刘惠恕:《上海郊区流传的"周秀英杀四门"评书与周秀英其人》,《纪念上海小刀会起义160周年:"历史记忆与城市转型"学术讨论会论文集》,上海,2013年11月。

其实如果换一个角度，从下往上看，并且有可能继续发掘基层史料，由上海小刀会人物的个体历史与命运，伸入社会、政治、文化诸层次，或许可以写出一个更精彩的故事。

约十年前，有学者总结说："近代上海小刀会与太平天国在上海的研究，曾经是 20 世纪一百年里某个时期红得发紫的课题。见于相当长时期突出政治和立竿见影，严重影响了学术轨道正常运作，出现了种种偏向和误区，有些还真是偏离了常识。"⑦这句话大概可以做两面解：一方面，由于这个课题一度"红得发紫"，相应产生过一系列深具分量的著作和资料集，这是后来者应该珍视和继承的一份学术遗产；另一方面，因时代局限导致出现过"偏向和误区"，这也是后来者应该汲取教训，从而踏踏实实推进研究的一种动力。在写这篇小文章的过程中，笔者受益于诸多先行研究，尤其方诗铭先生、郭豫明先生的两种专书，厚重精深，无愧为"20 世纪研究上海小刀会的双璧"⑧。本人曾经服务的机构上海社会科学院历史研究所的前身"中国科学院上海历史研究所筹备委员会"整理编辑的《上海小刀会起义史料汇编》(1958 年初版，1980 年再版)，是本文写作须臾未可离的资料集。这部初编于 1958 年、修订于 1979 年的大书，连同《鸦片战争末期英军在长江下游的侵略罪行》《五四运动在上海史料选辑》《辛亥革命在上海史料选辑》，是"文革"前历史所编辑出版的四部大型史料集。⑨ 这数部在相对困难的历史条件下形成的史料汇编书，至今仍以搜罗宏富、选材精审、整理严谨为学界推崇，葆有其学术生命力。据《上海小刀会起义史料汇编》的"编辑说明"："本编所收各种中外文资料，内容和形式均极为复杂，为保存原件，一般地不加删削和割裂。"前辈学者在半个多世纪前筚路蓝缕，以如此严肃不苟的学术

⑦ 盛巽昌：《写在前面》，载葛秋栋、陶继明、朱守芬编著《南翔　嘉定　上海小刀会　太平天国时期》，2003 年自印本。

⑧ 盛仰文：《20 世纪小刀会研究》，《东南民众运动与上海小刀会》，第 379 页。

⑨ 参看汤志钧：《历史研究和史料整理——谈"文革"前历史所的四部史料书》，载上海社会科学院院庆办公室编《往事掇英——上海社会科学院五十周年回忆录》，上海社会科学院出版社，2008，第 267—275 页。

标准,成就了可供当下继续利用、挖掘的资料集,读书至此,深感先贤自有今人不可及处。本文写作之际,正值上海小刀会起义一百六十周年,小文当然不值有什么献礼的分量,但我仍然愿意在此向诸前辈表达一份最虔诚的敬意。

【附识】

拙文发表后,周育民先生撰有商榷文章《也谈"嘉定之变"与上海小刀会起义——与戴海斌先生商榷》(《上海师范大学学报(哲学社会科学版)》2017年第1期),对史料解读及相关论点提出不同意见。我非常感谢周先生的批评,从中学到了很多。谨就具体论证方面的问题,做两点简单的回应。

一、周先生文章指出史料辨析、解读的问题,非常中肯,也极重要。史料性质或其形成时间的先后,当然不是决定史料价值的唯一因素,这需要具体问题具体分析。关于周立春是否与小刀会约期起事,拙文引证两条所谓"情报",一个民人消息,一个是官府报告,是可以相互印证的。拙文论证的是,周立春是否率队前往上海,而非周立春与上海小刀会有无联系(有无联系与是否加入小刀会又是两事)。周先生指出两个材料"相互矛盾",按我的理解,差异只是周拒绝前往上海的表面姿态,是严拒,还是婉却(这可能是事实层面的,也可能是史料表述差异引申的问题),但不存在矛盾,恰是两者实际都肯定了周没有率队去上海。周先生偏向相信王韬和《北华捷报》的消息,但他们的说法,一则很难说是亲历亲闻,二则说法本身存在问题,如王韬记载"四千人",明显存误,周先生似乎也默认此点,既出自同一材料,为何舍此而取彼?文章指出:"如果我们相信《北华捷报》记者的报道和王韬的记载,那么,'松江府禀'中关于周立春'许而未往'的情报,还有什么可信度?"其实这句话也可以反过来问。这句话成立的前提,是论证两种记载的可靠无误。但目前似乎还不能服人。

二、周先生质疑周立春为何一边说投诚,一边又出兵,而且特别指出了重要时间节点，确是很有力的反驳。文中指出："周立春已经以他的实际行动说明，在9月初向青浦县表示'投诚'的意思，只是欺敌之计，它成功地麻痹了官方，扩大了队伍，有效地掩护了进军嘉定、攻占青浦的军事行动。"不过，似乎有两点没有注意。一是周立春和官府的博弈关系，其实持续了很长时间，他从带领乡民抗粮，到聚众占城，中间是有一个变化过程的。二则9月间青浦官方接受周"投诚"的条件，实际非常苛刻，所谓"出力免罪"，是驱使乡间土著去"杀敌立功"。从周立春的立场，接受这种条件，是很困难的。拙文认为周在暴动起事前"投机观望，两面依违"，周先生则相信这"只是欺敌之计"。两者其实都是对其主观想法的判断。除非起周立春于地下，难有定论。但相对可靠的做法，是把问题放在一个长时段中来考察，避免据片段立言。周先生论文指出："历史研究的传统方法，诸如史料比对互证、按时间顺序编列史料（如日期表、史料长编等），有点费力，但却是弄清史实的基本方法。偏执于某方记载，极易误判。"这一点我完全同意。拙文关注周立春，质疑"统一的小刀会组织"，其实有一个潜在的自认为重要的问题，即相对长时段的地方抗粮斗争，与带有突发性质的会党起事有所区别，相应的，官府对待的方式，也势必有所区别。

甲午后"商办"铁路的一例实证
——姚锡光日记所见之刘鹗

一、问题的提出：刘鹗与芦汉铁路

刘鹗(1857—1909)以《老残游记》闻名于世，而观其一生，几乎与晚清五十年相始终。胡适(1891—1962)总结说："刘鹗先生一生有四件大事：一是河工，二是甲骨文字的承认，三是请开山西的矿，四是购买太仓的米来赈济北京难民。"[①]在他眼里，刘鹗不仅是"很有见识的学者"，同时又是"很有识力和胆力的政客"。[②] 然而，这位留名文学史的人物，一生境遇多舛，济世、救民的抱负一无所偿，乃至落得"杀身而丧名"[③]的结局。其中开矿、筑路诸创举，在生前即被指为"汉奸"罪名，身后仍然为遭到集中批判的两大问题之一。[④] 胡适在列举刘鹗生平四事后，有按语谓"为了后面的两件事，他得了许多毁谤"，尤其"山西开矿造路一案，当时的人很少能了解他的"。其实，岂止是"当时"，在胡适作此文数十年后，也未必有多少人厘清此历史公案的来龙去脉。

---

① 胡适：《〈老残游记〉序》，收入刘德隆、朱禧、刘德平编《刘鹗及〈老残游记〉资料》，四川人民出版社，1985，第371页。
② 胡适：《〈老残游记〉序》，《刘鹗及〈老残游记〉资料》，第369页。
③ 罗振玉：《刘铁云传》，转引自胡适《〈老残游记〉序》，《刘鹗及〈老残游记〉资料》，第369页。
④ 另一问题是刘鹗在《老残游记》中，"对'北拳南革'极尽污蔑、谩骂之能事，因而被指为'反动'。'汉奸'和'反动'遂成为刘鹗被集中批判的两大问题"。参看严薇青：《〈老残游记〉的作者刘鹗》，《刘鹗及〈老残游记〉资料》，第312—314页。

一般认为，刘鹗最早投身路矿事，在光绪二十二年（1896）。如蒋逸雪《刘鹗年谱》，记是年"六月，应两湖总督张之洞召，赴鄂，商芦汉铁路事，十月回京建议筑津镇铁路"。⑤ 刘蕙荪《铁云先生年谱长编》为谱主生平分期，也将"自应张之洞召赴鄂办铁路，至被诬流放新疆止"划为一阶段，此期活动主要为"倡办洋务，想借径实业，富国养民"。⑥ 按刘鹗倡办芦汉铁路，实为其夤缘政界、以开商途的新发端。此事发生时，正值甲午战后举国阵痛、群言变法之际，兴筑铁路也作为"方今切要之图"被清政府提上日程。继芦津铁路上马，光绪二十一年（1895）冬清廷批准芦汉铁路立项，并以该路"道里较长，经费亦巨"为由，宣布实行"商款商办"方针："各省富商如有能集股至千万两以上者，着准其设立公司，实力兴筑，事归商办，一切赢绌，官不与闻。"⑦这是中国铁路史上的"空前壮举"，也是有史以来朝廷第一次将如此巨大的工程招商承办。全国范围内，响应而起者颇不乏其人，其中最引人注目的有广东在籍道员许应锵、广东商人方培垚、候补知府刘鹗、监生吕庆麟四人，他们均向政府宣称集股已有成效，要求承办。清廷因此谕令共负芦汉路务的直隶总督王文韶（1830—1908）、湖广总督张之洞（1837—1909）对前述四人"详加体察"。所谓刘鹗"应张之洞召赴鄂办铁路"一节，即以此为背景。而结果是刘鹗等人一无所获，全数出局，盛宣怀（1844—1916）则经王、张二督共同推荐，奉派督办铁路总公司，获准举债修路，再招股偿还。

　　"芦汉四商"在中国铁路史上自有其位置，有论者谓其失败咎有应得，因为他们"几乎全是替外国资本家效劳的"。⑧ 刘鹗后人的多种著说，将其谋芦汉事未果归因为"与盛宣怀氏龃龉""宣怀嫉其能，抵排不遗余力"等等。⑨ 刘隆平等所著《刘鹗小传》，勾勒了此事的大致经过，并谓张、王、盛等人排拒

⑤ 蒋逸雪：《刘鹗年谱》，齐鲁书社，1980，第 27 页。
⑥ 刘蕙荪：《铁云先生年谱长编》引言，齐鲁书社，1982，第 9 页。
⑦ 宓汝成编：《中国近代铁路史资料（1863—1911）》，中华书局，1963，第 205 页。
⑧ 宓汝成：《帝国主义与中国铁路（1847—1949）》，上海人民出版社，1980，第 70 页。
⑨ 刘蕙荪：《铁云先生年谱长编》，第 36 页。刘大绅：《关于〈老残游记〉》，《刘鹗及〈老残游记〉资料》，第 402 页。刘德枢：《刘鹗倡修津镇铁路始末》，《文史杂志》2005 年第 1 期。

刘鹗并无真凭实据,不过"罗织罪名"而已。⑩ 最近张海荣研究芦汉铁路的论文,就"各方争揽芦汉与盛宣怀独擅胜场"的内情,做了相当细密的考订,使我们对"四商"的身份背景及各色人物的复杂人脉关系,有了较前清晰的认知。⑪ 稍觉遗憾的是,对于刘鹗这样一位特出人物,"四商"并论而不见其特性,又因限于史料,无法详论其人在湖北时交游和钻营的情状。新近公刊之《姚锡光江鄂日记》为我们深入探讨刘鹗与芦汉铁路关系提供了可能。⑫

姚锡光(1857—?),字石荃,江苏丹徒人。早年曾随首任驻日公使何如璋出使日本。光绪乙酉科(1885)拔贡,戊子科(1888)举人。初官内阁中书,历佐直隶总督李鸿章、山东巡抚李秉衡、两江总督张之洞幕府,曾任安徽石埭、怀宁知县,和州知州,累保道员,后迁至兵部右侍郎。入民国,任参政院参政、蒙藏事务局总裁、弼德院顾问大臣。著有《东方兵事纪略》《东瀛学校举概》《筹边刍议》等。⑬《江鄂日记》始于光绪二十一年十月十二日(1895 年 11 月 28 日),止于光绪二十二年九月二十日(1896 年 10 月 26 日),时间跨度近一年。日记之初,姚锡光经署理两江总督张之洞调江南委用,后张回任湖广总督,姚亦随同入鄂,委充武备学堂总稽查职。刘鹗谒见张之洞始末,亦被完整载入日记。缘姚、刘系同乡,且有世交,关系非同一般;⑭在湖北任内,姚常与张幕僚属过往,获知许多官场秘闻,事后又勤于笔录。如此,刘鹗这段鲜为人知的经历,在《江鄂日记》中有了历历如绘的记叙。如日记整理者所言:"从中可以看到张之洞的举棋不定,盛宣怀的得陇望蜀,刘鹗的憨直

---

⑩ 刘德隆、朱禧、刘德平:《刘鹗小传》,天津人民出版社,1987,第 18—19 页。

⑪ 张海荣:《津镇铁路与芦汉铁路之争——甲午战后中国政治的个案研究》,硕士论文,北京大学历史系,2008,第 25 页。

⑫ 王凡、汪叔子整理:《姚锡光江鄂日记(外二种)》,中华书局,2010。

⑬ 关于姚锡光生平大要,可参考舒习龙:《姚锡光述论》,《史林》2006 年第 5 期。

⑭ 姚氏日记谓:"云抟,吾乡刘子恕给谏之子,味秋之弟。味秋,余甲午岁同案入学。"(《姚锡光江鄂日记》,第 121 页)刘鹗父刘成忠,字子恕,咸丰壬子进士,改庶吉士,授编修,历官御史,授河南归德府知府调补开封府。(《续丹徒县志·刘成忠》,《刘鹗及〈老残游记〉资料》,第 319 页)"味秋",刘鹗兄刘渭清。

与热诚,姚锡光的爱莫能助,张之洞幕宾的见风使舵。仅此一事,整个晚清官方机构的运转、办事程序、内部错综复杂的沾带及成一事之难,让人一目了然。"⑮这部日记对甲午战后官场生态和新政实况的描述,不仅为研究刘鹗其人提供了新素材,也为讨论近代铁路史上外资利用的问题补充了思想资料。本文拟以日记为线索,旁参相关档案、文集,考订刘鹗赴鄂一行具体经纬,进而尝试理解此事件在刘鹗个人历史及中国铁路史上的适当定位。

二、 刘鹗由津入鄂

刘鹗最早在姚锡光日记中出现,是光绪二十二年五月十七日(1896年6月27日),日记谓:

> 刘云抟太守来拜。……云抟现以承办铁路事来鄂见。盖中国将创办铁路,去年赴军务处禀请承办者四人,一刘、一许、一方、一吕,刘即云抟也。云抟才气甚大,前以同知曾办山东河工,见知于张勤果公。经勤果保奏,送部引见,后积劳保荐知府。自前年秋冬之交即经营中国开铁路事,往来津、京、上海间,外商洋人,内谒当道,南北奔驰,再历寒暑。现适朝廷决计开办是事,命直隶王夔帅、湖督张香帅两制军督办,遂将刘、许、方、吕四人禀请承办之事发即(该)两制军核定。故云抟来鄂见香帅取进止焉。

刘鹗,原字云抟,又字铁云,监生出身,先以治河专长赴河南投效,在河道总督吴大澂(1835—1902)幕下帮治黄河工程。光绪十六年(1890),经山东巡抚张曜(1832—1891)幕府咨调协办河工,是为其"入宦之始"。张曜即文中"张勤果公",唯"送部引见"说稍误。光绪十八年(1892),刘鹗经继任山东巡

---

⑮ 王凡、汪叔子整理:《姚锡光江鄂日记》,前言,第8页。

抚福润保奏,咨送总署"考验",得知府任用,是为其"入京之始"。⑯

罗振玉《五十日梦痕录》录有"刘铁云传",记其甲午后事:

> 君于是慨然欲有所树立。留都门者二年,谓扶衰振散当从兴造铁路始,路成则实业可兴,实业兴而国富,国富然后庶政可得而理也。上书请筑津镇铁路,当道颇为所动。事垂成,适张文襄请修京鄂线,乃罢京镇之议。⑰

刘鹗很早留心于造路,此时欲"有所树立",其用世的抱负实与朝廷新政的潮流合拍。按清廷颁发"实力兴筑"铁路的上谕,时在光绪二十一年(1895)末,而此前,刘鹗已忙于"内谒当道",为办路而铺路。⑱ 不久,清政府"决计开办"芦汉铁路,即上文所谓"京鄂线",前述刘鹗、许应锵、方培垚、吕庆麟四人分别出具承办,光绪二十二年三月十二日(1896 年 4 月 24 日)颁下上谕:

> 芦汉铁路,关系重要,提款官办,万不能行,惟有商人承办,官为督率,以冀速成。王文韶、张之洞均系本辖之境,即着责成该督等会同办理。道员许应锵等分办地段,准其自行承认,毋稍掣肘,并着该督等详加体察,不得有洋商入股为要。⑲

---

⑯ 刘大绅:《关于〈老残游记〉》,《刘鹗及〈老残游记〉资料》,第 405 页。

⑰ 罗振玉:《刘铁云传》,转引自胡适《〈老残游记〉序》,《刘鹗及〈老残游记〉资料》,第 368 页。

⑱ 近人披露翁同龢一字据云:"刘鹗者,镇江同乡,屡次在督办处递说贴,携银五万,至京打点,营干办铁路,昨竟敢托人以字画数件饴余。记之以为邪蒿之据。乙未五月廿一,灯下。"参见孔祥吉:《刘鹗史料之新发现》,《晚清佚闻丛考——以戊戌维新为中心》,巴蜀书社,1998,第 180 页。按"乙未",即光绪二十一年(1895)。翁同龢,江苏常熟人,时身兼户部尚书、军机大臣、总理衙门大臣、督办军务处大臣等要职。刘鹗以同乡身份奔竞其门下,并企图用翁氏喜好的字画行贿,而遭逐斥。

⑲ 宓汝成编:《中国近代铁路史资料(1863—1911)》,第 225 页。

上谕中反对"洋商入股",确保主权在我,体现清政府自创办新式企业以来对外资一贯闭拒的态度;将"商款商办"修正为"官督商办",则透露上位者既欲借资商力却又对商情有所疑忌,不觉重弹战前的老调。[20]"四商"中有多人,包括刘鹗先期赴津拜见王文韶,但此行结果并不理想。据王文韶向张之洞通报:

> 吕、刘先后到津。吕,山东人,在京开堆坊一、饭庄一,财东为巨商韦立森,直言不讳,亦殊可笑。刘更渺茫。现均饬赴鄂矣。……大约许、方、吕三人皆有洋东在其身后,洋东皆觊办铁路之人。刘则敢为欺谩,但伊包揽而已。一经犀照,当毕露真形也。[21]

王文韶对可能隐在集股人背后操纵的"洋东"最为忌惮,尽管刘鹗似无外资背景,对其所言虚实仍多不信和不屑。他对盛宣怀表示:"刘鹗办此,尤为可怪,余亦不知其人。……鄙见即使筹款,十得其五必系洋款居多。"[22]查王文韶与刘父成忠系咸丰二年同科进士,其子王稚夔又与刘鹗素有交往,[23]所谓"不知其人",并非确实。近人笔记中多有对王氏"为人透亮圆到""其言甚滑"的描述,而在"会同办理"芦汉路事上,似也可见其老于官场的一面。对"四商"问题,他只有模糊的倾向,将决断责任推给了张之洞。大约因其虚与委蛇,刘鹗在津周旋颇苦于此,后来和姚锡光私谈,还忍不住有所抱怨:"人称夔帅为水晶顶子。言其亦明亮,亦圆滑,物小而坚也。夔帅纵好军机章京才,朝廷以为封疆,误矣!"[24]

---

[20] 参看张海荣:《津镇铁路与芦汉铁路之争》,第 30 页。

[21] 《王制台来电》,光绪二十二年三月二十八日丑刻到,苑书义、孙华峰、李秉新主编:《张之洞全集》第 9 册,河北人民出版社,1998,第 6975 页。

[22] 《直督王夔帅来电》,光绪二十二年三月十六日,《愚斋存稿》卷二十四,沈云龙主编《近代中国史料丛刊》续编第 13 辑,文海出版社,1975 年影印本,总第 623 页。

[23] 刘德隆、朱禧、刘德平:《刘鹗小传》,第 19 页。

[24] 王凡、汪叔子整理:《姚锡光江鄂日记》,第 129 页。

五月间刘鹗湖北一行,正为接受鄂督张之洞再次"核定"。其《芬陀利室存稿》录有"鄂中四咏",其中一、二首有句云:"此去荆州应不远,情谁借取一枝栖。""莫问古来争战事,眼前盛事且高歌。"[25]蒋逸雪解读前韵,谓"比之洞于刘表,而以王粲自况也"。[26]可见刘鹗此行大有"依附意",且欲襄成"盛事",一展宏图。怀兴赋诗时自信满满,尚对前途抱有期待,而待入鄂后,他所遭遇的却是另一番情形了。

三、 所谓"履祥洋行所保千万华股"之实相

张之洞是"会办"芦汉路的另一关键人物,他对"四商"观感又如何?奉旨后,三月二十六日(5月8日)致王文韶电透露出其一二心意:

> 试想粤商四起,各称集股千万,岂华商具此大力耶?有银行具保者,岂外国银行肯保华商千万巨款耶?吕庆麟粘有银行保单,其为银行招洋股无疑。刘鹗无银行作保,其为不正派之洋人招揽洋股无疑。朝廷欲令详加体察,似亦略见及此。……但不揭破粤商认股影射之弊,政府之误信莫解,办事之良策难进。自应电请督办军务处迅速饬令诸人即行赴鄂,由鄂赴津,公与弟会同考察,面询实在,股份是否悉属华商,如何承认分办,自能水落石出。揭破之后,再行会奏真实办法。[27]

归纳意见约有三点:一、不认为当时华商有能力集资千万巨股;二、明确反对集入洋股,并怀疑刘鹗有"招揽洋股"之嫌;三、主张在鄂、津分别"面询"集

[25]《刘鹗诗词联语》,刘德隆整理:《刘鹗集》上册,吉林文史出版社,2007,第562页。

[26] 蒋逸雪:《刘鹗年谱》,第27页。

[27]《致天津王制台》,光绪二十二年三月二十六日未刻发,《张之洞全集》第9册,第6973—6974页。

股诸商,"揭破"真相,而最终会奏仍由天津定夺。㉘

就张氏观念而论,对"商办"铁路存一种先入为主之偏见。他本人甚至说过"总之,华商不出于商学,其趋利也,近则明,远则暗;其谋事也,私则明,公则暗"㉙这样的话。有论者指出,张之洞在官办、商办之间的态度是"以两者互为补充,而在不同的情况下则又各有偏重,但多主张官督商办或官商合办"㉚。无论督办或合办,"官重商轻"的格局终难突破。前署理两江总督时招股筹修苏沪铁路,就对起而响应的华商予以压制,主张一切"概由官主持"㉛,甚至公开说出"铁路为全国利权所关,不甘让利于商,更不肯让权于商"的话㉜,招商无果而终。今奉旨考察"四商",又怀疑"岂有一无名望之人能招千万巨款",批驳刘鹗等人为"纰缪"。㉝

刘鹗在津已遭冷遇,继被"饬令"南下,其境遇可想而知。据姚锡光日记五月十七日(6月27日)条,刘鹗在武昌与张之洞有过一番对话:

> 帅询以已经集股有着之款几何?云抟对以:"已集有一千万两。"帅谓:"现拟办之芦汉铁路非一千万所能济。"云抟谓:"现在请办者四人,每人集股一千万,则芦汉铁路之事济矣。"帅意复不以四人合办为然,因询以:"汝已集股一千万,尚能多集否?"云抟对以"铁路乃有利益之事,开办以后,股分必旺,不患无股分"云云。因将上海履祥洋行所保一千

㉘ 由张之洞所拟会衔致督办军务处电,就特别强调"由鄂而津,以便面询"的程序,要求"公同考察所招商股各一千万两,是否皆属华股?有无洋商在内?如何承认分办?查明确实,再行通筹办法复奏,候旨定夺",亦不愿独担责任。参看《致天津王制台》,光绪二十二年三月二十六日申刻发,《张之洞全集》第9册,第6974—6975页。

㉙ 《芦汉铁路商办难成另筹办法折》,光绪二十二年七月二十五日,《张之洞全集》第2册,第1185页。

㉚ 李细珠:《张之洞与清末新政研究》,上海书店出版社,2003,第210页。

㉛ 《致苏州赵抚台、邓藩台、吴臬台、陆臬道》,光绪二十一年十二月二十一日未刻发,《张之洞全集》第9册,第6859页。

㉜ 《苏沪铁路筹议官商合办折》,光绪二十二年正月初二日,《张之洞全集》第2册,第1126页。

㉝ 《寄直督王夔帅》,光绪二十二年三月十七日,《愚斋存稿》卷八十九,补遗六十六,总第1851页。

万华股保单呈上。帅云："姑留阅，尔候定夺。"㉞

上述对话中，张之洞已流露出"不以四人合办为然"的意态，而刘鹗坚称集股有成，并拿出证据——上海履祥洋行所保一千万华股保单。张不能断然拒绝，于是向上海调查核实："上海有履祥洋行存放知府刘鹗芦汉铁路股本银一千万两，声明无洋股在内。请详查是否属实？该洋行所操何业？是否股实？行主何名？能签押出字据保认，乃可为凭。望速查复。"㉟数日后，上海道黄祖络禀复称：

> 遵派员详询履祥洋行主贝履德，据称：该行在沪系伊独开，专造匹头生意。刘守鹗系素识，曾与商议，如禀准有承办芦汉铁路明文，由伊行转向外洋凑借一千万两，非真有股本存在伊处。现既未奉有核准明文，伊更不便签押保认，等语。查刘守在别埠有无招有股本，未可知。惟履祥洋行开设未久，局面不大，纵使转借洋股，恐亦未可靠。㊱

张之洞据此得出结论——"该洋行并不股实，即洋股已不可靠"。在"核准明文"或"银行借款"两者均未落实的情况下，刘鹗视同既成事实，分别向洋行和政府两边口头允诺，借用为揽办铁路的资本。其初衷或出于成事心切，结果却难逃"虚诞"的指控。㊲ 这种具有投机性质的行为，也为官场中人抨击"商办"平添了口实。事实上，在集股办路的多路神仙中，非仅刘鹗一人有"系洋股影射"的嫌疑，经多方查核，最后证明"四商"所言无一可落实，均属"海市蜃楼"。盛宣怀攻击说："在沪时亦有洋商来言，外国银行允认股数千

㉞ 王凡、汪叔子整理：《姚锡光江鄂日记》，第121—122页。

㉟《致上海江海关黄道台》，光绪二十二年五月十七日午刻发，《张之洞全集》第9册，第7018页。

㊱《黄道来电》，光绪二十二年五月二十日巳刻到，《张之洞全集》第9册，第7018—7019页。"黄道"，黄祖络，1894—1896年任苏松太道。

㊲《致上海盛道台》，光绪二十二年五月二十五日巳刻发，《张之洞全集》第9册，第7024页。

万,包办数十年,许华人挂名总办,饵以重贿,谅此辈皆入此迷途。"⑧刘鹗与外人有无此种交易,尚难证实,但其言论却明显流露对"招洋股"的警惕。在与姚锡光论及此事时,他有意识地区分道:

> 洋债可借,洋股不可招。洋债,不揽我铁路利权,一招洋股,则利权尽入彼掌握矣。⑨

刘鹗已然有分别"洋债""洋股"的自觉,他的如意算盘是借洋债而托名为华股,但此种牵扯不清的关系,却为抱"先入之见"的张之洞等人所利用,进而引为排拒的理由。张之洞对王文韶表示说:"事既责成直、鄂,必当遵旨不令洋商入股,以绝无穷后患。关系太巨,万不敢稍有含糊。弟与盛道熟商,官款难拨而注意商办,洋股不准而注意华商,华商无此大力,无此远识。"⑩"洋股"必须排斥,"华商"又不可信,如此便只有"归官"一途。还在刘鹗接受"核定"之前,张之洞已将"四商"划入另册——"似此影射支离,四家皆恐成画饼,似宜早日定议复奏,即奏派盛道招商承办,免延时日,或致旁生枝节"⑪。两处文中"盛道",即盛宣怀,字杏荪,时为津海关道。张之洞拟联合王文韶,推荐盛氏督办芦汉路,实质为对"四商"方案直接否决。前述有说法,刘鹗南下败于"与盛氏龃龉",真相究竟如何?探明此问题之前,有必要梳理当时张、盛的关系。

四、 张之洞与盛宣怀之利益联盟

刘鹗于五月中旬面见张之洞,此后一直停于武昌"候进止",实际上被冷

---

⑧《寄直督王夔帅》,光绪二十二年三月十七日,《愚斋存稿》卷八十九,补遗六十六,总第1851页。

⑨ 王凡、汪叔子整理:《姚锡光江鄂日记》,第123页。

⑩《致天津王制台》,光绪二十二年三月二十六日未刻发,《张之洞全集》第9册,第6973页。

⑪《致天津王制台》,光绪二十二年五月初九日申刻发,《张之洞全集》第9册,第7014页。

处理。时逾半月，不见后续，刘鹗终于等不及，主动向张幕成员探询内意。姚锡光日记五月二十九日(7月9日)条记：

> 刘云抟太守来，将询制府定夺铁路意旨于钱念劬。于时念劬太守适来，因言制府之意，将以盛杏荪观察督办铁路，以军务(机)处奉旨交下承办铁路，刘、吕、方、许分段认办，不日即以出奏矣。盖以刘、吕、方、许四人认办，不过有此名目，实则专任盛杏荪也。盛杏荪之认办湖北铁厂，本意在铁路，今果入其掌握。伊已专招商轮船、电线之利，今复将铁路之利攘而有之，甚矣其善据权利，而中国亦舍是人无此气魄也。㊷

如注意到盛宣怀个人事业的发展阶段，光绪二十二年(1896)是一分界，当年原为湖北官办企业的汉阳铁厂被转让于盛，改为官督商办，同年盛受到光绪帝召见，获授"四品京堂"并铁路总公司督办职。如论者所见，"这两个新的工业职责是紧密相关的"㊸。关于盛宣怀承办汉阳铁厂，是否出于张之洞强迫，一直存在争议。查盛宣怀是年沿江视察招商各分局，三月中旬抵汉口，其致王文韶电即表露接手铁厂的兴趣："今日到汉，香帅约观铁政，上方锐意求矿，鄂厂已糜五百万，但可设法补救，宣系创始得矿之人，颇愿为之区画。"同电针对直、鄂会办芦汉路，也提出办法："此路不可缓，宜筹直捷痛快办法，权自我操，利不外溢，循序而进，克期成功。"㊹盛宣怀对汉阳铁厂的兴趣由来已久㊺，但能够与张之洞真正实现合作，实以开办芦汉铁路为契机。张之

㊷ 王凡、汪叔子整理：《姚锡光江鄂日记》，第131页。"钱念劬"，钱恂(1854—1927)，1895年入张幕，历充江南自强军提调、湖广督署洋务文案及自强学堂、武备学堂、洋务、枪炮各局提调。
㊸ ［美］费维恺：《中国早期工业化——盛宣怀(1844—1916)和官督商办企业》，虞和平译，中国社会科学出版社，1990，第86页。
㊹ 《寄直督王夔帅》，光绪二十二年三月十五日，《愚斋存稿》卷二十四，总第623页。
㊺ 汉阳铁厂兴办之初，盛宣怀已有揽办意愿，不仅介入大冶勘矿等事，而且主动拟议"借官本招商股""奏派督办煤铁大员"诸办法，因张之洞怀有戒心，以"(盛道)所拟办法与鄙(转下页)

洞素知盛宣怀"为人极巧滑",对其人并非情有独钟,他做出这样的选择,仍然是出于现实考虑,看重的主要是后者的实力。盛、张之间可以说做了一个交易,张将亏损严重、不堪其累的铁厂脱手,作为代偿的,则是同时交盛"招商承办"芦汉路的主权。[46] 前引姚锡光日记所谓"盛杏荪认办湖北铁厂,本意在

(接上页)见不同,商股恐不可恃,且多胶葛,与现在情形亦不合"而告罢。参见《致海署》《致京李中堂》,光绪十六年二月二十六日,《张之洞全集》第 7 册,第 5453—5454 页。此后盛宣怀又于汉阳铁厂安插侄子盛春颐,掌握湖北铁政内情。至光绪十八年(1892),因铁厂经营出现严重问题,张之洞转而打算"招商承领,官督商办",而钟意人选亦即盛宣怀。他向当时尚在直隶总督兼北洋大臣任上的李鸿章表示:"窃思方今有才思、有魄力、深通西法商务者,惟津海关盛道为最。前三年,初议建设铁厂时,盛道曾条上一禀,有慨然自任之意。近日来电,亦仍持官督商办之说。若盛道能招集商股,只须集资数十万,酌缴鄂省挪垫官本,以为归还鄂省暂挪枪炮厂等项之用,即可付之承领。……盛道若能照所拟各节招商督办,俟定议时,当会同台端具奏。商局、电局,事皆关涉各省,由省道一手遥领督办,日起有功。是铁厂一事,在津遥领,自无不可。奏准后,当属盛道酌派亲信可靠一二人来鄂,酌拟商局章程,会同蔡道(锡勇)办理。至盛道承办以后,若晚在此,厂事当一切皆与公会奏商办,经始之事,不敢稍涉推诿,以致初基不固。即晚去鄂后,亦加招商、电报诸局例,统归尊处主持,断不虑其停废矣。"盛宣怀对"官督商办"之法态度积极,并强调"用人、理财,责成公司,照轮船、电报两局之例","大宪只持护其大纲,不苟绳其细务,庶可事简而责专,商人或能乐为其难"。唯李鸿章当时对汉阳铁厂全不看好,担心"成本太重,销路受挤,股份难集",托辞拒绝。参见《张之洞致李鸿章函》《盛宣怀致张之洞函》《李鸿章致张之洞函》,光绪十八年十月十五日、二十五日、十一月初四日,陈旭麓、顾廷龙、汪熙主编:《汉冶萍公司(一)——盛宣怀档案资料选集之四》,上海人民出版社,1984,第 30—31、40—41、42—43 页。

[46] 关于此事件前后脉络以及双方心理的变化,在张之洞写给李鸿藻(1820—1987)的私函中交代得十分清楚,兹录于下:"因前两年盛道宣怀曾有愿承办铁厂之议,当即与商,令其来鄂一看,以便议办。渠因年来言者指摘太多,东抚覆奏不佳,意甚自危。故决计舍去津海关,别图他项事业,遂亦欣然愿办。现正来鄂,周览汉阳铁厂、大冶铁山、马鞍煤井诸处,俟看毕再作商量。盖详核铁厂全局,因煤贵炉少,工本太巨,若非广筹资本,添设炉座,多开煤井,必致成本不敷。此事本为炼钢利用,塞漏卮以图自强,原非以牟利起见,无如户部成见已定,不肯发款,诿以招商。而盛道此来与之细谈,渠亦并无如许巨款,大意谓铁路若归鄂办,则铁有销路,炼铁之本,可于铁路经费内挹注。正筹议间,适闻有芦汉铁路交王夔帅及敝处督率商办之旨[廷寄尚未奉到,此夔帅电信]。渠甚踊跃,谓亦愿招商承办。窃思从前许、韦诸商,断不能独肩此巨款重任[此路总须数千万]。此外,刘鹗[此人甚荒唐]诸人,则恐多是洋商影射,终恐难成,将来考核确实,恐真正华商之款,必不能多,许力所不能及者,则拟即令盛招商成之。盛若令办铁路,则铁厂自必归其承接,如此则铁厂全盘俱活,晚亦从此脱此巨累矣。盛为人极巧滑,去冬因渠事方急,其愿承铁厂之意甚坚,近因风波已平,语意有多推宕,幸现有铁路之说以歆动之,不然铁厂仍不肯接也[渠已向所亲言之]。盛之为人,海内皆知之,我公知之,晚亦深知之,特以铁厂一事,户部必不发款,至于今日,罗掘已穷,(转下页)

铁路",可作旁证。对于盛宣怀与"诸商"两端,张之洞已有明显的抑扬倾向,盛固然"巧滑",刘鹗简直就是"荒唐",等于排除了由"华商"承办铁路的可能性。

盛宣怀为操权起见,特别注意到"借洋债与招洋股,大不相同"。[47] 此意为张之洞所认同,并有类似表述:"或谓铁路未成之先,华商断无数千万之巨股,惟有暂借洋债造路,陆续招股、分还洋债之一策,集事较易,流弊较少。盖洋债与洋股迥不相同,路归洋股,则路权倒持于彼,款归借债,则路权仍属于我。咄嗟立办,可以刻期成功,故曰集事易;路款划分,可以事权不移,故曰流弊少。"[48]盛、张两说较前述刘鹗意见,几乎如出一辙。唯不同的是,盛宣怀附有但书,强调"须奏明芦汉铁路招商局准其借用洋款,以路作保,悉由商局承办,分年招股还本,路利还息"[49]。也就是说,借款造路须由一官方的、统一的"商局"承办,这也是盛氏"权自我操"的真正凭借所在,在这一权力架构中,如刘鹗一类的华商个体是没有位置的。刘鹗遭到排斥,重点不在华、洋股债的轻重,而在官、商权利的博弈,这背后还牵扯到官、官之间的利益交换。早在三月二十六日(5月8日),张之洞致电王文韶,在对"四商"不屑一顾的同时,却对盛宣怀推崇备至:

> 昨招盛道来鄂商办铁厂,连日与议芦汉铁路事,极为透澈。环顾四方,官不通商情,商不顾大局,或知洋务而不明中国政体,或易为洋人所欺,或任事锐而鲜阅历,或敢为欺谩但图包揽而不能践言,皆不足任此

(接上页)再无生机,故不得已而与盛议之,非此则无从得解脱之法,种种苦衷,谅蒙垂鉴。且铁厂如归盛接办,则厂中将来诸事,大农俱可不挑剔,此当早在明察之中矣。《致李兰荪宫保》,光绪二十二年一月,《张之洞全集》第 12 册,第 10238—10239 页。按此函系月似误,应作于本年三月末以后。"大农",当指户部尚书翁同龢。

[47] 《寄王夔帅》,光绪二十二年三月二十七日,《愚斋存稿》卷二十四,总第 626 页。

[48] 《芦汉铁路商办难成另筹办法折》,光绪二十二年七月二十五日,《张之洞全集》第 2 册,第 1186 页。关于借债造路与路权关系问题,张之洞有一个从"洋商垫款包办"到中国借债自办的认识过程。参看马陵合:《晚清外债史研究》,复旦大学出版社,2005,第 166—170 页。

[49] 《寄王夔帅》,光绪二十二年三月二十七日,《愚斋存稿》卷二十四,总第 626 页。

事。该道无此六病,若令随同,我两人总理此局,承上注下,可联南北,可联中外,可联官商。

同电内拟议奏复办路之办法,正式将底牌翻出:

> 先举商务总办,设立芦汉铁路招商总局,由商筹借洋债,先行举办,奏明即以芦汉铁路作保,分作二三十年归还。路成,招到华股,分还洋债,收到车费,抵付洋息厘。订官督商办章程,虽借资洋款,雇用洋匠,权利仍在中国,不致喧宾夺主,否则终属空谈,坐延岁月,必不能刻期而成。[50]

即以私交论,王文韶与盛宣怀关系,较张之洞更近一层,[51]对此事自无异议之理。如此,刘鹗南下,实际面对的是一盘已定议之局,无论其主张曲直如何,结局早就注定。张之洞主要考虑的,是如何向朝廷复奏"四商"案并正式推出盛宣怀,刘鹗则被撇在一边,几乎无所事事,曾向督署递禀文言铁路事,也无任何下文。[52]据姚锡光六月初七日(7月17日)记:

> 作函与刘云抟太守,告伊制府准伊假归。盖云抟以经营铁路事来鄂,暂时不能有成议,因请假暂归去,制府已允行。余故作函告之。[53]

刘鹗见事不可为,失望告辞,张之洞亦无丝毫挽留意。六月十一日,姚锡光

---

⑤⓪ 以上两段均见《致天津王制台》,光绪二十二年三月二十六日未刻发,《张之洞全集》第9册,第6973—6974页。

⑤① 盛、王既系世交,又有师生之谊。盛父盛康,道光甲辰进士,官至武昌盐法道,多经营典当钱庄,受同官好友之托,存银生息,其中财务关系最深厚者即为王文韶。盛宣怀师事王氏,恃为朝廷内援。并见王尔敏《盛宣怀与中国实业利权之维护》,《近代经世小儒》,广西师范大学出版社,2008,第267页;张海荣《津镇铁路与芦汉铁路之争》,第32—33页,注释5。

⑤② 王凡、汪叔子整理:《姚锡光江鄂日记》,第125页。

⑤③ 王凡、汪叔子整理:《姚锡光江鄂日记》,第135页。

等好友在汉口设宴践行,当晚刘鹗即附轮前往镇江,无奈而走。

五、 盛宣怀得陇望蜀与刘鹗再度入鄂

张之洞、王文韶联衔奏结"四商"案,事在六月下旬。致总署电内陈述查核情形,结论为"四商均不可靠",并建议"设芦汉铁路公司,奏派熟悉商务、身家殷实之员为总理"。[54] "四商"事件至此似已尘埃落定,然而不数日,忽又起波澜,并有少为人知的刘鹗第二次入鄂之行。姚锡光日记六月二十八日(8月7日)条记:

> 早起。制府传见,因急赴辕,候至午刻未见。……制府遣文案邹元辨大令来,询吾乡刘云抟太守家世及伊人品若何?余据实告之。又询余以云抟请办铁路,究竟是洋股是华股?余告以云抟所集铁路股本,亦有华股,特别能过多,余系洋债,并非洋股。盖洋债可退还,而洋股不可退还。创始之时,不得不借洋债开办。开办以后,人见铁路有利,则华股日多。华股日多,则洋债自可逐渐退还云云。又询余以云抟何以能取信洋人,得借有千百万洋债?余告以云抟在吾乡,家世甚好,乃刘子恕(成忠)侍郎、曾任开归陈许道之子。且伊曾事张郎斋中丞办山东河工有年,曾经郎帅保奏送部用,见其为人,颇有才气云云。元辨将余言历复制府,往反数四。末乃传制府谕,令余点召云抟从速来鄂。余乃立即电往淮安召云抟。

作为全程旁观的知情人,姚锡光对张之洞"召云抟从速来鄂"有所解释:

> 先是湖北铁政局,自开办以来,历年亏耗,势不支。制府乃召盛杏荪来鄂,命以招商股承办铁政。今年四、五月间,盛杏荪来鄂接受铁政

---

[54]《致上海盛道台》,光绪二十二年六月二十三日寅刻发,《张之洞全集》第9册,第7059页。

局,即以铁路要制府,云若不兼办铁路事,则铁政局所炼出钢条无处出售,则铁政不能承办云云。制府许以开办津芦铁路必命伊督办,盛杏荪乃接受湖北铁政,去往上海,复以两事电请王夔帅[夔帅与香帅均奉旨督办津芦铁路]。一伊办铁路,须香帅、夔帅奏请朝命,命伊督办,如胡云楣廉访办津芦铁路故事。一请香帅、夔帅奏请开官银行,由伊督办,以为铁路招股张本。非此,则伊不任铁路事。⑤

盛宣怀承办铁政已如前述,而其所欲尚不止于此,上文即拈出两事:

其一,办路"总理人"的权重问题。直、鄂奏设芦汉铁路公司,初以盛宣怀为"总理"的合适人选,后者也自视当仁不让。但由张之洞所拟电奏中仅笼统言"派熟悉商务、身家殷实之员为总理",盛为此不满,并向王文韶等抱怨:"上年特旨派胡云楣办津芦,郑重冠冕。芦汉工长款巨,艰难十倍,声光稍减,难动视听。……今阅会电拟派'熟悉商务、身家殷实'之员,不过寻常盐典商考语,大题小作,决难交卷。"㊱"胡云楣",胡燏棻(1840—1906),安徽泗州人,同治十三年(1874)进士,甲午战时以广西按察使留天津,在小站编练"定武军",上年冬奉命督办芦津铁路,旋擢升顺天府府尹。盛宣怀以之比拟,"意甚怏怏"下的潜台词实在谋进止、要牌子。姚锡光虽处局外,却颇了然情势:"其督办铁路,必由奏请朝命也,则必不受督抚节制,可单衔奏事,仿佛钦差督办铁路大臣矣。"㊲张之洞老于世故,反应多不以为然,谓"盛太性急,不审步骤""盛极聪明,而此电又似不聪明矣"。㊳

其二,兼办铁路问题。盛宣怀在收揽路权同时,还另有所图:"铁路之利远而薄,银行之利近而厚,华商必欲银行、铁路并举,方有把握。如银行权属

---

⑤ 以上两段见王凡、汪叔子整理:《姚锡光江鄂日记》,第139—140页。

㊱《寄王夔帅恽菘翁》,光绪二十二年六月二十五日,《愚斋存稿》卷八十九,补遗六十六,总第1864页。

㊲ 王凡、汪叔子整理:《姚锡光江鄂日记》,第140页。

㊳《致天津王制台》,光绪二十二年七月初七日未刻发,《张之洞全集》第9册,第7066页。

洋人，则路股必无成。闻赫德觊觎银行，此事稍纵即逝。"⑤这番向张之洞进言，意在铁路、银行一手掌握，故美其名曰"一气呵成，交相附丽"⑥，而与海关总税务司赫德(Robert Hart，1835—1911)的较量，属于向"洋人"争权，理由似亦冠冕正大。但张态度仍有保留，回绝说："铁路、银行为今日最大利权，人所艳羡者，独任其一，尚恐众忌所归，一举兼营，群喙有词，恐非所宜。"⑥今人夏东元指出，盛宣怀所谓"权自我操"，"是借国家民族的'权'的名义，达到个人操'权'的目的，不足取"。⑥而当年姚锡光评价道："其请奏请开官银行也，盖欲尽攘中国利权。一经奏定，必请官本；既领官本，仍必多方将官本销融净尽，易名商本；而实则商本其名，盖尽数攘为盛家之本，仍其攘窃招商轮船、中国电报利权故智。甚则害则归公，利则归己，种种不可端倪。"⑥

综上两事，盛宣怀"得陇望蜀"之心昭然，与张之洞的关系也发生微妙变化。姚锡光观察到"制府见其嗜利无厌，要求无已，颇厌苦之，故意将转属云抟"⑥。前述张之洞对"商办"铁路颇不以为然，但朝廷谕准开办芦汉路，本有"商人承办，官为督率"的意向，张复奏推盛宣怀为"总理"的同时，也留有"责成该员招集华股，归商自办"的补笔。⑥既符合官督商办之旨，逢迎了上意，又为防盛独大，预备掣肘之具，足见老吏之笔的圆熟。当与盛宣怀意见分歧上升，张之洞果然有意汲引其他力量，其召刘鹗面议，内容即与上述引起争议的铁厂、银行事相关：

---

⑤《寄鄂督张香帅》，光绪二十二年六月十七日，《愚斋存稿》卷八十九，补遗六十六，总第1861页。
⑥《寄张香帅》，光绪二十二年六月二十日，《愚斋存稿》卷八十九，补遗六十六，总第1862页。
⑥《致上海盛道台》，光绪二十二年六月二十三日寅刻发，《张之洞全集》第9册，第7058页。
⑥ 夏东元：《盛宣怀传(修订本)》，南开大学出版社，1998，第207页。
⑥ 王凡、汪叔子整理：《姚锡光江鄂日记》，第140页。
⑥ 王凡、汪叔子整理：《姚锡光江鄂日记》，第140页。
⑥《致上海盛道台》，光绪二十二年六月二十三日寅刻发，《张之洞全集》第9册，第7059页。后来正式复奏芦汉路事，也对此做出规定："至总理之员，虽经派定，但此事本以招商为主，所有许应锵、刘鹗等果能招集确实华股，无论或数万或数十万，均准附入该公司，并准令集款较巨者得照商务通章随同管事，以收广益而示公溥。"参看《芦汉铁路商办难成另筹办法折》，光绪二十二年七月二十五日，《张之洞全集》第2册，第1188页。

一询其能领受芦汉铁路全局事否？一询伊能先领湖北铁政局事否？盖制府以不允盛杏荪官银行诸事，恐盛杏荪即不办芦汉铁路。伊既不办铁路，则铁政局一事伊亦必即辞退，故须询云抟能否承办铁政局事。一询云抟究竟集有若干华股。制府之意，洋债可借，惟照铁路资本，须有五分之一之华股以为根本，方可开办，故将询云抟究有若干华股。胥俟云抟来鄂询悉，则芦汉铁路一事，与盛与刘，方能定计。⑥⑥

此事至此，似有峰回路转之势，奉命召刘的姚锡光一度心生不解："是事也，虽已从制府谕往召云抟，而余心颇疑之。盖铁路一事，制府颇属意盛杏荪，将令其督办，而何以命召云抟？又如此之急？既而探之，乃知杏荪要挟过当，制府已稍厌之。"刘鹗奉召后，眼见希望重燃，风尘仆仆再度入鄂。七月十一日（8 月 19 日），"甫下轮船，即冒雨来省。……云制府所询诸端，伊俱能应允照办，因属念劬先为告制府，再往禀见。"⑥⑦对所询各事一口承应，颇透出刘鹗兴奋难抑、急欲成事的心态。

六、无果而终

　　二度入鄂，刘鹗急欲见张之洞，而后者似迎还拒，仅谕令"与钱念劬太守、蔡毅若观察商量铁路事"⑥⑧。奉命周旋者钱恂（1854—1925）、蔡锡勇（1847—1898），皆湖广督署亲信幕僚。姚锡光日记七月十九日（8 月 27 日）条记：

　　　　晚间，刘太守铁云假自强学堂内请客，同坐者钱念劬诸君子，余为帮作主人。据念劬言：制府将以芦汉铁路派盛杏荪、刘铁云合办。盛

---

⑥⑥ 王凡、汪叔子整理：《姚锡光江鄂日记》，第 139—140 页。

⑥⑦ 王凡、汪叔子整理：《姚锡光江鄂日记》，第 142 页。按同时应召而来者尚不止刘鹗一人，日记七月初二日（8 月 10 日）条亦见"方君某来拜，盖以请办铁路来鄂者"。同上书，第 142 页。"方君"，应即"四商"之一"方培垚"（化名，实际即总理衙门章京方孝杰）。

⑥⑧ 王凡、汪叔子整理：《姚锡光江鄂日记》，第 148 页。

杏荪即于明日到鄂云。刘铁云私谓余曰:伊不愿与盛杏荪合办。如芦汉铁路由盛杏荪办,伊即愿办苏沪铁路,与盛杏荪分道扬镳云。⑩

刘鹗久等无下文,向钱恂等探问内情,结果事机又有变化——盛宣怀也前后脚赶到了湖北。实际上,约一周之前,七月十三日(8 月 21 日)张之洞已电告盛宣怀"紧要情节甚多,必须面谈,始能详尽妥善",邀其"即日命驾来鄂详筹一切"。⑩ 查考背景,张、盛因复奏芦汉路事,在前述总理权限、兼办银行问题上小生龃龉,彼此不满,导致刘鹗等人返场,然就在此时,由于汉阳铁厂经营不善,遭北京户部挑剔,张之洞欲用盛宣怀、翁同龢的关系借为缓颊,不得不又有所妥协。⑪

对幕后发生的一切,刘鹗还全蒙在鼓里,但张之洞示意芦汉路"合办",较前口风已转,再加上盛宣怀接踵而至,不由得让他产生怀疑。在给表弟卞子新信中,充分流露出这一情绪:

> 兄十一日到汉口镇。既过江,知香帅电召,为欲将铁政、铁路二事并归兄办。及到,又变计矣。前日电召盛杏荪来,令兄与盛商酌,或分办,或合办,议定即出奏。今日盛到,盛称洋债借不动。香又变无主义矣。数日之间,业已三变,此后尚不知如何变法也。⑫

刘鹗尚悬犹疑,消息更灵通的姚锡光已感事态渺茫,七月二十二日(8 月 30 日)记:"念劬谈铁路,言及盛杏荪谓借洋债不成;刘铁云谓借洋债必成。盛杏荪谓借洋债须国家作保;刘铁云谓借洋债无庸国家作保,且洋人并能保

---

⑩ 王凡、汪叔子整理:《姚锡光江鄂日记》,第 152—153 页。

⑩ 《致上海盛道台》,光绪二十二年七月十三日未刻发,《张之洞全集》第 9 册,第 7073 页。

⑪ 翁同龢时掌户部,在办路问题上态度明确:"若靠四人,一百年办不成,派一督办,立公司,借洋债,自是正办。"这一表态无疑为对盛宣怀的声援,为后者所感激,推赞曰"此老胸中了亮一至于此"。参看夏东元编著:《盛宣怀年谱长编》下册,上海交通大学出版社,2004,第 524 页。

⑫ 《致卞德铭(一)》,《刘鹗集》上册,第 756 页。

险,保创办铁路必不歇本云云。太守之意颇左杏荪,不信铁云;未知制府之意何如?"⑦

两天后,七月二十四日(9月1日),事情终有了结果。当日姚锡光记下与钱恂的一番对话:

> 钱念劬太守来言"芦汉铁路制府已决计归盛杏荪督办。现在正办折稿,不日将出奏矣。其刘鹗诸君,无论集有华股数十百万,准其入股,并照商例派伊等入大股之人管事"云云。余言:"由盛杏荪督办,则大利全归盛杏荪。刘鹗等不得分段认办,且不得会办名目,而仅令之入股、入局管事,伊等未必情愿。今芦汉干路既归盛杏荪,何不令刘鹗等认办支路?"念劬谓:"盛杏荪之意,在将干路、支路、凡中国铁路一应包去。今若将支路另令刘鹗等认办,则必大拂盛杏荪之意,制府不能也。且即芦汉铁路得与刘鹗等入股,已大非盛杏荪之意,实制府强而后可"云云。⑦

由盛宣怀督办芦汉全路,已获张之洞允可,至此板上钉钉;而所谓商人可"分段认办""准其入股",貌似给刘鹗等人留了参股机会,却缺少实际意义。稍后直、鄂总督联衔复奏,即强调"此项铁路,论旨以官督商办为指归,以不入洋股为要义",并以"四商"为例,指出其实质即为"全恃洋股为承办张本",进而对商人眼界、商股价值大加贬低,否认"华商自办"的可行性。⑦经过一番较劲,张、盛终于达成默契,联手将刘鹗等华商踢出局外,而这背后有着不为外人所知的利益交换。姚锡光为表象所惑,不禁感慨:"盛杏荪之垄断把持,而制府之甘受挟制,亦一奇也。"⑦

---

⑦ 王凡、汪叔子整理:《姚锡光江鄂日记》,第154页。
⑦ 王凡、汪叔子整理:《姚锡光江鄂日记》,第156页。
⑦ 《芦汉铁路商办难成另筹办法折》,光绪二十二年七月二十五日,《张之洞全集》第2册,第1183—1188页。
⑦ 王凡、汪叔子整理:《姚锡光江鄂日记》,第156页。

当天,姚锡光将结果径告刘鹗,后者知事已不可为,不愿再行久留。七月二十七日(9月4日)姚锡光记:"刘铁云太守来辞别。……以办铁路来鄂,不得志,将往沪,即午后启行。"⑦

在汉停留期间,刘鹗作有《登伯牙台》一首吟咏其怀,诗曰:

> 琴台近在汉江边,独立苍茫意惘然。
>
> 后世但知传古迹,当时谁解重高贤。
>
> 桐焦不废钧天响,人去空留漱石泉。
>
> 此地知音寻不着,乘风海上访成连。⑧

既然"知音"难觅,只能无奈而返。而此行的曲折突变与功败垂成,实令当事人与后来读史者均有不胜"惘然"之感。

七、余论:"南革北拳"之间的"老新党"

甲午战后清廷鼓励"商办"铁路的热潮中,刘鹗应声而起,继而悄然出局。在当时对铁路感兴趣的华商既乏资本,又无势力,欲有所作为,似只有借用外资一途。"四商"因缘际会出现在历史前台,各自面目却相当可疑,当时官家指其"均系洋股影射",无一可靠,后世论者也强调"四商"争竞绝非商情踊跃之表征,只是一小撮人利欲熏心,自投洋商彀中。今据姚锡光日记为一手资料,可清楚地知道刘鹗谋办芦汉路时,确有向洋行借债之举,但较"许、方、吕三人皆有洋东在其身后"的情形,则又有不同。在观念上,刘鹗认定"洋债可借,洋股不可招",对维护利权已有相当的自觉;⑲但在具体操作

---

⑦ 王凡、汪叔子整理:《姚锡光江鄂日记》,第157页。

⑧ 《刘鹗诗词联语》,《刘鹗集》上册,第562页。

⑲ 在最惹非议的利用外资问题上,刘鹗辩解说:"借外款是为了开发矿山,并非出卖。筑铁路和开租界不同:租界租给外国人,主权也落于外国人之手;开发矿山,只是借钱,主权仍在中国人手里。"参看严薇青:《〈老残游记〉的作者刘鹗》,《刘鹗及〈老残游记〉资料》,第313页。

时缺乏凭借,只能一面向洋行虚应将有"承办芦汉铁路明文",一面向政府夸口已获"上海履祥洋行所保一千万华股"。作为刘鹗攻关的主要对象,张之洞对"商股"本无信任和信心可言,加之与盛宣怀在铁厂、铁路交易上结成利益联盟,最终由"官督商办"名义将"四商"统统划入另册,并非偶然。⑩ 而前述刘鹗做出类似现代"皮包公司"的投机行为,更让官家落实了"敢为欺谩"的印象,被视为"贪狡妄人",部分也属咎由自取。不可否认,刘鹗等人兜揽路矿,在"兴利养民"的愿望下,或有"为了他自己的剥削收入"而打的个人算盘,⑪但须指出的是,甲午后清廷所谓鼓励"商办",口惠而实不至,"既无护商之诚,又乏重商之政",无怪有论者在举张之洞为例证后感慨:"作为一名公认的'开明'总督,尚以如此粗暴态度对待'商办',则其他官员的面目可想而知。"⑫刘鹗的境遇,如具体而微的缩影,折射了国家举办新政之际官、商不复同心的现实,也透露出华商个体格于形势、举步维艰的无奈。刘鹗一生醉心于开矿筑路,第一次尝试即告完败,似乎不能为"搅乱了甲午战后稍有好转的经济形势"的罪名负责,但却清晰而残酷地预示了他悲剧性人生的结局。

光绪二十二年九月,清廷发下上谕:"直隶津海关道盛宣怀着开缺,以四品京堂候补,督办铁路总公司事务。"⑬不到一个月,再颁谕旨,银行一事准盛宣怀"招集股本,合力兴办"⑭。以此为起点,盛氏不断扩张事业、晋升官

---

⑩ 刘鹗留鄂之际,张之洞致李鸿藻一函将其在盛宣怀与"认办铁路之商人"之间的取舍关系表达得十分清楚:"铁厂因经费无出,遵旨交津海关盛道招商承办,良非得已。该厂炼钢造轨,足媲西制。将来铁路、铁厂必须联为一气,我用我轨,方能自保利权,且协政体。认办铁路之商人,昨已陆续来鄂,面加询考,惟其中皆系洋股影射,殊觉令人索然,此事实难措手耳。"参见《致李兰荪宫保》,光绪二十二年七月十四日,《张之洞全集》第 12 册,第 10239—10240 页。
⑪ 严薇青:《刘鹗和太谷学派》,《刘鹗及〈老残游记〉资料》,第 641 页。
⑫ 张海荣:《津镇铁路与芦汉铁路之争》,第 36 页。
⑬ 宓汝成编:《中国近代铁路史资料(1863—1911)》,第 261 页。
⑭ 中国第一历史档案馆:《光绪宣统两朝上谕档》第 22 册,广西师范大学出版社,1998,第 258 页。

阶,走上飞黄腾达之路。办芦汉路未果后,刘鹗在发展实业的路上屡仆屡起,"世俗交谪,称为'汉奸'"⑤,乃至庚子年(1900)以"私售仓粟"获罪,充军新疆,1909年死于流寓。仅仅两年后,盛宣怀在邮传部尚书任上,到达仕途顶点,而由他一手主导的铁路国有政策激起官、商间的空前对立,轰轰烈烈的保路运动最终引向革命,导致清政府的覆亡。

刘鹗已经无缘见证这一切。成书于1905年的《老残游记》里,他把清政府比作"一只帆船在那洪波巨浪之中,好不危险",但认为"驾驶的人并未曾错,只因两个缘故,所以把这船就弄的狼狈不堪了"——"一则他们是走太平洋的,只会过太平日子";"二则他们未曾预备方针……,所以他们就没了依傍",只要"送他一个罗盘,他有了方向,便会走了"。⑥ 可见刘鹗仍对保存清政府之实体留有信心,期待其实现"自改革",所赠予的"罗盘",就是兴办实业,筑路开矿,以富国养民。刘鹗曾自我剖白道:

> 晋铁开则民得养,而国可富也。国无素蓄,不如任欧人开之,我严定其制,令三十年而全矿路归我。如是,则彼之利在一时,而我之利在百世矣。⑦

而此"扶衰振敝"之药方,在后人眼中却无异"饮鸩止渴"——"符合当时统治者的主张,在本质上是卖国的办法"⑧。论者多注意刘鹗作为"太谷学派"第三代传人的特殊身份,他不仅有理论继承,且见之于行事,不恤己身从事赈济、治河、开矿、修路,正与"圣功之纲,不外教、养两途"相合;特别关怀下层

---

⑤ 鲁迅:《中国小说史略》,《鲁迅全集》第9卷,人民文学出版社,2005,第298页。

⑥ 刘鹗:《老残游记》,人民文学出版社,1982,第7页。

⑦ 罗振玉旁观者清,"答书曰:'君请开晋铁,所以谋国者则是矣,而自谋则疏。万一幸成,而妒菲日集,利在国,害在君也。'君之不审。于是事成而君'汉奸'之名大噪于世"。见罗振玉:《刘铁云传》,转引自胡适《〈老残游记〉序》,《刘鹗及〈老残游记〉资料》,第368页。

⑧ 阿英:《关于〈老残游记〉——〈晚清小说史〉改稿的一节》,《刘鹗及〈老残游记〉资料》,第365页。

百姓,"以养天下为己任",亦足见社会危机对中下层儒家知识分子的刺激。㊳ 在同时代乡贤中,刘鹗最推崇马建忠(1845—1900),欣赏其"负治事之才,通达中西学术",并为此类"能言而又能行"之人辩护,认为世俗非议不过"少见多怪,无足异者"。㉚ 这番言语中间实有自我认知的投射。不过,以在野之民奋然而起,挽救世局之衰,在当时显然并不现实。姚锡光日记中记有两人泛论世局的一场对话,姚谓"当督抚,非将李相之聪明、香帅之规模、右帅之坚实合为一人,而上有秦皇、汉武、元世祖之君,不能宏济艰难",刘鹗深以此说为然。㉛ 但刘鹗自视可以"兴利养民"的种种努力,却为督抚所鄙、国家所弃,那种足以托付、"宏济艰难"的上位者,也终于没有出现,清朝还是无可挽回地覆亡了。

刘鹗的现实道路没有走通,但却预言性地在文学创作中暗示了改造历史的其他力量。他借老残之口发挥的一大通"北拳南革都是阿修罗部下的妖魔鬼怪"之类的宏论被指为"反动",身后引起过无数麻烦。验诸评价历史人物的政治光谱,刘鹗被认为出身于"封建统治阶级的家庭",一度被视作"小资产阶级",后来定位则变为"既反对各种形式的革命,又不属于坚决的保皇党,基本上是一个改良主义者"。㉜ 刘氏的家族后人略带辩护地总结说:"综计先君一生事业,无不识远虑深,刱于人所未知未见时,卒以此致人攻讦。今者代异时迁,先君昔所受人诟病者,悉成利国要图,群知而竞立矣。"㉝

㊳ 太谷学派,又名泰州学派,是清代道、咸年间一个以儒家教义为主的民间秘密教门,主张"富而后教",以"养民"为本。参看严薇青:《刘鹗与太谷学派》,《刘鹗及〈老残游记〉资料》,第631—642页。王汎森特别举刘鹗为例,说明文化精英以外,中下层士人与民众在大量接触西学后,如何以"组织的形式、宗教的手法"运用传统资源应对时变。参其《道咸年间民间性儒家学派——关于太谷学派的研究》,收入《中国近代思想与学术的系谱》,河北教育出版社,2001,第69页。

㉚ 《姚锡光江鄂日记》,第122页。马建忠与刘鹗相交终身,被后者视为排在前两位的"生平知己"之一。见《抱残守缺斋·辛丑日记》,《刘鹗集》上册,第686页。

㉛ 《姚锡光江鄂日记》,第123页。按"李相",李鸿章;"香帅",张之洞;"右帅",陈宝箴,时为湖南巡抚。

㉜ 刘泽厚:《刘鹗与〈老残游记〉》,《刘鹗及〈老残游记〉资料》,第35页。

㉝ 刘大绅:《关于〈老残游记〉》,《刘鹗及〈老残游记〉资料》,第405页。

《老残游记》的文学价值被发现的五四时期，距刘鹗相对较近，但已明显经历世代更替，钱玄同(1887—1939)径直批评刘鹗究竟是"老新党头脑不清楚"，而同时代的胡适指出：

> 就是那最荒谬的部分，也可以参见一个老新党的头脑，也未尝没有史料的价值。我们研究思想史的人，一面要知道古人的思想高明到什么地方，一面也不可不知道古人的思想昏谬到什么地步。㉞

在老残眼中，"北拳"守旧，"南革"趋新，而性质皆属于"破坏"；后人赋予"老新党"之谓，意涵指向折中，近似更后的"改良主义者"。胡适出此语，意在抛开一时政治褒贬，取历史眼光看待《老残游记》的思想，别具视野，颇富提示性。㉟ 这一文艺批评或者说思想研究史的方法论，同样适合于考量《老残游记》的作者。将刘鹗放在具体历史脉络中来观察，他本人的言论与行动作为一种"史料"，可以透露时代信息，而经由背景的烘托，他所处的历史位置的价值与局限也同样可以突显。本文就是这样一种尝试，希望新、旧史料配合利用，考订某一微小的(仅就体量而言，不包括价值层面)历史事件的多个面向，在此基础上贴近去理解历史当事人所遭逢的时代和问题，以及他所可能给出的答案。

㉞ 胡适：《〈老残游记〉序》，《刘鹗及〈老残游记〉资料》，第 379 页。

㉟ 无独有偶，郁达夫尽管视刘鹗作品所代表的思想为"二三十年前的小资产阶级的思想"，但同样强调"非要设身处地的把作者当时所处的时代环境仔细一想不可"，"我们若以他的以目下的眼光看来，是完全立于反革命的地位的议论，来断定他的作品的毫无价值、毫无时代性，却是过于苛刻的批评，这一层应该为作者原谅的"。参见郁达夫：《读〈老残游记〉》(1927)，收入吴秀明编《郁达夫全集》第十卷，浙江大学出版社，2007，第 374—375 页。

张之洞与德国军事教习

在中国军事近代化进程中,外国因素的作用非常值得注意。晚清时代,清军在军事装备、训练、教育乃至体制多个方面的改变,就一度带有相当鲜明的德国印记。研究中国军事史的专家、美国学者鲍威尔(Ralph Powell)指出,由张之洞所编练的"德国类型的军队和它的后继者",乃此后诸多新型军队模仿的对象。[①] 国内也有论者以"以德为师"来概括洋务时期军事变革运动的特色,德国与晚清军事近代化的密切关系似越来越受到重视,而"德国军事教习"这一特殊群体也开始被提出来单独讨论。[②] 不过,或囿于史料不足,既有研究主要集中于德籍军官的人名、职务及相关业绩的初步整理,尚未深入细部,因而德人在中国扮演的角色仍然显得模糊。德国学者对这一课题也表现出浓厚兴趣,且最近有研究成果在中文世界发表。法兰克福大学白莎(Elsabeth Kaske)教授在列举中文研究文献时,含蓄地指出"中文史

---

① [美]拉尔夫·尔·鲍威尔:《1895—1912 年中国军事力量的兴起》,陈泽宪、陈霞飞译,陈泽宪校,中华书局,1978,第 37 页。
② 这方面研究成果,参看王建华《德国与晚清军事近代化》,《江海学刊》2004 年第 5 期;孙立峰、范云《晚清德式军事学堂的兴办及其教育特色》,《河北师范大学学报(教育科学版)》2007 年第 2 期;苏贻鸣《中国军事近代化的启蒙群体——简论外籍军事教官与晚清军事》,《军事历史研究》1994 年第 1 期;毛克明《晚清德籍军事教习与中国军事近代化》,《政法学刊》1998 年第 3 期;向中银《略论外籍雇员在晚清军事近代化中的作用》,《求索》2000 年第 2期。

料中往往只见外国人的中文名字,无法考证其人的真名实姓"③。这一类问题实际存在很多。比如多数研究对德国军事教习评价不俗,认为他们在军事改革的多个领域均起到了"重要作用",那么这些人究竟在何种层面上介入改革? 与中方人员实际合作的情形又如何? 惜少见具体论列。又比如,不少作者都注意到清政府聘请军事外教,大致有一个由德国转向日本的过程,那么这种转变的原因何在? 是否可径直归咎于德国政府的侵华野心,或在华武员个人性格、品行方面的缺陷? 对这类问题的解释仍显得似是而非。

作为晚清最重要的地方大吏之一,先后总督两广、湖广、两江的张之洞(1837—1909)与德国颇具渊源④,其亲身接触的众多德国人中,聘雇来华任教习、顾问等职的德籍军官即为一大宗。⑤ 张之洞在广州、南京、汉口等地相继展开颇具声势的军事近代化改革,最初即以德国军制为模板,他与德国军事教习接触多,涉事广,保存下来的史料也相对丰富,比较适合由此切入做一具体而微的样本分析。而新刊《姚锡光江鄂日记》,从张之洞幕僚的视角摄录了当时在华德员的言论形迹,也为深入研究提供了条件。⑥ 本文拟以张之洞兴建自强军、创办武备学堂的过程为经,张本人及其幕府成员与德国教习的交往为纬,尝试复原当时中德交往图景的一角,并基于中外先行研究就若干尚待厘清的问题提出自己的解释。

一、 从"教习"到"统领营官": 招募德国军官之始

张之洞是较早对军事近代化问题敏感起来的清朝官僚之一。中法战争

---

③ 白莎(Elsabeth Kaske)大量利用了德国方面的档案资料,并与中国文献相比照,阐述了德国教官与军事顾问的来华经历及其在中德关系中的作用,颇具参考价值。参见[德]白莎:《晚清在华的德国军事教官概况》,《北大史学》第13辑,北京大学出版社,2007,第303—348页。

④ 参看王维江:《张之洞与德国人》,《华东师范大学学报(哲学社会科学版)》2010年第3期。

⑤ 黎仁凯将张之洞所聘雇各类外国军事、技术人员一律归为"幕中洋员",缕述其职名、事迹,并做有"张之洞幕中洋员表",虽然信息不尽完善准确,但搜罗较广,便于参考。详参黎仁凯等著:《张之洞幕府》,中国广播电视出版社,2004,第70—120、148—166页。

⑥ 王凡、汪叔子整理:《姚锡光江鄂日记(外二种)》,中华书局,2010。

时期,他已意识到"广求利器,乃一时权宜之计,聘请洋将洋弁,乃在树水陆军百年之基",而根据当时国际政治环境、军事工业发展水平等因素,将招募洋弁的对象瞄准了德国:

> 查各国武备,近以德国为最精,而且亲睦中华,确有协助之诚。去年开战以来,凡粤省与德商办诸事,从不以局外宣战等语,借口推谢,皆系依期到粤。故军事需用西人,惟该国人尚为可信。⑦

在两广总督任上时,张之洞通过驻德公使李凤苞(1878—1884 在任)、许景澄(1884—1887、1890—1898 在任),相继雇募雷芬(Fauré)等德弁七名,派充各项教习。不过,尽管当时张之洞编练广胜军五营"专习洋战"并多购克虏伯新式炮枪发给该军"精加练习",但他对效法西式军制、军规仍有所保留,认为"派洋弁为教习,但学其镇静、严肃之意,枪炮取准之法,筑台造垒之式,考究洋械机栝、子药利病,至洋操阵式……断宜弃之不学"。⑧

至中日甲午战争爆发,惨败之下,清廷痛定思痛,开始反省自身在军事上的全面落后。其时署理两江总督的张之洞上《吁请修备储才折》,列论"力求补救之策",头两条就是"宜亟练陆军""宜亟治海军"。⑨ 这反映出马关签约、举国震惊之际,"朝野上下检讨战争失利原因而得出的基本共识"⑩。不过,张之洞的特别处在于不仅有练兵的主张,而且不乏练兵的具体计划:前引折片中提出在江南"拟练万人为一军",至于教练之法,一分为三作募洋将管带操练、遣员弁出洋学习、各直省设办陆军学堂,张之洞直接指出"三途之中,以用洋将管带教练为最速",而取法对象也非常明确——"目前陆军以德

---

⑦ 《雇募德弁片》,光绪十一年五月二十五日,苑书义、孙华峰、李秉新主编:《张之洞全集》第 1 册,河北人民出版社,1998,第 314 页。

⑧ 《教练广胜军专习洋战片》,光绪十一年五月二十五日,《张之洞全集》第 1 册,第 313—314 页。

⑨ 《吁请修备储才折》,光绪二十一年闰五月二十七日,《张之洞全集》第 2 册,第 990 页。

⑩ 冯天瑜、何晓明:《张之洞评传》,南京大学出版社,1991,第 154 页。

国为最强,自宜取法于德"。⑪

甲午战败的刺激以及中国面临瓜分的危亡形势,成为清朝采用西法编练新军的契机,这方面的标志即江南自强军和北洋新建陆军。⑫ 正是为了编练自强军,才有张之洞大规模聘雇德籍军官之举。光绪二十一年(1895)二月初,他致电驻德公使许景澄,交代南洋练兵计划,令其通过德国克虏伯公司(ThyssenKrupp)招聘水陆将弁二三十人,"才高为将,才小为弁"。⑬ 同时,去电时任直隶总督兼北洋大臣的王文韶(1830—1908)称:

> 闻许星使在德代津订洋弁八人,现在天津练兵之说,是否停止? 如不需洋弁,请拨归南洋用。敝处拟用洋将练陆军万人。⑭

按,"许募洋将,系宣托办,傅相允行"。⑮ 此事的背景与甲午战时的一桩悬案有关。原直隶大臣兼北洋大臣李鸿章的军事顾问、德国人汉纳根(Costantin von Hannacken,1855—1925)向总理衙门呈递条陈,提出一项包括购船、购械、聘请外国将弁及编练新军十万人在内的庞大计划,清廷在病急乱投医的情势下,下旨允准,令汉纳根与督办军务处及胡燏棻合作办理。⑯ 当时委托许景澄在德国雇聘洋将洋弁的直接经手人,则为盛宣怀。⑰ 事实上,这一军事改革计划自始至终充满了争议,根本无从实现。据白莎考

⑪《吁请修备储才折》,光绪二十一年闰五月二十七日,《张之洞全集》第2册,第990—992页。

⑫ 参看罗尔纲:《甲癸练兵志》,《晚清兵志》第三卷,中华书局,1997,第150—162页。关于张之洞"编练新军与军制革新"的研究,较新的成果可参看李细珠:《张之洞与清末新政研究》,上海书店出版社,2003,第216—224页。

⑬《致俄京许钦差》,光绪二十一年二月十一日寅刻发,《张之洞全集》第8册,第6135页。

⑭《致天津王制台》,光绪二十一年二月十一日寅刻发,《张之洞全集》第8册,第6136页。

⑮《盛道来电》,光绪二十一年正月初八日未刻到,《张之洞全集》第8页,第6059页。

⑯ 参看马昌华主编:《淮系人物列传——文职·北洋海军·洋员》,黄山书社,1995,第404—405页。

⑰ 参看《盛道来电》《致天津盛道台》,光绪二十一年正月初五日午刻到、初六日亥刻发,《张之洞全集》第8页,第6058—6059页。

察,建军计划的巨额费用是汉纳根与中方产生分歧的一个重要因素,此次军购全部由汉纳根所入股的德资洋行经手,他本人从中捞取了大笔回扣,获利颇丰,这不仅直接导致练军计划无果而终,也使得李鸿章离职后继任北洋大臣的王文韶对德人颇有些敬而远之。[18]

甲午战后,张之洞着手筹建自强军时,便考虑将北洋已经聘订而欲弃用的八名德国军官顺势转至自己名下,以为"盛(宣怀)不带兵,如何能用洋弁?李相现已交卸,如已得其人,请与约定遣来南洋,敝处用之"。[19] 这一要求很快得到王文韶的响应。张之洞用西法练军的雄心尚不止于此,在初次委托许景澄在德聘订军官数日后,招募人数又有所加码,本年二月十四日(3月10日)去电透露了一个空前庞大的"借才练兵"计划:

> 夔帅(王文韶字夔石)已允将津募洋弁归南洋留用,请即速饬来。其才或胜统领,或营或哨,祈豫示,以便筹计。鄙意拟练兵万人,需统将一,营官二十,哨官一百,皆用洋弁,以华官为帮办。请觅一真能统万人者,如得其人,则营哨各官即令该洋将自行招致,选择带来,则人不冗滥而来速。尊意以为然否,或别有办法?祈示复。[20]

值得注意的是,张之洞此时欲聘百人以上的德国军官,目的已不只是带领训练,而是直接统兵,用他自己的话说,即"用洋将洋弁为统领营官,非仅为教习也"[21]。这与他对军事改革的认识深化是同步的。张之洞已意识到旧式绿营、勇营"习气甚重,亟须改换面目,以求实际",而"向来各省所习洋操,不过学其口号步伐,于一切阵法变化、应敌攻击之方、绘图测量之学全无考究,是买椟而还珠也","捐弃旧法、别开生面"的途径即在于"惟有改以洋将带

⑱ [德]白莎:《晚清在华的德国军事教官概况》,《北大史学》第13辑,第319—320页。
⑲ 《致俄京许钦差》,光绪二十一年二月初七日未刻发,《张之洞全集》第8册,第6127页。
⑳ 《致俄京许钦差》,光绪二十一年二月十四日午刻发,《张之洞全集》第8册,第6147页。
㉑ 《致俄京许钦差》,光绪二十一年闰五月二十五日巳刻发,《张之洞全集》第8册,第6515页。

之，则诸弊悉去"，具体方案则包括"急练陆兵万人，营制、饷项略仿德国，即以德国将弁为营哨官"。㉒ 张之洞曾以其惯用的体用哲学表述自己的建军思想，内容涉及兵额、兵源、饷章、营制、武器装备与技战术多个方面，这一军事改革方案可谓相当"全面"。㉓

　　大约到光绪二十一年（1895）秋天，自天津调来之北洋原订德国将弁，以及张之洞商托许景澄在德招聘之员，共计三十五人已陆续到达南京。根据"以洋将管带操练"的原则，德国军官担任自强军的营官和哨官，另设副营官、副哨官，由华人任武职者及天津、广州两处武备学堂出身的学生担任，全军由德国少校（相当于"游击"衔）来春石泰（Albin Freiherr Reitzenstein，1852—1927）㉔统带，候补知府沈敦和、奏调差委知府钱恂为"洋操提调"。至同年底，仿德国营制编练，合步队、炮队、马队、工程队诸兵种于一体的自强军基本成军，新旧合计二十营，共五千人。㉕ 这一支军队在中国近代军事史上有其重要位置，时人以为"江南诸军，无如自强军"，后世研究者也强调"自强军的创立，实为日后中国编练新军的先河"。㉖ 即以外国军官全权负责练兵、统兵一项而论，尽管实践过程中间多有争议，后来也未能持续，但在当时仍可谓创举。

　　张之洞原拟招募德国将弁百人以上的计划，最终没能全部实现，主要受制于经费不足。本年五月间，张之洞还电告许景澄"需用德员约四五十员，末弁一二百人，祈速代照觅"。㉗ 至七月间，聘雇人数已大大缩减，他去电解释道：

<hr>

㉒《筹办江南善后事宜折》，光绪二十一年闰五月二十七日，《张之洞全集》第 2 册，第 1005 页。

㉓ 参看李细珠：《张之洞与清末新政研究》，第 218—219 页。

㉔ 关于来春石泰其人以及应聘来华始末，可参看陈肖寒《来春石泰聘华前后诸史事》，《第八届北京大学史学论坛论文集》，2012 年 3 月；邱涛、陈肖寒《来春石泰来华与近代中德军政互动关系考》，《世界历史》2012 年第 5 期。

㉕《选募新军创练洋操折》《统筹洋操新军的饷折》，光绪二十一年十一月十二日、光绪二十二年正月初二日，《张之洞全集》第 2 册，第 1052—1053、1129—1130 页。

㉖ 罗尔纲：《甲癸练兵志》《晚清兵志》第三卷，第 157 页。

㉗《致俄京许钦差》，光绪二十一年五月十四日亥刻发，《张之洞全集》第 8 册，第 6430 页。

前因有战事，故托克厂代雇，今事已平，宜请德国国家保荐，不必再商克厂，庶才具尤为可靠。已来各员弁，所定薪水太大，照此断不能多雇，亦难久留，以后务请大为核减。至祷。㉘

二、 姚锡光日记所见之"德员来春石泰"

《姚锡光江鄂日记》始于光绪二十一年十月十二日（1895 年 11 月 28 日），止于光绪二十二年九月二十日（1896 年 10 月 26 日）。先是，姚锡光（1857—1921）经署理两江总督张之洞调用，入南洋筹防局办事，后张氏回任湖广总督，又随同入鄂，委充湖北武备学堂总稽查，前后时间跨度近一年。姚锡光甫至江宁报到，受命办理的第一桩差使就是和德国军官合作完成的。日记初始记：

> 十月初旬，经练兵公所提调沈仲礼太守（敦和）知会，云制府将派德员来春石泰、骆克伯往看南洋炮台，拟派锡光偕往勘履。复于十月初九日，接筹防局沈爱沧观察函，知会此事，乃束装前去。㉙

按，甲午战时张之洞调署两江，奉办江南善后事宜，整顿、勘修长江一线各要隘炮台即首务之一，故"向外洋访延熟谙炮台之将弁数人，来江履勘筹议"，主要从事测绘定式、估价监造等工作。㉚ 日记中"来春石泰"，江南自强军统带；"骆克伯"（Robert Löbbecke），来自德国克房伯公司的上尉工程军官。㉛

㉘ 《致俄京许钦差》，光绪二十一年七月十四日辰刻发，《张之洞全集》第 8 册，第 6599 页。

㉙ 王凡、汪叔子整理：《姚锡光江鄂日记》，第 3 页。"沈爱沧"，沈瑜庆（1858—1918），时以道员委充"（两江）总督署文案，兼总筹防局营务处"。参看沈成式编《沈敬裕公年谱》，载福建省文史研究院整理《涛园集（外二种）》，福建人民出版社，2010，第 232 页。

㉚ 《整顿南洋炮台兵轮片》《筹办江南善后事宜折》，光绪二十一年二月初四日、闰五月二十七日，《张之洞全集》第 2 册，第 955—957、1008 页。

㉛ 中文文献又作"骆克卜""骆百克""齐百凯""骆博凯"。其人出生于普鲁士王国，1872 至 1893 年德军在役，晋升上尉衔。1895 年 11 月，由克房伯公司委派，应两江总督张（转下页）

据后者记载,1895年11月24日,他与来春石泰一同谒见张之洞,而"总督阁下至今尚未接见过德国军官",换言之,他们二人应是张之洞本人最早直接接触的德国军官。㉜姚锡光前在直隶总督李鸿章治下的天津武备学堂执教,对军事业务较有心得㉝,所以一入张之洞幕府,即奉命与德国军官一道查勘南洋炮台。据其日记:"时同役者为德员来春石泰、骆克伯、朱礼琦(仲宾)、张敬泰(古岩)。"㉞

　　姚锡光于十月十二日(11月28日)到达上海,与来春石泰等人会合,同登"江清"号差轮,由吴淞、江阴而至镇江,一路查勘东海、长江下游炮台,至十一月初六日(12月21日)返回江宁下关。㉟启行第一站,姚锡光对来春石泰的观感即不佳,日记称:

(接上页)之洞聘请,至南京工作。张之洞回任湖广后,为刘坤一留用,任江南陆师学堂总教习,至1900年4月回国。今存其在华期间写给德国家人的书信近六百封,其中直接与南京有关的一百多封已译成中文,辑录成书。参看[德]罗伯特·骆博凯:《十九世纪末南京风情录——一个德国人在南京的亲身经历》,郑寿康译,南京出版社,2008。

㉜ [德]罗伯特·骆博凯:《十九世纪末南京风情录——一个德国人在南京的亲身经历》,第36页。

㉝ 姚锡光自光绪十二年(1886)"始役津门",供事于李鸿章幕府,于军事方面多有建言,据其自谓:"见朝鲜之祸蕴蓄之深,关系之重,非可言喻,叠于丁亥春夏间上两说帖,以要合肥相国,每谒见必陈朝事,相国不之审,约七岁而东方之难作。"参见姚锡光:《尘牍丛钞》,中国史学会主编《中国近代史资料丛刊·中日战争》第2册,新知识出版社,1956,第358页。甲午战时,在山海关、秦皇岛、山东等地参与军事活动。战后,广搜中外资料,参以自身见闻,纂有《东方兵事纪略》六卷,光绪二十三年(1897)刊于武昌。

㉞ 王凡、汪叔子整理:《姚锡光江鄂日记》,第3页。据骆博凯记载,他与来春石泰被委派"巡视扬子江的江防要塞工事,然后提出相应的改进和补充意见,总督大人给扬子江所有的要塞司令发出了相应的命令,并派给一艘中国军舰供使用"。出发时,船组人员除两名德国人外,还有"二十个中国人,其中包括我们两名说英语和汉语的译员,一名秘书以及我们的四个仆人和两个苦力"。参看[德]罗伯特·骆博凯:《十九世纪末南京风情录——一个德国人在南京的亲身经历》,第36—37页。

㉟ 按来春石泰等人回南京后,就此勘察炮台所见,向张之洞提出"当务之急,莫如新式炮台,虽曰工程浩大,亦宜早筹兴筑",并详述炮台利弊及改造方案。这一报告书后在《时务报》上以连载形式公开发表,参见德国来春石泰、骆博凯原稿,上元郑宗荫译述:《查阅沿江炮台复禀》《查阅沿江炮台续禀》,《时务报》第二十八、二十九、三十册,光绪二十三年五月初一、十一、廿一日,《强学报·时务报》第3册,中华书局,1991年影印本,总第1923—1928、1991—1996、2061—2064页。

洋员来春石泰，黠滑殊甚。屡向班统领言，为之向制府前说好话。班统领以其稠人中言之，有惭色，唯唯而已。㊱

　　"班统领"，记名总兵班广盛，时驻吴淞炮台。来春石泰的钻营习气，为姚锡光所不悦，而张之洞以高薪雇募此类德员，也被认为不值："夫大府之乐用西人，不惜巨赏（来春石泰每月薪七百金，余以次降，南洋所用洋员四五十人，至少者亦三百余金），以其鸷直也。黠贼若此，岂大府所及料哉！"㊲至于此次查勘炮台之行，姚锡光在日记中备述德人言行，并时有抨击之词，其主要不满有两个方面：一怂恿中国多购炮位从中攘利；二假测绘、建台等途径侵害中国军事。

　　在查勘宝山、崇明一带炮台后，来春石泰就炮台数量提出意见，引起姚锡光的异议。十月十七日（12月3日）记："其应募来中国也，尤以包揽工程、代购枪炮为利薮。此次查勘炮台，念念在兹。故石头、崇宝两沙建筑炮台，最为其命意所在，以此处工最巨而炮最大也。"来春石泰以多设炮位游说各台统领，其中不乏利害关系，姚氏也有所洞悉："添购台炮，亦必添守台之兵，统兵官亦添出息，故亦为各路守炮台统领所乐闻。而来春石泰即以是饵各统领［狮子林炮台班统领谓须有十二尊大炮，彼言须有廿四尊大炮，崇明六滧炮台，王统领谓须有炮五六尊，彼言须有大小炮廿余尊］，各统领闻之甘如荠也。嗟乎！中国受外人欺罔若此，其何以支！"㊳

㊱　王凡、汪叔子整理：《姚锡光江鄂日记》，第12页。
㊲　王凡、汪叔子整理：《姚锡光江鄂日记》，第12页。姚锡光还算了一笔经济账，对自强军雇德将弁之性价比提出质疑："自今年夏间金陵省垣开练兵公所，雇来德员至三四十人，薪水至大者，如来春石泰月七百金，至少者亦月三百金，计月费万四五千金。以三年为期，须费五十余万金。（练兵公所以外洋人不在此数。）而所教者，不过德国操一项。现在我中国人能德国操者不知凡几，以月二三十金一人，颇可雇充教习，亦颇可著成效。（北洋行德国操已十余年。）何至用德员如此之多，而糜款如此之巨？……中国毫无稽察，且无算计，不知后此何以为国？"同上书，第37页。
㊳　王凡、汪叔子整理：《姚锡光江鄂日记》，第12页。
㊴　王凡、汪叔子整理：《姚锡光江鄂日记》，第12—13页。

此后巡查沿江各炮台，来春石泰每至一处，即建议增设炮位，其中不乏言之成理者，也多有待商榷者。比如镇江象山炮台，来春石泰谓长江有事，敌船必于丹徒口登岸，要求于丹徒修台，以固象山炮台下游。姚锡光以此"殊属非是"，并分析说：

> 盖下游之下，复有下游。即以镇江论，守丹徒口矣，而丹徒以下仍有谏壁口、孩溪镇，皆可登岸直趋郡城南门。备多力分，转无把握，岂有沿江遍筑炮台之理？我苟扼要屯有劲兵，可四面援应，则炮台自固，郡城亦安。岂有沿江设守而能自全者？**洋员盖意在中国多买炮位以自肥也。**[40]

又比如，来春石泰以为镇江银台山侧地方应予削平，置炮台、安炮队以固后路，姚锡光也予以反驳：

> 余以来春石泰之言甚属非是。盖来春石泰狃于中国炮台不能打后路之说，故此处所说宜设炮台以击上游东下之船。夫我炮台谓必能旋击上游，并兼顾后路，则可，而究必以击下游来船为主。今镇江钩（钓）鱼台地方，逼处银台山左侧，而银台山甚高，遮蔽东南，断无能击下游之理，且亦绝无能东顾郡城之理。盖专为击上游下驶之船而设，则无此办法。**盖洋员之意，在怂恿中国多购炮位，彼得于中攘利，实堪痛恨！**[41]

晚清时期购买外洋军火的渠道，形式复杂，前后情况也极不一致，但在八九十年代，多为由驻德公使代购或委托德国洋行购买。[42] 一些德国教官

---

[40] 王凡、汪叔子整理：《姚锡光江鄂日记》，第28页。

[41] 王凡、汪叔子整理：《姚锡光江鄂日记》，第30—31页。

[42] 参看［德］乔伟、李喜所、刘晓琴：《德国克虏伯与中国的近代化》，天津古籍出版社，2001，第51—87页。

确会作为中间人介绍生意,从中收取回扣,但从德国史料来看这类人只占极少数,"当时军火贸易并非谁都可以做的"[43]。目前也尚无证据表明,作为休职少校来华的来春石泰与军火生意商有瓜葛。但与其人共事过程中,姚锡光对外人"攘利""自肥"的企图心随时注意,及见来春石泰、骆克伯禀复查勘炮台的禀稿,更予以揭露:"言山川形势,未始无是处,特意在中国多购炮位,实别有肺肠,盖图经手以自利也。"[44]

另一方面,德国军官深入实地,勘察、测绘长江地形,并参与筹划沿江海军事防务,也引起姚锡光的警惕。即以石头、崇宝两处建台论,德人建议"宜于石头,而不必于崇、宝",他对此颇不以为然:"盖石头犄角崇明,为长江外户,崇宝犄角吴淞及狮子林等处,已为长江内户。今不御人于户阈以外,而御人于户阈以内乎?而洋员意在经营崇、宝,不知何心!"[45]

结束初次查勘后不久,本年十二月十一日至二十六日(1896 年 1 月 25日—2 月 9 日),姚锡光再次奉命"偕德国游击雷诺往看长江下游炮台"[46]。德国炮将雷诺(Renaul)系"游历过华",姚锡光则认为其来携有"为德国克鹿

---

[43] [德]白莎:《晚清在华的德国军事教官概况》,《北大史学》第 13 辑,第 313 页。

[44] 王凡、汪叔子整理:《姚锡光江鄂日记》,第 65 页。

[45] 王凡、汪叔子整理:《姚锡光江鄂日记》,第 13 页。

[46] 王凡、汪叔子整理:《姚锡光江鄂日记》,第 53 页。张之洞事后奏称:"江南海口沿江各炮台,必须向外洋延访熟谙炮台之将弁来江察勘,筹议修建……嗣由出使大臣许景澄代延德国国工程都司骆克百克来华,又适又德国炮将雷诺游历过华,冬间先后到江,均经臣派令候选知县姚锡光两次会同洋员即教练陆操之洋将来春石泰察看各台。"参看《选募洋员履勘炮台片》,光绪二十二年正月十五日,《张之洞全集》第 2 册,第 1152 页。按雷诺本人事后作有《扬子江筹防刍议》《查阅沿江炮台禀》,提交张之洞,前者后来发表于《时务报》,序曰:"窃游击于华历上年腊月奉大帅委勘吴淞至金陵一带江防,属抒管见。窃维定大计者,宜策万全而集众长者,贵衷一是。大帅荩忠谋国,虚己以揽四海之才,西人士之愿效微长,伏辕献策者,当难偻指。乃犹不遗微末,远采刍荛,所谓求是而求全者,渊衷若揭。游击荷此知遇,感激曷胜。故阅勘虽祇浃旬,却无处不悉心审察,并就数十年之学问阅历,斟酌利害,觏缕上陈。又重托华友之真能阐译此件者,详为译汉,以期无负垂青。庶仰佐伟烈丰功于万一,烛龙所照,必能于众议纷陈之下,鉴别苦心。谨将管见,厘为八篇,呈备采择焉。"参见德国雷诺原稿,江苏张永煦译述:《扬子江筹防刍议》,《时务报》第二十一、二十二、二十四、二十五、二十六册,光绪二十三年二月廿一日,三月初一、二十一日,四月初一、十一日,《强学报·时务报》第 2 册,总第 1443—1450、1511—1518、1649—1656、1721—1724、1785—1792 页。

卜炮厂售炮"的目的，而一行随带全套照相工具，沿途"遍照山险真形"，用以详细测绘山川形势，他第一直觉相信"中国险要，尽入洋人掌握，纤毫毕露，可恨可恨"[47]。日记中详细描述了西方新式照相技术的可怕之处，更揭露本国军事机密因此泄露可能造成的后果：

> 其所用照像器为走马照像家具，乃至精之器，照像极快，而得像极真，将来仍可以电光放大。我险要真形，彼可鉴及毫发，处心之深，积虑之远，我中国当道尚尔梦梦，倚若左右手。余明知之，而不能禁也。[48]

综上来看，在两次查勘炮台过程中，来春石泰等人带给姚锡光的印象相当负面。不止于此，姚锡光对于张之洞所聘德国军官总体评价都不高。他曾表示："香帅创立自强军十二营，本意集良家子弟，练以德操，即以德员为将弁。无如应募来华德员弁多无赖，既不可驱策。""洋人所教德操，亦颇不整齐，且驰马觅伎，逐日在外滋生事端，绝非善类。"[49]当时南洋各处炮台也雇用了一些外籍炮弁，经过实地查验后，姚锡光结论为"不足恃"：

> 林君为江阴、镇江各炮台委员中最不袒护洋人之员，深告以新炮台所用各洋弁有水兵，有兵丁，有游民，不明炮理，不知测量，大率来骗中国薪水，最为可恨。[50]

---

[47] 王凡、汪叔子整理：《姚锡光江鄂日记》，第59页。
[48] 王凡、汪叔子整理：《姚锡光江鄂日记》，第60页。
[49] 王凡、汪叔子整理：《姚锡光江鄂日记》，第37、71页。
[50] 王凡、汪叔子整理：《姚锡光江鄂日记》，第30页。姚锡光主张"中国必先培植知炮之人，方能得炮之用，而培材必设学堂以讲炮学"，经武备学堂训练一二年，学堂学生可发往炮台管炮，"较之借重洋人，实为事半功倍"。与姚氏关系密切的天津武备学堂毕业学生，当时有不少南下，在南洋、湖北地方寻职。同上书，第48—49、116—117页。其见解背后，也有为本国武备生与外籍教习争长短、争利益的考虑。

上述观察并非一面之词,当时一位美国驻华公使馆的职员这样评论自强军中的德国人:

> 他们当中只有一两个人在德国军中有过正式官衔,其余的只有极低的职级,除了当教练之外,没有其他价值。……自从他们到南京之后,他们几乎长期生活在酣醉状态之中,很少时候宜于担任任何职务。[51]

在华外国人出于国际竞争,相互评价之际未免带有偏见和夸张,但来华德国教习的职业背景与业务素质存在问题也是客观事实。白莎特别从社会史的角度对德人应雇来华的动机做过很有意思的考察,指出那些在国内社会地位相对低下的"士官"(区别于"军官")不远万里投身异国,不过是"在国际劳动力市场上为自己创造新的机会",而应聘自强军而来的三十五人均由民间招募,缺少前期准备,亦不被德国政府所重视,部分军官甚至不愿服从来春石泰的命令,以致内部矛盾重重。[52]

查勘使命完毕后,姚锡光先后两度上手折,向两江督署"禀复炮台事件,凡万四五千言"[53]。此外,他还屡向人陈说此行见闻,历数德人劣行,尤其集

---

[51] [美]何天爵:《中国的海陆军》,张雁深摘译,中国史学会主编:《中国近代史资料丛刊·洋务运动》第8册,上海人民出版社,1961,第473页。

[52] [德]白莎:《晚清在华的德国军事教官概况》,《北大史学》第13辑,第323、327页。长期待在南京的骆博凯对供职于自强军的德籍低阶军官,有近距离的观察,在私信中做了不少负面的评论,如"最近德国下士们在这里的不良行为,在军官中引起了极大的不满""为改造中国军队而来的德国军官和下士们来这里将近一年了,也没有取得值得称道的成绩""德国军官和士官们已率领他们的部队开拔到上海郊区的吴淞去了,……他们的三年合同过去了一半,都没有取得任何值得称道的成绩""德国的士兵无论是年轻的军官或士官,在这遥远的外国是多么容易将国内的纪律弃之不顾,……驻上海吴淞的部队发生过几乎闹到动刀动枪相互威胁的事件",等等。看看[德]罗伯特·骆博凯:《十九世纪末南京风情录——一个德国人在南京的亲身经历》,第59、60、119、187页。

[53] 光绪二十二年一月十八日(1896年3月1日)记:"余自去年七月来江宁省垣,凡三上书香帅。一言商务,一言练兵,一言炮台。九月间,派筹防局差事。十月,命偕德国游击来春石泰、德国工程都司骆克卜看长江下游炮台,十一月始旋省。十二月,复命偕德国工程游击雷诺看长江炮台。其间两次禀复炮台事件,凡万四五千言。一次禀复洋员雷诺云何,(转下页)

矢于来春石泰：

> 洋员来春石泰处心积虑,在为中国经手军火、包揽工程、安插洋员,
> 且把持公事,借事招摇,异常恶劣,乃大府信任,予以统领之名,假以权
> 势,实非中国之福。

> 来春石泰居心甚坏,其在中国居心在经手军火,包揽工程,安插洋
> 员,实非中国之利。㊹

这中间或有以偏概全的成分,然所指"恶劣诸事"多系亲历亲见,不能算是无
的放矢。自强军提调之一、同时为练兵公所提调兼翻译的沈敦和(1866—
1920),对前述指控"颇不谓然",而在姚锡光眼中,这位所谓"吃洋务者"的冷
淡反应自有其合理性:"盖凡吃洋务者,方倚洋人为重,无不与洋人比也。"㊺
态度适成对比的,是另一位自强军提调钱恂(1854—1925)。他与德籍统带
相处不睦,颇引姚锡光为同调:"制府先颇信来春石泰,现已知其为人不可
靠。君言甚是,与我见正同。"㊻至本年底,姚锡光特致钱恂一函"专论洋

㊹ (接上页)一次拟奏下游炮台情形附片稿。居江宁者半载,颇鲜暇晷。"参见王凡、汪叔子整
理:《姚锡光江鄂日记》,第71页。按姚锡光所作禀复炮台两手折,后辑成《长江炮台刍议》
刊行,光绪二十五年(1899)丹徒皖城馆舍本。

㊹ 以上两段见王凡、汪叔子整理:《姚锡光江鄂日记》,第37、44页。

㊺ 王凡、汪叔子整理:《姚锡光江鄂日记》,第33页。姚锡光认为:"沈君乃洋行买办出身,毫无
学问,只能说几句洋语,方欲挟洋以为重,自无不盛称洋人之理,本无足怪。所恨者,淆乱制
府耳目耳。"同上书,第45—46页。按沈敦和(1857—1920),字仲礼,浙江鄞县人,"由出洋
英文学生肄业,回华议叙,从九品选用",在两江历办吴淞口炮台、江南水师学堂、江南自强
军、吴淞开埠通商等事宜,光绪二十五年"经刘坤一奏保人才,并历年派办重大交涉事宜异
常出力,奉旨交军机处存记"。(秦国经主编:《中国第一历史档案馆藏清代官员履历档案全
编》第7册,华东师范大学出版社,1997,第87—88页)沈敦和因涉外案件牵连,一度遭革职
处分,发军台效力。旋以帮办庚子山西交涉出力,开复原官,以海关道记名,任山西洋务局
总办、山西大学堂督办、矿务总局提调,署山西冀宁道。后定居上海,长期从事实业和社会
慈善活动,为沪宁铁路总办、中国通商银行总董、四明公所董事、宁波旅沪同乡会首任会长,
也是上海万国红十字会(中国红十字会的前身)的创始人。参见孙善根编著:《中国红十字
运动奠基人沈敦和年谱长编》,浙江大学出版社,2014。

㊻ 王凡、汪叔子整理:《姚锡光江鄂日记》,第44页。

员",并攻击沈敦和,欲由钱恂向张之洞传声:

> 盖是时长江下游所用洋弁,水手居其半,游民居其半,炮理不知,测量不习。其应中国募也,不过为稻粱谋,实陋劣不堪用,久必误中国大事。而是时知府沈敦和奉制府命,往查归来,极力为洋弁游说,盛称洋弁管理之善。盖沈敦和本充当洋行买办出身,以谄事桂香亭(桂香亭亦贾人子,现江南候补道),而递保知府,素凭依洋人,以为城社且渔利。方与德员来春石泰比,意在包揽买炮,所欲甚奢,因是复盛称炮台洋弁,以为牢不可破之局,居心甚不可问,于江防大局甚有关系。⑰

不久后,张之洞回任湖广总督,姚锡光也一同赴湖北任事。来春石泰则在两江续任自强军统带,直至光绪二十四年(1898)三月合同期满卸职。归国前,他以"远来中国,劳苦三年,训练精勤,成效卓著",接受了两江总督刘坤一请赏的二等第三宝星,另有洋营官六员赏给三等第一宝星,洋哨弁十六名赏给银牌,"以示光宠而奖勤劳"。⑱

---

⑰ 王凡、汪叔子整理:《姚锡光江鄂日记》,第48页。

⑱ 《自强军教练有成请给洋员宝星折》,光绪二十四年三月十二日,中国科学院历史研究所第三所主编:《刘坤一遗集》第3册,中华书局,1959年,第1015—1016。需要指出的是,德国教习在两江的工作成效实际有限,除自强军存在的问题外,来春石泰等人查勘沿江炮台的报告,也没有预期中的反响。即将回任湖广总督的张之洞在汇报德员履勘炮台的奏片中表示:"所论诚属确当,特需款太巨,程工亦迟,惟有次第购换新炮,量加修改。臣卸任在即,将来应如何力量增修之处,统俟本任督臣刘坤一从容酌度办理"。参见《选募洋员履勘炮台片》,光绪二十二年正月十五日,《张之洞全集》第2册,第1152—1153页。早在骆博凯递交报告时,便有担心:"在我对江防要塞工事的巡视报告中,我坦率地指出了现有要塞工事存在的缺点和问题,提出了解决这些问题的方法和建议,但不知道我用英文写的报告译成中文后会成什么样子?即使译文很准确,送到总督手里后的命运又会怎样呢?"由于张之洞、刘坤一换任造成的衔接不畅,以及两江督署在行政、财政方面诸多困难和问题,炮台改造未有下文。至1896年5月,骆博凯抱怨道:"关于这里的政治情况,在目前年迈又意志薄弱的总督治理下,中国人的拖沓作风有增无减。我强烈怀疑刘坤一总督大人是否会弄到用于改造江防要塞需要的资金。"参看[德]罗伯特·骆博凯:《十九世纪末南京风情录——一个德国人在南京的亲身经历》,第60、94页。

三、 辞聘"德将"引起的风波

江南自强军所聘德国将弁三十五人流品驳杂，素质不一。尤可留意者，此次雇聘来华多属低级别军官，军衔最高的来春石泰也仅为少校，鲍威尔因此略带戏谑地称他们为"以德国来春石泰男爵为首的三十五个入流和未入流的军佐"[59]。尽管张之洞已无财力继续扩大聘雇规模，但对统将问题实有所顾虑，曾考虑在来春石泰以外续聘少量"上等洋将弁"。光绪二十一年（1895）五月，他致电驻德公使许景澄表示："此间只游击一员，恐不敷，拟再觅副、参、游之类一两员，分教两军，每军四五千人，以便比较勤惰优劣。"[60]不久，更明确要求添雇"总兵"（相当于今之少将）或"副将"（相当于今之上校）衔德国高级军官一员，而且特别提出"宜请德国国家保荐，不必再商克厂，庶才具尤为可靠"[61]。

附带说明的是，晚清时期中国国内聘雇德国军人，一般由驻德公使馆负责操作，或在当地直接招募，或通过克虏伯公司等中介进行。19世纪90年代以前，德国政府虽然偶尔也会有少量推荐，但较少介入清朝公使馆的招募活动；经甲午一战，列强在华竞争态势加剧，德国政府，尤其是威廉二世（Emperor Wilhelm Ⅱ，1859—1941）认为德国如能官方派遣军事顾问可以提高德国在华影响力，而且倾向于派出高级别军事代表，而非普通的教官[62]。

可以说张之洞此时提出前述请求，适中德国政府下怀。不久即有回音，许景澄复电称：

---

[59] ［美］拉尔夫·尔·鲍威尔：《1895—1912年中国军事力量的兴起》，第37页。

[60] 《致俄京许钦差》，光绪二十一年闰五月初八日亥刻发，《张之洞全集》第8册，第6478页。

[61] 《致俄京许钦差》，光绪二十一年七月十四日辰刻发，《张之洞全集》第8册，第6599页。

[62] 白莎指出，德国政府的这种预期，缘于德国高级军事顾问梅克尔（Klemens Wilhelm Jacob Meckel，1842—1906）和戈尔茨（Colma Freiherr von der Goltz，1843—1916）分别在日本、土耳其取得的成功经验。参看［德］白莎：《晚清在华的德国军事教官概况》，《北大史学》第13辑，第310—311页。

现德兵部保荐副将一员，其人请兵事归其专管；年薪四千镑，差满酬历年薪数四之一，恤费另议；随带都司二，薪各二千镑；千总二，薪各千五百镑。专住一宅，索甚奢。

德国陆军部推荐人选为李伯特（Eduard von Liebert）上校，其答应赴华的条件在许景澄看来实属"甚奢"，不仅索要高额薪水，而且随带多名副官，尤为苛刻者，还在于图揽军权。张之洞也感到事情发展与设想不符，故态度转向消极，认为"薪费既属太巨，且专主兵事一层，尤难允许"。[53]

此后，关于聘请"德将"的交涉断断续续在进行，但双方意向总难达成一致，至年底情势发生了新的变化。张之洞回任湖广，自强军改由两江总督刘坤一接办。[54] 张始终苦于扩军经费不足，而刘对"洋将练兵"则不见得那样热衷，原议聘请来华的德国将军在这时就成了一个烫手的山芋。至光绪二十一年十二月二十四日（1896年2月7日），张之洞致电许景澄，打起了退堂鼓：

将极合用。惟仆即回鄂，断难强江省留用。鄂力逊江甚，竟难统用，拟留两都司，辞一将、二千总。知尊处极为难，望婉达德兵部道歉，祈鉴谅。如必不行，示知，再设法。[55]

张之洞自知撤销前请系属食言，在外交上关系匪浅，所以去电中还留一缓手，做好了必要时妥协的打算。此后接连数月未接复电，他欣欣然以为德人容易说话，"此事已早作罢论"。没想到风波转瞬即来，越年三月初旬，许景

---

[53] 本段引文均见《致总署》，光绪二十二年三月初二日亥刻发，《张之洞全集》第9册，第6948页。按"都司"，相当于今之少校；"千总"，相当于今之中尉。

[54] 光绪二十二年一月十七日（1896年2月29日），张之洞正式交卸两江总督，"午刻交卸，未刻即下船"，返鄂。参见王凡、汪叔子整理：《姚锡光江鄂日记》，第70页。

[55] 《致俄京许钦差》，光绪二十一年十二月二十四日申刻发，《张之洞全集》第9册，第6873页。

澄来电称：

> 署电云"德使言，外部准澄文称：奉国谕，饬延兵官，旋经辞退，实属轻慢。本署闻之骇诧，接号电始知香帅所托事前未相告，今德有违言，望妥商结束，勿累邦交"等语。顷商外部仍欲钧处践诺，拟请专订一将至鄂，薪章一切候核示，再与磋论，切恳速复，免澄内外交困。⑥⑥

张之洞错误估计了形势，就在他以为此事已作"罢论"的同时，德国外交部正为自己推荐的军官人选被拒而大光其火，以致命令驻华公使向总理衙门提出抗议。身处交涉前线的许景澄因此承担了极大的压力，不得不转向事主要求"践诺"。至此张之洞也深感事态严重，一面急忙致电总署，详细解释事情来龙去脉："查去电只托商订，既未商妥订定，何得云辞退？且既已道歉，并云如必不行，示知设法，有何轻慢？至所云'奉国谕延订'，尤堪骇异。查去电更无此字样。此事须议有眉目，始能奏咨，岂有未奏而称奉国谕之理？想系德使传讹，不然即系洋文语气舛误。"⑥⑦一面指示许景澄向德国政府缓颊，以求和平善后，只是尽管表示"此事深抱不安"，其坚持"事在商办，并非先诺后辞，无所谓轻慢"，实际仍不肯轻易让步。⑥⑧

当时张之洞已回湖广总督本任，与自强军脱离了干系，他拟出一个折中办法："鄂省款绌兵少，请即照尊议，或专订一将，或另订官小者数员，充当武备学堂教习，惟兵事万不能归其专主，此节必须说明。"⑥⑨值得注意者，德国

---

⑥⑥ 《许钦差来电》，光绪二十二年三月初一日寅刻到，《张之洞全集》第9册，第6944页。

⑥⑦ 《致总署》，光绪二十二年三月初二日亥刻发，《张之洞全集》第9册，第6948—6949页。按许景澄致德外交部原照会称"中国国家在南京练兵，已延德员若干。兹欲添请总兵或副将一员作统领，接到训条，请转贵部"云云。总理衙门对张之洞聘雇德将事前并不知情，关于德方以为"奉国谕延订"的误解，许解释说："用洋将乃钧处奏案，应称国家，所称训条，本系浑语，彼遂据作国谕。"参见《许钦差来电》，光绪二十二年三月初六日午刻到，《张之洞全集》第9册，第6959页。

⑥⑧ 《致俄京许钦差》，光绪二十二年三月初一日亥刻发，《张之洞全集》第9册，第6943页。

⑥⑨ 《致俄京许钦差》，光绪二十二年三月初一日亥刻发，《张之洞全集》第9册，第6943页。

军官不再被任命直接统兵，而是安插到湖北新创办的武备学堂担任军事教习，故强调"订一将以了事，薪数照原索减半，订明充武备学堂教习，归总督节制，不必说带队"。[⑦] 经历此次事故，张之洞聘雇德国军官的热情明显较前回落。这一层变化在致许景澄电报中也有清晰的反映：

> 德将未经订妥，已生如此枝节，恐到后必致不听号令，流弊甚大。所云兵事归其专主，万无此办法，即练兵亦恐不宜。若肯为武备学堂教习，薪费虽多，当力为设法，不使尊处为难也。[⑦]

德国政府原希望派出一名高级顾问，在军事指挥权上施加影响，中方却转而延聘军校教习，距离预期尚远，李伯特上校对前往中国也失去了兴趣。许景澄以"德将意轻教习，尚无成说"，退而求其次，"讽以代荐所属一都、一千总"。[⑦] 几经交涉，张之洞最终聘定李伯特属下的两名副官，即法勒根汉（General Eerich Von Falkenkayn，1861—1922）少校（都司）、根次（Richard Gentz）少尉（千总），前来湖北出任武备学堂教习。本年五月，双方在柏林正式订立合同，计以两年为期。[⑦] 一出因辞退"德将"引起的风波暂告平息，而应聘来华的德国教习将演出新的剧情。

四、 武备学堂总教习法勒根汉辞职探因

尚在署理两江总督时，张之洞对兴办军事学堂的重要性已有相当认识，

---

⑦《致柏林许钦差》，光绪二十二年三月初二日亥刻发，《张之洞全集》第 9 册，第 6948 页。

⑦《致俄京许钦差》，光绪二十二年三月初二日午刻发，《张之洞全集》第 9 册，第 6947 页。

⑦《许钦差来电》，光绪二十二年三月二十七日未刻到，《张之洞全集》第 9 册，第 6948 页。

⑦ 按合同订于光绪二十二年五月初九日（1896 年 6 月 19 日），总计十二款，一式五份，"一留使馆，一由使馆咨送湖北，法勒根汉及根次各执一分，另一分送交德国外部存案"，同时规定法勒根汉等即于五月二十一日（7 月 1 日）前由德国出发，"趱行赴华"。参见《札武备学堂许大臣咨送订定湖北武备学堂教习德员合同（附单）》，光绪二十二年七月初三日，《张之洞全集》第 5 册，第 3297—3300 页。

曾奏陈朝廷："整军御武,将材为先,德国陆军之所以甲于泰西者,固由其全国上下无一不兵之人,而其要尤在将领营哨各官无一不由学堂出身,故得人称盛。今欲照仿德制训练劲旅,非广设学堂,实力教练,不足以造就将材。"⑭光绪二十二年(1896)春,回任湖广后不久,张之洞即着手筹建湖北武备学堂,一面致电驻外公使,令选募洋员教习,一面规划筹款、建堂、招生诸事宜。⑮ 至七月初一日(8月9日),张之洞正式札委王秉恩(1845—1928)为武备学堂总办,钱恂为提调,姚锡光为总稽查。⑯

法勒根汉、根次二人被聘定后,于本年五月二十一日(7月1日)由德国启程赴华,至迟不晚于七月初已到达武昌。⑰ 七月初四日,姚锡光记录了与两位德国军官初次见面的情形:

> 在督辕,见有德员二见制府,探之,即新雇来武备教习也。闻其甚难说话。其来也。制府命蔡毅若观察为安排于铁政局暂住。而伊两员尚以铁政局非洋房,不乐居,颇为诮辞。照此,则不能受约束可知。制府处雇来洋人往往如此,其何以支?⑱

下车伊始,即有故事发生。法勒根汉等人初到,先宿于汉口德国旅馆,后渡

---

⑭ 《创设陆军学堂及铁路学堂折》,光绪二十一年十二月十九日,《张之洞全集》第2册,第1089页。

⑮ 光绪二十二年三月十五日(4月27日),姚锡光即奉命"拟创办武备学堂章程",大纲总计十四条。参见王凡、汪叔子整理:《姚锡光江鄂日记》,第95页。

⑯ 《札委王秉恩等筹办武备学堂》,光绪二十二年七月初一日,《张之洞全集》第5册,第3292—3293页。按次年初武备学堂正式开办,蔡锡勇奉命为总办,钱恂、联瑮分任提调。参见《设立武备学堂折》,光绪二十三年正月二十八日,《张之洞全集》第2册,第1228页。

⑰ 《许钦差来电》,光绪二十二年五月十八日午刻到,《张之洞全集》第9册,第7009页。

⑱ 王凡、汪叔子整理:《姚锡光江鄂日记》,第143页。约同时期,骆博凯在家信中流露的心态,或可为理解德员"骄蹇"的一面提供线索:"在军事方面,中国人还像是孩子,我们任何一个二等兵都远远超过他们,甚至胜过一位将军!……我决定要为中国人支付给我的高薪做出相应回报。因为这里拖辫子的'天子'对军事一窍不通,我在任何方面都可以提出'有益的'建议。"参看[德]罗伯特·骆博凯:《十九世纪末南京风情录——一个德国人在南京的亲身经历》,第79页。

江至武昌，访总督衙门，继被安排住在湖北铁政局馆舍。日记中"蔡毅若观察"，即蔡锡勇（1847—1898），时以候补道任湖北铁政局总办，为"香帅极亲信人"。其引领德人先入住铁政局，因屋非洋房，遭到嫌弃，不得已，又安排二人移居织布局一洋楼，德人复谓"此洋楼乃工匠所住，岂我辈住耶"，仍不肯入住。几番口舌之后，法勒根汉等人"坚执不肯渡江移来，仍住汉口洋寓，必俟造一新洋楼与住，始肯渡江来省"。最后作为妥协办法，德员仍以汉口德国旅馆为住所，在位于武昌的自强学堂内暂备两间房屋，作为临时憩息之所。目睹了以上一幕的姚锡光，对德国教习就职学堂的前景颇不感乐观，日记中评论道：

> 此两洋员甫经受雇来华，即如此骄蹇桀骜，日后武备学堂开办，必不能受节度、办功课，且必多生事端，必至穷于办理，如养骄儿。吾不知制府何以善其后？嗟嗟！[79]

至七月十八日（8月26日），法勒根汉、根次二人第一次正式赴武备学堂，示意今后将每日渡江来此，午前十点钟到，即于此间学中国话，请各配备一中文教师，稍后勘察地形，又提出于蛇山上建造新洋房为其宿舍。所求一一获允。姚锡光与德人周旋，心怀不忿，对一意宽纵的张之洞也略有微词："泰西之狠如此。其住汉口，而每日渡江南来武昌也。制府允雇一小轮船专为伊旦夕摆渡，小轮船雇价每月九十元。洋人之侮慢中国，而当道竟不能驾驭雇来洋员，嗟夫！"[80]

法勒根汉等人到湖北时，武备学堂的运行尚未进入轨道，学堂房舍停留于设计图纸，甚至选址工作也未完成，最初一段时间只能暂借铁政局为学堂。就职数月后，法氏发现事事不如意，学堂未建，薪水未发，关于新军编

---

[79] 王凡、汪叔子整理：《姚锡光江鄂日记》，第148页。
[80] 王凡、汪叔子整理：《姚锡光江鄂日记》，第152页。

制、学堂学规等建议无人喝彩，也没有译员来帮同翻译德国军事著作，他写给国内的报告充满埋怨，认为此次来华毫无意义。[31] 事实上，这才不过是麻烦的开始。

光绪二十二年（1896）九月间，武备学堂出示招考，报考者空前踊跃，人数将逾两千人，出乎招考者意外。[32] 后正式录取学生一百二十余名，原聘教习已不敷用。十月初，张之洞再次致电许景澄，请托德国陆军部增聘一人，要求"位在法勒下，月薪、分际同根次，而官职略如守备"。[33] 前述德国政府原意通过对华输出高级军事顾问，加强军队指挥权方面的影响力，对于派遣教习并无热情。许景澄复电称"德兵部意须带队，因此作宕"，增聘教习事"碍难续托"，转而建议借法勒根汉个人关系举荐军官。[34] 当时法勒根汉本人也以教学繁重为由，有意自荐数人，一则可分其劳，二则通过汲引私人加强势力。但最终张之洞还是绕过法勒根汉，调原自强军教官斯忒老（Ernst von Strauch）至武备学堂，何福满（Friedrich Wilhelm Hoffmann）和赛德尔（A. Seydel）至护军营充当教习。[35]

法勒根汉对自己被排除在增聘教习的决定过程之外，大感恼怒，而且聘来的原自强军教官品级低下，出身也非正规，法氏自视为由德国政府推荐的高级军官，甚至不屑于同他们合作。[36] 而更大问题在于，武备学堂内部中、德双方人员的关系愈来愈坏，几至于水火不容。光绪二十三年（1897）春，学

---

[31] 按与此前经克虏伯公司引荐之普通德国军官不同，法勒根汉作为德国政府直接推荐者，可以直接向威廉二世写信。参看［德］白莎：《晚清在华的德国军事教官概况》，《北大史学》第13辑，第323页。

[32] 王凡、汪叔子整理：《姚锡光江鄂日记》，第171页。

[33] 《致俄京许钦差》，光绪二十二年十月初四日亥刻发，《张之洞全集》第9册，第7136页。

[34] 《许钦差来电》，光绪二十二年十月初十日申刻到，《张之洞全集》第9册，第7136—7137页。

[35] 《札委德将何福满等充当护军前后两营教习》《札委德将斯忒老充当武备学堂教习》，光绪二十三年三月初三、四日，《张之洞全集》第5册，第3374—3375页。

[36] 据骆博凯在1896年12月的记载："德皇威廉二世让正在武昌的冯·法尔肯豪因（即法勒根汉）担任（江南）陆师学堂的校长。"参看［德］罗伯特·骆博凯：《十九世纪末南京风情录——一个德国人在南京的亲身经历》，第153页。则当时法勒根汉可能通过关系，尝试获取新的职位，而因此也影响到了骆博凯在南京及时得到陆师学堂总教习的任命。

堂提调钱恂因与法勒根汉积怨成仇，愤然离职。他在致好友汪康年的信中道出心曲：

> 德教习，弟不过裁抑之，使不得如赫大人（赫德）之猖獗，何力能去？南皮助七分，故尚能行所志，不然殆矣。……弟办武备学堂已七个月，未得丝毫益处，未取丝毫钱文，见恶于洋人，见慢于学生，而坚守不去者，为此数千年中国兵权之不肯暗移于外人耳。何其妄！[37]

此处所见中外之争，主要是争权，而所争之"权"可分为两个层次：一为学堂内部的事权，二为更为广义的兵权。前者引起的纠纷，其实早在延聘之初已埋下伏笔。法勒根汉应聘武备学堂时，坚持要求确定总教习的权威，在合同中说明"专受总督辖，有事径禀"；驻德公使许景澄与之"再四驳改"，才略妥协，规定"归总督暨提镇充总办节制，禀件由总办转呈，即予批复"。[38] 然而，以总督、提督、总兵一级官员充任学堂总办，在清朝体制内并不可行，故张之洞有一番颇费苦心的解释："德员薪水、期限、受敝处及提镇之总办节制均可，如提镇无人，惟有派道员总办，学堂教习虽不归道员节制，然一切公事，教习须与总办和衷商办，如与总办道台意见不同，准其径禀敝处，听候批示。"[39] 并向德国政府允诺，到华后法勒根汉加给副将衔，根次加给游击衔，"令其体制较优，以资表率管束"。[40] 其后正式拟定的《武备学堂章程》第二、六款，对总教习和总办、提调之间的权责关系做有如下的规定：

㊲《钱恂致汪康年函》六，上海图书馆编：《汪康年师友书札》第 3 册，上海古籍出版社，1987，第 2998—2999 页。此函落款署"廿七日"，年月不详，推算应作于 1897 年 2—3 月间。
㊳《许钦差来电》，光绪二十二年四月二十七日酉刻到，《张之洞全集》第 9 册，第 7007 页。
㊳《致俄京许钦差》，光绪二十二年四月二十八日亥刻发，《张之洞全集》第 9 册，第 7007 页。
㊵《设立武备学堂折》，光绪二十三年正月二十八日，《张之洞全集》第 2 册，第 1227 页。

第二款　本部堂选派道员为学堂总办,管理学堂一切事宜,仍随时禀请本部堂之示。又选用洋员充当总教习及各教习,选派知府等官,充当提调。所有总教习等及提调,均听总办节制。该总教习,专奉本部堂及总办为上司,而与提调平行,各办各事。……

　　　　……

第六款　总教习与提调分办学堂事宜,凡事经本部堂及总办酌定之后,其属功课之事,悉归教习主持,所有各教习及领班翻译学生亦悉归总教习管理。除功课之外,凡领班翻译学生各事,均归提调管理。……㉛

可见,德国教习在学堂中归总办节制,而与提调平行,并无绝对的权威。法勒根汉性格跋扈,喜揽事,当意见冲突时,很难协调与钱恂等人的关系。时任湖北译书局总纂的陈庆年(1862—1929)也观察到,法勒根汉"常争堂中一切权力","于学生功课外,而欲操用人行政之权","与官场则挑衅,遇事龃龉;与学生则忌刻,等于荒废"。㉜德国教习与中方提调因事权之争,屡屡产生摩擦,冲突愈演愈烈,关系自然难以修复,遂致相互掣肘。

至于"兵权"之争,则反映了甲午以后列强争索在华利权的情势下,朝野人士对外国干预军权的警惕。在编练江南自强军时,张之洞就主张"其带兵操练之权,悉以委之洋将弁,而约束惩责之权,则专归华官"㉝。到湖北后,委托许景澄代雇教习,也强调"惟兵事万不能归其专主,此节必须说明"㉞。

㉛《札发武备学堂章程八条(附单)》,光绪二十三年二月初三日,《张之洞全集》第5册,第3346—3347页。

㉜ 陈庆年著,明光整理:《〈横山乡人日记〉摘选》,《近代史资料》总76号,中国社会科学出版社,1989年,第196、205页。按光绪二十三年九月,陈庆年作《赠吕观察镜宇出使德和(荷)序》,谓"德人在中国为练兵教习,遇事畸龁争权,闻其政府以英人操中国利权,故意在收中国兵权,以与之敌。余此序即从此着意"。同上书,第202页。

㉝《选募新军创练洋操折》,光绪二十一年十一月十二日,《张之洞全集》第2册,第1054页。

㉞《致俄京许钦差》,光绪二十二年三月初一日亥刻发,《张之洞全集》第9册,第6943页。

法勒根汉等人到华,其职权被严格限制在武备学堂教授,绝没有直接统兵的机会。另外,新建湖北护军营虽以自强军为模板,但发生两点明显的变化:一是饷章不全用德制;二是不再用德国将弁为营官,而改用华官,只聘少数德将为教习。[35] 据姚锡光所见,所聘德武官曼都德尔甫(Graf von Friedrich Bernstorff,又译贝伦司多尔夫)等人在护军营所授,"每日四点钟,两点学堂功课(午后),两点操场功课(清晨)。现学堂功课大约言行军、侦探诸事,操场功课则每礼拜教步队、马队、炮队各两日,日凡两点钟"[36]。光绪二十二年末,张之洞电告总理衙门,凡来鄂德员,"商立合同,或教语言,或教武备,惟断不能干预带兵之权,……须听鄂督及总办之道员节制,……历来所募洋将、洋教习,皆系如此。"[37] 光绪二十四年,德籍自强军统带来春石泰因合同期满解职,一度试图通过关系,重归张之洞门下,而后者以"来春多情可嘉,然鄂省无力练兵,不能再添洋将,亦无他项需添教习之处"[38],予以婉拒。同年,张之洞致总理衙门电报,非常清楚地表明了自身立场:

> 查今日中国,练兵诚为第一要事,惟各国皆思干预我兵权,亦是大患。大率用洋人为教习则可,用洋人大员为将领则万万不可。洞前在江南所用德游击来春石泰等十余员练自强军,因系外省疆臣自行商筹,我出使大臣保荐,既不与该国国家相涉,又非先经奉旨饬办之事,亦非钧署饬办之事,故尚可听调度,然期满遣归时,枝节已多。至鄂省所用德都司法勒根汉,因系其国家兵部所荐,种种桀骜揽权生事,公使屡屡

⑤ 参看罗尔纲:《甲癸练兵志》,《晚清兵志》第三卷,第 160—162 页。

⑥ 王凡、汪叔子整理:《姚锡光江鄂日记》,第 128 页。

⑦ 《致总署》,光绪二十二年十月十七日,《张之洞全集》第 9 册,第 7152—7154 页。约略同时,张之洞听说"传闻有旨令江南添兵一万",即明确告知江督刘坤一:"如真有其事,万不可再令洋将管带,若学堂将弁则可。今年洋情日变,与去年不同。弟确有所闻,不敢不奉告备采,非敢越俎。"见《致江宁刘制台》,光绪二十二年十二月三十日,《张之洞全集》第 9 册,第 7209 页。

⑧ 《上海沈道来电》《致吴淞沈道台》,光绪二十四年二月十五日亥刻到、十七日亥刻发,《张之洞全集》第 9 册,第 7522—7523 页。

扛帮,幸而遣归。⑨⑨

可见钱恂与法勒根汉争"兵权",固有他本人痛恶外人侵权的因素,另一方面也是忠实秉承张之洞意旨,所谓"南皮助七分,故尚能行所志",有意识地挤压外国教习的权力范围。当然,除争"权"以外,还有更现实的原因,这又涉及"钱"的问题。张之洞在湖北举办自强学堂、译书局、武备学堂三项新政,经费预算一年总计六万两,而仅总教习一人薪水就超过万两,与中方人员薪资差距巨大。武备学堂开办前,钱恂与姚锡光等人议论及此,已深为不满,以为"薪水大者必不受驱策"⑩⑩,待后来与德员共事时情绪有所发泄,实也不难理解。

　　光绪二十二年(1896)十二月间,法勒根汉曾上督署汉文禀函一件,原文未见。而据张之洞批示,"查所陈各节,多因未谙中国情形,怀疑误会",其控诉内容系由武备学堂华洋矛盾所起,为此特令蔡锡勇等人面晤法氏,"详细慰解,俾释疑团"。但收效甚微,法勒根汉再次禀陈,并一一罗列不满之处,张之洞不得不再次饬派蔡锡勇"逐条询问,代为措置调停,善为劝慰"。⑩⑩ 越年(1897),张之洞将钱恂调离学堂,以为安抚德人的权宜之计。⑩⑫ 不过,法勒根汉的特殊性在于政府推荐的背景,这使得他带来的麻烦,远较他人更为棘手。至六月间,法氏与中方关系已近破裂,张之洞似乎也不堪容忍,当电令许景澄在德国续聘教官时,就强调"不必再托德兵部选派",更不要让法勒根汉自己介绍,"缘前来之法勒根汉性情偏傲,不易调驯,而学堂人多课勤,

<hr />

⑨⑨ 《致总署》,光绪二十四年九月十五日辰刻发,《张之洞全集》第3册,第2135页。

⑩⑩ 王凡、汪叔子整理:《姚锡光江鄂日记》,第127—128页。

⑩⑩ 《札武备学堂总教习法勒根汉仍回学堂教习》,光绪二十三年十二月初六日,《张之洞全集》第5册,第3544—3545页。

⑩⑫ 事后,张之洞致电钱恂表示:"海使(海靖)为法勒根汉恨阁下,前日已电总署,言阁下已开去武备提调差,并沥陈法勒揽权、阁下持正各节。"(光绪二十四年八月初九日发,《张之洞电稿》,中国社会科学院近代史研究所藏,档号:甲182-455。转引自茅海建:《戊戌变法的另面——"张之洞档案"阅读笔记》,上海古籍出版社,2014,第207页)可见张之洞在钱恂与法勒根汉之间抑扬的姿态,也可印证钱恂"南皮助七分,故尚能行所志"之言。

法屡请添人,若不添人,则渠过劳甚不乐;若渠自觅之人,更难驾驭矣"。⑱
同年底,法勒根汉在合同尚未到期的情况下,"忽停功课,欲辞回国",这倒令
张之洞有些措手不及,除通过各种途径劝留外,并特别解释:"提调乃帮同经
理学堂功课以外各事之员,断非教习之上司,万不必误会滋疑;至于应需各
款,该总教习但开一单送交总办,自可即时照给,凡可优待之处,本部堂无不
格外通融。"⑲从中可见法氏所不满者,仍不外权、钱两端,只是此时去志已
坚,再无转圜余地了。

光绪二十三年十二月,即法勒根汉初次提出辞职一年后,张之洞终于批
准了辞呈,同意他偕根次一道离职:

> 照得武备学堂总教习法勒根汉,原订合同两年为满,今届一年又四
> 月,忽自请归国,叠经该关道及学堂提调传述本部堂之语,曲意挽留,至
> 再至三,并令教习德员斯泰老、工师德员锡乐巴极力劝留,更由本部堂
> 亲自反复敦劝,仍留办事,是本部堂挽留该教习之真意确已十分显明。
> 奈该教习归志甚坚,本部堂十分惋惜,不得已准如该教习所请。⑳

发生在湖北的军事教习纠葛,辗转传到了北京,惊动了德国公使海靖
(Edmund Friedrich Gustav von Heyking, 1850—1915)。他动用外交手段
为法勒根汉抱不平,光绪二十三年(1897)初致张之洞电对德员辞职事进行
干预,语气已相当不客气:"武备学堂德国武员法、景(即根次)两位,学识俱
优,结实可靠。本大臣请贵制军按照德国陆军体统看待,不必使该两员怀退

---

⑱ 《致俄京许钦差》,光绪二十三年七月初三日巳刻发,《张之洞全集》第 9 册,第 7365 页。
⑲ 《札武备学堂总教习法勒根汉仍回学堂教习》,光绪二十三年十二月初六日,《张之洞全集》
第 5 册,第 3544—3545 页。
⑳ 《札江汉关道照会德领事转饬武备学堂教习等具领川资》,光绪二十三年十二月十九日,《张
之洞全集》第 5 册,第 3548 页。"斯泰老",即斯忒老(Strauch)。锡乐巴(Heinrich
Hildebrandt),德国人,1892 年起被张之洞聘为铁路顾问,后曾任胶济铁路总工程师。

志,致与贵制军名望有关,本大臣深为企盼。"⑩而张之洞接电的反应是"深为诧异",回复中也是软中带硬:

> 本部堂因该员系属西人,所以比本国之副将、游击看待从优,实在无可再加。本部堂惟知以礼貌分位相待,不知贵国陆军别有何等体统,况该员现派学堂教习,系照合同办理。学堂章程与军营章程不同,请贵大臣电告该两员,恪守教习职分,按照合同听学堂总办道台节制,更与本部堂所派提调平行,各办各事,不越分际,实深厚望。⑩

就在法勒根汉等人回国的同时,清朝驻柏林使馆为湖北省新雇聘福克斯(Carl Fuchs)、威耳赤(Albrecht Welzel)两少尉,至武备学堂执教。⑩ 其中福克斯三年任满后被继续留用。另外,原护军工程营教习何福满也调至武备学堂兼任教务,一度曾因不听总办调度引起矛盾,张之洞根据合同饬其"听候武备学堂总办节制,遇事随时与原委提调和衷商办,勿违"⑩。至光绪三十年(1904),武备学堂改为高等学堂,湖北当局将业已期满之德国教习全数辞退,还引起过德政府的不满,张之洞据理抗争,依旧强硬:"鄂省聘用东、西洋教员甚多,或辞或留,无关交涉,在我自有主权,德领事何烦过问? 有添聘即有辞退,德政府何致于愤?"⑩当然这已是后话。

五、 采西法练兵: 由师德而师日

据有人统计,清末武昌各军事学堂共聘有外籍教习五十二人,其中除三

---

⑩《德国公使来电》,光绪二十三年正月二十九日亥刻到,《张之洞全集》第9册,第7239页。
⑩《致京德国公使》,光绪二十三年二月初九日亥刻发,《张之洞全集》第9册,第7238—7239页。
⑩《许钦差来电》两通,光绪二十三年七月二十九日未刻到、八月十七日戌刻到,《张之洞全集》第9册,第7365、7383页。
⑩《札兼充武备学堂洋教习何福满听总办节制》,光绪二十五年正月二十八日,《张之洞全集》第5册,第3770页。
⑩《致京外务部》,光绪三十年十月十三日戌刻发,《张之洞全集》第11册,第9228—9229页。

人国籍不详外,有德国教习六人,日本教习四十三人,德国教习都是在光绪二十三年(1897)以前所聘,自二十五年(1899)日本教习抵鄂后,到二十八年(1902)逐渐取代德国人,而成垄断局面。⑪为何会发生这样一种转变呢?

19世纪末,日本政府有计划地推行对华渗透政策,尤其军方背景的参谋本部主动派人来华,对地方疆吏中的实力派人物展开工作,可以说,"积极地向中国派遣日本军事顾问是甲午战争后日本对华政策的直接产物,也是1898年前后中日关系中的重要议题之一"⑫。已有论者指出,日本积极联络张之洞,为其军事改革提供了一些实质性的帮助,另外从经济上考虑,"东人较之西人,薪水甚省",在财政相当困难的情况下,也是不得不权衡的重要因素。⑬张之洞在军事改革方面借重日本力量,有其综合的考量,用他本人的话说:"倭陆军采德、法两国制,又参以其国之宜,地近、薪廉、种同,文字、语言、风俗又相近,以之教兵,必有裨益。"⑭此外,影响他态度转移的一个关键因素,还在于国际政治形势的变化。甲午以后,德国舰队已经在中国沿海多次查勘,寻找适宜的海军基地。至光绪二十三年(1897)年底,德国以巨野教案为借口强占胶州湾。这也显示它对华态度越来越趋向强硬,在华活动重心也越来越转向割占租界地、划分势力范围等实利层面的竞争,相对而言,在派遣军事顾问和教习方面,则显得兴味索然了。⑮甚至早在胶州湾事件前,在华军事教习已经被德国政府利用为改变对华政策的筹码。1896年11月,德国首相何伦洛熙(Chlodwig zu Hohenlohe)在为面见德皇所作的一个

---

⑪ 苏云峰:《中国现代化的区域研究(1860—1916:湖北省)》,"中央研究院"近代史研究所,1981,第248—250页。

⑫ 参看李廷江:《戊戌维新前后的中日关系——日本军事顾问与清末军事改革》,载王晓秋主编《戊戌维新与近代中国的改革——戊戌维新一百周年国际学术讨论会论文集》,社会科学文献出版社,2000,第390—402页。

⑬ 参看李细珠:《张之洞与清末新政研究》,第222—223页。

⑭ 《致长沙陈抚台》,光绪二十四年正月十三日酉刻发,《张之洞全集》第9册,第7487页。

⑮ 白莎即注意到,在签署《胶澳租界条约》的时候,德国在整个山东省对华提出许多工业和商业特权,但却不要求派送教官的专有权。参其《晚清在华的德国军事教官概况》,《北大史学》第13辑,第324页。

备忘录中,谈到占取中国据点的办法:

> 根据一切展望,我们无需等待很久,就能找到口实。在最近两年内,我们也曾找到过行动的理由;例如在传教士及德国教官的情况方面,就可有不止一次的机会。过去,我们所以不利用这些机会,是因为海军这方面的考虑无可否认地有其很多的困难……⑩

1897年10月,德国炮舰高莫兰号司令官与几位军官在汉口登陆时,遭到所谓"无知之徒"投掷石头,引起一场外交纠纷,德皇威廉二世命令驻华公使海靖提出"严厉的赔偿要求",张之洞则不得不派出江汉关道代为隆重道歉。⑰威廉二世此举有借题发挥的意思,他表示对本国军官在中国所遭受的"狗一般"的待遇极为不满,一度想利用它作为占领中国港口的借口,但连海靖也觉得此事不够重大,争取尽快息事宁人,白莎概括此次事态为"一个教官几乎引发了胶州湾事件"⑱。

就在武昌事件发生后数日,两名德国传教士在山东巨野被杀,德国终于找到了占领胶州湾的真正借口。海靖夫人日记对德国人的心态有很好说明:

> 我们对张之洞只想稍稍惩戒一下,如果过于羞辱他的话,对长期待在这里的德国人来说并不是一件好事。而我们在山东和北京就不必担心会损失什么,所以在那里可以放手向中国提出最为苛刻的要求。⑲

---

⑯ 《外交部参事克莱孟脱的记录》(1896年11月28日),《德国外交文件有关中国交涉史料选译》第1卷,孙瑞芹译,商务印书馆,1960,第127页。

⑰ 《帝国首相何伦洛熙奏威廉二世电》,1987年11月6日,《德国外交文件有关中国交涉史料选译》第1卷,第146页。吴剑杰:《张之洞年谱长编》下卷,上海交通大学出版社,2009,第518页。按隔多年后,参与了当时交涉的张之洞主要洋务幕僚梁敦彦(1857—1924)仍然对德国"意在挑衅"的姿态印象深刻,并向人描述过张氏当时"机敏周旋"的情形。参看颜惠庆著:《颜惠庆自传——一位民国元老的历史记忆》,商务印书馆,2003,第130页。

⑱ [德]白莎:《晚清在华的德国军事教官概况》,《北大史学》第13辑,第324—325页。

⑲ [德]海靖夫人:《德国公使夫人日记》,秦俊峰译,福建教育出版社,2012,第101页。

然而,法勒根汉最终也没能在武昌待得更久。胶州湾事件发生后,德国在华形象大损,原来被认为"亲睦中华,确有协助之诚"之友邦一下撕下画皮,成为充满侵华野心的虎狼国家。[120] 某种意义上,法勒根汉离职也是张之洞开始疏离德国的一个转折点。此前,在江南的来春石泰等人"期满遣归时,枝节已多",在湖北法勒根汉又"因系其国家兵部所荐,种种桀骜揽权生事",无论用德国将弁直接统兵,或担任教习,结果都不理想。法勒根汉、根次离职后,张之洞致电德国公使海靖,表示"本部堂又亲自见面,曲意劝留,实属交谊尽至,而该员归志甚坚,不愿再留,本部堂十分惋惜"[121]。在"惋惜"的表面感情下,其实也包含些许愤懑。张之洞后来转向日本雇聘军事教习,不免有压制德人的用意。他曾致电总理衙门称:

> 现在湖北武备学堂教习及勇营教习,皆系德国人,自不再多此日本数人。近来日本人在中国甚平静谦和,通商量,德人与之相形,可稍戢其桀骜之气,且日本人只充武官教习,并不管兵。[122]

1898年春,即法勒根汉归国后不久,张之洞派遣姚锡光等人赴日本游历,主要目的之一即考察"武备",他并无所隐讳地指出:"日本与我同种、同教、同文、同俗,又已先著成效,故中国欲采取泰西各种新学新法,允宜阶梯

---

[120] 胶州湾事件后,骆博凯从一个德国人的立场做出评论:"中国人已逐渐认识到他们受到了德国何等可耻的对待,后者竟然抢走了他们的一个大海湾!一个文明国家在和平时期怎么可以占领别国的领土,而且是发生在我们这个世纪,这是野蛮行为。因此,明智的中国人也认识到,德国就像对黑人或野蛮部落般地对待他们。……从那时以来,中国上空出现了厚重的政治乌云,并已开始给我的学堂职位投下了阴影。"参看[德]罗伯特·骆博凯:《十九世纪末南京风情录——一个德国人在南京的亲身经历》,第213—214页。

[121] 《致京德国使馆海大臣》,光绪二十三年十二月二十一日辰刻发,《张之洞全集》第9册,第7456—7457页。

[122] 《戊戌正月二十八日致总署》,《张之洞未刊电稿》,中国社会科学院近代史研究所藏,档号:甲182-455。转引自李细珠:《张之洞与清末新政研究》,第223—224页。

于日本。"⑫至 1889 年 9 月，据日人宗方小太郎的观察，湖北武备学堂及护军营所聘德国武官已渐失宠于张之洞，在他来看："近年间，张总督意向为之一转，颇信赖于日本，直接聘用日人，信用甚厚，至于军队教官亦欲任用日人，德国军官一俟年限期满后，即予解聘，其势恰如古城落日……"⑭由师德而师日，采西法练兵的方向未变，而取法轨则已然转移。

六、结语

就清末"以德为师"的军事变革推动中国军事近代化而论，诸如扫除勇营旧习、建设新式陆军、规范军事训练、完善军事教育、培养军事人才、沟通中外军事交流诸方面，先行研究多注意及此，叙说已夥。本文主要聚焦张之洞雇聘德国军事教习的相关史实，通过细部考察，透视晚清时期德国教习在华活动的实相，即这一所谓"中国军事近代化的启蒙群体"与中国人具体交往的情形以及中国人对他们的观察和观感。张之洞在两广任上，已开始雇聘德弁为教习，至江南编练自强军之际，已形成较全面的"取法于德"的认知，大量招募德国军官分任统带、营官和哨官，负统兵之责。回任湖广总督后，张之洞聘用德人的场域由军队转向军事学堂，德弁的相关职能也发生变化，不再直接带兵，而只充任教习。与此相应，前后应募来华的德国军人的来源也有所差异。以来春石泰为首的自强军德籍军官多系退役士官，由清朝驻德公使通过克虏伯公司等渠道，自民间招募；德国政府则有意对华直接推荐高级军事顾问，后退而求其次，派法勒根汉任湖北武备学堂总教习。他们参与地方军事近代化改革，一定程度上起到了推动作用。即如法勒根汉等人，尽管最后与中国人不欢而散，但本身业务素养、能力不俗，到华迅速进入工作状态，在武备学堂选址、规划学堂建筑、制定学制学规、翻译武备书、

---

⑫ 《札委姚锡光等前往日本游历详考各种学校章程》，光绪二十四年正月十八日，《张之洞全集》第 5 册，第 3559—3560 页。

⑭ 《明治三十二年自八月至十月报告第三回·独逸人の再起》，明治三十二年九月十二日，神谷正男编：《宗方小太郎文書：近代中國秘錄》，原書房，1975，第 67 页。

培养学生各方面，表现出相当的热情。⑮ 就连一向对外籍教习颇有微词的姚锡光也表示：

> 余观此两洋教习（法勒根汉、根次），性虽桀骜，而颇有踊跃做事之心。苟有善于驾驭者以督率之，凡其所请，可应者，可矢口应之；不可应者，即决然拒之；与之开诚布公，不为牵就，未始不可相处。假彼之长，济我之短。惜当道者不能也。⑯

但是，由于德国教习自身个性、素质、思维习惯、行事风格诸多因素的影响，他们中的很多人难以与中方人员充分合作，也无法得到足够信任；由于清朝对军事改革缺乏必要准备，这样一种仓促、草率和不完备的改革氛围，也大大限制了他们更好地发挥作用。骆博凯在江南陆师学堂总教习任上时，直言不讳地指出："书面合同上同意欧洲人的一切要求，却又给他们承担甚少任务，中国人还有责任给予支持，支付高额薪水。人们把这些滑稽的约定称之为'合同'……"⑰更重要的，在于中、德关系大环境的制约。鉴于两方在国际竞争格局中权势失衡，清人对德员侵夺"吾邦之兵权"的顾虑，时常超越采西法练兵的初衷。这一认知不仅反映在以张之洞为首的清朝官员身上，也同时为民间舆论所分享。梁启超写于 1896 年的《变法通议》，便有从国际政治观察的角度，对于湖北武备学堂聘请"德弁"的评论：

> 彼德人固欧洲新造之雄国也，又以为苟不得志于东方，则不能与

---

⑮ 法勒根汉归国后，事业一路攀升，创造了非常辉煌的职业生涯，最后官拜元帅，升任德军总参谋长，在一战时期为凡尔登战役的德军总指挥。在华受雇于张之洞为武备学堂总教习时期，固然是其职业军人履历中的早期阶段，但由后来的发展程度视之，仅就其职业素养而论，绝非泛泛，当可断言。

⑯ 王凡、汪叔子整理：《姚锡光江鄂日记》，第 156 页。

⑰ ［德］罗伯特·骆博凯：《十九世纪末南京风情录——一个德国人在南京的亲身经历》，第 187 页。

俄、英、法诸国竞强弱也。中国之为俎上肉,久矣。商务之权利握于英,铁路之权利握于俄,边防之权利握于法、日及诸国。德以后起,越国鄙远,择肥而噬,其道颇难,因思握吾邦之兵权,制全国之死命。故中国之练洋操、聘教习也,德廷必选知兵而有才者以相畀,令其以教习而兼统领之任。今岁鄂省武备学堂之聘某德弁也,改令只任教习,不允统领,而德廷乃至移书总署,反复力争,此其意欲何为也? 使吾十八行省,各练一洋操,各统以德弁教之、诲之,日与相习,月渐岁摩,一旦瓜分事起,吾国绿营防勇,一无所恃,而其一二可用者,惟德人号令之是闻。如是,则德之所获利益,乃不在俄、英、法、日诸国下,此又德人隐忍之阴谋,而莫之或觉者也。⑱

梁启超所谓"某德弁",即指有德国政府推荐背景的法勒根汉,在他身上集中反映了"揽权"行为的多方面影响。法勒根汉辞职以后,张之洞曾专门致电总理衙门,就法氏与钱恂的冲突缘由做出解释:

> 法勒根法(原文如此)与钱结怨之由,实系法勒根法事事揽权,直不许提调管事。且必欲以兵一千交伊管,屡渎不已。洞坚持不许。钱于学堂事不能不管,已招法之忌,且因不获干预我兵权,疑钱所沮,尤恨。故怂海使必欲令出学堂。现已另委要差矣。⑲

德人"事事揽权",不得不防,中方的利益考量,确有其政治层面的合理性。诚如论者所见:"在聘请德国教习之初,曾发生一些波折,反映了张氏既欲以

---

⑱ 梁启超:《变法通议·论变法不知本原之害》(清光绪二十二年),《饮冰室合集》第一册,文集之一,中华书局,1989 年影印本,第 13 页。

⑲ 光绪二十四年八月初九日丑刻发,《张之洞电稿》,中国社会科学院近代史研究所藏,档号:甲182-455。转引自茅海建:《戊戌变法的另面——"张之洞档案"阅读笔记》,第 207 页注释 2。

外人为师,但又怕被控制的痛苦心境。"⑬然而,政治戒心一旦缺少节制地施用于军事改革实践,也往往造成严重的隔阂与消耗,导致结果背离初衷。至1897年,胶州湾事件发生,中德关系急剧恶化,这对在华德国教习的地位与心态都产生不小的冲击。而几乎同时,日本朝野各方加强了对张之洞、刘坤一等东南地方大员的工作,加之同文同种、地近费省等因素,清朝军事改革的合作对象由德国转向日本,德国教习在华影响力渐趋式微。

附带可以一提的是,德国军事教习与中国并未缘尽。大约十年后,清廷再度要求德国派遣军事教官来华帮助陆军改革,并得到德皇威廉二世的积极回应,此次中德合作的背景,在于抵抗俄、日新协议对满洲的威胁。⑬ 只是合作未及展开,便告中辍,此时张之洞已经在北京病逝,清朝正面临着巨大的内外危机,距离它的覆亡也进入了倒计时。

---

⑬ 苏云峰:《张之洞与湖北教育改革》,"中央研究院"近代史研究所,1976,第117页。
⑬ 〔美〕李约翰:《清帝逊位与列强——第一次世界大战前的一段外交插曲(1908—1912)》,孙瑞芹、陈泽宪译,江苏教育出版社,2006,第211—214页。

庚子事变时期张之洞的对日交涉

在晚清时期,尤其是 19、20 世纪之交,中日关系处在一个很特殊的阶段。虽然对于这段历史的定性仍然充满争论,但至少可承认一点:在当时国人的认知中,日本的面目就算不至于"清纯",恐怕也不像后来理解的那么可憎。[①] 日本在华丰富的政治人脉资源,以及中国官绅阶层对其普遍抱有的好感,都显得不同寻常,这与甲午战后日本国内政治思潮演变及其政府、民间双重势力在华的长期经营是密不可分的。[②] 尤其戊戌前后,日本势力相当深地介入了改革派的活动,由于清朝原有格局被政变打破,加之日本内阁人事发生变动,其对华政策的基调也经历了转变。对这一时期的中日关系,学界向来都很关注,多有研究成果发表。[③] 论者较少例外地都注意到,

---

[①] 对这段时期中日关系的既有研究,较多偏重两国间教育文化层面的交流,参看[日]实藤惠秀《中国人留学日本史》,谭汝谦、林启彦译,生活·读书·新知三联书店,1983;黄福庆《近代日本在华文化及社会事业之研究》,"中央研究院"近代史研究所,1982;汪婉《清末中国对日教育视察的研究》,汲古書院,1998。而为一般读者关心的军事战争史,则多被置入日本长期侵华的历史脉络中展开叙述,代表著作为中国社会科学院近代史研究所编:《日本侵华七十年史》,中国社会科学出版社,1992。对政治、外交层面的历史事实的挖掘相对不足,也是学界对同一段历史产生正、负两面认知的原因之一。

[②] 这方面的总括性研究,可参见[美]任达《新政革命与日本:中国,1898—1912》,李仲贤译,江苏人民出版社,1998;[美]马里乌斯·约翰逊(Marius B. Jansen)《日本与中国的辛亥革命》,载[美]费正清、刘广京主编《剑桥中国晚清史》下册,中国社会科学院历史研究所编译室译,中国社会科学出版社,1985,第398—403页。

[③] 参阅王树槐《外人与戊戌变法》,上海书店出版社,1998;李廷江《戊戌维新前后的中日关系——日本军事顾问与清末军事改革》,载王晓秋主编《戊戌维新与近代中国的改（转下页）

日本政府，尤其是军方背景的参谋本部对于湖广总督张之洞(1837—1909)、两江总督刘坤一(1830—1902)等南方实力人物特别重视，并大力展开工作，而张氏也对"中日同盟"的议题抱有持续的兴趣，虽然后因驱逐流亡日本的康梁问题略生波折，但双方建立的良好关系基本上持续发展，派遣留学生、接受日本军事顾问等合作均获收效。至1900年6月，日本方面也承认"张之洞过去以来的行动大致遵循我参谋本部的方针"④。相比于官方层面的工作，日本民间团体在长江流域的活动则触角更广、程度更深。特别是东亚同文会，其领导层与张之洞、刘坤一等南方总督均有密切联系，⑤而其在华各支部成员也不同程度地卷入了中国不同派系的政治活动。⑥直至义和团运动爆发，中外关系一变，在战时交涉、战后和议诸棘手问题上，张之洞与日本相互引援，关系热络，尔后围绕东三省交涉，清朝内部发生激烈争执，这一层特殊关系更有淋漓尽致的体现。⑦这一时段中日关系头绪纷繁，事实层

（接上页）革——戊戌维新一百周年国际学术讨论会论文集》，社会科学文献出版社，2000；孔祥吉、[日]村田雄二郎《戊戌维新前后的康、梁、张之洞与日本》，《罕为人知的中日结盟及其他——晚清中日关系史新探》，巴蜀书社，2004；茅海建、郑匡民《日本政府对于戊戌变法的观察与反应》，载茅海建《戊戌变法史事考》，生活·读书·新知三联书店，2005。

④　近衞篤麿日記刊行會編：《近衞篤麿日記》第3卷，鹿島研究所出版會，1968，第201頁。

⑤　谢俊美：《近卫笃麿侵略思想及其活动述略》，《福建论坛（人文社会科学版）》2000年第4期。邱荣裕：《张之洞"亲日"外交倾向刍议》，《华侨大学学报（人文社会科学版）》2001年第1期。

⑥　参阅菅野正《戊戌维新期的上海亚细亚协会》，《清末日中關係史の研究》，汲古書院，2002，第3—23頁；邱涛、郑匡民《戊戌政变前的日中结盟活动》，《近代史研究》2010年第1期。特别值得注意的还有少数旅日学者的研究成果，如翟新《東亞同文會と中國：近代日本における対外理念とその実践》，慶應大学出版會，2001（中文译本见《近代以来日本民间涉外活动研究》，中国社会科学出版社，2006）；馮正寶《評伝宗方小太郎：大陸浪人の歴史的役割》，亞季書房，1997。此外，东亚同文会个别会员赞助、参与中国革命的事迹，长期受国内学界注意，也已成为近代史著述屡见不鲜的题旨。参见李吉奎《孙中山与日本》第三章"'华南独立'运动与惠州起义"，广东人民出版社，1996；桑兵《日本东亚同文会广州支部》，《中山大学学报（社会科学版）》2002年第1期。

⑦　李国祁《张之洞的外交政策》（"中央研究院"近代史研究所，1970）与李细珠《张之洞与清末新政研究》（上海书店出版社，2003）两种专书对庚子前后张之洞的外交活动皆有涉及，尤其前书对其"羁縻英日"的外交思想渊源做专节讨论，但未将张之洞与日本关系作为论题进行处理。

面的整理工作仍待展开,对于观察晚清外交的"时代相"来说更具价值,研究大有可为之处。本文拟综合利用中外史料,对庚子事变期间张之洞对日外交的相关史实做出考证,考察当时中日政治"提携"的表象及其内在限度,以期丰富对于这段历史的理解。

一、 戊戌前后张之洞对日联络渠道

不少论者在定义张之洞后期外交的性质时,习用"亲日"立言,对其与日联络的具体渠道和实际作为却较少着墨,使得"亲"或"如何亲"均不得安稳落实。其实,如从地方大员赖以维持的人际网络与现实可利用的外国资源着手,更容易理解他们在外交上的进退取舍。张之洞倾心联日的渊源,可追溯至 1897 年末和 1898 年初日本陆军参谋本部大佐神尾光臣(1855—1927)、大尉宇都宫太郎(1861—1922)相继访问湖北。关于张氏对日人先避后迎的微妙情态,先行研究描摹已详,其据以电奏,提出联交之请,却未得到清廷的允准,这与日人意图不明直接相关,同时也有畏惧俄国的潜因。在与来华游说的日本军官接触过程中,张之洞与驻上海代理总领事小田切万寿之助(1868—1935)开始建立联系。[8] 1898 年 5 月,张之洞奉召入京,途经上海,与小田切有过两次交谈,后因沙市事件折回湖北,但仍派其主要洋务幕僚钱恂(1854—1927)在上海与小田切进行谈判。[9] 戊戌政变后,小田切应邀赴湖北,与张之洞多次会谈,就政治改革、军事合作、派遣留学生、驱逐康有为等问题交换意见。在会谈中,张之洞提出了相当详尽的地方军事改革计划,值得注意的是,他虽有邀聘日本军事顾问的意向,但却是以日本政府

---

[8] 小田切万寿之助,日本米泽藩(今山形县)出身,东京外国语学校支那语科毕业,1886 年以外务省留学生身份来华,在天津领事馆实习,同年调任北京公使馆书记生。1896 年派驻杭州,任二等领事。1897 年代理上海总领事,1902 年任总领事。次年,为日清通商航海条约改正委员、清国关税率换算委员等职。1905 年辞官,入日本正金银行,任社长。小田切在沪任内为日本在华投资权利的扩张不遗余力,其传记作者推奖他"功绩卓著"。参见東亞同文會编:《对支回顾錄》下卷,原書房,1968,第 415—418 頁。

[9] 茅海建:《戊戌年张之洞召京与沙市事件的处理》,载《戊戌变法史事考》,第 196—200 頁。

驱逐逃亡海外的维新派人士作为交换条件的。^⑩当时日本国内第二次山县友朋内阁成立,外务大臣青木周藏(1844—1914)实行了"务实"的外交政策,不愿与清朝政府有过多对抗,尤其强调张之洞等地方实力派的作用,对于受过迫害的改革人士的命运已不再那么关注。^⑪在张之洞再三敦促下,日本政府加速了劝离康有为的工作。

由于戊戌政变的冲击,张之洞原拟次第展开的中日合作计划也受到影响,因此深叹:"中东联络大局,全被康、梁搅坏,真可痛恨。"1899年1月,他致电其时停留上海的湖北游日学生监督钱恂,指示"须与小田切询商者数事":

一、神尾(光臣)练兵事此时断难具奏,可问小田彼尚有何办法。即使将来能奏,"参谋"二字亦必不许,只可名"总教习"。

一、大原(武庆)云武备书须两年方能译成,如何能待此时?拟多延日本极好武官数人来译武备书,人多可以速成,即可随时商酌武备事宜,将弁亦可时往请教。神尾亦肯来译书否?

一、小田(切万寿之助)在鄂面云,日本政府有复电,已允设法讽令康(有为)赴美。此时不知已行否?能催询之否?梁(启超)、王(照)诸人亦有去志否?

一、英议绅贝思福以鄂练兵二千为未足,欲在京城设参谋,意在练中国全国之兵,总署不允其参谋,令照原议办理。小田云,英必须联日本。此次贝赴日本,不知日本政府与议若何?议及英来鄂练兵之事否?

---

⑩ 参见李廷江:《戊戌维新前后的中日关系——日本军事顾问与清末军事改革》,载《戊戌维新与近代中国的改革——戊戌维新一百周年国际学术讨论会论文集》,第394—395页。

⑪ 参见茅海建、郑匡民:《日本政府对于戊戌变法的观察与反应》,载茅海建《戊戌变法史事考》,第543—544、562—564页。按青木周藏,1869年赴德留学,后入外务省,以代理公使、公使身份驻德多年,1889—1891、1898—1900年两度出任外交大臣。他是日本"第一个地道的外务省出身而出任外相的人"。参见[日]信夫清三郎:《日本外交史》,天津社会科学院日本问题研究所译,商务印书馆,1980,第234页。

望确询。⑫

从此史料解读，湖北省已着手进行延聘日本军官、翻译军事教材等工作，人选则颇属意曾经来访的神尾光臣，但借助日将"练兵事"，却不敢奏闻朝廷，可见张氏迫于政治压力的自我禁抑。当时英国议员贝思福（Lord Charles Beresford，1846—1919）来华访问，同样有帮助"练兵"之议，⑬张之洞的反应一定程度上也受到日本态度的左右。此外，流亡海外的维新派仍是心病，张之洞不满足驱逐康有为一人，继续向日吁求驱逐梁启超、王照并禁封《清议报》。

戊戌前后，湖广总督张之洞、两江总督刘坤一的政治地位引人瞩目，在国际上也声誉日高，南京、汉口俨然成为北京以外的政治重镇，凡日人访华，必到此一游，以与两总督晤面交谈为幸事。⑭在频密接触中与张之洞建立了良好私人关系的小田切万寿之助，曾向外务省发出机密报告，专门论证张氏其人政见及地位，所作评价甚高，以为"该总督学问渊深，见识透彻，被彼国士林仰如泰斗""二十年以来，政绩卓著，吏治周慎，在此国地方官中罕有俦比者"。⑮如日本学者伊原泽周所论："小田切这份关于张之洞的报告书，对日本朝野的影响极大，使外务省及东亚同文会认为可与日本交往的当时中国的高官中，除张外，似无他人。"⑯1897 年 5 月，日本前司法大臣清浦圭吾（1850—1942）、内务次官松平正直（1844—1915）赴华考察，除访问北京

⑫《致上海钱念劬》，光绪二十四年十二月十二日子刻发，苑书义、孙华峰、李秉新主编：《张之洞全集》第 9 册，河北人民出版社，1998，第 7702—7703 页。

⑬ 戴银凤：《贝思福访华述论》，《近代史研究》2003 年第 1 期。

⑭ 参见内藤湖南：《燕山楚水》，吴卫峰译，中华书局，2007，第 137、207 页。

⑮《上海小田切万寿之助代理总领事致都筑馨六次官报告》，1898 年 12 月 21 日，茅海建、郑匡民编译：《日本政府关于戊戌变法的外交档案选译（二）》，《近代资料》总 113 号，中国社会科学出版社，2006，第 66 页。

⑯［日］伊原泽周：《从"笔谈外交"到"以史为鉴"——中日近代关系史探研》，中华书局，2003，第 242 页。

外,还特意南下与张之洞会晤。[17] 更为人知的是 1898 年秋天日本前首相伊藤博文(1841—1909)访华,其人与戊戌政变的发生关系紧要,研究者多已注意及此。当年伊藤又曾南游,相继于 10 月 13 日、19 日到访汉口和南京,与张之洞、刘坤一分别面谈。[18] 他在汉口逗留数日,汉口领事濑川浅之进致外务省报告透露了会见的一些实情,特别提到"伊藤侯爵此次游历本地,湖广总督张之洞表现了极大的热情"[19]。其时政变结果已经揭晓,政治风向大变,地方官员将之与改革相连,唯恐有所牵连。尽管形势十分不利,张之洞仍表现出与日本联手做一些事情的愿望,而他事后致总理衙门电报中,对此事完全没有谈及。[20] 除了与张之洞面谈外,伊藤博文还获赠《劝学篇》一书,似对张之洞的改革宗旨有所了解,并抱有一定希望。他在启程返国之际,曾特致一函,推许张氏为"中流砥柱",寄望其能赞助变法自强,使清朝政府实现"一大英断",补救东亚大局。[21] 而张之洞本人时已形格势禁,不敢再走远一步。稍早前他与小田切会面时已倾述"艰窘情形",复函伊藤又自愧"力薄权轻,才庸智钝,百忧丛集,寸效无闻",当时所能措手的,也不过是向日本派出武备留学生,拜托伊藤"附赐关垂"而已。[22]

　　1899 年 4 月,日本陆军参谋本部福岛安正(1852—1919)少将[23]来华游

---

[17] 菅野正:《清末日中關係史の研究》,汲古書院,2002,第 5—6 頁。

[18] 春畝公追頌會:《伊藤博文伝》上卷,春畝公追頌會,1940,第 401 頁。

[19] 《汉口濑川浅之进领事致外务次官鸠山和夫报告・关于伊藤游历汉口》,1898 年 10 月 17 日,《日本政府关于戊戌变法的外交档案选译(二)》《近代史资料》总 113 号,第 11—12 页。

[20] 茅海建、郑匡民:《日本政府对于戊戌变法的观察与反应》,载茅海建《戊戌变法史事考》,第 480—481 页。

[21] 春畝公追頌會:《伊藤博文伝》上卷,第 401—402 頁。

[22] 该函系汤志钧先生由日本国立国会图书馆宪政资料室藏《伊藤博文关系文书》中辑出,收入氏著《乘桴新获——从戊戌到辛亥》,江苏古籍出版社,1990,第 192 页。原署"光绪二十四年于武汉发,无日月",据文意推知,应为前伊藤博文去函的复件。

[23] 福岛安正,1874 年入陆军省,1878 年投入山县有朋门下,作为陆军最大实力人物的涉外情报秘书,前后服役长达四十年,获大将衔,封男爵,号为"日本情报战之父"。时为参谋本部第二部部长。义和团战争爆发,出任日本派遣军司令官,战后主编了《明治三十三年清国事变战史》这一规模庞大的战史资料集。参见小林一美:《義和団戦争と明治國家》,汲古書院,1987,第 215—220 頁。

历,在武汉相继考察护军营、自强学堂、工艺学堂、汉阳铁厂及枪炮局各处,在与当地官绅接触中,谈论话题涉及添兵、练兵、军备更新、内政改革、海外游学诸多方面。4月23日,福岛得到机会与张之洞密谈,劝说以:

> 一、以湖广、两江一致行动为急务;
>
> 一、于江阴、镇江等处筑造有威力之防御工事;
>
> 一、湖广、两江养成十万强兵;
>
> 一、劝说反对革新之权势人物赴海外游历;
>
> 一、勿中北京政府之离间计策;
>
> 一、酌减长江水师而多造水雷艇;
>
> 一、以此实力暗中迫使北京方面进行有益国家的紧要事业。㉔

上述建议除了有关军事改革外,不乏如江、鄂一致行动,施压于中枢此类具有政治意味的内容。政变以来,张之洞一直心存顾虑,对福岛的策动仅漫应之,此后便安排亲信属下张彪、汪凤瀛等人与之周旋。

另一位与张之洞关系密切,并在外交层面带有特殊民间色彩的日本重要人物,是东亚同文会会长近卫笃麿(1863—1904)。㉕ 东亚同文会成立后,制订出雄心勃勃的对华事业发展计划,将重点放在中国东南部长江流域一带,这里作为日本经济利益最集中的区域,也是刘坤一、张之洞两总督的辖区。近卫笃麿重视与"南方有力者"的关系,正是基于这样一种非常现实主

㉔ 参见東亞同文會编:《对支回顧録》下卷,第276—277页。

㉕ 近卫笃麿,号霞山,出身位列五摄家之首的豪门,年方弱冠已跻身公爵。1885年赴欧游学,1890年归国,任贵族院议员,1895年任学习院院长,后历任贵族院议长、帝国教育会会长、枢密顾问官等,是活跃于明治二十至三十年代的日本政治家。其子近卫文麿(1891—1945),1937—1941年间曾三度出任日本首相。参看白柳秀湖:《近衞家及び近衞公》,国民新聞社出版部,1941。近卫笃麿于1898年出任东亚同文会第一任会长,1899、1901年近卫有两次中国之行,与张之洞、刘坤一、奕劻、荣禄、那桐等清朝要人结识,由不同方向建立在华人脉关系,并影响中日关系及清朝政治。说详拙文《近卫笃麿与19、20世纪之交的中日关系》,《学术月刊》2016年第9期。

义的考虑,用他自己的话说,是"为经营事业的方便,要不时与支那官吏打交道"㉖。1899 年近卫笃麿出访欧美各国,归途中顺访中国,先后游历上海、南京、武汉、杭州、苏州等地。由于张之洞固执于驱逐维新党人,引起近卫微嫌,两人的初次会面不算投机。面谈结束时,近卫似仍感觉意犹未尽,在日记中写道:"据其谈话内容,不愿涉及外交问题,一切答问皆以平常言语应之,将来恐无机会再开谈绪。此后无话离席。余所以深感失望正为此也。……无论如何,较之刘坤一,张氏之见识显然拙劣数等。"㉗尽管如此,张之洞仍然被定位为东亚同文会开展在华事业的重要协作者,而相应地,"与康梁派的冷却化处理,也正是为了增进和这些南方实力人物的政治连带"㉘。如果注意到两人订交的后续,最直接的一个成果,就是张之洞长孙张厚琨(1881—1911)实现赴日留学,近卫笃麿本人不仅是他所在学校学习院的院长,也充当了他留学生活的监护人。㉙此外,湖北陆续派往日本的留学生及教育、军事考察人员,也常得到近卫的照拂。㉚

综上,庚子事变前张之洞与日联络的几种渠道已可概见。自 1897 年日本陆军参谋本部主动来华,张之洞与之建立联系,逐步展开有关军事改革的合作计划。此外,驻上海总领事小田切也是张之洞与日本政府连线的重要渠道,中日合作与驱逐康梁两事,在戊戌后几乎成为相反相成的交涉主题。伊藤博文、近卫笃麿等日本政界要人相继访华,均与张之洞订立私交,尤其后者对湖北留日人员给予了不少关照。此一时期,张之洞对日

㉖ 近衛篤麿日記刊行會編:《近衛篤麿日記》第 2 卷,第 497 頁。

㉗ 近衛篤麿日記刊行會編:《近衛篤麿日記》第 2 卷,第 456 頁。陪同接待的张之洞幕僚郑孝胥(1860—1938)也以"广雅多言康、梁在日有妨交谊,其辞太繁",对幕主有所腹诽。参见劳祖德整理:《郑孝胥日记》第 2 册,中华书局,1993,第 740 頁。

㉘ 翟新:《近代以来日本民间涉外活动研究》,第 72 页。

㉙ 孔祥吉、[日]村田雄二郎:《最早留学海外的高干子弟》,《罕为人知的中日结盟及其他——晚清中日关系史新探》,第 302—315 页。

㉚ 李廷江近将近卫笃麿史料所存汉文书函结集出版,其中收录湖北省官员或留学人员致近卫函有:汪凤瀛二通、邹凌翰二通、钱恂一通、张权三通、张厚琨三通。参见李廷江编著:《近衛篤麿と清末要人:近衛篤麿宛来簡集成》解题,原書房,2004,第 30—36 頁。

活动相对较少通过驻日公使,不过庚子事变发生后,这种状况相应发生了变化。

二、 庚子事起:"讽日本维持大局"

光绪二十六年(1900)五月上旬,义和团开始大批涌进北京,端郡王载漪入主总理衙门,英国海军中军西摩尔(Edward Hobart Seymour,1840—1929)率联军在京津中途遇阻,中外矛盾已近一触即发。其间出城迎接联军的日本公使馆书记生杉山彬在永定门附近被董福祥甘军杀害,一般研究多将此事与后来德国公使克林德(Klemens Freiherr von Ketteler,1853—1900)被杀相提并论,认为这是中外矛盾激化的导火索,实际上与西方列强的强硬姿态相比,日本政府却显示出一定的克制。㉛ 在北京外交团决定从停泊大沽的各国军舰上调兵护卫使馆后,美、英、法、意、日、俄六国进京卫队总人数达到 357 人,其中只有日本卫队 26 人符合中方提出每国卫队不超过30 人的要求。㉜

华北义和团兴起以来,张之洞已屡次上书朝廷,表达"主剿""避战"的政见。㉝"剿拳"是其素有的立场,而"阻董"则很大程度受到了日本方面意见的影响。五月二十日(6 月 16 日),湖北留学生监督钱恂由东京来电透露:"福岛殷盼帅献策,令董军且退,则外兵但平匪,否则董洋哄,大局难问。至沿江若自能弭乱,外兵即不入江。"㉞考察此电背景,日本内阁会议于 6 月 15日决定从第五师团、第十一师团抽调混成支队 3314 人组成临时派遣军,以

<hr/>

㉛ 《总理各国事务衙门为杉山彬灵柩业经停妥但格于成例未便进城事致日本公使照会》,光绪二十六年五月十七日,中国第一历史档案馆编:《庚子事变清宫档案汇编》第 1 册,中国人民大学出版社,2003,第 100 页。

㉜ 参见相蓝欣:《义和团战争的起源》,华东师范大学出版社,2003,第 222、255—258 页。

㉝ 参见《致总署、荣中堂、天津裕制台》,光绪二十六年五月初四日申刻发,《张之洞全集》第 10册,第 7960 页;《寄总署》,光绪二十六年五月十九日,中国科学院历史研究所第三所主编《刘坤一遗集》第 3 册,中华书局,1959,第 1431—1432 页。

㉞ 《钱守来电》,光绪二十六年五月二十日已刻到,《张之洞全集》第 10 册,第 7980 页。

参谋本部第二部部长福岛安正少将为司令,向大沽出航。㉟ 福岛安正是张之洞与参谋本部的主要联络人,他在启程赴华之前,通过钱恂传话,希望东南督抚在"剿拳""阻董"事情上发挥作用。据钱恂自谓:"时稚樵正滞日本,与彼参谋本部尤稔,其临时来华征匪之司令官福岛安正又旧友,故获知战情较详。"㊱张之洞也引援福岛安正为臂助,复电中显出对其去留的挂心:"福岛赴津殊不便,以后鄂事与何人商?"㊲

稍后,张之洞迅速据以上奏,请"明降谕旨力剿邪匪,严禁暴军,不准滋事,速安慰各使馆,力言决无失和之意。……并请速发电旨述皇太后、皇上之意,饬驻各国使臣令向外部道歉,日本被戕参赞优加抚恤,力任以后保护。明谕各省保护洋商、教士,众怒稍平,庶可徐商挽救㊳。他又由急召两广总督李鸿章入京的谕旨,预感"上意当已悟刚、董之谬,悔开衅之非"。㊴ 但形势发展出乎意外,不久即传来大沽开战的消息,经过暂时的震惊,他马上想到"讽日本维持大局",欲借外力阻止事态扩大。㊵ 五月二十三日(6月19日),致电驻日公使李盛铎(1859—1934)云:

<hr />

㉟ 日本出兵很大程度上是针对俄国在华投入大兵的反应,但对出兵规模有所抑制,如陆军大臣桂太郎所言"少量出兵附列强之骥尾,不失其伴侣地位,此为外交之得策,绝不可过于抬头,待彼〔列强〕乞援时抬头不迟。"参见斋藤聖二:《北清事変と日本軍》,芙蓉書房,2006,第46—48頁。

㊱ 钱恂记福岛赴华前言论:"福岛少将濒行,告稚樵曰:'此次以攻拔天津城为第一步,拔后拟暂停兵,且不遽向北京,以待议和。君盍先告张香帅早备和件乎? 能先德帅到华而媾和,乃策之上者。盖攻拔天津,日本必居首动,首功可有主和权也,迟则不能不让德国。'稚樵知香帅非能独倡和议者,且孝钦昏迷,亦非仅失天津所能启悟,故电香帅而已。"参看钱恂编,致之校点:《金盖樵话》,辽宁教育出版社,2001,第50页。

㊲ 《致东京钱念劬》,光绪二十六年五月二十二日午刻发,《张之洞电稿乙编》第十二函,中国社会科学院近代史研究所藏,档号:甲182-73。

㊳ 《致总署、荣中堂》,光绪二十六年五月二十四日亥刻发,《张之洞全集》第3册,第2149—2150页。许同莘据此注曰:"日本外部言必剿匪方有转机,故有此奏。"参看许同莘:《张文襄公年谱》,商务印书馆,1946,第133页。

㊴ 《致东京钱念劬》,庚子五月二十二日亥刻,《张之洞庚子年发电摘钞》第一函第二册,档号:甲182-32。

㊵ 许同莘:《张文襄公年谱》,第133页。

妖匪作乱，大局危急，合肥前已电召，内意必愿议和，请公速密商外部，讽以各国吞华于日本最无益，董、拳开衅本非上意，若举动过猛，京城溃，乘舆危，畿辅、各省同时大乱，西国得九，日本得一，仍自毙也。此时日兵最多，必可主持群议，如能从中维持，宽缓定约，以后华感日德，必愿事事联络，谁能阻之？此日本无穷之利，东半球利害关纽。⑪

张之洞注意到当时在华外国军队以日军数量最多，据此判定日本政府应能够在对华事务上拥有一定发言权，同时本着"结强援岂能无厚报"⑫的思想，仍然许日本以今后"必愿事事联络"。次日，又加电重申"朝廷断无与各国开衅之意"，为将来预留余地，特嘱"万不宜下旗回华，方有转机"。⑬此时在东京的李盛铎观感尚好，复电称："前日员被戕，即赴外部慰问，似尚怼而不怒。福岛领兵濒行来面辞铎，嘱以宜平和办理，维持亚局，彼以为然。沽口战后，宫内省尚派员来慰，似日廷尚无他意。"但在张氏寄予厚望的停兵问题上，外务省的答复词句冠冕而意义暧昧：

倾华益欧，日断不愿，惟此次局面，日若不随同各国，则亚权全属欧人，联合之局，实有不得已苦衷。此时进退，非一国所能主持，惟望中国速平内匪，以免事机愈迟愈棘。⑭

张之洞仍盼李鸿章入京可以扭转局势："公平商结，两宫平安，中国大局

⑪《致东京李钦差》，光绪二十六年五月二十三日戌刻发，《张之洞全集》第 10 册，第 7999—8000 页。相同意思的电报同日并致钱恂，并谓："李钦差能与日人深谈否？此电皆冠冕正大语，我若兼托李与日商有益否？候速复再定。"参见《致东京钱念劬》，《张之洞庚子年发电摘钞》第一函第一册，档号：甲 182-32。

⑫ 关于张之洞外交思想的这一特征，参见冯天瑜、何晓明：《张之洞评传》，南京大学出版社，1991，第 365—368 页。

⑬《致东京李钦差》，光绪二十六年五月二十四日寅刻发，《张之洞全集》第 10 册，第 8006 页。

⑭《李钦差来电》，光绪二十六年五月二十七日寅刻到，《张之洞全集》第 10 册，第 8007 页。

无碍矣。"㊺至五月二十九日(6月25日),又联合南方数省督抚,联名致电诸驻外公使,商请各国"暂行停战,候李鸿章到妥议"㊻。两天后,李盛铎来电抱怨"反复陈说,皆不能动",并转述日本外相青木周藏语如下:"停兵一节,各国断难允,惟请钧处转商各帅力保东南为要着。"㊼也几乎同一时间,在上海的盛宣怀和日本代理总领事小田切万寿之助,提出新的建议:以中外会议的方式达成和平谅解,并得到东南地方实权人物的积极响应。㊽长江流域的局势迅速沿着"东南互保"的轨道滑行。在张之洞看来,中日两国在长江流域有着更多的共同利益,而他本人也以与日关系特殊自许,所以当时会对钱恂说出以下的话:"保全长江上下游,不独中国之利,亦日本之利也。日本当道尤应助鄂,想见及此,似宜与各国有别。日肯助鄂,鄂亦能助日。"㊾事变期间,湖北省为求购枪械、招聘军官等事项,也与日本参谋本部关系密切。㊿

在此后相当一段时间内,日本政府对于东南督抚的注意力,多数落实在"互保"交涉层面上,"南清有力者"在辖区内的政治控制力,仍为其倚重的力量。而在冲突已经发生的华北战场,张之洞等人的意见则基本不发生效力。日本政府以"代华剿匪"为出兵的理由,恪守与列强一致行动的原则,对当时

<hr>

㊺ 《致东京钱念劬》,庚子五月廿七日亥刻发,《张之洞庚子年发电摘钞》第一函第一册,档号:甲182-32。

㊻ 《致轮墩罗钦差、华盛顿伍钦差、东京李钦差》,光绪二十六年五月二十九日辰刻发,《张之洞全集》第10册,第8031页。

㊼ 《李钦差来电并致李中堂、刘制台》,光绪二十六年六月初三日辰刻到,《张之洞全集》第10册,第8033页。

㊽ 按小田切万寿之助与盛宣怀不谋而合并非偶然,两人事前曾有"密商"。参见吴文星:《庚子拳乱与日本对华政策——日本与东南互保》,中华文化复兴运动推行委员会主编《中国近代现代史论文集第十三编·庚子拳乱》,台湾商务印书馆,1986,第240—241页。关于小田切万寿之助在庚子事变期间的活动及其分析,还可以参阅拙文《义和团事变中的日本在华外交官——以驻上海代理总领事小田切万寿之助为例》,《抗日战争研究》2012年第3期。

㊾ 《致东京钱念劬》,光绪二十六年六月十三日巳刻发,《张之洞全集》第10册,第8104—8105页。

㊿ 宇都宮太郎関係資料研究會編:《日本陸軍とアジア政策:陸軍大將宇都宮太郎日記》(1),岩波書店,2007,第81、88页。

欧美抱有疑义的“清日同盟”传言竭力予以澄清。(51) 而且，日本军队在对华作战中表现得异常奋勇，令西方人为之瞠目。关于日军在中国战场上逢役必与、战必争先的记录在西方有关义和团事件的著述中屡见不鲜。国人多将此理解为日本成为列强俱乐部新晋成员的张扬作风，称日军为“镇压义和团、侵略中国的主力军”。其实除了意气洋洋的一面外，还有诚惶诚恐的一面。唯恐人后，可作两面解：一种是非我莫属的强势，当仁不让；另一种是因不自信而急于证明。伊藤博文在与李盛铎私下交谈中，道出了其中的部分实情：“此次亚与欧战，日亦亚邦，防欧疑，故赴战则勇，议款则避嫌。”(52)

进入六月后，德使克林德被害的消息被西方证实，德皇威廉二世震怒，声言将举大兵报复。在京公使的安危成为全世界瞩目的焦点。青木周藏提出一大胆办法，试图通过李鸿章、张之洞等人的渠道，劝商山东巡抚袁世凯就近提兵北上，入京解救各国公使。六月初十日(7 月 6 日)，李鸿章由东京来电得悉这一建议，随即转发袁世凯，电文中未置可否，只轻轻一询：“能否酌办?”而袁世凯老于世故，又岂敢造次，复电“实难照办”，敬谢不敏。(53) 张之洞同样不愿用此冒险做法，坚持“外兵断不敢言入京救使”，并用荣禄自京中来电证明朝廷“愿保护各使之意显然”，认为此时较为稳妥的办法，是动员在朝中尚存势力的荣禄及庆亲王奕劻等人出面救使。(54) 又因钱恂的建议，他还曾一度考虑邀在京外国公使南下驻息，所谓“代朝廷联续邦交”，但事属

(51) 《青木外務大臣ヨリ独國駐劄井上公使宛・日清密約說ニ關スル獨紙記事取消並日清兩帝禦往復公表方訓令ノ件》，明治三十三年七月二十二日；《墺國駐劄牧野公使ヨリ青木外務大臣宛・日清密約說ニ關スル墺紙論調反駁ニ付稟請ノ件》，明治三十三年七月二十三日，外務省編纂：《日本外交文書・第三十三卷　別册二・北清事变中》，日本國際連合協會，1957，第 441—442、443—444 頁。

(52) 《李木斋星使来电》，光绪二十六年六月二十八日，《愚斋存稿》卷三十七，沈云龙主编《近代中国史料丛刊》续编第 13 辑，文海出版社，1975，总第 882 页。

(53) 《寄东抚袁慰帅》，光绪二十六年六月初十日；《东抚袁来电》，光绪二十六年六月十一日酉刻到，顾廷龙、戴逸主编：《李鸿章全集》第 27 册，安徽教育出版社，2008，第 107、110 页。

(54) 《致东京李钦差》，光绪二十六年六月初十日戌刻发，《张之洞全集》第 10 册，第 8094 页。

一厢情愿,也无结果可言。⑤⑤

或是因为提议迟迟未有响应,日本方面显得有些着急。数日后,在上海的日本总领事小田切奉命交出密件云:

> 顷奉外部电开:拳匪及帮助拳匪之军民人,均系中国之乱民,此次本国派兵,为弹压此等乱民、救出使臣起见,为各国所知。应请刘大臣、张制军、盛京堂密与东抚袁电商,自提大兵,或派干练之将与本国兵协同弹压,等因。奉此。查弹压拳匪一节,向者由阁下合词电奏在案。专委洋军恐与大局无益,中外合办实于贵国有利,敝国政府之意实在于此。可否即与袁慰帅电商,迅速从事,此为望切,仍乞复示。⑤⑥

接此密件者为盛宣怀,其虽自许"局外闲人",却不乏非常之谋,对日人建议不仅给以呼应,甚至有更为激进的主张。其密电中枢云:"趁此工夫,莫如内外合谋,自行分别妥办,尚可挽救。然非王爷(庆亲王奕劻)与中堂(荣禄)独对,陈请两宫速发密诏,外臣无从助力,即李相(鸿章)遵旨北来,亦同归于尽。如当圣意,须将暴军调出御敌,聂(士成)军调京护卫,李相日内抵沪,如有密旨,即可北渡。宋(庆)、聂两军暂归调度,若嫌兵力不敷,密调袁抚(世凯)约期而至,秉承庙谟,不动声色,内乱一平,外衅自解,过此不图,悔莫能及。间不容发,泣盼乾断。此电与江、鄂、闽、粤各督抚往返电商,意见相同,但疆臣不敢显言,宣怀幸以闲曹,受恩深重,敢冒斧钺,乞代密陈。"⑤⑦此谋虽言"往返电商",实则由其一人策划,已近军事政变性质,可谓大胆至极。而被那拉氏许为"老成谋国"的张之洞,对待事变的态度则明显尚有所保留,六

---

⑤⑤ 《致日本钱念劬》,庚子六月初四日申刻发,《张之洞庚子年发电摘钞》第一函第二册,档号:甲182-32;《致江宁刘制台,上海盛京堂、余道台》,光绪二十六年六月初六日巳刻发,《张之洞全集》第10册,第8065页。

⑤⑥ 《寄刘张两督帅》,光绪二十六年六月十三日,《愚斋存稿》卷三十七,总第869页。

⑤⑦ 《请发密诏平乱以挽危局电奏》,光绪二十六年六月十七日,《愚斋存稿》卷二十一,总第560—561页。

月十七日(7月13日)致李盛铎电仍延续了此前意见：

> 京城内外匪徒，必须就近诸军剿办，方能迅速。袁在山东，既有地方之责，未经奉旨，断不能分兵入京办匪，且亦缓不济急。此时惟有请日本外部商诸各国暂停战事，俾北京、天津诸军可专心剿匪，最为救急良策。即祈转达，电复。(58)

不过日本方面的反应已趋冷淡。当李盛铎向外务省转达此“救急良策”，青木周藏的简短回答是“剿匪极是，停战甚难”(59)，俨然标准的外交辞令。联系到此时日本政府的外交动作，除向第五师团发出全面动员令外，围绕着大规模出兵展开一系列旨在欧美列强协调的外交活动。自六月上旬山口素臣中将统率的第五师团陆续来华，日本最高派兵数达到两万两千人，成为中国战场上数量最多的外国军队。外交史研究大家、英国学者艾伦·尼什(Ian H. Nish)早就注意到日本在19世纪末国际政治格局中所处的敏感位置，认为其行为与其他列强并非完全合拍，其对华政策有着某种“优柔寡断”的特质。(60) 最新研究表明，日本政府在慎重其事的同时，也采取了积极的强调自主性的行动。派出临时派遣军及其后追加部队、动员第五师团等一连串动作，全部是先于列强要求早已决定的，尽管做出了某些姿态，确认列强反应后才正式行动，但无论如何都是日本独立判断和施行的。(61)

六月初七日(7月3日)，清廷以光绪帝名义向英、俄、日三国发出国书，均请求“设法筹维，执牛耳以挽回时局”，其中对英国强调“商务为重”，对俄国提及两国之间曾“立有密约”，对日本则以“相依唇齿”之关系立言，先就杉

---

(58) 《致东京李钦差并致江宁刘制台》，光绪二十六年六月十七日午刻发，《张之洞全集》第10册，第8120—8121页。

(59) 《李钦差来电》，光绪二十六年六月二十日到，《张之洞全集》第10册，第8121页。

(60) I. H. Nish, “Japan's Indecision During the Boxer Disturbances”, *The Journal of Asian Studies*, vol. 20, no. 4, 1961, pp. 449 - 461.

(61) 参见斎藤聖二：《北清事変と日本軍》，第2—5頁。

山彬被害深表惋惜,继而阐述当今"中外大势、东西并峙"之下,中日两国休戚相关,"亟应暂置小嫌,共维全局,现在中国筹兵筹饷,应接不暇,排难解纷,不得不惟同洲是赖"。[62] 黄遵宪《再述》诗咏其事曰:"玺书皇帝问东皇,亲爱从来昆弟行。岂有行人真坐罪,忍看邻国到唇亡。"[63]李国祁曾指出,张之洞看重日本始终是出于中日"同洲同种"之种族观点,[64]此处清朝国书也以相同观念立言,实际上与1897年以后神尾光臣、福岛安正、伊藤博文等人来华时反复陈说之言几乎是同一基调,这似可说明,清人在中日关系的理解上也不自觉受到了日本对华言说的影响。国书中途辗转,实际送达的日期是六月十五日(7月11日),而早在五天前,日本政府已经决定派出第五师团开赴中国。十八日(7月14日),外务省向中国公使交出天皇复书,其大意不外敦促自行平匪护使,声明各国派兵意为救使,日后款议日本将从中出力云云。[65] 这实际意味着"日本选择了不与中国联合,而与西方列强采取共同行动的道路"。[66] 张之洞原视清廷国书为利好消息,倒是刘坤一一开始就不抱乐观,他对前述致李盛铎电报婉转地表示"佩服",但也袒露信心之不足:"目下总以救使为亟,各使无确信回国,彼必不肯停战,国书恐亦无济也。"[67]

三、 战时交涉:"伊藤所询未易答复"

除了与日本外务省的联络外,张之洞与一些日本政界要人的良好私人

[62] 国家档案局明清档案馆编:《义和团档案史料》上册,中华书局,1959,第228—229页。

[63] 钱仲联笺注:《人境庐诗草注》下册,上海古籍出版社,1981,第934页。

[64] 参见李国祁:《张之洞的外交政策》,第231页。

[65] 参见《上海在勤小田切総領事代理ヨリ青木外務大臣宛・杉山書記生ニ対スル哀悼及時局挽回ノ希望ヲ表セル清皇國書發送ノ件》,明治三十三年七月十一日,《日本外交文書・第三十三卷 別冊二・北清事変中》,第436頁;《淺田外務總務長官ヨリ清國公使宛・清國政府ノ實力二依ル匪徒ノ掃蕩方希望並我出兵目的ノ明示ノ答復國書手交ノ件》,明治三十三年七月十四日,《日本外交文書・第三十三卷 別冊一・北清事変上》,第589—590頁。

[66] [日]信夫清三郎:《日本外交史》上册,第313页。

[67] 《刘制台来电》,光绪二十六年六月十八日申刻到,《张之洞全集》第10册,第8121页。

关系，也便于其对日发表政治意见。曾于上年访华并与刘坤一、张之洞结交的伊藤博文，在六月初通过李盛铎向两人密询："现在情形危迫，愿闻钧意及办法如何，请密示。"(68)接信之初，张之洞颇感踌躇，一则出于身份使然的自我禁抑，所谓"中外殊俗，中国臣下不能专擅作主"，政治发言讲究位势；二则对伊藤的真实意图无从把握，在搞清楚"彼所瞩望于我者"究竟为何之前，不敢贸然吐露心曲。他因此特嘱钱恂在日密探："伊藤意中必有所指，速密详示。"(69)另外，伊藤来电避开了当时已经奉旨北上的李鸿章，而专以江、鄂督抚意见为重，这一点也引起顾虑，他向刘坤一表示"伊藤所询未易答复"，又吐露心下的不安："此次来电止询我两人，而不提李傅相，亦属可怪。"(70)刘坤一也认为"伊藤所询，其意难测"，复以"须告李使作谈论答复，方不着迹。至奏明一节，似可不必，语虽冠冕，秉钧者固未可以常例测度也，傅相处可勿须商"。(71)

在与刘坤一反复电商后，张之洞决定以"浑涵意"回复三条：

> 一、望各国不攻京城，匪乱自平；
>
> 二、望各国不惊两宫，天下人心自服；
>
> 三、望各国停兵，在津候李傅相妥议，当易结束。(72)

以上意见不过重复了此前对外务省的建议，并汲汲表白"维护两宫"意，并无特出之处。但张之洞仍自觉有"僭越"的风险，主张答复后立刻电奏，以免招来"外间臣下妄议"的责难。至六月初十日(7月6日)，上述三条以江、鄂两

(68)《李钦差来电并致刘制台》，光绪二十六年六月初七日午刻到，《张之洞全集》第10册，第8086页。

(69)《致东京钱念劬》，庚子六月初九日巳刻发，《张之洞庚子年发电摘钞》第一函第二册，档号：甲182-32。

(70)《致江宁刘制台》，光绪二十六年六月初八日酉刻发，《张之洞全集》第10册，第8085—8086页。

(71)《复张制军》，光绪二十六年六月初九日，《刘坤一遗集》第6册，第2572—2573页。

(72)《致江宁刘制台》，光绪二十六年六月初八日酉刻发，《张之洞全集》第10册，第8085—8086页。

省名义回复伊藤,电内由五月二十九日(6月25日)上谕引申:"谕旨中既有'相机审势'之责,是则凡有关保守疆土者,其事势机宜当可随时斟酌,遵旨联络各省,公同商酌办理,此办法也。"除借朝廷言论为己正名外,还特别声明,内容只可作为"私交谈论",不可视为"公牍"。[73] 张之洞可谓小心到了极点。

在申明己见的同时,张之洞又想反制一手,向伊藤博文摸底。六月十一日,加电驻日公使李盛铎云:

> 北方兵事,确非两宫本意。今匪徒肇祸太蛮,外舰攻台亦太骤,各国以公使被戕,必尽其兵势所至。今乱徒固不辨孰欧孰亚,各国亦莫分为匪为兵。惟日本深知中国情形,有共利共害之势,有同洲同种之情,必能谅其内乱,解其外忧,将来办法应与各国不同。如伊藤能示以大意,则南方督抚办事宗旨更有把握。切望密询示复。[74]

其时日本政府正展开出兵外交,在激烈的国际竞争中,面对不明朗的前景仓促做出暗示或承诺,均不合时宜。同为沉浮宦海多年的资深政客,伊藤博文的精明对比张之洞甚有过之,对湖北来电他明智地选择避而不答。[75]

在事变发生后一个多月间,李盛铎为停战事就商青木周藏,"舌敝唇焦,议迄未就",继而又转向政府外伊藤博文、矢野文雄(前驻清特命全权公使,1897年6月—1899年11月在任)等人游说,也无结果。至六月中旬,日本政府派兵已定,伊藤博文才通过李盛铎再次向湖北传递口信,提出可能的停战方法,即"如中国朝廷能担保各使必无损,请电前敌,派员赴联合军总统商办,或可行"[76]。当北京使馆人员尚存的消息被外部了解,矢野文雄又示意:

---

[73] 《鄂督致李木斋驻使电》,光绪二十六年六月初十日,《愚斋存稿》卷三十七,总第867页。
[74] 《致东京李钦差》,光绪二十六年六月十一日巳刻发,《张之洞全集》第10册,第8098页。
[75] 《李钦差来电》,光绪二十六年六月二十日巳刻到,《张之洞全集》第10册,第8099页。
[76] 《李钦差来电》,光绪二十六年六月二十日到,《张之洞全集》第10册,第8121页。

“各使既存，宜速令与联合军通函，或先送一人至津，庶各军不疑，怒可渐解，然后徐议停兵。”⑦伊藤和矢野，一个是曾数度组阁的政界元老，一个是精通中国事务的退役外交家，在对华问题上皆有发言权，而其时身份又在政府之外，相对约束较少，说话较便。(78) 按这一时期国际政治的基本态势是，日本政府一面与各国紧张协调，续派大兵开赴华北战场，一面又与清朝公使保持接触，以“同洲休戚”的姿态区别于欧美列强。青木作为内阁成员、外交事务的直接责任人，始终坚持“欧美第一”的原则，在对华问题上态度强硬，不愿做任何实质性的表态。(79) 伊藤、矢野则利用身份便利，通过私下的渠道发挥影响，而不必负担外交上的责任。既不敢得罪列强，又欲见好于中国，无怪乎有作者在总结晚清时期日本政府对华外交特质时，使用了“双面影人”这样传神的词语。(80)

张之洞也有复杂的感受。一方面，他也清楚在京各国公使安危关系重大，来自日本的警告并非无因。故于六月十九日(7 月 15 日)联合各省督抚奏请护使，其中专门引用东京来电，谓“此时各国专重救使一事，必须将各使救出，方有排解之法”，而在救使的具体办法上，又不敢取激进的策略，只是请旨饬令四川提督宋庆等护送各使前赴天津，标举此为“安危利害之一大关键”。(81) 奏内有“使知攻使系匪徒所为，救使系两宫德意”字样，其用意还是为宫廷开脱罪责。(82)

另一方面，在与日本联络过程中，张之洞不时为己严格设限，不忘自省禁忌所在。刘坤一当时曾建议，令与日本前军统帅福岛安正有旧交的陶森

---

(77) 《李木斋星使来电》，光绪二十六年六月二十八日，《愚斋存稿》卷三十七，总第 882 页。

(78) 春畝公追頌會：《伊藤博文伝》上卷，第 429 頁。東亞同文會編：《対支回顧録》下卷，第 756—759 頁。

(79) 坂根义久校注：《青木周蔵自伝》，平凡社，1970，第 329—336 頁。

(80) 参见高兰：《双面影人：日本对中国外交的思想与实践(1895—1918)》，学林出版社，2003。

(81) 《会衔电奏》，光绪二十六年六月十九日寅刻发，《张之洞全集》第 3 册，第 2153—2154 页。

(82) 参见李细珠：《张之洞与清末新政研究》，第 64 页。

甲(1855—?)出面斡旋,以便"从中保全"。(83) 而张之洞对绕过"政府"的私人交涉心存忌讳,忙不迭一口回绝:"此等大事,仍政府作主。……不如与李星使商为稳妥,但外人所出题目恐我等不能办,奈何?今日只有恳其保两宫一事可说,各国必归咎中国政府,我等岂能置喙耶?"(84)

这一时期日本大举对华增兵,也令刘坤一、张之洞颇生疑心,前者的反应尤其强烈。(85) 为安抚舆论,日本驻沪领事小田切万寿之助特赴上海道署,解说日本出动大兵的原因:"一为保护使馆,弹压匪徒,二为便于调停,缘西例派兵多者,可多发议论,实顾大局,并无他意。"并请务必转达江、鄂总督,以免误会。(86) 张之洞接上海来电后,却读出另一层意涵。他以为小田切所言带有"京"字,意味着联军即将开赴京城,眼下形势"危险已极",故向奉召入京的李鸿章献策:

> 目下必以缓兵勿逼京城为急务,论理固须我先送使、剿匪,他事方易商办。然假使我等奏请送使、剿匪俱已邀允,而各国兵仍不停,又将奈何?反复焦思,惟有请中堂单衔急电各星使,向各国外部询明要我如何办理,彼方肯停兵勿攻京城。倘得各国复电云送使、剿匪即可停兵,则迅速据以会奏陈明利害,当可邀允。(87)

---

(83)《刘制台来电》,光绪二十六年六月二十三日申刻到,《张之洞全集》第10册,第8151页。1887年陶森甲随洪钧出使俄、德,在柏林公使馆任参赞,其时福岛安正为日本驻德国使馆武官,两人于此结交。1899年4月福岛赴华游历,在南京与陶晤面,曾畅谈清日联合之愿景,广泛涉及练兵、留学等方面。参见東亞同文會編:《对支回顧錄》下卷,第273—275頁。

(84)《致江宁刘制台》,光绪二十六年六月二十四日未刻发,《张之洞全集》第10册,第8151页。

(85) 东亚同文会会员井上雅二在上海得到情报,为此致电国内:"刘坤一怀疑我国大量出兵并在天津进行军事活动的理由、目的,认为我国与各国同样采取瓜分中国的态度。望采取措施,迅速解除他的疑虑,在上海报纸上大事进行宣传。"参见《井上雅二日记——唐才常自立军起义》,郑大华译,薛军力校,《近代史资料》总74号,中国社会科学出版社,1989,第109页。

(86)《沪道致江鄂督抚电》,光绪二十六年七月初二日,许同莘辑:《庚辛史料》,《河北月刊》第3卷第3期,1935。

(87)《致上海李中堂、盛京堂,江宁刘制台,济南袁抚台》,光绪二十六年七月初四日辰刻发,《张之洞全集》第10册,第8193页。

但此刻情形已非国人所能左右。很快八国联军由天津起兵，一路势如破竹，转瞬已将兵临城下。在此期间，由于南北电信中断，消息迟滞，南方督抚多无法掌握即时动态，张之洞对战情的了解反而依赖于李盛铎等发自海外的报告。

四、兵临城下："请勿攻京城、勿惊两宫"

七月中旬，联军由津迫京，即将兵临城下。十三日（8月7日），即北仓失守的消息传达北京当天，清廷旨授李鸿章为议和全权大臣，命"即日电商各国外部，先行停战"。(88) 但外兵长驱直入，已有"风利不得泊之势"，屡次呼吁停战终归于无效，李鸿章因此深苦于列强拒纳、开议无门。(89) 张之洞最看重的仍然是日本，以为关系特殊，在关键时期的处事方法上，应与别国不同，故又建议：

> 救使剿匪，均未见实际，固难遽就范围。然转危为安，全赖鼎力，想已分电各国外部。如得复电，似可照转，俾知外情，或有转机。此次日本兵多，颇能主持议论，似可加电，力托日本政府切商驻日各使，转达各国。日本与我有同洲同种之谊，或较他国尤易入手。(90)

李鸿章以此电"透切"，遂依议而行。但从日本外务省得到的答复却十分平淡："停战一事，非一国所能主持，须电询各国政府意见，商酌后方能答复。"(91)此外，李鸿章又密电伊藤博文求助，所得复信对内阁政策多有批评，但也未提及具体办法。(92) 及至七月十八日（8月12日），东京来电称：

---

(88)《军机处寄直隶总督李鸿章电旨》，光绪二十六年七月十三日，《义和团档案史料》上册，第445—446页。

(89) 参见《寄伦敦罗使日本李使》《寄伦敦罗使》，光绪二十六年七月二十五日戌刻、二十七日巳刻，《李鸿章全集》第27册，第207、213页。

(90)《致上海李中堂》，光绪二十六年七月十五日丑刻发，《张之洞全集》第10册，第8213页。

(91)《日本李使来电》，光绪二十六年七月十六日戌刻到，《李鸿章全集》第27册，第182页。

(92) 参见《上海在勤小田切総领事代理ヨリ青木外務大臣宛・議和全權委員トシテ渡清盡力方李鴻章ヨリ伊藤侯宛懇請ノ件》，明治三十三年八月十一日，《日本外交文書・第三十三巻別冊二・北清事変中》，第453頁。

顷陆军参谋次长寺内正毅自津归，告钱监督恂云：中国须从速特派有威望重臣，曾办交涉素为外人推服者，面承谕旨，随带员弁，亲赴前敌与联合军总统晤商，宣布朝廷议和之意，并商办送使事件。据伊看来，各国当可允停战，然后各派全权与傅相议款。非此办法，停战恐难。从前德、法之战，亦是先派大员止战，另派全权议款等语。并嘱电陈。闻战争归陆军主持，故外部不便明说。(93)

按日本参谋本部次长寺内正毅（1852—1919）于本年7月12日奉派赴华视察联军作战状况，为下一步出兵拟定计划，于7月19日到达天津，8月4日返回东京。(94) 然后对钱恂有上述一番表示。据李盛铎揣度，所谓“有威望重臣”，非军机大臣、大学士荣禄莫属，寺内所言“意在荣相单骑见虏”。(95) 这是来自外务省以外唯一让人感觉可行的办法，奉旨议和而屡遭碰壁的李鸿章自然不肯放过机会，以为“此电似尚切实”，迅速转奏朝廷。(96) 这里需要指出的是，在其入奏前曾约江、鄂联署，而张之洞的政治防范心又开始作祟，既欲有所为，又不敢过多担当，只推托说：“朝廷既派傅相全权与外部议停战，此等事自应由傅相斟酌电奏为妥，他人不便插入此事。”(97)当时李鸿章又拟谏

(93)《致盛宣怀电》，光绪二十六年七月十八日，《李盛铎电稿》，《近代史资料》总50号，第46页。《盛京堂来电并致刘制台》，光绪二十六年七月十八日到，《张之洞全集》第10册，第8219页。

(94) 山本四郎編：《寺内正毅日記：1900—1918》，京都女子大學，1980，第6—7頁。

(95) 与荣禄有旧的李盛铎以“单骑见虏”太过冒险，未便轻率从事，提议“张燕谋闻在京，或令赴前敌，或派他员与福岛先商较妥”。（《致盛宣怀电》，光绪二十六年七月十八日，《李盛铎电稿》，《近代史资料》总50号，第46页）按“张燕谋”，张翼（1845—1912），李鸿章亲信，时为内阁侍讲学士。盛宣怀则另提议“重臣之外，或添派赫德”。（《盛京堂致江鄂督电》，光绪二十六年七月十八日，《庚辛史料》，《河北月刊》第3卷第4期）战后，据日本提议荣禄被清廷命为全权，复因外国抗议遭撤，关于此节菅野正已有初步研究，参见《义和团事变と荣禄》，《清末日中關係史の研究》，第275—299頁。

(96)《寄东抚飞递军机处译署》，光绪二十六年七月二十二日辰刻，《李鸿章全集》第27册，第199页。

(97)《致上海李中堂、盛京堂，江宁刘制台》光绪二十六年七月十九日午刻发，《张之洞全集》第10册，第8219页。

阻宫廷西幸，留以谈和，张之洞却以此“近于莱公孤注之举”，再三声明不敢在上奏时列衔。(98) 几番暗中较劲，张氏的保守态度已可概见，其“忠君卫道”思想不免遭论者“顽固狭隘”(99)之讥，至于清廷如果留京，与各国议和是否有讨价还价的可能，已非敢顾及了。

不久后，张之洞的这一层心态更有淋漓尽致的表现。当他听说联军入京后必将追击宫廷，心情已经相当紧张，以此“实为可骇”，急电钱恂辩护：“各国既称不与国家危难，如各使无恙，所指为匪者又未随扈，何以亦必追？”(100)至七月二十二日（8月16日），通州告破、北京城危的消息传来，惊骇之下失去常度，连夜与刘坤一联衔急电驻上海各国领事，要求联军“勿攻京城，勿惊两宫”，并以“南方保护之局”可能发生“激变”为要挟，限二十四小时内答复，语意决绝。(101) 限时答复的要求已具“最后通牒”的性质，由此引起上海领事团的恐慌。(102) 值得的注意是，在各国领事中，小田切万寿之助对来电最为重视，(103)在第一时间明确予以肯定性的答复。其复

(98)《致上海李中堂盛京堂、江宁刘制台、成都奎制台绰将军、福州善将军、西安端抚台、济南袁抚台》，光绪二十六年七月二十日亥刻发，《张之洞全集》第10册，第8223页。

(99) 参见李国祁：《张之洞的外交政策》，第228、230页。

(100)《千急致东京钱念劬》，光绪二十六年七月二十二日辰刻发，《张之洞电稿乙编》第十三函，档号：甲182-73。

(101) 电文录下：“顷接烟台电，联军十九据通州，拟攻东直门，等语。查现在未得我两宫出京确信，如联军果攻京城，炮火所至，势必震惊宫禁。万一有意外之危险，全国人心激愤，从此将不知祸之所止。况南方保护之局，各督抚均系奉旨办理，倘各国不顾两宫，则何以处南方之各督抚？万望贵总领事飞电联军各兵官，切实询明如何办法，万万不至震动我皇太后、皇上之实据，使南方各督抚及各省民心不至激成大变。务望二十四点钟内电复。万急至盼。刘坤一、张之洞同电。”《万急致上海英法俄德美日各国总领事》，庚子七月二十三日丑刻发，《张之洞电稿乙编》第十三函，档号：甲182-73。按张之洞另拟会各省督抚衔，将此电转致驻外各公使，邀李鸿章领衔未允，遂作罢论。参见《鄂督张来电》《复鄂督张香帅》，光绪二十六年七月二十三日，《李鸿章全集》第27册，第201—202、203页。

(102)《驻沪美总领事致江鄂督电》《驻沪法总领事致江鄂督电》，光绪二十六年七月二十三日，《庚辛史料》，《河北月刊》第3卷第5期。

(103) 参看《上海在勤小田切総领事代理ヨリ青木外務大臣宛・皇后及皇太后ノ安全ヲ懇請スル劉張兩總督連署電報ノ件》，明治三十三年八月十六日，《日本外交文書・第三十三巻　別冊二・北清事変中》，第276頁。

电称：

> 二十二日电悉。闻本国外部大臣告李木斋钦差，电达贵国政府，此次本国军队进京，专为救护使臣起见，并无他意，已经电饬统兵大员保护两宫，等因。足见本国政府顾念大局之意，幸勿见虑。切。[104]

就在二十二日当天，盛宣怀已得到情报，"两宫潜行已确"，则判断"今早致领事电，情形已殊"；他又打探到上海领事团会议，"有云两帅限时系恫喝各国，有云电外部转联军廿四钟不及回复，似是有意为难，现已各电外部，定启猜疑"，遂将沪上骚动与英军将在吴淞口登陆的军事动向相联系，提示刘、张前述语意过激的电报有可能被利用，建议加电各国领事解释事故，并草拟电稿。[105] 其实前电不过是张之洞一时情急之举，事后已生悔意。他迅速将盛拟电稿酌改，特别加入日本政府"允保护两宫"的示意，仍以与刘坤一联衔的名义发出，证明绝无意与列强决裂：

> 昨电所请贵总领事飞电联军不致震惊两宫，急盼两日复电，系天下臣民急切盼望之意，并无他意。接顷出使大臣电，各外部语意均甚好，并接出使日本李大臣电，日本政府已允保护两宫，想各国笃念邦交，用意亦当相同，是两宫可以平安，南方各督抚闻之万分感慰。东南保护之约，各督抚必当尽力自任，请速电贵国政府知照为感。刘坤一、张之洞

---

[104] 《驻沪日本总领事致鄂督电》，光绪二十六年七月二十三日，《庚辛史料》，《河北月刊》第3卷第5期。驻日公使转呈外务省照会，见《致李鸿章等电》，光绪二十六年七月二十日，《李盛铎电稿》，《近代史资料》总50号，第48页。

[105] 按电内称："可否乞两公再电各领事云：昨电所请贵领事飞电联军，不致震惊两宫，急盼两日电复，系天下臣民急切盼望之意。顷阅出使大臣来电，各外部均允送使出城，联军可不入京，是两宫可以平安，南方各督抚闻之万分感慰。东南保护之约，各督抚仍必尽力自任，请电贵国政府知照云云。乞速酌办。"参看《寄刘岘帅张香帅》，光绪二十六年七月二十三日，《愚斋存稿》卷三十九，总第915页。

同电。廿三日。⑩

另外，又单衔致电日本领事小田切万寿之助，表示："贵国政府已饬统兵大员保护两宫，闻之万分感慰。昨电请两日速复，不过系臣民盼望恳切之忱，但恐有人误会，指为恫喝，致启猜疑，殊于大局有关。顷又电致各总领事，申明并无他意。务望阁下速与上海各国总领事代为解释，勿启猜疑，免致牵动东南大局，至为感祷"。⑩张之洞拜托日人从中调解，为补救前电做足功夫。

联军入京的消息被证实后，盛宣怀又提议对外重申"尽力自任"地方保护的决意，并为宫廷出逃后的善后交涉做出具体安排，即所谓"一面议约，一面剿匪，迎驾回銮"⑩。但在张之洞看来，所拟议约、剿匪、迎銮各项，此刻无一不是棘手的题目，避之唯恐不及："议约岂疆臣可自请？全权岂旁人所可干？迎銮尤无所取义。"⑩他将盛拟致驻外公使电稿中善后诸节统统删去，最后会江、鄂衔发出电文如下：

---

⑩ 《致上海英、法、俄、德、美、日本各国总领事》，光绪二十六年七月二十三日亥刻发，《张之洞全集》第10册，第8232页。按其事过程中另有一段插曲。致各国领事第一电，虽然江、鄂联衔，实际上张之洞以事态紧迫，发电前并未知会刘坤一，这引起后者不快，张不得不事后弥补。（《江督致鄂督电》，光绪二十六年七月二十三日，《庚辛史料》，《河北月刊》第3卷第5期；《致江宁刘制台》两通，光绪二十六年七月二十三日、二十四日，《张之洞全集》，第10册，第8230、8235页）这是庚子时期刘、张之间为数不多的"微嫌"之一，但面对外部质疑，刘坤一仍取自觉维护的姿态，特附盛宣怀"揣香帅限时意，无非急于盼复，望速告知，各领事并无他意，以免误会，仍望妥筹善策"。参见《刘岘帅来电》，光绪二十六年七月二十三日，《愚斋存稿》卷三十九，第915页。

⑩ 《张香帅来电兼致刘岘帅》，光绪二十六年七月二十三日，《愚斋存稿》卷三十九，总第914—915页。《驻沪日本总领事致鄂督电》，光绪二十六年七月二十七日，《庚辛史料》，《河北月刊》第3卷第6期。

⑩ 《寄刘岘帅张香帅》，光绪二十六年七月二十四日，《愚斋存稿》卷三十九，总第916—917页；《盛宣怀致罗丰禄、李盛铎电》，光绪二十六年七月二十四日，王尔敏、吴伦霓霞合编：《清季外交因应函电资料》，"中央研究院"近代史研究所，1993，第430页。

⑩ 《千急致江宁刘制台》，光绪二十六年七月二十六日申刻发，《张之洞电稿乙编》第十三函，档号：甲182-73。

昨因联军入京,电沪领转请各国勿惊两宫,急望两日内电复,以慰天下臣民,别无他意。现闻两宫先行,东南保护之约,各督抚仍当尽力自任,请达外部。⑩

当庚子事起,清廷"招拳御侮"、对外"大张挞伐"之际,张之洞、刘坤一不约而同选择"矫诏不理",以地方保护作为因应的方略;及至京师陷落,又提出"安两宫"的议题,说明仍与清王朝不离不弃,同样是借"保护之约"取信于外人。两个月之间情势逆转,天地已然翻覆,而东南督抚以不变应万变,周旋于朝廷与列强之间,从中可见"东南互保之约"被工具性地运用,刘、张的魄力及保守性尽显于此。

五、 结语

戊戌前后,由日本方面主动发起工作,通过来华游历的军官、政治家及民间人士的持续活动,加之驻华地方领事公私兼及的中间联络,张之洞与日本之间建立起多种渠道的关系,进而在教育、实业、军事改革诸领域展开合作。同时,这一合作又由于清朝内部政情变动而掺杂了复杂的政治交换的因素。庚子事起后,张之洞动用既有的各种渠道,在东南互保、战时交涉等重要关节积极借助日力,及停兵、议和、拒俄各端,两者亦复分享不少共同语言。

面对事变发生后的纷乱局面,地方督抚的思想其实并非一致,表现在对外交涉上,各有属意的对象。张之洞一直倾心于日本,以其在华兵员数量最多,相信必可"主持群议"。两江总督刘坤一注意到各国对华声明以美国措辞最为"和平",故疾声呼吁目前办法"必须由美入手"。⑪ 闽浙总督许应骙

---

⑩ 《致江宁刘制台、上海盛京堂》,光绪二十六年七月二十五日未刻发,《张之洞全集》第 10 册,第 8237—8238 页。

⑪ 《江督刘来电并致袁盛张王刘奎绰德聂》,光绪二十六年七月初一日酉刻到,《李鸿章全集》第 27 册,第 154 页。

（1832—1903）认为"俄谋最狡"，唯有英国可以制俄，主张托英人调和，"英如见允，则美、日必乐从"。[112] 安徽巡抚王之春（1842—1906）则有"联俄之议"，[113] 虽应和者寥寥，却意外引起日本政府的警觉。[114] 上海总领事小田切万寿之助向张之洞试探虚实，后者急于撇清关系，以"联俄"传闻为"齐东野语，毫无影响"，极力辩解"与鄙人平日见解、现在办法正相反，阁下万不可信。《汉报》妄刻，已令更正"。[115] 他在私下更向王之春坦白：

> 长江各省断不可说联俄，此英、日、美所最忌，于东南大局有碍。[116]

考察日本对华政策，要注意到在庚子事变全过程中，日俄竞争始终是一个不容忽视的背景。出于对俄顾忌，日本朝野始终怀疑中俄之间有着秘密

---

⑫ 《闽督许来电》，光绪二十六年五月二十六日未刻到，《李鸿章全集》第27册，第65页。

⑬ 王之春与俄国旧有渊源，"联俄"思想其来有自。参看李永昌：《王之春使俄与清政府的联俄政策》，《社会科学辑刊》1996年第4期。大沽开战前，俄国利用地理之便，已对华增派数量可观的兵员。本年6月初，在旅顺口的俄国远东军司令阿列克谢耶夫（Admiral Alexeieff）认为，既然英国的西摩尔已经取得了首批进京联军的统帅权，那么就应任命一位俄国军官在现地负责"军事和外交全权"，从而"对企图自揽列强的联合行动的领导的英国海军中将西摩，形成一个必要的抗衡"。参见吉林省社会科学院历史研究所编：《1900—1901年俄国在华军事行动资料》第一册，董果良译，齐鲁书社，1980，第11页。由旅顺口火速南下的两千余名俄军成为进犯天津的主力。

⑭ 《上海在勤小田切総領事代理ヨリ青木外務大臣宛・匪徒鎮定方露国依赖说张總督ニ於テ否認並日本新聞記事ニ对シ苦情申出ノ件》，明治三十三年六月三十日；《上海在勤小田切総領事代理ヨリ青木外務大臣宛・安徽巡撫王之春ノ露佛ノ援助ヲ借リ團匪討滅ヲ圖ラントセシ風説報告ノ件》，明治三十三年七月四日，《日本外交文書・第三十三巻　別冊二・北清事变中》，第212、223—224页。按《汉报》主办人为东亚同文会汉口支部长宗方小太郎。

⑮ 《致上海日本总领事小田切》，光绪二十六年六月初三日亥刻发，《张之洞全集》第10册，第8052页。

⑯ 《致江宁刘制台、安庆王抚台》，光绪二十六年六月初九日酉刻发，《张之洞全集》第10册，第8091页。按安徽省时已加入"东南互保"，与江、鄂主调相同，"联俄"议论节外生枝，引起张之洞的不安，故引据小田切言论，极力加以劝阻："前日日本领事风闻尊处有联俄之议，即来力阻。恐欲联者，未必助我，徒招他国之怨，谋我更急。且鄙人叠次电奏，俱未动听，此时断不敢再渎，务望勿列鄙衔为幸。"参见《致安庆王抚台》，光绪二十六年六月初九日子刻发，《张之洞全集》第10册，第8087—8088页。

联络的渠道。据在东京的李盛铎近距离观察，"各处皆以拒俄立论"⑰。前述日本对华出兵、增兵的举动，很大程度上就是针对俄国动向的反应。当宫廷"西幸"的传闻开始散播，小田切万寿之助又将之与"联俄"密谋挂钩，他引述盛宣怀在沪所告之言——"目前南清南方有力高官所忧惧者，系北方形势愈加转恶，刚毅及董福祥一派杀荣禄，拥皇帝、皇太后往西迁逃。又，俄军或他国军队率先追踪，破董军，挟制两宫，则一波未平一波又起。切望贵国政府注意此事"——提示日本政府此事"性质重大"，应予高度重视。⑱ 对于清朝政治的近似观察，也反映在东亚同文会的认识中，其自觉区分"北京政府"和"南方有力者"两股势力，已不仅是简单的地域概念，也包含了一定政治意味的价值判断。在日本官方文献中，对于义和团事件的命名经历了一个由"清国事变"向"北清事变"的转换，而后者正突出了事变主体与"长江一带"的"南清"构成相对的概念。⑲ 东亚同文会的主流意见一直视那拉氏及顽固重臣把持的清廷为守旧的、亲俄派的总后台，这与将张之洞、刘坤一看作"温和改革派之首领"而寄予期待的日本外务省观点上是完全一致的。⑳ 反观清朝内部，也始终存在联俄、联日两种倾向的角逐。甲午战后，张之洞等人由主张联俄制日，转向联英日制德俄，却因与中枢意见不尽相合，所请未被允准。㉑ 政治上天性敏感的张之洞此后在与日本交往过程中严格自我设

---

⑰ 《致盛宣怀电》，光绪二十六年七月二十二日，《李盛铎电稿》，《近代史资料》总 50 号，中国社会科学出版社，1982，第 48 页。值得注意的是，作为"亲俄派"代表人物的李鸿章奉召入京，也被日本方面视作抱有不可告人的政治目的。参见《上海在勤小田切总领事代理ヨリ青木外务大臣宛・李鸿章ノ北上卜其親露態度ニ付報告ノ件》，明治三十三年九月十二日，《日本外交文书・第三十三卷　别册二・北清事变中》，第 283 页。待李鸿章由广州北上，停留上海展开外交之际，他的一举一动也无奈地附着了浓重的国际政治阴影。

⑱ 《致上海在勤小田切总领事代理ヨリ青木外务大臣宛・清廷西迁及露军ノ行动ニ関スル情报ノ件》，明治三十三年七月一日，《日本外交文书・第三十三卷　别册二・北清事变中》，第 79 页。

⑲ 斎藤聖二：《北清事变と日本军》，第 5—8 页。

⑳ 参看翟新：《近代以来日本民间涉外活动研究》，第 72 页。

㉑ 参看王树槐：《外人与戊戌变法》，第 154—155 页。

限,不欲就此政治话题"深谈","但以冠冕语答之"⑫,但在反对"联俄"一层上已不自觉向日本倾倒。⑬

　　以上史实厘清的工作,或已大致可以呈现庚子事变前后张之洞及其周边人物"亲日"外交的具体背景、契机、行动和效果,也反映出国际政治竞争的大环境下日本对华政策的定位与局限所在。张之洞与日本因应时变,不乏互利互益的共识,但各有严守的界限,交涉上彼此引援,又互抱戒心。重新梳理中日关系史上的这一特殊时段之后,可以发现在我们以往较为熟知的文化教育或军事战争的历史叙述外,中日交往还有着另外一个重要层次,当时的日本形象实有异于后日的定位。而透过事变当中张之洞对日交涉的种种表现,也可窥见这位被清廷许为"老成谋国"的封疆重臣,面临中枢将倒的危局时刻的复杂内心世界,从而对晚清政治人物增进"同情"式的了解。

　　张之洞与日本的特殊关系也一直延续到战后。日本政府先于其他各国表达了同意休战议和的意向,虽又经历了"厦门事件"这一风波的考验,但日本朝野对张之洞仍然青睐有加。当李鸿章的"全权"资格被外界质疑,"只日本语气较好",提议加派江、鄂总督为和谈代表,在《辛丑条约》细目谈判时,也表现得较西方各国更易沟通。待收回东三省交涉事起,张之洞实现对日本的回馈,在反对俄约并主张东三省开放问题上,几乎不折不扣地成为日本的传话筒,以致其反对者发出"为日所愚"的责难。这些内容已经超出本文的主题,拟另文专论。

---

⑫ 《致总署》,光绪二十三年十二月二十四日酉刻发,《张之洞全集》第 3 册,第 2117 页。

⑬ 盛宣怀在联日制俄观念上与张之洞较为接近。他消息灵通,最早探知宫廷可能西迁,多次往访小田切陈说"极秘之事",告以"目前北京政府由端王独占政柄,西太后及皇帝不过其傀儡而已",并要求日本速往北京出兵,同时向保定府方向派队阻止宫廷西迁。(《上海在勤小田切总领事代理ヨリ青木外务大臣宛·清廷ノ西遷阻止方盛宣懷ヨリ懇請ニ關シ報告ノ件》,明治三十三年六月二十九日,《日本外交文書·第三十三卷　別冊二·北清事变中》,第 78 頁)其对小田切所作言论,也是出于忧惧宫廷被挟持迁往内地,与政治保守势力合流,特别提醒应注意俄军的动向,除表现拒俄立场,也有利用日俄竞争,从而借用日力的算盘。唯当时日本尚未实现大规模对华派兵,而且在华行动严守与列强一致原则,尽管对此高度关注,但出于谨慎,未予响应。

庚子年张之洞对日关系的若干侧面
——兼论所谓张之洞的"帝王梦"

在晚清时期，尤其是 19、20 世纪之交，中日关系处在一个很特殊的时期。不少研究者已经论及甲午战后日本国内政治思潮的变化，及其政府、民间双重势力在华的长期经营。尤其戊戌前后，日本势力相当深地介入了改革派的活动，"日中修好"一度成为两国邦交的主调。[①] 论者较少例外地注意到，日本政府，尤其是军方背景的参谋本部特别重视张之洞等南方实力人物，并大力展开工作。这一时期张之洞的外交也以鲜明的"亲日"性质著称，在军事、教育改革诸领域与日多有合作。至义和团运动爆发，中外关系一变，张氏与日本互为引援，关系热络，彼此间的特殊关系表现得更为充分。此一时段的中日关系研究仍大有可为。

至于张之洞本人，生前已是备受瞩目的"政治明星"，集毁誉于一身，死后也从来未能脱离是非，属于典型的"盖棺不能论定"的人物。百年来聚讼纷纭，迄今犹有余声，人人皆欲还我"原来张之洞"，而结果往往各人眼中各

---

① 这方面的总括性研究，可参见［美］任达《新政革命与日本：中国，1898—1912》，李仲贤译，江苏人民出版社，1998；［美］马里乌斯·约翰逊（Marius B. Jansen）《日本与中国的辛亥革命》，［美］费正清、刘广京编《剑桥中国晚清史》下册，中国社会科学院历史研究所编译室译，中国社会科学出版社，1985，第 398—403 页。关于日本与戊戌变法，比较重要的研究成果有王树槐《外人与戊戌变法》，上海书店出版社，1998；［日］伊原泽周《论梁启超与伊藤侯——以戊戌政变为中心》，《从"笔谈外交"到"以史为鉴"：中日近代关系史探研》，中华书局，2003；孔祥吉、［日］村田雄二郎《戊戌维新前后的张之洞、康、梁与日本》，载《罕为人知的中日结盟及其他——晚清中日关系史新探》，巴蜀书社，2004；茅海建、郑匡民《日本政府对于戊戌变法的观察与反应》，载茅海建《戊戌变法史事考》，生活·读书·新知三联书店，2005。

有一个张之洞。具体到庚子前后的作为，早期被革命党塑造的叙事体系中，张氏受抨击的重点在于其不敢拥兵独立，无脱离清王朝的勇气，镇压自立会起义即是头一桩重要的罪状。当正统史观逐渐定型，反帝反封建的历史主题开始凸显，"东南互保"毫无疑义地被指控为"卖国"，张氏极力维护两宫、存续清室的种种表现却仍被定义为"忠君"。看似内在冲突的两面却和谐地集中于一人身上，这也许正是阶级分析定性方法的暧昧处。到了拨乱反正的新时期，张之洞"预近代化之流"的正面业绩得到前所未有的发掘和表彰，此前过苛的批判言论也被重新修正，但对他与清王朝关系的认知似仍贯其旧。有学者总结说："张之洞在历史舞台上的基本形象不是卑鄙的卖国贼，而是爱国开明的封建卫道士。"②新近一部有关张之洞与新政研究的力作，在考察张之洞在戊戌至庚子政局中的表现时，虽然承认"他的所作所为尽管有时似乎有些出格"，但仍然确认"实际上他始终坚持着一个基本原则，即对慈禧太后与清王朝的无限忠诚"。③

但是，孔祥吉先生发表于 2005 年的论文却提出新说，他利用新披露的日文史料《宇都宫太郎日记》④，指出庚子年政局动荡之际，张之洞一面公开表示拥护两宫，而内心深处却存有独立称王之念。他并提出以下几条证据：

---

② 黎仁凯、钟康模：《张之洞与近代中国》，河北大学出版社，1999，第 151 页。

③ 李细珠：《张之洞与清末新政研究》，上海书店出版社，2003，第 61 页。

④ 宇都宫太郎(1861—1922)，日本佐贺县人，陆军大学校毕业，1892 年入陆军参谋本部，升少佐。甲午战争后，受参谋次长川上操六委派，以参谋本部第三部部员身份，"携内命赴南支游历，会见各省督抚，力说彼我携手共当西力东侵之冲，巩固东洋独立之基，彼等受其启蒙，延聘我文武诸员，改革其治下机构，遂为风潮勃兴一时"。1900 年义和团战争期间，随参谋次长寺内正毅赴天津视察军事。后历任驻英大使馆武官、参谋本部第二部长、朝鲜军司令官等职，授大将衔。参看東亞同文會编：《对支回顧錄》下卷，原书房，1968，第 797—798 页。其子宇都宫德马对其父生平曾做介绍，谓其为终身抵制长州派军阀的少数派军人，主张大亚细亚主义，与参谋本部次长川上操六"共鸣之处也很多"。(《宇都宫德马文集》，北京大学出版社，1991，第 1—16 页)宇都宫家族后人保存有其手稿日记全十五册(1900、1907—1916、1918—1921)，孔祥吉先生利用部分原为手稿，现经整理已公开刊行。1900 年日记收录于第一卷，卷首有日本军事史专家斋藤圣二所作题记《明治期の宇都宫太郎——驻英武官・聯隊長・参謀本部第二部長》，可供参看。宇都宫太郎關係资料研究會编：《日本陸軍とアジア政策：陸軍大将宇都宫太郎日记》全三卷，岩波书店，2007。

一、私下派长子张权带领军官前去东京，与湖北留日学生监督钱恂一起活动，求助日援；二、通过日本参谋本部军官宇都宫太郎向日征求对组织新政府及提供军事帮助之可能；三、希望日本派军事专家来协助练兵，同时要求购买枪支弹药，加紧训练新式军队；四、对自立军活动采取虚与委蛇的模棱两可态度，直至八国联军攻占北京，慈禧政权尚存，才放弃组织新政府的念头，让张权归国并下令镇压自立军。⑤ 上述论说若能成立，可谓是颠覆性的发现，而此说引起学术界的震动和争议，也就不难理解。⑥ 然而，事实真相究竟如何？ 对于这个近代中外关系史或张之洞研究均不能回避的问题——庚子时期的张之洞与日本——实际上立论的基础仍然薄弱，大量史实重建的工作仍待开展。本文拟综合利用中外史料，对相关问题择要予以考证，在重建可信史实基础上，尝试对这段历史及张之洞等人物做出自己的理解。

一、 张权在日活动的实相

庚子事变发生后，张之洞动用既有的各种渠道，为东南互保、停战议和等重要交涉，积极与日本政府沟通，在"代朝廷连续邦交"的名义下，二者的政治联结进一步紧密化。与此同时，湖北一省派往日本的军政官员也处在活跃状态，他们的行动构成了张之洞对日立体外交的另外一面。前揭孔祥吉论文谓，在义和团兴起的"非常敏感时刻"，"张之洞背着朝廷所派出的一个由自己长子率领的军事考察团赴日活动"，其后湖北学生监督钱恂"经过与张权仔细商议之后，向日方提出成立新政府的建议"。事实上，这一群体以往极少为研究者所注意，对他们的实际作为更缺少必要的了解。可以说是孔祥吉先生把这群人带进了我们的视野当中，并迫使我们用研究性的眼

---

⑤ 孔祥吉：《张之洞在庚子年的帝王梦——以宇都宫太郎的日记为线索》，《学术月刊》2005 第 8 期。日译版见《義和団時期の張之洞の帝王志向——宇都宮太郎日記を手がかりとして》，《中國研究月報》61—6，2007 年 6 月。
⑥ 张遵骝、张厚珹《张之洞参加东南互保的几个问题》；李细珠《张之洞庚子年何曾有过帝王梦——与孔祥吉先生商榷》，均收入冯天瑜、陈锋主编《张之洞与中国近代化》，中国社会科学出版社，2011。

光打量这一群历史人物。

先从张之洞的儿子张权⑦说起。

张权赴日一行的目的为何？这是一个首先必须澄清的问题。《张之洞全集》存录光绪二十六年(1900)张之洞致鹿传霖一函,文录下:

> 儿子权签分户部,即日日驱车入署,伏案点稿,亦须十五六年方能补缺。时势日艰,年力已过,即使吏事娴熟,亦于时局无关,况鹜行纸尾,并无吏事之可学乎?且每年须赔贴资费千余金,此数十年之费,拙力岂能供之?是以令其在外历练世事,或可稍裨实学。……方今洋务最为当务之急,故拟令其至海外一游,或可开扩胸襟,增益不能。然自行出洋,诸多未便。执事现领南洋,欲恳赐给一公牍,派其至东洋、西洋各国游历,考究武备、水师、陆师各事宜,学校章程及农工商务等事。声明该员自备资斧,不领薪水,但须咨明总署及东洋、西洋、俄、美各国出使大臣备案,庶到彼得以博览考求,不致为人所拒耳。此举于公事毫无干涉,于他人毫无妨碍,想可行也。⑧

按张权为戊戌科进士,其时中式未久,张之洞派儿子出洋,意在令其"历练世事""稍裨实学",当然更有为其仕途发展考虑的原因,当初计划考察的对象,

---

⑦ 张权(1859—1930),字君立,一字柳卿,号圣可,直隶南皮人,张之洞长子。光绪十七年(1871)举人,任吏部主事。1895年康有为等人在北京成立强学会时,参与其事,并列名公车上书。据张之洞年谱,"(戊戌三月)会试中式第一百八十六名贡士","(四月)赐同进士出身","(五月)以新进士引见,上谕着分部学习"。参看胡钧编:《清张文襄公之洞年谱》,台湾商务印书馆,1978,第149、152页。

⑧ 《致鹿滋轩》,苑书义、孙华峰、李秉新主编:《张之洞全集》第12册,河北人民出版社,1998,第10229页。该札未系月日。据文义推知,鹿传霖当时以江苏巡抚署理两江总督兼南洋大臣,应是正任刘坤一暂时离职期间。按刘坤一于光绪二十五年底奉旨入京陛见,十二月二十四日交卸,次年四月初五日收回关防。参照《恭报交卸日期折》(光绪二十五年十二月二十四日)、《恭报回任日期谢恩折》(光绪二十六年四月初八日),中国科学院历史研究所第三所主编:《刘坤一遗集》第3册,中华书局,1959,第1204—1205、1210—1211页。则此函写作时间当在庚子四月以前。

也不止日本一地，包括东西洋各国。虽然是自费出国，怕师出无名，张之洞还特别关照事先领取南洋大臣公牒，并咨明总署备案，完全看不出有什么"秘密外交"的痕迹。而张权赴东洋游历一行，当时的驻日公使李盛铎（1859—1934）早已事先知情，并受到张之洞的托付。张权到日本后，就住宿在使馆之内，李盛铎对其形迹无不了然，"背着朝廷"也无从说起。⑨

与张权同期赴日者，还有湖北省派出的游历人员包括吴元恺、张彪等将官六名、派充哨官之武备学生六名、两湖书院学生六名，游学人员包括两湖书院学生两名、工艺局学生一名，⑩此前短期回国的湖北学生监督钱恂（1854—1927）也一道随行。⑪一行人于本年四月初四日（5月2日）由武昌启程，在上海稍停数日后，十四日（5月12日）起航东渡。⑫张之洞酝酿其子东游事约在庚子年初，而张权抵达日本时不过5月中旬。据宇都宫太郎日记5月18日条记："张之洞之子张权昨日来朝，寓于该国公使馆内。"⑬其时义和团事变尚未发生。如谓张之洞蓄谋异动，除非其长有天眼，早早预派张权赴日卧底。就现在所见材料看，事变期间湖北在日所办事项全由钱恂一手经理，张之洞直接向其发出指示，未见有张权插手的证据（详下文）。这倒

⑨ 《致日本李钦差》，庚子四月初二日亥刻发、四月廿四日巳刻发，《张之洞电稿丙编》第十七函，中国社会科学院近代史研究所藏，档号：甲182-96。

⑩ 参看《札北善后局垫发选派各员生赴日本游历游学费用（附单）》，光绪二十六年四月初四日，《张之洞全集》第5册，第4004—4006页。除湖北官派游学游历名单外，同行者尚有张权、钱恂、知县委员涂元瀛及另外三名非湖北籍游学生姚恭寅、董鸿祎、沈翔云。《張權及湖北武官軍事視察ノ為〆本邦渡航之件並ニ湖北学生渡航之件》（公信第一二七號，在上海小田切領事代理小田切萬壽之助，明治三十三年五月十二日），日本外務省外交史料館藏，外務省記錄・3門　通商・10類　宗教、教育及学芸・5項　外国人留学・在本邦清國留学生關係雜纂・学生監督並視察員之部，アジア歴史資料センター（JACAR），レファレンスコード：B12081624700。

⑪ 钱恂后来自述："庚子正月，稚樵回鄂，见张文襄……三月中旬（应为四月）又东渡，道出上海，见日本领事官小田切万寿之助。"参见钱恂编，致之校点：《金盖樵话》，辽宁教育出版社，2001，第2页。

⑫ 《钱守致日本电》，庚子年四月初三日酉刻发，《张之洞电稿丙编》第十七函，档号：甲182-96。

⑬ 宇都宮太郎關係資料研究會編：《日本陸軍とアジア政策：陸軍大將宇都宮太郎日記》（1），第81页。

可以侧面印证张之洞说过的"此举(指张权赴日)于公事毫无所涉,于他人毫无妨碍"的话。实际上,到目前为止,学界对张权在日本期间的具体活动情况,几乎一无所知,所谓钱、张商议后,向日方提议成立新政府,只是一个大胆的设想。

不过通过日本人记录,我们却可以浅到张权活动的蛛丝马迹。1900年6月9日,张权的名字第一次出现在学习院院长、东亚同文会会长近卫笃麿(1863—1904)的日记里,记录只有很简单的几个字:"张权、冯闇模(清朝驻东京公使馆翻译)为来朝事来访。"⑭这是张权刚刚抵达东京不久,对近卫笃麿进行礼节性的拜访。故交之子来日,近卫自然不会怠慢,6月27日,他专门设宴为张权接风洗尘,当天日记云:

> 午后四时赴红叶馆,为招待张权等人设宴,来会者榎本子、岛津伯等七十余人。除张权、钱恂外,翻译官罗庚龄、冯闇模等来。坐定后,余率先致辞,张氏答谢[中西(正树)、罗(庚龄)两人为翻译]。宾主尽欢,十时散去。目下虽值战乱之际,张氏受此厚遇显露大悦之色。⑮

但是,不到一个月,当张权在日记中再次出现,近卫笃麿的观感却已经急转直下。7月17日记:

> 关于张厚琨事,为听取张权意见,昨日召唤,而张权未至,本日仅遣

---

⑭ 近衞篤麿日記刊行會編:《近衞篤麿日記》第3卷,鹿島研究所出版會,1968,第171页。按1899年近卫笃麿访华,张之洞与其结交的一个重要成果,即实现其长孙张厚琨赴日留学。近卫不仅是张厚琨所在学校学习院的院长,也充当了其留学生活的监护人。此外,湖北省陆续派往日本的留学生及教育、军事考察人员,也常得到近卫本人的特殊关照。旅日学者李廷江近将近卫史料所存汉文信函结集出版,其中收录湖北省官员或留学人员致近卫函有:汪凤瀛二通,邹凌翰二通,钱恂一通,张权三通,张厚琨三通。参看李廷江编著:《近衞篤麿と清末要人:近衞篤麿宛来简集成》,原書房,2004,解题,第30—36页。

⑮ 近衞篤麿日記刊行會編:《近衞篤麿日記》第3卷,第198页。

冯闇模送信辞谢,真无礼至极。因此对冯言,张香帅将厚琨留学中万事托付余,余于教育上必要之事无不力行,不敢稍有蹿躇。但自张权来日,厚琨行为失检,时常旷废课业,擅离寄宿,原来习熟之规律作息屡遭搅扰,此皆其父之咎。至休假时期,厚琨与其父同居一节,余断不同意。又游泳为课业必要之事,如必须同行,不容推诿。……余又招来钱恂、荻村(锦太),令中西(正树)居间翻译,将对冯所言反复申说,若张香帅对余不予信任,尽可将委托之事断然解除。张权虽为厚琨之父,然决不容许妨碍其子教育。并嘱将此意向张权尽述。钱恂唯唯而已,料知此人身居中间,当十分难处。

近卫笃麿对张权印象不佳,从日记中看大概有两个原因:首先,张权任性从事、不拘礼节的名士做派,不为出身贵族、等级意识浓厚且严于规范的近卫所喜;其次,也是更重要的一层,或许正是基于个性的观念差异,导致两人在张厚琨教育问题上发生直接冲突。近卫认为张权来日适足败事,给儿子做了一个坏榜样。当天面见钱恂发泄一通后,仍余怒未消,又致信日本驻沪代理总领事小田切万寿之助(同时为东亚同文会会员),专谈张权"妨碍其子教育"之事,声言"如此愚物可令其早日归国矣",愤愤之情溢于文字。[16] 张权在东京显然成了不受欢迎的人。

近卫日记对张权的描述似乎过于负面,而且日文史料提供的记录终究只是单方面的。所幸近卫笃麿史料中保留了大量与之交往的中国人的书函,其中收有张权致近卫的三通手书,而写作时间正与前引日记吻合,内容上亦可相互印证。第一函作于 7 月 15 日,文录下:

> 近卫公爵台下:……现届休业闲暇,无功课之时,欲令小儿暂住弟处,可否? 再,游泳之行,闻学生中不去者甚多,弟在此住无几时,不知

---

⑯ 近衛篤麿日記刊行會編:《近衛篤麿日記》第 3 卷,第 239—240 頁。

小儿亦可援例不往否？此二事，可行则行，可止则止，统俟钧复，以便遵行。敬上。张权。[17]

张权向近卫笃麿提出两项请求：一则张厚琨暑假时离校与其同住，二则免修赴外地的游泳训练。近卫邀其再次面谈，张权又借故不往，仅仅托人"代面"，同日送去一便函：

> 日前在念劬楼上谈两时许，已经头晕心翻，腰酸背痛，几乎作恶。再来一次，实不能堪。故不得不谨避之。仍请越甫兄前来代面。越甫明白和平，胜弟自来万倍。诸君当亦以为然也。[18]

这在张权看来，或许不过是为抽暇成全家庭小聚的一桩乐事，无足轻重，也无可厚非；而之于近卫笃麿，则加深了原有的恶感，厚琨"行为失检"明显为其父纵容的罪过，张权召而不来更是"无礼"的十足表现。当近卫通过冯阁模、钱恂等人流露出反感情绪，并对张权提出警告时，后者"直率""狂戆"的公子气却又一次发作起来，7月17日又去一函，言语间掩不住许多锋芒：

> 近卫公爵及在座诸君：弟性直率，不耐繁细，且此来本为闲游，疏散尚且不足，何暇预此等事，自苦乃尔。即日前所请于近卫公之事，可则可，否则否，一言而决耳，亦无烦赘辞也。诸事有钱监督在，告之胜于告弟万万也。如谓清谈，则久愿闻近卫公之绪论，第不敢请耳。近卫公苟幸赐教，则愿俟诸异日，以身伏前，敬聆珠玉也。乏驾之马，不受鞿鞚，狂戆之

---

[17]《（二十二）張權》（1900 年 7 月 15 日），《近衛篤麿と清末要人：近衛篤麿宛来簡集成》，第 99 頁。

[18]《（二十三）張權》（1900 年 7 月 15 日），《近衛篤麿と清末要人：近衛篤麿宛来簡集成》，第 100 頁。"越甫"，冯阁模字。

性,未闻道德,此语正复相类。尚祈诸公见原为祷。敬上。张权顿首。[19]

至此,在张厚琨的教育问题上,张权和近卫笃麿的矛盾已经表面化。在与日本友人打交道的过程中,张权明显表现出"不耐",对于近卫笃麿这样位高势重的大人物,甚至不愿有直接的接触。很难想象,这是一个直接受张之洞遥控、带领军事团队在日从事"特殊的外交活动"的代表所应有的表现。

关键的问题仍在于搞清楚张之洞的真实想法,他对于自己的儿子在日所为是一种什么样的态度。十分幸运,笔者从中国社科院近代史所图书馆所藏张之洞档案中检出一件致张权、张厚琨的电稿,此电六月十九日(7月15日)发,寄钱恂转交,电文录下:

> 寄张权、张厚琨电,祈译出转发。文曰:权用费每月给四百元,足用否?与念劬酌之。闻厚琨旷课太多,务遵学规,惜光阴,期早成。琨用务须节费,方合学生章程,东方贵胄皆节省,我当效之,免为人讥,非我惜费也。应月给若干,交何处,请念劬与校长商定。权儿在彼能相安否?务速电禀。壶。啸。[20]

张之洞似乎对孙子最近在学业方面的荒废已有所耳闻,而个性强烈的张权在日本能否"相安"也是他挂心的问题;电文同时表明张之洞对钱恂的高度信任,儿孙在日起居、学习一切事宜均交其操办,前引张权致近卫信中所言"诸事有钱监督在",看来不是托词。

张权在日本的"闲游"显然并不舒心,而且时间也很短。在他到日差不多一个月后,张之洞就已开始考虑其回国的事情了。五月二十九日(6月25日),致钱恂电云:

---

[19]《(二十四)張權》(1900年7月17日),《近衞篤麿と清末要人:近衞篤麿宛来簡集成》,第101—102頁。
[20]《致东京钱念劬》,庚子六月十九日寅刻发,《张之洞电稿丙编》第十七函,档号:甲182-73。

闻内有电令各驻使酌回,李星使已接到否? 如有酌字,如何办法,武官可即令回鄂,余生能留最好,酌办。小儿、小孙应如何? 假如李使回国,阁下经手事众,能暂缓数旬否,并酌复。㉑

查此电背景,大沽炮台中外开衅后,总理衙门照会在京各国公使,限令二十四小时内离京赴津,同时知会驻外公使,"尊处行止可相机酌办"。㉒ 这一指示引起各驻外公使的高度紧张,徘徊留走之间,一时进退失据,不过来电语意含混,另一方面也为引申解释提供了余地。张之洞、刘坤一等就曾暗示各公使,可利用总理衙门电文中"酌"字,"暂留各国以通声气而知外情",为日后预留地步。㉓ 驻日使馆经过暂时的混乱,很快稳定下来,选择继续留守。㉔ 张之洞召张权回国,也是为应付非常状况的无奈之举。论道理,一旦中外决裂,驻外使节下旗归国,出洋游历的地方大员子嗣无论如何也不应滞留海外。况且,当时张之洞正为"东南互保"倾注心力,其本心无意与朝廷立异,但被形势逼到一个敏感位置,其子又在一个敏感时期出洋,极易招惹是非议论。虽然驻日公使李盛铎仍旧坚守岗位,但为避嫌起见,张之洞还是坚持要把儿子从日本召回,这其实也是出于公、私领域有所区分的意识。

近卫笃麿在8月16日记道:

荻村锦太来,将钱恂书信示知,言张总督已就召回张权、张厚琨事

㉑ 《致东京钱劬》,庚子五月二十九日未刻发,《张之洞庚子年发电摘钞》第一函第一册,档号:甲182-32。

㉒ 《总署电》(五月三十日济南转来),中国社会科学院近代史资料编辑组编:《杨儒庚辛存稿》,中国社会科学出版社,1980,第124页。该电报署"五月二十三日",由总理衙门致驻俄公使杨儒,电末注"即转罗(丰禄)、裕(庚)、吕(海寰)、伍(廷芳)、徐(寿朋)大臣"。

㉓ 《寄英美德法俄日本各使》,光绪二十六年六月初八日,《刘坤一遗集》第6册,第2571—2572页。

㉔ 后张之洞曾致电驻日公使李盛铎,表示嘉许之意:"使馆缓撤好极。如非万不得已时,切望勿撤东。"参见《致东京李钦差》,光绪二十六年六月初二日丑刻发,《张之洞电稿乙编》第十二函,档号:甲182-73。

三度来电[北清事变若终了,厚琨将再度赴日留学],但未解释其意指所在,决定向钱恂面询理由。午后,荻村、钱恂来。钱恂再三解释此事另有他因,决非前日张权遭院长叱责所致。余言留学中途遽然回国,诚为可惜之事,此不必论矣。余率先吐露其实,今华北战事,日军行动较之各国尤为活跃,南清因此生发种种疑念,并有非难张制台将子孙留日为质,而与日本暗通款曲者,为制止该种言论,故有将张权父子召回之必要。钱恂言,此说不尽然,待北清事定,对日诸多疑念必然冰释,总督并无此类疑念,因安抚其他顽迷者流而不得已为之。㉕

就近卫笃麿的感情好恶而言,张之洞召回张权适中其下怀,但此事背景蹊跷,引起了他的怀疑。如果因为这一波折影响到中日关系以及清朝官绅对日观感,则为近卫所不乐见,而原被寄予厚望的张厚琨被迫中途辍学,随同父亲返国,更让他倍感惋惜。

起初,张之洞仅拟召回张权,张厚琨则仍以"游学生"身份暂留日本。㉖但最终结果是张权父子结伴同回。㉗张之洞也意识到此事可能引起日人猜

㉕ 近衞篤麿日記刊行會編:《近衞篤麿日記》第3卷,第272頁。

㉖ 张之洞一度将张厚琨回华与否交钱恂决定。参见《致东京钱念劬译交张权》,庚子六月二十三日午刻发;《致东京钱念劬》,庚子六月二十三日午刻发,《张之洞电稿丙编》第十七函,档号:甲182-73。

㉗ 张厚琨被迫中断学业后,于次年初致函近卫笃麿,曾表歉意:"琨自戊戌冬留学东邦,屈指二载。既叨骈蓁之爱,复推培植之诚。本期卒业而归,孰意变出非常,功亏一篑。奉命回华,原非得以。值此阽危之秋,无解倒悬之策,蒿目时艰,束手自憾。别后中秋抵沪,月杪旋鄂,一路平安,无劳远虑。兹备衣料四件,食物四种,借抒悃忱。函此,祇候勋祺不庄。学生张厚琨顿首。"参见《(三十三)张厚琨》(1901年1月7日),《近衞篤麿と清末要人:近衞篤麿宛来簡集成》,第126—127页。同年续函有谓:"兹奉祖命,派琨携胞弟厚瑗,重到贵邦,观光上国,拟于阴历九月初一日,由鄂起程至沪,乘博爱丸东渡,知关锦爱,特先奉闻"。参见《(四十七)张厚琨》(1901年9月21日),《近衞篤麿と清末要人:近衞篤麿宛来簡集成》,第198页。则张厚琨奉张之洞之命重返日本,入学习院继续学业,已在光绪二十七年下半年,此次同时赴日的还有胞弟张厚瑗。唯不幸的是,当年末张厚琨暂时回鄂,因意外身亡。据郑孝胥十一月一日记:"闻南皮长孙厚琨自日本观操归,乘马入督署,至辕门,马惊触墙,碎首而卒,即(十月)三十日申刻也。"参见劳祖德整理:《郑孝胥日记》第2册,中华书局,1993,第816页。

忌,想方设法予以澄清,故于八月初四日(8月28日),向上海总领事小田切万寿之助去电解释:

> 儿孙辈回鄂,因此间学制革工数人回鄂,俱患脚肿,家人悬念,盼归。七月即屡电促归,适小儿赴江岛,小孙随师避暑学游泳,近始回东京故目前始行。大约事定天凉后,小孙拟仍东游,成城学校诸生现仍令留东也。㉘

电文中辩称儿孙回国,只因在外水土不服,"家人悬念"而已,这当然只是托词。至于真正的原因,同一日张之洞致钱恂的电报一语道破:"权、琨令归者,恐拳党之谮,不得已也。"㉙无所谓"放弃独立称王之念头",张之洞召其儿孙回华,只是为了避嫌。经屡次电催促,最终张权偕张厚琨于 8 月 29 日踏上回国之旅。㉚

二、军事考察一行:派而复召

与张权同期到日游历的军事考察团领队总兵吴元恺、游击张彪(1860—1927)等人,与参谋本部宇都宫太郎等人曾有密切往来。㉛ 但不久后,两人

㉘ 《致上海日本总领事小田切》,庚子八月初四日巳刻发,《张之洞电稿丙编》第十八函,档号:甲 182－97。

㉙ 在召回张权父子同时,张之洞为缓和日人嫌疑,同电内特嘱:"成城诸生,鄙意总愿留以联交谊,阁下尤不宜归。"参见《致东京钱念劬》,光绪二十六年八月初四日巳刻发,《张之洞全集》第 10 册,第 8251 页。按"成城",成城学校,专为清国陆军留学生开办的预科军事学校,为日本陆军参谋本部所属,"中国留学生都由湖北、浙江、南北洋所派遣,于此修习普通学科八阅月,大半通东文东语,亦熟体操"。1903 年改名振武学校,1914 年闭校。参看[日]实藤惠秀:《中国人留学日本史》,谭汝谦、林启彦译,生活·读书·新知三联书店,1983,第 29 页。

㉚ 近卫笃麿日记刊行會编:《近卫笃麿日记》第 3 卷,第 286 页。

㉛ 宇都宫日记 1900 年 5 月 21 日记:"清国新近来游之吴元凯(恺)、张彪(再游,余三十年来旧知)来役所访问。"5 月 23 日续记:"清国武官吴元恺、张彪来寓所访问,因出门未遇,投刺而归。当夜吴元恺、张彪、王恩平来访,言谈甚欢,不觉移时。"6 月 4 日续记:"记名总兵吴元恺、副将衔补用参将张彪、游击纪堪荣、游记刘金水、游击衔都司王恩平、哨官严寿民、哨官艾忠琦、县丞白寿铭联名,来赠金属制瓶、红茶、笔墨等物。"宇都宫太郎關係资料研究會编:《日本陆军とアジア政策:陆军大将宇都宫太郎日記》(1),第 82、84 页。

均被紧急召回国内。查其原因也很简单，主要由于义和团事起后湖北地方情势突变，军事吃紧而需人甚亟。当直隶拳民开始毁坏铁路的时候，张之洞已经着手加派营队，担负起维护本省地面秩序的责任，而向来被倚为军事上左膀右臂的吴、张此时不在身边，也令他感觉不安。五月初五日（6月11日），他向东京去电征询参谋：

> 该镇将等知已安抵为慰。念之甚，何不发一电耶？目前情形速详电并函禀。直隶拳匪滋事，扰害芦保铁路，盛京堂请再添派一哨，内仍配马队二十名，哨官以何人为宜？至现有三哨，已成一营，须派一营官，该游击速酌拟营官一员，哨官恐有不愿者，可拟一员备用。即电鄂督院。支。[32]

当时军事访问团刚刚到达东京，原拟在日本全面考察军事训练、后勤、教育各项内容，但未及展开，就不得不回收战线，做提前回国的准备。不到半个月，五月十七日（6月13日）张之洞再次去电：

> 日本有何密谋，日派兵驻华之说确否？拟驻何处？来长江否？北省消息甚紧，该镇等不能久留，日本学校可不必看，务与参谋部商，赶紧看各营垒队伍，至多不过旬日，即当电调回鄂，并将学将成之弁酌带数员回。再前派各弁本在联队操演，该镇等已阅看否？均即电复督署。筱。[33]

湖北派出人员在日本考察的日程被迫做出调整。可以说，张之洞对形

---

[32]《致东京李钦差 转交吴镇张游击等》，庚子五月初五日，《张之洞庚子年发电摘钞》第一函第一册，档号：甲182-32。

[33]《致东京钱念劬 钱守吴镇张游击同阅》，庚子五月十七日亥刻，《张之洞电稿乙编》第十二函，档号：甲182-73。

势变化之快缺少心理准备，否则也不会将最重要的军事助手远派日本（反过来说，如果张之洞真有先见之明，欲利用义和团之势谋政治异动，更不会在军事部署上如此掉以轻心），一旦事态变恶，实有猝不及防之感，匆匆将吴、张召回，也是迫不得已的举动。㉞ 对于日本在华军事行动，张之洞最初不明其指向何在，心态上同样抱有警惧。两天后（6月15日），又追发一电：

> 筱电想达。都下事种种难解，总署换人，大局难料，日本参赞，被董军戕，中东成衅，奈何？鄂省拟添兵二千，吴镇、张游击等已略看军队否？此时日人相待情形语气如何？若再募日本两大尉有妨碍否？速公同筹议，电复。衣囊锅瓶等拟购二千份能速否？抑或在内地制，并酌复督署。㉟

按五月十四日（6月10日），端郡王载漪奉旨入主总理衙门，董福祥甘军自南苑进驻京城，次日即发生日本书记生杉山彬被甘军杀害事件。中外局势急遽滑向对立，张之洞特别关心"日人相待情形语气"，其对日交涉也在酝酿变化中。五月二十日（6月16日），张之洞向钱恂发出新的指示：

> 剿拳、阻董已屡次力陈，鄂拟添兵三千，吴镇、张游击等酌带员弁速回。衣囊购二千分，能借现成者更好。长江弹压需械甚多，如汉厂枪不敷时拟购日本新枪并弹，能供用否？进口能无阻否？速商复。号。㊱

㉞ 事变之初，张之洞尚无召回吴、张之意，只是强调在日湖北武官须与公使同进退，特嘱"武官须俟钦使下旗方可归，不下旗不准归"。参见《致东京钱念劬》，庚子五月二十七日巳刻发，《张之洞电稿乙编》第十二函，档号：甲182-73。

㉟ 《致东京钱念劬　与吴镇张游击同阅》，庚子五月十九日辰刻发，《张之洞庚子年发电摘钞》第一函第一册，档号：甲182-32。

㊱ 《致东京钱念劬》，光绪二十六年五月二十日戌刻发，《张之洞全集》第10册，第7980页。同日另电钱恂云："急。鄂添兵练兵甚急，吴镇、张游击等速回，购物买枪，钱守议办，如现成即带回。鄂督署。号二。"《致东京钱念劬》，庚子五月二十日亥刻发，《张之洞电稿乙编》第十二函，档号：甲182-73。

义和团运动兴起后,张之洞曾屡次上奏朝廷,表达主剿、避战的政见。"剿拳"是其素有的立场,而"阻董"则很大程度受到了日本方面意见的影响。东京来电内称:"福岛殷盼帅献策,令董军且退,则外兵但平匪,否则董洋哄,大局难问。至沿江若自能弭乱,外兵即不入江。"㊲"福岛",福岛安正(1852—1919),日本陆军参谋本部第二部长,曾于上年(1899)来华游历,赴武昌与张之洞面谈中日合作,为湖北省在参谋本部的主要联络人。钱恂由熟人处探得信息,张之洞言听计从,第一时间将"剿拳阻董"之意上闻。㊳ 同时,为阻止外兵入江,又着手"自行弭乱",主要举措有二:一则添兵练兵,二则购械购药。㊴

武汉地处九省通衢,本来为会党渊薮,拳变毁路的消息使民心更加浮动。张之洞视增兵弹压为当务之急,原拟在当地添募新军,因练兵费时,缓不济急,于是转向邻近的湖南借兵、募兵。㊵ 当时湖北省内又为缺少得力将官为苦,张之洞以山东编练新军成绩出色,有意调来营哨官弁,帮助练兵。㊶在此基础上,再看急召吴元恺、张彪等回国的电报,也就不难理解其用心所

㊲ 《钱守来电》,光绪二十六年五月二十日巳刻到,《张之洞全集》第10册,第7980页。

㊳ 致荣禄电有"拳匪乃乱民妖术,无械无纪,断不能御洋兵,董军仅五千,勇而无谋,断不能敌各国"之语。旋拟会奏稿,联合沿江海各省督抚奏请"力剿邪匪,严禁暴军"。参看《致京荣中堂》,光绪二十六年五月二十日亥刻发,《张之洞全集》第10册,第7981页;《致总署、荣中堂》,光绪二十六年五月二十四日亥刻发,《张之洞全集》第3册,第2149—2150页。

㊴ 按张之洞因练兵、购饷之需,苦于经费不足,不得已以宜昌盐厘为担保,向英国汇丰银行借贷五十万两。有关此事始末及国际反响,说详拙文《湖广总督与汇丰银行借款合同——东南互保的一个注脚》,朱诚如、王天有主编《明清论丛》第8辑,紫禁城出版社,2008,第315—325页。

㊵ 张之洞原拟向湖南借调黄忠浩所部威军六旗,因威军右、后两旗先期已派往湘西辰州、沅陵等处协防,后来成行的只有留守长沙省城之中 前、左三旗,另由湖南代募湘勇千人,编为四营以厚兵力。参看《致长沙俞抚台、锡藩台》两通,光绪二十六年五月二十一日辰刻发、亥刻发,《张之洞全集》第10册,第7987—7988、7990页。

㊶ 《致济南袁抚台》,光绪二十六年五月十九日酉刻发、二十一日辰刻发。《袁抚台来电》,光绪二十六年五月二十二日卯刻到,《张之洞全集》第10册,第7978、7984页。

在了。㊷ 与此同时，张之洞又令其在日本购买应急的军需物资——军用外套、背囊两千份，即是为添练新兵所备。㊸

此后，张之洞又屡次催促。据宇都宫太郎日记 6 月 18 日条记："吴元恺、张彪来役所拜访，表示本月二十日出发归国之决意。"6 月 20 日续记："送吴元恺、张彪一行至横滨，此一行与张之洞前派 29 名士官、下士中 12 人一同回国。"㊹吴元恺、张彪偕随行的武备生多人启程返华，大约于 7 月初回到湖北。㊺由他们所领兵的护军营，仿德国军制编练，是当时省内唯——一支新式陆军，也是张之洞所控制的最精锐部队。吴、张等人的回归，对稳定地方局势发挥了作用。据汉口领事濑川浅之进(1861—?)致外务省报告："据闻张总督有派出三千兵力由陆路前赴北京之说。查湖北今日之形势，为镇抚地方起见，正值急需兵力之际。……前不久得知中护军营士兵计百名脱营而走，私心颇为疑惧。新近吴元恺及张彪等由日本归国，武昌兵营

㊷ 湖北派出赴日游学的黄兴也注意到吴、张为张之洞召回，而对"肃清内匪"之目的有所认同，致其师黄绍箕函谈道："近在钱先生(钱恂)处，略闻师帅电音急召回吴、张各武弁，一面添集兵械，老成深算，已见一斑。窃谓长江一带，久为匪徒潜踪之所，平日既任其优游，此时必群相响应，非严惩其巨魁，解散其胁从，其为患有不可胜言者。联络各省督抚，肃清内匪，力保外商，使各国之师不入长江一步，则时事庶可有为。师帅与吾师想早见及此，毋庸刍议者也。"《黄兴留日与上师书》(庚子五月二十三日)，田伏隆主编：《忆黄兴》，岳麓书社，1996，第 178—179 页。黄兴出国前为两湖书院学生，故称张之洞为"师帅"。

㊸ 湖北省向日本购买衣囊类的军用后勤物资并非初次，上一年已开始类似交易。张之洞致钱恂电云："顷得黎元洪电，昨福岛已将衣囊运鄂，等语。但不知福岛衣囊是否新式，与黎所定者比较如何？如新旧不同，将来是否将新式者拨还，抑另作价，抑借用后运还，略送谢费？祈探福岛代酌办法电复。"续云："衣囊款已先汇，并派人赴沪分取，望饬知黎元洪，该件附何船，何日到沪，即电复以便上海道验放。"《致东京钱念劬太守》，己亥十一月二十日丑刻发，十一月二十九日亥刻发，《张之洞电稿丙编》第十七函，档号：甲 182-73。按黎元洪(1864—1928)，时任湖北护军营后营帮带，参与训练新军。1898、1899、1901 年曾三次赴日本考察军事。据《黎元洪年谱》："(己亥)五月，元洪又奉张之洞命，再赴日本考察军事，预期一年。""(庚子)四月，奉张之洞电促提前回国。"参看薛见求执笔：《黎元洪年谱》，武汉大学历史系中国近代史教研室编《辛亥革命在湖北史料选辑》，湖北人民出版社，1981，第 578 页。

㊹ 宇都宮太郎關係資料研究會編：《日本陸軍とアジア政策：陸軍大將宇都宮太郎日記》(1)，第 86 頁。

㊺ 《致长崎中国领事官张子豫太守转交吴镇元恺张游击彪》《致上海樊委员菜(时勋)》，庚子五月廿七日亥刻发，六月初二日丑刻发，《张之洞电稿丙编》第十七函，档号：甲 182-73。

士气为之一振。"⑯此外，其余派往日本的武官、武备生数人也在此后陆续回国。⑰

三、 续聘日本军官： 途生波折

湖北省与日本参谋本部合作展开的军事改革，除了上述派出武备留学生、派军官实地考察军事外，还包括引进日籍翻译官，译介日本武备书，聘请工艺、农务、军用制造类技术人员，建设农业试验场、制革厂及改造旧枪炮厂等内容。⑱其中最重要的一项，则为聘用日本军官担任教习。光绪二十四年(1898)，张之洞聘任日本参谋本部中佐大原武庆为武昌武备学堂教习，翌年又增聘工兵大尉平尾次郎、步兵大尉久米德太郎。湖北开其端绪，稍后南方各省紧步其后尘，诚如有论者已指出，当时形成了"一股招聘日本军事顾问的热潮"⑲。但仍需要指出的是，日本军事顾问进入中国并非一帆风顺，仅就张之洞个人见解而言，也曾经出现反复。一片"热潮"之中，其实也有"冷场"。

张之洞聘请外籍教习编练新军，经历了由德国转向日本的过程。除

---

⑯ 《在漢口領事瀨川淺之進致外務大臣青木周藏電報》(明治三十三年七月二日)，日本外務省外交史料館藏，外務省記錄·A門　政治、外交·6類　諸外国内政·1項　支那国·義和団事変関係一件(明治三十三年三月十五日)·各地状況·湖北省，アジア歴史資料センター(JACAR)，レファレンスコード：B02031943900。

⑰ 宇都宫太郎日记1900年7月2日条："张之洞派遣的武官29名，其中12名已于前日归国。其余17名亦将于4日归国[张之洞已发来电报]。本日下午5时，在借行社以大山总长的名义，由寺内中将代理举行了招待会。参加招待会人员，除有上述17名人员外，还有清国公使李盛铎、张之洞长子张权及张权长子张厚琨、学生监督钱恂等，均出席此次招待会。"宇都宫太郎關係資料研究會编：《日本陸軍とアジア政策：陸軍大將宇都宫太郎日記》(1)，第89頁。

⑱ 参看《致日本裕钦差转交湖北委员姚令、张游击》，光绪二十四年二月十八日未刻发，《张之洞全集》第9册，第7523页；《致东京钱念劬》两通，光绪二十五年四月二十八日午刻发、十二月二十五日亥刻发，《张之洞全集》第10册，第7794、7893页；《钱守来电》两通，光绪二十五年十二月二十日申刻到、二十七日丑刻到，《张之洞全集》第10册，第7893—7894页。

⑲ 李廷江：《戊戌维新前后的中日关系——日本军事顾问与清末军事改革》，载《戊戌维新与近代中国的改革——戊戌维新一百周年国际学术讨论会论文集》，第395页。

了日本参谋本部主动来华进行游说工作，还有从经济方面为"节费"所做的实际考虑，而在张之洞看来"日本人在中国甚平静谦和，通商量"，可借以压制德人的"桀骜之气"，这也是支持他做出新选择的一个因素。[50] 继光绪二十五年(1899)聘请两大尉后，湖北省原拟向日本参谋本部续聘高级将官数人，这是游日学生监督钱恂在东京的主要交涉工作之一。但到第二年，张之洞对待此事的态度发生微妙变化。五月初，他向钱恂发出指示：

> 续订两大尉望速罢议，东人在此渐不驯，不可再添。[51]

所谓"东人不驯"，肇事人是受聘于武备学堂的大原武庆(1865—1933)中佐。日本人原有的"平静谦和"的虚幻形象很快被现实打碎了。张之洞虽然有意借助日本力量改革军事，但借力的前提是"就我范围"，一旦稍露挑战其权威的迹象，就果断地放弃前议，可见其对日人信任的限度。钱恂在日奉命从事。数日后，张之洞再次去电就此事做出解释：

> 两大尉已作罢，感甚。望向福岛婉谢道歉。大原于会宴西东教习日，因争坐次，拂衣径去，令人难堪，后虽设法调停，勉就范围，然跋扈之形已露，以后须加裁制。日内详函奉达，拟请福岛训饬之。[52]

至此，大原中佐受到戒饬，续聘军官的计划也已告吹。但张之洞对日本人的观感时有变化，并非固定，稍后又向钱恂吐露："日人不驯即大原争座将请径

──────────

[50] 参看李细珠：《张之洞与清末新政研究》，第223—224页。
[51] 《致东京钱念劬太守》，庚子五月初九日亥刻发，《张之洞电稿丙编》第十七函，档号：甲182-96。
[52] 《致东京钱念劬》，光绪二十六年五月十二日亥刻发，《张之洞全集》第10册，第7967页。

去事……近日教其勤密,又真可爱。此时尚能嘱外部戒饬否? 酌之。"㊿此时义和团运动已经兴起,湖北地方情势紧张,张之洞正紧锣密鼓对日展开活动,谋购军火物资。尽管他也努力协调与日本政府、军部主事者的关系,甚至时过不久又旧事重提,嘱咐钱恂观察:"此时日人相待情形语气如何? 若再募日本两大尉有妨碍否?"㊾但前后还是出现了种种不和谐的声音,续募日本教习并未有结果。这一内在的紧张状况,恰证明了张之洞与日本关系中复杂的多重性。

四、 谋购日本军火: 行而未果

前揭电文中所谓"衣囊购二千",本是吴、张日本一行既定的任务,"拟购日本新枪并弹",则是形势变化下新订的计划,现在均落在了钱恂身上。这一新使命的展开,是庚子事变期间张之洞对日交涉最重要的内容之一,下文拟详细论述。

张之洞转向日本求购枪弹,其实也是无奈之举。一开始,他向地理近便的上海设法,联络外国洋行购买军火,主要目标是大小口径的毛瑟枪(Mauser rifle)和无烟弹药。㊺但形势变化极快,大沽开战后,列强国家实行对华武器全面禁售,原来联络的"泰来洋行"宗主国德国的态度尤为强硬。据来自上海的报告:"泰来枪,该行为德令照开战例,嘱不得出售。又商沪道,向德领事切议,亦不允出口。"㊻张之洞又试图通过德国驻汉口领事通融,一时也未成功。至北京公使馆被围,中外已成敌国,上海一地"查禁甚紧,议购者辄被拘拿,洋行愿售亦不能"㊼。在这种情况下,再向外洋购买军

㊿ 《致东京钱念劬》,庚子五月二十二日酉刻发,《张之洞电稿乙编》第十二函,档号: 甲182-73。

㊾ 《致东京钱念劬》,庚子五月十九日辰发,《张之洞庚子年发电摘钞》第一函第一册,档号: 甲182-32。

㊺ 《致上海晋升栈王雪岑》,光绪二十六年五月二十三日亥刻发,《张之洞全集》第10册,第8001页。

㊻ 《王道来电》,光绪二十六年五月二十七日寅刻发,《张之洞全集》第10册,第8004页。

㊼ 《鹿抚台来电》,光绪二十六年五月三十日亥刻到,《张之洞全集》第10册,第8038页。

火已不可能。

所剩办法似乎只有自制一途。但对自造枪弹而言，无烟火药是必需的原材料，其时"鄂厂能造弹，而不能造无烟药"[58]，国内仅有上海机器制造局设有无烟火药厂，具备一定的生产能力。沪局火药装船后，须往江阴中转，当时正是"东南互保"交涉期间，各国领事指责军火内运为"接济北匪"，威胁施以禁运；经过艰苦解说，声明军火只为弹压内匪、保护地方之用，各国才略微让步。[59] 不过，问题只暂时得到解决，枪药紧缺的状况仍然持续，并严重影响到湖北省内枪炮厂的正常生产，这令张之洞头疼不已。[60]

在向上海求购外洋军火之初，张之洞已预感到这一渠道并非牢靠，故预先向钱恂指示："如洋厂枪不敷时拟购日本新枪并弹。"至五月二十一日（6月17日），他向钱恂交底，正式开出了一张全面的求购清单：

> 鄂需用无烟枪药六万磅，三生七、五生三、五生七炮药一万五千磅，日本如有此药，此数种炮药如可通用，速议价定购，如价廉即多购，贵即少购，总须径运至汉口交收，陆续运到即可。铜铅每磅价若干，约枪弹五百万颗，上项各炮弹五万颗，需铜数照此数约计，问明价值均速复。弹盒已购备，若买日本枪并弹肯常供用否？有行营炮否？可速商询。鄂督署。箇。[61]

---

[58] 许同莘：《张文襄公年谱》，商务印书馆，1946，第137页。

[59] 说详拙文《上海制造局：影响"东南互保"进程的一个关键因素》，《军事历史研究》2016年第2期。

[60] 张之洞曾向人诉苦："鄂厂专造小口毛瑟快枪及弹，除叠次解京及武卫先锋军外，有枪无弹，药厂未成，有弹无药。药系向沪局随用随购，现闻沪局因造药物料用尽，昨日已停工。"（《致济南袁抚台》，光绪二十六年六月初七日申刻发，《张之洞全集》第10册，第8076页）为应付此种"有枪无弹""有弹无药"的窘况，湖北枪炮厂试图自行研制无烟火药，但在试制过程中发生爆炸事故，当场轰毙十四人，其中之一即著名军事技术专家徐建寅，当时他被张之洞委派总办汉阳钢药厂，为试制无烟火药的直接负责人。参见《为徐建寅等请恤折》，光绪二十七年三月二十五日，《张之洞全集》第2册，第1390—1392页。

[61] 《致东京钱念劬 并告吴镇张游击》，庚子五月二十一日亥刻发，《张之洞电稿乙编》第十二函，档号：甲182-73。

这张清单开列者包括枪药、炮药、枪弹、炮弹以及枪支、行营炮，种类杂多，数量可观，张之洞的胃口可谓不小，其对日本寄望之殷切也见一斑。据钱恂在东京活动的结果，日本方面在提供枪械方面仍多保留，仅愿意卖给"村田造"步枪。这一制式的枪支属于旧款库存，性能上并非最佳。张之洞眼见新枪求而不得，又拟托日本工厂代造适合湖北枪炮厂自制快枪的子弹。⑥ 随着军事形势趋紧，枪、药需求越来越大，张之洞迫于现实压力，很快放弃了对购买"村田造"旧枪的犹疑，五月二十七日（6 月 23 日）向钱恂发去指令：

> 村田枪如系八密里，即先买五千枝，每枪千弹，问明价若干，如以后能续运，即先配弹五百，价须分期，督署藩司印票，一定即速运来，如何运法，或沪或汉，运汉尤好。速密示。⑥

两天后（6 月 25 日），张之洞又授意钱恂向日本三井洋行求购无烟枪药两万磅、过山炮药六千磅。⑥ 这一时期湖北地方正面临"鄂弹无药，沪局亦缺，大局沸腾，事变难料"的困境，所谓病急乱投医，不顾成算几何，只要有机会就愿一试。此刻张之洞最担心的，已经不是能够在日本买到些什么，而是买后如何运回国内的问题。中外开战，对华武器禁运势在必行，故向钱恂探询"运械一节，有机会否"，又示意"此系商办"，希望得到输入军火的通融，"目前先运枪药尤要"，连发数电，催促速购、速运。⑥

---

⑥ 《致东京钱念劬》，庚子五月二十二日午刻发，《张之洞电稿乙编》第十二函，档号：甲 182 - 73。

⑥ 《致东京钱念劬》，庚子五月二十七日巳刻发，《张之洞电稿乙编》第十二函，档号：甲 182 - 73。

⑥ 《致东京钱念劬》，庚子六月初二日丑刻发，《张之洞电稿乙编》第十二函，档号：甲 182 - 73。

⑥ 《致日本钱念劬》，庚子六月初四日申刻发，《张之洞庚子年发电摘钞》第一函第二册，档号：甲 182 - 32。《致东京钱念劬》，庚子六月初七日巳刻发，《张之洞电稿丙编》第十七函，档号：甲 182 - 96。

与此同时,钱恂在东京的交涉活动却遭遇到挫折。有关钱恂动向,宇都宫太郎日记可资参照,7月6日条记:

> 钱恂至公所来访,言及张之洞或会设立新政府,目前当务之急乃是厚置兵力。除吴元恺部二千名,张彪部二千五百名,再行募集三千名。又言及要求日方援助大尉二人,步枪[三十年式或小村田连发]五千挺。⑥

文中提及添兵、募兵、求购枪械、招聘军官各节,均与前述张之洞与钱恂通电内容契合。自义和团事变发生,日本政府在外交决策过程中始终表现得小心翼翼,加入列强在华联合军事行动后,也严格遵守一致行动的原则,在对华武器禁运问题上尤不敢独持异议。钱恂求购军火的努力迟迟未获进展。至六月初十日(7月6日),张之洞去电已经流露出不耐的情绪:"药价速示即汇,既必运,船稍迟数日无妨,枪若干,弹若干,价几何? 复电总未言,闷甚。或运到再付价耶? 务明示。"⑥几天后,续电又多了一层辩解的意味:

> 鄂省需兵需械专为弹压土匪,保护地方。……药事商办,在宣战以前,务望婉商,仍照前议准运,总须二三万磅。大仓组内山亦允办药及钢铜等物,并望许之。枪事相同,并询确音。速复。⑧

张之洞声明由日本输入的武器用途只在"弹压土匪,保护地方",不过重复了

---

⑥ 宇都宮太郎關係資料研究會編:《日本陸軍とアジア政策:陸軍大将宇都宮太郎日記》(1),第 81 頁。

⑦ 《急致东京钱念劬》,庚子六月初十日辰刻发,《张之洞电稿乙编》第十二函,档号:甲 182 – 73。

⑧ 《急致东京钱念劬》,庚子六月十三日巳刻发,《张之洞庚子年发电摘钞》第一函第二册,档号:甲 182 – 32。同电文并见《张之洞全集》第 10 册,第 8104 页。

此前一再强调的"剿匪必须有械,务议定必售于我,勿令翻悔"之意,军火不仅不会施用于外战,也不会借来装备以"勤王"名义北上的地方军队;辩称向日本商购枪药"在宣战以前",是为了证明禁运不应适用于当时。

由于东京交涉不畅,张之洞曾经尝试其他渠道与日本沟通。当时作为湖北省代表在上海参与"东南互保"交涉的陶森甲(1855—?),就一度奉命操办过军购事宜。[69] 日本驻汉口领事濑川浅之进(1861—?)也受到张之洞特别关照,要求转电本国政府,成全购运枪药的计划。六月十四日(7月10日)张之洞致电钱恂云:"两元电想到,并托濑川电日政府,药枪有望否?"[70]

此时,湖北原来从德国洋行订购的枪械,却出人意料地出现转机,终于由上海运回省内。这使得张之洞多了一层向日本说话的底气。六月十五日(7月11日),致钱恂电报的语气便稍加了一份强硬:

> 鄂省近在沪购德国洋行枪千枝,弹数十万,先引各国领事禁售军火,嗣经我托汉口德领事电商驻沪德领事,已允运鄂。此近四五日事,在宣战以后,且在已知德使被害以后,德顾东南大局,如此中日交情更深于德,且鄂议枪药均在宣战以前,濑川已允,已电日京,何以政府坚执不允?望将德肯助鄂情形婉达日政府为祷。万不得已,或限一数,何如?均速复。昨接来函,日允添派武官,意甚可感,然若无军械,虽有好武官,何所用之?[71]

其时,钱恂在东京的境遇可谓尴尬。表面上日本政府对枪、药做了区别对

---

⑥⑨ 据东亚同文会派驻上海的井上雅二记:"七月二、三日之交,会见陶森甲。知道陶让白岩承办军火,由我寻求具体办法。"(《井上雅二日记——唐才常自立军起义》,《近代史资料》总74号,第104页)日本学者中村义认为,陶购军火系为唐才常自立军举兵之用。(参看《白岩龍平日記:アジア主義実業家の生涯》,研文出版,1999,第107頁)其说似误。但由此也可以反映陶森甲政治身份之复杂。

⑦⑩ 《致东京钱念劬》,庚子六月十四日午刻发,《张之洞电稿乙编》第十二函,档号:甲182-73。

⑦① 《致东京钱念劬》,庚子六月十五日巳刻发,《张之洞电稿乙编》第十二函,档号:甲182-73。

待，"枪"系武器，买卖与否轻易不肯松口，"药"则属制器之材，性质稍轻，可托付商办，任日本洋行自行交易。⑫ 实际上使了一个"宕"字诀，既不答应，也不明绝，口头允购而交付无期，总之拖在那里，待局势明朗再行决策。钱恂无奈，只能用敷衍语宽慰上司，张之洞性急，则穷于追问："所云枪药可成者，确已允许耶？ 抑尚是活动语耶？ 务望先与切商，将此次枪药密速起运。"⑬

至六月二十二日（7月18日），联军已攻陷天津，局势进一步恶化，张之洞按捺不住，又发去急电："药事既云即日议订，盼即日运来。何日启运？ 在何处交？ 务示确音。恐系东人推宕愚我耳。如必不肯，亦望明告，以便酌用黑药。枪事如允，亦须速。"⑭张之洞对日本政府迟迟不予明确答复感到不满，急于找到解决军购的办法。两天后（7月20日），在汉口面见濑川领事时，他也流露出这种迫切的心情。为说服日本人，张之洞甚至连运输军火的秘密渠道也设计好了。事后，濑川向外务省报告称：

> 小官与八重山舰长梶川一同访问张之洞，交谈约三十分钟，然后辞去。张之洞就购买军火事，不惮烦地数度询问外务大臣近日有无训示。小官答以未收有任何电训。张同时已向钱恂去电，指示其为购入弹药、枪械在东京与我交涉。关于运送方法问题，张之洞向小官交代如下："为收购铁矿石，贵国汽船常在大冶煤炭窑厂附近停泊，该处装卸兵械较为不便，不如在运输船底层装载军火，乘夜在武昌纺纱局靠岸卸货，似为可行。事属秘密，无外人知。特此拜托领事转告外务大臣，向钱恂提供交涉之方便。"又言，日本与清国同处东亚，彼此休戚相关，值此危

⑫《急致东京钱念劬》，庚子六月二十日辰刻发，《张之洞庚子年发电摘钞》第一函第三册，档号：甲182-32。

⑬《急致东京钱念劬》，庚子六月十九日丑刻发，《张之洞庚子年发电摘钞》第一函第二册，档号：甲182-32。

⑭《致东京钱念劬》，光绪二十六年六月二十二日巳刻发，《张之洞全集》第10册，第8141页。

难之际,确信日本决不会对清国之事袖手旁观。⑦

按上年春,中日两国间就大冶铁矿石与日本煤炭的换货贸易达成协议,从本年 7 月起,大冶铁矿开始向日输送矿石。⑦ 张之洞打起了以"铁"易"药"的算盘,想利用日本运煤船来华的便利,避人耳目顺道秘运军火。这个带有风险的建议只是他的一厢情愿,直至八国联军攻陷北京,无论"枪""药",都未如愿从东邻运来。而张之洞一再重申军火用途只为"地方保护",形势尽管已急转直下,但本地枪药补给仍不容缓:

> 闻洋兵廿一入京城,想已知。前云入城后药枪可畅运,速询商电复。药尤要,北事既溃,南匪必起,专为地方保护,急切万状,岂东瀛不愿安靖南疆乎? 盼即复。⑦

在整个庚子年的夏天,张之洞费尽心思,指望从日本得到所需军火,但"日本允通融而无成议"⑦。几经周折,起初所抱信心几乎消磨殆尽,忍不住

---

⑦ 《漢口在勤瀬川領事ヨリ青木外務大臣宛・湖南、湖北兵ノ北上並張總督本邦ヨリ武器購入希望ニ關スル談話ノ件》,明治三十三年七月二十一日,外務省編纂:《日本外交文書・第三十三卷 別冊二・北清事变中》,日本國際連合協會,1957,第 251—252 頁。复按张之洞电稿,也可以证实上述冒险计划的存在,其致钱恂电称:"急。今日面问瀬川,据云,外务电告渠,但言运药不便,恐西国查,并无他语。我告以若不运药,大冶铁矿有关军械制造,亦当禁,当托其电外务,言拟令煤船装至织布局码头,此煤即归布局用,布局常有东洋煤船停泊,卸煤不告税司,胜于黄石港,彼药我铁,交易施я,方为平允。望将此意微露,速商速办。但恐东人终是推宕,务问一确信真话,免延误。"参看《致东京钱念劬》,庚子六月二十五日寅刻发,《张之洞电稿乙编》第十二函,档号:甲 182 - 73。
⑦ 1899 年 4 月,作为汉阳铁政局督办的盛宣怀与日本领事小田切万寿之助签署合同,规定汉阳铁厂须向日本制铁所出售大冶矿石,盛经营的轮船招商局及织布局则经该制铁所之手购买日本煤,这一合同保证了日本正在兴建的八幡制铁所的矿石供应。参看中国社会科学院近代史研究所编:《日本侵华七十年史》,中国社会科学出版社,1992,第 67—68 页。
⑦ 《千急致东京钱念劬》,庚子七月廿四日巳刻发,《张之洞电稿乙编》第十三函,档号:甲 182 - 73。
⑦ 许同莘:《张文襄公年谱》,商务印书馆,1946,第 137 页。

对钱恂抱怨:"濑川推诿,仍系内山电询日官,昨云复电云,物已备齐,可办。语仍含糊,恐永远宕字诀矣。"⑦"内山",内山赖吉,日本大仓洋行汉口支行代理人。因在日本领事处遭冷遇,张之洞派员与日本在华洋行接触,尝试由民间渠道完成交易。⑧但像大仓洋行这样的日本企业,一切对华军售无不在外务省的监控之下,当时要运送大量军火至中国国内,没有政府的允许和保证,是不可能实现的。⑧

附带说明的是,张之洞原来计划从日本进口的背囊、外套等军用物资,也是通过大仓洋行订购的,本已装货完备,甚至货款也已电汇,只待择日启运,但是中外战事起后也一并搁置了下来。⑧查日本外务省档案,待这批物资真正运到湖北,已经是第二年春天了。⑧当然,这已是后话。

---

⑦《急致东京钱念劬》,庚子七月初三日申刻发,《张之洞电稿乙编》第十三函,档号:甲182-73。

⑧据汉口领事致外务省报告:"张总督目下弹药将尽,颇为所苦,故命在东京留学生监督钱恂通过多种渠道展开交涉。前不久小官与总督会面,就军火运输方式多有交谈。本月廿五日,总督派遣书记官汪凤瀛同大仓组派遣员内山赖吉来至本馆,呈示当日钱恂发来电报,据云在日枪械弹药已购齐整,欲由织布局运煤船秘密装运,并以此为极妙之策。大仓组恐接收军火危险,迅速督促内山,希由濑川领事复电高岛确认此事。"《在漢口領事瀬川浅之进致外務大臣青木周藏電》(機密第三十號,明治三十三年七月二十七日),日本外务省外交史料館藏,外務省記録·5門 軍事/1類 國防·5項 兵器、弾薬、需品/本邦二於ケル各国兵器需品其他調達関係雑件·支那ノ部第一巻·2.湖広総督張之洞本邦ヨリ兵器購入,アジア歴史資料センター,レファレンスコード:B07090282100。按"大仓组",1873年大仓喜八郎在东京创立商会,后发展成为日本明治大正时期的大财阀之一,主要经营矿业、商社、林业、制铁业、铁道、军需等业务,在华设有分部。

⑧张之洞在其后一段时间里,仍然不肯完全放弃希望,通过钱恂在日本做最后努力,但终归失败。参看《急致东京钱念劬》两通,庚子七月初九日辰刻发、十二日亥刻发,《张之洞电稿乙编》第十三函,档号甲182-73。

⑧张之洞苦于经费短缺,一度以"事急费绌,购械为先,衣囊只可缓办",但至迟到六月中旬,已将衣囊货款汇出。参看《急致东京钱念劬并告吴镇、张游击》,庚子五月二十三日,《张之洞庚子年发电摘钞》第一函第一册,档号甲182-32;《致东京钱念劬》,庚子六月十一日亥刻发、十九日寅刻发,《张之洞电稿乙编》第十二函,档号甲182-73。

⑧第二年(1901)初,行将卸职并已迁居镰仓的钱恂的最后工作之一,就是将上年订购的衣囊及枪支样品交付国内。其致日本外务省电云:"恂迩来转居住镰仓,未克趋候为歉。过日恂奉湖北张制台之命,托大仓组代制步兵外套千六百,付背囊千六百个,装八十九箱,又见本一箱,共九十箱,于二月间由西京丸运上海,转运汉口,恳濑川浅之进君送交张制台。(转下页)

五、 宇都宫日记所见之钱恂言论

前揭孔祥吉论文首度向国内史学界披露了宇都宫日记中有关张之洞的记录,并且认为:"宇都宫太郎日记的发现,为我们探索张之洞庚子年独立称王的内心世界,提供了相当有力的证据。"这一冲击力十足的研究结论启发了后继的思考。行文至此,我们已经可以将宇都宫日记放到较为完整和准确的历史语境中来解读。关系张之洞"独立称王"的关键叙述出自两段日记,1900 年 6 月 28 日条记:

> 当夜在仲之町与钱恂会面,谈及时事,其间平岩代为通译。钱恂有谓:张等曾言,若天子一旦蒙尘[多半至长安],清国将处于无政府之境地,届时南部二三总督互相联合,于南京建立一政府,实乃不得已之事云云。㊸

所谓"天子蒙尘",在文中为假设,其时尚未发生。参考旁注"长安",我们很容易联系到两宫西迁的传闻;"无政府",盖指顽固权贵挟宫廷迁逃后的境

(接上页)此事恂先已有书达濑川君矣。此制造之件,确系恂所购,请贵省速告濑川君,即日告张制台速取去为幸。本日另有英文电信重托濑川君矣。诸叨关爱,感激不尽。敬具。镰仓坂の下所七番地。钱恂。卅四年三月七日。"又,查汉口濑川领事报告:"由湖广总督张之洞派至本邦之清国学生监督钱恂,前向大仓组求购背囊及外套各一千六百件,装运合八十九箱,并从大仓组购买枪剑身、剑鞘及尾筒等作为样品送至当地枪炮局,装运一箱,总计九十箱。大仓枪炮店内山赖吉通知,于本月六日自横滨发货,由西京丸经海路送达小官,同时航运证及货单一并送达。"《在漢口領事瀬川浅之进致外務大臣加藤高明電》(機密第六號,明治三十四年二月二十日),日本外務省外交史料館藏,外務省記録・5 門　軍事/1 類　国防・5 項　兵器、弾藥、需品/本邦二於ケル各国兵器需品其他調達関係雑件・支那ノ部第一巻・3.湖北軍隊用軍需品大倉組ヨリ廻送,アジア歴史資料センター,レファレンスコード:B07090282600。

㊸ 宇都宫太郎關係資料研究會编:《日本陸軍とアジア政策:陸軍大將宇都宮太郎日記》(1),第88 頁。按孔文所提供的这段日记译文有小的误译和漏译。原译文为:"此日夜半时分,与钱恂会面,谈及时事,平岩代为通译。其间,钱恂言道:张某曾有言,天子蒙尘既久,清国处无政府之际,不得已,欲联合南部二三总督于南京成立一政府。"1878—1932 年东京分为十五个区,日记原文中"仲ノ町",系东京都赤坂区的一地名,从宇都宫当时下榻地点在赤坂来看,应该相距不远。

况。应予注意的是,此新政府由"南部二三总督"联合而成,非张之洞一人所为,亦非其主导;再则建立地点在南京,而非武昌。仅从字面看,也推导不出"独立称王"的蕴意。

再查当时事实,华北战局已开,清廷谕令各省督抚"招拳御侮",张之洞等人认定两宫受"拳党"胁迫,政非己出,因而宣称"矫诏不理",亦"无义民可恃",并联合南方数省份与各国驻上海领事议定"中外保护"。⑤ 而钱恂本人第一时间也曾向张之洞提出"救危之策"如下:

> 闻董军攻使馆,内乱亟。救危之策,舍暂保南省,无别法。星使劝帅亟密商江、皖、苏,各派亲信重员一二人集金陵,筹定乱、抚外、保江海诸策,稍存政府规模,俾各国知我尚未瓦解。倘办理得法,各国相认,冀可保全。此策是联各国,肯认即是助,请钧度。⑥

所言南方各督抚"筹定乱、抚外、保江海诸策",正与"互保"之义符合,对照宇都宫所引钱恂语,指向极为接近,含义模糊而易引起歧义的,只在于"政府"二字。

无独有偶,钱恂对宇都宫所说的话,在同一时期近卫笃磨日记中也有近似的反映。6月30日,东亚同文会在东京召开评议员会议,会后近卫有如下记录:

> 田锅汇报与钱恂的谈话的情况。田锅说,钱恂极得张之洞信任,近来频频通电,传递其意。钱恂所持如光绪帝应复位、刘李张有必要联合等说法,应为可信。张之洞也未必无此意见。

---

⑤ 以张之洞本人语言作"朝廷为此辈迫胁,非出圣意"。参看《致江宁刘制台,上海盛京堂、余道台电》,光绪二十六年六月初六日巳刻发,《张之洞全集》第 10 册,第 8065 页。

⑥ 《钱恂致张之洞电》,光绪二十六年六月初五日,《李盛铎电稿》,《近代史资料》总 50 号,第 36 页。"星使",指驻日公使李盛铎。据李电有"保长江策属钱守密陈,尚乞钧夺"等语(《李钦差来电》,光绪二十六年五月三十日未刻到,《张之洞全集》第 10 册,第 8032 页),则此议系清朝在日人员共同筹计,并非张之洞幕府的特殊秘密。

田锅安之助引述了钱恂的说法,其中提及东南督抚有必要联合的现实做法,也透露了拥立光绪复辟的激进目标,田锅有保留地认为"可信",但对张之洞是否持相同意向却并不确定。此次评议员会议讨论热烈,近卫笃麿虽有所动,但最后没有形成新的决议,只是强调了"将来无论如何有必要与支那有力者保持联络,此为我会根本方针"[㊲]。几天后,近卫在寓所会见了来访的钱恂。7月5日记:

> 今日钱恂来访,陈说南方诸督抚对北京政府举动甚为不满,刘(坤一)、张(之洞)之结合近时日益紧密,李鸿章也意见相同。三者若结为一体,其势难敌,必可采取同一步调行动。余言,热望南方之结合愈益巩固,同文会若可尽斡旋之劳,请明白示知,本会决不辞一臂之力。并请向张总督传达此意。[㊳]

钱恂来访的时刻正值"东南互保"交涉的敏感阶段。朝廷宣战谕旨已传到南方,使馆被围、德使被戕的消息也先后得以证实,上海一地群情震动,交涉因而转入窘境。李鸿章、刘坤一、张之洞互通声气,先后声明不论北事如何仍照原议办理,负责交涉的盛宣怀等人据以为凭信,向外国公示。[㊴] 如此"三大帅宗旨均属一律",议约交涉重入轨道,这正构成钱恂所谓"同一步调行动"的背景。

再来看宇都宫日记第二段叙述,7月6日条记:

> 钱恂至公所来访,言及张之洞或会设立新政府,目前当务之急乃是

㊲ 近衛篤麿日記刊行會編:《近衛篤麿日記》第3卷,第201—202頁。

㊳ 近衛篤麿日記刊行會編:《近衛篤麿日記》第3卷,第209頁。

㊴《上海在勤小田切總領事代理ヨリ青木外務大臣宛・長江沿岸ニ各国ヨリノ出兵見合方ニ盛宣懷ヨリ各領事宛協定請求並右ニ対スル領事会議ノ状況報告ノ件》,明治三十三年七月六日,《日本外交文書・第三十三卷 別冊一・北清事変上》,第491—492頁。

厚置兵力。⑨

　　张之洞欲"厚置兵力"的来龙去脉已详前文。其对日本寄望殷切，故向钱恂交代："鄂弹无药，沪局亦缺，大局沸腾，事变难料。鄂无强兵，岂能存立？联如何联，助如何助？速筹之。"⑨钱恂在东京实际充当了代办人的角色，但在传话的时候却有自行发挥的嫌疑，细绎上文，"或会设立新政府"并不是张之洞本人之语，而更接近钱恂个人心态的吐露。

　　那是不是张氏生性谨慎，只将机密语对亲信人道？五月二十九日（6月25日），湖北有一电致钱恂云：

　　　　大局难料，欲存中国，总须慈圣安稳为第一义，不然中国断不能久存矣。⑨

这是庚子事起后，张之洞袒露其政治立场的一份声明。钱恂为张氏心腹，来往私电多涉机要，直露心迹，无须讳饰，同时他又在东京担纲交涉，与日本朝野政界要人多有往来，张之洞做此表示，自不乏借其渠道向日方传声的意图。至于张之洞与那拉氏的特殊关系，向来特为人所注意，论列已夥。⑨ 在庚子事变高潮期，张之洞还致电英国驻上海总领事，通篇文字全在为慈禧太后开脱，电末重点申明"盖我中国尊敬两宫，并无异视，亦望各国于我两宫均

---

⑨　宇都宮太郎關係資料研究會編：《日本陸軍とアジア政策：陸軍大將宇都宮太郎日記》(1)，第 89 頁。

⑨　《致日本钱念劬》，庚子六月初四日申刻发，《张之洞庚子年发电摘钞》第一函第二册，档号：甲 182 – 32。

⑨　《致东京钱念劬》，光绪二十六年五月二十九日未刻发，《张之洞全集》第 10 册，第 8038 页。

⑨　"我办事有一定之宗旨，即'启沃君心，恪守臣节，力行新政，不背旧章'，终身持之，无敢差异也。"这是张氏的夫子自道。（参见易宗夔：《新世说》，"张之洞从政十六字"条，山西古籍出版社，1997，第 69 页）其政治敌人梁启超不留情面地批评他"迎合宫术甚工"，此言被后世史家许以"非无所见"。（黄濬：《花随人圣庵摭忆》，上海古籍书店，1983，第 57 页）两种说法，因言者身份对立，褒贬寓意不同，但肯定的差不多却是同一个事实。

必尊必敬,则中国人心不至为所激动,各国见闻不至为所荧惑,祸乱之端或可稍戢"㉞。北京城破前夕,张之洞在致钱恂密电中,仍念念不忘驳正"归政"话题,嘱其向日本政界当道者说项:

> 请密问伊藤、青木,假如各国之意,中国若能迅速妥结后,断不强请归政,但令中国力除旧弊,行实在有益之政,并言明不用康、梁,各国若允,中国必深感日本之厚谊,事事易商。如此固可保全中国宗社亿兆生灵,于各国亦便,日本更有大益。不然各极兵力,荼毒中华,各国不死一人乎? 日本尚能多得大陆之权利乎? 可斟酌问之,盼复。再,沪电俄据山海关、营口,确否? 如此两处为俄踞,亚洲无望矣。急甚。并探复。㉟

孔祥吉论文提出新的一种解释,认为张之洞宣扬拥护慈禧、维持两宫只是其"公开的一面",他还有另一面,"即暗中默许自立军人物在他的管辖范围内大肆活动",心存侥幸心理,欲借重其为"实现自己政治梦想的工具"。且不论张之洞维护慈禧不止于"大张旗鼓"地做表面文章,而且曾通过在日代表密电周旋;也不论所谓张之洞对唐才常自立军采取"若即若离、模棱两可"的态度,因本系心证,原可以见仁见智。㊱此处只针对一处关键事实做出订正。秦力山率先起事在安徽境内,事发次日湖北就已得

㉞《致上海英总领事》,光绪二十六年六月二十九日,《张之洞庚子年发电摘钞》第一函第三册,档号:甲182-32。

㉟《急致东京钱念劬》,庚子七月十四日午刻发,《张之洞电稿乙编》第十三函,档号:甲182-73。

㊱ 唐才常在自立军起事前劝说张之洞的情节,已多为先行研究所注意,关于张氏的态度也不乏异说。最近研究指出:"自立军虽然对'拥张独立'有过企望、计划,或许也有过行动,但却没有收到如期效果是显而易见的,更谈不上张之洞对自立军活动有过默契合作。"张之洞之所以迟迟没有动手,主要原因是自立军总部设在汉口英租界内,张须取得英领事的谅解和合作后,才能决定行动的时机。参看张小强:《自立军事件中唐才常与张之洞关系考》,《史学月刊》2007年第4期。

到消息(97)，此后一直处在严密关注状态，及起义被镇压，张之洞得知结果后大感“欣慰”。(98) 不晚于七月二十四日(8月18日)，张之洞已经在其湘、鄂辖境内广泛布防，“设法掩捕”牵涉保皇会的“匪党”。(99) 二十七日(8月21日)晚，唐才常在汉口的起义机关被英租界当局和清政府联合破获，自立军起义失败。(100)

另外，不应忽略的还有当时信息传递的技术条件。宫廷西逃后，在很长一段时间内，南北隔阂，来自中枢的消息完全中断，南方督抚只能通过间接途径追踪两宫行迹，而北来探报往往捕风捉影，虚实莫辨。前揭张遵逵、李细珠等人论文，都特别注意到镇压自立会的时机，当时张之洞并不知道慈禧政权安然与否。现可查实，张之洞确知那拉氏一行离京逃往太原消息，不早

(97)《安庆电局致盛督办电》《盛京堂致江鄂督皖赣抚电》，光绪二十六年七月十七日，许同莘辑：《庚辛史料》，《河北月刊》，第3卷第4期，1935。

(98)《致江宁刘制台、镇江黄提台、安庆王抚台》《致安庆王抚台》，光绪二十六年七月十七日亥刻发、二十四日巳刻发，《张之洞全集》第10册，第8217、8233页。

(99)《致长沙俞抚台》，光绪二十六年七月二十四日亥刻发，《张之洞全集》第10册，第8236页。

(100) 按孔祥吉文引张之洞未刊信函中《译英领事复辜委员信》一件，证明张氏在“独立称王”条件不存在时，如何与英领事达成“默契”，抓捕唐才常及其自立军同伴的。原文未注此件日期。查该复信背景，应针对前述六月二十九日(7月25日)江、鄂致上海英总领事会电事，时为湖广督署洋文案的辜鸿铭复以私函致英领事，所陈述者不外为那拉氏辩护，故回信中有言：“顷接来函，均已领悉。昨所谈此次进兵，专以除暴安良为主，必仍尊敬两宫，已照尊议径电沙侯，请各国政府速行公布，中国宣告官民电内并声明：太后训政，张制台及各督抚皆以为名正言顺，故翊戴两宫，毫无异视。且谓此次与洋人为难，实非太后本意，各国不能归咎于太后云。”又，同时辜鸿铭据张之洞电意加以发挥，曾以英文撰成一长篇文章(写作日期署为7月27日)，发表在横滨出版的英文报纸《日本邮报》上，并转送英首相索尔兹伯里(Salisbury)等欧美各国首脑。这就是辜氏名著《尊王篇》之首篇。1922年编选汉文集《读易草堂文集》时，该篇简译为汉文，取名《尊王篇释疑解惑论》。(参看黄兴涛：《文化怪杰辜鸿铭》，中华书局，1995，第117—124页)前揭英领事复信中有嘱将“尊保两宫”之意“再电致贵国驻英星使，转达敝政府”，及“尊意欲请制台将北方构祸缘由，及现在督宪筹划之宗旨，详叙登报，此举实为要着”等语。辜氏随后发文海外之举，亦缘于受此鼓励。据辜氏自述，该文“得到了总督的授权”，但因事态紧迫，“没将全文事先给总督过目”。(参看《尊王篇》，汪堂家编译：《乱世奇文——辜鸿铭化外文录》，上海人民出版社，2002，第23—24页)文中为那拉氏辩护，劝告各国勿行归政，却与幕主张之洞心态完全一致。唐才常自立会之败，与该电毫无联系。

于七月二十九日（8月23日）。⑩ 从简单的时序排比可知，所谓"杀害唐才常不迟不早，是在他刚刚获悉慈禧政权没有被摧毁的消息之后"的说法，不能成立。

最引起争议的仍然是"新政府"的话题。李细珠已专门辨析了晚清文献中"政府"的含义。庚子事变后，驻日公使李盛铎有推荐张之洞"入政府"之议，所指显然为入值军机处，与孔文所言日本政府"曾有计划提出让中国成立一个由张之洞组成的新政府"大相径庭。联军入京后不久，日本外相青木周藏率先提议加派江、鄂两总督为和谈代表。⑩ 李鸿章据以入奏，清廷随即应允，着令"刘坤一、张之洞随时函电会商"。⑩ 张之洞曾向钱恂吐露了受此任命的真实感受："鄙人与议，实多为难。然国事至此，岂能推诿？外部所谓'不必与各使面商'者，想系谓两人须仍在本任，不宜离开，此层甚要。假如刘、张离江、鄂，则长江大乱，大局变矣。望婉询前途，速复。"⑩ 事变之后，日本政府寄望于清朝内部政治换血，企图施予影响，驻日公使李盛铎欲就此发挥，推荐张之洞入枢。张氏的反应则一如既往小心谨慎。他反对"入政府"的理由，不仅有顾全地方的恋栈心情，也有对深入危地的潜在恐惧，尤其是后者，当时那拉氏左右"拳党"尚未肃清，曾经主持"东南互保"与政府立异的张之洞，无论如何是不敢"冒昧前往"的。故"骇极"之下，"千万叩头"求罢此

---

⑩ 当时主要消息来源是保定，另外还有一些地方督抚私人派往京城外围的坐探。初有宫廷由"团匪护驾"逃亡五台山的传闻，但不确实。（《巢委员电》，光绪二十六年七月二十六日，《庚辛史料》，《河北月刊》第3卷第6期，1935）及由京逃出的荣禄、崇绮到达保定，才证实"两宫廿一启行"，将奔太原，保定电局遂将此信电沪，再由盛宣怀转发各省。（《寄江鄂皖东督抚帅》，光绪二十六年七月二十九日，《愚斋存稿》卷三十九，总第921页）稍后，张之洞由护理直隶总督廷雍保定来电，进一步证实此信息。（《廷藩台来电》，光绪二十六年八月初六日西刻到，《张之洞全集》第10册，第8245页）

⑩ 《青木外务大臣ヨリ上海在勤小田切总领事代理宛・议和全权委员ノ增任ニ付李鸿章ニ勤告方訓令ノ件》，明治三十三年八月二十四日，《日本外交文书・第三十三卷　别册二・北清事变中》，第478页。

⑩ 《军机处寄全权大臣李鸿章电旨》，光绪二十六年八月初七日，《义和团档案史料》上册，第530页。

⑩ 《致东京钱念劬》，光绪二十六年八月初四日巳刻发，《张之洞全集》第10册，第8251页。

议,绝非张之洞故作姿态。⑩ 复按其致钱恂密电,切嘱向青木周藏、伊藤博文等日本政要传达之意,也不外如此:

> 顷见日本国书言,如果切望平和,宜须明降谕旨,断不举用守旧顽固之人,亟应简选中外重望有为者,派为大臣,另立一新政府,并望不幸陕西,即回北京,而表自觉开罪友邦之过实据,则各友邦岂有不允议和之理,等语。后两条,即回京、表开罪,姑不论。第一条,简重臣、立新政府,显然意在鄙人。朝廷固未必照办,设或允之,遽行宣召,不惟长江必乱,大局立变,前功尽弃,且拳党尚蕃,仆两次与合肥联衔攻首祸诸人,又与疆臣联衔攻董,可惜申枨持柄,鄘坞增营,焰均甚炽,积怒已深,若冒昧前往,必受其害,务望托青木诸君,设法迅速婉达伊藤,此时总以不离鄂为妥,中外有益,千万要紧,若北上议事,先抛荒鄂事,亦属万万不可,总以在鄂亦得与议为妥,盼复。⑩

张之洞奉命参与和议后,最操心的一件事情仍然是"归政"问题。和谈

---

⑩ 由李盛铎转知"新政府"意后,张之洞为避嫌起见,立即电嘱"请尊处径电傅相为祷"。(《致东京李钦差》,光绪二十六年闰八月初七日亥刻发《张之洞全集》第 10 册,第 8314 页)为拒绝入枢之议,又有两电同时致李,其一:"闻尊意欲荐鄙人入政府,骇极。五可之外此时又添一条,有六不可,问念劬即知。千万叩头求罢此议,盼即复。谏一。"其二:"岘帅与鄙人岂能离长江,即使各国认保长江约,假如不能自保奈何? 务望善为解说,且各国亦未必愿。……谏二。"参看《致东京李钦差》两通,光绪二十六年闰八月十六日午刻发,《张之洞全集》第 10 册,第 8339 页。

⑩ 《千急致东京钱念劬》,庚子闰八月二十日子刻发,《张之洞电稿乙编》第十三函,档号:甲 182-74。连带另外一个事实是,庚子前后张之洞有数度入枢的机会,但其本人态度却相当消极。据《张文襄公年谱》记:"庚子六月,李文忠自粤抵沪,有到京后引入要地之说。公致电自述病状,请罢此言。既而日本亦有此语,公电致李斋钦使,言长江大局所关,无益有损。及鹿文端入枢府,又致电言之,谓此时一离鄂,两湖必乱。乃实在情形也。"(许同莘编:《张文襄公年谱》,第 162 页)其一即出于李盛铎之议,后两次复按《张之洞全集》,亦可证实。参看《致上海李中堂、盛京堂》,光绪二十六年八月二十一日午刻发;《致西安鹿尚书》,光绪二十六年九月初三日巳刻发,《张之洞全集》第 10 册,第 8287、8365 页。

之初，列强为惩罚清廷，欲排那拉氏而推光绪帝归位，此事未见明文，但传言一度甚嚣尘上。几乎就在张之洞拒入军机的同时，他又用"万急"电授意钱恂，令托日人从中排解：

> 密。各国议论，能不说到归政否？若肯不提此节，诸事易了，德亦无从生波，日本若能向各国排解，则真见亚东交谊，中国铭感不忘矣。将来将此情节上达，于邦交大有裨益。祈密速示复。[107]

就张之洞"顺后意"的基本政治立场而言，既往研究实较少异议，毋庸再多举证。此处值得关注的，反倒是钱恂的见解。他在前述对宇都宫或近卫的言谈中，已经透出倾心于"新政府"或"复辟"意态，而对于张之洞念兹在兹的"断不强请归政"却不以为然，在私下致友人信函中不假掩饰地语露讥诮："亲政一层，南皮电弟托阻止者约七八次，南皮真忠臣也。"[108]

在庚子语境中，以"新政府"寄望于东南督抚者绝不止钱恂，其挚友汪康年即为同调中人，而曾经将类似言论诉诸行动者另也不乏其人。当时主流舆论基本不以刘坤一、张之洞与北方朝廷立异为错，因政府被顽固党人把持已不复有合法性，其不满者恰在于主持"东南互保"的地方督抚独立得不够彻底，不欲或不敢"剿拳匪勍政府"。相当数量的趋新士绅（一度包括后来趋向激烈革命的一派）的主要关怀之一是推动以地方大吏为主导的地方独立运动（在是否"尊王"上又有观念差异），而背后或隐或显都有外国势力的渗入。当时，无论是钱恂身处东京所感受的政治空气，还是与友朋函电往复中不断被强化的国内舆论，似乎都支持他做出某些出位的事情。反观张之洞，

---

[107] 《万急致东京钱念劬》，光绪二十六年八月十九日未刻发，《张之洞电稿乙编》第十三函，档号：甲182-74。

[108] 再，辛丑和议期间钱恂受汪康年之询："是否有电请日本勿干预复辟之事？"答曰："共约七八电，不外此旨。"参看《钱恂致汪康年函》二十六，上海图书馆编：《汪康年师友书札》第3册，第3009页。

对此也已有所警觉,去电钱恂时有言"足下言语尤须格外谨慎,切嘱",已见强烈的约束意态。[109] 宇都宫日记所见钱恂之言论,基本可作如是观。

六、 结语

庚子事变发生后,张之洞利用各种渠道援引日本之力,其外交活动不仅有"代中央连续邦交"的意味,也突显湖北一省与日本特殊的联结关系,两者因应时变不乏互利互益的共识,又各有严守的界限,外交上彼此引援,又互抱戒心。同一时期张氏子嗣游历日本、派员考察军事、招聘日本军官、购买军火物资等事实,由于面貌模糊而导致理解的差异,以致有论者引申出"张之洞在庚子年的帝王梦"这样颇具争议性的话题。本文依据史实考订,对孔祥吉论文做出相应修正如下:一、张之洞派儿子出洋,用心在利其仕途发展,出国前已经咨明公家,并无涉嫌"秘密外交",张权出国时庚子事变尚未发生,后与日人相处也并不愉快;二、赴日军事考察团被中途召回,及钱恂在日操作购买军火,涉及事变后湖北省内添兵、练兵的背景,主要目的是为地方保护;三、钱恂与宇都宫太郎所论"设立新政府"事,不出于张之洞本意,而属钱恂个人发挥,至于驻日公使李盛铎言及"入政府",则系推荐入赞军机之意,此"政府"非彼"政府"也;四、张之洞镇压自立会在获知北京被陷、两宫西逃之前,并无观望行事的证据,召回张权更在此前,动机仅是为了避嫌。需要说明的是,本文写作的目的本不在争鸣张之洞的"帝王梦"或有或无,只是希望通过史实重建的工作,帮助理解那段"国破山河在"的年代里各色人物面临危局时的种种应对,以及对外交往中的复杂心态。如果不仅仅拘泥于言词采择或政治褒贬,或对张之洞这样的晚清政治强人能有更为贴近的体察。甚至钱恂这样一位本不显于世而私心以为或具标本意义的"中等人物",也可能折射一个时代的风云晦暗。

---

[109]《致东京钱念劬》,庚子五月廿七日亥刻发,《张之洞庚子年发电摘钞》第一函第一册,档号:甲 182 - 32。

钱恂：晚清外交史上的"异才"
——兼证"张之洞在庚子年的帝王梦"说难以成立

　　钱恂是近代史上值得关注的学者和外交家，其人无论政见、学问，或交游、事功，皆多可述。不过，除少数论文曾撮述其人生平概要，[①]余者多是在讨论钱玄同家族、张之洞幕府或中国人留学日本史的场合，才对钱恂有所涉及。[②] 缘于其人丰富的海外生活经历，反倒颇受域外学界瞩目，目前唯一一部年谱也是由日本学者完成的。[③] 钱恂外交生涯之展开与晚清政局变动息息相关，由此透露的多种信息亦足为观察清末世相的镜鉴。令人遗憾的是，这段历史迄未有适当整理与评估。[④] 尤其他被湖广总督张之洞派赴日本担任学生监督时期，充分表现出个人政治身份的复杂性：既代表地方政府，身

---

① 伯钧、世博：《清末进步学者、外交家钱恂》，《历史教学》1992 年第 3 期。范铁权：《钱恂生平史事述论》，《河北大学学报(哲学社会科学版)》2010 年第 6 期。

② 黎仁凯等：《张之洞幕府》，中国广播出版社，2005，第 320—330 页。邱巍：《钱玄同家族留学日本考述》，《西北工业大学学报(社会科学版)》第 25 卷第 1 期，2005 年 3 月。又，邱巍近著《吴兴钱家：近代学术文化家族的断裂与传承》(浙江大学出版社，2009)辟有专章研讨"钱恂的生平、知识体系与思想"，在既有认知基础上，大大推进了钱恂研究的水准，非常值得参考。

③ 高木理久夫編，吴格訂：《錢恂年譜(增補改訂版)》，《早稻田大学圖書館紀要》(60)，2013 年 3 月，第 108—195 页。该年谱主要利用中国公刊之《清季外交史料》《张文襄公年谱》等文献，结合日文相关史料辑纂而成，虽因取材限制尚有缺漏，但仍可谓是迄今最详尽的一种钱恂史料汇编。按钱恂在日本时期曾经向处在草创期的早稻田大学寄赠大量汉籍图书。参见《清國錢恂圖書目録》，早稻田大學中央圖書館藏，请求記號：卜 10 - 2692 - 2。

④ 左松涛注意钱恂复杂的政治性格，指出其在两湖书院提调、游日学生监督任上，"沟通朝野中外，与顽固、革政、革命及外国在华势力等各派别周旋活动，具有多重面相人格，思行志业难以一言蔽之"。参看《变动时代的知识、思想与制度——中国近代教育史新探》，武汉出版社，2011，第 143—148 页。

负办理交涉之责；又掩藏不住革新士子的一抹底色，在政治态度上趋向激烈。近有学者依据庚子事变时钱恂的在日言论，引申出"张之洞在庚子年的帝王梦"这样争议性的话题。⑤ 本人拟综合中外史料，对这一时期钱恂的言说事迹予以考证，进而厘清他与清朝督抚、维新/革命两派以及日本朝野多种势力之间的错综关系。本文目的不仅为解释其人其言，也尝试为理解他所生活的时代，提供一个有益的注脚。

一、钱恂其人

钱恂（1854—1927），原名学嘉，字念劬，号受兹堂主人、积跬步斋主人、金盖稚樵等，浙江归安（今湖州吴兴）人。由附贡生报捐县丞，分发指省直隶试用。光绪十五年（1889），经驻英公使薛福成（兼驻法、意、比）奏调随行。十七年（1891）二月，经驻俄公使许景澄（兼驻德、奥、荷）奏调，派驻俄、德两国。次年加捐同知，以三年出洋期满，经许景澄奏保以知府分发省分，尽先前补用并加盐运使衔。十九年，又经驻英公使龚照瑗（兼驻法、意、比）奏调，移驻法国。二十一年（1895），经署两江总督张之洞电调回华，奏请留省差委，张回湖广总督本任后，调鄂差委，"历充洋务文案及武备、自强两学堂及护军营、洋务、枪炮局各提调差"。⑥ 二十四年（1898），奉旨召见，以出使大臣记名。二十五年（1899），派充湖北省游学日本学生监督。三十三年（1907），任驻荷兰公使，并代表清政府参加海牙国际和平会议。次年改任驻意大利公使，旋回国。入民国后，短暂供职于教育部⑦，后任总统府顾问、参政院参政等职。一生著述颇丰，主要有《韵目表》《史目表》《光绪通商综核

⑤ 孔祥吉：《张之洞在庚子年的帝王梦——以宇都宫太郎的日记为线索》，《学术月刊》2005年第8期。

⑥ 钱恂早期履历，参看秦国经主编：《中国第一历史档案馆藏清代官员履历档案全编》第6册，华东师范大学出版社，1997，第75—76页。按钱恂生卒年，据钱稻孙《钱恂生平事迹》（国家图书馆藏）；此条史料承邱巍提供。

⑦ 鲁迅日记中有关于钱恂在教育部任事的记载，见《鲁迅全集》第15卷，人民文学出版社，2005，第75、80页。并可参看钱秉雄：《我的伯父钱念劬》，《新文学史料》1980年第3期。

表》《中外交涉类要表》《帕米尔图说》《中俄界约斠注》《财政四纲》《日本政要十二种》《二二五五疏》《金盖樵话》《有清进书表》《清骈体文录》《壬子文澜阁所存书目》《吴兴钱氏家乘》等。⑧

钱恂自幼勤学，涉经读史，"好治小学暨韵音"。但举业却相当黯淡，在十五岁时考取归安县学，此后屡试举人不中，被迫放弃正途，而游于宁绍台道薛福成（1838—1894）门下。其父钱振常的友人谭献（1832—1901）在当时有这样的印象：

> 招念劬来长谈。虽学不纯美，性又偏至，而锐敏有才识，固非凡才，于钱氏为凤毛驹足也。⑨

钱恂很早对洋务新学即有所钻研。《中外交涉类要表》《光绪通商综核表》两种西学汇编书，均为在薛福成幕中时所作，光绪十三年（1887）年刊刻，颇畅行一时。⑩ 此二书也曾得到户部尚书翁同龢（1830—1903）的赞赏，并大力加以推毂。⑪ 翁日记光绪十九年（1893）十月十七日条记："访晤龚仰蘧

---

⑧ 按钱父振常（1825—1898），字笾仙，同治十年进士，官礼部主事。振常兄钱振伦（1816—1879），字楞仙，道光十八年进士，历官翰林院编修、国子监司业。关于钱氏家族历史，可参钱恂：《吴兴钱氏家乘》，民国十年（1921）刊本，收入国家图书馆地方志家谱中心编《清代民国名人家谱选刊》(34)，北京燕山出版社，2006。

⑨ 谭献著，范旭仑、牟晓朋整理：《复堂日记》，光绪十三年九月初八日条，河北教育出版社，2001，第323页。

⑩ 两表合为一册刊刻，卷首有谭献序，谓："凡所敷列，所稽求，皆通知时事，足以用矣。他日进身，何施不可，而异域之使，且莫先焉。……积跬步生吴兴钱学嘉也。"两表收入沈云龙主编《近代中国史料丛刊》续编第48辑，文海出版社，1977，据甲午重刻本影印。书末钱恂附识曰："此书学嘉刊板后，节随出游英、法、俄、德等国。癸巳（1893）回华，知户部陕西司有官刊板，且用元例赓续至光绪十七年（1891）止。学嘉此作不过排比之事，而当轴以为有用，为之续纂，重刊，将以垂诸久远，能无自愧，今兹又将再游英法，用旧板重印，志其起缘如此。光绪甲午季春，归安钱学嘉志。"同上书，第197页。

⑪ 翁日记光绪十五年三月十八日条："钱笾仙之子钱恂来京，送中外交涉表，甚好。"参见陈义杰整理：《翁同龢日记》第4册，中华书局，1998，第2272页。两表为官方所重，并为续纂、翻刻，据钱恂后来说："翁文恭长户部，命北档房循例继纂至十八年止，有户部官本，其后一再续补，一再翻刻。"参看邱巍：《吴兴钱家：近代学术文化家族的断裂与传承》，第86页。

星使,以念刍属之。归念刍来,留饭,与谈泰西事,有识见,于舆地讲求有素,可用也。"[⑫]驻俄公使许景澄(1845—1900)主持中俄界务交涉之际,奏调钱恂赴新疆帕米尔地区查勘,颇欣赏其人"素长考据,近于西人各图说,颇能尽心钩索"[⑬]。在张之洞幕府中,与之共事的湖北自强学堂总稽查姚锡光(1857—?)也有类似观察:"盖太守最精交涉事件,故于约章最为留心,搜缉宏富,且善勾稽,逐条多加案语,将以汇刻,以便有心人观览,诚巨观也。"[⑭]

钱恂博学杂览,亦具有才名,加以随使西洋的见闻与办理洋务的历练,使得其新学素养及观念开通的程度,远高于清朝一般官绅。从存世的大量著述来看,若与上一辈相比较,"钱恂的知识范围和视野极大地扩展,除了传统的文史、小学的知识外,最突出的是对经世洋务知识的大批量的介绍和引入"[⑮]。近有学者还特别注意《五洲各国政治考》《五洲各国政治考续编》一类著述,视此为百科全书式的作品,而推许钱恂为"晚清的百科全书家"。[⑯]但在钱恂生活的年代,外交履历与洋务经验尚非值得骄傲的资本,更不能为官场角逐加分,他的仕途走得并不顺畅,出洋多年后选择回国,投入张之洞幕下,实出于无奈的选择。

---

⑫ 陈义杰整理:《翁同龢日记》第 5 册,第 2643 页。按"龚仰蘧星使",龚照瑗(1835—1897),字仰蘧,继薛福成为出使英法意比大臣。光绪十九年,钱恂出洋三年任满返国,因翁同龢荐举,随使龚照瑗再度赴欧。按大学士翁心存为钱恂伯父钱振伦乡试座主,并将女许之为妻,翁同龢为其内弟。因故翁、钱两家有姻戚关系。参见金梁辑录:《近世人物志》,北京图书馆出版社,2007,第 251 页。

⑬ 许景澄:《致总理衙门总办函》(光绪十九年正月),《许文肃公(景澄)遗集》函牍三,沈云龙主编《近代中国史料丛刊》第 19 辑,文海出版社,1968 影印本,总第 387 页。

⑭ 王凡、王叔子整理:《姚锡光江鄂日记》,中华书局,2010,第 91 页。

⑮ 邱巍:《吴兴钱家:近代学术文化家族的断裂与传承》,第 92 页。

⑯ 据《五洲各国政治考续编》(1901)自序:"往年随使英、法等国,公余之际,惟以采问其政俗为事。凡曾确闻暨目击者,笔诸于书。六年报满回华。又奉张孝达督宪,檄使日本。彼国风景人物,固予所心仪而神往者。一旦得此契会之事,兴更勃然。到差后,得获与彼国士大夫游。见其政治之美,备于是,辄要访录,积稿成卷。"李孝悌认为:"钱恂因为长期出使各国的经验,让他的作品比其他根据口耳之传或资料编纂所成的作品,既多了许多实时、生动的细节信息,也多了一份盱衡全貌的能力。""这本百科全书式的著作,已经充分展现了现代的新风貌。"参看李孝悌:《建立新事业——晚清的百科全书家》,《"中央研究院"历史语言研究所集刊》第 81 本第 3 分册,2010 年 9 月,第 569—662 页。

光绪二十一年(1895),时署两江总督张之洞奏调钱恂来江南差委,奏片中有"学精才敏,洋务博通,尤能研究中外商务"等赞语。[17] 后共事多年,又欣赏其"能言能行,切于实用",推许为"今日讲求洋务最为出色有用人才",先后两次向朝廷保举。[18] 钱恂的经验能力为幕主所器重。章太炎尝以《红楼梦》中人比拟当世人物,将张、钱分别比作凤姐、平儿,虽属戏作,却透露出两者关系非同一般。[19] 光绪二十四年(1898),钱恂奉旨入京召见,以出使大臣记名。时值戊戌变法高潮期间,袁世凯有意荐张之洞入军机处,张以政局叵测,电嘱钱恂:"袁如拟请召不才入京,务望力阻之。才具不胜,性情不宜,精神不支,万万不可。"[20]钱恂在京师充当了张之洞的耳目,而在此类敏感政治问题上,也得到了充分的信任。翌年二月,他被正式委派为湖北省"游学日本学生监督",开始了真正独当一面的外交生涯。

今人提及钱恂的多数场合,或缘于吴兴钱家作为"清末留日第一家"在中日关系史上的特殊地位。钱恂的妻子单士厘(1863—1945),从夫君作海外游,是我国最早迈出闺门、走向世界的知识女性之一。[21] 她后来自豪地说:"外子自经历英法德俄而后,知道德教育、精神教育、科学教育均无如日本之切实可法者,毅然命稚弱留学此邦,正是诸稚弱幸福。"[22]钱恂目睹东邻向西方学习的成效,又对照自身游欧的经验,身体力行、大力倡导留学日本。他的同父异母弟钱玄同(1887—1939),在中国近代史上的名气或比乃兄大

⑰ 《调钱恂等四员来江差委片》,光绪二十一年闰五月二十七日,《张之洞紧要折稿》第七函,中国社会科学院近代史研究所藏,档号:甲 182-9。

⑱ 《保荐人才折》,光绪二十一年十二月二十九日;《保荐使才折》,光绪二十四年六月初一日,苑书义、孙华峰、李秉新主编《张之洞全集》第 2 册,河北人民出版社,1998,第 1119—1120、1317 页。

⑲ 孙宝瑄:《忘山庐日记》上册,上海古籍出版社,1983,第 372 页。

⑳ 《致京钱念劬》,光绪二十四年八月初三日辰刻发,《张之洞全集》第 9 册,第 7654 页。关于钱恂在京任"坐探"的情况,参见茅海建:《从甲午到戊戌——康有为〈我史〉鉴注》,生活·读书·新知三联书店,2008,第 712—713 页。

㉑ 其出国载记有《癸卯旅行记》《归潜记》两种,均收入钟叔河主编《走向世界丛书》(杨坚校点,湖南人民出版社,1981)。

㉒ 钱单士厘:《癸卯旅行记·归潜记》,第 23 页。

得多,其早年游学东瀛,即得力于兄长提携。钱恂的两个儿子、一儿媳、一女婿也全部赴日,"分隶四校留学",单士厘尝自诩:

> 予家留东之男女学生四人,皆独立完全之自费生,一切选学校、筹学费,悉悉往来于外子一人脑中。女学生之以吾家为第一人,固无论矣。两子均已毕小学校六年级之业,而跻入中学校之第一年、第二年级,在中国人循序修学,亦不作第三人想。㉓

正由于钱恂导夫前路,钱家后一辈人几乎无一例外都有留日经验,其中涌现了像钱稻孙(钱恂子)、钱三强(钱玄同次子)这样的知名人物。如果留意钱家成员留学日本的发端,具体契机还在于张之洞派钱恂为游日学生监督。

二、 身负数责的"留日学生监督"

出任留日学生监督是钱恂与日本结缘的关键,而两者渊源还可以往前追溯。光绪二十三年(1897)末,日本陆军参谋本部大佐神尾光臣造访湖北,张之洞命钱恂等人与之周旋。㉔ 钱恂与日本人初次打交道,即扮演了张氏代理人的角色。二十四年(1898)四月,张之洞奉召入京,途经上海,因沙市事件不得不折回,但仍派钱恂与日本驻沪总领事小田切万寿之助接触,此后处理沙市事件的实质性谈判,也是由两人在上海完成的。㉕

任事湖北时期,钱恂对地方维新运动多所赞画,他后来也颇以此自矜,谓"恂当乙未、丙申、丁酉、戊戌、庚子数年,颇有功于开官智"㉖。其"开官智"诸功劳之一大端,或即促成实现湖北学生留日计划。如其妻单士厘

㉓ 钱单士厘:《癸卯旅行记·归潜记》,第40页。
㉔ 李国祁:《张之洞的外交政策》,"中央研究院"近代史研究所,1970,第99—100页。
㉕ 茅海建:《戊戌年张之洞召京与沙市事件的处理》,载氏著《戊戌变法史事考》,生活·读书·新知三联书店,2005,第199—208页。
㉖《钱恂致汪康年函》三十九,上海图书馆编:《汪康年师友书札》第3册,上海古籍出版社,1987,第3021页。

所言：

> 盖留学日本之举，为外子所创议，而以幼楞（钱滮，钱振伦子，即钱恂堂弟）为先导。外子每自负，谓日本文明、世界文明得输入中国，而突过三四十年曾文正国藩之创游美学生议，沈文肃葆桢之创游英法学生议，而开中国二千年未开之风气，为有功于四万万社会，诚非虚语。㉗

光绪二十四年九月，湖北定议"派学生游学日本"。㉘ 第二年（1899）初，钱恂奉命前赴日本，接替张斯栒，成为第二任"游学日本学生监督"㉙。考察这一任命的背景，应注意戊戌前后张之洞对日关系日益紧密，需派员在日代办事务，就此类人员素质而论，亲信、能干两项缺一不可，钱恂确为较合适的人选。而更关键的是，钱恂出任留日学生监督，是由日本人首先主动提议的。光绪二十四年七月二十五日（1898 年 9 月 10 日），张之洞致总理衙门电称：

> 接日本总领事小田切自日本来电云，湖北与日本所商派学生赴东及聘各种教习来鄂各节，望速遣知府钱恂赴东一行，以便面商。并云，此系外部令其发电，应即作为外部之电，等语。查钱恂已遵旨赴京，日内计已到。鄂省本与日本议定即派该守带学生前往。今外部催其速往，可否于召见后，即令该守速回鄂，以便赴东，至祷。应否代奏。请钧署裁酌，并传知该守。㉚

㉗ 钱家最早留学者为钱滮，"幼楞东渡，乃外子依托彼陆军少将神尾光臣而行［时神尾任大佐］"。参见钱单士厘：《癸卯旅行记·归潜记》，第 34 页。

㉘ 胡钧编：《清张文襄公之洞年谱》，台湾商务印书馆，1978，第 159 页。按湖北派往日本的首批官费留学生二十人，正式成行已在本年十一月。看看《咨呈总署派往日本游学学生姓名年岁籍贯（附单）》，光绪二十四年十一月二十三日，《张之洞全集》第 5 册，第 3728—3729 页。

㉙ 《札委钱恂充游学日本学生监督并饬张斯栒回鄂当差》，光绪二十五年二月十一日，《张之洞全集》第 5 册，第 3776—3777 页。

㉚ 《致总署》，光绪二十四年七月二十五日午刻发，《张之洞全集》第 9 册，第 7651 页。

当时,钱恂尚在京预备召见。由此电文,可知日本政府对钱恂的重视以及寄望之殷切。本年末,钱恂停留上海、预备赴日期间,已代表张之洞与小田切交涉派遣留学生、聘请日本教习、翻译武备书,以及驱逐康、梁离日等事务。[31] 到日就职后,更成为湖广督署与日本外务省、陆军参谋本部等机要部门联络的中介。

钱恂身后多以外交家名世,早期作为薛福成随员出使西欧,可谓外交仕途的初步,光绪三十三、三十四年,相继奉使荷、意两国,达到外交生涯的顶点。但若细究,其真正开始独当一面、发挥外交才能,却是在湖北留日学生监督任上。虽名为"学生监督",钱恂却做了许多超出名分的事情,在某些特殊时期的作用甚至不亚于清朝驻日公使。除具体操办留学生业务外,又受托在日本延聘军官、技师,购买军火物资,事无巨细皆一手经理。光绪二十五年(1899)张之洞长孙张厚琨入日本学习院留学,次年四月间长子张权又赴东京游历,他们在日学习、生活诸多事项均由钱恂负责,张权致信东亚同文会近卫笃麿会长,言及"诸事有钱监督在"[32],绝非谦辞。

庚子事变发生后,钱恂认定"救危之策,舍暂保南省,无别法",故代张之洞与外务省沟通,为促成"东南互保"不遗余力。[33] 当时外国驻京公使的安危成为外界瞩目的焦点,日本外务大臣青木周藏曾提出一大胆办法,试图由张之洞渠道,劝商山东巡抚袁世凯提兵北上,入京解救各国公使。钱恂第一时间向国内转达,并提出:

> 北事危迫,一旦兵临城下,其祸不堪设想。倘乘敌兵未集,能有重臣先定内乱,略更政局,以释众怼,可保两宫不惊,左右无事。此外要挟

㉛《致上海钱念劬》,光绪二十四年十二月十二日子刻发,《张之洞全集》第9册,第7702—7703页。

㉜《(二十四)張權》(1900年7月17日),李廷江编著:《近衛篤麿と清末要人:近衛篤麿宛来簡集成》,原書房,2004,第101—102页。

㉝《钱恂致张之洞电》,光绪二十六年六月初五日,见《李盛铎电稿》,《近代史资料》总50号,中国社会科学出版社,1982,第36页。

权利，尚易着手。公与合肥（李鸿章）、新宁（刘坤一）岩疆重镇，断难轻动。惟有电商袁（世凯）抚专函密达荣（禄）相，劝荣自请督师退敌，一振朝权，乃商抚局。即办不到，而荣相离险，终胜坐困。此侥幸万一之策。㉞

换言之，即由三总督联络袁世凯，策动荣禄发动政变，从保守派手中夺权，其政见相当激进。张之洞坚持"外兵断不敢言入京救使"，不敢用此冒险做法。㉟此外，钱恂又建议南方督抚联名派出专员，邀请在京公使南下驻息，以为外交缓冲，张之洞复电表示赞许："联邀各使以续邦交，极是。"㊱其后，东南督抚就此往返电商，只因事属一厢情愿，也无结果可言。㊲

除与外务省交涉外，钱恂与陆军参谋本部关系密切。其后来尝回忆说："时稚樵正滞日本，与彼参谋本部尤密，其临时来华征匪之司令官福岛安正又旧友，故获知战情较详。"㊳新近公刊之参谋本部大尉宇都宫太郎（1861—1922）日记，记录了钱恂在日相关言论。7月6日记：

> 钱恂至公所来访，言及张之洞或会设立新政府，目前当务之急乃是厚置兵力。除吴元恺部二千名，张彪部二千五百名，再行募集三千名。

㉞ 同电并谓"张守孝谦与袁密，或令转达"，甚至连与袁世凯秘密联络的人选也已拟定。参看《钱监督来电》，光绪二十六年六月十四日到，《张之洞全集》，第10册，第8095页。按张孝谦，字巽之，河南商城人，光绪十五年进士，入翰林院，散馆后授编修。二十年为督办军务处文案章京。曾作为随员而随李鸿章赴日，参加《马关条约》之谈判。二十二年以知府分发湖北。参见茅海建：《从甲午到戊戌：康有为〈我史〉鉴注》，生活·读书·新知三联书店，2009，第130页。

㉟ 《致东京李钦差》，光绪二十六年六月初十日戌刻发，《张之洞全集》第10册，第8094页。

㊱ 《致日本钱念劬》，庚子六月初四日申刻发，《张之洞庚子年发电摘钞》第一函第二册，中国社会科学院近代史研究所藏，档号：甲182-32。

㊲ 《致江宁刘制台，上海盛京堂、余道台》，光绪二十六年六月初六日巳刻发；《刘制台来电》，光绪二十六年六月初八日酉刻到，《张之洞全集》第10册，第8065、8069页。

㊳ 钱恂编，致之校点：《金盖樵话》，辽宁教育出版社，2001，第50页。

又言及要求日方援助大尉二人，步枪（三十年式或小村田连发）五千挺。㊴

张之洞欲"厚置兵力"，缘于义和团兴起后湖北地方局势变化，日记中提及添兵、募兵、招聘军官各节，可与致钱恂电报对勘。张之洞有电云：

> 都下事种种难解，总署换人，大局难料，日本参赞，被董军戕，中东成衅，奈何？鄂省拟添兵二千，吴镇、张游击等已略看军队否？此时日人相待情形语气如何？若再募日本两大尉有妨碍否？速公同筹议，电复。㊵

按"募日本两大尉"是中日合作军事改革的内容之一。"吴镇"，总兵吴元恺，"张游击"，游击张彪，均为当年赴日本考察军事人员。庚子事变发生后，张之洞拟添军弹压地方，苦于缺少将官，故急电将两人召回。又因"长江弹压需械甚众"，故指示钱恂商办从日本进口军火。㊶但日本政府在对华外交上表现得小心翼翼，加入列强联合军事行动后，严守一致行动原则，就对华武器禁运问题，尤不敢独持异议。军火求购迟无进展，张之洞曾吐露当时的困境：

> 鄂弹无药，沪局亦缺，大局沸腾，事变难料。鄂无强兵，岂能存立？联如何联，助如何助？㊷

㊴ 宇都宫太郎關係資料研究會编：《日本陸軍とアジア政策：陸軍大將宇都宫太郎日記》(1)，岩波書店，2007，第89頁。福岛安正(1852—1919)，时任参谋本部第二部长，少将衔，义和团事变爆发后出任日本临时派遣军司令官。

㊵ 《致东京钱念劬与吴镇张游击同阅》，庚子五月十九日辰刻发，《张之洞庚子年发电摘钞》第一函第一册，档号：甲182-32。

㊶ 《致东京钱念劬》，庚子五月二十日亥刻发，《张之洞电稿乙编》第十二函，档号：甲182-73。

㊷ 《致日本钱念劬》，庚子六月初四日申刻发，《张之洞庚子年发电摘钞》第一函第二册，档号：甲182-32。

钱恂在东京充当了张之洞代办人的角色，但向日本人传话时却有自行发挥的嫌疑。细绎前文"或会设立新政府"，并非张氏本人语，更多属于钱恂个人心态的流露。

三、 与趋新人士的交游及言论

如对钱恂事迹做深入考察，可发现其人身上驳杂的色彩，两种貌似冲突的形象集合在一起：一方面仕在清朝，忠于职守，具备很强的外交业务能力，对上级派给使命多能从容应付；另一方面，思想上不合于俗流，对现实持批判态度，好发议论，有时流于偏激，表现出某种奇异诡谲、离经叛道的气质。尤其被派驻日本后，远离国内官场的纷扰，在东京这样一个社会空气相对开放的环境里，他对现实政治的不满更容易被激发出来。

戊戌后，流亡海外的保皇、革命两派领袖在东京聚首，梁启超(1873—1929)与孙中山(1866—1925)一度接近，几乎实现两党携手，这是辛亥革命史研究向来关心的题目。[43] 在这些人物交往的历史记录中，我们却可瞥见钱恂的身影。甲午战后，以上海为中心，江浙籍新派群体投入办报、立会等革新活动，钱恂即其中活跃的一分子。[44] 在张之洞幕府，他也是沪、鄂联系的纽带之一。当时宋恕信中有言："申江相见，伟论快聆。别后闻已晤当道，此公见解，仍不出铁路、矿务一步，可不谓大哀乎？……昔人云'宰相须用读书人'，恕谓方镇尤须用读书人，今以吏胥才，内作师保，外任封疆，何如哉！"[45]此处"当道"，应指湖广总督张之洞。而钱恂在张幕中正如宋恕所盼，起到了汲引"读书人"的作用。光绪二十三年(1897)初，梁启超赴武昌谒见

㊸ 参看张朋园《梁启超与清季革命》，吉林出版集团有限公司，2007，第79—87页；金冲及、胡绳武《辛亥革命史稿》第一卷《中国资产阶级革命派的形成》，上海辞书出版社，2011，第86—92页。

㊹ 1895年宋恕记："近汪穰卿、夏穗卿与上海张经甫[焕纶]、归安钱念劬[恂]、胡仲巽[庸]等，议立公会，开报馆，以联络海内才士，畅发神州积弊。"参见《致王浣生书》(一八九五年六月三十日)，胡珠生编：《宋恕集》上册，中华书局，1993年，第531页。

㊺ 《致钱念劬书》(一八九五年七月二十五日)，《宋恕集》上册，第535页。

张之洞,"座中惟节庵、念劬两人相陪"㊻。次年春,章太炎(1869—1936)有短暂入鄂一行,也出于钱恂等人引荐。据汪太冲《章太炎外纪》:

> 近询诸念劬,念老谓张南皮之识太炎,实先见太炎所为《左氏》故,谓有大才可治事,因属念老致此人。时念老在南皮府中,念老求诸四方,得太炎于上海,与往湖北,偕见南皮。㊼

按章氏《自定年谱》戊戌(1898)条,张之洞"不熹公羊家,有以余语告者,之洞属余为书驳难"㊽,"有以余语告者",即指钱恂。章太炎在武昌因不满于《劝学篇》,私下颇有微词,"或櫽之张之洞,之洞使钱恂问故"㊾。政变发生后,梁启超、章太炎相继赴日本,与钱恂的交往仍然继续。冯自由记:

> 己亥(1899)夏间,钱恂任留学生监督,梁启超时办《清议报》,均有书共约章赴日,章应其请,先后寄寓横滨《清议报》及东京钱寓、梁寓,由梁介绍,始认识孙中山于横滨旅次,与谈论排满方略,极为相得。㊿

当年章太炎曾致函汪康年,言及"五月东渡,见吴越王,复累累言公近状,乃知藜羹不斟,彼此同病"○51。"吴越王",五代十国时吴越国君主钱镠,代指钱恂。章太炎初次赴日,正值思想激烈转型的时期,因钱恂"亦主根本改革之说","彼此往还,殊不寂寞"○52。数年后章氏回顾那段时光,曾感慨"回忆三

㊻《梁启超致汪康年函》十六,上海图书馆编:《汪康年师友书札》第 2 册,上海古籍出版社,1986,第 1841 页。

㊼ 汤志钧编:《章太炎年谱长编》上册,中华书局,1979,第 65 页。

㊽ 参看汤志钧编:《章太炎年谱长编》上册,第 63 页。

㊾ 章太炎:《艾如张、董逃歌序》,《太炎文录初编·文录卷二》,见《章太炎全集》第 4 册,上海人民出版社,1985,第 240 页。

㊿ 冯自由:《中华民国开国前革命史》,广西师范大学出版社,2011,第 77 页。

○51 汤志钧编:《章太炎年谱长编》上册,第 83 页。

○52 冯自由:《章太炎事略》,《革命逸史》初集,中华书局,1981,第 54 页。

年前至此,相知惟任公、念劬"[53]。

冯自由将钱恂列入"兴中会时期之革命同志"名录中,称其"与章炳麟、梁启超均属旧交,好谈新学,己酉(当为己亥)任驻日留学生监督,经梁启超介绍与孙中山相识"。[54] 钱、孙关系究竟深入到何种程度,限于史料尚无法追究细节,"根本改革之说"何指,也不易定论。但钱恂在观念上趋新,对清政府不满,甚至略带"革命"色彩,所以能与以思想激进著称的章、孙相投,却是事实。尽管当时尚未直接参加维新、革命两派活动,钱恂至少对其组织与行动部分知情,这一点应属无疑,而且作为清朝官员,他并未出面予以干涉,与两派首脑保持了较密切的往来。[55]

当时浙江留日学生汪有龄(1879—1947)曾对钱恂做有一番评论:

> 木斋若明若昧,求免为日人齿冷幸矣,遑论佩服乎?念劬差强人意,然亦俗吏中能员,非事业中健将也。闻渠于必须见面数人外,如福岛安正、小林光太等,亦不甚与他人交接。尚未闻日人有毁誉之者,当徐察之。[56]

这是致族侄汪康年(1860—1911)的一封私信,臧否人物难免有相轻语,但褒贬间对钱恂的办事能力仍然予以肯定。汪有龄还透露"念劬在东京好对日

---

[53] 汤志钧编:《章太炎年谱长编》上册,第130页。

[54] 冯自由:《兴中会时期之革命同志》,《革命逸史》第三集,第41页。

[55] 有记载称,钱恂后加入了光复会。此说见于沈砺民《记光复会二三事》,《辛亥革命回忆录》第4册,中华书局,1961,第139页。唯系孤证,尚无其他史料佐证。按钱恂之婿董鸿祎(1877—1916),字恂士,浙江仁和(今杭州)人,1900年入早稻田大学政治科,"壬寅(1902)冬,与秦毓鎏、叶澜等发起东京青年会,宣言以民族主义为宗旨,留日各省学生革命集团以此会为最众"。(冯自由:《兴中会时期之革命同志》,《革命逸史》第三集,第67页)1903年,发起创办《浙江潮》,组建军国民教育会,后为光复会成员。民国后任教育部次长。董在日参与革命活动,钱必知情,另外两人也曾合作编纂翻译日本政治书籍。

[56] 《汪有龄致汪康年函》二十七,上海图书馆编:《汪康年师友书札》第1册,上海古籍出版社,1986,第1097—1098页。按汪有龄,浙江钱塘(今杭州)人,1897年以浙江蚕学馆官费生赴日本留学,后改习法律。民国后,官至司法次长。

人骂中国”，“惟闻木斋颇忌念劬，晤谈甚疏，此亦意中事也”。(57) 钱恂身上表现出的那种愤世、孤傲的风格，显然与严于职守、循规蹈矩的李盛铎格格不入，两人也因此保持了一定距离。

就私交而论，钱恂与汪康年在张之洞幕府时期即已相知，订交最早，关系也最亲密。(58) 钱恂出国后，两人仍通函殷勤，待庚子事变发生，彼此更多互换意见。用钱恂话说，“华人梦醒者，海内诚有兄，然海外尚有恂，正不能谓一人而已”(59)，略见钱恂自视之高，亦可证二人交谊之固。由于是密友通信，直曝胸臆，无所隐讳，笔墨间纵情使气，极尽嬉笑怒骂之能事，透过这些文字，可窥见钱恂内心的真实想法。

当义和团兴起、国内局势纷扰之际，新党人物对在日孙中山、康有为两派动态密切关注。汪康年去信打探：“二雄合一，是否？二雄能再雄鸣否？”钱恂回复说：“门下士极力图合，然孙昏而康诞，均非豪杰。”言下对孙、康皆有微词。尽管对联合举事抱有期待，但逼于时势，钱恂也意识到前景不容乐观，故叹息：“（二雄）有志未逮，七八月间患太骤，近患太频。”(60)

事变期间汪康年主办的《中外日报》基本代表了新党立场，对清朝政府以及东南督抚都有相当严厉的批评。但在钱恂看来，仍觉“辣”劲不足，开放不够。他多次去信，鼓励更为激进的言论——

> 下半年来，四万万中惟《中外日报》稍存公理，弟意犹以为未足，不敢恭维辣也。
>
> 《中外日报》半年来颇发正论，然尚嫌不辣，盍整顿之？
>
> 《中外日报》近日又有进步，然于恂意犹未满也。若销路日广，议论

(57)《汪有龄致汪康年函》二十八、二十七，上海图书馆编：《汪康年师友书札》第 1 册，第 1099、1098 页。“木斋”，驻日公使李盛铎，号木斋；“小林光太”，小林光太郎，外务省翻译官。

(58) 参看廖梅：《汪康年：从民权论到文化保守主义》，上海古籍出版社，2001，第 123—125 页。

(59)《钱恂致汪康年函》二十九，上海图书馆编：《汪康年师友书札》第 3 册，第 3012 页。

(60)《钱恂致汪康年函》二十六，上海图书馆编：《汪康年师友书札》第 3 册，第 3009 页。

不妨日精,胆不妨日大。(61)

待八国联军攻破北京,宫廷西逃,"瓜分中国"的呼声一时甚嚣尘上。此时钱恂却返躬责己,痛诋黄种之自甘奴役,逃亡政府之咎由自取,谓瓜分之祸实自召之也——

瓜既分后,所剩下之瓜皮、瓜蒂、瓜子,虽不禁我等食其吐余,然诚如兄言,尚恐做不到。近今中国人声声言白种必奴隶黄种,几几有不甘奴隶之心。然试问,我中国人以前能自伸黄种之权乎?以前既甘为奴隶,以后何必不甘?**窃恐白种究胜满洲也。……目下所谓上谕者,仍是狗屁大话,欲和安望?**(加粗字体为笔者所标注,下同)而大臣中方有持山陕澳区,不畏洋人,正可建都以号召东南语。列国暂时果难攻山、陕,彼计断天津海口,截长江消息,山、陕岂有活理?**然则瓜分者正彼人**[日本参谋次长中将寺内正毅所言]**,所谓逼列国以不得不分也。**(62)

当辛丑议和之际,外人强索"祸首元凶",钱恂又作反论,故意倒果为因,将清朝新政之启动归因为刚毅辈倒行逆施所赐,而中国维新不成,诚病在死人不足——

和议必难速成,长江不免小警,**然无论种种变态,总比承平好。**故弟近发论,谓海内诸君子,咸欣欣于新政之将行,虽新政必不能行,然此行新政之机,谁实启之,不得不归功于载漪、刚毅诸大勋臣。其言深

---

(61) 《钱恂致汪康年函》二十六、二十七、三十二,上海图书馆编:《汪康年师友书札》第3册,第3009、3011、3015页。

(62) 《钱恂致汪康年函》二十九,上海图书馆编:《汪康年师友书札》第3册,第3012页。值得注意的是,这一言论中表现出清晰的种族意识,钱恂认为无论"白种"或"满洲",之于黄种,都是奴役关系,而且当前情况下,前者犹胜于后者。这一思路和革命派鼓吹的"排满"实已有相当大的重合部分。

可味，兄谓然否？

恂于诸元凶中，最佩服刚，以为中国之忠臣。试问乙亥、庚子两年，若不有刚毅极力培养，今日安敢发新政议论？ 虽新政必不行，而议论固已发矣。若庚子有数刚毅，则今日新政其行矣。若戊戌秋冬尽用刚毅办法，尽去行省汉人督抚，而易以满人，则庚子新政早行矣。……去年汉口止杀二三十人，故士气不振。若尽杀容闳、严复、张通典、陶森甲辈，今日士气必大胜。**欧洲维新，死者数万人，日本亦不少。中国区区死数十人，焉足言新？**(63)

俄国趁义和团事变之机占领东三省，而后拒绝还地，清朝收回东三省交涉未果，拒俄运动遂蔚为风潮。钱恂认为不能通过新政而图新民、图自立，即便争回土地，仍归于“无用”“无望”——

张园大会为补救国会之要点，敬佩敬佩。无此举，则真四万万人无一有脑气者矣。然弟有一言，度兄亦不能不憬然。今果争得满洲不让俄人矣[姑勿论是空话]，以此数千里之地，数百万蠢悍之民，委之于数十百满洲极贪虐之官之手，试问，能三年无事乎？此三年后，俄力愈增，我力愈微[必每年输数十百万金于满洲地]，彼时俄再索地，将何以处之？总之，**新政必无望，要此东三省何用？** 故弟谓合肥真老见，胜于兄辈多多。看似激愤语，实真实事也。……故人而有志，以自去压力，虽如新金山之澳洲，亦能自立。若不能去压力，虽以中国自诩为神明之胄，自古及今不闻自立。然自立之义，非昌言二三十年，老者尽死，少者成立，恐不易观。(64)

---

(63)《钱恂致汪康年函》二十七、三十二，上海图书馆编：《汪康年师友书札》第3册，第3010—3011、3015—3016页。

(64)《钱恂致汪康年函》三十，上海图书馆编：《汪康年师友书札》第3册，第3013—3014页。

以上言论虽惯以笑骂出之，形似游戏，其实文字下藏着深刻的愤懑和失望。汪康年尝赠钱恂“沉挚”二字，钱则自称：“弟何敢当‘沉挚’两字，眼光或可追及兄，办事远不如兄之毅，非谦语也。”(65)庚子事变后，钱恂的妻子单士厘说他“年来自悔闻见太多，知识太早，颇用静观主义”(66)。钱恂本人自视甚高，批判很广，但缺少行动的力量，在需要群情激昂的场合，显得过分冷静，有时甚至近于冷酷。当他欢呼“变态”胜于“承平”，心里怀抱的是何等透彻的悲哀？不同于多数懵懂于时局、只知抱残守缺维系现状的旧官僚，也不屑混迹于那些热衷事功、擅长弥缝补罅的能臣干吏之列，他既无法提供现实可行的方案（已经预判不能行），也不打算投入政治革新的运动。身为朝廷命官，却认定报效的对象百无一是，自我批判深入骨髓；对于有勇气站到清政府的对立面、图谋整体改造的人群不吝报以喝彩和期待，但最终还是无决心和他们站到一起去。

在那个时代，钱恂真是个无法归类的“异数”。

四、 与张之洞之迎拒离合

张之洞与日本的交往过程，钱恂介入最深，所知最多。如果探究庚子时期张之洞对日关系的真相，钱恂无疑是绕不过去的人物。前揭孔祥吉论文断言“钱恂是秉张之洞之旨意来同宇都宫太郎为首的日本军方秘密联系的”，又谓“宇都宫太郎日记的发现，为我们探索张之洞庚子年独立称王的内心世界，提供了相当有力的证据”。行文至此，回头再看日记所载钱恂言论，其中关系“独立称王”的关键叙述有两处，其一前已引用，其二6月28日条录下：

---

(65) 此后通信时，钱恂径以“毅伯”冠汪，而自署“沉挚”。参看《钱恂致汪康年函》三十，上海图书馆编：《汪康年师友书札》第3册，第3013页。由这番自我认知，亦可推想两类知识人由“眼光”付诸行动的不同轨迹。无独有偶，鲁迅后来在评价钱玄同时，尝说过这样一段话：“疑古玄同，据我看来，和他的令兄一样性质，好空谈而不做实事。”（《（300222）致章廷谦》，《鲁迅全集·书信》第12卷，第222页）可借用为观察钱恂性格特质的参照。

(66) 钱单士厘：《癸卯旅行记·归潜记》，第32页。

当夜在仲之町与钱恂会面，谈及时事，其间平岩代为通译。钱恂有谓：张等曾言，若天子一旦蒙尘[多半至长安]，清国将处于无政府之境地，届时南部二三总督互相联合，于南京建立一政府，实乃不得已之事云云。(67)

所谓“天子蒙尘”为假设，其时尚未发生，参考旁注“长安”，很容易联系到两宫西迁的传闻，“无政府”盖指顽固权贵挟宫廷迁逃后的境况。应予注意的是，新政府由“南部二三总督”联合而成，非张之洞一人所为，亦非其主导；再则建立地点在南京，而非武昌。仅从字面推导，看不出“独立称王”的蕴意。复按背景，清廷谕令各省“招拳御侮”，张之洞等人认定宫廷受拳党胁迫，政非己出，故宣称“矫诏不理”，并联合南方数省与外国议定“东南互保”。对照宇都宫太郎所引钱恂语，言南方督抚“联合”正与“互保”意合，含义模糊而易引起歧义的只在“政府”二字。前文针对钱恂个人性格、学识、政治观点、行事特征及人脉交游诸方面所做的考察，可帮助我们理解，钱恂寄望张之洞起而反清、自建“政府”自有其心理基础，他对宇都宫说出一些出格的话并不奇怪。

反观张之洞，他对钱恂在日本的表现并非无知无闻。庚子事起之初，张似已有所警觉，去电言“足下言语尤须格外谨慎，切嘱”(68)，可见强烈的约束意态。至唐才常自立会事败，牵涉湖北留日学生，电文更多严厉：

闻阁下在东与诸生言，因持论喜通达时势者，诸生不免误会，失其宗旨。近来诸生行止、议论多有悖谬，于是此间众论多归咎于阁下。傅慈祥临刑时大言曰：“我为钱监督所误。”又阁下致善后局信函面写“南清湖北省”字样，见者骇然，群议大哗，并归咎于敝人，务望格外谨慎，勿

(67) 宇都宫太郎關係資料研究會編：《日本陸軍とアジア政策：陸軍大將宇都宮太郎日記》(1)，第88頁。

(68) 《致东京钱念劬》，庚子五月廿七日亥刻发，《张之洞庚子年发电摘钞》第一函第一册，档号：甲182-32。

为好奇之谈，勿为愤激之语，以免流弊。万一被人指摘，阁下固受其累，且从此出洋学生之路绝矣。千万采纳，并即电复。[69]

张之洞终不能割断对那拉氏的忠诚，钱恂却不乏"自立"的异心，故赫然以"南清湖北省"自表。当列强鼓吹还政光绪，前者竭力维护后宫，钱恂抱怨："鄂省下半年昏昏，往岁声名坏于一举，可惜！言之难尽。"[70]他听说汪康年在本年曾赴鄂以"剿拳匪、劾政府"游说张之洞，去信语多讥诮："所言某公向负重望者，殆指南皮。言剿匪、劾罪两事失机，诚可惜。然南皮中国学问渊深，岂肯出此？兄为江鄂游，未免冯妇矣。"[71]乃至时过境迁，回忆当年，言谈中仍寓褒贬："按孝钦胶漆于匪，惟鸿章知之最深，而江、鄂督皆以为孝钦不至于此，识自逊鸿章一筹。"[72]

因钱恂在东京消极抵制，张之洞原欲"屏逐附乱学生"，而终未能行。只是种种"好奇之谈""愤激之语"层出不穷，张之洞恐其在异国一言偾事，不得不再三申饬："该守在东议论举止，非议沸腾，务宜猛省速改，不惟累鄂，兼恐自累。"[73]至本年底，张之洞终于下决心，电调钱恂回国；

现值开议，鄙人有与闻议款之责。……钱守速即回鄂，文武学生请木斋星使督饬约束照料，且课程有校长、队长管教，小事有徐令料理。……事关紧急，钱守无拘何事均可暂搁，万勿稍延。何日行？速复。[74]

---

[69]《致东京钱念劬》，光绪二十六年闰八月初八日亥刻发，《张之洞全集》第 10 册，第 8317 页。傅慈祥（1872—1900），湖北潜江人，先后就读于两湖书院、湖北武备学堂，戊戌（1898）赴日，留学成城学校，旋人士官学校，庚子夏归国参与自立会之役，事败，于七月二十八日遇难。参见傅光培、光植：《傅慈祥事略》，杜迈之等辑《自立会史料集》，岳麓书社，1983，第 270—272 页。

[70]《钱恂致汪康年函》二十六，上海图书馆编：《汪康年师友书札》第 3 册，第 3009 页。

[71]《钱恂致汪康年函》三十一，上海图书馆编：《汪康年师友书札》第 3 册，第 3014 页。

[72]钱恂编，致之校点：《金盖樵话》，第 34 页。

[73]《致东京钱念劬》，庚子十月十三日寅刻发，《张之洞电稿乙编》第十四函，档号：甲 182-75。

[74]《致东京李钦差、钱念劬》，光绪二十六年十一月十三日丑刻发，《张之洞全集》第 10 册，第 8475 页。

细究其因，一方面当然因"念劬于交涉事最擅长，故急招之归，商酌一切"[75]，想发挥其外交长才，为善后和谈出力；另一方面恐也有调虎离山、消除政治隐患的考虑。然而，钱恂再一次表现出性格，不仅不领情面，反而提出辞呈。当张之洞再次电催，已见苦口婆心的劝慰：

> 所以催阁下回鄂者，因议约万分棘手，事机急迫，迟恐别生枝节，阁下于交涉事最通达精密，故盼速来商酌，以为臂助，可谓倚重之至。此举实关国家安危，中华万年利害，岂不重于一省学生之监督乎？阁下平日学问此时正用得着，何以反不愿回？[76]

但钱恂划清界限的决心可谓坚定，他对汪康年表示："弟之辞差，亦半因不愿与之共败也。在彼意亦深恐受弟之累，然又不敢竟许我辞。"[77]稍后，张之洞经与盛宣怀、郑孝胥商议，拟另调一差，令钱恂改任芦汉铁路总办，[78]亦由于后者力辞未果。

此后，钱恂在日本基本处于赋闲状态，不再多问政事。他似乎很享受这种生活，在致汪康年信中，表达了这份逃离无聊政治的解脱感：

> 弟自辞湖北差事，顿觉心清。去电婉而坚，南皮竟不敢复。南皮颇后悔，曾来一电，几自认错。然弟则乘此机会辞离湖北，于计良得。即以日本人论弟数年声名，亦不至遽坏，此最足以告慰者。南皮又电盛京卿，欲委弟汉口铁路总办。弟闻信速辞，已幸免。兄亦必为弟喜。湖北顽固多多，弟岂能与共事乎！[79]

---

[75]《致东京李钦差》，庚子十月十六日亥刻发，《张之洞电稿乙编》第十四函，档号：甲182－75。

[76]《致东京钱念劬》，庚子十月十三日寅刻发，《张之洞电稿乙编》第十四函，档号：甲182－75。

[77]《钱恂致汪康年函》二十六，上海图书馆编：《汪康年师友书札》第3册，第3009页。

[78]劳祖德整理：《郑孝胥日记》第2册，中华书局，1993，第781页。《致上海盛大臣》，庚子十一月二十三日申刻发，《张之洞电稿丙编》第十九函，档号：甲182－98。

[79]《钱恂致汪康年函》二十七，上海图书馆编：《汪康年师友书札》第3册，第3010页。

就程序而言,离职只是钱恂个人意向,张之洞尚未明文撤差,但他去心已决,屡次呈请辞差。二十七年(1901)十月,张之洞为遵旨筹办新政,拟在省内设筹办处,以钱恂"学识赅通,见闻广博,周知各国情形,于外交因应机宜深所谙练,应即派为湖北筹办处及交涉事务委员,常川在本衙门筹办处办理一切,并以时前往日本,遇事考察筹商,每半年回鄂一次。除往返程途日期不计外,每次必留鄂三个月,以资筹议而收实效"⑩。张之洞仍看重钱恂的能力,这实际上是一个妥协的办法。据郑孝胥日记,十一月初五日记张之洞言:"今欲行新政,得数人亦可举耳:陈璧、张百熙、李盛铎、钱恂,及座间郑(孝胥)、黄(绍箕)二君。用此六人,可成小贞观矣。"⑪张之洞对钱恂尚念念不忘,欲用其辅佐新政。是年底,钱恂曾短暂回国一行,系与东三省交涉事相关。⑫ 二十八年(1902)下半年,又数至上海,代表张之洞参与中英航海通商条约谈判,然受嘱"只将会议时所见所闻详细电鄂,万勿遽出议论"。⑬ 据其妻单士厘记述:"庚子、辛丑、壬寅间,无岁不行,或一航,或再航,往复既频,寄居又久,视东国如乡井。"⑭则此阶段,钱恂仍时常往返于中日之间。至二十九年(1903),吴兴同乡胡惟德(1863—1933)驻使俄国,奏调钱恂为使馆参赞,而钱恂本人也"有意脱离张之洞的圈子",从此结束在张幕的工作生涯。⑮同年,钱恂正式告别日本,偕妻赴俄都彼得堡任参赞。⑯ 此一趟绕经

---

⑩ 《札委钱恂充湖北交涉委员并饬善后局遵照办理》,光绪二十七年十月十三日,《张之洞全集》第6册,第4153页。

⑪ 劳祖德整理:《郑孝胥日记》第2册,第817页。

⑫ 《(四十五)钱恂》(1901年9月8日),《近衛篤麿と清末要人:近衛篤麿宛来简集成》,第196页。

⑬ 《致上海钱念劬》,光绪二十八年七月初四日午刻发,《张之洞全集》第11册,第8862—8863页。并参王彦威、王亮辑:《清季外交史料》第一册,相片十六"清光绪壬寅中英商约大臣及随员等摄影"(右起第二即为钱恂),沈云龙主编《近代中国史料丛刊》三编第2辑,文海出版社,1985。

⑭ 钱单士厘:《癸卯旅行记·归潜记》,"自叙",第22页。

⑮ 参看邱巍:《吴兴钱家:近代学术文化家族的断裂与传承》,第78—79页。

⑯ 在赴俄途中,遇见四位原湖北自强学堂之俄文生,欲赴俄留学,请求一道同行,钱恂勉强同意。按单士厘的说法:"外子雅不欲再闻鄂事,去岁已坚辞绝,然四生初离乡井,即沪上已不免生疏,何况异国? 其情恳切,不得已姑令四生自行电询湖北请进止……予闻此,(转下页)

朝鲜、中国东北、西伯利亚的长途旅行,也成就了《癸卯旅行记》这一部在文学史上留名的"(晚清)唯一的女子国外游记"[37]。此属于题外话。

庚子之变对于钱恂的刺激是强烈而长久的。他晚年归国后,仍不能忘此世变奇辱,遂悉心搜集中外人士记录,编成《金盖樵话》二编,以为殷鉴。[38]此编虽曰辑录成书,但于辑入各种,均加有按语或注释,以示对所述历史事件之理解。他评论道:"庚子拳乱,不但满清召亡大源在此,即中国种族永受东西愚压而不复克振者亦源于此,此孝钦处心积虑谋废德宗所造成者也。"[39]同书对于昔日幕主张之洞依违新旧之间的心理,也有深刻的描述:

> 文襄身后,每为世评所不满,不独新派訾之。其病在敬心有余,毅力不足,故于孝钦一面不免有所依违……文襄尝有言曰"吾极欲上格君心,而又欲恪守臣节;吾极欲举行新法,而又欲不废旧章。吾岂不知决无此事,然吾实确有此心"云云。其自评可谓极审。[40]

此书稿本曾一度湮没,长期不为人知,直至21世纪初才得以整理刊行面世。当然,这也已是后话。

(接上页)知湖北当局必以此谆托外子,昨日所议避嚣之举必不成。"参见钱单士厘:《癸卯旅行记·归潜记》,第35页。

[37] 参看钟叔河:《唯一的女子国外游记》,收入氏著《走向世界——近代中国知识分子考察西方的历史》,中华书局,2000。

[38] 《金盖樵话》上编残稿所载,包括庚子年间有关义和团上谕、《庚子传信录》《笼城日记》《威尔日记》《景善日记》《平原拳匪纪事》等六种,其中上谕出自钱氏自辑,《笼城日记》由钱氏选译自日文原本。下编残稿则为"有关日俄交涉事件之回忆录"。此次整理出版的是上编,整理者指出其意义:"一因入编各书之作者,均亲身经历义和团运动,其记录虽有片面之词,仍保存有大量目击史料;二则可供今人了解当时改良派人士对义和团运动之评价"。参见钱恂编,致之校点:《金盖樵话》,"本书说明"。

[39] 钱恂编,致之校点:《金盖樵话》,第9页。

[40] 钱恂编,致之校点:《金盖樵话》,第211—212页。

五、 结语

钱恂可以说是过渡时期颇具典型意义的一位知识人。经历过两种教育，旧学出身，但不乏新知熏陶；身负双重身份，既有体制内官员的责任，又对清廷怀抱强烈的离心感。约甲午后，友人宋恕在私信中推许"先生非俗儒，其或相印以心乎"[91]。钱恂作为湖广总督张之洞的亲信僚属，被派往日本代办交涉，在学生监督任上操办了许多超出其本职的事务，甚至已经不局限于湖北一省，"地方外交"名义下填充了"代朝廷联续邦交"的内容，实在是晚清外交一种奇特的现象。又由于庚子事变发生，这一现象在非常阶段更加被放大，而钱恂本人"性格偏至而学识杂驳"[92]的一面也直接作用于当时中日关系各层面，从而引起有关历史可能性的诸多争议，此中曲折尤值得史学研究者留意。据前文所述，可知钱恂与日人宇都宫太郎所论"设立新政府"事，不纯出于张之洞本意，而更多属于其个人政见的发挥。凭借出众的禀赋和才能，钱恂在湖北游日学生监督的职位上做得颇有声色，为后来奉使欧洲、达到事业高峰铺垫了基础。[93] 按他本人的说法："以一分省知府，超授二品实官，洵殊遇。"有论者甚而以为："钱恂以一介不第秀才，而终能攀升到二品出使大臣的高位……更可以说是一个异数，也为十九世纪下半叶的读

---

[91]《致钱念劬书》（一八九五年七月二十五日），《宋恕集》上册，第 536 页。

[92] 参见邱巍：《吴兴钱家：近代学术文化家族的断裂与传承》，第 84 页。

[93] 钱恂自称"以两年之期，任便二国，良称奇遇"，在此两年中上折片五十五道，就驻在国政治、经济、军事、外交诸问题广泛建言，所有奏稿辑为《二二五五疏》二卷（民国八年刊本，收入《近代中国史料丛刊》第 54 辑，文海出版社，1970）。光绪三十四年十二月，钱恂在意使任内，被清政府授予二等第一宝星。当时"外务部尚、侍五人，出使十人，均预焉"。参见钱单士厘：《宝星记》，《癸卯旅行记·归潜记》，第 241—242 页。有研究者认为钱恂是"清政府自对外派使以来，现任外交官被授佩戴本国勋章之第一人"（伯钧、世博：《清末进步学者、外交家钱恂》，《历史教学》，1992 年第 3 期），不确。又按，中国社会科学院近代史研究所图书馆藏有钱恂史料数种，也多与此时段相关，目录如下：1.《钱恂日记函稿》一册，档号甲 248；2.《钱恂（出使荷兰大臣）咨呈稿》一册，档号甲 248－1；3.《出使和国（荷兰）大臣钱恂咨札（光绪三十三年八月——三十四年六月）》一函一册，档号甲 248－2。此时段钱恂外交活动，拟另文专论。

书人开辟了科举仕进之外,另一条晋身的道路。"㉞不过,如此一位外交"异才",在庚子事变期间的种种言论、行迹,既表现出十足的个性,也难以脱出时代的局限,历历可见其本人与清朝政权、维新/革命党人,以及幕主张之洞之间复杂纠结的关系。晚年周作人(1885—1967)在回忆文章中,曾如此描述他眼中的钱恂:"他是清末的外交官,曾任驻日参赞,驻罗马公使,可是并非遗老,乃是所谓老新党,赞同改革,略有排满的气味,可以算是一个怪人。"㉟除谓任"驻日参赞"一说微误,斯言颇值得玩味。本文考述钱恂事迹,不在表彰个人业绩,也不为针砭时代谬误,只是私心以为,这样一位本不显于世而或具标本意义的"中等人物"(取非达官显贵亦非草根平民、既富传统素养又经新学熏陶之意),其实也折射了一个年代的风云晦暗。

㉞ 李孝悌:《建立新事业——晚清的百科全书家》,《"中央研究院"历史语言研究所集刊》第81本第3分册,2010年9月,第658页。

㉟ 周作人:《钱念劬》,钟叔河编《周作人文类编》第10册,湖南文艺出版社,1998,第662页。

钱恂事迹补说

——从张遵逵先生的来信谈起

2012 年的年末,我收到一封来自美国的电子邮件,文录下:

海斌先生道鉴:

从网上看见大作,得知电邮尊址,天涯若比邻,老朽冒昧试投一信,未知能收到否?近见先生研究宗方小太郎日记,老朽极其赞成,我也从网上找到日记文本,从哈佛可看到宗方的报告。和您虽未曾晤面,思想却有共同,有许多想法愿和先生交流。

敬颂研祺

后学、校友张遵逵①

来信者张遵逵先生,出身自河北南皮张氏,是张之洞族裔,②现居住在美国。他自己介绍"1950 年报考清华大学,志愿有历史系,但物理系收了我,1956 年从北大物理系毕业",后长期在中国科学院物理研究所工作,晚年拾起了对历史的兴趣,一直热心于张之洞相关史事的研究,也发表了一些

---

① 张遵逵邮件,2012 年 12 月 05 日。

② 张先生自己解释说:"我是张之洞族裔,不是后裔,张厚珴才是嫡孙,我曾在武汉会议上口说,但出版的文集仍然称我是后裔,有冒充之嫌,费我许多笔墨和口舌。"(张遵逵邮件,2012 年 12 月 08 日)按"武汉会议"是指 2009 年 9 月在武汉举办的"张之洞与中国近代化"国际学术研讨会。

文章。③ 他又自谦:"你我既然是校友,即可不叙年齿,不用客套称谓。"当然,我是不敢当的。不过,在后来的陆续通信中,我发现我们确有许多"共同"的关心和话题,从张先生老而弥坚、锲而不舍的学术追问中,我也得到不少刺激和共鸣。在一两年时间内,张先生断续寄来了他写的《张之洞叙辈诗》《南皮双庙太仆寺卿衔张公讳锳家谱》《钱恂研究几个问题》《张之洞与李秉衡》等新文章,与我分享、讨论最近的研究心得。老先生的文章,固然不比一般学院论文那么严谨整饬、注脚细密,但多能出之有据,言之有物,且包含不少敏锐的见解。比如在谈到钱恂(1854—1927)的时候,便指出:"钱恂日本留学生监督之位置,是日本人首先提出的,外交史上并不多见,可见日本人对钱氏希望之殷。""钱在 1898 年就说'中国决必分裂',1900 年又称南清湖北省,此事值得研究。恐怕与汪康年、宗方大有关系。"当时我刚发表了一篇有关钱恂的论文,涉及"钱恂其人""身负数责的'留日学生监督'""与趋新人士的交游及言论""与张之洞之迎拒离合"几个方面,主要讨论了钱恂在湖北留日学生监督任上的作为,尤其是庚子事变时期对日言论的实际所指,从而否证孔祥吉先生所谓"张之洞在庚子年的帝王梦"的说法。④ 张先生来信提示的问题,是我先前思考不足的。几年来,研究上的注意力常常转移,但对钱恂这一人物以及相关资料仍持续有所留心,也间有一些新收获,一直想把已有的一些散乱的材料和想法整理出来,对张先生来信做一较正式的回应或交代,这次趁会议机会,重理旧稿,敷衍成篇,敬祈识者指正。

一、 入张之洞幕府的时间及奉旨进京召见

关于钱恂初入张之洞幕府的时间,旧说多与湖北自强学堂之设相关联。

---

③ 张遵逵、张厚珑:《张之洞参加东南互保的几个问题》《庚子上半年张之洞仍大办洋务》《张之洞惩办自立会的时机》,均收入《"张之洞与中国近代化"国际学术研讨会会议论文集》,武汉,2009 年 9 月。

④ 详参拙文《钱恂:晚清外交史上的"异才"——兼证"张之洞在庚子年的帝王梦"说难以成立》,收入本书。

有学者认为："1893 年，湖北自强学堂成立，钱恂出任首任提调，直至 1897年。"⑤另有研究指出："（自强学堂）最初总办是蔡锡勇，提调是钱恂……自蔡氏于廿三年（1897）逝世后，由张斯栒接任，后来废总办，由提调钱恂负责，廿四年（1898）钱恂带学生赴日留学，提调由汪凤瀛代理。"⑥按，自强学堂初设于光绪十九年（1893）十月。而《履历档》显示，自光绪十五年（1889）起，钱恂相继随薛福成、许景澄、龚照瑗出使欧洲，回国赴江南办事，则已在二十一年（1895）后。是年闰五月二十七日（7 月 19 日），署理两江总督张之洞奏调钱恂回华的奏片，亦可证实这一点：

> 再，江南交涉事务最为殷繁，营务筹防亦难懈弛，兼营分应在在需才。查有分省补用知府钱恂，学精才敏，洋务博通，尤能研究中外商务，历经出使德国大臣许景澄、出使英国大臣龚照瑗调充参赞，既经臣电商龚照瑗咨令回华。……以上各员，皆为洋务、防务有用之才。合无仰恳天恩俯准将钱恂、朱滋泽、刘祖桂、联豫四员准臣调来江南差委，以资臂助，实于时局大有裨益。⑦

复按《郑孝胥日记》同年六月初一日（1895 年 7 月 22 日）条："钱恂念劬

---

⑤ 黎仁凯等：《张之洞幕府》，中国广播电视出版社，2005，第 321 页。

⑥ 苏云峰：《张之洞与湖北教育改革》，"中央研究院"近代史研究所，1976，第 97 页。

⑦《调钱恂等四员来江差委片》，光绪二十一年闰五月二十七日，《张之洞紧要折稿》第七函，中国社会科学院近代史研究所藏，档号：甲 182-9。此条史料由李细珠先生最早引用，参其《张之洞与清末新政研究》，上海书店出版社，2003，第 356 页。按光绪十八年（1892），张之洞已委托在海外的钱恂办理译书等事，其嘱驻俄公使许景澄："选译洋书，志在必成，务恳托钱恂同洋员速办，优给薪水"。参见《致俄京许钦差》两通、《许钦差来电》，光绪十八年正月二十一日、二十八日，二月十九日，《张之洞全集》第 7 册，第 5675、5683 页。又张之洞了解钱恂其人，并有意调之回华，亦出于幕下江浙籍新学人士的推毂。光绪十八、十九年之交，受张之洞电招入鄂襄办自强学堂、编洋务新书的杨楷，因故欲辞职，即曾"推荐归安胡孝廉惟德、钱明经恂自代"，并谓"二君前从薛（福成）星使出洋，钱君转调至德，俟其回华，即可得替，翩然远引矣"。《杨楷致盛宣怀函》，光绪十九年正月二十五日，陈旭麓、顾廷龙、汪熙主编：《汉冶萍公司（一）——盛宣怀档案资料选集之四》，上海人民出版社，1984，第 49 页。

（劬）新入署，自法国调来者，颇究铁路。"⑧则钱恂入两江督署，已在当年夏间。钱恂在张之洞幕府的第一份差使是"自强军洋操提调"⑨。第二年，张之洞回湖广总督本任，又奏调鄂差委，"历充洋务文案及武备、自强两学堂及护军营、洋务、枪炮局各提调"⑩。值得一提的是，钱恂在江南自强军、湖北武备学堂提调任上，与德籍军官来春石泰（Albin Freiherr Reitzenstein，1852—1927）、法勒根汉（General Eerich Von Falkenkayn，1861—1922）均相处不睦。光绪二十一年（1895）与姚锡光有言："制府（指张之洞）先颇信来春石泰，现已知其为人不可靠。君言甚是，与我见正同。"⑪越年，致信汪康年谓："弟办武备学堂已七个月，未得丝毫益处，未取丝毫钱文，见恶于洋人，见慢于学生，而坚守不去者，为此数千年中国兵权之不肯暗移于外人耳。何其妄！"⑫因权力纷争，与德国教习矛盾激化，最终去职。无论如何，钱恂在张之洞幕下任事多年，贡献不菲，仍被后人视为推动湖北地方建设的"重要洋务干部"⑬。他的经验能力确为幕主所器重，张之洞欣赏其"能言能行，切于实用"，赞许为讲求洋务之出色人才，先后两次向朝廷保举。第一次是在甲午战后，清廷下诏破格求才，张之洞上《保荐人才折》言：

> 奏调湖北差委分省补用知府钱恂　学识淹雅，才思精详，平日讲求洋务，于商务考究甚深，嗣两次经出使大臣奏带出洋，经历俄、法、德、英诸国，并此外各国亦经该员自往游历，于外洋政事、学术确能考索要领，贯澈源流，期于有裨实用，不仅传说皮毛，以炫异闻，臣所见今日通晓洋

---

⑧ 劳祖德整理：《郑孝胥日记》第 1 册，中华书局，1993，第 506 页。

⑨ 《选募新军创练洋操折》，光绪二十一年十一月十二日，苑书义、孙华峰、李秉新主编：《张之洞全集》第 2 册，河北人民出版社，1998，第 1054 页。

⑩ 秦国经主编：《中国第一历史档案馆藏清代官员履历档案全编》第 6 册，华东师范大学出版社，1997，第 76 页。

⑪ 王凡、汪叔子整理：《姚锡光江鄂日记（外二种）》，中华书局，2010，第 44 页。

⑫ 《钱恂致汪康年函》六，上海图书馆编：《汪康年师友书札》第 3 册，上海古籍出版社，1987，第 2999 页。

⑬ 参看苏云峰：《张之洞与湖北教育改革》，第 98、116 页。

务之员，其密实知要，未有能过之者。凡委办一事，必能澄心渺虑，审度时势，裁断敏速，能言能行，实为切于实用之长才。⑭

钱恂因此获军机处记名。第二次是在戊戌变法期间，张之洞上《保荐使才折》，同折保荐钱恂、陈宝琛、黄遵宪、傅云龙、郑孝胥五人，其中对钱恂办"洋务"的能力评价极高：

　　该员中学淹通，西学切实，识力既臻坚卓，才智尤为开敏。历充欧洲各国出使大臣随员、参赞，于俄、德、英、法、奥、荷、义、瑞、埃及、土耳其各国俱经游历，博访深思，凡政治、律例、学校、兵制、工商、铁路靡不研究精详，晓其利弊，不同口耳游谈，洵为今日讲求洋务最为出色有用之才。⑮

本年(1894)六月十四日，奉电旨："来京预备召见。"七月间北上，至迟二十三日前已抵京，⑯宿于孙公园兴胜寺。二十八日(9月13日)，被光绪帝召见，奉旨"以出使大臣记名"。当时在华的宗方小太郎(1864—1923)，敏锐把握到钱恂入京的动态，向国内报告：

　　作为张之洞部下"第一手腕家"，也可以说是张之洞的顾问官兼秘书官的钱恂，具备候补知府资格，现为武备学堂提调。此际张之洞以该氏曾有驻德国使馆参赞经历，故以经济特科(不确)保奏。……钱恂已于上月二十二日上京，待考验合格后，应仍为张之洞所聘用。⑰

---

⑭《保荐人才折》，光绪二十一年十二月二十九日，《张之洞全集》第2册，第1119—1120页。

⑮《保荐使才折》，光绪二十四年六月初一日，《张之洞全集》第2册，第1317页。

⑯ 劳祖德整理：《郑孝胥日记》第2册，第678页。

⑰《报告第四十號第一回·钱恂と姚錫光》，明治三十一年九月十九日，神谷正男编：《宗方小太郎文書：近代中國秘錄》，原书房，1975，第46页。

钱恂入都之际,正值戊戌变法高潮时期,他在京师充当了张之洞的耳目,甚至在一些政治敏感问题上也发挥了作用。在此时期袁世凯奉召抵京,有意荐张之洞入赞军机,钱恂将此消息汇报后,张以当时政局叵测,不敢妄动,电嘱:"袁如拟请召不才入京,务望力阻之。"[18]茅海建先生近期披露的张之洞未刊函稿显示,张之洞"欲通过钱恂此行与荣禄建立特殊关系,并与王文韶加强联络",当时致王文韶信稿中,对钱恂予以大力推介:

> 分省补用知府钱守恂,此次奉旨入都预备赐对。该守才识坚卓,昔年叠随使节出洋,通达泰西各国风俗政事,而于今日中国新政,尤能贯通中西,新知其意。在鄂派办学堂、练军以及洋务各要件,均称得力。因遵保荐使才,列入剡章。此次到京晋谒时,尚祈俯赐训诲,俾得直以遵循,无任铭感。俄省近日一切情形,并嘱该守面陈,询之可知详悉。[19]

直到八月初旬,钱恂与张之洞一直保持电报往来,报告京中密情。但不久,因父亲钱振常在苏州去世,钱恂不得不离开北京,南下奔丧。[20] 在苏期间致信汪康年,有谓:"弟意在五月以来百日中谕旨及要紧章奏,属日本人编成一书,名曰《支那百日兴盛记》。自八月以后又编一书,名曰《支那衰亡记》。又康案颇有在弟胸中者,亦欲乘此一编,备他日史料。书成,寄日本一刊,此必

---

⑱《致京钱念劬》,光绪二十四年八月初三日辰刻发,《张之洞全集》第9册,第7654页。

⑲ "七月望日交邮局寄赵令转交",《张文襄公函牍未刊稿》,中国社会科学院近代史研究所藏,档号:甲182-393,转引自茅海建《戊戌变法的另面——"张之洞档案"阅读笔记》,上海古籍出版社,2014,第200页,注释2。

⑳ 按钱恂于八月二十日(10月5日)抵苏州。其致汪康年函谓:"恂廿二日早到苏,痛先父已不及见,此终天之恨,百死莫追。现在料理安葬,无暇他顾。"(《钱恂致汪康年函》十七,上海图书馆编:《汪康年师友书札》第3册,第3004页)九月间,张之洞致电钱恂:"急。苏州,四井巷。钱念劬:尊公弃养,闻之惊痛。望勉节哀。谨奉唁。葬期何时?并示。"光绪二十四年九月初四日亥刻发,《张文襄公电稿墨迹》第二函第十册,档号:甲182-219,转引自茅海建《戊戌变法的另面——"张之洞档案"阅读笔记》,第209页,注释2。

传之作,兄以为何如? 能稍稍助我否?"㉑钱恂有意记录下亲历的百日维新,以存史料,起初计划由自己撰作初稿,再让张元济和汪康年参订,然最终未见下文。至翌年(1899)二月,钱恂即奉张之洞之命,接替张斯栒,成为第二任湖北省"游学日本学生监督"。㉒

二、 出任学生监督背后的"日本因素"

光绪二十四年(1898)八九月间,张之洞应日本方面邀请,派出军事考察团,由候补道张斯栒、总兵方友升带队前往观摩陆军大演习。㉓ 至十一月,观操结束,方友升带队先行回国,张斯栒则留驻于长崎。㉔ 当时湖北省几经周折,终于制定了"拟派学生二十人游学日本,入武备学堂学习"的留学生计划,并"派委候选县丞邝国华带往日本东京,交阅操之候补道张道斯栒暂行照料约束"。㉕ 于是张斯栒暂留日本,等候湖北学生到来,不久,即被正式委为首任"出洋学生监督"。㉖ 十一月二十六日(1899 年 1 月 7 日),湖北官费留学生二十人启程赴日,其中便包括了张之洞长孙张厚琨。㉗

㉑《钱恂致汪康年函》十九,上海图书馆编:《汪康年师友书札》第 3 册,第 3005 页。

㉒《札委钱恂充游学日本学生监督并饬张斯栒回鄂当差》,光绪二十五年二月十一日,《张之洞全集》第 5 册,第 3776—3777 页。

㉓《札张斯栒等前往日本阅操并饬局发给川资旅费》,光绪二十四年九月十四日,《张之洞全集》第 5 册,第 3692—3693 页。按此行人员计十人,包括:候补道张斯栒、前广东南韶连总兵方友升,署督标右营游击穆齐贤,尽先游击王得胜,补用知县清瑞、方悦鲁,都司谢澍泉、千总姚广顺、邹正元、杜长荣。

㉔《报告第四十號第九回 · 大演習陪観员の帰武》,明治三十二年一月七日,《宗方小太郎文書:近代中國秘録》,第 54 页。

㉕《札北善后局拨解游学日本经费》,光绪二十四年十一月十四日,《张之洞全集》第 5 册,第 3724 页。

㉖《札委张斯栒暂充出洋学生监督》,光绪二十四年十一月二十五日,《张之洞全集》第 5 册,第 3731 页。

㉗《咨呈总署派往日本游学学生姓名年岁籍贯(附单)》,光绪二十四年十一月二十三日,《张之洞全集》第 5 册,第 3728—3729 页。出发时间据宗方小太郎报告:"今春湖广总督与日本参谋本部商妥之湖北留学生之事,其后日光荏苒,迟未派出。此际渐已选拔二十人,于本月七日,乘招商局江裕号出发,至上海出洋。内十名为湖北武备学堂生徒,九人为两湖书院生徒,另一名为张之洞长孙(张厚琨)。织布机委员候补知州邝(郑)国华为监督,一 (转下页)

不过，另有材料表明，日本方面对于湖北派出的代表，早有属意对象，其人便是钱恂。光绪二十四年七月二十五日（9月10日），张之洞致电总理衙门：

> 接日本总领事小田切自日本来电云："湖北与日本所商派学生赴东及聘各种教习来鄂各节，望速遣知府钱恂赴东一行，以便面商。"并云"此系外部令其发电，应即作为外部之电"等语。查钱恂已遵旨赴京，日内计已到，鄂省本与日本议定即派该守带学生前往。今外部催其速往，可否于召见后即令该守速回鄂，以便赴东，至祷。应否代奏？请钧署裁酌，并传知该守。㉘

戊戌前后，张之洞与日本外务省、陆军参谋本部多有合作，而派遣留学生、聘请日本教习，为其中最重要内容。日本方面希望由在此前交往中已经建立信任关系的钱恂前来，具体商谈一切，这也就是张遵骝先生指出的"钱恂赴日是日本方面点名提出"的背景。这一意见由日本驻上海代理总领事小田切万寿之助致电张之洞传达，并且强调此系"外部之电"，即代表官方意向。此时，钱恂已经入京预备召见，故张之洞与总理衙门通气，请求遵照日本意愿，令钱恂召见后"速回鄂，以便赴东"。同时，并通过当时在京的儿子张权，向钱恂直接传达此消息。㉙二十六日（9月11日），张之洞答复小田切："函电均悉。诸费阁下清心，感谢之甚，深荷贵国政府外部、参谋本部笃念睦谊，实深铭感。钱太守恂现奉旨入京召见，八月内可回鄂，回时即当派

（接上页）路随行。在日本之候补道张斯枸奉命于长崎等待迎接。"参见《报告第四十號第九回·湖北留学生の派遣》，明治三十二年一月七日，《宗方小太郎文書：近代中國秘録》，第53—54页。同报告附录了全部留学生名单，情报相当准确。

㉘《致总署》，光绪二十四年七月二十五日午刻发，《张之洞全集》第9册，第7651页。

㉙《致张仁权》，1898年9月10日，东方晓白编：《张之洞（湖广总督府）往来电稿》，《近代史资料》总109号，中国社会科学出版社，2004，第21页。

令赴贵国面商一切。"[30]从此电文来看，张之洞对日方提议基本应允，只是以钱恂不在鄂为由，要求稍后派往。前揭张之洞致北京王文韶函稿中，也专就此事有所托付，表露的是同一层意思：

> 湖北现拟派学生前往东洋学习，业经定议。并有工艺、商务、聘募武备教习等事，亦许借照东洋。东人以钱守与其国中士夫多相识，较易联络，屡次函电，谆嘱鄙处委派该守卫带领之员，以便面商一切等语。且该守在鄂经手要件甚多。该守召见后，仍往即令回鄂，以便早日派令东行。此中关键，惟祈执事维持。[31]

值得注意的是，当时在北京，日本临时代理公使林权助（1860—1939）与钱恂本人也有直接接触。现存早稻田大学的《大隈文书》中，有一件林权助致时任外务大臣的大隈重信电文，署"（明治）三十一年十月一日发"，内容如下：

> 上月二十九日，本官赴天津出差途中与钱恂会面，他说在为了从湖北出发去日本，他将于二十日以内，先从北京回到湖北。[32]

林权助与钱恂见面在"上月二十九日"，即 9 月 29 日，已在戊戌政变发生后，

---

[30] 《致小田切万寿之助》，1898 年 9 月 11 日，《张之洞（湖广总督府）往来电稿》，《近代史资料》总 109 号，第 21—22 页。

[31] "七月望日交邮局寄赵令转交"，《张文襄公函牍未刊稿》，档号：甲 182－393，转引自茅海建《戊戌变法的另面——"张之洞档案"阅读笔记》，第 200 页，注释 2。

[32] 《钱恂ノ日本訪問ヲ報ズル電報訳文：大隈外務大臣宛》（駐清林臨時代理公使，明治三十一年十月一日），早稲田大学圖書館，請求記號：イ14 A0865。并参看高木理久夫编，吴格訂：《钱恂年谱（增補改訂版）》，《早稲田大学圖書館紀要》（60），2013 年 3 月，第 123—124 页。另，钱恂在京时期，与来华访问的伊藤博文亦有接触。据陈庆年日记戊戌八月初六日条："夜饭后，与汪荃台久谈时局。日本伊藤博文侯爵至北京，晤念劬，言'变虽宜变，然不得人，无纲领，心有乱'。其意与余极合也。"参见陈庆年著，明光整理：《戊戌己亥见闻录》，《近代史资料》总 81 号，中国社会科学出版社，1992，第 120 页。

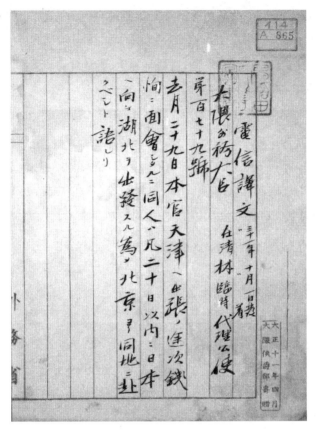

临时代理公使林权助致大隈外务大臣电文原件（明治三十一年十月一日）

会谈内容必涉及外务省邀钱恂赴日，而后者反响积极。按照张之洞的官方回复，是待钱恂由北京返回湖北后，即派往日本。事实上，钱恂并未立即成行。前述因父钱振常在苏州去世，钱恂不得不离京，南下奔丧。而本年底至第二年出洋前一段时间，他一直待在上海，代表张之洞与小田切万寿之助办理交涉。

按高木理久夫编《钱恂年谱（增补改订版）》，"此年（1898）末至翌年初之间，（钱恂）初次来日"③。实际上，本年十二月初三日（1899 年 1 月 14 日），

③ 高木理久夫编，吴格訂：《钱恂年谱（增補改訂版）》，《早稲田大学圖書館紀要》（60），2013 年 3 月，第 125 頁。按此年谱初版作："（1898 年）12 月中下旬顷，钱恂初来日。"

张之洞布置武备学堂、两湖书院内学生二十名游学日本,尚指明"前充武备学堂提调钱守恂,现亦在上海照料"㉞。当时张之洞指示钱恂在沪"须与小田切询商者数事",其中包括了派遣留日学生、聘请教习、翻译武备书、英人贝思福(Lord Charles Beresford,1846—1919)来访以及驱逐康、梁离日。㉟十二月十三日(1月24日),钱恂禀复:"与小田谈,神尾(光臣)以译书来可商,添请武译员容易,可与神尾事合办。贝思福到彼必谈练兵事,外部意在以交谊讽缓,俾我可注意于东。彼政府得星海(梁鼎芬)所胪康罪,益恍然设法令去,已有成议,不出数礼拜与梁(启超)、王(照)同往美。"㊱至翌年二月十一日(3月22日),张之洞正式委任钱恂接替张斯枸,为第二任游学日本学生监督:

> 查有奏调差委分省知府钱恂,堪以派充游学日本学生监督,该守到日本后,张道即将已办事宜,详细交明钱守,先行回鄂。县丞邝国华,俟饬办银元官钱各票事件办妥后,再行回鄂。钱守即督饬先派照料之陈令昌基,遇事妥商日本各学校校长等员,善为照料,随时劝勉约束各学生,专心学习,力图进益。㊲

另据宗方小太郎报告:"总督张之洞氏之秘书官钱恂,目下奉命接替在日之张斯枸,为学生监督,预定三月二十一日(此为阳历)启程赴日。"㊳则钱恂到日本的时间,约在1899年的3月底4月初。

㉞《札北善后局汇寄出洋游学学生学费》,光绪二十四年十二月初三日,《张之洞全集》第5册,第3733—3734页。

㉟《致上海钱念劬》,光绪二十四年十二月十二日子刻发,《张之洞全集》第9册,7702页。

㊱《钱守来电》,光绪二十四年十二月十三日亥刻到,《张之洞全集》第9册,第7703页。

㊲《札委钱恂充游学日本学生监督并饬张斯枸回鄂当差》,光绪二十五年二月十一日,《张之洞全集》第5册,第3776—3777页。

㊳《报告第四十號第十三回·钱恂》,明治三十二年三月二十日,《宗方小太郎文書:近代中國秘錄》,第58页。

三、 与郑孝胥之间的隐性竞争关系

钱恂奉派赴日，成为第二任湖北留日学生监督。我在以前论文中指出："考察这一任命的背景，应该注意到戊戌前后张之洞与日本关系日益紧密，需要直接派员在日代办一切，而就这类人员的素质而论，亲信、能干两项缺一不可，钱恂于是成为最合适的人选。"但如果再深入追索，发现"最"字用得并不允当。对于此项赴日人选，张之洞夹袋中尚不止钱恂一人，郑孝胥(1860—1938)便是其青睐之人。

戊戌变法期间，张之洞上《保荐使才折》，钱恂、郑孝胥均在其列。[39] 六月间，两人一同奉旨："来京预备召见。"其时郑孝胥正在上海，七月十六日(8月3日)接张之洞来电："昨电想达。念劬云，阁下须来鄂一行，以便给咨同舟北上。望速来鄂为幸。"[40]二十一日(8月8日)，复接钱恂来电："帅以使才荐，故有此旨。东使需人，行期似不宜缓。"[41]电文中除催促郑孝胥先返湖北，然后共同北上，还透露了湖广督署"东使需人"的意向。

郑孝胥于七月二十三日(8月10日)由沪返鄂，与张之洞多次面谈。二十六日(8月13日)记：

> 南皮邀入谈，在抱冰堂。余亟论宜及时破躢积习以作天下之志气，因言："举世方共保护积弊，非变法之世也，今京师元黄颠沛，是非溷淆，观朝中士夫皆不足有成；两湖，天下之中，亟当养士、劝商、兴工、励吏，以待北方之变。"又劝俟伊藤博文来华，可荐为客卿。南皮甚震其论而不能用也。饭后，领咨文三件，复入辞。南皮于将出问曰："送学生赴日

[39] 郑孝胥之保荐语作："江苏候补同知郑孝胥　该员才识坚定，学问湛深，办事沉挚有力。前充出使日本大臣随员，于东、西洋形势、政术均能得其要领，确有见地。"《保荐使才折》，光绪二十四年六月初一日，《张之洞全集》第2册，第1317页。

[40] 劳祖德整理：《郑孝胥日记》第2册，第669页。

[41] 劳祖德整理：《郑孝胥日记》第2册，第670页。

本,子能为我一行乎?"对曰:"请南归日来鄂议之。"赴星海招饮,坐有子培、念劬。㊷

当天张之洞正式提出由郑孝胥带领学生赴日,后者则请召见结束后再议。同一日,郑孝胥乘轮船驶归上海,然后北上入京。七月二十四日(9月9日)记:

> 钱念劬来,带来《劝学篇》一封,又有与贻书、暾谷、伯弗,其签乃梁星海书也。钱问余曰:"如有使日之命,亦可去否?"余曰:"某或不可,公去何疑哉?"㊸

钱恂对"使日"事有所试探,郑孝胥则以反问应答,言下似有竞胜之心。几天后,张之洞将日本方面有意"速遣知府钱恂赴东一行"的电文转致钱恂本人,但直至七月二十八日(9月13日),还向钱恂探询郑孝胥成行的可能性:

> 何日召见? 京师要事大概,速电示。郑用道员译署,尚能奏派赴东洋否? 并询示。㊹

按,当时钱恂尚在等待召见,而郑孝胥已于本月二十日(9月5日)完成召见,奉旨以道员候补,在总理各国事务衙门章京上行走。据钱恂探报:"郑有烘托,望大用,充使则愿,奏派则不屑也。"㊺张之洞保举使才后,实有意奏请

㊷ 劳祖德整理:《郑孝胥日记》第 2 册,第 671 页。

㊸ 劳祖德整理:《郑孝胥日记》第 2 册,第 678 页。按"贻书",汪贻书;"暾谷",林旭;"伯弗",寿富;"梁星海",梁鼎芬。

㊹ 《致钱恂》,1898 年 9 月 13 日,《张之洞(湖广总督府)往来电稿》,《近代史资料》总 109 号,第 22 页。

㊺ 光绪二十四年八月初一日午刻发,《张之洞电稿甲编》第六十一册,档号:甲 182-47,转引自茅海建《戊戌变法的另面——"张之洞档案"阅读笔记》,第 202 页。

郑孝胥出任驻日公使，而郑似另有靠山，对"充使"意态游移，不甚愿意由张出面奏请。

在京期间，郑、钱二人多有往还，[46]但关系颇微妙。七月三十日（9月15日），郑孝胥记："严紫卿来，言三访钱念劬，不报；与书，亦不答。钱之多行无礼类此。"[47]变法失败后，郑孝胥南下回鄂。本年末，奉命为芦汉铁路总办，"总办汉口铁路分局"[48]。十一月初八日（12月20日），在武昌面见张之洞之际，顺便打了钱恂一个小报告：

> 至督署禀辞，与王雪澄同见，南皮劝就芦汉总办。余白曰："宫中久憾英、日之庇康、梁诸人，未有所泄，刚子良揣合上意，恐必将兴狱于大臣。如遇英、日交涉，愿帅慎之，似未宜自我发议，致触所忌，以售嫉者之计。钱念劬前在京师一朝士宅中，昌言：'中国决必分裂，如江浙吴楚得为日本所割，为日本臣妾，此大幸也。'有湖南京官闻之，甚愤，告孝胥曰：'再见，必批其颊！'钱之不检若此，亦愿慎听其言。"南皮颇栗然，曰："此何等语，钱守乃妄发耶！"[49]

张遵骝先生曾推测："钱恂赴日本的事迟迟不定，一方面可能是戊戌政变使洋务事业推迟的原因，另一方面也有可能是张之洞未下决心。"现在看来，影响张之洞决策的诸因素中，郑孝胥是一个绕不过去的存在。无论学识抑或才干，在张之洞幕府，郑、钱均为佼佼者，可称一时瑜亮。就政治倾向而

---

⑯ 劳祖德整理：《郑孝胥日记》第2册，第678、679、682、684页。

⑰ 劳祖德整理：《郑孝胥日记》第2册，第679页。

⑱ 郑孝胥得总办一职，与时任督办铁路大臣的盛宣怀大力推毂极有关系。戊戌年初，盛即有意令郑为铁路公司总办，以达到"兼可联南皮"目的。至本年下半年，事有成议。郑十月十六日记："夜饭后，督办从容言：'卢〔芦〕汉宜得一全路大总办，吾熟念此事无如君者。昨语南皮，亦无异辞。'"十一月初七日："督办又问香帅保荐考语，且云：'卢〔芦〕汉铁路总办，吾终以奉烦，不可却也。'"十二月十四日："督办以函送关来，即朱晦止所用'总办汉口铁路分局'之关防。"参见劳祖德整理：《郑孝胥日记》第2册，第640、697、702、710页。

⑲ 劳祖德整理：《郑孝胥日记》第2册，第702—703页。

言,郑较持重,而钱偏激进,这在惯以"正学"维护政教伦理的张之洞眼里,自然有其去取。就仕途发展而言,郑孝胥早年中举,为福建乡试解元,考取内阁中书,光绪十七年(1891)东渡日本,任驻日使馆书记官,旋升筑地大阪副理事官,次年(1892)任筑地领事、神户大阪总领事,时不过三十岁出头,也算是少年得志了。光绪二十年(1894)下半年回国,因沈瑜庆的引见,入张之洞幕府,为湖广督署洋务文案,历充洋务局提调、学务处总办;二十四年以候补同知特旨召见,升候补道员,在总理衙门章京上行走,与当时风头正劲、一时无两的康有为头衔一样;不久,被张之洞派充为坐拥实权的芦汉铁路总办(南段),又奉命委办湖北全省营务处、武建军监操官,直到二十九年(1903)清廷准岑春煊电奏,郑孝胥奉调广西边防大臣,始离开张幕,前后长达八年。[50]戊戌以后,郑孝胥以铁路总办,兼办铁路学堂,时居汉口,每晚获召必以小艇过江,于武昌督署彻夜畅谈,"每至达旦"。据说张之洞曾称郑孝胥为幕中"范增",可见其"见重"程度。[51]

相较而言,钱恂宦途一开始走得便不顺畅,少年中秀才后,屡试未第,与举人无缘,只能纳捐县丞、同知,其间远涉重洋,在驻欧各国使馆参赞多年,直到光绪十八年(1892)经保奏"以知府分发省分,归候补班"。回国投入张之洞幕下充洋务文案,也是仕途徘徊下一种无奈的选择。钱恂自恃谙熟洋务,在当时人眼里也被许为外交干才,但在他生活的年代,这并非值得骄傲的资本,更不能为官场角逐加分。至戊戌年,奉旨召见"以出使大臣记名"。而实际上,钱恂真正以"使才"见用于朝廷,已经是在约十年后的新政时期。

可再补叙一笔的是,戊戌年末,钱恂与郑孝胥选择歧路,一则将为游学日本学生监督,一则出任芦汉铁路总办,而不到两年,二人均已不安于位,又

---

[50] 参看劳祖德《〈郑孝胥日记〉整理说明》,《郑孝胥日记》第 1 册,第 1—2 页;徐临江《郑孝胥前半生评传》,学林出版社,2003,第 49—51、76—79 页。

[51] 叶参、陈邦直、党庠周编:《郑孝胥传》,满日文化协会,1938,第 3—4、132 页,转引自李细珠《张之洞与清末新政研究》,第 356 页。

差点形成交集。经历庚子风波后，钱恂深不满于张之洞在政治上的"昏昏"表现，"因不愿与之共败"[52]，选择从湖北学生监督任上辞差；郑孝胥亦"不喜武汉，久居颇郁郁"，拟另辟一生路[53]。十二月二十日（1900 年 1 月 10 日），郑孝胥与张之洞晤面，"坐间谈及钱念劬事，余举念劬代办铁路局，请商之盛京卿，南皮允之"。[54] 二十三日（1 月 13 日），张之洞致电盛宣怀：

> 据苏龛面称，举钱守念劬自代，谓必可胜任，力请转恳台端等语。郑意不愿久为铁路所牵缠，查钱于此事尚是所长，郑是否能离？统请尊裁示复。[55]

张之洞据郑孝胥的主动建议，拟调钱恂为芦汉铁路总办作为慰留的手段，但事情终究未果，亦由于钱恂力辞不就。

四、 庚子年与张之洞反目的潜因——兼论与宗方小太郎的关系

钱恂在湖北学生监督这个位置上，成为湖广督署与日本外务省、参谋本部等机要部门联络的重要中介。除了操持湖北省留学生事务的本业外，他还受张之洞委托，负责代为延聘军事顾问、招募技术人员、购买军火及军需物资。光绪二十五、二十六年，张之洞长孙张厚琨、长子张权相继赴日，该父子在日社交、生活诸事，均由钱恂一手打理。庚子事变发生后，钱恂认定"救危之策，舍暂保南省，无别法"，应由东南各省联合一气，"筹定乱、抚外、保江海诸策，稍存政府规模，俾各国知我尚未瓦解"。[56] 故代张之洞与日本外务省积极沟通，为促成"东南互保"不遗余力。而张之洞为添募新军、镇静地

---

52 《钱恂致汪康年函》二十六，上海图书馆编：《汪康年师友书札》第 3 册，第 3009 页。

53 劳祖德整理：《郑孝胥日记》第 2 册，第 784 页。

54 劳祖德整理：《郑孝胥日记》第 2 册，第 780 页。

55 《致上海盛大臣》，庚子十一月二十三日申刻发，《张之洞电稿丙编》第十九函，档号：甲 182 - 98。

56 《钱恂致张之洞电》，光绪二十六年六月初五日，《李盛铎电稿》，《近代史资料》总 50 号，第 36 页。

方，苦于"添兵练兵甚急""长江弹压需械甚众"，指示钱恂向日本商办进口枪械弹药。在东京，钱恂实际充当了代办人的角色，但在传话时却有自行发挥的嫌疑。参谋本部大尉宇都宫太郎1900年的日记保存了钱恂与之交涉的言论，尤其7月6日条记："钱恂至公所来访，言及张之洞或会设立新政府，目前当务之急乃是厚置兵力。"⑤事涉重大，而易生歧义，故引起学界很大的争议。

其实，如果注意钱恂本人的言说风格以及当时发言的语境，便可以理解"设立新政府"一语，不大可能是张之洞本人意向，而更多是钱恂个人心态的表露。从身份看，钱恂是清朝驻外的官员，而以交游论，钱恂与因反政府而流亡海外的梁启超、章太炎均属旧识。戊戌以前，他就在《时务报》上发表过文章，⑧与章太炎气味最为相投。政变发生后，清政府通缉新党，章避地台湾，十月二十一日（12月4日）抵台北后，致汪康年信中便有"近候仲逊，远候恪士，西望念劬，北望凌霄，幸谢故人，勉叛圣母"⑨之语。其视钱恂为"故人"，而勉之以"叛圣母"，意即背叛那拉氏。冯自由将钱恂列入"兴中会时期之革命同志"名录中：

钱恂 ［籍贯］浙江 ［职业］政界 ［组织］无 ［年代］己亥

字念劬，与章炳麟梁启超均属旧交，为钱玄同之兄，好谈新学，己酉（应为己亥）任驻日留学生监督。由梁启超介绍与孙总理相识。⑩

钱恂与孙中山的关系，究竟深入到何种程度，限于史料尚无法追究细

⑤ 宇都宫太郎関係資料研究會編：《日本陸軍とアジア政策：陸軍大將宇都宫太郎日記》(1)，岩波書店，2007，第89頁。

⑧ 归安钱恂译述：《西悉毕利铁路考略》，《时务报》第三十一、三十二、三十三册，光绪二十三年六月初一、十一、二十一日，《强学报·时务报》第3册，中华书局，1991年影印本，总第2133—2136、2199—2200、2269—2271页。

⑨ 《章炳麟致汪康年函》六，上海图书馆编：《汪康年师友书札》第2册，第1955页。按"仲逊"，胡惟志；"恪士"，俞明震；"凌霄"，疑为光绪帝。

⑩ 冯自由：《兴中会时期之革命同志》，《革命逸史》第3集，中华书局，1981，第41页。

节,"根本改革之说"究竟何指,也不易定论。但钱恂对清政府不满,观念上趋新,甚至带有某些"革命"色彩,却是事实。钱恂虽未直接参加维新、革命两派活动,但肯定对其组织和行动部分知情,作为政府驻外官员并未予以干涉,且与两派首脑保持密切往来。而形成对比的是,钱恂与驻日公使李盛铎(1859—1934)相处不惬,关系反而疏远。汪康年之叔汪有龄(1879—1949)当时在东京留学,经常报告日本情况,有谓"念劬在东京好对日本人骂中国""惟闻木斋颇忌念劬,晤谈甚疏,此亦意中事也"。[51] 对钱恂在日本的表现,张之洞也并非无知无闻。庚子事变前后,屡次告诫钱恂务必约束言论,"格外谨慎""勿为好奇之谈,勿为积愤之语言"。[52]

钱恂思想激进不自庚子年始。甲午后,他对友人就大发"黑发者种类不佳"一类的议论。[53] 据前引郑孝胥日记,他在1898年痛说"中国决必分裂,如江浙吴楚得为日本所割,为日本臣妾,此大幸也",那么1900年出现"南清湖北省"这样"见者骇然"的说法,其实是其一贯思想的延续,也不能全算怪谈。而钱恂是否如张遵骝先生所论"受日本人宗方小太郎的影响",则有待进一步考察。1896年后,宗方小太郎在汉口创办《汉报》,他与钱恂亦初识于当地。1898年3月19日记:

> 是日在汉口全体邦人于一品香聚餐。往访神尾(光臣),钱恂亦来访,谈话移时。晚,赴一品香神尾招饮。将散席时,汪康年、钱恂适于邻室设宴,召神尾、船津、梶川、井手、绪方及予同席。[54]

---

[51]《汪有龄致汪康年函》二十七、二十八,上海图书馆编:《汪康年师友书札》第1册,第1098、1099页。

[52]《致东京钱念劬》,庚子五月廿七日亥刻发,《张之洞庚子年发电摘钞》第一函第一册,档号:甲182-32。《致东京钱念劬》,光绪二十六年闰八月初八日亥刻发,《张之洞全集》第10册,第8316页。

[53]《致钱念劬书》(一八九五年七月二十五日),胡珠生编:《宋恕集》上册,中华书局,1993,第536页。

[54]《宗方小太郎文书·日记》第二册,明治三十一年三月十九日,上海社会科学院历史研究所藏,编号:B02。

其后日记中,很少看到两人继续交往的记录。⑥ 同时期的宗方小太郎报告,凡谈及钱恂的场合,多称他为张之洞手下的能员、秘书官。至 1900 年夏间,钱恂致函汪康年,曾表示:"宗方来,尚未见。近往往视鄙人为中国官场中人,有不屑与谈之意。在彼固为不知人,在我转耳根清净。"⑥可知钱恂自我认同之一面,也可证明他与宗方的直接交往并不多。两人交情维系的中介,实为汪康年。

就私交来说,钱、汪关系最密。戊戌以前,两人同处武昌张之洞幕下,志趣相投,从而订交,后汪康年赴沪主办《时务报》,钱恂与之通声气,传达湖北官场消息不遗余力。钱恂赴日后,二人之间通函殷勤。用钱恂的话说,"华人梦醒者,海内诚有兄,然海外尚有恂,正不能谓一人而已"⑥,可见二人交谊之固、钱恂自视之高。

约在初见钱恂一年多前,宗方小太郎已与汪康年相识。1897 年 3 月 5 日记:"下午至《时务报》馆,见汪康年进士。浙江钱塘人,一代高士也。谈话移时。"12 月 3 日,宗方又与汪康年晤谈,记:"《时务报》馆汪康年进士来访。与予同乘马车至四马路某酒楼,享洋馔,盛论当世要务。此人有于支那别立新国之意,予与其见解几乎相同。"⑥据此,宗方小太郎的目标,不只是在中国国内唤起亲日舆论,且欲建立自外于清朝的地方政权,这一思想得到汪康年等改革派的共鸣。1898 年 4 月 5 日,宗方致海军大臣西乡从道报告:

> 以小生鄙见,收揽清国志士之心,待时机到来,助此辈成立一新国,我国或明或暗助长其势力,如同属国置于保护国的地位。极为必要。

---

⑥ 1899 年夏,宗方小太郎回国期间,曾访钱恂未果。本年 7 月 16 日条记:"旋至麻布访钱恂,不值。"

⑥ 《钱恂致汪康年函》二十九,上海图书馆编:《汪康年师友书札》第 3 册,第 3011—3012 页。

⑥ 《钱恂致汪康年函》二十九,上海图书馆编:《汪康年师友书札》第 3 册,第 3012 页。

⑥ 《宗方小太郎文书·日记》第二册,明治三十一年三月五日、十二月三日,上海社会科学院历史研究所藏,编号:B02。

以使福建、浙江等沿海地区归我所有,助支那志士在与此二省相邻之江
西起事,连同湖南、湖北、贵州、四川五省,一举开立新国。⑱

　　报告中露骨地表示日本政府为国家百年大计,不可错失良机,应速制大
势之机先,助成中国地方省份独立,或建立新国,依附于日本。同年4月9
日,汪康年在汉口访宗方小太郎,据后者日记:"与汪康年共谈立国要务。予
问曰:湖广总督张之洞、湖南巡抚陈宝箴二公负天下重望,我辈宜说以大
义,使之为我所用,如此则甚多便益。足下有此意否? 汪(康年)曰:陈、张
二人,目前难以为我所用,值时机到来之日,或将联辕并驰,共同致力于中原
云。"4月11日,宗方回访汪康年,面交《清国时事话片十二则》,大要为"窥
时机,举义兵,据湖南、湖北、江西、四川、贵州并广东一部,以建立新国",并
列举相关之方法手段。⑳ 至义和团事变起,汪康年"特至湖北,以剿拳匪、劾
政府之说上诸张孝达制军,又至江宁,托人将其说上诸刘岘庄制军"㉑。这
一行动实际受宗方小太郎、井手三郎等日本人的背后推动,而且包含迎銮南
下、自立为国等复杂内涵。

　　从以上材料排比来看,钱恂所谓"中国决必分裂"的言论,确与戊戌前后
宗方小太郎的政治动向合拍。但钱恂未必直接受到宗方影响,他的激进观
念更可能是与周边士人尤其汪康年相互激荡而成。至1900年,钱恂与宗方
之间并无联系,但通过汪康年,对游说张之洞的行动是知情的,不过对此不
抱希望。听说汪康年赴武昌一行,去信语多讥诮:"所言某公向负众望者,殆
指南皮。言剿匪、劾罪两事失机,诚可惜。然南皮中国学问渊深,岂肯出此?
兄为江鄂游,未免冯妇矣。"㉒八国联军入京后,舆论鼓吹还政光绪,张之洞

⑱　《號外·列國の中國侵略と日本の進路》,明治三十一年四月十五日,《宗方小太郎文書:近
代中國秘錄》,第35—36頁。

⑳　《宗方小太郎文書·日記》第二册,明治三十一年四月九、十一日,上海社会科学院历史研究
所藏,编号:B02。

㉑　汪诒年纂辑:《汪穰卿先生传记》,中华书局,2007,第96—97頁。

㉒　《钱恂致汪康年函》三十一,上海图书馆编:《汪康年师友书札》第3册,第3014頁。

仍竭力维护那拉氏，钱恂抱怨："鄂省下半年昏昏，往岁名声坏于一举，可惜！"[73]镇压自立会起义后，张之洞作《劝戒国会文》，刊印六百份，寄海外传布，并拟将"附乱学生"撤归国内。[74]钱恂在日本消极抵制，其私函向汪康年透露："八月间是否南皮有撤回学生之事？有此意，无此事。""湖北公牍欲撤归两学生，彼（日本）政府取决于弟，弟一定断为不可，彼即照办此事。上海有所闻者，祈秘之。"[75]

因种种"好奇之谈""愤激之语"层出不穷，张之洞对于钱恂也不敢放任，再三予以申饬："该守在东议论举止，非议沸腾，务宜猛省速改，不惟累鄂，兼恐自累。"[76]1901年初，以辛丑议和、襄赞需人为理由，张之洞召钱恂回国，特别强调"事关紧急，钱守无拘何事均可暂搁，万勿稍延"。[77] 同时，致电驻日公使李盛铎，托代为劝解：

> 调念劬回鄂，专为议约万分棘手，事机又迫，念劬于交涉事最擅长，故急招之归，商酌一切，可谓重任。至此次另电，催其发劝戒文，与学生看另是一事，与调回鄂不相涉，渠不愿回鄂，殆误会，望公力劝速来鄂为祷。[78]

然而，钱恂又一次表现出了他的性格，不仅不领上司的情，反而提出辞呈，欲

---

[73] 《钱恂致汪康年函》二十六，上海图书馆编：《汪康年师友书札》第 3 册，第 3009 页。

[74] 《致东京李钦差》，庚子十一月初八日午刻发，《张之洞电稿丙编》第十九函，中国社会科学院近代史研究所图书馆藏，档号：甲 182-98。

[75] 《钱恂致汪康年函》二十六、二十七，上海图书馆编：《汪康年师友书札》第 3 册，第 3009、3010 页。按"两学生"，沈翔云、吴禄贞。事后，张之洞致电李盛铎："近咨送劝戒国会文告示稿，请迅商文部、参谋部、陆军省各衙门，务准各学生将此项文稿带入校中，随时省览传观，以资感悟儆惕。如能遍发各省学生，均准带入校传观，尤为佩仰。前商请屏逐附乱学生，承示恐碍邦交，姑从缓办云云，似于鄙意尚有误会。"参看《致东京李钦差》，庚子十一月十一日，《张之洞电稿乙编》第十四函，档号：甲 182-75。

[76] 《致东京钱念劬》，庚子十月十三日寅刻发，《张之洞电稿乙编》第十四函，档号：甲 182-75。

[77] 《致东京李钦差、钱念劬》，光绪二十六年十一月十三日丑刻发，《张之洞全集》第 10 册，第 8475 页。

[78] 《致东京李钦差》，庚子十月十六日亥刻发，《张之洞电稿乙编》第十四函，档号：甲 182-75。

与旧关系一刀两断。此后，钱恂将住所由东京迁往镰仓，基本处于赋闲状态，不再过问政事。从程序上讲，钱恂离职只是其个人行为，张之洞并未明文撤去学生监督的差事。这有张氏本人之言可资佐证："鄂系有公事暂回，并未开监督差，似不必由鄂知会外部、参谋（本部）。"[79]但他去心已决，对一切挽留也不以为意，所以对汪康年转述时，那些都被看作了可笑的事情：

> 弟近居镰仓，日日偕内人步十余里、数里不等，出游致足乐。李木斋忽纠集学生具禀留弟，夫南皮早有明电致木斋，言并未开去监督差，则此差由弟自辞，而南皮未允可知，亦何所用其留耶？不过弟不愿供此差耳，挽留未免可笑。[80]

张遵逵先生注意到《近代中日关系源流》一书中收录的钱恂一函，以为"极有趣"，"他称张文襄为'张之洞君'（本来应称张香帅），意即他不（承认）是张之洞属下，这对于研究钱当时的心态，极有意义"。[81] 1901 年下半年，钱恂受张之洞之托，向东亚同文会会长近卫笃麿传达电命，函内以"张之洞君"称顶头上司，对于两人关系的变化，确实具有象征意义。同一年，钱恂向正处于草创期的日本早稻田大学（由东京专门学校改名）捐赠了大量汉文书籍，刻印自署"中国闲民"[82]，同样值得玩味。到 1903 年，钱恂离开日本，前往俄都彼得堡任清朝公使馆参赞。此行引起日本人的"惊讶"，而深知其夫

---

[79] 《致东京李钦差、钱念劬》，庚子十月十九日丑刻发，《张之洞电稿乙编》第十四函，档号：甲 182－75。

[80] 《钱恂致汪康年函》二十七，上海图书馆编：《汪康年师友书札》第 3 册，第 3010 页。

[81] 函文录下："近卫公爵阁下：拜启陈者。清韩漫游，想望贤劳。去十日间，恂接张之洞君来电，有命代呈阁下，前闻驾归朝，先邮芳览，何日可以蒙面谈，尚祈见示。中西正树君，或外务省小林光太郎君，均可通语。钱住镰仓，如有命令，必先一日见告乃可耳。敬具。盼贵答。镰仓阪之下町七番地。九月五日。"参见《（四十六）銭恂》（1900 年 9 月 8 日），李廷江编著：《近衛篤麿と清末要人：近衛篤麿宛来簡集成》，原書房，2004，第 197 頁。

[82] 早稲田大学圖書館資料管理課：《銭恂資料集：年谱、著述・寄贈圖書目録》，早稲田大学圖書館，請求記號：222.06 00061。按钱恂寄赠图书总计 192 部，3761 册。

拝啓陳者清韓漫游想望

賢勞去古間柄揚張之洞君来

電有令代里

閣下芳南蜀帰朝先都

芳覽何日可以蒙

面談需新見示中西正樹君或外

謹啓小林先生郎君柄道語柄

住鎌倉必有令余必先一百見若乃

可耳賢眤貴者

鎌倉坂下町之番地

近衞公爵閣下

省吾

錢恂

钱恂致近卫笃麿手札（1901 年 9 月 5 日）

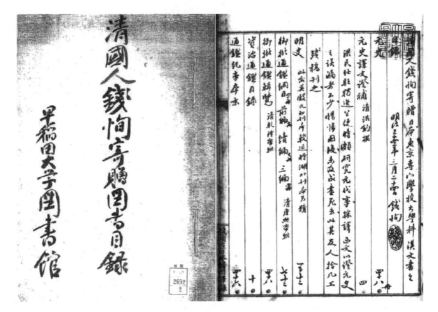

《清國人錢恂寄贈圖書目錄》封面、首頁

心理的单士厘,却有一种深刻的"理解之同情":

> 盖日本重视外子,以为与时局有绝大关系。今舍日本而北游,不能
> 无疑。岂知外子年来自悔闻见太多,知识太早,颇用静观主义,为娱老
> 私计,无论在何国,均不愿为有关系之人乎![38]

五、 结语

我在此前的论文中,称钱恂为"晚清外交史上的'异才'"。作为张之洞亲信幕僚,钱恂被派赴日本代办交涉,在湖北学生监督任上操办了许多超出其本职以外的事务,甚至已经不局限于湖北一省,在"地方外交"名义下填充了"代朝廷联续邦交"的内容,这实在是晚清外交一种奇特的现象。又由于

---

[38] 钱单士厘:《癸卯旅行记·归潜记》,杨坚校点,湖南人民出版社,1981,第32页。

庚子事变,这一现象更加放大,直接作用于当时中日关系,引起有关历史可能性的争议。[84] 此后一段时间内,钱恂虽然一度寄情山水,暂离政治,但对于国际政治及清朝外交仍有其不失敏锐的观察。如 1902 年英日同盟成立后,针对清政府内部的反应,他从"外交"的层面提出批评:

> 日英同盟,大旨谓保清韩(即朝鲜)独立也。夫自己不能独立而借人保护,愧奋可也,即感谢亦可也,若致贺则不可解矣。闻已具江、鄂、川三处名函为贺,已无庸议。然即此可见彼之所谓外交者也。日本自甲午一战,而外交台上遂有其名,自庚子一役,而不但自国有外交,并可谈外国之外交,宜耳举国致贺。……彼愈贺,我愈伤心耳。[85]

其后,在驻俄公使馆担任参赞期间,他对日俄战争的进程、结果以及清朝政府的因应策略始终关注,并有进言,据事后回忆:

> 光绪乙巳之岁[1905],稚樵第二次由俄回华,维时日俄战局将残,稚樵以三策干时[名《东战收烬稿》,已散佚],冀日俄议和,我国得列一席,以预酌辽事。当局无听者。稚樵久驻俄,自问于俄情尚悉,箧中有

---

[84] 钱恂的对外观念与实践,在某种程度上,确可用"亲日"概括,但在此表征下,又有诸多今日所谓"民族主义"的成分,这一点倒与其幕主张之洞相当一致。比如光绪二十五年八月,陈庆年记钱恂言论:"过钱念劬,渠今年在日本为南洋、湖北留学生监督,近以事新归。言日本待异地人,其利益与本国人迥异。学校但教言语,普通学且不授,何论专门? 其意不过留为服役之用而已。黄种人待黄种人尚如此,何况白种?"参见陈庆年著,明光整理:《戊戌己亥见闻录》,《近代史资料》总 81 号,第 132 页。

[85] 《成城学校公文杂记》一册,北京大学图书馆藏红格抄本,索书号:NC/4903/8592。按该册实为钱恂监督湖北留日学生期间致武昌督府的信函抄录。册中贴有幕府所拟张之洞的意见("帅谕")两纸,并夹订《清国留学生之现在及将来》《支那古代之教育论》两篇日文论说的汉译文,以及《成城学校试验中国学生列序》、《(湖北)四弃户山(学校)毕业成绩》、参谋本部笺纸开列《户山学校体操剑术科教员》等杂件。由于有信函涉及光绪二十七年底(1902 年初)结成的"英日同盟",所收文件时段,似乎应在光绪二十五(1899)至二十八年(1902)之间。此史料承陆胤提示。

记日俄战局之所由成，与中俄交涉之被愚，以警世之好联俄交者。⑧⑥

　　不过，更加值得思考的是，像钱恂这样对清朝政府有着强烈离心感的知识人，经历过戊戌(1898)到庚子(1900)这样激烈的心理震荡，何以后来又返归"政界"⑧⑦，进而奉使多国，虽然终以暗淡收场，但过程中间竟然也做得有声有色，达到其外交事业的高峰，真真算是"异数"！1887年，谭献(1832—1901)对于尚在薛福成幕中的钱恂，已有"学不纯美，性又偏至，而锐敏有才识"⑧⑧的印象。戊戌变法之初，眼界渐开的钱恂知识愈多，而忧患益深，不仅感知到"国危至此"的情势，且有"华种将绝"的悲观。⑧⑨ 庚子事变以后，他既抱定"新政必无望""新政必不能行"，却又表示"无论种种变态，总比承平好"，此种纠缠心态之下的现实选择，实具有某种标本的意义。至1908年，他在驻意大利公使任上函告汪康年：

　　　　恂近来绝口绝笔，不谈国政，以在和(荷兰)一年，颇尽心力，并泡影而不成，心灰甚矣。自咎自救之方，知知识太多，故改而求诸耶稣经，非信彼教也。以此事为人所不谈，我一人读之，无嫉我者也。⑨⑩

---

⑧⑥ 钱恂编，致之校点：《金盖樵话》"本书说明"，辽宁教育出版社，2001，第4页。按《金盖樵话》稿本，1988年复旦大学图书馆于北京中国书店虎坊桥书库访得，所见为钱氏家藏稿本之残余，束为一捆，内存钱氏著述多种，其中《金盖樵话》九册，凡上编八册，多与义和团文献相关者，今已整理出版，下编残稿仅存一册，内容大致为"有关中俄交涉时间之回忆录"。

⑧⑦ 1905年，清朝派五大臣出洋考察，钱恂为李盛铎所招，成为其考察团随员。他向汪康年表示："置身政界，在六七年前固宿愿，今老矣，无心于此矣。木斋既可迁就，恂不得不允在日本相见。"《钱恂致汪康年函》三十六，上海图书馆编：《汪康年师友书札》第3册，第3018页。

⑧⑧ 谭献著，范旭仑、牟晓朋整理：《复堂日记》，河北教育出版社，2001，第323页。

⑧⑨ 戊戌五月初一日陈庆年记："过钱念劬，言时局。渠言：'国家太贫，则工作鲜；人过穷，则食用苦。平时既无以为养，则有疾则无以医；废学则日见愚蠢，为奴则每受鞭笞；生人之乐尽，保卫之道穷。国危至此，但有消磨，华种其将绝乎？'余闻其言，为之大痛！"陈庆年著，明光整理：《戊戌己亥见闻录》，《近代史资料》总第81号，第113页。

⑨⑩ 《钱恂致汪康年函》四十，上海图书馆编：《汪康年师友书札》第3册，第3022页。

不久即遭罢职，又嘱汪康年："兄在京中，切勿为众人道及恂可用，但求语人曰：彼老矣，恐无应用之想矣。果得彼论，以为弃才，则深幸耳。"[91]钱恂个体历史的这些片段，充分折射出其人"性格偏至而学识杂驳"的一面，同时也映照了清末新政运动的局限或宿命。

当辛丑新政启动之际，钱恂尝自谓："自立之义，非昌言二三十年，老者尽死，少者成立，恐不易观。"[92]作为19世纪50年代生人的一代，钱恂以及他的同辈人是较早完整经历过新学熏陶，并且对中西文化有相对持平见解的一群人，他们本应该（也有可能）成为清末政治改革的中坚，但由于种种原因（此尤值得追索），相较于前、后世代，实际上没有太多的作为。[93]进入民国后，他们的位置迅速边缘化，而在世人眼中，昔日激进趋新的"少者"，也已成没落濒死的"老者"。[94]钱恂的做派仍然不合时宜，周作人（1885—1967）描述这位浙东乡前辈：

> 他是清末的外交官，曾任驻日参赞（此处有误），驻罗马公使，可是并非遗老，乃是所谓老新党，赞同改革，略有排满的气味，可以算是一个怪人。他年满七十之后，常穿一双红鞋，乡学年世谊的后辈称之曰红履公，或者此名起于他介弟玄同亦未可知。他家中有一名使女，名字读音如鸿

---

[91] 《钱恂致汪康年函》四十六，上海图书馆编：《汪康年师友书札》第3册，第3025页。

[92] 《钱恂致汪康年函》三十，上海图书馆编：《汪康年师友书札》第3册，第3013—3014页。

[93] 左松涛注意到钱恂"有意反清"的一面，指出他在两湖书院提调、游日学生监督任上"栽培与己气味相投的学生，必然也会将新颖思想观念灌输给学生"，检讨辛亥革命的前史之际，"在注意'学生运动'同时，也应考察'师长运动'"。参看左松涛：《师辈异动：武昌自强学堂师长与辛亥革命》，载氏著《变动时代的知识、思想与制度——中国近代教育史新探》，武汉出版社，2011，第143—148页。此处主要从"革命史"的角度立论，而从清朝政府存续与变革的角度，钱恂一辈人的作用也有深入检讨的必要。

[94] 黎锦熙《钱玄同先生传》记："其兄钱念劬先生，清末在驻意大利公使任内，奉旨归休；辛亥革命，便在家乡赞助'光复'，他们两弟兄竟然成了同志……他对于他哥哥，还是依旧恭顺，他总怕他哥哥看见了《新青年》，他哥哥还是看见了，对他并没有说什么；他极端反对阴历，绝对不再行跪拜礼，但他哥哥逝世前几年，他还是依旧于阴历年底带着妻子到哥哥家里去跟着拜祖先。"参见沈永宝编：《钱玄同印象》，学林出版社，1997，第69—72页。

烈,这不是用《淮南子》典故,因为他最恨清乾隆弘历,所以以此为名。[55]

民初与钱恂在教育部有过一段同事经历的鲁迅(1881—1936),得到的也是"好空谈,而不做实事"[56]的印象。待五四运动风起云涌,鲁迅、周作人、钱玄同们成为新的站在潮头的人物,"老新党"如钱恂、夏曾佑一流则渐行远去,退出了曾经属于他们的舞台。钱恂从最初热情拥护西学、西政,到遭遇挫折后失望、失落,继而因现实挤压而灰心、无力,可走的道路似乎越来越窄。他在晚年呈露出某种愤世、消极的"灰色",也熏染了清末民初时代巨变的氛围。[57]

1927年,钱恂在北京逝世,其生前自制挽联作:"不亟求官已三世于兹,此保泰良方,愿后嗣毋忘祖范;创议留学而五伦受毒,乃毕生憾事,盼儿曹稍盖吾愆。"而其弟钱玄同所撰挽联为:"卅载周游,用新知新理,启牖颛蒙,具上说下教精神,宜为国人所矜式。一生作事,务自洁自尊,不随流俗,此特立独行气象,永诒子弟以楷模。大兄不死。"[58]两相比较,蕴义绝异,殊堪体味。最后,我还是愿意重复以前说过的一段话,作为本文的收束:

> 本文考述其事迹,不为表彰人物业绩,也不为针砭时代谬误,只是私心以为,钱恂这样一位本不显于世而或具标本意义的"中等人物"(姑取非达官显贵亦非草根平民、既富传统素养又经新学熏陶之意),其实也折射了一个年代的风云晦暗。

---

[55] 周作人:《钱念劬》,《周作人文类编》第10册,湖南文艺出版社,1998,第662页。

[56] 《(300222)致章廷谦》,《鲁迅全集》第12卷,人民文学出版社,2005,第222页。

[57] 说详拙文《夏曾佑、钱恂与鲁迅——从"祭孔"一幕说起》,《上海鲁迅研究》2012年冬季卷,上海社会科学院出版社,2012,第59—72页。

[58] 参见邱巍:《吴兴钱家:近代学术文化家族的断裂与传承》,第83—84页。

也说义和团运动中的奕劻

　　《近代史研究》2011年第5期刊载孔祥吉先生大作《奕劻在义和团运动中的庐山真面目》，披露庚子七月召见单，为晚清政治史研究提供了珍贵资料，对理解奕劻（1838—1917）与慈禧太后的关系，乃至庚子事变高潮时期内政、外交诸面相大有裨益。唯孔先生行文着力论证者，在于慈禧与奕劻之平行关系，只见其"亲密程度，无人可比"，而较少处理"时间界定"问题，很自然地将"义和团运动"当作主题讨论的时间单位，即便使用"义和团高潮时期"说法时也难免以一概全的倾向。此外，在讨论相关政治史问题时，将解释面压缩为慈禧与奕劻"非同寻常之关系"，径将政治决策的原因溯源为"召对共谋"，而抽空了实际背景，对影响两人（主要是慈禧）思想变化的外部原因，基本置之未理。由于上述两重研究面向的缺失，孔先生聚焦庚子召见单而欲还原"奕劻在义和团运动中的庐山真面目"，颇有攻其一点不及其余的意味，以致将其他诸多历史当事人或后世研究者由不同视野和角度所做的解读，统统划为"误读""无稽之谈"，这样近似"一条鞭式"（Unilinear）的论证实难餍人心。孔先生说，因为庚子召见单的发现，曾经抱有的"庚子五月二十日后宣战至慈禧出逃前，（奕劻）对义和团持坚决反对立场"的认知已经"从根本上转变"。（第26页。所引为期刊页码，以下均同）而笔者认为，孔先生在召见单中所窥见的"真面目"，不过是奕劻作为复杂个体的一个横剖面，要解读这些剖面的意义，进而将其还原为立体的形象，则须结合更为具体的时空环境来做讨论。故不揣谫陋，也说义和团运动中的奕劻，并对孔先生论文所涉史实及解读的若干错误提出商榷意见,以就教于孔先生及学界同仁。

一、 五月二十日前奕劻之于"剿""抚"的态度
——兼与荣禄比较

孔文第三节"庚子七月'召见单'部分内容分析",无疑为论证主体部分,而通篇讨论的几乎都是六月前的情况,似有名实错位之嫌。光绪二十六年(1900)四五月间,确为清廷对义和团政策由剿抚不定转变为全面招抚的关键阶段,对此历史关节的重要性中外学界均有高度共识,并产出过大量成果,此处不赘举,即如奕劻与义和团关系这样的专题,亦不乏有分量的研究论文①,惜孔先生立说时基本对此取无视态度。本节中,孔先生对"以前史学界都把奕劻当作反对义和团的人物"的见解进行了彻底否定,通过论证"慈禧对奕劻的宠信,远在一般王公大臣之上",推论奕劻主张"用团",又由五月二十一日(6 月 17 日)上谕令奕劻与徐桐(1820—1900)、崇绮(1929—1900)、载漪(1856—1922)"会商"军务,断言其"完全是一个营垒的"。(第30 页)然而笔者认为,在忽视清廷上层权势转移及奕劻本人政治态度变化的前提下,得出上述结论似嫌草率。

光绪二十六年初,列强在镇压义和团问题上持续向清政府施压,首当其冲者即为总理衙门。作为与各国长期办理交涉的领班大臣,奕劻对形势严峻性有所认知,在正月二十日(2 月 19 日)、四月二十三日(5 月 21 日)数度领衔会奏,请应各国要求,"解散胁从,并严拿为首之人,从重惩办""设法保护使馆教堂,弹压地面,并访拿匪徒传授拳会暨匿名揭帖之人,获案究办,以免别生衅端"。② 对于戊戌后总署人事构成,有研究者评论:"一般的顽固守

① 何树宏:《奕劻与晚清政局》,《清史研究》2000 年第 2 期;关伟:《庆亲王奕劻外交活动真相——以义和团时期为中心》,收入王建朗、栾景河主编《近代中国:政治与外交》上卷,社会科学文献出版社,2010。

② 《总理各国事务庆亲王奕劻等折》《总理各国事务奕劻等折》,光绪二十六年正月二十日、四月二十四日,国家档案局明清档案馆编:《义和团档案史料》上册,中华书局,1959,第 63—64、97—98 页。

旧大臣既不愿抛头露面和列强打交道，也不具备和列强进行交涉的基本素质。这就不得不迫使慈禧把部分洋务官僚和通晓外情的满汉职员安排到总理衙门，借以平息舆论和提高政府对外交涉的能力。"③若以光绪二十六年五月二十日为界，此前总署王大臣共十人，分别为：庆亲王奕劻、户部尚书王文韶、礼部尚书廖寿恒、兵部尚书徐用仪、刑部尚书崇礼、刑部尚书赵舒翘、左都御史吴廷芬、吏部左侍郎许景澄、太常寺卿袁昶、内阁学士联元。④尽管已有政治态度相对偏保守的赵舒翘入值，但熟悉外情的大臣仍占多数。

当各国公使施压之时，清朝内部对义和团态度也在分化。本节披露"耿来金先生由近代史所藏邸钞中辑录的庚子五月召见名单"，由召见次数统计，即"是月慈禧共召见奕劻七次，载漪六次，而且其中有五次是庆王、端王同日被召见"，得出结论："慈禧招抚义和团以对付八国联军的政策，应是同奕劻与载漪两人反复商议之后而确定的。"(第30页)笔者认为，此召见名单不足以完成上述论证，原因有二：(1)召见名单并非完整。此单由耿先生辑录自邸钞，是否逐日必抄，有无遗漏，尚不可知；仅从纸面看，五月初二至二十六日总计二十五日内，仅八天有召见记录，也令人怀疑记录是否完整。有两个明显的反证：其一，《王文韶日记》五月初三、九、十一、十二、十三、十四日均有"入对"记录，⑤而召见名单内除十二日有"召见军机"字样，其余日期

---

③ 李德征：《清政府在义和团时期的人事变动》，中国义和团研究会编《义和团运动与近代中国社会国际学术讨论会文集》，齐鲁书社，1992，第592—593页。

④ 按赵舒翘入署时间在"二十四年十一月甲寅"。钱实甫《清代职官年表·总署大臣年表》(第4册，中华书局，1980，第3025页)同年份项内亦列大学士荣禄名。查光绪二十年十一月十九荣禄以步军统领在总理衙门行走，至二十四年四月二十七日署理直隶总督，戊戌政变期间内召，八月十三日"着在军机大臣上行走"，继命以大学士管理兵部，并节制北洋各军，未见有入值总署的明文。复按光绪二十六年五月十四日《总理各国事务衙门大臣奕劻等奏为代递俄使对于义和团意见折》(中国第一历史档案馆编：《庚子事变清宫档案汇编》第1册，中国人民大学出版社，2003，第82页)，折尾具名十人，亦无荣禄。其若为总理衙门大臣，在此类全体具名奏折中必须列名；若因病请假，须在名下注"假"字。据目前掌握的材料，笔者认为二十四年八月后，荣禄已不再在总署兼差，但权力则覆盖之，这对后述其作用于总署战时交涉仍具重要意义。

⑤ 袁英光、胡逢祥整理：《王文韶日记》下册，中华书局，1989，第1011—1012页。

均空缺;其二,五月二十至二十三日连续四次御前会议,召见人数众多,召见名单仅二十、二十一日有部分反映,此又做何解?(2)召见次数与召见性质无必然逻辑关系。奕劻、载漪同日被召见记录中,另有"军机""荣中堂"字样,且无法确认他们是否被同时召见。⑥ 庆、端同日出现于召见名单不能与二人政治立场一致画上等号,同理,也不能因荣禄(1836—1903)在此召见名单中较少出现,遽判他在政治上遭到了"冷落"。

孔先生说:"庚子五月召见名单中所记'军机',似乎不包括军机首辅荣禄,否则五月十二日不会既写'召见军机',又写'荣中堂',此应与荣禄请假有关。"(第31页)按清朝制度,除照例每日召见军机处大臣外,还会有不定员的、指名的单独召见,荣禄在同一日被召见两次,并非不可能。⑦ 至于请假情况,查荣禄于庚子三月称病请假二十日,后复犯,续假四十日,至五月初十日(6月6日)销假。⑧ 在国事纷扰的情势下,这一表现不免有消极避事的嫌疑,当时人已有"屡次乞假,高卧私衙,并不以国事为念"⑨的非议,后来研究者也将之解释为含义微妙的"政治病假"⑩。在这两个月中,荣禄其实并非全然超脱,用他自己的话说:"假中曾七上禀片,皆以赶紧剿办,以清乱萌,而杜外人借口,均为枢廷诸人以多事为词,竟将一切办法置之不理,皆不报。"⑪《荣文忠公集》卷三收有关于义和团折片九通,上奏时间自五月初二

---

⑥ 按清朝制度,皇帝召见臣工时,只召见军机大臣才有多人进见的情况发生,其他一般都为单人单见。参见朱家溍:《故宫退食录》下册,北京出版社,1999,第471页。

⑦ 如叶昌炽庚子五月日记中,即有"荣相已退值,再递膳牌请独对"的记载。参看《缘督庐日记钞》,中国史学会主编:《中国近代史料丛刊·义和团》(以下简称《丛刊·义和团》)第2册,上海人民出版社、上海书店出版社,2000,第443页。

⑧ 此处销假日期据《致奎俊札(一)》(光绪二十六年六月二十二日),杜春和、耿来金、张秀清编《荣禄存札》,齐鲁书社,1986,第405—406页;袁英光、胡逢祥整理《王文韶日记》下册,第1011页。一作五月十一日,参看《荣禄集·函稿》,《近代史资料》第54号,第38页。

⑨ 佚名:《庸扰录》,中国社会科学院近代史研究所近代史资料编辑室编《庚子记事》,中华书局,1978,第247页。

⑩ 李文海、林敦奎:《荣禄与义和团运动》,载中国义和团运动史研究会编《义和团运动与近代中国社会》,四川省社会科学院出版社,1987,第542页。

⑪《致奎俊札(一)》,《荣禄存札》,第405页。

日(5月29日)至初八日(6月4日),李文海、林敦奎两先生推论此即所谓"七上禀片"的原文。[⑫] 也就是说,销假前荣禄已开始活动。五月初三日,亲赴马家堡、丰台查看被焚车站,并部署弹压[⑬];初二、初三日清廷上谕对义和团均有"相机剿办""严行惩办"字句[⑭],也与他所上折片声气相符。

直隶涞水事件及使馆卫队入京,是造成清政府政策变化的契机。五月初七日(6月3日),御史许祐身奏称涞水事件属地方官处理不当,武卫军剿拳太过,应令直督"通饬各州县,凡拳民聚集之处,务当尽心劝解,不得过于操切,以酿事端"[⑮]。许祐身折在当时背景下起到了酵母作用。当日清廷谕令荣禄、裕禄对畿辅一带拳民须得"谆切劝导,不可操切从事"[⑯];同日,下旨武卫军总统荣禄:

> 近畿一带,拳民聚众滋事,并有拆毁铁路等事。叠次谕令,派队前往保护弹压。此等拳民,虽属良莠不齐,究系朝廷赤子,总宜设法弹压解散。该大学士不得孟浪从事,率行派队剿办,激成变端,是为至要。[⑰]

---

⑫ 李文海、林敦奎:《荣禄与义和团运动》,《义和团运动与近代中国社会》,第549—550页。按《荣禄存札》与《荣禄集》所收折片,皆据《荣文忠公集》卷三辑出,内容一致,编者所加标题略有参差,后者将《高碑店以北电线铁路焚毁片》拆为二片。另,林学瑊辑《直东剿匪电存》收录荣禄发电五份,时间分别为三月初七日,五月初二、初四、初十、十一日,大致在其病假首尾两段,发电对象是裕禄或聂士成,内容多与布置弹压拳会及保护铁路相关。参看北京大学历史系中国近现代史教研室编:《义和团运动史料丛编》第2辑,中华书局,1964,第89、124、135、169、173页。

⑬ 当时荣禄的剿拳计划是:在聂士成奉旨保护铁路后,进而令其督率武卫前军赴保定,"居中调度,相机剿办",并由关外调武卫左军马玉崑部前来助剿,武卫中军孙万林所部则由卢沟桥移扎良乡、窦店一带,对涿州形成全面扼制态势。参看《拳匪滋事分拨队伍弹压片》《涿州拳众占城竖旗可否进剿片》,光绪二十六年五月初三、七日,《荣禄存札》,第397、401页;《致聂提督(士成)电》,光绪二十六年五月初七日,载《直东剿匪电存》,《义和团运动史料丛编》第2辑,第159—160页。

⑭ 《上谕》,光绪二十六年五月初二、三日,《义和团档案史料》上册,第105—106页。

⑮ 《御史许祐身折》,光绪二十六年五月初七日,《义和团档案史料》上册,第115页。

⑯ 《军机处寄大学士荣禄等上谕》,光绪二十六年五月初七日,《义和团档案史料》上册,第116页。

⑰ 《着荣禄设法弹压解散拳民不得率行剿办事上谕》,光绪二十六年五月初七日,中国第一历史档案馆编辑部编:《义和团档案史料续编》上册,中华书局,1990,第593页。

这是朝廷剿抚思路的一个明显转向。初九日,慈禧派赵舒翘、何乃莹赴涿州"宣旨解散,实隐察其情势",恽毓鼎(1862—1917)谓"知太后圣意,颇右义和团,欲倚以抵制外洋,为强中国之计"[18]。至此,荣禄以"非面奏不能挽回事机",于五月初十日(6月6日)销假入值军机处。[19]事后,他在私信中写道:

> (诸公)后来竟抬出廷寄,谓该大学士勿得孟浪云云。是以销假那日,见诸公大闹,诸伧皆无言以对。召对时,亦将他们误事之言详细言之。诸王、贝勒大声急呼,主战者亦怯,谓不可知……[20]

上文"诸公"似指刚毅(1837—1900)等人,"诸伧"似指王文韶(1830—1908)等人,"主战者"指主张"剿团"者。当天,慈禧派军机大臣刚毅往保定"解散"义和团,同日发出上谕:

> 昨已简派顺天府兼尹、军机大臣赵舒翘,前往宣布晓谕。该团民等应即遵奉,一齐解散,各安生业。倘有奸民会匪从中怂恿煽惑,希图扰害地方,该团即行交出首要,按律惩办。若再执迷不悟,即系叛民,一经大兵剿捕,势必父母妻子离散,家败身亡,仍负不忠不义之名,后悔何及!朝廷深为吾民惜也。
>
> 经此次宣谕之后,如仍不悛改,即着大学士荣禄,分饬董福祥、宋庆、马玉崑等,各率所部,实力剿捕。仍以分别首从,解散胁从为要。[21]

---

⑱《恽毓鼎庚子日记》,北京大学历史系中国近现代史教研室编:《义和团运动史料丛编》第1辑,中华书局,1964,第48页。

⑲ 佚名:《荣相国事实纪略》,《近代史资料》总56号,中国社会科学出版社,1985,第40页。

⑳《致奎俊札(一)》,《荣禄存札》,第405页。

㉑《上谕》,光绪二十六年五月初十日,《义和团档案史料》上册,第118—119页。

此谕可与荣禄致袁世凯函复按:"今日已请旨,饬宋军速赴近畿助剿。盖我能自剿,则洋兵不致妄动,于拳匪收以剿为抚之效,而良民无焚石及玉之忧。"[22]故叶昌炽(1849—1917)日记五月十一日条有"昨日荣中堂销假,始有此篇文字也"[23]一说。

综上看,迟至五月初十日,荣禄已销假,趁召对有所进言,并发挥了影响,并非如有论者所谓的初七日"不得孟浪从事"之谕"一下子把他剿拳的勇气打了下去"。[24]孔先生据《邸钞记录之召见单》断言,至五月十二日荣禄仍未被召见,"此应与荣禄请假有关"一说也不能成立。

再来看奕劻,五月前还积极"主剿",到了此时,已不敢直抒己见了。但在查拿拳民及保护教堂等事上,与荣禄仍有所合作。笔者从"中研院"近代史所藏总理衙门档案中检出一荣禄来函,对这种关系有所说明。文录下:

> 五月初一日奉荣禄函称:来件备悉。前闻拳匪涞水定兴一带滋事,已饬聂军门派拨邢长春马队二营,复派中左右步队三营,驰赴涞定一带查拿滋事匪徒及解散为从愚民,并保护教堂刻下尚未据报到防。兹据前因即当飞电聂军门转饬竭力保护,以免各国生心。此复并希由贵署复盛京卿为荷。[25]

奕劻本人也利用手中控制的兵力,布置弹压京城拳民。如初二日有"相机剿办"上谕,当日奕劻函致载漪请调动虎神营兵力,后者有一复函:

---

[22]《致袁世凯札(一)》(光绪二十六年六月),《荣禄存札》,第411页。同一日荣禄另电盛宣怀,亦谓:"匪事办法今已明降谕旨,今日复派刚相赴保定一带宣布解散,如不行即一意剿办也。"《荣中堂来电》,五月初十日,《愚斋存稿》卷三十五,沈云龙主编《近代中国史料丛刊》续编第13辑,文海出版社,1975年影印本,总第832页。

[23]叶昌炽:《缘督庐日记钞》,《丛刊·义和团》第2册,第442页。

[24]相蓝欣:《义和团战争的起源》,华东师范大学出版社,2003,第224页。

[25]《前已饬聂军门派兵赴涞定一带查拿匪徒解散虞民并保护教堂据来件即飞电聂转饬竭力保护希由署电复盛京卿由》,光绪二十六年五月,总理各国事务衙门清档,台北"中央研究院"近代史研究所藏,档号:01-14-002-01-004。

适接钧谕,敬悉。已飞调虎神营全队分往各要隘弹压,谨此,敬请时安百益。侄载漪顿首。五月初二日丑正八分。㉖

原函收于《清代名人书札》,编辑者加标题为《载漪致某人》。载漪以郡王之尊而称"钧谕",对方必然是辈分比他高的亲、郡王,当时参与朝政的亲、郡王,只有礼亲王世铎和庆亲王奕劻两人,按辈分而论,载漪可对之称"侄"者只奕劻一人,据此可确定收件人为奕劻。孔文引庚子三月懿旨及军机处交片,有命神机营、虎神营由宫赴(颐和)园"沿途随护各处路口、一体严密稽查"等语,据此读出"慈禧对奕劻和载漪特别宠信""慈禧在用人方面的好用心计、阴险狡诈"。(第29页)其实,如果注意到庚子上半年清廷对义和团政策的变化,就不会将执行扈从任务的神机营过度解释为"制约大权在握的荣禄",而由武胜新军改名的虎神营也不至于神秘到等同"为了防止政敌之突袭而临时组成的八旗别动队"了。

翰林院给事中高枬(1852—1904)日记五月二十日(6月16日)条记:

荣、庆、端、澜意见尚不相合。贝子贝勒皆大哭,非哭烧杀之起于京城,乃哭昨日上谕之将拿团也……荣在内谩骂曰:"这些王八旦,要把义和延入京,谓其能打洋人,闹得如许烂。"王夔公[王文韶字夔石]劝曰:"现在但须先清内匪。"荣:"一言难尽。"荣调董扎万寿山。董不听调,言面奉谕旨扎城门,且以言抵荣。闻密旨调袁与合肥去矣。不知能急至否。㉗

"荣、庆"与"端、澜"意见不合,荣禄在"拿团"问题上还是表现出一定的主见。军机章京王彦威记:"(五月)十八日,予与甘郎中大璋值班,上堂为荣相国力陈之,谓此时拳势未盛,如调大兵入城诛其渠魁,散其党羽,祸或可不

㉖ 本书编写组编:《清代名人书札》第6册,北京师范大学出版社,2009,第1224页。此条承陈晓平先生提示。
㉗ 《高枬日记》,《庚子记事》,第146页。

至燎原。荣相韪其说,奏请调武卫中军入城弹压。"㉘复按上谕档,五月十七至十九日(6月13—15日)短短数日内,清廷连续发布七道谕旨,指在近畿、京城等处义和团民为"拳匪",命步军统领衙门等严行查拿。㉙二十日(6月16日),有谕"着荣禄速派武卫中军得力队伍,即日前往东交民巷一带,将各使馆实力保卫,不得稍有疏虞"㉚。另,本月十九日(6月15日)谕召两广总督李鸿章(1823—1901)、山东巡抚袁世凯(1859—1916)"迅速来京"㉛,即高枬所谓"密旨调袁与合肥去矣"。此议亦缘起于荣禄意见,盖"召李傅相以议和,召袁慰帅以剿拳"㉜。当时荣、庆背后有一批官僚在多方活动。十八日,总署大臣袁昶(1846—1900)、许景澄(1845—1900)致函荣禄幕僚樊增祥(字云门,1846—1931):"速请荣相举办,先清城匪,再图外匪。"㉝十九日,袁昶上书奕劻,指出义和团"实属罪大恶极",应准"格杀勿论,高悬赏格,缚献匪首"。㉞庆、荣皆为主剿者所瞩望,相比于荣禄偶有建言,奕劻则显得更加沉默。

孔先生论证奕劻反对"剿拳"唯一直接证据,为录自《拳乱纪闻》的一则报道,中有"皇太后昨晚在宫内召集各大臣,密议团匪乱事,为时极久,旋即议定,决计不将义和团匪剿除……当定议时,祇荣相、礼王不以为然,又因势力不及他人,故不能为功,余如庆王、端王、刚相、启、赵二尚书等,俱同声附和,谓断不可剿办团匪"等语。孔先生据此认为:"庚子五月,奕劻之立场全然改变,决然不提镇压义和团之事,相反,他同载漪一起,帮助慈禧太后搪塞列强使臣,致使北京局势失控。"(第37页)此处有两点可供商榷:(1)查核

㉘ 王彦威:《西巡大事记》卷首,外交史料编纂处,1933,第4页。

㉙ 国家档案局明清档案馆编:《义和团档案史料》上册,第132、133、134、136、144页。中国第一历史档案馆编辑部编:《义和团档案史料续编》上册,第599、602页。

㉚ 《上谕》,光绪二十六年五月二十日,《义和团档案史料》上册,第144—145页。

㉛ 《军机处寄直隶总督裕禄上谕》,光绪二十六年五月十九日,《义和团档案史料》上册,第141页。

㉜ 佚名:《综论义和团》,《义和团资料》上册,第165—166页。

㉝ 袁昶:《乱中日记残稿》,《丛刊·义和团》第1册,第337页。

㉞ 袁昶:《上庆亲王请急剿拳匪书》,《袁昶奏稿》,《丛刊·义和团》第4册,第158页。

《拳乱纪闻》原文，上述一段出于"（五月十一日）北京访事来电"㉟，也就是说，所记事件远在刚、赵回京以前，故根本不能用来证明后来发生的、孔先生所谓的"当刚毅、赵舒翘从涿州回京后，慈禧之态度逐渐明朗：决定招抚义和团，对付八国联军"的史实。（2）循孤证不立之则，庆王所谓"断不可剿办团匪"说难以凭信；而且，孔先生既然连李希圣（1864—1905）、窦纳乐（Claude M. MacDonald，1852—1915）这类亲历者或近距离观察者的记录都归为"误读""只是从表面上看问题"，那么，在无旁证支持下，为何独信属于后来编辑且史源庞杂的《拳乱纪闻》"颇得当时的历史真相"呢？

二、 总署改组与所谓"督办军务处"的成立

五月后，有关奕劻言论的资料极少，除代表总署对使馆卫队入京表示微弱抗议外，我们基本听不到其他声音了。五月初九日（6月5日），英国公使窦纳乐前往总理衙门，与奕劻有过一次谈话，他得到的印象是："总理衙门即使有庆亲王作为它的发言人，已不再有效地代表中国统治势力；它作为推动中国政府的一个杠杆，正在彻底瓦解。"不过在谈及镇压义和拳问题时，窦纳乐根据奕劻回答其责难所用的语气，仍然相信："他心中同意我所说的话，而且他曾在高级官员中极力陈述同样的看法，但毫无效果。"㊱为实现"直接与朝廷接触"，窦纳乐一度策划外交团集体觐见光绪帝和慈禧太后，在他看来这是"使朝廷获得深刻印象的唯一仅存的机会"。㊲ 但是，这一提议被总理

㉟ 佐原笃介、浙西沤隐辑：《拳乱纪闻》，《丛刊·义和团》第1册，第124页。

㊱ 《窦纳乐爵士致索尔兹伯理侯爵函》（1900年6月10日于北京），《英国蓝皮书有关义和团运动资料选译》，胡滨译，丁名楠、余绳武校，中华书局，1980，第85、83页。

㊲ 《窦纳乐爵士致索尔兹伯理侯爵电》（1900年6月6日发自北京），《英国蓝皮书有关义和团运动资料选译》，第27—28页。其窦纳乐提出这一建议，利用了奕劻渠道，其致本国政府报告称："我于6月6日星期三写信给外交团首席公使，要求他召开一次会议，考虑关于集体觐见向朝廷说明局势极为严重的问题。会议定于下午召开，但与此同时，总理衙门的译员联芳前来看我，他常常作为庆亲王的使者进行活动。我利用这个机会对他谈起觐见的想法，说觐见的目的是为了支持庆亲王和总理衙门大臣们对镇压义和拳的愿望。联芳询问我，他是否可以将这个意见通知总理衙门，我没有表示反对意见，于是他告辞了。"同上书，第85页。

衙门以不合惯例为由拒绝。同在初九日（6月5日），俄国公使格尔思（M. de Giers）单独向奕劻提交呈书，呼吁清廷明降谕旨，"一气净绝义和团之乱"[38]，但迟至十四日奕劻方将此呈书上奏，局势已发生变化，呈书未起作用。此后，驻京公使基本放弃了外交解决的努力，公使团会议的议题已为增调援军入京所主导。

五月十三日（6月9日），慈禧由颐和园回西苑仪鸾殿驻跸。[39] 十四日（6月10日），清廷下达了两道谕旨：礼部尚书廖寿恒退出总理衙门；端郡王载漪管理总理衙门，礼部尚书启秀、工部右侍郎溥兴、内阁学士那桐为总署大臣。两道谕旨改组了对外"软弱"的总理衙门，载漪由此正式登上政治舞台，故此通常被解释为保守派大获全胜的标志性事件。然而细绎史料，我们发现五月十五日清廷续颁一旨：

> 军机大臣面奉谕旨：昨派端郡王载漪管理总理各国事务衙门。该郡王差务繁重，未能常川进署。如该衙门遇有紧要事件，仍着随时会商。钦此。[40]

---

[38] 《总理各国事务奕劻等折》（附俄国使臣格尔思原呈），光绪二十六年五月十四日，《义和团档案史料》上册，第125—126页。按其影印件可见折尾具名十人名单为：奕劻、王文韶、廖寿恒、徐用仪、崇礼、赵舒翘、吴廷芬、许景澄、联元、袁昶。其中赵舒翘名下注一"差"字，系赴涿州出差；联元名下注"感冒"。载漪等人并不在其列，可知该折呈递在总署改组前。参见《总理各国事务衙门大臣奕劻等奏为代递俄使对于义和团意见折》，《庚子事变清宫档案汇编》第1册，第81—82页。

[39] 袁英光、胡逢祥整理：《王文韶日记》下册，第1011页。据《荣相国事实纪略》，慈禧还宫与荣、庆"力请"相关："荣相仍恐拳匪北窜，颐和园首当其冲，皇太后、皇上若不还宫，必致受惊。又闻都城渐有拳匪匿踪，恐军民被惑，尤难收拾，遂邀同庆亲王等力请圣驾还宫，以安民心。上意必须先调董祥之军调驻都城附近，乃能回銮，否则不进。然此皆左右之计也。当即奏称甘军素来凶猛，非有急事不可调京，而上意已决，不能强遏，遂于五月十三日还宫。"（《荣相国事实纪略》，《近代史资料》总56号，第40页）另，《庸扰录》亦谓："大学士荣禄致颐和园痛哭，力请太后还宫，太后遂于十三日由颐和园归西苑。"见《庚子记事》，第249页。

[40] 《着载漪随时会商总署紧要事件事上谕》，光绪二十六年六月十五日，《义和团档案史料续编》上册，中华书局，1990，第597页。

前旨有载漪"管理"字样,明显是对奕劻的警诫;后旨对两者权限又有所平衡,强调"紧要事件"须"随时会商",可见载漪尚未独揽大权。经此改组,奕劻依旧保留处理总署日常事务的地位,不过,整个总理衙门毕竟要注意载漪的脸色了。

五月二十至二十三日(6月16—19日),慈禧连续召开御前会议。就目前可见文献,未见有奕劻发言的记载。二十日会后,清廷下达三道谕旨:其一责成刚毅等公开招募义和团;其二命裕禄、聂士成、罗荣光等阻止各国续到军队入京;其三命荣禄派武卫中军"实力保卫"各使馆。[41] 同日,清廷派出总署大臣许景澄、那桐出城劝阻联军返津,有"如不听命,则立调董军阻拦,再不服阻,则决战"之说。退值后,袁昶面见庆、荣、端,告以"若招抚拳会与董军合势,即使洗剿东交民巷,战胜外兵,然开衅十一国,众怒难犯,恐坏全局"。据其日记,三人的反应分别是:

> **庆神色沮丧,无所言。** 荣趑之云,非我能做主。端甚怒,或怪我言太激。

同一日,奉命出京阻兵的许景澄致荣禄幕僚樊增祥函称:

> 今日叫大起儿,王、贝勒等谓须派员迎挡洋兵,商令勿入城,挡不住则令董军挡之。当奉旨令景澄及那琴轩桐去,即晚带翻译出城。略园相私谓,明料挡不住,然令董军出手,则结了。〔董骄蹇已极,不受节制,素持联拳灭洋为说,近端邸极袒右之。〕弟言我等自必竭力商挡,至董军一层,还请中堂通筹,揣略相亦有说不出的苦,弟惶惑无计,**阁下务必代筹感佛、阻端、助庆之法**,庶可将董军硬办一节消化,冀存苞桑

―――――――――

[41]《上谕》《军机处寄协办大学士刚毅等上谕》《军机处寄直隶总督裕禄等上谕》,光绪二十六年五月二十,《义和团档案史料》上册,第145—146页。

之一线。㊷

　　二十一、二十二日御前会议，和战仍未有定议，但从下发谕旨中已可看出主战倾向：其一责令直隶总督裕禄招募天津义和团。其二命各省调兵驰赴京师，此以镇定"京城内扰乱"为主旨的调兵令，看起来像是对付外国军队入京的勤王令。其三命山东巡抚袁世凯"毋庸北上"。㊸袁主剿拳，停止其入京使命，即是有意招抚义和团了。㊹其四即孔先生特别重视的、引以为论证奕劻立场的成立督办军务处谕旨：

　　　　军机大臣奉面谕：京师现办军务，著派徐桐、崇绮与奕劻、载漪并军机大臣会商一切事宜。钦此。㊺

根据此谕，徐、崇、庆、端联合军机处"会商"办事，且地位超越于军机大臣。谕内"军务"一词，当然非指对义和团的军务，而是对各国联军的军务。关于这

㊷ 以上两段均见袁昶：《乱中日记残稿》，《丛刊·义和团》第 1 册，第 338 页。按许景澄出城阻洋兵事，亦见其日记："庚子年五月二十日，奉命阻洋兵，夜三鼓偕理藩院侍郎那琴轩桐出齐化门，借宿官厅。二十一日，午刻，至丰台，为义和团众所拥阻，遂折回，至阜城门外宿庙。二十二日，入内后返寓。"（参见《许文肃公（景澄）遗集·日记》，沈云龙主编《近代中国史料丛刊》第 19 辑，文海出版社，1968 影印本，总第 973—974 页）其同时期有家信，记事更详："我于二十日偕侍郎那桐奉派出京，顺洋兵来处，欲与商阻不必到京，随带翻译官三人。次日行至丰台[离京二十余里]，遇见义和团人一队，拦阻，持刀胁令坛烧香，告以奉差大员，彼竟不理，并疑于欲通洋人，令对神焚表，如表灰连起三次，则为好人，即为释放，灰不起，即须杀害。当时无可如何，生死只听天命，幸表起，彼等乃慰谢，以受惊为歉。是晚即折回，不再前进[此队洋兵约二千余人，闻为义和团前后阻御，全数受毙]。二十二日返寓，阖宅均庆更生。"同上书，书札二，总第 893—894 页。

㊸ 《着裕禄招集义勇编成队伍事上谕》，光绪二十六年五月二十一日，《义和团档案史料续编》上册，第 603 页。《军机处寄各省督抚上谕》，光绪二十六年五月二十一日，《义和团档案史料》上册，第 147 页。

㊹ 此道上谕转见《山东巡抚袁世凯折》，光绪二十六年五月二十九日，《义和团档案史料》上册，第 185 页。

㊺ 《着徐桐等与奕劻载漪并军机大臣会商一切事宜事上谕》，光绪二十六年五月二十二日，《义和团档案史料续编》上册，第 604 页。

一机构的直接史料极少,我们通过时人记述,由侧面了解它的情况。袁昶记:

> 闻设督办军务处[端、庆二邸、徐相、崇公]于禁垣内方略馆[崇公主借拳剿洋,谋拆津铁路,以限戎马之来,可谓谬于愚极]。[46]

李希圣记:

> 时有诏征兵,海内骚然,羽书相望,乃以载漪、奕劻、徐桐、崇绮主兵事,有请无不从,政在军府,高下任心,奕劻枝梧其间,嗫不敢言,取充位,桐以暮年用事,尤骄横。太后亦以桐旧臣,更事久,以忠愤号召揣摩取富贵之士,负当时大名,思壹用其言,以风动天下。[47]

郭则沄(1882—1946)记:

> 旧制以军机处平章军国重事,至是别设军务处,载漪、奕劻、徐桐、崇绮等领之,如枢臣之例。连文冲等以原官兼直阅章奏、拟谕旨,亦如章京。凡矫诏类由此出。[48]

胡思敬(1869—1922)记:

> 旧制军国重事,皆令军机处决之。至是,别设军务处于国史馆,以徐桐、崇绮、刚毅、赵舒翘、启秀等人入参机务,如军机大臣之例,以连文冲、王□□、汪诒书等阅中外奏章,撰拟谕旨,如军机章京之例。诸臣以

---

⑯《袁京卿日记》(民国十年抄本),李德龙、俞冰主编:《历代日记丛抄》第159册,学苑出版社,2006,第415页。

⑰ 李希圣:《庚子国变记》,《丛刊·义和团》第1册,第18页。

⑱ 龙顾山人:《庚子诗鉴》,中国社会科学院近代史研究所《近代史资料》编辑组编《义和团史料》上册,中国社会科学出版社,1982,第144页。

平戎为己任,意在尽戮各国公使,闭关谢客以成大一统之治。⑭

某京城居民记:

> 其时都中亦设督办军务处,旨意拟出即发,多不呈两宫核夺。可知五月廿五日宣战之谕,实是端、刚矫传。东南督抚不奉其命,大有识见。⑳

诸史料所称"军府""军务处"或"督办军务处",明显是一临时机构,成员多为主张排外的王公大臣。我们可以说清朝上层最保守势力开始控制局面,然而,能否更进一步,将此任命理解为"奕劻和徐桐、载漪等人完全是一个营垒的"?此处有必要辨析庆、荣、端之间的关系。

在几次御前会议上,载漪主战最力。据袁昶日记:"闻端郡王等力主战局,有密寄饬高密(荣禄)攻打各林牙馆之说。"㉑对抚团、剿洋皆不以为然的荣禄深感压力,此种情绪在五月二十二日(6月18日)致堂叔奎俊信中有充分表露:

> 此事始于端王,继而诸王、贝勒各怀心意,从中有犯浑不懂事理,皆以上意为顺,故在殿廷大声疾呼。八〇〇一、八〇〇二尚在后曰:"奴才等近支子孙,总以社稷为重,若不战,白白给他们,断不能甘心。"故众口一词,坚意主战,皆以伥为怯。况现统重兵,如是之伧,至于略有言须斟酌事理,不可以一国而敌十数国者,则谓乱政,竟敢当着上头,大为喊叫,其不成事体,亦所未有。**故庆王尤不敢出语,而拳民竟有以他为汉奸,几欲攻其府第〔其中竟有以去腊之事不平者〕,亦有人使之耳**。

⑭ 胡思敬:《驴背集》,《丛刊·义和团》第2册,第503页。
⑳ 佚名:《综论义和团》,《义和团史料》上册,第166页。
㉑ 袁昶:《乱中日记残稿》,《丛刊·义和团》第1册,第338—339页。

真可谓自古少有之事，田舍亦无能为力矣。㉒

信内"八〇〇一""八〇〇二"，指代庄亲王载勋，贝勒载澜。㉓"去腊之事"，即"己亥立储"；"有人使之"，显指载漪、刚毅一党。可见，不仅荣禄首当其冲，连自我禁抑意识甚强的奕劻也饱受拳党攻击。一些史书所载"载漪欲杀奕劻"之说是否确有，限于史料，已无法证实，但端、庆关系紧张是不争的事实。我们再看六月初二日（6月28日）袁昶致张之洞函：

> （五月）十七以后拳民在禁城突起滋事，天皇贵胄、弘德师保，力主借拳灭洋，钳荣相、庆邸之口，并造谣云：义和拳入禁城，**先杀四人通洋者，荣相、庆邸、崇礼、竹篔**，于是钳口结舌，而宣战之旨决矣。㉔

孔先生将当时流传的关于奕劻的揭帖，连同陈振江、程啸两先生对于"一龙二虎三百洋"的解说，皆指为"误读"。今据荣、袁两函，可证"端王载漪等人企图利用义和团，将矛头指向奕劻"的观点完全成立，"误读"的其实是孔先生本人。关于这一点，京师义和团在总署设坛，并对署中大臣多有不敬㉕，以及与庆、荣关系均亲近的副都统庆恒遇害一案上㉖，同样可寻到线索。可以

㉒《致奎俊札（一）》，《荣禄存札》，第405—406页。

㉓ 参看《荣禄与奎俊函》，《义和团运动史料丛编》第1辑，第138页，注释2。

㉔ 袁昶：《致夫子大人函丈》（光绪二十六年六月初二日），见袁荣寠辑《袁忠节公手札》，沈云龙主编《近代中国史料丛刊》第58辑，文海出版社，1970年影印本，第30页。

㉕ 关于义和团入驻总署的情况，可见袁昶：《致夫子大人函丈》（光绪二十六年六月初二日），《袁忠节公手札》，第32—33页；《唐文治自订年谱》，《义和团史料》下册，第744—745页；《石涛山人见闻志》，《义和团运动史料丛编》第1辑，第81—82页。

㉖ 按庆恒原为荣禄亲信，被奏调督办武卫中军粮台事务，又为奕劻所器重，常互往来，被派为八旗练兵全营翼长、神机营营务组翼长兼马步队管带等职。六月初四日，京师义和团杀死副都统庆恒一家六口，初十日广化寺团勇又在武卫中军公所将庆恒及其弟护军校庆禄抓送到府团，而统率京师义和团的庄亲王载勋却并未对庆恒予以庇护，后者被拳众押至庄王府处死。据庆恒的差役王德山等供，庆恒私自运存枪支于府内，与人商议招勇，"暗中与有仇之团为难"。（《载勋等奏为拿获副都统庆恒及其差役请旨办理折》，附庆恒之差役（转下页）

说，奕劻、荣禄在反对抚团、排外上持相同立场，尽管诉诸表达的方式稍异，被端王一派视为主要障碍则是一致的。前引许景澄致樊增祥函，请代筹"感佛、阻端、助庆"诸端，即以庆、荣在同一阵营为前提。英国驻天津领事贾礼士（W. R. Carles）的外交报告说"在北京的主要政治家中间，庆亲王和大学士荣禄似乎已成为对端王或董福祥提督起牵制作用的仅有的人物"[57]，亦非无根之谈。奕劻奉旨与端、刚等会商"军务"，或可说明慈禧对其"宠信逾常"，却不能用来推论他"格外出力"，事实不过如李希圣所言，"奕劻枝梧其间，嗫不敢言，取充位"而已。

三、"虎城密电"究竟何指？——从东南角度看"庆、荣"

孔文第四节"奕劻是如何为慈禧出谋划策"，先从侧面立论，据盛宣怀（1844—1916）致袁世凯密电，证明"这一时期，慈禧与奕劻关系之亲密，早已超过大学士荣禄"，而且，"这种亲密关系，甚至连远在上海的盛宣怀也一清二楚"。（第31页）笔者认为，在廓清当时南北函电往来的脉络之前，孔先生孤立地引用此"虎城密电"，导致对背景的误读，相应地，对电文所涉"密诏"的解释也存在偏差，至于结论说"专门要'庆邸独对'，而不说让荣禄独对，显然是知道，义和团高潮时期，只有奕劻才能经常有与慈禧'独对'的机会，荣禄与王文韶只能作为满汉军机大臣从旁帮忙"，更难以成立。不过，从南北联系观察清朝高层政治，是一个非常有价值且前人注意不够的研究视角，由此切入做文献梳理，将会有观风察势之效。

义和团兴起后，东南督抚密切关注政局走向，从其向中央建言的渠道看，均以奕劻、荣禄、王文韶为主要对象，而在很多场合，"庆、荣"是并称的。

（接上页）王德山等人供单，光绪二十六年六月十四日，《义和团档案史料续编》上册，第642—643页。关于庆恒案，另参路遥：《义和团运动发展阶段中的民间秘密教门》，《历史研究》2002年第5期。

[57] 《贾礼士领事致索尔兹伯理侯爵函》（1900年7月29日于天津），《英国蓝皮书有关义和团运动资料选译》，第223页。

李鸿章奉召北上后,五月二十四至二十七日(6月20—23日)连续数次电奏,均署"求庆邸、荣相,枢、译署速代奏请旨""请由驿拨速递庆邸、荣相、枢译署代奏"字样。㊳五月二十四日,由鄂督张之洞发起、地方督抚八人会奏,奏末附语:"因道路梗阻,分递两处,一呈总署,一呈荣中堂,以冀必有一路可到,并请电复。"㊴五月二十日(6月16日),盛宣怀条陈"转危为安、化重为轻"四项办法,同时函致荣禄、王文韶。㊵ 其实,奕劻也是条陈对象之一。笔者在上海图书馆藏盛宣怀档案中检出《盛宣怀致奕劻函》原文,有言:

> 宣怀受两宫特达之知,殿下吐握之德,志切捐糜,难安缄默。谨拟数条密呈钧座,如蒙俯察可行,即乞转奏。此皆哀的美敦书以后所必不止此之事,倘能出于自谋,尚可全国体以保宗社。**王爷位极亲贤,处此危急存亡之秋,若犹存明哲保身之意,隐忍不言,或之不切,恐聚九州岛铁难铸此错。** 此宣怀绕床终夜而不敢已于言者也。㊶

六月后,东南方面向中枢建言主要围绕剿拳、恢复使馆通讯、送使赴津诸方面展开。在张之洞等人心目中,当时有能力"定乱剿匪"的"京城中威望

㊳《寄东抚袁》《寄东抚袁慰帅》,光绪二十六年五月二十七日午刻、酉刻,顾廷龙、戴逸主编:《李鸿章全集》第27册,安徽教育出版社,2008,第68、69页。

㊴《致总署、荣中堂》,光绪二十六年五月二十四日亥刻发,苑书义、孙华峰、李秉新主编:《张之洞全集》第3册,河北人民出版社,1998,第2149—2150页。

㊵《盛宣怀致王文韶函》《盛宣怀致荣禄函》,光绪二十六年五月二十日,陈旭麓、顾廷龙、汪熙主编:《义和团运动——盛宣怀档案资料选辑之七》,上海人民出版社,2001,第59—62页。随后,盛宣怀又就相关内容直接致电荣禄,见《盛宣怀上荣禄电》,光绪二十六年五月二十一日,王尔敏、吴伦霓霞合编《清季外交因应函电资料》,"中央研究院"近代史研究所,1993,第390页;《寄天津荣中堂》,光绪二十六年五月二十一日,《愚斋存稿》卷三十五,总第836页(该电底稿见《盛宣怀条陈》,《义和团运动——盛宣怀档案资料选辑之七》,第62—63页)。

㊶《盛宣怀致荣禄(奕劻)函》,光绪二十六年五月二十日,抄稿,上海图书馆藏,档号:056480-1。按文件原题收件人误作"荣禄"。另,同日《盛宣怀致陆宝忠函》亦谓:"弟今日有专函与庆邸、荣、王两相,有办法四则,请公即面询夔相,能否上陈?"夏东元编著:《盛宣怀年谱长编》上册,上海交通大学出版社,2004,第674页。

素著之王大臣"非庆、荣莫属。⑥² 对京中庆、荣"同心"的状况,京外人士是充分知情的。据在沪襄办电报的赵凤昌(1856—1938)言:"拳焰炽时,枢臣惟端王之命是从,附端甚力者刚毅;其庆邸、荣禄、王仁和,虽依阿其间,仍时与沪通电,惟辞气含糊,为两方敷衍之语。"⑥³通过东南渠道了解京城消息的外国人,也相信庆、荣之政治态度相对温和,法国政府时有声明:"闻伊等不信用拳匪,如能设法将各公使及洋人性命保全,我们可与和平商议。"⑥⁴

再来看"虎城密电"。先是日本驻沪领事小田切万寿之助(1868—1934)奉外务省命令,交出一密件,云:"请刘大臣、张制军、盛京堂密与东抚袁电商,自提大兵,或派干练之将与本国兵协同弹压。"⑥⁵接此密件者为盛宣怀。其在事变期间自许"局外闲人",却不乏非常之谋。六月初四日(6月30日),致奕劻、荣禄、王文韶电称:

> 君如腹心,疆臣如手足,目前急难倘有诏旨所不能明言者,拟请钧处密电江、鄂、粤各督,俾可禀承圣意,内则王爷、中堂,外则李、刘、张三帅,与统兵宋、聂、袁、张四军联络一气,以保大局。能否密奏定夺?⑥⁶

盛宣怀欲用庆、荣直接请旨,调动军事力量,谋内外联络,一举定乱,正与小田切来件意合。六月十七日(7月13日),盛以"虎城密码"再电庆、荣、王,并请代奏,内云:

⑥² 《致江宁刘制台、成都奎制台、福州善将军、济南袁抚台、西安端护抚台、上海盛京堂》,光绪二十六年六月十六日申刻发,《张之洞全集》第10册,第8115页。

⑥³ 黄濬:《花随人圣盦摭忆》,上海古籍书店,1983,第292页。

⑥⁴ 《寄直藩飞递庆邸荣相》,光绪二十六年六月十四日申刻,《李鸿章全集》第27册,第118页。

⑥⁵ 《寄刘张两督帅》,光绪二十六年六月十三日,《愚斋存稿》卷三十七,总第869页。

⑥⁶ 《寄京庆亲王荣中堂王中堂》(由保定孙道专马飞送六月初四日),《愚斋存稿》卷三十六,总第855页。

现值京津发水，洋兵到齐，约有一月，趁此工夫，莫如内外合谋，自行分别妥办，尚可挽救。然非王爷与中堂独对切陈，请两宫速发密诏，外臣无从助力，即李中堂遵旨北来，亦同归于尽。如当圣意，须将暴军调出御敌，聂军调京护卫。李相日内抵沪，如有密旨，即可北渡。宋、聂两军暂归调度，若嫌兵力不敷，密调袁抚约期而至，秉承庙谟，不动声色，内乱一平，外衅自解。过此不图，悔莫能及。间不容发，泣盼乾断。此电与江、鄂、闽、粤各帅，往返电商，意见相同，但疆臣不敢显言。某以闲曹，受恩深重，敢冒斧钺，乞代密陈，如有密旨，请用虎城电码，分递济南、保定，递上海道分转最妥。⑥⑦

此即孔先生所引盛致袁电的附件。拟调"暴军"，指董福祥甘军；所请"密旨"，意在李鸿章到京后，总调宋庆、聂士成、袁世凯各军，一举平定"内乱"，其既为"内外合谋"思路的延伸，又受到日方建议的影响，孔先生所解释的"即是要朝廷私下允诺，东南督抚推行与洋人妥协政策，即实行东南互保"（第32页），并不准确。

上述电奏先发济南，嘱袁世凯"此电颇有关系，乞照录三份，飞速递京，分送庆王爷、荣中堂、王中堂拆"，并表示："揣摩诏旨两歧，大家觑破，疆臣把握全局，转圜均在此。但必须请得一密旨，方有率从，督抚未便出名，某是闲曹，谨用虎城密电，请庆邸独对。"⑥⑧孔先生解读说："他的密信称，专门要'庆邸独对'，而不说让荣禄独对，显然是知道义和团高潮时期，只有奕劻才能经常有与慈禧'独对'的机会。"（第31页）其实，只要细读电奏，其中明明有"趁此工夫莫如内外合谋，分别自办，尚可挽救，然非王爷与中堂独对，陈请

---

⑥⑦ 《盛宣怀致奕劻等电》，光绪二十六年六月十七日，抄稿，上海图书馆藏，档号：056064。此电另题《盛宣怀致奕劻、荣禄、王文韶电》，收入《义和团运动——盛宣怀档案资料选辑之七》，第123页；《请发密诏平乱以挽危局电奏》，收入《愚斋存稿》卷二十一，总第560—561页。各版文字间有小异。

⑥⑧ 《盛宣怀致袁世凯电》，光绪二十六年六月十七日，《义和团运动——盛宣怀档案资料选辑之七》，第122页。

两宫速发密诏，外臣无从助力"等语句，寄望于庆、荣并无偏私，何来"不说让荣禄独对"的意思？稍后，盛宣怀致电荣禄叔父、川督奎俊，更言"非请密诏，何所率定，公宜密电荣相"，足证孔先生所说非是。⑥

六月二十日（7月16日），盛宣怀续电袁世凯，谓：

> 窃料圣慈必不终受鼓惑，苦于无人能救。公细味电旨及荣电，自可无疑。老佛辣手，只要有辛酉十月手段，一举可定，然庆、荣无人帮助，势不敢举，而外臣不奉诏，理不能行，故非先请密旨不可。虎城只庆、荣有此本，二公得此电亦必细审，圣意合则代陈，不合置之而已，必不害我。⑦

"老佛"，代指慈禧；"虎城"，指联络庆、荣的专属电码本。以"辛酉十月手段"比拟请旨办理事，暗示所具有的政变性质。前奏言"此电与江、鄂、闽、粤各督抚往返电商，意见相同，但疆臣不敢显言，宣怀幸以闲曹受恩深重，敢冒斧钺乞代密陈"，实则皆由盛氏一人策划，手段大胆至极，已非刘、张辈所能想见，而其尚能自期"必不害我"，可见对庆、荣二人的信赖程度。

另值得一提的是，六月二十五日（7月21日）李鸿章由粤抵沪，继与盛宣怀谋划一秘密行动，拟"派杨莘伯坐日本兵船进京，谒商庆邸面奏慈圣，先送使出都，俾与各国议和"。日本外交文书显示，李鸿章在上海与小田切万寿之助领事及当时来华的日本国会议员佐佐友房（1854—1906）均已有接触，谋求日舰护杨崇伊（1850—1909）北上，因日方拒绝而无奈叫停。⑦ 由此未果的秘密行动来看，东南方面为联络庆、荣，打通与最高层沟通的渠道，其实动员了中外多方面的力量。

---

⑥ 《盛宣怀上奎俊电》，光绪二十六年六月二十三日，王尔敏、吴伦霓霞合编《清季外交因应函电资料》，"中央研究院"近代史研究所，1993，第415页。

⑦ 《寄袁慰帅》，光绪二十六年六月二十日，《愚斋存稿》卷三十七，总第876页。

⑦ 说详拙文《1900年李鸿章与佐佐友房会晤考论》，《安徽史学》2011年第6期。

那么,对于京外建言,奕劻本人如何反应呢?笔者从《愚斋存稿》检出七月初七日《袁慰帅来电》内载一件署"京庆邸初二函",文录下:

> 顷接来函具悉。诸君子公忠体国,筹虑周详,曷胜佩服。各国使臣除德使已毙外,余均无恙,现已奉旨实力保护,万不致再有伤亡,即望转达。时变日棘,诸君子皆受恩深重,谅必能共抒良策,以挽时艰。至京城内外土匪日众,诚如来函所云,亟宜剿除,庶足以杜外人之口而靖中国之乱。然任大责重,既非菲才所能办,而权柄操自朝廷,亦非臣下所敢自请。过蒙诸君子推许,不胜惶恐之至,但予历世受恩,值兹时事艰难,何敢自安于拙?惟有尽我思之所能及,与力之所能为,以求挽回于万一而已。[72]

复按《李鸿章全集》及中国社科院近代史所藏张之洞未刊电稿,收有相同电文。[73] 由此,可推知奕劻于七月初二日(7月27日)书此函,递济南袁世凯,电报转发至东南各省。函内表白"权柄操自朝廷,亦非臣下所敢自请",显见明哲保身的意向。盛复电询"庆邸初二函是复何人",袁世凯回电仅有简略的十九个字:

> 系复弟函,非公信,虎电未提,无可再望,少言为妙。[74]

奕劻应已收到"虎电",但暗自压了下来。既然连剿拳亦属"非敢自请"之列,那么"虎电"赤裸裸地提出"内外合谋"这样大胆的举动,更非其所敢置

---

[72]《袁慰帅来电》,光绪二十六年七月初七日,《愚斋存稿》卷三十八,总第899页。

[73]《东抚转庆邸函并致盛京堂江鄂督》,光绪二十六年七月初八日到,《李鸿章全集》第27册,第171页。《袁抚台来电》,光绪二十六年七月,《张之洞存各地来电》第三十八函第一册,档号:甲182-140。

[74]《袁慰帅来电》,光绪二十六年七月初八日,《愚斋存稿》卷三十八,总第900页。

喙了。老于世故的袁世凯知"独对请旨"无望,故劝盛"少言为妙"。

四、 奕劻在战时交涉中扮演了什么角色?

前已谈及,孔先生分析"庚子七月'召见单'"时,谈得最多的是六月前的政局,这中间存在时间错位。当正面叙述奕劻政治活动时,仅列举了《上谕档》所载奕劻与使馆沟通的四封书信,亦不乏可商榷处:(1)以"庆亲王"或"总理衙门大臣"名义与使馆通信的记录,远不止四封,这些文件在《义和团档案史料》《庚子事变清宫档案汇编》中已有相当完整的收录;⑦(2)孔先生对四封书信罗列式的征引,只有个别文句的注释,缺少上下文的疏通;(3)相应地,对署名"庆亲王"的信件与奕劻本人之间关系的解释存在随意和混淆,一面将此类文件悉数用以理解"奕劻是如何帮慈禧在外交方面出谋划策的",一面又强调"奕劻一味屈从慈禧,毫无定见,完全听从慈禧的摆布",唯独未交代之所以然的背景和原因;(4)忽视了交涉对手方,即外国使馆一侧的即时反应,如主要负责与总理衙门通信的英国公使窦纳乐对来函背后的深层因素就有所觉察,推测"不同的格式和语气意味着,这些信件可能来自不同派别的人们"。

围攻使馆无疑是慈禧太后亲自决策的,但要回答"为什么攻打使馆""为什么后来又围而不攻"这些问题,却非易事。如林华国先生所言:"清政府关于使馆之战的决策是在极小范围内极端机密谋划的,我们至今没有发现有关这些决策过程的可靠的原始资料,今后恐怕也很难找到这样的资料。"笔者基本同意林先生的分析,慈禧攻打使馆的目的,"并不是要夷平使馆,杀戮使臣,而是要使各国使臣陷入危险、绝望的境地,逼迫列强同意停止战争"。⑦ 由于列强一直以保护使馆为出兵主要借口,清廷也将使馆安危视为

---

⑦ 国家档案局明清档案馆编:《义和团档案史料》上册,第 325、326、345—346、383、403、421、445、475 页。

⑦ 林华国:《历史的真相——义和团运动的史实及其再认识》,天津古籍出版社,2002,第 167、171—172 页。

和战关键,企图将其控制在自己手中,以为斡旋砝码。战时交涉贯穿了慈禧以此进行讨价还价的企图,而原本相对失势的奕劻、荣禄一派也在特定情势下有所表现。

因天津战局的影响,总理衙门在六月十八日(7月14日)开始恢复与使馆区的联系。先是使馆重金聘请教民金四喜,前往天津送信,回京时被荣禄部所执,经慈禧太后批准后,带入"总理衙门事务奕劻"领衔署名的、致各国使节的照会,内以保护为名,"请贵大臣等先携宝眷,率领参赞、翻译各员分起出馆,本爵大臣等检派妥实兵弁严密防护,暂寓总署,嗣后再作归计",并声明"此乃本爵大臣于万难设法之中,筹此一线全交之路,若过时不复,则亦爱莫能助矣"。⑦ 荣禄后在一私信中言"幸各使尚未死,昨好容易拿住一汉奸,令其送信,以通消息"⑧,即指此事。

六月二十日(7月16日),清军停止进攻。窦纳乐战事日志记:"它实际上开始了某种形式的武装休战,这种休战一直延续到援军到达前十天或十二天。"⑦ 二十一日(7月17日),直隶总督裕禄发自北仓的奏报证实天津陷落的消息。二十二日,根据荣禄的命令,总署章京文瑞进入使馆区,"告以奉命慰问,并申明极力保护"。⑧ 二十三日(7月19日),总署照会要求使馆人员"暂避天津",并拟派队沿途保护。七月初三、初七日(7月28日、8月1日),总署两度照会英使窦纳乐催问行期,并磋商停战,落款均署"庆亲王等

---

⑦ 《总理各国事务奕劻等给各国使臣照会》,光绪二十六年六月十八日,《义和团档案史料》上册,第325—326页。原档未具日期,有注云:"见面带上,带下存堂,次日堂改后,照缮信函一件寄窦纳乐,由堂交。"参看《庚子事变清宫档案汇编》第2册,中国人民大学出版社,2003,第518—519页。可确知此照会前一日已经慈禧批准。金四喜事,另见〔英〕普特南·威尔(Putnam Weal):《庚子使馆被围记》,冷汰、陈诒先译,上海书店出版社,2000,第100页。
⑧ 《致奎俊札(一)》,《荣禄存札》,第405页。
⑦ 《关于北京自1900年6月20日至8月14日所发生的事件的报告》,《英国蓝皮书有关义和团运动资料选译》,第304—305页。
⑧ 选派文瑞赴使馆的一个原因是,袁昶等总署大臣多以"弹射丛至,人言可畏","以未奉上谕辞"。参见《袁京卿日记》,《历代日记丛抄》第159册,第453页;《高枏日记》,《庚子记事》,第158页。

同启"。此即孔先生征引四封奕劻书信中的前两封。六月二十四日、七月初二日,总署还向使馆送去了西瓜、菜蔬、白面,以示慰问。据盛宣怀得到情报:"廿二京信,总署派文瑞往见各使,未损一人;荣拟奏请先送食物,再商派队伍送赴津。"[31]关于使馆撤津的交涉一直持续,直至北京城陷前夕,仍未有结果。上述事情是在荣禄与奕劻的配合下实现的,当然,前提是慈禧太后不加反对。由目前可见的史料来看,荣禄的作用似更大一些。当时直接负责与中方对话的窦纳乐就有如下判断:"根据所有那些同我们保持联系的人所做的说明,荣禄现在是中国政府中掌权的人物。"[32]

七月初一日(7月26日),巡阅长江水师大臣李秉衡(1830—1900)入觐。初三日,许景澄、袁昶被处死;同日,江督刘坤一等十三人会奏"请授李鸿章全权折"抵京,留中不发。初四日(7月9日)后,清军恢复了对使馆区的炮击。当时在京的顺天府尹陈夔龙(1857—1948)、日讲起居注官恽毓鼎不约而同认为,李秉衡抵京为朝局转捩一大节点,由此顽固势力复张,慈禧继续作战的决心也得以巩固。[33] 对和议前景一度抱希望的京外人士,因此感叹"海城初一入觐,高谈者气复少振","事机甫转,又为海城所败","海城到京,固执尤甚,朝局又变"。[34] 那么,当时奕劻做何反应呢?

孔先生据召见单记载"七月初一日至十九日,慈禧召见最多的官员是奕劻,达十六次,其次是端郡王载漪的十四次",断言:"情势愈是紧张,慈禧愈是离不开奕劻和载漪。他们二人可以说是慈禧当时的左右手,而且对奕劻的信任,又在载漪之上。"(第28页)然而,细绎召见单,可发现在清廷和战态

---

[31] 《盛宣怀致李盛铎电》,光绪二十六年六月二十七日,《清季外交因应函电资料》,第417页。

[32] 《窦纳乐爵士致索尔兹伯理侯爵函》(1900年9月20日于北京),《英国蓝皮书有关义和团运动资料选译》,第105页。

[33] 陈夔龙:《梦蕉亭杂记》,山西古籍出版社,1996,第38页。恽毓鼎:《崇陵传信录》,《丛刊·义和团》第1册,第52页。

[34] 《袁抚台来电并致李中堂盛京堂刘制台》,光绪二十六年七月初六日辰刻到,《张之洞全集》第10册,第8200页。《复盛京堂》,光绪二十六年七月初七日,《刘坤一遗集》第6册,第2583页。

度激变的关键期,即七月初一、二、三日,名单中恰没有奕劻。⑤ 也就是说,初一日李秉衡入觐、慈禧重趋主战,奕劻未预闻其事;而初二日逮许、袁于狱,初三谕令即行正法,奕劻也被排除在决策过程以外。前揭初二日奕劻复袁世凯函,"权柄操自朝廷,亦非臣下所敢自请"等语益证其当时在政治决策上的失语。后谈判《辛丑条约》时,奕劻作为全权大臣致电行在军机处,内称"(李秉衡)入京后,围攻使馆,极力加功,大臣有与泰西辑睦者,附和金人而陷害之"⑥。所谓"大臣有与泰西辑睦者",即许、袁而言,"金人",则指向载漪、刚毅、徐桐之流。恽毓鼎曾谓:"袁太常诋拳匪最力,致书庆亲王奕劻,请其劝载漪勿为祸首……书为载漪所得,遽上闻。谕旨所谓离间,指此也。"⑦在关于许、袁被杀原因的诸多说法中,郭则沄以为"是说较可信"⑧。七月召见单多见奕劻、载漪同时召见的情形,如谓两人为"慈禧当时的左右手",差可成说,而径直视同"一个营垒",则嫌武断过甚。还值得注意的是,初一、二、三日连续获召见的庄亲王载勋,为统率京津义和团大臣,在庄王府设有总坛,后与载漪同被指为"祸首",他们才真正算得上"完全是一个阵营"。载勋在慈禧面前对许、袁有所攻击,是完全可能的。

据窦纳乐战时日志,"(7月)29日是明确恢复敌对行动的日期"。当天甘军在北御河桥上新筑工事,并开始有规律地射击,使馆卫队亦用大炮反击。此次开火为各使拖延离京提供了理由,窦纳乐在七月初五日(7月30

---

⑤ 召见单记录如下:"七月初一日,庄亲王载勋、李秉衡、军机。初二日,庄亲王载勋等、李秉衡、军机。初三日,庄亲王载勋等、徐承煜、景沣、军机、张春发。"孔先生对召见单中"等"字表示怀疑:"因为人物名单,字数本来就很少,为何要'等'字?我怀疑这个'等'字,可能代表'奕劻'。"(第28页)笔者认为,既然"字数本来就很少",那更无必要省略重要召见人员,且从中文使用习惯看,"等"字不一定代表省略。孔先生推测似过牵强。

⑥ 《庆亲王奕劻等为开议和局万不可败请俟条款以时撤销李秉衡恤典以示大功勋致行在军机处电》,光绪二十六年十月十四日,《庚子事变清宫档案汇编》第9册,第144页。

⑦ 恽毓鼎:《崇陵传信录》,《丛刊·义和团》第1册,第51页。

⑧ 龙顾山人:《庚子诗鉴》,《义和团史料》上册,第63页。按郭则沄之父郭曾炘(1855—1928),庚子时为领班军机章京。

日)致函总署,表示"对于前往天津途中的安全不能感到放心"⑧。初七日(8月1日)总署复函内称"昨日奉复一缄",即指窦纳乐来函,而非孔先生所谓的初六日"军机大臣面奉谕旨"(第33页),内将重新开火的责任归咎于教民,并催问动身日期,"务希于两三日内定期见示,以便料理一切"⑨。

七月十二日(8月6日),总署对使馆卫队的一次猛烈反击提出照会抗议,此即孔先生所引第三封奕劻书信。⑨ 十三日,李秉衡出京督师,旨授李鸿章为全权大臣,命"即日电商各国外部,先行停战"⑩。这仍是慈禧太后的两手:以李秉衡主战,若有小胜,则以李鸿章议和。十六日(8月10日),李秉衡兵败通州河西务。十七日,总署大臣徐用仪、联元,内务府大臣立山被处死;同日懿旨:"传谕荣禄、董福祥,激励统带营官兵丁等奋勇立功,从优破格奖赏。即刻传知各处,张贴告示。"十八日懿旨:"董福祥着在紫禁城内乘坐二人肩舆。"军机大臣面奉谕旨:"刚毅着帮办武卫军事务。"⑧这是清廷最后的军事挣扎。

七月十八日(8月12日),总署发出两道照会,一面试着与联军前锋接触,先行停战;一面计划与使馆直接和谈,并派王大臣"奉诣面商"。⑨ 使馆方面已同意于次日上午会晤,然而终于未果;同一天,通州被占,京师门户自此大开。当时到底发生了什么?通过下面几种记述,我们基本可以拼合出

---

⑧ 《窦纳乐爵士致索尔兹伯理侯爵函》(1900年9月20日于北京),《英国蓝皮书有关义和团运动资料选译》,第111页。

⑨ 《总理各国事务奕劻致某公使函》,光绪二十六年七月初七日,《义和团档案史料》上册,第421页。

⑨ 《总理各国事务奕劻等致英国公使窦纳乐函》,光绪二十六年七月十二日,《义和团档案史料》上册,第445页。

⑩ 《军机处寄直隶总督李鸿章电旨》,光绪二十六年七月十三日,《义和团档案史料》上册,第445—446页。

⑧ 《着荣禄等激励官兵奋勇立功事懿旨》,光绪二十六年七月十七日;《着奖赏董福祥懿旨》《着刚毅帮办武卫军事务上谕》,光绪二十六年七月十八日,《义和团档案史料续编》上册,第732—733页。

⑨ 《总理各国事务衙门照会各国联合军总统》《总理各国事务奕劻等致各使馆书》,光绪二十六年七月十八日,《义和团档案史料》上册,第475页。

战时交涉的最后一幕。七月十八日军机处奏片：

> 顷由载勋等口传谕旨，往各使馆商议停战。臣等已致函窦纳乐，先定晤商时刻，俟有回信，即行往商。谨将函稿呈览。谨奏。⑮

军机大臣荣禄事后奏称：

> 是时大局尚未糜烂，窦使复函于次日九点钟在馆拱候会晤，乃该大臣启秀、赵舒翘等恐其扣留，不敢往晤，托词有差不及前往，又函复之，至二十日夜间又复迁延，遂有二十一日之变。⑯

军机章京王彦威(1842—1904)记载：

> 先是联军未入京师，庆亲王入奏谓，时事日亟，请仍与各使相见一面，令李相国鸿章入京议和。各使允之，定期七月十七(九)日会晤，届时而总署大臣相顾瑟缩不敢往，遂罢议。⑰

通州失陷前数日，主战派一度占了上风。当战局愈趋不利，慈禧加紧了求和步伐。十八日奕劻奏请与各使会晤被允准，传谕"往各使馆商谈停战"，而约定会期后，总署大臣却无人敢往。启秀、赵舒翘等主战派官员"恐其扣留不敢往晤"，很容易理解⑱；另一种可能是，有过许、袁被杀的前车之鉴，奕劻敏感于政治禁忌，也不敢独自往晤。

---

⑮《军机处奏片》，光绪二十六年七月十八日，《义和团档案史料》上册，第472—473页。

⑯《大学士荣禄折》，光绪二十六年八月初七日，《义和团档案史料》上册，第531页。

⑰ 王彦威：《西巡大事记》卷首，第16页。

⑱ 赵舒翘六月二十日记："召见数次，已定暂避之计。晚间庆王、端王、荣相又阻不行，并派予同夔石、阴芝往使馆讲和，是陷人危局，予拟力辞。"王步瀛编：《赵慎斋年谱》，《义和团史料》上册，第754页。"夔石"，王文韶；"阴芝"，徐桐。

五、 奕劻未随西逃是不是"慈禧布置的另一招高棋"？

尽管中外调和的余地所剩无几，直至京师陷落前夕，荣禄、奕劻为与使馆"商谈停战"，仍有所合作。而孔先生将庆、荣关系做对立的理解，并强调慈禧亲庆而疏荣，其举证重要事实之一，即宫廷西逃之际，"慈禧的两名亲信荣禄与奕劻，各有不同的表现"。孔先生依据荣禄奏折中一"闻"字，推断"慈禧西逃之举，事先并未告知荣禄""慈禧在此义和团运动的关键时刻，首先相信的是奕劻，而不是荣禄"；与之相对应的是，"奕劻在此危难时刻，与荣禄不同，始终与慈禧在一起"。（第 37—38 页）事实真的如此吗？

七月十六日(8 月 10 日)，慈禧已知北仓、杨村之败，拟定留京、随扈、署缺的五道上谕。谕旨原文今已不存，可见者只有朱笔圈出的四件留守、随扈人员名单，留守者为：

> 载滢、溥伟、载振、载润、载泽、溥侗、载沣、崇纲、溥静、凯泰。
> 载勋等城守仍留京。崇绮、刚毅（留京办事）、徐桐。[99]

名单中并无庆、荣；相反，徐、崇、刚倒皆在其列。

七月二十日(8 月 14 日)，联军攻城之际，慈禧在西苑召见军机，三次会议城防，"咸相顾愕眙，无敢出一语"[100]。二十一日晨，联军入城，慈禧携光绪出逃。此行极其仓促，奕劻、荣禄最初皆未及同行。据军机章京继昌记载：

---

[99] 本日上谕档有注文，录下："以上钦派留守、留京、随扈二、署缺谕旨五道，十六日未申之交王大臣二次召见后，于养心殿命章京张嘉猷等入缮王公、贝勒、大学士、尚书、满汉侍郎等名单四件递上，随奉朱圈并加朱笔单一件发下分别缮旨。明日清晨，通单五件送堂递上，未发下。其日方罢巡幸议也。原档遍检不得，谨补缮空通原单订存，并恭注如右。"《谕内阁着各王公大臣分别留京留守随扈署缺》，光绪二十六年七月十六日，《庚子事变清宫档案汇编》第 7 册，第 1—2 页。关于十六日宫廷备车出逃，另参看陈夔龙：《梦蕉亭杂记》，第 38—42 页。

[100] 王彦威：《西巡大事记》卷首，第 15 页。

二十一日早，敌兵攻东华门，荣相策马带小队四十名，自御箭亭东向宁寿宫而来。时礼邸等将往见起，甫行至景运门，守门护军惊骇相告，疑敌已入禁内，荣相带勇败走，亟掩景运门及乾清门。逾刻探悉无事，荣相缓步至军机处云，进内觅澜公议事，东华门已派勇往御。少憩，同礼邸等再往宁寿宫，预备召见。未至，太监迎告云，驾已行矣。荣即由苍震门夹道赶赴，礼邸等回抵军机处，各匆匆散归。皇太后亦误闻敌兵入内，**虽传不及召对**，仓皇手挈大阿哥，皇上、皇后相从，澜公及太监一人随侍，步出神武门。仅有澜公及李莲英内侍车三辆，分而乘之。奔西直门而去。马玉崑扈驾，**庆邸等遇于途间，随行**。[⑩]

据慈禧的一位贴身宫女的回忆：

> 车进颐和园的东大门……匆匆传膳，大家不许分散，都在凉棚里站着吃。这时崔玉贵进来禀告，说端王爷来了，一会又禀告说庆王爷来了。老太后满脸怒容，说知道了，底下没说话。一会儿崔玉贵又来禀告说，肃王爷由德胜门骑马赶来了。老太后精神一振，说传他们进来。……肃王到来一定会带来洋人的消息，所以要赶紧传见他们。在颐和园乐寿堂召见王公大臣还是第一次。[⑩]

在慈禧决定西逃的那一刻，奕劻没有在她身边，与慈禧、光绪一起出宫的随从人员当中，也没有奕劻。他是事后得知，匆匆赶上的，即继昌所谓"遇于途间"。更准确地说，慈禧一路逃至颐和园，在那里稍作喘息之际，奕劻、载漪、善耆等人才匆忙赶到。据王文韶在怀来县所见，当时随慈禧出逃的人员非常有限："此次嫔妃均未带出，太监亦不多，诸王贝勒随行亦少，其余一

---

⑩ 继昌：《拳变纪略》，《义和团史料》下册，第561页。
⑩ 金易、沈义羚：《宫女往谈录——储秀宫里随侍慈禧八年》，紫禁城出版社，1991，第225页。

概未来。礼王、荣相、启秀未来，所随行者不过庆、端、那、肃四王，㰵、伦二贝子，及公爷几位而已。堂官刚相、赵、英、王、溥兴五人，各部员司员共十三人，满小军机二人，汉小军机一人。"[⑬]

孔先生说："义和团高潮期间，凡是支持慈禧利用义和团攻击外国使馆的清廷要员，如端郡王载漪，军机大臣刚毅、赵舒翘等，均同奕劻一样，选择与慈禧一同出逃。"（第38页）此说亦不确。官员出逃与否，并非决定于自主的"选择"，此其一；其二，前述十六日圈定留守名单，有载勋、崇绮、刚毅、徐桐，慈禧出逃后，徐桐、启秀等亦未随往；其三，当时随扈者并非都是"亲拳"的王公大臣，如王文韶在二十日被召见五次，慈禧点名"务须随扈同行"。据王文韶家书记：

> 二十日早，本宅喜雀胡同一带，炮声尤甚，炮子如雨下，忽传天安门及西长安门已经失守，然不能得真消息。我在内直宿未归，禁门已闭，不得出入。至二十一日早七下钟，我坐小轿进内，始知两宫已于黎明出城矣。[⑭]

王文韶没能在第一时间随扈，当他赶上慈禧一行时，已经是在怀来县了。荣禄的情况与之类似。他在保定上折写"闻我皇上恭奉皇太后圣驾西巡"，与王函所谓"始知两宫已于黎明出城"，基本同意。这主要是因为二十一日晨事起突然，"虽传不及召对"，荣禄第一时间未能扈从，并不意味对宫

---

⑬ 王文韶：《庚子两宫蒙尘纪实》，左舜生选辑《中国近百年史资料续编》下册，中华书局，1933，第503页。

⑭ 王文韶：《庚子两宫蒙尘纪实》，左舜生选辑《中国近百年史资料续编》下册，第501页。另据《西行纪事》："廿一早七点钟老人坐小轿回寺，始知太后、皇上已于黎明出城矣。老人云：廿亥刻(是日共见五次)见面，止有刚、赵。慈圣云：只剩尔等三人在此，其余各自回家，丢我母子二人不管，尔三人务须随扈同行。……皇上亦云：汝务必要来。至半夜见面又说不走，岂知甫及天明两宫已仓猝出宫，狼狈凄惨情形不堪言状。"参见郑村声整理：《西行纪事》，上海图书馆历史文献研究所编：《历史文献》第十四辑，上海古籍出版社，2010，第232—233页。按文中"老人"，即王文韶，此文系王文韶随行人员记载其出逃经过，与王本人记述可相互参补。

廷西逃计划一无所知,更无法说明"慈禧不信任荣禄"。

孔先生又说,"奕劻逃出京城后,并没有一直随同慈禧逃亡太原西安,而停留在京师附近",这是慈禧为将来和谈布置的"另一招高棋"。(第 38 页)我们来看,和谈究竟是如何启动的。慈禧逃至怀来县后,于七月二十三日(8月 17 日)发出上谕:

> 荣禄、徐桐、崇绮均着留京办事。所有军务地方情形,随时奏报,以慰廑悉。其余应行随扈各员,速赴行在。钦此。⑩

这是她在流亡途中首次对外发出谕旨。然徐桐已于城破当日自缢,荣禄、崇绮一并出京,取道良乡、涿州,逃至保定,崇绮得知其留京家眷阖门自尽,不久自缢于莲池书院。三位留京大臣俱不在京,议和无从谈起。慈禧太后亦感"恐在京未能遽与开议",又命李鸿章在沪"迅筹办法,或电各国外部,或商上海各总领事从中转圜"。⑩ 由此可见,慈禧太后最初布置和谈事宜,并没有特别提到奕劻。后奕劻被加派为全权大臣,实由外力使然。

当时李鸿章的"全权"资格未被外部承认。而联军入京、两宫西逃,重演了四十年前一幕,中外舆论多有从"庚申成案"引申,认为非有亲王留京,和议难成。七月二十四日(8 月 18 日),盛宣怀即致电奕劻:"洋兵廿一入京,乘舆已先西幸,想必王爷留守,是否照庚申恭邸成案便宜行事,已与各使开议否? 满汉诸臣尚有何人留京? 傅相专候钧示,即行航海赴京商办。"⑩在北京,总税务司赫德(Robert Hart,1835—1911)亦告知大学士崑冈等:"各

---

⑩《寄谕大学士荣禄等着留京办事随时奏报军务情形并应行随扈各员速赴行在》,光绪二十六年七月二十三日,《庚子事变清宫档案汇编》第 7 册,第 5 页。

⑩《字寄全权大臣李鸿章洋兵入城着迅筹办从而转圜》,光绪二十六年七月二十五日,《庚子事变清宫档案汇编》第 9 册,第 4 页。

⑩《盛宣怀致奕劻电》,光绪二十六年七月二十四日,抄稿,上海图书馆藏,档号:056061。

国素与庆亲王奕劻办事多年，最为信服。""庆亲王久办交涉事件，各国大臣均与和睦。"⑩二十八日(8月22日)，崑冈等据以入奏，请"迅即饬下庆亲王奕劻，并请简派一二亲信大臣，兼程回京，与各驻使速定大计，以便转危为安"⑩。按，奕劻扈驾途中因病请假，此刻尚滞留于怀来行馆。总署章京朴寿由京辗转前往怀来，禀见奕劻，始预定"约初十日可以进城"⑩。

八月初三日(8月27日)，清廷据崑冈等折发出上谕：

> 着奕劻即日驰回京城，便宜行事，毋庸再赴行在。该亲王谊属懿亲，与国同休戚，当此宗社安危所系，必自当力任其难，无所畏避。全权大臣李鸿章现亦有旨令其迅速来京，仍会同妥商办理。此旨着派载澜刻即驰付奕劻，并促其立时北上。关系如此之重，该亲王谅不致稍有迟逾也。⑪

奕劻回京中途迁延，稽费时日，背后实有隐情。其接奉谕旨时，已在由怀来往宣化的路上，回奏称"奴才于本月初三日，在宣化府途次，准辅国公载澜面交初三日谕旨一道，奴才跪读之下，遵即折回"⑫。可见本意是想继续

---

⑩ 《1900年8月27日(光绪二十六年八月三日)赫德申呈总署另字第一号》，中国近代经济史资料丛刊编辑委员会编：《中国海关与义和团运动》，中华书局，1983，第29页。

⑩ 《大学士崑冈等折》，光绪二十六年七月二十九日，《义和团档案史料》上册，第494—495页。该折由陈夔龙拟稿，崑冈领衔，列名者有敬信、崇礼、裕德、溥善、阿克丹、那桐、陈夔龙、许祐身、舒文。参看北京市档案馆编《那桐日记》，新华出版社，2006，第149页；陈夔龙《梦蕉亭杂记》，第44页。

⑩ 《1900年8月28日(光绪二十六年八月四日)总署总办致赫德函》，《中国海关与义和团运动》，第29—30页。

⑪ 《军机处寄庆亲王奕劻等上谕》，光绪二十六年八月初三日，《义和团档案史料》上册，第513页。参见《高枬日记》八月十一日条："庆王扈驾，乃随后赶去者，至怀来病，请假十日。其派为全权，系因昆、敬之奏，命澜捧廷寄至怀来面交。"见《庚子记事》，第187页。

⑫ 《庆亲王奕劻折》，光绪二十六年八月十三日，《义和团档案史料》上册，第550页。怀来知县吴永于八月初三日适逢奕劻于宣化，据其记载："予尚住宣化。庆邸亦自怀来至宣，予往谒之。适澜公自行在奉旨，传命庆邸回京与各国议和，遂折回都中。"参见吴永口述，刘治襄记：《庚子西狩丛谈》，岳麓书社，1985，第65页。

西行,不得已才折回。奉旨后,奕劻并未立即动身,他给出的表面理由是"因连日雨水阻滞,又兼病体未痊,未克兼程前进"[⑬]。而就客观原因论,实际受到日、英与俄国在华竞争关系的影响,各国军队皆"欲将庆亲王置于自己的掌控之中",此点可印证于日本陆军档案。[⑭] 若论更深层原因,则奕劻本心实不情愿回京,唯"愿从皇太后、皇上行耳"[⑮]。前引谕旨中"自当立任其难,无所畏避"一语,已可见朝廷用势威压的意态。另据多种记载,慈禧为迫其就范,出以"取其子为质""将庆邸眷属全行携去"[⑯]等手段。以上情节若属实,证明慈禧对奕劻不管如何宠信,总是有所猜防,并非完全"亲密无间"也。

尽管回到京师,但在李鸿章到来前,奕劻并无能力开启和谈。胡思敬谓:"当时能主持和局者,非鸿章莫属,遂命为全权大臣,与奕劻、荣禄同人京议款,许便宜行事。荣禄至,敌人不纳,奕劻虽亲臣,威望去鸿章远甚。"[⑰]叶昌炽亦记:"合肥未到,庆邸未能主持和议,往见各国使臣,美、日两国外,皆未得门而入。"[⑱]奕劻在八月十八日(9月11日)上折,流露出的是格于形势的一筹莫展:

> 伏查和局一日不定,人心一日不安。李鸿章现尚在沪,虽经奴才电催,到京尚需时日。而各国使臣均以尚未奉到本国国家训条为词,意存叵测,难保无恫喝要挟各情事。当此时势忧危,大局糜烂,办事艰窘情状,自在圣明洞鉴之中。[⑲]

⑬ 《庆亲王奕劻折》,光绪二十六年八月十三日,《义和团档案史料》上册,第 550 页。
⑭ 日本参谋本部编纂:《明治三十三年清国事变战史》,路遥主编《义和团运动文献资料汇编·日译文卷(日本参谋本部文件)》,山东大学出版社,2012,第 356 页。
⑮ 唐文治:《记和硕庆亲王事》,钱仲联主编:《广清碑传集》,苏州大学出版社,1999,第 1155 页。
⑯ 李希圣:《庚子国变记》,《丛刊·义和团》第 1 册,第 25 页。陈夔龙:《梦蕉亭杂记》,第 44 页。
⑰ 胡思敬:《驴背集》,《丛刊·义和团》第 2 册,第 524 页。
⑱ 叶昌炽:《缘督庐日记钞》,《丛刊·义和团》第 2 册,第 462 页。并参金梁辑录:《近世人物志》,北京图书馆出版社,2007,第 223—224 页。
⑲ 《庆亲王奕劻折》,光绪二十六年八月十八日,《义和团档案史料》上册,第 575 页。

六、 结语

上文大体据时间线索,梳理了奕劻在义和团运动期间的主要活动,凡与孔先生商榷处,已随行文一一交代,此处不再赘。针对题旨,笔者认为,在纵向史实脉络中还可以提炼出四组重要的横向关系:

第一,奕劻与义和团的关系。庚子五月前,奕劻对义和团持"主剿"立场,这一点已非常清楚,后随慈禧态度变化,他对此问题选择了噤声。孔先生因召见单的发现,既有认知发生一百八十度转向,而笔者认为在得出结论前,有必要澄清两点:(1)慈禧对奕劻的"宠信"与其是否"主张抚团"之间无必然的因果逻辑关系。类似例子还可以举出李秉衡,有充分证据表明在他入觐慈禧以前,对义和团始终主"剿",而当奉有恩旨、出都视师之际,偕数百拳众随行,亦有不得不如是的苦衷。(2)不能因为奕劻外在的沉默,而默证其内心认同。我们看前引七月初二日奕劻复袁世凯函谓"至京城内外土匪日众,诚如来函所云,亟宜交出,庶足以杜外人之口而靖中国之乱"这样的话,就可以知道,孔先生所得到的"全新的看法"其实站不住脚。

第二,奕劻与载漪的关系。二者紧张关系自"己亥立储"已经显现,在对义和团剿抚政策的争议过程中日益表面化。慈禧太后一直未放弃"和""战"的两手,以庆、端"会商军务",既有利用的一面,又有牵制的一面,手中所握这两张牌,是依据外部形势变化轮流打出的。庚子召见单中,庆、端频繁召对的现象引人注目,但相应解读应注意到:(1)召对次数无法说明召见性质;(2)同日召对不等于同时召对。基于此,认为庆、端属同一阵营,"慈禧招抚义和团以对付八国联军的政策,应是同奕劻和载漪反复商议之后而确定的"的观点,难以得到史料支持。而据笔者所知,相反证据倒所见多有。

第三,奕劻与荣禄的关系。戊戌后,慈禧以荣禄主内政、军务,以奕劻主外交、商务,两相制衡,符合其一贯的驭下手法。尽管一些记述多强调"庆、荣不睦"的一面,但综合多方面史料来看,义和团运动期间两人在"剿拳""和洋"问题上态度基本一致,在总署战时交涉过程中有过不少配合,乃至后来

《辛丑条约》谈判，这一政治合作关系仍有充分反映，今见数通奕劻致荣函，前者均以"仲华二哥中堂阁下"称荣，而以"弟"自称。[⑫] 东南督抚也将他们视作向慈禧进言的主要管道，常以"庆、荣"并称。不过，较之奕劻强烈的自我禁抑，荣禄似更为敢言，对载漪一派的制衡作用也更明显。[⑫] 孔先生认定"奕劻是慈禧身边最受宠信之人"，甚至"超过了大学士荣禄"，"荣禄受到了慈禧的冷落"，那么，如何解释在战时交涉期间，荣禄处在相对主导的地位？慈禧自京出逃后，又为何第一时间派荣禄"留京办事"呢？

第四，奕劻与慈禧太后的关系。这无疑是最为关键的人物关系，也是孔文最具"迷思"性质的部分。孔先生在描述两者关系时，用了"特殊""宠信逾常""非同寻常""亲密程度无人可比"，甚至于"诡秘"这样的字眼，就像吸铁石效应一般，凡涉及重要史实的解释，几乎无一例外地都将原因导向这一边，于是，奕劻受宠于慈禧的现象与其"主张招抚义和团""和徐桐、载漪完全是一个营垒""（亲密程度）早已超过了大学士荣禄"等判断之间画上了等号。孔先生用大量篇幅回溯了奕劻与慈禧"不寻常关系"的源头，这一探源性工作无疑是极具价值的，但是用它来说明"光绪朝许多重大事件"，则须注意其解释力的边界，而不是将这种关系泛化和神秘化。文中第五节举证了"几件大事"：其一，"戊戌政变'全由庆王布置'"，所引系孤证，且在成果丰富的戊戌变法研究领域，像袁世凯告密、杨崇伊请训政均由奕劻幕后操纵的观点，似尚未被广泛接受；其二，"全力支持'己亥建储'"，孔先生相信海外保皇派关于"庆、荣不睦"的报道，却无视奕劻本人欲建之"储"究竟为谁，所引《中外日报》文章，"其子载震（振）亦颇有非分望，以属疏而止"后，原有"本与端同

⑫ 《密陈开议情形由》，光绪二十六年九月，总理各国事务衙门清档，"中央研究院"近代史研究所藏，档号：01-14-005-01-008。《奕劻札》（五通），《荣禄存札》，第7—14页。
⑫ 军机章京王彦威距离中枢相对较近，其对事变期间的荣禄有所评论："荣相护持其间，亦不见用，屡次入对，极言拳匪之不足信，几冒不测。一日，旨令派武卫军攻使馆，荣召统兵官到军机处，命之曰：奉旨攻东交民巷，诚不敢违旨，但攻破使馆之后，万不可杀戮洋人，违我令者军法从事。盖调护之心甚苦，各使臣亦略闻之，合肥复为之辟诬甚力。"参看王彦威：《西巡大事记》，卷首，第8页。

为太后私人,及立大阿哥后,庆始怨望"⑫一句,不知何故未引全,这段话对孔先生论点其实是不利的,因奕劻是否支持"建储"与其子载振和端王之子溥儁的储位之争,本不能混为一谈;其三,"不辨是非,盲目跟随慈禧立场摇摆不定",用《拳乱纪闻》证其"剿拳"立场的变化;其四,"辛丑议和中,竭尽全力,保持慈禧权位",与荣禄对比,强调二者在慈禧西逃后表现"全然相反"。此二端前文已作有驳论,不再重复。梁启超尝取义和团事件为例,说历史研究中"因果之义","一史迹之因缘果报,恒复杂幻变至不可思议,非深察而密勘之,则推论鲜有不谬误者"。⑬ 今移用此说,亦足示人以启发,上述四事,各具本原,触发亦由"众缘凑泊",很难用"慈禧与奕劻之特殊关系"笼统解释。

最后笔者想从研究方法的角度,再提两点:(1)"庚子召见单"无疑为极其珍贵的新发现,但对单件史料的解读,应避免脱离语境的字义推演或过度诠释,而尽量把历史文本放回时间脉络中来做处理,并注意其与前后左右史事的关联。(2)为了表述条理化,对政治人物或派系进行命名、定义是必要的,但应避免对其做本质化的理解。较早前的晚清政治史研究,由于过度受到"路线""阶级"划分的影响,习惯人物研究的"一刀切",如义和团运动研究,凡清政府人物必须在剿、抚或和、战两端排队分站。孔先生有兴趣讨论奕劻的"庐山真面目",并且略嫌轻易地"从根本上转变"原有认识,恐怕也由惯性使然,尽管结论已经翻新,但思路未出"排队站"的旧范围。问题是,在义和团运动中是否存在一个单调不变的奕劻形象?奕劻的思想和行动是由"主剿"或"主战"的一条线索贯穿到底,还是在与不断变化着的时空环境的互动中延展? 当然,史学研究未必能穷尽一切细节,但如暂缓正负、褒贬的判断,而将新史料与旧有的诸多所谓"误读"合而观之,比对异同,或许距离"真相"会更近一些。

---

⑫《戊己间训政诸王大臣论略》,《中外日报》,光绪十六年十月初二日、初三日,《丛刊·义和团》第 4 册,第 219 页。

⑬ 梁启超:《中国历史研究法》,上海古籍出版社,1998,第 132 页。

过去解释庚子时期的政治史,谈到慈禧重用亲贵,往往突出载漪,孔先生利用新鲜史料给奕劻以特殊地位,确实予人启示。但是,将奕劻推为义和团事件中"至关重要的人物",又包含了一个悖论:一方面视其"与慈禧关系最诡秘",给所谓"出谋划策"填充了太多不可信的内容;另一方面又责怪他"头脑昏聩",虽有许多"独对"机会,却始终无所作为。在笔者看来,奕劻不过一足具"理性"的政治动物,特别适应于晚清官场的政治生态,而这层"理性"在与慈禧关系中体现得尤其充分而已。按诸当时及后世文献,对奕劻多有"善趋避""明哲保身,圆滑处世""圆滑、巧诈,城府很深"之类的描述,可见其个性之一斑。熟悉总署掌故的何刚德(1855—1936),说过一段很值得体味的话:

> 庆王之入总理衙门也,宝(鋆)师叹曰:"贝勒只是一布伊唵邦(满语,译为内务府大臣)材料耳,如何能办外交?"盖庆王名奕劻,本系贝勒,后加郡王衔。晋封亲王,久长译署。拳乱后,荣文忠因病出缺,庆王遂秉国柄,直至摄政王出而始失权。回思吾师当日之言,益信国祚与人才,不得谓无关系也。[⑫]

奕劻的政治能力本不足称道,否则事变善后,他就不会"望合肥如望岁",无力在京独自开议了,若与四十年前留守的恭亲王奕䜣相较,实不可同日而语。至于真正"大权在握",也要到光绪二十九年荣禄病死,其入值军机处、任领班军机大臣后才实现。就义和团运动期间影响政局的力度而言,以笔者所见,奕劻肯定不是"至关重要",甚至不太重要;最值得注意的人物,应非荣禄莫属,其与慈禧的关系也更为复杂。唐德刚尝借马士(Hosea Ballou Morse,1855—1934)之言,戏谓慈禧在事变中章法全失,一夜之间由"政治家"退化成了放泼的"女人家";然言下仍有保留,强调"西后不是个糊涂人,

---

[⑫] 何刚德:《春明梦录·客座偶谈》,山西古籍出版社,1997,第38页。

相反的,她是个最工于心计的女纵横家"。^① 的确,慈禧终究是富于政治谋略之人,极善于玩弄手腕,应对庚子危局时,无论奕劻或荣禄都是她棋盘上的棋子,她对谁都不可能毫无保留地信任。本文讨论相关史事时,间或涉及荣禄,但要专门处理这一人物,则需俟诸另文了。

---

① 唐德刚:《晚清七十年》,岳麓书社,1999,第412页。有意思的是,翦伯赞对义和团运动的研究,立论与唐著绝异,而评价慈禧太后为"一个具有丰富政治经验和阅历而又非常顽固狡猾的老太婆",颇有异曲同工之妙。参看翦伯赞:《义和团运动》(1958),收入义和团运动史研究会编《义和团运动史论文选》,中华书局,1984,第14页。

《乱中日记残稿》是否为"信史"？

——兼谈《袁京卿日记》的史料价值

　　袁昶(1846—1900)，字爽秋，号重黎，别号渐西村人，浙江桐庐人，光绪二年(1876)进士，二十六年(1900)以太常寺卿充总理衙门大臣，义和团事变作，因言忤上被杀，事后昭雪，谥"忠节"，有《渐西村人初集》《安般簃集》《于湖文录》《毗邪台山散人日记》等传世。系于他名下的《乱中日记残稿》(以下简称《残稿》)是义和团历史研究的重要文献，20 世纪 50 年代被辑入《中国近代史资料丛刊·义和团》，翦伯赞所撰《义和团书目解题》介绍所采版本为"袁允橚等编《太常袁公行略》，光绪三十一年(1905)石印本"[1]。因《残稿》作者身份重要，且叙事颇详，故向为学界所重，引用者甚夥。至 1991 年孔祥吉先生发表论文，首次对它的真实性提出疑问，指其"改删之迹，昭然可见"，"所记有不少可疑之处，如果与袁昶致张之洞的密电、密札相比较，内容颇有异同"，实际经过"后人加工"，已非日记原来面目。[2] 孔先生尚未完全否定《残稿》价值，然提示"应予以剖析辨误，然后方能视作信史"，确给后来者以启发。不过，《残稿》究竟何者可信，何者系属"改删"，欲一一落实，实有相当难度。照引不误，或干脆避而不引，当然是直截痛快的方式，却失于草率；有

---

① 翦伯赞：《义和团书目解题》，中国史学会主编《中国近代史资料丛刊·义和团》(以下简称《丛刊·义和团》)第 4 册，神州国光社 1951 年初版，上海人民出版社、上海书店出版社，2000 年影印再版，第 560 页。

② 孔祥吉：《袁昶〈乱中日记残稿〉质疑》，《史学月刊》1991 年第 2 期。文章收入氏著《晚清史探微》(巴蜀书社，2001)、《清人日记研究》(广东人民出版社，2008)，内容较前增补，本文引用据后一版本。

引者或已"剖辨"所引为可信的部分,但多数场合近似"默认",少有对引此而不引彼的理由做出说明。现实情况是,自孔先生"质疑"后,征引《残稿》仍所见多有,在作者或各具考虑,在读者却总不那么安心。

相较之下,孔先生对袁昶另一存世文献《袁忠节公手札》更为看重,认为它"出自袁昶亲笔,自然真实可信,其史料价值远远超过《残稿》"。不过,孔先生似未知袁昶庚子日记,除《残稿》外,另有一种《袁爽秋京卿日记》(以下简称《袁京卿日记》)存世,其本身不仅富有史料价值,且与《残稿》对照,可解决不少"可疑"问题。据笔者所见,学界对《袁京卿日记》的注意仍相当有限,既有研究以陆玉芹著作比较深入,唯既将《残稿》与《袁京卿日记》并列参考,却未能对两种日记性质及相互关系辨析说明,使"疑点"继续存疑,不免遗憾。③

本文拟将上述几种文献并置讨论,先梳理其版本、内容,继在比勘互证基础上重审《残稿》"真实性"问题,并结合其他史料,对庚子事变中若干重要史事再做考订与解释。希望这些工作,能够为后来研究者比较放心地利用袁昶庚子日记,提供些微帮助。

一、 《乱中日记残稿》《袁忠节公手札》《袁京卿日记》 的版本与内容分析

今见《残稿》最早刊本,原以附录之一收于袁昶后人编纂、光绪三十一年(1905)印行的《太常袁公行略》(以下简称《行略》),这也是《丛刊·义和团》据以整理辑入的底本。笔者所见上海图书馆藏《行略》石印本,内页有"光绪乙巳付写、商务印书馆代印"字样,正文为袁昶子允櫆、梁肃、荣奁合撰《皇清

---

③ 书中有一注:"这些都是袁昶庚子年间的日记。《乱》的日记时间从五月十六日至六月二十二日,《袁》的日记时间从五月二十八日至六月二十二日,《袁》虽然时间少十二天,但叙述要比《乱》详细。"参看陆玉芹:《穿越历史的忠奸之辨——庚子事变中"五大臣"被杀研究》,中国社会科学出版社,2010,第225页,注1。按此处对《残稿》时间范围的说明,并不准确。

诰授荣禄大夫二品衔总理各国事务衙门大臣太常寺卿显考爽秋府君行略》，下附《上庆亲王请急剿拳匪书》《请亟图补救之法以弭巨患疏》《请速谋保护使馆维持大局疏》《严劾大臣崇信邪术请旨惩办疏》《乱中日记残稿》等。④《残稿》题名应系后人所加，内容包括光绪二十六年五月十八日、二十至二十四日，六月初八、初九、十二、二十一、二十二日的日记，共计十一日，约八千字。

袁昶庚子日记稿未见传世，《行略》提供一种说法：

> 公弱冠即游四方，丁卯春（1867）始，无岁不有日记，多师友问难语。……惟戊戌后三载日记，毁于庚子之难，其中系载国故朝议，论证事之得失，观学术之会通，论古今事变，及感时述私，精理名言，多有关于世运人心者，今皆不可得而详矣。

据此可知袁昶有常年记日记的习惯，而戊戌、己亥、庚子三年日记稿在义和团事变中毁失。⑤《行略》又有"近始稍将先人毁余日记、文集诸遗稿检校再过"字句，据袁允楙附记，此文草于"壬寅秋、甲辰春间"，即 1902—1904 年，那么，《残稿》整理也此前后。唯"毁余日记"是指损毁之余残存的日记原稿，还是由转抄保留的副本，因编印者未做说明，今已难得其详。

《袁忠节公手札》系袁荣叜辑录，民国二十九年（1940）影印刊行，翦伯赞《义和团书目解题》有著录。该书末附袁荣叜跋语，对所收手札的来源做有说明：

---

④ 袁允楙等撰《太常袁公行略》，光绪三十一年（1905）石印本，上海图书馆藏，索书号：线普722667。按孔先生论文所利用版本，注"未刊稿本，哈佛燕京图书馆藏"。笔者疑"稿本"系"印本"之误。

⑤ 叶昌炽日记庚子十月二十七日条记："爽秋两子衰经踵门来见，稽颡流涕，长子仲默，次子叔浑，英英露爽，谈次不忘家学，爽秋为不死矣。云藏书百余箱，当致命时，尽为乱军所劫，由内达外，门窗洞然。"（《缘督庐日记钞》，《丛刊·义和团》第 2 册，第 472 页）可充旁证。

先父昔尝手辑友朋来函装潢成册，题曰《停云留迹》，今犹藏诸云间故庐，独于去牍不起草、不留稿，三十年来不肖遍就父执世谊录副摄影，迄未成帙，而寒暑屡更，存片已不复堪制版，其真迹之幸存箧笥，足为子孙世守者，仅九札耳。呜呼！先父手札举世所珍，为子孙者乃未能勤搜而广传之，宁不堕先人之遗泽而负当代之厚望耶？丙子（1936）秋，柳翼谋先生为不肖言，曹缵蘅君（曹经沅）藏有数通，特为录副见寄，因恳惠假原本摄影制版，又承王君希尹（王亮）、劳君笃文（劳健章）各出所藏，付商务印书馆合印一册，题曰《袁忠节公手札甲集》。今后如荷海内通达继此见惠，俾得续成乙丙诸集，是尤袁氏子孙感望不遑者也。甲集共得札廿三通、诗五首。七通曹君所藏，乃致张文襄公之函，前数札当在乙酉（1885）越南拘衅之际，第一及六、七两通，则庚子变前作也。次九通，乃丁亥（1887）前后寄张樵野侍郎（张荫桓）者，往岁守和甥得诸故都厂肆，用以见贻者也。又次王君所藏为诗五章、札三通，皆投赠其尊人弢夫太常（王彦威）者，《天台藤杖歌》已入集，余未选刻，札则前二作于戊戌（1898）后，一作于甲午（1894），兹仍王君装池之次序耳。最后四通，劳君所藏，乃己亥冬庚子春致劳玉初丈（劳乃宣）者，其时拳祸已肇端于燕齐之郊，先父故取玉丈所著《邪教源流考》陈诸枢府，冀以辟邪说杜乱萌，讵知忠谋不用，先以身殉，大局糜烂之祸可免而终不免焉。及今思之，有余痛矣。⑥

此小跋作于"中华民国二十有六年七月"，即 1937 年 7 月，据其交代，诸札来自袁荣安本人所存（九通），及曹经沅（七通）、王亮（三通，诗五首）、劳健章（四通）等所藏，总计函札二十三通、诗五首。此集原定名为《袁忠节公手札甲集》。按"甲集（辑）"而外，又有"乙集（辑）"，即同样由袁荣安编辑、民国三

---

⑥ 袁荣安辑：《袁忠节公手札》，商务印书馆，民国二十九年（1940）石印本，收入沈云龙主编《近代中国史料丛刊》第 58 辑，文海出版社，1970 年影印本，《袁荣安跋》二，第 145—146 页。

十七年(1948)刊印的《袁忠节公遗札》。⑦

《手札》存录诸函均出自袁昶亲笔,与本文题旨关系最密者系"庚子变前"致张之洞的三通密札,乃出于曹经沅旧藏,各作于五月十三日,六月初二、二十三日。札文后附有袁昶手录的电文摘要,应为其在总理衙门供职时所经手者,发电人多系李鸿章、刘坤一、盛宣怀等地方官员及伍廷芳、罗丰禄等海外驻使,内容涉及时政、外交诸多方面,间杂有袁昶本人批语。

《袁爽秋京卿日记》抄本,原藏国家图书馆,2006 年以《袁京卿日记》为题收入《历代日记丛抄》影印出版。⑧ 时间从光绪二十六年五月二十八日(6月 24 日)至六月二十二日(7 月 18 日),除六月十四日注"文佚"外,连续二十五日无间断。封面题署"袁京卿日记",右上注"传钞本",左下落款"绍廉手录"。首页署"袁爽秋京卿日记",钤印题为"吴兴刘氏嘉业堂藏书记"。末页有跋:

> 右袁京卿日记一册,于光绪末年借黄鲜庵(仲弢)先生所藏传钞本过录,以今未刊行,寄赠翰怡先生,刻入丛书,冀广流传。辛酉八月下浣,杨绍廉。

按杨绍廉(1864—1927),字志林,浙江瑞安人,光绪间廪贡生,擅金石文字

---

⑦ 关于《遗札》由来,袁荣叟作序交代:"右先父忠节公遗札四十通,乃昔年寄与敬孙宗伯(袁敬孙)而为文孙容舫(袁容舫)所珍藏者也。……先父生平治牍,率不起草,不尚雕琢,直抒胸臆,而准情入理,斐然成章。书法亦卓荦不群,寓迈径于超逸,久为当代书家所推许,零缣片纸,竞什袭而珍藏之。昔于施洛笙先生(施亦爵)及吕镜宇年丈(吕海寰)处见有巨册,允假影印,乃时方多故,人事参商,寒暑迭更,未偿斯愿。其他访得所不及者,尤难殚数。抗战前曾向友人假得十余通,合诸家藏,承商务印书馆锓版印行,是为甲辑。其后于坊间收得历年写致先外舅沈思斋公之遗札三十通,装成一册,近承吴进思兄见示一册,乃昔年寄其尊人纲斋先生(吴式鉴)者,方拟合印而未果。今睹容舫所藏,尤堪珍视,其年代亦较早,因列此为乙辑,并合令弟安圃(袁樊)合资助印,摄影上石,以存手迹之真,而供大雅鉴赏,是固不肖子余重负之一端也。中华民国三十有七年六月,季子荣叟谨识。"袁荣叟辑《袁忠节公遗札》,民国三十七年(1948)刊本,上海社会科学院历史研究所藏,编号:4023884。

⑧ 《袁爽秋京卿日记》,抄本,国家图书馆藏,索书号:002329513。影印版见李德龙、俞冰主编:《历代日记丛抄》第 159 册,学苑出版社,2006,第 397—454 页。

学。民国《瑞安县志稿》谓其"善书法""有鞭辟入里之妙"。⑨ 此抄本兼以行草,笔力遒劲,故影印者特别介绍:"本日记书法劲健,可比碑帖,亦为该日记的可贵之点。"⑩"黄鲜庵",黄绍箕(1854—1908),浙江瑞安人,黄体芳(1832—1899)之子,字仲弢,号鲜庵,光绪六年进士,尝入张之洞幕,师事之。光绪二十六年后,历聘两湖书院监督、江楚编译局总纂等职。⑪"翰怡先生",刘承干(1881—1963),著名藏书家,号翰怡,室名嘉业楼,浙江吴兴(今湖州)人。

杨绍廉跋作于"辛酉"(1921),据此跋,可大致了解抄本来历:先是黄绍箕藏有袁昶日记一传抄本,杨绍廉在光绪末年,即 1908 年前据以另录一份,后寄赠刘承干。杨抄本在《嘉业堂钞校本目录》有著录。⑫ 抄本除正文外,另有少量眉批,落款署"鲜庵"或"鲜"者三处,署"缦庵"者一处。⑬ "缦庵",黄绍第(1855—1914),黄绍箕堂弟,号缦庵,光绪十六年进士,官至署湖北提学使,民国后回乡隐居,以整理乡邦文献为事。

杨抄本首页右上楷书"辛巳三月初一日后学叶景葵校读"字样,内页有同字体校注,对抄本潦草字和错字做有校订。"辛巳三月初一",即 1941 年3 月 29 日。叶景葵(1874—1949),字揆初,浙江仁和(今杭州)人,近代实业家和藏书家,抗战时期在上海发起创办合众图书馆,新中国成立后更名上海历史文献图书馆,后并入上海图书馆。

值得注意的是,上海图书馆藏有《袁京卿日记》另一抄本,抄者为与叶景葵共创合众图书馆,后任上图馆长的版本目录学大家顾廷龙(1904—1998)。

---

⑨ 瑞安县修志委员会编:《瑞安县志稿·人物门》,民国二十七年(1938)铅印本。

⑩ 俞冰主编:《历代日记丛抄提要》,学苑出版社,2006,第 389—390 页。该条"提要"由李德龙撰写,将抄本作者误识为"杨绍庭""杨绍唐",不确。又介绍:"有关光绪朝外交的记录,包括一些与洋务运动有关的事宜。其中不少是清政府与各国交往的真实记录,如购买军械武器、中俄签订条约等大事,也有关于庚子年清兵与洋兵作战的一些情况。具有相当重要的资料价值。"按该日记只含庚子五、六月,与洋务运动、购买军械、中俄条约等,实无干涉。

⑪ 宋慈抱:《黄绍箕传》,钱仲联主编《广清碑传集》,苏州大学出版社,1999,第 1146—1147 页。

⑫ 罗振常原著,周子美编:《嘉业堂钞校本目录》,华东师范大学出版社,1986,第 27 页。

⑬ 分见于五月三十日,六月初一、二十一日等条,《历代日记丛抄》第 159 册,第 399、400、448、450 页。

此抄本题署《太常袁公日记》，正楷抄写，校记均用红笔。顾廷龙于 1941 年作有一跋，录下：

> 是稿揆丈借自刘君翰怡所，原系杨绍廉传钞所得，古体草书参行行间，遂多难辨，有某君朱笔校释，未能尽然。然此记自庚子五月廿八日始，至六月廿二日止，凡二十有五日。尝见《太常袁公行略》清光绪乙巳石印本所附《乱中日记残稿》，则始于五月十六日，终于六月二十二日，较此多十日，而他多简略；且五月廿四以后六月初八以前缺记日子，至此本所题五月廿八日者，彼有以下六节，当均五月末云云，盖皆经展转传抄，非出手稿矣。闻近有人分载报章，又有人欲为排印，均未获见，先传抄一本庋之。记中多引人别署，某君为之注，照缘眉端，以便览读也。一九四一年四月五日，廷龙识。⑭

按"揆丈"，即叶景葵。复按《顾廷龙年谱》1941 年 3 月 29 日条："叶景葵送袁壖秋《京秋（卿）日记》来，借自刘承干处，先生拟抄一册存之。"4 月 5 日续记："校袁壖秋《京秋（卿）日记》并跋。是本为叶景葵借自刘承干者，原系杨绍廉传抄所得。此亦为合众图书馆传抄本。"⑮ 可知叶景葵从刘承干处借得杨抄本，于校读之余，又转借给顾廷龙，由后者另行抄录一份，存于合众图书馆。由顾跋还可知，20 世纪 40 年代初已有人打算将《袁京卿日记》印行，前揭杨跋亦谓书赠刘承干，意在"刻入丛书，冀广流传"，唯均未果。⑯ 后来杨

---

⑭ 《袁爽秋京卿日记》，民国三十年抄本，上海图书馆藏，索书号：线普长 414867。此跋复载《顾廷龙文集》，上海科学技术文献出版社，2002，第 72 页。此抄本信息承李文杰提示。按跋中"某君朱笔校释"，其人不详，其文应指杨抄本正文行间不同于叶景葵笔迹的、字体稍显细瘦的小字校注，内容多为校正文句或注释人物；"某君为之注，照缘眉端"，即指黄绍箕批注。

⑮ 参看沈津编著：《顾廷龙年谱》，上海古籍出版社，2004，第 173、174 页。

⑯ 民国时期，除了这两个抄本，《袁京卿日记》还有所流传。夏敬观《学山诗话》中便从该日记中直接摘抄了不少内容，并有说明："右袁爽秋太常昶咏史诗，录自其《庚子日记》中，前一首六月初十日作，后一首十二日作。是月初五日，载《上荣中堂（禄）略园书》云……"参见张寅彭主编：《民国诗话丛编》第 3 册，上海书店出版社，2002，第 33—35 页。

抄本作为嘉业堂藏书流入北图（即今国图），顾抄本则转入上图。

有必要追问的是，黄绍箕所藏既系"传抄本"，则从何而来？孙延钊编撰《瑞安五黄先生系年合谱》中记："袁公与鲜庵先生为父执，而同岁成进士，文字之交甚密。"[17]庚子年春夏之交，黄绍箕应湖广总督张之洞之聘，入鄂主持两湖书院。据郑孝胥日记，黄到达武昌的时间是四月二十二日（5 月 20 日）。[18]七月中，黄绍箕得知袁昶遇难消息，接有友人来函云："许、袁事已见谕旨，想必确实，未知两家眷属已南归否乎？"[19]"谕旨"，即指七月初三日清廷明发朱谕以"莠言乱政、语多离间"将许、袁正法。又，瑞安人张棡（1860—1942）日记闰八月十九日条记：

> 午刻，内兄小竹同岳母来，小竹示余袁京卿日记抄本数页。盖此册系黄侍读仲弢从湖北寄来，且京卿为拳匪事，与许侍郎竹篔同遭惨祸，其生平著述甚富，闻均被匪掠，散佚无存，则此册洵吉光片羽也。[20]

据此，黄绍箕当时在湖北已见袁昶日记，并抄寄给同乡友人，此"数页"应就是杨绍廉据以转抄的底本。

孔先生论文由《袁忠节公手札》收录六月初二日致张之洞函有"十七至今细情，均详日记中，命抄呈钧阅"一句，确认袁昶在庚子年确写有日记，并推测："《残稿》是否由张之洞的湖广总督衙门保存传世？"按事变期间，黄绍箕作为随侍张之洞左右的亲近幕僚多与机密，有记载称："时中外汹汹，帷幄

---

⑰ 孙延钊：《瑞安五黄先生系年合谱》，载周立人、徐和雍编《孙延钊集》，上海社会科学院出版社，2006，第 311 页。

⑱ 劳祖德整理：《郑孝胥日记》第 2 册，中华书局，1993，第 758 页。直至次年十一月宫廷自西安返京，黄绍箕奉张之洞派遣"赴保定迎銮"，方离鄂。见孙延钊：《瑞安五黄先生系年合谱》，《孙延钊集》，第 313 页。

⑲ 陈伟欢整理：《黄绍箕友朋信札五通》，《收藏家》2011 年第 5 期，第 43 页。

⑳ 张棡：《阅袁爽秋日记遗稿》，俞雄选编《张棡日记》，上海社会科学院出版社，2003，第 61 页。"小竹"，林骏，瑞安士人。

密谋多与鲜庵先生参决之。"㉑由郑孝胥日记，此说法亦可得到充分落实。㉒袁昶将日记抄呈张之洞，黄绍箕具备看到它的条件，另录副本是完全可能的。孔先生又提出："如果《残稿》系由张之洞的湖广总督衙门代为保存，则只有五月十八日到六月初二日期间的日记。六月初二日以后的日记，袁昶函中未提'命抄呈钧阅'。"按《手札》存录致张之洞函最晚一通作于六月二十三日，袁将此前日记抄呈，在逻辑上是说得通的。今见《残稿》起止时段为五月十八日至六月二十二日，《袁京卿日记》为五月二十八日至六月二十二日，恰与《手札》所言抄呈"十七至今细情"的说法吻合，而截止日也正是袁昶来函发出前一日。㉓笔者认为，两种传世日记的来源极可能都是湖广督署保存的袁昶日记抄呈本。《袁京卿日记》流转传抄的相关证据链相对完整，而对于《残稿》，此说尚为一种推测。

笔者还认为，黄绍箕只抄录了袁昶抄呈本的部分，并不完整。如将《袁京卿日记》与《残稿》对比，可发现相当部分重合，同时有相异与互补处（详下节），呈抄本全貌或可由两者合而得之。另《手札》附录十余通出自袁昶亲笔的电文抄件，全可在《袁京卿日记》中找到相同文句，说明原属于日记内容（详下表），笔者推测它们是袁昶上湖广督署日记抄呈本的一部分，但现已和日记正文分离。

㉑ 孙延钊：《瑞安五黄先生系年合谱》，《孙延钊集》，第 312 页。按黄体芳、张之洞系同治二年同榜进士，同为清流"四谏"。黄绍箕早年受业于张，前妻亡故后，续娶张之洞兄张之渊之女。戊戌变法期间在京为张充"坐探"，系后者绝对信任之人。参看茅海建：《戊戌政变前后张之洞与京、津、沪的密电往来》，《中华文史论丛》2011 年第 1 期，第 184—191 页。再，曹经沅另藏一批张之洞庚子手札，曾为黄濬所寓目，据其言："南皮手札丛稿一帙，缥蒠所藏者。首页是诗稿……后有黄仲弢为拟致许竹筼、袁爽秋、樊云门、王廉生函稿，是仲弢手书，南皮涂改，皆庚子拳变时，致书此数人于京师乞其详告者"。（李吉奎整理：《花随人圣庵摭忆》上册，"张南皮手札丛稿"条，中华书局，2008，第 112 页）则其时张之洞函札多有黄绍箕拟稿者，而收信人包括袁昶在内。

㉒ 劳祖德整理：《郑孝胥日记》第 2 册，第 760、763、768、769 页。

㉓《袁忠节公手札》附电摘要亦见于袁昶日记，最晚时间为六月二十日。（《历代日记丛抄》第 159 册，第 445 页）这说明六月初二日后，袁昶仍有日记或电文抄呈张之洞。

《袁忠节公手札》附录电	《袁京卿日记》对应位置
李中堂六月十二日来电(44)	六月十九日条(442)
刘坤一六月初八日来(电)(45—46)	六月十九日条(443)
盛杏苏电(46)	六月十九日条(443)
松寿蒸电(46)	六月十九日条(443)
盛宣怀六月十五日来电(47)	六月十九日条(440)
李中堂六月初九日来电(47—50)	六月十九日条(440—442)
盛宣怀谏电(51)	六月二十日条(445)
李鸿章、张之洞、刘坤一、奎俊、袁世凯、王之春、善联、端方致庆邸谏电(51—53)	六月二十日条(446—447)
伍廷芳咸电(53)	六月二十日条(448)
李家鏊微电(53—54)	六月二十日条(448)
合肥电(55)	六月十三日条(429)
寿山转李家鏊电(55)	六月十三日条(430)
鄂(督张[之洞]抚于[荫霖])电(56)	六月十三日条(430)
罗(丰禄)使电(56)	六月十三日条(430)
刘坤一、张之洞、奎俊、鹿传霖、王之春、松寿、于荫霖电(56)	六月十三日条(431)

按：()内系引书页码。

二、 对《残稿》若干"疑点"的辨析

由上文，已可确定《袁京卿日记》真实性，而《残稿》性质依然笼罩着一层迷雾。孔先生说："如果仔细推敲，即不难发现《残稿》疑点颇多，许多记述与史实相悖，且与通常日记格式不合。"所谓"疑点"是否成立，"体例不合"原因何在？本节拟将两种日记合而观之，一一辨析。另须说明者，本文引《残稿》皆据《丛刊·义和团》点校本，即目前最常见和通用的版本，其全文共六十四个自然段，笔者按序编号，为行文方便，必要时以序号代称。

(一) 关于袁、许三折

世传袁昶、许景澄罹难前，联名上奏三折，即《请亟图补救之法以弭巨患

疏》《请速谋保护使馆维持大局疏》《严劾大臣崇信邪术请旨惩办疏》，入奏时间分别为五月二十二日，六月二十六、二十七日。此三折流传甚早，[24]光绪二十六年即合并刊印单行本。[25]后人编辑《太常袁公行略》《许文肃公遗集》，均收录三折全文，此外，有关义和团的公私撰述及史料汇编，也多将三折视作信史采纳。[26] 20世纪40年代邓之诚（1887—1960）阅《太常袁公行略》，仍信所收三折为真，其日记1944年1月28日条记：

> 按太常三疏，其一有原稿，二、三为抄稿。首先登载者为《天津日日新报》，其时当在辛丑，后来纂《拳匪纪事》诸书，胥胪载之。癸卯《上海中外日报》社论，有《荣禄表微篇》，谓荣禄预计归咎今上以谋和，而令袁传播所上疏，为荣禄解免，因疑二、三两疏并未出奏。其说不根，不知何人手笔，或汪康年辈所为，专以诋荣禄者。近章一山椠刻文集，复理是说。自予观之，袁、许谋翻端、刚之议，唯有力保兵权在手，且慈眷极深之荣禄始足以折之。迫疏上不报，乃不得不严劾端、刚，以博万一之听。使无第三疏，袁、许绝不至骈诛也。[27]

对于怀疑"太常三疏"的说法，邓之诚以为"其说不根"。邓的判断未必准确，但其介绍三折早期的流布、版本情况，却很有价值，而且有关舆论争议的声音，也提示我们在三者真伪问题背后，还有着更复杂的政治语境尚待厘清。就文本题旨而言，这段话中最关键的信息，则在于揭示了三折最初流传时的

㉔ 庚子事变后不久三折即已在京师流传，如华学澜日记庚子十二月二十二日条有"饭后，鸾孙来，持来袁昶（爽）秋折稿三件"等语。参看《庚子日记》，收入中国社会科学院近代史研究所近代史资料编辑室编：《庚子记事》，中华书局，1978，第141页。

㉕ 《袁爽秋京卿请剿拳匪疏稿》，光绪二十六年（1900）活字本，北京大学图书馆藏，典藏号：X/917.8123/4042-1。

㉖ 后蒯伯赞从《太常袁公行略》中将三折及《上庆亲王请急剿拳匪书》抽出合并，总题为《袁昶奏稿》，辑入《丛刊·义和团》第4册，第155—168页。

㉗ 邓瑞整理：《邓之诚文史札记》上册，凤凰出版社，2012，第246页。

文本形态——"其一有原稿,二、三为抄稿"。

孔先生于1986年遍检第一历史档案馆档案,未见三折原件、录副或登记,而《残稿》对第一疏之呈递确有明确记载",遂断言:"这只能说明《残稿》说了假话,是不可凭信的。"其实,就三折真伪起而争鸣者,孔先生并非第一个。翰林院给事中高枏(1852—1904)在庚子年日记中引述编修黄曾源(1858—?)语,即谓"袁二三折,皆上海好事人伪作"。[28] 刘声木(1876—1959)作《苌楚斋三笔》,记:

> 光绪庚子以后,外间相传:桐庐袁忠节公昶,于义和团攻各国公使馆一役,上三疏力谏,致三人同被祸,上海有石印其手迹奏疏底稿者。予闻元和陆文端公润庠云:"忠节三疏,当时虽属草,实未上。其所以与嘉兴许文肃公景澄同被祸,实因满洲联□□公元一言。翌日,孝钦显皇后召见联墨樵京卿元,问以外间情形如何。京卿力陈各国使馆万不可攻,将来北京受祸甚巨。孝钦显皇后不悦,曰受祸如何?京卿继陈如攻破使馆,杀其使臣,将来西兵入都,鸡犬不留。孝钦显皇后闻之震怒,谓其以西人挟制朝廷。三人遂同日弃世。"云云。[29]

刘声木记载"忠节三疏,当时虽属草,实未上"的说法,得自陆润庠(1841—1915),同治十三年状元,庚子时为内阁学士兼署工部左侍郎。清末供职国史馆,为许、袁作传的章梫(1861—1949)验证于清宫档案,也得出三折"实未入奏"的结论:

> 三忠授命后,海内传袁忠节三折稿甚著,俞曲园先生撰许文肃墓志亦采之,谓许与袁氏合奏者。余在史馆复纂许文肃传,即据以辑录,迨

---

[28] 高枏又谓"上海说京城事多影响"。参见《高枏日记》,《庚子记事》,第220页。
[29] 刘声木:《苌楚斋随笔续笔三笔四笔五笔》,"袁昶奏稿"条,中华书局,1998,第596页。

复纂袁忠节传,初辑者备录三折,顾亚蘧前辈瑷副纂,删其后二折,签云实未入奏。余又遍查军机内阁奏事处各档,五月以后七月初三日以前,实无袁忠节折件。许文肃有二折,亦均言他事,则袁之第一折亦未入奏者,因并删之,兼删许文肃传与袁合疏之事。㉚

章梫此文作于"宣统三年(1909)八月",判断"实未入奏"与孔先生后来再调查的结果,可谓相当一致。《残稿》既有呈递第一疏的"明确记载",那么,它是否"说了假话"呢? 按《残稿》五月二十二日(6月18日)条:

> 昨拟救急目前危局折,即约竹箟于今晨同上之。

细绎文意,可知此疏系袁昶草拟,继邀许景澄联名上奏。此处须区分的是,约许会奏为一事,最后是否入奏为另一事。袁昶致张之洞函有谓:"沤欲奏弹,筠诤遂止。"㉛"沤",袁昶自称;"筠",许景澄字竹筠(箟)。由此看,袁昶拟折欲会奏,而为许所劝阻。恽毓鼎(1862—1917)《崇陵传信录》记此事,谓"或云疏虽草,为侪辈所阻,实未上"㉜,亦足充作旁证。

戴玄之、陆玉芹均有专文考订三疏真伪,结论基本相同——第一疏出于袁昶手笔,第二、三疏系他人伪作。唯戴仅言"第一疏确系真品",对上奏与否未置一词。㉝ 陆论证相对周详,结论也更明确:"袁昶确实上了一份奏折——《急救目前危局折》,且本想与许景澄一起上奏,但五月二十二日,

---

㉚ 章梫:《一山文存》,沈云龙主编《近代中国史料丛刊》第33辑,文海出版社,1972年影印本,第133—134页。清末任军机章京而熟悉掌故的许宝蘅记其事:"庚子年袁太常被祸后,其子将太常论拳事之草稿影印,分赠友朋,盖草而未上之稿。后章一山修清史太常传,自注谓'遍检档案,不见有奏疏'是也。但应将原稿载入,而声明未及上,而被祸,则两得之。"(许恪儒整理:《巢云簃随笔·故闻拾慧录》,中华书局,2018,第45—46页)其以为奏稿固"草而未上",但仍有录入传稿之价值。

㉛ 袁荣叜辑:《袁忠节公手札》,第57页。

㉜ 恽毓鼎:《崇陵传信录》,《丛刊·义和团》第1册,第51页。

㉝ 戴玄之:《许袁三疏真伪辨》,载氏著《义和团研究》,中国学术著作奖助委员会,1963,第206页。

正是朝廷关于'剿抚''和战'的关键时刻，经过两次会议，慈禧太后在会上'抚拳'的心态已经表露比较明确，袁考虑到当时紧张态势，最终没上。"㉞笔者认为上述结论是可信的。有关证据，二文均可复按，不赘，只是有一条强有力的"内证"有必要指出，即《袁京卿日记》六月初五日上荣禄书，有言："昶自前月召对，不称旨；又上书两邸，并草一折，坐与朝议相枘凿，箝口触网，不敢复言事。"㉟这里的"草一折"，正可与《残稿》所云"拟救急目前危局折"互证。

（二）关于《上庆亲王请急剿拳匪书》

《上庆亲王请急剿拳匪书》原刊于《太常袁公行略》，翦伯赞等将之与"三折"一并辑入《丛刊·义和团》之《袁昶奏稿》。孔先生对此书函是否呈递亦表示怀疑："这是因为《乱中日记残稿》开始于五月十八日。而据《太常袁公行略》所记，上庆亲王于五月十九日呈上。这样的大事，《乱中日记残稿》未记，相反却于次日详细摘录了许竹篔致樊云门的信函内容。而且，袁氏致张之洞密札，亦未提及上书庆王事。"上庆王书真伪与否，与"三折"有着连带关系。孔先生已注意到此书函后半部分与第一折"内容相同，语句相似"，则第一折如证明为真，质疑上庆王书有相同内容也就失去了意义。两者写作时间接近，故而主旨一致，反倒可印证上庆王书可信程度高。

现存袁昶致张之洞函，未提及上书庆亲王奕劻（1838—1917）事，而在《袁京卿日记》中则有所反映，前引《上荣中堂略园书》有"又上书两邸"一语尤其值得注意。上庆王书亦谓"请两邸宪会同荣相奏明，刻即下诏"云云，可与互证。按"两邸宪"，即庆、端二王。恽毓鼎在解释袁昶被杀原因时，曾言："袁太常诋拳匪最力，致书庆亲王奕劻，请其劝载漪勿为祸首……书为载漪所得，遽上闻。谕旨所谓离间，指此也。"㊱郭则沄（1882—1946）将之与诸说

㉞ 陆玉芹、李荣庆：《袁昶、许景澄庚子"三折"质疑》，《史学月刊》2007 年第 5 期。

㉟ 《袁京卿日记》，《历代日记丛抄》第 159 册，第 412 页。

㊱ 恽毓鼎：《崇陵传信录》，《丛刊·义和团》第 1 册，第 51 页。

相较,亦得出"是说较可信"㊲的结论。

再,六月二十三日(7月19日)袁昶致张之洞函有云:

> 八旗王公大臣,上自东朝,至今坚信五斗米为长城可恃也。沤屡屡苦口微辞,为相识之旗下巨子言之,终不能悟,殆皆王凝之之后身耶?㊳

所谓"相识之旗下巨子",即指端郡王载漪(1856—1922),此处借东晋人王凝之深信五斗米道,请"鬼兵"御敌而遇害的事迹讽喻之,与上庆亲王书主旨若合符契。

(三) 关于罗嘉杰上书事件

庚子五月慈禧太后是否因收到"归政照会"(或称"洋人照会""假照会")而决定宣战,向为学界聚讼的一桩公案,包括《残稿》在内多种史料都提示"照会"确曾存在,传送者则指向苏松常镇太粮储道(简称"江苏粮道")罗嘉杰,经手传达者则为军机大臣、大学士荣禄(1836—1903)。孔先生有文章指出:"所谓江苏粮道罗嘉杰传送的'洋人照会',各家的记载矛盾百出,纷纭杂陈,而在清宫各类档册中得不到任何印证,很可能是一起子虚乌有的事件。"㊴既认为是一起捕风捉影的政治传闻,不足凭信,那么"《残稿》对此事却记载尤详"也就成为损害其真实性的一大例证。

按《残稿》相关记载出于五月二十四日条,(17)段:

> 决战之机,由罗粮道嘉杰上略园(荣禄)相书,称夷人要挟有四条。

㊲ 龙顾山人:《庚子诗鉴》,中国社会科学院近代史研究所《近代史资料》编辑组编《义和团史料》上册,中国社会科学出版社,1982,第64页。

㊳《致夫子大人函丈》(光绪二十六年六月二十三日),《袁忠节公手札》,第37页。王凝之(334—399),东晋时人,王羲之次子,任江州刺史、会稽内史。

㊴ 孔祥吉:《义和团运动若干重要史实辨析》,载《晚清史探微》,第237页。

［相出示同列，其一条，称请归政，不知确否，各公使无此语，岂出于各水
师提督照会北洋耶？北洋不以上闻，而罗轻启当国者，此人乃祸首也。］致
触官闱之怒，端邸、徐相、刚相、启秀等，又力主惩治外人，推枰之几遂决。

(18)段续云：

　　推原祸本，苏粮道罗嘉杰密禀大学士荣禄，所称夷人要挟四条，多
悖逆语云云，乃五月二十一至二十三等日，圣慈所由激忿，王贝勒等众
情所由愤怒，兵衅所由骤开。然罗嘉杰所称，既非各国提督照会裕禄，
亦非天津各领事扬言，又李鸿章、刘坤一等前后电奏，各国外部语绝无
此说。各外部佥言此次调兵，系为保护使臣，助剿乱民，不干预中国国
家政治家法。当时战未交绥，何所施其要挟？可知罗语妄诞不根，荒唐
无据，轻率密禀，实为祸魁，非请旨革职拿问，讯明严惩不可。［按：此
注系续记者］⑩

孔先生认为"这段记载漏洞百出，实在经不起推敲""《残稿》将罗嘉杰称为挑
起战端的罪魁祸首，完全是局外人之谈"。笔者解读稍有不同，此处提出两
点。其一，关于罗嘉杰上书或洋人照会的记载，非仅见于《残稿》一处，袁昶
初闻此说，示以"不知确否"，应为一种正常反应。下面先排比时人记述，然
后予以分析。李希圣(1864—1905)《庚子国变记》：

　　(五月)二十日，焚正阳门外四千余家……是日召大学士六部九卿
入议，太后哭，出罗嘉杰书示廷臣，相顾逡巡，莫敢先发。⑪

---

⑩ 袁昶：《乱中日记残稿》，《丛刊·义和团》第1册，第340页。
⑪ 李希圣：《庚子国变记》，《丛刊·义和团》第1册，第12页。按其最早刊本为光绪二十八年
(1902)嵩云书社刻本。

李超琼(1846—1909)《庚子传信录》：

> （五月）十九日……会江苏督粮道罗嘉杰至津,以密书致荣禄,言各国须尽予以兵权、利权及铁路、海口四事,乃许和。荣禄固知其言之无稽也,急持入告,冀以杜臣工之沮议者。太后果大怒,主战之意益坚。[42]

叶昌炽《缘督庐日记》五月二十日条：

> 适凤石（陆润庠）自内廷急召归,喘息未定,云皇太后、皇上召见六部九卿云："洋人要约二条：一天下兵权尽归节制,一天下钱粮尽归征收。将不国矣,我不畏死,尔诸臣有何良策?"[43]

恽毓鼎日记五月二十一日条：

> 未刻,复奉旨入见,申刻,召对于仪鸾殿。……太后宣谕：顷得洋人照会,凡四条：一、指明一地,令中国皇帝居住;一、尽收天下钱粮;一、尽掌天下兵权;其一未详。[嗣闻系请太后归政。后闻此四条照会,军机、总理、北洋皆未见;询之洋使,亦坚执并无此事,竟不知从何而来。]复谕云："现在是他开衅,若如此将天下拱手让去,我死无面目见列圣! 就是要送天下,亦打一仗再送!"[44]

---

[42] 李超琼：《庚子传信录》,《义和团史料》上册,第 209 页。据编者说明系"未刊稿本",又"遇太后、皇上等字样均提行,但不避'仪'字,可知是庚子过后不久所写"。另据《合江李公紫璈年谱》（李超琼自编,杨葆光续编,清抄本）,李超琼曾于光绪二十七年夏入京,其消息得自高树、高枬兄弟者为多。此条史料承陈晓平提供。

[43] 叶昌炽：《缘督庐日记钞》,《丛刊·义和团》第 2 册,第 444 页。

[44] 《恽毓鼎庚子日记》,北京大学历史系中国近现代教研室编：《义和团运动史料丛编》第 1 册,中华书局,1964,第 50 页。按恽著《崇陵传信录》较日记补加一段："嗣乃知二十夜三鼓,江苏粮道罗某其子扣荣相门,云有机密事告急,既见,以四条进,荣相绕屋行,旁皇终夜,黎明遽进御,太后悲且愤,遂开战端。其实某官轻信何人之言,各国无是说也。故二十（转下页）

邹嘉来(1853—1921)五月二十二日函：

> 五月二十日……讹言四起。洋兵修道而来，闻距京渐近。各使以兵马钱粮统归管辖为要挟。上意如无挽回，愿作背城之举，宗社生民所系至重云云。[45]

五月二十七日李鸿章收盛宣怀电：

> 洋人照会，中国信用乱民，地丁、兵权归洋人主政，两宫不允，决计开仗。[46]

六月初三日张之洞之坐探委员巢凤冈自德州来电：

> 闻各使出四款：一归政；二粮税归彼管；三佛爷无论在宫在海，应用洋兵保护；四各国准参谋政府事。请旨，上主和，佛主战，董军戕毙德使，长安街将开仗。[47]

上述作者中，恽毓鼎以翰林院侍讲学士身份参加了御前会议，叶昌炽所记闻自内阁学士兼署工部左侍郎陆润庠，其亦为与会者之一。恽、叶两说史

（接上页）五日宣战诏，不及此事。"《丛刊·义和团》第1册，第49页。

[45] 《邹嘉来致□□□函》，光绪二十六年五月二十二日，陈旭麓、顾廷龙、汪熙主编：《义和团运动——盛宣怀档案资料选辑之七》，上海人民出版社，2001，第69页。此件原注"总理衙门章京邹紫东礼部五月二十二日来信"。邹嘉来，江苏吴县人，总署章京。此件原系邹致某氏函，由该氏摘录其中一段呈示盛宣怀。

[46] 《盛京堂来电》，光绪二十六年五月二十七日亥刻到，顾廷龙、戴逸主编：《李鸿章全集》第27册，安徽教育出版社，2008，第70页。按"两宫不允，决计开仗"八字，系编者据上图底本补足。《李文忠公全集》未录，或原编者以盛电有忌讳内容，故将此段刻意删除。

[47] 《德州巢委员来电》，庚子六月初三日亥刻发，初六日未刻到，虞和平主编：《近代史所藏清代名人稿本抄本》第2辑第79册，大象出版社，2014，第664页。此条史料系马忠文先生最先使用。

源明确,应较可信。这里有两点值得注意:其一,叶昌炽记"洋人要约"在五月二十日(与李希圣记"罗嘉杰书"日期一致),恽毓鼎记"洋人照会"在五月二十一日;其二,无论"要约"或"照会",内容仅及代管兵权、钱粮,未出现"归政"字样,关于这一点,同时期邹嘉来、盛宣怀二电及李超琼记载皆可充旁证。恽毓鼎谓"嗣闻系请太后归政"云云,系事后补记,此节宜与前引《残稿》(17)段括号内按语参观。略加比较,可发现两者表述的意思非常接近。袁、恽均参加了御前会议,消息来源近似。笔者认为两人于第一时间听说有洋人要挟事,但对具体要挟的内容并不十分清楚,至少当时所知无"归政"一条,此条实际得自事后传闻,遂各自补入日记。[48] 袁昶对此存疑,表示"不知确否",这样的反应并不奇怪。巢凤冈的探报相对属于外围,而且距离御前会议也已隔了一段时间,"四款"同样多出"归政"一条,可见此条实系后出。

值得注意者,《残稿》记罗嘉杰提供者为"密禀",而非照会。《高枏日记》也说:

> 荣相初与某某等争论不胜,适接江苏候补道某函,言洋人已定四条,有天下兵马钱粮归其掌管,政府要干预。荣得此函,送入,将以恫骇沮其谋,转而归剿办之议也。不料送入,遂大怒决裂。后乃知使馆并无照会到来[寻常照会有格式,是洋字,非汉字,此次乃信函]。[49]

来自罗嘉杰的情报,经由荣禄,对慈禧对外心态的变化确有影响,而且这种影响似与荣禄送入的初衷相悖。林华国先生以为"密禀"这一情节相对"合

---

[48] 《袁京卿日记》六月初十日条记李鸿章事,袁昶按语谓:"必是合肥先有电与维德,公父子均昵于俄,故为之尽力,观后长顺电可知。"《历代日记丛抄》第159册,第421页。"由观后长顺电可知"一语,可知袁氏按语多由后补记。

[49] 《高枏日记》,《庚子记事》,第156页。六月间,许景澄致函张之洞提及罗嘉杰事:"自五月望后,遂有焚杀京城教堂之变。至二十日,荣相得江苏粮道罗家(嘉)杰密称闻洋人将要求四事,此函遽以进呈,于是抚团攻洋之议遂决。"(《许竹筼致张文襄之洞函》(抄件),庚子六月二十三日,《张之洞等函札》,中国社会科学院近代史研究所藏,档号:甲182-487,转引自马忠文《荣禄与晚清政局》,第262页)所言进呈者为"函",亦非照会。

乎情理",并推断:"罗嘉杰有可能听到一些有关列强动向的传闻,他把听到的传闻向荣禄密报是可能的。这个密报受到荣禄和慈禧的一定重视也有可能。但这段议论[50]说清廷决定对外宣战是受罗嘉杰密禀的影响则是没有根据的。"[51]清廷决定宣战涉及复杂因素,尤其与津沽前线军事形势突变与情报传达的时间差密切关联,"罗嘉杰上书事件"本身疑窦众多,但可基本确认的是:与罗嘉杰隐约有关、指证洋人要挟的某些证据在御前会议上曾被出示,且对君臣上下造成冲击,其内容未涉"归政",但侵害主权的要求引起慈禧强烈反感,故当时已有"如无挽回,愿作背城之举"的意态。

其二,(18)段标明"系续记者",实为后人所添,其性质应与(17)段相区别。

《残稿》(18)段末:"按:此注系续记者。"孔先生据此评论:

> 是谁的续记?我以为袁昶是不会作这种记述的,只能是后人改篡加进的。因为随事态之发展,谁是罪魁祸首,愈来愈加分明,袁昶是不会委罪于罗嘉杰的。清廷后来惩处祸首时,未及罗氏,亦可旁证。

林华国先生谓:

> 《乱中日记残稿》见于1905年出版的《太常袁公行略》一书。日记原稿已不见。这段议论究竟是袁昶本人补写还是《行略》一书出版前由他人补写,尚待考证[我怀疑是他人补写]。[52]

㊿ 指《崇陵传信录》——引者注

[51] 林华国:《历史的真相:义和团运动的史实及其再认识》,天津古籍出版社,2002,第121页。陈晓平指出罗嘉杰在五月十八至二十九日,因负责押运在天津办理漕粮,基本不具备向荣禄提供"照会"的条件,所谓"归政照会"极可能是他在庚子年正月底(而非五月)向荣禄送交的一份非正式密报的变体。参其《庚子年"假照会"事与罗嘉杰无关》,http://www.douban.com/group/topic/15497989/,最后浏览日期:2012年5月25日。

[52] 林华国:《历史的真相:义和团运动的史实及其再认识》,第121页,注释1。

笔者所见《太常袁公行略》初刊石印本，即有"按此注系续记者"字样，可知非"中国近代史资料丛刊"编者所加，而"推原祸本"以下一段，换行用小号字区别于正文。笔者倾向于认为，这段话系《行略》出版时由编者所添。

罗嘉杰是否真的呈送过"密禀"或"照会"，需要打上大大的问号，但如前述，庚子事变期间有关此事的各版本说法已广泛流传于京师士大夫圈子，须注意者，一开始时说法尚未涉及"归政"，也未被指认为清廷宣战的主因。后人编辑《太常袁公行略》，实无严格的史料辨析，问题严重的"三折"照录不误，即一显例。㊝辑入《残稿》时，编者很可能采信坊间有关罗嘉杰上书的传闻，而加注补说。现在所见《残稿》中两段相关文字，据笔者理解，(17)段出于袁昶手笔，括号内按语系时隔不久后补记，(18)段则为后人所加。

总括而言，袁昶日记出现罗嘉杰上书的记载，并非突兀和不可解释。此事确有"原型"存在，而非出于编造，唯传播过程中产生了变异。一味追索源头，不仅困难，且意义不大。笔者认为，更具追问价值但已属本文题旨以外的问题，是林华国先生曾已提示的："20日日记后面的那一段议论为什么把清廷宣战归因于罗嘉杰密报，这倒是一个值得认真考查的问题。"

（四）关于"与日记体例不合"问题

孔先生质疑《残稿》另一理由是它名实不副，虽名曰"日记"，但许多部分不类日记："坊间所流传的《乱中日记残稿》，其内容除日记外，还包括了袁昶的密札、电文摘要等内容，加上编者的按语。与日记体例不合，且有许多后人加工的痕迹，并非是袁昶的日记原本。"

《残稿》中出现异于作者口吻的按语或电文摘抄，始于五月二十四日。(18)段末按语，考辨已详前节，不再赘。(19)段末按语"以下六节均系五月末"，实分四段，前引顾廷龙跋即提示此数节"盖皆经展转传抄，非出手稿

㊝ 章梫断定"海内传诵袁氏三折"为不实，即曾引起袁氏后人不满。据章乃羹《清翰林院检讨学部左丞宁海章先生行状》："先生在史馆遍稽档案……因删三折不录，袁氏子姓深非之。先生曰：三忠及难，必有其因，三折或拟而不上。至于史，当根事直书，否则不足以成信史。"钱仲联主编《广清碑传集》，苏州大学出版社，1999，第1246页。

矣"，与原稿有所区别。

(20)段"江督刘公、鄂督张师致荣相个电……"、(21)段"东抚袁慰亭电奏……粤督李中堂电奏……"，可见于《袁京卿日记》五月二十八日条。唯《袁京卿日记》末句作"岂知端邸、徐相、崇公、溥良、溥兴一意主借拳剿洋，迎合慈意，并专仗董军助团剿仇洋，不顾巨患在后乎?"《残稿》则少"迎合慈意"四字，并隐去了排外廷臣姓名。

(22)段作：

> 语英侍郎年，以先清内城，以安民心。现禁城有拳团三万余人，来者穰穰不止，久必生变，即不能部勒使受约束，不如导使随(甘军马玉崑)往津御洋兵，少(原文如此，疑系"乃"字抄误)两得之。英云，当与庄邸、刚相、澜公商之。

复按《袁京卿日记》五月三十日条：

> 过英菊侪少农(年)，商先清理内城，以安民心为要。现团有三万人，来城尚不止此数，日久生变，既不能部勒使受约束，不若劝导使往析津御洋人，乃两得之。菊翁云，当与庄、刚、澜三公商之。天下何思何虑，老僧不见不闻。

两段结构行文基本相同，有少量字词出入，但不影响对中心意思的理解。文字的微调，包括删落"天下何思何虑，老僧不见不闻"一类主观性语句，很可能是在《残稿》编辑时产生的。

(23)段"宋祝三、马景山亦言，虽失和开仗，亦不可诛及使馆，此皆老成谋国之言"等语，未见于《袁京卿日记》。

(24)至(50)段，即六月初八、初九、十二、二十一、二十二日条，与《袁京卿日记》所含时间段重合，这为我们清楚理解两者异同，提供了极佳的对比素材。细加留意,可发现前者多记时事政局及个人政见,后者则还保留相当多日常生活、交际应酬、诗文创作方面的内容。可以说,《残稿》具有主题性,侧重于记录"政治"面。现撷取与时事相关部分内容,录下以做对比。

表二　《残稿》与《袁京卿日记》内容异同示例

(28) 保定转来粤督江电……顷据港电,驻京各使出都(<u>绝无此事,六月初五日以前董军与宋军攻打,闻只胜英、俄两馆而已</u>),距津不远,想在京各国洋人,必随俱出。此后恐由各国水师提督主持要挟,伏恳皇太后、皇上总以镇静,勿遽明谕宣战(<u>已明发</u>),致大决裂(<u>合肥大谲老谋,饰词不允,鄙意速降旨,调合肥为北洋直督,则李无可饰词</u>)臣北望舳舻,无路可达,忧灼万状。适据杨使儒转电俄国户部相臣维德复称:中国官民附从乱民,扰害贵国皇太后朝局,实为可怜。本大臣深知俄国不与中国开战,且念数百年交谊,必竭力帮助,保全中国自主之权(<u>必是合肥先有电与维德,公父子均昵于俄,故为之尽力,观后长顺电可知</u>),惟现在际此艰难,务望贵大臣于一切事件预闻办理,深信贵大臣必顾全中俄两国旧交,妥为设法,护卫本国使臣人民。贵大臣亦可深信本国政府并本国之军,无不全力帮助云云(<u>此电中"贵大臣"必指合肥,特不审与维德密码去电作何语也</u>)。
(32) 张翼禀荣中堂……拳人众,日惟勒索,长芦盐商供应运使杨宗濂衙参回,拳拉出轿,刀加于颈,令其在街心磕头(<u>端邸以溥卓云有梦,拜为谋佐,笃信义和团,近日团长扑杀虎神营统领阿克达春,始内不能平,然悔之晚矣</u>),日肆焚掠,官民逃走一空。
(33) 直入内,见荣相、刚相、庆邸,言合肥托辞不赴召,为畏难自便计,非请旨调北洋直督,决不肯来。如再偃蹇不奉诏,可坐以违旨之罪,相、王均以然。盖以合肥不来,则无以为转圜之线索也(<u>刚相言,跸园时内监导拳民于佛前操演,奉天语,激赏以为神兵也,谓此何虑各夷作祟,由此遂深信不疑,今兄弟亦被天下恶名,此差办不了。某答,如有函复各省大吏,当为中堂解谤</u>)。
(38) 合肥电,吉林述俄外部意,通国财力尽在铁路,亟求切实保护铁路公司。述俄皇谕,亦不欲与中国开衅。李又谓,业与各国开衅,若再与俄决裂,全局皆危(<u>观此则知肥相与俄交情亲切,大有石郎、刘豫之意</u>)。

按:加下划线的文字系《袁京卿日记》较《残稿》多出者。又《袁京卿日记》抄本,凡按语原均用双行小字,现以小括号标示。

　　由上可见,《袁京卿日记》保留了不少袁昶按语,多涉及人物评价,其锋芒所指,不仅有主张"抚拳抗洋"的王大臣,也包括奉召北上而不应命的两广总督李鸿章(1823—1901)。有必要指出的是,袁昶固不满于执政诸公,但从日记看,他与后来划入"顽固派"的许多人仍有交往。戴玄之读《残稿》,即注意到"凡有关徐、刚、启、赵诸人,皆礼敬之,尊称其官衔而不名,从无攻讦、谩骂字句"。[54] 这一点同样可于《袁京卿日记》中得到印证。另有一处特别值得注意,即《袁京卿日记》六月二十一日记"刚相直肠,深悟空言解散之非计",《残稿》则作"刚相近亦梭巡无计",后者将对刚毅(1837—1900)的"同情的理解"改轻,很可能是编辑者出于维护袁氏形象,而做了一番小手脚。总的来说,日记所见袁昶,与今人对他疾恶如仇,以激烈言辞致犯端、刚之忌的印象,有不小差距。有趣的是,袁昶对主和派人物李鸿章,观感亦不佳。对李滞粤不行、亲昵俄国,日记中均有批评,言辞犀利,毫无假借。袁昶后人刊布《残稿》时,刻意删落这些易犯忌、得罪人的话,当在情理之中。又《袁忠节公手札》存录李鸿章电,末有按语"观此语,则知李与俄交情亲切,大有石郎、刘豫之意"[55],较《残稿》(39)段,多出"大有石郎、刘豫之意"一语。孔先生据此判断《残稿》"改删之迹,昭然可见""许多部分只是后人根据袁氏所存电报抄件及书札等资料,托袁氏之名,编造出来的"。其实,同一按语亦见于《袁京卿日记》六月十三日条。袁昶将李拟为石敬瑭、刘豫,讥嘲鄙夷,情见乎辞,其将摘录的电文抄呈张之洞时,完整保留本人按语,足见两人关系之密。唯后来刊印《残稿》者反多顾忌,对按语做了删节处理。

(51)至(61)段,即系于六月二十二日条下《残稿》最末十段,多涉义和团组织源流及在京津活动情况。孔先生质疑其内容"大多追述庚子五月十六日以前的事情,甚至有光绪二十五年义和团在山东的活动,这种前后顺序的颠倒,也说明《乱中日记残稿》是否真是袁昶手写的日记,的确是令人怀疑的"。笔者认为,这部分确非袁昶日记原有,其性质与前述(18)段相似,应为后人编印时所添入。

---

[54] 戴玄之:《许袁三疏真伪辩》,《义和团研究》,第213—214页。
[55] 袁荣叜辑:《袁忠节公手札》,第55页。

综上,基本结论是:《残稿》《袁京卿日记》所据为同一底本,日记时段不尽同,但从重合部分看,并无显著差异,只是《残稿》少了若干条袁昶本人所作按语。故《残稿》较之原稿,"删"确有之,"改"则微乎其微,尚不至于歪曲原意,"与史实抵触"一说缺少相应证据支持。再,既以《残稿》命名,说明所抄必不全,那么出现若干日期错置或移置也可以理解。日记在前,函札在后,这一文本生成的次序应属无疑,《残稿》只是世存袁昶庚子日记的一种不完整版本,若谓其出于据函札等资料"编造",则大谬不然。

三、 袁昶日记所涉重要史事疏证

至此,两种庚子日记的性质及关系,可以说已大致厘清了。被怀疑作假的《残稿》经上述"剖辨",至少可将"能视作信史"的部分析出,使研究者较放心地加以利用。至于重要性尚未被学界充分认知的《袁京卿日记》,实包含相当丰富的信息量,极具研究价值。本节拟据此讨论义和团事件中若干重要史事,以期提供一些新史料或新视角。

(一) 袁昶日记所见端、庆、荣之关系

自义和团进入京、津后,清朝内部意见分歧。就中枢情况而言,军机大臣中仅荣禄一人主剿,刚毅、启秀、赵舒翘主抚,其余者不敢说话;总理衙门经五月十四日(6月10日)改组后,除新入署的载漪、启秀、溥兴、那桐及赵舒翘外,奕劻、王文韶、徐用仪、崇礼、吴廷芬、许景澄、袁昶、联元等人,多不主张对外决裂,而要求对义和团采取压制措施,其中以许、袁态度最为坚决。袁昶对义和拳向不以为然,上年末直隶拳民蔓延之际,已取故友吴桥县令劳乃宣(1843—1921)所著《义和拳教门源流考》向中枢呈进,欲加以制约。袁荣叟为《袁忠节公手札》作跋语,有谓:"先君征取玉丈(劳乃宣号玉初)所撰《义和拳源流说帖》,拟为代奏事在己亥仲冬,既格于同僚之议,不果。迨项城(袁世凯)奉命抚鲁,先君仍以玉丈说帖畀之。"[56]己亥(1899)冬间,袁昶与

---

⑤⑥ 袁荣叟辑:《袁忠节公手札》,袁荣叟跋一,第144页。

劳乃宣通函，所议论者多与拳事相关。李家驹（1871—1938）评论说："观此数札，事前与劳韧庵尚书往复论列，力图有所补救。是时尚书方任吴桥县令，既著书辟邪以晓民，又委曲求上达，冀回天听，言大臣之所不敢言，为大臣之所不敢为，可谓伟矣。"⑤⑦

五月十八（6月14日），许景澄、袁昶致函荣禄亲信幕僚樊增祥（1846—1931），提出"速请荣相举办，先清城匪，再图外匪"⑤⑧。次日（6月15日），袁昶单独上书庆亲王奕劻，表示："为今之计，急求先清城匪，镇靖人心，方可阻外兵之来，免其大肆报复，否则洋人拳匪交哄，大局糜烂何堪设想。可否请两邸宪会同荣相奏明，刻即下诏，晓谕军民人等，凡遇身系红带，持刀放火杀人之拳匪，准其格杀勿论，高悬赏格，缚献匪首。"⑤⑨此外，东南督抚亦欲通过总署渠道，影响政局走势。五月初九至十二（6月5—8日），湖广总督张之洞数电许、袁，论"'辅清灭洋'旗号乃会匪故智""欲恃拳匪攻逐洋人，真大误也"，并托"婉商云门达当轴"⑥⓪。"云门"，樊增祥字。张电可与袁、许致樊函互看。

总的说来，荣禄、奕劻皆为当时主剿者所瞩望，唯相对于荣禄偶有建言，奕劻则更显沉默。五月二十日（6月16日）高枏记："荣、庆、端、澜意见尚不相合。贝子贝勒皆大哭，非哭烧杀之起于京城，乃哭昨日上谕之将拿团也……荣在内谩骂曰：'这些王八旦，要把义和延入京，谓其能打洋人，闹得如许烂。'王夔公劝曰：'现在但须先清内匪。'荣曰：'一言难尽。'"⑥①"荣、庆"与"端、澜"意见明显不合，而荣禄在"拿团"问题上还是表现出一定的主见。本月十九日（6月15日），清廷谕召两广总督李鸿章、山东巡抚袁世凯"迅速来京"⑥②，

⑤⑦ 袁荣叟辑：《袁忠节公手札》，李家驹跋，第136页。
⑤⑧ 袁昶：《乱中日记残稿》，《丛刊·义和团》第1册，第337页。
⑤⑨ 《上庆亲王请急剿拳匪书》，《袁昶奏稿》，《丛刊·义和团》第4册，第158页。
⑥⓪ 《致京许竹筼》两通、《致京袁爽秋》，光绪二十六年五月初九、十一、十二日，苑书义、孙华峰、李秉新主编：《张之洞全集》第10册，河北人民出版社，1998，第7965、7966、7967页。
⑥① 《高枏日记》，《庚子记事》，第146页。"王夔公"，王文韶，"董"，董福祥。
⑥② 《军机处寄直隶总督裕禄上谕》，光绪二十六年五月十九日，国家档案局明清档案馆编：《义和团档案史料》上册，中华书局，1959，第141页。

即高枏日记所谓“密旨调袁与合肥去矣”。此议缘起于荣禄意见，盖“召李傅相以议和，召袁慰帅以剿团”。(63) 军机章京王彦威记荣禄在此期间曾主动奏请“调武卫中军入城弹压”。(64) 复按上谕档，五月十七至十九日（6月13—15日）清廷连续发布七道谕旨，指在近畿、京城等处义和团民为“拳匪”，命步军统领衙门等严行查拿。(65) 二十日，有明谕“着荣禄速派武卫中军得力队伍，即日前往东交民巷一带，将各使馆实力保卫”。(66)

五月二十至二十三日（6月16—19日），那拉氏为即将到京的联军寻找对策，连续召集御前会议，而直接议题为能否恃拳制夷。首日会议后，总署大臣许景澄、那桐奉派出城劝阻联军返津，有“如不听命，则立调董军阻拦，再不服阻，则决战”之说。当天退值，袁昶面见奕劻、荣禄和载漪，告以“若招抚拳会与董军合势，即使洗剿东交民巷，战胜外兵，然开衅十一国，众怒难犯，恐坏全局”。据其日记，三人反应分别是：

> 庆神色沮丧，无所言。荣踧之云，非我能作主。端甚怒，或怪我言太激。(67)

连日御前会议，和战仍未有定议，但从下发谕旨中已可看出主战倾向。其中五月二十二日（6月18日）一道上谕为：“军机大臣奉面谕：京师现办军务，着派徐桐、崇绮与奕劻、载漪并军机大臣，会商一切事宜。”(68)孔祥吉先生近撰文对奕劻与义和团关系提出新解，就特别征引此上谕，指出：“以前史学

(63) 佚名：《综论义和团》，《义和团史料》上册，第165—166页。
(64) 王彦威：《西巡大事记》卷首，外交史料编纂处，1933年，第4页。
(65) 国家档案局明清档案馆编：《义和团档案史料》上册，第132、133、134、136、144页。中国第一历史档案馆编辑部编：《义和团档案史料续编》上册，中华书局，1990，第599、602页。
(66)《上谕》，光绪二十六年五月二十日，《义和团档案史料》上册，第144页。
(67) 袁昶：《乱中日记残稿》，《丛刊·义和团》第1册，第338页。
(68)《着徐桐等与奕劻载漪并军机大臣会商一切事宜事上谕》，光绪二十六年五月二十二日，《义和团档案史料续编》上册，第604页。

界都把奕劻当作反对义和团的代表人物,然而,由此谕旨观之,奕劻和徐桐、载漪等人完全是一个营垒的。"[69]关于这一新设机构直接史料极少,《袁京卿日记》六月初八日(7月4日)记有:

> 闻设督办军务处[端、庆二邸、徐相、崇公]于禁垣内方略馆[崇公主借拳剿洋,谋拆津铁路,以限戎马之来,可谓谬于愚极]。[70]

按几次御前会议上,载漪主战最力,袁昶谓:"端郡王等力主战局,有密寄饬高密攻打各林牙馆之说。"[71]荣禄致叔父奎俊私信中透露:"此事始于端王,继而诸王、贝勒各怀心意,从中有犯浑不懂事理,皆以上意为顺,故在殿廷大声疾呼。……故众口一词,坚意主战,皆以佽为怯。……故庆王尤不敢出语,而拳民竟有以他为汉奸,几欲攻其府第,亦有人使之耳。"[72]可见不仅荣禄首当其冲,连自我禁抑意识甚强的奕劻也被目为"汉奸",饱受攻击。《袁京卿日记》六月初五日(7月1日)条按语云:

> 荣相、庆邸、崇礼、许景澄,皆义和团声言欲杀此通洋之四人者也。惟荣不得不急攻夷馆,以自解免。溥良等骂立山、联元二人议和,请先正法,又谓主和者皆受洋人重赂。[73]

同月初二日(6月28日),袁昶致张之洞函谓:

---

[69] 孔祥吉:《奕劻在义和团运动中的庐山真面目》,《近代史研究》2011 年第 5 期。
[70] 《袁京卿日记》,《历代日记丛抄》第 159 册,第 415 页。有关军务处记载,并见龙顾山人(郭则沄)《庚子诗鉴》,《义和团史料》上册,第 144 页;胡思敬《驴背集》,《丛刊·义和团》第 2 册,第 503 页;《综论义和团》,《义和团史料》上册,第 166 页。
[71] 袁昶:《乱中日记残稿》,《丛刊·义和团》第 1 册,第 338 页。
[72] 《致奎俊札(一)》(光绪二十六年六月二十二日),杜春和、耿来金、张秀清编:《荣禄存札》,齐鲁书社,1986,第 405—406 页。
[73] 《袁京卿日记》,《历代日记丛抄》第 159 册,第 412 页。

（五月）十七以后拳民在禁城突起滋事，天皇贵胄、弘德师保，力主借拳灭洋，钳荣相、庆邸之口，并造谣云：义和拳入禁城，先杀四人通洋者，荣相、庆邸、崇礼、竹筼，于是钳口结舌，而宣战之旨决矣。[74]

　　可知当时义和团声言"先杀四人通洋者"，庆、荣皆在其列，此说又与"天潢贵胄"等欲"钳荣相、庆邸之口"而造谣相关联。在反对抚团、排外问题上，奕劻、荣禄基本持相同立场，诉诸表达的方式可能稍异，然被端王一派视为主要障碍则一。许景澄致荣幕樊增祥函，有请代筹"感佛、阻端、助庆"[75]诸语，即以庆、荣在同一营垒为前提。兵部主事费德保（1847—？）时亦闻知，"此次开战，故端王立（力）主其议，如熟悉洋务之庆亲王、荣仲华相国，均不以为然，召对时与端邸相互抵牾，几至廷争"[76]。奕劻奉旨与端、刚、徐会商"军务"，或可说明慈禧对其"宠信逾常"，却不能用来推论他"格外出力"，事实不过如李希圣所言，"奕劻枝梧其间，嗫不敢言，取充位"[77]而已。

（二）六月初五日"上荣中堂略园书"

　　《袁京卿日记》六月初五日（7月1日）条记："入署。上荣中堂略园书。"其文重要，今录下：

　　　　再密陈者：犬羊异族，罪恶滔天，自道光庚子粤东烧烟土案，直接此次烧夷馆，始知惩创，首尾适一甲子，天道好还，网恢不失，此殆自然之理数，非人力所能为耶？惟目前巨衅，起于民教互仇、拳洋交哄，此次决战宜提开俄、日本两国，专与行教之各国为仇敌，乃于理为协也。日本经圣慈柔远闳谟，前派刘学询、庆宽聘问，订有密约，煞费周旋，久钦宫廷妙用。俄自圣祖仁皇帝命内大臣索额图订《尼布楚互市约》后，乾

---

[74]《致夫子大人函丈》（光绪二十六年六月初二日），袁荣叟辑：《袁忠节公手札》，第29—30页。

[75] 袁昶：《乱中日记残稿》，《丛刊·义和团》第1册，第338页。

[76] 费德保：《庚子北京避乱记》（稿本），上海社会科学院历史研究所藏，索书号4022244。

[77] 李希圣：《庚子国变记》，《丛刊·义和团》第1册，第18页。

隆中特开恰克图市场，二百六十年全盛之世，且未尝失和。丙申年，大学士李鸿章又密承朝谟，与俄君主订立密约。一决裂则新盟顿寒，前功尽弃。此应分别办理，一也。日本与俄从无一教士、教民在我内地煽惑生事，不宜无故开衅。师出无名，二也。然此特以情理论之也，若以地势论之，尤不宜轻开边衅。俄重兵屯扎在阿穆尔东海滨两省，旅大两口不少；日本自广岛趋对马岛，由芝罘薄津沽，不出三日可达，地近而逼，调陆军视各国为易。此可与联络合势，以共拒欧洲各强敌〔**即不助我，亦可使守局外**〕，而未可不分皂白，概屏之为鲸鲤魑魅，而我自措足于孤立无援之地。此兵家形势所忌，宗社存亡之机，尤当审慎，不宜付诸孤注一掷，自召土崩瓦解局，三也。准拳仇教，恐大江南北哥老会枭匪皆借仇洋为名，闻风而起，必有甚于十七年之教案，非疆吏所能弹压。江路一有阻隔，漕粮京饷必难北运，饥军哗溃堪虞，尤不能不预计者也。

为今之计，必急图补救之方，似宜从先清内城入手，以安夷心、保物产为主。除拔出俄、日二国使臣外，候东交民巷犁庭扫穴后，移宋、董诸军，会同庄邸、刚相，押送义和团，开往津沽，俾当前敌，而以诸军鞭笞严督其后，胜则勒部编伍，汰弱留强，如曹公收黄巾精锐，编为青州兵之法；败则付诸虫沙浩劫，以绝后患，可两得之。幸天佑宗社，雨泽时降，大半可散而归农，免致盘踞辇毂之下，不久且生变。此患渐去，则中外离合和战之局，可以审机因应，一面兼促合肥使相，入都谋之。天若祚圣清，俾社稷危而复安，金瓯缺而仍补，则中堂与执政诸公斡旋危局之功，永之与庙堂丹青，河山带砺，剖符无极矣。

昶自前月召对，不称旨；又上书两邸，并草一折，坐与朝议相枘凿，箝口触网，不敢复言事。顾臣子当急君父之难，义不敢默也。敬为门下密陈之，俟采择，大局幸甚。〔**略园深以为然，遂发三国电添入英**〕。(78)

---

(78)《袁京卿日记》，《历代日记丛抄》第159册，第407—412页。

由此函，可从三方面分析袁昶对内政外交的观察及因应策略。**其一，对列强区别对待、分而治之，即"此次决战宜提开俄、日本两国，专与行教之各国为仇敌"**。这点可对照前后日记加深理解。六月初四日（6月30日）记：

> 昨晨有密电［今午始抄交］，谕各驻洋星使，历叙民教互仇、拳洋交哄，各使纷纷续调洋兵，大沽炮台被踞，以致衅自彼开，并非中国有意与各国开衅，切告外部，现朝廷唯有自剿乱民，力认保护，各国使馆该大臣仍安居勿动，照常办理交涉事宜云云（闻系仁和协揆手笔也）。[79]

初八日（7月4日）记：

> 入署，又往北池，晤琴轩、竹筼。筼闻之稚夔云，昨发俄、日本、英三国之电，措词尚恳到，仁和笔也。[80]

按本月初三日（6月29日），清廷寄出使各国大臣电旨，解释开战缘由，声明"现仍严饬带兵官照前保护使馆，惟力是视"；初七日（7月3日），以光绪帝名义向俄、日、英发国电，请求"设法筹维，执牛耳以挽回时局"，其中对俄重申两国"立有密约，载在盟府"，对日以"相依唇齿、同洲是赖"立言，对英则强调"以商务为重"。[81] 据袁昶日记，"闻系仁和协揆手笔也""措词尚恳到，仁和笔也"，则上述电旨、国电均由军机兼总理衙门大臣王文韶"措词"。自五月十四日改组后，总理衙门的外交作用已边缘化。据郭则沄称：

---

[79]《袁京卿日记》，《历代日记丛抄》第159册，第405页。

[80]《袁京卿日记》，《历代日记丛抄》第159册，第414页。

[81]《致俄国国书》《致日本国书》《致英国国书》，光绪二十六年六月初七日，国家档案局明清档案馆编：《义和团档案史料》上册，第228—229页。

拳乱中枢府以帝名义致书英、俄、日本诸国主，望其排难解纷，于俄则申明李文忠所订密约，于英则就商务立言，于日本则述唇齿休戚，各命驻使呈递。盖所谓以夷制夷也。又有电旨通谕驻外各使，宣示中外开衅之由……命其向各外部切实声明，达知本意。是事盖用荣文忠议，预为后日言和地也。时端邸兼领总署，故不由总署而由枢廷。㉜

拟议国书事系由军机首辅荣禄主持，并有意绕开载漪主政的总理衙门，而由前引《上荣中堂略园书》看，此举措明显受到袁昶的推动。袁主张"分别办理"，即"以夷制夷"之谓也。他强调理由有三：一曰"决裂则新盟顿寒，前功尽弃"，清廷与俄、日订有"密约"，即指丙申（1896）李鸿章签署的"中俄密约"及己亥（1899）刘学询、庆宽使团赴日事件；二曰"师出无名"，俄、日两国对华无教务关系，当然谈不上传教士、教民"煽惑生事"；三由"地势"论，俄、日距华"地近而逼"，调兵容易，开战则为兵家形势所忌，相反应与"联络合势"，"共拒欧洲各强敌"。以上意见为荣禄所重，也化入国书内容中。上荣禄书末有袁昶按语："略园深以为然，遂发三国电，添入英。"㉝此国电同时发俄、日、英三国。事后，在上海的盛宣怀也敏感地发现政治风向的变化，表示："寄外洋两件是庆、荣、王手笔，余则端、刚、赵所制……东南方针不错。"㉞

　　其二，处置义和团办法，主张用清军将之驱至津沽战场当前敌，"胜则勒

㉜　龙顾山人：《庚子诗鉴》，《义和团史料》上册，第61页。按郭则沄之父郭曾炘（1855—1928），庚子时为领班军机章京。

㉝　《袁京卿日记》，《历代日记丛抄》第159册，第412页。

㉞　《盛宣怀上宁督署电》，光绪二十六年六月十四日，王尔敏、吴伦霓霞合编：《清季外交因应函电资料》，"中央研究院"近代史研究所，1993，第408页。又《袁京卿日记》六月初九日记："笕兄值日晤略相、夔相，电粤李相、上海道，照会粤、沪领事，属电本国，勿阻我与外部商事之电。上意主速行成，以息事宁人，慈圣劫于诸王贝勒之议，未有所决。"（《历代日记丛抄》第159册，第425页）据此，除致国电外，许景澄建议荣禄、王文韶，拟致驻粤、沪外国领事照会以促和谈，事阻于"诸王贝勒"。

部编伍,汰弱留强,如曹公收黄巾精锐,编为青州兵之法;败则付诸虫沙浩劫,以绝后患,可两得之"。这一剿拳思路早已有之。五月三十日(6月26日),袁昶私访户部左侍郎英年(？—1901),即建议:"先清理内城,以安民心为要,现团有三万人,来城尚不止此数,日久生变,既不能部勒使受约束,不若劝导使往析津御洋人,乃两得之。"[35]

又《袁京卿日记》六月初八日(7月4日)记:

> 夜为黻兄草奏,言不得不开口,遵旨目前有五不可恃(官军、义团、津防、叶祖珪海师、军饷),宜急救之法亦有五:一速殄洋馆以灭口,或仍网开一面,赦各公使,仍保护公使出京归国,以示特恩;一拔去俄、日本两使,仍令李鸿章联两国之交,以减敌势;一饬诸军督押义和团,往津沽当前敌,以除后患;一肃清城内余匪,振兴市面,以安民业;一厚集各省援军,屯扎芦台至山海关一带,以固形势。久在危城中,神疲气茶,起草觉甚吃力,疾书梗概,乞黻兄润色之,入告。[36]

按"黻兄",日记中又作"黻廷""郑黻老",即郑炳麟,字绂庭,山东莱阳人,光绪九年进士,江西道监察御史。查六月初九日郑炳麟上有一折,语云:"请饬城内武卫各军,克期迅奏肤功,犁庭扫穴,尽戮之,以灭洋人之口。将来可尽诿之乱兵、乱民所为,非我能所禁御。然后尽移武卫军率义和团均赴津沽,俾当前敌,而以官军鞭笞,使义和团奋勇杀敌。再集各省援军,分扎芦台至山海关、喜峰口一带,以固形势而壮军威。"[37]其内容与日记类同,也包含迅速攻破使馆以"灭口",以官军驱逐义和团往津沽当前敌,集各省援军至芦

---

[35]《袁京卿日记》,《历代日记丛抄》第159册,第401页。

[36]《袁京卿日记》,《历代日记丛抄》第159册,第415—416页。

[37]《江西道监察御史郑炳麟奏事机危迫请饬城内各军将洋弁克期扫荡而安商民折》,光绪二十六年六月初九,中国第一历史档案馆编:《庚子事变清宫档案汇编》第1册,中国人民大学出版社,2003,第357页。

台、山海关一带驻扎等带有主战意味的建议。不同的是，袁昶本人尚有"仍网开一面，赦各公使，仍保护公使出京归国，以示特恩"的余地，并且注意对俄、日公使区别对待，以夷制夷，而对患在肘腋的内城拳民则坚持一贯的"肃清"立场。由上述材料看，以"主和"形象为人所知的袁昶亦曾一度主战，他向荣禄建议办法，以及通过郑炳麟上达朝廷者，意欲一举两得，其内涵既有借拳抗洋的一面，又有借洋代剿的一面，很难简单定性。而郑炳麟因其激进主战的言论，一向被义和团运动史的研究者指认为顽固保守派的代表。被贴有"反战"标签的袁昶在事变高潮时期，竟然为一好战分子"草奏"，这一现象颇具吊诡意味，也提示我们理解历史人物的复杂性之难。较早的义和团研究，由于受"路线""阶级"划分的影响，习惯于人物研究的"一刀切"，凡清政府人物必在剿、抚或和、战的两端排队分站。问题是，义和团运动中的某一人物是否存在单调不变的形象？其思想和行动是由"主剿"或"主战"一条线索贯穿到底，还是在与变化的时空环境互动中延展？《袁京卿日记》透露的信息，为我们提供了反思素材。

其三，为促成时局"转圜"，主张严促李鸿章迅速北上，"入都谋之"。自五月十九日清廷谕召两广总督李鸿章"迅速来京"，其后六月初七、初十日，又两度旨催。⑱《袁京卿日记》六月初八（7月4日）记：

> ……又趣召合肥速来陛见［略园奏请］。⑲

十二日（7月8日）记：

> 直入内，见荣、刚二相、庆邸，言合肥托辞不赴召，为畏难自便，非请

---

⑱《军机处奉电旨着李鸿章仍遵前旨迅速来京毋稍刻延》《李鸿章奉电旨着令迅速来京由陆路兼程北上并报启程日期》，光绪二十六年六月初七、初十日，《庚子事变清宫档案汇编》第1册，第304、362页。
⑲《袁京卿日记》，《历代日记丛抄》第159册，第414页。

旨调任北洋直督，决不肯来。如再偃蹇不奉诏，可坐以违旨之罪，相、王均以然。盖以合肥不来，则无以为转圜之线索也。⑨

复按上谕档，当日有旨"直隶总督着李鸿章调补，兼充北洋大臣"。⑨ 此项关键任命背后，有"相"（荣禄）、"王"（奕劻）推动之力，亦与袁昶"非请旨调（李）任北洋直督，决不肯来"之建言不无关系。

（三）总理衙门战时交涉

对外宣战后，天津战场的形势变化是牵制清廷决策的重要力量。至六月十八日（7 月 14 日），清政府已知战局吃紧，对使馆进攻趋缓，同日经慈禧太后批准，总理衙门遣人送至各国公使照会，以保护为名敦请使馆人员出馆，"暂寓总署"⑨。带入照会者为教民金四喜。后荣禄致奎俊私函谓"幸各使尚未死，昨好容易拿住一汉奸，令其送信，以通消息，总算（以）拳民攻击为词，好在各使亦怕到极处，求救不得，得着侄信，感激万分"⑨，即指此事。《袁京卿日记》六月十六日（7 月 12 日）亦记：

> 昨夕我军在外玉河桥水门盘获吃教旗弁一名，为窦纳乐送信与英水师提督，云七日内必绝命，望援甚急云云。[窦纳乐系展如传翻译马廷亮写出，函内称洋人仅毙三十七人，伤此倍之，希水师提督速派兵三四队来，方可得力，现坚守俄、英、美、法、德五馆以待云云。]⑨

----

⑨《袁京卿日记》，《历代日记丛抄》第 159 册，第 425 页。

⑨ 王其榘辑：《有关义和团上谕》，《丛刊·义和团》第 4 册，第 29 页。

⑨《总理各国事务衙门奕劻等给各国使臣照会》，《义和团档案史料》上册，第 325—326 页。查原档未具日期，有注云："见面带上，带下存堂，次日堂改后，照缮信函一件寄窦纳乐，由堂交。"《庚子事变清宫档案汇编》第 2 册，第 518—519 页。可确知此照会前一日已经慈禧太后批准。金四喜事，并见[英]普特南·威尔《庚子使馆被围记》，上海书店出版社，2000，第 100 页；佚名《荣相国事实记略》，《近代史资料》总 56 号，中国社会科学出版社，1985，第 42 页。

⑨《致奎俊札（一）》，《荣禄存札》，第 405 页。

⑨《袁京卿日记》，《历代日记丛抄》第 159 册，第 432—433 页。

按"吃教旗弁",即金四喜;窦纳乐(C. M. MacDonald,1852—1915),英国公使,时为使馆区防御总指挥;"展如",赵舒翘(1847—1901)字展如,刑部尚书兼总署大臣。

六月十六日(7月12日),江督刘坤一、鄂督张之洞、川督奎俊、东抚袁世凯、皖抚王之春、陕抚端方联名致奕劻、荣禄、王文韶一公电,亟称:"为今计,宜将各使保护安全,加以抚慰,一面补致美、法、德国书,一面令各使将国书之意,分电各国,方可释然,于事有济。关系至巨,惟赖钧座主持。"⑨⑤据《袁京卿日记》,至迟不晚于六月二十日,公电已到京。⑨⑥ 二十一日(7月17日),直督裕禄发自北仓的奏报证实天津城陷,东南督抚奏请明谕护使、护洋商教士、剿匪、赈济等四事的会奏折也于同日到京。⑨⑦ 当日,清廷明降谕旨,宣布对各国洋商教士"按照条约,一体认真保护",并着督抚及各统兵大员查明"各处土匪乱民"情形,"相机剿办,以靖乱源";同时向前次未发国电的法、美、德补发国电,恳请"排难解纷"。⑨⑧《袁京卿日记》录有上谕全文,并记:"本日奉上谕,似有转圜之机,闻已补发三国国电。"⑨⑨黄绍箕在此条上有批语:"此谕系鄂会各督抚电奏,奉旨允行。"⑩⑩

使馆区方面,由金四喜带回窦纳乐签署的复照,拒绝总理衙门邀约,并提出:"如果清政府希望和谈的话,就该派出一名可靠的官员送来白旗。"⑩⑪六月二十二日(7月18日),总署章京文瑞奉命携白旗进入使馆区,"告以奉

<hr />

⑨⑤ 《寄袁中丞》,光绪二十六年六月十六日,《刘坤一遗集》第6册,中华书局,1959,第2575—2576页。

⑨⑥ 《袁京卿日记》,《历代日记丛抄》第159册,第445—446页。

⑨⑦ 许同莘:《张文襄公年谱》,商务印书馆,1946,第136页。

⑨⑧ 国家档案局明清档案馆编:《义和团档案史料》上册,第326—329页。

⑨⑨ 同日并记:"夔相嘱起草致伍使电,致袁慰廷中丞处[六百里加紧],电发又照会俄、日、英、美、法、德六使,分告国书电(前发),亦祗属六使电达外部。"《袁京卿日记》,《历代日记丛抄》第159册,第453页。

⑩⑩ 《袁京卿日记》,《历代日记丛抄》第159册,第450页。

⑩⑪ [美]萨拉·康格:《北京信札——特别是关于慈禧太后和中国妇女》,沈春蕾等译,南京出版社,2006,第110页。

命慰问,并申明极力保护",然文瑞官小言轻,使馆方面认为"那位章京没有提出具有任何重要意义的消息"[102]。之所以派出文瑞,据《荣相国事实纪略》解释:

> 金四喜回告荣相云,窦钦差闻言甚为欢悦,请即选派通达时务之员,前往使馆会晤,均以白旗为号。荣相即查传总署文员,均匿不见面,惟有章京文瑞愿往,遂令其往谒英使致通和好。[103]

揆诸事实,此事系由荣禄发端,大致不差,唯谓"查传总署文员,均匿不见面"微有小误。事实上派出文瑞前,荣禄曾经面询袁昶,有意派其前往使馆交涉。《袁京卿日记》六月二十一日记:

> 略园相遣官相闻,嘱明早入内有话面谈。[104]

二十二日记:

> 六钟入景运门,晤荣相,命往东交民巷慰问各公使。予辞以战乍停,初次慰宣,问答关系甚重,为后来张本,不敢独任,且恐主战诸公诋为受洋人赂出与议和,贷各使一死。弹射丛至,人言可畏。相亦谓然。商榷久之,乃派文章京前往。[105]

袁昶不愿受差的原因,主要是在时局不明朗的情况下,贸然前往具有相当的

---

[102] 《窦纳乐爵士致索尔兹伯理侯爵函》(1900 年 9 月 20 日于北京),《英国蓝皮书有关义和团运动资料选译》,胡滨译,丁名楠、余绳武校,中华书局,1980,第 106 页。
[103] 佚名:《荣相国事实纪略》,《近代史资料》总 56 号,第 42 页。
[104] 《袁京卿日记》,《历代日记丛抄》第 159 册,第 452 页。
[105] 《袁京卿日记》,《历代日记丛抄》第 159 册,第 452—453 页。

政治风险，即所谓"弹射丛至，人言可畏"也。《高枬日记》六月二十四日记"前日[约在二十三]叫袁爽秋持白旗往使署，袁以未奉上谕辞，乃命文瑞[总署章京]往"[106]，可为旁证。

（四）宫廷"西巡"计划

关于"西巡"，慈禧太后很早就有此念。据赵舒翘日记六月初七日（7月3日）条，"太后有西迁之意"，赵氏继有评论："实由以下无可依者，惟仓卒出走，岂易言哉！"[107]至七月十六日（7月12日），《袁京卿日记》记：

> 昨召见，枢廷上言宜谋西巡关陇，慈意不然其说。然毓巡抚贤带兵入卫，命驻怀鹿。宋庆、马玉崑赴津门防剿，而董军留攻东交民巷[宗旨可知]。[108]

二十一日（7月17日）记：

> 两圣昨拟西巡，派怀塔布护送，先幸颐和园，乃西发。幸仗荣相三次召见，谏止挽回。刚相直肠，深悟空言解散之非计。惟启宗伯秀尚拟延五台山僧人，运甚深法力，与洋人接仗。庄、端二王以为议和原属可行，惟嫌太早耳。现闻天津义和团逃出者，皆有洋枪，沿路不靖，道路梗阻，行旅颇有戒心。[廿一日命世续充前站，怀塔布先往太原府，端邸、荣相三次合见，力谏阻，董福祥言论尤力云云。然闻是日本拟派庄邸、端邸、刚相为留守北京王大臣，然则，当路以万众一心之神团为可恃耶？宗旨可知也。][109]

---

[106]《高枬日记》，《庚子记事》，第158页。

[107] 王步瀛编：《赵慎斋年谱》，《义和团史料》下册，第754页。

[108]《袁京卿日记》，《历代日记丛抄》第159册，第433页。毓贤，时为山西巡抚。

[109]《袁京卿日记》，《历代日记丛抄》第159册，第451—452页。

可知慈禧一度已决定"西巡",并派内务府大臣世续、怀塔布具体部署,但因荣禄、载漪等劝阻未果。⑩慈禧预感战事不利,暂停攻击使馆,已明显有和的打算,但她又不愿令使馆完全恢复自由,而是竭力诱导公使出馆,先是建议"暂寓使馆",后复打算"送使赴津"。袁昶六月二十一日日记有按语谓:

> 慈意以大臣谏止西狩,不西,则必促议和,以纾目前;廿三早竹隐(许景澄)探荫相(徐桐)口气云,圣慈注意,仍在护送各公使出京下旗。⑪

"西巡"一时为朝臣所谏阻,可见清廷内部意见分歧。"慈圣注意"者,即慈禧太后最关切的仍在于诱出各使,将他们控制在手,从而作求和资本。从袁昶日记看,天津失陷后,"刚相"(刚毅)、"庄"(载勋)、"端"(载漪)诸人对战局似已不抱乐观,而礼部尚书兼军机大臣启秀(1839—1901)为当时为数不多的热衷主战者,"拟延五台山僧人"一节,可在清宫档案中得到证实。六月二十日有谕:"五台山南山极乐寺主持僧普济,戒律精严,深通佛法。现在天津事机紧迫,所到夷船甚多,该僧素善修持,心存报国,着即联属义和团民,设法御击剿办,灭此凶夷,毋任肆扰,荼毒生灵,实为厚望。"⑫军机章京继昌对此亦有记载:"六月十八日,裕帅奏津郡失陷,与宋庆退保北仓。启秀特荐

<hr>

⑩ 荣禄劝止西幸事,并参看高枬六月二十一日记:"内寺叫车,一车先交五十两,已叫八十余。董曰:老佛爷往东,奴才即往西。……昨日宫内哄者,以闻津警,将西行。荣相恳止曰:出去更险。"见《高枬日记》,《庚子记事》,第155页。

⑪ 《袁京卿日记》,《历代日记丛抄》第159册,第450页。"竹隐",即"竹筼",许景澄;"荫相",徐桐。

⑫ 《着五台山僧人普济御击到津敌船事上谕》,光绪二十六年六月二十日,《义和团档案史料续编》上册,第681页。按五台山僧普济,当时文献又作"普静""普净",见李希圣《庚子国变记》,《丛刊·义和团》第1册,第17页;高树《金銮琐记》,《义和团史料》下册,第730页。普济历史上实有其人,相关背景情况参看王见川:《清末民初五台山的普济及其教团》,《圆光佛学学报》(台湾)第9期,2004。

五台山僧普济,摇铃能涸海水,请饬裕帅物色之,令其抵御轮船。旨即启所手拟。"⑬

六月二十四日(7月20日),今存袁昶日记最末一日,即遇害前八日。在向荣禄辞去前往东交民巷的差使后,袁昶与时为总署领班大臣的端郡王载漪有过一番对话:

> 见端邸,问计将安出。予力赞现公使无权,且无电邮可通,不若从各疆吏议,以合肥为全权大臣[驻沪亦可],电商各外部,或面商各水师提督较灵活,一面后集兵力,防守由津[已失陷]先通犯京之路。张春发、陈泽霖初成军,未必得力,俟李鉴老旦夕至议之。津榆节节防务吃紧,毋稍松懈。津军锋挫,宜持重坚守,所谓守为主,战为奇,和为辅也[本高阳孙文正策]。邸以为然。又与荣相、虁老言之。⑭

两人谈论和战,以"守为主,战为奇,和为辅"为宗旨,并尚期待于北上勤王之李秉衡"旦夕至议之"。后来事实证明守、战均不可恃,联军由津犯京,所到之处,清军皆迅速溃散。而李秉衡到京后,主战派气焰一度高涨,反而使得原来的交涉局面为之一变,甚至直接左右了袁昶本人的命运。至七月十三日(8月7日),清廷闻北仓之败,李秉衡出京督师,又授李鸿章为议和全权大臣,命"即日电商各国外部,先行停战"⑮。十六日(8月10日),慈禧太后朱笔圈出留守、随扈人员名单,"西巡"已迫在眉睫。不过,袁昶已经无缘见证这一切。很快八国联军兵临城下,慈禧偕光绪仓皇出京,踏上了一条漫漫"西巡"路。

---

⑬ 继昌:《拳变纪略》,《义和团史料》下册,第560页。

⑭ 《袁京卿日记》,《历代日记丛抄》第159册,第453—454页。"高阳孙文正",孙承宗(1563—1638),直隶高阳人,晚明名臣,自请督师蓟辽以抗清兵。

⑮ 《军机处寄直隶总督李鸿章电旨》,光绪二十六年七月十三日,《义和团档案史料》上册,第445—446页。

四、 结语

简言之,本文希望达成这样一个目标:确定《残稿》的性质,如其在某种程度上被证明为可信、可用,那么最大限度地辨明其可信、可用的部分。由于《袁京卿日记》的出现,使得在相对精细的层次上进行史料勘比、分析成为可能,也为实现前述目标提供了条件。在对若干种袁昶世存文献的版本、内容做梳理,并针对孔祥吉先生就《残稿》可信度提出的"疑点"——辨析后,笔者得出基本结论是:《残稿》和《袁京卿日记》为袁昶庚子日记的两种传抄本,其中都有日记正文、来电摘要及袁氏本人按语等内容。两抄本保留日记时段不尽同,而又有相当部分重合,根据重合段落的比较,可知两者内容基本一致,主要差别在于《残稿》删略了若干条按语,并有少量文字表述的变动,但不影响读者对日记原意的理解。《残稿》中另有部分内容系后来窜入,可能是1905年《太常袁公行略》出版时由编辑者所添。具体而言,据《丛刊·义和团》辑录《残稿》点校本的段落按序编号,其(18)、(51)至(61)段非出于袁昶手笔,而为后人增加。从实际利用角度出发,五月二十八日后袁昶日记,当以《袁京卿日记》为善本,其所录较《残稿》更翔实,最宜参考;而此前日记,目前仅见《残稿》这一孤本,除被分析为后来窜入的若干段落外,其余部分还是可以放心利用的。

《袁京卿日记》本身富有史料价值,惜尚未受到学界充分注意,本文据其对义和团运动若干史事进行了疏证和补正。实际上,它的价值不仅在于为晚清政治史研究提供新材料,有关袁昶本人学术思想、诗文创作及人际交往的情况,在日记中亦有丰富呈现。如六月初七日(7月3日)条记:

> 晤筤兄,危城中赖与公日相见,排闷如杜甫"时赴郑老同襟期"也。晡归,沐浴,斋戒。与楠儿商量处境,安心法不能志伊尹之所志,只能乐颜子之所乐。饮瓢枕肱,乐也。素患难,行乎患难,亦乐也。晴雨穷通,历诸苦难,净居火宅,平等视之,皆不改其乐也。黄文节谪宣州,栖城角

危楼,与廖信中共一榻,足垂檐外,春雨洗之,适适然曰:"吾平生无此乐也。"杨少师景度处五季之乱,与物委蛇,而同其波,老且寿,优游至九十余。白香山云:"吾富于黔娄,寿于颜回,达于荣启期,健于卫叔宝。"达哉乐天也! 大《易》不云乎"乐天安命",故不忧。

十二日(7月8日)记:

> 今日趋衙,忿一二谬论,正人而误国是者,不禁矢口大骂,实在忍耐不得。然予学道多年,又犯黑风罗刹之病,戒之忍之乃有济。

十七日(7月13日)记:

> 戌初前敌攻烧一夷馆,枪炮猛厉,聊作除夕爆竹声听之可也。用大舍法,外物一切舍;用大畜力,内私勿焚;用安般法,心息相依;用慈忍力,物我两忘,形神俱适。校《循吏传》。沐浴,心斋。⑯

诸如此类,在袁昶留给世人"素性悫直""勇于直谏"的一般形象外,提供了有关其内心世界的隐秘信息,"学"与"政"缠绕一体相互为用的情形,殊堪体味。

袁昶遇难前作有《咏史》《幽愤》数章,脍炙人口,清末时已经结集流传。⑰《袁京卿日记》录有遗诗全文及自注,并对具体背景做有交代,从"知人论文"的角度说,这类记载无疑极其宝贵。作于六月十二日的《咏史》次章有句云:

---

⑯ 以上三条见于《袁京卿日记》,《历代日记丛抄》第 159 册,第 413—414、428、434 页。
⑰ 《袁忠节公遗诗》,上海时中书局,宣统元年(1909)铅印本,北京大学图书馆藏,典藏号:X/5531.2/4333。

漫长将成八月凶，既非横策又非纵。国书祈请三牛耳[发国电三，
与俄、英、日本，云"请执牛耳，与各国排难解纷"之语]，尘拂驱除几马蜂
[时相云：群夷大马蜂耳，蝇拂子驱之足矣]。⑱

所谓"国书"，即六月初七日(7月3日)清廷以光绪帝名义向俄、日、英发国
电，请求调解，此举背后有袁昶策动之力。近代诗人夏敬观(1875—1953)曾
经看到过《袁京卿日记》，并摘抄了其中的《上荣中堂略园书》，他点评此诗：
"盖太常所陈书之宗旨，略园仍未了然，故诗中有'既非横策又非纵'之
句。"⑲又，六月初九日(7月5日)袁昶记出门拜客："出后门，城西拐角，起楼
橹，高与墙齐，架炮攻西什库。出顺治门，绕前门[久闭]……由东便门入齐
化门，红巾处处有之，真亡国之兆。汉季以黄巾亡，元季以红巾亡，秕政感召
一也。"⑳观此，则知《咏史》首章中"方略新奇古未闻，黄巾编入羽林军"一
句，亦纪实之语。唯这些离本文题旨稍远，无法在此展开，附带一提，姑俟有
心人留意。

⑱《袁京卿日记》，《历代日记丛抄》第159册，第419、429、436—440页。
⑲ 夏敬观：《学山诗话》，《民国诗话丛编》第3册，第34页。
⑳《袁京卿日记》，《历代日记丛抄》第159册，第417页。

《庚子北京避难记》的作者及其史料价值

出于一次偶然,笔者在上海社会科学院历史研究所的图书资料室里翻到一本小册子,封面书签题署"庚子北京避难记",板框高 195 毫米,宽 125 毫米,内页毛边纸,半页八行,四周双边,框外左上题"状元及第",左下题"景元斋"。首页钤有二朱印,一作"中国科学院图书馆藏",一作"上海社会科学院历史研究所资料室"。全篇小楷抄写,约七千余言,分上下卷,不署作者,前后无序跋。查本单位制作的检索卡片,登录信息为:"《庚子北京避乱记事》,光绪中抄本,一册,登记号:4022244。"经过初步研读,笔者发现这是一部义和团运动期间一位下层京官逐日记载的见闻录,上卷主要记京师义和团活动之情状及作者本人由京返乡的"避难"经历,下卷综论庚子事变缘起、经过与结局,对相关重要事件和人物多有评议,时段起自庚子(1900)五月,迄至辛丑(1901)正月,疑为原稿本,因此具有较高的史料价值。据笔者所见,此书向未有刊本,亦未经著录,①有关义和团研究的各类公私著述尚未曾提及,故有介绍披露之必要。本文写作希望能够达到下面几个目的:(1)通过考订确定作者的身份;(2)扼要交代此书主体内容;(3)结合一些具体问题说明此书的史料价值。

---

① 目前搜罗最富、范围最广的两种义和团研究书目,即翦伯赞编撰《义和团书目解题》(收入中国史学会主编:《中国近代史料丛刊·义和团》第 4 册,上海人民出版社、上海书店出版社,2000)、中国义和团研究会整理《百年论著目录》(收入苏位智、刘天路主编:《义和团研究一百年》,齐鲁书社,2000),均未见着录此书。

一、 作者是谁？

此书上卷篇首有题记，录于下：

> 庚子之变，衅起团教不和，以致衅开仓猝，神京不守，生民涂炭，虽曰天命，岂非人事哉！予承乏兵曹，事皆目击，萃华西狩，百官离散，流离困苦，徒步出京，幸而出险，谅由祖宗默佑，痛定思痛，不可不有以志之。

又下卷一段涉及作者生平履历，有谓"予自光绪丁丑年到部当差，十五年奉先大夫讳，十七年服阕供职，计在部实资二十年，再二三年可望补缺"云云。按"兵曹"，即兵部，"光绪丁丑"，即光绪三年（1877），从上自述可知，作者于当年分发到部，十五年（1889）丁父忧离职，十七年（1891）服满回任，若刨去守制三年，截至庚子事变发生的光绪二十六年（1900），其在部供职实满二十年。据此，初步可判定作者为一位挂名兵部而久滞于仕进的老司员。

五月初一日条记：

> 访同乡曹根生驾部（允源）、邹紫东仪部（嘉来）。

按曹允源（1855—1927），字根荪（生），号复庵，江苏省苏州吴县人，光绪十五年己丑科（1889）进士，历任兵部主事、员外郎，汉阳府知府，安襄郧荆兵备道等，授光禄大夫。辛亥革命后返苏州，任江苏省立苏州图书馆馆长，主持纂修《吴县志》。[②] 邹嘉来（1853—1921），字孟芳，号紫东，江苏省苏州吴县人，光绪十二年丙戌科（1886）进士，改礼部主事，十八年（1892）兼充总理衙门章

---

② 南京师范大学古文献整理研究所编：《江苏艺文志·苏州卷》第2分册，江苏人民出版社，1996，第1456—1457页。按书内称曹为"（光绪）十二年进士"，系误。

京,二十七年改任外务部庶务司主事,累迁至外务部会办大臣兼尚书,授弼德院副院长。民国后,以遗老自命。③ 著有《仪若日记》等。"驾部""仪部",古官署名,分别代指兵部、礼部。

五月二十日条记:

予时在延寿寺街长元吴会馆。

按"长元吴会馆",即苏州府属之长州、元和、吴县三邑会馆,延寿寺街位于宣武琉璃厂东街东侧,街以延寿寺庙得名,今仍存其名。

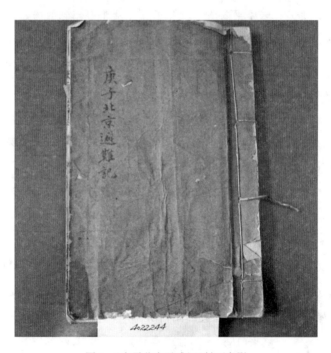

图1 《庚子北京避难记》封面书影

③ 陈三立:《清故光禄大夫外务部尚书邹公神道碑铭》,李开军点校《散原精舍诗文集》下卷,上海古籍出版社,2003,第 1046—1048 页。

十一月初八日条，又有"安抵苏州"等语。综合以上几条，可知作者籍贯为江苏吴县。查《大清缙绅全书》庚子之部兵部衙门名录，隶籍江苏吴县者有两人，一作"武选司，郎中曹允源，江苏吴县人，己丑（进士）"，一作"额外司员，主事费德保，江苏吴县人，监生"。④ 那么，至此已可确定作者为费德保。

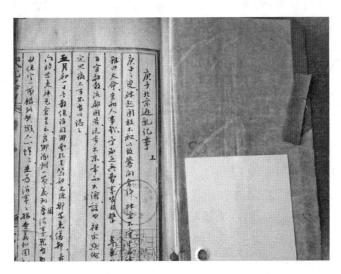

图2 《庚子北京避难记》内页书影

　　关于费德保现存资料极少，其生平难以详考，目前只能拼凑一些零星的记载，略事钩沉。江南费氏源自山东的邹城、费县地区，宋代南渡时，徙居于苏州郡城，继有一支从迁至西山后埠，族称包山支。费德保家族以行医、经商闻名乡里，在西山置有义田二百五十亩，祖辈以孝德感动朝廷，嘉庆帝颁旨褒奖"笃行淳备"，并赐建孝子牌坊。费德保为费氏第十四世，在后埠村亲建费孝子祠，至今遗迹仍存。⑤ 光绪十三年（1887）四月，总理衙门奏请派遣

---

④ 《大清缙绅全书（庚子夏季）》，荣禄堂印行，清华大学图书馆科技暨古文献研究室编：《清代缙绅录集成》第68卷，大象出版社，2009，第47—48页。

⑤ 《"费孝子祠"笃行淳备》，出处：http://blog.sina.com.cn/s/blog_5d227d5c0102duio.html，最后浏览日期：2013年4月25日。

官吏出国游历,费德保以"兵部候补主事"身份,考取第十五名,时年四十一岁。⑥ 按传统年岁计算法推算,则其生年大致为道光二十七年(1847)。又,费氏表字芝云,与恽毓鼎(1862—1917)交善,于《澄斋日记》中常有出现,被呼为"费芝云丈"⑦。晚年旅居上海,民国时一度任洞庭西山旅沪同乡会董事。其人工诗善书,曾为吴县甪头司巡检暴式昭题《林屋山民送米图》。⑧ 现苏州狮子林"揖峰指柏轩"内亦存有他题写的长联。⑨ 叶昌炽《奇觚庼诗前集》《奇觚庼遗词》等录有与费氏唱和之作,内称其为"费芝云兵部"。⑩

经将《庚子北京避难记》与《林屋山民送米图卷子》中"费德保题诗"两处字迹书法进行比对,发现相似度极高,似可推断前者系出于费氏亲笔,应属稿本。

又据笔者了解,20 世纪 50 年代末,上海社科院历史研究所的前身——中国科学院上海历史研究所筹备委员会在上海及周边地区进行历史资料的征集工作,曾派选人员从苏州旧书肆收购过为数不少的旧书古籍,《庚子北京避难记》很可能就是那时入藏本所图书资料室的。⑪

二、 主体内容

《庚子北京避难记》上卷基本按时序叙事,主要记义和团入京师后种种

---

⑥ 《申报》光绪十三年九月十二日,转见肖宗志:《候补文官群体与晚清政治》,巴蜀书社,2007,第 205 页。

⑦ 分见戊戌年(1898)十月十七日、十一月初六日、十二月初十日,丁未年(1907)九月二十四日,戊申年(1908)五月十七日、五月二十四日,癸丑年(1913)十月三十日诸条,载恽毓鼎:《恽毓鼎澄斋日记》上下册,浙江古籍出版社,2004,第 173、175、178、354、385、386、669 页。

⑧ 钟叔河编订:《林屋山民送米图卷子》,岳麓书社,2002,第 90—91 页。按林屋山,即今太湖西侧之洞庭山,同书内曹允源亦有题咏。

⑨ 潘君明:《苏州楹联辑赏》,古吴轩出版社,2010,第 90—91 页。

⑩ 叶昌炽:《题费芝云兵部山寺品泉图(甲午)》《木兰花慢·费芝云兵部感怀词六首,悼其亡姬作也。出以见示,为赋此阕》,分载于《奇觚庼诗前集》《奇觚庼遗词》,《续修四库全书·集部·别集类》第 1575 册,上海古籍出版社,2002,总第 244、267 页。

⑪ 中国科学院上海历史研究所筹备委员会于 1956 年 12 月成立,1959 年 7 月,划归上海社会科学院(成立于 1958 年 9 月),定名为"上海社会科学院历史研究所"。参见《通变知几:上海社会科学院历史研究所五十年历程》,上海社会科学院历史研究所,2006。

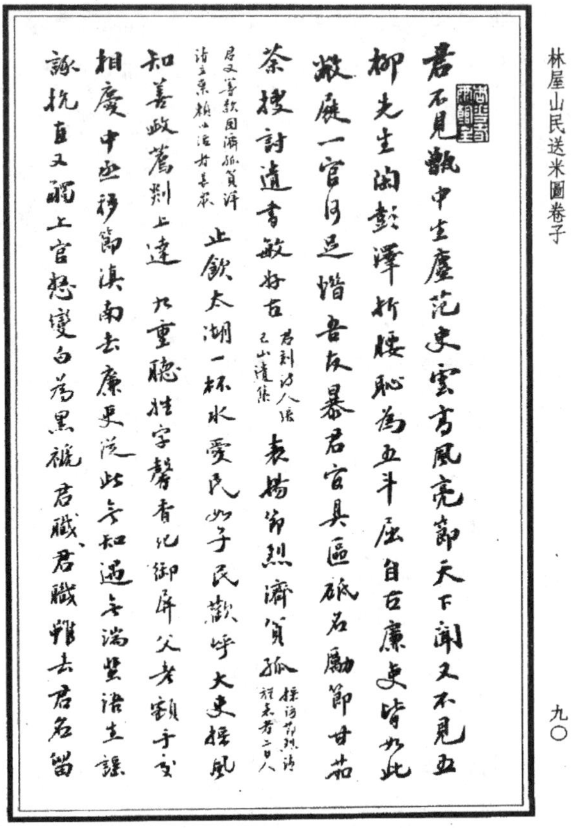

图 3 　《林屋山民送米图卷子》之"费德保题诗"书影

见闻及"避难"返乡之全程经历,起自庚子五月初一日(1900 年 5 月 28 日),讫于同年十一月初八日(1900 年 12 月 29 日),凡所记事多有明确系日,并作有感事诗七律四章。下卷则综论庚子事变之缘起、经过与结局,多穿插有主观性的评论,其中涉及对荣禄、奕劻、载漪、徐桐、崇绮、许景澄、袁昶等人物的看法。篇末附录了庚子七月二十六日至辛丑正月初六日若干重要的清廷上谕及辛丑条约议和大纲。

在费德保的记述中,约自五月初,已有义和团涌入京师。至十五日(6 月 9 日),"遍街皆拳民,首扎红布,手持利刃,日夜焚烧教堂,搜杀教民,三五夜城外火光烛天,而市面居民尚不惊动,识者已知乱之难戢矣"。二十日,拳民火烧老德记洋药房,火势延及前门外大栅栏地区铺户民宅数千家,当时费德保所在之延寿寺街长元吴会馆,"相距不过半巷,幸未殃及"。二十三日(6月19日),清军与义和团开始围攻东交民巷使馆区,"炮声隆隆,彻夜不绝,路断行人",费氏自记:"予在馆耳闻炮声,日坐针毡,与同馆蒋光禄(恩溥)、金孝廉(文梁)互相叹息而已。"

六月初,拳民四处杀抄教民,并波及无辜,京城秩序因之大乱。其时出现一个情况是:"官眷皆避乱出城,有至通州暂避者,有至京北延庆、昌平等家去者。"经与同乡京官曹允源、邹嘉来商量,费德保决定"以眷属出城为宜",并蒙礼部尚书廖寿恒(1839—1903)、内阁学士陆润庠(1841—1915)、署顺天府府尹陈夔龙(1857—1948)等人赞助川资,遂成行。文中记述此行:"所有书籍磁器均不敢带,仅带随身衣包,雇大车一辆,价四十四金,于十一日(7月7日)同曹、邹两家眷口起身赴保定,沿途拳匪林立,幸而获免,于十四日(7月10日)抵保定,暂租民房三间小住。"

至七月初,"适有便车至京,又奉严旨,司员告假者扣资"。按六月十八日(7月14日)有明旨:"现在各部院衙门当差人员,纷纷告假,殊属不成事体。着各该堂官查明,如未经告假,私行出京人员,着即行革职。其已经递呈告假者,将来到署销假,着将各该员前资注销,以示惩儆。"⑫费德保奉旨后,不得已又孤身返京,仍寓于长元吴会馆。时八国联军逼近京师,七月十八日(8月12日)一早听闻"乘舆已动",即宫廷西狩之谣传,费氏决定再次奔往保定:

> 予单身出彰仪门,乱军与拳匪到处林立,于枪林炮雨中徒步至卢沟桥,已有拳匪奸民把守,空行人尚可径过,一路妇啼儿哭,惨不可闻。天

---

⑫《大清德宗皇帝实录》卷四百六十五,光绪二十六年六月戊子,《清实录》第58册,中华书局,1987年影印本,第93页。

晚至长辛店,适同乡陆凤石侍郎、徐花农学士亦踉跄而至。十九日,各雇一人推小车,经五日到保定,不堪其苦,幸天佑得免于难。

二十二日(8月16日)到保定,途遇刑部主事王仪通等人,知"乘舆于十九日出城,有云从易州而西,有云由宣化,不知确耗,洋人于二十日入都"。至此,京师已陷落,慈禧太后偕光绪帝西逃,费氏因有"国破家亡,真可痛哭"之慨。

费德保在保定并未待多长时间,考虑到"困守印曹,本无积储,出京川资幸廖、陆诸公资助,抵保匝月,囊橐如洗",加以"保定逃兵四集,又无重兵驻扎,决非善地"诸种不利情况,即于七月二十七日(8月21日)偕眷投奔邯郸捕署蒋兰生内兄处。八月初二日(8月26日)抵邯郸,不到半月,又应大名府知府戴锡钧之邀,于本月十八日(9月11日)转赴大名府署,暂充记室。

当时八国联军由京开赴直境各地,四处侵扰,费德保以为"寄迹郡城,萍踪不定,本非久计",于是作南旋之计。九月初八日(10月30日)启程,十二日抵长垣县,二十八日(11月19日)抵开封,蒙河道总督任道镕(1823—1906)赠赆五十金,得以解决旅费。十月十一日(12月2日)抵亳州,二十二日抵清江,二十六日雇船下驶,三十日抵瓜洲。十一月初一日(12月22日)渡江,初八日(12月29日)安抵苏州。上卷末尾,费氏总结南下一行曰:"此次避乱,于六月十一日出都,十一月初八日抵苏州,约计半年,在途琐尾流离,不堪言状,且到处川资困乏,沿途乞钵,皆承诸世好亲友相助,敬当志之,不敢遗忘。"

三、 史料价值举隅

据文意推断,费德保写作此篇,大概在返回家乡后不久,逐日载录在京及南下途中见闻,多出于身历目击。如五月初一日(5月28日)记:"散值,访同乡曹根生驾部(允源)、邹紫东仪部(嘉来)。入门时,紫东神色仓皇云,良乡、涿州一带义和团借事,聚有数千人,将保定一带铁路焚毁,人心惶惶,是为滋事之始。"文内追记友人言论,提示了当时京官所感受到的义和团事变的起点,很有助于将今天的读者带入历史现场。五月初九、十日,清廷相继派出军机大臣刑部尚书赵舒翘、协办大学士刚毅赴涿州、保定一带查看义和团,"开诚布公,谕以拳民教民,皆朝廷赤子,务宜仰体皇仁,即日解散,各安本业,毋得聚众滋事,自罹法"[13]。时任日讲起居注官的恽毓鼎后来指出,此举"名为宣旨解散,实隐察其情势"[14]。费德保记其事:

> ⋯⋯诏派军机大臣刑部尚书赵舒翘,往涿州一带,劝谕解散。其时拳民汹汹,有不肯奉诏之意,朝廷又遣大学士刚相(毅)往谕,拳民以忠义自命,刚相颇为所惑,回朝时以人心可恃、众志成城等语,动摇天听,并不计时势之强弱,兵事之利钝,而拳民亦自名为国宣力,遂数十成群,陆续进都门,毫无忌惮,门禁亦不严。

复按清宫档案,刚毅回京复奏,奏折中确有"蚩蚩之众,诛不胜诛。诚如圣虑,非推诚布公,剀切晓谕,使知改悔,不能期其相安,断无轻于用剿之理也"[15]等语。费德保视刚毅涿州一行,为清廷对义和团政策由剿转抚、从而导致拳民大量进京的关键,这一观察包含相当的洞见。

义和团入京前后,费德保全程目睹。有关团民设坛施法、降神附体种种行状,多见于笔记,往往有过简或过谑之失。费氏所记则富于细节,可谓详明生动:

> 拳民到处结坛,名为不贪财、不爱色,然到处募缘,或令送米面,或令送钱帛手镯,居民亦不敢不应。初愚民以拳民为可恃,及至勒索财

---

[13] 《军机大臣字寄协办大学士刚奉光绪二十六年五月初十日上谕》,中国第一历史档案馆编辑部编:《义和团档案史料续编》上册,中华书局,1990,第594页。

[14] 恽毓鼎:《崇陵传信录》,《丛刊·义和团》第1册,第47页。

[15] 《协办大学士刚毅等折》,光绪二十六年五月十八日,国家档案局明清档案馆编:《义和团档案史料》上册,中华书局,1959,第137—138页。

物,亦渐知其不可恃矣。最可笑者,坛中朝夕焚香,以神附体为言,或曰赵子龙,或曰孙猴,并以能御刀刃、能避枪炮欺诳于人。盖以气炼御刀刃,自古易筋经法有之,偶有一二人习之,亦不足为异,至能避枪炮,则迅雷烈火,谁能御之?此可不辨而明者。并对空放火,云不必动火,用咒一二语遥拜之,则熠自屋中生,人皆神异,以为天助,其实皆并未目击也。

所记不少事情为费氏及身边戚友所亲历,具有他种二手文献不具备的原始性。如兵部主事程绍祖、工部郎中潘盛年为拳民强行"跪坛焚表",户部尚书立山、内阁学士黄思永为拳民"诬以吃教"等记载,其来有自,非常值得参考:

> 拳匪之可笑,令人喷饭。五六月中,气焰方张,动辄以神降为言,每一街一巷,必立一坛,有可疑之人,必执赴坛中,令其执香焚表,以辨是教民与否。予妹丈程菊村驾部⑯,在街换银,忽执之去,令其跪坛焚香,据云中设一黄帏,内有一人,牵呵梦呓,如南中巫师之类,忽作小语云"他非教民,可以放他",则令之去。若云"是教民",则不待辩而诛之。同乡潘经士水部⑰出城,亦为执去,推挽半日,亦令焚表,几及于难。如此之类,不一而足,甚至如黄慎之学士(思永)、立山尚书,均为执去,诬以吃教,亦有为挟仇诬告者,此数日间道路以目,重足而立,不成世界矣!官更不敢过问,岂非国亡之妖孽乎?⑱

---

⑯ 程绍祖,字菊村,江西新建人,监生出身,时为兵部主事。

⑰ 潘盛年,字经士,江苏长洲人,附贡出身,时为工部郎中。

⑱ 又,避难保定期间,费德保目睹保定拳民以"吃教"为由公然执拿官差,为另一显例:"保定拳匪亦甚鸱张。有一保甲委员忽为执去凌辱,幸伊安徽同乡在藩台处公禀,廷方伯两次遣人索之,不肯放回,后用令箭派武员调之,方始释回,已受辱不堪。询其故,方知数月前有一局役,为公事责革,该役挟仇,告以吃教,故有无端之祸。后该员不敢在省,他去,方保无事,亦险矣哉!官场如此,平民可知,宜其人心惶惑,朝不保暮矣。予在保时所亲见者。"按"廷方伯",廷雍(?—1900),时任直隶按察使,护理直隶总督。

五月二十日（6月16日），义和团焚毁前门外大栅栏老德记西药房，火势失控，延烧民居，被焚之户数以千计，正阳门城楼亦为烈焰扑及。这是义和团运动期间颇具影响的一个事件，有些著述谈及此事，只讲火烧老德记西药房，对殃及民房事加以讳饰，有的甚至对此事加以颇高的评价，认为表现了义和团反帝和"严厉禁止贩售洋货"的决心，这显然是片面和不符合历史事实的。⑲ 据费德保《庚子北京避难记》记载：

> 大栅栏有一中西大药房，名老德记，其中西药居多。拳民以灭洋为名，凡有外洋货物店，皆欲一焚以张其势，特来拳民数十人焚其店，不料起火之后，势成燎原，大栅栏为戏楼、饭店会集之地，高楼巨屋，比栉相联，火遂四延，不可救止。……火光焰天，烧至竟日，黑烟障地，瓦碟盈堆，各铺户居民纷纷逃窜，哭声震耳。珠宝市二十四家银炉房，尽付一炬，莠民乘机抢夺。锦绣世界，一刹那付之灰烬，可为浩叹！

至于火势蔓延的原因，现存史料有一些反映，如谓"义和拳说专烧奉教、不连别家"⑳、"大师兄自以为神火不延烧，五月二十日大栅栏火，大师兄披发念咒，而火不能止"㉑、"先是义和团在老德记大药房将火点起，令四邻焚香叩首，不可惊乱，及至延及旁处，团民不许扑救，仍令各家焚香，可保无虞，切勿自生慌扰，既至火势大发，不可挽救"㉒等等，惜多语焉不详。费氏则明确记载京师街坊常设水会，本具有一定消防能力，此次火势蔓延至不可救药，与水会受阻未能发挥作用多有关系。这不仅提供了细节的解释，也保存了社会史研究的珍贵材料：

⑲ 参见李文海、林敦奎、林克光编著：《义和团运动史事要录》，齐鲁书社，1986，第163页。

⑳ 《石涛山人见闻志》，北京大学历史系中国近现代史教研室编：《义和团运动史料丛编》第1辑，中华书局，1964，第76页。

㉑ 黄曾源：《义和团事实》，《义和团运动史料丛编》第1辑，第129页。

㉒ 仲芳氏：《庚子记事》，中华书局，1978，第14页。

最可恨者,火起之初,有水会持水龙来救,拳民不许,云神火令焚洋房,如来救者,即同党杀之,人皆退避,因此势成燎原。及晚火势不熄,拳民中亦有顾忌者,遂云坛中神降,令水会来救,而水会方敢至,于是水龙四集,方始救息。都中城内外而有水会,而救火极电捷。前数日中拳民焚教堂教民屋,单焚一处,火不旁及,所以愚民信之。不料此次竟延烧二千余家,至是愚民方知拳民之不可信,而神道之不足恃矣。不胜三叹!

自五月二十三日(6月19日)起,武卫中军、董福祥甘军偕义和团围攻东交民巷。使馆久攻不下,使馆区周边官民住家却大受其害。既有研究多将京城秩序大乱归咎为拳民,实则据费氏所见,官军为害极巨,甚或还在拳民之上:

及天明,方知是晚内城东单牌楼一带,官宅民居大半为乱兵抢劫一空,其最著者,徐中堂(桐)宅、曾袭侯(广銮)宅、孙中堂(家鼐)宅、钱尚书(应溥)宅,均被劫掠一空,幸未伤人。孙为予戚,见其少君景周驾部[23],据云身无长物,惟穿一单褂逃出,形同乞丐,亦自来未有之奇事也。各铺户商店,如桂林轩等铺,不但遭劫,并且伤人。盖战时有教民逃避至该铺中者,而董军寻踪追及,互相麦击,玉石俱焚,不辨其为良民、为教民也。是夜遭劫者数百家,遭难者数千人,可谓浩劫,幸城外尚晏然,而终夜不安枕矣。

关于清军的扰民劣迹,可在清宫档案中得到印证。事后,御史郑炳麟上折,以亲历亲见为证,严词奏劾董福祥部:"自二十五、六两日,甘勇焚杀抢掠,情

---

[23] 孙家鼐(1827—1909),字燮臣,安徽寿州人,咸丰九年状元,与翁同龢同为光绪帝师,时为协办大学士吏部尚书。其子孙传婓,字景周,荫生出身,时为兵部主事。

同叛逆。附近东交民巷一带，假拿教民为名，无一不被抢之家。臣寓二条胡同，被抢者二十余家，受伤而死者，若刘姓、董姓、周姓三家，共计十八名口之多。即臣寓亦被端门两次，据理力争，幸而得免。……此等兵勇，以之御敌则不足，以之殃民则有余。百万身家性命，其将何以聊生耶！"[24]两相对照，足以证明费氏所言非虚。

七月初三日（7月28日）、十七日（8月11日），吏部左侍郎许景澄、太常寺卿袁昶、兵部尚书徐用仪、户部尚书立山、内阁学士联元先后被清廷处死。关于五大臣死状，学界已见专门的研究，[25]而《庚子北京避难记》可以为此提供新鲜史料。如许景澄临刑前曾遗嘱三事，公私兼顾，此节不见于他处，实属珍闻：

> 许竹筼少冢，自承上泣谕后，已栗栗畏祸，不知七月初竟兴大狱，有似汉之晁错。临赴西市时，有人遇于宣武门外大街，囚车略停，许公呼其仆取纸笔，有遗嘱。当时匆匆，即在纸铺中取一纸，许公书三事，付其家：一云所有历年办铁路票据在某筐中；一云某姬有遗腹，如得一男，好为抚养以继嗣续；一云我伏法后，即令家人赶即收尸，不致迟误。

又记徐用仪死后，其婿周镜渔为之收殓，亦为其他史料所未见：

> 十七日，徐小云尚书（用仪）、立山尚书亦骈斩于市，罪案不明，人皆冤之。小云尚书，久列正卿，年逾七十，一朝遭此惨祸，天下惜之。是时乱势正亟，尚书正法后，竟致无人收尸，幸其婿周镜渔比部[26]在京，翌日为之殡敛，而和局至此，已决裂不可收拾矣。

㉔《御史郑炳麟折》，光绪二十六年五月三十日，《义和团档案史料》上册，第188页。
㉕ 陆玉芹：《穿越历史的忠奸之辨——庚子事变中"五大臣"被杀研究》，中国社会科学出版社，2010，第181—201页。
㉖ 周祥珏，字镜渔，浙江人，荫生出身，时为刑部主事。

除留心记载时事外,对于事变之由,费德保同样有自己的观察与思考。他认为"此次之乱实非朝廷本意",而主因在于"端邸不甚熟悉夷情,又惑于拳民之足恃,以为人心之固,不难灭此朝食,故摇动天听,决计开战"。实际上,这是对从"己亥建储"至"庚子拳变"整条线索的检讨,其中端郡王载漪与庆亲王奕劻、大学士荣禄之间意见冲突,尤其受到他的重视:

> 端郡王(载漪)系惇亲王之子,宣宗之孙也。去冬所立大阿哥,端王之子,于今上为从侄。自简立后,去冬上海电局绅经君㉗,邀集千余人,电奏请归政,亦有外洋流寓绅商。此事深触慈宫之怒,而端郡王更不悦焉。外间颇有废立之谣,又恐各国借端问罪。此次开战,故端王立[力]主其议,如熟悉洋务之庆亲王、荣仲华相国,均不以为然,召对时与端邸相互抵牾,几至廷争。而端邸又以为拳匪可恃,故坚持定见,谓侥幸一胜,从此外夷可不干预中国政事。孰知强弱利钝,已成积习难追之势,以朝廷为孤注,是谁之咎欤?

近有学者撰文对奕劻与义和团关系提出新解,质疑学界关于奕劻对义和团持反对立场的既有认知为"误读""无稽之谈",并认为"奕劻和徐桐、载漪等人完全是一个营垒的",而慈禧太后在用人态度上亲奕劻而疏荣禄。㉘ 作为事变亲历者,费德保以奕劻、荣禄均为"熟悉洋务"之人,而政治见解与端郡王"相互抵牾,几至廷争",类似记述为我们重审端、庆、荣三者之间关系,及慈禧太后最后倒向主战的决策背后那一层"归政"潜因,提供了极佳的第一手素材。

㉗ 经元善(1840—1903),字莲珊,浙江上虞人,前上海电报局总办。上年"己亥建储"时,领衔"寓沪各省绅商士民"合计 1231 人联名电谏,恳请光绪帝"力疾临御,勿存退位之思"。《上总署转奏电禀》(1900 年 1 月 26 日),虞和平编:《经元善集》,华中师范大学出版社,1988,第309—310 页。

㉘ 孔祥吉:《奕劻在义和团运动中的庐山真面目》,《近代史研究》2011 年第 5 期。

综上所述，《庚子北京避难记》所载时事多具本原，描摹世态亦入情理。当然，文中所记亦偶有非作者亲历而属道听途说者，有不尽确处。如记德国驻华公使克林德（Klemens Freiherr von Ketteler，1853—1900）之死：

> 乱之初起，各使馆尚持两端，朝廷亦有意和局，曾遣译署堂官委曲调停。五月十九日，有德国公使克林德坐轿赴总署议事，不料行至东四牌楼大街，忽值董军及武卫军队。该使臣轿前有洋兵十余人，手持火枪护卫，而该使臣手执小枪，乱军忽谓其开枪，遂一哄而进，不分皂白，洋兵皆四散，该使臣遂死于乱军中矣。公法凡害及使臣者，决计开战，于是不可收拾矣。有云是董军门之意，然当时人心不靖，军无纪律，以致酿成不解之祸。虽曰天意，岂非人事不善欤？

所记于细节处稍有误，杀克林德者，非董福祥甘军，而为京师神机营营官恩海；然而描述宣战之际中外交涉情形仍大致属实，对于今人复原克林德被杀时刻的背景氛围，不失重要的参考价值。

四、结语

翦伯赞先生为《中国近代史资料丛刊》第九种《义和团》作序言，谈到今世存留的义和团运动相关著述：

> 这些书的作者，大抵都是官僚、绅士、教徒，也有帝国主义分子，他们对义和团都怀着最大的敌意，在他们的著作中，对义和团都极尽诋毁、污蔑、诽谤乃至咒骂之能事……虽然如此，从这些著作中仍然可以看出义和团虽然笨拙但是顽强而英勇的反帝国主义的斗争，可以看出清朝统治者在最初怎样欺骗、利用农民，到后来又怎样懦怯动摇以至无耻地出卖农民，投降帝国主义。同时，也可以看出帝国主义强盗怎样白

昼杀人、当街放火,以及公开地奸淫、掳掠和偷盗等等的罪行。㉔

如暂时抛开这一段话里面因囿于时代而附带的政治说教气味,取其史料解说的视点,那么,对于《庚子北京避难记》这一件史料的价值,也可作如是观。本着知人论世的原则,最后想对费德保其人再多说几句。从政治立场看,如同翦先生所言的那类官绅,费氏对义和团确怀有一种"最大的敌意",在他眼中,拳民之流与"汉之黄巾""宋之郭京"属"同一妖异","所谓国家将亡,必有妖孽,识者早知祸乱之萌,岌岌可危也"。对于清朝昧于外交、轻率宣战的举动,他是极度不以为然的,认为"彼早有布置,非率尔操觚,而我中国绝少未雨之绸缪,事事落于人后,安得不一败涂地耶?"《庚子北京避难记》中并曾援引国际公法,指责围攻使馆鲁莽灭裂,殊非得计:

> 禁城中竟开战场,枪林弹雨中,不知误伤多少人命,亦千古未有之
> 奇祸也。两国相争,不斩来使,是古今通例,况万国公法亦从无攻围使
> 臣之举,究不知此谋出于何人?

由此看,费氏思想里有其理性的一面。而与此同时,行文中又时常流露出迂腐固陋的另一面。如事变发生后,痛悔"时事之变,天象早见,予恨不习天文,见机不早"云云,甚而不嫌琐细地记录了一桩异事:

> 都中有一外国人,在中华已二十年,夙谙天文,并好历数,平日不预
> 外事,用一庖人,极赏识之,相随十年矣。今年三月间,该夷忽令庖人结
> 清账目云:"我即日回国,尔相随多年,须重赏酬之"。庖人问故再三,方
> 晓之曰:"予近日观天象,中外有兵起,不但尔中华受害,我外洋人亦有
> 祸及,予既不干外事,须早回国,迟则不及,尔无事亦可早出京,不必留

㉔ 中国史学会主编:《丛刊·义和团》第1册,翦伯赞序,第2页。

恋，并不足为外人道。"该夷遂于四月回国，庖人亦疑信参半，及乱起，方告人，知此言不谬。予有仆人牛祥，荐于大学堂教习者，与该庖人相识，故得闻此言。

在今人看来，此说当然近于无稽，费氏却还郑重其事地大做了一番评论："可知倡乱之起，必先上现天象，特梦梦者不察耳。亦可见何地无才，外夷中未必无人也。"可见其人出于阅历和知识的局限，选择性解释时事的一种取向。

另外，特别值得留意的是，费德保在文中屡述与同乡京官间的应酬往来，记载的频次和篇幅，甚至要超过同时正发生的重大时事，据此可窥京官群体中乡缘社交圈之重要，对于今人体味晚清官场之生态亦多有帮助。与著有《庚子日记》《辛丑日记》的翰林院编修华学澜（1860—1906）类似，费德保在当时的地位并非显要，所交往的也多半是当时北京一些中小官僚，而他对义和团运动的即时反应，却正可以代表那一些官僚士大夫的意见。[30] 陶孟和读华学澜日记，也发现日记中"真切的暴露了当时典型的京官生活。职责重要的官吏每日生活较紧张，如翁同龢日记所表示的。至于一般的京官，不过是按着同乡，同衙门，或同年而此一组彼一组的常相往还而已"[31]。《庚子北京避难记》的作者、本文的主人公费德保恐也不能外此。他在兵部当差将逾二十年，仍不过一主事，可谓仕途蹉跎，本来想"再二三年可望补缺，便就截取，归直隶州班分发到省，以一官为疗贫之计，别无奢望"，然而世情变幻，大波突起，"岂料变生意外，遭此寇乱，名心更淡"。自庚子年末，归里闲居，费德保便绝意于仕进，而多致力于乡邦事业。从这一角度看，《庚子北京避难记》不仅由费氏所见与所闻，提供了有关庚子事变研究的新史料，同时也由费氏本人由官而绅的一番转变，提示了庚子事变更为深远与深刻的影响。

㉚ 丁则良：《华学澜的〈庚子日记〉》，丁则勤、尚小明编《丁则良文集》，清华大学出版社，2009，第178页。

㉛ 华学澜：《辛丑日记》陶孟和序，商务印书馆，1936，第11页。

附　庚子北京避难记

按：《庚子北京避难记》，佚名，清光绪间手抄本，今藏上海社会科学院历史研究所图书资料室。全篇七千余言，分上下卷，不署作者，无序跋，内容系义和团运动期间一位下层京官逐日记载之见闻，起自庚子五月，迄至辛丑正月，疑为原稿本。上卷记义和团入京后所见种种情状及"避难"返乡之全程经历，下卷综论庚子事变之缘起、经过与结局，多穿插有主观性的评论。篇末附录庚子七月二十六日至辛丑正月初六日若干重要上谕及辛丑条约议和大纲。据整理者考订，作者为费德保，字芝云，江苏吴县人，监生出身，时为兵部主事。此书向未有刊本，亦未经著录，而所记俱系本人身历目击，颇多可采，故有整理披露之必要。页下简注为整理者注。

庚子北京避难记事上

庚子之变，衅起团教不和，以致衅开仓猝，神京不守，生民涂炭，虽曰天命，岂非人事哉！予承乏兵曹，事皆目击，萃华西狩，百官离散，流离困苦，徒步出京，幸而出险，谅由祖宗默佑，痛定思痛，不可不有以志之。

五月初一日，散值，访同乡曹根生驾部（允源）㉜、邹紫东仪部（嘉来）㉝。入门时，紫东神色仓皇云，良乡、涿州一带义和团滋事，聚有数千人，将保定一带铁路焚毁，人心惶惶，是为滋事之始。查义和团初起于山东，蔓延至直隶，在保定所属东流村与教堂为仇，直藩廷方伯（雍）委清苑令陈，劝谕解散归农，事可中止。不意直隶裕制军派一武员杨福同往彼弹压，该弁粗率任性，不达民情，一味威劫，遂致团民戕官，激变势成，将铁路公局抢劫，并将铁道焚毁，乱势成矣。事闻朝廷，于初十后，诏派军机大臣刑部尚书赵舒翘，往涿州一带，劝谕解散。其时拳民汹汹，有不肯奉诏之意，朝廷又遣大学士刚

㉜ 曹允源，字根荪、根生，江苏吴县人，时为兵部主事。
㉝ 邹嘉来，号紫东，江苏吴县人，时为礼部主事，兼充总理衙门章京。

相（毅）往谕，拳民以忠义自命，刚相颇为所惑，回朝时以人心可恃、众志成城等语，动摇天听，并不计时势之强弱，兵事之利钝，而拳民亦自名为国宣力，遂数十成群，陆续进都门，毫无忌惮，门禁亦不严。至十五后，遍街皆拳民，首扎红布，手持利刃，日夜焚烧教堂，搜杀教民，三五夜城外火光烛天，而市面居民尚不惊动，识者已知乱之难戢矣。朝廷遂会董军门（福祥）督甘军入城护卫，甘军全队进内城，驻扎东华门外。十六日，适董军队扎天桥，有日本书记官某人入城，冲其队伍，董军门以犯军令，即令正法。教堂本与日本无干，此事又犯日本之怒矣。初四日，洋兵自天津入京者三百余人。

拳民到处结坛，名为不贪财、不爱色，然到处募缘，或令送米面，或令送钱帛手镯，居民亦不敢不应。初愚民以拳民为可恃，及至勒索财物，亦渐知其不可恃矣。最可笑者，坛中朝夕焚香，以神附体为言，或曰赵子龙，或曰孙猴，并以能御刀刃、能避枪炮欺诳于人。盖以气炼御刀刃，自古易筋经法有之，偶有一二人习之，亦不足为异，至能避枪炮，则迅雷烈火，谁能御之？此可不辨而明者。并对空放火，云不必动火，用咒一二语遥拜之，则�自屋中生，人皆神异，以为天助，其实皆并未目击也。总之与汉之黄巾、宋之郭京同一妖异，所谓国家将亡，必有妖孽，识者早知祸乱之萌，岌岌可危也。

二十日早，大栅栏有一中西大药房，名老德记，其中西药居多。拳民以灭洋为名，凡有外洋货物店，皆欲一焚以张其势，特来拳民数十人焚其店，不料起火之后，势成燎原，大栅栏为戏楼、饭店会集之地，高楼巨屋，比栉相联，火遂四延，不可救止。西及观音寺，南及煤市街，西北延烧最甚，珠宝市、廊房头条二条三条胡同，延至西河沿东口，过桥延及东西荷包巷、月城一带，火光焰天，烧至竟日，黑烟障地，瓦砾盈堆，各铺户居民纷纷逃窜，哭声震耳。珠宝市二十四家银炉房，尽付一炬，莠民乘机抢夺。锦绣世界，一刹那付之灰烬，可为浩叹！自辰刻起烧至戌刻，火势稍衰。予时在延寿寺街长元吴会馆，相距不过半巷，幸未殃及，已属万幸。至二鼓后出门，赴前门一望，但见墙颓壁倒，烟雾不息，而正阳门城楼一座，红如炉火，不胜骇然。正阳门楼，四面皆方砖砌成，不见一木，相传常有狐仙守护此楼，而楼门忽开忽闭，人所共见，不料亦遭此大劫。且不知火由何处而上。正阳为天子当阳之正门，一朝焚毁，天之示警可知矣。最可恨者，火起之初，有水会持水龙来救，拳民不许，云神火令焚洋房，如来救者，即同党杀之，人皆退避，因此势成燎原。及晚火势不熄，拳民中亦有顾忌者，遂云坛中神降，令水会来救，而水会方敢至，于是水龙四集，方始救息。都中城内外而有水会，而救火极电捷。前数日中拳民焚教堂教民屋，单焚一处，火不旁及，所以愚民信之。不料此次竟延烧二千余家，至是愚民方知拳民之不可信，而神道之不足恃矣。不胜三叹！

　　自焚大栅栏之后，市面尽闭，银亦不汇，迁避者纷纷不绝，而各处票庄均不流通，日坐愁城，城内外均扎营。至二十一、二日，朝廷日召对卿寺，议战议和，迄无成见。至二十三日，始奉宣战之旨。董军遂以全队守扎御河桥，进攻东江米巷各使馆。是日傍晚，闻枪炮声不绝，禁城中竟开战场，枪林弹雨中，不知误伤多少人命，亦千古未有之奇祸也。两国相争，不斩来使，是古今通例，况万国公法亦从无攻围使臣之举，究不知此谋出于何人？炮声隆隆，彻夜不绝，路断行人。及天明，方知是晚内城东单牌楼一带，官宅民居大半为乱兵抢劫一空，其最著者，徐中堂（桐）宅、曾袭侯（广銮）宅、孙中堂（家鼐）宅、钱尚书（应溥）宅，均被劫掠一空，幸未伤人。孙为予戚，见其少君景周驾部㉞，据云身无长物，惟穿一单褂逃出，形同乞丐，亦自来未有之奇事也。各铺户商店，如桂林轩等铺，不但遭劫，并且伤人。盖战时有教民逃避至该铺中者，而董军寻踪追及，互相轰击，玉石俱焚，不辨其为良民、为教民也。是夜遭劫者数百家，遭难者数千人，可谓浩劫，幸城外尚晏然，而终夜不安枕矣。

　　五月二十三日，江米巷开仗以后，炮声日夜不息，使馆防守甚固，有英、法两馆，墙坚基固，各公使均藏于内，俟我军稍退，即用洋枪狙击，相持一月，董军营哨官有伤亡者。枪子飞至城外，沿途行人死伤不少，众皆裹足。廿

㉞ 孙家鼐，字燮臣，安徽寿州人，时为协办大学士吏部尚书。子传樊，字景周，时为兵部主事。

八,吏部验看之期,吏部侍郎陈学棻坐车经过棋盘街,被乱军开枪,劫死车仆二人,验看官轰死二人,前门外路断行人。予在馆耳闻炮声,日坐针毡,与同馆蒋光禄(恩溥)、金孝廉(文榘)互相叹息而已。

六月初,拳民四处抄杀教民,并波及无辜,官眷皆避乱出城,有至通州暂避者,有至京北延庆、昌平等家去者。予同曹根生驾部、邹紫东仪部相商,以眷属出城为宜,而车价极昂,予向无积蓄,银饰又不能通融,承廖仲山尚书㉟送二十金,陆凤石阁学㊱送二十金,陈小石府丞㊲送十金。遂略整行装,所有书籍磁器一切均不敢带,仅带随身衣包,雇大车一辆,价四十四金,于十一日同曹、邹两家眷口起身赴保定,沿途拳匪林立,幸而获免,于十四日抵保定,暂租民房三间小住。

六月十七日,天津失守,聂军门血战身亡,裕制军退守北仓,保定人心浮动,迁避纷纷。至月底,传有议和之意,人心稍定。予于七月初,适有便车至京,又奉严旨,司员告假者扣资,遂又赴京,仍寓长元吴会馆。

李制军(秉衡)奉命督援军入京,七月初十日裕制军兵败自尽,李公请赴前敌,遂督张军门(春发)二十营,赴杨村一带迎击。李公忠义奋发,而所带各军皆新募,全无纪律,一见洋兵,不战而溃。李公知事不可为,于十五日吞金殉国,援军一律溃散。十六七日,败军尽入京,市肆尽闭,风鹤皆惊。

七月十八日一早,传言乘舆已动,至顺治门已闭不可入,官民纷纷窜避。予单身出彰仪门,乱军与拳匪到处林立,于枪林炮雨中徒步至芦沟桥,已有拳匪奸民把守,空行人尚可经过,一路妇啼儿哭,惨不可闻。天晚至长新店,适同乡陆凤石侍郎、徐花农学士亦踉跄而至。十九日,各雇一人推小车,经五日方到保定,不堪其苦,幸天佑得免于难。

㉟ 廖寿恒,字仲山,江苏嘉定(今属上海)人,时为礼部尚书兼总理衙门大臣。
㊱ 陆润庠,字凤石,江苏元和(今属苏州)人,时为内阁学士兼署工部右侍郎。
㊲ 陈夔龙,字筱石、小石,贵州贵筑(今贵阳)人,时署顺天府府尹。

二十二日到保，遇王书衡比部（仪通）㊳、葛郁斋（正卿侍郎㊴之侄孙）亦到保，知乘舆于十九日出城，有云从易州而西，有云由宣化，不知确耗。洋人于二十日入都，国破家亡，真可痛哭者已。

予困守印曹，本无积储，出京川资幸廖、陆诸公资助，抵保匝月，囊橐如洗，而保定逃兵四集，又无重兵驻扎，决非善地。适杨萩芳都转来保，怜予困乏，赠予二十金，又同乡金养田大令，向有首尾，索还三十金，即雇轿车一辆，价二十金，令两女一婢，随内嫂蒋夫人，同赴邯郸捕署蒋兰生内兄处小避，以轻家累，于二十四日起身。嗣军情日亟，洋人又有来保之信，予挈慰儿同甥婿丁子馀（传福）、甥女程氏同伴，与廿七日起身赴邯，雇轿车一辆，价至三十金之昂，亦不得已也。一路幸平安，于八月初二日抵邯郸捕署，川资已罄。

同乡戴萩郭太守（锡钧）慷慨乐施，周人之急，于梓谊尤笃，现任大名知府，因修书告助，并到彼署为办笔墨。复书承允下陈蕃之榻，月送十八金，因于十七日雇车，往赴大名。十八日抵大名，下榻于西院清风书屋，与同乡程蔚君茂才（文豹）比屋而居。萩翁情谊殷拳，有宾至如归之乐。

闰八月初，得省信，知洋兵到保，初来数十人，嗣陆续至数千人，据占城库，凌辱官吏，居民皆纷纷迁避。后又得信，竟将护督廷方伯（雍）及城守尉某、又总兵某，三人均被斩讫，以护庇拳匪为罪案，臬司沈子敦观察以官卑权小，恐其非罪，拟革职。中朝赏罚，付之外夷，亦可叹已。

大名有一教堂，四五月间为镇兵拆毁，教师樊某亦驱逐去境，以为无事。不料事变后，洋人来文，责罪镇道，并以教堂各物所失甚多，责令赔偿二十万金，如不允赔，当兵临城下云。镇台王君（连三）贪暴不得民心，夜郎自大，而观察为同乡庞君劬庵（鸿书）㊵，书生本色，不知兵事，得书后仓皇失措，阖城亦摇动不安。予奇迹郡城，萍踪不定，本非久计，因作南旋之计，遂于九月初

㊳ 王仪通，后改名为式通，号书衡，山西汾阳人，时为授刑部主事。
㊴ 葛宝华，字振卿、正卿，浙江绍兴人，时为兵部左侍郎。
㊵ 庞鸿书，字劬庵，江苏常熟人，时为直隶大顺广道。

八日偕程君蔚君结伴起身，庞观察送程仪十二金，戴太守亦送金十二金，以作川资，雇车二辆，挈慰儿、两女、一婢起身，由开州于十二日抵长垣县。长垣为先大夫旧治，进城耽搁于表弟葛士林处，小住十日。至河东访先大夫门生牛君小亭，拟呼□伯之助，小亭家远不如前，未能臂助，予拟作梁园之游矣。

道中有感时事赋七律四章

无端横海起烽烟，百雉金汤意不坚。
廿载功名忧虑日，一家骨肉乱离年。
城头鼓角宵初半，月里山河影尚圆。
报国男儿分内事，几人肯著祖生鞭。

太白芒寒夜有光，那堪世事话沧桑。
覆巢空自飞乌鹊，匝地无从避虎狼。
举国竟听韩侂胄，望君如岁沈诸梁。
澄清揽辔知何日，洒尽杞忧泪两行。

封豕长鲸气早吞，雄兵十万柱云屯。
悔教重译通西域，又见潜师启北门。
畿辅谅无干净土，故人尚有未招魂。
朝来劫火长安望，忍把兴亡仔细论。

蒿目时艰唤奈何，壮怀空握鲁阳戈。
亭台焦土阿房赋，风雨淋铃蜀道歌。
造祸端先开董卓，知兵名竟负廉颇。
终南自古钟王气，漫说偏安拥黄河。

长垣令罗旭云大令，明北进士，字廷熙，雅吏也，一见如故，承送程仪大钱十千。又和原韵八章，志之以记鸿雪。录于左：

　　贪功妄想附凌烟，六甲天神信转坚。
　　鬼蜮射沙遗毒日，鲸鲵翻浪肆威年。
　　空中蜃气知多幻，缺漏蟾辉望再圆。
　　独惜潞河军尽溃，断流枉自说投鞭。

　　中朝日月仰重光，举善忠谁似子桑。
　　安得触邪来獬豸，那堪当道尽豺狼。
　　梅生吏隐惭仙尉，侯老风流缅大梁。
　　太息无人能报国，参司戎律悼颜行。

　　痛哭声同杜老吞，神京只说虎貔屯。
　　相才羹许调梅阁，儿戏军都似棘门。
　　西幸萃华无警跸，南飞乌鹊如销魂。
　　敌氛至此凭谁挫，取胜澶渊敢并论。

　　茫茫天醉竟如何，三辅烽烟未止戈。
　　回首铜驼增涕泪，壮怀枥骥动悲歌。
　　虏埋怯胆无韩范，将有奇才待牧颇。
　　盼得六飞仍返驾，收还带砺旧山河。

再和原韵：

　　烽燧惊传渤海烟，履霜早信有冰坚。
　　腥风卷地愁今日，皮岛通商误昔年。

壁垒花飞金石裂，舟车机走火轮圆。
木牛流马卑无用，冠世高才愿执鞭。

城头火起烛天光，盐铁搜罗费孔桑。
烦请长缨盘战马，恨无利剑斩封狼。
处堂燕雀多巢幕，出海鼋鼍敢驾梁。
十万甲兵同瓦解，畴将纪律肃戎行。

龙宫珍物饱鲸吞，漫道王师灞上屯。
剩有虎贲随玉辂，都无豹略展金门。
浮云远蔽长安日，夜月空招屈子魂。
骄虏犹闻寇州郡，妖风满地不堪论。

羹沸蜩螗可奈何，辽东直北陷兵戈。
宫商离乱凉州曲，钧石和关洛涧歌。
上回天威须再肃，中原王道本无颇。
祇今不少刘唐秩，独怪难当曳落河。

八诗激昂，慷慨皆可诵也。故附记之。

乱之初起，各使馆尚持两端，朝廷亦有意和局，曾遣译署堂官，委曲调停。五月十九日，有德国公使克林德坐轿赴总署议事，不料行至东四牌楼大街，忽值董军及武卫军队，该使臣轿前有洋兵十余人，手持火枪护卫，而该使臣手执小枪，乱军忽谓其开枪，遂一哄而进，不分皂白，洋兵皆四散，该使臣遂死于乱军中矣。公法凡害及使臣者，决计开战，于是不可收拾矣。有云是董军门之意，然当时人心不靖，军无纪律，以致酿成不解之祸。虽曰天意，岂非人事不善欤？

七月初七日，译署大臣许侍郎（景澄）、袁太守（昶）亦因与使馆议事，忽触权贵，奉旨均正法西市。十七日，徐小云尚书（用仪）、立山尚书亦骈斩于市，罪案不明，人皆冤之。小云尚书，久列正卿，年逾七十，一朝遭此惨祸，天下惜之。是时乱势正亟，尚书正法后，竟致无人收尸，幸其婿周镜渔比部[41]在京，翌日为之殡敛，而和局至此，已决裂不可收拾矣。

予于九月廿六日由长垣起身，廿八日抵汴梁，闻河北军甚亟，洋兵有到广平之信，遂遣人将儿女等初二日亦接至汴省。此来本拟谒裕中丞（长），向有旧谊，或谋一枝栖，以作旅费，不料中丞仙游，大失所望。遂谒任筱沅河帅[42]，极蒙青睐，赠赆五十金，于是决计南旋矣。汴省有黄河之险，或可作恃，然河北三府有寇警，而省城亦必惊惶，恐土匪乘机而起，且各省客兵林立，饷稍不继，一有匮乏，又恐内乱，是皆可忧者。

当道拜延方伯（祉）[43]承送十六金，朱学士（福诜）[44]送十金，同乡李子明大令送十金，约计回南川资，或可敷用。有友人劝予西赴行在者，而道途辽远，且带家室之累，并近有回銮之信，故仍决计回苏，再作计议。

十月初八日，雇轿车二辆赴亳州。十一日抵亳州，而水甚浅小，而船价极昂，与同伴刘福生少尹（绍晏，常州人，浙江委员）互商，仍不如早道赴清江，遂于十三日仍雇车二辆，由徐州一带驰赴清江，于十月二十二日抵清江，雇□泊船一只，水脚洋十六元，于二十四日下船，二十六日开船，三十日抵瓜洲。十一月初一日渡江，因丹徒内河各口水浅，遂沿江东下，进萧河口，初八日安抵苏州。

此次避乱，于六月十一日出都，十一月初八日抵苏州，约计半年，在途琐尾流离，不堪言状，且到处川资困乏，沿途乞钵，皆承诸世好亲友相助，敬当

㊶ 周祥珏，字镜渔，浙江人，时为刑部主事。

㊷ 任道镕，字筱沅，江苏宜兴人，时为河道总督。

㊸ 延祉，满洲镶蓝旗人，时任河南按察使。

㊹ 朱福诜，字桂卿，浙江海盐人，时为翰林院侍读学士，充河南学政。

志之,不敢遗忘。廖仲山尚书送二十金,陆凤石侍郎二十金,陈小石京尹十金,杨萩芳都转二十金,叶绍韩观察十金,庞劬庵观察、戴萩郛太守各十二金,开州唐伯康刺史八金,河督任筱帅五十金,延方伯(祉)十六金,学使朱桂卿八金,李子明大令十金,许星槎观察四金,共得二百金。(眉注:诸友皆患难之助,世世子孙当敬识不忘。)

庚子避难记下

予自光绪丁丑年到部当差,十五年奉先大夫讳,十七年服阙供职,计在部实资二十年,再二三年可望补缺,便就截取,归直隶州班分发到省,以一官为疗贫之计,别无奢望。岂料变生意外,遭此寇乱,名心更淡。出京时拳匪城外到处抢掠,慢藏诲盗,何敢多带行李,所带一身以外,仅随身衣履而已。所有历年所置书籍、衣物、用物亦值数千金左右,半存质库,半存会馆。闻洋兵入城以前,土匪又四处剽掠,谅已空诸所有。身外物固不足论,然二十年京官并此而一朝弃之,未免可惜,抑有定数耶?

此次之乱,实非朝廷本意,端邸不甚熟悉夷情,又惑于拳民之足恃,以为人心之固,不难灭此朝食,故摇动天听,决计开战,至海口布置,并未预为筹及。五月十八日,拳民焚天津教堂,其晚各国兵轮集大沽口者已二十余艘,照会大沽守将罗总戎,让大沽炮台,未逾时即开炮轰击,立将炮台占据,天险片刻已失,又何论后之成败耶?

裕寿山制军久历封疆,并不知兵。拳匪之起,有一曹姓、张姓头目,统数千人,阳为助战,实则乘机劫掠,此固乱民之尤不容于圣世者。而裕公信其可恃,分廷抗礼,该匪首遂侈然自大,闻司道在途相遇,竟令其出轿避道,恬不为怪。及临战阵,退缩不前,并扬言与洋人战,乃官军之责,我辈但知焚教堂、搜教民而已,是何言欤?失天津后,拳匪竟无一人,如鸟兽散。闻曹姓后为乡民所诛,张姓亦不知下落。倡乱之人,断无不身受其祸者,此固天理,而制军之轻听偏信,虽一死亦不足以塞责矣。

朝廷虽征兵天下,而事太匆迫,到者仅岑方伯陕西一军、张军门(春发)

淮扬二十营,登州夏总戎(辛酉)五营而已,皆非久练之军。又以李鉴堂制军节制,以临前敌,兵将皆非素习,鉴帅固忠义,而付之以不习之将、不练之兵,安能使之效死?况出京时杨村已失,裕制军兵败殉国,人心摇动,敌焰方张,宜其不战而溃,所谓"出师未捷身先死,长使英雄泪满襟",忠臣义士痛苦流涕而三叹者也。

时事之变,天象早见,予恨不习天文,见机不早。都中有一外国人,在中华已二十年,夙谙天文,并好历数,平日不预外事,用一庖人,极赏识之,相随十年矣。今年三月间,该夷忽令庖人结清账目,云:"我即日回国,尔相随多年,须重赏酬之。"庖人问故再三,方晓之曰:"予近日观天象,中外有兵起,不但尔中华受害,我外洋人亦有祸及,予既不干外事,须早回国,迟则不及,尔无事亦可早出京,不必留恋,并不足为外人道。"该夷遂于四月回国。庖人亦疑信参半,及乱起,方告人,知此言不谬。予有仆人牛祥,荐于大学堂教习者,与该庖相识,故得闻此言。可知祸乱之起,必先上现天象,特梦梦者不察耳。亦可见何地无才,外夷中未必无人也。

拳匪之可笑,令人喷饭。五六月中,气焰方张,动辄以神降为言,每一街一巷,必立一坛,有可疑之人,必执赴坛中,令其执香焚表,以辨是教民与否。予妹丈程菊村驾部㊺,在街换银,忽执之去,令其跪坛焚香,据云中设一黄帏,内有一人,牵呵梦呓,如南中巫师之类,忽作小语云"他非教民,可以放他",则令之去。若云"是教民",则不待辩而诛之。同乡潘经士水部㊻出城,亦为执去,推挽半日,亦令焚表,几及于难。如此之类,不一而足,甚至如黄慎之学士(思永)、立山尚书,均为执去,诬以吃教,亦有为挟仇诬告者。此数日间道路以目,重足而立,不成世界矣!官更不敢过问,岂非国亡之妖孽乎?

四五月间,各国使馆电信极多,均电各本国,有数百字、数千字者,外洋电费极重,各使馆不殚烦如此之多,可见彼早有布置,非率尔操觚者,而我中

㊺ 程绍祖,字菊村,江西新建人,时为兵部主事。
㊻ 潘盛年,字经士,江苏长洲人,时为工部郎中。

国绝少未雨之绸缪，事事落于人后，安得不一败涂地耶？

保定拳匪亦甚鸱张。有一保甲委员忽为执去凌辱，幸伊安徽同乡在藩台处公禀，廷方伯两次遣人索之，不肯放回，后用令箭派武员调之，方始释回，已受辱不堪。询其故，方知数月前有一局役，为公事责革，该役挟仇，告以吃教，故有无端之祸。后该员不敢在省，他去，方保无事，亦险矣哉！官场如此，平民可知，宜其人心惶惑，朝不保暮矣。予在保时所亲见者。

皇上最仁明，议战时慈宫主政，上意颇不为然，曾执许竹篔侍郎手泣谕云："朕一身不足惜，其如百万生灵何！"此言也，爱民之心溢于言表，天地祖宗，实共鉴之。所以中外归心，有归政之请，不知触权贵之忌者亦在此，然天下臣民无不戴之。

端郡王（载漪）系惇亲王之子，宣宗之孙也。去冬所立大阿哥，端王之子，于今上为从侄。自简立后，去冬上海电局绅经君[47]，邀集千余人，电奏请归政，亦有外洋流寓绅商。此事深触慈宫之怒，而端郡王更不悦焉。外间颇有废立之谣，又恐各国借端问罪。此次开战，故端王立[力]主其议，如熟悉洋务之庆亲王、荣仲华相国，均不以为然，召对时与端邸相互抵牾，几至廷争。而端邸又以为拳匪可恃，故坚持定见，谓侥幸一胜，从此外夷可不干预中国政事。孰知强弱利钝，已成积习难追之势，以朝廷为孤注，是谁之咎欤？

许竹篔少冢，自承上泣谕后，已慄慄畏祸，不知七月初竟兴大狱，有似汉之晁错。临赴西市时，有人遇于宣武门外大街，囚车略停，许公呼其仆取纸笔，有遗嘱。当时匆匆，即在纸铺中取一纸。许公书三事，付其家：一云所有历年办铁路票据在某筐中；一云某姬有遗腹，如得一男，好为抚养以继嗣续；一云我伏法后，即令家人赶即收尸，不致迟误。许公少有文名，中年出使，谨慎持躬，位登卿贰，忽遭此奇祸，或谓定数，或谓前生之孽，其然岂其然乎？

同时伏法者，为太常寺正卿袁公爽秋（昶）。早登科第，久在译署，由总

---

[47] 经元善，字莲珊，浙江上虞人，时为上海电报局总办。

办放安徽芜湖道,嗣入京改京卿,充译署大臣,学问亦优,不知何故同日弃市。后传闻至使馆议和,外夷索主战之人,有似宋使对韩侂胄语,词太激烈,触怒权贵,上意尚可优容,而竟弃市。古人之明哲保身,有以夫。

自遭国变,徐中堂(桐)自缢于武英殿,崇尚书(绮)退至保定,自缢于莲池书院,其子葆效(先初)承袭公爵,从前系兵部郎中,与予同司,人极浑厚,楷法亦精。崇公亡后,闻亦随殉。其余王阁学(懿荣),阖家殉难。同司王海门(铁珊),安徽六安人,同乡宋养初侍御(承庠),亦在京自尽,皆为予旧交。此皆忠义之士,予所自愧不及者。疾风知劲草,世乱出忠臣。其余一时不及知者,奉诏令崑中堂(冈)查明。

七月二十六日(1900 年 8 月 20 日)下罪己之诏,颁行天下。奉上谕:我朝以忠厚开基,二百数十年,厚泽深仁,沦浃宇内,薄海臣民,各有尊君亲上效死无贰之义,是以荡平逆乱,海宇乂安。皆赖我列祖列宗文谟武烈超越前古,亦以累朝亲贤夹辅,用能宏济艰难。迨道光、咸丰以后,渐滋外患,然庙谟默运,卒能转危为安。朕以冲龄入承大统,仰禀圣母皇太后懿训,于祖宗家法恭俭仁恤诸大端,未敢少有偭越,亦薄海臣民所共见共闻。不谓近日衅起团教不和,变生仓猝,竟致震惊九庙,慈舆播迁。自顾藐躬,负罪实甚。然祸乱之萌,匪伊朝夕,果使大小臣工有公忠体国之忱,无泄沓偷安之习,何至一旦败坏若此?尔中外文武大小臣工,天良具在,试念平日之受恩遇者何若?其自许忠义者安在?今见国家阽危若此,其将何以为心乎?知人不明,皆朕一人之罪,小民何辜,遭此涂炭。朕尚何所施其责备耶?朕为天下之主,不能为民捍患,即身殉社稷,亦复何所顾惜。敬念圣母春秋已高,岂敢有亏孝养,是以恭奉銮舆,暂行巡幸太原。所幸就道以来,慈躬安健无恙,尚可为天下臣民告慰。自今以往,斡旋危局,我君臣责无旁贷。其部院堂司各官,着分班速赴行在,以便整理庶务,各直省督抚,更宜整顿边防,力固疆圉。前据刘坤一、张之洞等奏,沿海沿江各口商务照常如约保护,今仍应照议施行,以昭大信。其各省教民,良莠不齐,苟无聚众作乱情形,即属朝廷赤子,地方官仍宜一体抚绥，毋得歧视。要之，国家设官各有职守，不论大小京外文武，咸宜上念祖宗养士之恩，深维君辱臣死之义，卧薪尝胆，勿托空言，于一切用人、行政、筹饷、练兵，在在出以精心，视国事如家事，毋怙非而贻误公家，毋专己而轻排群议，涤虑洗心，匡予不逮。朕虽不德，庶几不远而复，天心之悔祸可期矣。将此通谕知之。钦此。

闰八月初二日（1900年9月25日）奉上谕：此次中外开衅，变出非常，推其致祸之由，实非朝廷本意，皆因诸王大臣等纵庇拳匪，启衅友邦，以致贻忧宗社，乘舆迁播。朕固不能不引咎自责，而诸王大臣等无端肇祸，亦亟应分别轻重，加以惩处。庄亲王载勋、怡亲王溥静、贝勒载濂、载滢，均着革去爵职；端郡王载漪，着从宽撤去一切差使，交宗人府严加议处，并着停俸；辅国公载澜、都察院左都御史英年，均着交该衙门严加议处；协办大学士吏部侍郎刚毅、刑部侍郎赵舒翘，着交都察院、吏部议处，以示惩儆。朕受祖宗托付之重，总期保全大局，不能顾及其他。诸王大臣谋国不臧，咎由自取，当亦天下臣民所共谅也。钦此。

按，此次开战实由诸公摇动上听，而外夷亦以议和，必须先治主战者之罪方允开议，宛如金人之罪韩侂胄也。李傅相委曲上陈，朝廷不得已而从之，是以有此明谕。太阿倒持，亦迫于实势矣。如何耳！

十二月二十五日（1901年2月13日）奉上谕：京师自五月以来，拳匪倡乱，开衅友邦，现经奕劻、李鸿章与各国使臣在京议和，大纲草约业已画押。追思肇祸之始，实由诸王大臣等昏谬无知，嚣张跋扈，深信邪术，挟制朝廷，于剿办拳匪之谕，抗不遵行，反纵信拳匪，妄行攻战，以致邪焰大张，聚数万匪徒于肘腋之下，势不可遏，复主令卤莽将卒围攻使馆，竟至数月之间酿成奇祸，社稷阽危，陵庙震惊，地方蹂躏，生民涂炭。朕与皇太后危险情形不堪言状，至今痛心疾首，悲愤交深。是诸王大臣等信邪纵匪，上危宗社，下祸黎元，自问当得何罪？前者两降谕旨，尚觉法轻情重，不足蔽辜。应再分别差等,加以惩处。已革庄亲王载勋,纵容拳匪,围攻堂馆,擅出违约告示,又轻信匪言,枉杀多命,实属愚暴冥顽,着赐令自尽。派署都御史葛宝华前往监视。已革端郡王载漪,倡率诸王贝勒轻信拳匪,妄言主战,致肇衅端,罪实难辞;降调辅国公载澜,随同载勋妄出违约告示,咎亦应得,着革去爵职,惟念俱属懿亲,特予加恩,均着发往新疆永远监禁。先行派员看管。已革山西巡抚毓贤,前在山东任内,妄信拳匪邪术,至京为之揄扬,以致诸王大臣受其煽惑,及在山西巡抚任,复戕害教士教民多命,尤属昏谬凶残,罪魁祸首,前已遣发新疆,计行抵甘肃,着传旨即行正法。并派按察使何福堃监视行刑。前协办大学士吏部尚书刚毅,袒庇拳匪,酿成巨祸,并会出违约告示,本应置之重典,惟现已病故,着追夺原官,即行革职。革职留任甘肃提督董福祥,统兵入卫,纪律不严,又不谙交涉,率意卤莽围攻使馆,虽系由该革王等指使,究难辞咎,本应重惩,姑念在甘肃素著劳绩,回汉悦服,格外从宽,着即行革职。降调都察院左都御史英年,于载勋擅出违约告示曾经阻止,情尚可原,惟未能力争,究难辞咎,着加恩革职,定为斩监候罪名。革职留任刑部尚书赵舒翘,平日尚无嫉视外交之道,其查办拳匪亦无庇纵之词,惟究属草率贻误,着加恩革职,定为斩监候罪名。英年、赵舒翘均着先在陕西省监监禁。大学士徐桐、降调前四川总督李秉衡,均已殉难身故,惟贻人口实,均着革职,并将恤典撤销。经此次降旨之后,凡我友邦,当共谅拳匪肇祸实由祸首激迫而成,决非朝廷本意,朕惩办祸首诸人,并无轻纵,即天下臣民亦晓然于此案之关系重大也。钦此。

同日(1901年2月13日)奉上谕:本年五月间,拳匪倡乱,势日鸱张,朝廷以剿抚两难,叠次见臣工,以期折衷一是。乃兵部尚书徐用仪、户部尚书立山、内阁学士联元、吏部左侍郎许景澄、太常寺卿袁昶,经朕一再垂询,词意均涉两可,而首祸诸臣遂乘机诬陷,交章参劾,以致身罹重辟。念徐用仪等宣力有年,平日办理交涉事件亦能和衷,尚着劳绩,应即加恩。徐用仪、立山、联元、许景澄、袁昶均着开复原官。该部知道。钦此。

二十六日(1900年2月14日)奉上谕:本年夏间,拳匪搆乱,开衅友邦,朕奉慈驾西巡,京师云扰。迭命庆亲王奕劻、大学士李鸿章作为全权大臣,便宜行事,与各国使臣止兵议款。昨据奕劻等电呈和议十二条大纲,业已照允,电饬该全权大臣将详细节目悉心酌核。量中华之物力,结与国之欢心。既有悔过之机,宜颁自责之诏。朝廷一切委曲难言之苦衷,不得不为天下臣民明谕之:

此次拳教之祸,不知者或疑国家纵庇匪徒,激成大变。殊不知五六月间,屡诏剿拳保教,而乱民悍族,迫人于无可如何,既苦禁谕之俱穷,复愤存亡之莫保。迨至七月二十一日之变,朕与皇太后誓欲同殉社稷,上谢九庙之灵。乃当哀痛昏瞀之际,经王大臣等数人扶掖而出,于枪林弹雨中仓皇西狩。是慈躬惊险,宗社阽危,阛阓成墟,衣冠填壑,莫非拳匪所致。朝廷其尚护庇耶? 夫拳匪之乱,与信拳匪者之召乱,均非无因而起。各国在中国传教,由来已久。民教争讼,地方官时有所偏,畏事者袒教虐民,沽名者庇民伤教,官无持平办法,民教之怨愈结愈深,拳匪乘机,浸成大祸。良由平日办理不善,以致一朝骤发,不可遏抑。是则地方官之咎也。

涞、涿拳匪既焚堂毁路,亟派直隶练军弹压。乃该军所至,漫无纪律,戕虐良民,而拳匪专持仇教之说,不扰乡里,以致百姓皆畏兵而爱匪。匪势由此大炽,匪党愈聚愈多。是则将领之咎也。

该匪妖言邪说,煽惑愚人,王公大臣中,或少年任性,或迂谬无知,平时嫉外洋之强,而不知自量,惑于妖妄,诧为神奇,于是各邸习拳矣,各街市习拳矣。或资拳以粮,或赠拳以械,三数人倡之于上,千万人和之于下。朕与皇太后方持严拿首要解散协从之议,特命刚毅前往谕禁,乃竟不能解散。而数万乱民,胆敢红巾露刃,充斥都城,焚掠教堂,围攻使馆。我皇太后垂帘训政将近四十年,朕躬仰承慈诲,夙昔睦邻保教,何等怀柔? 而况天下断无杀人放火之义民,国家岂有倚匪败盟之政体。当此之时,首祸诸人叫嚣隳突,匪党纷扰,患在肘腋。朕奉慈圣,既有法不及众之忧,寖成尾大不掉之势。兴言及此,流涕何追。是则首祸王大臣之罪也。

然当使馆被围之际,累次谕令总理大臣前往禁止攻击,并至各使馆会晤慰问。乃因枪炮互施,竟至无人敢往,纷纭扰攘,莫可究诘。设使火轰水灌,岂能一律保全?所以不致竟成巨祸者,实由朝廷竭力维持。是以酒果冰瓜联翩致送,无非朕躬仰体慈怀,惟我与国,应识此衷。今兹议约,不侵我主权,不割我土地。念列邦之见谅,疾愚暴之无知,事后追思,惭愤交集。惟各国既定和局,自不至强人所难。着奕劻、李鸿章于细订约章时,婉商力辩,持以理而感以情。各大国信义为重,当视我力之所能及,以期其议之必可行。此该全权大臣所当竭忠尽智者也。

　　当京师扰乱之时,曾谕令各疆臣固守封圻,不令同时开衅。东南之所以明订约章极力保护者,悉由遵奉谕旨不欲失和之意。故列邦商务得以保全,而东南疆臣亦借以自固。惟各省平时无不以自强为词,究之,临事张皇,一无可恃,又不悉朝廷事出万难,但执一偏之词,责难君父。试思乘舆出走,风鹤惊心,昌平、宣化间,朕侍皇太后,素衣将敝,豆粥难求,困苦饥寒,不如氓庶。不知为人臣者,念及忧辱之义否?总之,臣民有罪,罪在朕躬。朕为此言,并非追既往之愆尤,实欲儆将来之玩泄。近二十年来,每有一次衅端,必申一番诰诫。卧薪尝胆,徒托空言。理财自强,几成习套。事过以后,徇情面如故,用私人如故,敷衍公事如故,欺饰朝廷如故。大小臣工,清夜自思,既无拳匪之变,我中国能自强耶!夫无事且难支拄,今又遘此奇变,益贫益弱,不待智者而知。尔诸臣受国恩厚,当于屯险之中,竭其忠贞之力。综核财政,固宜亟偿洋款,仍当深恤民艰。保荐人才,不当专取才华,而当内观心术。其大要无过于去私心、破积习两言。大臣不存私心,则用人必公;破除积习,则办事著实。惟公与实,乃理财治兵之根本,亦天心国脉之转机。应即遵照初十日谕旨,妥速议奏,实力举行。此则中外各大臣所当国而忘家、正己率属者也。

　　朕受皇太后鞠劳训养,垂三十年,一旦颠危至此,仰思宗庙之震惊,北望京师之残毁,士大夫之流离者数千家,兵民之死伤者数十万,自责不暇,何忍责人。所以谆谆诰谕者,则以振作之兴因循,为兴衰所由判;切实之与敷衍,即强弱所由分。固邦交,保疆土,举贤才,开言路,已屡次剀切申谕。中外各大臣,其各懔遵训诰,激发忠忱,深念殷忧启圣之言,勿忘尽瘁鞠躬之谊。朕与皇太后有厚望焉。将此通谕知之。钦此。

正月初三日(1901 年 2 月 21 日)奉上谕:此案首祸诸臣,昨已降旨分别严行惩办。兹据奕劻、李鸿章电奏,按照各国全权大臣照会,尚须加重,恳请酌夺等语。除载勋已赐令自尽,毓贤已饬即行正法,均各派员前往监视外,载漪、载澜均定为斩监候罪名,惟念谊属懿亲,特予加恩,发往极边新疆永远监禁,即日派员押解起程。刚毅罪情较重,应定为斩立决,业经病故,免其置议。英年、赵舒翘昨已定为斩监候,着即赐令自尽,派陕西巡抚岑春煊前往监视。启秀、徐承煜,各国指称力庇拳匪,专与洋人为难,昨已革职,着奕劻、李鸿章照会各国交回,即行正法,派刑部堂官监视。徐桐轻信拳匪,贻误大局,李秉衡好为高论,固执酿祸,均应定为斩监候,惟念临难自尽,业经革职,撤销恤典,应免再议。至首祸诸人所犯罪状,已于前旨内逐一明白声叙矣。钦此。

十一月初三日(1900 年 12 月 24 日)各国始与庆王、李相开议和事,约章凡十二条:

一、派亲王赴德京谢罪,并为德使臣于遇害处立碑。

二、严惩祸首诸臣,各国被害之城镇停试五年。

三、偿恤日本书记生杉山彬。

四、各国坟茔发掘者建立碑碣。

五、外洋军火不运入中国。

六、各国各会人等身家财产所受各亏认赔。

七、各国驻兵护卫使馆,所在界内中国人民概不居住。

八、削平大沽口炮台。

九、京师至海边道路留兵驻守。

十、经发谕旨布告各省,保护各国,永禁军民人等仇视,违者问死,该管官革职永不叙用。

十一、修改通商约章。

十二、更改总署章程及觐见礼节。

初六日(1900 年 12 月 27 日)奉上谕:庆王、李鸿章电奏并条约均悉。值此时局艰危,不得不委曲求全,大纲十二条,应即照准。其余详细条目,仍应竭力磋磨。该王等务当勉为其难,以期挽回全局。钦此。

也说 1908 年美国大白舰队访问厦门

——为马幼垣先生补充

《九州学林》第七卷第二、三期(总第二十四、二十五期)连载马幼垣先生大作《美国舰队清末两访厦门史事考评——为美国大白舰队访问厦门一百年而作》上下篇,以洋洋七万余言、逾百页之篇幅详考 1908、1910 年美国舰队访问厦门相关史实,其依据英文文献,尤其是美国海军部、外交部档案,将此事来龙去脉,包括远航背景、主因、编队、行程、访华地点选择、厦门迎宾实况及二次来访经纬等等,巨细无遗、完备清晰地呈现给世人,诚令人叹服。犹记 2006 年中国书店拍卖一册题为《美国舰队访问厦门照片》的原版影集,以高价成交,相关影像后广泛传播于网络,引起网友特别是海军史爱好者热议,其中一组厦门港口演武亭彩楼的照片给人印象尤深,其正面书英文"Welcome",内侧书中文"中外禔福",顶部并置中、美国旗,极富意趣。美舰访厦本是近代外交史与海军史上的一段"重要篇章",既有研究却殊少提及,即使偶有,也如马先生所言,多以"花边小道闲闻"看待,甚或还渲染了"政治指控"的异样色彩。(上,第 46 页,所引皆据期刊页码,下同)不过,据笔者所见,严肃平正的论述并非无有。如 2008 年中国第一历史档案馆馆员屈春海所撰《1908 年美国舰队访华》[①]一文,即据档案史料较为翔实客观地梳理过这段历史。马先生主要用美国一侧文献重建史实,对相应的中方材料似亦

---

① 屈春海:《1908 年美国舰队访华》,《中国档案》2008 年第 11 期。唯该文非严格意义的学术论文,引文未出注,令读者无从追索史源,未免遗憾。

估计不足，以至略带武断地判定："任谁也看得出中方毫无平行相对的东西，毓朗、梁敦彦、松寿、麦信坚、萨镇冰全是笔下不留痕之人。"（下，132页）事实果真如此吗？除了大量档案材料外，至少就笔者所见，当时奉旨迎接美舰的中方首席代表毓朗（1864—1922）就不乏记录。[②]《述德笔记》作者原署"十丈愁城主人"，为毓朗之弟毓盈（1881—1922）[③]，全书记毓朗生平事颇详，徐一士谓其内容"盖多出毓朗所授，颇具毓朗自传之性质也"[④]。尤为可贵者，虽题名"笔记"，但大量文字实录自毓朗日记，如卷六"记欢迎美舰事"即出于毓朗本人手笔，系美舰访华一手史料，也是不折不扣与美方记录"平行相对的东西"。[⑤] 笔者拟挖掘档案史料，并结合《述德笔记》等，补充1908年美舰访厦史实。[⑥] 马先生大作珠玉在前，本文若能于马先生言之未详、未

[②] 毓朗，爱新觉罗氏，字月华，号馀痴生，满洲正蓝旗人，定安亲王永璜（乾隆长子）五世孙，多罗定郡王溥煦次子，也是后来末代皇后婉容的外祖父。同治三年生。光绪十二年封三等镇国将军。二十八年任工巡局总监，授鸿胪寺少卿。三十年授光禄寺卿。三十一年三月授内阁学士兼礼部侍郎衔，九月授巡警部左侍郎，后改民政部左侍郎兼步军统领。三十三年袭多罗贝勒。宣统二年授军机大臣。三年改授军谘大臣。民国十一年卒，谥"敏达"。著有《馀痴生诗集》《馀痴初稿》等。（《爱新觉罗宗谱·甲一》1，学苑出版社，1998年影印本，第111—114页；赵尔巽等《清史稿》卷二百二十一，第30册，中华书局，1977，第9092页）关于毓朗其人，并可参看"朗贝勒府之行有恒堂主人"http://blog.sina.com.cn/k9476，该博主为毓朗后人，搜集了不少家族资料，颇资参考。最后浏览日期：2012年12月1日。

[③] 毓盈，字逊之，毓朗弟，封三等镇国将军。《述德笔记》除首篇述其父溥煦行述外，余皆记述其兄毓朗生平事迹。此书原刊于民国十年（1921），目下有多个版本可用，不难见。台湾文海出版社据民国刻本影印，收入沈云龙主编《近代中国史料丛刊》第16辑，唯署名作"毓长"，误。民族出版社2009年亦出版有影印本。点校版本原载《近代史资料》总79号（黄延复标点整理，有少量删节），又收入庄建平主编《近代史资料文库》第1卷，上海书店出版社，2009。本文所引，均据文库点校本。

[④] 唯此书作于清亡后之王公子弟，颇多"沾沾自喜语"，且毓盈对其兄"品学政绩，称道不容口"，写作偏向是明显的。然其史料价值不能因此抹杀，如徐一士言："此书固似专为表彰毓朗而作，宣传文字之意味颇浓；然毓朗在清末历任要职，所记动关政史资料，治国闻者，所宜览观。"徐一士：《近代笔记过眼录》，中华书局，2008，第2页。

[⑤] 该篇先追述欢迎美舰事缘由，续谓"兹役业，余兄有笔记"，全文录后，约四千余字。篇末补注："以上兄之日记所载者也。"参见《述德笔记》，《近代史资料文库》第1卷，第100、105页。

[⑥] 关于1908年美舰队来访，时国内有大量新闻报道，且不乏出自名家、收入文集者。以笔者不广的视野，见有陈去病《参观美国兵舰游厦门欢迎事杂记（戊申）》，张夷主编《陈去病全集》第3册，上海古籍出版社，2009，第1170—1174页；孟森《美舰篇》（原载《东方杂志》第5卷第11期），孙家红编《孟森政论文集刊》（上），中华书局，2008，第190—195页。（转下页）

尽或偶尔未实之处有所补益，予愿足矣。

一、中文史料所见之大白舰队访厦一行

（一）中方事先准备

光绪三十三年十一月十二日（1907 年 12 月 16 日），一支由分属五个级别的十六艘主力舰组成的美国舰队，自弗吉尼亚州汉普顿海军基地（Hampton Roads）出发。因彼时巴拿马运河尚未开通，舰队沿大西洋南下，先后访问巴西、阿根廷，再穿麦哲伦海峡北上，经智利、秘鲁、厄瓜多尔、墨西哥，抵美国西海岸旧金山休整，两月后横渡太平洋，历访新西兰、澳大利亚、菲律宾、日本、中国，最后返回美国东海岸，完成为期十四个月的环球航行。这支庞大美国舰队的所有舰只都被漆成醒目的白色，于是又被人们称为"大白舰队"（the Great White Fleet）。它沿途访问的最后一站，即为中国厦门。

对美国舰队此次长程航行，清政府初无意识，决定邀其来华，是受日本政府率先动作的启发。光绪三十四年（1908）二月，大白舰队结束南美航程，美国政府宣布舰队非以本土西海岸为终点，而将循环球航线返回出发地。闻此消息后，日本驻美特命全权大使高平小五郎（1854—1926）即于二月十六日（3 月 18 日）向美国国务卿罗脱（Elihu Root，1845—1937）发出邀请照会，仅隔数日，清朝驻美公使伍廷芳（1842—1922）也随之而动。他于二十日（3 月 22 日）致电本国外务部："美遣水师舰队游历环球，澳洲政府特请前往，日本亦请赴横滨等处，我政府似应照请。"[⑦]次日外务部即复电允肯，同时致电署两江总督兼南洋大臣端方（1861—1911）称：

> 美舰队既有他国邀请，我国亦当照请前来游历，俾昭地主之谊。除

（接上页）因上述属局外观察，且本文重心在于考订本事，而非呈现由事件表露的社会心理或文化反应等，故较少引用此类材料。

[⑦]《为我政府是否照请美舰队游历事》，光绪三十四年二月二十日，国家清史工程数字资源总库，电报档（下皆同），档号：2-04-12-034-0162。

电复伍使外照会美外部代为邀请外,即希转致萨提督酌量何地相宜预备接待,并电复。⑧

"萨提督",即萨镇冰(1859—1952),总理南北洋海军兼任广东水师提督。据其意见,初选接待地为烟台。当时萨氏本人即在烟台,示意"此间海军新堂颇宽敞,可作接待所,惟须建小轮码头,需费颇巨"⑨。清廷方面亦相应布置,旋指示北洋大臣杨士骧"俟美舰到时,从优接待,用款作正开销"⑩。

对来自中国的邀请,美国政府很快表示接受,唯于访问地点有异议。至三月二十二日(4月22日),伍廷芳续电来告:

> 前奉有电,拟在烟台接待美舰。顷美外部面称,总统与水师大员商议,因舰队游行各埠,烟台未免迂道,拟届冬令顺赴厦门,以敦睦谊,接待不必太优,等语。乞示复。⑪

美国不愿意选择烟台,"迂道"云云只是表面理由,如马先生所分析,烟台地近胶州湾、旅顺及朝鲜,在日、德势力圈周边炫耀武力,制造紧张,非美国所乐见。不过,说伍廷芳曾收到过美方改访问地点为上海的通知,未知何据,在中文档案中找不到相应材料。在美方一提出厦门方案后,外务部即同意"前议作罢",表示顺从。⑫ 四月初一日(4月30日),美国驻华公使柔克义(William W. RockHill, 1854—1914)照会正式通知:"兹接本国政府电嘱,有本国水师提督思拍立带领第二队装甲战斗舰八只,于西本年十月二十九

⑧ 《为邀请美舰队游历事》,光绪三十四年二月二十一日,档号:2-03-12-034-0072。

⑨ 《为美舰来华以在烟台接待为宜事》,光绪三十四年二月二十四日,档号:2-04-12-034-0179;《为接待美舰需建小轮码头事》,光绪三十四年三月初一日,档号:2-04-12-034-0206。

⑩ 《为美舰队来华事》,光绪三十四年二月二十九日,档号:2-03-12-034-0084。

⑪ 《为美舰拟届冬令顺赴厦门事》,光绪三十四年三月二十二日,档号:2-04-12-034-0281。

⑫ 《为美舰不来烟台事》,光绪三十四年三月二十四日,档号:2-03-12-034-0122。

号开至厦门,停泊六日。"⑬外务部马上分电南北洋大臣、闽浙总督及萨镇冰,要求"酌拟接待办法,并电复"⑭。

马先生批评操办迎宾的清方主持者缺少"知己知彼"的本领,不能从大白舰队环游各站尤其在日本的礼遇汲取灵感,"或全无所闻,或闻而毫不理会,结果只是按自己的意念我行我素"(下,第70页)。实则在对美发出邀请后不久,外务部已电嘱驻日公使李家驹,要求注意探询日本接待情况,并随时报告,以备参酌。⑮ 后将述及,清廷于厦门迎宾时主张"应于民间加意",亦是仿效日本的举动。

当时萨镇冰已由烟台南下至上海,⑯前期工作也多致力于情报方面。据四月初三日(5月2日)南洋大臣端方致电外务部:

> 准萨提督电据美海军参赞称,前日本接待英舰队,除寻常宴会外,有召见及官中赐宴之典,将来接待美舰亦当如是。冬间美舰到厦,其统带谅必来京陛见,容接有实信再奉闻,等语。谨先电闻。⑰

初六日(5月5日),端方续电:

> 奉二日电,即转电萨提督酌拟在厦接待办法,并随时探询日本如何

⑬ 广西师范大学出版社编:《中美往来照会集(1846—1931)》第11册,广西师范大学出版社,2006,第180页。按"思拍立",即Charles Stillman Sperry(1847—1911),海军少将,大白舰队第四分队司令,升总司令,后未率舰来华。

⑭ 《为美舰来华游历事》,光绪三十四年四月初二日,档号:2-03-12-034-0136。

⑮ 《为望探询日本如何接待美国舰队事》,光绪三十四年二月二十九日,档号:2-03-12-034-0145。

⑯ 南洋大臣端方复电外务部:"美舰改赴厦门事,奉养电,当转电萨提督妥筹接待。兹准电复云,镇冰日内即由烟赴沪,到沪后再筹办法请示。合先电闻。方。艳。"《为美舰改赴厦门事》,光绪三十四年四月初一日,档号:2-04-12-034-0301。

⑰ 《为美海军参赞称将来接待美舰当如日本接待英舰事》,光绪三十四年四月初三日,档号:2-05-12-034-0128。

接待,以资参酌。兹准电复,俟上海公事稍清,即赴厦门探看情形,再拟办法请示。⑱

初八日(5月7日),北洋大臣杨士骧致外务部电:

> 美舰来厦事,遵电萨提督查照。兹准电称,初二日美第三队提督过沪,与之谈美舰大队来华事,据云初十内有邮船启行,若作函寄询,该统帅以到厦时煤、水等件有无缺乏,两月后当有回音,等语。现拟先发函致意,至到厦时,如何款待,容俟此间公事稍清,即赴厦门察看情形,再拟办法请示云。应俟萨提督察拟后,再电请核夺。⑲

另一方面,接待地现场的筹备也在进行中。百年前的厦门远非今日繁华面貌,骤然接待数千人规模的外国军队,殊非易事。用闽浙总督松寿(1849—1911)的话说:"厦门一岛,虽为各国通商口岸,局面甚小,地方街道逼窄,附近既无名胜,亦无宽展宴客之所,限于地势,必须早为设法布置。"⑳为此,厦门划拨城外演武厅广场(现厦门大学运动场)为迎宾特区,新建一系列场馆及配套设施,包括主宴会厅、展览馆、剧院、售货处等,地方名胜南普陀寺也被列入迎宾范围内。外务部特派本部郎中谦豫,直隶候补道、招商局总办麦信坚赴当地督办,㉑并于海关人员内择美国人马尔芬等前往商议接待办法。㉒七月中旬,部派专员到厦,会同厦门道等地方官措手方方面面的

---

⑱ 《为已转萨提督酌拟接待美舰办法事》,光绪三十四年四月初六日,档号:2-05-12-034-014。

⑲ 《为初二日美舰过沪晤谈事》,光绪三十四年四月初八日,档号:2-04-12-034-0326。

⑳ 《为请饬所派部员早日来闽妥筹接待美舰事》,光绪三十四年五月十三日,档号:2-04-12-034-0433。

㉑ 《为接待美舰事宜已粗有头绪事》,光绪三十四年七月十六日,档号:2-04-12-034-0664。有论者谓据此二员原因在于谦豫"与松寿有戚谊,冀无隔阂",麦信坚"原系留学美国学生,谙语言,娴交际"。参看《美舰篇》,《孟森政论文集刊》(上),第193页。

㉒ 《为请饬查前令照料美舰来厦之税关洋人姓名事》,光绪三十四年六月初六日,档号:2-04-12-034-0500。

准备工作,而大到广场建设,小至纪念品设计,无一不需要从头做起。㉓

招待美舰队一行,工程浩大,到底花费几何?马先生说"清政府所花当然不易找出准确数字来",只能据海关税务司估算,选一似"较可信"的一百万美元。(下,第97页,注156)我们看九月十三日(10月7日)闽督松寿致外务部电,其主要基调为哭穷,但为确定接待经费总额,提供了较为可靠的说法:

> 现据谦司员、麦道禀称,已将组织接待场、建造码头、开辟马路、订装电灯、定造运送淡水轮船、建筑宴会厅、搭盖棚厂、购办各国旗帜及花木陈设、烟酒餐馔、纪念品等项,均已部署周妥,现计各项大宗用款银共需银四十三万余两,此外零星杂费为预计所不及者,尚不在内,约略估计总须在五十万两左右。除已蒙拨给银二十万两,又麦道在津海关道就近奉拨银八万两外,其余不敷之款,乞速电咨筹拨,以备各项之用,等情。查核应办各项事宜,该印委各员均已一律布置周妥,惟不敷之款甚多,闽省库空如洗,无可指拨,应请钧部速咨度支部查核,速筹拨解,以应急需为盼。寿。文。㉔

㉓ 以制作纪念银杯事为例,京、厦两地即反复函商。至八月底,外务部去电:"美舰到厦,每舰应赠大小银杯各一件,大件赠本船,小件赠船主,杯面錾文如下:大清国政府特赠大美某船某船主以为军舰到华之纪念。光绪某年月月赠与厦门等字。希即照制。外务部。艳。"麦信坚则另有主意,复电:"艳谕谨悉。坚前以制造银杯须三月之久,故拟将在粤所购紫檀椅几绣金铺垫及顾绣挂屏,俟接待用过后,即分赠美舰及各船主以为纪念,商诸美领,亦极赞成。兹奉钧电,自当遵办,坚即日赴港定制,如万赶不及,再行禀闻。"《为美舰到厦事》,光绪三十四年八月二十九日,档号:2-05-12-034-0653。《为赴港购物接待美舰事》,光绪三十四年九月初一日,档号:2-05-12-034-0655。

㉔ 《为请筹拨厦门接待美舰各项费用事》,光绪三十四年九月十三日,档号:2-04-12-034-0852。谦、麦同时致电外务部:"接待事需款甚急,前次拨款均已告罄,除电禀闽督宪外,恳请迅赐先筹银二十万两,如能由津关指拨八万,乞饬交招商局,俾可应付津埠各款,以省兑费。"《为接待美舰一节请筹银二十万两事》,光绪三十四年九月十五日,档号:2-04-12-034-0857,缩微号:012-2226。

至十六日(10月10日),外务部复电表示:"文电请拨接待美舰经费事,已据咨度支部,速筹拨解。昨谦司员等电请筹拨二十万两,复经咨行该部,分别拨兑。希查照转知。"[25]再考虑到后来会场遭受风灾,重修工程的追加拨款,[26]那么,总支出接近六十万两,甚或超出,这已经远超四十万两的预算。[27]

(二)毓朗一行途中见闻

《述德笔记》卷六开篇曰:"秋九月,忽拜命往厦门欢迎美舰,以梁尚书敦彦副之。"[28]毓朗、梁敦彦(1857—1924)之奉派,并非突然。早在一月多前,外务部已有成议,"美舰抵厦门,届期拟请旨派皇族一员、外部堂官一员前往接待"。[29] 至九月初三日(9月27日),奉旨:

> 美国海军将于十月初间游抵厦门,着派贝勒毓朗、外务部右侍郎梁敦彦,前往劳问。[30]

按《述德笔记》记梁敦彦官职为"尚书",系误。[31] 同时随行者,还有外务部郎中曾述綮、主事联治,直隶候补道严廷璋,广东候补知府周玺、候补知县唐国安、县丞胡有良,等等,另美国公使馆派武官黎富斯为代表,总税务司派四等帮办莫澜充翻译。[32]

---

[25] 《为请拨接待美舰经费事》,光绪三十四年九月十六日,档号:2-03-12-034-0374。

[26] 《为请筹拨接待美舰各项用款事》,光绪三十四年九月二十三日,档号:2-04-12-034-0885。

[27] 指拨接待美舰经费》、《欢迎美舰报销之巨》,《申报》1908年6月22日、12月13日。

[28] 《述德笔记》,《近代史资料文库》第1卷,第99页。

[29] 《为美舰抵厦接待事》,光绪三十四年八月初一日,档号:2-05-12-034-0539。

[30] 中国第一历史档案馆编《光绪宣统朝上谕档》第34册,广西师范大学出版社,1996,第192页。

[31] 徐一士已指其误处:"此光绪三十四年事,时梁氏犹为外务部侍郎,尚书则袁世凯,使还值两宫大丧,袁旋罢,梁始擢尚书。又'率'梁云云,亦嫌失词,梁氏同受使命,非随员也。"参见徐一士:《近代笔记过眼录》,第13页。

[32] 屈春海:《1908年美国舰队访华》,《中国档案》2008年第11期,第57—58页。

马先生以毓朗宗室支脉"疏远"(前朝皇帝的后人)及"官职层次不高"(新设民政部左侍郎),证明其"在宗室地位中之边缘程度"(下,第78页)。此说非是。毓朗为人"酷爱山水,复乐于吟咏"[33],有谓其"略习几何,文笔清顺",学养为满人中之"翘然"者。[34]他早年曾赴日本游历考察,号为"亲贵中出洋留学第一人"[35]。归国后充工巡局总监,以此为仕进之始,历任多官,升迁神速,多为肃亲王耆善(1786—1854)与摄政王载沣(1883—1951)倚重,时人评价"历官京堂卿贰,为同治以来所创见"[36]。末代皇帝溥仪后来说:"清亡就亡在两王三贝勒。"[37]按"两王",醇亲王载沣、庆亲王奕劻(1838—1917),"三贝勒",载洵(1885—1949)、载涛(1887—1970)、毓朗。如从反面理解,此语恰可证明毓朗在宗室人物中地位之重。再看大实权派庆亲王奕劻距离德宗一支血统有多远,还有载字辈贵胄在光绪三十四年时任过何种官职,对比毓朗,就可以知道,朝廷派他到厦门实在不能说缺少"斤两"。

清廷指派一名皇族亲贵,对外足以示尊,而梁敦彦系留美学生出身,与美国素有渊源,加以擅长英语,交流无碍,自便于拉近距离。马先生嫌弃梁氏资历尚浅,不堪大用,"专责通译"才算名正言顺。(下,第79页)其实衡诸外务部人员储备,并无更合适的其他人选,就与美国打交道的需要综合考虑,选梁没有问题。[38]真正的问题是,无论毓朗还是梁敦彦,对承担此差都没有太大热情。

九月十一日(10月5日),毓朗临行入内请训,然后往访美国公使柔克义,恰与梁敦彦相遇,有过如下一番对话:

---

[33] 毓朗生前负文学名,其诗作见《馀痴生诗集》,宗人府第一工厂民国十一年(1922)石印本,收入《清代诗文集汇编》第789册,上海古籍出版社,2010。

[34] 朱德裳:《三十年闻见录》,"满人亦未尝不学"条,岳麓书社,1985,第66页。

[35] 沃丘仲子:《近现代名人小传》下册,北京图书馆出版社,2003,第210页。

[36]《晚清王公贵族子弟之仕进》,《凌霄一士随笔》(三),山西古籍出版社,1997,第840页。

[37] 恒如馨(爱新觉罗·恒兰):《定慎郡王·毓朗·定王府》,《北京文史资料选编》第22辑,第59页。

[38] 关于梁敦彦的外交履历及其与袁世凯、端方等人关系的讨论,可参陈肖寒:《晚清政局中梁敦彦之进退》,北京大学历史系硕士论文,2012。

陛辞后,乃往拜驻京美公使。甫坐,门者曰:"梁尚书至。"美使诧曰:"梁尚书已来过,何复来也?"梁入,寒暄外无他语。既而兴辞。出馆,梁曰:"请同车,有相告者。"乃语余兄曰:"顷庆邸自颐和园有电来,云电贝勒,适贝勒已公出,缘南省有电来,革党麇聚厦门一带,今又有电来,往厦者愈众,电敦彦使见贝勒言之。"余兄略一沉思,即大笑曰:"无他,与君共入双忠祠耳。"梁君亦辗然。概时已陛辞拜馆,南行更无商酌之余地也。⑨

"庆邸",庆亲王奕劻,时为领班军机大臣,并总理外务部。他转达的一个消息,使毓朗和梁敦彦尚未启程,已经畏难。据毓盈观察,其兄的顾虑,实在内而不在外。临动身前夕,毓朗密召毓盈,授以"处理府务之概要",谆告"苟有电来余殉国则弟可如法处之",并嘱咐"须秘密,无使家人知,知则不成行矣"。⑩如此预托后事,近似遗言,大有捐躯赴难之慨。毓盈所述或不免美化成分,但此中透出的消息却值得细味。

九月十四日(10月8日),毓朗、梁敦彦等人乘坐火车,沿京汉路南下。至汉口,换乘江轮,十九日抵南京,"宿督署"。毓朗与两江总督端方晤面,而气味不尽投,据其自记:"问午帅江南维新事业,辄不对,惟日约游山水之间,游鸡鸣寺、莫愁湖等处。"⑪时作有《题莫愁小像》一诗,词曰:"莫愁湖畔柳千条,多少游人惜舞腰。毕竟英雄胜巾帼,江天一阁自苕峣。"⑫未几,在当地

---

⑨《述德笔记》,《近代史资料文库》第 1 卷,第 99 页。

⑩《述德笔记》,《近代史资料文库》第 1 卷,第 99 页。

⑪《述德笔记》,《近代史资料文库》第 1 卷,第 100—101 页。

⑫据郭则沄诗注:"毓月华贝勒奉命赴厦门慰劳美舰,道出金陵,《题莫愁小像》云……用江天阁祀曾湘乡故事也。"参见龙顾山人(郭则沄)纂,卞孝萱、姚松点校:《十朝诗乘》卷二十四,福建人民出版社,2000,第 1008 页。按此诗亦见《述德笔记》及《馀痴生诗集》卷二,后两句均作"毕竟雄王异巾帼,江天一阁坐人豪"。毓朗自注:"戊申九月奉命同梁尚书敦彦往厦门慰劳美舰,道经南京,端制军方留小住,宴于莫愁湖江天阁。……午桥制军出莫愁小像手卷嘱题,因题一绝于卷。"(《清代诗文集汇编》第 789 册,第 594 页)按江天阁原祀中山王,曾国藩题额"江天小阁坐人豪",后以平定金陵之功,并祀阁中。毓朗诗末即用此额语。

听闻"今又有刺客往厦门"的传言,愈为此行加重了阴影。

由南京火车继续南下,九月二十一日(10月15日)抵上海,"住北洋公所"。在当地,"接厦门信,暴风雨淹没会场,一时不能修复,故在上海留十日",而毓朗"每日辄游行街市,以舒郁闷"。[43] 时在厦门斥巨资搭建之迎宾场所,遇强台风袭击,受损严重,会场几成泽国。据谦豫、麦信坚二十一日致外务部电称:

> 连日风雨大作,接待场水深盈尺,餐棚十余座同时吹倒,现风雨未止,殊甚焦灼。已电港粤赶加工匠棚料。[44]

而后风雨未见收势,反而加剧,谦豫等续电称:

> 晨电禀后,至午风雨益暴,平地水深数尺,所有库(座)棚、戏棚、望台、陈列所、厨房亦皆坍倒,电机被水淹没,马路间有冲坏,南普陀新工亦有倒塌,餐具、烟酒、灯彩等物均被水浸破坏,多少未知。豫等督率监工人等竭力抢运,宴会厅上层窗门被风掀去,帐房顶岌岌可危,赶饬匠登房抢护,风如渐止,当可保全,惟憩息所无恙,此后加工,昼夜赶做,冀符原议,以期不误要差。[45]

及雨止,统计损失情况,"除小棚不计外,共倒大棚十五座,瓦房一间"[46],迎宾区主体建筑几乎全毁,不得已只能拨款重建。厦门当局急电招商局派船

㊸《述德笔记》,《近代史资料文库》第1卷,第101页。

㊹《为连日风雨吹倒接待美舰场棚事》,光绪三十四年九月二十一日,档号:2-04-12-034-0873。

㊺《为接待美舰场棚被风吹倒实难辞咎事》,光绪三十四年九月二十二日,档号:2-04-12-034-0877。

㊻《为接待美舰场棚被风吹倒情形事》,光绪三十四年九月二十二日,档号:2-04-12-034-0878。

赶装棚料,昼夜赶修,以使速复旧规。㊼

　　厦门迎宾区因灾损坏,是毓朗定行止的一个因素,有意思的是,他在当地天文台获取的气象信息也为暂滞上海提供了理由。二十六日(10月20日)致外务部电称:"朗等正拟行,适据徐家汇天文台送到表图,言日内小有飓风,由南而北,因改定廿九日乘海圻开轮。"㊽

　　迟至九月二十九日(10月23日),毓朗始由沪动身,其自记:"美舰将来,乃由上海乘海崎(圻)军舰行,海中风景大佳,白鸥数十追随船尾,青天碧海,一望悠然。余生平最好观物象之变,愈复杂,愈觉其味深长。"㊾不过,此种闲适心情未能保持多久。在距厦门约百里处,闽督松寿来电劝阻登岸,谓:"入口停泊后,约来船上跪安,请不必登岸,以革命风声甚大,恐有失也。"当时厦门除了有突如其来的台风捣乱,"革命风声"更起了搅局的作用。但毓朗职责在身,仍坚持登岸,以"余之来受命迎美舰,苟不登岸,何以尽职,托病不出,人其谓我何?美舰来时,仍须登岸,则其险一也",于是复电:"必登岸,请勿来船。"㊿

　　十月初二日(10月26日),毓朗一行于"午正"(12时)抵厦,"未正"(14时)登岸。甫"至炮台接安毕",即有随行者"劝回船",毓朗表示:"余固知会场为水所没,湿不堪居,然鼓浪屿余已前期订寓所矣。"○51迎宾特区建在厦门城郊,本备有专使公所,而毓朗选择于鼓浪屿租界下榻,松寿、尚其亨等地方官员担心其安全问题,"颇以租界不能派兵保护为虑"。最后,毓朗仍坚持住

㊼《为接待美舰场棚被风吹倒现饬赶修事》,光绪三十四年九月二十三日,档号:2-04-12-034-0882。

㊽《为二十九日乘轮赴厦等事》,光绪三十四年九月二十六日,档号:2-04-12-034-0895。

㊾《述德笔记》,《近代史资料文库》第1卷,第101页。

㊿《述德笔记》,《近代史资料文库》第1卷,第101—102页。按闽浙总督松寿、布政使尚其亨于九月三十日抵厦门。《为三十日抵厦并饬昼夜赶修接待美舰场棚事》,光绪三十四年十月初一日,档号:2-04-12-034-0917。

○51《述德笔记》,《近代史资料文库》第1卷,第102页。

在鼓浪屿,仅往会场礼节性地"少坐",具体事宜均交由梁敦彦负责。㉜ 初三日,毓朗等电奏行程。㉝ 接下来,只等美舰到来了。

(三) 迎接美舰实况

美国舰队离开日本后,被一分为二,原第一、二分队合成第一舰队,径直开赴菲律宾;第三、四分队则组成第二舰队,由第三分队司令额墨利少将(William Emory Sperry)率领,驶往中国。㉞ 到达厦门的时间,比原定十月初五日(10 月 29 日)晚了一天。㉟ 初六日上午,美舰路易斯安那号(Louisiana)、威斯康星号(Wisconsin)、弗吉尼亚号(Virginia)、俄亥俄号(Ohio)、密苏里号(Missouri)、伊利诺伊号(Illinois)、肯塔基号(Kentucky)、奇尔沙治号(Kearsarge)等八艘战列舰,总计官兵约七千人抵达厦门港。其时,清朝海军主力战舰——巡洋舰海圻号、海容号、海筹号、海琛号和鱼雷舰飞鹰号等,已齐集厦门。萨镇冰乘飞鹰舰出港迎接,毓朗、梁敦彦等则于厦门港演武亭广场迎候。据毓朗奏报当日情形:

> 美舰八艘于初六日上午八钟抵厦门。下午两钟美提督伊摩利等来见。晚七钟请该提暨各士官计一百二十七人、水兵三千人,在接待场宴

㉜ 毓朗选鼓浪屿而弃厦门近郊,一重要原因在于挑剔环境:"余去至鼓浪屿,青天碧海,风景顿殊。白鸥与帆樯往来,萧闲之致,使人忘倦。回视厦门,则亦一海岛耳。乃市中不见海,不见山,天且一线屈曲,两旁屋中,白昼燃灯,秽污狼藉。肩舆两旁扶轿杆武弁时时释杆退后,街窄不容并行。对此[比]真天渊也。"《近代史资料文库》第 1 卷,第 102 页。

㉝ 按奏词曰:"臣毓朗、臣敦彦奉命劳问美国海军,跪聆圣训,定于九月十四日酌带随员乘火车启行。十五日抵汉口,改乘江轮,十九日行抵江宁,与两江总督端方接晤,商榷接待美舰事宜。二十一日由宁乘火车抵沪,适接厦门来电称,连日风雨大作,接待所各场棚大半坍塌。当经朗等电饬赶紧修整,并电达外务部在案。二十九日由沪乘海圻兵轮放洋,本月初二日午刻行抵厦门,闽浙总督松寿、福建水陆提督洪永安率同司道等跪请圣安。厦门近日天气晴和,各项场所将次赶修完整,美舰初五日可到。除俟美舰到后再详接待情形详细奏报外,谨先奏闻。再,臣等经过水陆各地方,皆秋收丰稔,民情安谧,堪以仰慰宸廑。"《为奉命劳问美海军并于初二日抵厦事》,光绪三十四年十月初三日,档号:2 - 04 - 12 - 034 - 0923。

㉞ 第四分队司令为石乐达少将(Seaton Schroeder, 1849—1922)。按本文所用美国军官及船舰中译名,均从马先生论文。

㉟ 《为美舰改期初六日抵厦门事》,光绪三十四年九月二十五日,档号:2 - 04 - 12 - 034 - 0891。

饮,彼此演说颂词,表明中美两国交谊,美官尽皆鼓掌称快,咸颂遐龄永固,鸿福无疆。肃电驰贺,祈鉴下忱。㊶

复按《述德笔记》中毓朗自记:"美舰至,计十六艘,船极大,来人亦众。余同梁尚书往船上欢迎,美提督殷殷感谢,相见甚欢,邀余观其舰之内外布置,问余能往其炮台一观否。"㊲按"美提督伊摩利",即分队司令额墨利少将,所登之船,即旗舰路易斯安那号。中方高官受邀入舰载炮台参观,对于身着礼服且素乏锻炼的毓朗来说,却不是易事,他不得不做"鼓勇而登"的一番努力,"去冠""披裰襟朝珠""曲偻登梯由穴而上",终于得窥炮台真容,"入见炮膛甚巨,一切装送子弹、扫刷炮身皆电力为之,洵利器也"。

附带提及,中方主力舰海圻、海容、海琛当时分别配给毓朗、梁敦彦、松寿等人,挂萨镇冰师旗的飞鹰舰较之四"海",档次不免就"低了一截"。马先生认为,萨镇冰乘飞鹰舰迎宾,过于寒酸,而萨氏故作"谦顺",正是老于官场的表现。(下,第90—91页)实则,各舰分配自有定规,萨镇冰即使有心,亦无能力逾越官场序列,而无论飞鹰抑或四"海",在宣示本方阵容"威风"方面也不过半斤八两。对自乘的旗舰海圻号,毓朗不乏自知之明:"既夕,美舰尽以电灯重重缘之,远望之如贯珠,我海圻效之,然渺乎小矣。"㊳

美国水兵登陆,采取分批轮换,每次上岸约为其半数,而活动场所实际被圈定在厦门城郊的一块有限区域,中方出动上千卫兵,在周边巡护。据毓朗观察,"会场外无树木,惟哆啰麻数丛高过人,俗呼为'龙舌掌'是也",可见其地相当荒僻。美舰在厦门停留近一周,要消磨掉这些辰光,最好的办法便是密集的各式吃喝玩乐。清宫电报档存有一份"接待美舰队分日宴乐总目",系由谦豫、麦信坚事前拟议,罗列详尽,颇值得一引:

㊶《为美舰初六日抵厦事》,光绪三十四年十月初七日,档号:2-04-12-034-0936。
㊲《述德笔记》,《近代史资料文库》第1卷,第103页。
㊳《述德笔记》,《近代史资料文库》第1卷,第103页。

"接待美舰队分日宴乐总目"日程表

十月初五日，星期四	舰队抵厦，官绅欢迎如礼。晚八点，美领事宴舰队官弁及华接待员，借介互觌。
十月初六日，星期五	昕夕演戏。是日行拜谒礼，九点半，群集接待场，踢球为戏。十二点半，午餐西馔，官百员，兵士三千人。二点半，赛船水手。五点半，海军萨提督分送赠品。六点，角拳为戏。七点，大张华馔宴客，各舰官员约三百名，及其军士全数之半约三千人，席间各赠纪念珐琅瓶杯一件。
十月初七日，星期六	昕夕演戏。九点半，打球为戏。十二点，午餐西馔，官百员，兵士三千人。二点半，运动大会。五点半，分赠运动奖励物品。七点，大宴各舰官员约三百名，及其军士全数之半约三千人，用华馔，席间各赠纪念品珐琅瓶杯一件。
十月初八日，星期日	昕夕演戏。是日任便游憩。十二点，午餐西馔，官百员，兵士三千人，四点设茶会于南普陀寺中，以便各舰官员游览。
十月初九日，星期一	是日美员赴各国官商总会午餐，各舰官兵百员，军士三千人，仍在接待场宴乐。上午九点半，踢球为戏。午刻，鼓浪屿各国官商延中美官员午餐。十二点半，各舰官百员、军士三千人在接待场午餐。二点半，军士踢球为戏。三点，舢美官员咸集鼓浪屿，球场打球。五点，西国女眷在球场设茶会，款接中美官员。七点，各舰官百员、军士三千人在接待场晚餐。九点，各国总会延各官及士女为跳舞会，事毕，晚餐，燃放烟火。
十月初十日，星期二	昕夕演戏。是日恭祝皇太后万寿。九点半，球场踢球，评定甲乙。十一至十二点半，专使率同官绅在宴会厅款接美提督兵官及各国来宾。一点，午餐，官百员，兵士三千人。二点，打球，评定甲乙。七点，盛设西餐，宴飨美官员、各国来宾及兵士约五千余人。九点半，专使分赠打球、踢球奖赏金杯。是夕大放烟火。
十月十一日，星期三	美舰队起椗启行，大放爆竹。

资料来源：《为拟定接待美舰办法事》，光绪三十四年九月十三日，国家清史工程数字资源总库，档号：2-05-12-034-0706。

因美舰到厦较计划推迟一日，故日程安排相应顺延一日，内容仍与"宴乐总目"基本一致。从中可以看出，中方确实经过精心准备，努力示好。凡宴会中西馔饮具备，(59)节目表日日排满，如毓朗所述："会场备种种游戏之具，任其兵丁赛之，并燃广东五色烟火以助兴，室中演广东戏，设席款客，自申刻起，率至午夜始止，次日如之。"(60)除文体活动外，美国官兵还被安排游览南普陀寺，并摄影留念，后山摩崖至今仍存见证大白舰队一行的石刻铭文，极称"联两国之邦交，诚一时之盛典"(61)。十月初十日，为慈禧太后生辰，是日分赠美国官兵纪念品，并有特别的联谊节目。(62) 十一日（11月4日），美舰来访最后一日，厦门港盛放烟花，规模空前，甚而险些引起意外事故。(63)

以上宴饮、演戏、游艺、球类竞技、烟火助兴种种，在马先生看来可能乏善可陈，甚至够不上"玩乐"的定义。（下，第93页）不过对东道主来说，确已尽力而为。为达"娱宾"目的，毓朗表现不遗余力，事后犹不忘表白："时在十月初旬，余着单蟒袍补服犹挥汗也。"(64)为颁赐美国军官宝星事，他偕梁敦彦

---

(59) 今有传世定制纪念扇透露盛宴款待的若干信息：扇面正面书"光绪三十四年冬十月大美国舰队游弋来华我国大飨于闽省之厦门港爰刊食单以志斯盛"字样，正中为美国星条旗与大清龙旗，并刊有中英对照宴请菜单，菜品包括"一品燕窝""三鲜鱼翅""李公杂碎"等。《大清国、"大白舰队"与纪念扇》，http://zhaoyu.blog.artron.net/space.php?uid=292670&do=blog&id=348543，最后浏览日期：2012年7月30日。

(60)《述德笔记》，《近代史资料文库》第1卷，第103页。

(61) 宣统二年（1910）美国舰队二度访问厦门，中方为示友谊，在南普陀寺内勒碑纪念。铭文见郭存孝：《清末美国舰队两访厦门的石刻铭文考》，《福建论坛（文史哲版）》1987年第2期。

(62) 据毓朗等奏："初十日恭奉皇太后万寿圣节，臣毓朗、臣敦彦、臣松寿谨率同在厦文武各员，于是日辰刻恭设香案，望阙叩头。接奉庚电，命传旨劳问美舰，适美提督伊摩利、施罗达等带领各军舰士官、水师约数千人，前来祝嘏，各国领事暨各绅商亦先后麇至会集场所，两国军乐齐声竞奏，万众高呼，鼓掌欢跃，均举觞称庆，三颂皇太后万岁。朗等即宣传旨意，温词慰劳，并分赠金银各器皿，美提督等敬聆之下，荣幸万分，祈将感谢之忱代为陈奏。本日午晚两餐，均在场所正厅暨两楹各场棚分列筵座，所有美舰队官兵以及各国领事等，均入座谦饮，欢畅尽致。再初九日微雨连绵，至初十日则响云在霄，天气晴朗，具征我皇太后圣德覃敷，宏开寿宇，天人相感，中外蒙庥。"《为劳问美舰并同贺皇太后万寿事》，光绪三十四年十月十一日，档号：2-04-12-034-0951。

(63) 据报道，当时"遗火于青年会所搭天幕，即遭焚如，所有预备分赠美兵之烟卷、明信片等，均遭烧失"。《美舰篇》，《孟森政论文集刊》（上），第195页。为弹压谣言，毓朗等不得不致电声明："昨日晚餐后于接待场左侧之上燃放烟火，爆纸遗落左近之青年会附棚上，茅草焚去，竹木什物均无损伤，恐辗转附会讹传，特电闻。"《为燃放焰火焚烧附近棚上茅草事》，光绪三十四年十月十一日，档号：2-04-12-034-0952。

(64)《述德笔记》，《近代史资料文库》第1卷，第103页。

向外务部请示：

> 美舰游历各国，均得赏赐宝星，此次美提督伊摩利、施罗达来厦，情意尤殷，该提督、船主、兵官等可否代奏请旨，颁赏宝星，以笃邦交，候酌示。如蒙允可，即由朗等先行传知，择要开单，咨部核定，奏请颁给。[65]

名单拟毕呈上后，次年二月初一日奉旨允准，同月二十六日由外务部尚书奕劻正式照会美使柔克义。[66]

(四) 不和谐的暗杀风声

马先生说："筹办过程中尚有一事得述。那时清朝已走到最后的时刻，革命活动此起彼伏，火花在南方尤显。访问之期未到，革命党员趁机在此行刺、起事之声已不绝于闻。清政府的对策为用兵把接待区重重围起来。"（下，第74页）这一点在中方档案中可得到印证，据闽督松寿电奏：

> 美舰于初六日抵厦，寿先期分派卫队、陆军、巡警等在接待厅场内外码头、马路、南普陀庙及街巷、鼓浪屿，凡舰队官兵游览之处，均分段驻扎，保护防范，并督率印委各员妥为接待照料，连日舰队提督官员兵士登岸数千人，昕夕游宴，尽极欢娱，接待执事各员办理诸臻妥协周密，地方亦极安静。[67]

---

[65] 《为是否颁赏宝星及美舰定十二日启行事》，光绪三十四年十月十一日，档号：2-04-12-034-0953。

[66] 赏给宝星名单计开：美国前任统领舰队海军副提督伊摩利、美国统领舰队海军副提督施罗达，以上二员赏给头等第三宝星；美国战舰队长萧尔思、侯获、寇尔思、襄若、沙菩、赫勤士、毕立、戴义，驻使馆随员邓格地，以上九员赏给三等第二宝星；驻厦美领事阿讷尔，以上一员赏给二等第三宝星；舰队中军旗官韩德孙、克凯文，驻使馆武随员黎富思，美陆军体操员守备威芬，以上四员赏给三等第一宝星。《中美往来照会集(1846—1931)》第11册，第327—328页。

[67] 《为美舰十二日启行并拟十四日回省事》，光绪三十四年十月十三日，档号：2-04-12-034-0968。

据此,当时保卫工作严密,确为实情,而"地方安静"云云,却只是公文书的一面之词。毓朗日记透露出的,是另一种紧张气息。前述出京前,已预留遗言,正为担心革命党而作。南下中途,游南京明孝陵,见有巨石血痕,云系方孝孺敲牙处及杖毙臣工遗迹,遂以证明"有明一代之专制之威",并引申曰:"今人议论,不能以放眼四海之外,随社会潮流,以求进化,沾沾焉。以中华夷狄横梗胸臆,视此当爽然若失矣。"[68]这番破夷夏差别的言论,或因闻知"有刺客往厦门"之传言有感而发。

自光绪三十年万福华刺杀前广西巡抚王之春,紧接着吴樾弹炸出洋五大臣,徐锡麟枪毙安徽巡抚恩铭,汪精卫谋刺摄政王载沣,林冠慈刺杀广东水师提督李准……短短数年间刺杀案此起彼伏,政治暗杀几成清末一大社会风景。吴樾(1878—1905)著有《暗杀时代》,内称:"夫排满之道有二:一曰暗杀,一曰革命。暗杀为因,革命为果。暗杀虽个人而可为,革命非群力即不效。今日之时代,非革命之时代,实暗杀之时代也。"[69]而清朝巡警部之设,即由暗杀案而起。据毓盈言:

> 余兄之升任巡警部侍郎也,以吴樾炸五大臣于火车站,朝廷建设专部,使徐君世昌整理警政始也。……徐君雄才大度,刚毅有为,内城事仍托之余兄,城外事则托之于赵君秉钧。[70]

此前毓朗在京师工巡局、巡警总厅已供职多年,巡警部设立后,即任左侍郎,实在算得上"北京开办警察甚有关系之人物"[71]。经历多事,他对革命党暗杀之了解不可谓不真切。奉旨赴厦时,上年恩铭遇刺的震慑尚未消退,革命

---

⑱ 《述德笔记》,《近代史资料文库》第1卷,第101页。

⑲ 《吴樾遗书·自序》,《民报》临时增刊《天讨》,1907年4月25日,第137页。

⑳ 《述德笔记》,《近代史资料文库》第1卷,第96页。按光绪三十一年(1905)九月,毓朗以内阁学士授巡警部左侍郎。

㉑ 参见蔡恂:《北京警察沿革纪要》第一章"设置之变迁",北京民社,1944。

党多隶南方籍贯,鼓浪屿更为华洋杂处之地,由此种种看来,预留遗言非纯出于矫情。而事实上,毓朗在厦门也果真遭遇了刺杀案。

初九日午间,旅居厦门的外国人在鼓浪屿西商总会招待美舰队官兵,连日作陪的毓朗等人因此得半日空闲。闽督松寿欲作东道,宴请自京来之专使,而毓朗以"予正持先严服,以王命不敢不从吉,周旋王事,私宴则不便往"为由,得以脱身。不过其户外自由活动,仍在卫队重重保护之中:

> 连日困于公务,俗不可医,思登眺以舒怀抱,乃潜出,杖而登山,只一童从焉。既为护从兵弁所觉,大惊,群来围护,肩舆亦至,时戒备正严也。余却之不得,乃乘肩舆使之西行。

待至归时,则会场中已抓获一刺客:

> 归至会场始上灯,闻日间松制军等正宴梁尚书及随员,忽有一人,环场而窥,巡警喝之,即奔,追捕之,搜其腰间,刺一,长咫尺,铁环、铁搬指各二,概行刺者也。闻已交县,后不知所终矣。问之松、尚二公,辄唯唯,概旧日风尚,有变不欲张扬于外也。⑦

毓朗因外出,侥幸无恙,但从上述文字,仍可嗅出当时"风声鹤唳,人有戒心"的不安氛围。今人距离清末已经遥远,无法感同身受,浩荡革命风云中的微小波折,在时人眼中可能相当于笼罩四野、挥之不去的绝大阴霾,毓朗日记故作疏阔恬淡状,实有不少自我排遣的成分。而亲历刺杀案的松寿与梁敦彦,反应则相对外露。马先生嘲讽松寿为"胆小鬼"、梁氏"怕行刺至破胆程度,听到轻微异常声音便会惊跳起来"(下,第98—99页),若设身处地想,那样的反应怕也不能算过吧。

---

⑦ 以上两段见《述德笔记》,《近代史资料文库》第1卷,第103页。

十二日(11月5日)上午,大白舰队驶离厦门,毓朗、梁敦彦才如释重负。是日奏报:

> 美舰在厦连日款待宴会,赠赏品物,自提督以次均极欢洽,临别同声赞戴。据称,除将中国优待情形详细报知本国政府外,务恳代为奏谢,等语。该舰队于本日上午十钟开行,臣毓朗仍乘海圻兵轮于十七日北旋,臣敦彦前面奉恩旨,事竣赏假一个月,回籍省亲,亦拟同日回粤。⑬

于本月十七日,毓朗一行启程离厦,二十二日(11月15日)抵京。⑭ 时恰逢光绪帝、慈禧太后相继去世,一个时代由此落幕。毓朗自记:"入京,适是日德宗崩。……次日,孝钦显皇后崩,今上御极,醇邸摄政矣。"⑮

二、 再论大白舰队访厦的国际背景

如果说,大白舰队访厦时,此起彼伏的"革命风声"充当了不合时宜的国内背景声,那么,中美德三国结盟由酝酿至破灭的过程,则为影响此行不可回避的国际因素。一个少为人注意的事实是,几乎在美舰访华同时,清朝特使唐绍仪(1862—1938)肩负使命,正在奔赴大洋彼岸途中。为厘清关系,排比时间表如下:

> 美国舰队环球游历,澳洲、日本相继邀往,清政府于光绪三十四年二月二十一日(1908年3月23日)发出邀请,并获接受。
> 四月,美国国会通过决议,对华退还部分庚款。
> 六月十日(7月8日),旨派奉天巡抚唐绍仪充专使大臣前往美国

---

⑬《为接待美舰如仪并本日开行等事》,光绪三十四年十月十二日,档号: 2-04-12-034-0958。
⑭《为贝勒毓朗等人二十二日到京事》,光绪三十四年十月二十日,档号: 2-04-12-034-0998。按梁敦彦请假回广东,未随行返京。
⑮《述德笔记》,《近代史资料文库》第1卷,第105页。

致谢,兼充考察财政大臣,历赴日本及欧洲诸大国考察。

九月初九日(10月3日),唐绍仪使团由上海启程,九月十七日(10月11日)抵东京,十月十二日(11月5日)离日赴美。

九月二十四日至十月初一日(10月18至25日),大白舰队访问日本。

十月初六日至十月十二日(10月30日至11月5日),大白舰队访问厦门。

十月二十一、二十二日(11月14日、15日),光绪帝、慈禧太后先后去世。

十一月初七日(11月30日),唐绍仪使团抵华盛顿。同日,美日达成"罗脱—高平换文"(The Root-Takahira Notes)。

宣统元年十二月十一日(1909年1月2日),外务部尚书、军机大臣袁世凯奉旨开缺。

同年十二月二十八日(1909年1月19日),唐绍仪离美赴欧。

讨论当时中美关系,有必要追溯历史。日俄战争后,美、日两国在华关系逐渐转向竞争:日本排斥美国资本进入中国东北,强调在华拥有特殊利益,皆与门户开放政策冲突;同时,美国本土之日本移民遭到排斥,两国关系因之紧张,光绪三十三年甚至一度出现"战争恐慌"。而清政府方面,继李鸿章出任直隶总督兼北洋大臣的袁世凯(1859—1916),在外交上颇主联美,借以制日。美国利用远东国际关系新格局,与袁世凯一派之东三省总督徐世昌(1855—1939)、奉天巡抚唐绍仪合作,于财政和外交上展开一系列"令人眼花缭乱"的动作,包括购买中东路和南满铁路、修筑锦州—瑷珲铁路、兴办东三省银行等等。[76] 光绪三十三年七月,袁世凯受命为外务部会办大臣兼

---

⑯ [美]查尔斯·威维尔:《美国与中国财政和外交研究(1906—1913)》,张玮瑛、李丹阳译,社会科学文献出版社,1990,第47—64页。

尚书。在面对美国媒体时,他表示:"我一直期待着访问美国。在所有未访问过的国家里,最吸引我的就是美国。这也许是因为,在我周围,有很多年轻人,都是在美国接受教育的。"⑦此处"年轻人",即指唐绍仪、梁敦彦等人。袁世凯企图拉近与美国关系的建策之一,为将中美关系升格至大使级别,《容庵弟子记》中详记之:"公因美之商派大使遇我独厚,密建联美之策,先与庆王商定后,乘间独对,畅陈中国宜派大使理由。孝钦后甚韪其议。旋遭大故,枢廷同列以不获预闻其事为恨,有议公之轻举者,于是横生阻力,事败垂成。"⑦今存梁敦彦档案中收有一份说帖,其内容即为说明公使与大使之别,主张中国应顺时而动,对美升格外交关系,此应是外务部奉命所作之"签注"。⑦

中美德同盟问题,则最早是由德国提出的。为在欧洲和远东对抗英法日俄合作的局面,德国急欲寻求一结盟对象。光绪三十三年六月,德国公使雷克司(Count von Rex)向国内建议:

> 在目前情况之下,我看来一个迫切的必要是德国与其他列强在东亚问题上达成一个谅解。我们必须向华人提供保证,他们绝对不须屈服于上述三国(英、法、日)的意旨,而且他们能从别的国家方面找到支持并充分的保护。⑧

---

⑦ 《清国铁腕袁世凯采访录》(1908 年 6 月 14 日),郑曦原、李方惠、胡书源编译:《帝国的回忆——〈纽约时报〉晚清观察记》,生活·读书·新知三联书店,2001,第 142 页。

⑦ 沈祖宪等:《容庵弟子记》卷四,文星书店,1962 年影印本,第 29 页。关于袁世凯联美制日政策、中美互派大使问题与袁氏遭罢职关系的进一步讨论,参看崔志海《摄政王载沣驱袁事件再研究》,《近代史研究》2011 年第 6 期;李永胜《摄政王载沣罢免袁世凯事件新论》,《历史研究》2013 年第 2 期。

⑦ 《说帖》,中国社会科学院近代史研究所藏,档号:甲 136 - 1、225 - 37,转见陈肖寒《晚清政局中梁敦彦之进退》。

⑧ 德国政府而后指示驻美大使斯特恩博,"促美国政府注意这件事",寻求"保障我们在中国同样经济利益以对付协约国的优越地位的一条道路"的可能性。《驻北京公使雷克司伯爵上帝国首相布洛夫公爵公文》(1907 年 7 月 4 日)、《外交大臣齐尔绪基致驻华盛顿大使特恩博男爵电》(1907 年 9 月 15 日),《德国外交文件有关中国交涉史料选译》第 3 卷,孙瑞琴译,商务印书馆,1960,第 20、23 页。

袁世凯出掌外务部后，雷克司得到消息说，"这位新外务部尚书及会议政务处大臣已向皇帝建议与德美缔结同盟"，于是正式提议："缔结一个德、美、中条约，担保中国本土的完整，并允许上述两国以某些秘密的经济利益作为中国的报酬。"威廉二世（Emperor Wilhelm II，1859—1941）批示："同意！应立即开始交涉，不要蹉跎。"㉛

按雷克司的消息应来自梁敦彦，当时梁奉命与德使馆有所接触，询问"德国是否并在什么基础上可能愿与中国进入比较更密切的关系"，并且强调："虽然这个步骤出于袁世凯，但是其他一切要人都赞成此举。"㉜所谓"要人"者，实指庆王奕劻、军机大臣张之洞等人。㉝ 美国外交史家李约翰（John Gibbert Reid）后来指出："张袁二人都暗地赞成与美德两国合作，因为他们深信没有一个国家会在大清帝国面临危亡的时候出来庇护它，使它不致遭受外国扩张主义者的侵略。"㉞

唐绍仪访美之行，即在上述背景下发生的。前于奉天巡抚任上，他就在袁世凯支持下，制定利用美资兴筑东三省铁路计划；此次出使名义为答谢美国退还部分庚款，实为洽商东三省借款及试探中美同盟。事先德国已得到情报："现在可以肯定，除庆亲王外中国政府最有势力的两人——袁世凯与张之洞——公开地为谅解而努力。像我刚才从梁敦彦方面所探悉，中国政府拟派他或唐绍仪[奉天巡抚]赴华盛顿。梁、唐均曾在美国留学，英语熟

㉛ 《驻北京公使雷克司伯爵上帝国首相布洛夫公爵公文》（1907年12月7日），《德国外交文件有关中国交涉史料选译》第3卷，第33—38页。

㉜ 《驻北京公使雷克司伯爵上帝国首相布洛夫公爵公文》（1907年12月7日），《德国外交文件有关中国交涉史料选译》第3卷，第33页。据德国公使雷克司的对梁敦彦的印象："他是袁世凯的亲信人，在政治上是一位爱国志士，有名望的人物。"同上书，第45页。

㉝ 德使雷克司1908年2月28日报告："在我与前任总督、现任大学士和会议政务大臣张之洞会谈青岛学校计划结束时，他自动地提起一个中德协定的可能。……张之洞的谈话，以复述他认为中德间有更密切的关系是极所希望的为开始，且政府中其他权威人士也有同样意见。美国的参加是绝对必要的。因此中国将先向罗斯福提出。"参看《外交大臣许恩致华盛顿大使特恩博男爵》（1908年3月21日），《德国外交文件有关中国交涉史料选译》第3卷，第45页。

㉞ ［美］李约翰：《清帝逊位与列强（1908—1912）——第一次世界大战前的一段外交插曲》，孙瑞芹、陈泽宪译，江苏教育出版社，2006，第12页。

练,且完全能担负这项任务。"⑧唐绍仪最终被确定为赴美人选,他在临行前,也向雷克司私下透露:"道谢美国退还赔款只是一个借口,真正目的是为接近德、美铺平一条道路。"⑧

至此,再回头看大白舰队访厦。在前述背景下,美国舰队的环球航行,尤其在中日两国的行程安排,不免附带强烈的政治因素。德国先向中、美提议结盟,美国最初反应有所保留。据德国驻华盛顿大使报告,美国总统西奥多·罗斯福(Theodore Roosevelt,1858—1919)提供了一个相对开放的答复:

> 总统认为中国提议与德美同盟的时机还没有成熟,一个适当的机会还没有。他害怕,一个关于德美联合以维持中国完整与门户开放公开的宣言将不仅产生猜忌反而有害。但是,美国舰队访问远东的时候,也许能发现一个更合适的机会。⑧

美舰环球游历适逢其时,袁世凯成为"推动邀请最力者",符合历史逻辑。据《容庵弟子记》记:

> 十月,美国舰队到厦。先是二月间驻使伍廷芳电达外部,以美国遣派水师舰队环游全球,中国亦应照请来华,以联友好。公于是电海军提督萨镇冰妥筹接待。初拟在烟台款留,后改定厦门。嗣接准函电,知美国第二队装甲舰八艘定西历十月二十九日到厦,停泊六日。九月清廷派贝勒毓朗、侍郎梁敦彦同赴厦门劳问,美国驻京公使亦派武随员黎富思为代表赴厦门襄赞。届期美舰抵厦,按日接待,餐宴游览,赠送纪念

---

⑧《外交大臣许恩致华盛顿大使特恩博男爵》(1908年3月21日),《德国外交文件有关中国交涉史料选译》第3卷,第45—46页。

⑧《驻北京公使雷克司伯爵致外部电》(1900年8月),《德国外交文件有关中国交涉史料选译》第3卷,第48—49页。

⑧《华盛顿大使特恩博男爵致外部电》(1907年11月8日),《德国外交文件有关中国交涉史料选译》第3卷,第30页。

品，主宾酬酢，舰队官兵约数千人，均极欢洽。此次招待美舰，先事供张，临时迓待，皆外部一力主持。时清帝德宗病势日剧，孝钦后预议继统事，公在枢垣，最为孝钦后所倚任。[88]

由上可见袁世凯在外交上独当一面之情状。本年初，他在接受《纽约时报》采访时表示："众所周知，大清国已经被外国武力很多次地'访问'过了，我是说包括友好的和非友好的。然而在这件事上，甚至在此之前从未有过任何一支外国海军舰队认真考虑过我们的愿望，或者曾友好地等待我们邀请。大清国人民能够通过美国海军的友好访问而理解到贵国对我国的友谊和重视，并且我可以向你保证，你们的舰队会受到我国的友谊和重视。你们的舰队将受到所有清国人民的欢迎。"[89]如韩德（Michael H. Hunt）已注意到的，"袁世凯在北京通过争取朝廷的支持以及扶植与美国的良好关系，来提供他的援助"，故保证给大白舰队以"热情接待"。[90]

马先生指出袁世凯对美舰来访"大感兴趣""力欲促成之"，并解释动机为"他明白舰队访华可助中国重返国际舞台，更可助其集团巩固实力"。（下，第54—55页）此说大致不差，但忽略了重要背景，即酝酿中的三国结盟。尽管美国选定访问港是远在南方、偏处一隅的厦门，兼且前往的仅是包括次质的第三分队的半支舰队，这被视为自大白舰队出访以来，"从未出现过的下格安排""中日之间一输一赢的赤裸宣告"。（下，第70、130—131页）但中方既在政治上有所企图，就不会贸然以"强烈不满为由全身而退"，肯定还要坚持完成，哪怕只是"勉强熬下去"。马先生所谓"证明清政府掌领的中国有脊骨，站得起来"，在民族主义表达方面固属勇气可嘉，但在现实的外交领域，却不适用此刚性原则。

---

[88] 沈祖宪等著：《容庵弟子记》卷四，第27—28页。

[89]《清国铁腕袁世凯采访录》（1908年6月14日），《帝国的回忆——〈纽约时报〉晚清观察记》，第145页。

[90] ［美］韩德：《中美特殊关系的形成——1914年前的美国与中国》，项立岭、林勇军译，张自谋校，复旦大学出版社，1993，第215页。

光绪三十四年九月,唐绍仪与梁敦彦,一赴美,一南下,其目的地固不同,使命则略似。大白舰队访厦形式是否"怪模怪样",有没有"弄得不汤不水",其实不那么重要,而决定中国是否为输家的地点,不在厦门,也不在北京,而在东京和华盛顿。众所周知,伍廷芳访美无果而终,而之所以如此,取决于美日关系变化。美舰访厦之前,已先访日,日本政府利用这一机会大打外交牌,致力于缓和美日关系。[31] 日方高规格接待到访美舰,罗斯福对此印象深刻,甚而称之为"此次航行中最有价值的事件"[32]。在其本人干预下,日本移民问题很快降温,喧嚣一时的"美日开战论"亦渐消散。唐绍仪访美前途经日本,停留近一月,其间就东三省问题与日本政府多次交涉,这一个月正是美、日背着中国达成妥协的最后阶段,如李恩涵指出:"日本对于唐绍仪的访问,实阴谋借与唐氏展开解决各悬案的谈判,以争取时间,俾可加速日美之间在华盛顿促进双方谅解的秘密谈判的进行。"[33]十一月初七日(11月30日),即唐使团抵华盛顿当日,美国国务卿罗脱与日本大使高平小五郎达成换文(The Root—Takahira Notes),约定"维持太平洋地区的现状",即美国承认日本在朝鲜及中国东北的侵略权益,日本不干预美国占领菲律宾和夏威夷。这标志清政府的联美政策归于失败。[34]

----

[31] 关于日本邀请与接待大白舰队的经纬,参看川井裕:《外国軍艦の日本訪問に関する一考察:1908(明治四十一)年の米国大西洋艦隊を対象として》,*military history studies annual*(14),2011 年 3 月,第 71—100 頁。

[32] 参见朱卫斌:《西奥多·罗斯福与中国——对华"门户开放"政策的困境》,天津古籍出版社,2005,第 177 页。

[33] 李恩涵:《唐绍仪与晚清外交》,《"中央研究院"近代史研究所集刊》第 4 期,1973 年 5 月,第 119 页。日本方面对唐使团行动之观察及评论,可参照《義和団事件ノ賠償金減額ニ対シ清國ヨリ米國ヘ謝礼使派遣一件》,日本外務省外交史料館藏,外務省記録·5 門軍事·3 類暴動及内乱·2 項外國,アジア歴史資料センター(JACAR),レファレンスコード:B08090203900。

[34] 近有学者提出新解:"在中国问题上,用美日协议取代中德美联盟,美国政府、清廷在一定程度上都能接受。学术界多认为唐绍仪赴美主要使命是建立中德美同盟,而美日换文导致这一使命的失败。但事实上,美日协议对清政府而言,远胜于中德美联盟,算不上是清政府的外交失败。"参看李永胜:《1907—1908 年中德美联盟问题研究》,《世界历史》2011 年第 4期。然而,美日协定的客观效应如何,与清政府外交实无关系,"权"非操诸己,"势"亦只能被动接受,从这两方面看外交,绝无任何"成功"可言。

马先生认为,上述结果使门户开放政策实质破产,系罗斯福毕生外交业绩中的"败笔"。(上,第89页)诚然,由中国人立场看,罗斯福难脱帝国主义性格;观其本身行事逻辑,却清晰折射出现实主义的外交理念:崇奉利益至上、实力说话,不信任中国有能力应付国内国际危局,也不愿为空洞理想撄日本之怒。事后,他公开表示美国不可能与德国一起对中国"领土完整"做出保证,原因在于:

> 因为,如果这样,中国将被诱采取一个排日政策。一个中日战争必将发现中国完全没有装备,在这种情形下,德国与美国都不能准备保护中国以抗日本。我们还不能派遣我们的海军到太平洋去,美国不能为中国进行战争,因为此间舆论不会赞成这样的战争。如果日美必须要打仗,这只能纯粹为美国利益而发生。[35]

罗斯福对唐绍仪"很坦白地"申述了上述思想。因光绪、慈禧相继去世,主持外交大计的袁世凯为摄政王载沣罢黜,唐绍仪政治凭借既去,在美无所可为,旋被召返国,不久亦遭开缺。

附带一提,"罗脱—高平协议"不仅对中国是重大打击,对德国来说,也无异"一个晴天霹雳"。[36]一直以来德皇对与美国就中国问题达成谅解抱有信心,大白舰队访厦期间,德国驻厦领事表现得相当热情,停泊厦门港的德国军舰也参与其中。这"鲁闯别人约会"的一幕,在马先生看来只是"平添枝节"的"闹剧"(下,第102—106页),在当时却为谋求德美中结盟计划的一步。不过,结局令人意外,德国也只能在错愕与沉默中接受。

---

[35] 《驻北京公使雷克司伯爵上帝国首相布洛夫公爵公文》(1908年12月15日),《德国外交文件有关中国交涉史料选译》第3卷,第51页,注2。

[36] 《驻北京公使雷克司伯爵上帝国首相布洛夫公爵公文》(1908年12月15日),《德国外交文件有关中国交涉史料选译》第3卷,第49页。关于三国联盟运动中的德国因素,可参看小池求:《20世紀初頭の清朝とドイツ》第4章《東アジア協商体制の独米清連携構想》,勁草書房,2015,第141—184頁。

三、 小结中方得失

在大白舰队决定巡航西太平洋地区后,清朝政府继日本后发出邀请,继而确定接待地点、着手准备工作、指派迎宾专使等等,可以说反应还算迅速,措置亦无明显错处。与此事关系密切的人物如毓朗、梁敦彦等人,在近代史上也并非"全都谈不上有知名度",马先生认为"他们悉为历史上边缘人物,谈他们的事迹,谈到厦门访问这时段就够了"(下,第76页),或是故意说的生气话。即仅就厦门访问这段来讲,被洋人起绰号叫"Yale-bred Chinaman"的梁敦彦,与美国关系深厚,且为袁世凯的主要外交助手;宗室出身的毓朗不乏留洋经历,在外交方面也非完全无知,有人评价他"曾涉重洋,奉使东瀛,复酬美舰于南海,使节所临,纵横数万里,所到之处江山胜概,风景大观,不知凡几,且吴越山水冠于中国,东瀛风物甲诸世界,其眼界之广,又可想见"[97]。上述二人派充专使,主礼宾酬酢,为各方面均可接受的人选。至于松寿、尚其亨,以地方官员莅席,聊备一格而已。马先生笔下,几乎不假辞色地加诸梁敦彦、松寿以"举止惹人讨厌""胆小鬼""本领低劣,做事马虎"等恶评,只对毓朗还算留情,以为"中规中矩,应算称职"。(下,第98—99页)如孟森所言,所谓奉旨"前往劳问",不过"丰其廪给,畅其游观,尽联络之能事"[98],用大白话讲,就是最大程度让美国人吃好玩好。毓朗、梁敦彦的工作可预期地如此简单,他们确实也是这样做的,并且完成得还差强人意。除此之外呢? 大概有两点可说:(一)受命之初,他们就很担心自己

---

[97] 《徐痴生诗集》,《清代诗文集汇编》第789册,第610页。按抵厦门之初,停泊该港之德舰炮鸣二十一响以为欢迎礼,毓朗即知"概西洋对皇族礼也",并指出:"初,中土不尚西礼,无鸣炮之举,李傅相以北洋大臣侯爵出洋,舌人索鸣二十一炮礼,遂沿成定例。至是,闽督至,德军舰问欢迎炮数,翻译以此礼答之,德人不可,遂以二十一炮礼迎余,以十九炮礼迎梁尚书,即止。此亦中国不明白规定之过也。"又,时厦门赴菲律宾华工遭歧视,有回国探亲期限过短、返菲时体检严苛等诸多不便,毓朗时应魇人之请,前往鼓浪屿美领馆,"商美领事更张之"。均见《述德笔记》,《近代史资料文库》第1卷,第102—104页。

[98] 孟森:《美舰篇》,《孟森政论文集刊》(上),第193页。

的人身安全，对南下一行是抱有抵触情绪的，到厦门后，当地的不安氛围更加剧了这种心态，而且使得接待美舰方面的注意力有所转移。（二）目前没有材料可表明，他们对当时外交局势有何种判断，或提出何种有利于中国把握外交主动的建议。正因这种例行公事式的心态，毓朗日记中流露最多的，除了对革命党的关心，就只剩游山玩水的兴趣；而梁敦彦在接待任务结束后，甚至都没有返京述职，更不必提对政府有什么独到的进言了。

再就接待美舰的内容而言，铺张和高规格是引人瞩目的特点。此前日本政府已经高调地"打过样子"，清政府为使自己在与东亚近邻竞争中不落下风，招待美国客人可谓不遗余力。⑨ 在外交上，花多少钱，不是问题的关键，关键是看清政府是否明了美舰来访的目的，以及主动做出有利于己方的因应之术。如上所述，可惜没有。至于细节上，马先生归纳厦门迎宾的不足，包括：（一）没有民众的参与；（二）舰队能接触的人士严重缺乏横幅性；（三）活动地区太局促了；（四）活动节目严乏变化。（下，第100—101页）以上确为锐利独到的见解。中方迎宾安排固失于老套和狭隘，不过可以补充的是，在动员民众方面尚非毫无作为。据档案记载，厦门绅商各界曾于十月初十日公请美舰官兵⑩，且不止于此，这次迎宾并未局限于厦门一地，而是全国范围的。十月初六日，即美舰抵厦门当日，外务部致沿江沿海及川滇各省督抚电称：

> 此次日本欢迎美舰，在上固极力联络，其民间亦踊跃异常，各新闻纸尤十倍鼓吹。此于国际上大有关系，中国接待美舰，亦应于民间加意。现美舰于初六日抵厦，希尊处密转知军、学、商各界，凡能联成团体

---

⑨ 松寿事后奏称："此次美舰抵厦，连日宴饮款待，不仅官界联络得法，即军学绅商各界亦极踊跃欢迎，故自美提督伊摩利、施罗达等以至各军舰士官水师数千人，均能倍极欢忻，金称接待该舰以我国为最优。"《为可否保奖接待美舰出力人员事》，光绪三十四年十月十八日，档号：2-04-12-034-0990。

⑩ 《为绅商各界定于初十日公请美舰官兵事》，光绪三十四年十月初八日，档号：2-04-12-034-0938。

者,均用西文迳达美舰,以示欢迎之意。[101]

而后,直隶总督杨士骧、湖广总督陈夔龙、四川总督赵尔巽、云贵总督锡良、江苏巡抚陈启泰、山东巡抚袁树勋、浙江巡抚增韫、江西巡抚冯汝骙、湖南巡抚岑春蓂、安徽巡抚朱家宝,均复电声明照办。兹举浙江一例,借为说明:

> 美舰来厦,除由增韫电致水师提督外,又由绅学商界代表分电该舰,共表欢迎,另由绅军学界电谢美外部,文云:"贵国与敝国睦谊素敦,近承减少赔款,我浙江一省减轻负担不少,即以见我全国受惠同深,敝国全体良深铭感。此次贵国舰队游历来我厦门,尤见惠顾情殷,曷胜光宠,特鸣谢悃。浙江绅界代表前江苏巡抚陆元鼎、浙江铁路总理前两淮盐运使汤寿潜、军界代表浙江陆军参议靳云鹏、陆军协统杨善德、学界代表教育总会江西即补知府项崧、翰林院庶吉士吴震春、商界代表杭州商务总会总理金承朴、协理潘炳南、杭州城北商会总理吴恩光暨浙江全省人等恭电。"另致伍公使再转达美外部谢忱,电文同。[102]

综上来说,以毓朗、梁敦彦为首的清朝接待团在"例行公事"的标准内,算基本完成了任务。十一月十二日(1908年12月5日),美使柔克义照会外务部称:

> 厦门接待兵舰之举,足为我两国最为敦睦之据,朗贝勒、梁大臣二位钦使为此事格外分心,特设盛宴,礼文周到,以接待伊提督及美国员

---

[101]《为美国舰队已抵厦门望密知各界电达欢迎之意事》,光绪三十四年十月初六日,档号:2-02-12-034-0272。

[102]《为已遵发各电共表欢迎美国舰队之意事》,光绪三十四年十月初八日,档号:2-02-12-034-0281。

弁,彼时并有他省官员亦往接待。美国总统与臣民尤为心感,兹伊提督与厦门领事,请本大臣特为致谢。⑬

外交辞令固有客套,但至少证明,中方接待美舰即或有"自辱"成分,却绝无马先生所谓"辱宾"的冒犯行为。归根结底,清朝在这一回合难得高分的原因,不在迎宾专使得人与否,也不在迎宾形式或格调之优劣高下,而在于中国于国际政治格局中的完全弱势。蒋廷黻(1895—1965)尝言:

> 甲午以后,中国外交完全丧失了自主权。北京的态度如何,往往不关紧要,关紧要的是圣彼得堡、柏林、巴黎、华盛顿及东京间如何妥协或如何牵制。⑭

如上节所述,美、日达成妥协,完全不需要顾中国脸色,无论唐绍仪使团访美,或大白舰队访厦,于当时东亚地区利益格局的分配,均属无足轻重。自20世纪初,美国首倡门户开放,在对华外交上保持相对柔软的身段,与各色穷形尽相、穷奢极欲的老牌或新兴帝国主义相比,确乎稍显清新,以至泰勒·丹涅特(Tyler Dennett,1883—1949)评价它"向来披着一件利他主义的外衣,动机虽然不是明显的急公好义,但是目的仍然是存有善心的"⑮。不过,关于美国对华政策的评价,即便在大洋彼岸也是一个聚讼纷纭的话题,⑯更不必说国人看待它时那种复杂纠结的心态。具体到大白舰队访华,

⑬ 广西师范大学出版社编:《中美往来照会集(1846—1931)》第11册,第220—221页。

⑭ 蒋廷黻:《中国近代外交史资料辑要上卷自序》,《中国近代史研究》,里仁书局,1982,第14页。

⑮ [美]泰勒·丹涅特:《美国人在东亚》,姚曾廙译,商务印书馆,1959,第556页。

⑯ 较晚时期的美国中美关系史研究,已驱除了洋溢在早期著作中的那种自我良好的感觉,而致力于检讨中美之间所谓"特殊关系"的真实内涵。除前揭韩德著作外,可参看[美]欧内斯特·梅、小詹姆斯·汤姆逊主编:《美中关系史论》,中国社会科学出版社,1991。该书对话的主要对象为美国与东亚关系研究中由泰勒·丹涅特—格里斯沃德(A. Whitney Griswold)所建立的史学体系。

如果不止于对事件中那些"辱宾与自辱"成分的刻画和讥讽,稍微站在当事人立场,考虑他们所面对的国际世界,或可更真切理解当时中美关系的价值与限度。

四、余话

关于大白舰队访华问题,马先生大作发前人未发之覆,堪谓杰作,尤其大量篇幅涉及中、美两国近代海军史专题的讨论,取材谨严,手法圆熟,俱见作者浸淫该领域多年的心得,令人钦佩。相较之下,那些或狭隘或偏至的"乡曲之调",无可讳饰地暴露出距离历史真实的遥远,原为人乐道的"地方美谈""中美交流的丰功伟绩"均被马先生手术刀般的史学批判所瓦解,反证明为"厦门之耻",甚至"国耻"。(下,第130页)唯换另一种视角看,这些文献总归保存了地方口碑资料,实可作为文化史或社会心态史研究的有用资料,马先生研究固远超"困于方隅的乡曲之士",然对其说其态,却也不必仅"一笑置之"。

马先生还率直批评当下学风,指出许多研究者不经认真考证,信手取"拿来主义",以"广抄滥凑之法"治学,结果只能增添无数笔"糊涂账"。(下,第69页,注110)斯言亦切中时弊,启人深省。那种"不经大脑"抄凑拼贴之徒已逾学术规范底线,固属等而下之,而于"欧西文字"根基不足者,若率尔操觚,恒犯严重的"舰盲病",亦难逃马先生如炬目光的追问。凭借傲视中、西学界的雄厚"底子",管它汉字抑或蟹行,马先生潇洒地左右开弓,让读者有机会领教漂亮标准的"示范"动作,真令人大开眼界。的确,以英文原始文献考释在传统文言中"奇形怪状""佶屈聱牙"的译名,自可融会贯通,迎刃而解,马先生在研究工具/方法上的优长处,可谓远迈前人,较同时代学者也显得突出。只是,由今溯古,据地方碑刻材料,痛责清人音译西语名词和人名时"经常不管青红皂白地见音移音"(上,第51页),未免持论过苛。音译西方名词若真"怪样百出""谈不上有规则可言",可能的原因很多,除语学素养不足外,或有意迁就中文习语,或缘方音差异使然,⑩⑦而确定的原因至少还有一个——清人并无今日新华通讯社编《英语姓名译名手册》之类可供参考。故而,因清人音译名而"抱腹不已",不算什么奇怪的反应,但若径直骂为"混账",大概古人也会报怨,恨不能起于地下为自己申辩一两句吧。兹举一例,美舰队司令额墨利少将(William Emory Sperry)被当代研究者一分为二,译作"伊泼莱少将""史泼莱少将"二人,此属胡乱抄书无疑,沿用旧译而任意拆分,马先生批评极是,然而更责以"'Emory'首音念é,怎能以'伊'代之"(下,第69—70页),似乎推求过深。中文档案中,其人名均作"伊摩利",包括前引美国公使柔克义所发照会亦如是。柔氏者,如假包换的西洋人,当然不能归入"对欧西文字恐怕并无底子"之列,而"Emory"首音亦译作"伊",又作何解?

　　近代海军史上一些人物,在后世书写中被涂抹了太多油彩,以致面目全非,马先生勇敢地扯掉遮羞的画皮,以"独立思维"来"正视问题,实话实说",令"视海军为饭票,为地盘,为左投右靠的本钱""以史学为吹嘘伎俩"的伪学者汗颜。水师提督萨镇冰,恐怕是被涂抹油彩最多的几位之一了。笔者从马先生大作学到不少知识,对萨氏其人的官僚习气及在海军业务能力上的欠缺印象尤深。马先生很有自信地判定,萨镇冰"识见浅陋""世界海军知识贫乏得惊人"(上,第109页,注109),这倒不难理解:马先生拿古人和自己比拼"世界海军知识",恐怕很少(甚或没有)能胜出的;加以有直系亲属长期掌理海外名校东亚图书馆的"特别法宝"⑩⑧,对海军史资料能够涸泽而渔,更非常人所敢企及。然批评萨镇冰"缺乏职业感、归属感和责任感"(另举严复[1854—1921]为例⑩⑨)、"品质欠佳"(与梁敦彦并列),又未出示足够证据,似

---

⑩⑦ 清人翻译外来名词,非以官话音为标准,而据译者籍贯不同,常以方音译之。闽方言素以语音复杂难懂著称,厦门话又是极特殊的一种,几乎自成一语音系统。参看罗常培:《厦门音系》,中央研究院历史语言研究所,1931。

⑩⑧ 马幼垣:《靖海澄疆:中国近代海军史事新诠》上册,中华书局,2013,自序,第XII页。

⑩⑨ 并非军人的严复只因"为数量相当的存世文字中却难找几句与海军相关的话",即被拉来陪绑,被指责为前述种种"病症的化身"(下,第133页,注221),似更冤枉。关于严复(转下页)

落责人太易之嫌。萨镇冰未留下航海日志一类文字,或缘于职业素养不足,诚令人遗憾,但史料湮没现象所在多有,今人"不见"或"不知",似也不能遽判全然"无有"。至于上升到"品质"的批评,已是相当严重的指控,然通观全文,笔者所得印象,不过萨镇冰与其被捧作引领中国海军前进的"爱国将领",不如平视为适应于现实政治的理性动物,至于道德品质方面,并未见有何令人难容之"劣"迹或"丑"相。萨氏无疑是清朝政治文化的产物,既为新式海军领导,又熏染一身官场旧习,作为一矛盾体,堪为今人解剖清末那些"半新不旧"人物的珍贵标本。后来者居上,本世间常态,却不必将今是昨非的原则贯彻到极端。笔者颇信服钱锺书评价某西哲前贤的态度,将此移用来对待本国近代人物,似乎也是适合的:

> 假使一个古代思想家值得我们的研究,我们应当尊敬他为他的时代的先驱者,而不宜奚落他为我们的时代的落伍者,换句话讲,我们应当看他怎样赶在他同时人之先,而不应当怪他落在我们之后,古人不作,逝者如斯,打死老虎够得上什么好汉?⑩

(接上页)的专业军事素养,皮后锋持论较为平正,参其《严复的海军理论素养与实践能力》,《福建论坛》(人文社会科学版)2010年第9期。

⑩ 钱锺书:《休谟的哲学》(1932),《人生边上的边上》,生活·读书·新知三联书店,2002,第258页。

戴海斌 著

晚清人物丛考

二编

生活·讀書·新知 三联书店

图书在版编目(CIP)数据

晚清人物丛考/戴海斌著.—北京:生活·读书·新知三联书店,
2018.9(2019.3重印)
(采铜文丛)
ISBN 978 - 7 - 108 - 06398 - 4

Ⅰ.①晚… Ⅱ.①戴… Ⅲ.①人物研究-中国-清后期
Ⅳ.①K820.52

中国版本图书馆 CIP 数据核字(2018)第 205141 号

二编　目录

庚子年李鸿章北上史实补正
——兼论李鸿章与日本的关系

　　光绪二十六年，庚子，李鸿章（1823—1901）去世前一年，震惊中外的义和团运动爆发，将这位晚清重臣由偏处岭南的两广总督任上再一次，也是最后一次推到了历史的前台，演出其政治生涯的谢幕之作。李鸿章奉旨应召，由广州航海北上，在上海停留观望将近两月，然后才就道入京，收拾中外战争的残局。有关李鸿章在这一时期的政治活动，相关传记著作以及专题论文已有过不少研究[①]，而他之于"两广独立""东南互保"等重要事件的复杂关系，也不乏广泛讨论[②]。李鸿章临危复出的表现，实际上极大受制于外部环境的变动，而他在多种政治势力包围下依违徘徊的举止与顾盼摇曳的情态，尤其值得瞩目。有关李鸿章北上一行的研究，似已剩义无多，不过，如果对史料进行更为深入的爬梳，并且扩大视野，将中外两边资料合而观之，仍能够发现一些原不为人所注意、但未必不重要的面相，而既有论述也有值得推敲的地方。本文的补正工作，希望对李鸿章这一人物以及庚子事变时期

---

①　苑书义：《李鸿章传（修订本）》，人民出版社，2004，第 466—492 页。翁飞：《试论义和团时期的李鸿章》，《安徽史学》1991 年第 1 期。李欣霏：《李鸿章在〈辛丑条约〉谈判前滞留在沪原因初探》，《长春师范学院学报》第 23 卷第 5 期，2004 年 9 月。保田善丈：《李鸿章北上をめぐる諸対応——清末中国の中央地方関係とイギリスの対中政策》，《史潮》通号 33—34，1993 年 11 月。

②　陈勇勤：《论 1990 年庚子事变中的李鸿章》，《安徽史学》1991 年第 3 期。董丛林：《李鸿章对"两广独立"的态度与庚子政局》，《河北师范学院学报（社会科学版）》1994 年第 2 期。苑书义：《庚子孙李关系与中国政局》，《河北学刊》1997 年第 2 期。永井算巳：《东南保護約款について——日中関係史料よりみたる》，《中国近代政治史論叢》，汲古書院，1983。

内政、外交互动关系的理解有所裨益。

一、 奉召前夕动向——兼释北上诏令的性质

戊戌以后，李鸿章以"投闲之身"重获起用，相继奉办履勘山东黄河工程、考察通商各埠商务等差使，继而于光绪二十五年十一月十七日（1899 年 12 月 19 日）外放两广，署理总督一职。临行前夕，他致友人的道别信中纠结了一种复杂的情绪：

> 兄以颓龄，忽奉边寄，当此海疆多事，臣子之谊，何敢惮行？朝旨敦促甚殷，拟于腊初出京，由秦王岛登舟……仍即取道上海，前赴香港。日暮途远，浩若望洋，一息尚存，不敢不勉。③

政治生命虽然得以延续，但在僻远的岭南一隅，李鸿章的心情并不十分舒畅：慈禧太后的宠顾已不复昔日之殷，正在京中得势的载漪、刚毅一流更非政治上的同路人，而在广东，因处置"平毁康逆坟墓"一事态度暧昧，饱受朝野非议，粤地"匪乱"频发、缺兵少饷也成为一桩棘手的心病。他在写给儿子的家信里大吐苦水，对比同僚，抒遣抑郁，情调即倦且怨："时事艰极，吾年高膺此重寄，徒增焦烦，不知岘庄（刘坤一字岘庄）何以大耐官职也？"④如照惯有轨迹发展，李鸿章大概也已接受终老岭南的命运安排。然而，万千拳民在华北乡村迅猛崛起，震撼人心的喊杀声搅动半个中国，遥远的海疆也不复平静，原本将归于平淡结局的人生再次发生转折，对其个人言，不知是幸或不幸？

在政治层面，李鸿章对义和团最早有所注意，时间约在五月中旬。接海关总税务司赫德（Robert Hart，1835—1911）由北京发出的告急电后，他选

---

③ 参看雷禄庆编：《李鸿章年谱》，台湾商务印书馆，1977，第 611 页。
④ 《致李经方》，光绪二十六年五月十三日，顾廷龙、戴逸主编：《李鸿章全集》第 36 册，安徽教育出版社，2008，第 260 页。

择立即转电总署请代奏,五月十四日(6月10日)发文如下:

> 总税务司赫德今晨来电称:京城局势危险已极,各使馆甚虞被击,均以为中国政府若非仇视外人,即系无力保护,倘稍有不测,或局面无速转机,各国必定并力大举。中国危亡即在旦夕,应请中堂电奏皇太后,务须将各使馆保护万全,并宣明凡有臣工仇视洋人之条陈,朝廷必不为所谣惑云云。事关紧急,不敢壅于上闻。请速代奏。⑤

电奏中并未直接表述立场,而是引述外人语,以"事关紧急"暗示改弦易辙的必要。当时粤海关税务司庆丕(Paul King)多次奉命往访,李鸿章的谨慎令其印象深刻:"无论李鸿章心里怎样想,他外表上一点不露对于当前局势的看法。此间情况直到现在为止,可以说一切平静。"⑥如论者所言,事变之初,李鸿章表现出"一个在清王朝内政外交核心圈子里混迹多年的老官僚的政治敏感"⑦。他在广州听说慈禧太后派刚毅(1837—1900)、赵舒翘(1847—1901)赴涿州招抚义和拳,第一反应即不抱乐观,"刚、赵分途晓谕,恐仍无济"⑧,稍后即认定"刚、赵奉命宣安慰,各国哗然,知无剿意"⑨。李鸿章在地方督抚中资历最老、威信最重,其言动必为各省注目。当时安徽巡抚王之春(1842—1906)一意主剿,以为"事机已亟,计非及时痛剿,不足以张国威而弭外患""二赤(赫德)中外情形深知窍要,而当轴固执至此,大局危及万分",推许他"危言力谏,非公莫属"⑩。而李鸿章意态尚游移,只是推脱:

---

⑤ 《速寄译署》,光绪二十六年五月十四日酉刻,《李鸿章全集》第27册,第48页。
⑥ 《1900年6月10日赫德致粤海关税务司庆丕电》《1900年6月17日庆丕致赫德函》,《中国近代经济史资料丛刊》编辑委员会编:《中国海关与义和团运动》,中华书局,1983,第72—73页。
⑦ 翁飞:《试论义和团时期的李鸿章》,《安徽史学》1991年第1期。按当时北京对外电讯已中断,李鸿章电奏未及时抵京,翁文称此奏"部分击中了慈禧的心理",而有谕令李鸿章北上之诏,不确。
⑧ 《寄上海盛京堂》,光绪二十六年五月十二日未刻,《李鸿章全集》第27册,第47页。
⑨ 《复江督刘(岘帅)》,光绪二十六年五月十七日申刻,《李鸿章全集》第27册,第49页。
⑩ 《皖抚王来电》两通,光绪二十六年五月十八日巳刻到、未刻到,《李鸿章全集》第27册,第49、50页。

鄙人知内意主抚,电奏无益。……群小把持,慈意回护,必酿大变,奈何![⑪]

他并不隐讳对北方政府的不满,也洞察到慈禧太后与亲拳势力固结之深,故屡言"时事尚可问乎,似非外臣所能匡救"[⑫],"国事竟为若辈把持,外臣焦急而已"[⑬],但心底清楚知道,除非上位者主动变政,否则,"外臣"绝无撼动朝局的能力。

与此同时,在上海的盛宣怀(1844—1916)正积极运动,欲将昔日恩师、号为"毕生第一知己"的李鸿章推向前台。早在五月十一日(6 月 7 日),他就试探口风:"匪不难平,但枢廷无欲平意……内乱外衅,恐非莱公还镇北门不可。"[⑭]李鸿章不敢轻易趟这道浑水,只平淡复以"国事大乱,政出多门,鄙人何能为力"[⑮]。盛宣怀对朝廷"抚议"本不以为然,对直隶地方的政治控制能力更抱怀疑,于是索性挑明:"刚、赵宣抚,恐阳奉阴违,匪势散漫难定。此事师若回北洋,似可速了。"[⑯]至五月十六日(6 月 12 日),他致电两江总督刘坤一(1830—1902)、湖广总督张之洞(1837—1909),直截提出奏调李鸿章回任直督:

> 傅相督直二十五年,深得民心,目前惟有调傅相回北,内乱外衅,或可渐弭。公为封疆重臣,自应直抒忠恫,冀救万一。[⑰]

---

⑪ 《复皖抚王灼帅》,光绪二十六年五月十八日巳刻,《李鸿章全集》第 27 册,第 49 页。

⑫ 《复盛京堂》,光绪二十六年五月初八日巳刻,《李鸿章全集》第 27 册,第 46 页。

⑬ 《寄上海盛京堂》,光绪二十六年五月二十日午刻,《李鸿章全集》第 27 册,第 52 页。

⑭ 《寄李中堂》,光绪二十六年五月十二日,《愚斋存稿》卷三十五,沈云龙主编《近代中国史料丛刊》续编第 13 辑,文海出版社,1975,总第 833 页。

⑮ 《粤督李中堂来电》,光绪二十六年五月十三日,《愚斋存稿》卷三十五,总第 833 页。

⑯ 《盛宣怀上李鸿章电》,光绪二十六年五月十五日,王尔敏、吴伦霓霞合编:《清季外交因应函电资料》,"中央研究院"近代史研究所,1993,第 384 页。

⑰ 《寄刘岘帅张香帅》,光绪二十六年五月十六日,《愚斋存稿》卷三十五,总第 833 页。

刘、张二督对于"剿拳"已有共识,但一涉政治人事变动的建议,态度则不免保留。刘坤一推说"傅相还镇一节,似未便具奏"⑱,未解释原因,便轻轻带过了。

盛宣怀锲而不舍,转向京师中枢经营。五月二十日(6月16日),拟议"转危为安,化重为轻"四项办法,即"先发明谕几道:一加意慰惜(杉山彬);一限日肃清(义和拳);一以赈为抚;一(李鸿章)调任直督。如能四件同日而发,电传外洋,当可消弭一半,徐图因应"。据已刊盛档,此办法同时函达军机大臣荣禄(1836—1903)、王文韶(1830—1908),一则言"中堂位兼将相,处此危急存亡之秋,若犹存明哲保身之意,隐忍不言,或言之不切,恐不旋踵而奇祸临矣",一则言"天下皆知中堂默不一言,惟其平日不言,危急之秋似不可不言",可见二人皆被盛宣怀寄望为当时少数尚能平衡廷议的重臣。⑲ 次日(6月17日),盛宣怀直接致电荣禄,条陈请降明谕者四事,调李鸿章回任直督赫然在列,辞曰:"李鸿章督直二十五年,久得民心,威名素著,即调令督直,限十日到津,于平内乱及劝阻洋兵进京,必能做到。"⑳同一层意思在盛宣怀当时致另一京城友人私函中,表达得更为显白:

> 此事误于初十日上谕,派刚、赵安抚,耽误要事。闻抚局只不过出结敷衍面子,各匪并不肯散,二公似属上当。大局非更动政府不能转移,直督尤其误事。如调合肥还镇北洋,内乱指日可平,因其督直二十五年,深得民心,即洋兵亦可劝令勿再进京。此事关系大局,如公能封奏,转移社稷,足以传千古矣。㉑

⑱《刘岘帅来电》,光绪二十六年五月十八日,《愚斋存稿》卷三十五,总第 833 页。
⑲《盛宣怀致王文韶函》《盛宣怀致荣禄函》,光绪二十六年五月二十日,陈旭麓、顾廷龙、汪熙主编:《义和团运动——盛宣怀档案资料选辑之七》,上海人民出版社,2001,第 59—61 页。
⑳《盛宣怀上荣禄电》,光绪二十六年五月二十一日,《清季外交因应函电资料》,第 390 页;《寄天津荣中堂》,光绪二十六年五月二十一日,《愚斋存稿》卷三十五,总第 836 页。另见《盛宣怀条陈》,光绪二十六年五月二十日,《义和团运动——盛宣怀档案资料选辑之七》,第 62 页。按前两个文本内容相同,应为定稿,当日寄发,"条陈"行文则略有差异,应为草稿。
㉑《盛宣怀致徐士佳函》,光绪二十六年五月二十一日,《清季外交因应函电资料》,第 333—334 页。徐士佳,江苏江阴人,光绪三年进士,时为浙江道监察御使。

盛宣怀认为,无论派刚毅、赵舒翘安抚拳民,还是由现任直督裕禄(1844—1900)勉强任事,均属"误事","大局非更动政府不能转移",而李鸿章还镇北洋则为扭转时局之枢机所在。

至五月中旬,英国海军中将西摩尔(Edward Hobart Seymour,1840—1929)率联军大队已由津赴京,大批拳民开始涌入京城,中外冲突骤然升级,而其时奉旨探视直隶拳众虚实的刚毅尚未回京复命。在慈禧太后眼里,义和团可用与否仍属未定,洋兵逼京却已构成现实的威胁,此时外患大于内忧。为阻止使馆增兵,她一度试图通过压制义和团来换取列强的谅解。五月十七至十九日(6月13—15日),清廷连发七道上谕,将在近畿、京城一带日益活跃的义和团民指为"拳匪",命步军统领衙门、顺天府、巡视五城御史等"严行查拿",同时布置兵力保护使馆、教堂。[22] 在外交层面,原来起到缓冲作用的总理衙门已被边缘化,不再为外国公使团所信任,被认为"他们已无力挽救局势"[23]。围绕洋兵进京的交涉归于失败,总理衙门的表现被视作过于软弱,也逐渐失去了慈禧太后的耐心。五月十四日(6月10日),总署大臣廖寿恒(1839—1903)遭罢免,端郡王载漪(1856—1922)受命入主总署,其外交地位愈加低落。至五月十九日(6月15日),军机处寄出谕旨:

> 李鸿章着迅速来京,两广总督着德寿兼署。袁世凯着酌带所部队伍迅速来京,如胶澳地方紧要,该抚不克分身,着拣派得力将领统带来京。此旨着裕禄迅即分别转电李鸿章、袁世凯,毋稍迟误。将此由六百里加紧谕令知之。[24]

---

[22] 国家档案局明清档案馆编:《义和团档案史料》上册,中华书局,1959,第132、133、134、136、140页。中国第一历史档案馆编辑部编:《义和团档案史料续编》上册,中华书局,1990,第599、602页。

[23] 《窦纳乐爵士致索尔兹伯里侯爵电》(1900年6月5日发自北京),《英国蓝皮书有关义和团运动资料选译》,胡滨译,丁名楠、余绳武校,中华书局,1980,第26—27页。

[24] 《军机处寄直隶总督裕禄上谕》,光绪二十六年五月十九日,《义和团档案史料》上册,第141页。

上谕中只命两广总督李鸿章、山东巡抚袁世凯迅速来京,赴京目的为何,却无任何解释。如稍做时间排比,可发现清廷旨召李北上,尚在前述盛宣怀条陈之前。㉕有材料指证:"团匪初起时,荣相颇深忧之。五月十九日,建议召李傅相以议和,召袁慰帅以剿团,擘画周详,颇足钦佩。盖此时各国尚未决裂,大局尚可收拾。"㉖则此议发起背后,或有荣禄意见的作用。慈禧太后召李鸿章入京,意在用其外交经验和政治影响力当要冲,缓和业已绷紧的中外关系。直到此时,清廷仍不敢轻易言战,希望将中外纠纷拉回到外交解决的轨道。㉗然而形势变化之速,令人猝不及防。两天后,天津大沽口中外开战。李鸿章奉召后首次入奏,时在五月二十四日(6月20日),表示:

> 奉寄谕饬鸿来京,现已料理起程。据各处探电,京城洋兵、团匪交哄,大沽炮台又失。鸿惟有单身诣阙,以赴急难,但众议非自清内匪,事无转机。仰恳宸衷独断,先定内乱,再弭外侮。鸿心急如焚,但使水陆路通,无不相机前进,仍候续奉谕旨,俾有遵循。㉘

言下之意,碍于现况无法立即动身。也就在同一天,德国公使克林德

㉕ 有论者谓李鸿章之召系荣禄推荐,"这个想法来自于盛宣怀",但证据却为五月十六日(6月12日)盛寄刘坤一、张之洞电报。参见相蓝欣:《义和团战争的起源》,华东师范大学出版社,2003,第298页。已如前述,此议当时未获响应。另应注意者,自五月十四日起北京对外电信完全中断,五月二十日(6月16日)天津—上海线泊头以北段也遭破坏(《盛宣怀致王继善函》,光绪二十六年五月二十一日,《清季外交因应函电资料》,第334页),如二十一日(6月17日)发电,则到京时间应更往后推。

㉖ 佚名:《综论义和团》,中国社会科学院近代史研究所编《义和团史料》上册,中国社会科学出版社,1982,第165页。其时日本外务省情报也引述了同一说法,旁证此说在当时有广泛接受度。参见《上海在勤小田切総领事代理ヨリ青木外務大臣宛・北京状况二関スル清人ノ書簡報告ノ件》,外務省编纂:《日本外交文書・第三十三卷 別册一・北清事变上》,日本國際連合協会,1957,第92—93页。

㉗ 张之洞闻知李鸿章内召,"喜事有转机",也认为"既召合肥,朝廷断无与各国开衅之意"。参看《致东京李钦差》,光绪二十六年五月二十四日寅刻发,苑书义、孙华峰、李秉新主编:《张之洞全集》第10册,河北人民出版社,1998,第8006页。

㉘ 《急寄军机处译署》,光绪二十六年五月二十四日午刻,《李鸿章全集》第27册,第57页。

(Klemens Freiherr von Ketteler，1853—1900)在京被害,清军和义和团围攻使馆的战斗也正式打响了。

二、 欲走还留

至迟不晚于五月二十二日(6 月 18 日),李鸿章已奉到北上诏命,其致电盛宣怀说:

> 电召入觐。君父急难,何敢延迟,望速派妥船来粤,以便直放沽口,勿迟误。闻公将北,可同行。[29]

李鸿章以"君父急难",在第一时间做出动身姿态,让在上海的盛宣怀派招商局轮船来粤,计划由海道北上,直抵大沽,并且邀盛一同入京。但随后又按兵不动,迟迟不能启程,这是为什么?

李鸿章自言"津榆路梗塞、粤人呼吁攀留"[30],只道出了部分实情。内召上谕只言"迅速来京",完全不及所召何事,也未给予任何职权,在当时确给人充分想象的空间。故李鸿章周边的戚友、幕僚皆劝以"郑重",时人做有评论:"召此重臣而用轻轻四字,无怪人言孝钦有杀李之意。"[31]后来研究者也多从谕旨本意与众人解读之间的差异性入手,推论李鸿章当时的复杂心理,或谓"惧祸",或谓"恋栈",不一而足。事实上,李鸿章在奉召后已做出北上的具体部署,但就在此当口,发生一重大变故,导致义和团事变性质的变化,并对李鸿章行止产生直接影响。这就是大沽炮台开战。

五月二十一日(6 月 17 日)凌晨,大沽口列强海军与守台清军发生激战,数小时后炮台失守,至此中外之间已进入事实上的战争状态。第二天,消息灵通的盛宣怀即向李鸿章通报战况:

㉙《李中堂来电》,光绪二十六年五月二十二日,《愚斋存稿》卷三十五,总第 836 页。
㉚《寄盛京堂》,光绪二十六年五月二十五日辰刻,《李鸿章全集》第 27 册,第 58 页。
㉛ 钱恂编,致之校点:《金盖樵话》,辽宁教育出版社,2001,第 8 页。

"广利"明日到粤,已饬听候指挥。惟大沽炮台廿一已与各兵舰互击,炮台已失。……或稍候信,或到淞候信,乞示。[32]

按"广利"号,系应命派出的招商局船,原计划承载李鸿章一行北上。因情势突变,盛宣怀相应建议稍后起程,或先至上海观察时局,以为缓冲。稍后,盛又电告"伯行面商,师宜到沪"[33]。李鸿章长子李经方(字伯行,1855—1934)时在上海,同样倾向于父亲先到沪,再做下步打算。盛宣怀同时意识到,大沽开战后中外关系必须重新定位,李鸿章航海北上可能遇到阻力,因此提醒"须先照会各国水师提督,方能北上"[34]。如此,李鸿章只能接受事实,顺延动身日期,并临时修改北上路线:"现定乘'印度皇后'船,(六月)初一午开,随员小队令搭'广利'同至吴淞,再换'广利'(原文如此)径赴秦皇岛登岸,间道进京。尊处得京津确信,仍随时电知。"[35]

得知开战消息后,李鸿章第一时间关心的问题,即:"大沽台、船互击,并非奉旨,各国是否作为开衅?"[36]北上已不单纯为内政问题,而演变为"国际事件",在得到外部答复前,他不得不选择观望。五月二十三日(6月19日),李鸿章照会各国驻广州领事称:

本阁爵大臣钦奉谕旨敕令迅速来京,先拟乘坐印度皇后船,于中历

---

[32]《盛京堂来电》,光绪二十六年五月二十二日申刻到,《李鸿章全集》第 27 册,第 54 页。

[33]《盛京堂来电》,光绪二十六年五月二十三日辰刻到,《李鸿章全集》第 27 册,第 55 页。

[34]《寄广州李中堂江宁刘制台苏州鹿中丞安庆王中丞武昌张制台成都奎制台济南袁中丞福州许制台长沙俞中丞》,光绪二十六年五月二十二日,《愚斋存稿》卷三十五,总第 836—837 页。

[35]《寄盛京堂》,光绪二十六年五月二十三日午刻,《李鸿章全集》第 27 册,第 55—56 页。李鸿章当时计划于六月初一日(6 月 27 日)起航,他本人乘英船,随员搭乘招商局船,至上海吴淞口短暂停留,然后再换乘北上,登岸地点避开了已为外国军队占领的大沽,而改至秦皇岛。至于进京路线,当时预备了两个方案:如津榆铁路仍通,则搭乘火车;否则配备车马,由山海关沿驿路进京;时已传知京城贤良寺和尚代搭凉棚,预备住所。参见《寄山海关宋宫保》《寄山海关炮台郑统领》,光绪二十六年五月二十三日,《李鸿章全集》第 27 册,第 55 页。

[36]《寄英法德俄日本五使》,光绪二十六年五月二十五日,《李鸿章全集》第 27 册,第 59 页。

六月初一日由香港前往吴淞,酌带小队护卫,换乘招商局广利轮船北上。目下京津一带电报阻断,该处情形未能确悉。本阁爵大臣扬历中外,素以联络邦交、敦崇睦谊为主,为天下各国所共知。此次奉命入京,自系为商办目前要政,必当于内政外交,力求裨益。为此照请贵领事官速即设法转达贵国驻京大臣、水师提督知照可也。五月二十三日。㊲

照会声明将动身北上的计划,要求各国提供航行便利。消息一经传开,立即在当地引起恐慌,部分外国人从广州逃往香港避难,各国领事及港英总督均表示强烈反对,认为两广总督这样离开任所是不尽责的表现。㊳ 广东本土绅士商民,出于地方利益考虑,也纷纷禀请"暂缓行期",表示"与其单骑见敌,徒有空拳孤掌之忧,何如保守完区,徐图靖难勤王之计"㊴。李鸿章迫于内外压力,不得不出示安民,同时剖白"悬念关廷,顾瞻职守,进退维谷,焦灼莫名"㊵的苦境。

至五月二十六日(6月22日),山东巡抚袁世凯转到"兵、匪协力拟攻东交民巷"的情报,使得李鸿章更加坚定了留守的决心:

> 鸿查事已至此,敢冒死恳求,勿任董军妄动,但能保住使馆,尚可徐图挽回。否则大局不堪设想,鸿即只身赴难,毫无补益。㊶

此后一个阶段,李鸿章在粤抱定"先定国是,再议办法,否则虽去何益"㊷的

㊲ 《香港在勤上野领事ヨリ青木外务大臣宛・李鸿章召命情报ノ件》,明治三十三年六月二十一日,《日本外交文书·第三十三卷 别册一·北清事变中》,第198页。

㊳ Paul King, *In the Chinese Customs Service: a personal record of forty-seven years*, London: T. Fisher Unwin Ltd., 1924, pp. 144-145.

㊴ 《粤东绅士挽留粤督李傅相禀稿》,《申报》,光绪二十六年六月十一日。

㊵ 《广州文澜书院上书李鸿章禀告》《两广总督李鸿章晓谕》,徐典绪编:《义和团运动时期报刊资料选编》,齐鲁书社,1990,第288—289页。另参《傅相批牍》,《申报》,光绪二十六年六月初六日。

㊶ 《寄东抚袁慰帅》,光绪二十六年五月二十六日午刻,《李鸿章全集》第27册,第64页。

㊷ 《复闽督许筠帅》,光绪二十六年五月二十六日申刻,《李鸿章全集》第27册,第67页。

宗旨,连续入奏,申说"先清内匪、再退外兵"为当务之急,敦促清廷靖乱、求和。对外接受访问,则只宣称:"仆之入京,实有两事,一为剿办拳匪,一为调停中外交涉事宜,维持太平之局。"㊸他在致张之洞电中,流露出无奈的情绪——"五次电奏,尚未奉复,水陆梗阻,不能奋飞,焦急万状"㊹。

事后,就延迟北上的原因,李鸿章向朝廷做出如下解释:

> 窃臣于五月二十二日钦奉电传谕旨,饬令迅速来京,两广总督着德寿兼署,等因。钦此。臣遵即电调商轮,克日航海前进,比及船到,而大沽炮台已被占据,秦王岛又有俄人在彼进兵,海道梗阻,商轮难行。送得电报,知畿南遍地皆匪。臣只身赴阙,势不能进。而广东绅民又因人心惊惶,纷禀暂留镇抚,各国领事来函,亦以臣在任则中外相安,臣去粤当自筹保卫为请。彼时人心浮动,互积猜疑,若使布置稍疏,诚恐仓猝扰乱,又蹈近畿覆辙。是以五次电奏,均请先清内匪,再退外兵。臣乃稍缓须臾,与抚提司道诸臣妥筹布置。㊺

朝局混乱、"国是"难定,是影响李鸿章入京的大阻碍,而津沽开战后,能否航海北上已成悬念,南北情报阻滞、津榆路况不明、广东绅民呼留,这些现实原因都为他拟延缓起程、"以待后命"增加了心理砝码。而此时此刻,最让李鸿章挂心还是列强的态度,他深知这不仅关乎自身安全,也直接影响到此次使命的成败。

㊸《傅相答问》,《申报》,光绪二十六年六月初六日。

㊹《复鄂督张香帅》,光绪二十六年五月二十八日申刻,《李鸿章全集》第27册,第72页。按"五次电奏",可已查实:《急寄军机处译署》,光绪二十六年五月二十四日午刻,《寄东抚袁慰帅》四通,光绪二十六年五月二十六日午刻、申刻,二十七日午刻、酉刻,《李鸿章全集》第27册,第57、64、66、68、69页。第一电经山海关转递,后四电发济南,由袁世凯转递。因电阻,现知仅有三电到京。参照中国第一历史档案馆编《庚子事变清宫档案汇编》第1册,中国人民大学出版社,2003,第164、190页;国家档案局明清档案馆编《义和团档案史料》上册,第186页。

㊺《两广总督李鸿章折》,光绪二十六年六月二十日,《义和团档案史料》上册,第317页。

三、 "水鸟外交"：周旋于日、俄之间

"水鸟外交"一语出自唐德刚《晚清七十年》，谓：

> （李鸿章）在广州迟迟其行，但是中国将来与八国媾和，鸿章势必首当其冲，责无旁贷，因此他在广州，对内对外都要大搞其"水鸟外交"［duck diplomacy——水上不动，水下快划］了。[46]

这部近代史名著对李鸿章的外交能力评价不俗，推许他为近代中国唯二的堪称"外交家"者之一。[47] 不过，书内对李鸿章在庚子事变时期"为争取外援，不惜假传圣旨"的描述，却不甚确。[48]

有关"李鸿章外交"的先行研究，已多注意到其晚年外交带有强烈的"亲俄"色彩，一般认为俄国是他极力投靠和倚赖的外交强援。然而检索历史文献，可发现李鸿章奉召入京后，最早对外试探的国家其实是日本。五月二十四日（6月20日），他就致电驻日公使李盛铎（1859—1934）称：

> 北事紧急，鸿奉命进京，即束装起程，中道多阻，恐赶不及。拟请先清内匪，再退外兵，希与日政府商之。[49]

---

[46] 唐德刚：《晚清七十年》，岳麓书社，1999，第461页。

[47] 唐先生谓"不才读中国近代史数十年，深感近代中国堪称'外交家'者，只李鸿章、周恩来二人"，而"技术官僚"顾维钧只能算半个。参看唐德刚：《晚清七十年》，第460页。

[48] 清廷致美国总统国书，唐先生认为不可信，系"李鸿章伪作"："盖北京此时不可能颁此国书，而国书日期为7月19日缮发，翌日便抵华府更无此可能。清档中亦无此件。"（唐德刚：《晚清七十年》，第461页）其实该国电系与清廷致法、德国电同时发出，时间为六月二十一日（7月17日），在清朝现存档案中可以查实（《致美国国书》，《义和团档案史料》上册，第329页），先驿递至济南，再电传上海道余联沅，7月19日转发海外各使呈交各国政府，7月20日到达华盛顿。参看 *Papers relating to the Foreign relations of the United States*（FRUS）1900，Government Pringting Office，p. 280。

[49] 《复日本李使》，光绪二十六年五月二十四日午刻，《李鸿章全集》第27册，第57页。

李盛铎随即往见日本外相青木周藏(1844—1914),所得答复不过标准的外交辞令,仅声明剿匪、护使两事为当务之急,对李鸿章北上表示欢迎。⑩李视"伊藤(博文)、青木皆故人,闻将入觐当期许",本希望其于危难之际施以援手,如此平淡的回应显然不能令他满意,故再次去电:"北电全断,昨转奏勿再妄动,以去就争,未知允否? 若无办法,鸿去何益? 乞仍与外部密商电告。"⑪言下透露留粤不行的意思,用以试探日本政府的反应。青木虽有"甚愿保全中国,故未多派兵"的表态,但提出办法,只是催促李鸿章"兼程入都,并调袁军办匪",只字未及保护事;至于停战请求,则有意回避明确性的答复,只强调"现在各军进止,均由连合军总统相机办理,固非一国所能主持"。这让奉命往商的李盛铎颇感泄气,他向李鸿章抱怨"青木持论多偏,反复婉商多不听",建议"仍请速定行期,或电美使商英廷"⑫,转向他国再做试探。

五月二十五日(6月21日),李鸿章寄电驻英、法、德、俄、日五国公使:

> 鸿将入觐,惟大沽台船互击,并非奉旨,各国是否作为开衅? 希密探彼政府注意所在。如可商量停兵,即日北上,面奏先靖内乱,再议善

⑩ 《青木外務大臣ヨリ清國特派加藤公使宛·清國公使李盛鐸ヲ經テ李鸿章劉坤一及張之洞卜交涉ノ經過通知ノ件》,明治三十三年七月二十四日,《日本外交文書·第三十三卷　别册一·北清事变中》,第445頁。

⑪ 《复日本李使》,光绪二十六年五月二十六日午刻,《李鸿章全集》第27册,第64页。按李鸿章与伊藤博文生平第一次会晤,可以追溯到1885年4月在天津会谈朝鲜问题;1895年,即甲午战后,两人于日本马关再次坐在同一张谈判桌前谈判议和;1898年,伊藤博文访华,李鸿章也是其重要的拜访对象,这也是二人最后一次会晤。参看刘学照《李鸿章同伊藤博文的三次会晤》,收入氏著《话语与观念:近代中国思想文化的演进》,商务印书馆,2016,第129—140页。可以说围绕朝鲜问题,李、伊藤打了十余年交道,互为对手,无论公义、私谊形成亦敌亦友的关系。李鸿章与青木周藏结识,则在1896年游历欧洲之际。青木时任日本驻德国公使,其致山县友朋信函(1896年7月1日)透露了当时对李的观感:"李虽年迈,但体甚健朗,神色炯炯,实乃清人中俊杰。然其人为典型支那人物,耽于因循夸大之积习,对欧人思想及行为无从深知,在欧洲舞台如同表演'歌舞伎的空手武打',其状颇为可怜。"参看河村一夫:《李鸿章の亲露政策とその日本への影響》,收入氏著《近代日中關係史の諸問題》,南窓社,1983,第30—31页。

⑫ 《日本李使来电》,光绪二十六年五月二十八日午刻到,《李鸿章全集》第27册,第71页。

后。望探彼口气,速电覆,俾定行止。㉝

就各国回馈意向而论,以俄国最为积极,对大沽一役大度表示"不介意""仍云决不失和"。㉞ 五月二十八日(6月24日)驻俄公使杨儒(1840—1902)更捎来重要口信:

> 昨与户部维脱谈,甚矜念中国。伊凤佩吾师威望,喜闻入觐,谓非师不胜此艰巨。又据吴克称,维向欲以信惠孚中国,际此时艰,颇思相助。师若作私交,密询了事之策,必乐借箸,等语。㉟

自事变发生以来,俄政府对华政策上刻意区别于他国,它清楚意识到自身核心利益在于东三省,在华北战场自觉扮演了"次等的普通参加者和敏锐观察者的角色"㊱。在圣彼得堡的外交界,更广泛流行一个观念,即李鸿章是"对俄国有利的中间人",也是"目前情况下能与之谈判的独一无二的人物"。㊲当闻李奉召入京,俄国远东外交的灵魂人物、财政大臣维特(Sergey Yulyevich Witte,1849—1915)便主动放出了试探气球。杨儒则扮演了忠

㉝ 《寄英法德俄日五使》,光绪二十六年五月二十三五未刻,《李鸿章全集》,第27册,第59—60页。

㉞ 《彼得堡杨使来电》,光绪二十六年五月二十七日午刻到,《李鸿章全集》第27册,第68页。

㉟ 《彼得堡杨使来电》,光绪二十六年五月二十八日申刻到,《李鸿章全集》第27册,第72页。"维脱",即维特,俄国财政大臣;"吴克",即吴克托,又称吴王,今译乌赫托姆斯基(Oukhtomsky),俄国公爵,时任华俄道胜银行(Russo-Chinese Bank)董事长。

㊱ [苏]鲍里斯·罗曼诺夫:《俄国在满洲(1892—1906)》,陶文钊等译,商务印书馆,1980,第216页。其政策基础源出于外交大臣穆拉维约夫(Mikhail N. Muravyov)本年6月17日备忘录,要点如下:(1)俄国不应当要求担任联军的领导,以免在可能发生的任何侵略事件中,在中国人面前显得是个负责者;(2)俄国远东军参加列强的联合行动,仅仅限于解救各国公使馆、保证在华北的俄国臣民生命及财产安全、支持清朝合法当局和革命做斗争。沙皇尼古拉二世批注:"完全同意您的意见。在这些字句中您表达了我的深刻信念,即俄国在东方的任务与欧洲国家的政策完全不同。"《红档杂志有关中国交涉史料选译》,张蓉初译,生活·读书·新知三联书店,1957,第221页。

㊲ [俄]科罗斯托维茨:《俄国在远东》,李金秋等译,商务印书馆,1975,第80页。

实的传声筒角色。他在当时已形成"俄集兵既便,又受各国之托,已成东方领袖"⑱的观念,对李鸿章表示:"窃以维(特)素以习东方事见重俄主,如吴(克托)言,度伊颇有办法,且肯效力。沽役俄伤人较多。善后之计,倘俄易就范,他国便有迎刃之势,刻下已成联俄之局,舍此恐无良策。敢密陈备采。如与维电,华文较密,儒当译送。"⑲

正受困于"旨召入京,竟无路可达"的李鸿章,如同找到救命稻草,当然不肯放过这个机会。五月二十九日(6月25日)复电:

> 求转致户部维脱:以中国夙蒙庇护,我亦久承厚爱。今到粤后,距京稍远,朝廷误信人言,姑息乱民,致酿战祸。旨召入京,竟无路可达,请公指示,有何相助之法。并请转奏大皇帝,俯念俄、华数百年友谊最厚,务求力为排解,转商各国政府,迅电来华各兵官,勿因无知官民逞忿小故,遽败各国和局。我当设法北上,面奏请旨,妥议办法。并望垂念我两人多年交情,代筹了事之策,密告杨使电示,等语。请将此电译成洋文转送,并交吴克一份。⑳

维特很快做出反应,表示深愿李鸿章作为"贵国皇太后亲近参谋之人与闻办理"当前一切事件,如设法保护在京公使、侨民,"本国政府并本国军兵必合力帮助"。㉑ 作为示好举措,俄方通过杨儒提议,派兵护送李鸿章北上:

---

⑱《寄东抚袁慰帅》,光绪二十六年五月二十七日酉刻,《李鸿章全集》,第27册,第69页。

⑲《电李鸿章》,光绪二十六年五月二十七日,中国社会科学院近代史资料编辑组编:《杨儒庚辛存稿》,中国社会科学出版社,1980,第123—124页。按1900年6月21日,穆拉维约夫病逝,拉姆斯多夫(Lamsdorf)继任外交大臣,在远东政策方面仍遵循前任方针。这一时期,维特的外交作用显著上升,罗曼诺夫认为,"从1900年夏天起,外交部在某种意义上似乎变成了财政部的一个隶属机关,不事先征得财政大臣的同意,它在远东就不能采取任何行动"。〔苏〕鲍里斯·罗曼诺夫:《俄国在满洲(1892—1906)》,第4页。

⑳《致彼得堡杨(使)》,光绪二十六年五月二十九日辰刻,《李鸿章全集》第27册,第73—74页。

㉑《维特电李鸿章》,光绪二十六年六月初二日,《杨儒庚辛存稿》第127页。

钧麾北指,迟早两难。与维、吴密谈及此,亦颇代踌躇。伊等拟用俄兵护送,又恐滋嫌疑。俄主欲派吴前来相助,伊欣然愿往,甚为难得。吾师苦虑,想已成算在胸,切盼密示。⑥

值得注意的是,提供人身保护的同时,维特要求李鸿章"径饬满洲东省铁路沿岸地方官,禁乱民毁坏铁路、伤害工役,并照常帮助一切",隐然以此为交换条件,体现他对中东铁路利益特别看重。⑥ 李鸿章的另一旧识"吴王",即乌赫托姆斯基亲王当时也发来密电称:"俄国大皇帝待中国意思极厚,愿忘中国天津大沽所有之事,不与各西国联合办事,将遣我于西历七月携带和好信函前往北京。惟满洲铁路,望公速为力助保全。"⑥ 吴王传达沙皇意见,重在显示俄国政策区别于"各西国",其本人亲身赴华,将与李单独交涉。

俄国人和李鸿章在各自需要时,找到了对方,可谓一拍即合。维特希望通过与李直接交涉,解决当下危机,维护在东三省的核心利益,对其来说,"有李鸿章作慈禧太后最亲近的顾问,彼得堡所能设想的好事莫过于此了",于是,从此时起,"俄国外交界就坚决把赌注下在李鸿章身上了"。⑥ 而李鸿章欲借助俄援,保护自己,同时增强在清廷的话语权。俄政府异于列强的对华政策,在精通"以夷制夷"套路的李鸿章看来,正给他用武之地。六月初三日(6月29日),他即转奏维特来电,刻意声明"此次俄调兵最多,各国当推为领袖,果如所言,似宜引为援助"⑥。

附带一点说明,李鸿章北上,并未得到俄国以外大多数列强国家的支

⑥《驻俄杨使来电》,光绪二十六年六月初三日申刻到,《李鸿章全集》第27册,第86页。

⑥ 同电内特别声明:"倘乱民或官兵毁坏铁路、伤害工役,俄国势必派兵保护人民及此数百万金工程。深信贵大臣必看重我两人交清,竭力设法保此大工,免启中、俄之隙。此路系照约之事,且系我两人商订者也。"《驻俄杨使来电》,光绪二十六年六月初三日酉刻到,《李鸿章全集》第27册,第87页。

⑥《吴克托来电》,光绪二十六年六月初三日酉刻到,《李鸿章全集》第27册,第87页。

⑥ [苏]鲍里斯·罗曼诺夫:《俄国在满洲(1892—1906)》,第218页。

⑥《寄译署》,光绪二十六年六月初三日,《李鸿章全集》,第27册,第85页。

持,尤其以英国人反对最力。英国驻上海领事霍必澜（P. L. Warren，1845—1923)听说李将由广州南来的消息，立即致电伦敦：

> 李鸿章离开当地可能将带来危险。刘（坤一）和张（之洞）应是我唯一交涉对象，我认为不应与李鸿章进行任何谈判。⑰

在李鸿章出发前夕，英国首相兼外交大臣索尔兹伯里（Salisbury， 1830—1903)还指示驻广州领事："我们认为，在目前情况下，李鸿章留在广州比他前往北京将更有效地促进维护秩序的目的。"⑱从英、俄对抗的国际政治背景来看，李鸿章作为人所皆知的"亲俄派"，不为英人所喜，也不难理解。在他们眼里，李的形象多是"老迈的阴谋家""没有良心的政治家""擅长手段、不讲信用的旧官僚"一类；而通过戊戌政变重新训政的那拉氏，也一样不受西人待见，其召李入京，多被理解为俄国操纵的阴谋。⑲故此，以上海领事为首的英国人强烈反对李鸿章北上，实有着否定那拉氏领导的政府，进而否定这一政府在目前危机下所欲打通的外交渠道的意味。

---

⑰ Acting Consul-General Warren to the Marquess of Salisbury(Recelved July 14)，*British Documents on Foreign Affairs：Reports and Papers from the Foreign Office Confidential Print*，*Part I*，*From the mid-nineteenth century to the First World War．Series E*，*Asia*，*1860 - 1914*，edited by Ian Nish，University Publications of America，1989，V24，p. 66. 据驻上海日本领事小田切万寿之助的观察，英人反对的理由大致有如下四点：一、李鸿章在过去数年对英人持反抗态度；二、李作为两广总督应负保护地方之责，现奉命北上，引起英人不快；三、李转任直隶总督，直隶地方目前为中外交战之所，因此不必对其礼遇；四、与李过分接近，恐引起刘坤一等人猜忌，因此破坏南方一致。小田切在致外务省的报告中，评论"此四条多少难免偏见之嫌"。《上海在勤小田切総领事代理ヨリ青木外務大臣宛·李鸿章直隶轉出ニ英人危惧ノ件》，明治三十三年七月二十日，《日本外交文書·第三十三卷　別冊一·北清事变》，第247—248頁。

⑱ 《索尔兹伯里侯爵致萨允格领事电》(1900 年 7 月 14 日发自外交部)，《英国蓝皮书有关义和团运动资料选译》，第 130 页。

⑲ 参看久保田善丈：《李鸿章北上をめぐる諸对応——清末中国の中央地方関係とイギリスの对中政策》，《史潮》通号 33—34，1993 年 11 月。按李鸿章之"最主联俄"，与慈禧太后的意向变化有一定关联。参看黄濬：《花随人圣庵摭忆》，"李鸿章谋国无权"条，上海古籍书店，1983，第 415—418 页。

四、"难入津门"：滞沪不行的多种阻力

六月十二日（7月8日），清廷旨授李鸿章为直隶总督兼北洋大臣，"着该督自行酌量，如能借坐俄国信船，由海道星夜北上，尤为殷盼，否则即由陆路兼程前来，勿稍刻延，是为至要"[70]。当时外部观察到，正是在接奉这一任命后，李鸿章才正式对外宣布"北上之决意"[71]。本月二十日（7月16日），距离初次奉召差不多一个月后，李鸿章临行拜折，交卸篆务，正式奏报启程[72]；二十一日，乘坐招商局"安平"号轮船，由广州航海北上；二十二日（7月18日），在香港短暂停留，面会港英总督卜力（Henry Arthur Blake）[73]；二十五日（7月21日）抵吴淞码头。据在沪日人所见：

> 是日午前十时，李鸿章抵沪。随员二十三人，亲兵二百名，寓于斜桥之洋务局。各国领事对李鸿章之感情颇为冷淡，无一人往访。[74]

甫下码头，李鸿章就感受到异样的气氛。除了本地官员外，前来迎接的外国人只有海关职员寥寥数人，各国领事似乎事先已有默契，在这一天全不见踪

---

[70] 王其榘辑：《有关义和团上谕》，《丛刊·义和团》第4册，第29页。此项任命背后，有荣禄、奕劻推动之力，亦与总署大臣袁昶"非请旨调（李）任北洋直督，决不肯来"之建言不无关系。参见《袁京卿日记》，李德龙、俞冰主编：《历代日记丛抄》第159册，学苑出版社，2006，第425页。

[71] 《上海在勤小田切总领事代理ヨリ青木外务大臣宛·李鸿章北上决意ノ件》，明治三十三年七月十五日，《日本外交文书·第三十三卷 别册一·北清事变》，第245页。

[72] 光绪二十六年七月十一日奉朱批："知道了。着仍遵前旨迅速来京，毋再迟延。"参见《两广总督李鸿章折》，光绪二十六年六月二十日，《义和团档案史料》上册，第317—318页。

[73] 卜力与其军事顾问一度相信"李的最新任命肯定出自臭名昭著的端王，英国政府应不予承认"，甚而建议在李鸿章过港时予以"扣留"。7月17日，即李到港前一日，英国政府训令"禁止扣留李鸿章或采取任何强制手段干预他的行动"。参看［美］史扶邻：《孙中山与中国革命的起源》，邱权政、符致兴译，黄沫校，中国社会科学出版社，1981，第176—177页。

[74] 《宗方小太郎文书·日记》第三册，明治三十三年七月二十一日，上海社会科学院历史研究所藏，编号：B03。

影,甚至连礼节性的问候也没有。⑦ 以英国为首的多数列强国家质疑李鸿章权力来源的合法性,认为他的作用只是拖延时间,尤其会妨碍欧洲正在进行中的军事准备,所以对他的任命反应冷淡,"有的甚至在相当一段时间内持坚持反对态度"⑦。这种冷漠的情绪当然会影响上海领事当局对李鸿章的接待,"这个被外国人奉承惯了的高傲自大的清朝官员,这次不得不领教一下不受欢迎的苦头"⑦。

李鸿章一行保持了足够的低调,一路未事声张,仅以简单的仪仗走了过场,径直奔赴洋务局馆舍下榻。当日,上海文武官绅以及附近州县官员,求见者络绎不绝,除督办铁路大臣盛宣怀、上海道余联沅(1845—1901)、前台湾巡抚邵友濂(1841—1901)等二三要人,其他人等一概拒见。⑦ 不久,移寓刘学询公馆,从此闭门不出,并严禁家人、随员泄漏身边之事。⑦ 张之洞对李北上一行始终关切,第一时间电询:"傅相到沪,想已见。宗旨如何?随行幕僚何人?由何路何日行?能与各国先商停战否?速示。"⑧

李、盛在沪见面后,交换意见,对战局前景均感悲观。六月二十六日(7月22日),盛宣怀电告刘、张:

⑦ 《上海在勤小田切総領事代理ヨリ青木外務大臣宛・李鸿章上海到著ノ件》,明治三十三年七月二十五日,《日本外交文书・第三十三卷 別冊一・北清事変中》,第255—256页。按唯一例外是日本代理总领事小田切万寿之助,其本人虽未出现,但派书记官送来了名片。由于登陆码头在法租界内,法国巡捕在江岸立正示以迎接,在李鸿章通过英租界时,英国巡捕厅派出了巡捕沿途护送。

⑦ 参看李德征、苏位智、刘天路:《八国联军侵华史》,山东大学出版社,1990,第289—291页。

⑦ [俄]科罗斯托维茨:《俄国在远东》,第81页。

⑦ 《上海在勤小田切総領事代理ヨリ青木外務大臣宛・李鸿章上海到著ノ件》,明治三十三年七月二十五日,《日本外交文书・第三十三卷 別冊一・北清事変中》,第255—256页。按洋务局位于公共租界静安寺路(今南京西路),始设于光绪二十五年(1899)。参看《上海外事志》,上海社会科学院出版社,1999,第49页。

⑦ 按刘公馆亦定位于静安寺路。据曾应邀参观之日人所见,"该处结构宏大,奢侈至极"。(《宗方小太郎文书・日记》第二册,明治三十二年六月二十九日,上海社会科学院历史研究所藏,编号:B02)关于李鸿章在沪交游,参考《申报》不定期"傅相行辕纪华栏"(1900年8月1日至9月14日),该栏记录来访人员,总计人数超过百人,其中外国人占一成弱,极少透露访问内容。

⑧ 《张香帅来电》,光绪二十六年六月二十五日,《愚斋存稿》卷三十七,总第879—880页。

两日与傅相密谈。吾梦未醒，彼忿未泄，势难停战，既无开议凭据，难入津门，恐只能遵旨陆行。幕僚王子展、刘问刍、曾敬贻、徐次舟而已。㉛

由粤北上之际，李鸿章主要随行幕僚有王存善（字子展，1849—1916）、刘学询（字问刍，1855—1935）、曾广铨（字敬贻，1871—1940）、徐赓陛（字次舟）数人，到沪后长子李经方一直随侍左右，凡遇紧要事件，则多与盛宣怀商议。如何决定下一步行止，是最急迫也最棘手之事。盛宣怀当时已有预感，待李抵京，"恐在西兵入京之后"㉜。对李在沪进退两难的处境，老于官场的刘坤一洞若观火，以为："累诏催令北上，并未指授方略，即调任北洋之说，闻亦子虚。只身进京，何从措手？匪特与大局无补，且恐入直境后，为拳党所持。"㉝

五月二十六日（7月22日），即李鸿章抵沪次日，其次子李经述（1864—1902）自山东德州来电，不仅带来"津亡京危"的坏消息，更对父亲北上持强烈反对的态度：

伏望留身卫国，万勿冒险北上。如廷旨严催，亦宜由旱路徐徐前

㉛《寄江鄂两督帅》，光绪二十六年六月二十六日，《愚斋存稿》卷三十七，总第880页。
㉜《寄袁慰帅》，光绪二十六年六月二十七日，《愚斋存稿》卷三十七，总第881页。
㉝《寄鄂督张》，光绪二十六年六月二十六日，《刘坤一遗集》第3册，第1436—1437页。刘坤一率先电商张之洞："鄙意若能授以全权，先商停战，如蒙俞允，方有办法。"东南诸督抚经往复电商后，联名会奏，内称"大学士臣李鸿章周知四国，体用兼赅，办理交涉有年，为各国所信服，现已遵旨北上，行抵上海，适战事方亟，航海既难径达，遵陆又虑需时。可否吁恳天恩，授以全权，示以机宜，饬令就近在上海与各国电商，借探消息，察其意向，缓其进兵。"参见《兵事方殷合陈管见折》，光绪二十六年七月初二日，《刘坤一遗集》第3册，第1223—1224页。按该会奏由两江总督刘坤一领衔，余列名者十二人：湖广总督张之洞、闽浙总督许应骙、四川总督奎俊、福州将军善联、成都将军绰哈布、署两广总督德寿、署陕甘总督魏光焘、浙江巡抚刘树堂、安徽巡抚王之春、山东巡抚袁世凯、护理江苏巡抚聂缉椝、护理陕西巡抚端方。光绪二十六年七月初四日奉旨留中。

进,相机而动,为家国留一后着。此时难不能纾,毁身何益?⑧

除了政治局势未明、入京有极大风险外,当时多数国家对李鸿章的政治观感欠佳,摆出不合作姿态,加以东三省开仗,原来计划借俄船护送北上已不现实。清廷任命李鸿章为直隶总督后,于六月十六、二十二、二十七日,七月初四日(7月12、18、23、29日)连下四旨,无一例外都是督促迅速北上,调子已经一次比一次严厉。⑧ 李、盛在沪上体察情势,断定"津门难入",认为此刻推动"送使赴津"为时局转圜的关键,然后方可"自任剿匪,商酌停战"⑧。六月二十九日(7月25日),李鸿章复奏称:

> 惟念前在北洋二十余年,经营诸务,粗有就绪,今一旦败坏,扫地尽矣。奉命于危难之中,深惧无可措手,万难再膺巨任。连日盛暑驰驱,感冒腹泻,衰年屝躯,眠食俱废,奋飞不能,徒增惶急。至俄国并无信船在沪,现值奉天、黑龙江开衅,俄船必不肯借。罗丰禄电称,英外部请俟各使护送到津,再北上与之会议。未知都中能派队伍送各使赴津否?容俟调养稍愈,即由陆路前进。⑧

奏内强调航海北上的诸多困难,又称病需要调养,而实际关切者,指向"派队伍送各使赴津"。刘坤一、张之洞多次去电,催问启行确期,李意态消极,托词"俟行有日,当预电告",对入京全不看好:"看各国语气,未容在都商议,致

---

⑧ 《李仲彭德州来电》,光绪二十六年六月二十六日到,《李鸿章全集》第27册,第147页。按李经述,字仲彭,原住天津,联军破城后,取道德州,避乱南下。

⑧ 中国第一历史档案馆编:《庚子事变清宫档案汇编》第1册,第443、575、658页。国家档案局明清档案馆编:《义和团档案史料》上册,第339页。

⑧ 《寄袁慰帅》,光绪二十六年六月二十七日,《愚斋存稿》卷三十七,总第880—881页。

⑧ 《寄东抚袁慰帅急递军机处译署》,光绪二十六年六月二十九日申刻加急,《李鸿章全集》第27册,第150—151页。

受劫制,当轴误会,恐酿大祸,鸿去迟速皆无济也。⑧"刘转而建议"公能在沪商议,机括较活"⑨,尝试就地展开交涉,但同样毫无结果。

李鸿章已认定"此时京、津、沪均难与议",只有"速送各使至津"才有"转机"可言。⑩ 至七月初六日(7 月 31 日),再度入奏,请速定大计者四端:

> 一请明降谕旨,饬大学士荣禄派文武大员带兵护送各使赴津,以示宽大而泯疑怨。如虑沿途护送为难,该使等不欲冒险,或先撤去仇攻之兵,专派保护之兵,优加体恤。美廷电谓各使通信,方易商办。应一面准其通信本国,彼此停兵,各派全权商议善后。……

> 一请明降谕旨,各省督抚、将军以及入卫统兵各大员,应即懔遵六月二十一日谕旨,各国洋商教士仍按照条约一体认真保护,不得稍有疏忽,并不得轻听误会,纵容乱兵土匪借端焚杀。……

> 一请明降谕旨,各督抚及各统兵大员,应即懔遵六月二十一日谕旨,各处土匪乱民,焚杀劫掠,扰害良民,即行相机剿办。……

> 一请明降谕旨,……应请专派大员,会同顺天府尹、直隶总督,赶紧筹款,广施赈济。并请皇太后、皇上赏拨帑银、漕米,以赈为抚,俾胁从良民各归本籍。⑪

上述待办四事,"护送各使赴津"一节赫然居首。同时,李鸿章秘拟遣亲信杨崇伊北上,"谒商庆邸面奏慈圣,先送使出都,俾与各国议和"(详下)。不料形势急转,七月初八日(8 月 2 日)袁世凯传到京信,总署大臣许景澄、袁昶在京遇害。⑫ 这带给李鸿章不小的震撼。同日,李经述来电,苦劝"在沪留

---

⑧《复南洋刘岘帅》,光绪二十六年七月初二日申刻,《李鸿章全集》第 27 册,第 156 页。

⑨《江督刘来电》,光绪二十六年七月初三日到,《李鸿章全集》第 27 册,第 156 页。

⑩《复南洋刘(岘帅)》,光绪二十六年七月初四日,《李鸿章全集》第 27 册,第 157 页。

⑪《大学士李鸿章等折》,光绪二十六年七月初六日,《义和团档案史料》上册,第 416—417 页。

⑫《东抚袁来电并致江鄂督盛京堂》,光绪二十六年七月初八日戌刻到,《李鸿章全集》第 27 册,第 173 页。

俟变定,再筹补救,切勿轻身赴召,自蹈危机"[33]。至此,李鸿章的态度不再有任何犹豫:

> 顷接袁电,竹篔、爽秋均初三处斩,想因得罪拳匪,成何世界! 洋兵已前进,一月内大局可定。吾稍缓待,虽严谴不顾也。[34]

紧接着,再度入奏称病,借口"半月以来元气大伤,夜不成寐,两腿软弱,竟难寸步",请求"赏假二十日,俾息残喘"[35]。一直伴李身边的盛宣怀,在某私函中一语道破其真实心思:

> 合肥请假廿天,以相事机。许、袁被害,合肥亦不敢仓卒入都。此次一盘乱棋,如何收拾?[36]

五、 杨崇伊北上密谋及其日本背景

七月二十一日(8月15日),即八国联军攻入北京当天,盛宣怀有致刘坤一一通短短八个字的电报——"莘伯因许、袁事未行"[37]。

杨崇伊(1850—1909),字莘伯,江苏常熟人,光绪六年(1880)进士,授编修,历任江西道监察御史、广西道监察御史、汉中府知府,与李鸿章有姻亲[38],"党于鸿章,后党之出面阻挠新政者也"[39]。其生平以弹劾强学会、弹劾

---

[33]《李经述来电》,光绪二十六年七月初八日戌刻到,《李鸿章全集》第27册,第173页。

[34]《德州交李经述》,光绪二十六年七月初八日亥刻,《李鸿章全集》第27册,第173页。

[35]《寄东抚飞咨军机处王大臣》,光绪二十六年七月初十日,《李鸿章全集》第27册,第174页。

[36]《盛宣怀致恽祖翼函》,光绪二十六年七月十四日,《义和团运动——盛宣怀档案资料选辑之七》,第176页。

[37]《寄刘岘帅》,光绪二十六年七月二十一日,《愚斋存稿》卷三十九,总第913页。

[38] 杨崇伊之子杨圻娶李鸿章女孙(李经方之女)。

[39] 参看汤志钧:《戊戌变法人物传稿》下册,中华书局,1982,第550—551页。

文廷式出名,最为人所熟知的事迹,或即直接导致戊戌政变的那一次著名封奏。[⑩] 盛电所谓"许、袁事",指七月初三日(7月28日)清廷斩杀两总理衙门大臣——吏部左侍郎许景澄(1845—1900)、太常寺卿袁昶(1846—1900)于京师菜市口。盛电寥寥数言,语焉不详,"莘伯"所为何事,与"许袁事"有何联系,来龙去脉究竟如何?皆无从知悉。

杨崇伊北上之行,其实是李鸿章在上海时期策划的一次秘密行动,因为事涉隐秘,未对外泄露[⑩],亦绝少见于文字,不仅当时少有人知,后来也几乎未再被人提及。就连张之洞起初也不知情,只是通过间接渠道有所耳闻,事后曾向盛宣怀去电求证:

> 顷闻有人接合肥幕友密电,派杨莘伯坐日本兵船进京,谒商庆邸面奏慈圣,先送使出都,俾与各国议和,等语,想非子虚。合肥行期定否?均祈速示。[⑩]

盛复电告以"竹筼、爽秋初三午刻弃市,天下伤冤,枢电竟不知何故。莘伯已中止,傅相请病假二十天,假内病痊即行"[⑩]。此外未做更多交代。

今据日本外交文书史料,可对此事件做一更深入的了解和分析。前述李鸿章在沪遭各国领事冷遇,而日本代理总领事小田切万寿之助却是个例外,他是为数不多的曾经与李晤面并直接讨论时局的领事之一。六月二十八日(7月24日),小田切赴刘公馆与李初次会面,事后向外务省报告谈话内容如下:

---

⑩ 参看茅海建:《戊戌政变的时间、过程与原委》,载氏著《戊戌变法史事考》,生活·读书·新知三联书店,2005,第85—92页。

⑩ 其时在沪之沈曾植家信中有谓:"傅相处杨莘伯、刘学询、洪荫之与伯行公子终日密谋,不知所关何事?"《海日楼书第七十九函》,参见许全胜:《沈曾植年谱长编》,中华书局,2007,第231页。按"洪荫之",洪祖述;"伯行公子",李经方。

⑩ 《张香帅来电》,光绪二十六年七月初十日,《愚斋存稿》卷三十八,总第900页。

⑩ 《寄张香帅》,光绪二十六年七月初十日,《愚斋存稿》卷三十八,总第900页。

据李鸿章言,一旦北上入京,已准备担负镇压义和团、惩办罪魁及与诸外国和谈等一切重大责任,尤其端郡王、刚毅、徐桐、赵舒翘、董福祥作为此次事变主谋之人,誓将予以严惩。……本官问以若董福祥挟两宫西迁,将如何举措?李鸿章沉默不答,似有烦闷之色。深思片刻后声言:若事态至此,除遵奉两宫诏敕外,其它概非所知,各地方督抚亦将如此奉行。

谨奉阁下训令,本官劝告李鸿章:为清国计,应及早亲自率兵北上,必要之际由袁世凯辅佐,迅速讨灭团匪,平定事局。李鸿章声称,镇压团匪、保护公使馆、与诸外国讲和、率兵进京各节,均须求得敕许。为实现以上目的,现拟派其亲戚、前御史杨崇伊北上,与庆亲王、荣禄充分协商,如有可能,亲谒西太后陈说一切。因此欲借日本军舰一艘,将杨自芝罘秘密送达大沽,并求日兵由陆路护送入京。[104]

总结上述谈话要旨,约有三条:一、李鸿章表明处理善后的立场,保证将来严惩肇祸王大臣;二、对有关宫廷西迁的质询,仅强调不奉伪诏,唯两宫是遵;三、对日本政府要求其迅速北上之建议,表示婉拒,改派杨崇伊代其入京,请求日舰护送。两天后(7月26日),第二次会面时,同时出席的还有日本国会议员、东亚同文会评议员佐佐友房(1854—1906)一行,双方的话题主要围绕将来善后和谈的前提条件展开。[105] 事后,李鸿章派刘学询、杨崇伊二人回访佐佐氏,将杨北上计划和盘托出,恳请日方予以协助。据佐佐氏本人记录:

午前八时,刘学询、杨崇伊来余寓所,告曰:昨日贵下来访,李中堂深感满足,惟中堂在沪力避外出,于是派我二人前来回礼。昨日答问,

⑩ 上海在勤小田切総領事代理ヨリ青木外務大臣宛・李鸿章ト會見ノ件(一)》,明治三十三年七月二十六日,《日本外交文書・第三十三卷 別冊二・北清事変中》,第259—260頁。
⑩ 《上海在勤小田切総領事代理ヨリ青木外務大臣宛・李鸿章ト會見ノ件(二)》,明治三十三年七月二十七日,《日本外交文書・第三十三卷 別冊二・北清事変中》,第259—260頁。

中堂亦有不能明言之隐情,颇感为难。兹有特别委托一事,李中堂有密书交我(杨崇伊),冒死北上,拜谒皇太后,特请日本军队沿途护送,至哨兵警戒线止。现已向小田切总领事说明此事,祈大人归朝时助力。余曰:杨君冒死北上,谋国事至此,诚可感动。小田切既已承诺致电外部,余抵东京之前谅已见分晓。若届时尚未定议,则余必将尽一臂之力。⑩

　　李鸿章与日本方面的这次密谋,应注意到小田切领事个人因素作用,此人勇于任事、擅长交际,在义和团事变期间表现特别活跃。⑩另外,当时俄军已大举侵入东三省,战事方殷,李与俄方交涉渠道暂时中顿,不得不承认"俄国并无信船在沪,现值奉天、黑龙江开衅,俄船必不肯借"⑩。他向日方提出援助请求,也是不得已的办法。但结果令人失望。七月初三日(7月28日),日本外务省就小田切报告发出训令:

　　　　在目前状况下,关于杨崇伊前赴大沽及派兵护送其入京一事,应直接向联合舰队司令官提出请求。请将此意转达李鸿章。⑩

---

⑩ 佐々克堂先生遺稿刊行會編:《克堂佐々先生遺稿》,大空社,1988,第134—138頁。当天,东亚同文会会员兼日本海军部的情报人员宗方小太郎曾与佐佐见面,从该处了解到李鸿章的动向,日记写道:"揣李鸿章之意,欲救出各国公使,并送至天津,然后议和。彼望和谈之时,获日本有力之帮助,从而可有圆满之结局。并谓万难答应各国索偿赔款及割让土地之要求,似亦无赔偿各国出兵费用之意。……又李氏仍无意拥立皇帝,仅期望于皇太后训政之下改造政府,以为如此一扫端王、刚毅之辈,较易也。"《宗方小太郎文书·日记》第三册,明治三十三年七月二十六日,上海社会科学院历史研究所藏,编号:B03。

⑩ 说详拙文《义和团事变中的日本在华外交官——以驻上海代理总领事小田切万寿之助为例》,《抗日战争研究》2012年第3期。

⑩ 《寄东抚袁慰帅寄递军机处译署》,光绪二十六年六月二十九日申刻加急,《李鸿章全集》第27册,第150页。

⑩ 《青木外務大臣ヨリ上海在勤小田切総領事代理宛·楊崇伊ヲ北京ヘ護送ニ關シ李鸿章ヘ回答振訓令ノ件》,明治三十三年七月二十八日,《日本外交文書·第三十三卷　別冊二·北清事變中》,第261頁。

此一表态虽非直接拒绝,但示意此事"应直接向联合舰队司令官提出请求",实际已将大门堵死。日政府不肯轻易就范,有着多重因素的考虑。一方面缘于对李缺乏信任,始终怀疑中俄之间有秘密联络的渠道。据驻日公使李盛铎在东京的观察,"各处皆以拒俄立论"⑩;作为"亲俄派"代表人物的李鸿章奉召北上,也被日人视作抱有不可告人的目的⑪。李在上海的一举一动均被严密监视,据东亚同文会上海支部情报,李经方由芜湖来沪与其父会合,即为有意联俄的步骤之一⑫。六月初,清廷分致日、英、俄三国国电,请求"排难解纷",其中对俄提及两国间曾经"立有密约,载在盟府"⑬。国电内容一经沪上媒体披露,小田切领事敏锐地抓住把柄,视之为此前未被证实的"中俄密约"确有其事的根据。他携当时来华的日本"对外硬运动"主将之一佐佐友房同访李鸿章,一个主要目的即侦知"密约"实情⑭。另一方面,日本在当时国际政治环境下有其自我定位。日军在华北战场上逢役必与,战必争先,令西方人士为之侧目。而在外交决策方面,日本政府追随欧美列强,表现谨慎,对外界抱有疑义的"清日同盟"传言竭力予以澄清⑮;对中方多次呼吁的停战议和问题,更显得小心翼翼,尤不敢独持异议。伊藤博文在与李

---

⑩ 《致盛宣怀电》,光绪二十六年七月二十二日,《李盛铎电稿》,《近代史资料》总 50 号,中国社会科学出版社,1982,第 48 页。

⑪ 《上海在勤小田切総領事代理ヨリ青木外務大臣宛·李鴻章ノ北上ト其親露態度ニ付報告ノ件》,明治三十三年九月十二日,《日本外交文書·第三十三卷 別冊二·北清事変中》,第 283 頁。

⑫ 《李鴻章の態度、李経方の意見》(田鍋安之助,七月二十三日),近衛篤麿日記刊行會編:《近衛篤麿日記》第 3 卷,鹿島研究所出版會,1968,第 255 頁。

⑬ 国家档案局明清档案馆编:《义和团档案史料》上册,第 227—229 页。

⑭ 《上海在勤小田切総領事代理ヨリ青木外務大臣宛·露清密約情報の件》,明治三十三年七月二十六日,《日本外交文書·第三十三卷 別冊二·北清事変中》,第 307—308 頁。按佐佐友房作为活跃日本政坛的政治家,特别关心大陆问题,素以对俄强硬闻名。此次赴华前,曾与外务大臣青木周藏、东亚同文会会长近卫笃麿先后晤谈,他是"带着对俄问题的关心前往支那视察的"。说详拙文《1900 年李鸿章与佐佐友房会晤考论》,《安徽史学》2011 年第 6 期。

⑮ 《青木外務大臣ヨリ獨國駐箚井上公使宛·日清密約說ニ關スル獨紙記事取消並日清兩帝禦往復公表方訓令ノ件》《墺國駐箚牧野公使ヨリ青木外務大臣宛·日清密約說ニ關スル墺紙論調反駁ニ付稟請ノ件》,明治三十三年七月二十二、二十三日,《日本外交文書·第三十三卷 別冊二·北清事変中》,第 441、443—444 頁。

盛铎私谈中，道出部分实情："此次亚与欧战，日亦亚邦，防欧疑，故赴战则勇，议款则避嫌。"⑯李鸿章提出借日本兵力护杨北上，对日本来说是一种打破列强集体行动的冒险，尽管有一定的利益可图，但也是它绝不敢轻易尝试的。

回头再看，李鸿章为何选择杨崇伊北上？至少有两点可说。其一，杨本人与北京政界关系非同一般，不仅为慈禧太后信任之人，而且与奕劻、荣禄皆有交情可攀。义和团事起后，他在政治上欲有所表现，有意识地利用个人渠道影响中枢决策。《愚斋存稿》收有一《莘伯面交长电》，即杨崇伊致庆亲王奕劻电稿，由盛宣怀代电袁世凯递京。该电稿约作于六月中旬，内容系向奕劻献策，所谓"金蝉脱壳、调虎离山之计"，即请召山东巡抚袁世凯迎驾南行。其主张拥宫廷南下，是为了增强"东南疆臣"的政治话语权，同时防止两宫被挟西逃，与守旧势力合流。盛宣怀评价此长电"宗旨尚合，但改西为南，较胜在不怕劫制"⑰。

其二，当时杨崇伊在上海日子并不好过。事后致荣禄私函中曾抱怨：

> 新党群集于苏、浙，以上海为藏垢纳污之所，借报馆以张其爪牙，洋人往往为其所惑。佴庚子在沪，各报目为端邸所使，几遭不测。⑱

---

⑯ 《李木斋星使来电》，光绪二十六年六月二十八日，《愚斋存稿》卷三十七，总第882页。

⑰ 电文谓："庆王爷钧鉴：三月二十六叩别，不料奇变将危宗社，北望心胆俱碎。聂军门阵亡，天津失守，合肥虽简直督，手无一兵，（六月）二十五到沪，骤难北上。津沽炮台、机器局、西沽武库全失，子药绝无来源，安能久支？洋兵添调计及十万，长驱北犯，如二圣仓卒西行，洋兵已备绕袭，恐至进退两难，各省匪徒蜂起，全局瓦解。读连日谕寄，口气不同，二圣定受节制，王爷竭力保护公使，洋人钦感，倘得各公使亲笔一字，传示洋人，即可停战。沪上各领事新加全权，可见各国不与二圣为仇，速请密旨剿匪，合肥即可奉此旨以定大局。如虑变生肘腋，请召东抚迎驾，暂时南行，即所谓金蝉脱壳、调虎离山之计，伏乞留意。东南疆臣联络保护，闻各国尚迁就以全商务，设有意外，则洋人无所顾恋，万难言和。冒昧密陈，电请东抚缮写专使赍呈，敢求密奏。如有电谕，即付来使，带东转发。崇伊沪上叩禀。二十二。"《寄袁慰帅》，光绪二十六年六月二十一日，《愚斋存稿》卷三十七，总第877—878页。

⑱ 《杨崇伊札（一）》（光绪二十八年春），杜春和、耿来金、张秀清编：《荣禄存札》，齐鲁书社，1986，第288页。

按,戊戌后杨闲居苏州,李鸿章抵沪时,尚在苏。据宗方小太郎记录,杨约在7月中旬由苏至沪,而在当时人眼中,颇信其"系奉端王密旨而来"[119],目的可疑。或因戊戌时期的显著劣迹所影响,杨崇伊一直为新党所侧目,在沪期间屡遭报章攻击,这也令他颇有出位之思。

至七月初十日(8月4日),李鸿章在与小田切万寿之助第三次会面中,"慨叹北京政府无谋愚策,对许景澄、袁昶被害大感悲怜,责怪荣禄御下无方",并暗示宫廷可能被挟持西逃,要求日军向卢沟桥方向出动拦截。[120] 许、袁在京被害之日,正是日本外务省就杨崇伊借用日舰北上做出正式表态的同一天。既无日方协助的可能,杨崇伊北上只能紧急叫停。许、袁被害的消息,也更坚定了李鸿章绝不以身犯险的决心。实际上,此刻日本增派的第五师团已陆续抵达天津,兵员总数达到两万两千人,一跃为在中国战场数量最多的外国军队。[121] 八国联军蓄势待发,北京城破已进入倒计时。而李鸿章的去留,却仍然是一个悬念。[122]

六、 简短的结语

通过对李鸿章在庚子年北上过程的考察,本文意在厘清以下史实:一、

---

[119] 《宗方小太郎文书·日记》第三册,明治三十三年七月十六日,上海社会科学院历史研究所藏,编号:B03。

[120] 《上海在勤小田切総領事代理ヨリ青木外務大臣宛·李鴻章卜會見ノ件(三)》,明治三十三年八月四日,《日本外交文書·第三十三卷 別冊二·北清事変中》,第 270 页。会后,李又派幕僚至日本领事馆,详细说明意见如下:一、联军迅速进京为其所乐见,并切望入京之前,在京城西南门至卢沟桥一线派出小队,阻止端王挟两宫西逃;二、此次事变因满洲守旧派而起,和谈之际如列国要求清朝做出改造政府之保证,亦为其所希望;三、现北京政府全为守旧派掌握,一旦假借敕命将刘坤一、张之洞革职,势将影响南清形势,故密劝小田切领事向刘、张发电,告以如奉上述敕命,应予坚拒;四、俄为保护铁路、帮助镇压暴徒,向满洲大举派军,已将此人奏,若俄乘机人据,断难为中国接受,俄政府答复决无扩张领土之意。《上海在勤小田切総領事代理ヨリ青木外務大臣宛·李鴻章ノ對時局策報告ノ件》,明治三十三年八月四日,《日本外交文書·第三十三卷 別冊二·北清事変中》,第 100—101 页。

[121] 中国社会科学院近代史研究所编:《日本侵华七十年史》,中国社会科学出版社,1992,第 76 页。

[122] 按李鸿章迟至本年八月二十一日(9 月 14 日)由上海启程北上,闻八月十八日(10 月 11 日)进入北京。参看雷禄庆编:《李鸿章年谱》,台湾商务印书馆,1977,第 623、631 页。

庚子事变发生之时，李鸿章固已不安于位，但出于自我禁抑，对清廷中枢之政策不敢轻易发言；与此同时，盛宣怀等人积极策划奏调李鸿章回任直隶总督，唯此建议正式发出之前，清廷已旨召李鸿章"迅速进京"，意在令其当外交要冲，而几乎在李奉旨同时，大沽炮台失守，中外战衅已开。二、李鸿章奉召之初，已做出北上的实际部署，但因大沽开战，不得不顺延行期，考其暂缓北上的主因，除了顾虑朝局混乱、"国是"未定可能造成对己不利，也有来自外部即列强方面的强大阻力。三、李鸿章最早向日本政府做出外交试探，但反应冷淡，然后转向俄商，两者间互有利益诉求，政治合作关系进一步紧密化。四、李鸿章抵达上海后，长期停留，不肯立即北行，一方面由于津沽陷落后海路梗阻，另一方面也是应各国外部要求，致力于推动清廷护使、送使，等待政治形势变化，以图外交转圜。至得知许景澄、袁昶在京被杀，进一步坚定了延缓北上的决心。五、在沪期间，李鸿章曾与日本方面密谋派出亲信杨崇伊代行入京，由日本兵舰护送北上，与奕劻、荣禄等中枢大臣秘密联络。日政府因虑列强反对，未予响应，其事未果。六、因东三省开战，李鸿章与俄国方面的联系中顿，加以日本领事小田切万寿之助的作用，李鸿章与日本关系被一度拉近，其与日本议员佐佐友房的沪上会晤，已为将来善后和谈预留伏笔。但李鸿章的"亲俄派"身份为日、英诸国所忌，其沪上外交也无奈附着了浓重的国际政治阴影，在某种程度上，适与同时期张之洞的对日交涉形成对照。

附　李鸿章与佐佐友房谈话记录

李鸿章与佐佐友房谈话记录之一[12]

明治三十三年七月北清事变之际，两江总督刘坤一、湖广总督张之洞联署长江流域独立宣言，宣布保持长江一带和平。佐佐友房氏往上海、南京一行，随行者为议员深尾一[龙]三、栃木县会副议长石田仁太郎、法学士笹川洁等人。

两广总督李鸿章奉西太后之召，由香港北上，余等在沪期间，适逢其至沪。某日，在原驻日公使蔡钧宅邸[13]，佐佐氏一行及总领事小田切万寿之助与李鸿章会晤。李随员数十人，皆侍立于其身后。李吸烟，取出纯金烟斗，身旁侍者将烟草放入烟斗内，其次者点燃烟草，再次者捧至李鸿章口边，李取而吸之。吸完后，又如前顺次点烟，其状颇为怪异。

李资性英迈，富于胆略，容貌魁伟，身高七尺余。虽年逾古稀，发白如雪，仍意气旺盛，谈论风发，一见便知其为英杰。

李曰：日本欲与清国一战乎？

佐佐氏曰：日本未必欲与清国一战。拳匪包围攻击日本及各国公使，为解救各使，列国进军北京，而拳匪阻塞道路，不得已一战，只为打通道路而已。若云与清国作战，何至迄今未发宣战诏敕？

李大笑。

佐佐氏曰：列国意欲分割支那，清国民众因此愤慨，诚情有可原。但对各国开启战端，实在愚蠢之极，何不向压迫支那最力一国开战？

李曰：诚如尊论。惟顽固党如端郡王等，昧于世界大势，兴此暴举，实为不堪。现时贵下已任议员几年？

---

[12] 回忆人为随行者之一石田仁太郎。参见《李鸿章との政谈·补遗》，《克堂佐々先生遗稿》，大空社，1988，第138—140页。

[13] 此系作者回忆有误，应为刘学洵宅邸。

佐佐氏曰：十年。

李曰：想必为一党之领袖。余与伊藤君于马关和谈之时，余言东洋之事，应由东洋人自理，不容西洋人干涉，尤恐因日本割占领土而开启列强分割支那之端绪，故此极力避免领土割让。作为其代价，即使增加战费赔偿金额，亦无异议。但伊藤君不以为然，遂将辽东半岛占去。其后，德占胶州湾，俄占旅顺、大连，法占广州湾，列强以种种口实，瓜分支那。故此，瓜分实由伊藤君割占辽东半岛发端，所谓动机云云，亦不能遮蔽其实。瓜分之责任实在伊藤君！

李鸿章言辞慷慨悲愤，说话间挥舞双臂，一时滔滔不绝。此后，因李与佐佐氏有秘事交谈，只留小田切总领事在座，余等往庭院暂避。谈话完毕后，再次入席，不久辞去。李送至门口，一一握手告别。关于秘密会谈，余推测佐佐氏受当时外务大臣（青木周藏）嘱托，探问北清事变后讲和谈判之基础。

李鸿章与佐佐友房谈话记录之二⑮

更席而坐后，仅李鸿章、刘学洵与予（佐佐友房）、小田切［万寿之助］、小幡［酉吉］五人相对而谈。

李鸿章：对目前时局，贵国抱扶助清国之精神，抑或偏爱于武力？

佐佐友房：我邦朝野上下皆欲扶助清国，决无好战之心。此前中外交衅，事出非常，待事平后必愿和好如初，与贵国增进亲交，情意切切。但今日之事当真出乎意外，我邦为维持正义，不得不出动大兵。贵国果能保护公使、剿平团匪，我邦必立刻休战。

李：各国意向如何？贵下所知祈指教一二。

佐佐：迄今各国意见大抵相同。英、美不改素来所抱之主义，法国亦

---

⑮ 该谈话记录末署："明治三十年七月二十七日，佐佐友房手书，于上海三井洋行。"参见《李鸿章との政谈》，《克堂佐々先生遗稿》，第134—138頁。按前录石田仁太郎文为事后回忆，此系佐佐友房当时笔录，可信度更高。

然,俄国虽有进取之心,但虑时机未熟。惟闻德王因公使被害,大为震怒。其举措究竟为何,余尚不能确认。但贵国措置仍若违背正理而行,各国态度如何变化,诚不能逆料也。

李:贵下为众议院议员,当足以劝服贵国当路大臣。现吐露腹心,欲将秘密事件拜托贵下。

佐佐:敝人无行政职责,故无法保证实行之责任。但山县、伊藤、青木诸君为中堂平生至交,又因余议员资格,有充分言说之便。大人若有所托,极愿代为传达。

李:如此,则祈将以下事项向山县、伊藤、青木诸大人秘密传达。余思此次北京事变,无论中外双方如何混战,结局终归于和。议和之时,尚祈贵国派出适当人选,抱保全清国之精神,于列国之间代为斡旋。至于议和条件,则愿贵国不求割地,少索赔款。因甲午之役,贵国索偿二亿,海关税几近全数抵作,今日财政支绌,若再遽索巨款,清国力不能支,将无以立国。此为难处尚望垂察。

佐佐:贵意已承知。我邦素无割地之意,至其他事项自当予以合适处分。对于此次罪魁端王,各国皆甚为痛恨,若不能将其明白惩处,难消各国之愤。

李:惩处端王、刚毅、董福祥诸罪魁,非为难事。最感棘手者,仍是割地、偿金两端,尤其偿金难以筹措,决非托词,确是实在困难。贵国若肯切实扶助,此次军费支出乞贵国自办。此正贵下职权所在,愿闻贵下意见,议院能通过此款项否?[此时以手指对余胸口连指两次,连声问询。]

佐佐[仰头大笑]:抱歉!正如大人为清国想,敝人亦不得不为日本想,无论如何至少军费之数必须赔偿。[余一笑,李亦笑]贵国若不能改革政治,今后种种变乱,仍然难免。大人意见如何?

李:西太后若为聪明之人,改革政治、重用新党人物,应非为难事。但康有为、梁启超二人绝不能用,向西太后推举人才之际,必先除去康、梁,否则难安其心。列国军队若欲进军京城,窃恐危及迄今尚幸存之各国公使。

因列国入京之时，董福祥或将各国公使一体屠杀，殊难逆料。故此，尚望列国作缓兵之计，勿攻我京城。若不停兵，则无以开启和议之端。此事切盼！切盼！

佐佐：北京政府待各国公使如捕虏，因此各国联合之心益坚，必欲直取北京。师出有名，绝难中止。

李：诚然。敝人屡次上奏，祈将各国公使送至天津，然后开议，均无回音，惟一再催令北上而已。总之，欲将各国公使扣留，而由敝人主持谈判。实缘于朝廷无人，以致艰困如此。

佐佐：端郡王是何样人物？

李：年少不经事之人。［未言其他。］

佐佐：庆亲王、荣禄二人在朝，能否合大人之力，奏回天之效？

李［摇首］：不然。皆力微，无能为。目下有力者无过于敝人者，敝人若不北上，则无所措手。

佐佐：听闻西太后已然悔悟，厌弃王妃、端郡王，而重用庆亲王、荣禄，一意取用和平之策。果然乎？

李：尚难定论。

佐佐：西太后与皇帝关系若何？

李：立太子以来亲睦如常。

佐佐：叨扰已久，就此告辞。余多年来甚盼一晤，今日聆训，胸襟大开，得偿所愿。

李：余亦甚感满足。贵下归国后，切望将前述各语转达山县、伊藤、青木诸大人。

佐佐：贵意已承知。惟临别尚有一言。若贵国政府不能救护各国公使，不能自剿团匪，则将自招重祸，敝国虽怀厚意，亦无可为力。若贵国自能救使、剿匪，有实迹可证，则他日和平会议，日本必能有助于贵国，周旋各国之间亦较容易。大人晚年受命，若将此危局顺利化解，不独为大人与贵国之利，亦为亚洲之幸。

李：多谢厚意。目下正切实谋划，将来未必不可预期。尚祈谅之。

于是余、小田切、小幡一齐起身，由侍者引领至堂前，在前庭的深尾、笹川、石田、中路、井上诸人亦至，一一与李鸿章握手告别。

此日午前八时，刘学询、杨崇伊来余寓所，告曰：昨日贵下来访，李鸿章深感适意。因中堂在沪时避免外出，于是派我二人前来回礼。昨日答问，中堂亦有不能明言之事，颇感为难。兹有特别委托之事，李中堂有密书交我（杨崇伊），誓死北上拜谒太后，请日本军队途中护送，至哨兵警戒线止。现已向小田切总领事说明此事，祈大人归朝时助力。

余曰：杨君冒死北上，谋国事至此，诚可感动。小田切既已承诺致电外部，余抵东京之前谅已见分晓。若届时尚未定议，则余必将尽一臂之力。

其他交谈诸事，兹不赘述。

上海三井洋行楼上　佐佐友房

"误国之忠臣"？

——再论庚子事变中的李秉衡

李秉衡（1830—1900），字鉴堂，奉天（今辽宁）海城人。一说为庄河。①
捐纳县丞出身，历任直隶完县、枣强、大名、宁津知县，蔚州（今蔚县）、冀州
（今冀县）直隶州知州，累官迁至永平府知府、山西平阳知府，为官廉正，精心
吏治，时称"北直廉吏第一"。光绪十年（1884）授广东高廉钦道、浙江按察
使，均未到任，改调广西按察使，次年护理广西巡抚，补授广西布政使。十四
年（1888 年）因病卸任，在乡赋闲。二十年（1894）授安徽巡抚，未到任，改调
山东巡抚。二十三年（1897）迁任四川总督，因病开缺。二十五年（1899）再
获起用，赴奉天查办事件，旋奉旨巡阅长江水师。二十六年（1900）夏，北上
勤王，受命帮办武卫军事务，战败自殉。清廷赐谥"忠节"。② 可以说，他是
中国近代史上一个颇为特殊的人物。查考其政治履历，几乎与晚清重大事
件相始终，中法、中日、八国联军三次对外战争均亲与其役，以至身殁殉国，
"这在封疆大吏中是不多见的"。③

在李秉衡身后，围绕其政治生涯最后阶段，即义和团时期政治作为的评
价，起始于争议，而终归于寂寞。旧文人、传教士之各类撰述，多将李秉衡

① 张天贵：《李秉衡籍贯考》，《社会科学战线》1984 年第 4 期。
② 赵尔巽等撰：《清史稿》第 42 册，卷四百六十七，中华书局，1977，第 12765—12766 页。
③ 再者，从政治品格而言，他也是著名的"清官"，乡人比之包拯、海瑞，论者谓其精勤似陶侃、
倔强似赵鼎、对外抗直如林则徐、持己清廉如汤斌。参看戚其章辑校：《李秉衡集》，前言，齐
鲁书社，1993，第 1 页。

归入"肇祸诸王大臣"行列,而加以"庇拳""仇教""以私仇申大义"的恶名。《辛丑条约》谈判之际,外国列强追索"罪魁",也点名要求重治李秉衡,压力之下清廷不得不"诏褫职,夺恤典"。尽管也有人起而辩诬,认为无识之辈及外人"摭拾无稽妄语,坐狱于公"④,但终究反响寥寥,李秉衡还是作为"政治不正确"的人物,渐渐被历史所湮没。进入新时期以后,评判的标准虽已逆转,以革命史观为指导的历史研究赋予义和团运动空前伟大的意义,而李秉衡被定位为"顽固派官僚"之一分子,仍不能逃脱"反动"的指控。20世纪80年代以来,研究者开始反省既有认知,有人将李秉衡与林则徐进行比较后,质疑"同样是抵抗列强侵略,结论却如此相异"⑤;也有人就李秉衡与山东义和团的关系,提出新的解释⑥。新近出版的一部李秉衡传记(也是迄今关于李秉衡的唯一专书),以传主长期湮没于史为"一大冤案",呼吁"全面而公正"的评价,该书总评其一生"不愧为民族英雄、清官典范"。⑦

　　总体而言,李秉衡相关史料的发掘、整理工作已初具规模,研究方面也积累了可观的成果,而在"史论"层面,仍多歧义。事实上,无论好恶太切,或

----

④ 《汇录海城李公勤王实事》,见张廷骧辑:《不远复斋见闻杂志》(1915年刊本),中国社会科学院近代史研究所《近代史资料》编辑组编《义和团史料》下册,中国社会科学出版社,1982,第643页。按张廷骧,江苏元和人,清末名幕,庚子时在苏州,所汇录有关李秉衡之函札新闻"皆得诸亲友函述",故可靠性较高。其作有按语,谓:"(李)勤王事迹,实出于君父之难,且甚嫉拳匪之为害,枢臣之无识,确凿有据,非可厚诬。只以秉性刚正,平时睹办理洋务者徒事虚糜,而鲜实益,议论之间不无愤激,致触时忌,故于其以身殉国,非特不知敬礼,转加以酿祸之名,可谓周内。而无名氏辑有《拳匪纪事》及教士所述之书,尤摭拾无稽妄语,坐狱于公。甚至捏公极称'拳匪神异忠义,人心固结,即无灵符足御枪炮,亦足夺西人之魄,而尽驱之于外'云云。噫!如此之语,岂明达如公所出者哉!"同上书,第642—643页。
⑤ 该论者指出:"在中国近代史上,对待帝国主义的态度是评价一个人物的关键。因此,李秉衡抵抗侵略的思想和行动是不能全面否认的。"参看马东玉、邸富生:《论义和团运动前后的李秉衡》,《辽宁师范大学学报(社会科学版)》1984年第1期。
⑥ 张庆军:《李秉衡与义和团运动关系浅析》,载中国义和团运动史研究会编《义和团运动与近代中国社会》,四川省社会科学院出版社,1987,第575—587页。
⑦ 张天贵:《李秉衡评传》,大连出版社,2006。并可参看张天贵:《中国近代重要人物:李秉衡》,《清史研究》,1995年第2期。

移情太深,褒贬之间投射意义,均略失辨惑之义。笔者以为,目前为止立论的基础仍不够牢固,大量史实重建的工作可待开展,而就不同性质史料的综合利用而言,也尚存不小空间。本文拟针对李秉衡一生之最后也最富争议的阶段——庚子时期——的事迹进行考订,爬梳其人与清朝中央、东南督抚以及义和团之间的多种关系。本文立意不在于一人一事之褒贬,李秉衡身后的许多是非,不仅反映个人所处的困境,其实也折射了时代复杂多样的面貌。新/旧、满/汉、南/北、保守/趋新、反帝/近代化……在诸多对立争议中间,个人形象的塑造和扭曲连带着周遭氛围的反复变换。西谚云,从一颗沙砾可以照见海洋的形状。借助李秉衡的个案正可以观察晚清政治的"时代相"。

一、 巡阅长江水师

庚子年(1900),李秉衡北上勤王,终以身殉,写下生命悲壮的最后一笔。在回顾这一幕之前,有必要先追溯他的南下。

光绪二十三年(1897)十月,德国以巨野教案为借口,强占胶州湾。时任山东巡抚的李秉衡对外持强硬态度,而清政府坚持"敌情虽横,朝廷决不动兵"⑧,不敢轻易言战。不久,奉旨补授四川总督,但以"近来旧疾日增,未能迅速就道"⑨为名,奏请开缺。获准后寓居河南安阳县。至光绪二十五年(1899)八月,重获起用,奉命为钦差大臣赴奉天查办事件。⑩ 不到两个月,十月十六日(11月18日)清廷发下谕旨:

> 长江水师前经彭玉麟按年巡阅,以资整顿。现在沿江各营诚恐无

---

⑧ 《致总理衙门电》,光绪二十三年十月二十五日,《李秉衡集》,第764页。

⑨ 《奏因病请开川督缺片》,光绪二十三年十一月刃六日,《李秉衡集》,第475页。

⑩ 此行任务主要为剿捕奉天外票匪,查办奉省仁、育两防军总统贪腐扣饷等案件。参看《奏赴奉查办事件途次拿获匪首折》《奏密筹奉省防军统制办法折》《奏查明仁育二军总统被参各款折》《奏请饬奉天将军赶筑营垒片》《奏查奉省情形胪陈管见折》诸折片,收入《李秉衡集》,第476—490页。

不懈弛，着派李秉衡驰赴长江，上下周历察看，仿照彭玉麟巡阅章程办理。⑪

查此上谕背景，本年春，意大利为强租浙江三门湾，派远洋舰队赴上海洋面游弋，向清政府施压。清廷谕令两江总督兼南洋大臣刘坤一（1830—1902）等"严为戒备"，并授便宜行事特权，北洋水师提督叶祖珪（1852—1905）也奉命率舰南下，与沿江海各省面商机要，联合备战。⑫ 到下半年，意大利基本已放弃对三门湾的租借要求，在军事上也未采取进一步行动。清政府由此以为备战产生威慑，对外愈加趋于强硬，十月十九日（11 月 21 日）上谕措辞空前严厉："现在时势日艰，各国虎视眈眈，争先入我堂奥。……近来各省督抚，每遇中外交涉重大事件，往往预梗一和字于胸中，遂至临时毫无准备，此等锢习，实为辜恩负国之尤。兹特严行申谕，嗣后倘遇万不得已之事，非战不能结局者，如业经宣战，万无即行议和之理。各省督抚必须同心协力，不分畛域，督饬将士杀敌致果。和之一字，不但不可出于口，并且不可存诸心。"⑬可以说，庚子事变前，清廷尽管并无十足把握，但心理上确已有对外开战的准备。只是，这一点信心实际建立在对外情茫然的基础上。当时意大利未采取军事行动的主因，在于应付国内压力，而非受清廷备战声势威慑。⑭

李秉衡奉旨南下，与前述上谕发出约在同一时期。而他重获起用，继而被派赴长江办理差使，也与兵部尚书、军机大臣刚毅（1837—1900）的大力推毂有关。⑮ 刚毅在当年作为钦差大臣南下，如一般所知，公开目的是为清理

⑪ 中国第一历史档案馆编：《光绪宣统两朝上谕档》第 25 册，广西师范大学出版社，1996，第 304 页。
⑫ 姜鸣编著：《中国近代海军史事日志（1860—1911）》，生活·读书·新知三联书店，1994，第 251—252 页。
⑬ 中国第一历史档案馆编：《光绪宣统两朝上谕档》第 25 册，第 312 页。
⑭ 参看相蓝欣：《义和团战争的起源》，华东师范大学出版社，2003，第 97—98 页。
⑮ 张一麐《心太平室集》："是年（己亥）二月十一日，以刚毅为军机大臣，召见时力赞李秉衡之才。因李为山东巡抚时，曾以大刀会烧教堂、杀教士，为义民故也。即命李至盛京查案，事毕，授为长江水师提督。"见《义和团史料》下册，第 842 页。

江南各省财政,包括查办轮船招商局、电报局积弊案件。⑯ 实则沿途对长江防务也有所访查,并在复奏时多做批评,素受其青睐的李秉衡遂被推荐为整顿"懈弛"之可靠人选。就李本人而言,并不十分情愿接受这份差使。"巡阅长江水师",是差,不是职,当时李秉衡职衔仍是"降调四川总督"。这一趟南下,与北上奉天查办事件形式略似,但究其内容,却迥然不同。李秉衡自认对办理民政、刑事尚有心得,至于水师军务则素非强项。他在接旨后,以"长江水师自揣不能胜任"为由,奏请收回成命,辩解说:

> 今臣起家牧令,洊任封疆,即偶涉军事,亦皆筹备于陆路,而于炮艇快划,上下风涛,从未经历,百种茫然。是实臣所未习,尤所未能也。⑰

这是明摆出来的理由,更深一层原因,在于他不喜欢和外国人打交道。山东巡抚任上,办理教案已屡受挫折,现在前赴洋人麇集的江南,更等于踏上是非之地,这在李秉衡的眼中,不仅是仕途的险阻,更是人生的艰难了。但清廷未准所奏,批谕:"着不准辞。"这让李秉衡失掉了退路。尽管无奈,他在谢恩折中还是写下了下面这一段话:

> 臣犹有鳃鳃过虑者:臣素性拘迂,不善办理洋务,久荷圣明洞察。在臣初心,岂欲为朝廷多生枝节?此番奉命巡阅长江,沿江一带人心浮动,毁堂闹教之案层现迭出,痞棍必假臣之姓名,洋人必以臣为口实。惴悚不安,实意由此,非敢避难就易,避劳就逸也。⑱

---

⑯ 参看何汉威《从清末刚毅、铁良南巡看中央与地方的财政关系》,《"中央研究院"历史语言研究所集刊》第 68 本第 1 分册,1997 年 3 月,第 55—115 页;王尔敏《刚毅南巡与轮电两局报效案》,《近代论域探索》,中华书局,2014,第 163—177 页。

⑰ 《奏请收回巡阅长江水师成命折》,光绪二十五年十月十八日,《李秉衡集》,第 491 页。

⑱ 《奏谢不准辞巡阅长江折》,光绪二十五年十月二十日,《李秉衡集》,第 492 页。

李秉衡没有掩饰对"洋务"无所好感，甚而在赴任之前，已表露出悲观的预期。不同于大多数老于官场、善于逢迎的巧宦，他的表白显得过于直露，也不似那些喜欢揽权任事的能吏，言谈中并不见多少豪气。从这份率直中透出的执拗，倒值得玩味。仅仅一年后，李秉衡就用生死作为代价，为上述这段话做出了注释。

李秉衡在受命后，仍未立即动身。他先以"衰病侵寻，历时已久"，奏请"赏假一个月"。[19] 十月二十六日(11月28日)，陛辞离京，即赴河南安阳寄寓休养。一月假满后，又以"步履仍复维艰"为辞，再次奏请"暂缓行期，续假一月，一俟开春，立即就道"。[20] 拖拖挨挨，过了年关，当由安阳登程南下，已经是次年二月了。

二月二十八日(1900年3月28日)，李秉衡到达湖北省城武昌，与湖广总督张之洞(1837—1909)、湖北巡抚于荫霖(1838—1904)、汉阳镇水师总兵周芳明一一会晤。[21] 其后沿江而下，历经湖南岳州、长沙，湖北荆州，江西湖口、南昌，安徽安庆，江苏江宁、镇江，一路巡视，先后与鄂、湘、赣、皖、苏五省督抚、提镇会商江防，为期将近两月。[22] 四月二十一日(5月19日)，行抵苏州，以此为驻节地，择城内八旗奉直会馆为行辕。江苏巡抚鹿传霖(1836—1910)与李秉衡同城而居，常互通声气。

虽已粗巡长江一遍，但自驻节苏州，到勤王北上，相隔时间很短，李秉衡难有实际的作为。他唯一一次出手，弹劾对象直指总辖五省长江水师的最高长官，可谓出手很重，也很能体现其一贯雷厉风行的风格。四月二十六日(5月24日)，即抵苏后第六日，李秉衡奏劾长江水师提督黄少春"徇纵营私，贪赌嗜好，废弛营务，勇额多虚"多项罪状，指其对活跃于长江的会匪、盐

⑲《奏恳赏假一月折》，光绪二十五年十月二十五日，《李秉衡集》，第492页。

⑳《奏恳续假一月折》，光绪二十五年十二月初四日，《李秉衡集》，第493页。

㉑《奏报巡阅长江行抵差次日期折》，光绪二十六年三月十二日，《李秉衡集》，第494页。

㉒ 在此期间，时逢光绪帝三旬寿辰，恩赏"所有年逾七旬之文武一品大臣"，奉旨赏得"头品顶戴"。参见《奏谢赏头品顶戴折》，光绪二十六年三月初九日，《李秉衡集》，第495页。

枭视若无睹,纵容"瓜镇巨枭徐老虎"㉓,奏内进言:

> 惟值外侮纷乘、内奸思逞之际,即使竭力图维,犹恐后时,更何堪再
> 任此等贪劣大员,败坏贻误耶?除长江防务另行妥筹,并就近会商伏莽
> 办法,再专折具奏外,仰求宸断,立将黄少春开去水师提督,并撤去江胜
> 六营统领差使。应请另简廉勇大员,速往任事,借资补救。㉔

不久因庚子事起,弹劾事件暂无下文。又过去两个月,清廷突然颁下谕
旨:"黄少春着来京陛见。长江水师提督着杨金龙署理。"㉕该旨寄发于七月
初二日(7月27日),正是李秉衡北上抵京次日,这一人事安排应是他觐见
慈禧太后的产物。当时北京对外电信中断,谕旨传达多经辗转,及黄少春接
旨,已经是京城告破、宫廷西逃后了。这里值得注意的是两江总督刘坤一的
反应。他以江防吃紧,镇守需人,推许黄少春为不可多得的"知兵大员",专
折奏请留用:

> 该提督老于戎事,忠爱性成,于同治五年蒙恩简授湖南提督,迄今
> 三十余年,专闻久膺,深孚众望,其朴诚忠勇,早在圣明洞鉴之中。现虽
> 年逾六旬,精力极为强固。臣待罪南服,惟赖一二知兵大员相助为理。

㉓ 按"徐老虎",徐怀礼,又名徐宝山,江苏丹徒人,为长江下游盐枭雄长,开春宝山堂,拥众数
万,遍及苏、浙、皖、赣四省。光绪二十六年(1900)五六月间,两江总督刘坤一据张謇等人意
见,将徐宝山队伍招抚收编。参看祁龙威:《张謇日记笺注选存》,广陵书社,2007,第
110页。

㉔ 按在参奏黄少春外,李秉衡保荐前福建水师提督彭楚汉作为继任人选。参见《奏密劾长江
提臣折》《奏密保提督彭楚汉片》,光绪二十六年四月二十六日,《李秉衡集》,第496,497页。

㉕ 中国第一历史档案馆:《光绪宣统两朝上谕档》第26册,第226页。按杨金龙时为江苏福
山镇总兵,同年夏经刘坤一奏调至江宁省城,统带护军五营。参见《提臣应行陛见暂请展缓
折》,光绪二十六年闰八月十一日,中国科学院历史研究所第三所主编:《刘坤一遗集》第3
册,中华书局,1959,第1244页。又,杨金龙与刚毅的关系,颇值得注意。参看黄濬:《花随
人圣庵摭忆》,"刘坤一之为人"条,上海古籍书店,1983,第192—193页。

该提督驻守要隘，一时实难远离。合无仰恳天恩，俯准黄少春暂缓陛见，俟防务稍松，再行交卸就道。㉖

清廷依议而行。至次年（1901）四月，黄少春奉旨调补福建陆路提督。㉗ 刘坤一在长江防务方面对黄少春多所倚重，并在政治上予以庇护，这一点显然区别于李秉衡所持的严厉批判态度；再联系公开招抚徐怀礼的举措，其"应时权宜"的灵活手腕，更与李秉衡视若寇雠的立场拉开距离。这只是两个比较明显的例证，由此透露江督与巡阅长江水师大臣貌合神离的某些迹象。而接下来考察李秉衡北上过程，我们可以发现，这一条意见鸿沟究竟深到何种程度。

二、 信拳？ 剿拳？

对李秉衡的历史评价，一直以来聚讼纷纭。姑不论"人物研究"是否须以评价为旨归，即以评价的史实基础而言，李秉衡在庚子事变中的政治表现，尤其对于义和团的态度，也仍旧是一个未说清楚的问题。相关解读呈现的面貌，颇有些"层累"的意味：朝中亲拳的权贵大臣对李秉衡一直青眼有加，尤其刚毅、徐桐辈与之以"正气"相砥砺，视同知己。在义和团内部，他是除了佛道神仙、戏曲人物以外，仅有的两位被礼敬为神明崇拜的清朝官员之一。㉘ 战后和谈时，列强指李秉衡为"祸首"，深不以清廷加恩赏恤为然：

㉖ 《提臣应行陛见暂请展缓折》，光绪二十六年闰八月十一日，《刘坤一遗集》第 3 册，第 1243—1244 页。

㉗ 中国第一历史档案馆编：《光绪宣统两朝上谕档》第 27 册，第 75 页。

㉘ 另一位是祁寯藻（1793—1866），山西寿阳人，祁韵士（1751—1815）之子，道光进士，历官至尚书、军机大臣、体仁阁大学士。世称"三代（道光、咸丰、同治）帝师""寿阳相国"，有清名。参照醒《义和拳与祁文端》，《中和月刊》第 2 卷第 1 期，1941，第 88 页；徐凌霄、徐一士《凌霄一士随笔》（二），"义和团尊奉祁寯藻"条，山西古籍出版社，1997，第468页。

此次李秉衡故后恩恤,殊令舆情趋入歧途。政府诸臣虽明与各国重商结好,恐仍存如李秉衡显恨泰西之心。李秉衡夙与西人为仇,由南省北来途次,督拳民攻毁教堂,迫入京后围攻使馆,极力加功。大臣有与泰西辑睦者,附和金人而陷害之。其死也,乃与救使联军对敌所致,如斯忠贞,果为国乎? 必应力驳辩,请嗣后勿再降此项谕旨。㉙

当时舆论也几乎清一色将李秉衡归入"主抚派"。在有教会背景的《拳祸记》或外国报人编纂的《拳匪纪闻》一类倾向性很强,同时流传很广的早期义和团资料汇编书中,集中了很多对李秉衡不利的证据,说他"痛憾洋人,峻拒变法""一意仇视西人""深信拳匪,固一如满洲诸王大臣",乃至"极称拳匪之如何神异,如何忠义,国家有此种固结之人心,即无灵符足御枪炮,亦足夺西人之魄,而尽驱之于外洋"云云。㉚ 上海偏新派的《中外日报》在事变后总结致祸之由,历数戊戌己亥之间为"鹰犬之用"的"训政诸王大臣",李亦充其列:

> 李秉衡起自小吏,本无大才,徒以清廉忮刻取时名,求捷径。胶州之役,李以教案罢职归家教授,号为不求复进。及亲率戎行,身[临]前敌,竟不堪一战,兵溃之日,无颜复入京师,至仰药以殉,哀哉!㉛

对于义和团本无好感的一般清朝士人,也怀有某种成见,或认为"拳

㉙《庆亲王奕劻等为开议和局万不可败请俟条款到时撤销李秉衡恤典以示大功事致行在军机处电》,光绪二十六年十月十四日,《庚子事变清宫档案汇编》第9册,第144页。

㉚ 李杕:《拳祸记》,土山湾印书馆,光绪三十一年(1905)活字本,第8—9页。《愤言二》,《申报》光绪二十六年七月二十五日,转见王其榘辑:《有关义和团舆论》,中国史学会主编《中国近代史资料丛刊·义和团》(以下简称《丛刊·义和团》)第4册,上海人民出版社,2000,第173—174页。

㉛《戊己间训政诸王大臣论略》,《中外日报》,光绪十六年十月初二、初三日,《丛刊·义和团》第4册,第221页。并见《庚子回銮始末记·肇祸诸王大臣记》,收入《庚子国变记》,上海书店出版社,1982,第119页。

匪始于毓贤,成于载漪、刚毅,人所习闻,然最初实为李秉衡"[32];或尽管承认其在"东南互保""谏阻抚贼"诸问题上与东南督抚有所合作,却判定"固主战者,列名互保非其本衷""秉衡仇视外人,其附名入谏,盖不得已而徇诸公之请,非本意也"[33];甚或直接质疑其为人,推入"顽劣诈伪之小人"[34]一流。

后世对于李秉衡的评价,虽然在褒、贬上趋向两端,实际却共同承袭了上述观念。批判者当然可以径引加诸其身的许多指控,甚至不必过多发挥,就足以把李秉衡牢牢定位为"迷信拳匪"、逆时流而动的顽固派;而趋向正面的评价,在褒扬其"爱国情操"的同时,一样接受了"仇洋、庇拳"的认知前提,只不过从反向予以解释,欣赏他能够"摒弃阶级偏见""与义和团走上联合抵抗侵略的道路"。这就造成了一种后果,即人们多习惯从当时人的外部认知来拼凑李秉衡的形象,反而有意、无意地忽略了其本人言行的原来面目。20世纪 30 年代,《李忠节公奏议》初次编辑刊印时,已有人感到外力作用下李秉衡形象的扭曲,并为其抱不平:

> 公殉难后,朝旨赐恤荫子,予谥"忠节",饰终之典甚优,卒以德人抗议,遂将恤典撤销。国人不察,因公督师力战,外人又持异议,论者多列公于主持拳匪诸臣之内。德人之憾公,因公力争割让胶州湾也。公之力战,冀卫京师,以纾君父之难也。成败利钝,岂暇计哉!及战败,从容以身殉之。此公在扬州所逆计也。竟至撤销恤典,国史不得立传,使公千载后复蒙不白之冤,此真不平之事矣。[35]

---

[32] 罗惇曧:《拳变余闻》,收入《庚子国变记》,第 78 页。

[33] 龙顾山人(郭则沄):《庚子诗鉴》,《义和团史料》上册,第 146 页。胡思敬:《驴背集》,《丛刊·义和团》第 2 册,第 504 页。

[34] 钱恂编,致之校点:《金盖樵话》,辽宁教育出版社,2001,第 51 页。

[35] 翟文选:《李忠节公奏议翟序》,戚其章辑校《李秉衡集》,第 780 页。按序文作者翟文选,民国初任奉天省省长。

如果先撇开亲疏毁誉这一层纠缠关系，仅从还原事实的立场出发，这段话对于今天的研究者也仍有启发。近时，已有研究开始廓清笼罩在李秉衡身上的迷雾。比如一般解释山东义和团的发展，多循"李秉衡—张汝梅—毓贤"三段式的递进模式，然而，实证研究却不约而同地证明，"义和团之兴起与李秉衡抚鲁无关"，他在山东任内采取的是一种"平衡性质的政策"。⑥那么，让我们回到本文主题，庚子事起后，李秉衡是否真的对义和团情有独钟，亟亟欲引而用之呢？

李秉衡在苏州时期的资料相对较少。据赵凤昌记载：

> 各省见五月二十五集拳排外之上谕后，颇有附和称拳匪为义民，江苏巡抚系定兴鹿传霖，李秉衡巡视长江适来苏，驻节拙政园，两人在园会商复奏，极赞拳匪义勇。⑦

赵时在上海，为"东南互保"发起人之一，对附拳者之抨击一向不遗余力，对他笔下的李、鹿形象，后人应有所甄别。

张廷骧辑录《汇录海城李公勤王实事》，保留了一些有用信息，作者因世交与李有过直接往还，故记载较为切近。据其回忆：

> 忆庚子四月间，公巡阅长江，由鄂东下莅苏，寓奉直会馆。公与先君为患难交，余趋谒晤谈，即以北方拳匪、南方枭匪为深忧。迨五月初旬，公卧病，闻义和拳阑入京师，警报迭至，公以拳匪为教匪党类，不亟剿除必生变乱，即口授幕宾朱省吾茂才祖懋拟电奏稿，有"现在拳匪叛乱，滋蔓腹心，亟专力痛剿，必期立时扑灭，以免祸生不测，枝节横生。

---

⑥ 张庆军：《李秉衡与义和团运动关系浅析》，《义和团运动与近代中国社会》，第577—580页。[美]周锡瑞：《义和团运动的起源》，张俊义、王栋译，江苏人民出版社，1994，第152页

⑦ 惜阴：《庚子拳祸东南互保之纪实》，《人文月刊》第2卷第7期，1931，第3页。

拟请选军分派，严定专责，以一军拱卫京师备不虞，以一军备他患，兼备缓急，以两军分左右，自北而南，自近而远，专剿拳匪。必以全力捣穴擒渠为先务，其余零匪警报概作缓图。须得力大股，则余党自解，断不可四处纷应，时时更调，中贼诈谋。所派各军，效必破格之赏，不效必予重诛。兵必合一，事必专一，势难稍缓，乞宸断"等语。会商苏抚鹿滋轩传霖联衔具奏。[时有谓电线已断，格不得达。]越日，匪耗愈紧。余诣视公疾，未及他语。公怂然曰："事急矣。此时万不可开衅，朝廷犹为儿戏耶。"言时须髯怒张，目眦尽裂。此余亲见亲闻，其非深信拳匪可知，更不欲启衅外人尤可知。㊳

由此材料可知，当时李秉衡是将"北方拳匪"与"南方枭匪"等量视之的，义和团起事的性质无异于"叛乱"，应该"立时扑灭"，所以听说拳民进入北京的消息后，第一反应就是奏请"专力痛剿"。李秉衡拟具奏稿后㊴，原计划与苏抚

㊳ 张廷骧辑录：《汇录海城李公勤王实事》，《义和团史料》下册，第 643 页。按文中提及为李拟奏之"朱省吾茂才祖懋"，朱祖懋，字省吾，浙江绍兴人，时为李秉衡幕僚，著有《海城李公勤王纪略》一卷（光绪二十九年铅印本，收入刘家平、苏晓君主编《中华历史人物别传集》第 89 册，线装书局，2003，第 343—351 页）。朱祖懋自言："公与先大父通奉公为患难交，垂五十年，平素以气节相勖，剿时懋负笈吴下，公函召治文书，期会于楚，懋往依焉。视若子侄，饮食与共，遇事商榷，脱略行迹。"朱、李两家有世交，苏州时期，朱为李掌文案，故知其事甚悉。张廷骧见《纪略》稿本，以为"言皆有据，首尾完密，绝无饰词，略为点定，似足以信今传后"。同上书，第 344—345、349 页。

㊴ 《海城李公勤王纪略》收录一朱祖懋拟稿的影印件，即《光绪五月中旬，懋侍海城李公于苏省奉直会行辕，公属懋所拟与某中丞发电会奏剿拳稿》，文录下："现在会匪叛乱，畿辅滋蔓腹心，亟应专力痛剿，必期立时扑灭，以免祸生不测，枝节横生。衡等迫切愚私，拟请选军分派，严定专责，以一军拱卫京师，严备不虞，以一军备他患，兼备缓急，以两军分左右，自北而南，自近而远，专剿会匪。必以全力捣穴擒渠为先务，其余零匪警报，概作缓图。祇须得手于大股，则余党自解，断不可四出分应，时时更调，中贼诈谋。所派各军，效必破格之赏，不效必予重诛。兵必合力，事必专一，势难稍缓，乞宸断，请代奏。谨肃。总理衙门钧鉴。"朱按语谓："（稿）中如'私''必''大''时时更调''派''专一'等十字，公亲笔点定，可见公于拳祸初起，一意主剿，明烛几先，绝无却顾。脱稿后袖诣某中丞，再三请缓，公归犹怂怂然，迄今追思，宛然在目。"见《海城李公勤王纪略》，《中华历史人物别传集》第 89 册，第 348 页。

鹿传霖联衔会奏,但因电阻未达。⑩ 这一情节,查张之洞电稿可予印证。五月二十一日(6月17日)鹿传霖来电称:

> 昨出省阅伍,闻北事急暂回。苏省兵单饷绌,昨会鉴帅电奏,请阻洋自剿,电阻未达。京津电均不通,大局危急,万分焦灼。鉴帅又病气痛。两公忠荩深谋,必有切实救急之策,望随时指示。⑪

北事告急之初,李秉衡系念京城安危,又痛苦于南北电信阻隔,所以"又病气痛",情绪相当激动。此时"阻洋自剿"的主张,是他与鹿传霖的共识,与两江总督刘坤一、湖广总督张之洞亦无二致。稍早前,江、鄂联名致电总署:"拟恳明降谕旨,定计主剿,先剿后抚,兵威既加,胁从乃散,或可转危为安。"⑫至五月二十四日(6月20日),由张之洞最初发起、地方督抚大臣八人联署的著名会奏折中,李秉衡的名字也赫然在列,并位居领衔地位,折中径指义和团为"邪教""乱民""土匪""劫盗",并陈请:"拳匪无械无纪,在东在直,皆不能敌官兵,近日在落伐被洋兵击毙无数,在交民巷又被洋兵击败,未见其能避枪炮,若谓乌合乱匪能与大队洋兵拒战,断无此事。仰恳皇太后、皇上圣断,念宗社之重,速持定见,勿信妄言,明降谕旨力剿邪匪,严禁暴军,不准

---

⑩ 据朱祖懋记载,"(李)袖稿诣某中丞,拟联衔会奏。某,直人也,素称同志,游移未决。公语之曰:'以乡谊勤发此议,余当独奏。'某固请缓,公忿忿袖稿归。越日鄂督奏请剿拳电至苏,某中丞意动,索电稿,会衔急发,而至京电线已断,格不得达"。(《海城李公勤王纪略》,《中华历史人物别传集》第89册,第345页)"某中丞",即苏抚鹿传霖,直隶定兴人,其对于剿拳,起初意态似尚"游移"。后鹿传霖奏折中也提及与李秉衡有一"筹剿内匪"之电奏:"窃臣前因近畿一带,拳会仇教,聚众滋扰,各国洋人借口保护,纷纷增兵、运械入京,闻之骇异。当经会同巡阅长江大臣李秉衡电奏,请筹剿内匪,以止外兵。电阻,不知达否?"参见《江苏巡抚鹿传霖折》,光绪二十六年五月二十六日,国家档案局明清档案馆编:《义和团档案史料》上册,中华书局,1959,第167页。

⑪ 《鹿抚台来电》,光绪二十六年五月二十一日未刻到,苑书义、孙华峰、李秉新主编:《张之洞全集》第10册,河北人民出版社,1998,第7996页。

⑫ 《寄总署》,光绪二十六年五月十九日,《刘坤一遗集》第3册,第1431页。

滋事,速安慰各使馆,力言决无失和之意。"④

　　李秉衡在此时"附名入谏",北上后又将拳民收为己用,率以出师迎敌,前后对照,言行似乎大相径庭,因而引起诸多非议,认为列名之举不过是"不得已而徇诸公之请"。查考事实,此会奏折系由张之洞、于荫霖主稿,当夜即由武昌发出,未及预商已将李、鹿二人列衔,实属先斩后奏。第二天(6 月 21日),张之洞事后知会并电呈全文,同时特别加以解释:

> 因各国谓我不剿匪致动众怒,闻日本政府云若肯剿匪,尚有转机,故沿江钦差、督抚八人会衔电奏,请剿匪并安慰各国,请其停战妥议,此釜底抽薪法也。……其文极冠冕平正,匪应剿罪四:一邪教,二抗旨,三扰畿辅灾区,四毁国家电线铁路。不甚说洋人,亦未尝言董提(甘肃提督董福祥)一字。与于次翁商酌半日,于谓两公意必合,今早已发,全文已电呈,即使事有变局,此奏绝无碍。④

李秉衡是张之洞任山西巡抚时的旧部,因张保荐升任广西按察使,中法战争时张督两广,曾上专折以军功为其请奖。⑤ 张、李二人在政治关系上旧有渊源,但就思想观念而言,彼此又有分歧。当时张对李秉衡、鹿传霖的心理实有顾虑,会奏折发出当天,曾致电江督刘坤一、皖抚王之春、赣抚松寿、湘抚俞廉三予以知会,唯不及李、鹿,有其深意在。⑥ 他的事后解释,将电奏重点

④《致总署、荣中堂》,光绪二十六年五月二十四日亥刻发,《张之洞全集》第 3 册,第 2149—2150页。列衔者为长江巡阅水师李秉衡、湖广总督张之洞、湖北巡抚于荫霖、两江总督刘坤一、江苏巡抚鹿传霖、安徽巡抚王之春、江西巡抚松寿、湖南巡抚俞廉三。按李秉衡依同治十一年(1872)彭玉麟的前例,以钦差大臣巡阅长江水师,地位在各省督抚之上,故于会奏折居领衔地位。

④《致苏州李钦差、鹿抚台电》,光绪二十六年五月二十五日亥刻发,《张之洞全集》第 10 册,第 8009—8010 页。按该电到达时,李秉衡已离苏,电奏文系由鹿传霖后来转寄,其复电称:"鉴帅已赴江阴,当转寄会衔电奏,亦好持平,定续断,恐难达,电示全文未到,后由函抄示。"《鹿抚台来电》,光绪二十六年五月二十七日子刻到,《张之洞全集》第 10 册,第 8009—8010 页。

⑤ 参看黎仁凯等:《张之洞幕府》,中国广播电视出版社,2005,第 64—65 页。

⑥《致江宁刘制台、南昌松抚台、安庆王抚台、长沙俞抚台》,光绪二十六年五月二十四日丑刻,《张之洞全集》第 10 册,第 8004 页。

放在"剿匪"上，而"不甚说洋人"，有意淡化有关对外话题，并且利用于荫霖这一层关系代为纾解。

于荫霖，字次棠，吉林伯都纳厅（今扶余）人，咸丰九年（1859）进士，历官湖北荆宜施道，广东按察使，台湾、安徽、云南布政使，湖北、河南巡抚，为官廉正刚直，有清名。他与张之洞有很长的交往历史[47]，而与李秉衡的交情更非泛泛。于、李都出身于关外，攀得上东北老乡，在仕途中有过交集，互为提携，尤其重要一点，在于彼此气质的接近——均为传统意义上的"清官""良吏"，也同样不喜洋务，反感西法，严于夷夏之防。[48] 李秉衡在保荐折坦言："与该员谊属葭莩，兼同里闬，深信其德性坚定，刚正不阿，而忠君爱国之忧，未尝以穷达异致。"[49]以上因素使得他们结成至交。[50]

在会奏问题上，于荫霖与张之洞合作，非出于勉强。《悚斋日记》五月二十四日（6月20日）条记：

失大沽炮台信确，晤商南皮，拟会奏请速剿拳以纾急祸，两宫忧危，

---

[47] 于、张交往可追溯到翰林院同官时期，均属清流一党。于出任广东按察使时，是两广总督张之洞的下属，后来多次受其保举。到武昌任官后，尽管两人在政治观念上有较大差异，但工作关系一直处理得很好。参看茅海建：《张之洞与谭继洵父子、于荫霖的关系——订正罗惇曧对〈抱冰弟子记〉的一则误读》，《中国文化》2013年第1期。

[48] 于荫霖师事理学大家倭仁（1804—1871），笃守程朱之学，政治观念趋旧。晚年醉心理学，世传"朱子之书不离案侧"，读其日记，通篇极少语及时事、政情，而朱子日课必不可缺，摘抄语录或记述心得几乎占去绝大半篇幅，证前说非虚。其弟子言其"独知独勉、功深于人所不见者，惟篝录于日记中，且数十年来国家多故，民生、国计、风俗、学术盛衰升降之故，日记所述往往有公牍章奏之所不能详者，尤读书论世者之所取资也"。参看胡元吉：《于中丞日记序》，于荫霖《悚斋日记》（民国十二年刻本），收入沈云龙主编《近代中国史料丛刊》第23辑，文海出版社，1972年影印本，总第687页。

[49] 于荫霖曾获李秉衡多次保荐。参见《奏保前台湾布政使于荫霖片》《奏保举人才折》，光绪二十一年四月二十二日、八月二十五日，《李秉衡集》，第248、290页。

[50] 附带提及的是，李、于两家也因此成为世交，《李文忠公奏议》之刊行与于家出力大有关系。李秉衡殁后，其外孙施今墨将奏稿遗集交于荫霖长子于筠厚，托其代刊，于又转托同乡举人翟文选。民国初年翟任奉天省省长，其时正值《清史稿》编纂时期，翟走商清史馆袁金铠，为其提供史料，作成李秉衡传，后筹资出版《李忠节公奏议》十六卷（民国十九年刊本）。参见翟文选《李忠节公奏议翟序》、袁金铠《李忠节公奏议袁跋》，戚其章辑校：《李秉衡集》，第780、782页。

日间竟不知何若,忧迫无以自安。㊶

这里透露出来的思想状态,也适用于李秉衡,"剿拳纾祸"正是其所欲为。会奏中斥义和团为"邪教""乱民"种种,早就是李在山东巡抚任上给大刀会之类加过的罪名了。张之洞预先将李秉衡名字列入会奏,也是摸准了其心理,尽管奏稿是事后通知,但未蒙受异议。后清廷召李北上,总署大臣袁昶以为此谕"大约为弹压义团也"㊷。则李当时的仇拳态度,似也为朝中所悉。

但李秉衡既被委以军事重任,对义和团的态度也相应发生变化。其北上途中,不仅批评"东南保护"㊸,对列名的"剿匪电奏",也多强调未曾预商的一面。不同语境下谈同一事,语气自然不同。当时盛宣怀得到情报,第一时间转达东南督抚:

> 济南有人来电,海城十九过此,力主战议,极斥沿江办法,谤公尤甚,并云剿匪电奏张未与商,可恨其立论与刚、毓同云。㊹

闻此激烈言论,张之洞也深感不安,曾托人送交专函,再次做出解释:

> 鉴堂仁兄大人阁下:径启者。五月廿五日会奏请剿匪电奏一件,

㊶ 于荫霖:《悚斋日记》卷五,沈云龙主编《近代中国史料丛刊》第 23 辑,总第 1098 页。

㊷ 袁昶《乱中日记残稿》,《丛刊·义和团》第 1 册,第 341 页。

㊸ 六月中旬,张之洞已得到消息:"余道接滋帅函……颇以东南保护为不然。鉴、滋到京如速,难保无异议。虽有卅会奏作底案,其如团党太烈何?"参看《上海来电并致江宁督署》,光绪二十六年六月十六日子刻到,《张之洞全集》第 10 册,第 8115 页。

㊹ 《寄江鄂督帅》,光绪二十六年六月二十三日,《愚斋存稿》卷三十七,沈云龙主编《近代中国史料丛刊》续编第 13 辑,文海出版社,1975,总第 879 页。时在京的顺天府尹陈夔龙也听到类似言论,其记:"某相国、某上公奏保督部(李秉衡)知兵,电召来京。……督部入景运门,某上公迎之于九卿朝房。余适有他事与马军门玉崑酌商,同在朝房,督部昌言于众曰:前次沿江督抚电奏,我不知情,系张香涛窃用我名领衔,李中堂在广东,亦有电奏。朝廷任用此种人,焉得不误大事?"参看陈夔龙:《梦蕉亭杂记》,山西古籍出版社,1996,第 37—38 页。

办法均系与于次帅面商,电稿经次帅改定数次,廿四、廿五两日反复斟酌,始行定稿。此事关系宗社国家大局,他位皆系先商明愿列衔者,想公必同志,故拟亦列尊衔。本欲电商尊处,候复电再发,但恐日期耽延。次帅云,经我酌定,鉴帅必以为然,不必再问,事机紧急,先发可也等语。故遂一面发电,一面录稿电达,已于五月廿五日有电详达在案。窃思此件电奏,反复再阅,于事理似尚无不合。……窃意公与次帅相知最深,次帅既云不必询问,故遂遵次帅之命先发,请公再电询函询次帅自悉。特是弟此举究属粗率,悚歉难名。然实非未与公商而擅列尊衔,实由次帅指示,特再详布,尚祈垂察为幸。敬请勋安。愚弟张之洞顿首。[55]

综上而言,张之洞利用"公与次帅相知最深",绕过李秉衡先发电奏,或有其特别的用心,但此事至少于荫霖是完全知情的;二十四日"剿匪电奏"事前未商李秉衡,确为事实,不过张谓"想公必同志"也非虚语,当时李对电奏内容是赞同的,绝非外人所说"非其本衷"。而二十五日(6 月 21 日)张之洞忙于事后弥缝之际,李秉衡的注意力实已转移到另外一件事情上。也就在同一天,他从苏州起程,前赴江阴,此行目的是为拒阻英舰入江。

三、 拒阻英舰入江

在华北义和团运动迅猛发展之际,英国为维护在长江流域的传统利益,最早向江、鄂总督提出,派军舰开赴南京、汉口,"保证他们在维护秩序时将获得英国的保护"[56]。张之洞、刘坤一对此谨慎回应,鉴于"英水师欲据长

---

[55] 《致济南袁抚台》,光绪二十六年六月二十八日未刻发,《张之洞全集》第 10 册,第 8170 页。此系表面功夫,张、李观念撕裂,已成事实,前者背后向人吐露:"李鉴帅过山东,满口主战,力诋刘、张,诋张不当请剿匪。向来所佩服大臣止徐相、崇公二人,所赞大将止董福祥一人……鉴帅到京志同道合,不知又有何怪论,必俟到宗社已危而后醒悟,鄙人实不敢再谓此老能安内也。可痛可恨!"参见《致福州张藩台》,光绪二十六年六月二十九日巳刻发,《张之洞全集》第 10 册,第 8173 页。

[56] 《索尔兹伯里侯爵致霍必澜代总领事电》(1900 年 6 月 15 日发自外交部),《英国蓝皮书有关义和团运动资料选译》,胡滨译,中华书局,1980,第 42 页。

江,若我不任保护,东南大局去矣",迅速达成"力任保护,稳住各国"的共识,以杜外人"窥伺"野心。[57]刘坤一在五月二十五日致电李秉衡,告以:

> 此次拳匪召祸,患在政府不肯主剿,致动各国之兵。从古无开衅各国之理。津、京危急,大局不支,东南若再有事,则全局糜烂。迭与香帅电商,就目前计,惟有力任保护,稳住各国,以冀北事转圜。……长江权利,各国觊觎已久,惟畏英不敢遽为戎首,英亦因该国商务在长江为多,不敢遽行强占,致启各国戎心。若触动一国,各国必群起而攻,在我既无敌各国之力,亦只有就其所忌而羁縻牵制之。仍一面严密筹备,若彼族以兵舰照常游历护商,尽可听之,非至十分相逼,断不可先开衅端。千祈查照办理,东南幸甚。[58]

这是刘坤一明确阐述应变方针,揭出"力任保护,稳住各国"八字,欲利用各国猜忌而行牵制之策。此番叮嘱,意在稳住各国同时,也稳住内部,特别强调"非至十分相逼"不可动武,避免衅自我开。但是电报还是晚了一步,李秉衡在当天已至江阴,对外声称凡遇外国兵轮擅入长江,炮台立予击沉,又要求南洋拨款购置水雷,作为拦江之用。

按江阴地处长江南岸,位于南京、上海之间,临江多山,形势险要,江面最狭处仅宽1.25公里,素称"江海门户",沿江山岸建有多处炮台,为吴淞口之后第二道江防要塞。[59]庚子事起后,原驻扎江阴之合字五旗,一律改旗为

---

[57]《致江宁刘抚台》,光绪二十六年五月二十二日,《张之洞全集》第10册,第7993页。《寄张制军于中丞鹿中丞王中丞松中丞》,光绪二十六年五月二十三日,《刘坤一遗集》第6册,第2563页。

[58]《复李鉴帅》,光绪二十六年五月二十五日,《刘坤一遗集》第6册,第2564页。

[59]上年因三门湾事件,意大利军船至沿海一带游弋,南洋奉旨整顿防务,也将江阴炮台视为重点。刘坤一复奏称:"江苏滨海临江,地方极为辽阔,就防务而论,以吴淞、南石塘、狮子林、江阴为最要,镇江次之,金陵又次之。各该处均经设有炮台,派勇守护,吴淞、江阴等处并派有兵轮、鱼雷各船依附炮台,分别扼守。炮台、兵轮相为表里,迭经饬令联络一气,互为声援。"参看《遵旨妥筹南洋防务折》,光绪二十五年十二月十六日,《刘坤一遗集》第3册,第1195页。

营,每营添足五百人,总计达两千五百人;又以"北岸兵力尚单",新募两营合一千人,两岸防务统归江南提督李占椿节制。⑩ 当时"东南互保"已渐成说,战议若开,情势又将逆变。张之洞虽不满于英舰入江,但坚持武力拒阻不可行。在他看来:"以中国之弱,江阴炮台之陋,各国洋轮入江,止可设法善言劝阻,焉能以兵力相拒?"当听说李秉衡有对外动武的倾向,即于五月二十六日(6月22日)致电刘坤一,要求及时劝阻:

> 昨于中丞接李鉴帅电云:顷即起身,明日到江阴,筹阻英舰入,已与滋帅意同,等语。不胜焦急。……幸公与弟力任保护弹压,切商各国。昨得英国外部及驻汉各国领事复,均词意和平,并称无派船入江之意。英国昨派两船来芜湖、汉口,亦不过游历,平时常有之事,当不在禁阻之列。倘鉴帅不察,误会阻之,岂不自速祸乱乎?万望切实婉劝鉴帅,勿得孟浪,致生枝节,并告滋帅转劝为祷。⑪

李秉衡决意一战,也令刘坤一深感棘手。他一面托词延宕购置拦江水雷的申请,一面"密电李军门(李占椿)勿自我开衅,复派员前往面告办法,密授将领机宜",即暗中指示江阴守将原地待命,绝不可轻举妄动。⑫ 与此同时,又使一调虎离山之计,约李秉衡"赴宁妥筹大局"。⑬ 尽管如此,还是放心不下,进而在五月二十七日(6月23日)与张之洞商议会奏,意在削夺李秉衡干预长江防务之权,电文语气决绝:

⑩ 《两江总督刘坤一折》《又片》,光绪二十六年六月十五日,《义和团档案史料》上册,第284—286页。

⑪ 《致江宁刘制台》,光绪二十六年五月二十六日巳刻发,《张之洞全集》第10册,第8012页。

⑫ 《江督致鄂督电》,光绪二十六年五月二十七日,许同莘辑:《庚辛史料》,《河北月刊》第3卷第1期,1935。《刘制台来电》,光绪二十六年五月二十七日申刻到,《张之洞全集》第10册,第8012页。

⑬ 李秉衡被邀赴宁,出自盛宣怀之谋:"顷闻鉴帅昨赴江阴,言遇外国兵轮即击,恐蹈大沽覆辙,关系东南全局,更难收拾。公当其任,似宜加慎,请电约鉴帅速赴宁妥筹大局。"参见《寄江鄂刘张二帅》,光绪二十六年五月二十六日,《愚斋存稿》卷三十六,总第843页。

力任保护,稳住各国,实委曲求全、保东南至计。而鉴帅意见未融,
顷又来电询水雷拦江各件,嘱拨款二三万济用。鄙处电约其来宁面商,
并派员赴江阴详告办法,款从缓拨。如能水乳最善,若竟固执,不得不
另作计议。查鉴帅巡江旨内,并无督办防务之语,沿江地方自是两江、
两湖之责,拟会公电奏,请饬李毋得干预防务,以一事权而免贻误。时
事至此,身何足惜,保守东南,实顾大局,一涉孟浪,祸在眉睫。惟公同
志,谨电密商,祈电示[54]。

张之洞与李秉衡虽有旧谊,奈何形势逼人,既被南洋许为"同志",此时也责
无旁贷。他向李秉衡去一长电,从军事角度分析江阴炮台的实际战力,又以
亲身经验说明中外力量悬殊,电内充分罗列我方"不堪一战"之据,如炮台装
备简陋,大炮、快炮数量不足,火力总量小,炮台结构不合理,弹药全靠上海
制造局供应、易受制于人等等[55],总之轻言战事"万不宜也"[56]。

事实上,此刻主战声势已引起外人的恐慌。英国驻沪领事霍必澜
(P. L. Warren,1845—1923)致伦敦外交部的报告中,毫不掩饰对于李秉
衡的恶感,不过,他对刘坤一控制局面的能力似乎仍抱有信心:

> 前山东巡抚和慈禧太后的坚决支持者李秉衡驻在江阴炮台,他的
> 势力肯定不会支持维护秩序那方面。自那时起,我从女王陛下驻镇江
> 领事那里听说过,他从可靠方面获悉李秉衡已好几次打电报给刘坤一,
> 请求他命令各炮台对驶入长江的任何外国军舰开火,但总督已断然拒

[54]《寄张制军》,光绪二十六年五月二十七日,《刘坤一遗集》第6册,第2565—2566页。

[55]《致江阴李钦差、苏州鹿抚台》,光绪二十六年五月二十九日未刻发,《张之洞全集》第10册,
第8037页。

[56] 按同电并致鹿传霖,特嘱"请滋帅力劝鉴帅"。鹿传霖接电后,也承认南洋炮台"诚非洋敌",
答应"英如不强占,自不能先与决裂",但在对外强硬一点上与李秉衡相似,认为英国虎视眈
眈,难保以后不强行夺占,备战刻缓不容。参见《鹿抚台来电》,光绪二十六年五月三十日亥
刻到,《张之洞全集》第10册,第8038页。

绝这样做,而且下命令给各炮台的指挥官:如果没有他的明白训令,他们不得开炮。我毫不怀疑,两江总督和湖广总督都完全忠实于他们决心维持秩序的声明。⑥⑦

四、 奉召北上

就在这一时刻,出现了一个新的情况。

清廷对外宣战后,号召各省勤王,要求"应各就本省情形,通盘筹画,于选将、练兵、筹饷三大端,如何保守疆土,不使外人逞志,如何接济京师,不使朝廷坐困,事事均求实际"⑥⑧。湖北提督张春发、江西按察使陈泽霖所部武卫先锋左、右两翼各十营驻扎清江浦,被特召北上,"听候调用,勿稍刻延"。⑥⑨江、鄂诸省相继奉到寄谕,于荫霖在五月二十七日(6月23日)最先提议,由两江出面具奏,推举李秉衡统率张春发、陈泽霖两军北上。张之洞感到这是一个机会,但出于谨慎,"不敢赞一词,只可代达"⑦⑩。几乎同时,鹿传霖也向刘坤一提议:"奉廷寄派营入卫,虑缓不济急。武卫先锋两军奉调否?可奏明由鉴帅带两营北上,一面奏,一面启程,较为迅捷而有实济。"⑦⑪

事实上早在此前,于荫霖本人已奏荐李秉衡入京。据《悚斋日记》五月十八日(6月14日)条:"接保津沪各店,仍无准信。星海来商,请内召鉴翁,所见甚是,电鉴翁告知之。"⑦⑫"星海",梁鼎芬(1859—1919),湖广督署主要

---

⑥⑦ 《代总领事霍必澜致索尔兹伯里侯爵电函》(1900年6月27日于上海),《英国蓝皮书有关义和团运动资料选译》,第161—162页。

⑥⑧ 《军机处寄各省督抚上谕》,光绪二十六年五月二十四日,《义和团档案史料》上册,第156—157页。

⑥⑨ 《军机大臣字寄湖北提督张传谕江西臬司陈光绪二十六年五月二十一日奉上谕》,中国第一历史档案馆编辑部编:《义和团档案史料续编》上册,中华书局,1990,第604页。

⑦⑩ 《致江宁刘制台》,光绪朝二十六年五月二十七日午刻发,《张之洞全集》第10册,第8022页。

⑦⑪ 《寄李鉴帅》,光绪二十六年五月二十八日,《刘坤一遗集》第6册,第2566页。

⑦⑫ 于荫霖:《悚斋日记》卷五,总第1096—1097页。

幕僚。于荫霖对梁之建策深以为然,遂向李秉衡电询,复电有"闻诏即登程"之语,于赞为"真公忠可钦"。[73] 初次入奏,因电线中阻未达,后于五月二十二日(6月18日)再度缮折发出:

> 窃维事当难办之际,必先求有办事之人,李秉衡在直隶服官最久,民情最为爱戴,易于信从。臣又深知其忠爱性生,不计一身利害,智深勇沉,老成持重,决非孟浪从事、轻于一掷者比。若使身任其事,无论应剿应抚,即捍御强邻大敌,定能相度机宜,妥为筹画;再得就近仰承慈训,必于目下艰危,大有裨补。用敢再申前请,仰恳圣明迅赐召用李秉衡,俾令帮办武卫军,以维大局。[74]

无独有偶,未奉旨之先,鹿传霖也曾保荐李秉衡带队入卫。五月二十六日(6月22日)奏称:

> 查巡阅长江大臣李秉衡公忠朴直,血性过人,每与臣道及时事,义气奋发,闻惊以来,益深忧愤,有以身报国之志。该大臣曾官直隶,深得民心,而武卫先锋左右两军,现驻淮、徐,本备缓急之用,拟请旨饬下李秉衡即率湖北提督张春发一军迅速入都,畀以抚剿之事,必能分别妥办。[75]

---

[73] 于荫霖:《悚斋日记》卷五,总第 1097 页。

[74] 初次入奏,内称:"李秉衡服官直隶、山东,深洽两省民心,大学士荣禄尝称其公忠,宋庆、董福祥等均甚推服,巡阅长江事可尚缓,应先其所急,恳请皇太后、皇上速召李秉衡入都,畀以帮办武卫军事权,相机办理,必于大局有补。"参见《湖北巡抚于荫霖折》,光绪二十六年五月二十二日,《义和团档案史料》上册,第 151—152 页。

[75] 鹿传霖于同折内亦奏请亲身率军北上勤王:"微臣世受国恩,值此畿疆万分危急,北望帝京,难安寝馈,虽军旅未娴,而义愤莫遏,亦请带同江西臬司陈泽霖一军,星驰北上,稍抒敌忾之忱。一俟命下,立即起程。"参见《江苏巡抚鹿传霖折》,光绪二十六年五月二十六日,《义和团档案史料》上册,第 167—168 页。

联系前后来看,于、鹿二人对"勤王"皆极热衷,又与李秉衡交谊密切,素有同心,奉旨后第一时间提议由其率师北上,也就不显得有任何突兀。对于刘坤一而言,李在长江处处掣肘,顺势将其远调,正是求之不得。除张、陈两军已经奉调外,两江加派出前徐州镇总兵陈凤楼就近入援,统交"威望素著之大臣"总制调度,也是名正言顺。五月三十日(6月24日),即电李秉衡,将此意思托出:

> 武卫张、陈两军已奉调,定廿七、八拔队。敝处又派陈凤楼马步七营入援。然非得威望素著之大臣总制调度,恐无实济。滋帅办法,弟深谓然。如公允许,敝处立即出奏,并饬令张、陈及陈凤楼遵照。事急不得不从权,立候电复。⑦⑥

刘坤一以"事急不得不从权",要求速决,而李秉衡在接电次日(6月25日),即由江阴赶赴南京,与刘面晤。⑦⑦ 同行幕僚朱祖懋撰有《海城李公勤王纪略》,记当时情形:

> 匪耗日紧……(公)遂谋单车入卫,与懋商,懋以职守在长江,又无军与饷,赤手空拳,北上无裨。公踌躇竟夕。以江阴为长江门户,敌人难保不分扰。次日束装决赴江阴。某中丞枉送尚劝公北行,公撤髯示之曰:余年逾七十,甘心死国难,南北一也,期于澄江觅干净土,以尽吾职守耳,岂有他哉! 时五月望日前后也。到江阴甫一日,江督连电邀至宁议军事。黎明即行,风雨甚烈,抵宁见岘帅,时已有旨令各省派兵入卫。岘帅出而相视,并以己多病,守土未便骤离,状甚推诿。公慨然愿

⑦⑥ 《寄李鉴帅》,光绪二十六年五月二十八日,《刘坤一遗集》第 6 册,第 2566—2567 页。
⑦⑦ 参看《上海在勤小田切总领事代理ヨリ青木外务大臣宛·李秉衡急遽北上情报ノ件》,明治三十三年六月二十五日,外务省纂:《日本外交文書·第三十三卷 別冊二·北清事变中》,日本國際连合協會,1957,第 201 頁。

行,岷帅喜形于色,为述淮徐武卫左右两军奉旨入卫已先行,拟偕苏抚会奏,即令公统,并为拨卫队二百名。公至扬,待勇队治行具偕发,由袁江遵陆遄进。[78]

刘坤一小心翼翼,试着商量,李秉衡则"慨然请行",答应得异常干脆。其人虽负责巡阅长江水师,实际只有监督之权,手无一兵一卒,至江阴拒阻洋舰,也是声势大于效果,饷、械调拨,无一不受制于人。南下之初,李秉衡即已不安于位,现在北方有警,奉召统兵入卫,正合心意。[79] 这样,李、刘初衷固然各异,办法却是一拍即合。

五月三十日(6月26日),刘、李、鹿三衔会奏,正式说明"公同商酌,臣秉衡奉命巡阅长江,目前尚可暂离,拟即招募卫队二百人,亲率星夜北上。惟有仰恳天恩,准将武卫先锋左右两军,暂归臣秉衡节制,以资钤束,于军务实有裨益"[80]。拜折后第二天,李秉衡即离开南京,渡江驶抵扬州,在那里招募二百人随行卫队,做北上的最后准备。[81] 旋接奉本月二十八日(6月24日)寄谕:"李秉衡着即来京陛见,勿稍刻延。"[82]君命召,不俟驾行矣。李秉

---

[78] 朱祖懋撰:《海城李公勤王纪略》,《中华历史人物别传集》第89册,第345页。又据《啁啾漫记·刘岷庄制军轶事》:"庚子之变,公力持和约,以保东南。时长江钦差李秉衡者树异议,公窃忧之。一日诡语李曰:'今联军攻天津,京师危甚,老夫受国深思,志在勤王,愿以此席畀公,何如?'李愤然曰:'仆有怀久矣,微公言亦欲以死报国,勤王之举,仆身任之,无烦公也。'后数日李即率师北上。"参见《清代野史》第4卷,巴蜀书社,1998,第1958页。

[79] 于荫霖五月二十九日记:"鉴帅电来,北行事定,颇心慰。"参见《悚斋日记》卷五,总第1099页。

[80] 《遵旨派兵北上折》,光绪二十六年五月三十日,《刘坤一遗集》第3册,第1218—1219页。

[81] 当时在上海的外国领事注意到李秉衡北上招兵的情形,据其记录:"李至扬州,以当地为北清与长江连接之要冲,命原驻盐扬二营注意警备,南字右旗(每旗一百人)三日内招募勇丁二百人,并改旗为营(每营五百人),另由盐运使于仓库附近屯兵,招募千名成军,以备不患。淮扬以北屯驻各营悉听盐运使之命退,新募士兵在各地团练局训练,悉以义勇为名。"参见《上海在勤小田切総领事代理ヨリ青木外務大臣宛·李秉衡ノ长江一带防備强化並带兵北上ニ付報告ノ件》,明治三十三年七月六日,《日本外交文书·第三十三卷 别册二·北清事变中》,第235页。

[82] 《军机大臣字寄降调四川总督巡阅长江水师李》,光绪二十六年五月二十八日,《光绪宣统两朝朝上谕档》第26册,第148页。

衡不敢延迟，除咨令武卫先锋左、右两军迅速开拔外，亲率卫队两哨二百人于初四日(6月30日)先行动身，由此踏上征程。⑧ 而从此刻起，他的生命也开始进入倒计时。

五、 二李之"争"

送走了李秉衡，东南督抚或因此长舒一口大气。⑧ 然而，当时却有更多人对李秉衡之北上寄托了热望。自中法、中日两役以来，李秉衡用其对外强硬的表现，以及天下共推为疆吏贤者的情操直节，赢得朝野广泛的赞誉，俨然为疆臣领袖之继承人。⑧ 甲午时期，翁同龢(1830—1904)对他做过极高评价："朴实平易，兵事将材均极留意，良吏也，伟人也。"⑧ 王清穆(1860—

---

⑧ 《巡阅长江水师李秉衡折》，光绪朝二十六年六月初三日，《义和团档案史料》上册，第204页。于荫霖六月初三日记："鉴电来云，是日接廷寄，令陛见，明日午即起程。昨函有云，朝定计而夕即道，天下无二，公也，真可信。鹿滋帅电来，亦奉旨入卫，乃滋帅自请也。二公皆令人起敬。"(见《悚斋日记》卷五，总第1101页)按其时鹿传霖的情况与李秉衡近似，同样苦于"无营可调""无兵可带"，只能在苏州临时募勇，为北上做准备。但募军进展不顺，并遭到外界质疑，他向盛宣怀辩白说："弟内召不能无一二营护从，新募三营，今只成两营，随行衡字三营尚缓待，即此区区数营岂能抗洋？弟曾奏请剿拳，此行仍欲补救，祈将此意设法婉达，勿使各领生疑，至祷。"(《鹿抚台来电》两通，光绪二十六年五月二十八日酉刻到、五月三十日酉刻到，《张之洞全集》第10册，第8023、8042页。《苏抚鹿滋帅来电》，光绪二十六年六月初七日，《愚斋存稿》卷三十六，总第860页)至六月十四日(7月10日)，鹿传霖由苏州启程北上，随带仅有扈从一营。参见《鹿传霖奏为遵旨带兵北上并于清江设立粮台事片》，光绪二十六年六月十四日，《义和团档案史料续编》上册，第646页。

⑧ 据日本领事小田切万寿之助的报告："从可靠的情报，此前总督最感苦心焦思之事，系隶属刚毅派之李秉衡、鹿传霖掣肘，今两人相继北上，削弱地方上反对总督之力量，令其减少诸多内顾之忧。总督大有欢愉之色。"参见《上海在勤小田切总领事代理ヨリ青木外务大臣宛・時局ニ對スル劉總督意見情報ノ件》，明治三十三年七月十一日，《日本外交文書・第三十三卷　別冊二・北清事变中》，第238页。

⑧ 林文仁从政治派系的角度分析，认为李秉衡"为帝党所特重"，欲借以对抗李鸿章主持之淮系北洋势力。参看氏著《派系分合与晚清政治——以"帝后党政"为中心的探讨》，中国社会科学出版社，2005，280—281页。

⑧ 陈义杰整理：《翁同龢日记》第5册，光绪二十年七月二十三日条，中华书局，1998，第2721页。

1941)乙未日记中,也推许李秉衡"清勤直亮,实心为国,近时疆吏中罕有其匹"⑧。当庚子事变作,战争威胁迫在眉睫,人人都在呼唤英雄出现,而李秉衡无疑是拥有最高人气的那一位。虽远在江南,他的名字被京城大小官僚频频道及,几乎被视为有能力扶危救难的不二人选。五月十四日(6月10)日,福建道监察御史管廷献上奏片,请速调李秉衡来京,内称:

> 查巡阅长江水师、降调四川总督李秉衡,久官直隶,素得民心,兼谙军事,若明降谕旨,饬令星宿来京,畀以疆寄,假以事权,当于时局有裨。惟其人素为洋人所忌,恐加阻挠。宜饬总理衙门,晓以专为靖乱起见,安民即所以安洋。⑧

十六日(6月12日),詹事府司经局洗马檀玑奏请招抚义和拳以御外敌,推李秉衡为"知兵",并提出编练成军之具体办法:

> 择知兵大员,如李秉衡、董福祥等,招集拳民无家可归者,另编一军,酌给口粮,以兵法部勒之,显以禁其为匪之路,隐以养其敌忾之心。⑧

除了来自言路的呼声,中枢当道徐桐、崇绮、刚毅诸人对李秉衡推崇备至,前述于荫霖、鹿传霖的大力奏荐也是铿锵有声。五月二十八日(6月24日),也即发布"宣战"诏书后第四天,清廷谕召李秉衡"来京陛见,勿稍刻延"。

此处,我们可能会联想到庚子事变中另一位北上重臣,更为后世所知的大人物——李鸿章。如将视野稍为放宽,可发现清廷政策在和战之间摇摆,

---

⑧ 王清穆著·胡坚整理:《知耻斋日记(续二)》,乙未八月十五日条,上海图书馆历史文献研究所编《历史文献》第14辑,上海古籍出版社,2010,第283页。

⑧ 《御史管廷献片》,光绪二十六年五月十四日,《义和团档案史料》上册,第125页。

⑧ 《詹事府司经局洗马檀玑折》,光绪二十六年五月十六日,《义和团档案史料》上册,第132页。

伴随外部形势变化，不断发生相应调整。五月十九日（6月15日），谕召两广总督李鸿章"迅速来京"[90]，仍希望将中外纠纷拉回外交轨道，不想轻易言战。六月初七、初十日（7月3日、6日），两度旨催，十二日（7月8日），授李鸿章为直隶总督兼北洋大臣；随着战局变恶，六月十六、二十二、二十七日，七月初四日（7月12日、18日、23日、29日）连下四旨，无一例外都是督促北上，调子已经一次比一次更加严厉。[91]

面对朝廷召唤，二李各有不同反应。李秉衡奉旨之下，"感奋涕零，情不自已，阙廷瞻望，驰念莫名"[92]，奔赴君父之难，不敢稍缓时日；李鸿章则抱定"先定内乱，再弭外侮"的宗旨，认为此刻"只身赴难，毫无补益"[93]。而在他们各自身后，同样有为数众多的支持者和与反对者。北方义和拳兴起后，盛宣怀认为"目前惟有调傅相回北，内乱外衅，或可渐弭"[94]，在第一时间策划奏调李鸿章回任直督，欲推其至前台。张之洞由"合肥前已电召"，相信"内意必愿议和"[95]。当李鸿章滞沪不行，他与刘坤一等东南疆吏十三人，联名奏荐"大学士臣李鸿章，周知四国，体用兼通，办理交涉有年，为各国所信服"，吁请朝廷"授以全权，示以机宜，饬令就近在上海与各国电商"[96]。不过，与张之洞同城而居的于荫霖，对李鸿章的观感截然不同。他在日记中写

[90]　《军机处寄直隶总督裕禄上谕》，光绪二十六年五月十九日，《义和团档案史料》上册，第141页。

[91]　国家档案局明清档案馆编：《义和团档案史料》上册，第259、339页。中国第一历史档案馆编：《庚子事变清宫档案汇编》第1册，中国人民大学出版社，2003，第304、362、443、575、658页。

[92]　《巡阅长江水师李秉衡折》，光绪二十六年六月初三日，《义和团档案史料》上册，第204页。

[93]　《急东抚袁慰帅》，光绪二十六年五月二十六日午刻，顾廷龙、戴逸主编：《李鸿章全集》第27册，安徽教育出版社，2008，第64页。

[94]　《寄刘岘帅张香帅》，光绪二十六年五月十六日，《愚斋存稿》卷三十五，总第833页。

[95]　《致东京李钦差》，光绪二十六年五月二十三日戌刻发，《张之洞全集》第10册，第7999页。

[96]　《两江总督刘坤一等折》，光绪二十六年七月初一日，《义和团档案史料》上册，第386—387页。并见《兵事方殷合陈管见折》，光绪二十六年七月初一日，《刘坤一遗集》第3册，第1223—1224页。按该会奏由两江总督刘坤一领衔，余列名者十二人：湖广总督张之洞、闽浙总督许应骙、四川总督奎俊、福州将军善联、成都将军绰哈布、署两广总督德寿、署陕甘总督魏光焘、浙江巡抚刘树堂、安徽巡抚王之春、山东巡抚袁世凯、护理江苏巡抚聂缉椝、护理陕西巡抚端方。

道:"见十九日(6月15日)上谕,此人内召,事愈不可为矣。"⑰显然,李鸿章断非其心中所属。

就在外臣为停兵议和函电络绎、奔走呼吁之际,京城内也正掀起倒李的高潮。翰林院侍讲学士恽毓鼎私下评议说:"三电召之徘徊不进,其志恐不纯矣。"⑱翰林院编修王会釐(1844—1913)则公然入奏,历数"近三十年来,大学士李鸿章专务和戎……甘心卖国,阴授以柄,致外洋要挟,中国几难图存"诸罪状,指斥召而不赴、畏葸求和,疾呼"大奸不除,不能成大功":

> 今既恭伸天讨,而李鸿章总制两粤,闻有抗旨不赴召之电,又有请勿开衅之电。悖谬畏葸,老而益甚。不知主辱臣死之义,惟请苟安求和。听则可保全禄位,不听则可诿卸责任。一至交兵,又多方牵制阻挠,必欲一蹶不振,以实其言。此皆李鸿章惯技。若再以此法试办,大局何堪设想?……闻仍有旨电召李鸿章来京,庙谟深远,已操胜算。如李鸿章遵旨前来,虽失魁柄,恐其仍肆奸谋。应请旨严加禁锢,庶免泄漏军情。如仍抗旨不来,是其悖逆显露。应请皇太后、皇上速奋宸断,下密旨于广东巡抚德寿,数两次抗旨之罪,将李鸿章就地正法。⑲

给事中蒋式芬(1851—1922)也对李鸿章奉召不来深为不满,奏折内抨击"该大学士一则以地方紧要、未敢遵行北上为辞,一则以水陆不通、老病畏难为解,饰词推诿,退缩不前",甚而"复纠合十余省督抚,保护外洋商务,使敌国无粮饷匮绝之虞,并力抗我",责问"何其忠于外洋而不忠于朝廷也"?

---

⑰ 于荫霖:《悚斋日记》卷五,总第1098页。

⑱《恽毓鼎庚子日记》,北京大学历史系中国近现代史教研室编:《义和团运动史料丛编》第1辑,中华书局,1964,第58页。

⑲《翰林院编修王会釐呈》,光绪二十六年六月十三日,《义和团档案史料》上册,第266—267页。

结论称：

> 若李鸿章者，战不能战，守不能守，徒拥高位，作汉奸而已。天下臣
> 民无不切齿。臣愚以为宜更择才德兼备之员，往代其任。

所谓"才德兼备之员"，实指李秉衡而言。同折内，蒋式芬盛赞"若李秉衡，公
忠为天下所谅，廉惠合妇孺而皆知，服官省分，士民至今言之，犹为感泣……
是李秉衡德足惠民，才堪定乱，谅在圣明洞鉴之中"，进而建议"擢之枢要之
地，使之总筹全局，进退人才，转危为安，当可立睹"。奏末一褒一贬，堪足振
聋发聩：

> 是立黜一汉奸之李鸿章，而小人不敢效尤；重用一公忠体国之李秉
> 衡，而士气因之以振。举错之间，安危所系。伏望圣明断而行之。⑩

与之同时，江西道监察御史郑炳麟奏言"各省援军纷集，特请简统帅，以
一事权"，而其依据中法、中日两役的经验，所属意之最佳人选也是李秉衡：

> 前四川总督李秉衡，其名声足以服众，其威望足以慑敌，其公正无
> 私足以信赏而必罚。前中法之役，在广西布置，我军赖以大捷；中日之
> 战，在烟台坐镇，敌人未敢深入。其阅历之久，尤为人所公知，非臣一人
> 之私言也。请特简李秉衡为统帅，俾全师归其节制、调遣，以一事权。⑩

在庚子年，两位均已年逾七旬而履历不同、气质迥异的老臣，被不同人
群所瞻仰瞩望，各自奉为排难匡危的救世主。好似一场奇怪的比赛，谁先入

---

⑩ 以上两段均见《给事中蒋式芬折》，光绪二十六年七月初三日，《义和团档案史料》上册，第
394 页。
⑩ 《御史郑炳麟折》，光绪二十六年七月初三日，《义和团档案史料》上册，第393 页。

京,谁就可能改写历史。当事人各怀心事,或未必有意争先,两边的人群却姿态百出,喝彩叫好者有之,诽谤诅咒者有之,冷眼观望者亦有之。李秉衡终于先到了一步,于六月二十九日(7月25日)申刻(15—17时)抵京。[102] 七月初一日(7月26日),即蒙召见,当天奉旨受命"帮办武卫军事务",湖广、两江、山西、山东派出勤王之张春发、陈泽霖、万本华、夏辛酉四军归其节制。[103] 同日,懿旨加恩,"着在紫禁城内骑马,并在紫禁城内、西苑门内乘坐二人肩舆"。[104] 而数天之前,李鸿章才刚刚由广州航海北上,六月二十五日(7月21日)到达上海后,停留观望,就此徘徊不进。[105]

当时,天津城陷落的消息已被证实,清廷预感战事不利,加紧了保护使馆、停战求和的进程。[106] 赵凤昌尝言:"(李)七月抵都召见,力主战,请先杀内奸,即指顾大局、剿拳匪诸臣,张南皮亦在列,初四日即杀许、袁矣。"[107] 李秉衡觐见与许景澄、袁昶两总署大臣被杀,是否有直接关系,限于史料,未得实证。[108] 但李到京后,慈禧太后的主战决心得以巩固,对外态度重趋强硬,确为事实。当时东南督抚请派李鸿章为"全权"会奏折到京,留中不发,可充

---

⑩ 刘笠僧:《庚子劫余草》,见张廷骧辑《不远复斋见闻杂志》,《义和团史料》下册,第645页。

⑩ 《上谕》,光绪二十六年七月初一日,《义和团档案史料》上册,第385页。按李秉衡觐见之际,曾面奏山东现存军火若干,请速调京使用,清廷因此连续旨令山东巡抚袁世凯将前项军械派员提交,毋稍延误。(《军机处寄山东巡抚袁世凯上谕》,光绪二十六年七月初一、初五日,《义和团档案史料》上册,第385、411页)然直至京师城破,军火仍未解京。

⑩ 《着奖赏李秉衡懿旨》,光绪二十六年七月初一日,《义和团档案史料续编》上册,第715页。

⑩ 李鸿章于本年六月二十日(7月21日)抵达上海,迟至八月二十一日(9月14日)启程北上。参看雷禄庆编:《李鸿章年谱》,台湾商务印书馆,1977,第623—624页。

⑩ 《总理各国事务衙门奕劻等给各国使臣照会》《总理各国事务奕劻等致各国使臣函》,《义和团档案史料》上册,第325—326、345—346页。

⑩ 惜阴:《庚子拳祸东南互保之纪实》,《人文月刊》第2卷第7期,1931,第4页。

⑩ 时人有谓"李鉴帅抵阙,力阻和议,于是和议中变,许、袁二公授首""当李鉴帅入觐时,极言东南合约之非。且言不诛外省一二统兵大臣,不足以震中国之势,而外人决不能除。故许、袁以直谏先罹其咎,所以儆外臣也"。(参见《综论义和团》,《义和团史料》上册,第167、178页;佐原笃介、浙西沤隐辑《拳乱纪闻》,《丛刊·义和团》第1册,第190页)此皆系传闻,且文字雷同,或来自同一史源。郭则沄则不信李秉衡有介入政争、谋害许袁的举动,认为"鉴堂亦非朋谋倾陷之人也"。参见龙顾山人:《庚子诗鉴》,《义和团史料》上册,第63页。

一旁证。⑩故京外人士有谓"现海城初一入觐，高谈者气复少振"⑪。事后，刘坤一向盛宣怀哀叹：

> 海城到京，固执尤甚，朝局又变。会请派傅相全权折，留中不发，而以海城帮办武卫军。……事机甫转，又为海城所败；定兴到后，益觉牢不可破。一误再误，京城恐难保全，北望痛甚。⑪

其实，李秉衡之主战不过为恪尽职守，所谓"方今战端已开，战亦亡，不战亦亡，毋宁战之犹壮也"⑫。他本人亦自知此时言战，必无胜理。据荣禄亲信、顺天府尹陈夔龙（1857—1948）回忆，李秉衡私下有"洋兵如此利害，战事哪有把握，我此番往前敌，但拼一死，可速电召李中堂，迅即来京办理议和"⑬的谈论。给事中高枏（1852—1904）记："简帅（李秉衡）初一到，三条：一保使馆、一剿、一调董军出外防守。"⑭则李到京之初，对义和团仍无信任

---

⑩ 《兵事方殷合陈管见折》，光绪二十六年七月初一日，《刘坤一遗集》第 3 册，第 1223—1224 页。原注："光绪二十六年七月初七日奉到军机处七月初四日知会，奉旨留中。"按高枏日记对此做有评论："初四各督乞与合肥全权，留中。迟十日，乃有北仓、杨村之败。无事生事，竟做成烂事，可救不救，直至于难救。"参见《高枏日记》，收入《庚子记事》，中华书局，1978，第 168 页。

⑪ 《袁抚台来电并致李中堂、盛京堂、刘制台》，光绪二十六年七月初六日辰刻到，《张之洞全集》第 10 册，第 8200 页。

⑪ 《复盛京堂》，光绪二十六年七月初七日，《刘坤一遗集》第 6 册，第 2583 页。"定兴"，鹿传霖，直隶定兴人。

⑫ 赵炳麟：《李忠节公传》（辛丑八月撰），钱仲联主编《广清碑传集》，苏州大学出版社，1999，第 955 页。郭则沄《十朝诗乘》录李秉衡幕僚蒋楷咏史诗，并谓："鉴堂初亦主剿拳，既抵京，知其策不能用，乃奋身死敌。当联军犯阙，万众披靡，犹有是军焉。捍大难以勤王事，不可没也。"参看龙顾山人纂：《十朝诗乘》卷二十三，卞孝萱、姚松点校，福建人民出版社，2000，第 965 页。按郭父曾炘，庚子时为领班军机章京。

⑬ 陈夔龙：《梦蕉亭杂记》，第 38 页。

⑭ 《高枏日记》七月初一日条，《庚子记事》，第 160 页。叶昌炽也颇注意李秉衡到京后的言论，曾托人打听，且予以比较高的评价，其七月初三日记："李鉴帅到京，召对两次，宣室前席，宗社安危所系，以一函询凤石（陆润庠），云：闻与八省督抚公疏，若何符节，又闻面折崇公（绮），极中肯綮。"参见《督缘庐日记抄》，《丛刊·义和团》第 2 册，第 454 页。

可言。至于后来"言义民可用，当以兵法部勒之"，一个重要原因实在于无兵可用，京畿之拳民"大抵皆倚秉衡为名"，故"秉衡亦羁縻之，取虚声而已"[⑮]。

七月十二日（8月6日），李秉衡出都视师，临行前自誓："人谁不死，豹皮尚解留名。我亦何求，马革甘于横卧。呜呼！养兵千日，用在一朝。宁为国而捐躯，勿临死而缩手。"[⑯]此行"名节制四军，实无一兵应命"，仅有王廷相（1851—1900）、曾廉（1856—1928）、张季煜、吴锜等少数幕僚和数百拳众随行。[⑰]甫出京师，北仓、杨村已告失守，清军溃退，联军突进至河西务。李秉衡"方拟合队于河西务，并力御敌"，然而"未立营垒即被冲破，各军纷纷逃溃，势不可止"，不得不退抵通州张家湾。[⑱]至七月十七日（8月11日），联军进逼张家湾，李秉衡见事不可为，仰药以殉。自尽前，具遗折[⑲]，手书别幕僚亲友，道出沉痛之言：

> 诸兄台赐览：弟刻自马头退抵张家湾，此衡死所也。……军队数
> 万充塞道涂，就数日目击，实未一战。村镇巨镇如河西坞、张家湾俱焚
> 掠无遗，小村亦然。身经兵火屡屡，实所未见。……兵将如此，岂旦夕
> 之故！衡上负朝廷，下负斯民，无可逃罪，若再偷生，是真无人心矣！天

---

⑮ 李希圣：《庚子国变记》，《丛刊·义和团》第1册，第21页。

⑯ 《李秉衡誓师文》，《近代史资料》总16号，科学出版社，1957，第132页。

⑰ 胡思敬：《驴背集》，《丛刊·义和团》第2册，第505页。黄曾源：《义和团事实》，《义和团运动史料丛编》第1辑，中华书局，1964，第134—135页。按李秉衡战败自殉后，清廷赐恤，上谕中亦承认："军务初起，特召来京，该督冒暑遄行，受命督师，甫及н到防，仓皇出战，以致师出无功。此实由于兵非素练，将士不能用命，朝廷并未加该督以失律之咎。"参见《上谕》，光绪二十六年八月十三日，《义和团档案史料》上册，第549—550页。

⑱ 《帮办武卫军事务李秉衡折》，光绪二十六年七月十七日，《义和团档案史料》上册，第469页。

⑲ 遗折今未见。据朱祖懋记："十七日早间，犹激厉万、夏勉图报效，以期共死，见敌方大至，左右除万、夏残军数营，附近别无援军，惟满旧逃溃，众寡强弱，亦实不敌，慨然曰：吾此来奔赴国难，早有措手不及之虑，遽至于此难，然我国之大臣不可辱于敌人之手。端楷具遗折，二百数十字，请两宫各尽慈孝，进贤退不肖，洋务愈讲求愈败坏，须切实筹之。交文案马太史吉樟带京代递（闻折辗转交崇公代递，两宫蒙尘，崇公殉于莲池书院，递否未得确信）。谕子政均，从死为不孝，无一他语。"参见朱祖懋：《海城李公勤王纪略》一卷（光绪二十九年铅印本），《中华历史人物别传集》第89册，第346页。

下事从此不可问罪臣。罪臣弟秉衡叩别谨上。七月十七日。⑫

北仓失守的战报传达北京当天（8月7日），清廷旨授李鸿章为议和全权大臣，命"即日电商各国外部，先行停战"⑫。但联军长驱直入，已有"风利不得泊之势"，仅仅一周后，北京沦陷，两宫西逃。当李鸿章在俄军护卫下进入北京城时，已经是闰八月十二日（10月5日），距离他初次奉召北上，过去了将近四个月。而这数月之间，天地已然翻覆。

六、 结语："误国之忠臣"？

当李秉衡北上勤王之际，于荫霖长子于筦厚前往扬州送行。根据他的回忆，我们可以略窥李氏较少为他人道的心曲：

> 吾父命余偕谷兰送公扬州，借询北上机宜。公性固刚烈，吾父甚悬注也。比抵扬，见公于古庙中。公告余曰：汝父念我，甚感。此次之战，必无幸理。如皇上西巡，命我扈跸，我尚可生。否则，有死而已！我年逾七十，尚复何憾！只恨此战启自拳匪，殊可惜也。言罢欷歔不置。⑫

尚未启程北上，李秉衡已预知结果，必将有死无生。无独有偶，李鸿章离开广州之前，与幕僚裴景福（1854—1924）也有一番对话，谈及将来收拾残局，言语中同样流露出无限失落：

> 我不能预料，惟有极力磋磨，展缓年分。尚不知作得到否？我能活

---

⑫ 张廷骧辑：《不远复斋见闻杂志》，《义和团史料》下册，第646页。按李秉衡死后，为其"调赴军营"的翰林院编修王廷相亦投河，从而殉国。参见《裕德等奏为遵旨议恤殉难阵亡及病故文武各员事折》，光绪二十六年十一月十八日，《义和团档案史料续编》上册，第895页。

⑫ 《军机处寄直隶总督李鸿章电旨》，光绪二十六年七月十三日，《义和团档案史料》上册，第445—446页。

⑫ 翟文选：《李忠节公奏议翟序》，戚其章辑校《李秉衡集》，第779页。"谷兰"，王谷兰，于荫霖幕僚。

几年,当一日和尚撞一日钟,钟不鸣了,和尚亦死了。[⑫]

二李怀有不同的政治抱负,对待北上之行也存互异的态度,但在踏上征程之际,却有着同样黯淡的心情,一份对个人命运的无奈、对家国未来的悲哀。他们真能如旁人殷盼的那样改变些什么? 这一场北上的形式之争谁又是真正意义上的胜利者?

作为李秉衡的挚友,于荫霖闻其殉国后,在日记中写道:"公之忠烈,炳如日星,志决身歼,于兹无愧。惟人之云亡,大事去矣! 环顾诸烈,无复能似此者矣。悔不当请公统援军,为国家留此支木也。痛何如之!"[⑭]近代闻人赵凤昌(1856—1938)也是庚子事变的亲历者,却将李秉衡目为"误国之忠臣",黄濬(1891—1937)许此为"名言",叹"国事至此,正坐有无限若干之'误国忠臣'也"。[⑮] 掌故家徐凌霄(1882—1961)、徐一士(1890—1971)却颇感有"讼冤"之必要:"盖附和义和拳是一事,督师御外兵又是一事,时战端已开,天津已陷,李督师于危难之际以卫京国,既战而败,遂以身殉,一死亦颇壮烈,而竟坐以拳党之名,使身后永负遗谤,是可哀已。"[⑯]而同样经历事变的费行简(1871—1954),结合自身见闻,对李秉衡于是役中表现有着相对持平的见解:

> 甲午、乙未间,当世论疆吏之贤者,必推秉衡。迨拳乱作,众又以其顽固附诸刚毅、毓贤之列。然秉衡操行廉峻,勤朴坚毅,今之世,吾未之多觏也。当拳匪初起,方出巡阅长江,余在奎俊幕,见其手札,有匪类不可重用,外衅不可遍开语,继则南中疆吏联衔电阻,秉衡亦列名,而中朝不省,迨津战既作,仓卒勤王。其时外衅已启,即秉衡不战,亦莫从弭

---

⑫ 裴景福:《河海昆仑录》卷三,收入沈云龙主编《近代中国史料丛刊》第3辑,文海出版社,1967,第227页。

⑭ 于荫霖:《悚斋日记》卷五,总第1114页。

⑮ 黄濬著,李吉奎整理:《花随人圣庵摭忆》中册,中华书局,2008,第462页。按黄濬于此处慨叹"忠臣误国",不旋踵而以通日寇,成为抗战开始后镇压之第一号汉奸,其复为后人所叹:"世事之不可逆料与荒谬,竟有如此者!"见李吉奎撰"整理说明",同上书,上册,第4页。

⑯ 徐凌霄、徐一士:《凌霄一士随笔》(一),"李秉衡清操直节"条,山西古籍出版社,1997,第82页。

兵,在狡黠者正可延宕观望,乃不出此,卒以身殉,观其临殁致各将领书,述诸军畏敌状,可为太息。[127]

综前所述,李秉衡身与庚子勤王一役,以"抒君父之难"为要义,心怀报效之忱,反对侵略、力主战议,在因应时变的策略上,与李鸿章、张之洞、刘坤一等人明显拉开了距离。"忠君爱国"确为其思想本质,但"庇拳仇洋"则未必是历史事实。[128] 作为一贯观念,李秉衡向视大刀会、义和拳一流为"教匪党类",待庚子事变作,又主张"剿内匪以止外兵"。[129] 而最为悲哀和反讽的

---

[127] 沃丘仲子(费行简):《近现代名人小传》上册,北京图书馆出版社,2003,第238页。按奎俊时为四川总督,庚子年费氏在其幕府任事。与李秉衡有过从并悉心搜集其文献的张廷骧,为《海城李公勤王纪略》作跋语(光绪癸卯四月四日),也指出:"公则以拳匪为邪教党类,终必为患,固知之深而言之切,彰彰可考。两宫西狩,议款者必欲殉内,公已将恤典撤销,犹不满意,终以'好为高论、固执酿祸'八字加之罪名,真所谓莫须有之狱,尚足以服天下后世耶?"参见朱祖懋:《海城李公勤王纪略》,《中华历史人物别传集》第89册,第349页。

[128] 一般谓李秉衡"抑洋务",已有论者指出此说"极为片面"。(戚其章辑校:《李秉衡集》,前言,第5页)据李本人言:"试观近数十年凡专办交涉之事,侈言洋务之利者,无不家赀千百万,昭昭在人耳目,究之其利在公乎?在私乎?亦可力烛其奸矣。"(《奏陈管见折》,光绪二十一年九月十六日,《李秉衡集》,第300页)则其反感洋务主要在公私之辨,与"封建顽固"似不可等同视之。此节所涉较广,且与本文题旨关系较疏,拟另文专论。

[129] 李秉衡北上过河北景州境,陈泽霖率部武卫右军攻朱家河教堂,多被指认为李"仇洋庇拳"的另一大例证。据随行幕僚朱祖懋所见:"至景州境,武卫右军陈泽霖来谒,言距城数十里之某庄(朱家河教堂),有教民盘踞……土人围攻数日未得破,带队帮剿,有逸出者悉歼之。公曰:'是坚其从敌之志也,殆不可。'谆谕妥办,即行。未几,寨破,在公行后,议者谓公实令陈剿,无乃耳食,未确。其他疑谤大率类此。"(《海城李公勤王纪略》,《中华历史人物别传集》第89册,第346页)另一幕僚陈荣桂亦言,时直隶人民"辄以攻教堂为请","公既谕以外衅之不可开,复晓谕以勤王之不可缓,匆匆而过……公过时亦未预闻,即质之今日之教民,未有不知者"。其据此评议:"以是观之,则公之不攻教堂,即不庇拳匪之证;不庇拳匪,即非仇洋,亦昭昭然矣。"(参见张廷骧辑《不远复斋见闻杂志》,《义和团史料》下册,第644、647页)再从教会方面来看,有记载称:"七月十六日北上勤王的李秉衡路过景州,拳首们闻讯即去请李秉衡协助攻打朱家河。当时天津已被联军攻下,军情紧急,李秉衡以奉旨北上,无暇顾及,推辞了拳首们的请求。但他告诉拳首,有属他管辖的陈泽霖,率另一支数千人的队伍即将经过,可请其协助。"参看萧静山著:《义勇列传》第三册,刘赖孟多译,献县教区,1935年7月,第18—19页,转引自陈方中《义和团运动民教冲突的性质——以朱家河事件为例》,《辅仁历史学报》第19期,2001年7月,第32页。综上而论,李秉衡不主张围攻教堂之举,北上途中未予赞助,亦未力阻,后清军协助拳民攻破朱家河教堂,究其责任,为陈泽霖居多。

是，朝野上下拥其为"救主"、呼喊"万世瞻仰，在此一举"⑬的狂热战议，终化作虚声，最后追随抗敌的恰恰是起于草泽、有愿心而无战力的少数义勇拳民。李秉衡固有一代"良吏"之名，然战场决胜终究非其所长。时人王锡彤（1865—1938）评论：

> 李公吏才，非帅才也……朝廷狃于一胜之功（指中法战争谅山之捷），庚子拳乱乃恃此老以鞭挞四夷，卒使嶙峋忠骨殉通州城外。而易名忠节，又慑于洋兵之力，终至撤销。鉴老之不幸乎？当局之无知乎？⑬

而况可供其指挥的清军，本杂凑之师，所谓"不习之将、不练之兵"，根本无战力可言。⑬临危受命之际，李秉衡本人不乏救国之忧，实则毫无凭借，所能

⑬ 恽毓鼎：《崇陵传信录》，《丛刊·义和团》第1册，第52页。

⑬ 河南士人王锡彤对李秉衡的品行、事功多有关注，并与李有过直接交往，得到印象："以为包孝肃（包拯）、海忠介（海瑞）一流人。"在其战败殉国后，评论如下："八月朔，始闻李公秉衡通州殉难。嗟乎！李公乃竟死耶！去年余谒公彰德后，朝命巡视长江水师。公以一骡车南行，从者一仆，其行径绝类吾豫之汤文正公（汤斌）。大国威正盛，大臣清介，从容行部，当无他虞。带兵亦作此状，损失威严矣。本年奉旨征天下兵勤王，公仍以一骡车北上，故到京独早。匆匆入觐，即奉旨督师。问师所在，始以张春霖、陈湜、升允、夏辛酉四军隶之。夏为山东总兵，尚有一面缘，其余均素昧平生。仓皇号召中，一空名督师而四远杂凑之将，御外洋报仇之师，三尺童子知其无幸，而公竟决然一往也。忠魂毅魄，奈之何哉！"王锡彤：《抑斋自述·河朔前尘》，郑永福、吕美颐点注，河南大学出版社，2001，第69、79—80页。

⑬ 当时人即指出："以临前敌，兵将皆非素习，鉴帅固忠义，而付之以不习之将、不练之兵，安能使之效死？……宜其不战而溃。"参见费德保撰，戴海斌整理：《庚子北京避难记事》，《近代史资料》总129号，中国社会科学出版社，2014，第223页。关于"不习之将、不练之兵"，李秉衡本人在河西务所上奏折，亦做有深刻反思："就连日目击情形，军队数万充塞道途，闻敌辄溃，实未一战。所过村镇则焚掠一空，以致军采买无物，人马饥困。臣自少至老屡经兵火，实所未见。兵将如此，岂旦夕之故哉？为今之计，非严申纪律、截杀逃兵溃将，无以为立足之地。而臣事权不一，力有未逮。此次奉命视师，事出仓卒，中军无一师一旅，仅张、陈、夏、万四军归臣节制。张春勇于战，而军皆新募，以致一败辄溃。陈泽霖素行取巧，军事更所未娴。夏、万两将甚能军，惜兵力太单，不敷调拨。此外主客各军，或因久战而疲，或因新募而怯。"参见《帮办武卫军事务李秉衡折》，光绪二十六年七月十七日，《义和团档案史料》上册，第469页。

寄托此心的,只是无可奈何的"群起一决"。自尽殉国后,友人以诗感怀,叙写其内心悲怆:"战和两事都无据,一死聊酬高厚恩[海城自言如此]。白发孤臣满腔血,朝朝洒向蹈和门。"⑬这一幕"由救国而误国"⑬的悲剧,诚令人感慨系之。

庚子事变发生时,距离鸦片战争已经整整一个甲子,自被迫打开国门以来,清王朝在近代化道路上蹒跚起步,但历史进入新世纪,在新旧两股力量长期拼力撕扯下,人心国力的凝聚反而变得不可得。经历变乱的同时代人,不由发出这样的反问:

> 中国积弊之深,由来已久,固有须为变通者,然使当轴诸公果能于用人、行政、治军、理财与夫外交诸端,悉秉大公至正,贤者在位,能者在职,则国家元气尚固,亦何至屡遭挫辱,酿成拳匪之乱,罪坐所由,究不知孰当其咎耶? 又孰为忠而孰为不忠耶?⑮

值国难当头之际,趋新者暧昧,保守者空洞,"中无所主",整个国家不复有统一意志。⑯李秉衡以生命为代价践履了自己的人生信条,尽显悲壮,而更多则为无奈。"忠"而"误国"之间,没有必然的逻辑。李秉衡这一人物的历史际遇及身后故事,带给我们的思考也不会停止。

---

⑬ 刘笠僧:《庚子劫余草》,见张廷骧辑《不远复斋见闻杂志》,《义和团史料》下册,第 646 页。

⑭ 陈旭麓先生语,参看氏著《近代中国社会的新陈代谢》,上海人民出版社,1992,第 200 页。

⑮ 张廷骧跋语,见朱祖懋:《海城李公勤王纪略》,《中华历史人物别传集》第 89 册,第 349 页。

⑯ 庚子后,严复已经意识到新旧之争,导致"中无所主",即社会无重心的状况。其致张元济函言道:"韩侂胄之死,金人谥以忠缪,吾于刚、李诸罪魁亦然[忠见所忠,而缪则古今之至缪,即此见学问之不可一日缓也]。宁与李秉衡流涕,不为许景澄道屈也。足下以为何如? 大抵今人以中无所主之故,正如程正叔所谓'贤如醉汉,扶了一边,倒了一边',新党诸人,其能免此者寡矣。"参见《与张元济书(九)》,王栻主编:《严复集》第 3 册,中华书局,1986,第 540 页。按韩侂胄(1152—1207),南宋宰相、权臣,力主"开禧北伐",后在金国示意下为本朝所杀,函首于金。"程正叔",程颐(1033—1107),字正叔,北宋理学家。

种族与政治：

晚清宗室寿富之死及其回响

一、 从《绝命词》说起

光绪二十六年七月二十三日(1900 年 8 月 17 日)，八国联军攻陷京师后次日，四品宗室、翰林院庶吉士寿富在位于西城的白庙胡同家宅，先以仰药，继以自缢，偕一弟二妹同归于尽。临终前自题《绝命词》三首，曰：

> 衮衮诸王胆气粗，竟将血气丧鸿图。
> 请看国破家亡后，到底书生是丈夫。
>
> 曾蒙殊宠对承明，报国无能负此生。
> 惟有孤魂凝不散，九原夜夜祝中兴。
>
> 薰莸相杂恨东林，党祸牵联竟陆沉。
> 今日海枯看白石，二年重谤不伤心。[1]

---

[1] 《纪宗室伯茀太史寿富殉节始末》，刘家平，苏晓君主编：《中华历史人物别传集》第 78 册，线装书局，2003，第 151 页。按绝命词系据原件影印本过录，此诗有多个版本，文字微有异同，另见华学澜《庚子日记》，《庚子记事》，中华书局，1978，第 115 页；吴庆坻《蕉廊脞录》，"寿富殉节前之书诗"条，中华书局，1990，第 102—103 页。

同时代诗话家解读之，谓寿富"承家学，通时政，以是为朝贵所嫉"，绝命之辞"盖犹自伤积毁"，末首曰"二年"，即"戊戌以后也"。[2] 确实，在清末维新家眼中，寿富被许为"满洲中最贤者""宗室特出之英"，无疑是他们的同志。[3]后世史家做晚清人物政治分类时，多将寿富划归"戊戌变法人物"行列。[4]近有海外"新清史"学者也注意到其人言论，认为他"不是从所有的中国人，而是从旗人自身的利益出发"来分析甲午后中国被瓜分的危险，连同康有为、张元济等改革派提出的"满人问题"，构成了"太平天国运动以来对满汉关系的最严峻挑战"。[5]

这样一位被贴上"新党"标签的满洲宗室，当庚子年遭逢大变，于家国危亡之际毅然身殉，遗嘱中"虽讲西学，并未降敌"之语，可谓掷地有声，而"请看国破家亡后，到底书生是丈夫"一问，慷慨有力，闻者震撼，世人叹以"玩其词，踌躇满志，真有视死如归之乐""以新党被锢者，大节凛然，读之起敬"。[6]那么，返回种族与政治相缠绕的晚清语境，究应如何理解寿富其人？从戊戌到庚子，他走过的是怎样一条道路？他的死以及由此激起的悠长回响，又有着何样的历史意味？

二、 寿富其人及家世

寿富(1865—1900)，爱新觉罗氏，字伯弗(一作伯福)，号菊客，满洲镶

---

② 龙顾山人纂，卞孝萱、姚松点校：《十朝诗乘》卷二十三，"两祭酒及宝竹坡二子"条，福建人民出版社，2000，第966页。

③ 梁启超：《饮冰室诗话》，《饮冰室合集》第三册，文集之四十五(上)，中华书局，1989，第13页。华学澜：《庚子日记》，《庚子记事》，第115页。

④ 汤志钧：《戊戌变法人物传稿》上册，中华书局，1982，第347—350页。

⑤ [美]路康乐：《满与汉：清末民初的族群关系与政治权力(1861—1928)》，王琴、刘润堂译，李恭忠审校，中国人民大学出版社，2010，第60、65页。

⑥ 张一麐：《古红梅阁笔记》，"赵舒翘、寿富绝命辞"条，上海书店出版社，1998，第38页。孙雄：《诗史阁诗话》，钱仲联主编《清诗纪事·光绪宣统朝卷》二十，江苏古籍出版社，1989，第13983页。

蓝旗⑦第五族宗室。溯其世系,可谓显赫,为和硕郑宪亲王济尔哈朗(1599—1655)九世孙,排爱新觉罗氏子孙之"溥"字辈。⑧ 按清制,袭爵递减,其七世祖阿札兰(1683—1717)已无亲王头衔,于仕进亦无表现,其曾祖兴隆已降为一闲散宗室,充宗人府笔政。至祖父常禄(1806—1869),始在科场露头角,道光十一年中举,翌年成进士,翰林院侍讲学士。父宝廷(1840—1890),字竹坡,号偶斋,同治三年举人,七年二甲六名进士,选庶吉士,授编修,历充浙江乡试副考官、福建乡试正考官,官至礼部右侍郎、正黄旗蒙古副都统。寿富为宝廷次子⑨,光绪十四年(1888)举人,二十四年(1898)二甲八十八名进士⑩,选庶吉士。三代联中进士、点翰林,文风鼎盛,为满人所罕见,宗室子弟更是绝无仅有。作为郑亲王后裔,宝廷对家族历史及科甲成就颇感自豪,有《咏怀七古》诗云:"大清策勋封诸王,赫赫郑邸威名扬。文功武烈耀史册,祖宗累代流芬芳。"⑪然而,其家族仕途走得并不顺畅。道光二十年(1840)常禄因大考革职,光绪九年(1883)宝廷以"纳妾"微过自劾去官。⑫ 寿富继其祖、

---

⑦ 《清史稿·寿富传》作"隶正蓝旗"。见赵尔巽等撰:《清史稿》卷四百六十八,列传二百二十五,第42册,中华书局,1977,第12779页。而据《爱新觉罗宗谱》,其父宝廷以舒尔哈齐子孙编入镶蓝旗,见《爱新觉罗宗谱·丁四》(16),学苑出版社,1998年影印本,第8189—8190页。今依此。

⑧ 济尔哈朗为清显祖宣皇帝爱新觉罗·塔克世第三子,清太祖努尔哈赤之第六子。按清崇德元年(1636),皇太极下诏,规定以清显祖直系子孙为"宗室",其余伯叔兄弟旁支子孙称"觉罗",分系黄、红带子,以示区别。宗室爵位分十四等:和硕亲王、世子、多罗郡王、长子、多罗贝勒、固山贝子、奉恩镇国公、奉恩辅国公、不入八分镇国公、不入八分辅国公、镇国将军、辅国将军、奉国将军、奉恩将军。据世降一等的袭爵方式和嫡庶有别原则,有宗室无法取得爵位,其被称作"闲散宗室",赐四品顶戴、武职补服,但无四品实职。

⑨ 据《爱新觉罗宗谱》,宝廷有四子,长子文富(1863—1864)、四子康寿(1882—1887),皆早夭,次子寿富、三子寿蕃(原名富寿),由正室诺络氏所出,分娶崔佳氏,即内阁学士联元之二女。见《爱新觉罗宗谱·丁四》(16),第8189—8190页。寿富撰《先考侍郎公年谱》载宝廷四子分别为:寿富、富寿、寿康、康寿。见《北京图书馆藏珍本年谱丛刊》第175册,北京图书馆出版社,1999,第342页。林纾《赠光禄寺卿翰林院庶吉士宗室寿富公行状》记寿蕃作"寿薰"。参看《林琴南文集》,中国书店,1985,据商务印书馆民国五年(1916)《畏庐文集》影印,第36页。

⑩ 前揭《清史稿·寿富传》谓"光绪十四年,成进士",误。

⑪ 宝廷著,聂世美校点:《偶斋诗草》上册,上海古籍出版社,2005,第137页。

⑫ 寿富记其事:"(光绪八年)十二月上,途中买妾,自行检举。……(九年)正月公罢职,纳妾汪氏。"见《先考侍郎公年谱》,《北京图书馆藏珍本年谱丛刊》第175册,第390页。

父,供事于"清要之职",而仕宦履历同其生命于光绪二十六年戛然而止。

附表　寿富世系表[⑬]

【一世】济尔哈朗,舒尔哈齐第六子,封和硕郑宪亲王。

【二世】济度,济尔哈朗第二子,封和硕简纯亲王。

【三世】雅布,济度第五子,封和硕简修亲王。

【四世】阿札兰,雅布第三子,官辅国将军。

【五世】德崇,阿札兰第十一子,闲散,诰封资政大夫。

【六世】广敏,德崇第二子,官盛京兵部侍郎。

【七世】(承继)兴隆,广敏长子,充宗人府笔政。

【七世】(本生)兴定,广敏第四子,闲散。

【八世】常禄(莲溪),兴定长子,出继兴隆为嗣,道光十一年举人,十
　　　二年进士,官至翰林院侍读学士,大考革职,

【九世】宝廷(竹坡),常禄第二子,同治三年举人,七年进士,官至礼
　　　部右侍郎、副都统,缘事革职。

寿富之父宝廷,"宗室之贤者也,负才玩世,脱略不羁"[⑭]。在有清近三百年诗坛,他顶戴着"满族第一诗人"的桂冠,可谓清朝宗室中具有传奇色彩的一位特出人物。[⑮] 光绪初元,宝廷与陈宝琛(1848—1935)、张之洞(1837—1909)、张佩纶(1848—1903)、黄体芳(1832—1899)、邓承修(1841—1892)诸"清流",以直谏敢言名天下,"当日在朝謇謇励风节,并有文字道义之契,世目为元祐诸贤"[⑯]。其罢官缘由,众说纷纭,时有"微臣好色原天性,

---

⑬ 资料来源:寿富《先考侍郎公年谱》,《北京图书馆藏珍本年谱丛刊》第175册,北京图书馆出版社,1999,第341—342页。

⑭ 狄葆贤著,段春旭整理:《平等阁诗话　平等阁笔记》,凤凰出版社,2015,第30页。

⑮ 袁行云《清人诗集叙录》谓:"晚清八旗诗人,当推(偶斋)第一。"参见宝廷著,聂世美校点:《偶斋诗草》前言,上册,第2页。

⑯ 王揖唐著,张金耀点校:《今传是楼诗话》,"宝廷送张之洞诗"条,辽宁教育出版社,2003,第324页。时多有"清流四谏"之名,具体何四人有异说。(参看王维江:《"清流"研究》,上海书店出版社,2009,第39—40页)查张之洞《拜宝竹坡墓》诗有"翰院犹传四谏风"句,则其自我认知中,与宝廷当在"四谏"之列。参看苑书义、孙华峰、李秉新主编:《张之洞全集》第12册,河北人民出版社,1998,第10555页。

只爱蛾眉不爱官"之隽语一时腾于人口。[⑰] 究其实,不惜"微过自污"以求去,与朝廷党争及时局败坏无望不无相当关系。[⑱]

寿富为学,抑或为人,均受其父深刻影响。《清史稿·寿富传》谓"幼从父授七经。稍长,师事张佩纶、张之洞。泛滥群籍,熟精《周官》《史记》,旁逮外国史、算学"。就治学格局言,理经未拘汉宋,而旁及于史。宝廷晚岁讲究理学,亦颇致力于"天文算数"。[⑲] 寿富受此熏陶,进而"通算术",写出《天元演草》一类著述。宝廷罢官后,筑室西山,嗜酒耽诗,以贫病终老。[⑳] 寿富事父至孝,在宝廷晚年常侍近旁,习聆庭训。[㉑] 时与往还的陈衍(1856—

---

⑰ 宝廷典试福建差竣后,以在途纳江山船妓为妾去官,是当时轰动朝野的一桩"韵事",时人多乐道之,如李慈铭《越缦堂日记》、刘体智《异辞录》、郭则沄《十朝诗乘》、黄濬《花随人圣庵摭忆》、王揖唐《今传是楼诗话》等都有记载和评述。又,后句一作"只爱风流不爱官"。参见钱仲联主编:《清诗纪事·同治朝卷》十七,江苏古籍出版社,1989,第11926页。

⑱ 最早对宝廷寄予同情、表示理解的是"清流"同人陈宝琛,其《哭竹坡》诗有云:"大梦先醒弃我归,乍闻除夕泪频挥。隆寒并吊青蝇吊,渴葬悬知大鸟飞。千里诀言遗稿在,一秋失悔报书稀。黎涡未算平生误,早羡阳狂是镜机。"(陈宝琛著,刘永翔、许全胜校点:《沧趣楼诗文集》上册,上海古籍出版社,2006,第8页)指"酒醉误倚江边花",实际是对鱼烂政局的"大梦先醒","镜机"而退,是一种求隐避祸的"阳狂"之举。据宝廷诗文对其自劾罢官的心理解释,可参考《偶斋诗草》上册,前言,第24—25页。

⑲ 宝廷晚岁致函张之洞谓:"择有用书读,作有用文字。经学固至要,而此时非当务之急。海外强邻,眈眈环伺,不但其坚船巨炮,可为中华之患,即其邪说诬民,亦可注意。……购得李某所译谈天书,闭户昼夜读之,苦心孤诣,穷思极虑,有所见则笔之于册。竭三伏之力,已得数十条。但恨不谙算数,有明知其谬而不能著一语者。"(国家图书馆善本部编:《赵凤昌藏札》第7册,国家图书馆出版社,2009,第358—360页)寿富撰《先考侍郎公年谱》光绪十四年(1888)条,可与复按:"是岁得某氏天文说,盖主西法者,其叙有曰:'推步之术,圣人多疏,而西人反密者,圣人有所不知也。'公愀然曰:'不出百年,将有谓孔氏非圣人矣。'遂取西人之说,日夜研究之,往往自夜达旦,有所得,虽眠必起纪之。"(《北京图书馆藏珍本年谱丛刊》第175册,第393—394页)按"李某""某氏",应为李善兰。宝廷对"天学"大感兴趣,有与西人学问争胜的企图,而其方法有较强的理学气味。

⑳ 林纾记:"庚寅(1890)之春,纾与公子伯苏游昆明湖归。是日,公亦适归自西山,相见于行馆。公曰:予五穷三衰,今复自患呕泄,且殆。若果间岁有凶,则余家人亦易尽耳。"参见《偶斋诗草》林纾序,上册,第2页。

㉑ 这方面记载颇夥,如"公夙有父风,靖默莫见喜愠,然每及忠孝事,则凛然动色,盖成童时已然,见者识为伟器""宝廷罢官早,家贫甚,性癖泉石,寿富事父能委曲以适其意旨"。参见林纾《赠光禄寺卿翰林院庶吉士宗室寿富公行状》,《林琴南文集》,第35页;赵尔巽等撰《清史稿》第42册,第12779页。

1937)记：

> 时与穷交数人及伯福、仲福两公子，遍游京东西诸山，岁得诗数百首。(宝廷)居常贫乏不能自存，赖友朋资助，得钱则买花沽酒，呼故人赋诗酣醉。[22]

至光绪十六年(1890)，宝廷殁于京师，时人谓以"直声著天下，身为贵胄交游遍朝端，而穷饿不顾以死，非徒今人所难能，古亦不多见"[23]。光绪十八年，翁同龢(1830—1904)日记正月十一日条记：

> 宝竹坡之长子寿富[号菊客]，余戊子所取士。竹坡殁，寿富寝处苦块，并盐酪不入口，今二年矣。萨[廉]谓为矫情，余敬之爱之。[24]

寿富不仅继承了宝廷性格中"刻苦孤峭"的一面，还有旷达勇决的另一面。孙雄(1866—1935)后来说"前清之季宗室中最明达者，无若宝竹坡父子"，并忆及见闻：

> 丁酉(1897)夏，余于友人席间晤伯福，其为人勇于自任，虑一事，发一言，千人非笑不顾也。记通州张季直赠诗中有句云："坐阅飞腾吾已倦，禁当非笑子能雄。商量旧学成新语，慷慨君恩有父风。"可以为伯福写照。[25]

㉒ 陈衍：《石遗室诗话》(一)，辽宁教育出版社，1998，第16页。
㉓ 黄濬著，李吉奎整理：《花随人圣庵摭忆》中册，中华书局，2008，第514—515页。
㉔ 陈义杰整理：《翁同龢日记》第5册，中华书局，1998，第2500页。
㉕ 孙雄：《诗史阁诗话》，《清诗纪事·光绪宣统朝卷》十九，第13719页。按"通州张季直"，即张謇。

辛丑(1901)六月，即寿富自杀后次年，章太炎(1869—1936)、孙宝瑄(1874—1924)以《红楼梦》人名戏拟当世人物，径直将寿富比为"尤三姐"[26]，这一小说人物刚烈不折、不同俗流的形象，恰可与胡思敬对寿富"性兀傲不羁，颇富时名"[27]的品评相印证。

如此看来，林纾(1852—1924)为撰《行状》总结的数条——"生平崇尚气节，重新学，文章则持重不苟"[28]——其实都能在宝廷身上找到影子。

三、 戊戌前后

与当时很多士人一样，甲午战败的刺激对寿富来说，直接而且深刻。有关他的传记材料，多用"尝闵世变岌岌""尝愤国势不张""尝愤宗邦不振，强邻日逼"一类语句描摹心态，而赵炳麟所谓"力研新政，广交豪儒杰士"[29]，应该是对他战后作为最精炼的表述。光绪二十一年(1895)，北京强学会创设，寿富未列名会籍，然于会务多所与闻。他与宝廷门人、号为清末四公子之一的吴保初(1869—1913)过从甚密[30]，又与梁启超(1873—1929)结识，相谈变法自强，最为投契。据梁回忆：

> 宗室寿伯福太史富，可谓满洲中最贤者矣。其天性厚，其学博，其识拔，爱国之心，盎晬于面。乙未(1895)秋冬间，余执役强学会，君与吴

㉖ 孙宝瑄：《忘山庐日记》上册，上海古籍出版社，1983，第372页。

㉗ 胡思敬：《驴背集》，中国史学会主编《中国近代史资料丛刊·义和团》第2册，上海人民出版社、上海书店出版社，2000，第513页。

㉘ 林纾：《赠光禄寺卿翰林院庶吉士宗室寿富公行状》，《林琴南文集》，第36页。

㉙ 赵炳麟：《寿太史传》，钱仲联主编《广清碑传集》，苏州大学出版社，1999，第1288页。按寿富身后追赠侍讲学士，故称"太史"。

㉚ 吴保初，字彦复，一字君遂，安徽庐江人。父吴长庆，为淮军名将。光绪十年，以荫生授主事，分兵部学习。曾从宝廷学诗。有谓："彦复出竹坡门下，有《送沈子封太史入都》诗，其末句云'西风落叶长安道，倘遇唐衢为寄声'，盖谓伯茀也。"参见王揖唐：《今传是楼诗话》，"寿富遗诗"条，第54页。章士钊："（吴）素善寿伯茀学士，庚子鞭墓之役，伯茀死难，君益无聊，余与君相识愈稔。"见章士钊：《孤桐杂记》，《甲寅周刊》第一卷第一号，1925年7月18日。

彦复翩然相过，始定交，彼此以大业相期许。其后，君复有知耻学会之设，都人士咸以为狂，莫或应也。庚子八月，君果以身殉国耻。噫嘻！可不谓朝阳鸣凤耶！[31]

彼时寿富"论天下大势，以力泯满汉畛域为先，立知耻会，勉八旗子弟励学"，究其宗旨，落在"警顽儆，励以自强"。[32] 光绪二十三年（1897）春，他在《时务报》上发表《与八旗诸君子陈说时局大势启》一文，略谓：

> 呜呼！天下大势岌岌哉！外人知之，中国不尽知；四方或多知之，我八旗则知者三四，不知者六七也。我八旗世禄世官，休戚与共，苟非婚姻，即是骨肉。乃记全盛之隆规，忽当前之大势，燃眉不知急，剥肤不知痛，酣然以嬉，焕然以处，危哉痛乎！其坐以待毙也。
>
> 仆家贫力微，学识浅陋，窃观天下纷然，思匡王室。我八旗若不自励，不惟负咎君父，将必启侮四方，消息甚微，所关极大。每愿我兄弟察盛衰之所由，谋富强之攸在，通力合作，各奋其才，厚培本根，力开盘错。

又历数道光以降中国"无役不败，无败不失地"的危势，强调"八旗乃为贵族"，一切言动关乎王朝兴亡，故劝"思家国之相关，先谋王室之安危，姑置一己之得失"，"知人人家家将被此害，而早图自救"，"思分阴可惜，为时甚迫，毋苟安以自娱"，"人人怀自强之心，毋自利以自害"，"毋恃天命以苟安，毋委

---

[31] 梁启超：《饮冰室诗话》，《饮冰室合集》第三册，文集之四十五（上），第13页。寿富有《送任父之申江》诗："飞絮乱晴烟，飞花扑绮筵。春风一回送，飘泊去南天。夫子青云器，高吟白马篇。空劳贾生哭，不荐杵衡贤。长揖辞京国，扬舻指媚川。海云愁望阙，岭树引归船。宝剑终腾匣，明珠暂伏渊。江湖闲岁月，好自惜华年。"（钱仲联主编：《清诗纪事·光绪宣统朝卷》二十，第13979页）据《饮冰室诗话》"余丙申出都，君有赠诗，不能全记忆，今从北山楼集得其原本，亟录志感"云云，可知此诗作于光绪二十二年（1896）。

[32] 林纾：《赠光禄寺卿翰林院庶吉士宗室寿富公行状》，《林琴南文集》，第36页。赵尔巽等撰：《清史稿》第42册，第12779页。

气运以自废","思君臣之义,毋卸责于君而自矜局外之智",并由此提出变法步骤——"愿我兄弟之为学者,先求其大而归诸有用","愿我兄弟廓其耳目而周知外事"。㉝ 这篇文章所针对的,是甲午后光绪帝图变法而"八旗子弟恐新法损其利禄,多诽之"的背景,寿富陈说时局,劝导八旗,言辞不避犀利,且出自天潢宗室之口,尤见力量,"识者比之贾长沙(谊)、陈同甫(亮)"。㉞ 京中官绅颇受震动,及至外地也有影响,如吴汝纶(1840—1903)见之,许为"宗室之景星鸣凤,国家宜破格待之也"㉟,又江苏《苏学会公启》称"读长白富君之《告八旗子弟书》,则又恻然以思"㊱。

同年秋,知耻学会在北京成立,此亦由寿富发起。按是年十月中旬,康有为(1858—1927)自沪入京,其自编年谱称:"与文中允焕、夏编修虎臣及旗人数辈创经济学会,已为定章程,呈庆邸,请庆邸主之,且为庆邸草序文。既而以欲删'会'字,议不合,事遂已。乃令丁叔雅佐寿百福成知耻会。"㊲据此知耻会由康所支持发起。实则该会筹设较早,九月初一日(9月26日)出版的《时务报》第四十册上,已刊有梁启超《知耻学会叙》与寿富《知耻学会后叙》二文。㊳ 也就是说,康抵京前,知耻会已经成立,康说实有"张扬之意"。㊴

㉝ 宗室寿富来稿:《与八旗诸君子陈说时局大势启》,《时务报》第二十七册,光绪二十三年四月二十一日,《强学报·时务报》第2册,中华书局,1991年影印本,总第1851—1854页。并见《丛刊·戊戌变法》第3册,第181—183页。

㉞ 赵炳麟:《寿太史传》,《广清碑传集》,第1288页。胡思敬:《驴背集》,《丛刊·义和团》第2册,第513页。

㉟ 吴汝纶著,宋开玉整理:《吴汝纶先生日记》上册,河北教育出版社,1999,第337页。

㊱ 苏州来稿:《苏学会公启》,《时务报》第三十三册,光绪二十三年六月二十一日,《强学报·时务报》第3册,总第2264页。并参见汤志钧:《戊戌变法史(修订本)》,上海社会科学院出版社,2003,第311页。

㊲ 《康南海自编年谱》,《丛刊·戊戌变法》第4册,第138页。丁叔雅(1869—1909),名惠康,号惺安,广东顺德人,丁日昌之子,时任户部主事。

㊳ 梁启超附记:"吾友寿君伯福乃宝竹坡先生之令子,殷忧时艰,首倡此会,于京师闻旗、满诸名士及首善士大夫集者颇众,此实中国自强之本务也。寿君自序及会章等别见会报中。"两篇叙文及《知耻学会总章程》,均见《强学报·时务报》第3册,总第2705—2707、2761—2764页。

㊴ 茅海建:《从甲午到戊戌:康有为〈我史〉鉴注》,生活·读书·新知三联书店,2009,第241页。

梁叙从《春秋繁露》之"蒙大辱以生者,毋宁死"谈起,批评今日中国外患日迫,而官、土、商、兵、民"惟无耻",四万万"轩辕之胤、仲尼之徒、尧舜文王之民"(合满、汉言之)应耻于"为臣、为妾、为奴、为隶、为牛、为马于他族",最后说:

> 宗室寿君,以天潢之亲,明德之后,奋然耻之,特标此义,立会以号召天下,而走告于启超曰:嗟乎! 吾侪四万万蒙耻之夫,苟犹有人心,犹是含生负气戴天履地者,其庶诵《春秋》之义,抉老学之毒,以从寿君之后,意者天其未绝中国欤? 虽然,吾犹将有言,愿吾侪自耻其耻,无责人之耻。贤者耻大,不贤耻小,人人耻其耻而天下平,自讳其耻,时曰无耻,自诵其耻,时曰知耻。启超请诵耻以倡于天下。

寿富所作"后叙"也指出,甲午以后,"中国之耻,至斯亟矣""西人鄙我为生番,谓我为无教,则我可耻;瓜分之论,昌言无忌,病夫之喻,丑诋难堪,则我可耻",进而主张"如耻之,莫如为学,学则智,智则强",满洲子弟尤应"知耻",兴新学而开民智、振国势。当时高凤谦(1869—1936)函告汪康年:

> 寿伯莃先生创知耻会,所撰序文辞意俱好,忠君爱国之心,跃于纸上。宗室有此人才而废弃不用,可叹可叹![40]

关于知耻学会内情,因史料阙如,难知其详。[41] 然揆诸梁启超的记载,以为该会之设,"都人士咸以为狂,莫或应也",则参会者实寥寥,在当时似无太大的发展。

---

[40] 《高凤谦致汪康年函》十八,上海图书馆编:《汪康年师友书札》第 2 册,上海古籍出版社,1986,第 1635 页。
[41] 对该学会基本情况的介绍,参看汤志钧:《戊戌时期的学会与报刊》,台湾商务印书馆,1993,第 370—373 页。

光绪二十四年（1898），即戊戌变法之年，寿富中进士，廷试二甲，旋选翰林院庶吉士。"同榜三百余人，匪不参候争欲一面风采"[42]，可见风头之劲。变法高潮阶段，寿富并没有突出的政治表现，当时他更多以"学博识拔"受到瞩目，被视作兴学人才。就政治派分而言，他接近于时任湖广总督的张之洞一系。按辈分，寿富为张之洞世侄，又从而学，函札中自称"受业"。[43] 据《张文襄公家藏手札》，本年正月张之洞收一京中来信：

> 寿伯符孝廉、同乡王筱航仪部、蒋艺圃侍御、李子丹[名桂林]编修暨李玉坡、李慕皋诸君，拟立一八旗直隶西学堂。请汉教习二人、洋文教习二人，招学生三四班。……惟款项无出，拟写公信，各处募捐，已有公函致小帆，托伊转恳叔父酌捐款项，并恳代募宦鄂诸同乡……此系同乡公举，又系实心办事，为开八旗风……[44]

此信作者为张之洞侄张彬，言新建八旗直隶西学堂劝捐事，并透露寿富为学堂发起者之一。张之洞复电"奉直开学堂甚好，我当筹助。必须约寿伯弗经理，若不邀寿君，我即不管"，即主张由寿富管理学堂，且以此为助款条件。稍后，续电致张检：

> 闻奉直学堂请一教习，系广东人，速询明何姓名？系康有为门人乎？若系康徒，乃邪教会匪，与广东逆匪孙文勾通，确有实据，将来恐受

㊷ 林纾：《赠光禄寺卿翰林院庶吉士宗室寿富公行状》，《林琴南文集》，第 35 页。

㊸ 参看李宗侗：《跋寿伯弗与张文襄书并述竹宝坡父子》，原载《大陆杂志》特刊第 2 辑（1962年 5 月），收入《李宗侗文史论集》，中华书局，2011，第 496—499 页。

㊹ 《张文襄公家藏手札·家属类》第十六、二十三件，中国社会科学院近代史研究所藏，档号：甲 182-264，转引自茅海建《戊戌变法期间张之洞之子张权、之侄张检、张彬的京中密信》，《中华文史论丛》2010 年第 3 期，第 53 页。按张彬为张之洞三兄张之渊次子；寿富时为举人，故称"孝廉"；"王筱航"，王照，直隶宁河人，礼部主事；"蒋艺圃"，蒋士芬，直隶蠡县人，吏部给事中；李桂林，直隶临榆人，翰林院编修；"李玉坡"，李荫銮，直隶景州人，军机处领班军机章京；"李慕皋"，李念兹。

累。万不可请。同乡诸君不深悉康学之谬，我深知之，外省亦无不知之，不敢不以奉告。再，寿伯符进士已请定否？若不请寿，是我所言，全不采纳，我不便管此学堂事。⑤

张之洞听闻学堂请广东人为教习，十分担忧，再次要求寿富主持，并以个人助款、会馆公款、鄂省捐款三项相要挟，可见对寿富的信任。

张之洞插手八旗学堂事务，最关切的，是害怕它成为康有为学说的讲习所，背后原因在于张、康两派在政治上的对立。类似的紧张关系，也表现在"百日维新"期间京师大学堂筹办过程中，寿富被卷入了孙家鼐（1827—1909）与康有为的权势争夺中。五月二十九日，管理大学堂事务大臣孙家鼐上折，奏明拟保总办、提调、教习各员名单，"翰林院庶吉士寿富"赫然在教习之列。光绪帝下旨"依议"。⑥杨锐（1857—1898）致张之洞密信谓：

> 孙燮臣冢宰管大学堂，康所拟管学诸人，全未用。奏派许竹篔为大教习，张菊生元济总办，黄仲弢等提调，寿伯福等分教习，均极惬当，然其中亦有以请托得者……⑦

此名单中不乏懵懂时务者、请托获差者，但绝无康党。寿富在当时为孙家鼐和张之洞均感满意的人选。

变法时期，光绪帝屡诏征求使才，浙江巡抚廖寿丰（1835—1901）以寿富

---

⑤ 以上两段均见《张之洞电稿》（光绪二十五年三月至四月），档号：甲182-456，转引自茅海建《戊戌变法期间张之洞之子张权，之侄张检、张彬的京中密信》，《中华文史论丛》2010年第3期，第63页。按张检为张之洞长兄张之沆长子，吏部候补主事。因张彬此时离京，张之洞改发电给张检。

⑥ 北京大学、中国第一历史档案馆编：《京师大学堂档案选编》，北京大学出版社，2001，第43—45页。

⑦ 转见孔祥吉：《戊戌维新运动新探》，湖南人民出版社，1988，第79—80页。按"孙燮臣"，孙家鼐；"许竹篔"，许景澄；"黄仲弢"，黄绍箕。

"才学堪大用"出奏保举。㊽ 胡思敬《戊戌履霜录》录保荐经济特科表,共十七
案二百三十五员,仓场侍郎李端棻荐十六员单中亦有"满洲庶吉士寿富"。㊾
六月初二日,光绪帝于廖寿丰保荐使才案内召见寿富。林纾记其事:

> 时大臣争列疏荐公,景皇帝召见养心殿,公奏对诚切,皇帝为公动
> 容,寻充大学堂分教习,派赴日本考校章程。㊿

按同年秋,寿富经孙家鼐奏派,以大学堂教习身份前往日本,考察业务主要是
"查取学校功课"㉛。其间,曾私访流亡海外的维新党人王照(1859—1933),后
者事后回忆:"戊戌十月,余居日本东京高桥氏之花园,伯弗以考察学务,寓中
国使馆,曾往花园唁余。而日本保护国事犯之警士,坚拒不纳,且不受名片。
去后,而以曾有使馆侦探来门告余。乃余归京见实甫,始知其为伯弗也。"㉜

据张謇日记,寿富自日本归国,约在十一月初。张謇曾与面谈,本月初
二日:"伯弗曰:'康、梁盖我政府尊奉而保护之也。'甚当。斥之为康教,罪之
为党魁,皆尊奉之词。"㉝可知寿富对康、梁辈实别有意见。但他作为宗室中
之趋新人物,政变后"党禁事起",仍难免受到牵累。赵炳麟(1876—1927)记

㊽ 同折保举名单包括:江宁布政使袁昶、翰林院侍讲黄绍箕、翰林院编修张亨嘉、翰林院庶吉
士寿富。《随手登记档》,光绪二十四年五月三十日,国家清史工程数字资源总库,档号:
03-0296-2-1224-175。廖寿丰原折未见,据《清史稿·寿富传》,廖折有"才学堪大用"等
语。

㊾ 名单包括:直隶编修严修;江苏知县狄保贤,助教崔朝庆,举人宋梦槐;安徽举人程先甲;湖
南庶吉士熊希龄、唐才常,附生戴修鲤;广东主事曾习经,附生徐勤,监生罗普,附生欧榘甲,
监生韩文举;浙江知县夏曾佑、汤寿潜;满洲庶吉士寿富。(《丛刊·戊戌变法》第 1 册,第
395 页)茅海建认为该保荐案很可能由康党操作,其中多为康党或与康党有关系的人士。参
见《从甲午到戊戌:康有为〈我史〉鉴注》,第 541 页。

㊿ 林纾:《赠光禄寺卿翰林院庶吉士宗室寿富公行状》,《林琴南文集》,第 35 页。

㉛ 王守恂编:《庚子京师褒恤录》,沈云龙主编《近代中国史料丛刊续编》第 37 辑,文海出版社,
1977,第 83—84 页。

㉜ 王照:《方家园杂咏纪事二十首》其五《附记》,荣孟源、章伯锋主编《近代稗海》第 1 册,四川
人民出版社,1985,第 9—10 页。"实甫",华学涑。

㉝ 张謇研究中心、南通市图书馆编:《张謇全集》第 6 卷,江苏古籍出版社,1994,第 416 页。

旧党之反攻倒算："后新政蹶，刚毅欲排汉用满，太史慨然曰：'愈排汉，汉愈激；愈用满，满愈孤。吾族其无立足地乎！'顽固党毁之弥力，金曰：'长白晦气，生此异物也。'"[54]孙雄对其遭遇也抱有同情，谓："戊戌政变后，徐荫轩指为妖人，以宗室故，得免诛戮，而令其妻父联元严加约束。"[55]而寿富本人，杜门京师，以莳菊检书自娱，因自号"菊客"[56]；又据游日所得，"益发愤著书，期见诸行事"[57]。表现若此，倒真称得上"深自韬匿"。

四、 殉难始末

（一）临难

寿富为内阁学士联元（？—1900）[58]之婿，戊戌以后，一度寄居岳家。《纪宗室伯茀太史寿富殉节始末》（以下简称《始末》）记翁婿交谊：

> 太史之外舅联仙蘅学士，素治宋学，官楚时，闻太史讲新法，严函往复，翁婿谊绝矣。迨学士内用，始知太史恳恳忠爱，原本义理之学，不同世之号新法者。都下事急，召对诸臣，学士痛哭力争，极陈万国律法利害，公使必不可戕。某王出班叱曰："联元可杀！"赖太后默然，乃免。太史私告密友，以为吾外舅决不能终免。盖学士所陈，皆据其言入告也。及七月十七，学士卒赴东市。太史忧国之外，又加以私痛矣。[59]

---

[54] 赵炳麟：《寿太史传》，《广清碑传集》，第1288页。

[55] 孙雄：《诗史阁诗话》，《清诗纪事·光绪宣统朝卷》二十，第13982页。"徐荫轩"，徐桐。

[56] 林纾：《赠光禄寺卿翰林院庶吉士宗室寿富公行状》，《林琴南文集》，第35页。

[57] 胡思敬：《驴背集》，《丛刊·义和团》第2册，第513页。《清史稿·寿富传》谓"著《日本风土志》四卷献上，召见，痛陈中国积弊及所宜兴宜革者，漏三下始退，上器之。政变作，遂杜门"。而据王照记载，十月间寿富尚在东京，回国必已在戊戌政变发生后。"召见"一说，恐不确。

[58] 联元，字仙蘅，崔佳氏，满洲镶红旗人，同治七年进士，历官安庐滁和道、广东惠潮嘉道、安徽按察使，光绪二十五年补内阁学士。事变后获昭雪，予谥"文直"。有二女，分适寿富、寿蕃兄弟。

[59] 《纪宗室伯茀太史寿富殉节始末》系"录庚子十二月初四日《中外日报》专件"，原注"北京来稿"，收入《中华历史人物别传集》第78册，第149—150页。同文另题《宗室伯茀太史寿富殉节记》，收入佚名编著《庚子回銮始末记》，《庚子国变记》，上海书店，1982，第223—225页。

按光绪二十六年七月十七日(1900年8月11日),联元以"召见时任意妄奏,语涉离间"(60),奉旨即行正法。他与许景澄、袁昶、徐用仪、立山,被后世并称为庚子事变中被杀五大臣。据前引史料,联元之诤谏有受乃婿影响的潜因,反之,寿富由联元之死亦深有触动,故林纾有谓:"公闻耗大悲,自咎以言论陷联公于厄,于是死志已决。"(61)

联元死后,家属逃匿于寿富家,载漪等人"以寿富重新学,亦指为袒外",有人劝其避锋芒,寿富坦然告之:"吾宗亲也,宁有去理耶?"(62)翰林院编修华学澜(1860—1906)与寿富时有往还,日记中记录友人言行,虽只吉光片羽,亦洵属珍贵。如庚子六月二十日记:

> 伯茀冒雨来谈,已饭罢。饭时请其入坐,以便倾谈[知立山交刑部是实]。

二十三日记:

> 请伯茀来,同车行,过云台寺,见义和团高搭凉棚,庆祝马祖,规模极为宏敞。又遇义和团一队,约百余,皆幂首,束腰胫以红洋布,身穿黄衣,两肩小红圆,各书一"喜"字,胸前后两大红圆,右书某地名,中书某老师,左书"弟子"二字,从对面来,其胸后有字否不可知。余目短视,闻伯茀在车中频频念诵,所谓老师者,无非桓侯、子龙诸公,直书其名,且多小说所载,并无其人者。手皆执有刀枪,间有一二持洋铁所作洋号者,约是队长。车皆避道,不敢当其冲,过毕,然后行。

---

(60) 国家档案局明清档案馆编:《义和团档案史料》上册,中华书局,1959,第468页。

(61) 林纾:《赠光禄寺卿翰林院庶吉士宗室寿富公行状》,《林琴南文集》,第36页。孙雄《诗史阁诗话》也提供类似说法:"伯福既常居岳家,以诗酒自晦,间为联元说时局大势,联甚韪之。拳乱起,联元力陈拳不可恃,遭骈戮。伯福痛其外舅之为己而死也,则大恸。"《清诗纪事·光绪宣统朝卷》二十,第13982页。

(62) 《纪宗室伯茀太史寿富殉节始末》,《中华历史人物别传集》第78册,第150页。

二十七日记：

> 晚饭后，伯茀来，傅梦岩来，谈及本日为拳民荡平西什库之期，摆金网阵，惟洋人有万女旄一具，以女人阴毛编成，在楼上执以指麾，则义和团神皆远避不能附体，是以不能取胜。未知确否。

七月十七日记：

> 早，实甫起身，因顺治门闭，由平则门出，少焉折回。云城门守兵不放出，云非有庄王府执照不可……鸣西适由伯茀处来，言其外舅联仙蘅前辈，获罪交刑部，不知何故……到伯茀处告知已得执照。谈时许，知徐小云尚书亦交刑部。(63)

由此来看，寿富对京师义和团观感明显不佳，至于团、军围攻使馆教堂之举，更加不以为然。据《清史稿·寿富传》，“及拳乱起，乃上书荣禄，言董福祥军宜托故令离畿甸，然后解散拳民，谓董为祸根，拳其枝叶耳”，其议未见纳。但寿富出此言论，应属可信。

庚子变中坐困围城之际，寿富作有一韵《和君遂》，曰：

> 故人天末问平安，拈笔临风意万端。
> 浩劫华夷同苦毒，危时仕隐两艰难。
> 白云芳草应无恙，玉宇琼楼日愈寒。
> 别后情怀验双袖，至今热血不曾干。

---

(63) 以上各段见华学澜《庚子日记》，《庚子记事》，第105、106—107、109、113—114页。华学澜(1860—1906)，字瑞安，庚子前后在京馆于舅氏侍郎华金寿家，金寿子学涑(字实甫)从而问业。事变起，金寿典试福建途中病故，学涑奔父丧，学澜代为守家，“处事镇定，恩威并施，迥非常人所能及”。见华学澜《辛丑日记》陶孟和序，商务印书馆，1936，第1—3页。

"君遂",吴保初,唱和对象既为挚友,自然直曝胸臆。时人从中拈出"浩劫华夷同苦毒,危时仕隐两艰难"一句,谓为"粹然儒者之言,能见其大,亦可见临难授命,固持之有素矣"[64]。

(二)遗嘱

事变至亟,寿富见事不可为,已显死志。据《始末》记:

> 自拳匪祸作,太史极以内廷为忧,四向穷探消息,一日忽翻然曰:"毋庸问矣!无论如何结束,总非好局面。吾思之极矣!**大清臣子,只有一死字**(粗体为引者所加,下同),及今尚有自主之权耳。"有叩以急策者,取案上笔书曰:"**先救皇上出险,然后再议办法。**"间有劝太史出避,怆然不对。[65]

林纾为撰《行状》,也有类似记载:

> 方拳匪之初发难也,公盡然悲忧。一日慨然曰:"毋庸问矣,此局至阽危,**顾身为高庙子孙,一死尚足自断。**"时外城垂陷,有叩以急策者,公曰:"**先护皇帝出险,再行作计。**"或请避兵,不答。[66]

王照《方家园杂咏纪事》录有寿富生前与华学澜一番对话:

> 学澜字实甫,外兵入城时尚在京,与寿伯茀太史比邻。伯茀之殉难,曾先告实甫。实甫阻之曰:"洋兵入城,与国祚无关,何必以身殉?"伯茀曰:"我亦确信洋人不灭我国,但我知太后拉皇上去,则将来议和

---

[64] 狄葆贤:《平等阁诗话》,《清诗纪事·光绪宣统朝卷》二十,江苏古籍出版社,1989,第13980页。

[65] 《纪宗室伯茀太史寿富殉节始末》,《中华历史人物别传集》第78册,第150页。

[66] 林纾:《赠光禄寺卿翰林院庶吉士宗室寿富公行状》,《林琴南文集》,第36页。

之后，皇上终不能脱出太后之手。大清不久仍必灭亡，吾何必多活数A 。"实甫无以难之，伯茀遂将身后事托实甫焉。(67)

按《始末》一文源出于当时报道，"由各京友来函及京员南下口述者，汇以付报"。林纾当时非在京中，其文与《始末》雷同，似有因袭。华学涑之父华金寿，为王照母舅，学涑与寿富关系一向亲近，此由华学澜日记可证，故此条材料可信性较高。综上看，寿富临终最关切者，实为光绪帝安危及将来地位，因对联军入京、两宫西逃的前景已有不祥预期，故持死志甚坚。

七月二十一日(8月15日)，八国联军攻京师。《清史稿》《行状》皆谓"城陷，寿富自题绝命词，并贻书同官""外兵陷国门入，城中喧传竖白徽者得道死，公知皇帝已出，即趣寿薰(蕃)合药，立泚笔作书与华太史"云云。按"同官""华太史"者，即华学澜编修。寿富付送遗嘱事，时在二十二日：

伯茀送来信一纸，七绝三首，其尊甫竹坡老伯年谱、奏议数包，嘱为守护，已有死之志。鸣西急往劝伊，少时归。余又到伊处婉劝，据云两宫虽无恙，而社稷为墟，目不忍睹，其志甚坚。谈许久归。(68)

绝命词已见篇首，信文录下：

大事已去，仆国破家亡，万无生理。老前辈如能奔赴〇〇〇(原文如此)行在，敢祈力为表明，仆死于此地此时，虽讲西学(此四字系补入)，并未降敌。家人有不欲死者，尚祈量力照拂，如死亦听之。外有先人奏疏、年谱及平生著作，并以奉渎，亦祈量力保全之，敢百拜以请。匆匆不及走别，是为至感。石甫、鸣西二弟均此不另。

(67) 王照：《方家园杂咏纪事二十首》其五《附记》，《近代稗海》第1册，第9页。

(68) 华学澜：《庚子日记》，《庚子记事》，第114—115页。

外附一纸云：

> 小诗呈政，并祈便中呈示南皮师、寿州师、张季直、郑苏龛[孝胥]、卓芝南[孝复，刑部主事，福建人]、高啸桐[凤岐]、方雨亭[家澍]、林琴南[纾]、康步崖[咏，以上并福建人]、张小帆[曾敮，福建布政使]。以上诸人，惟卓君在京，见时祈示之为祷。[69]

按遗嘱所示，可见寿富生前主要交际圈子。"南皮师"，即张之洞，直隶南皮人，官湖广总督；"寿州师"，即孙家鼐，安徽寿州人，时由礼部尚书任上病免，二人均为寿富的师长辈。张曾敮（1852—1920），字小帆，张之洞侄孙，福建布政使。张謇（1853—1926），字季直，光绪二十年状元，翰林院修撰。余如郑孝胥（1860—1938）[70]、卓孝复（1855—1930）[71]、高凤岐（？—1909）[72]、方家澍（1875—1908）[73]、林纾（1852—1924 年）[74]、康咏[75]等，均系光绪八年壬午科（1882）举人，宝廷典试福建时所取士。乙未（1895）林纾为《偶斋诗草》作序曰：

> 壬午，公典闽试，纾幸出门下。因得尽读公所著古近体诗。……癸未（1883），纾来京师，公已罢官就第。纾与同门高啸桐凤岐、卓芝南孝复、方雨亭家澍并来觐，公常服出见。[76]

---

⑥⑨ 以上两段均据原件影印本过录，见《纪宗室伯茀太史寿富殉节始末》，《中华历史人物别传集》第 78 册，第 151 页
⑦⓪ 郑孝胥，字苏龛，福建闽侯人，光绪八年举人，时居张之洞幕，充芦汉铁路南段总办。
⑦① 卓孝复，字芝南，福建侯官人，光绪八年举人，二十一年进士，授刑部主事，历官杭州知府、荆宜施道等。
⑦② 高凤岐，字啸桐，福建长乐人，光绪八年举人，佐方家澍治秀水、桐乡等县，官至梧州知府。
⑦③ 方家澍，字雨亭，福建侯官人，光绪八年举人，十八年进士，浙江秀水知县。
⑦④ 林纾，字琴南，福建闽县人，光绪八年举人，时居杭州，掌教东城讲舍。
⑦⑤ 康咏，字步崖，福建上杭人，光绪八年举人，官内阁中书，后归里，任潮阳东山书院山长。
⑦⑥ 宝廷著，聂世美校点：《偶斋诗草》林纾序，上册，第 2 页。

按《今传是楼诗话》亦谓："竹坡典闽试时，得人称盛，海藏、石遗、畏庐诸老，均隶门籍。"[77]宝廷晚年"闭门谢客，门生故人外，罕得见者"[78]，交往对象多出自福建学政任上形成的人际网络。而寿富长期随侍其近旁，他的朋友圈也相应带有鲜明"闽籍"色彩，与前述诸人交游最密，并多文学唱和。[79]

寿富于临终前夕，将先世奏疏、年谱及生平著述托付华学澜，详陈赴死之由，请量力照拂"家人有不欲死者"，又录绝命词请转呈京内外诸师友。身后事处理得如此平静从容，可见其选择自杀已经深思熟虑。

（三）死状

关于寿富及家人死状，无论时间、人数或自杀方式，皆不乏异说。[80] 今据三种记载较翔实的文献加以勘比确认。《始末》记：

> 二十三日，洋兵入西城，喧传若竖白旗者免死。太史与仲莱急仰药。其未字堂妹，年三十二岁，夺所遗药令八岁妹咽后，亦引药自咽。其婢名隆儿者，感主人义，亦服药誓死。未几洋兵已至隔院，太史惧不即死，为所辱，曳诸人入两厢投缳于梁，体重绳绝，砰然坠地。仲莱急为扶上，即履仲莱肩，复上缳。仲莱又为妹婢从容理缳毕，出门趋南屋，仅觅得细绳，回至西厢，阖其门投缳当门死焉。此七月二十三日巳刻事

---

⑦⑦ 王揖唐：《今传是楼诗话》，"伤寿富兄弟"条，第47页。

⑦⑧ 寿富：《先考侍郎公年谱》，《北京图书馆藏珍本年谱丛刊》第175册，第391页。陈诗《江介隽谈录》"康步崖舍人诗"条："宝（廷）门多当代豪俊，闽人则有郑苏堪廉访、陈叔伊学部、林琴南主政、康步崖中书（咏）、卓芝南观察（孝复）、高啸桐太守、方雨亭大令（澍），浙人则有夏涤庵主政（震武），皖人则有吴北山法部。"（《国风报》第一年二九号）参看汪辟疆撰，王培军笺证：《光宣诗坛点将录》下册，中华书局，2008，第74页。

⑦⑨ 寿富：《广化寺红叶歌》《陶然亭送方雨亭、康步崖》，见马协弟主编《爱新觉罗家族全书·诗词撷英》（6），吉林人民出版社，1997，第148—149页。

⑧⓪ 《清史稿·寿富传》："与弟右翼宗室副管寿蕃及一妹一婢并投缳死。"王照《方家园杂咏纪事》："与弟妹共三人闭门自经。"（《近代稗海》第1册，第10页）胡思敬《驴背集》："已闻城陷，合室相聚投缳，寿富体胖悬绝，富挞掖上之，复为二妹一婢从容理缳，后乃自缢。"见《丛刊·义和团》第2册，第514页。

也。太史年三十有六，仲萧三十有二耳。③

林纾《行状》记：

> 兄弟遂同进药，未殊，女弟隽如夺药先饮，其八岁之妹淑如后始自引决，侍婢隆儿感主人义，亦尽其余沥。忽言外兵穷索，已逼东院，公惧不即死，为敌曳辱，引缳，缳绝而坠。寿薰（蕃）神宇坚定，为更结四缳，公及二妹与婢咸殊。寿薰（蕃）一一舁置别榻，更结巨缳于门，从容而逝。时为七月二十三日巳刻。公年三十有六，寿薰（蕃）三十有二，隽如与寿薰同庚亦三十二，淑如八岁，隆儿二十一也。小屋同时列尸五。②

据上两种记载，同时自杀者有五人，即寿富、弟寿蕃、妹（一作堂妹）隽如、淑如，侍婢隆儿，均系自经死，死时皆作"七月二十三日巳刻"，即 8 月 17 日午前 9—11 时。复按庚子十二月初十日，大学士崑冈据翰林院编修黄曾源等呈报，上《遵旨续查第五次恳恩赐恤折》：

> 庶吉士、四品宗室寿福系已革侍郎宝廷之长子，由进士改庶吉士，经浙江巡抚廖寿丰保荐人才，旋经前任协办大学士孙家鼐奏派东洋查取学校功课，是学有本源，堪以任使。当团教滋事之始，即虑祸及国家，昼夜彷徨，罔知所措。迫津沽失守，忧愤益深，行坐以毒药自随。七月间闻有洋兵踪迹，遂与出继胞弟右翼宗学副管、四品宗室寿蕃及堂妹、原任刑部侍郎宝森之长女、次女同时仰药，犹恐未及，复相率投缳自尽。其妹之婢隆儿亦同时殉主。伏以派属天潢，甘于死难，五人一心，忠孝节义，萃于一门，尤足励人心而维风俗。③

③ 《纪宗室伯萧太史寿富殉节始末》，《中华历史人物别传集》第 78 册，第 150 页。
② 林纾：《赠光禄寺卿翰林院庶吉士宗室寿富公行状》，《林琴南文集》，第 37 页。
③ 王守恂编：《庚子京师褒恤录》，第 83—84 页。

由此可以确认,自杀者除寿富外,尚有一弟、二从妹、一婢,共五人,先以仰药,因恐时迫不及,复集体投缳致死。寿富死状尤惨,因体肥重,绳绝坠地,由其弟寿蕃抱持协助,方殉成。寿蕃(1869—1900),号仲荛,右翼宗学副管,有史书记其为人,"生平以节概自命,所见乃与公(寿富)同","平日有燕赵侠士之气","肮脏负奇气,有古烈士之风"。㊴殉难之日,他为兄妹一一"理缳"毕,最后从容赴死。其心气之静,死志之固,十足可畏!

又联元二女,分适寿富、寿蕃兄弟,"其妯娌为联氏眷力持,得以不死"。㊵寿富有二子,长伯壤,早夭;次橘涂(一作菊徒),时九岁。寿蕃亦有二子,序恺、序恪,时俱年幼。然而,光绪乙巳(1905)橘涂"以喉疾殇",庚戌(1910)序恺、序恪染疫,"两月间先后并夭"。㊶宝廷一门,除了两个儿媳,几乎阖门死绝,无有继嗣。

五、 谁问身后事

七月二十三日(8月17日),寿富自杀当日,华学澜有日记:

> 早,天极阴,大风,闻前街有洋人到人家,各家皆挂白旗。伯荛处来送信,言伯荛偕其弟了生,妹二人均自尽,并有丫鬟一人从死。家中人心惶惶,余未敢离,急令鸣西往视,回言无他事,只托为购棺木。……晡时,鸣西又去一次,归云,材已托人购得四具共百金,其价傅梦岩已送,即埋在院中,待事定后再葬。㊷

㊴《纪宗室伯荛太史寿富殉节始末》,《中华历史人物别传集》第78册,第150页。胡思敬:《驴背集》,《丛刊·义和团》第2册,第513页。林纾:《赠光禄寺卿翰林院庶吉士宗室寿富公行状》,《林琴南文集》,第37页。

㊵《纪宗室伯荛太史寿富殉节始末》,《中华历史人物别传集》第78册,第150页。

㊶寿富:《先考侍郎公年谱》,《北京图书馆藏珍本年谱丛刊》第175册,第402页。王照:《方家园杂咏纪事二十首》其五《附记》,《近代稗海》第1册,第10页。

㊷华学澜:《庚子日记》,第115页。

《始末》记：

> 洋兵退后，家人排闼曳仲葂尸，方得入，悬尸尽解陈厅。事无所措，邻舍傅君兰泰出百金，市柳棺五具，槁葬宅后园中。今月执坡侍郎执友及太史之友先后有邮金赙者，夫人急为筹迁葬，制外椁，并谋归傅氏金，孤孀半饥饱不念也。[88]

据此可知寿富一门自尽后，先是邻居、户部主事傅兰泰[89]出资购棺，槁葬于家宅后院中，继由各友好邮金赙奠，遂得以迁葬，并安顿孤孀。至于绝笔信道及姓名者，多竭诚施以援手，实未辜负生前交谊及身后托付。正在武昌、栖身张之洞幕的郑孝胥闰八月二十三日（10月16日）记：

> 高子益来，示啸桐书，云得弼余书，寿伯葂以七月廿三日巳刻仰药自尽，其弟仲葂及堂妹二人、小婢一人皆自杀，瘗于后园。伯葂之妻及其子菊徒，方九岁，犹在城中云云。前日得方雨亭桐乡来书，托余设法寄百金于伯葂，余遂托子益往询税务司汇京之法。有顷，子益来言："汇丰可寄，每百两费五两。"拟自寄百金，合二百金，交卓芝南、张弼余使致其妻。[90]

按"高子益"，高而谦（1863—1918），高凤岐弟。[91]"张弼余"，张嘉猷，福建闽县人，亦光绪八年举人，时以兵部郎中充军机章京。郑孝胥《伤寿伯葂仲葂》诗自注："伯葂自戊戌后，深自韬匿，京师陷，兄弟皆仰药。啸桐、琴南、弼余、

---

⑧⑧ 《纪宗室伯葂太史寿富殉节始末》，《中华历史人物别传集》第78册，第149—150页。

⑧⑨ 傅兰泰，字梦岩，蒙古正黄旗人，光绪二十一年进士，以主事分部学习，官至度支部侍郎。

⑨⓪ 劳祖德整理：《郑孝胥日记》第2册，中华书局，1993，第771页。

⑨① 高而谦，字子益，福建长乐人，举人，福建马尾船政学堂毕业，历官外务部右丞、四川布政使，民国后官至外交部次长。

芝南与余书，皆以赐恤不及为恨。"[32]

林纾熟悉宝廷家族故事，用"冷红生"之名撰《剑腥录》（后改《京华碧血录》）以演其事，书中"修伯符"，即指寿富。[33] 其《挽诗》有"万事还君无见好，此来及我未衰前"、《祭文》有"排门悲风，落叶纷纭，兄弟丛哭，忧心如醮。……弟殉妹从，天地愁昏，一门五忠，就圹成坟"[34]等句，皆极沉痛。寿富身后，林纾为撰《行状》，可谓得人。成文后，林纾自记始末：

> 公殉节时，纾方客杭州，闻耗为位哭之孤山林社中，方大令家澍、高太守凤岐各驰金赙其家。乱定，纾来京师，则行哭造公之门，东屋扃钥即公兄弟死节处，沈暗如墨，纾再拜奠之。门次进谒崔夫人，知寿薰家叛奴方谋吞噬遗产，纾告之京兆陈公，为杖叛奴，产卒得完。寻崑相国以宗老请旌宗室之死事者，朝廷赠公光禄寺卿。今年宗人府以文书谕橘涂，命具公兄弟死事年月，宣付史馆。纾为侍郎门下士，与公挚交，谨就闻见所及为状，伏乞编入忠义之传，以光泉壤，以慰忠魂，无任衔佩之至。[35]

按"京兆陈公"，陈璧（1852—1928），福建闽县人，顺天府府尹；"崑相国"，大学士崑冈（1836—1907），留京办事大臣，遵旨查办殉难官绅褒恤事宜。十二月二十日（1901 年 2 月 8 日），据崑冈等查明具奏，清廷下旨：

> 庶吉士、四品宗室寿富，着照翰林院侍读学士例从优赐恤；伊弟右翼宗学副管、四品宗室寿蕃，着照四品官例赐恤；伊妹二名及其妹之婢

㉜ 王揖唐：《今传是楼诗话》，第 47 页。郑孝胥对寿富遗族的关照是长期的。直至 1937 年 11 月，即郑去世前一年，日记中尚有"寿伯莼太太来访，诉穷困之状，余允为设法""访寿太太，并见仲华、季华"等记载。见《郑孝胥日记》第 5 册，第 2695 页。
㉝ 林纾：《剑腥录》，阿英编：《庚子事变文学集》上，中华书局，1959，第 536—578 页。
㉞ 林纾：《祭宗室寿伯莼太史文》，《畏斋诗草》下，第 942—944 页。
㉟ 林纾：《赠光禄寺卿翰林院庶吉士宗室寿富公行状》，《林琴南文集》，第 36—37 页。

一名,均准其旌表。㊱

又,湖广总督张之洞对寿富兄弟身后事亦多有关心,曾经"寄款为之殡葬"㊲。他托张人骏打听其遇难经过:"竹坡两子云云,深为惊恼,前闻寿伯符有过祸之说,未敢遽信,正深悬系。究系如何殉难,望明示。"而后致电上海盛宣怀,请转入京谈判的全权大臣李鸿章:"敝处由道胜汇寄王廉生祭酒殡葬费一千两,寄宝竹坡之子编修寿富兄弟殡葬费四百两,请中堂查收饬交。……寿编修兄弟款,请托陈御史璧转交。"㊳

宝廷门人除为料理家族后事特别出力外,还关心寿富遗稿的下落。时在京外者,闻耗"即累书抵都下,问死状并取侍郎奏稿"㊴。时过未久,寿富绝笔稿即刊行于世,亦得力于此。据目前掌握的材料可知,寿富临终送付华学澜之绝命诗、信原稿,于次年又还归其遗族,卓孝复借出,付之石印。卓孝复、方家澍、高凤岐、林纾四人皆有跋。卓跋述其事:

> 此吾亡友寿学士伯菉庚子秋报其邻友华太史学澜之函也。越明年五月,太史典试黔中,濒行始以此函归其家人。呜呼!伯菉将死时,所欲告语者只此数人,今将原函并以视之,欲诸君念死者之有言也。孝复识。㊵

㊱ 《谕内阁着军机处核奏续查殉难官员第五次悬恩赐恤单悉予表彰》,光绪二十六年十二月二十日,中国第一历史档案馆编:《庚子事变清宫档案汇编》第 4 册,中国人民大学出版社,2003,第 1436 页。

㊲ 许同莘:《张文襄公年谱》,商务印书馆,1946,第 138 页。

㊳ 《致济南张藩台》,光绪二十六年闰八月初七日丑刻发,《张之洞电稿乙编》庚子第六十七册,中国社会科学院近代史研究所藏,档号:甲 182 - 74。光绪二十六年九月十四日辰刻发,《张文襄公电稿墨迹》第三函第十三册,档号:甲 182 - 219。转引自茅海建:《张之洞的别敬、礼物与贡品》,《中华文史论丛》2012 年第 2 期,第 7 页,注释 2。

㊴ 《纪宗室伯菉太史寿富殉节始末》,《中华历史人物别传集》第 78 册,第 152 页。

㊵ 《纪宗室伯菉太史寿富殉节始末》,《中华历史人物别传集》第 78 册,第 151 页。吴庆坻记此事类同,并说明有"闽卓观察孝复以付石印传于世"。见《蕉廊脞录》,"寿富殉节前之书诗"条,第 102 页。

高凤岐另据《中外日报》等报道,刊印《纪宗室伯弗太史寿富殉节始末》,同时大力搜罗寿富佚稿,附识曰:

> 太史趋死时仅抱其先集属邻友,自所纂述无复存者。凤岐私检其年来手书,多半散失,昨始搜得九械,严栗湛亮,字字从肺腑出,人人读之起敬。呜呼! 其仅有此耳。海内同志如有得其别稿,或生前与书,务乞寄示。此固无裨于死者,姑以存吾友之声音面目云。[100]

寿富遗稿,据林纾言有《读经札记》《菊客文集》《廷试策》《东游笔记》《畿辅农务表》《知耻学会章程》《天元演草》等,实际或不止于此。[101] 宝廷奏稿则由门人夏震武(1854—1930)编辑,于宣统二年(1910)以《长白先生奏议》刊行,寿富撰《先考侍郎公年谱》附录其中。夏氏有跋云:"呜呼! 此伯弗光禄所为先师年谱也。予去都三十一年矣。今春闻先师三孙两月间先后并夭,入都吊于其家。伯弗夫人涕泣出见,手年谱一编示予,曰:'此伯弗临死前以托某太史者,将俟菊徒等长而付之,今已矣。敢以累兄。'菊徒,伯弗之子也。

---

⑩ 落款作"长乐高凤岐附志。寅嘉兴天官牌楼"。《纪宗室伯弗太史寿富殉节始末》,《中华历史人物别传集》第 78 册,第 149 页。按高凤岐对寿富尽身后之责,曾多方搜求"故人遗稿",吴保初作有《闻高啸桐来自京师,拟从问伯福遗稿,而病未能也,先以一诗简之》,即咏此事:"使君心事在杭州,曾佐戎机岭峤游。方喜鸿文能怖鳄,又闻花县迓鸣驺。孤媚存问经三辅,涕泗从知赙九州。见说故人遗稿在,可堪先许茂陵求。"汪辟疆撰,王培军笺证:《光宣诗坛点将录》下册,中华书局,2008,第 460 页。

⑩ 据罗继祖谓:"其诗广雅辑入《思旧集》,已刻行。其遗稿存达挚甫寿所。二十余年前,先祖从恩咏春华求得之,谋为整理付刊,计有《读书札记》《读三国志札记》《春秋释义》《伯弗识小》《因话录》《患斋待质录》《易学启蒙浅释》《天元方程算草》及诗文若干首,率属草未竟,抄胥移录,亦多误字,遂搁置之。先祖谢世,咏翁独索其诗去,而以整理遗稿事委予。予旅食东瀛,携在行箧,稍加整比,亦未竟事。"(《枫窗三录》,大连出版社,2000,第 236 页)按王揖唐《今传是楼诗话》谓寿富"所为诗多散佚",而张之洞生前所辑《思旧集》(民国十七年苍桧簃刊本),为故旧师友十六家诗选,即包括了"宗室竹坡侍郎宝廷及其子伯弗太史寿富",其去世前夕尚致函电于弟子促刻此集,"谓恐负死友也"。(胡钧:《清张文襄公之洞年谱》,台湾商务印书馆,1978,第 280 页)至于遗稿部分,几经辗转为罗继祖"先祖"即罗振玉所得,并经由本人整理,则流传有序,应属可信,惜至今未见刊行。

予方名谋刻先师奏议，遂以附于卷端。"[103]

又值得一提的是，寿富身后，师友中能文者多有悼挽之作。陈宝琛、张之洞昔在翰林院与宝廷朝夕过从，几无虚日，寿富从而问学。陈宝琛闻其耗，即时成一律：

> 朝衣就市痛冰清[伯苇兄弟皆仙蕴婿]，赴死还看好弟兄。
>
> 有子多应思我友，此才难得出宗英。
>
> 倚楹一泪几成罪，临穴同歼岂为名？
>
> 长忆城南相送日，尔时厝火故承平。[104]

光绪三十三年(1907)，张之洞入京拜相，往吊寿富墓，有诗：

> 赋断怀沙不可听，宗贤忠愤薄苍冥。
>
> 荆高燕市耽沉醉，莫使重泉叹独醒。[105]

二诗格调有异，一哀婉，伤情于故人多难，一沉郁，意以刺亲贵之用事。

友人吴保初作有《哭伯福学士》诗：

> 四溟烽火逼神京，谁遣潢池盗弄兵。
>
> 北地岂惭朝烈祖，西京顿觉失长城。
>
> 成仁未竟平生志，背义终伤后死情。

---

[103] 此跋作于"宣统庚戌二月壬寅"，见《先考侍郎公年谱》，《北京图书馆藏珍本年谱丛刊》175册，第141—142页。按夏震武(1854—1930)，号涤庵，浙江富阳人，同治十二年举人，为宝廷典试浙省时所取士，以理学著闻于世，亦为宝廷所重。其记："竹坡先生弥留之际，瞿然曰：'斯人若死，吾道绝矣。'家人问为谁，曰：'涤庵也。'"参见《嘉定长白二先生奏议序》(庚戌)，王波编：《夏震武集》，中国人民大学出版社，2015，第240—241页。

[104] 陈宝琛：《闻伯苇寿富仲苇寿兄弟死耗》，《沧趣楼诗文集》上册，第38页。

[105] 张之洞：《拜寿伯符翰林(富)墓》，《张之洞全集》第12册，第10556页。

我欲招魂歌楚些，天涯霜雪泪缘缨。

其自注："甲午之役，约城破同死，今君竟践言矣。余以丁酉罢归，殊绝负君于地下矣。"[106]章太炎以《红楼》中之"尤三姐"拟寿富，"柳湘莲"拟吴保初，可见二人情谊非同寻常。[107]

陈衍《石遗室诗话》存录了若干寿富遗作，并有诗吊之：

> 国破犹能干净死，巢倾宁有顾瞻情？
> 屈原夷叔空相况，三百年前黄蕴生。[108]

"黄蕴生"，黄淳耀（1604—1645），江苏嘉定人，明末进士，举义抗清，嘉定城破后偕弟自缢殉节。陈衍慨叹："明亡，陶庵兄弟皆自经死，何其相似也！"又拟寿富兄弟为屈原、伯夷叔齐，评价相当之高。

庚子十一月初二日，郑孝胥赋《伤寿伯茀仲茀》一律：

> 三年伏处绝艰辛，赴死终伤志未伸。
> 四海朋友俱失望，一门兄弟自成仁。
> 高林奋笔倾酸泪，张卓函书带战尘。
> 莫怪褒忠殊不及，朝衣东市是何人。[109]

此处"三年伏处""朝衣东市"，皆感戊戌旧事。至辛亥（1911）七月，郑孝胥入都，访白庙胡同宝廷故宅[110]，寿富夫人出见，有诗纪之："竹坡菊客惨相随，谁

---

[106] 吴保初：《哭伯福学士》，《清诗纪事·光绪宣统朝卷》二十，第 14594 页。
[107] 孙宝瑄：《忘山庐日记》上册，第 372 页。
[108] 陈衍：《石遗室诗话》（一），辽宁教育出版社，1998，第 96 页。
[109] 郑孝胥：《伤寿伯茀仲茀》，《清诗纪事·光绪宣统朝卷》十八，第 12950 页。
[110] 按北京内城八旗驻居分界，镶蓝旗驻地"自瞻云坊（西单牌楼）至宣武门，自金水桥西至城根"，位于京城西南隅。参看朱一新：《京师坊巷志稿》，北京古籍出版社，1982，第 181—182 页。白庙胡同（今复兴门大街北），即在其界址北首。

信诸孙骨亦灰。登榻招魂如见款[戊戌来视,伯弢尝坐此室共语],入门掩涕更增哀。不祥名节嗟为祟,一往清狂渺此才。还向鬉媚想遗直,可堪凭吊到狐鲐[伯弢妻父联公元,为拳匪所害,追谥文直]。"⑪其时,宝廷孙辈亦皆夭亡,后继无人,"不祥"句慨乎其言矣。

寿富素负誉"少承家学,且有逸才",陈衍谓其"生平吟咏甚富,庚子殉国难后,遗稿不可得",惜诗作、著述多散佚。在他身后,得若干知音酬唱,从而存留一二"声音面目",也算是一种告慰罢。

六、 种族与政治双重视野中的寿富之死

甲午战后,鉴于内政外交的种种衰颓与失败,清朝士大夫渐渐认识自身旧文化的不足,思想灵敏者已觉悟到,只有考求西学、变法维新才能救亡图存,后世学人将此阶段总结为"中国士大夫阶级的思想大转变时期"⑫。寿富出身于传统教育,同时受新学熏染,沾溉时风,"素研究西学,为满人中之佼佼者"⑬。面临世变,应时而动,因宗室的特殊身份,他预设的发言对象主要还是旗人。前揭《与八旗诸君子陈说时局大势启》一类言论,固易引起变法同情者共鸣,然置于当时语境,已明显超前,时人有谓"文传诵,八旗人哗然,目以为怪","议者颇有异同","八旗人士詈伯福者盈耳,指为妖妄者十人而九也"。⑭ 对于保守力量的反弹,寿富并非没有心理准备。与友人诗中"以此忤时贤,罪恶重邱岑,毁谤日纷腾,惟公鉴其忱"⑮等语,已显示处境之艰窘。然而,出于壮士断腕的心态,为实现某一远景,周遭讥弹也"慨然无所恤"了。故慷慨陈词:

---

⑪ 王揖唐:《今传是楼诗话》,"伤寿富兄弟"条,第47页。
⑫ 华学澜:《辛丑日记》陶孟和序,第3—4页。
⑬ 李宗侗:《跋寿伯弢与张文襄书并述竹宝坡父子》,《李宗侗文史论集》,第498页。
⑭ 赵炳麟:《寿太史传》,《广清碑传集》,第1288页。林纾:《赠光禄寺卿翰林院庶吉士宗室寿富行状》,《林琴南文集》,第36页。
⑮ 寿富:《送赞臣之山东(之一)》,《爱新觉罗家族全书·诗词撷英》(6),第146页。

终日呶呶,逢人强聒,取笑于自守之士,见病于持重之儒,不敢灰心,惟自隐痛。念我八旗之大,人才至多,世受国恩,天良未泯,苟知时局危急,必不忍坐而旁观。用敢不避讥弹,略陈大势。愿我兄弟思祖宗立功之勤,闵君父当局之苦,哀身家之莫保,念子孙之流离,雪涕奋兴,起谋王室,气运不难强挽,安危可望转圜。若惊为病狂,笑其说梦,一旦祸至,死无以对祖父,生无以保妻孥。蒙耻捐生,相胥及溺,然后始叹填海之苦衷,谅忧天下之先见,岂不晚哉!岂不痛哉![⑯]

寿富向"八旗兄弟"提供的方案无异于自己革自己的命,观念上确带有激进性质,而付诸宣讲的姿态又过于强硬与急促,当时人遂有"奔走叫号,所至强聒,而一般士大夫率掩耳而走"[⑰]的印象。甚至连作为汉人的宋恕(1862—1910),也觉得寿富的自我批评过于严厉,委婉提醒不可尽摒旗人于知耻学会之外:"吾恐伯福君或亦稍存八旗人物不如汉族之见,其将轻量八旗而忽于搜访。……夫八旗进身虽易,亦岂乏遗贤?……伯福君其慎勿忽于搜访,当使八旗遗贤皆得列名参议,则斯会其庶日益光大,而耻之雪其庶有期欤!"[⑱]

此处欲申论的是,尽管针对八旗子弟发声,寿富关心的焦点,仍在一朝一国的变法图存,而非种族问题。质言之,新旧之争高于满汉之别。海外"新清史"学者拈出寿富言论,认为"他指出如果现在的朝廷更改革维新,八旗将延续自己的贵族统治。当然,其中暗示的是,如果中国被瓜分,清朝灭亡,旗人就将失去自身的特权地位"[⑲]。其实,如果不是倒放电影地看,戊戌以前满汉之间的种族之见和种族之界,并没有后来排满革命家宣传的那条

---

⑯ 宗室寿富来稿:《与八旗诸君子陈说时局大势(后)》,《强学报·时务报》第2册,总第1851页。

⑰ 孙雄:《诗史阁诗话》,《清诗纪事·光绪宣统朝卷》二十,第13982页。

⑱ 宋恕:《书宗室伯福君(寿富)〈知耻学会叙〉后》(原载《经世报》一八九七年九月),胡珠生编《宋恕集》上册,中华书局,1993,第278—279页。

⑲ [美]路康乐:《满与汉:清末民初的族群关系与政治权力(1861—1928)》,第60页。

不可逾越的鸿沟,也很难认定寿富一类有关"满人问题"的言论,就构成了"太平天国运动以来对满汉关系的最严峻挑战"。光绪二十二年(1896),友人毓俊离京赴山东,寿富赠诗云:

> 大风卷沧海,蛟螭撼神州。
> 我非百岁人,独怀千古忧。
> 妖氛山岳高,世道江河流。
> 人类闪风烛,王室实缀旒。
> 昂首望青天,掩涕思前修。
> 缔造伏轩昊,经营劳孔周。
> 此道亘古今,万物所共由。
> 一旦自我绝,岂非壮士羞?
> 君今适东鲁,驱车迈山丘。
> 路若经孔林,为我少淹留。
> 哭问墓中人,可知今世不?
> 苍穹若有知,此患何时瘳?
> 苍穹若无知,斯民何罪尤?
> 愿徼在天福,速生圣贤俦。
> 起佐我圣皇,布政宣鸿猷。
> 但恐鬼无灵,酣眠不肯休。
> 哀哉人道天,吾侪其壑沟。[120]

诗中感叹世道江河日下,神州岌岌可危,"缔造"需轩辕、太昊,"经营"需孔子、周公,寄望友人过孔子故里,代为哭问,并愿早生圣贤,辅佐皇朝,表现了忠臣爱国、回天无策的忧患心态。同为宗室杰出者之盛昱(1850—1899),晚

---

[120]　寿富:《送赞臣之山东(之五)》,《爱新觉罗家族全书·诗词撷英》(6),第 147—148 页。毓俊(1850—?),字赞臣,隶满洲正黄旗,举人,著有《友松吟馆诗钞》。

岁赋诗陈说时事,亦向往"大破旗汉界",意欲"起我黄帝胄,驱彼白种贱"⑫。寿富的"掩涕思前修",与盛昱向黄帝认祖归宗,都少有区分满汉的种族意识,而上下一心、满汉协同的指向,是为驱逐"妖氛"、打赢黄白之战,这又脱不了中西竞争的大背景。前揭寿富遗嘱中"虽讲西学,并未降敌"一语,正充满了敌我判然而新旧夹缠的紧张感。近有学者在回应"新清史"研究的一篇文章中指出:"讨论满人在晚清国族建构中的态度和立场,最可靠的途径,是倾听他们自己的声音,但在辛亥革命前,可以看到的相关史料很少。"⑫尽管这些"声音"非常微弱、稀少,后人的释读也未必尽能一致,但欲逼近历史的真实,这一途径恐怕仍是有效且无法绕过的。

衡以新旧标准,寿富其人"固力主变法者也"⑬,然细究变法思想,实与康有为有所差异,一旦落实于行动,亦明显与后者保持了距离。陈寅恪有关于戊戌变法思想源流的一段著名论断,强调"当时之言变法者,盖有不同之二源,未可混一论之……至南海康先生治今文公羊之学,附会孔子改制以言变法。其与历验世务欲借镜西国以变神州旧法者,本自不同"⑭。这里指出了从实际经验中得知须借重西法改旧法的陈宝箴、张之洞等人,与从"今文""公羊"中推出"孔子改制"之说的康有为有着思想渊源的不同。前文已就寿富与张之洞一派的政治联系有所交代,此处再引其致高凤岐一通信札:

> 强邻狎侮,几不齿中国于人类。练兵未成军,而习气已坏;筹饷未

---

⑫ 盛昱:《题廉惠卿(泉)补万柳堂图》,《郁华阁遗集》卷二,《续修四库全书·集部·别集类》第1567册,上海古籍出版社,2002,总第225页。沈松侨以为作者企图从"黄帝"身上寻得祖源记忆,其目的在"融合满汉,以铸造一个超越满汉族群界限的更大的认同对象——中国国族认同"。参看《我以我血荐轩辕——黄帝神话与晚清的国族建构》,《台湾社会研究季刊》第28卷,1997年12月。

⑫ 定宜庄:《晚清时期满族"国家认同"刍议》,《纪念王锺翰先生百年诞辰学术文集》,中央民族大学出版社,2013,第309页。

⑬ 龙顾山人纂:《十朝诗乘》卷二十三,"两祭酒及宝竹坡二子"条,第966页。

⑭ 陈寅恪:《读吴其昌撰梁启超传书后》,《寒柳堂集》,生活·读书·新知三联书店,2001,第167页。

济事,而民生已困。讲西学者,未通一艺,先思叛教;讲中学者,墨守八比,即以为卫道。纷纷呶呶,将成党祸。推其故,只是好逸畏难,嫉才护短,自私自利之心多,尊君亲上之心少。圣教之废兴,人种之存灭,岌岌殆哉!

窃以为今日大势,非天下人心翻然改图,通力合作,万难济事。欲其改图,莫要于先使知惧。欲其知惧,莫要于周知外事。看似迂缓,实为要着。不然,门户相持,议论徒费,终日讲富强,以为非者,必百般挠乱;而以为是者,亦不能坐言起行。未定一尊,而外患已至。其为大患,不亦哀乎!史阁部以为舍练兵筹饷无人材,寿富亦以为舍开风气无政事。何今之士大夫,不思御侮之义,先去理会门户之异同!总由名誉富贵之说,深中乎人心,君臣大义,不伸于天下。一旦覆舟,吴越同溺,归之天命,天岂受过![⑮]

此函札写作时间当在戊戌政变前,而已预料"党祸"将成,所谓"门户相持""先去理会门户之异同"云云,盖指附会《公羊》"三世""三统"说以为变法张本的康有为而言,主张"知惧""周知外事",不出引援西学西法以"改图"的范围,而他有志调停中西之学,怀抱"兴圣教""存人种"的愿望,亦非由狭隘的满洲本位使然。

寿富屡言"尊君亲上""君臣大义",在变法图存同时不废纲常,恪守伦理。世人知其"恳恳忠爱,原本义理之学,不同世之号新法者"[⑯]。张謇赠诗有句云"商量旧学成新语,感慨君恩有父风"[⑰],说的就是寿富与其父宝廷糅合新旧、忠君爱国的特质。早在甲午战时,他即与吴保初约"城破同死"。选择死,对他来说,并非一件难事。高凤岐记:

---

⑮ 吴曾祺编:《历代名人手札》(三),西苑出版社,2003,第460页。
⑯ 《纪宗室伯茀太史寿富殉节始末》,《中华历史人物别传集》第78册,第150页。
⑰ 《赠宗室伯茀庶常寿富》,张謇研究中心、南通市图书馆编:《张謇全集》第5卷(下),江苏古籍出版社,1994,第109页。

太史自马关议成后，日夜涕泣，倡新学，冀以雪国耻，乃今仅以一死自洁其身，此岂其生平之志者！然上足以报太祖之灵，下足以塞守旧之口矣。⑫

　　至庚子事起，寿富对戊戌年之蒙召对仍旧念念未忘，绝命词尚有"曾蒙殊宠对承明，报国无能愧此生"句。其个人的出处选择仍以光绪帝安危为转移，不忘"大清臣子，只有一死字"，既不满于守旧仇外，又严守于中外界限，求两全，而两难全，只能以一死明志。陈垣尝指出"臣节者，人臣事君之大节"，故古代"忠于君即忠于国。所谓忠于国者，国存与存，国亡与亡"。⑬ 在寿富这里，是将君/臣关系与个人/国家等同视之的。中国近代史研究尤其民族主义研究，受晚清以来趋新派，特别是革命党人观念的影响（虽然主要是无意识的），多喜指责昔人只知忠君而不知爱国，实际先存将君与国分开的"共和"成见。⑭ 任何国家都有其主权象征（the sovereign symbol），在君主国或君主时代，君王就是国家最主要的主权象征，就清朝而言，无论对满或汉，皆然。

　　君权的至上性及由此派生的君权与制度的一体性，使得在观念中以国家为至上的变法维新，其实际过程多依傍君权为捷径，然而同样"尊君权"，相似外表下却可能是不同内核。戊戌后有"保皇会"名目，光绪所象征者已不在君权而在维新。庚子年康有为撰文驳斥"后党"，以为"即孙文议论，亦不过攻满洲，而未尝攻皇上"⑮，言下已分"满洲"与"皇上"为二事。尤其反讽的是，当八国联军攻陷京城，寿富为报"君恩"选择毅然殉国，差不多同时，在沪上召开以"勤王"为宗旨的中国国会，已有更趋激进的汉族士人如章太

---

⑫《纪宗室伯茀太史寿富殉节始末》，《中华历史人物别传集》第 78 册，第 49 页。

⑬ 陈垣：《通鉴胡注表微·臣节篇十二》，商务印书馆，2013，第 188 页。

⑭ 参看罗志田：《民族主义与近代中国思想》序论，东大图书公司，1998，第 7 页。

⑮《驳后党逆贼张之洞、于荫霖诬捏伪示》（1900 年 10 月），姜义华等编：《康有为全集》第 5 册，中国人民大学出版社，2007，第 279—285 页。

炎提出"请严拒满、蒙人入会"的号召,并专门点出寿富其名:

> 或谓十室之邑,必有忠信,虽在满洲,岂无材智逾众如寿富、金梁其
> 人者,不知非我族类,其心必异,愈材则忌汉之心愈深,愈智则制汉之术
> 愈狡,口言大同,而心欲食人,阳称平权,而阴求专制。今所拒绝,正在
> 此辈。岂为昏庸躁妄之人言耶?[132]

章太炎并不否认寿富之流"材智逾众",亦未抹杀其言论中的趋新成分,但
在清廷已不可恃的整体判断下,满汉对立已经压过新旧之辨,在此意义
上,寿富的"新"反而成为一种暧昧的存在,恰恰强化了对于满人的负面化
认知。不久后,章太炎又有沉痛申论:"同会诸君,贤者则以保皇为念,不
肖者则以保爵位为念,莫不尊奉满洲,如戴师保,九世之仇,相忘江湖,嬉
亦甚矣。"[133]诚如杨国强揭出,进入 20 世纪后,在近代国家观念冲击下,君
权与国家的同一性渐渐失去,君权既已不能承载国家,"民权"之说遂起,
又因清代君权是满人的君权,观念中的国家与君权(朝廷)分离,进而从君
权里牵出种族,唤起了本已静蛰的满汉之辨。[134] 由庚子年的"奇变",到辛
亥年的"革命",实有内在脉络可循。经历过清末民初世变的孙雄,后来忆
及寿富作于丁酉(1897)的《与八旗诸君子陈说时局大势启》,即将之与庚
子、辛亥事相勾连,他的观察为寿富那番"晚哉""痛哉"的感喟,做了最好
的旁注:

> 余丁酉居京时,见其《告八旗子弟书》,中有句云:"民权起,而大族
> 之祸烈;戎祸兴,而大族之祸更烈。"所谓"大族"者,即指八旗,亦若逆知

---

⑬ 章太炎:《请严拒满蒙人入国会状》,马勇编《章太炎书信集》,河北人民出版社,2003,第
56—57 页。

⑬ 章太炎:《来书》,原载《中国旬报》第十九期(庚子七月十五日),汤志钧编《章太炎年谱长编
(增订本)》下册,中华书局,2013,第 605 页。

⑭ 杨国强:《论清末知识人的反满意识》,载氏著《晚清的士人与世相》,生活·读书·新知三联
书店,2008,第 302、309 页。

> 庚子之变与去年革命之事者。⑬

清末十年"排满革命"别成一帜,种族之争超越新旧之争,当保皇、革命两派对峙激辩之际,原厕身于变法维新行列的满族改革派,已经退出言说的舞台,被完全推到了"被革命"的那一端,失掉了面对公众的话语权,当天地翻覆、泥沙俱下之日,唯有接受被审判的命运。⑭ 而寿富已于庚子年以身殉国,无缘看到身后的一切。幸欤,不幸欤?

---

⑬ 孙雄:《诗史阁诗话》,《清诗纪事·光绪宣统朝卷》二十,第 13982 页。
⑭ 兹举一例,前揭宋恕《书宗室伯福君(寿富)〈知耻学会叙〉后》指名的"八旗遗贤"之一贵林(? —1911),满洲正红旗人,与浙士人游,有贤名,"其谈百氏,论时务,则达儒墨之要,洞欧亚之故,至目为'今孔子'。当辛亥鼎革之际,贵林为杭州驻防旗营协领,代表署杭州将军德济与军政府谈判,遭拘拿枪决。关于贵林之死与种族身份的关系,可参沈洁:《从贵林之死看辛壬之际的种族与政治》,《史林》2013 年第 2 期。

"援匹夫有责之义，贡千虑一得之愚"：
庚子事变中的张元济

　　光绪二十四年(1898)，戊戌政变发生，张元济(1867—1959)因同情变法，遭到"革职，永不叙用"的处分。[①] 是年九月，他结束六年的京官生涯，携家眷离京南返，至沪定居，从此投身文教及出版事业，实现了一场"从翰林到出版家"的深刻转变。[②] 学界对张元济的研究非常丰富，仅传记类著述，据笔者所见就不下十种，专题论文更不胜枚举，对其生平各阶段事功、言论不乏细密的探讨。[③] 不过，近有论者总结指出，先行研究涉论较多关于张元济在古籍校理与文教出版事业方面的作为，"唯对其人政治立场方面的探析，仍有未臻详瞻或失察之处"[④]。张元济南下后不到两年，即有庚子事变爆发，当清廷对外宣战，东南各省却与列强各国议约互保，演出一幕令人瞠目的时代活剧。张元济尝自谓"以被罪逐臣侨居海上"，不得不"隐晦"处世，事实上颇留意于政治，并外化为书函文字，不能说完全自外于世局。[⑤] 有研究

---

① 张人凤、柳和城编著：《张元济年谱长编》上卷，上海交通大学出版社，2011，第 79 页。
② 此处借用某部张元济传记的标题语，参看叶宋曼瑛著：《从翰林到出版家——张元济的生平与事业》，张人凤、邹振环译，商务印书馆，1992。
③ 关于张元济研究的综述，参看柳和城《张元济传记与张元济研究"热"》，《博览群书》2010 年第 2 期；喻永庆《近三十年来张元济研究述评》，《成都理工大学学报(社会科学版)》第 18 卷第 1 期，2010 年 3 月。
④ 刘怡伶：《世变与权衡：张元济的政治立场析论》，《逢甲人文社会学报》第 19 期，2009 年 12 月。
⑤ 这方面材料，主要见张元济于 1900 年 6—7 月间致盛宣怀的数封信函。20 世纪 80 年代，香港中文大学所藏盛宣怀资料中的一部分函件影印出版，即包括张元济手札二十八(转下页)

已注意到,张元济南下之初还保有"相当高的政治激情",由其赞助"东南互保"可见"心系东南民众的生死,忧国忧民之心未泯"。⑥戊戌后新旧异途、双水分流之势显然,以上海为中心聚集起一批"自强变法和维新变法的局中人与同路人",由此形成南方颉颃北地,昭示长期新陈代谢之后的分化和分野。⑦庚子事变中,所谓"上海各官绅商"群体空前活跃,不仅介入"中外保护"的酝酿和策动,而且对朝局走势多所谋划,张元济就是其中重要并具代表性的一人。惜论者大多止于概述,对其政治性言论的语境和实际指向缺少分析,或在背景不明的情况下征引片段言论,或据其晚年回忆文章反观当时政治立场,皆距离实相稍远。张元济在事变中的观念言行,实有重新检讨的必要。本文拟以张元济与盛宣怀通信为主干,旁参其他史料,重建相关史实,以期丰富对于其人政治思想的理解,并尝试以此切入观察当时趋新士人与中央政府、东南督抚及外国势力之复杂关系中一些值得注意的面向。

一、 栖处"南洋"

戊戌秋,张元济南下栖居沪上。第二年(1899)初,因李鸿章推荐,应南洋公学督办盛宣怀(1844—1916)之聘,出任南洋公学译书院院长。二月二

(接上页)通,内容涉及南洋公学译书刊印、留学教育、庚子东南互保、日俄战争、铁路交涉等。(王尔敏、陈善伟编:《近代名人手札真迹——盛宣怀珍藏书牍初编》第一册,香港中文大学出版社,1987,第162—233页)国内张树年主编之《张元济年谱》(商务印书馆,1991)摘录了致盛宣怀函的部分内容,据编者注,知系录自"原信复印件"。后这部分函件又收入张树年、张人凤编《张元济书札(增订本)》(商务印书馆,1997)下册,总计三十二通,与前述盛宣怀资料中所存去函多重合,但排印文字间有错误或不通顺处。下文所用引文,径引自《近代名人手札真迹》所录之影印版本。

⑥ 张人凤:《戊戌到辛亥期间的张元济》,《史林》2001年第2期。该文侧重张元济经历政治挫折后,热情逐渐消退,直到绝迹仕途的一段历史,勾勒其"在清末十余年间,由官到民,从儒到商,走知识与市场经济相结合道路的人生大转折过程"。对张氏这一时期政治活动的考察,并参承载、王恩重《张元济和清末立宪运动》,《浙江大学学报(人文社会科学版)》,1996年第4期;王逍《张元济与浙路商办》,《学术论坛》2001年第2期。

⑦ 杨国强:《1900年:新旧消长和人心不变》,载氏著《晚清的士人与世相》,生活·读书·新知三联书店,2008,第217页。

十三日(4月3日)致函盛宣怀:

> 今日蒙宪召,极应趋陪,惟元济以被罪逐臣侨居海上,似不嫌过于
> 隐晦。故来此半年,偶有游宴,皆未一与。昨见知单,同席多未经晤面
> 者,华筵谨当心领,附缴大柬,务乞鉴原为幸。日前何梅翁传述尊谕,欲
> 令元济襄办公学译书事,雅意至为感佩。惟职任至重,深恐不克负荷。
> 现正就梅翁询商一切,稍得头绪,再当趋前面求训示。⑧

张、盛二人素无交集,本非熟识。甲午后数年,盛宣怀掌握了轮船、电报、纺
织多项实业,又攫得铁厂、铁路、矿务、银行的督办权,相继创办北洋大学堂、
南洋公学,在政治地位上由道一级的地方官,进而取得太常寺卿职衔与专折
奏事特权,可谓集利、权于一身,正值"声势显赫,一时无比"之际。⑨ 为培养
适应洋务新政之人,盛宣怀兴办南洋公学,讲求新学,附设译书院的目的即
在"能读西国之籍""周知四国之为"⑩。由于缺乏熟悉西文、精通译印之人
主持其事,译书院虚位以待,张元济罢官来沪,恰成适当的人选。本年三月,
他正式入院到职,"任总校兼代办院事",译书院也开始步入正轨。⑪ 当年,
严复(1854—1921)翻译英人宓克(Alexander Michie, 1833—1902)的著作
《支那教案论》,由译书院出版,他曾致书张元济说:"复自客秋以来,仰观天

---

⑧ 《张元济札(二十八)》,《近代名人手札真迹——盛宣怀珍藏书牍初编》第一册,第 162—163
页。"何梅翁",何嗣焜(1843—1901),字梅生,江苏武进人。同治初年以诸生投身淮军,先
后为张树声、李鸿章、刘秉章幕僚,以功累保至知府补用加三品衔。光绪二十二年(1896)任
南洋公学总理,张元济应聘译书院院长,即由其出面招揽。1901 年因病去世,盛宣怀嘉许其
"学行允孚,体用明白",为表彰任内业绩,特奏请在国史馆立传纪念。参看《请将何嗣焜学
行宣付史馆立传折(南洋大臣刘会奏)》,光绪二十七年十月,《愚斋存稿》卷六,沈云龙主编
《近代中国史料丛刊》续编第 13 辑,文海出版社,1975,总第 184—185 页;《代盛宣怀刘坤一
拟请将何嗣焜学行宣付史馆立传折》,光绪二十七年十月,李明勋、尤世玮主编《张謇全集一
·公文》,上海辞书出版社,2012,第 35—38 页。
⑨ 参看夏东元:《盛宣怀传(修订本)》,南开大学出版社,1998,第 276 页。
⑩ 《南洋公学附设译学院片》,光绪二十四年四月,《愚斋存稿》卷二,总第 85 页。
⑪ 张人凤、柳和城编著:《张元济年谱长编》上卷,第 83 页。

时,俯察人事,但觉一无可为。然终谓民智不开,则守旧、维新两无一可。即使朝廷今日不行一事,抑所为皆非,但令在野之人与夫后生英俊洞识中西实情者日多一日,则炎黄种类未必遂至沦胥;即不幸暂被羁縻,亦将有复苏之一日也。所以屏弃万缘,惟以译书自课。"⑫张元济对老友"以新理开启蒙昧"的济时药方深感契合,相与讨论有关译书与合作事宜,这一层潜在心理,也成为他情愿就职"南洋"的动因之一。⑬

本年下半年,后来成为著名汉学家的日本人内藤湖南(1866—1934)以《万朝报》记者的身份作中国游,历访清朝名士。归国前夕,在上海专程拜访张元济,"为此行最后的佳兴"。两人纵论时事、人物,有过一次深入的笔谈。在谈及变法话题时,张元济做出如下反思:

> 我国四十年多年前就有变法的主张了,效法西方的人也不在少数,可是成效甚微。现在的所谓洋务人才,只知道皮毛而不得精髓,正是因为他们舍本逐末,不能以培养人才为先。我在南洋公学做事,专管译书事务。至于生徒、学术方面,另有何梅生嗣焜先生为监督。大约学期八年,普通学和政治学能略识大体。现在只有两年的程度,规模还远没有固定下来。⑭

验诸张元济个人事业的选择,正合"以培养人才为先"这一认知。甲午前后,由日本政府、军部以及民间人士主动发起工作,不仅与倾向改革的开明地方官僚建立合作关系,而且展开了触角广泛的民间结盟运动。及戊戌政变发生,清朝新/旧、南/北分野的趋势,也反映在日本人认知中,其自觉区分"北京政府"和"南方有力者"两股势力,已不仅是简单的地域概念,也包含了一定政治意味的价值判断,即如日本对华民间团体的主流意见一直视慈禧太

---

⑫ 《与张元济书(一)》,王栻主编:《严复集》第 3 册,中华书局,1986,第 525 页。

⑬ 参看周武:《书卷人生:张元济》,上海教育出版社,1999,第 57—58 页。

⑭ [日]内藤湖南:《燕山楚水》,吴卫峰译,中华书局,2007,第 137 页。

后把持的清廷为守旧的、亲俄派的总后台,这与将湖广总督张之洞(1837—1909)、两江总督刘坤一(1830—1902)等地方督抚视作"温和改革派之首领"的官方观点是完全一致的。⑮ 此次来访的内藤湖南,尤其关注中国的南北差异,表示"看到江南民风和物产的丰富,与北京附近迥然不同,内心感到对未来的希望",又径言不讳地指出"安于旧态难以改变,这是贵国当朝的一大弊端",对"以东南的富庶来图自卫"的课题颇感兴味。反观张元济的反应,则相当节制。从他注重"启蒙""育才"的立场出发,当下"南方各省"较之京师,只是五十步笑一百步而已,以此图谋改变"旧态",不过是无本之木。他回答说:

> 南方各省自卫之计,这自然是件很应该做的事情。然而当今的人才有谁能成此大业呢?有权力的人不但不敢做,而且不敢知道这件事。知道这件事,而且敢做的人,又毫无凭借。草莽英雄,哪里没有?但个个都是狂悍没有见识之流,怎么能支撑这东南的半壁江山呢?况且南方虽然民物富庶,财力有余,民智的闭塞和北方并没有不同。恐怕也是难图自卫的啊。⑯

笔谈结束,张元济即席赋诗一首,赠内藤湖南之行。诗云:

> 海上相逢一叶槎,愤谈时事泪交加。
> 愿君椽笔张公论,半壁东南亦辅车。⑰

有关中日唇齿、辅车相依的认知,使得张元济对于两国人士同声相应、

---

⑮ 翟新:《近代以来日本民间涉外活动研究》,中国社会科学出版社,2006,第72页。
⑯ [日]内藤湖南:《燕山楚水》,第136页。
⑰ [日]内藤湖南:《燕山楚水》,第140页。

同气相求,尤其在文教事业上的合作,犹抱有期待[18];"愤谈时事"而至"泪交加",则反映出此刻心绪的沉郁,感伤于家国未来,愁情无计可消。仅仅半年后,中国便遭逢了更大的灾难,此刻尚被寄托一线希望的"半壁东南"也面临了前所未有的危机。

二、 倡议"维持东南大局"

就在张元济投身"南洋"、开始新事业之际,戊戌风波的震荡却仍未消歇。由政变而引发党祸,余波所及,政治空气一片肃杀,继而废立传闻自京播出,中外议论喧哗。光绪二十五年十二月二十四日(1900 年 1 月 24 日),清廷上谕宣布光绪帝以病告退,封载漪之子溥儁为皇子(大阿哥),将旧历元旦改元"保庆"。[19] 是为"己亥建储"。事情发表,上海官绅士庶纷然哄动,皆认其"名为立嗣实则废立",上海电报局总办经元善(1840—1903)率先于二十六日(1 月 26 日)领衔"寓沪各省绅商士民"合计 1231 人联名电谏,恳请光绪帝"力疾临御,勿存退位之思"。[20] 事后,"风波大作",除经元善遭清廷通缉逃亡海外,又有株连传闻,宋恕得到消息,"上海派密差七八人专拿帝党",点名数人之中就有"张元济主事"。[21] 至庚子年春夏之交,义和团迅猛兴起于山东、直隶各地。戊戌以来一直纷扰不堪之党争、外交,与骤成燎原之势的拳乱、教案相互激荡,终致平衡打破,战争爆发。

---

[18] 1901 年 10 月,日本东亚同文会副会长长冈护美(1842—1906)来访,商洽合作兴学事,张元济代盛宣怀拟复书,即对中日合作颇富热情。其致盛函谓:"译书院现正译《日本教育法规》,大约一月后可以藏事。尊意欲索普通学堂章程,似可毋须,故未叙及。又长冈雅意殷殷,答书似不宜过于落寞,元济擅将鄙意数条加入,聊示亲切,各条于今日教育关系颇巨,是否有当,并乞卓裁。"参见《张元济札(二四)》(〔辛丑〕八月二十三日),《近代名人手札真迹——盛宣怀珍藏书牍初编》第一册,第 224—225 页。

[19] 中国第一历史档案馆编:《光绪宣统两朝上谕档》第 25 册,广西师范大学出版社,1996,第 396—398 页。

[20] 《上总署转奏电禀》(1900 年 1 月 26 日),虞和平编:《经元善集》,华中师范大学出版社,1988,第 309—310 页。

[21] 《致孙仲恺书》(一九○○年四月),胡珠生编:《宋恕集》下册,中华书局,1993,第 700 页。

由京南返后,张元济寄居虹口西华德路隆庆里 772 号寓所。^㉒ 身在黄浦江畔,却无时不以北方时局为念。本年五月间,得友人信,知"中朝士夫以此益信义和团为可恃",而慨叹"井蛙堂燕,可哀孰甚"。^㉓ 五月二十二日(6月 18 日)读新闻报,知时势已亟,当晚即致函盛宣怀云:

> 杏荪先生大人赐鉴:敬启者。顷闻大沽炮台昨已开炮,轰击各国兵舰,德兵官受伤,炮台失守。此信若确,各国必并力前进,螳臂当车,胜败可决。祸变之惨,将不忍言。政府一蹶,东南各省必乱事蜂起,哀我生民何堪遭此荼毒?窃谓祸乱之来,虽关天意,人力未始不可小有挽回。今督两江、粤、鄂诸公,皆负时誉。阅报并知先生昨有联衔电奏请救危局之举,**惟现在事变更急,断非寻常举动所能挽回。 我公负天下重望,且为各国所引重,似宜速与各省有识督抚联络,亟定大计,以维持东南大局**(粗体为笔者所标注,下同),祈甚,盼甚。援匹夫有责之义,贡千虑一得之愚,冒率上陈,伏祈鉴察。敬叩台祺。张元济谨上。廿二日晚。^㉔

就在前一天(6 月 17 日)凌晨,在大沽口的列强海军舰队与炮台守军发生激战,清军力战不支,大沽炮台宣告失守。至此,中外两方已进入事实上的战争状态。盛宣怀当时以督办铁路公司名义居留上海。他自称"局外闲人",事实上忙得不可开交,尤其为昔日恩师李鸿章回任直督,奔走游说不遗余力。五月十六日(6 月 12 日),他致电刘坤一、张之洞,告以"目前惟有调傅相回北,内乱外衅,或可渐弭"^㉕,提议奏调李鸿章回任直隶总督。二十、二

㉒ 张人凤、柳和城编著:《张元济年谱长编》上卷,第 80 页。

㉓ 张人凤:《上海图书馆藏盛宣怀档案内张元济致盛宣怀信书写年份考》,上海图书馆历史文献研究所编:《历史文献》第十五辑,上海古籍出版社,2011,第 281 页

㉔ 《张元济札(二十八)》,《近代名人手札真迹——盛宣怀珍藏书牍初编》第一册,第 232—233 页。

㉕ 《寄刘岘帅张香帅》,光绪二十六年五月十六日,《愚斋存稿》卷三十五,总第 833 页。

十一日(6月16、17日),又先后以函、电向军机大臣荣禄(1836—1903)、王文韶(1830—1908)进言,力辩中国势不能与各国一战,提出解散拳民、调李督直等"转危为安,化重为轻"四项办法。㉖ 此即张元济函所指"联衔电奏请救危局之举",而其议未见下文,事变已经发作。

论者多谓,盛宣怀之于庚子年的"东南互保"居有首倡的功劳。㉗ 从盛宣怀的地位、个性、权谋、交际诸方面而论,做此出位之举,有其内在理路。夏东元先生即谓甲午后盛宣怀在"多边的'力'的较量中寻求发展自己之道",庚子阶段的表现是他"办大事、做高官"思想发展的必然结果。㉘ 不过,如将当时朝局变动、国际竞争以及盛宣怀与周边人物的互动综合考量,可发现所谓"首倡"之功很难明确归系于某人,这是由多元角力呈现的结果,即使落实到盛本人的想法,也在短时间内经历了变化。盛宣怀最早向刘坤一提出"自认保护"的建议,背景是英国要求军舰入江、单独托管吴淞炮台;稍后赵凤昌(1856—1938)、何嗣焜(1843—1901)等幕僚从旁协助,使得"保护东南"的操作方式进一步明晰化,盛宣怀的思路也由"自保"向"互保"转变,其目的在于稳定地方秩序,预防义和团运动向南蔓延,也为抵制外国(主要是英国)借机出兵上海及长江内地。这不仅是赵凤昌等少数人的想法,在当地有着巨大利益的绅商阶层从自我保护的立场出发,也多有共鸣。《申报》《中外日报》《新闻报》等几家上海主要报纸,连篇累牍刊登社论,几乎一日一文,

---

㉖ 《盛宣怀致王文韶函》《盛宣怀致荣禄函》,光绪二十六年五月二十日,陈旭麓、顾廷龙、汪熙主编:《义和团运动——盛宣怀档案资料选辑之七》,上海人民出版社,2001,第59—62页。盛档另存有一电稿,即《盛宣怀条陈》,系日作五月二十日,与《愚斋存稿》卷三十五所录《寄天津荣中堂》(五月二十一日)相较,行文略有差异,前者应为草稿,后者为定稿,当日以电报发出。

㉗ 以戴玄之之观点最具代表性:"当是时,微盛宣怀氏,则大局屡变,列强虎视眈眈不趁机进兵长江流域者几希,纵有互保条约之名,亦未必收互保安全之责,是东南互保发端成约及执行之功,非盛宣怀莫属。"参看戴玄之:《盛宣怀与东南互保》,中华文化复兴运动推行委员会主编:《中国近代现代史论集第十三编·庚子拳乱》,台湾商务印书馆,1986,第177—180页。

㉘ 唯夏元先生一面承认盛宣怀为"东南互保"的实际导演者,一面强调此举使得此前较不显著的"反动的政治立场"更加鲜明,"其在1900年义和团运动和八国联军入侵中的表现,成为由积极面为主转变为消极面的转折标志"。参看夏东元:《盛宣怀传(修订本)》,南开大学出版社,1998,第277—279页。

要求戢乱保和,流露出浓烈的地方意识。㉙ 时为轮船招商局会办的郑观应(1842—1922),也向盛宣怀提议"换旗",即外兵未据长江之前,将中国公司转移至外国名下,以图自存、自保。㉚

前引五月二十三日张元济去函,尚在盛宣怀分电李鸿章、刘坤一、张之洞三大帅,明确提出"上海租界准归各国保护,长江内地均归督抚保护"的办法之前。但函内意识到时局危迫,"断非寻常举动所能挽回",已经暗示东南地方"从权"行事、采取与北方政府切割之办法的可能性;建议"速与各省有识督抚联络,亟定大计",反映出"今督两江、粤、鄂诸公"即李、刘、张所拥有的政治基础;而出身于江南,并与绅商社会渊源深厚的盛宣怀,被视为居间"调剂"的不二人选。五月二十七日(6月23日),张元济为探听时局,致函盛宣怀:

> 大沽战后,北事毫无确信。各国调兵未集,想亦不妄动。昨得友人信,言中朝士夫以此益信义和团为可恃。井蛙堂燕,可哀熟甚。昨各报并言合肥相国(李鸿章)并不北上,其说信否?㉛

作为清朝电报事业总负责人,盛宣怀处于当时信息传播的枢纽地位,且与李鸿章、刘坤一、张之洞这几位地位最重的地方大吏均有交情或交往,最适合也最具条件说得上话。张元济的这一认知,同样为当年与议"东南互保"的沈瑜庆(1858—1918)所分享,他在事后对盛宣怀表示:"天下绝大事业,祗在一二人之交欢。庚子之患,微公居此中联络,则粤、江、鄂鼎峙之势不立。彼三公者平时各不相谋,而因公之故,遂相固结,以纾世难。"㉜尽管张元济本人并未直接介入有关"中外保护"的交涉,但他的言论在某种意义

㉙ 刘学照:《上海庚子时论中的东南意识述论》,《史林》2001年第1期。

㉚ 《郑观应致盛宣怀函》,光绪二十六年五月二十六日,《义和团运动——盛宣怀档案资料选辑之七》,第80页。

㉛ 张人凤、柳和城编著:《张元济年谱长编》上卷,第94页。

㉜ 《沈瑜庆致盛宣怀函十二》,王尔敏、吴伦霓霞合编:《盛宣怀实业朋僚函稿》中册,"中央研究院"近代史研究所,1997,第1403页。

上确乎体现了"民情"，对盛宣怀有助推之力，这构成了"东南互保"得以成功的重要语境。[33]

三、 为"统筹全局"建言献策

发自上海的倡议，得到江、鄂总督与驻沪领事两方面的积极响应，长江流域局势迅速朝着"中外保护"轨道滑行。六月初，张元济的个人生活遭遇变故，其母亲病殁[34]，盛宣怀专程往奠。六月十八日（7月14日），张元济致盛长函，一谢来寓吊唁，二就时局陈言。函首云：

> 丧事少竟，展阅各报，乃知东南十余省之安全，悉由我公调剂之力，不能不俯首顶礼矣。报称江督札饬沪道，遇事奉承方略，岘帅固知人善任，然非我公感以至诚，亦乌能使其推心置腹，一至于是。元济窃谓今日之事，我公正宜破除成说，统筹全局，毋泥人臣无将之义，一守事豫则立之训，剀切为东南各帅一言而谋，所以联之之道，庶无负岘帅倚托之重，与夫东南数千万生灵仰望之诚。嗟乎，祸患至亟，事变至奇，固非寻常举动所能支此危局也。各疆臣既不奉伪诏矣，外人亦声明专攻团匪矣。为督抚者，正宜认明各国代剿乱党，正所以保全政府，亦明知掩耳盗铃，然舍此一层，亦无可以着手之处，则何如抱定此义以与从事，将来议结尚可少留余地何？[35]

按"互保"交涉在沪展开，上海道余联沅（1845—1901）与领事品级相埒，经

㉝ 四年之后，1904年日俄战争爆发，张元济认为"俄日战事已成，东方局面必大有变动，其结果又非庚子可比"，建议盛宣怀再施故伎，表示"见庚子东南公保之约，成于宫保之手，则维持大局，济尤不能无一再之望"。《张元济札（九）》，《近代名人手札真迹——盛宣怀珍藏书牍初编》第一册，第186—187页。

㉞ "谢太夫人病殁，终年五十五岁"，见《张元济年谱长编》1900年6月27日条，第94页。

㉟ 《张元济札（二十一）》，《近代名人手札真迹——盛宣怀珍藏书牍初编》第一册，第212—213页。

江、鄂两督授权出为议款；盛宣怀奉命"帮同与议，指授沪道"㊱，名为协助，实际起到了主导作用。故张元济有"岘帅（刘坤一字岘庄）知人善任"之言。当时，盛宣怀一面选择性地援引清廷五月二十四日上谕中"联络一气、以保疆土"字句，以之为地方"互保"的合法化理据；另一方面，将排外电旨归咎为"拳党把持"的结果，进而推论内廷不能自主，即"文告恐有非两宫所自出"，使得"矫诏不理"师出有名。㊲ 如此举动，确非按照"寻常"道理出牌。而张元济所冀望者，尚不止于此。

列强海军占据大沽炮台后，曾经发表一项联合声明，"仅对义和拳及那些反对他们进军北京救援本国同胞的人们使用武力"，从而规定了对华军事行动的性质与目的。㊳ 也就是说，联军的战斗行为仅限于镇压"叛乱"、解救侨民，而非与清朝国家进行战争。它只是单方面的决定，并未事先征求中方意见，但客观上却给奇怪的战时和平以法理支持。张元济据此指出，各省督抚应公开"认明各国代剿乱党"，以此切割"政府"与"乱党"的关系。尽管这与事实不尽相符，张元济也承认是"掩耳盗铃"，但在政治上有其意义：

> 南方主保护之义，自是应为之职。然使北方糜烂至此，咎实在我顽
> 固政府。我既不能遣兵靖难，致外人受此荼毒，复劳各国兴师动众代平
> 内乱。返躬自思，能无愧怍？㊴

㊱ 《致江宁刘制台、上海盛京堂》，光绪二十六年五月二十八日亥刻发，苑书义、孙华峰、李秉新主编：《张之洞全集》第 10 册，河北人民出版社，1998，第 8028 页。

㊲ 《寄粤李中堂宁刘岘帅鄂张香帅》，光绪二十六年五月二十九日，《愚斋存稿》卷三十六，总第844 页。这一见解也为东南督抚所共享，刘坤一即将排外电旨与"各明件"相区别，据此认为"两宫于此有万不得已之处，亦可见矣"。参见《复盛京堂并寄余观察》，光绪二十六年六月初五日，中国科学院历史研究所第三所主编：《刘坤一遗集》第 6 册，中华书局，1959，第 2571 页。

㊳ 《海军少将布鲁斯致海军部电》（1900 年 6 月 21 日发自大沽）《英国蓝皮书有关义和团运动资料选译》，胡滨译，中华书局，1980，第 48 页。不久后，上海领事团应大沽方面高级司令官的请求，也向沿江沿海各省宣布此项声明。参见《一九〇〇年六月二十三日上海领事团的布告》，载《有关"东南互保"资料》，中国史学会主编：《中国近代史资料丛刊·义和团》第 3册，上海人民出版社、上海书店出版社，2000，第 530—531 页。

㊴ 《张元济札（二十一）》，《近代名人手札真迹——盛宣怀珍藏书牍初编》第一册，第 215 页。

这样一种颇具"自反"性质的激烈心态，一旦回到现实政治的具体操作，仍然自觉有所调试。上述切割的努力，正是为达到"保全政府"的目的，也为将来事变善后预留地步。

除赞助"东南互保"以外，张元济对于事变期间若干重要问题，也有独到的观察和见解。其一，反对勤王军北上。同函致盛宣怀云：

> 李鉴帅既帅武卫先锋各军以行，而苏抚、湘藩又均有统兵北上之信，将以清君侧乎？师以义举，不宜无宣示之文，将以剿团匪乎？中国之兵，岂能与外人共事？**元济窃恐此勤王之举，非徒无益，而又有害者也。**徒博一时之美名，而不顾后来之祸变，元济诚不解主此事者之出于何心？此时此事，祸犹未甚，数月而后朝局一变，各省疆臣有一于此，则南方乃大扰乱。裕寿帅尚非全无知识之人，且有攻击租界之事，况南方督抚固明明有媚嫉洋人者乎？彼时再假忠义之名，以泄其一时之忿，则官军、洋兵、土匪必至融成一片，参互错综，乱无已时，我民何辜，遭此涂炭？此我公之所最宜切筹者也。⑩

按，"李鉴帅"，李秉衡（1830—1900），字鉴堂，前四川总督，本年初奉旨南下巡阅长江水师，义和团事变起，奉旨"来京陛见"。六月初，李由江苏北上，原驻清江浦之武卫先锋左、右两营归其节制，一并赴京。⑪"苏抚"，江苏巡抚鹿传霖（1836—1910），"湘藩"，湖南布政使锡良（1853—1917），皆统率本省勤王军北上入卫。⑫"裕寿帅"，直隶总督裕禄（1844—1900），字寿山，时率

---

⑩《张元济札（二十一）》，《近代名人手札真迹——盛宣怀珍藏书牍初编》第一册，第214—215页。

⑪《两江总督刘坤一等折》，光绪朝二十六年五月三十日，国家档案局明清档案馆编：《义和团档案史料》上册，中华书局，1959，第189—191页。

⑫《湖南巡抚俞廉三折》，光绪二十六年六月二十一日，《义和团档案史料》上册，第331页。《鹿传霖奏为遵旨带兵北上并于清江设立粮台事片》，光绪二十六年六月十四日，中国第一历史档案馆编辑部：《义和团档案史料续编》上册，中华书局，1990，第646页。

官兵围攻天津租界,后兵败自杀。清廷三番五次诏令地方派兵勤王、接济京师,意在御外,而函内指名李、鹿、锡诸人,皆以保守、强硬著称,为外人所嫉视。[43] 张元济认定北上之师应以"清君侧""剿团匪"为是,若以仇视外人之官兵勤王,势必导致中外冲突,引发更复杂的局面,故谓"有害无益",明确反对盲目勤王。

其二,主张犒赏外兵。同函云:

> 鄙意南方今日交涉,似不宜仅以保护为事。各国何以征兵?为我珍孽也,则宜有以飨劳之。外人何以受困?由我之无道也,则宜有以抚恤之。南方各省似宜勉力互筹数百万金,充此两项之用。明知巨款虚縻,然未始不可少平外人之气。将来洋兵入京,办理各事,于极不和平之中,或可望其稍留体面。即至不堪设想之时,而东南遗民亦可稍免压抑之苦。[44]

朝廷对外宣战,而地方自我保护,已经事属非常,至于筹巨饷"飨劳""抚恤"外来征伐之师,以今日眼光视之,似乎太过"出格"了。然而,在当日张元济看来,衅自我开,是理屈在我,外兵代为平乱,则功劳在人,南方各省以巨款酬之,不仅为赎罪理所应当,并且有益于将来平情办理外交。张元济本心当然是为了救亡,而以近乎"媚外"的手段出之,提示了近代民族主义在具体历史语境中的适用度。

值得注意的是,八国联军压境之际,张元济对列强也是区分对待的。他

43 《代总领事霍必澜致索尔兹伯里侯爵电函》(1900 年 6 月 27 日于上海),《英国蓝皮书有关义和团运动资料选译》,第 161—162 页。《上海在勤小田切总领事代理ヨリ青木外务大臣宛·李秉衡急遽北上情报ノ件》《漢口在勤瀬川领事ヨリ青木外務大臣宛·锡良于荫霖ノ北上情報ノ件》,明治三十三年六月二十五日、七月十四日,外務省編纂:《日本外交文書·第三十三卷 別冊二·北清事變中》,日本國際連合協會,1957,第 201—202、243—244 頁。

44 《张元济札(二十一)》,《近代名人手札真迹——盛宣怀珍藏书牍初编》第一册,第 216 页。

向盛宣怀表示说：

> 至各国调兵，现以日本为最多，似宜暗与联络，由是而英而美，以为外交之根基，以为后日斡旋之地步。此我公之所亟宜商办者也。[45]

这一观念不仅为盛宣怀所赞赏，主持战时交涉的地方大员如张之洞也有"此时日兵最多，必可主持群议"的见解，可谓不谋而合。[46]

其三，劝阻李鸿章入京。同函云：

> 傅相奉召，无非为外交之事，然政府方持两端之见，岂能听受善言？即听受矣，各国岂肯于兵未入京之前，遽行开议？两宫受逼，使馆濒危，各国兵未入京之前，又岂能保无他变？傅相于此亦窃恐束手无策矣。非特此也，傅相办理洋务数十年，而庸耳俗目之何以相待，公当亦习闻其说。今京津之间，兵匪麇集，方欣欣然以灭洋为号，岂无以非礼相加者？或曰可提兵自卫，然以南兵北上，必至遴地不良，且傅相履粤未久，所部营队未必足为股肱心膂之用。或又谓可招集北洋旧部，然宋（庆）、聂（士成）各军不能与团匪划清界限，傅相又乌从而用之？**为傅相计，目前实无可以入京之势**，且一离粤，粤必乱，彼时入京不能，归粤不得，岂不为失水之鱼、离巢之虎乎？傅相为今日中外倚赖之人，岂可自失凭借？故元济终谓其不宜离粤也。[47]

清廷谕召两广总督李鸿章"迅速来京"，最早在五月十九日（6月15日），意在用其当外交要冲，缓和业已紧绷的中外关系。[48] 中外开战后，六月初七、

---

[45]《张元济札（二十一）》，《近代名人手札真迹——盛宣怀珍藏书牍初编》第一册，第217页。

[46]《致东京李钦差》，光绪二十六年五月二十三日戌刻发，《张之洞全集》第10册，第8000页。

[47]《张元济札（二十一）》，《近代名人手札真迹——盛宣怀珍藏书牍初编》第一册，第217—218页。

[48]《军机处寄直隶总督裕禄上谕》，光绪二十六年五月十九日，《义和团档案史料》上册，第141页。

初十日(7月3、6日)又两度旨催,十二日(7月8日),授李鸿章为直隶总督兼北洋大臣,仍促其速行。[49] 但李鸿章在广州按兵不动,迟迟未能起身。据其自言津榆路梗塞、"粤民呼吁攀留"[50],只道出了部分实情。津沽开战后,能否航海北上已成悬念,南北情报阻滞、津榆路况不明、广东绅民呼留,这些现实原因都为他"拟稍缓起程,以待后命"增加了心理砝码。不过,可能最重要且最难为外人道者,在于内召之旨仅言"迅速来京",完全不及所召何事,也未给予任何职权,这在当时确予人想象的空间,这也是张元济所担心"以非礼相加者"[51]。

张元济视李鸿章为当时绝无仅有的、能够在"外交"上有所作为的重臣,冒险北上,无异"自失凭借",所以力劝其不宜离粤。自六月十六日(7月12日)以后,清廷鉴于战况不利,又连下数旨,无一例外均为促李鸿章北上,调子已经一次比一次严厉。[52] 而李鸿章迟至六月二十一日(7月17日),即奉调直督后,才由广州航海北上,二十五日(7月21日)抵达上海。[53] 将近半个世纪后,张元济公开发表的一份回忆录,记载了他与李鸿章在沪上会面的情形:

> 八国联军陷北京,西太后和光绪避难到西安,一面叫李鸿章北上议和。李经过上海时,我去见他,劝他不必再替清朝效力了。他对我说:"你们小孩子懂得甚么呀?"又说:"我这条老命还拼得过。"后来议和未

---

[49] 中国第一历史档案馆编:《庚子事变清宫档案汇编》第1册,中国人民大学出版社,2003,第304、362、380页。

[50] 《寄盛京堂》,光绪二十六年五月二十五日辰刻,顾廷龙、戴逸主编:《李鸿章全集》第27册,安徽教育出版社,2008,第58页。

[51] 时人评论:"召此重臣而用轻轻四字,无怪人言孝钦有杀李之意。"参见钱恂编,致之校点:《金盖樵话》,辽宁教育出版社,2001,第8页。

[52] 中国第一历史档案馆编:《庚子事变清宫档案汇编》第1册,第443、575、658页。国家档案局明清档案馆编:《义和团档案史料》上册,第339页。

[53] 直至八月二十一日(9月14日),李鸿章由沪启程北上,闰八月十八日(10月11日)入京。参看雷禄庆编:《李鸿章年谱》,台湾商务印书馆,1977,第623—631页。

竟,他就去世,未能观成。⑭

不少研究者据此材料来说明张元济对清王朝抱有的"离心感",甚而推断他在戊戌以后已有反对政府的异心。其实,事隔多年写成的回忆文章,不仅可能有记忆上的舛误,发表环境对作者的规定性也是应予考虑的因素。近有学者考订了戊戌变法期间光绪帝召见张元济的情节,指出同一回忆录中若干不准确之处,其结论为,关于召见实情应以一手史料,即光绪二十四年书函为准,"而其后来所做的回忆,似可不再当作史料之用"⑮。本文所论张元济之于李鸿章北上的态度,也可作如是观。

其四,看好袁世凯之政治能力。同函云:

> 袁慰帅雄才伟抱,亦当今之豪杰。自去年出抚山左,团匪即移徙而北,今江北犹能安全,未始非其保障之力。山左为江南屏蔽,稍有疏虞,淮徐必乱,淮徐乱而江南危,江南危而全局散矣。东南各省似宜并力接济,毋令稍有支绌,庶各省得以一意南顾,此又我公之所兼宜代谋者也。⑯

王尔敏曾论及"南省互保"的后续影响,认为"对于个人最有良好影响的,当推山东巡抚袁世凯,这次事变中充分证明了他才具之高"。⑰ 证诸张元济之言,此说非虚。经此一役,袁世凯显示出独当一面的能力,跻身为可与李鸿章、刘坤一、张之洞并肩的地方重臣,盛宣怀甚至推赞他说:"合肥老矣,旋乾

⑭ 张元济口述,汝成等记录:《戊戌政变的回忆》,原载《新建设》第 1 卷第 3 期(1949 年 10 月),转见《中国近代史资料丛刊·戊戌变法》第 4 册,上海人民出版社、上海书店出版社,2000,第 328 页。

⑮ 茅海建:《戊戌变法期间光绪帝召见张元济》,《社会科学研究》2008 年第 5 期。

⑯ 《张元济札(二十一)》,《近代名人手札真迹——盛宣怀珍藏书牍初编》第一册,第 219 页。

⑰ 王尔敏:《拳变时期的南省自保》,收入中华文化复兴运动推行委员会主编《中国近代现代史论文集第十三编·庚子拳乱》,台湾商务印书馆,1986,第 166 页。

转坤,中外推公。"⑱李鸿章在京病逝后,袁世凯更得到"北门锁钥,微公莫属"⑲的拥戴,其补直隶总督遗缺,绝非偶然。从清政府的角度看,庚子事变的意义之一,正在于选拔了一批干部,在非常时期官僚队伍中产生了非常规的位置升降,其中最为人瞩目并具深远影响的,当推袁世凯的崛起。

四、 余论

有关庚子事变的记忆,张元济在别种场合曾有道及:

> 拳乱方炽,绥卿与陈君锦涛、温君宗尧会于余居,谋所以安定之策。绥卿解衣磅礴,意气激壮,发语悲愤,尝以手抵案不止。此情此景,犹在目前。⑳

按"绥卿",吴禄贞(1880—1911),字绥卿,湖北云梦人,光绪二十四年(1898)作为湖北官派武备生赴日本留学,入陆军士官学校,二十六年(1900)夏秘密回国,参与唐才常自立军起义。陈锦涛(1871—1939),广东南海人,香港皇仁书院毕业,任天津北洋大学教习,与严复合作创办《国闻报》,庚子变作,由船南下,至沪避难。温宗尧(1876—1947),广东台山人,香港皇仁书院毕业,曾与杨衢云等组建辅仁文社,研讨时政,主张革新。吴禄贞是唐才常自立军之役的要角㉑,陈、温二人在上海也介入了改革派的活动㉒。他们在当时无疑是力图推翻那拉氏而使光绪复位的武装勤王的积极拥护者,后来也都成

⑱《寄东抚袁慰帅》,光绪二十六年六月十八日,《愚斋存稿》卷三十七,总第 874 页。

⑲《寄袁慰帅》,光绪二十七年九月二十七日,《愚斋存稿》卷五十六,总第 1261 页。

⑳《吴绥卿先生遗诗序》(1912 年 3 月),《张元济诗文》,商务印书馆,1986,第 292 页。

㉑ 近有论者专述吴禄贞在庚子前后的活动,并申论张之洞同情革命党之心理。参看孔祥吉:《日本档案中的张之洞与革命党——以吴禄贞事件为中心》,《福建论坛(人文社科版)》2010 年第 5 期。

㉒《井上雅二日记——唐才常自立军起义》,郑大华译,薛军力校,《近代史资料》总 74 号,中国社会科学出版社,1989,第 108—109 页。

为反满的革命党人。有张元济的传记作者由此推论"张元济戊戌以后有所转变的思想倾向",并与同时期张謇、陈三立等人的活动相联系,指出其言论中"寻常举动""亟定大计"之类的表述,"可能暗示借此机会以策动朝廷政局的大变动"。⑥

在"东南互保"的发起和实现过程当中,为数不少的沪、江、浙士绅参与其中,这些人或为直接为东南疆吏服务的幕僚,或为地位相对超脱的赋闲士人,几乎无一例外具有趋新取向。其时坊间流传的《庚子时事杂咏》中有一首《东南立约》诗,有句云"联盟岂第全商务,抗命方能保圣朝"。有论者便认为用一种冒"抗命"之嫌的办法才能保障"半壁河山"从而保存清廷统治,此中立意表达了张謇等东南绅商人士对时局的看法,也与盛宣怀所说东南督抚虽然要"保东南挽全局"非"从权"是一个意思。⑥ 总体而言,当时主流舆论基本不以东南督抚与北方朝廷立异为病,旗帜鲜明地反对义和团(不排除有少数同情义和团的言论,出发点多赞赏其爱国热诚,绝少或几乎没有以义和团为救亡手段者),其不满者恰在于主持"互保"的地方督抚独立得不够彻底,不欲或不敢"剿拳匪""劾政府"。相当数量的趋新士绅(一度包括后趋向激烈革命的一派)的主要关怀之一是推动以地方大吏为主导的地方保全运动(在是否"尊王"上又有观念差异)。如前揭张元济函札,即视"剿团匪"为当务之急,甚至有"飨劳"外人的言论,以后起标准衡之,或多可议之处,但在当时语境却不能说是"异常"。

不过,趋新士人与东南督抚虽然在"互保"一点上达成暂时的共识,但在前者应对时局的设想中,"互保"也仅是一折中手段,或曰阶段性方案,甚而在趋新的士绅群体内部,对政局的总体判断及应变的目标设定也各有分野。张謇、陈三立当时皆在刘坤一幕府,谋"迎銮南下"可算是戊戌后帝后党争之余绪,虽然与"东南互保"系同一时期产物,但其性质已入"勤王"运动范围。

---

⑥ 吴方:《仁智的山水——张元济传》,上海文艺出版社,1994,第69页。
⑥ 参看刘学照:《张謇庚子年间东南意识略议》,《华东师范大学学报(哲学社会科学版)》2007年第2期。

汪康年有意复辟不成则自建"联邦",同样是"借权"于有实力的地方督抚,目标已然有所转移。⑮ 而唐才常一派在行动方略上主张联络会党,武装勤王,已为参与中国国会的士绅名流所难梦见。至于章太炎,在反满道路上走得更远,"割辫与绝"显示其与"勤王"理念格格不入,而初以"藩镇之可恃",到写《分镇匡谬》,心态急遽转折,可见地方督抚在士人心目中地位的前后落差。⑯ 七月初四日(7 月 29 日),中国国会在上海愚园集会,张元济亦到会。据孙宝瑄《日益斋日记》,孙、张二人被会长容闳提名"掌会计",而二人"皆辞"。⑰《井上雅二日记》则提到"参与中国国会密勿的有张元济、沈士孙、赵仲宣等,他们与汪(康年)的意见一致",但"未加入"这一组织。⑱ 从张元济函札所见其政治观点,略如前述,固不无同情"勤王"运动的迹象,但目前尚无材料可以证明与之有直接关联。

庚子事变对中国社会的各种力量进行了一次规模空前的总动员,并影响到其后政治格局的长久发展趋势。本文论及的江浙(主要是上海)士绅群体对于时变的各自因应以及政治取向的特征,尤其值得注意。这一人群,当然只是一个松散的群体,并不能做严格的定义与归类。他们因各自出身、履历、学养、职业以及交游圈子等等诸多差异,相应地与督抚官僚的亲疏关系、对清朝统治的观感与反应乃至将来政治道路的选择,均不尽相同。有论者综论戊戌至辛亥时期张元济的政治基调,是"由温和渐进的改良派转为革命派,革命成功后,其立场又转为温和"⑲。本文无意做此类偏宏观的判断,但试图聚焦张元济在非常时期的言行,做一相对精细的切片分析。如其本人

---

⑮ 参看廖梅:《汪康年:从民权论到文化保守主义》,上海古籍出版社,2001,第 255—269 页。

⑯ 汤志钧编:《章太炎年谱长编》上册,中华书局,1979,第 107—111 页。

⑰ 孙宝瑄:《日益斋日记摘抄》,中华书局编辑部编《孙宝瑄日记》下册,童杨校订,中华书局,2015,第 1385 页。

⑱《井上雅二日记——唐才常自立军起义》,《近代史资料》总 74 号,第 110 页。

⑲ 刘怡伶:《世变与权衡:张元济的政治立场析论》,《逢甲人文社会学报》第 19 期,2009 年12 月。

所言"元济迁谪余生,本不当再谈国事,惟既生此土,终觉未能忘情"[69],作为一名特具爱国、务实、理性气质的晚清士人,张元济面对事变的政治观察与选择,颇富参照意义。时人的政治分野恰似多色光谱,张氏自谦"援匹夫有责之义,贡千虑一得之愚",也不过于其间聊备一格,但对于我们既有的新旧对垒、此长彼消的单一认知,却提供了历史纵深更为丰富的信息。

---

[69]《张元济札(九)》,《近代名人手札真迹——盛宣怀珍藏书牍初编》第一册,第186页。

"互保""换旗"与"公共政府"

——再论"东南互保"时期的郑观应

　　发生在 20 世纪初年的"东南互保"是中国近代史上影响深远的大事件。已有研究著述大多肯定上海是最初酝酿与发起的地点，而当时以督办铁路公司名义居留沪上的盛宣怀(1844—1916)及其周边"上海中外官绅"发挥了关键的筹划、倡议与推动作用。[①] 国内早期的相关研究，固因时代局限，不免较重的政治批判色彩，但也注意到"那些买办出身的官僚和官僚出身的买办"在此事件中有着一种"特殊的地位"。[②] 较近的论说特别着眼于戊戌以后士绅群体政治意识的分野，强调与洋务派督抚有密切合作者身上的"帝党"色彩。[③] 另有不少学者从社会经济的角度持续地展开论证，指出"东南士绅"以及"资本家"群体出于保护地方利益的愿望而强烈要求避战，当时以

[①] "上海中外官绅"语取自李国祁《张之洞的外交政策》，广义上也可包括江浙地区，该书谓："上海中外官绅所倡导与各国领事订约的活动，并非是直接受张之洞联合南方各疆臣通电的影响，而是几乎同时进行的单独活动。领导此一活动的中心人物是盛宣怀……订约互保与拒阻洋兵入江，为当时南方有识之士的共同看法，何嗣焜、盛宣怀的主张实在是上海官绅沈瑜庆、汤寿潜、蔡钧、沈曾植、余联沅、汪康年、赵凤昌等的共同意见。"("中央研究院"近代史研究所，1970，第 151—153 页)其他研究诸说具体的表述不尽相同，但大致指向仍然是近似的，如王尔敏《拳变时期的南省自保》一文亦谓："所谓订约互保的起始，最初酝酿地点在上海，参与的人有盛宣怀、沈瑜庆、汤寿潜、蔡钧、沈曾植、余联沅、何嗣焜、福开森、汪康年、赵凤昌。"文章收入中华文化复兴运动推行委员会主编：《中国近代现代史论文集第十三编·庚子拳乱》，台湾商务印书馆，1986。

[②] 王明中：《义和团运动中的英国与"东南互保"》，《南京大学学报》1964 年 3—4 期，收入义和团运动史研究会编《义和团运动史论文选》，中华书局，1984，第 413 页

[③] 章开沅：《开拓者的足迹——张謇传稿》，中华书局，1986，第 115 页。

上海为中心已经形成一个"中外绅商的利益共同体"。④

郑观应(1842—1922),时任上海招商总局总办,作为盛宣怀的亲信幕僚在此重要历史时期亦有建言建策。他在何种层面、多大程度上介入了"东南互保"以及前后时局,是一个令人颇感兴趣的问题,而对此课题的研究,也经历了一个不断深入的过程。先是20世纪90年代,易惠莉教授在《郑观应评传》中披露了光绪二十六年五月二十六日,即"东南互保"前夕郑观应致盛宣怀的一通函札,认为此函反映出"上海绅商社会对北方事态恶化及南方可能受侵害的担忧",但同时指出:"以郑观应当时的地位,尚不足以令他涉足策动东南互保这样高层的政治外交活动。"⑤2006年,马勇先生执笔的《中国近代通史》第四卷《从戊戌维新到义和团(1895—1900)》也引用了同一条史料,并据此认定"郑观应的提醒启发了盛宣怀",从而才有"三天后盛宣怀致电李鸿章、刘坤一、张之洞,提议'从权'在上海与各国领事订约互保"。⑥ 稍晚,马先生发表《东南互保时期的郑观应》一文,据已刊《义和团运动——盛宣怀档案资料选辑之七》一卷所收若干郑观应函札,对"东南互保"策动过程有所补充,结论则谓"郑观应不是东南互保事件中的重要人物,他的建言是否发挥作用也并不太清楚";同文并讨论了郑观应与中国国会的关系,或缘于史料不足,仅能由"思想逻辑"推论,相信他"应该是比较积极的参与者、组织者"。⑦ 马先生论文较多铺陈了"东南互保"的历史背景以及郑观应在生平不同时期所作"文本"中间体现的政治理念,至于郑本人对"互保"究竟有何具体作为,则着墨无多。尤令人遗憾者,同为"盛宣怀档案资料选辑"之一且与郑观应关系最为密切的《轮船招商局》卷似未为作者所寓目,而该卷其实

---

④ 谢俊美:《"东南互保"再探讨》,中国义和团运动史研究会编《义和团运动与近代中国社会》,四川省社会科学院出版社,1987。熊月之主编:《上海通史第3卷·晚清政治》,上海人民出版社,1999,第239—240页。

⑤ 易惠莉:《郑观应评传》,南京大学出版社,1998,第589—590页。

⑥ 马勇:《中国近代通史第四卷·从戊戌维新到义和团(1895—1900)》,江苏人民出版社,2006,第473页。

⑦ 马勇:《东南互保时期的郑观应》,《晋阳学刊》2010年第2期,第83—88页。

保存了相当数量的史料,对其人在"东南互保"期间的行为动态有充分反映,颇具参考价值。另外,上海图书馆藏盛宣怀未刊档案以及日本近代外交文献中,也仍留有史料发掘的空间。本文拟据若干新材料再谈"东南互保"时期的郑观应,尝试在诸位研究先进的成果基础上,略做一些补正的工作。

一、 "换旗"交涉始末

(一)"换旗"建议的提出

前揭易惠莉、马勇论著皆引用了光绪二十六年五月二十六日(1900 年 6 月 22 日)郑观应致盛宣怀函文,以此说明他因应时局的对策。文录下:

> 敬肃者:昨上寸缄,亮邀钧鉴。顷详报载,天津租界已为华兵扫平,殊深焦灼,不但为祸益大,且舍弟翼之及舍伍辈均在天津博文书院读书故也。如有确音,务祈示慰。势似瓜分,恐各国分兵踞地[如京津与西兵大战,恐英踞吴淞炮台,复派兵入长江内地惊扰,不堪设想]。各公司宜早筹备,刻徐雨之来谈,亦拟换旗,已谆嘱各董妥商后[有云"不必换",有云"宜缓换"]禀请裁示祗遵,敬叩钧安。官应谨上。廿六日。⑧

复按此函背景,五月二十一日(6 月 17 日)列强海军强行攻取大沽炮台,继而清军联合义和团围攻天津租界,连日激战,故有"已为华兵扫平"的传闻。郑翼之(1861—1921),郑观应五弟,时为天津太古洋行买办。所谓"恐英踞吴淞炮台,复派兵入长江内地惊扰"一说,则缘于华北局势恶化之初,英国驻上海总领事霍必澜(P. L. Warren,1845—1923)渲染大沽开战后列强即

---

⑧ 《郑官应致盛宣怀函》,光绪二十六年五月二十六日,陈旭麓、顾廷龙、汪熙主编:《义和团运动——盛宣怀档案资料选辑之七》,上海人民出版社,2001,第 80—81 页。按郑观应又作"郑官应",本文正文皆统一为"郑观应",引用文献出注时,则依照原文。

将攻占吴淞炮台的风险,进而向清政府方面试探"归英代筹"的可能。⑨ 不久,他奉本国政府训令,向两江总督刘坤一、湖广总督张之洞提出派遣英舰开赴南京、汉口等口岸城市,并保证"他们在维护秩序时将获得英国的保护"⑩。霍必澜的建议被视作外人"窥伺"之野心暴露,刘、张两总督一面婉拒,一面迅速达成"力任保护,稳住各国"⑪的共识。徐雨之,即徐润(1838—1911),号雨之,广东香山人,著名买办,轮船招商局创办初期出任会办一职。郑观应晚年有《赠徐雨之观察》诗,"三番共事将卅载,两代相交近百年"一句透露出两人交谊之久、之密。⑫ 庚子年时,徐润已因故脱离招商局,据其自订年谱,本月十三日(6月9日)由汉口甫至上海。⑬

　　义和团事变骤起后,身负轮船招商局总办之责的郑观应对北方局势走向保持密切的关注。五月十八日(6月14日),"闻西山避暑之公使馆某公使已被焚毙,日本参赞欲出城,被守城门之兵杀毙",迅速向盛宣怀打听确信,并请示应对之策,谓以"时局愈危,长深太息,我公如有消息,并祈示悉"。⑭ 二十三日(6月19日),有"谣传总税务司被害",随即禀陈"此言谅不确,如果再有伤害各国大员等情,恐收束更难矣"。⑮ 至二十六日(6月22日),中外战衅已开,郑观应迫于"势似瓜分"的现实威胁,加以徐润等人的推

---

⑨ 《江督致鄂督电》,光绪二十六年五月二十四日,许同莘辑:《庚辛史料》,《河北月刊》第3卷第1期,1935。

⑩ 《索尔兹伯里侯爵致霍必澜代总领事电》(1900年6月15日发自外交部),《英国蓝皮书有关义和团运动资料选译》,胡滨译,中华书局,1980,第42页。

⑪ 《致江宁刘抚台》,光绪二十六年五月二十二日,苑书义、孙华峰、李秉新主编:《张之洞全集》第10册,河北人民出版社,1998,第7993页。《寄张制军于中丞鹿中丞王中丞松中丞》,光绪二十六年五月二十三日,中国科学院历史研究所第三所主编:《刘坤一遗集》第6册,中华书局,1959,第2563页。

⑫ 郑观应:《赠徐雨之观察》,夏东元编《郑观应集》下册,上海人民出版社,1988,第1323页。

⑬ 徐润:《清徐雨之先生润自叙年谱》,台湾商务印书馆,1981,第99页。

⑭ 郑观应致盛宣怀函,光绪二十六年五月十八日,上海图书馆藏"盛宣怀档案",档号:016572。按"某公使已被焚毙",不确。"日本参赞",日本使馆书记生杉山彬,本年五月十五日(6月11日)在北京城永定门外被甘军杀害。

⑮ 《郑官应致盛宣怀函》,光绪二十六年五月二十三日,《义和团运动——盛宣怀档案资料选辑之七》,第72页。

动,遂适时地提出了"换旗"建议。马勇特别强调此建议与"东南互保"的关联性质,指出:"郑观应的这个建议我们从已有文献还看不出盛宣怀有什么回应,只是可以肯定的是,郑观应的这个提醒一定启发了盛宣怀,三天后即6月24日,盛宣怀致电李鸿章、刘坤一、张之洞,提议'从权'在上海与各国领事订约互保。"⑯郑观应之建言是否为"东南互保"倡议的来源之一,相关证据链的空当尚待填补,但盛宣怀对"换旗"的具体回应,却可以在既存文献中得到印证,事实并非如马先生所言:"东南互保达成后,郑观应将中国企业易帜的建议自然不了了之。"

至少不晚于五月二十三日(6月19日),郑观应已经就"换旗"事宜与盛宣怀有过协商,当日去函云:

> 昨奉手示,敬悉礼和转旗与众不同,彼抽九五用外,仍要本局派司事在该行办事,既计时不久,似可不必。宁波"江天"船太古亦求代理,亦婉言辞之。天津船到,闻英水师提督嘱各商船开行。今早日报云:不与商人为难。究竟如何?仍乞裁示。⑰

二十五日(6月21日)续函谓:

> 旷观时局,敌国多,人心叵测,美德伦与鄙见不谋而合,均以局船换旗为是。⑱

按"礼和",即德资礼和洋行(Carlowitz & Co.),主要业务为代理机械、军火

---

⑯ 马勇:《东南互保时期的郑观应》,第 84 页。

⑰ 《郑官应致盛宣怀函》,光绪二十六年五月二十三日,陈旭麓、顾廷龙、汪熙主编:《轮船招商局——盛宣怀档案资料选辑之八》,上海人民出版社,2002,第 790 页。

⑱ 《郑官应致盛宣怀函》,光绪二十六年五月二十五日,《轮船招商局——盛宣怀档案资料选辑之八》,第 790 页。

进口。"太古",即太古洋行(Swire),为老牌英资洋行,所属太古轮船公司与轮船招商局有着长期业务竞争关系。美德伦(Mitland),英国人,原供职于汇丰银行,自光绪二十三年(1897)起,任中国通商银行洋大班(经理)。⑲ 郑观应利用与在沪洋商、洋员的关系,通过一系列磋商,很快就"换旗"问题与之达成了共识。

本国船悬挂外国旗,在国际上称为开放登记船舶,又称方便旗船舶。办理开放登记的国家允许登记船舶由非登记国公民所有和管理,登记手续相对简便,故换船航行是航运业经常采用的一种方式。和平时期如此,在战争期间,本国船进行"换旗"操作,也被视作"万国通行之公例"。⑳ 这在轮船招商局发展历史上,不乏先例可循。中法战争期间,为避免局轮遭击,招商局即一度与美资旗昌洋行(Russell & Co)密订售产换旗行驶的协定,将航线暂交其代为经营,各轮船悬挂美国旗后继续运转。后来论者多认为:"售产换旗实际上是明卖暗托,是在战争期间按照国际惯例采取的保护性措施,对此未可厚非。"㉑光绪二十年(1894),中日战争爆发,招商局又一次采取了"换旗"措施,而此次负责实际操作者正是郑观应。尽管在招商局内部遭到反对,但他据理力争,取得了盛宣怀的支持,将在南、北洋的招商局船分别委托英资太古、怡和洋行与德资信义、礼和洋行代理,这也被视作他在轮船招商局会办任上"最有价值的工作"之一。㉒

---

⑲ 《美德伦充任洋大班合同》《韦加纳推荐美德伦函》,光绪二十三年正月初一、二十二日,陈旭麓、顾廷龙、汪熙主编:《中国通商银行——盛宣怀档案资料选辑之五》,上海人民出版社,2000,第52—54、60—61页。

⑳ 查万国公法"论交战条规"条:"人以住处得名,船以船户得名。但借用别国牌照、旗号航海者,即从牌照、旗号得名,自当与该国船只一例看待,无论其船户系局外与否,必就牌照而定其名焉。"参看[美]惠顿:《万国公法》,上海书店出版社,2002,第108页。

㉑ 参看张后铨主编《招商局史(近代部分)》,人民交通出版社,1988,第116—118页;金立成《招商局售产换旗评议》,中山学社编《近代中国》第4辑,上海社会科学院出版社,1994,第363页。

㉒ 易惠莉指出:"在符合战时国家利益的前提下,设法保全、发展招商局的财产和利益,及时提出和实施了招商局海轮转入西方洋行代理换旗运营,尽量减少了战争对国家及人民财产的损失。"参看《郑观应评传》,第451—454页。

到了庚子年，义和团事变发生，"换旗"一说重新被提起，这可以说是郑观应、盛宣怀二人在此问题上的再度合作了。据郑观应函禀，可知盛宣怀对"换旗"建议予以充分认同，至五月二十九日（6 月 25 日），此事已取得初步结果：

> 黼德、蔚霞、耶松所买之船，明日签字[今日两句钟已到美领事署，因合同有错须改过，故明早签名]。惟礼和所买"公平""利运""爱仁"三船，据云候其外部回电，船上准不换人，方可交易。㉓

按黼德（Francis P. Knight），美国人，旗昌洋行创办人。蔚霞（Thomas Weir），英国人，招商局洋籍总船主。"耶松"，即耶松船厂（S. C. Farnham & Co.），1865 年创办于上海，原由美商经营，后吸纳英国资本，逐渐演变为英商企业，是外国在华的最大船舶修造厂之一。按照原来计划，招商局轮船大致以原进口商为分类标准，分别更换美旗和德旗；至于具体的交涉进度，前者已接近签约，成议在望，后者则因"换旗不换人"的条件（即变更轮船注册国而轮船员工仍予保留）尚待德方确认，暂时悬而未决。

（二）日本的介入和"香港注册"说

这时，又出现了一个新的情况。日本驻上海代理总领事小田切万寿之助（1868—1935），在听说招商局有"换旗"意向后，亦欲介入，横插一杠。他在六月初一日（6 月 27 日），即中外代表"会议互保"的次日，致盛宣怀函谓：

> 杏荪京卿大人阁下：顷者拜晤，畅领大教，始知贵轮船局欲改挂英旗。迨回署后，复别有所闻，谓贵局并欲兼挂德旗、美旗云云。窃念敝

㉓《郑官应致盛宣怀函》，光绪二十六年五月二十九日，《轮船招商局——盛宣怀档案资料选辑之八》，第 791 页。

国与贵国年来友谊日觉敦辑,即现在北匪肇事,敝国义切邻邦,又复不惜派兵遣舰,以资襄办,以维大局,亦为顾全友谊起见。倘能效其绵助,办理得手,则此后二国国际益当亲切,非他国之可比。二国商务正宜及时格外联络。未知贵局可否将未经挂他国旗之船,改挂敝国旗,以示亲睦。入蒙俯允,即祈赐复,商定一切为荷。端此,并颂时祉。名正肃。六月二十七日。㉔

在"东南互保"出台前后,小田切和盛宣怀一直有着相当密切的沟通与合作,但关于"换旗"问题,盛宣怀并不愿意节外生枝,遂以事有成议为由,复函敬谢不敏:"顷奉惠函,仰见台端辑睦交谊,维持商务至意,无任感佩。承询商局轮船一事,昨据商董面称,各国商人已于昨日换旗办理。贵国诸商先无来者,所惜尊示稍迟,不克如约,抱歉之至。"㉕

这厢刚刚安抚了日本领事,那边预期即将完成的"换旗"交涉却另生波折。先是,美国领事古纳(John Goodnow,1858—1907)在促成签署"换旗"协定后,索要为数不菲的酬金,据郑观应禀称:"局船转美国旗,官应因上年美领事索重酬,曾询现在之领事如何,据云只要照例衙门费。乃昨日忽着其翻译王松堂问陈董索酬,适觯德在座,遂往询领事。今早据复:连律师费要二千五百两。"抱着散财消灾的思路,郑观应主张"现已转旗,宜早送为妥"㉖。此外,德国礼和洋行转达本国外交部训令,称"不准其所管之船仍用别国人",即要求换旗同时换人。这对招商局利益无疑会造成重大损害,原定变换德旗的"利运""爱仁""公平"三船只好"暂不换旗",交涉由此陷入僵

㉔《小田切万寿之助致盛宣怀函》(1900 年 6 月 27 日),《轮船招商局——盛宣怀档案资料选辑之八》,第 791 页。

㉕《盛宣怀复小田切万寿之助函》,光绪二十六年六月初一日,《轮船招商局——盛宣怀档案资料选辑之八》,第 791 页。

㉖《郑官应致盛宣怀函》,光绪二十六年六月初二日,《轮船招商局——盛宣怀档案资料选辑之八》,第 792 页。按"陈董",即陈猷,字辉庭,广东新会人,光绪十七年(1891)后历任上海轮船招商局商董、总董兼会办等职。同上书,第 123 页。

局。至六月初六日（7月2日），郑观应通报盛宣怀称：

> 顷闻德华银行所云，礼拜六拆现十万，现因德公使被害，已不准拆矣。据陈董云，德人不如英人厚道，恐长江各码头为彼占据，至稳之法，仍拟将本局改为外国公司在香港注册，即英官可以保护。哈华托云，此事在沪可以代办，无须股董赴港，彼可代去等语。各董之意，"公平"亦拟换旗，未悉钧意如何？乞示祗遵。㉗

按，当时德国驻京公使克林德(Klemens F. von Ketteler，1853—1900)被害的消息已经传播海外，德国政府对华施以强硬姿态，原为招商局拆借现银的德华银行(Deutsch-Asiatische Bank)因之终止了业务。招商局董事陈猷以英人较为"厚道"，遂提议将招商局改为外国公司在香港注册，从而寻求保护。附带值得一提的是，甲午战时郑观应主张"本局之船，宜换洋旗"，如外国洋行不便代理，可由股东承买，"在香港政府注册，不论何日，股东亦可卖回"㉘。哈华托(William Harwood)，英国人，其专属事务所(Platt & Co.)为当时上海规模最大的律师事务所，其本人也是上海资格最老、最有名的律师之一。㉙ 函内所谓"将本局改为外国公司在香港注册"，换言之，即招商局船一律改换英国旗，招商局方面视此为"至稳之法"，英国律师哈华托则可以提供相应的法律帮助。

不过，盛宣怀却有不同的想法。前述婉拒日本领事提出的"将未经挂他国旗之船，改挂敝国旗"的理由，由于更换德国旗未果已告失效，而日本方面仍在继续施压。当时有关"东南互保"的换文交涉正紧张进行当中，盛宣怀

㉗《郑官应致盛宣怀函》，光绪二十六年六月初六日，《轮船招商局——盛宣怀档案资料选辑之八》，第792页。

㉘ 郑观应：《致招商局盛督办书》，《郑观应集》下册，第812页。

㉙ 哈华托曾多次参与上海租界发生的重大诉讼案，例如1904年"苏报案"，其人即被清政府聘为原告委托人，出庭辩论。参看王敏：《苏报案研究》，上海人民出版社，2010，第67—68页。

颇仰赖日本领事小田切万寿之助居间斡旋，故处理对外问题时非常注意在日本与欧美国家之间寻求适当平衡。㉚ 对于"在香港注册"的建议，盛宣怀反应冷淡，相反特别指示招商局负责人，局船"公平"号如要换旗，必须换日本旗。郑观应对此抱有异议，针对性地提出了不少意见：

> 昨奉钧谕，"公平"如要换旗，必须换日本旗，固中日之交最要，等因。（观）应等自当遵行。今早陈董有病，应已面商小田切，据云当嘱三井来局面商，等语。[三井大班已到局谈过，遵办。据云：能多更好。]惟陈董云，日人无信，且在沪者均非富商，三井大班之薪水甚薄，恐非稳妥。又闻北京情形，恐日俄开战，是否仍换日旗？尚乞裁示祗遵。㉛

此后，围绕着三井洋行托管"公平"船，以及是否由正金银行或驻沪领事担保等问题，郑、盛之间往复函商，与日本领事小田切也进行过多次接洽。㉜

（三）合力推动下实现"换旗"

行文至此，再附带讨论一个问题，即"换旗"与所谓"来自北方的启示"的关系。马勇《东南互保时期的郑观应》一文指出，北方开战后，中国政府和民间资本使用了"托管"的办法实行自我保护，并举开滦煤矿矿权纠纷为例说明"托管"利弊所在，进而提出一个假设，即"北方的经验"可能启发了郑观应"向他的主管上司盛宣怀提出了寻找可靠的外国势力托管中国资产的建议"。㉝ 本文前已说明，郑观应在甲午战时操作局船"换洋旗"的经验及其与外国洋商的直接交往，是他倾向于"换旗"的触因。而从时序的简单排比来

㉚ 关于小田切万寿之助与"东南互保"关系的具体论证，详拙文《义和团事变中的日本在华外交官——以驻上海代理总领事小田切万寿之助为例》，《抗日战争研究》2012 年第 3 期。

㉛《郑官应致盛宣怀函》，光绪二十六年六月初七日，《轮船招商局——盛宣怀档案资料选辑之八》，第 793 页。

㉜《郑官应致盛宣怀函》，光绪二十六年六月十七日，七月初五、初八、初十日，《轮船招商局——盛宣怀档案资料选辑之八》，第 795—799 页。

㉝ 马勇：《东南互保时期的郑观应》，第 83—84 页。

看,最初提出这一建议的时间在五月二十三日（6月19日），尚在清廷宣战、中外决裂之前，故不可能是受"北方的启示"所致。不过，随着战局持续，来自"北方"的消息确实对"换旗"交涉发生过助推之功。六月十七日（7月13日），郑观应函禀盛宣怀谓："顷据唐守少川云，俄、德、法兵日多，势颇凶，本局长江、宁波、公（开）平等船，宜速换旗，不可延误等语。应以其知京津情形，洋人来意，已嘱趋谒。局船究竟如何？祈即示遵。"[34]同日，郑观应得到消息，北方的开平矿务局所辖船只已率先实现"换船"，遂有建议如下：

> 闻开平局船均已换旗，本局长江各船或不即换，"江天""公平"可否即换？……是否两船均换日本旗，或正金银行或总领事可保？乞督办饬知。抑应与小田切总领事面商？祈示悉。[35]

按轮船招商局与开平矿务局一直有着密切的人事与业务联系，后者自购轮船在沿海承运煤炭，其具体业务正是由徐润负责的。[36]"开平"局船率先完成"换旗"，对郑观应来说，确具有一点示范效应。

另外，一个不能忽略的因素，是来自上海本地的压力。据郑观应函禀盛宣怀：

> 顷据密尔登来述，各外国银行会议后，汇丰大班告渠云，"商局中栈、北栈、华栈、东栈所存洋货约值银二百余万。如有意外之事，若悬外

---

[34] 《郑官应致盛宣怀函》，光绪二十六年六月十七日，上海图书馆藏"盛宣怀档案"，档号：074644。按"唐少川"，即唐绍仪（1862—1938），光绪二十五年三月经前督办津榆铁路大臣许景澄、张翼札委办理山海关内外铁路事务，本年五月义和拳毁路，奉命巡查京津铁路。见林学城编：《直东剿匪电存》，北京大学历史系中国近现代史教研室编《义和团运动史料丛编》第2辑，中华书局，1964，第175页。

[35] 《郑官应致盛宣怀函》，光绪二十六年六月十七日，《轮船招商局——盛宣怀档案资料选辑之八》，第795页。

[36] 张后铨主编：《招商局史（近代部分）》，第178页。

国旗,可向中国索赔;倘系中国旗,须商局认赔。当此以强为胜之时,尤恐为强国霸占"等语。又有五洋商来局云:如不换旗,彼将货出去。因各货多已押在银行,以后各处来船,均不敢泊商局码头起货。所关甚大,伏乞裁示,俾复洋商银行为荷。[37]

鉴于时局不靖,在沪各外国银行、洋行为了确保业务照常进行,尽可能降低利益损失,也纷纷要求招商局船尽快"换旗"。身当其冲的郑观应迫于上述紧张态势,不得不向上司盛宣怀转嫁压力。

"换旗"交涉随之加快了速度。经与招商局同事商议后,郑观应于七月初八日(8月2日)禀称:

> 时事危急,官应返局与严董、唐董面商,均以长江船旗可即换,似不宜慕虚名而贾实祸。陈董、唐董(云),长江船宜换英旗,米伦二,耶松一,蔚霞一,"公平"换日旗,"江天"仍换英旗。究竟如何? 仍乞酌裁示遵。[38]

从招商局当时的业务状况看,主要有长江、上海—宁波、上海—天津三条航线,走前两条线的局船均换英国旗,走上海—天津线的"公平"轮则换日本旗,上述主张显然带有一点折中色彩。

截至当日,哈华托律师参照甲午旧案,已经基本拟定了在香港注册的相关章程,"(招商局)同事各友闻此办法,均以为妥"[39]。郑观应本人

---

[37] 《郑官应致盛宣怀函》,光绪二十六年七月初八日,《轮船招商局——盛宣怀档案资料选辑之八》,第798页

[38] 《郑官应致盛宣怀函》,光绪二十六年七月初八日,《轮船招商局——盛宣怀档案资料选辑之八》,第798页。

[39] 郑氏自谓:"官应因忆甲午之年,曾托律师拟有章程存辉廷处,已嘱是晚或明早觅出交哈华托核定,译呈公订。"参见《郑官应致盛宣怀函》,光绪二十六年七月初八日,《轮船招商局——盛宣怀档案资料选辑之八》,第799页。

同时将"昔年译有《香港公司律例》七册、《轮船驾驶章程》一册"⑩呈盛宣怀鉴定，并请赐序，拟饬商局刊行。但是，香港注册一事拖延了近一个月，仍然没有结果。直至八月十七日（9月10日），据郑观应函禀，"昨奉手谕，香港注册之议作罢论；长江本局各产是否即照前议，过户与蔚霞及美德伦，仍乞示遵"⑪，则可知前拟章程没有得到盛宣怀的批准，最终未能付诸实行。

关于"换船"交涉的最后结果，根据目前掌握的史料，可知确有部分招商局轮船更换了英国旗，该局英籍总船主蔚霞（Thomas Weir）在此过程中出力颇多。至1910年，蔚霞年迈退休时，招商局上报禀请赏给其宝星，并特别表彰：

> 其于东南保全一役，办理船只换旗保护与二十年分（1894年）之事，同一出力，是其于克勤职务中外，尤有成绩较著而不可没者也。⑫

至于日本方面主动提出"换日旗"建议，也得到部分落实。据最近披露的日本所存盛宣怀往来函札，七月初九日（8月3日）小田切万寿之助来函

⑩ 《郑官应致盛宣怀函》，光绪二十六年七月，《轮船招商局——盛宣怀档案资料选辑之八》，第800页。

⑪ 《郑官应致盛宣怀函》，光绪二十六年八月十七日，《轮船招商局——盛宣怀档案资料选辑之八》，第801页。

⑫ 《招商局档案》，468②/240，聂宝璋、朱荫贵编：《中国近代航运史资料（1895—1927）》第二辑上册，中国社会科学出版社，2002，第807页。按郑观应与总船主蔚霞在处理招商局事务方面，积累了长期矛盾，在甲午战前就有水火不相容之势，他也将个人对蔚霞的异议编入《盛世危言后编》，公之于众。（参看《致招商局盛督办书》《致盛督办续论总船主欺朦书》，《郑观应集》下册，第860—861、862—863页）相对而言，盛宣怀对蔚霞有良好评价，这可从1893年他请驻英公使薛福成物色纺织厂洋总管时所言中得知："此事（指纺织厂）利钝全在洋总管得人。招商局得英人蔚霞，电报局得丹人博来，真内教而又有忠心，故两局皆好。"（参看易惠莉：《郑观应评传》，第527—528页）甲午、庚子两役"换旗"交涉时，蔚霞仍起了重要作用，毋庸讳言。

内有"招商局换旗一节,业已备文照会,谅邀阅览矣"㊸一句,与前一日郑观应致盛宣怀函对看,则局船"公平"号换日旗,已有成议。

日本领事小田切在"换旗"交涉中表现活跃,若将此插曲置于事变前后中日互动的过程中来看,更别有意味。郑观应本人对于"换日旗"并无特别热情,但他与小田切却有个人交谊。二人在兴亚、维新等理念上多有契合,共同拟议"中日在沪共设各种书院",郑观应盛赞"小田切君人中杰",彼此之间诗歌酬唱之作多已收入《郑观应集》。㊹ 1898 年 6 月,中日人士在上海创立亚细亚协会,他们两人即主要发起人。相比之下,盛宣怀与小田切的交往时间更长,范围也更为广泛。自 1897 年小田切代理驻沪总领事,就开始涉入汉阳铁厂与日本制铁所、日本政府之间有关矿石销售及借贷款事宜的交涉活动,1902 年正式出任驻沪总领事,即担当《中日通商行船条约》谈判日方首席代表,其间与盛宣怀多有交涉。㊺ 在很长一段时期内,盛宣怀与小田切在实业、金融、商务、外交诸领域有着非常密切的关系,而 1900 年"东南互保"的合作包括"换日旗"的实现,便是其中突出的一例。1904 年,盛宣怀在致小田切的一封去函中表示:"十年以来,弟常为联络两国之实业、敦厚两邦之交谊起见,不顾微力,开诚布公。"㊻言下虽多自许的情态,但仍可借用为两人关系的写照。

二、 政治建策的意义与限度—— 从两件新史料来看

光绪二十六年五月二十七日(1900 年 6 月 23 日),盛宣怀在上海分别致

㊸《小田切万寿之助来函》,盛承洪主编,易惠莉编著:《盛宣怀与日本——晚清中日关系之多面相》,上海书店出版社,2014,第 5 页。按原函署"七月初九日",系阴历,编者将撰写时间推断为"1900 年 7 月 9 日",不确。

㊹ 郑观应:《赠日本驻沪小田切总领事论时事歌并序》《答日本小田切总领事论亚细亚协会歌》《与日本总领事小田切拟中日在沪共设各种书院》,《郑观应集》下册,第 1305、1313—1314、1317 页。

㊺ 参看易惠莉:《晚清日本外交官在华的多方活动(1898—1901)——小田切万寿之助致盛宣怀函解读》,《近代中国》第 22 辑,上海社会科学院出版社,2013,第 197—201 页。

㊻《小田切致盛宣怀函》,光绪三十年七月十六日,上海图书馆藏"盛宣怀档案",档号:002701。

电两广总督李鸿章、两江总督刘坤一、湖广总督张之洞，明确提出中外互保的办法，即"上海租界准归各国保护，长江内地均归督抚保护，两不相扰"[47]。至迟不晚于次日午前，刘坤一、张之洞已复电允肯，授命上海道余联沅(1845—1901)出面与各国驻沪领事议约，并指令盛宣怀"帮同与议，指授沪道"[48]。盛、余合作拟议了有关"东南互保"两个核心文件——《保护上海长江内地通共章程》与《保护上海租界城厢内外章程》[49]。但是，由于章程中包含了多款限制外国在华军事行动的条目，在五月三十日(6月26日)中外代表正式会议时，各国领事对此"驳论多端"，均不愿意接受这样一个带有"自我约束"性质的协议。当天中外会议没有形成正式结果。[50] 所以，关于互保章程也就不存在"议定""订立"或"正式签署"一说。后来，有关"东南互保"的交涉其实经历了由"签约"向"换文"的转换，也就是说，不以契约形式将章程法律化，转而通过中外互换照会确立某些和平性质的原则。[51]

　　与之同时，郑观应正紧锣密鼓地操作着"换旗"事宜。尚无证据表明，郑观应直接"启发"了盛宣怀倡议"东南互保"，不过，他还是在第一时间得知了盛宣怀奉命草拟保护章程的消息。五月二十九日(6月25日)，致函盛宣

[47] 《寄李中堂刘岘帅张香帅》，《愚斋存稿》卷三十六，沈云龙主编《近代中国史料丛刊》续编第13辑，文海出版社，1975年影印本，总第844页。时间原注五月二十八日，研究著作多据此展开论述。此日期实系误植，查该电韵目为"沁"(参看《盛京堂来电》，光绪二十六年五月二十八日巳刻到，顾廷龙、戴逸主编《李鸿章全集》第27册，安徽教育出版社，2008，第70页；《致江宁刘制台、上海盛京堂》，光绪二十六年五月二十八日亥刻发，《张之洞全集》第10册，第8028页)，故发电时间应在五月二十七日。日本学者藤冈喜久男最早注意到这一问题，参氏著《张謇と辛亥革命》，北海道大学圖書刊行會，1985，第97页。

[48] 《致江宁刘制台、上海盛京堂电》，光绪二十六年五月二十八日亥刻发，《张之洞全集》第10册，第8029页。《寄余晋珊观察》，光绪二十六年五月二十八日，《刘坤一遗集》第6册，第2566页。

[49] 《余道来电并致江宁督署》，光绪二十六年五月三十日申刻到，《张之洞全集》第10册，第8041页。

[50] 参看《上海在勤小田切総領事代理ヨリ青木外務大臣宛・秩序維持ニ付各國領事ト協議方劉張両総督ヘ提議ノ始末並仏領事ヨリ両総督管下ヲ中立トナス提議ニ付請訓ノ件》，明治三十三年六月二十五日，外務省編纂：《日本外交文書・第三十三卷　別冊一・北清事変上》，日本國際連合協會，1957，第477—478页。

[51] 说详拙文《"东南互保"究竟有没有"议定"约款》，《学术月刊》2013年第11期。

怀谓：

上海市面惊惶，督办今日所议各节，友人争欲先睹，可否钞示。(52)

郑观应意欲援引"所议各节"章程款目，目的在平抑商情、保护商利，诚如论者指出："郑观应在盛宣怀亲信中主要发挥的是经济方面的作用，而非政治领域。"(53)既然函请盛宣怀"钞示"章程条文，亦可侧面证明郑本人并未深度介入"互保"交涉的具体进程。

七月以后，英军登陆上海事件的发生，有将近三千人规模的英国军队开进租界，这对形成不久的"互保"局面带来不小的冲击，也在当时社会引起新一轮的恐慌。英国领事要求上海地方当局发布告示，使中国人确信："他们登陆只是为了防守租界。"(54)出于在商言商的立场，郑观应对时局走向仍抱有犹疑，故坚持贯彻"换旗"主张。他转述某位轮船主的话说：

今早"江孚"船主云，各领事与东南督抚所定之约，今不可靠。现在长江各省纷纷募兵，兵无纪律。各国兵船日多一日，如有兵匪与外人为难，水师提督随时可以决裂。如一决裂，本局之船不能换旗，正合彼运兵之用，等语。(55)

以郑观应为代表的上海绅商群体，无疑是"东南互保"得以成立的有力支持者。事变以来，他时刻关切北方局势的变化，不愿战火蔓延，波及东南，

---

(52) 《郑官应致盛宣怀函》，光绪二十六年五月二十九日，《轮船招商局——盛宣怀档案资料选辑之八》，第791页。

(53) 易惠莉：《郑观应评传》，第591页，注释1。

(54) 《海军中将西摩尔爵士致海军部电》(1900年8月5日)，《英国蓝皮书有关义和团运动资料选译》，第158页。

(55) 《郑官应致盛宣怀函》，光绪二十六年七月，《轮船招商局——盛宣怀档案资料选辑之八》，第800页。

希望能为清室保存、中国更新留一片干净土；他颇留意在华外国人的安全，尤其"各国公使出京"与否，关系到将来的"收束"问题。⑤ 至于参与中国国会的行为，也体现鲜明的地方意识，且带有"相当的政治冒险性"，有论者认为"郑观应是在对内幕有一定程度了解的情况下加入中国国会"，但并无证据表明"他曾涉足自立军的活动"；也有谓"郑观应应该是中国国会中比较积极的参与者、组织者"，其当时所期待者，在于"中国问题的根本解决"。⑤ 那么，他的政治取向究竟如何？ 如果将其归入趋新、趋变一路，又"新"至何种程度，欲"变"者为何？ 由于史料不足，讨论郑观应与中国国会的关系存在着困难，马勇即认为"这一过程的复原与重建几乎不可能"。不过，笔者还是发现与此问题直接相关联的若干史料，或可帮助我们更深一层理解郑观应当时的心态。

其一，郑观应致盛宣怀函，作于光绪二十六年六月十四日（7 月 10 日），文录下：

> 敬肃者：顷西报云，德调兵八千来华，已有四千起行；美派兵六千，在小吕宋以备在华之提督调遣；英准调印兵一万七千，今又加炮马队一千六百；昨闻英已允日本兵饷，请其先派兵二万五千入京。翘首北方，必有一场大战，情形不堪设想，东南大帅虽已联络自守疆土，似宜设一公共政府，以期联为一气，为将来与外人讲和地步。未知有当高深否？ 敬请钧安。官应谨上。十四日。⑧

按，随着华北战事升级，列强纷纷调援兵来华，日本政府为实现大规模出兵，

⑤《郑官应致盛宣怀函》，光绪二十六年六月初二日，上海图书馆藏"盛宣怀档案"，档号：074638-1。《郑官应致盛宣怀函》，光绪二十六年五月三十日，《义和团运动——盛宣怀档案资料选辑之七》第 89 页。
⑤ 易惠莉：《郑观应评传》，第 593—594 页。马勇：《东南互保时期的郑观应》，第 88 页
⑧《郑观应致盛宣怀函》，光绪二十六年六月十四日，上海图书馆藏"盛宣怀档案"，档号：063942。

展开一系列旨在与欧美列强协调的外交活动,最终英国同意向日本对华增兵提供一百万英镑的财政支持^⑤,此即函内所谓"英已允日本兵饷"。而随着第五师团开赴天津,日本军在华人员总数超过两万两千人,一跃为在中国战场数量最多的外国军队。^⑥ 在得到军情吃紧的消息后,郑观应做出北方"必有一场大战"的悲观估计,也鉴于北京政府已失信于中外,建议东南督抚在"互保"基础上更进一步,除了自外于北方战事,更希望联合一气,成立一"公共政府",从而在外交上有所作为。

六月十一、十二日(7月7—8日)《中外日报》刊发以《论保东南宜创立国会》为题的"论说",指出"八国之兵,毁一国之都,而国亡,而政府倒",国民沦为"无国无主之民","故今日策保东南者,不可不自立代政之体,而立国会者此也",具体方案为"七省督抚立公共政府,布设国宪,……乘此划分南北而图自立,则舍国会之外无有亟于此者"。^⑥ 约半个月后,中国国会在上海成立,容闳、严复分任正副会长。据孙宝瑄《日益斋日记》,在七月初四(7月29日)第二次会议上,除确定会计、书记外,并"定掌干事者十人:郑陶斋、唐佛尘、沈小沂、汪穰卿、汪剑斋、丁叔雅、吴彦复、赵仲宣、胡仲翼、孙仲愚"。^⑥ 郑观应与汪康年、唐才常等同在干事之列,而且为该团体领导成员中唯一明显具有商人身份的人。

郑观应在盛宣怀幕中主要发挥的固然是"经济方面的作用",但面临危机之际,往往有出位之思。前揭函文主张"设一公共政府,以期联为一气,为将来与外人讲和地步",无疑已具有极强的政治意味。细察国会宗旨所在:

⑤《索尔兹伯里侯爵致怀特赫德先生电》(1900年7月13日发自外交部),《英国蓝皮书有关义和团运动资料选译》,第129页。

⑥ 中国社会科学院近代史研究所编:《日本侵华七十年史》,中国社会科学出版社,1992,第76页。

⑥《论保东南宜创立国会》,《中外日报》,光绪二十六年六月十一、十二日,转引自李守孔:《唐才常与自立军》,载中华文化复兴运动推行委员会主编《中国近代现代史论集第十二编·戊戌变法》,台湾商务印书馆,1986,第613—614页。

⑥ 孙宝瑄:《日益斋日记摘抄》,中华书局编辑部编《孙宝瑄日记》下册,童杨校订,中华书局,2015,第1385页。

"一、不认通匪矫诏之伪政府；二、联络外交；三、平内乱；四、保全中国自主；五、推广支那未来之文明进化。"[63]两者并看，实有不少延续与相通处。同时期，中国国会会长容闳也曾致电张之洞："劝其联合长江各省，召集国中贤俊，设立类似国会之保国会，成中国独立政府，与八国议善后事宜。"[64]其立意与郑观应极为接近。唯须指明的是，不论设立"公共政府"，或者参与"中国国会"，在郑观应的政治设想中，仍以存续清室为不容置疑的前提。易惠莉已经指出："尽管郑观应及其他上海绅商在世纪之交已不同程度地接受了民权等近代观念意识，然传统的观念意识仍在起着主宰作用，尤其是在'忠孝'的观念上，绅商们毫无离经叛道之意。"[65]在中国国会内部，郑观应并非核心人物。如熟悉内情的日本人井上雅二(1876—1947)所见，"郑观应等没有影响"。[66]而国会除公开发表者外，尚有"真正宗旨"十二条，主要内容有"废除旧政府建立新政府，保全中外利益，使人民进化"，这是"极为秘密的，会员很多人不知道"。[67]

其二，郑观应署名上李鸿章陈情书。庚子事变作，两广总督李鸿章奉旨内召，但迟未动身，直至六月二十一日(7月17日)始航海北上，二十五日抵上海，又停留观望近两月，八月二十一日(9月14日)方就道入京，收拾战后残局。[68]李鸿章此番离粤北上，并未得到俄国以外多数国家的支持，其中尤以英国人反对最力，故入沪前均受冷遇。[69]这一点在郑观应致盛宣怀的

---

[63] 孙宝瑄：《日益斋日记摘抄》，《孙宝瑄日记》下册，第1384页。据井上雅二记载，中国国会"宗旨"作四条：一、保全中国疆土与一切自主之权；二、力图更新，日进文明；三、保全中外交涉和平之局；四、入会之人专以联邦交、靖匪乱为责任，此不认现在通匪诸矫传之伪命。另外，"大多数人决定在此宗旨之下，实行以下三点，且不排满"，即：一、尊光绪帝；二、不认端王、刚毅等；三、力讲明新政法而谋实施之。《井上雅二日记——唐才常自立军起义》，郑大华译，薛军力校，《近代史资料》总74号，中国社会科学出版社，1989，第109—110页。

[64] 刘成禺：《世载堂杂忆》，"纪先师容纯父先生"条，辽宁教育出版社，1997，第96页。

[65] 易惠莉：《郑观应评传》，第596—597页。

[66] 《井上雅二日记——唐才常自立军起义》，《近代史资料》总74号，第110页。

[67] 《井上雅二日记——唐才常自立军起义》，《近代史资料》总74号，第110—111页。

[68] 雷禄庆编：《李鸿章年谱》，台湾商务印书馆，1977，第623—631页。

[69] 久保田善丈：《李鸿章北上をめぐる诸对応——清末中国の中央地方関係とイギリスの対中政策》，《史潮》通号33—34，1993年11月。

禀函中也可得到旁证：

> 顷阅粤局来电，傅相有小队约百余人至二百人，廿一日由"富顺"来沪。请督办即电咨傅相，询准英领事方可来，因"富顺"挂英旗，且租界向例，不能驻华兵云。[70]

六月二十七日（7月23日），即李鸿章到沪后第三日，以招商局总办郑观应为首的沪上维新名士十四人联署陈情书，文录下：

> 某某等谨上书于宫太傅伯中堂阁下：窃经团匪扰乱以来，将近两月，北方困于兵灾，南方惑于谣言，燎原巨祸，已迫眉睫。尚幸中西之交状未十分决裂，草野之间不至同时窃发者，则以两粤要地，有中堂坐镇其间，德能及远，威足制奸，而此外各江、鄂各督抚又复智周中外，于交邻保境之道，皆能妥为应付耳。
>
> 然北方乱匪，倘使久不平定，则东南伏莽难保不闻声响应，是欲保艾东南，仍在戡清乱。乃两月以来，各国派兵遣舰，时有所闻，而各省愿独瞠乎其后，其由政府所派出各军，则又系从逆之乱兵匪党，事之爪牙，以致凶焰日炽，消息日恶，各国之派兵来华者，亦复日增一日。倘西师云集以后，用其兵力剿平匪类，则市德于我，有挟而求，其要索情形，必有不堪言状，此不知我政府将何以应之？至保护长江之约，虽由中西官协舞签字，然各国之所以意此约者，不过因兵力未厚，不暇南顾耳。倘此事顺手，则得寸进尺之念，何国蔑有？其时毁弃前约，惟力是视，不知我疆臣又将何以应之？
>
> 此所以欲安社稷，必须速缓客兵，欲缓客兵，即在自剿北匪。近尝

---

⑦ 《郑官应致盛宣怀函》，光绪二十六年六月二十日，《轮船招商局——盛宣怀档案资料选辑之八》，第796页。

采诸各国舆论，咸以此乱事倘由中国自行剿平，则交涉各事，当可和平办理云云。可见我若能自行将北匪速行剿洗，未始不可望大局转机。惟剿今日之团匪，较诸寻常剿匪之事，难易不同，非将叠次，分别其伪，则不能剿；非实有可用之将、得力之兵，则虽剿而无功。此某等所以虽日盼有勤王之师、剿匪之举，又深虑统率之非其人，或致无益而有害也。侧闻中堂谊切君国，遵诏北上，则大局安危，中外属望，全属于中堂一人。凡进止迟速之间，定倾横危之策，想必有成竹在胸，非某等所能窥测。惟是今日之团匪，非用痛剿一策，更无挽法，非勋高望重、应膺艰巨为中堂，不能周知利害。拟请会商各督抚，速行遴派劲兵，协筹饷项，并公举统兵大臣一人，率以北上。一面将津京团匪痛行剿洗，其有助匪为乱之将弁，一律诛戮；一面即电致各国，劝其不必续行派兵，以免猜嫌。并告以痛剿团匪之举，即与各国和好甚敦之证，团匪荡平之日，即与各公使坛坫重集之时。庶东西洋观所既餍，而大局始有转机。

再，惟某等尚有虑者，现在匪党遍布宫禁城厢，内外半系乱兵，万一西师猝入，彼党计穷，与二三贼臣谋拥两宫西走山陕，则大局愈不可为。若能于勤王诸将中择一明干精警而又稍习京朝情形者，令统一大队，驻守西道，以防贼众狡谋，亦一要着。又为统兵大臣北上剿匪之时，或有不顾国家、不明大局之贼臣，捏造诏旨，力行阻挠，则宜徇中外人心、地球公论，亟行奏请正法，以免有误大局。

总之朝命不当违，而非出自两宫之圣裁，则不得视为朝命；臣节不可亏，而不奉贼臣之矫诏，则不谓有亏臣节。以中堂之公忠体国，必能以国事为重，生死利害犹不遑计，岂有慎此疑似之小节乎？然封疆大臣中，恐有不免介于此者，请中堂为诸公剀切辩别之，俾知不奉逆命即所以默体圣意，剿义团匪即所以保我大清，协力同心，共靖国难，则宗社幸甚！天下幸甚！某等目击时艰，同深载奋，因敢效其款款之愚，伏祈垂察施行，不胜急切胜祷之至！⑪

　　此类以在上位者为目标，带有强烈干政性质的书面建言，对于郑观应来说，并非是第一次。近有学者重新检讨郑观应与甲午年（1894）孙中山《上李傅相书》的幕后关系以及其人在兴中会早期历史中的地位，指出"郑观应绝非普通商人"，个性为人中具有"好奇计""对军事冒险活动极有兴趣"的特质。⑫郑观应的思想构成向称驳杂，对自身政治理念的表述亦屡经改写，并非可以一时一地衡之。如果要对他的言论有所理解与评估，较佳途径仍应是尽量放回"语境"中来观察。前揭联名陈情书，上达时间尚在中国国会成立之前。"互保"业已达成，而郑观应等人尚不以此局面为满足，意欲在"保护长江之约"之上，兼顾北方局势，故提出"欲安社稷，必须速缓客兵，欲缓客兵，即在自剿北匪"。

　　按当时海内舆论，对"东南互保"毁誉参半，誉之者姑且不论，毁之者，"一则称为不遵朝命，斥为海外叛臣；一则称为坐视叛逆挟制朝廷，而不声罪致讨，斥为雌伏东南作壁上观"⑬。前一股声音尚不构成舆论的主流，更值得注意的是后一种严厉的批评。如《中外日报》尝检讨"东南安宴之非"，便称"与外人立约互保，以保境宁人"只不过是保守自利的做法，即"一时权宜之计"，为全局"长久"计，则不可恃。⑭事实上，这种批评恰以承认"东南互保"为前提，鲜明反对排外，视义和团为"匪类"，其锋芒所向直指满洲权贵主

⑪　《上海通信·上海维新党中重なる人士の李鸿章伯に呈したる意见书》（1900 年 7 月 23日），《東亞同文會第十回報告》，明治三十三年九月一日，第 47—49 页。按此通信的作者东亚同文会上海支部会员井上雅二，其由汪康年处得到上李鸿章书的抄本，报告给东京本部。联合上书者十四人中，目前知道姓名的只有郑观应、汪康年。此意见书廖梅已有利用，参看氏著《汪康年：从民权论到文化保守主义》，上海古籍出版社，2001，第 275—276 页，注释 73。
⑫　陈晓平：《郑观应创立了兴中会？》，《南方周末》2014 年 1 月 24 日。
⑬　参看王尔敏：《拳变时期的南省自保》，载中华文化复兴运动推行委员会主编《中国近代现代史论文集第十三编·庚子拳乱》，台湾商务印书馆，1986，第 166—167 页。
⑭　《论东南安宴之非》，《中外日报》，光绪二十六年十月二十日，中国史学会主编《中国近代史资料丛刊·义和团》第 4 册，上海人民出版社、上海书店出版社，2000，第 215—216 页。

持的北方政府,其不满者,正在于主持"互保"的地方督抚"徒恃成约"而图苟安,不欲或不敢剿拳匪、劾政府、拥光绪复辟。六月十四日(7月12日),《中外日报》发表《固南援北策》一文,公然指出:

> 拳匪之扰也,互保之立约也,中国不能不南北分疆,而离立乃自然之势,亦必然之理也。惟是欲固南疆必先外纾党禁,内集民守,公布新政,而后可图自立之有基。然不乘此东西大兵尚未云集之时,提劲旅以北援,而外助邻战,内讨国贼,则亦未能树独立之义声也,此固南亦当以援北为先。[75]

《中外日报》的主办人汪康年,也是上李鸿章陈情书的联署人之一。他后来承认:"李傅相至申,则合同志上书,请即率兵入都,以剿匪为议和之根本。"[76]在郑、汪诸"同志"看来,"援北"的当务之急在于"自剿北匪",而当时有资历、有能力可为统兵大臣者,非"勋高望重"如李鸿章莫属,故陈请率兵北上,一面将津京义和团"痛行剿洗",一面"电致各国,劝其不必续行派兵"。[77]尤有进者,勤王之师除了"剿团匪",更要防止"二三贼臣谋拥两宫西走山陕",其实际指向,即排斥朝中主张亲拳、排外之权贵王大臣。郑观应等人将"两宫之圣裁"与"贼臣之矫诏"相区隔,以此为出师勤王提供合法性,而同样的论证逻辑,在"东南互保"发动之际,也早已为盛宣怀所使用。[78]《中

---

⑦⑤ 《固南援北策》,《中外日报》,光绪二十六年六月十六日,路遥主编:《义和团文件资料汇编·中文卷(上)》,山东大学出版社,2012,第369页。

⑦⑥ 《上江督刘岘庄制军书》,汪林茂编校:《汪康年文集》下册,浙江古籍出版社,2011,第580—581页。

⑦⑦ 当时抱有类似想法的绝不止郑观应等一二人。李鸿章到沪后,张謇即曾上书刘坤一:"乞公与南中疆帅,公推合肥总统各路勤王之师,入卫两宫。其时德使虽被匪戕,聂提督一军无恙。私心窃计,以张魏公定苗刘之功,望之合肥也。"参看《为拳乱致刘督部函》(光绪二十六年),《张謇全集》第1卷,第45页。

⑦⑧ 盛宣怀主张"东南互保"的一大理据,即"初十以后朝政皆为拳党把持,文告恐有非两宫所自出者,将来必如咸丰十一年故事乃能了事。今为疆臣计,如各省集义团御侮,必同归于尽,欲全东南以保宗社,东南诸大帅须以权宜应之,以定各国之心,仍不背廿四日'各督抚联络一气以保疆土'之旨。"《盛宣怀寄粤李中堂宁刘岘帅鄂张香帅》,光绪二十六年五月二十九日,《愚斋存稿》卷三十六,总第844页。

外日报》上论说,暗示今日之事"非有绝大布置,非常权变,则不足保太平,御奇祸,而所谓保境恤民者,亦几成虚语矣"[79],所蕴涵的内容,除了要求东南省份独立于北方而自立,还包括北上剿匪、迎銮南下。廖梅指出:"以《中外日报》为代表的东南士绅眼中,这只是一种非常局势下的权变,其内心仍无法摆脱与北方和光绪帝的联系。"[80]而就郑观应因应时局的总体考量而言,"保境恤民"是基础,"北上剿匪"是急务,"勤王"或曰"迎跸"则是目标,后二者实已入"绝大布置"的范围。

沪上持"勤王"观念者,常注意自我设限,也讲求言说策略——"既曰勤王,便实宜尊王,名为讨逆,方不至从逆"[81]。但即便如此,对于奉旨内召的李鸿章来说,仍多有其不敢触碰的政治禁忌。对于联名陈情,李的反应是嘲笑"乳臭小儿,焉可喙国家大事,不知天高地厚,简直岂有此理"[82]。据事后汪康年对井上雅二透露:

> 李鸿章对我们通过郑观应提出的条件与形势对策尚未予答复。同时叱责郑观应不该说出那样的话。看来李鸿章几乎没有打算,实际上似要按照西太后的回电才能做出决定。[83]

---

[79]《筹南十策》,《中外日报》,光绪二十六年六月十八日,《丛刊·义和团》第4册,第189页。

[80] 廖梅:《汪康年:从民权论到文化保守主义》,第258页。必须指出的,这也只是庚子事变时期东南地方士绅因应时局的思路之一,如果循着由"言"及"行"的方式,细考时人(即使为趋新一面)的"政治观",所映射在同一光谱上的色彩异常驳杂。如张謇、陈三立、汤寿潜等人谋"题外作文、度外举事",策动东南督抚"迎銮南下",与"东南互保"系同一时期产物,但其性质已入"勤王"运动范围,可算是戊戌政变以后帝、后党争之余绪。汪康年、陶森甲等号称"归重于朝廷,致望于督抚",也通过游说地方权力人物,为南方自建"联邦"试探道路,则其背后或隐或显已有外国势力的推手。至于唐才常派在行动方略上主联络会党武装勤王,已为士绅名流所难梦见。相关初步讨论,可参看拙文《"题外作文、度外举事"与"借资鄂帅"背后——陈三立与梁鼎芬庚子密札补证》,收入本书。

[81]《筹南十策》,《中外日报》,光绪二十六年六月十八日,《丛刊·义和团》第4册,第190页。

[82]《上海通信·上海维新党中重なる人士の李鸿章伯に呈したる意见书》(1900年7月23日),《東亞同文會第十回報告》,明治三十三年九月一日,第47頁。

[83]《井上雅二日記——唐才常自立军起义》,《近代史资料》总74号,第106页。

郑观应在联署、呈递陈情书的过程中,发挥了主要作用,也是沪上士人群体与李鸿章直接沟通的重要一环,但官、绅之间仍有不可逾越的观念鸿沟,其说未见采用。

三、 结语

戊戌政变发生后,新旧异途,双水分流之势显然。通商口岸便利的舆论条件,使得新/旧、满/汉、南/北、保守/改良这些畛域的分野日益被重视和宣讲。庚子事变骤起,又有大批新学士人避乱南下,以上海为中心聚集起一批"自强变法和维新变法的局中人与同路人",由此形成南方颉颃北地的态势,昭示了长期新陈代谢之后的分化和分野。[84] 为数不少的沪、江、浙地方士绅直接参与了"东南互保"的酝酿与策划过程,这批人物或为督抚参谋的幕僚,或为地位相对超脱的绅商,但几乎很少例外地具有某种趋新取向,多数人后来列名中国国会,如果将他们大致归类为新党,似不能算误。郑观应是其中并不显山露水,但所作所为富于实际成效的一员。事后,盛宣怀向朝廷奏请奖励义和团事变期间"在沪出力华洋官绅",郑观应之名赫然在列,获赞辞曰:

> 于庚子拳匪之乱咸以保护东南、维持大局为心,虽身居局外,而岌岌焉若不遑终日,其明大义、识大体,视国事如家事,有为人所不能及者。[85]

诚如盛宣怀所言,郑观应"身居局外",并未直接介入"东南互保"筹谋的具体进程,但他以商人的冷静和理性,着眼于"不宜慕虚名而贾实祸"的现实考

---

[84] 参看杨国强:《1900年:新旧消长和人心丕变》,载氏著《晚清的士人与世相》,生活·读书·新知三联书店,2008,第217页。

[85] 盛宣怀《义和团时期在沪出力华洋官绅职名折》,光绪二十六年,上海图书馆藏"盛宣怀档案",档号:057611。

虑,利用甲午经验,缜密操作了招商局轮船的"换旗"交涉。[36] 此外,作为寓沪粤籍绅商的代表,郑观应参与了针对被困于京津地区东南士人的整个救援组织工作,利用国内外关系网,"为庚子救援行动提供了关键性的支持"[37]。事变高潮之际,他又有若干出位之思,从政治角度出发,向上位者就"互保"局面的巩固和进一步发展提出建言,而直接组织与加入中国国会的行动,则已带有一定的政治冒险性。

总而言之,"东南互保"时期的郑观应在反义和拳、反排外、反北方政府诸端,均有充分的自觉意识[38],对于变政维新的前景也抱有强烈愿望,但其存续清室、忠君爱国的观念则不容轻易动摇,这也可以说是他固守的一条底线。章太炎在庚子年慨叹:"海上党锢,欲建国会。然所执不同,与日本尊攘异矣。或欲迎跸,或欲□□(排满),斯固水火。就迎跸言,信国(文廷式)欲借力东西(日本、欧美列强),铸万(唐才常)欲翁(翁同龢)、陈(陈宝箴)坐镇,梁公(狄葆贤)欲密召昆仑(康有为),文言(汪康年)欲借资鄂帅(张之洞)。志士既少,离心复甚,事可知也。"[39]由前揭上李鸿章陈情书可知,郑观应大概也可归入"迎跸"一派。他参与中国国会,即出于对"勤王"旗帜的认同,包括事变期间建议东南督抚设"公共政府",陈请北上剿团匪、护两宫,等等,皆与此种心态相关。至八国联军入京、宫廷西逃后,郑观应《拳匪》诗仍有句

---

[36] 郑观应可谓招商局船"换旗"的第一负责人,多年后他对此表示:"所有甲午、庚子之役,招商局轮船,上海长江各埠栈房、局、所换旗托外人保护,所立卖契及赎回之买契,皆官应同律师赴领事府签名。所出招商局股票及公积股票均有官应之名。"参看《致轮船招商局董事会书》,《郑观应集》下册,第 895 页。

[37] 参看冯志阳:《粤籍绅商与庚子救援——以上海广肇会所为中心的考察》,未刊论文,"对外开放与上海城市发展"国际学术讨论会,上海,2014 年 2 月。

[38] 郑观应时作有《拳匪》诗,其观念表得相当清晰:"哀哉义和拳,暴动国之耻。未读石函记,安知其秘旨。符咒偶有灵,枢臣信有恃。始纵烧教堂,继则杀公使。震动五大洲,八雄乘势起。"参看夏东元编:《郑观应集》下册,第 1363—1364 页。

[39] 章太炎:《再致夏曾佑》(一九〇〇年),朱维铮、姜义华选注《章太炎选集(注释本)》,上海人民出版社,1981,第 115—116 页。关于引文中隐语的说明,参考朱维铮:《〈訄书〉发微》,载氏著《求索真文明》,上海人民出版社,1996,第 279 页,注 12。

云：“北望泪沾巾，烽烟何日止。车驾盻东还，新政从此始。”⑨

庚子、辛丑之际，郑观应改定八卷本《盛世危言》，原有"议院"上、下两篇的位置更加突出，"议院下"篇末补写了几近于原文长短的附言，"原君"与"自强论"两篇也做了增订。⑨ 学界围绕《盛世危言》的多个文本已有不少讨论，尤其对"议会"思想发挥最多，公认是郑观应政治思想中最重要的一个方面。易惠莉指出，以清廷新政变法上谕为标志，"变法论政治合法化前景的出现成为郑观应修订《盛世危言》（八）的动机"，然而在强调上述背景时更需要注意以下事实，即"1900 年与 1901 年之交整个维新界都弥漫着一篇激愤悲观的情绪，即使是变政论政治合法化前景的出现也不能使之扭转"。⑨ 日本学者村田雄二郎在检讨近代思想史研究中"文献"与"语境"的关系时，也举郑观应的"议会"思想为例，提示其多次改写背后现实政治的制约因素，而庚子年《盛世危言》中"议院"诸篇的补写与增订，可能意味着"（郑观应）对于义和团事变旋涡中萧条的政治状况的绝望与期待"。⑨ 1899 年 5 月，也即戊戌政变后次年，东亚同文会上海支部长宗方小太郎（1864—1923）在上海第一次见到郑观应，并在日记中记述了当时场景，在这位雄心勃勃的日本"大陆浪人"眼中，"郑观应其人固不乏识见，而无自奋气象，非有为之器也"。⑨ 再过一年，义和团事变作，面对豪杰蜂起、中枢既倒的前景，有着"维新思想家"与"买办商人"双重标签的郑观应所做的政治抉择与实际行动，在当时形形色色的"志士""改革家"提供的诸多选择项中颇具有参照意义，为我们更加深刻地理解其言说与时代的关系提供了线索。

---

⑨ 夏东元编：《郑观应集》下册，第 1364 页。
⑨ 夏东元编：《郑观应集》上册，第 311—318、331—339 页。
⑨ 易惠莉：《郑观应评传》，第 614 页。
⑨ 冈本隆司、吉澤誠一郎：《近代中國研究入門》，東京大学出版會，2012，第 215 頁。
⑨ 《宗方小太郎文书·日记》第二册，明治三十二年五月三十日，上海社会科学院历史研究所藏，编号：B02。

余联沅：从"铁面御史"到"洋务干员"

——上海道研究的一个个案

余联沅(1845—1901)是较少为人所道及的一位晚清官员,在上海道任内经历庚子事变,以地方官身份主持中外瞩目的"东南互保"交涉,或许是他一生中影响最大,也最为人知的一桩业绩了。《上海县续志》述其生平云:

> 余联沅,字撝珊,湖北孝感人。光绪三年进士,二十五年任苏淞太道。越明年,北方拳匪乱,中外失和,通商各国调战舰集沪滨,内地匪徒蠢动。联沅禀承南洋大臣,与各国领事议定东南互保约款,饬县严惩土匪,地方赖以安谧。①

复按《上海研究资料续集》所录"人物"条目,也重视余联沅经营"互保"的勋劳,谓其经此一役以后"声名一振",成为中外共推的"干员"。② 后世著述中,他的名字和"东南互保"几乎构成有彼则有此的连带关系,尽管他的形象并不那么清晰,总是有点隐没在盛宣怀、刘坤一、张之洞这些大人物身后。

不过,从纷繁多样的历史记忆中,我们还可以打捞到另外一种讯息。如余氏家族后人最津津乐道者,并非先辈保土封疆的事迹,而是将逾三十年的京官生涯,"刚正不阿,为世所称道",尤以弹劾李鸿章等显要获得"铁面御

---

① 吴馨等修,姚文枬等纂:《上海县续志》卷十五《名宦》,成文出版社有限公司,据民国七年(1918)刊本影印,第 829 页。

② 上海通社编:《旧上海史料汇编》下册,北京图书馆出版社,1998,第 657—659 页。

史"的美誉。③ 记录中日甲午战争的各类历史著述,也可以瞥见余联沅的身影,而战史研究者无一例外都将这位上书频频、意态激切的谏官划入"主战派官吏"之列。④

以外放道员为标志,余联沅的人生被画出一道清晰的分界线,前后适成反差。这提示我们,历史记忆的形成往往经过了筛选,在单一基础上塑造的人像也可能存在失真的风险。余联沅这一显于外的"转变",不免令人好奇:在仕途跋涉中,曾受怎样的时代氛围熏染?个人际遇的种种,可否为晚清洋务官僚养成模式提供参照?关于上海道的既有研究,特别从一种"联系人物"的视角来观察它在中央和地方间的角色定位,并认为由此产生了一种以洋务为重心的"职业生涯的新形式"⑤。本文拟考订余联沅生平事迹,尤其聚焦他在上海道任上的作为,探讨其人略显特别的政治生涯所折射的历史意义,也希望由此个案,丰富对上海道台这一历史群体的理解。

一、 京官生涯

关于余联沅生平的介绍文字,散见于地方志、地方文史资料以及近代人名工具书,但均失之过简。检清代官员《履历档》,存录光绪十九年、二十年两份引见单,对余联沅外放道员前的政治履历有完整的记录。⑥ 科举道路是当时士子趋之若鹜的一条正途,他这一路走得还算顺遂。同治元年

③ 余鹏:《缅怀先祖余联沅》,《孝感市文史资料》第 4 辑,政协湖北省孝感市委员会,1987,第 144 页。

④ 孙克复、关捷编:《甲午中日战争人物传》,黑龙江人民出版社,1984,第 239 页。韩俊英等编著:《史鉴:甲午战争研究备要》,中央民族大学出版社,1997,第 187 页。

⑤ 梁元生:《上海道台研究——转变社会中之联系人物,1843—1890》,陈同译,上海古籍出版社,2003,第 3、76 页。

⑥ 秦国经主编:《中国第一历史档案馆藏清代官员履历档案全编》第 6 册,华东师范大学出版社,1997,第 6—7、65—66 页。兹录光绪二十年引见单如下:"余联沅,现年五十岁,系湖北孝感人。由优增生中式同治壬戌恩科,并补行辛酉科本省乡试举人。四年,遵例报捐内阁中书。七年,考取军机章京,奉旨记名。光绪元年正月,传补军机章京。二年三月,以校勘刷印《方略》完竣出力,经军机大臣保奏,奉旨着以侍读遇缺即补,先换顶戴。三年,丁(转下页)

(1862)中式举人,时仅十七岁。赴京会试不中,留京待试,四年(1865)报捐内阁中书,七年(1868)考取军机章京。光绪三年(1877)中式一甲第二名进士,也就是俗称的"榜眼",授职翰林院编修。历任河南道、四川道监察御史,礼科、吏科给事中职,并充国史馆协修、功臣馆纂修、顺天乡试同考官、会典馆纂修、巡视北城等差,两度京察一等。光绪二十一年(1895)外放福建盐法道之前,余联沅差不多当了三十年的京官,其中有近三分之二时间是在台谏位置上度过的。

在那些岁月里,余联沅呈现给我们的形象,与后来那位干练的上海道员截然不同——恪循古道,视新如仇,不惮权势,议论风发,以"直言敢谏"特具批判的锋芒。[7] 在19世纪80年代涌起的一波阻修铁路的谏潮中,他算得上站立潮头的一员骁将。他一面以完备自足的心态抱持传统,认为"中国自隆古以来,政教修明,府库充溢,无所为铁路也。我朝自祖宗以来,深仁厚泽,远至迩安,亦无所为铁路也";一面警惕外事、外物乘隙而入,列举铁路害舟车、害田野、害根本、害风俗、害财用之"五大害",最后总结说:

> 总之,铁路利不在国,不在民,而在洋人所贿买之奸民,亦不在洋人

(接上页)丑科会试中式贡士,殿试一甲二名进士,授职翰林院编修,旋充国史馆协修。七年闰七月,因前在军机处校勘刷印列圣《圣训》出力,经军机大臣保奏,奉旨赏加五品衔。十年二月,考取御史,奉旨记名。三月,充功臣馆纂修。十四年四月,补河南道监察御史,充顺天乡试同考官。十五年正月,恭遇归政,特恩奉懿旨,赏加随带一级。二月,充会典馆协修。六月,奉旨稽查南新仓事务。十六年,充会试同考官。六月,历俸期满截取,吏部带领引见,奉旨记名以繁缺知府用。九月,奉旨巡视东城,转补掌四川道监察御史。十二月,京察一等。十七年二月,吏部带领引见,奉旨准其一等加一级。十八年正月,充会典馆纂修。十二月,奉旨巡视北城。十九年三月,补礼科给事中。七月,俸满截取,吏部带领引见,奉旨记名以繁缺道员用。十二月,京察一等。二十年二月,吏部带领引见,奉旨记名以道府用。五月,转补吏科掌印给事中。本年九月,奉旨巡视北城。十月二十六日,奉旨补授福建盐法道。"就笔者所见,余联沅生年一项失载于陈玉堂编《中国近现代人物名号大辞典(全编增订本)》(浙江古籍出版社,2005,第530页),其他资料亦未见准确说明。据光绪二十年(1894)引见单,余联沅时年五十岁,按传统年岁算法推算,生年应为1845年,即道光二十五年。

[7] 郑孝胥日记甲午三月十三日条:"今言官能鸣者,钟(德祥)及安维峻、余联沅也。"劳祖德整理:《郑孝胥日记》第1册,中华书局,1993,第406页。

所贿买之奸民,而仍在居心叵测之洋人。想其处心积虑,谋之于数十年之前者,兹竟如愿相偿而获之于一旦,乃犹有以自强之说进者,是洋人以利诱李鸿章,而李鸿章以利误国家也。盖李鸿章所与共谋者,不过沈保靖、周馥诸人,识见卑下,不知经邦致治之大猷。其余如马建忠、伍秩庸等,又皆惟利是视,通外洋以蠹中国,故该商等得以乘其隙而售其奸。⑧

当听说李鸿章代人进奉火轮车七辆,余联沅上书抨击,所持理由为"我皇上崇实黜华,久为臣民所钦仰,必不贵异物而贱用物",并以道听途说渲染西洋机器之可怖——"外洋火轮车行走剽疾,电发飙驰,其中机器之蹶张,火焰之猛烈,非人力所能施,并有非人意所及料者。万一有震惊属车之虞,此又臣子之心所不忍出者也"。⑨ 按晚清世论,"以骂洋务为清流,以办洋务为浊流"⑩。由以上言论,可见余联沅评议时务的重心全在"攘夷",对实际操办洋务之人则尤其痛恨。⑪

光绪二十年(1894)夏,朝鲜纷争初起,余联沅力主对外强硬,为"抵制日患"积极献策,以"治军首在得人""用兵必先筹饷""临阵贵求宿将""制胜宜

⑧《光绪十四年十二月八日河南道监察御史余联沅奏》,中国史学会主编:《中国近代史资料丛刊·洋务运动》(以下简称《丛刊·洋务运动》)第6册,上海人民出版社,1961,第207页。

⑨《光绪十四年十一月二十二日河南道监察御史余联沅片》,《丛刊·洋务运动》第6册,第201页。

⑩《与陈右铭方伯》([光绪乙未]闰月十一日亥刻),徐寿凯、施培毅校点:《吴汝纶尺牍》,黄山书社,1990,第70页。

⑪ 与之相对应,自谓"三十年来日在谣诼之中"的李鸿章,对此类"俗儒"议论也早有尖锐的反驳:"臣由海上用兵兼办通商洋务,稔知西洋各国兵饷足、器械精,专以富强取胜,而中国虚弱至此,士大夫习为章句帖括,轼嚣嚣然以经术自鸣,攻讦相尚,于尊主庇民一切实政,漠不深究。误訾理财之道为脧利,妄拟治兵之人皆怯势,颠倒是非,混淆名实,论事则务从苛刻,任事则兢趋巧伪,一有警变,张皇失措,俗儒之流弊、人才之败坏因之,此最可忧。"参看《复奏殷兆镛等条陈江苏厘捐折》,同治四年六月初一日,顾廷龙、戴逸主编:《李鸿章全集》第2册,安徽教育出版社,2008,第115页。王之春引述此言,复作评论:"士大夫读万卷书,每好苛论时政,究之坐而言者,未必起而行。爵相之言,非过激也。"参看《椒生随笔》,"论士大夫"条,载赵晨、曾主陶、岑生平校点:《王之春集》(二),岳麓书院,2010,第873页。

厚兵力""御夷须防海口"五事为目前当务之急。⑫ 中日战事爆发后,一度声张以水师直攻日本为"批亢捣虚之计",其奏言:

> 倭人以中国无能为也,全师而出,其国内之空虚不问可知。若果能以水师深入其阻,微论长崎、鹿儿岛沿海可据而有,即神户、东京亦无不震动而瓦解。即不然,我不必真取其各岛,而但以师船游弋其各海口,彼旅顺之兵将撤而回顾,威海之寇亦不战而自馁。……拟请旨饬下张之洞,与唐景崧密商妥筹,必须设法以水师直攻日本,或游弋其各岛。如实有出力将弁,奋勇前往,准其破格请奖。此计若成,捣彼空国直如摧枯拉朽,即不能全师致胜,使彼有内顾之忧,而我得抽薪之计。⑬

今有论者谓,"遥度而非近察日本"的态度,使甲午战前"人云亦云""随意发想"的日本评说二十年徘徊不前,停留于盲人摸象的层面。⑭ 余联沅之言说即为当日诸多"攻日论"的一类典型,虚张战议,实底气不足。他尝举袭击东京为上策,捍卫朝鲜为中策,侥幸一战为下策,"就目前而论,上、中两策似均非我力所能及,势必激而至战",但为救战局之急,仍不得不战,正合后人"明知其不可战,而不敢不言战"的讥嘲。⑮

　　余联沅对主张和议的李鸿章,可谓绝无好感。开战之初,即奏称"我皇上圣武远扬,既已明降谕旨,声罪致讨,李鸿章亦断不敢再主议和。惟闻其所统淮军,渐积至于骄惰,倘临战不敷调遣,则李鸿章不能辞其咎",要求严谕"责令该督臣认真督剿,毋得迁延贻误,以儆其亵玩之心,而作夫

---

⑫ 《吏科给事中余联沅奏为条陈抵制日患方略片》,光绪二十年六月十七日,戚其章主编:《中国近代史资料丛刊续编·中日战争》(以下简称《丛刊续编·中日战争》)第1册,中华书局,1989,第13—14页。

⑬ 《吏科给事中余联沅奏请饬张之洞等设法以水师直捣日本折》,《丛刊续编·中日战争》第2册,第304页。

⑭ 参看叶伟敏:《晚清官员的"攻日"对策》,《史林》2010年第2期。

⑮ 黄濬:《花随人圣盦摭忆》,"郭筠仙洞达大势"条,上海古籍书店,1983,第115页。

勇敢之气。"⑯不过半月，又奏劾"贻误大局"六大罪状，指陈"此次战事实为李鸿章因循怠弛所酿成"。⑰ 当平壤、黄海、辽东相继战败，余联沅猛烈抨击清军不力，此皆李鸿章之过——

> 忍于背君父而甘于误国家，自古及今，奸邪之倒行逆施，悍然不顾，未有如斯之甚者也，今不去李鸿章，则军务无起色。⑱

在余联沅看来，"海军之疲荼，军火之短窳，将士之投玩，海口之疏弛，皆坏于李鸿章一人之手"，直欲"杀之而后快"，哪怕犯临阵易将之忌，也在所不惜。

光绪二十一年(1895)二月，清廷遣李鸿章赴日求和，余联沅坚持"以和为权宜之计，而战守乃急切之图，万不可因言和而遽懈战守，亦不得因筹战守而有碍于和"⑲，奏陈不应专恃和议而弃两手准备。马关议和中间，日本欲割占台、辽，余联沅再度上疏抗争，力言"祖宗之地，尺寸不可与人，况台湾经圣祖百战经营而始得，辽东为兴王之基，无台湾则闽浙失其屏障，无辽东则京师撤其藩篱"，主张"以三万万款，缮甲励兵，选将制械，添海口守御，联各国邦交……令该倭无隙可乘，而后胜由我操，不然，即勉强图成，终恐无安枕之日也"。⑳

仔细分辨余氏熟练操持的那一套批判话语和道德说辞，与当时集于翰詹科道的多数言路中人并无二致。每个人的思想意识跳不出自身生活经验。从履历来看，他出生在内地，接受正统儒家教育，义无反顾地投身科举，

---

⑯ 《给事中余联沅奏陈御敌设防方略六条折》，《丛刊续编·中日战争》第 1 册，第 51 页。

⑰ 《给事中余联沅奏疆臣贻误大局沥陈危急情形折》，光绪二十年七月二十六日，中国史学会主编：《中国近代史资料丛刊·中日战争》(以下简称《丛刊·中日战争》)第 3 册，新知识出版社，1956，第 61 页。

⑱ 《余联沅奏参李鸿章弁髦谕旨片》，《丛刊·中日战争》第 3 册，第 372 页。

⑲ 《吏科掌印给事中余联沅奏大局难支请饬枢臣妥筹善策折》，光绪二十一年二月初十日，《丛刊·中日战争》第 3 册，第 502 页。

⑳ 《吏科掌印给事中余联沅请勿许倭奴奢款并速定大计力筹远谋折》，光绪二十一年三月二十一日，《丛刊·中日战争》第 3 册，第 599—600 页。

按部就班地在仕途上摸爬前进,在京生活数十年基本与洋务绝缘,更不知外交为何事。根据官修史传,其前半生在时务方面值得一书者不过几件:(一)光绪十五年(1889)稽查南新仓事务,请饬部设法变通;(二)同年湖北大水,奏请开仓发赈;(三)光绪十六年(1890)直隶河决,议变通赈捐章程,购办南米运京;(四)光绪十八年(1892)俄罗斯侵占新疆西境帕米尔,疏请严固东三省边防。[21] 甲午战争时期,余联沅的具体建策如添炮台、整海军、足军火、亲履勘、办民团、增戍兵、接电线、严赏罚等等,尽管初衷不坏,实际仍流于纸上谈兵。[22] 至战事无可挽回,割地赔款之局已成,朝野皆有"创巨痛深,必须改弦易辙"的呼声,他仍坚信"救弊之方,不在废科目,而在求实际,不在师西法,而在正人心"[23]。余联沅在当时另一件引人注目的事迹,为弹劾康有为之《新学伪经考》。[24] 而他批评康氏"非圣无法,惑世诬民"的那套说辞,实际还是延续在"正人心"的思路上。杨国强先生尝论清流占据言路,"既不涉历史过程,又不入实际过程,他们是一群不在掣肘之中的人,然而他们手中的义理一定要为天下分是非而立准则"。[25] 京官时期余联沅亦可作如是观。只是,当他一旦步出京城,从此要面对的世界也将发生变化。

二、 上海道任上(之一): 涉外人际交往的若干线索

光绪二十一年(1895)末,余联沅补授建盐法道[26],二十四年(1898)署福

---

[21] 《余联沅传·国史馆传稿》,收入周骏富辑、汪兆镛纂录:《清代传记丛刊·综录类·碑传集三编》,明文书局印行,第125049—125050页。

[22] 《给事中余联沅奏陈北洋应办事宜并请饬帮办大臣预为布置折》,光绪二十一年正月初九日,《丛刊·中日战争》第3册,第370—372页。

[23] 《吏科给事中余联沅奏请填简大僚勿骛虚名而求实际折》,光绪二十一年七月初五日,《丛刊续编·中日战争》第3册,第537—538页。

[24] 此弹劾案的背景与始末,参看茅海建:《从甲午到戊戌——康有为〈我史〉笺注》,生活·读书·新知三联书店,2008,第37—45页。

[25] 杨国强:《晚清的清流与名士》,收入氏著《晚清的世人与世相》,生活·读书·新知三联书店,2008,第161页。

[26] 本年十二月十八日,郑孝胥记:"应玉苍(陈璧)之招于榕荫堂,坐中有余晋珊联沅、张次山、胡二度,皆言职,余新授附件盐法道。"劳祖德整理:《郑孝胥日记》第1册,第535页。

建按察使,次年署福建布政使。他在福建任上的表现,因史料不足,难窥其详。据《国史馆传稿》载:"闽江上游有滩口开刀嘴,湍驶漩险,商船患之,土人惑于风水不敢治,联沅委员监工凿碎之,川平陆夷,行旅称便。日本议开租界于厦门,民情不靖,联沅极力调剂,卒弭隐患。以福建办理洋务出力,赏二品顶戴。"㉗同年五月,即调任江苏苏松太道。

苏松太道,全称分巡苏松太兵备道,又名沪道、上海道、江海关,隶属两江总督,下辖两府(苏州府和松江府)、一直隶州(太仓直隶州),道台衙门位于松江府管辖的七县之一上海县境内。㉘在设立初期,主要职责为军事监督,继被赋予管理江海关的行政权,鸦片战争后上海辟为口岸,所谓"夷务"开始成为常规职责,洋务运动时又直接负责江南制造局、轮船招商局等新型机构和企业。上海道的职能沿革是个持续扩大的过程,到19世纪后期,它已经被普遍看作直省督抚以下"东南地区最重要的职位"㉙。可以说,洋务职责在很大程度上决定了上海道的特殊性,余联沅能够脱颖而出,补此"东南第一美缺",至少说明前数年他在外官任上表现不错,就办理洋务而言,已不算是一个生手了。

到了上海这样一个商业繁华之所、华洋杂处之地,免不了于新鲜事物耳濡目染,躲不开与各路外人往来酬答,余联沅身上原有的清流底色,似乎也被渐渐淘洗干净。有学者讨论过"最早留学海外的高干子弟"这样一个有趣的话题,并举出张之洞长孙张厚琨、岑春煊之子岑德征等实例。㉚其实,余联沅也算得上最早吃螃蟹的那一拨人,而且他把两个小儿子都送到了日本。论此事缘起,还在1899年日本政界要人、东亚同文会会长近卫笃麿(1863—

㉗《余联沅传·国史馆传稿》,《碑传集三编》,第125050页。
㉘ 有关此职官设置、职掌、沿革等基本情况,参看《上海研究资料续集·上海道台考略》,《旧上海史料汇编》下册,第61—71页。
㉙ 参看梁元生:《上海道台研究——转变社会中之联系人物,1843—1890》,第19—20页。
㉚ 孔祥吉、[日]村田雄二郎:《最早留学海外的高干子弟》,收入《罕为人知的中日结盟及其他——晚清中日关系史新探》,巴蜀书社,2004,第302—315页。

1904)访华一行。㉛ 当年近卫笃麿出访欧美各国，归途中顺访中国，从 10 月 25 日抵达上海，至 11 月 18 日回国，相继游历南京、武汉、苏州、杭州等地，结识了一大批中国朝野人士，其中就有新任上海道余联沅。近卫笃麿 10 月 27 日记："午后七时，代理领事松村在领事馆设宴，经介绍结识前上海道蔡钧、现任上海道余联沅。九时半左右，两道台辞去。"㉜是为近卫与余联沅的初识。11 月 10 日续记："今晚余联沅道台设宴款待。……余道台送来予所请托之挥毫大作，颇佳。"㉝同月，录有"上海通信"一则如下：

> 余联沅系持日本主义之人，其二子余祖钧、余逵在福州东文学堂学习日语八个月，虽尚难运用自如，但阅读释意已无大碍。此二人皆有将来留学日本之意愿。㉞

至次年 2 月，上海支部会员井手三郎来信称："上海道余联沅多少具有变法之意，其子二人（祖钧、逵）频频来访。"㉟由上可知，还在福建任上时，余联沅已经安排二子学习日语，为留学做准备，而在当时日本人眼中，被视作"持日本主义之人"，至少旁证他对日感情相当不恶。

余联沅在上海吐露送儿辈留日的意向，并非突兀，事实上也是受到日方鼓励的结果。近卫笃麿一直认为，要追求亚洲振兴，中国必须实现自立，而其基础在于解决振兴教育、人才养成这两大课题。1899 年初，东亚同文会讨论在中国大陆设立支部时，就决定"凡清国有为子弟，不拘其数，各支部应

㉛ 近卫笃麿，号霞山，出身贵族，1885 年游学海外，1890 年归国，历任贵族院议长、学习院院长、枢密顾问等职。1898 年出任东亚同文会第一任会长，是活跃于明治 20 至 30 年代的日本政治家。

㉜ 近衞篤麿日記刊行會編：《近衞篤麿日記》第 2 卷，鹿島研究所出版會，1968，第 441—442 頁。

㉝ 近衞篤麿日記刊行會編：《近衞篤麿日記》第 2 卷，第 463 頁。

㉞ 《上海通信·江南海関道到任》（九月三十日），《近衞篤麿日記》第 2 卷，第 485 頁。

㉟ 《来状·井手三郎（二月九日）》，近衞篤麿日記刊行會編：《近衞篤麿日記》第 3 卷，第 62 頁。

予适宜的熏陶培养"㊱。该会制定了雄心勃勃的在华事业发展计划，重点基本都在长江流域，近卫笃麿有意识吸纳清国要人子弟，也基于非常现实的考虑，用他自己话说："为经营事业的方便，要不时与支那官吏打交道。"㊲所以，几乎同期，我们还可以看到，湖广总督张之洞、前上海道蔡钧、江南候补道陶森甲都提出了送自家子弟赴日留学的请求。余联沅实不过是一"预流"之人，而并非孤例。

至1900年7月，余氏兄弟实现赴东京留学。现存近卫笃麿与清末要人往来书函中，有余联沅手札五通，余祖钧、余逵连名信札一通，全部在1900年内所写，内容均与留学事相关。兹录7月24日去函如下：

> 近卫上公阁下：去岁高轩莅沪，借识芝仪，深幸观光季子之来临，益钦赋海元虚之博雅。忽忽判襟，葛裘倏更，比想政履贤劳，兴居佳迓，扶桑引领，伐木倾心。兹有请者，五小儿祖钧、六小儿逵均有志肄习东文，业已两载。前曾为阁下座间谈及，因敝处虽有名师，苦鲜益友，不免有一传众咻之弊。兹特令其遄赴贵国游学，专心卒业。惟小儿辈一切人地生疏，已嘱其趋谒台端，就正有道，务望阁下不吝指教，俾得负笈有方，并随时训迪。幸甚。专恳。敬颂台绥。余联沅顿首启。㊳

余祖钧、余逵兄弟到东京后，寄宿于东京同文书院，生活、学习方方面面都受到近卫笃麿的关照。㊴余联沅与近卫的往来书函，多围绕儿辈教育事，

㊱ 李廷江编著：《近衛篤麿と清末要人：近衛篤麿宛来簡集成》解題，原書房，2004，第31頁。

㊲ 近衛篤麿日記刊行會編：《近衛篤麿日記》第2卷，第497頁。

㊳ 《（二十五）余聯沅》（1900年7月24日），《近衛篤麿と清末要人：近衛篤麿宛来簡集成》，第103—104頁。

㊴ 近衛篤麿日記刊行會編：《近衛篤麿日記》第3卷，第282、309、324頁。至本年10月，余氏兄弟因家事回国，其致近卫函称："……祖钧、逵自愧荃才，维殷负笈，素响贵国学堂教导精密，所以情虔从学，乃蒙盛情照拂，得以预列门墙，荣幸之私与感激之念，无任交并。又承惠赐珍物，拜受之余，至今耿耿。祖钧、逵敬别回华，于闰月初九到沪，诸叨福（转下页）

未涉及时政。唯 1900 年 10 月函中,已升任江西按察使的余联沅告以"沉谬任巡车,时艰无补,惟日祝近日事能早和平,斯为万幸耳"[40],流露经历事变后的心绪。

值得注意的是,在上述交往中,时为日本驻沪代理总领事的小田切万寿之助(1868—1935)一直扮演着中介的角色。[41] 身任外交官的小田切,同时为东亚同文会会员,这使他在华活动多了一层便利;反过来,正是通过这类公私兼及的人际往来,余联沅与在沪日人建立起紧密关系,为他在非常时期的应变提供了助力。就晚清外交体制而言,地方督抚可借助于道台级别官员,直接与各国领事建立外交联系,双方文件往来可用"照会"字样。至义和团事变爆发,北京使馆区被围,各国驻沪领事被深深卷入战时外交中,他们一方面获得"专责办理"长江苏浙一带之事的授权,为各国政府对华政策的直接负责人,一方面又身居交涉第一线,或多或少有着因地制宜、从权操作的空间。在此特殊时期,领事当局涉事之多、介入之深,实已超出一般国际法所规定的"为了本国商务和航海的利益"[42]这一领事活动的基本性质,而一跃为中外交涉新的重心。在面向中方谈判时,该群体采取集体行动原则,而其内部则始终充斥着猜忌与竞争,某些个人或因禀赋、才能、政治抱负等因素,表现出强烈的"个性"。[43] 个别领事依靠人脉关系,还保留了特殊的信息和交涉管道。王尔敏曾注意到:"各国领事中,小田切与蔡钧比较接近,霍必澜与余联沅比较接近,白藻泰和古纳二人与福开森最接近,因此各国的意

(接上页)庇,一路均安,满拟料量回鄂一行,以后如有暇日,尚当再图毕业也。知关廑系,特敢附陈。"参见《(三十二)余祖钧、余逺連名》(1900 年 11 月 11 日),《近衞篤麿と清末要人:近衞篤麿宛来簡集成》,第 124—125 页。则两人在日本游学时间似不长,后是否继续返日求学,不详。

[40] 《(三十一)余聯沅》(1900 年 10 月 26 日):《近衞篤麿と清末要人:近衞篤麿宛来簡集成》,第 122—123 页。

[41] 近衞篤麿日記刊行會編:《近衞篤麿日記》第 3 卷,第 222、245 页。

[42] [英]劳德派特修订:《奥本海默国际法》上卷第二分册,石蒂、陈健译,商务印书馆,1972,第 277 页。

[43] 参详拙文《外国驻沪领事与"东南互保"——侧重英、日、美三国》,《史林》2011 年第 4 期。

向行动,很容易被盛宣怀探悉,而应付起来也显得不拙。"㊹余联沅与英、日等国领事保有的私人友谊,也方便他在"东南互保"交涉中发挥作用。

南洋公学监院、美国人福开森,并无任何官方背景,由于人际的熟络和位置的便利,在"东南互保"时期也成为"盛、余最得力的策划人"㊺。美国第二次"门户开放"照会发表于 1900 年 7 月 3 日,恰在事变期间,照会中指出"北京事实上已处于一种无政府状态,因而权力和责任实际上已移归各省地方当局",除强调与各国一致行动保护美国公民财产、重申在华贸易机会均等以外,还加入了"维护中国领土与行政的完整"的新内容。㊻余联沅激赏于华盛顿首倡"保全中国疆土",于是向刘坤一推荐福开森,提出派其归国游说,斡旋停战,电内称:

> 前托由美总领事古(纳)电商美总统,昨据复电,已倡首转商各国保全中国疆土等情。此番中外既成衅端,以赖邻好之国维持解免。中美向称辑睦,若资倡议转圜,所谓保全中国疆土借有把握。惟该国为民主,总统外尚有议院各部,均主议国事者,必有能员前往游说,始可交融就绪。

㊹ 王尔敏:《拳变时期的南省自保》,收入中华文化复兴运动推行委员会主编《中国近代现代史论文集第十三编·庚子拳乱》,台湾商务印书馆,1986,第 164 页。

㊺ 福开森(John. C. Ferguson,1866—1945),生于加拿大,入美籍,1887 年以传教士身份赴华。先后在镇江、南京工作,创办汇文书院,佐两江总督刘坤一办理交涉得力,尝被奏请奖励:"查美国汇文书院掌教福开森,学问优裕,心气和平,训课诸生,成就甚多,经历派办交涉事件,莫不实力实心,相助为理。现充南洋公学监院、江南高等学堂提调,亦复勤勤恳恳,劳瘁不辞。"(《洋员办事得力分别请奖片》,光绪二十五年四月十一日,《刘坤一遗集》第 3 册,第 1117—1118 页)1896 年应盛宣怀之聘,参与创建上海南洋公学,任监院。其为《愚斋存稿》作序,尝自述与盛氏交往始末。参看《愚斋存稿》福开森序,卷首,沈云龙主编《近代中国史料丛刊》续编第 13 辑,文海出版社,1975,总第 44—45 页。

㊻ 《国务卿海致在华合作各国的通告照会》,天津社会科学院历史研究所编:《1901 年美国对华外交档案——有关义和团运动暨辛丑条约谈判的文件》,齐鲁书社,1984,第 7—8 页。照会汉文本转见《美京伍秩庸星使致江督电》,光绪二十六年六月二十二日,《愚斋存稿》卷三十七,总第 878 页。

兹查有南洋随员福开森,于此番中外情形极为熟悉,而东南一切办
法尤所详明,若令派令前往,该员以本国之人与本国政府关说,必能水
乳融洽。[47]

余联沅之于"民主"国家政治运作的理解,显示他在观念上有与时俱进的一
面,不过仅凭个人交往的印象,就一厢情愿地推动福开森"前往游说",仍难
免对国际大势的隔膜。福开森或为沟通中外相对合适的人选,但是否有能
力"关说"其政府,则需要打一问号。这一类举动也提示了我们,应注意外交
事件背后的人际网络,晚清外交的一大特色可能恰在于它非制度化的一面。

三、 上海道任上(之二): "东南互保"中的真实角色

(一)"自认保护"的努力

光绪二十六年(1900)夏,当义和团风暴席卷华北,全局震动,作为"通商
总埠"的上海也不复昔日平静,出现"各国战舰洋兵云集,谣诼纷起,防务戒
严,寓沪绅商,日谋避地,惶遽万分。兼之外来游匪勾结土棍,时思乘乱起
事,内奸外侮,势将一发燎原"[48]的危象。作为地方最高长官,上海道余联沅
迅速反应:"函致驻沪各领事,照会浦东各主教,率同教民迁入城中,以防不
测,并传印委各官及绅董到署,面议防堵事宜。"[49]五月二十一日(6月17
日),上海县保甲总巡傅辛厓召集各巡防局,规定城厢地带不分昼夜,严密巡
防;二十二日,上海知县汪懋琨传令,自即日起每晚八时封锁各城门,禁止私
自启闭。[50] 这时举措主要着眼于防内,试图通过"自清匪患",安抚内外

⑦《余联沅致刘坤一电》,光绪二十六年六月二十八日,陈旭麓、顾廷龙、汪熙主编:《义和团运
动——盛宣怀档案资料选辑之七》,上海人民出版社,2001,第 145 页。

⑧《前署浙江抚臣病故请恤折》,光绪二十八年五月十九日,中国科学院历史研究所第三所主
编:《刘坤一遗集》第 3 册,中华书局,1959,第 1352—1353 页。

⑨佐原笃介、浙西沤隐辑:《拳匪纪事·各省防卫志》,沈云龙主编《近代中国史料丛刊》第 83
辑,文海出版社,1972 年影印本,第 523 页。

⑩汤志钧主编:《近代上海大事记》,上海辞书出版社,1989,第 548 页。

人心。

但外国兵舰仍源源不断驶入吴淞港,不久即传来大沽炮台陷落的消息,宣战前夜的紧张气氛弥漫中外。英国政府最先向两江总督刘坤一、湖广总督张之洞提出向南京、汉口等长江口岸派出军舰,帮助维持秩序,但遭到后者联合抵制。[51] 此议的始作俑者、英国领事霍必澜(P. L. Warren, 1845—1923)不甘就此罢手,先是借口"沪上流氓欲劫制造局",示意"愿代保护";继又渲染列强海军攻占吴淞炮台的风险,试探"归英代筹"的可能性。[52] 余联沅直接感受到压力,向刘坤一报告说:

> 顷英领遣翻译来谈,德、倭注意吴淞,其兵舰由北面来,恐即夺台,英必与力争,吴淞顷刻将成战地。代中国筹,与其别国占去,不如归英代筹,其地仍可还中国。临时察看情形,如其不妙,宜向英舰求救,等语。与今午面商之意,忽又翻变,名为代筹,实系窥伺长江。盖吴淞为长江门户,占吴淞即长江不能越其范围,居心巨测。但讲情,可否密与约定,如有意外之虞,许其帮同防守,聊示联络云。

余联沅已意识到英国"窥伺"的用心,但慑于威压不得不有所让步,因此建议刘坤一与其密约,必要时由两国军队共同防守炮台。这一意见受到重视,批复:"如德、倭夺台,尽力抵御,若危急,再求英助。"[53]奉到两江督署"自速设防"的指示后,上海地方迅速加强了军力部署,吴淞炮台驻军五旗,一律改旗为营,每营添足五百人,总数达两千五百人,制造局附近驻军也添至七百五十人,另酌拨勇队分扎江湾等处,护卫淞沪铁路;余联沅奉刘坤一札委"兼理海

[51]《致江宁刘抚台》,光绪二十六年五月二十二日,苑书义、孙华峰、李秉新主编:《张之洞全集》第10册,河北人民出版社,1998,第7994页。

[52]《刘制台来电》,光绪二十六年五月二十三日申刻到,《张之洞全集》第10册,第7999页。

[53]《江督致鄂督电》,光绪二十六年五月二十四日,许同莘辑:《庚辛史料》,《河北月刊》第3卷第1期,1935。

防营务处",也相应获得便宜行事调度防营的权力。㉞

附表　上海各防营一览表（1900 年 6 月）

营队	人数	驻扎地点	备注
抚标护军营	450	南码头	分拨一百名驻江湾防守
提标奇兵营	500	徽州会馆	
提标右营	264		水师炮艇 4 艘，每艘 16 名
炮队营	750	制造局	
护军亲兵营	180	道台衙门	
新招晋字、安字营	1000	日晖港	
新招练勇	200		
新招保护铁路兵	100	淞沪铁路	

资料来源：佐原笃介、浙西沤隐辑《拳匪纪事·各省防卫志》，第 525—526 页。

与之同时，霍必澜的冒险行为也遭到其他国家领事的非议。余联沅续电证实："各国领事均言无争吴淞意，皆英领一人拨弄。"㉟此消息来源正是前面提到的福开森。据五月二十四日（6 月 20 日）盛宣怀致刘坤一电：

> 福开森面禀，各领事并无占吴淞之意。英领事要我请其保护，是其伪术。若为所愚，各国必不服。白藻泰已将此情电法，等语。自吴淞以迄长江内地，公应饬沪道告知各国领事，自认保护，勿任干预。㊱

㉞《余联沅致盛宣怀函》，光绪二十六年五月二十一日，王尔敏、吴伦霓霞合编：《清季外交因应函电资料》，"中央研究院"近代史研究所，1993，第 349 页。佐原笃介、浙西沤隐辑：《拳匪纪事·各省防卫志》，第 523 页。

㉟《江督致鄂督电》，光绪二十六年五月二十五日，《庚辛史料》，《河北月刊》第 3 卷第 1 期，1935 年

㊱《寄刘岘帅》，光绪二十六年五月二十四日，《愚斋存稿》卷三十五，总第 837 页。

按,白藻泰(Georges G. S. Bezaure,1852—?),法国驻上海总领事。英国单边行为各国"不服",盛宣怀因势利导,建议向各领事承诺"自任保护",利用均势避免军事干涉。刘坤一对此意见深表允肯:

> 英允保淞,确系诡计,已电沪道密阻。就目前惟有稳住各国,方可保全长江。……顷又电沪道,将力任保护意告各领。⑤⑦

不久后,在幕僚赵凤昌、何焜嗣等人协助下,盛宣怀正式提出"上海租界准归各国保护,长江内地均归督抚保护"的中外互保办法,并得到刘坤一、张之洞的积极回应。至迟五月二十九日(6月25日)午前,余联沅已接奉张之洞来电:"接刘岘帅电,拟会同敝处托阁下与领事约定,长江内地各国商民产业均归督抚保护云云,与鄙人意见相同。详晰办法,岘帅当已电知,请即费神速议示复。"⑤⑧长江流域的局势迅速朝着"东南互保"的轨道滑行。

(二)"中外会议"的实相

从刘坤一、张之洞确认"互保"的立场,到中外代表坐下来正式谈判,进展神速,中间相隔不过短短一天。五月二十九日,在沪中外双方都在为会议做最后准备。上海道余联沅的官位等级与领事品级相埒,经授权出为议款,系外交上直接负责之人。盛宣怀受命"帮同与议,指授沪道"⑤⑨,名义为协助上海道,并无明确职权,他也自谦"局外暗昧",一开始做出一番谦退的姿态。⑥⓪"东南互保"的两个核心文件——《保护上海长江内地通共章程》与《保护上海租界城厢内外章程》——都是由两人合作完成的。前一章程草案

---

⑤⑦ 《江督刘岘帅来电》,光绪二十六年五月二十四日,《愚斋存稿》卷三十五,总第837页。

⑤⑧ 《致上海上海道余道台》,光绪二十六年五月二十八日亥刻发,《张之洞全集》第10册,第8030页。

⑤⑨ 《致江宁刘制台、上海盛京堂》,光绪二十六年五月二十八日亥刻发,《张之洞全集》第10册,第8029页。

⑥⓪ 《寄江鄂刘张两帅》,光绪二十六年五月二十九日,《愚斋存稿》卷三十六,总第845页。

原为五款,由余联沅于五月二十九日拟议,具体如下:

一、长江内地各国商民教士产业,均归南洋大臣刘及两湖督宪张切实保护。

二、长江一带兵力足使地方安静,毋须各国派兵轮船入江帮助,业已出示禁造谣言,严拿游勇会匪。

三、东南江海各口岸,如须兵力协防,由中国督抚相机随时函商各国办理。

四、长江一带洋商教士,既由中国南洋大臣刘及两湖督宪张力任保护,若有疏虞,惟地方是问。

五、各国如不待中国督宪函商,竟自多派兵轮驶入长江等处,以致百姓怀疑起衅,毁坏洋商教士产业、人命者,事后中国不认赔偿。⑥

按此五款内地方力任保护洋商教士、禁造谣言、严拿匪徒以及限制外舰入江等内容,均为后来正式章程的主干。刘坤一认为所拟"均可行",但须补充保护制造局、吴淞炮台两条,并将"上海租界归各国保护"一层列入,借此划分彼此权责。⑥ 章程最终由盛宣怀修订完成,内容扩展为九款,其中第一、二款交代"中外保护"的一般性原则,第三款说明江、鄂总督在辖区内所负责任,第四至第九款则全部针对外国而言,除最末两款对外国人(侨民、游历者、传教士)活动有所规定外,主要是限制列强在长江流域可能发起的军事行动。而各款拟议之际,盛宣怀已注意到"措词皆预留后步,各领事必

---

⑥ 《余道来电并致江宁督宪》,光绪二十六年五月三十日寅刻到,《张之洞全集》第 10 册,第 8041 页。

⑥ 《刘岘帅来电》,光绪二十六年五月三十日,《愚斋存稿》卷三十六,总第 846 页。李国祁注意到章程草案中未将"上海租界归各国保护"列入,他推测这可能是"余、盛的一种外交技巧,不欲将让步之处先自透露"。(参看《张之洞的外交政策》,"中央研究院"近代史研究所,1970,第 159 页)实则盛宣怀未参与第一稿草案拟议,其倡议的"互保"宗旨也无从彻底贯彻。

有更改"⑥³，以便为外交磋磨留出空间。鉴于租界的重要性，章程第二款另有附件，即《保护上海租界城厢内外章程》，分十款，对华、洋两界治安权责做出规定。⑥⁴

如加留意，可发现中方提供的两个文件都以"章程"命名，实际具有条约含义，而条约缔结，必须经过批准手续。⑥⁵ 余联沅初拟条款后，曾请示是否应聘请"律法官"，即律师，张之洞复以"请酌办，不必商"⑥⁶。可见，对此次会议中方立意十分明确，就是为了制定具有法律效力的条约。五月三十日（6月 26 日）下午 3 时，中外双方在会审公廨举行会议。关于会议情形，赵凤昌（1856—1938）《庚子拳祸东南互保之纪实》颇有绘声绘影的描述：

> 其会议之所，即在新建会审公廨。盛既不在签约之列，对外即不便发言，又虑沪道余联沅向拙于应对，即为定中外会议座次，外人以领袖领事在前，以次各领事，中则以沪道在前，盛以太常寺卿为绅士居次，与余道座近，再次各省派来道员。先与余约，倘领事有问，难于置答者，即自与盛商后再答之，庶有转圜之地。议时领袖系美国古纳总领事，果因五月二十五日上谕，饬全国与外人启衅，开口即云："今日各省派员与各国订互保之约，倘贵国大皇帝又有旨来杀洋人，遵办否？"此语颇难

---

⑥³《寄刘岘帅》，光绪二十六年五月三十日，《愚斋存稿》卷三十六，总第 846 页。除预备外国方面的驳议外，刘坤一也考虑到了将来向朝廷报备的必要，对盛表示："订议事已请主持指示余道办理。惟兹事体大，各条措词必须得体，留事后进呈地步。"参见《刘坤一致盛宣怀电》，光绪二十六年五月三十日，《义和团运动——盛宣怀档案资料选辑之七》，第 89 页。

⑥⁴ 王铁崖：《中外旧约章汇编》第 1 册，生活·读书·新知三联书店，1982，第 968—970 页。按两份章程英文件收录于外务省编纂：《日本外交文書·第三十三卷　別册一·北清事変上》，日本國際連合協會，1957，第 495—499 页。两份章程的文本收录状况，王尔敏有很好的说明，参其《拳变时期的南省自保》，《中国近代现代史论文集第十三编·庚子拳乱》，第 168 页，注释 4。

⑥⁵"章程"（Regulations）一词，在国际法中系指技术性的特别机构的组织法规定要采纳的那些章程，有些章程有时自身可以构成一项条约文书。参看［英］戈尔·布思主编：《萨道义外交实践指南》（第五版），上海译文出版社，1984，第 235 页。

⑥⁶《致上海盛京堂、余道台》，光绪二十六年五月三十日申刻发，《张之洞全集》第 10 册，第 8041 页。

答,遵办则此约不须订,不遵办,即系逆命,逆命即无外交,焉能订约?余道即转向盛踌躇,盛告余,即答以今日订约,系"奏明办理"。此四字本公牍恒言,古领向亦解之,意谓已荷俞允,即诺诺而两方签约散会。⑥⑦

　　该文本系当事人之亲信幕僚的回忆,且文中提供了不少细节,因此被很多研究者视为"信史",征引颇夥。不过,赵凤昌非列席者,所记不是出于亲见,一些说法存有讹误。如所云"盛即拟约八条,予为酌改,并为加汉口租界及各口岸两条,共成十条,并迅定会议签约之日",对照实际拟约过程,即不尽确。上述一段中,领袖领事实系葡萄牙总领事华德师(J. M. T. Valdez),而非美国人古纳(John Goodnow,1858—1907)。五月三十日当天,福开森以翻译身份出席了会议,江、鄂两处指定的代表沈瑜庆(1858—1918)、陶森甲(1855—?)则尚在南京,均未到沪。⑥⑧ 会议过程中,盛宣怀"指授沪道"的作用应该不是夸大。中方提出的两份章程,实际上当天上午才由盛拟议完毕。会后余联沅曾去函云:

　　　　顷蒙指授机宜,多费清神,感佩无既。长江保护章程及上海租界章程,请饬各抄一份,掷交去手,是所拜祷。此事如有确耗,亦乞略示为祷。⑥⑨

　　可见余联沅在会前未及掌握新改章程的全部文本,其程度不过了解大意而已,所以事后表达感谢之余,另提出誊抄一份的请求。

---

⑥⑦ 惜阴(赵凤昌):《庚子拳祸东南互保之纪实》,《人文月刊》第 2 卷第 7 期,1931,第 2 页。

⑥⑧ 当日刘坤一电内有"已电令速商杏荪,定今日三点钟会议。陶道到宁,沈爱苍亦来,告以尊意,并加派沈帮办此事,均令速往。仍电沪先议,不必候"等语。参见《复张制军》,光绪二十六年五月三十日,《刘坤一遗集》第 6 册,2567 页。

⑥⑨ 《余联沅致盛宣怀函》,光绪二十六年五月三十日酉刻,《清季外交因应函电资料》,第 349 页。

再,所谓"双方签约散会"云云,也与事实不符。与会日本领事小田切万寿之助留有记录,因属外交报告性质,可靠性相对较高。据其记载,余联沅首先发言:

> 目前南北消息断绝,朝廷意旨未明,刘、张总督不论北方情势如何,力任保护长江一带外人生命财产,为防止中外间相互误会,特派我等与各国领事会议,协商保护章程。如此章程获各国政府同意后,由各领事调印生效,两总督在任之期,不论朝旨如何变化,必恪守章程,极力维护地方和平之局。[70]

发言主旨在于代表江、鄂总督表明对外诚意,相应提出章程草案,希望在当天正式签署生效。领袖领事华德师代表各国回应,不过重申了 6 月 21 日大沽海军的联合声明[71],即列强在中国北方用兵,仅针对义和团及反对他们进军北京救援本国同胞的人,绝无其他用意,并保证如长江一带平静无事,各国将不会采取军事举动。各国领事对中方提出的章程"驳论多端",其中第五(兵船)、六(炮台)、七(制造局)款是本是刘、张注意所在,也最多引起外人非议。[72] 各国均不愿意接受这样一个带有"自我约束"性质的协议,当天会议没有形成正式结果,所以也不存在"签订"一说。

---

[70] 《上海在勤小田切総領事代理ヨリ青木外務大臣宛・南清秩序維持協定ノ解訳ニ関スル領事会議決議ノ報告ノ件》,明治三十三年六月二十七日,《日本外交文書・第三十三卷 別册一・北清事变上》,第 480 頁。

[71] 参见《海军少将布鲁斯致海军部电》(1900 年 6 月 21 日发自大沽),《英国蓝皮书有关义和团运动资料选译》,胡滨译,中华书局,1980,第 48 页。应大沽方面高级司令官的请求,上海领事团于 6 月 23 日出示此声明:"联军在中国的司令官及高级官吏们愿意中国沿江沿海各城市的总督及当局们知道他们的企图,是用他们的武力,仅对义和团及阻止他们为援救他们的国民而向北京进攻的那些人来作战的。"《一九○○年六月二十三日上海领事团的布告》,载《有关"东南互保"资料》,中国史学会主编:《中国近代史资料丛刊・义和团》第 3 册,上海人民出版社、上海书店出版社,2000,第 530—531 页。

[72] 《寄粤宁苏鄂皖各帅》,光绪二十六年五月三十日,《愚斋存稿》卷三十六,总第 846—847 页。

第二天(6月27日)各国领事决意做一共同声明,由领袖领事照会上海道,文录下:

> 昨日叙晤,承阁下盛大臣布达南洋大臣刘、两湖总督张诚意实力在各省内保护地方安静及保民命、财产,倘有匪徒滋扰或变乱受损之处,愿力为担承各节,各领事闻命之下,不胜欣慰之至,嘱为转道谢悃。某等兹欲陈明使两位制台得知,前在大沽时各西国合兵提督曾出告示,谓此次洋兵实为专攻团匪,及阻挠救脱在京及他处遇险之西人而已。并欲申明,倘两位制台能于所管各省之内,按照中外和约实力保护外国人民之权利,我各国之政府前时、现今均无意在扬子江一带进兵,不独一国不如此做,合力亦不如此做。[73]

该声明实际上是将昨日会议答言书面化,并未对中方所拟章程做直接回应。六月初二日(6月28日),余、盛会晤华德师,催问章程可否得到各国赞同,后者表示"宗旨均合,条目须酌"[74],不肯给出确切答复。至此,"互保"交涉第一回合结束。此后,江、鄂两督一面将章程内容知照各国政府,希望尽快获得批准,一面指令上海道余联沅直接照会各领事,以便在上海完成签约。

附带提及的是,当时清廷"招拳御侮"谕旨已传到上海,继而德国公使克林德(Klemens Freiherr von Ketteler, 1853—1900)被戕消息也得到证实,群情震动,交涉转入窘境。对余联沅而言,诏旨突如其来,依违两难,在领事

---

[73] 《驻上海各国领事致余联沅函》,光绪二十六年六月初一日,《义和团运动——盛宣怀档案资料选辑之七》,第93页。

[74] 《寄江鄂刘张两帅》,光绪二十六年六月初二日,《愚斋存稿》,卷三十六,总第850页。有论者谓"东南互保"交涉经历了三次中外会议,除初次会议、最后签约外,当日盛、余拜晤华德师为第二次。(林世明:《义和团事变期间东南互保运动之研究》,台湾商务印书馆,1980,第72—76页)此说不确。实际上,盛、余和各国领事真正坐在谈判桌上合议仅有一次,即五月三十日(6月26日)会议。

团疑信参半、步步紧逼下，"此中操纵，实费踌躇"。[75] 他多次嘱咐总管电报局的盛宣怀，"总祈将此旨始终不发，即外人传闻，亦是疑似之间，不足以为据也""电旨能否请各处不发，多搁几日方好"。[76] 同时，分电各总督请示："适见宣战各明旨，与所议保护章程诸多窒碍，如钧意坚定，仍可办理。即请切实电示，备各领事诘问时出示，以坚其信。"[77] 刘坤一、张之洞等人互通声气，达成默契，一面将谕旨秘而不宣，一面对外保证"无论北事如何，仍照原议办理，断不更易"。[78] 南方督抚试图稳住各国、将"东南互保"局面以法定契约的形式固定下来，但客观上随着时局演变，交涉进程已更趋复杂化了。

(三) 换文交涉始末

此后数日内，就如何回复领事团六月初一日（6月27日）照会，余联沅、盛宣怀之间往复函商。两人目标一致，都在说服各国领事尽快签约，而行事方法则稍有区别。余计划再约领事聚议，讨论章程条目，争取在会上达共识。其初五日（7月1日）致盛宣怀函谓：

> 据鄙见，此事总宜请各领事会议，方可使彼无猜，万不可有一毫令之怀疑[如一国有意见，则事不成矣]，致误全局。如我公以为然，即乞示复，以便敝处致函领袖领事，定时会议，届时再请鼎力维持，俾无陨

---

[75] 交涉过程中，是否对外公开北廷谕旨，形成两难局面，情势一度极为紧张。余联沅曾函告盛宣怀，请求指授意见："顷晚归，奉岘帅电云'香帅江辰电实要着，否则恐翻变，各领意思若何？祈电示。岘。支'等因。照此看来，两帅意甚着急。电旨虽未发出，彼国终不能瞒到底，但领事若不诘问，我等又何能先自供出？此中操纵，实费踌躇。我公智珠在握，何以能计出完全，使彼深信不疑，务祈速为商定示复，并电两帅，是所叩祷。如必须沅到，俟得复示，即飞架前来[因约福茂生去，是以不先即来]，恭聆指授也。沪江英舰已泊四艘……似此局面，究不知其意何居？我公同事者多，请再密探为要。陶、沈二兄今日晤否？总之，我等现处极弱之势，而不能不极意联络，未知果能做到否？此则存乎天意矣。"参见《余联沅致盛宣怀函》，光绪二十六年六月初四日酉刻，《清季外交因应函电资料》，第353页。
[76] 《余联沅致盛宣怀函》，光绪二十六年六月初一日，《清季外交因应函电资料》，第349、350页。
[77] 《盛京堂、余道来电并致江宁督署》，光绪二十六年六月初二日亥刻到，《张之洞全集》第10册，第8049页。
[78] 《刘制台来电》，光绪二十六年六月初二日亥刻到，《张之洞全集》第10册，第8049页。

越,是为至叩。现仍拟十点钟先谒,恭求指授一切也。……如与一国有商议之事,派员往商,方不着痕迹。如沅与我公往,则人皆耳目之矣。英、美两国虽已定往,可否改订?尤为感祷。尊处如不便,速示知,敝处改往可也。[79]

作为直接负责外交的官员,余联沅持公事公办原则,主张定时"请各领事会议",避免因私议授人口实,引起外交麻烦。盛宣怀安排分别拜会各国领事,他也不表赞同,坚持"愚意总应会议,以示无私,若排拜几处,岂不惹别国见怪?"[80]

相对而言,盛宣怀则少了许多顾忌,反而有意识利用身份便利,调用各种关系,有时甚至撇开余联沅单独行动。六月初五日当天,他先后走访英、美、日三国领事,解释一系列突发事故,并出示总督来电,作为"仍照原议办理"的证据。[81] 在当时情况下,就保护章程的条款一一征求承认已经十分困难,盛宣怀转而动员各领事向本国申请授权,以换文确立"互保"原则;同时,已预拟致领事照会稿,请求刘坤一、张之洞"速电余道赶办照会,并请会电各驻使,愈速愈好"。[82]

江、鄂两处交换意见后,回复赞同,"即照所拟速办照会"[83]。刘坤一并

---

[79] 《余联沅致盛宣怀函》,光绪二十六年六月初五日卯刻,《清季外交因应函电资料》,第354页。

[80] 《余联沅致盛宣怀函》,光绪二十六年六月初五日十二钟,《清季外交因应函电资料》,第354页。

[81] 《上海在勤小田切总领事代理ヨリ青木外务大臣宛·秩序维持ノ协定、李刘张三总督承认并右协定ノ公文交换方盛宣怀ヨリ请求二师训ノ件》,明治三十三年七月一日,《日本外交文书·第三十三卷 别册一·北清事变上》,第487页。

[82] 拟电文录下:"顷与英、美、日各领事面商,拟由道照会领事云'前议尚未声明将来如何办法之处,诚恐北方衅端更大,东南人心摇动,自应彼此再为声明:无论以后北事如何变端,上海及长江苏、浙内地,如各国政府允伤照前时、现今均无意在长江一带运兵,两位总督亦允能于所管各省内,按照中外和约,实力保护各国在各省之人民财产'等语。并已将两帅断不更易之电交阅,各领允即电外部。"《寄江鄂刘张两帅》,光绪二十六年六月初五日,《愚斋存稿》卷三十六,总第856页。

[83] 《刘制台来电》《致上海盛京堂、余道台,江宁刘制台》,光绪二十六年六月初六日亥刻到、子刻发,《张之洞全集》第10册,第8064、8063页。

将盛宣怀所拟照会酌改数字，传达余联沅。[84] 六月初六日（7月2日），余联沅正式向领袖领事华德师照会如下：

> 六月二十七日来函敬悉，当即电达刘、张两督宪。兹奉两江总督刘复电如下：无论北事如何，总当与香帅一力担承，仍照所议办理，断不更易。本官昨已将此项答复电文通知贵总领事。今复得刘督宪来电：领袖领事华德师来函已阅。前议尚未声明将来如何之处，诚恐北方军务愈紧，东南人心摇动，自应彼此再行声明：无论以后如何，上海及长江、苏、浙内地如各国政府允仍照前时、现今均无意在长江一带运兵，两总督亦允能与所管各省之内，按照中外和约，实力保护各国在各省之人民财产。特此奉达，请尊处转致各国领事，赐复为祷。以便照禀。若是刘、张二督宪亦将知会其他诸省督抚，于所辖府州县按此约定，一律照行。

这份照会大致是基于盛宣怀拟稿而形成的，它作为领事团本月初一日（6月27日）来照的复文，是标志"东南互保"交涉由约款谈判向"换文"[85]转变的重要文件。但在此前一天，即初五日（7月1日），余联沅曾发出过另一件照会，且盛宣怀并未知情。其文录下：

> 两江总督刘、湖广总督张力任保护上海及长江内地，一意保全中外

---

[84] 刘坤一指示如下："望速由道照会各领：前议尚未声明将来如何办法之处，诚恐北方军务愈紧，东南人心摇动，自应彼此再行声明：无论以后如何，上海及长江、苏、浙内地，如各国政府允仍照前时、现今均无意在长江一带运兵，两总督亦允能于所管各省之内，按照中外和约，实力保护各国在各省之人民财产。"《刘坤一致余联沅电》，光绪二十六年六月初六日，《义和团运动——盛宣怀档案资料选辑之七》，第107页。

[85] 所谓"换文"（exchange of notes），是指两国政府间用互换照会形式把达成协议的内容在各自给对方的照会中确认下来。查万国公法："两国立约，所应遵守之责，不拘式款如何，有明言而立者，有默许而立者，均当谨守。明言者，或口宣盟词，或文载盟府，或两国全权大臣盖关防于公函，或两国互行告示及互换照会，俱可。"[美]惠顿：《万国公法》，上海书店出版社，2002，第87页。

商民人命财产。兹奉两督宪之命,本官特拟保护章程九款,相应译成外文,呈交贵总领事,并请转知各国领事,恳赐俯允。又贵总领事前日照会:"倘两位制台能于所管各省之内,按照中外和约实力保护外国人民之权利,我各国之政府前时、现今均无意在长江一带进兵,不独一国不如此做,合力亦不如此做。"本官已谨呈刘、张两督宪及江苏于抚台。兹奉两江总督刘复电:"此间并未奉有宣战谕旨,无论北事如何,总当与香帅一力担承,仍照所议办理,断不更易。"特此奉达,请尊处转致各国领事为祷。⑧

此文件在过去研究中一直未被提及。前后两件照会,究竟关系如何? 查初五日余联沅曾致函盛宣怀云:"顷奉环示祗悉,荩筹周密,钦佩莫名。并呈代拟照会稿,至为妥善。惟辰刻已嘱福茂生至各领处探询,归来即商拟一照会送去,大致与尊指相同,但不及我公之前后周到,歉仄之至。刻因前所陈拟稿尚未就绪,先嘱福茂生至尊处陈明一切,随后即诣求诲也。"⑧"福茂生",即福开森,余联沅碍于身份,不便在外交上随意活动,便委托福开森居间联络,探询各领事意向。当天照会提及"保护章程九款",仍意在催复,希望完成签署程序。此照会发出后,余联沅才得知盛宣怀所拟照会,对以"换文"结束交涉的计划有所了解,故有以上这番解释。次日(7 月 2 日),余联沅即奉到刘坤一电谕,遂按照盛意再度缮发照会,其中不再言及章程,也回避了签约的说法,目的已经退而求其次。

美国总领事古纳最早表现出配合的姿态,倾向于立即换文,唯提出一个要求,即东南各省出示晓谕,"不论有何上谕,应照前定之议,饬令安

---

⑧《上海在勤小田切総領事代理ヨリ青木外務大臣宛・長江沿岸ニ各國ヨリノ出兵見合方ニ盛宣懷ヨリ各領事宛協定請求並右ニ対スル領事会議ノ状況報告ノ件》,明治三十三年七月六日,《日本外交文書·第三十三卷 別冊一·北清事変上》,第 494—495 頁。按以上连段两照会均系据英文文本回译。

⑧《余联沅致盛宣怀函》,光绪二十六年六月初五日申刻,《清季外交因应函电资料》,第 355 页。

谣"⑧。余、盛亦迅速达成共识,禀明总督饬行,"照此先出示晓谕"⑨。

此外,领袖领事华德师向刘坤一提出:"请拣定一员,操全权代表贵大宪与领事公会商办机务,以归简捷。"⑩这样就发生了中国代表全权身份的问题。国际法规定,缔约主体为国家,外交代表须由国家元首或中央政府授给全权资格(full powers),签字才具有相应的效力。⑪余联沅等人仅奉有地方长官的行政指令,未经中央外交授权,并不具有国际法上全权身份。盛宣怀因此提议:

> 各国现以长江苏、浙一带之事,专责总领事办理,请两帅会电公派余道以全权,与各领事会商办事,宣承命无不竭力相助。但两国交涉必凭一人为主,已与余道议定,凡公事均归余道列名。……兹事重大,乞两帅另给印文与余道及宣,以示各国为信。⑫

李国祁曾指出:"江、鄂两督仅为地方首长,所倡导的互保办法仅是一时的权宜,并非中国政府的意旨,其本身已有违法的嫌疑,何能再授予盛宣怀、余联沅的全权?"⑬就刘、张的初衷而言,"派余道随时与领事会商,作为江、鄂公派,并请盛京卿相助,作为江、鄂公请,均托以全权"⑭。而从实际处置来看,发给余、盛印文避开了"全权"字样,改用"即与本大臣本部堂面商无异"⑮。

---

⑧ 《余道来电并致江宁督宪》,光绪二十六年六月初六日亥刻到,《张之洞全集》第 10 册,第 8074 页。

⑨ 《余联沅致盛宣怀函》两通,光绪二十六年六月初六日申正、初七日七点一刻,《清季外交因应函电资料》,第 355、357 页。

⑩ 《刘制台来电》,光绪二十六年六月初六日戌刻到,《张之洞全集》第 10 册,第 8072 页。

⑪ 〔英〕戈尔·布思主编:《萨道义外交实践指南(第五版)》,第 87 页。

⑫ 《寄江鄂刘张两帅》,光绪二十六年六月初七日,《愚斋存稿》卷三十六,总第 859 页。

⑬ 李国祁:《张之洞的外交政策》,第 168 页。

⑭ 《致江宁刘制台,上海盛京堂、余道台》,光绪二十六年六月初七日巳刻发,《张之洞全集》第 10 册,第 8071 页。

⑮ 《刘制台来电》,光绪二十六年六月初十日申刻到,《张之洞全集》第 10 册,第 8080 页。

究其心理,实担心日后见责于朝廷,故采取此权宜之计,如刘坤一所言:"外间派全权似未妥,既云与面商无异,亦即全权不过换去字面耳,且看各领意何如。"㊱

至六月十一日(7月7日),上海领事团仍未予照复。当天盛宣怀由南京办事归来,因僵局感到束手的余联沅去函谓:"闻我公归,亟欲趋谒。兹奉手示,须密查案据,谨当遵候驺临,恭聆大教。领事复文未来,因德领未遽允,赖公大力转圜,叩祷。"㊲在余、盛"今日必要复文"的一再坚持下,当日下午领事团召集会议,达成妥协。会后,领袖领事华德师照会余联沅:

> 本领袖领事承各国领事之嘱,答收贵道西历七月初二日来文,相应照复贵道,请将本领袖领事西历六月二十七日函致贵道,即视为答复七月初二日来函之文。理合照复。㊳

这不过重申前次照会之意,但在形式上算是对换文交涉做了一个收束。中方原来希望订约的目的没有达到,"东南互保"在事实上却已然形成了。

(四)余声:英军登陆上海

围绕"东南互保"的中外交涉终以换文告一段落。不过,以上海领事为代表的英国势力始终未放弃军事冒险计划。接受中方提出的保护章程,在英国领事霍必澜看来是自缚手脚、缺少主动性的表现,这一态度也影响到英国政府的决策。伦敦外交部对于章程的批复,坚持"只能作为条陈,不能作为约章,因中有英国权利不便委弃"㊴。这样的外交遁词,意味

㊱《刘制台来电》,光绪二十六年六月初九日午刻到,《张之洞全集》第 10 册,第 8077 页。

㊲《余联沅致盛宣怀函》,光绪二十六年六月十一日午刻到,《清季外交因应函电资料》,第 358 页。

㊳《寄刘张两督帅》,光绪二十六年六月十一日,《愚斋存稿》卷三十七,总第 868 页。

㊴《罗钦差来电》,光绪二十六年六月初八日酉刻到,《张之洞全集》第 10 册,第 8046 页。

着英国在享受保护的同时，保留了将来自由行动的余地，而不必担负条约义务。

"互保"发起之际，东南地方当局应外国要求，已多次出示，晓谕安民。[100] 迨交涉有初步成议后，为落实"前议各条租界外内地应办之事"，上海本地又采取添设巡局、拨勇驻防、约束游民、保护教堂等多项措施，"加意查缉布置，不嫌严密，总期无稍疏虞"[101]。为抵制英舰进入长江，余联沅也不得不再次引福开森为助，他曾致函盛宣怀说："回署后即商之福茂生，据云各国兵舰，现来不多，惟英先后到沪者四艘。与各领事约定，不入江甚好，否则先行知照，似属可行。祈台端再与福茂生言之为叩。"[102]

但是，霍必澜始终坚持英国军舰应该随时保护口岸，而且在上海租界驻扎"一支强大的部队"是必需的。至六月中旬，他向本国政府呼吁派兵的"强烈建议"，已经具体到登陆的兵种和数量。[103] 七月初一日（7月26日），英国海军中将西摩尔（Edward Hobart Seymour，1840—1929）由津抵沪，为英军登陆上海做实地考察。随后，他以"巡江"为名，赴南京面见刘坤一。余联沅奉命"婉切商阻"，也深感到棘手，只能与盛宣怀商量："明阻似不相宜。究

---

[100] 《上海在勤小田切総領事代理ヨリ青木外務大臣宛・匪徒剿滅方ニ付上海知縣ノ告示寫進達ノ件》《上海在勤小田切総領事代理ヨリ青木外務大臣宛・匪徒剿滅方ニ付張總督ノ告示寫進達ノ件》，明治三十三年七月四日，《日本外交文書・第三十三卷　別冊二・北清事変中》，第224—225頁。另参佐原笃介、浙西沤隐辑：《拳匪纪事・各省防卫志》，第528—534页。

[101] 《余联沅致盛宣怀函》，光绪二十六年六月初六日，《清季外交因应函电资料》，第356页。另参《拨勇护局》《派捕梭巡》《约束工人》《会商防务》《安顿小工》诸条，《申报》光绪二十六年六月初二、初三、初四日。

[102] 《余联沅致盛宣怀函》，光绪二十六年六月初三日辰刻，《清季外交因应函电资料》，第352页。

[103] 霍必澜当时建议如下："上海的失陷将对外国的贸易和影响造成无可弥补的破坏，因为上海是福州以北全中国的航运和贸易基地。海军和志愿兵不能够固守上海，防止一切可能发生的事情。因此，我强烈建议：应立即派一支英国部队前往香港或威海卫，他们身边应保有运输工具，准备在得到通知后八小时内动身前往上海。有五百名骑兵、一营炮兵和两千名步兵的一支部队将是够用的。驻上海的高级海军军官同意此项建议。"参见《代总领事霍必澜致索尔兹伯里侯爵电》(1900年7月14日发自上海)，《英国蓝皮书有关义和团运动资料选译》，胡滨译，中华书局，1980，第130页。

应如何办理?"⑩后者当时得到消息:"据(英领事)云,西摩提督如到长江,亦不过看视口岸,断无别意,且必欲到南京谒晤岘帅。"⑩实则"来者不善,善者不来",西摩尔最终成行。而当时处在内外交困境地的刘坤一,也未抵挡住英人软硬兼施的攻势,不得不有所让步。⑩七月十一日(8月5日),英国在香港的一个步兵旅团第一批两千两百人部队起程,六天后抵达吴淞港,后续八百人也已蓄势待发。⑩

英国军队即将登陆的消息一经散布,立即在上海当地引起恐慌。本地华人商会集体连续呈递禀帖,请阻止英兵,但无人愿接这个烫手的山芋,"领袖不收,推工部局,余道照会领袖亦不理"⑩。七月十三日,余联沅试图与英国领事馆交涉,亦遭冷遇,他抱怨道:

> 今日上午饬翻译至英署晤梅而思,询之佯为不知。……西摩派兵保护租界,原不要紧,惟恐一来,人心又不免惊惶。今日翻译亦与妥商办法,而梅而思先竟推为不知,继则一味枝梧,令人不解。⑩

⑩《余联沅致盛宣怀函》,光绪二十六年七月初三日,《清季外交因应函电资料》,第363页。
⑩《盛宣怀致余联沅》,光绪二十六年七月初四日,《清季外交因应函电资料》,第363页。
⑩刘坤一的心腹幕僚、金陵洋务局会办汪嘉棠时有密禀,内称:"至愿英派兵舰入江保护一节,如与他人议及,只可云英自欲派兵轮护商,未便阻止,转启其疑,似不必明露本旨。□□恐互相传述[且易滋各国之忌],心迹莫明,事定则食德而不知,事乱则归过于当轴,清流之诮,不可不防。近时李合肥、张南海(张荫桓)皆坦白为怀,当世之杰,而卒不能逃清议如此。翁常熟(翁同龢)初主清流,既主译署,则时局之不可为,深悔前非,力持大局,乃竟身败名裂,为天下人笑,谬悠之口,谁谅苦衷。宪台封疆数十年,勋威昭于史册,亦所宜计。"又作附记:"病假中捡旧筒,见庚子五月上刘忠诚公密禀稿,尚记次日谒公,面谕云:'昨函已阅,你实爱我,可感可感!'抚今追昔,能勿潸然。光绪三十年申辰四月八日嘉棠谨识。"(参见叶恭绰:《往事回忆·一九〇〇年五月廿一日汪嘉棠致刘坤一函稿书后》,《近代史资料》总74号,中国社会科学出版社,1989,第169—170页)由此材料可见刘坤一办理交涉时曲折心态之一斑。
⑩关于英军登陆事件本末以及中方因应,详参拙文《"东南互保"之另面——1900年英军登陆上海事件考释》,《史林》2010年第4期。
⑩《盛宣怀上宁督署电》,光绪二十六年七月十八日,《清季外交因应函电资料》,第426页。
⑩《余联沅致盛宣怀函》,光绪二十六年七月十三日夜初,《清季外交因应函电资料》,第366页。梅而思(Sydney F. Mayers, 1873—1934),原为使馆翻译学生,1898—1901任上海公共租界会审公廨英国陪审官,1900年代理上海副领事。1901—1909任公使馆汉文副使。

至十六日(8月10日),余联沅约西摩尔当面会晤,但后者回信"今日有事不见,约明日三点会";次日,前赴英领馆之前,他已得知英军抵岸的消息,意识到"派兵为已成之局,无可挽回"⑩。在会谈之时,西摩尔面交措辞强硬的节略,声称"二千港兵已行,难改,余不续调"⑪。至此,上海方面对阻止英军感到无能为力,登陆已是大势所趋,唯一可争取的不过是限制登陆军队的活动,"应照上海约款不出租界之外"⑫。换用盛宣怀的话说:"一不可添拨,二不可滋事,至尽其在我者,土匪不可蠢动,熬到北方事定,便释干系。"⑬

四、 结语

综观余联沅数十年京官生涯,不脱其清流本色,他纠弹洋务、搏击权要、激浊扬清之凌厉风格,令人印象深刻。严复尝评议甲午战时"建言诸公"之议论可笑,"平时于洋务外交绝不留意,致临事之顷,如瞽人坠智井,茫无头

---

⑩ 《余联沅致盛宣怀函》,光绪二十六年七月十六日申正、十七日午正,《清季外交因应函电资料》,第366、367页。

⑪ 《盛宣怀致各制抚台电》,光绪二十六年七月十七日,《清季外交因应函电资料》,第425—426页。西摩尔面交节略十三条,内容录下:"一、此事早已说定,兵已由香港动身;二、此等大事两国大员商定后除非有新出紧要大故,忽欲更改实属不合;三、今并无新出变故;四、上海各西商以时事日非,心中不无惊恐,故请调一万兵来守上海;五、本提督只调三千兵以应之,可显见是保护之兵非攻击之兵也;六、此三千兵调至上海方足令华人生畏,况浦江中兵船如林,华人并未生惧,乃独于此三千兵则惧之何耶? 此兵非与兵船同为保护而来者耶? 七、西商但求安居乐业,以上海财产之多,断不肯自生衅隙,致速焚劫之祸;八、此次调兵来沪,我万想不到能与上海地方有损,请贵道以教我;九、如无损碍,则租界中得此节制之师保守地方,愈多愈妙,足可安心居住;十、保护租界之责不在于华官,惟匪人来攻租界则华官不得辞其责,上海财产较巨,与他处通商口岸大不相同;十一、上海口岸开辟五十余年,曾遇匪寇迭来攻打,均由西兵保守平安,则此次调兵乃已前所有之事不足为奇;十二、上海西人从前未有攻过华人者,现在何必惊惶;十三、咸丰年间西兵曾经驻扎上海。前日到申之印度兵二千七百名已由中西官议定以五百名驻本埠,余皆驻舟山。"参看佐原笃介、浙西沤隐辑:《拳匪纪事·各省防卫志》,第526—527页。

⑫ 《盛宣怀致刘坤一函》,光绪二十六年七月十九日,《义和团运动——盛宣怀档案资料选辑之七》,第187页。

⑬ 《盛宣怀上宁督署电》,光绪二十六年七月十八日,《清季外交因应函电资料》,第426页。

路",“其弹劾北洋,类毛举风听,无一语中其要害”。⑭ 早年的余联沅大概也在此类人中。这番“素于洋务若风马牛”的形象,与后因“东南互保”而留名史册的那位上海道,实大相径庭。刘坤一评价在沪主持“互保”交涉的两位官员,“余道系地方官,各领信服,盛心细识优,可以相助,乃放心”⑮。赵凤昌称余联沅“向拙于应对”,似非能言之人,较之外向、敏活的盛宣怀,在与外人交接上可能相对拘谨;又由于中外权势格局的失衡,交涉时处于弱势地位,一个本身品级有限的道员很难有大的作为。但在整个交涉过程中,余联沅总体表现得沉稳练达、不卑不亢,给人以开明务实的印象。无论与之配合的盛宣怀,还是作为谈判对手的外国领事,对他评价都不低。清廷调任余联沅为江西按察使,这一任命曾引起在沪领事抗议,法领白藻泰致刘坤一电报就很具代表性:

> 闻上海余道台调别处。查上海地方及道属各处,有极为难事,经余道筹办甚善,均获平安,其与各国领事往来,无不和衷共济,而与本总领事尤甚。今忽调任,甚为可惜。请贵大臣坚请留任。⑯

这不过是庚子事变后屡见不鲜的外国干预内政的一例,以今天看来,列强趁战胜之势对清朝内部人事指手画脚,全无道理。不过换一角度看,至少说明余联沅在他们眼里,被认为是可以信赖与合作的对象。盛宣怀对这位同事也不无好感,表示“东南互保,余道一手办理,极为周洽,断难另易生手,致另各国因疑生事”⑰,请求刘坤一设法奏留。外放道员之前,余联沅没有从事洋务的经历,更谈不上任何跟外交沾边的专业训练,好像应验了那句谚

---

⑭《与陈宝琛书》二,王栻主编:《严复集》第3册,中华书局,1986,第499页。

⑮《刘制台来电》,光绪二十六年六月初六日戌刻到,《张之洞全集》第10册,第8072页。

⑯《白藻泰致刘坤一电》,光绪二十六年八月二十九日,《义和团运动——盛宣怀档案资料选辑之七》,第252页。

⑰《盛宣怀上宁督署电》,光绪二十六年八月二十八日,《清季外交因应函电资料》,第437页。

语——"在游泳中学会了游泳",如此洋务人才的产生,几乎可以说是一种意外结果。这或许是他个人仕宦生涯的成功,但同时更折射了晚清官僚养成制度的内在困境。

庚子事变后,余联沅的仕途愈加顺利。光绪二十六年(1900)八月,迁江西按察使,十月擢湖南布政使,皆未赴任。[118] 十二月初十日(1901 年 1 月),奉旨署理浙江巡抚,前往调处新旧教案。事后余联沅在奏复折中交代:"查上海总领事白藻泰平日与臣尚能和衷办事,臣濒行即往商允,电令该国浙盛总主教赵保禄到杭,与臣面结教案。"[119]如有论者指出的,"洋务"往往是上海道这一类官员升迁的考虑要素,而所谓的"上海经验"则为造就中国早期外交官员的重要因素。[120] 就余联沅个案而言,确可印证此说。经历"互保"交涉后,其更为朝廷所重,"连番更调升三级,时人以为殊荣",而在新任职位上,所办理事件也多与"外务"发生着联系。刘坤一后来说,余联沅到浙江巡抚任上后,"将全省教案议结,各领事、主教鉴其公忠,故赏恤银两视各省为少,并于衢州教案内,省释无辜株累者数十人"[121]。

可惜余联沅没能走得更远。光绪二十七(1901)四月,诏回湖南布政使任,八月以疾开缺,赴沪就医,调治无效,十一月十六日(12 月 26 日)病逝。盛宣怀以"同志"相挽,词曰:

> 当时事千端万绪,共我折冲俎豆,为撼危机,尤幸同志相孚,得保东南支全局。

---

⑱ 今存一余氏自用墨盒,以篆书刻联"意气云霄以上,性情山水之间",并以行书录王维诗《酬张少府》。上款为"光绪庚子秋月",下款为"晋珊余联沅书于汉皋"。汉皋,即今汉口。卸任上海道后,余联沅曾回家乡湖北一行,有感于时局和个人心境,题诗于墨盒上。陈业文:《历史巨变中的心灵写照——余联沅庚子诗文墨盒考》,《文艺生活(艺术中国)》2012 年第 11 期。

⑲ 《署理浙江巡抚余联沅奏报议结浙江新旧教案情形折》,光绪二十七年正月二十八日,《清末教案》第三册,中华书局,1996,第 12—13 页。

⑳ 梁元生:《上海道台研究——转变社会中之联系人物,1843—1890》,第 73—77 页。

㉑ 《前署浙江抚臣病故请恤折》,光绪二十八年五月十九日,《刘坤一遗集》第 3 册,第 1353 页。

看酬庸一月三迁，如公破浪乘风，方期大用，乃竟鞠躬尽瘁，长为中外哭斯人。[⑫]

余联沅在上海走完了他的一生。苏、浙绅士庞元济等二十六人联名奏禀，以余联沅在上海道任上"善政尤多"[⑬]，"其最著者"即为庚子年夏间事变之际，"多方戒备，严密巡防，奉委与各国领事定议互保，东南各省得以安全，关系大局实非浅鲜"，故公恳奏恤，"准予上海地方捐建专祠，生平政绩宣付史馆立传以彰忠荩"。两江总督刘坤一据以上折代奏，亦表彰其业绩谓：

> 查该前署抚臣余联沅，沉毅明决，忠爱性成，宣力京外，垂三十年。其在苏松太道任内，适值拳匪滋事，上海为通商总汇之区，全局机纽，经臣会同湖广总督张之洞，饬派会商各国领事，订议互保，艰难筹画，卒能有成，于大局不无裨益。方冀克享退龄，时艰共济，乃以积劳成疾，竟至不起，悼惜实深。[⑭]

疏入得旨，着照所请。

某位庚子事变的亲历者引述李鸿章的一段话："天下事，为之而后难，行之而后知。从前有许多言官，遇事弹纠，放言高论，盛名鼎鼎；后来放了外任，负到实在事责，从前芒角，立时收敛，一言不敢妄发。"[⑮]陈寅恪读此有按

---

⑫ 张俊等选编：《长联雅藏》，中州古籍出版社，2002，第127页。

⑬ 另参《余联沅赈捐请奖片》，光绪二十六年十月，《愚斋存稿》卷五，总第167页。

⑭ 据庞元济等公禀："方事之殷，该前署抚日则奋走于炎天烈日之中，夜则自治官书，每接警电，辄忧愤涕泣，或数夕不寐，或一夕数兴，自夏徂秋，迄无宁晷，形神憔悴，遂成下血之证，嗣又患肝胃气痛。该前署抚，以时难孔亟，乘舆播迁，不敢稍休，仍强起视事。"（《前署浙江抚臣病故请恤折》，光绪二十七年五月十九日，《刘坤一遗集》第3册，第1352—1353页）则余联沅之早逝，与庚子事变期间公务之忧劳不无关系。

⑮ 吴永口述，刘治襄记：《庚子西狩丛谈》，岳麓书社，1985，第108页。

语谓:"合肥所谓前为言官,后为封疆,当极力诘之者,当即指南皮(张之洞)。"⑬如果暂抛开人际一层的褒贬义,这段话不也可以借用为观察余联沅的线索?本为清流内健者的"铁面御史",一旦外放地方道台,幡然变化为"洋务干员"。余联沅的这次转身,竟毫发不爽地印证了他曾经的攻击对象的话,这一种具有反讽意味的历史真实,宁不令今日读史者深长思之?

---

⑬ 陈寅恪:《寒柳堂记梦未定稿》,《陈寅恪集·寒柳堂集》,生活·读书·新知三联书店,2001,第 229 页。杨国强先生对张之洞"由清流而入洋务"的转变有深刻的阐发,揭出此中折射出"时势逼迫下这个近代历史的剧变和巨变",而且张氏转变历程中最为特殊,也最具影响者,又在于"与李鸿章做比较,其身心之中又始终保留着清流生涯的种种惯性"。参看杨国强:《张之洞与晚清国运》,《历史意识与帝王意志》,海豚出版社,2011,第 43—63 页。这提示我们,所谓"从清流到洋务"的变化,绝非线性的、单向度的。对于张之洞从"官师不分、政教合一"的自我期许出发,作为政治庇护者、学术赞助者、交游组织者作用于近代中国政教存续与文教转型过程,以及其中包含的"开新"与"存旧"两面的专门研究,可看陆胤:《政教存续与文教转型——近代学术史上的张之洞学人圈》,北京大学出版社,2015。

陶森甲：近代中日关系史上的"双面人"

　　在近代中国政治史和中外关系史上，陶森甲(1855—?)是一个显得有些特别的人物。凡一般史著提及此人的场合，多缘其在义和团运动期间代表湖广总督张之洞参加"东南互保"交涉，而实际上，其人可述之事迹远不止此，尤其表现于晚清中日交往的过程，堪谓"十分活跃"。戊戌至庚子间许多重大事件中均可见到他的身影，而呈现出来的面目却模糊不清：在代表官方办理"东南互保"交涉的同时，又以个人身份加入上海中国国会；因与日本渊源深厚，备受两江、湖广两总督倚重，为对日联络牵线搭桥，但有证据表明其曾经受日本人驱使，不断地反向供给情报。这种近似分裂的"无间道"确乎难以精准定义，无怪有论者称呼他为"活跃的诡秘人物"①。这一现象不仅突显出陶森甲本人的行事风格，也提示我们，应注意由此具体人物所映照出来的近代中日关系的某些重要特征。令人稍觉遗憾的是，对这样一位极有考察价值的晚清人物，迄今未有较为深入的研究。本文拟综合利用中外史料，对陶森甲生平主要事迹予以考订，着重探明其与地方督抚、维新士人及日本多种势力间的错综关系，通过还原其人在近代史上的位置，为理解晚清时代中日关系提供助益。

---

① 孔祥吉：《张之洞在庚子年的帝王梦——以宇都宫太郎的日记为线索》，《学术月刊》2005 第8期。

一、 陶森甲其人

关于陶森甲生平,笔者见有《中国近代人物名号大辞典》著录一未详史源的小传,失于过简,生卒年仅记"清末至民国初年"。[2] 检清代官员履历档,有光绪十八年(1892)五月引见单记载如下:

> 陶森甲,现年三十八岁,系湖南宁乡县人。由副贡生遵例报捐内阁中书。光绪五年,到阁行走。七年,经督办新疆军务大臣刘锦棠奏调出关,办理营务。十年十月,于六载边防案内,经刘锦棠保奏,奉旨着以同知归部即选,并赏戴花翎,嗣经钦差大臣、督办福建军务、大学士左宗棠奏调福建军营差委。十三年,出使大臣洪钧奏调出洋,派驻德、俄两国。十五年十二月,因前在台湾剿办番社出力,经福建台湾巡抚刘铭传保奏请以知府选用,奉旨允准。十六年,游历英、法,顺道回华。十七年二月,因出洋期满,经出使大臣洪钧保奏,请以道员即选,并加二品衔,奉旨允准。遵例报捐分发省分。本年五月,赴部验看,签分陕西试用。本月十一日,吏部带领引见,奉旨照例发往。[3]

据传统年岁计算法推算,陶森甲生年应在 1855 年,即咸丰五年。[4] 其人以纳捐入仕,非由正途出身。先是报捐内阁中书,经历短暂京官生涯,即投笔从戎,自光绪七年(1881)起,辗转于新疆、福建等地,相继佐理刘锦棠、左宗

---

② 陈玉堂主编:《中国近现代人物名号大辞典(全编增订本)》,浙江古籍出版社,2005,第1088页。

③ 秦国经主编:《中国第一历史档案馆藏清代官员履历档案全编》第 5 册,华东师范大学出版社,1997,第 200 页。

④ 壬寅(1902)秋,陶森甲五十岁生日,陈三立作《榘林五十生日赋赠六首》,其一有句云:"初忆逢君蜕宅边,琼琚玉佩接华筵。江南再见垂垂老,各抚头颅五十年。"见《散原精舍诗文集》上册,李开军校点,上海古籍出版社,2003,第 50 页。据此推算,则陶生年为 1853(咸丰三年)。陈三立生于 1853 年,"各抚头颅五十年"句若为实写,则两人应为同年所生。参见刘梦溪:《陈宝箴与湖南新政》,故宫出版社,2012,第 314 页。按清人官龄一般有改小嫌疑。未得确证前,姑存两说。

棠、刘铭传军幕。光绪十三年(1887),随同出使大臣洪钧出洋,派驻德、俄两国,至十六年(1890)回国。累官至候补道员,光绪十八年获引见。如在谢恩折中所言,"佐理军符,滥窃武功之爵,绝峤远随使节,惭非专对之才"⑤,虽属谦辞,但可见他有着从事洋务、军务的丰富经验,也曾亲身游历西欧,对外部世界不乏直观了解。⑥

引见后,陶森甲以道员加二品衔分发陕西,颇受知于时任西安将军的荣禄(1836—1903),后者"每与论及人物,亟称该道为有用之才"⑦。而由于荣禄的"爱才""好士",极力向两江总督刘坤一(1830—1902)推荐。光绪十九年(1893),刘坤一致函荣禄:

> 陶道竟有如许委曲,前此所请无怪其然,如得改捐来江,自当刮目。兹先致石帅、滋帅各一函,为之说项,伏祈赐览,即给陶道一阅,可投投之,否则即已,徐待机缘。公好士如此,爱才如此,弟与该道同乡,敢不留意耶?⑧

按刘、陶皆湘人,有同乡之谊。本年,陶森甲以候补道改归江南试用,正式入刘坤一幕下任事。二十年(1894),甲午战争发生,刘坤一奉旨以钦差大臣北上,张之洞署理两江,陶仍留江南,以筹办江防营务、供应得力,也与张结下一段渊源。据履历档光绪二十六年(1900)引见单:

---

⑤ 中国第一历史档案馆编:《光绪朝朱批奏折》第8辑,中华书局,1995,第243页。

⑥ 张德彝与陶森甲同在驻德使馆任随员,《五述奇》中记载了不少陶的事情,除使馆业务外,还包括他们与旅德之日本、印度、暹罗等国人士交往,成立"东亚洲会"事。光绪十五年九月初四日条记:"井上哲次郎前日回柏林,乃于今日未正请陶絜林、姚子樑、桂竹君、潘兰史及余,及暹罗人袁森、印度人杜鲁瓦、那萨尔、日本人日高真实、千鹤鹤太郎同午酌于其寓所,称为东亚洲会,盖通席皆我亚洲人也。"参见张德彝:《五述奇》下册,岳麓书社,2016,第339页。

⑦ 《陶森甲历练才优恳恩录用片》,光绪二十五年十二月二十四日,中国科学院历史研究所第三所主编:《刘坤一遗集》第3册,中华书局,1959,第1203页。

⑧ 《复荣仲华》,光绪十九年正月十五日,《刘坤一遗集》第5册,第2039页。"石帅",陕甘总督杨昌濬,字石泉;"滋帅",陕西巡抚鹿传霖,字滋轩。

（光绪）十八年，报捐分发省份试用，签分陕西，八月到省。十九年遵例改指江苏，经署理两江总督张之洞历委会办支应营务及五河盐厘等差。二十一年，丁母忧，回籍。二十四年，服阕起复到省，历委总理两江营务兼管马路工程及江南练将学堂，并被派赴日本阅看陆军大操。二十四年八月，奉上谕，刘坤一奏遵保使才一折，江苏试用道陶森甲，着该督抚即饬该员来京，预备召见。二十五年，委办五河盐厘卡务，是年十二月经两江总督刘坤一奏保，请以沿江沿海各省道员要缺请旨简放。二十六年，交卸五河厘差，委随办南洋交涉事务，并与驻沪各国领事商订保护长江内地事宜，旋因经手事件完竣，领咨前赴行在军机处、吏部亲投，遵旨预备召见。⑨

二十一年后，经历三年丁忧，但刘坤一回任两江总督后，陶森甲仍继续得以重用，除委以总理两江营务处的要差以外，先后檄办江南练将学堂、五河盐差，并被派赴日本考察军事，被倚为不可多得的洋务干才。戊戌"百日维新"之际，清廷向各省征求"使才"，刘坤一以陶森甲无论"在外洋阅历"或"久办洋务"均屡试有效而予举荐，并给出"通达时务、不染习气"的评语。⑩

戊戌政变发生后，在肃杀、压抑的政治空气下，人人自危，对于"帝位废立"这类极端的敏感问题，京内外绝大多数官僚选择三缄其口。刘坤一算是一个罕见的例外，其复荣禄电文中有"君臣之义至重，中外之口难防"⑪一

---

⑨ 秦国经主编：《中国第一历史档案馆藏清代官员履历档案全编》第6册，第539—540页。

⑩ 《遵保使才折》，光绪二十四年七月十三日，《刘坤一遗集》第3册，第1042—1043页。

⑪ 此句名言最为人所熟知，在多个版本的记载中也有多种变体。目前可查实出于当事人的直接材料只有一条，即戊戌八月刘坤一致总理衙门电，词曰："国家不幸，遭此大变，经权之说须慎，中外之口宜防。现在谣诼纷腾，人情危惧，强邻环视，难免借起兵端。伏愿我皇太后、我皇上慈孝相孚，尊亲共戴，护持宗社，维系民心。并查照八月十一日、十四日两次谕旨，曲赦康有为等余党，不复追求，以昭大信，俾反侧子自安，则时局之幸矣。坤一受恩深重，图报无由，当此事机危迫之际，不敢顾忌讳而甘缄默，谨披沥具陈，伏乞圣明俯赐采纳。请代奏。"《寄总署》，光绪二十四年八月二十八日，《刘坤一遗集》第3册，第1415页。

语,脍炙人口,此语实出自陶森甲之拟议[12]。值得留意的是,光绪二十五年(1899)底,刘坤一专门上折保荐陶森甲,并指明请"发往荣禄军中效力",折片内称:

> 二品顶戴江苏试用道陶森甲,于光绪十三年随同兵部侍郎洪钧出洋,派驻德国,熟悉交涉情形,经臣汇保使才在案。该道先经前新疆巡抚刘锦堂、前大学士闽浙总督左宗棠、前台湾巡抚刘铭传次第奏调新疆、福建、台湾等处办理军务,盘错功深,韬钤夙裕。及到江苏候补,经臣委办两江营务处,调和诸将,整饬戎行,颇有起色。嗣经委往日本阅操,该道文采可观,议论动听,其于周旋晋接,悉合机宜,该国大臣竞称其能。事竣回省,随将所历各处形胜以及风土民情,并该国行军之号令、营阵,一一绘图贴说,编为成书。其识略之优长,深通兵法,熟谙邦交,为方面中所不多得。该道前在陕西受知于西安将军今大学士荣禄,每与论及人物,亟称该道为有用之才。可否仰恳天恩,发往荣禄军营效力,以资指臂之助,俾展所长,抑于沿江沿海各省简放一缺,必能措置裕如,于时局不无裨补。[13]

越年夏,庚子事变作,陶森甲作为地方代表在上海与各国领事会议"东南互保",稍后又以个人身份加入"中国国会",这可谓他政治生涯中最为特出,也最值得关注的时期。事后,复归两江调用,除署理常镇通海道外,似未见大用。光绪二十八年(1902)刘坤一病逝,此后,从陶森甲倚赖的政治人脉

---

[12] 胡思敬《国闻备乘》记:"戊戌训政之后,孝钦坚欲废立。……遂以密电分询各省督臣,言太后将谒太庙,为穆宗立后。江督刘坤一得电……遂一人挺身独任,电复荣禄曰:'君臣之义至重,中外之口难防,坤一所以报国者在此,所以报公者亦在此。'道员陶森甲之词也。"参见《国闻备乘》,上海书店出版社,1997,第58页。

[13]《陶森甲历练才优恳恩录用片》,光绪二十五年十二月二十四日,《刘坤一遗集》第3册,第1203页。

看,似乎有与盛宣怀靠近的迹象。⑭ 入民国,陶森甲一度返乡任事。据陈玉堂编《在中国近现代人物名号大辞典》,清末民初曾任"寿春镇总兵""湖南辰沅永靖观察",然事迹难考,卒年亦不详。其生平著述有《近世陆军》《日本学校章程汇编》传世。⑮ 前书笔者尚未见,后书系辑纂而成,分门类介绍日本明治时代各级新式学校,资料虽多编译自日文书,但在当时不失为一部有用的新政工具书。

二、 与日本的渊源

在晚清时期,尤其是 19、20 世纪之交,中日关系处在一个相当特殊的阶段。日本在华丰富的政治人脉资源,以及中国官绅阶层对其普遍抱有的好感,显得颇不寻常,而这与甲午战后日本国内政治思潮演变及其政府、民间双重势力在华的长期经营密不可分。⑯ 陶森甲的日本故事,即是在此时代潮音下的一曲变奏。

光绪二十四年(1898),陶森甲由两江选派"赴日本阅看陆军大操",由于史料缺失,真实情形已难得其详。⑰ 不过,东渡日本实地考察军事、教育,应

---

⑭ 今见有光绪三十二年(1906)致盛宣怀函,文曰:"敬禀者:职道沪滨展谒,莫拜崇光,江上从公,忽蒙下奖,宠如春至,愧与悚俱。恭维宫保,威重华夷,德隆师保,体国经野,纵横九万里,名区□运,承乾挺特,五百年盛业,中外交推公望,海山同颂洪谟,翘首行牙,殷心颂恫。职道问途学步,初□铜符,饮冰盟心,暂游铁瓮,虽分阴之是惜,亦长日之虚过,喜近□幪翔轩鼓。家丁汤铭遵示录用,合并禀闻。谨肃芜牍,恭叩钧安。职道森甲谨禀。"信奉署名"署理常镇通海道二品衔存记江苏尽先补用道陶森甲"。《陶森甲致盛宣怀函》,光绪三十二年二月,上海图书馆藏"盛宣怀档案",档号:081341-1。

⑮ 陶森甲:《近世陆军》,上海商务印书馆,光绪二十八年(1902)铅印本。《日本学校章程汇编》("政学丛书"第 1 集第 9 编),上海商务印书馆,光绪二十八年(1902)铅印本。

⑯ [美]任达:《新政革命与日本——中国,1898—1912》,李仲贤译,江苏人民出版社,1998。[美]马里乌斯·约翰逊(Marius B. Jansen):《日本与中国的辛亥革命》,[美]费正清、刘广京编《剑桥中国晚清史》下册,中国社会科学院历史研究所编译室译,中国社会科学出版社,1985,第 398—403 页。

⑰ 有谓陶森甲在日本期间曾"发起"或"加入"兴亚会。参见《汪康年师友书札各家小传说明》,上海图书馆编《汪康年师友书札》第 4 册,上海古籍出版社,1989,第 4121 页;中村义《白岩龙平日记:アジア主义実業家の生涯》,研文出版,1999,第 104 頁。然均未见确证。

为他与日人结交的最早渊源之一。陶森甲与日本朝野各界人士广泛接触，言谈表现不俗，似颇得日人的好评。旅居东京的宁波商人王仁乾(1839—1911)见闻较广，在致汪康年(1860—1911)函中称：

> 前陶槼林观察来东，弟陪往访素有贤声、与朝议不合告退之大臣，又旧诸侯、上下议政院议员及文人。他们数十人公议设宴于墨江植半楼，酒诗唱和，尽欢而散，已在九点。他们云，战后来游历者，却不乏人，皆乃红尘中，喜谒执政当道。近惟陶某谈[淡]于势利，有乃祖之遗风，一到我国访问，拨冗枉顾我辈闲散懒人，胸中才智已胜常人。然目下执政为官者，亦吾辈之旧属也，加之隐官，各新闻馆皆钦敬之人，所以他们赞后，陶观察之名更震。近欲识荆者甚多，未晤为憾，皆言无缘，盼望陶重游东国者甚众，得陶书片纸只字者如同拱璧。乃日酒叙，兼邀李木斋星使(李盛铎)，及邹、寿、李、杨四游历官亦来同赴席也。⑱

论者谈及甲午以后中日关系，多已注意到日本政府，尤其军方背景的参谋本部，特别重视两江刘坤一、湖广总督张之洞等南方实力人物，并对之展开工作，大力推进有关军事改革的合作计划。⑲ 而在此过程中，也可见陶森甲居间连接的作用。特别值得一提的是，光绪二十五年(1899)春，参谋本部第二部长福岛安正(1852—1919)赴中国游历，相继访问南京、武汉等地。⑳

---

⑱ 《王仁乾致汪康年函》三(戊[戌]二月廿三)，上海图书馆编：《汪康年师友书札》第1册，上海古籍出版社，1986，第38页。按王仁乾，号惕斋，浙江慈溪人，1839年东渡日本，1877年在东京开班经营汉文书籍、文具、药材等之"凌云阁"，1910年归国。王氏家族同期赴日并长期居住者还有王治本(字漆园)、王藩清、王汝修三人，皆为王仁乾之族兄弟。关于其人其事，可参考王勤谟编：《近代中日文化交流先行者：王惕斋》，宁波出版社，2011。

⑲ 李廷江：《戊戌维新前后的中日关系——日本军事顾问与清末军事改革》，载王晓秋主编《戊戌维新与近代中国的改革——戊戌维新一百周年国际学术讨论会论文集》，社会科学文献出版社，2000，第390—402页。

⑳ 福岛安正，1874年入陆军省，1878年投入山县有朋门下，作为陆军最大实力人物的涉外情报秘书，前后服役长达四十年，获大将衔，封男爵，号为"日本情报战之父"。1879年(转下页)

此行意在试探中日军事合作、共同抵制俄国的可能性,近期目标则为促成东南督抚雇聘日本军事顾问、派遣陆军留学生等事。陶森甲与福岛安正算是旧识。早在光绪十三年(1887),陶随同出使俄德奥荷兰大臣洪钧前赴欧洲,在柏林公使馆担任参赞时,福岛安正为日本驻德公使馆武官,两人于此结交。福岛安正到达南京后,刘坤一与之进行礼节性会晤,随后,即指派陶森甲为代表,就细节问题继续与之交换意见。三月初三日(4月12日),福岛前往陶官邸,与其单独会面。据福岛的记录,两人有如下一番笔谈:

> 陶:德人于山东恣意横行,痛恨在心,此处欲与北洋大臣协议,举南北洋之兵与之一战,将彼自胶州湾驱逐而出,至时贵国可设法援助否?
>
> 福岛:俄军还将继续占据日照否?
>
> 陶:彼现已撤离日照,还踞胶州,我终将与彼一战,此与胶州被占与否无关。英、俄、法、意等国意向将如何?
>
> 福岛:宣战之前,应声明其事,想必英将允商议,法必难袒德,意则弱小,唯一可虑者俄国而已。[余回避就此问题一一应答,展开一白纸,画出东亚略图。指点本年将完成之西伯利亚铁道,三四年将完成之东清铁道、旅顺铁道。]贵国最应注意者,实在此铁道也。俄国今虽屯精兵于旅大之间一万五千人,沿海地带三万人,但孤悬万里之外,彼口吐大言壮语,实则不过虚声恫吓而已,终不能灵活动作。彼震天动地之大活动,必将始于此铁道完成之日。届时俄以右手并吞东欧,左手席卷东亚沃野,印度西北之兵亦将备战矣。因巴尔干半岛诸国拥有强盛之陆军,攻略达达尼尔海峡殊非易事,近年来其方向已转向侵略东亚。故

(接上页)初次赴华,先后整理编纂《邻国兵备略》《清国兵制类集》。1892年为侦查俄国国情,完成单骑横越西伯利亚的"壮举"。义和团战争爆发后,出任日本派遣军司令官,战后主编了《明治三十三年清国事变战史》这一规模庞大的战史资料集。参看小林一美:《義和団戦争と明治国家》,汲古書院,1987,第215—220頁。

俄国不惜花费几亿万国帑，一意图谋铁路之速成，实为此也。贵国之难，实亦由此时始也。无论如何，胶州湾事件较之俄国南侵，小事件耳。今日要务，在于卧薪尝胆，练成强兵，备四五年后之需，以当彼国之侵略。德若据日照而不去，进而做南侵之计，尚可与战，既然已退回胶州，追而求战，殊非得计。切望勿因激于细故而贻误大事。余仅此愚见而已。

[陶遂不再言及胶州事件，进而追问在满洲练成强兵之法。]

福：余先期游历满洲，略知其情况一二。今日满洲已全无昔日刚健之风，士民柔弱，耽溺于鸦片，在其地练兵实为难事。且俄国注意于此，训练大兵徒激其怒，非为良谋。若于贵国大动脉之长江一带，即湖广、两江、四川，地肥人壮，乃最宜养兵之地。如练成六省精兵，一旦有事，可速赴东三省之急难。

陶：承领贵谕。今将以次第施行为要务。

福岛：凡军备之事，非止一端。知彼知己，乃用兵之本。且不论平时研究列强实力，预先为之规划，创办后勤、兵器、铁路、舟车、电线、兵站等交通运输之法，派遣游历者、学生以养成人才，发行新闻报纸以开发耳目，皆为要务。

陶：先行自江苏、江西、安徽各营中，选拔才学优秀者四十名，设练将学堂速成科，再由日本招聘将校为教习，是否有当？[余诺之。]

陶：本年如得暇，余将往西伯利亚视察，应如何取道，敢请教示。[余以略图示之。]㉑

当时中国朝野上下仍处在德国强占胶州湾的余震中，会谈之初，陶森甲的话锋也多集中于此，但福岛安正却有意将话题转移至俄国。日本与俄国两股势力在朝鲜及满洲直接对抗，福岛指出正在兴修中的中东铁路为对华最大

㉑ 東亞同文會編：《对支回顧錄》下卷，原書房，1968，第273—275頁。

威胁,进而畅谈日、清军事合作之愿景,在练兵、游学等事上引起陶森甲诸多共鸣。福岛辞去后不久,刘坤一在江宁省城设立练将学堂,延聘洋员,教以马步、枪炮、工程、辎重、测量等学,"总司其事"者也正是陶森甲。[22]

相比官方层面,日本民间团体在长江流域触角更广,特别是东亚同文会领导层,无论与地方督抚还是维新派人士均有密切联系,在华支部成员更不同程度地卷入了中国不同政治派系的活动。1899 年 6 月 5 日,陶森甲往见在上海的东亚同文会会员宗方小太郎,后者有日记:

> 陶森甲椠林来访。陶,长沙人,现以道员掌江南洋营务处,为总督刘坤一所器重。谈话移时。[23]

同年 10 月,东亚同文会会长近卫笃麿(1863—1904)来华游历,先后赴南京、武昌拜访刘坤一、张之洞两总督,与之建立起私人交情。[24] 近卫重视与"南方有力者"的关系,正基于发展在华事业的现实考虑,用他自己的话说:"为经营事业的方便,要不时与支那官吏打交道。"[25]其后,东亚同文会在南京的主要业务都是围绕创设同文书院而展开。陶森甲初次访日时,已与近卫笃麿结识,此际自然成为对日联络的合适人选。1900 年 5 月,南京同文书院成立,陶森甲作为刘坤一的"股肱干员"出席了开院典礼。[26] 1901 年

---

[22] 《创办练将学堂片》,光绪二十五年五月初一日,《刘坤一遗集》第 3 册,第 1124 页。按练将学堂于光绪二十五年六月二十四日裁撤。据陈庆年日记:"阅江督辕抄,本月初七日总理两江营务处陶禀,知今日撤练将学堂,学生各回本营。客岁日本大操,陶椠林观察往观,知其得力全在士官学堂,因禀江督刘岘帅设此学堂,以教将领。此次大学士刚毅以钦差大臣巡视江南,搜括经费,故奏裁此堂。"参看陈庆年:《戊戌己亥见闻录》,《近代史资料》总 81 号,中国社会科学出版社,1992,第 129 页。

[23] 《宗方小太郎文书·日记》第二册,明治三十二年六月五日,上海社会科学院历史研究所藏,编号:B02。

[24] 关于近卫笃麿的中国之行,说详拙文《近卫笃麿与 19、20 世纪之交的中日关系》,《学术月刊》2016 年第 9 期。

[25] 近衛篤麿日記刊行會编:《近衛篤麿日記》第 2 卷,鹿島研究所出版會,1968,第 497 页。

[26] 近衛篤麿日記刊行會编:《近衛篤麿日記》第 3 卷,第 162 页。

下半年，陶代表两江再度赴日，参观陆军大操㉗，同年冬回国㉘。

近卫笃麿访华的另一直接成果，就是接纳清朝高官子弟赴日本留学。最为人知是张之洞长孙张厚琨，近卫本人不仅是他所在学校学习院的院长，也充当了他留学生活的监护人。一般印象中，这类受到日本人特别照拂的均属"高干子弟"㉙，实际也不尽然，如上海道余联沅（1845—1901）就将两个儿子余祖钧、余逵全数送到日本留学。㉚ 陶森甲虽非高官贵胄，但其子陶惺孝自费留学时，也利用了东亚同文会渠道，就入学、转学等事拜托近卫给予方便。㉛ 而据王仁乾在日本所见："两省学生中，南京有陶椠林观察犹子，性质聪颖，颇能耐苦习学，是为翘楚之材。湖北生徒则推香帅文孙刚孙，年小知礼，尤复精明，学业甚勤。现在习学院即华族学校中，日友亦多称羡之。"㉜

㉗ 此行赴日观操代表团以陶森甲为首，成员包括黄呈祥、李立元、朱滋泽、程恩培、杨金龙、杜俞、孙道仁、罗正钧、丁鄂。近卫日记有相关记载，11 月 19 日记："午后一时，赴安田善次郎别庄之园游会，余为主人，招待为观看大演习之清国人，本邦出席人达百人，诚盛会也。……午后七时半，应陶森甲之邀，赴帝国饭店，来宾有内阁成员、外交官、参谋本部人员及其他数十人。晚餐极隆重，十时半散席。"21 日续记："面会陶森甲。……拜托陶森甲向刘总督传话，并转交同文会起草之清国变法事宜案。"参看近卫笃麿日记刊行會编：《近卫笃麿日记》第 4 卷，第 318、319 页。

㉘ 辛丑（1901）冬陈三立赠诗有"行人舰国过长门，归客题诗认旧村"句。参见陈三立：《陶椠林、杜云秋、罗顺循由日本阅操还，适易实甫亦归自西安》，陈三立著，潘益民、李开军辑注《散原精舍诗文集补编》，上海人民出版社，2007，第 257 页。

㉙ 参看孔祥吉、［日］村田雄二郎：《最早留学海外的高干子弟》，《罕为人知的中日结盟及其他——晚清中日关系史新探》，第 302—315 页。

㉚ 近卫笃麿日记刊行會编：《近卫笃麿日记》第 2 卷，第 485 页；第 3 卷，第 62、222、309 页。

㉛ 原函封套署"二品衔军机处存记、江苏尽先补用道陶森甲"，内文作："公爵近卫笃麿阁下：敬启者。小儿惺孝偕同周家纯、魏肇文、蒋隆权、唐书琦等自备资斧，游学贵邦，意在先入成城学校，俟熟通东语，察看体质，再入别项学校。务求阁下遇事垂爱，俾该学生各遂向学之愿，异日造就成材，深感厚赐矣。肃此奉托。敬请台安。陶森甲顿首。中历十月初一日。"《（七十四）陶森甲》（1902 年 12 月 6 日），李廷江编著：《近卫笃麿与清末要人：近卫笃麿宛来简集成》，原書房，2004，第 285—286 页。

㉜《王仁乾致汪康年函》五（己［亥］廿七收），《汪康年师友书札》第 1 册，第 42 页。

三、 庚子事变中的表现

（一） 与议"东南互保"及战时交涉

戊戌前后日本方面主动发起工作,与中国南方实力派督抚建立起多种渠道的联系,至义和团事变发生,张之洞、刘坤一等人为实现"东南互保"、停兵议和,积极借助日力,双方为因应时变不乏互利互益的共识,但各有严守的界限,彼此引援,又互抱戒心。陶森甲作为与江、鄂两督均有亲密关系,并直接参与中外交涉的当事人,介入深,涉事广,考察其人行迹,或可为理解当时交涉实情起到窥斑知豹的效果。

有论著言及"东南互保",谓光绪二十六年五月三十日(1900 年 6 月 26 日)上海道余联沅与各国领事在上海租界内会审公廨会议,两江总督刘坤一、湖广总督张之洞分派沈瑜庆、陶森甲两道员为代表列席。[33] 此说不尽确。会议当天,刘坤一致电张之洞,有谓:

> 已电令速商杏荪,定今日三点钟会议。陶道到宁,沈爱苍亦来,告以尊意,并加派沈帮办此事,均令速往。仍电沪先议,不必候。[34]

则当日陶、沈均尚在南京,未及到沪。据在沪日人井手三郎(1862—1931)记录,陶森甲到沪已是六月初四日(6 月 30 日)。[35] 陶森甲在沪身份是湖北派出代表。[36] 而他与两江代表沈瑜庆的具体使命,主要是秉承总督"兵船虽不

---

[33] 熊月之、袁燮铭:《上海通史(第 3 卷)·晚清政治》,上海人民出版社,1999,第 233—234 页。

[34] 《复张制军》,光绪二十六年五月三十日,《刘坤一遗集》第 6 册,第 2567 页。

[35] [日]井手素行(三郎):《庚子日乘》,明治三十三年六月三十日,东京大学法学部近代日本法政史料中心藏。

[36] 盛宣怀率先发电提议"东南互保"后,张之洞在复电中同意"请即刻飞饬上海道与各领事订约",又表示"杏翁思虑周密,敢恳杏翁帮同与议,指授沪道,必更妥速,尤感。但恐各领事必须敝处派员,拟即派陶道森甲迅速赴沪与议,惟请告上海道及盛京堂先与速议,不必候陶。"《致江宁刘制台、上海盛京堂》,光绪二十六年五月二十八日亥刻发,《张之洞全集》第 10 册,第 8029 页。

能禁其进口,亦应立定限制"㊲的意旨,在商讨约款时坚持限制外国军舰入江。当时多数西方领事认为中方拟议的保护章程对外国军事行动多有掣肘,故"驳论多端",日本领事小田切万寿之助(1868—1935)则表现得较易沟通,从中斡旋,刻意示好。初五日,刘坤一致电陶森甲称:

> 日就范围,甚慰。英轮泊九艘,续到两艘,为数已多,请会杏荪、晋珊密商霍领,不派兵轮入江,坚守前诺,以免民心惊疑,难于弹压。长江商务英为重,我保地方,正为英保商务,并劝各领一律照办,方征睦谊。㊳

经陶、沈等人在沪运动,在长江流域最具野心的英国领事霍必澜(1845—1923,Pelham Laird Warren)最终稍有让步,初六日表示"允电水师提督以后不再派船入江,如有更调,必先知照"㊴。

"东南互保"议约暂告一段落后,陶森甲本意打算"回鄂销差"。㊵ 而张之洞为使身边有人帮助,也向两江正式借人:"陶道闻现无差,拟调鄂差遣。"㊶六月初八日(7月4日),正式通知陶:

㊲ 《陶榘林森甲沈霭苍瑜庆两观察致南京武昌两督署电》,光绪二十六年六月初四日,《愚斋存稿》卷三十六,沈云龙主编《近代中国史料丛刊》续编第13辑,文海出版社,1975年影印本,总第854页。

㊳ 《刘岘帅覆陶道森甲沈道瑜庆电》,光绪二十六年六月初五日,《愚斋存稿》卷三十六,总第855页。

㊴ 《陶森甲、沈瑜庆致张之洞、刘坤一电》,光绪二十六年六月初六日,陈旭麓等主编:《义和团运动——盛宣怀档案资料选辑之七》,上海人民出版社,2001,第106页。

㊵ "星使京堂大人台鉴:顷炙台教,快慰莫名。保护上海租界及长江章程,各国领事接奉该外部回电照准,森甲拟可回鄂销差,此间商办事件重在两江,而鄂次之,得星使与香翁主持,无不允协者,拟有请示电语,求用密电速发为感。手此奉恳。祗颂钧绥。陶森甲谨上。"《陶森甲致盛宣怀函》,光绪二十六年六月,上海图书馆藏"盛宣怀档案",档号:057595。

㊶ 《致江宁刘制台,上海盛京堂、余道台》,光绪二十六年六月初七日巳刻发,《张之洞全集》第10册,第8071页。

昨已电两江,调阁下来鄂,望即日来。为盼。㊷

当时张之洞出于地方保护的目的,深苦于"长江弹压,需械甚多",故积极谋求"购日本新枪并弹"。㊸除湖北省派往东京人员多方活动外,陶森甲也曾经奉命在沪操办购买外国军火,主要经营对象为日本大东新利洋行。据东亚同文会会员井上雅二(1876—1947)日记:"七月二、三日之交,会见陶森甲。知道陶让白岩承办军火,由我寻求具体办法。"㊹则陶森甲回鄂,或与军购事宜有关。此后,他又多次往返沪、鄂之间,为购买日本枪、药奔走。㊺

在与日本联络过程中,张之洞一方面汲引日力,以为己助,另一方面又不时给自己严格设限,不忘禁忌所在。六月下旬,刘坤一来电建议:

> 日本兵多当执牛耳,其帅福岛与椠林(陶森甲字椠林)善,故拟遣之或托随事,从中保全。如公谓然,陶道肯以身任,即令来宁,否则已耳。㊻

查这段电文背景,日本政府为实现大规模对华出兵,展开一系列旨在欧美列

㊷ 《致上海陶道台森甲》,光绪二十六年六月初八日申刻发,《张之洞电稿丙编》第十七函,档号:甲182-73。

㊸ 《致东京钱念劬》,光绪二十六年五月二十日戌刻发,《张之洞全集》第10册,第7980页。参照《漢口在勤瀨川領事ヨリ青木外務大臣宛・湖南、湖北兵ノ北上並張總督本邦ヨリ武器購入希望ニ關スル談話ノ件》,明治三十三年七月二十一日,外務省編纂:《日本外交文書・第三十三卷 別冊二・北清事変中》,日本國際連合協會,1957,第251—252頁。

㊹ 《井上雅二日记——唐才常自立军起义》,郑大华译,薛军力校,《近代史资料》总74号,中国社会科学出版社,1989,第104、105、112页。"白岩",白岩龙平,日清贸易研究所毕业,实业家,东亚同文会会员。1896年在沪创设大东新利洋行,开辟内河航运,后改组为大东汽船株式会社。日本学者中村义认为,陶森甲购军火系为唐才常自立军举兵之用。(参看氏著《白岩龍平日記:アジア主義実業家の生涯》,研文出版,1999,第107页)其说不确。

㊺ 井上日记7月22日:"白岩昨日收到陶森甲发来的电报,问五万磅无烟火药的价钱。"7月31日:"陶森甲昨起准备在沪停留一周。他和白岩关系密切。"参见《井上雅二日记——唐才常自立军起义》,《近代史资料》总74号,第105、112页。

㊻ 《刘制台来电》,光绪二十六年六月二十三日申刻到,《张之洞全集》第10册,第8151页。

强协调的外交活动,先是以福岛安正少将为司令官组成临时派遣军,随后派第五师团全数赴华,总兵员数达到两万两千人,一跃为中国战场数量最多的外国军队。[47] 福岛安正原为日本陆军参谋本部负责对华事务的主要联络人,刘坤一听说其人被派来华,于是提议与之有旧交的陶森甲出面,以便"从中保全"。但张之洞对绕过"政府"的私人交涉心存忌讳,忙不迭地一口回绝:"尊意令陶商福岛,从中保全,将派陶赴津耶? 抑发信发电耶? 恐俱不便。此等大事,仍政府作主。"[48]

(二) 与维新派的交往与合作

在非常时期,陶森甲作为地方大吏的幕僚,一度被委以重任,身当交涉之责,而在当时风起云涌的维新运动中,同样可发现他为激进政治目标游走于中日之间的身影,这些事实已不能用其固有政治身份加以范围。

庚子事变中,面临中枢将倒的前景,国内各政治派系空前活跃,而权重一时的东南督抚如张之洞、刘坤一,也成为趋新群体运动的对象。七月初,中国国会成立于上海。该会基本可视作当时背景各异而总体趋新的各派人士的一次集结,内部"所执不同"而"离心复甚",其中作为张之洞旧属的汪康年一度以"借资鄂帅"为政治方针之特色。[49] 汪康年的动向反映其本人欲在政治上有所作为,同时也包含了与日本在华人士密谋的潜因。东亚同文会会员、著名"中国通"宗方小太郎(1864—1923)致本国海军省报告,即透露拥光绪帝南下、组织新政府以及在日本监督下施行新政的政治计划,同时表示:"张之洞、刘坤一二人为长江一带最具势力之人物,必预先说服此二人,做好迎驾皇帝之准备。本日派汪康年[张之洞信任之人]前赴湖北劝说迎驾

---

[47] 中国社会科学院近代史研究所编:《日本侵华七十年史》,中国社会科学出版社,1992,第76页。

[48] 《致江宁刘制台》,光绪二十六年六月二十四日未刻发,《张之洞全集》,第10册,第8151页。按陶森甲本人似有意愿与福岛安正接洽。据井上雅二日记8月4日条:"陶森甲……称奉张之洞之命要会见福岛安正。"《井上雅二日记——唐才常自立军起义》,《近代史资料》总74号,第114页。

[49] 朱维铮、姜义华选注:《章太炎选集(注释本)》,上海人民出版社,1981,第115页。

之事,一面派人向刘坤一游说,与有志之支那人士商议,以定手续大略。只是张之洞胆怯,刘过于老成,能否应承此事,殊难预料。"⑤与闻密议者,还有当时在华的井手三郎、井上雅二等人,他们无一例外都是东亚同文会会员。⑤

汪康年游说张之洞之行并未成功,而与之抱有相似目的、对刘坤一有所试探者,另有其人。现存东亚同文会报告书,对此番游说活动有所反映。报告之一:

> 至于刘坤一的态度,其与张之洞、李鸿章及属下王之春等,同声反对政府意向,屡次进言诤谏,时至今日有骑虎之势,政府既视拳匪为义民,取对外开战之态度,刘坤一亦决心保全南清半壁江山,不令致其瓦解。然以屡受恩遇之老臣,对维系北京朝廷尚存一线希望,是故陶森甲等维新人士四五人,为使早日定计实现南清半壁鸿图,对其百般劝言,合张、李等之力起而运动,惜毫无反应。⑤

报告之二:

> 陶森甲、罗治霖作为刘坤一的部下,向刘游说应乘机起事,刘无所反应。陶等向人抱怨,刘不足以成事。⑤

---

⑤《号外報告第六十九号附錄・義和団事件私信》,明治三十三年六月十二日,神谷正男编:《宗方小太郎文書:近代中國秘錄》,原書房,1975,第85頁。

⑤ 有学者注意到,义和团事变时期东亚同文会对华政策以"联邦保全策"为主旨,但落实在实践层面,则呈现出极为驳杂的成色。参看翟新:《近代以来日本民间涉外活动研究》,中国社会科学出版社,2006,第82—109页。

⑤《上海通信・長江一帶の形勢(七月五日)》,《近衞篤麿日記》第3卷,第232—233頁。

⑤《秘在上海田鍋干事通信(七月十三)》,《近衞篤麿日記》第3卷,第246頁。罗治霖,前江苏留日学生监督。

后来,汪康年因牵连于自立会起事,上书刘坤一自表,其中有言:"康年自北祸之起,频月奔走江表。五月至鄂,以剿匪、劾政府之说干南皮制军,旋又至江宁,亦以其说请同志达诸台座。"[54]汪诒年所纂《汪穰卿先生传记》,亦谓"五月,北方拳乱既盛,南方也岌岌可危,先生甚忧之,特至湖北以剿拳匪、劾政府之说上诸张孝达制军,又至江宁托人将其说上诸刘岘庄制军"[55]云云。结合中、日两方面文献,汪康年所托"同志"究竟为谁,也就可以揭晓谜底。陶森甲正担当了直接向刘坤一进言的说客。

无独有偶,当时在刘坤一身边赞助"东南互保"的谋士张謇(1853—1926)、陈三立(1853—1937)等人也思异动,意欲更进一步,甚而有"议迎銮南下"之类激进的建言。[56]庚子六月十三日(7月9日)陈三立致张之洞幕僚梁鼎芬(1859—1919)密札,揭出"题外作文,度外举事"宗旨,札中所及"陶观察之说词",即指上述陶森甲游说刘坤一的情节。张謇、陈三立等人策动东南督抚,谋"迎銮南下"而未果,这可算是戊戌政变后帝后党争之余绪。汪康年、陶森甲辈游说地方权力人物,为南方自行建立"联邦"试探道路,其背后则已有外国势力的推手。[57]

就陶森甲本人思想倾向而言,无疑具有强烈的革新意识,其卷入维新派运动程度很深。中国国会成立时,他就是成员之一。[58]唐才常(1867—1900)另组自立会,陶亦与闻其事。起事前夕,井上雅二日记写道:"我回上海立刻与陶森甲或张通典二人商议,联合南京文武官员中有志之士的事,完全有成功的希望。"[59]据章士钊(1881—1973)记载,秦力山先期在大通起事,

---

[54] 《上江督刘岘庄制军书》,汪林茂编校:《汪康年文集》下册,浙江古籍出版社,2011,第580—581页。

[55] 汪诒年纂辑:《汪穰卿先生传记》,中华书局,2007,第96—97页。

[56] 张謇研究中心、南通市图书馆编:《张謇全集》第6卷,江苏古籍出版社,1994,第861页。

[57] 详拙文《"题外作文、度外举事"与"借资鄂帅"背后——陈三立与梁鼎芬庚子密札补证》,收入本书。

[58] 《井上雅二日记——唐才常自立军起义》,《近代史资料》总74号,第114页。

[59] 《井上雅二日记——唐才常自立军起义》,《近代史资料》总74号,第121页。

兵败而走,有赖"督部营务处陶森甲独保持之,得返日本"[50]。另说汪康年事后脱险,也得力于陶倾力襄助。时在两江幕中的罗振玉(1866—1940)谓:"穰卿时方在白下(南京),不知已遭刊章。其友陶榘林观察知之,不义其乡人所为,密卫穰卿出险,并以实语江督。"[51]汉口自立军事败后,唐才常被捕,在上海的日本人得到消息,也试图通过陶森甲做最后的营救努力:

> 八月二十二日　唐才常等三十人被逮捕,计划大受挫折。……傍晚,唐才常的弟弟来,为去东和洋行的事请我帮助。……我们也以陶森甲为张之洞所信任,劝说陶也进行营救。我们请陶与小田切万寿之助会面,并请小田切打电报营救唐等。小田切表示同意,还让人通知我向他详细讲述原委。因此,晚上十时,我拜访了小田切并谈了此事。恰巧宗方也与陶在某处会合,带着同样的目的来会见小田切。[52]

井上雅二、宗方小太郎等人以陶森甲"为张之洞所信任",劝说其与日本领事小田切万寿之助沟通,希望由日本官方出面营救唐才常。此举目的是为挽救了反政府的维新人士,而陶森甲的官方背景恰提供了掩护。尽管最终营救未果,但陶身上那种驳杂并可随时转变的政治保护色体现无遗。

事后,关心维新事业的湖北游日学生监督钱恂(1854—1927)曾作激愤语:"去年汉口止杀二三十人,故士气不振。若尽杀容闳、严复、张通典、陶森甲辈,今日士气必大胜。"[53]细绎这段话的意蕴,将陶与容、严这些公认的新派并列,显然默认其属于同一阵营。又,前述陶森甲曾协助张之洞在上海办

⑩ 章士钊:《疏〈黄帝魂〉》,《辛亥革命回忆录》第 1 集,文史资料出版社,1981,第 271 页
⑪ 罗振玉:《集蓼编》,收入黄爱梅编《雪堂自述》,江苏人民出版社,1999,第 14 页。
⑫ 《井上雅二日记——唐才常自立军起义》,《近代史资料》总 74 号,第 124 页。参照《宗方小太郎文书·日记》第三册,明治三十三年七月二十二、二十三日,上海社会科学院历史研究所藏,编号:B03。
⑬ 《钱恂致汪康年函》三十二,上海图书馆编:《汪康年师友书札》第 3 册,上海古籍出版社,1987,第 3016 页。

理军购,日本学者中村义据此认为,购军火目的系为唐才常自立军举兵之用。[64] 此说固然不尽确,然而从此类解读中也略见陶森甲政治身份之复杂以及理解其人之困难。[65]

(三)为日本政府提供情报

庚子前后,陶森甲深刻介入维新派的活动,与日本民间旅华人士交往密切,同时,作为东南督抚的官方代表,也与各国外交官员多有交道,尤其与日本驻沪代理总领事小田切万寿之助关系熟稔。有种种迹象证明,陶在为刘坤一、张之洞办事同时,又被小田切所利用,反向为日本政府提供情报。"东南互保"交涉结束后,小田切于六月初八日(7月4日)致张之洞电称:

> 陶观察来沪要公,略已办完。鄙人现有机密要务,不便函电,拟嘱观察回鄂密禀。是否电饬观察赶紧回鄂之处,出自高裁。倘蒙依允,则幸。[66]

所谓"机密要务"何指,从此电中难得其详,不过小田切嘱陶"回鄂密禀",正与张之洞将其"调鄂差遣"不谋而合。同时期小田切致本国外务省报告,对其真实企图有所透露:

> 南方三总督一言一行皆与时局变化至关重要,因此探悉其对于北方变乱之意见极为必要。因此委派前任上海道蔡钧刺探刘坤一的意向,江

---

64 中村義:《白岩龍平日記:アジア主義実業家の生涯》,研文出版,1999,第107页。

65 又,1903年苏报案发生,陶森甲亦曾利用其身份"周旋"于官方和革命党之间。据吴稚晖记:"其时之候补道陶森甲、俞明夷(震)、蒯光典等皆与蔡子民素识,故其子弟赴日本,皆与爱国学社来周旋。至是时,魏(两江总督魏光焘)派陶森甲赴日,尽劝其子弟回国。陶森甲等亦常至社,劝蔡子民注意言论,稍温和,免为北方当局所惧,我等皆漫应之。"见吴稚晖:《上海苏报案纪事》,《中国近代史资料丛刊·辛亥革命》第1册,上海人民出版社,1957,第401页。

66 《日本总领事来电》,光绪二十六年六月初八日子刻到,《张之洞全集》第10册,第8087页。

苏候补道陶森甲刺探张之洞的意向，又因广东路途遥远，鞭长莫及。⑰

据此可知陶森甲离沪赴鄂前，曾得到小田切授意，为之探听清朝督抚高官的政治动向。小田切的公开身份是外务省官员，但较少为人所知的一个事实是，他同时为东亚同文会会员。庚子事变爆发后，他观察到清朝权势最重的三大总督李鸿章、刘坤一、张之洞一齐宣布排外谕旨为"矫诏"，公然以"中外保护"与朝廷立异，不禁惊呼为"当朝开国以来一大异观"，并向近卫笃麿鼓动："此际若予以刘、张、李等人暗中辅助，使彼等之决心得以彻底实现，将来定会为我邦带来许多利益。"⑱小田切的意向与东亚同文会推行的"联邦保全策"多有吻合，而通过陶森甲向张之洞等人摸底，正是他的一步试探棋。后来事实证明，刘坤一、张之洞等人终不能割断对清室的忠心，"东南互保"这一政治事件也由此凸显其限度所在。讽刺的是，不久后陶森甲以个人身份加入中国国会，小田切根据其官方背景，判断他是"刺探中国国会的内部情报而入会的间谍"⑲。而他似乎忘记了，陶也曾利用过这层身份，帮助他从清朝官员那里获得情报。

至七月中旬，八国联军由天津出发，逼近北京，长江局势受此影响，再度紧张。陶森甲奉命赴沪，曾向日人透露："无论哪个国家的军队进入长江，刘（坤一）都准备将其击退。"⑳七月十四日（8月8日），刘坤一致电李鸿章、张之洞称：

据陶道密禀，有日本人向伊力言，英将西摩欲立功长江，以泄杨村败

---

⑰《上海在勤小田切総領事代理ヨリ青木外務大臣宛・時局ニ對スル劉總督意見情報ノ件》，明治三十三年七月十一日，《日本外交文書・第三十三卷　別冊二・北清事変中》，第239頁。蔡钧，字和甫，浙江仁和（今杭州）人，光绪二十三年（1897）任上海道，二十五年因故开缺。时居上海，为两江督署代办洋务事，与小田切熟识，后出任驻日公使。翁同龢评价他："历办洋务，有能名，亦有小人之目。"参见陈义杰整理：《翁同龢日记》第5册，光绪二十一年九月二十五日条，中华书局，1998，第2849页。

⑱ 近衛篤麿日記刊行會編：《近衛篤麿日記》第3卷，第222頁。

⑲《井上雅二日记——唐才常自立军起义》，《近代史资料》总74号，第127页。

⑳《井上雅二日记——唐才常自立军起义》，《近代史资料》总74号，第112页。

绩之耻,续由中堂、香帅及散处径电英政府,以沮其谋等语。此说固未敢
遽以为信,然近日英人举动可疑者确有数端……应否会电罗使向外部相
机进言,陈说利害,我保疆土,彼保商务,毋为武员所愚,祈卓裁。⑦

按,由于在沪领事当局持续呼吁,英国政府计划派兵登陆上海,海军中将西
摩尔(Edward Hobart Seymour,1840—1929)由天津南下抵沪,引起外界
诸多猜测。有舆论认为"西摩氏之来特欲一窥南中互相保护之局耳"⑦,又
有人怀疑其意在报复,批评"武员喜事,可虑"⑦。其实,英军登陆与否将取
决于西摩尔实地考察的结果,英政府尚未决定派兵。⑦ 前引刘坤一电报透
露一个重要信息,即所谓"英将西摩欲立功长江"的说法,最先炮制者原为
"日本人"。此人最可能就是小田切领事。针对英国在长江单方面用兵,小
田切一开始就反应强烈,提醒日本政府绝不应消极坐视,相反,"向上海及长
江方面派出帝国军舰数艘,可借以向该地区清国官民展示我军力之绰有余
裕,此为扩张我势力利益之最佳手段"⑦。按其一贯的行为方式,通过在华
人脉关系,鼓动东南督抚向英国示以强硬,合乎逻辑。⑦ 英军实现登陆后,
小田切认为这一军事行动的性质等同于宣示其势力范围,日本在当地有重

---

⑦ 《寄李中堂张制军盛京堂》,光绪二十六年七月十四日,《刘坤一遗集》第 6 册,第 2584 页。
"罗使",驻英公使罗丰禄。

⑦ 《与客论英国水师提督南来事》,《申报》,光绪二十六年七月初五日。

⑦ 《寄苏浙宁皖鄂赣各督抚帅》,光绪二十六年七月十七日,《愚斋存稿》卷三十九,总第
909 页。

⑦ [英]杨国伦:《英国对华政策,1895—1912》,刘存宽、张俊义译,中国社会科学出版社,1991,
第 182 页。

⑦ 《上海在勤小田切総领事代理ヨリ青木外务大臣宛・领事会ノ遣舰请求决议並我遣舰禀请
事情报告ノ件》,明治三十三年六月二十二日,《日本外交文书・第三十三卷 别册一・北
清事变上》,第 791—792 页。

⑦ 除小田切以外,当时其他在沪日本人也可能向陶森甲施加类似影响,井上雅二 1900 年 7 月
31 日记:"白岩(龙平)忠告陶,若本日拜会李中堂,应与其商议这样一事:列国若悍然进兵
长江,刘、张将拼死拒之,因此要特别注意。应将此电告各国。陶表示同意后去了。总之,
原仰仗三总督维持秩序稳定一事,由于英国的行动,几乎归于不可能。"《井上雅二日记——
唐才常自立军起义》,《近代史资料》总 74 号,第 112 页。

大的商业利益,"有必要在与各国协商后,派出相当数量的兵员,从而占取共同行动的权益"⑦。而后,为数四百五十人的日本海军陆战队最终登陆上海,并在当地驻留了将近两年时间才行撤离。

英国在长江流域的军事行动,对日本来说,无疑是一大刺激。义和团事变后不久,日本政府调整大陆政策的基本方针为"北守南进","计议此次善后时,亦应求贯彻此目的,于福建之外,应更将浙江划归我势力范围"⑧。为在对华利益争夺战中抢得先手,其借口"厦门事件"的出兵行动,就是一次效仿英国而功败垂成的冒险。由于中方强烈抗议,尤其列强一致反对,为避免因厦门一隅之问题而造成与欧美关系的紧张化,日本为"经营南方"所进行的军事行动不得不迅速收手⑨。在此期间,陶森甲在上海代表两江与日本交涉,抗议军事侵入,而在与日本人的私下交谈中,又流露出别样一种心曲。据宗方小太郎致海军省报告:

> 我陆战队登陆厦门,长江沿岸官民颇怀疑惑,认为日本此举系为乘机割取福建全省而做准备。又当地美国人言,厦门本愿寺烧毁非匪徒所为,乃日本人自行为之,支那人多信之。前日据在上海的南洋大臣委员陶森甲之言,福建地瘠民贫,即使获之亦非贵国之利,何不取吉林省?陶又言,他日列国要求军费赔偿,我国已无余裕应之。迫不得已只能将吉林与贵国,伊犁与俄国,西藏与英国,琼州岛与法国。至于德国,其占领胶州湾为此次事变之起因,不能再次割与土地。⑩

---

⑦ 《上海在勤小田切総領事代理ヨリ青木外務大臣宛・英兵上海上陸ニ関スル件》,明治三十三年八月十五日,《日本外交文书·第三十三卷　别册一·北清事变上》,第851—853页。

⑧ 〔日〕信夫清三郎:《日本外交史》,天津社会科学院日本问题研究所译,商务印书馆,1980,第314页。

⑨ 参看中国社会科学院近代史研究所编:《日本侵华七十年史》,中国社会科学出版社,1992,第80—81页。

⑩ 《報告第八十六號·我海軍陸戦隊の厦門上陸に対する南清官民の感情》,明治三十三年九月一日,神谷正男编:《宗方小太郎文書:近代中国秘録》,原書房,1975,第93页。

为解决厦门事件，陶森甲劝日本弃福建而改取吉林，为事变善后打算，又提议以割地抵偿赔款。这些意见也反映出，那一时代像他这种以"通洋务""具使才"得名的人物所具有的国家观念和外交知识。

四、 结语

晚清时代有一些身份不大不小、地位不高不低，而对于历史实际进程产生过重要影响的"中等人物"。[31] 既有研究对他们往往不够重视，陶森甲即为其中显著的一例。他是旧式教育出身，经历过新学熏染、洋务历练，作为刘坤一、张之洞等地方大吏的亲信幕僚，与日本政府、民间两层势力皆有渊源，庚子事变期间代表官方办理"东南互保"交涉，又深刻介入维新群体及东亚同文会策动南方督抚的运动，甚至受到日本驻沪领事小田切万寿之助的驱使，不断为其提供情报。大约庚子事变后一年，驻日公使蔡钧因与思想激进的留日学生关系不谐，拟议防范"流毒"而减少留学人数的办法，其致国内的密电据说被陶森甲泄露给日本人，由此引起一场风波。事后，蔡钧在某私函中吐露：

> 惟钧前以游学各弊，密陈于我宫太保中堂及外务部与南北洋各处，固知阻止游学深犯日人之忌，不然钧当自上封章，所以密陈外务部及南北洋时，即请其秘而秘，以昭慎重。讵此竟为南洋陶道所闻，到处宣泄，幸尚未知其详。致沪、宁各领事，即据以禀报该政府，以为阻止游学皆钧意也，而各报亦乱肆訾议。……中国内而外务部、军机处，外而督抚、

---

[31] "中等人物"系笔者撰拟的一个概念，取其地位介于达官显贵与草根平民之间、知识阅历上往往具备传统与新学双重训练之意，其作用于历史的机缘，则与其个性、际遇、人脉网络、时代背景诸多因素相关联。借用近人徐铸成的话："在政治舞台上，他们不是总督、总长、总理一类的显赫角色，却都惯于出卖风云雷雨，在近代史的不少关键'回目'中，他们都在幕后插手，甚至排演、操纵。"（徐铸成：《旧闻杂忆》，四川人民出版社，1981，第 172 页）这一类不大不小的人物之于清末民初历史的影响力及意义，实有待史学界的重新评估。举例来说，如笔者曾做过个案研究的钱恂、陶森甲、赵凤昌、周善培、刘鹗（其在文学史上无疑为"大家"，移诸政治史语境则是另一种境况）诸人，又如清末几任上海道台余联沅、蔡钧、蔡乃煌以及姚锡光、沈敦和等人，此处不能尽举。关于"中等人物"概念的解说及具体论证，详另文。

各署，凡有密事，外人无不了如指掌，盖其中受贿而密递消息者，固大有
人在也。[32]

函内所谓"密递消息者"，即指陶森甲而言。泄露本国情报，陶森甲或难辞其
咎，而是否出于"受贿"，则仍须待确据证实。[33] 如就思想倾向而言，陶本人
有着强烈的革新意识，欲有所作为，其在政府内外不断换位，并利用日本力
量促成目标，但不自觉又被反利用。当时他在主观上并无明晰的民族国家
观念，而造成的客观结果，在今人眼中不仅见其"诡秘"，也多可议之处。实
际上，陶森甲的所作所为难以跳脱特定时期中、日两国所处的历史位置，新
旧之分掩盖了中外之别，因此也就烙上强烈的时代性印记，体现出深刻的
"双面"性质。有学者推论，陶森甲因为外洋经验，眼界大开，由此破除了士
人忠君的传统观念，或在清末复杂多变的局势下，多方进行了政治投机。[34]
要准确评估这些"政治投机"行为的性质和影响，目前可能尚未有充足的史
料帮助我们下一定论。但是，如果想要对当时中日关系的多个层次，或更广
义而言，对晚清时代的士风政情有更加深切的体认，那么贴近观察类似陶森
甲这样的中等人物，或仍是一有效且无法轻易绕开的途径。

---

[32]《蔡钧札（四）》（光绪二十八年二月十八日），杜春和、耿来金、张秀清编：《荣禄存札》，齐鲁书
社，1986，第 371—372 页。

[33] 据近卫笃麿日记1902 年 3 月 28 日条："午后三时出门，赴清公使馆，……今日新闻报披露蔡
公使密书，蔡公使为之频频辩解，自表对于来日之留学生绝无阻止之意，此密书为刻意中伤
而作，有言与陶森甲竞争公使地位事，喋喋不自休。"参见《近衞笃麿日记》第 5 卷，第 66 页。
则此事件背后尚有蔡、陶人事竞争的因素影响。

[34] 按本文完成初稿后，于网络上见有陈晓平先生（网名"学海无涯"）的文章《清末民初多面人
陶森甲》，该文思路与笔者多有接近，指出"陶森甲在晚清似乎是个小人物，但知名度不高并
不等于就不重要，种种迹象表明，此人自庚子年起参与了不同派系的密谋"，对体现于陶氏
"多面性"有实证性的考察，颇资参考。出处：http://www.douban.com/group/topic/
13039677/，最后浏览日期：2011 年 11 月 30 日。

　　沈瑜庆(1858—1918)，字爱苍，一作霭苍，号涛园，福建侯官(今福州)人，沈葆桢(1820—1879)第四子，林则徐(1785—1850)之外孙。光绪十一年(1885)举人，借父荫入仕，恩赏主事，分发刑部。十七年(1891)改江南候补道，曾先后委办江南水师学堂、宜昌盐厘局、江南筹防局营务处、皖北督销局、吴淞清丈局等。二十七年(1901)补淮扬海兵备道，旋护理漕运总督。①后历官湖南按察使、顺天府尹、山西按察使、广东按察使、江西布政使、护理江西巡抚、贵州布政使。宣统三年(1910)，实任贵州巡抚。辛亥革命后，寓居上海，以遗老自处。民国七年病逝，逊清王室赐谥"敬裕"。著有《涛园集》(民国九年刊本)。沈瑜庆逝世后，陈三立(1853—1937)作墓志铭，对其甲午(1894)、庚子(1900)"两收海军余烬"的功绩大加褒扬：

　　　　岁甲午，张文襄公(张之洞)自湖广移督两江，延公入幕，兼筹防局营务处。时与日本构衅，调军食、治文书，日不暇给，战败海军熸，领舰将吏率南奔，公以海军文肃(沈葆桢)所经营，为立国根本，言文襄分别留置，使自效。后庚子之变，言于刘忠诚公者(刘坤一)亦如之。两收海

---

① 关于沈瑜庆早期履历，参详秦国经主编：《中国第一历史档案馆藏清代官员履历档案全编》第 8 册，华东师范大学出版社，1997，第 175 页。

军余烬，稍保聚于南纪，公之力也。[②]

甲午、庚子两役，创巨痛深，关乎清朝国运匪浅。而沈瑜庆世家出身，忧心忧国，经历两场世变，均有不俗表现，尤其对于清朝海军实多保存之功。惜乎时至今日，竟已湮没不彰。本文搜辑文献，略事钩沉，希望重建史实，能窥见其人其事，亦能领略其周遭的世风世情。

一、　"哀余皇"之内面

沈瑜庆生平，与海军颇有渊源。其父沈葆桢先任福建船政大臣，主办福州船政局，继升两江总督兼南洋通商大臣，督办南洋水师，并参与经营轮船招商局，派船政学堂学生赴英法留学，为中国近代造船、航运、海军建设事业的重要奠基人之一。[③] 而沈瑜庆幼承庭训，耳濡目染，光绪十六年（1890）由京城南下，在两江督署奉办的第一份差事，也恰始于江南水师学堂，这当然离不开"家学"的影响。后来署理两江总督的张之洞（1837—1909）深知其事，对这一层关系有所描画：

> 江苏试用道沈瑜庆先于光绪十六年五月经前督臣曾国荃委办水师学堂，其时南洋创设水师之始，一切章程均取则于福建船政学堂。该员系已故两江督臣沈葆桢之子，潜心考究家学渊源，故于删定章程，研求艺学，独能得其要领，探讨西法，能究精微，在事二年，成效即昭然可睹。沈葆桢之治江南，流风善政，时系人思，该员不坠家风，允协时望。[④]

---

② 陈三立：《诰授光禄大夫贵州巡抚沈敬裕公墓志铭》，李开军校点《散原精舍诗文集》下册，上海古籍出版社，2003，第 978 页。

③ 参看林庆元：《沈葆桢：理学德治洋务自强》，中国文联出版社，2002。

④ 《沈瑜庆请送部引见片》，光绪二十一年十二月十九日，苑书义、孙华峰、李秉新主编：《张之洞全集》第 2 册，河北人民出版社，1998，第 1093 页。

甲午战争前后,沈瑜庆受聘于张之洞幕府,掌江南筹防局营务处,而深受任用。据沈氏后人言:"甲午,南皮移督两江,檄令随节,详询江南应旧应革诸务,条陈无遗,委总督署文案,兼总筹防局营务处。时南北征调,运兵运械,事萃一身,延接批答,昕夕不遑。"⑤熟悉沈瑜庆事迹的陈宝琛(1848—1935)也说:"甲午事起,君夙为张文襄所器,文襄权江督,日夕引公咨度,治牍筹军,悉倚办。事平回鄂,则疏扬于朝。"⑥战事平定后,光绪二十一年(1895)十二月张之洞专奏保荐沈瑜庆,可见对其信任有加:

上年冬间,臣奉命来江,适值海防事亟,饬委该员办理江南筹防局务,均能实力筹办,有裨戎机。兹当整顿水师之时,该员创始经画,劳不可泯。……查该员沈瑜庆才识稳练,器局恢闳,且由恩赏主事中式举人,既为正途出身,复系荩臣后裔,其顾念名义,感激报称,必有远过流俗者。当此时局需材,合无仰恳天恩,可否将该员送部引见、恭候擢用之处,出自逾格鸿施。

奉朱批:"沈瑜庆着交吏部带领引见。"⑦次年(1896)六月,入京觐见,奉旨"以道员仍发往江苏尽先补用,并交军机处记名,遇有道员缺出请旨简放"。⑧ 当年翁同龢(1830—1904)在京面见其人,评价颇不俗:"门人沈蔼沧[瑜庆]来谈。[江南道员,张帅明保。]此人识略极好,且有断制,不愧为沈文肃之子。"⑨

---

⑤ 《征文启原稿》(1917),沈成式编:《沈敬裕公年谱》,载福建省文史研究院整理《涛园集(外二种)》,福建人民出版社,2010,第232页。

⑥ 陈宝琛:《沈涛园中丞六十寿序》(丁巳),刘永翔、许全胜校点《沧趣楼诗文集》上册,上海古籍出版社,2006,第333页。

⑦ 《沈瑜庆请送部引见片》,光绪二十一年十二月十九日,《张之洞全集》第2册,第1093—1094页。

⑧ 秦国经主编:《中国第一历史档案馆藏清代官员履历档案全编》第8册,第175页。

⑨ 陈义杰整理:《翁同龢日记》第5册,光绪二十二年五月十九日条,中华书局,1998,第2911页。

甲午、乙未之际，在沈瑜庆"实力筹办，有裨戎机"的诸多事务中，为张之洞献策，从而收留战败南逃的北洋水师将官，即一大端。《张文襄公年谱》记其事：

> 北洋海军既熸，领舰将吏率南奔，沈蔼苍抚部为文肃之子，时以道员参幕府事。念文肃经始之艰，且海军为立国根本，言之于公，分别留置，海军余烬，赖以保聚。[⑩]

复按《张之洞全集》电牍卷，光绪二十一年二月张之洞有电致上海地方官员，特嘱："闻威海、刘公岛及海军各舰溃散，勇丁有数百名回沪，可即行设法邀致各勇弁，分别详询刘公岛失守及各舰降倭实在情形，其中想不乏可用之弁勇，如情可原、艺可取者，拟酌留备用。如系有心降贼者，万不可用，虽艺好亦不必，万勿含混受欺。即妥速商办电复。"[⑪]此针对海军溃勇"分别留置"的方案，或即出于沈瑜庆拟议。

《涛园集》收录有著名的《哀余皇》一诗，即作于甲午后。[⑫]据闽人黄濬（1891—1937）的说法，"盖为海军作，沉挚顿挫，歌以当哭矣"。[⑬]按沈瑜庆其人，"平生最熟《左传》、苏诗"[⑭]，而负诗名。识者盛称其诗"磊砢豪宕，多奇语"[⑮]。王揖唐（1877—1948）《今传是楼诗话》有谓：

---

⑩ 许同莘：《张文襄公年谱》，商务印书馆，1946，第 93 页。按此段文字与陈三立所撰《沈敬裕公墓志铭》雷同，似有因袭，年谱"草创于辛酉（1921）以前"（同上书，凡例，第 1 页），从成文先后时间看，陈文应为张谱所本。

⑪ 《致上海经道、唐道、宗令得福》，光绪二十一年二月十六日申刻发，《张之洞全集》第 8 册，第 6152 页。

⑫ 沈瑜庆：《哀余皇（并引）》，《涛园集（外二种）》，第 11—13 页。

⑬ 黄濬著，李吉奎整理：《沈爱苍〈哀余皇〉诗及引》，《花随人圣庵摭忆》上册，中华书局，2008，第 258 页。

⑭ 汪辟疆：《近代诗人小传稿》，《汪辟疆说近代诗》，上海古籍出版社，2001，第 139 页。

⑮ 福建省文史研究院整理：《涛园集（外二种）》沈曾植序，第 1 页。

观槿为君外孙，承遗命刊君集，谓君于同光以来朝政时局、人物掌故，多所纪述，可作史观。听水老人赠君诗，亦有"史料一朝《正阳集》，才名并代海藏楼"之语。《正阳集》者，君监榷江淮间所作也。⑯

"观槿"，李宣龚（1876—1953），号观槿，福建闽县人，沈葆桢为其舅祖。沈殁后，李为之整理刊刻文集，所谓"可作诗史观，而非可以寻常作家相提并论也"⑰之言，出自《涛园集》跋语。"听水老人"，即陈宝琛，诗见《沧趣楼诗集》卷五。⑱庚子后，沈瑜庆充正阳关督销盐淮局榷员，《正阳集》为咏时纪事之作。同为闽人的郭则沄（1882—1946）"痛国史之不足传信"而"集众诗以为史"⑲，推许沈瑜庆"其诗其序，足补国史之缺"⑳。而沈本人确有"诗史"的自觉，尝题《崦楼遗稿》有云：

> 人之有诗，犹国之有史。国虽板荡，不可无史。人虽流离，不可无诗。㉑

按汪辟疆（1887—1967）《光宣诗坛点将录》拟沈氏为"天微星九纹龙史进"，所谓"进于史矣，是为诗史"，可谓知人。㉒

《哀余皇》一诗，在后世文学研究者眼中，正是"最显著地反映沈瑜庆诗

⑯ 王揖唐著，张金耀点校：《今传是楼诗话》，"沈瑜庆诗可作史观"条，辽宁教育出版社，2003，第406—407页。

⑰ 福建省文史研究院整理：《涛园集（外二种）》李宣龚跋，第113页。

⑱ 陈宝琛：《爱苍倡修宛在堂诗龛见寄二律赋和》，《沧趣楼诗文集》上册，第97页。

⑲ 许钟璐：《十朝诗乘跋》，龙顾山人纂《十朝诗乘》，卞孝萱、姚松点校，福建人民出版社，2000，第1049页。

⑳ 龙顾山人纂：《十朝诗乘》卷二十，第813页。

㉑ 沈瑜庆：《〈崦楼遗稿〉题语》，《涛园集（外二种）》，第305页。按崦楼名鹊应，字孟雅，瑜庆女，林旭之妻。

㉒ 汪辟疆：《光宣诗坛点将录》，《汪辟疆说近代诗》，第68页。

歌的纪实性艺术特征的作品"[23]。"余皇",即春秋时期吴国国君座船,在吴王僚二年(前525)的吴楚之战中,一度为楚国军队夺取。沈瑜庆以此来指代清政府苦心经营多年的南北洋水师。《哀余皇·引》有云:

> 甲申一挫,甲午再挫,统帅不能军,闽子弟从之,死亡殆尽。无更番之代、掎角之势、专一之权,以至于一蹶不可复振。淮楚贵人居恒轩眉扼腕曰:闽将不可用,海军难办。噫!真闽将之不可用耶?抑用闽将者之非其人耶?累累国殇,犹有鬼神,此焉可诬?而今日之淮楚陆军何如乎?是可哀矣。吴公子光曰:丧先王之乘舟,岂惟光之罪,众亦有焉。长歌当哭,遂以《哀余皇》名篇。[24]

中国近代海军建设的发端,正始于沈瑜庆之父沈葆桢。由此,他对海军有着特别的感情。《哀余皇》的这篇小引从沈葆桢视师台湾、创议筹建海防说起,至甲午海战、北洋熸师作结,历述南、北洋舰队建设的种种曲折与艰难,几乎就是一篇晚清海军发展的简史。难怪黄濬以为"涛园此诗、引,俱可作史料"[25]。

经甲午一役,北洋水师几乎全军覆没,这不能不使沈瑜庆痛心疾首。诗作紧扣"余皇"之题,多引《左传》典故,与海军兴衰历程穿插印证,而其中多有为"闽将"辩护之词。"子弟河山尽国殇,帅也不才以师弃"一句,尤见沉痛。沈瑜庆外甥林旭(1875—1898),对此诗深表同情,作《外舅哀余皇诗题后》,有句曰:"分明家国千行泪,词赋江关漫道悲。"[26]郭则沄《十朝诗乘》亦颇重《哀余皇》一诗,专门引述乃父郭曾炘(1855—1928)《题魏默深〈海国图

[23] 董俊珏:《论同光体闽派诗人沈瑜庆诗歌的艺术特征》,《福建师大福清分校学报》2015年第4期。

[24] 沈瑜庆:《哀余皇(并引)》,《涛园集(外二种)》,第12—13页。

[25] 黄濬:《沈爱苍〈哀余皇〉诗及引》,《花随人圣庵摭忆》上册,第258页。汪辟疆亦称"其诗结束精严,尤多名作,其小序可备掌故"。见《光宣诗坛点将录》,《汪辟疆说近代诗》,第68页。

[26] 林旭:《晚翠轩集》,《涛园集(外二种)》,第270页。

志〉》中"一场孤注闽材尽,横海楼船泣水犀"句,而加以评注:

> 闽厂创议由左文襄,而成于沈文肃。三十年来,管带、驾驶多八闽子弟,死绥将佐若邓世昌、若刘步蟾,皆闽籍也。㉗

甲申中法、甲午中日两役,闽籍将弁殉难者近千人,故沈瑜庆有谓"累累国殇,犹有鬼神,此焉可诬也"。如此看来,甲午战时,沈氏在张之洞幕府利用职务之便,而能仗义执言,收纳"海军余烬"的行为,不仅有保存清朝水师,为将来留一种子的考虑,也有顾惜保全"八闽子弟"的乡谊亲情的作用。

二、 与议"东南互保"

相比于甲午年事迹,沈瑜庆在庚子事变中的作为,更少有人知情。当时沈瑜庆为两江总督刘坤一(1830—1902)所信用,多与闻时政机密,涉入"东南互保"尤深。陈三立所撰墓志铭称"拳匪乱,东南互保之约成,公首奔走预其议"㉘,已点明事实,唯语较约略。而陈宝琛作寿序文,记叙更加显白:

> 庚子之祸,大局岌岌,长江上下,伏戎几遍。君奏记于刘忠诚,多关至计。而东南互保之议,君实与武进盛宫保倡之,且代忠诚莅沪定盟,复请畀李文忠全权,始转危为安。㉙

《涛园集》收有《寿新宁宫保两绝》,其一云:"平戎仲父忧王室,荐士梁公感旧京。痛定若思茂陵策,故应险绝念平生。"㉚即咏庚子"东南互保"事,后两句引东汉马援(前14—49,扶风茂陵人)直谏光武帝故事,可见当时刘坤

㉗ 龙顾山人纂:《十朝诗乘》卷二十二,第911页。
㉘ 陈三立:《诰授光禄大夫贵州巡抚沈敬裕公墓志铭》,《散原精舍诗文集》下册,第163页。
㉙ 陈宝琛:《沈涛园中丞六十寿序》(丁巳),《沧趣楼诗文集》上册,第333页。
㉚ 沈瑜庆:《寿新宁宫保两绝》,《涛园集(外二种)》,第49页。

一尚有犹疑,而沈力劝,故谓"险绝"。那么,在风云突变、危机四伏的庚子年,沈瑜庆究竟有何作为呢?

一般近代史著作在描述"东南互保"事件时,都注意到上海是江宁、武昌——两江总督刘坤一、湖广总督张之洞驻节地——之外另一个重要的酝酿地点,也往往强调以盛宣怀(1844—1916)为核心的"上海中外官绅"这样一个群体的存在与作用。[31] 赵凤昌(1856—1938)、何嗣焜(1843—1901)均为常州武进人,是盛宣怀的同乡,也是当时为其所亲信的幕僚。二人共同面见盛宣怀,提出华、洋两界由中外分任保护、"由督抚联合立约"的设想,上海道出面与各国领事交涉,各省则派代表随同议约,已发"东南互保"之先声。[32] 此外,盛宣怀与日本总领事小田切万寿之助(1868—1935)有所密商,同样值得注意。最后促使他做出决断的,则是时局的变化。五月二十七日(6月23日),盛宣怀分别致电李鸿章、刘坤一、张之洞,明确提出中外互保的办法:"如欲图补救,须趁未奉旨之先,岘帅、香帅会同电饬地方官上海道与各领事订约,上海租界准归各国保护,长江内地均归督抚保护,两不相扰,以保全商民人命产业为主。"[33]

"东南互保"的倡议最终得到积极回应,但考诸事实,刘坤一、张之洞皆未在第一时间复电答应,其决策经过了极为慎重的考虑。当时刘、张周边幕

---

[31] "上海中外官绅"语取自李国祁《张之洞的外交政策》("中央研究院"近代史研究所,1970,第151页),广义上也可包括江浙地区。一般列举其名者有盛宣怀、余联沅、沈瑜庆、陶森甲、汤寿潜、沈曾植、张謇、何嗣焜、福开森(John. C. Ferguson)、汪康年、赵凤昌诸人。

[32] 赵凤昌:《庚子拳祸东南互保之纪实》,《人文月刊》第2卷第5期,1931。按"西摩",英国海军中将西摩尔(E. H. Seymour,1840—1929)。作为当事人的回忆录,《纪实》勾勒了互保发起的主要线索,也提供了一些在其他类型史料中不易见的有趣细节,因此很多研究者视为解释"东南互保"起因的权威资料。不过,其中的不少说法存有讹误,并且缺少验证,如果孤立引用的话,仍不免有相当的风险。

[33] 《寄李中堂刘岘帅张香帅电》,《愚斋存稿》卷三十六,沈云龙主编《近代中国史料丛刊》续编第13辑,文海出版社,1975年影印本,总第844页。按此电原注五月二十八日(6月24日),研究著作多据此展开论述。此日期实系误植,查该电韵目为"沁"(《盛京堂来电并致李中堂刘制台》,光绪二十六年五月二十八日巳刻到,《张之洞全集》第10册,第8028页),发电时间应在五月二十七日(6月23日)。

僚多有表现，而沈瑜庆于宁、沪之间往返联络，作用相当关键。沈瑜庆第三子沈成式作《沈敬裕公年谱》，记述谱主在庚子年的事迹：

> 五月，拳匪乱作，北方糜烂。公与武进盛愚斋宫保（宣怀）以东南半壁，华洋杂处，万一有变，盐枭土匪，借以为机，全局不堪设想，宜与外人定约，租界内地，各担责任，俾宵小不得滋事，东南乂安，足以补救西北。遂电武昌，并入宁面陈，于是东南互保之约成。又代表忠诚莅沪，与各国领事定盟，并请忠诚奏请畀李文忠全权。㉞

复按赵凤昌《庚子拳祸东南互保之纪实》，可印证"入宁面陈"确有其事：

> 即定议由其分电沿江海各督抚，最要在刘、张两督。刘电去未复，予为约沈爱沧赴宁，再为陈说。旋得各省复电派员来沪。盛即拟约八条，予为酌改，并为加汉口租界及各口岸两条，共成十条，并迅定中外会议签约之日。㉟

所称"予为约沈爱沧赴宁"一节，是指赵凤昌出面，联络当时在沪的沈瑜庆，约其往江宁一行，劝刘就范。黄濬《花随人圣庵摭忆》记赵凤昌口述此事，颇有生动的描述：

> 老人为予言，是日为六月某日，为星期六，时由沪赴宁必以轮船，星期例停开，涛园方以道员在岘庄幕府，诏其回沪宴集，亟走访之，尚记座客有陈敬余[季同]，以人多不敢言，捉衣令著，纳车次，热甚，汗如洗，默无一语，到盛处，始详言之，即请下船诣南京劝刘。至涛园如何促岘庄，

㉞ 沈成式：《沈敬裕公年谱》，《涛园集（外二种）》，第162—163页。
㉟ 赵凤昌：《庚子拳祸东南互保之纪实》，《人文月刊》第2卷第5期，1931。

遂不能知,要其在幕府有大功则不妄也。㊱

赵、盛约沈劝刘,文中作"六月某日""星期六",查照《愚斋存稿》,可知即五月二十七日(6月23日)。当天去电刘坤一提议"互保"后不久,盛宣怀又加一电:

> 霭沧今晚赴宁,请速定东南大计。㊲

按,光绪二十二年(1896)刘坤一回任两江总督,沈瑜庆继续在江苏留用,时以道员督办吴淞清丈工程局㊳,故常往返于沪宁之间。二十七日当晚,沈瑜庆即乘轮船前赴江宁,据张謇(1853—1926)日记五月二十九日(6月25日)条:"霭苍来,议保卫东南事,属理卿致此意。"㊴可证其到达南京后,偕同刘幕中诸人就"东南互保"事展开游说。《啬翁自订年谱》记:

> 与眉孙、爱苍、蛰先、伯严、施理卿炳燮议合刘、张二督保卫东南。余诣刘陈说后,其幕客有沮者。刘犹豫,复引余问:"两宫将幸西北,西北与东南孰重?"余曰:"虽西北不足以存东南,为其名不足以存也;虽东南不足以存西北,为其实不足以存也。"刘蹶然曰:"吾决矣。"告某客曰:

㊱ 黄濬:《花随人圣庵摭忆》中册,第460—461页。按陈季同(1851—1907),福建侯官人,曾任驻德、法等国参赞,旅居欧洲多年。归国后留北洋办理洋务。义和团事起,与汪康年等人呼应,通过沈瑜庆上书刘坤一:"为今计,南方数省,建议中立,先免兵祸,隐以余力助北方,庶几有济"。参看桑兵:《陈季同述论》,《近代史研究》1999年第4期。

㊲ 《寄宁督刘岘帅》,光绪二十六年五月二十七日,《愚斋存稿》卷九十四,补遗七十一,总第1966页。

㊳ 光绪二十五年底,刘出奏保荐沈瑜庆,语云:"现在委办吴淞埠务,区画井井有条,华洋莫不翕服。"《特保道员备简折》,光绪二十五年十二月二十四日,中国科学院历史研究所第三所主编:《刘坤一遗集》第3册,中华书局,1959,第1202页。

㊴ 张謇研究中心、南通市图书馆编:《张謇全集》第6卷,江苏古籍出版社,1994,第437页。按"理卿",施炳燮,字理卿,浙江会稽(今绍兴)人。由监生随办南洋洋务,1894年加捐县丞,指分江苏省试用。1896、1900年于江南水师学堂奖叙案内,经奏保以知县补用。后升道员,署理湖北交涉使。秦国经主编:《中国第一历史档案馆藏清代官员履历档案全编》第8册,第595—596页。

"头是姓刘物。"即定议电鄂约张,张应。[40]

文中何嗣焜(字眉孙)、沈瑜庆、施炳燮(字理卿)、汤寿潜(字蛰先)、陈三立(字伯严),皆刘幕宾客。论史者注意到刘坤一晚年在政治上屡有非凡表现,又疑其"才非过人,互保必幕府所为"[41]。合上看来,就刘坤一定计"互保"而论,"幕府有大功"之说应为事实之一面。

刘、张复电赞同"互保"同时,授命上海道余联沅出面"与各领事订约",盛宣怀"帮同与议,指授沪道"。[42] 另外,湖北、两江分派道员陶森甲(1855—?)、沈瑜庆作为代表,赴沪参加会议。五月三十日(6月26日),刘坤一致电张之洞称:

> 沪道所拟五条,均可行。······已电令速商杏荪,定今日三点钟会议。陶道到宁,沈爱苍亦来,告以尊意,并加派沈帮办此事,均令速往。仍电沪先议,不必候。至杏荪处,昨经电托相助为理,得覆允办。[43]

既有论著言及"东南互保",多谓陶、沈直接参加了中外会议。如《上海通史》称:"6月26日,上海道余联沅、道员陶森甲(张之洞代表)、沈瑜庆(刘坤一代表)与各国驻沪领事在北浙江路会审公廨举行会议,······经过谈判,当日议定了《东南保护约款》和《保护上海城厢内外章程》。"[44]此说不尽确。会议当天,陶、沈均在南京,尚未到沪。[45] 而江、鄂代表莅沪后,具体的议款

---

[40] 张謇研究中心、南通市图书馆编:《张謇全集》第6卷,第861页。

[41] 黄濬:《花随人圣庵摭忆》中册,第455页。

[42] 《致江宁刘制台、上海盛京堂电》,光绪二十六年五月二十八日亥刻发,《张之洞全集》第10册,第8028页。《寄余晋珊观察》,光绪二十六年五月二十八日,《刘坤一遗集》第6册,第2566页。

[43] 《复张制军》,光绪二十六年五月三十日,《刘坤一遗集》第6册,第2567页。

[44] 熊月之、袁燮铭:《上海通史(第3卷)·晚清政治》,上海人民出版社,1999,第233—234页。

[45] 据在沪日人记录,陶森甲到沪已是六月初四日(6月30日)。井手素行(三郎):《庚子日乘》,明治三十三年六月三十日,东京大学法学部近代日本法政史料中心藏。

活动主要是秉承两总督意旨,强调限制外国兵舰入江。六月初四日(6月30日),沈瑜庆、陶森甲联名致电刘坤一、张之洞:

> 盛京堂传示宪电并李使电,第五条颇难商办等语,职道商余道告各领,兵船虽不能禁其进口,亦应立定限制,先期知照,免致误会。顷小田切云,该国有兵船一艘将赴汉,数日即返,属转禀两宪,以后决不三艘同进。似此办理,日就范围,他国当不能独异。查英兵轮泊长江、上海者九艘,明日续到两艘,日本三艘,并闻。当否?训示。⑯

按,《保护上海长江内地通共章程》第五款规定:"各国以后如不待中国督抚商允,竟至多派兵舰驶入长江等处,以致百姓怀疑,借端起衅,毁坏洋商、教士人命产业,事后中国不认赔偿。"⑰当时多数领事认为中方拟议的保护章程对外国行动多有掣肘,尤其对兵船、炮台、制造局三款深致不满,故"驳论多端"⑱。经陶、沈等人在沪运动,对于长江流域利权最具野心的英国领事霍必澜(1845—1923,Pelham Laird Warren)稍有让步,"允电水师提督以后不再派船入江,如有更调,必先知照"⑲。

综上,可见沈瑜庆在"东南互保"过程中发挥的大致作用。后来,他致盛宣怀函文中推许后者于庚子之役有"联络"之功:"天下绝大事业,祇在一二人之交欢。庚子之患,微公居此中联络,则粤江鄂鼎峙之势不立。彼三公者平时各不相谋,而因公之故,遂相固结,以纾世难。"⑳其实,沈瑜庆本人何尝

---

⑯《陶絜林森甲沈霭苍瑜庆两观察致南京武昌督署电》,光绪二十六年六月初四日,《愚斋存稿》卷三十六,总第854页。"李使",驻日公使李盛铎。

⑰《盛京堂来电》,光绪二十六年六月初一日巳刻到,《张之洞全集》第10册,第8045页。

⑱《寄粤宁苏鄂皖各帅》,光绪二十六年五月三十日,《愚斋存稿》卷三十六,总第846—847页。

⑲《陶森甲、沈瑜庆致张之洞、刘坤一电》,光绪二十六年六月初六日,陈旭麓、顾廷龙、汪熙主编:《义和团运动——盛宣怀档案资料选辑之七》,上海人民出版社,2001,第106页。

⑳《沈瑜庆致盛宣怀函》十二,王尔敏、吴伦霓霞合编:《盛宣怀实业朋僚函稿》中册,"中央研究院"近代史研究所,1997,第1403页

不是支撑与维系这一种"联络"的重要一环？当年严复（1854—1921）由天津避祸南下，与沈瑜庆会于沪上，赠诗有"一约公传支半壁"之激赏语，其自注曰"庚子东南互保之约，君实发其议"，多推许之情。[51] 当此危急关头，沈瑜庆得幕主信任之专、倚用之深，是成事的关键。庚子前一年，刘坤一即曾奏荐其人：

> 江苏候补道沈瑜庆，赋性强毅，卓著丰裁，有明决之资，经权悉协，有贞固之力，始终不渝，历试皆然，颇收成效。现在委办吴淞埠务，区画井井有条，华洋莫不翕服。[52]

到了事变期间，沈瑜庆"强毅""明决"一面的素质愈为刘坤一所借重，故沈氏后人谓："家君忧邦国，念朋友，无复欢思，内外震撼疑危，日夕焦虑，寸简干刘忠诚公，无不立见施行，所维持不少矣。"[53]光绪二十八年（1902），刘坤一病逝于两江任上，沈瑜庆挽曰：

> 少年任侠，晚节持重，不能无憾于时流，广坐味遗言，謇謇神明应念我。
>
> 庇主危疑，和戎仓卒，敢期必免乎世议，臣心系国脉，区区生死未妨人。[54]

---

[51] 全诗录下："忠孝名家沈隐侯，分巡弭节向扬州。楹书庭训皆成宪，锦缆牙旗得上游。一约共传支半壁［庚子东南互保之约，君实发其议］，三年行见少全牛。未能出钱成邂逅，惟有离情逐水流。"《送沈涛园备兵淮扬》，王栻主编：《严复集》第2册，中华书局，1986，第363页。

[52] 《特保道员备简折》，光绪二十五年十二月二十四日，《刘坤一遗集》第3册，第1202页。

[53] 所谓"维持不少"者，除"家君与武进盛宫保，倡议为东南互保之约"外，尚包括"李文忠、刘忠诚、张文襄均趋赴其议，由刘忠诚请简李文忠为全权大臣，大局乃转危为安"。参看《征文启原稿》（1917），沈成式编：《沈敬裕公年谱》《涛园集（外二种）》，第232页。刘坤一领衔东南督抚十三人奏请授李鸿章全权折，见《兵事方殷合陈管见折》，光绪二十六年七月初一日，《刘坤一遗集》第3册，第1223页。

[54] 沈成式编：《沈敬裕公年谱》，《涛园集（外二种）》，第165页。

所谓"和戎仓卒",与《寿新宁宫保两绝句》中"险绝"一语正可相互发明。迨庚子事毕,化险为夷,沈瑜庆"经前两江总督刘坤一等奏补淮扬海道"[55],诗中所言"荐士梁公感旧京",可证其在事变中言之甚力,故刘坤一感激而予以保荐。

三、 收容北洋海军

庚子事变中,北洋海军经大沽一役,再度南下避战,陈三立有谓沈瑜庆"言于刘忠诚公者亦如之","如之"即如甲午时所为,此二度收拾"海军余烬"的情节,知者更少。

甲午威海一役是中国海军史上的大惨败,北洋舰队几至全军覆没,幸存军官、士兵也在战后被裁汰、解散。后世对此沉痛教训多有反思与总结。而较不为人所注意的是,甲午战败后一段时间,清朝仍有重建北洋舰队的计划,尤其戊戌前后,相继向德、英等国购买多艘大吨位铁甲舰,并将前北洋海军将领叶祖珪(1852—1905)、萨镇冰(1859—1952)等人开复起用,饬命"选择朴实勇敢熟习驾驶之员,督同认真操练,以为整顿海军始基"[56]。至光绪二十五年(1899 年),重建的北洋海军已初具规模,拥有巡洋舰、驱逐舰、鱼雷艇十余艘,其中"海天""海圻"数舰属于二级巡洋舰,是中国近代海军史上仅次于"定远""镇远"的大吨位军舰,对于复兴海军起到核心力量的作用,故有论者称这是"海军发展的第二个浪峰"[57]。次年(1900)春夏之交,义和团事变起,中外交衅,清朝再次面临危机。令人意外的是,北洋海军不仅全程自外于战争,而且主力舰队联翩南下,加入所谓"东南互保"的行列中。这段

---

[55] 秦国经主编:《中国第一历史档案馆藏清代官员履历档案全编》第 8 册,第 175 页。

[56] 《派叶祖珪等统领北洋新购船只谕》,光绪二十五年三月八日,张侠等编:《清末海军史料》,海洋出版社,2001,584 页。

[57] 参看姜鸣:《龙旗飘扬的舰队——中国近代海军兴衰史》,生活・读书・新知三联书店,2002,第 452、463—467 页。按当时舰队包括"海琛""海筹""海容""海天""海圻"五艘巡洋舰,"飞霆""飞鹰"两艘驱逐舰,"海龙""海青""海华""海犀"四艘鱼雷舰及少量练习舰、运兵船。

史实失载于《近代海军史事日志》等海军编年史著,相关情节迄未得到清晰梳理,而个中原委也值得深入探讨。[38]

北洋海军没有参加大沽之战。五月二十日(6月16日),战斗发生时,北洋主力舰队正在山东登州、庙岛一带操巡,只有"海龙""海犀""海青""海华"四艘鱼雷驱逐舰因等待修配机件,停泊于沽口船坞。北洋水师统领、提督叶祖珪先期乘旗舰"海容"号返天津承商机要,预感将有战争爆发,即有意将留守舰船调山东归队,以避敌锋,未及成行而战事已开。大沽炮台失陷后,四艘鱼雷艇全部被夺,遭英、法、德数国瓜分。当时外国人也观察到,悬挂海军提督旗的二级巡洋舰"海容"号"完全无意参加战斗"[59]。事实上,联军进攻大沽炮台时,叶祖珪欲将海军置身事外,"始终并未援应"[60]。在被围困后,叶祖珪下令熄火抛锚,放弃作战,最终连人带舰悉数被俘。此后"海容"舰由各国共同监视,被扣留在大沽口,禁止移动。[61]北洋舰队失掉了统帅,而当时朝廷意向未明,下一步如何行动成了悬念。为躲避联军锋芒,山东巡抚袁世凯力促舰队由黄海海面南下,于是海军主力由"海天"舰管带刘冠雄(1861—1927)、"海琛"舰管带林颖启(1852—1914)带队,转舵驶往上海。北洋海军此行本意在于避战,但抵泊吴淞港后,却造成一个意外的后果——上海租界侨民视此为战争信号,引发集体恐慌。

北洋舰队在此时入驻吴淞港,在人心惶惶的租界侨民看来,无疑是一个危险的战争信号。当时日本领事小田切万寿之助(1868—1935)就抓住这一动向,将此作为动员本国派兵的理由,五月二十七日(6月23日)向外务省

---

[38] 说详拙文《庚子年北洋舰队南下始末》,《历史档案》2011年第3期。

[59] [俄]德米特里·扬契维茨基:《八国联军目击记》,许崇信等译,福建人民出版社,1983,第151—157页。

[60] 《直隶总督裕禄折》,光绪二十六年五月二十五日,国家档案局明清档案馆编:《义和团档案史料》上册,中华书局,1959,第165页。

[61] 《"安第蒙"号指挥官致海军部电》(1900年6月18日发),《英国蓝皮书有关义和团运动资料选译》,胡滨译,中华书局,1980,第45页。直至《辛丑条约》成,"'海容'始回防,但泊在大沽口炮台边之'海龙''海犀''海青''海华'鱼雷艇四艘已被英、法、德、日袭夺,'海华'艇长饶鸣衢殉难"。参见林献炘:《萨镇冰传》,《清末海军史料》,第595—596页。

报告：

> 北洋水师六艘军舰已于过去数日间抵达本港，其对当地侨民安全构成直接威胁。请批准本官前电禀请实施之措置，迅速向上海增派军舰。是为切望。[62]

在长江流域拥有最多利益并最具权势的英国，也表现出积极干预的姿态。事变之初，它就向江、鄂两总督提出派军舰开赴长江口岸护侨，当战争局势日趋严峻，又企图抢先控制吴淞炮台、上海制造局等战略要地。至五月二十五日（6月21日），上海领事团召开会议，对当前局势做出如下评估：

> 现今除吴淞有一千余名、上海制造局附近有七八百名清兵屯驻外，松江府尚驻有二千数百名清兵。因此次事变之故，对岸浦东失业流浪之劳工已达五千人，上海制造局职工千余名已三月未发薪资，颇有激昂之状。又清国军舰陆续而来，在吴淞及上海港停泊不下六七艘。一旦时机逼迫，此等兵队、军舰及劳工有所异常举动，当地安全将彻底无望。[63]

会上一致决定致电在大沽的各国舰队司令官，请求向上海增派军舰，以为支援。同时照会沪道余联沅，指出停泊本港的北洋舰队距离租界咫尺之遥，为潜在的军事威胁，要求迅速驶离上海，或移泊较远洋面。迫于领事当局的压力，正紧张筹议"东南互保"的盛宣怀在五月二十七日（6月23日）致电刘坤一：

---

[62]《上海在勤小田切総領事代理ヨリ青木外務大臣宛・北洋水師ノ来港ニ当リ軍艦急派方稟請ノ件》，明治三十三年六月二十三日，外務省編纂：《日本外交文書・第三十三卷　別冊一・北清事変上》，日本國際連合協會，1957，第793頁。

[63]《上海在勤小田切総領事代理ヨリ青木外務大臣宛・領事會ノ遣艦請求決議並我遣艦稟請事情報告ノ件》，明治三十三年六月二十二日，《日本外交文書・第三十三卷　別冊一・北清事変上》，第791—792頁。

北洋各兵轮来言,接余道照会,各领事商嘱移泊吴淞口外,以免洋
商误会。沈道则请驻江阴,又恐鉴帅在江阴饬炮台放炮,则兵轮必危。
拟请电余道明告领事,断无他意,如必欲移泊淞外,亦无不可。[64]

除传达各领事针对北洋舰队的驱逐要求外,电内明确提出由吴淞移驻江阴
的方案。提出者"沈道",即当时在沪的沈瑜庆。"鉴帅",巡阅长江水师大臣
李秉衡(1830—1900),字鉴堂,时驻苏州,因英舰拟入长江,计划赴江阴以武
力拒阻。面对英人军事干预的企图,刘坤一、张之洞迅速达成"力任保护,稳
住各国"的共识,用以杜绝外人"窥伺"的野心[65];同时,对李秉衡表露出的对
外强硬姿态,联手予以压制,避免其"孟浪"坏事[66]。北洋舰队南下,对立意
于"地方保护"的刘、张来说,又是一次不小的挑战。

《沈敬裕公年谱》录有庚子年沈瑜庆致刘坤一的一封电报,透露了北洋
舰队南下一行的许多细节,文录下:

据海琛管带林参将颖启面称,在烟台途次奉东抚袁三次电云"大沽
炮台已与各国开衅,属兵船速南行"等语。该管带遵即到庙岛,与萨帮
统镇冰商酌,萨因庙岛之美教士恳留保护,一时不能遽来,饬海琛、海
筹、飞鹰、复济、通济先行南下。海琛、通济本日已进口,泊下海浦。海
天到吴淞,海筹、飞鹰、复济明日可到。

统领叶镇驻海容,船在大沽。英国水师队中各国兵轮,问此船系团
匪,抑系官兵。叶告以系中国国家水师。答云,既系国家水师,当不助

[64] 《盛宣怀上刘坤一电》,光绪二十六年五月二十七日,王尔敏、吴伦霓霞合编:《清季外交因应
函电资料》,"中央研究院"近代史研究所,1993,第398页。

[65] 《致江宁刘抚台》,光绪二十六年五月二十二日《张之洞全集》第10册,第7993页。《寄张制
军于中丞鹿中丞王中丞松中丞》,光绪二十六年五月二十三日,《刘坤一遗集》第6册,第
2563页。

[66] 《致江阴李钦差、苏州鹿抚台》,光绪二十六年五月二十九日,《张之洞全集》第10册,第
8037页。

团匪，请照常停泊。惟三雷艇在大沽口内因升火装雷，为英水师所拘，尚有一雷艇并飞霆猎舰，在船坞为俄人所据。此次我兵轮在海上遇各国兵轮，不认失和，彼亦未以失和相待。

　　该管带等以北洋电已不通，东抚又促南来，伊等无所禀承。此数船所值不赀，本日此间又有据炮台及制造局之谣。愚见不如饬令驻扎江阴，以壮南洋门户，可收将来之用。京畿乱未定，各省司关应解京饷，应饬一律截留，勿为盗赍。开平煤矿被据，煤源将竭，船无煤不行，应饬支应所及早储备。事机间不容变，请公与香帅合力主持饬遵。职道本拟趋辕面陈，因沪上多谣，候示进止。职道瑜庆禀。宥。⑰

该电韵目作"宥"，知发电时间应为五月二十六日（6月22日）。此次南下者为原在山东登州、庙岛一带操巡的北洋主力舰队。提督叶祖珪所在旗舰"海容"号及四艘鱼雷驱逐舰，时驻泊大沽口，全程自外于战事，后悉数被俘，此即函中引述叶祖珪"既系国家水师，当不助团匪，请照常停泊"一语的背景。⑱ 据"海琛"舰管带林颖启之言，可证海军南下系出于山东巡抚袁世凯的建议。水师帮统萨镇冰率"海圻"舰留守山东，将烟台蓬莱一带教士、侨民保护上舰，又营救在庙岛附近触礁的美国军舰"俄勒冈"号，因此颇受外人好评。⑲ 此次南下船只包括"海筹""海琛""海天""复济""通济""飞鹰"等六艘，其中"海琛""通济""海天"已于当日早间抵沪，两艘由海口沿吴淞江上驶，入驻下海浦，一艘泊于吴淞海面。⑳ 当时的舰队首长刘冠雄、林颖启皆

⑰ 沈成式编：《沈敬裕公年谱》，载《涛园集（外二种）》，第163页。
⑱ 有学者评论说："这批受过西方教育的海军军官，显然对于义和团的排外行动不以为然，叶祖珪到沽后，称将有战争爆发，命"龙""犀""青""华"四雷艇去山东归队，就是想将海军置身事外。"参看姜鸣：《龙旗飘扬的舰队——中国近代海军兴衰史》，第480页。
⑲ 萨镇冰的传记作者认为"海圻"号救护触礁美舰的行动，只是出于"国际惯例"而行使的海上义务，而萨镇冰本人在袁世凯移书催请北洋各舰南下之时，坚持不允，海圻舰"坚泊不动"是萨镇冰带头恪守军纪的表现。参看萨本仁：《萨镇冰传——一生跨越四个历史时期的近代爱国海军宿将》，海潮出版社，1994，第69—70页。
⑳ 按吴淞江下游古称"下海浦"，在今上海市虹口区提篮桥一带。

闽人，出身于福州船政学堂，与沈瑜庆有旧谊。无论出于公务、私谊，沈瑜庆对接纳南下舰队都责无旁贷。他建议由江、鄂两督饬令北洋舰队转驻江阴，当然出于保存海军实力的考虑，同时也注意到当时流行的"据炮台及制造局之谣"。

又，笔者从社科院近代史所藏张之洞未刊电稿中检出一电，系张之洞于五月二十七日（6月23日）复沈瑜庆电文，兹录下：

> 宥电悉。所论皆是，惟必须电达刘岘帅、李中堂、许筠帅。方可商办，切速。各国水师提督照会想已见过，系照会几省，何日交来？并示。⑪

沈瑜庆去电原文已不存，而此电韵目亦作"宥"，与致刘坤一电文系同一日发出，内容即为请刘、张"合力主持"北洋舰队移驻江阴事。张之洞对此建议表示首肯，唯出于谨慎，要求东南各省互通声气，步调一致。

至五月二十七日，南下北洋舰只已经全数抵沪，将来动向如何，成为急迫的问题。沈瑜庆再次致电刘、张，建议如下：

> 顷有水手搭"富平"归，见各船下半旗，"海容"亦下半旗，而无统领旗，各管带闻信大愤，恐叶提督或不妙。现存各船不足御各国，靖匪则愿竭其力。团匪召外衅，杀无辜，得罪天下。可否布告各国："请暂作壁上观，中国水师，情甘剿匪。如果不效，再请协助剿匪。"即所以自解于各国也。据情代陈，当否？训示。⑫

---

⑪ 《致上海沈道台霭苍》，光绪二十六年五月二十七日亥刻发，《张之洞电稿乙编》第十二函，中国社会科学院近代史研究所藏，档号：甲182-73。按"李中堂"，两广总督李鸿章；"许筠帅"，闽浙总督许应骙。

⑫ 《沈瑜庆、陶森甲致刘坤一电》，光绪二十六年五月二十七日，上海图书馆藏"盛宣怀档案"，档号：045984。

沈瑜庆主张就北洋舰队南下，对外迅速表明立场，其目的非"御外"，而在"靖匪"，如此不仅可"自解于各国"，同时也与"互保"宗旨合上节拍。这一意见得到刘、张的重视，很快依议而行。也就在同一天，盛宣怀明确提出"互保"办法，建议"岘帅、香帅会同电饬地方官上海道与各领事订约"。沈瑜庆随即被刘坤一指派为两江代表，在沪与议"互保"交涉。

北洋舰队相继驶离上海，受到租界当局的欢迎。五月二十九日（6月25日），日本领事小田切向国内报告："刘坤一已下令目前碇泊本港之北洋舰队向江阴转移。此一措施大获本地民众赞赏。"㊣除前述六舰外，不久北洋水师帮统、总兵萨镇冰也率"海圻"舰南下，一并开往江阴驻泊，加入"东南互保"的行列。有研究者认为："就海军而言，这是它第一次不执行朝廷命令，在某些实力人物支持下，擅自行动。"㊥不久，刘坤一在复陈当地"筹办防务情形"时提到："……一面调集各项兵轮、雷艇、蚊船，暨北洋驶来之'海圻''海筹''海琛''海天''复济''通济''飞鹰'七兵舰，分泊江阴等处，俾收水陆夹击之效。"㊦在这里，他是把北洋水师的临时安顿当作"江海要隘布置"的业绩来叙说的，当然隐去了迫于压力而为之的内情。不过，这一性质模糊的行为，在当时部分化解了外人的质疑声音，事后也得到了朝廷默认，为"东南互保"的成功增加了一个不大不小的筹码。

四、 余话

庚子事变后，盛宣怀出奏奖叙"在沪出力华洋官绅"，沈瑜庆的名字亦赫然在列，保奏语云：

㊣ 《上海在勤小田切総领事代理ヨリ青木外务大臣宛・北洋艦隊ヲ江陰ニ出向方發令ノ件》，明治三十三年六月二十五日，《日本外交文書・第三十三卷　別冊二・北清事变中》，第202頁。

㊥ 姜鸣：《龙旗飘扬的舰队——中国近代海军兴衰史》，第481页。

㊦ 《覆陈筹办防务情形折》，光绪二十六年六月十五日，《刘坤一遗集》第3册，第1221页。

> 吴淞为上海门户，彼时各国兵轮于吴淞口外鳞次栉比，兵轮水手不时登陆，该员联络邦交，措置得宜。⑦

翌年(1901)，沈瑜庆在捐得道员、候补十载后，实授淮扬海道，旋护理漕督，由此踏上仕途的快车道。而他对海军关心如故。光绪三十一年(1905)，在顺天府尹任中上《请联合海军折》，沥陈"海上争权，非海军无以立国，无论战事，即与各国寻常交接及守局外中立，亦非就目前现有之资产，整齐而画一之，亦断不足撑拄于其间"，而深以清朝海军政出多门、事权不一为忧，故奏请：

> 甲申之役，南洋大臣奉旨派船援闽，而不能行，甲午之役，北洋海军全失而各省无赴援者，此皆前事之可鉴戒者。西人讥中国十八省为十八小国，不得谓其为过言也。微臣凤从先臣生长兵间，于海军尤深悉缔造艰难，及历次偾事始末，非切实有据而旦夕可行者，断不敢妄渎于圣主之前。此次两江总督周馥奏请南北洋海军归一统领统率，盖有见于此。臣独惜其于沿海各省之根据地，未及同筹而并计之，畛域攸分，声威不足，仍于大局无补耳。所有各省船坞轮船、水师学堂、沿海炮台，及养厂养船各经费，可否特设海军提督统辖，径隶练兵处及南北洋，以谋推广，以一事权。⑦

---

⑦《义和团时期在沪出力华洋官绅职名折》，光绪二十六年，上海图书馆藏"盛宣怀档案"，档号：057611。

⑦ 沈瑜庆：《请联合海军折》，《涛园集(外二种)》，第173—176页。按上年新任两江总督兼南洋大臣周馥，会同北洋大臣袁世凯奏请南洋各兵舰归并北洋水师提督叶祖珪统领，"凡选派驾驶、管轮各官、修复练船、操练学生、水勇，皆归其一手调度，南北洋兵舰官弁，均准相互调用"。参见《两江总督周馥奏南北洋海军联合派员统率折》，光绪三十年十二月十三日，《清末海军史料》，第90—91页。这一主张形成了南北洋海军合并的局面，改变了过去分区域建设近代海军的旧有方针。唯沈瑜庆对传统格局的突破力度更大，进而主张专设"海军提督"以一事权，势必更多触动南北洋海军的既存利益。又据陈宝琛："(沈)授顺天府尹，骎骎向用矣。直督袁世凯，以东朝优眷握重兵，遥执政柄，朝贵事之惟谨，君独抗礼不(转下页)

奏上,未见用。旋奉旨,调任山西按察使。《沈敬裕公年谱》谓:"因条陈军事,为项城(袁世凯)所忌,遂有左迁晋臬之命。"[78]汪辟疆为之作传记,也留意到沈瑜庆突出的个性:"涛园以名父之子,故早有匡济之志,及回翔中外,旋起旋罢,则以禀性刚直,不肯与世俯仰。"[79]至民国三年(1914),经历鼎革之变的沈瑜庆流寓沪上,闻知老友海军中将、军港司令林颖启病卒于福州,亲撰诔文,又忆及庚子年那惊险的一幕:

> 拳祸突起,联军忽乘。困元戎于单舸,军令难施;脱舰队于重围,将才奚愧?破浪而南,所全最大;统军虽暂,唯力是筹。[80]

言下饱含了积蕴了数十年的对海军的复杂情感。当然,这些已都是后话。

(接上页)为下。会俄日构衅,君召对请自练两营,用代游檄,益中其忌,出君仍为臬司。"参见《沈涛园中丞六十寿序》(丁巳),《沧趣楼诗文集》上册,第333页。则沈在军事改革方面,多与袁世凯意见冲突,此或其被外放的触因。

[78] 沈成式编:《沈敬裕公年谱》,《涛园集(外二种)》,第173页。

[79] 汪辟疆:《近代诗人小传稿》,《汪辟疆说近代诗》,第139页。

[80] 沈成式编:《沈敬裕公年谱》,《涛园集(外二种)》,第224页。

"上海中外官绅"与"东南互保"

——《庚子拳祸东南互保之纪实》
笺释及"互保""迎銮"之辨

　　20世纪初年,春夏之交,义和团运动迅猛崛起于中国北部,自戊戌以来日趋紧张的中外关系与地方社会愈演愈烈的民教冲突相互激荡,酿成一场以一敌八的国际战争。与之同时,东南各省却自外于战事,与列强国家议约互保,基本维持了长江流域的和平局面。这一历史的阴差阳错,深刻影响了此后中国国内政治与远东国际关系的走向。几乎所有的近代史著作,在描述"东南互保"事件时,都注意到上海是南京、武昌——两江总督刘坤一、湖广总督张之洞驻节地点——之外另一个重要的酝酿地点,也往往强调"上海中外官绅"这样一个群体发挥的作用,列举其名者有盛宣怀、余联沅、沈瑜庆、陶森甲、汤寿潜、沈曾植、张謇、何嗣焜、福开森、汪康年、赵凤昌诸人。①

---

①　"上海中外官绅"语取自李国祁《张之洞的外交政策》("中央研究院"近代史研究所,1970,第151页),广义上也可包括江浙地区,如王树槐就特别强调,作为事件酝酿促成者的"江浙人士"所具的"机敏卓见"。(《江苏民性与近代政治革新运动》,《"中央研究院"近代史研究所集刊》第7期,"中央研究院"近代史研究所,1978,第71页)其他研究诸说对此群体包含的人物或人数表述略有差别,历史评价的取径不尽相同,但大体指向仍然近似。可参看王尔敏《拳变时期的南省自保》,原载《大陆杂志》,第25卷第4—6期,1962,收入中华文化复兴运动推行委员会主编《中国近代现代史论文集第十三编·庚子拳乱》,台湾商务印书馆,1986(收入氏著《弱国的外交——面对列强环伺的晚清世局》,广西师范大学出版社,2008);林世明《义和团事变期间东南互保运动之研究》,台湾商务印书馆,1980。大陆方面,成文较早并对史实建设贡献最大的王明中论文,尽管囿于时代不免有较重的政治批判色彩,但指出"那些买办出身的官僚和官僚出身的买办"奔走于武昌、南京和上海之间,"有着特殊的地位"。(《义和团运动中的英国与"东南互保"》,《南京大学学报》1964年第3—4期,收入义和团运动史研究会编:《义和团运动史论文选》,中华书局,1984)相对近期的论说观感已发生变化,(转下页)

这一群体人物众多，关系松散，背景也较复杂，在性质上很难给出准确定义。其中不乏在近代舞台上呼风唤雨的大人物，也有身后寂寂无闻（却未必不曾煊赫一时）的历史过客。我们可以从中发现一些在近代学术、文化、经济领域为人所熟知的名字，他们在历史中本有着各自的特殊位置和人生轨迹，但却在时空纵横的这一具体交会点形成罕见的交集。这就难免使人好奇：这群人如何走到了一起？在"东南互保"事件中扮演了何种角色？又在何种层面上发挥了作用？多数研究已注意及此，却少有探究，往往一笔带过，这就容易给人一种似是而非的印象：好像是一群人聚在一起召开圆桌会议，一致决定了某个重大事件，并推举出民意代表，向更高层的官方请愿。结果除了被推在前台的盛宣怀（1844—1916）摇曳生姿，令人印象深刻，其他人的形象都显得模糊不清。也有一些著述，为表彰个别人物的业绩不遗余力，乐于选择对单方面有利的材料，以一言论定功罪，不止一人被认为对同一事件起到了决定性的关键作用，且不论事实有否夸大，至少在逻辑上也有不通之处。如赵凤昌（1856—1938）所撰《庚子拳祸东南互保之纪实》（以下皆简称《纪实》）一文是被广泛引征的文献之一。[②] 作为当事人的回忆录，《纪实》勾

（接上页）认为"东南士绅包括资本家"群体出于保护地方利益的愿望而要求避战，"近代上海在一定意义上，已经成为中外绅商的利益共同体"。参看谢俊美《"东南互保"再探讨》，收入中国义和团运动史研究会编《义和团运动与近代中国社会》，四川省社会科学院出版社，1987；熊月之主编《上海通史·晚清政治》第3卷，上海人民出版社，1999，第239—240页。也有研究者注意到戊戌后士绅群体政治意识的分野，对于与洋务派督抚密切合作的张謇、陈三立、沈曾植等人，突出强调其"帝党骨干"的身份特征。参看章开沅：《开拓者的足迹——张謇传稿》，中华书局，1986，第115页。

② 赵凤昌，字竹君，号惜阴，江苏武进人。1884年入张之洞幕府，充任文案，参与机要。1893年张氏遭弹劾，以牵涉其中，被革职永不叙用，后遂移居上海。1908年在上海南阳路建邸宅，命名为"惜阴堂"，由张謇题写匾额。辛亥革命时，为南北议和牵线人物。晚岁息影沪滨，以迄病故，撰有惜阴堂系列笔记传世。《纪实》作为"惜阴堂笔记"之一，初刊于《人文月刊》第2卷第7期（1931），当时似未曾引起注意。后近代掌故大家黄濬访问赵凤昌，并将《纪实》一文收入《花随人圣盦摭忆》（1947年初版），遂渐为世人所知。参看唐振常：《半拙斋古今谈》，山西教育出版社，1998，第56页。按本文所引《花随人圣盦摭忆》，据上海古籍书店1983年影印本，"赵竹君与东南互保"条，第289—294页。以下凡引文，皆于文后标明该书页码，不再另出注。

勒了互保发起的主要线索,也提供了一些在其他类型史料中不易见的有趣细节,因此被很多研究者视为解释"东南互保"起因的权威资料。不过,其中的不少说法存有讹误,并且缺少验证,如果孤立引用的话,仍不免有相当的风险。本文拟以《纪实》一文为基本线索,对所涉内容略作笺释,事关重大而语焉不详处,将予以重点考证,《纪实》不及或其他文献失载、误载的若干事实,也会进行扼要说明,希望在东南地方历史变迁的背景下,探讨"东南互保"事件中各色人物的行事轨迹和心路历程,为理解晚清历史做一有益的注脚。

一、 发自上海之倡议

(一) 上海成为风暴眼: 炮台、制造局之争

《纪实》一文开首谓:

> 自五月初良乡车站拳匪发难,京津响应,各省人心浮动,或信以为义民,或迷其有神术。上海远隔海洋,忽传城内已有拳匪千人,飞渡而至,旅沪巨室,纷纷迁避内地,有刚首途而被劫者。其时南北消息顿阻,各省之纷乱已日甚,各国兵舰连樯浦江,即分驶沿江海各口岸,保护侨商。英水师提督西摩拟入长江,倘外舰到后,与各地方一有冲突,大局瓦解,立召瓜分之祸。(第 289—290 页)

赵凤昌久处张之洞幕府,时人谓以"倚之如左右手""张之洞在鄂,要事皆秘商竹君,忌之者乃为'两湖总督张之洞,一品夫人赵凤昌'语书之墙壁,刊之报章,童谣里谈,传遍朝野"[③],可见两人关系非同寻常。赵后因弹劾案牵连,遭清廷革职处分,但仍被张之洞安排差使,在湖北电报局挂名支薪,常驻上海,充湖广督署耳目。民国时黄炎培(1878—1965)说过:"此四十年间,东

---

③ 刘禺生:《世载堂杂忆》,"徐致祥奏参张之洞"条,辽宁教育出版社,1997,第 55 页。关于赵凤昌生平概要,参看陈时伟《赵凤昌传》,李新、孙思白等主编《民国人物传》第 7 卷,中华书局,1993;孔祥吉《评一代奇人赵凤昌及其藏札》,《学术研究》2007 年第 7 期。

南之局,有大事必与这位老人有关。"唐振常先生尝引用此话,并加有按语:"其言或有夸诞,此人(指赵凤昌)参与了东南半壁不少大事,则是事实。"④赵凤昌以其特殊的身份及丰富的人际关系,不仅亲历近代许多重大事件,而且常扮演关键先生的角色。光绪二十六年(1900)策动"东南互保",就是他在政治舞台上一次重要的表演。前面引文扼要交代了"东南互保"发生的背景,除华北义和团运动的影响外,外国军舰云集上海、有意驶赴长江口岸的动向,最为当事人所注意。所谓"英水师提督西摩尔拟入长江",其事不确。查英国海军中将西摩尔(Edward Hobart Seymour,1840—1929)在五月中旬率联军由津赴京保护使馆,遇清军与义和团联合阻击,被迫折返,至五月三十日(6月26日)败退天津租界。其后原地休整,南下赴沪时已六月末。⑤《纪实》文中将此节与英舰入江事相混淆。

在华北局势恶化之初,作为在长江流域拥有最大利益并最具政治权势的英国,就表现出积极干预的姿态。五月十八日(6月14日),西摩尔联军尚在途中,英国驻上海总领事霍必澜(P. L. Warren,1845—1923)已开始策划避免同样的骚乱蔓延至南方,他建议"立即与汉口及南京的总督达成一项谅解",使其得到英国军舰的"有效支持",从而在辖区内维持秩序。⑥英国的这一动向曾被一些研究者理解为首倡"东南互保"的证据。⑦而究其真实含义,在于提供单方面的军事保护,这在东南督抚当时看来,更暴露了外人"窥伺"的野心。这一认识成为张之洞"自认保护"的前提,所以向刘坤一一再示意:"英水师欲据长江,若我不任保护,东南大局去矣。"在此过程中,两人也迅速达成了共识:"为今计,惟有力任保护,稳住各国,一面添兵自守,

④ 唐振常:《读史札记三则》,《上海大学学报(社会科学版)》1996年第6期。

⑤ 《上海在勤小田切総領事代理ヨリ青木外務大臣宛·英国"シーモール"中将搭乗ノ英艦来着ノ件》,明治三十三年七月二十七日,外務省編纂:《日本外交文書·第三十三卷　別冊一·北清事変上》,日本國際連合協会,1957,第824頁。

⑥ 《霍必澜代总领事致索尔兹伯里侯爵电》(1900年6月15日收到),《英国蓝皮书有关义和团运动资料选译》,胡滨译,中华书局,1980,第41页。

⑦ 林世明:《义和团事变期间东南互保运动之研究》,台湾商务印书馆,1980,第52—57页。

镇慑地方。"⑧在试探触壁后，英国暂未在长江流域扩大干预，但最先申请军事保护的上海领事当局不甘心就此收手，要求"增兵"的持续呼声仍然是左右伦敦决策的重要因素，这为后来英国继续尝试军事冒险埋下伏笔。⑨

战云密布、骤雨欲来之际，上海，这一中国最大的口岸城市，商业繁华、华洋杂处之地，也不复昔日平静。⑩进入五月以后，每天从天津开来的轮船都是满员，大量避难人群涌入上海，他们也带来北方拳民或神奇或野蛮的种种传说，排外揭帖开始出现，各类谣言在市面上流行起来。很多人相信这是大乱的前兆，本地居民通过轮船、民船、车马等方式纷纷往宁波、杭州、苏州等地迁移，而多有半途遇劫者。⑪此即所谓"旅沪巨室纷纷迁避内地"的实情。地方最高长官上海道余联沅（1845—1901）一面将外国教会人员及教民迁入城中，以防不测，一面传谕各属及绅董切实办理巡防，加强地方秩序的控制。⑫自五月二十二日（6月18日）起，上海知县汪懋琨传令每晚八时封

---

⑧ 《致江宁刘制台》，光绪二十六年五月二十二日辰刻发，苑书义、孙华峰、李秉新主编：《张之洞全集》第 10 册，河北人民出版社，1998，第 7993 页。《寄张制军于中丞鹿中丞王中丞松中丞》，光绪二十六年五月二十三日，中国科学院历史研究所第三所主编：《刘坤一遗集》第 6 册，中华书局，1959，第 2563 页。

⑨ 其后"东南互保"交涉中，英国对于长江流域的军事渗入仍旧是一条伏线，至同年 8 月，英军实现登陆上海，激起连锁反应，德、法、日等国相继派兵抵沪。须注意者，外交进程存在深刻的紧张关系，不仅英国方面与东南督抚进行了持续而反复的博弈，即使在伦敦内阁和英国驻上海领事馆之间，也有着针对是否出兵的观念分歧。7 月下旬西摩尔南下之行，就是英国政府尚为登陆与否举棋不定之际，所做的军事实地勘察。说详拙文《"东南互保"之另面——1900 年英军登陆上海事件考释》，《史林》2010 年第 4 期。

⑩ 刘坤一事后回顾这段历史："光绪二十六年夏间，北方拳匪肇衅，全局震惊，上海为通商总埠，各国战舰洋兵云集，谣诼叠起，防务戒严，寓沪绅商，日谋避地，惶遽万分。兼之外来游匪勾结土棍，时思乘乱起事，内奸外侮，势将一发燎原，安危之机，间不容发。"参见《前署浙江抚臣病故请恤折》，光绪二十八年五月十九日，《刘坤一遗集》第 3 册，第 1352 页。

⑪ 《上海地方の现况（六月三十日）上海通信》，近卫笃麿日记刊行会编：《近卫笃麿日记》第 3 卷，鹿岛研究所出版会，1968，第 229—230 页。

⑫ 余联沅，字晋珊，湖北孝感人。光绪三年（1877）年进士，授编修，历任河南道、四川道监察御史，礼科、吏科给事中，福建盐法道，署福建按察使，二十五年（1899）调苏淞太道，后迁浙江按察使、湖南布政使，署浙江巡抚。二十七年回任湖南布政使，旋病卒。（汪光铺辑：《碑传集三编》，上海书店，1988 年影印本，第 881 页）《上海县续志》述其事迹："二十五年任（转下页）

锁各城门,严禁私自启闭。[13] 以上举措仍主要着眼于"防内",通过"自清匪患",达到安抚内外人心的目的。

外国军舰正源源不断驶入吴淞港,不久即传来天津大沽炮台被夺的消息,中外之间弥漫了宣战前夜的紧张气氛。谣传列强将占据吴淞炮台和上海制造局,重蹈大沽覆辙的惨剧似乎近在眼前。上海地方奉命"自速设防",相应加强了部署,原驻吴淞炮台、制造局等军事要地的清军数量增加,另酌拨勇队,分扎江湾等处,护卫淞沪铁路。[14] 上海道余联沅奉两江总督札委"兼理海防营务处",也获得便宜行事调度防营的权力。[15]

租界内的外国人,此刻也处在极度恐慌之中。关于义和神拳的种种怪诞传说,随时可能演变为群众的排外风潮;而清军的调动部署,已经构成现实威胁,大沽开战后北洋舰队转舵南下,似乎预示战争随时将会发生。在沪各国领事紧急召集会议,决议组织约四百二十人的义勇兵队,以此加强租界自卫体制。[16] 英国领事霍必澜期待更多作为,前述向长江派舰遭拒后,又数度出击,先是借口"沪上流氓欲劫制造局",示意"愿代保护",复利用大沽交战后的紧张气氛,渲染列强可能攻占吴淞炮台的危险,向中方试探由英国舰队临时接管的可能。刘坤一对此表示:"如德、倭夺台,尽力抵御,若危

（接上页）苏淞太道,越明年,北方拳匪乱,中外失和,通商各国调战舰来沪滨,内地匪徒蠢动。沅禀承南洋大臣,与各国领事议定东南互保约款,饬县严惩土匪,地方赖以安谧。"转引见上海通社编:《旧上海史料汇编》下册,北京图书馆出版社,1998 年影印本,第657 页。

[13] 汤志钧主编:《近代上海大事记》,上海辞书出版社,1989,第548 页。汪懋琨,字瑶庭,山东历城人,进士,以知县签分江苏。1900 年 5 月 21 日接印,任上海知县。

[14] 《余联沅致盛宣怀函》,光绪二十六年五月二十一日,王尔敏、吴伦霓霞合编:《清季外交因应函电资料》,"中央研究院"近代史研究所,1993,第 349 页。《刘制台来电》,光绪二十六年五月二十三日申刻,《张之洞全集》第 10 册,第 7999 页。

[15] 佐原笃介、浙西沤隐辑:《拳匪纪事·各省防卫志》,沈云龙主编《近代中国史料丛刊》第 83辑,文海出版社,1972 年影印本,第 523 页。

[16] 《上海在勤小田切総領事代理ヨリ青木外務大臣宛·各國義勇隊組織並居留地警備ニ関スル領事会議ノ決議ノ件》,明治三十三年六月二十一日,《日本外交文書·第三十三卷　別冊一·北清事変上》,第 790—791 頁。

急,再求英助。"⑰换言之,不情愿将炮台直接移交,但希望必要时与英国合作,共同阻止其他列强行动。英国的单边行为也为他国所反对,消息灵通的盛宣怀报告称:

> 福开森面禀,各领事并无占吴淞之意。英领事要我请其保护,是其伪术。若为所愚,各国必不服。白藻泰已将此情电法,等语。自吴淞以迄长江内地,公应饬沪道告知各国领事,自认保护,勿任干预。⑱

福开森(John. C. Ferguson,1866—1945),美国人,时为南洋公学监院。⑲白藻泰(Georges G. S. Bezaure,1852—?),法国驻沪总领事。英国单独保护的做法为各国所"不服",盛宣怀认为可以因势利导,同时向各国领事承诺"自任保护",利用列强竞争的均势避免军事干涉。因外部的异议声音,刘坤一转而表示:"英允保淞,确系诡计,已电沪道密阻。就目前惟有稳住各国,方可保全长江。"⑳这里须区别的是,派舰入江得到了英国政府授权,而要求

---

⑰ 《江督致鄂督电》,光绪二十六年五月二十四日,许同莘辑:《庚辛史料》,《河北月刊》第 3 卷第 1 期,1935。参看《代总领事霍必澜致索尔兹伯里侯爵函》(1900 年 6 月 27 日于上海),《英国蓝皮书有关义和团运动资料选译》,第 161—162 页。

⑱ 《盛宣怀寄刘岘帅(坤一)电》,光绪二十六年五月二十四日,《有关"东南互保"资料》,中国史学会主编:《中国近代史资料丛刊·义和团》(以下简称《丛刊·义和团》)第 3 册,上海人民出版社、上海书店出版社,2000,第 328 页。

⑲ 福开森,字茂生,出生于加拿大的一个传教士家庭,后加入美籍,波士顿大学毕业。1887 年以卫理公会传教士身份来华,先后在镇江、南京工作,创办南京汇文书院,任校长。1896 年应盛宣怀之邀,参与创建上海南洋公学,翌年出任监院。1900 年后受聘于湖广总督署,为张之洞之外籍顾问。按在南京期间,福开森已与两江总督刘坤一熟识,并为佐理交涉事务,通过刘坤一的关系得以广泛结识清朝士人,其传记作者引述高罗佩(R. H. van Gulik)的记载:"这一邀请让他得以结识城中的官员们,其中不乏包括张謇、缪荃荪、柯逢时、瞿光典在内的著名学者。"参看[美]聂婷(Lara Netting):《福开森与中国艺术》,郑涛译,上海书画出版社,2017,第 25—31页。福开森在华生涯与盛宣怀密不可分,曾为《愚斋存稿》作序,署"美利坚国福开森茂生",述及受聘南洋公学及前后往来始末,自称"与公游垂四十年"而"交谊往来无间"。参见《愚斋存稿》卷首,沈云龙主编《近代中国史料丛刊》续编第 13 辑,文海出版社,1975 年影印本,总第 44—45 页。

⑳ 《江督刘岘帅致盛宣怀电》,光绪二十六年五月二十四日,《有关"东南互保"资料》,《丛刊·义和团》第 3 册,第 329 页。

代管炮台,则是霍必澜的一次个人行为。不过两者都遇到了相当的阻力。盛宣怀和日本驻沪代理总领事小田切万寿之助(1868—1934),几乎在同一时间提出了新的建议——以中外会议的方式达成和平谅解,长江流域的局势迅速朝着"东南互保"的轨道滑行。

(二)"中外官绅"之活跃

扼要介绍事件背景后,《纪实》继谓:

> 忧思至再,访何梅生老友商之云:事已如此,若为身家计,亦无地可避,吾辈不能不为较明白之人,岂可一筹莫展,亦坐听糜烂?其时各省无一建言者,予意欲与西摩商,各国兵舰勿入长江内地,在各省各埠之侨商教士,由各省督抚联合立约,负责保护,上海租界保护,外人任之,华界保护,华官任之;总以租界内无一华兵,租界外无一外兵,力杜冲突,虽各担责任,而仍互相保护,东南各省一律合订中外互保之约。梅生极许可,惟须有任枢纽之人,盛杏生地位最宜,谓即往言之,并云此公必须有外人先与言,更易取信。当约一美国人同去。旋杏生约予往晤,尚虑端、刚用事,已无中枢,今特与外人定此约,何以为继?予谓此层亦有办法,可由各省督抚派候补道员来沪,随沪道径与各国驻沪领事订约签字,公不过暂为枢纽,非负责之人,身已凌空,后来自免关系。
> (第 290 页)

文中"何梅生",即何嗣焜(1843—1901)[21],系赵凤昌、盛宣怀武进同乡,时为南洋公学总办。刘垣(厚生)撰《外舅何公眉孙家传》谓:"庚子事变,朝命不

---

21 何嗣焜,字梅生、眉孙,江苏武进人。早年以生员投身淮军,先后为张树声、李鸿章、刘秉章幕僚。1896 年受同乡盛宣怀所聘,赴沪筹建南洋公学,任总办。1901 年初病逝,著有《存梅斋文稿》。盛宣怀嘉许其"学行允孚,体用明白",为表彰任内业绩,特奏请在国史馆立传纪念。参看《请将何焜嗣学行宣付史馆立传折(南洋大臣刘会奏)》,光绪二十七年十月,《愚斋存稿》卷二,总第 184—185 页。关于何氏简要生平,可参考凌淑平:《怀念先祖父何嗣焜》,《上海交大报》2006 年 2 月 27 日。

行于京津以南,时公在上海,佐盛宣怀与各国领事交涉,立东南互保之约。"[22]赵凤昌首先提出华、洋两界由中、外分别保护的设想,"由督抚联合立约",基本上已接近"东南互保"的实质内容。何与盛宣怀交密,遂推举盛为"任枢纽之人",并建议"约一美国人同去"游说。所谓"美国人",即指福开森[23],前在南京为刘坤一洋务顾问,时受聘为南洋公学监院。[24]事后,盛宣怀奖叙"在沪出力华洋官绅",称"庚子之变中外咸互相猜忌,虽彼此推心置腹,究未能融洽",该洋员"疏通其间,彼此猜忌尽释",周旋之力居多。[25]赵凤昌面见时提出"互保"具体办法,由上海道出面与各国领事交涉,各省则派出代表随同议约,盛宣怀因此"身已凌空",地位相对超脱,故发言较易。可谓"三个老乡一出戏",盛、何、赵的聚首,已发"东南互保"之先声。

义和团运动期间,盛宣怀以督办铁路公司的名义居留上海。他自称"局外闲人",事实上忙得不可开交,在剿拳、救使、阻西幸、调李鸿章督直等关节均有重要表现。逢东南情势告急,盛宣怀做此出位之谋,自有其内在理路,并非偶然。[26]台湾学者戴玄之尝研究"东南互保",在排比众说后,将"首倡"

---

[22] 刘垣《外舅何公眉孙家传》,上海图书馆藏,索书号:线普553404。

[23] 王蘧常著《清末沈先生曾植寐叟年谱》记:"金甸丞丈云:保护长江之议,发于英人福开森。"蘧按:"先大夫戊午三月十八日记云:与沈乙丈小饮,席间谈及拳匪事,并云刘忠诚、张文襄联省保东南之策,实发于盛尚书宣怀,而丈亦预其谋者,不及福开森。金丈不知何据。"(台湾商务印书馆,1982,第37页)所记将福开森误作"英人",但可作为闻"互保"之一旁证。"金丈",金蓉镜(1855—1929),号甸丞,浙江嘉兴人,光绪十五年(1889)进士,善诗文。

[24] 福开森在南京时期佐刘坤一办理交涉,出力颇多,而深获信任。刘坤一因此为之奏请奖励:"查美国汇文书院掌教福开森,学问优裕,心气和平,训课诸生,成就甚众,经历派办交涉事件,莫不实力实心,相助为理。现充南洋公学监院、江南高等学堂提调等差,亦复勤勤恳恳,劳瘁不辞。"参见《洋员办事得力分别请奖片》,光绪二十五年四月十一日,《刘坤一遗集》第3册,第1117页。

[25] 《义和团时期在沪出力华洋官绅职名折》,光绪二十六年,上海图书馆藏"盛宣怀档案",档号:057611。

[26] 夏东元对此颇多论述,认为盛宣怀在庚子时的表现是其"办大事、做高官"思想发展的必然结果,一面承认其为"东南互保"的导演者,一面强调此举使得一贯的"反动的立场"更其鲜明。参看氏著:《盛宣怀传(修订本)》,南开大学出版社,1998,第279页。

的功劳归之于盛宣怀。㉗ 不过,如果注意到当时朝局演化、国际竞争因素以及盛宣怀与周边人物之互动关系,则可发现所谓"首倡"之功很难明确归系于某人,这其实是多元角力后呈现的结果,即使落实到盛宣怀本人的想法,在短时间内也经历了发展过程。已如前述,五月二十四日(6 月 20 日)盛已向刘坤一提出"自认保护"的建议,其背景是英国要求单独托管吴淞炮台,引起各国反弹。因福开森的情报,盛宣怀意识到大沽开战后列强在东南地区并无统一意志可言,托一国保护不仅于利权有损,还包含触犯他国的风险,不如自任保护,利用各国牵制,避免军事干涉。稍后赵凤昌、何嗣焜等人的建议使得"保护东南"的操作方式进一步明晰化,盛宣怀的思路也由"自保"向"互保"转变。这一策略的目的,在于稳定上海秩序,预防义和团运动蔓延南方,也为抵制外国(主要是英国)借机出兵上海及长江内地。

这不仅是赵凤昌等少数人的想法,在当地有着巨大利益的绅商阶层从自我保护的立场出发,也希望采取措施维护安定。包括汪康年(1860—1911)主办的《中外日报》在内的数家上海新闻报,连篇累牍刊登社论,几乎一日一文,要求戢乱保和,表现出浓烈的地方意识。㉘ 汪康年本人听说英国将派兵舰入长江护侨,便认定:"此时欲靖北方,非先保南方不可,欲保南方,非先与各国切实订约,使中外相安不可。遂有赞助上海各官绅,商请两江、两湖总督委派江海关道与驻沪各国领事订约互保东南之举。"㉙ 供职南洋公学译书院的张元济(1867—1959),五月二十二日(6 月 18 日)读报后即致书盛宣怀,以"现在事变更急,断非寻常举动所能挽回",建议"似宜速与各省有识督抚联络,亟定大计,以维持东南大局"。㉚ 同样值得注意的是,轮

㉗ 戴玄之:《盛宣怀与东南互保》,原载《大陆杂志》第 21 卷第 7 期,收入《中国近代现代史论集第十三编·庚子拳乱》,第 177—180 页。
㉘ 参看刘学照:《上海庚子时论中的东南意识述论》,《史林》2001 年第 1 期。
㉙ 汪诒年纂辑:《汪穰卿先生传记》,中华书局,2007,第 97 页。前揭《清末沈先生曾植寐叟年谱》亦有"公(沈曾植)痛北事不可救,以长江为虑,与督办商务大臣盛杏荪(宣怀)、沈涛园(瑜庆)、汪穰卿(康年)密商中外互保之策"之语,可资参证。
㉚ 《张元济札(二十八)》,王尔敏、陈善伟编:《近代名人手札真迹——盛宣怀珍藏书牍初编》第一册,香港中文大学出版社,1987,第 232—233 页。

船招商局会办郑观应(1842—1922)在五月二十六日(6月22日)致函盛宣怀说:

> 顷详报载,天津租界已为华兵扫平,殊深焦灼……如有确音,务祈示慰。势似瓜分,恐各国分兵蹯地[如京津与西兵大战,恐英蹯吴淞炮台,复派兵入长江内地惊扰,不堪设想]。各公司宜早筹备,刻徐雨之来谈,亦拟换旗,已谆嘱各董妥商后[有云"不必换",有云"宜缓换"],禀请裁示祗遵。[31]

全电语气流露出对中外失和可能损害利益的担忧,所拟"换旗"之举,即外兵一旦入据长江,将中国公司转移至外国名下,以图自存。可见其观念中,保护实业利益最关紧要,对外万不可战,战亦无幸免之理,中外双方在上海及长江内地共有利益基础,合作大于对抗。秩序,是绅商和工厂业主排在第一位的要求。北方战事虽未直接波及东南,但仍造成了不小的冲击,导致市面萧条,对和、战前景不确定的预期,更深刻影响到上述群体的信心。以轮船招商局为例,自津沽失陷,与上海往来贸易停滞,所收水脚不及平时十之四五。上海钱庄平日主要依靠外国银行短期拆放,与中小工商企业发生联系,此时人心浮动,纷纷收受规银,以致市面银根吃紧。时人记载:"沪上震惊,人心慌乱,各银行但进勿出,各庄家周转更为不通,银拆一两五钱,现银缺乏,洋厘顿提八钱八分,无洋可购。旅居申江者,纷纷迁移。"[32]上海商人祝大椿、沈敦和、李平书、施敬则、叶澄衷等多次找盛宣怀、余联沅,要求地方告示安民,力保稳定,而盛宣怀本人无论在传统典当、钱业方面,还是在近代性

---

[31]《郑官应致盛宣怀函》,光绪二十六年五月二十六日,陈旭麓、顾廷龙、汪熙主编:《义和团运动——盛宣怀档案数据选辑之七》,上海人民出版社,2001,第80—81页。"徐雨之",徐润(1838—1911),字雨之,前招商局会办。

[32] 周憬自编:《惜分阴轩主人述略》,民国九年(1920)无锡周氏排印本,转引自来新夏《近三百年人物年谱知见录》,上海人民出版社,1983,第260—261页。

的工商企业领域,都拥有重大利益,他所控制的轮船招商局、上海电报局、华盛纺织总厂、中国通商银行、汉冶萍公司,全部集中在长江流域,东南一旦变为战场,势必动摇他经营多年的基业。[33]

无可否认,"东南互保"的出现,在某种意义上确乎体现了"民情"。而出身于江南并与绅商社会有着极深渊源的盛宣怀在其中发挥了"担纲领衔"的作用,故"称'东南互保'为南方绅商社会为保护自身利益积极策动的政治外交成果并不为过"。[34] 作为清朝电报事业的总负责人,盛宣怀在信息传输网络中居于枢纽地位,并与李鸿章、刘坤一、张之洞这几位在当时最为重要的地方大吏均有交情,可谓最适合、最说得上话的人。与闻"互保"内情者如沈瑜庆(1858—1918),事后对盛宣怀推崇备至:

> 天下绝大事业,只在一二人之交欢。庚子之患,微公居此中联络,则粤、江、鄂鼎峙之势不立。彼三公者,平时各不相谋,而因公之故,遂相固结,以纾世难。语云中流遇风,秦越相济。然则公可用秦越以为功,又何在而不得秦越耶? 内外支吾,会当有变,剥复之机,舍公安属?[35]

盛宣怀本人也是当仁不让,尝自谓:"生平但知埋头做事,功不铺张,过不辨白,吃亏在此。即如保护东南,非我策画,难免生灵涂炭。"[36] 及盛宣怀逝世后,陈夔龙(1857—1948)所撰神道碑文称:"拳乱作,疆吏定东南互保约,隐微匡救,多本公谋。"孙宝琦(1867—1931)为《愚斋存稿》作序,亦就此事大加

㉝ 参看熊月之主编:《上海通史·晚清政治》第 3 卷,第 239—240 页。

㉞ 易惠莉曾将"东南互保"与 1860 年发生于上海的"中外会防"及其后在更大范围内发展成的"借师助剿"做对比,指出:"上海绅商在'东南互保'时发挥了更大的主动性,显示了一种独立的意志。"参看易惠莉:《郑观应评传》,南京大学出版社,1998,第 590 页。

㉟ 《沈瑜庆致盛宣怀函十二》(未署日期),王尔敏、吴伦霓霞合编:《盛宣怀实业朋僚函稿》中册,"中央研究院"近代史研究所,1997,第 1403 页。

㊱ 《致吕蛰盦函》(1912 年 7 月 11 日),转引自夏东元:《盛宣怀传》,第 286 页。

推许:"公在上海,实总其枢纽,国不遽覆,公之力也。"㊲

在"东南互保"的形成过程中间,盛宣怀周边之部属、幕僚、绅商的作用绝不容忽视㊳,其事先与日本领事小田切万寿之助的"密商"同样值得注意㊴,而最后促使他做出决断的,则是时局的急遽变化。五月二十七日(6月23日),盛宣怀分别致电李鸿章、刘坤一、张之洞,明确提出中外互保的办法:

> 济沁电万勿声张。沪各领事接津电:津租界炮毁,洋人死甚众。英提带兵千余殁于路,已各处催兵,看来俄日陆军必先集,指顾必糜烂,如欲图补救,须趁未奉旨之先,岘帅、香帅会同电饬地方官上海道与各领事订约,上海租界准归各国保护,长江内地均归督抚保护,两不相扰,以保全商民人命产业为主。一面责成文武弹压地方,不准滋事,有犯必惩,以靖人心。北事不久必坏,留东南三大帅以救社稷苍生,似非从权

㊲ 《神道碑》《孙序》,《愚斋存稿》卷首,总第 4、46 页。另,陈三立所撰墓志铭亦有相似表述:"复结诸疆帅,定东南互保之约,国不遽覆,公之本谋也。"《诰授光禄大夫太子少保邮传大臣盛公墓志铭》,陈三立著,李开军校点:《散原精舍诗文集》下册,上海古籍出版社,2003,第1013 页。

㊳ 事后,盛宣怀保奏庚子事变期间"在沪出力华洋官绅",名单包括:苏淞太兵道余联沅、总办江南制造总局江苏存记道潘学祖、上海商务公所总董候选道严信厚、前办吴淞清丈会公丈局现任淮扬海兵备道沈瑜庆、督办淞沪厘捐总局江苏候补道钱志澄、办理江南商务局江苏候补道刘世珩、办理吴淞开端口工程局江苏候补道何福海、前办上海文报局江苏候补道黄承乙、广东雷琼道杨文骏、总办上海招商总局前福建台湾道顾肇熙、总办上海招商总局候选道郑官应、总办上海电报总局河南候补道杨廷杲、仁济善堂总董直隶候补道施则敬、三品顶戴南洋随员福开森、三品顶戴南洋正律法官担文、南洋副律法官候选道罗贞意、上海道署英文翻译官候选知府凤仪、上海道署法文翻译官万锺元、统领吴淞盛字全军浙江处州镇总镇班广盛、提标右营参将廖得胜、管带督标奇兵右营候补游击罗楚材、管带抚标沪军营候补副将龙镇国、管带提标副中营水师候补游击刘吉祥、前办制造局文案兼办炮队两营文案指分江苏试用府经历吴彭年,总计二十四人。《义和团时期在沪出力华洋官绅职名折》(未具时间),上海图书馆藏"盛宣怀档案",档号:057611。

㊴ 参详拙文《义和团事变中的日本在华外交官——以驻上海代理总领事小田切万寿之助为例》,《抗日战争研究》2012 年第 3 期。

不可,若一拘泥,不仅东南同毁,挽回全局亦难。⑩

他意识到总理衙门照会公使离京,预示中外即将决裂,一旦外兵集结,可能造成全局崩坏。事急之下,东南三大帅对朝旨"从权"取舍,"留东南以救社稷苍生"因之具有充分的政治正确性。就在同一天,小田切领事也分别向刘、张去电,基调与盛一致,内容略有区别,不仅授权上海道与各国领事直接交涉,而且提议由江、鄂分派代表赴沪与议。⑪

"东南互保"的倡议最终得到积极回响,但考诸事实,刘坤一、张之洞皆未在第一时间复电答应,其最终决策经过了极为慎重的考虑。黄濬(1891—1937)自谓访问赵凤昌的初衷:

> 予尝疑刘岘庄才非过人,互保必幕府所为。其后闻当时往张南皮处说此事者,为沈子培、张季直,而岘庄处,为沈涛园,后乃知发动此议斡合两督者,则赵竹君先生(凤昌)也。竹君先生,今已登大耋,而神明过人,音吐鸿畅,予以暇日,过惜阴堂,叩以当时情事,老人为追数当年情势,历说布置,如见运筹杖策时,诚江介之灵光、山林之白羽。(第289页)

其读《抱冰堂弟子记》后,亦抱有疑问:"世乃以互保事归功刘岘庄,则成功后

⑩ 《寄李中堂刘岘帅张香帅》《愚斋存稿》卷三十六,总第844页。原署时间"五月二十八日",研究多据此展开论述。此日期实系误植,查该电韵目为"沁"(见《盛京堂来电　并致李中堂刘岘帅》,光绪二十六年五月二十八日巳刻到,《张之洞全集》第10册,第8028页;《盛京堂来电》,光绪二十六年五月二十八日巳刻到,顾廷龙、戴逸主编《李鸿章全集》第27册,安徽教育出版社,2008,第70页),发电时间应在五月二十七日(6月23日)。据笔者所见,日本学者藤冈喜久男最早注意到这一问题。参见氏著《张謇と辛亥革命》,北海道大学图书刊行会,1985,第97页。另须说明的一点是,上谕以"六百里加紧"经驿路传递,五月二十七日送抵济南,袁世凯以电讯通报大意,而长江以南省份尚未正式接旨,故盛电中有"须趁未奉旨之先"之语。

⑪ 《上海在勤小田切总领事代理ヨリ青木外务大臣宛・南清秩序维持协定ノ解訳ニ関スル领事会议决议ノ报告ノ件》,明治三十三年六月二十七日,《日本外交文书・第三十三卷　别册一・北清事变上》,第480—481页。

众人之见，不第不知彼时幕后主持之人，并同时合肥、南皮之表示，亦不暇考矣。"（第294页）实则，"东南互保"发起之际，时往返于沪宁之间的沈瑜庆、张謇（1853—1926），以及围绕刘、张周边的汤寿潜（1856—1917）、陈三立（1853—1937）、沈曾植（1850—1922）、施炳燮等幕僚，联袂出场，皆有表现，此辈"幕后之人"对于江、鄂总督均做过游说，事迹零星见于史册，而游说活动到底多大程度上影响了幕主的决策，至今尚难精确定论。

二、 游说刘、张诸情节

（一）沪宁之间——沈瑜庆事迹钩沉

交代赵、何、盛等人在沪会商"互保"事后，《纪实》谓：

> 即定议由其分电沿江海各督抚，最要在刘、张两督。刘电去未复，予为约沈爱沧赴宁，再为陈说。旋得各省复电派员来沪。盛即拟约八条，予为酌改，并为加汉口租界及各口岸两条，共成十条，并迅定中外会议签约之日。（第290页）

江、鄂两处接盛宣怀来电后，各自反应稍异，比对复电时间，张之洞次日即复允，而刘坤一则几乎拖了两天时间，[42]与文中"刘电去未复"情形正合。所谓"予为约沈爱苍赴宁"一节，是指赵凤昌出面，特别联络沈瑜庆，约其代为劝刘的故事。[43]黄濬《花随人圣庵摭忆》保留了一段掌故，记赵凤昌口述此事，

---

[42] 在南京的刘坤一和在武昌的张之洞分别于五月二十八日辰刻（午前8时）、巳刻（10时）之前，已接到盛宣怀来电。（《盛京堂来电并致李中堂、刘制台》《刘制台来电》，光绪二十六年五月二十八日巳刻到、二十八日戌刻到，《张之洞全集》第10册，第8028、8029页）小田切电报于五月二十七日（6月23日）下午7时由上海发，到达南京和武昌的时间约在当晚至次日凌晨间。张之洞于二十八日亥刻（晚10—12时）复电同意"互保"事。（《致江宁刘制台、上海盛京堂》，光绪二十六年五月二十八日亥刻发，《张之洞全集》第10册，第8028页）刘坤一复电较前者为晚，至次日（6月25日）才复电赞同，中间还曾去电张之洞征询意见。（《刘岘帅来电》，光绪二十六年五月二十九日，《愚斋存稿》卷三十六，总第845页）

[43] 沈瑜庆，字蔼苍、爱沧，号涛园，谥敬裕，福建侯官人，前两江总督沈葆桢第四子。（转下页）

颇有生动的描述：

> 老人为予言，是日为六月某日，为星期六，时由沪赴宁必以轮船，星期例停开，涛园方以道员在岘庄幕府，诏其回沪宴集，亟走访之，尚记座客有陈敬余(季同)[44]，以人多不敢言，捉衣令着，纳车次，热甚，汗如洗，默无一语，到盛处，始详言之，即请下船诣南京劝刘。至涛园如何促岘庄，遂不能知，要其在幕府有大功则不妄也。(第293页)

沈瑜庆为沈葆桢子，以江南候补道先后"委办水师学堂、宜昌盐厘局"，甲午战时张之洞署理两江总督，延聘入幕，"兼筹防局、营务处，时与日本拘衅，调军食，治文书，日不暇给"[45]。刘坤一回任两江后，沈继续在江苏留用，为刘幕重要成员之一。翁同龢尝评价其人："识略极好，且有断制，不愧为沈文肃之子。"[46]庚子年，沈以道员督办吴淞清丈工程局。其人工诗，与海上官绅文士多所酬唱，并常往返于沪、宁之间。

赵、盛约沈劝刘，文中作"六月某日"。查照《愚斋存稿》，此事实际发生在五月二十七日(6月23日)，约去电建议"东南互保"稍后，盛宣怀复致电刘坤一如下：

(接上页)由附生恩赏主事，签分刑部，光绪乙酉科(1885)举人。光绪十七年(1891)捐升道员，指分江苏试用，二十六年(1900)经两江总督刘坤一等奏补淮扬道，次年奉旨护理漕督。秦国经主编：《中国第一历史档案馆藏清代官员履历档案全编》第8册，华东师范大学出版社，1997，第175页。

[44] 陈季同(1851—1907)，福建侯官人，曾任驻德、法等国参赞，旅居欧洲多年。归国后留北洋办理洋务。义和团事起，与汪康年等人呼应，上书刘坤一："为今计，南方数省，建议中立，先免兵祸，隐以余力助北方，庶几有济。"参看桑兵：《陈季同述论》，《近代史研究》1999年第4期。

[45] 陈三立：《诰授光禄大夫贵州巡抚沈敬裕公墓志铭》，《散原精舍诗文集》下册，第978页。

[46] 陈义杰整理：《翁同龢日记》第5册，光绪二十二年五月十九日条，中华书局，1998，第2911页。

霭沧今晚赴宁,请速定东南大计。[47]

沈瑜庆乘坐当晚轮船,前赴南京。张謇日记五月二十九日(6 月 25 日)条记:

> 霭苍来,议保卫东南事,属理卿致此意。[48]

可证沈到达南京后,偕同刘幕中人就"东南互保"事展开游说。稍后,沈又被派为两江代表回沪,参加中外会议,与领事商订保约。[49] 沈子成式作《沈敬裕公年谱》,对谱主在庚子年的事迹也有记述:

> 五月,拳匪乱作,北方糜烂。公与武进盛愚斋宫保宣怀以东南半壁,华洋杂处,万一有变,盐枭土匪,借以为机,全局不堪设想,宜与外人订约,租界内地,各担责任,俾宵小不得滋事,东南乂安,足以补救西北。遂电武昌,并入宁面陈,于是东南互保之约成。又代表忠诚莅沪与各国领事定盟。[50]

复按《寿新宁宫保两绝》,其一云:"平戎仲父忧王室,荐士梁公感旧京。痛定

---

[47] 《寄宁督刘岘帅》,光绪二十六年五月二十七日,《愚斋存稿》卷九十四,补遗七十一,总第 1966 页。

[48] 张謇研究中心、南通市图书馆编:《张謇全集》第 6 卷,江苏古籍出版社,1994,第 437 页。"理卿",施炳燮,刘坤一幕僚。

[49] 《复张制军》,光绪二十六年五月三十日,《刘坤一遗集》第 6 册,第 2567 页。沈瑜庆、陶森甲参与"互保"交涉的具体活动,主要在于秉承江、鄂意旨,在约款中强调限制外舰入江的意思。事见《陶桀林森甲沈霭苍瑜庆两观察致南京武昌督署电》,光绪二十六年六月初四日,《愚斋存稿》卷三十六,总第 854 页。

[50] 沈成式:《沈敬裕公年谱》,载福建省文史研究院整理《涛园集(外二种)》,福建人民出版社,2010,第 162—163 页。

若思茂陵策,故应险绝念平生。"⑤即咏"东南互保"事,后两句可见当时刘坤一尚有犹疑,而沈力劝,故谓"险绝"。陈三立所撰墓志铭称:"拳匪乱,东南互保之约成,公首奔走预其议,补淮扬海兵备道,护漕督。"⑤沈瑜庆得授淮扬海道,如诗中所谓"荐士梁公感旧京"⑤,可证其言之甚力,故刘坤一感激而予以保荐。当年夏,严复由天津避祸南下,与沈瑜庆会于沪上,后作赠诗,其自注云"庚子东南互保之约,君实发其议"⑤,亦多推许之情。

此外,沈瑜庆对"东南互保"的贡献另有一端,多不为人知,即劝嘱刘坤一收容避战南下的北洋舰队,避免加深当时业已严重的中外间的相互不信任。北洋海军没有参加大沽之战。战斗发生时,主力舰队正在山东登州、庙岛一带操巡。大沽炮台失陷后,北洋舰队失掉了统帅,而朝廷意向不明,下一步如何行动成为悬念,为避联军锋芒,山东巡抚袁世凯极力促其南下。于是,海军主力由"海天"舰管带刘冠雄、"海琛"舰管带林颖启带队,转舵驶往上海。北洋舰队此行本意在于避战,但抵泊吴淞港后,却造成一个意外的后果——上海租界侨民视此为战争信号,引发集体恐慌。⑤ 日本领事小田切万寿之助就抓住了这一动向,以此作为动员本国增派兵舰的理由。⑤ 正在上海筹议"东南互保"的盛宣怀等人也明显感受到压力,五月二十七日(6月23日)向刘坤一去电称:

---

⑤ 沈瑜庆:《寿新宁宫保两绝》,《涛园集(外二种)》,第49页。按马援,扶风茂陵(今陕西杨凌)人,东汉名将,此处以马援直谏汉光武帝事借喻之。

⑤ 陈三立:《诰授光禄大夫贵州巡抚沈敬裕公墓志铭》,《散原精舍诗文集》下册,第978页。

⑤ 参见黄濬:《花随人圣庵摭忆》,第293页。

⑤ 《送沈涛园备兵淮扬》,王栻主编:《严复集》第2册,中华书局,1986,第363页。

⑤ 《上海在勤小田切总领事代理ヨリ青木外务大臣宛·领事会ノ遣舰请求决议并我遣舰禀请事情报告ノ件》,明治三十三年六月二十二日,《日本外交文书·第三十三卷 别册一·北清事变上》,第791—792页。

⑤ 《上海在勤小田切总领事代理ヨリ青木外务大臣宛·北洋水师ノ来港ニ当リ军舰急派方禀请ノ件》,明治三十三年六月二十三日,《日本外交文书·第三十三卷 别册一·北清事变上》,第793页。

> 北洋各兵轮来言,接余道照会,各领事商嘱移泊吴淞口外,以免洋
> 商误会。沈道则请驻江阴,又恐鉴帅在江阴饬炮台放炮,则兵轮必危。
> 拟请电余道明告领事,断无他意,如必欲移泊淞外,亦无不可。[57]

各国领事见停泊本港的北洋舰队距离租界咫尺之遥,深感威胁,通过上海道余联沅要求各舰驶离上海,或移泊较远洋面。"沈道",即沈瑜庆,其意见更为直接,请将北洋各舰转移至江阴驻泊。"鉴帅",巡阅长江水师大臣李秉衡(1830—1900),字鉴堂,时驻苏州,因外国军舰入江,计划赴江阴以武力拒阻。

查沈瑜庆生平,与海军颇有渊源。其父沈葆桢(1820—1879)为南洋水师的创办人,其本人在甲午战时供职两江营务处,为张之洞献策,对战败南奔的水师将吏"分别留置,使自效"。至庚子变作,再次建言于刘坤一,故陈三立为作墓志铭,对"两收海军余烬,稍保聚于南纪"的功绩大加褒扬。[58]《沈敬裕公年谱》录有庚子年沈瑜庆致刘坤一的一封电报,透露了北洋舰队南下一行的许多细节,里面提到:"据海琛管带林参将颖启面称,在烟台途次奉东抚袁三次电云,大沽炮台已与各国开衅,属兵船速南行,等语。……海琛、通济本日已进口,泊下海浦。海天到吴淞,海筹、飞鹰、复济明日可到。"[59]该电韵目作"宥",知发电日期在五月二十六日(6月22日),言及南下军舰包括"海筹""海琛""海天""复济""通济""飞鹰"六艘,其中三艘在当天已经抵沪。同一电报还建议如下:

> 此数船所值不赀,本日此间又有据炮台及制造局之谣,愚见不如饬令驻扎江阴,以壮南洋门户,可收将来之用。……事机间不容变,请公与香帅合力主持饬遵。

---

[57] 《盛宣怀上刘坤一电》,光绪二十六年五月二十七日,《清季外交因应函电资料》,第398页。

[58] 陈三立:《诰授光禄大夫贵州巡抚沈敬裕公墓志铭》,《散原精舍诗文集》下册,第978页。

[59] 沈成式:《沈敬裕公年谱》,载《涛园集(外二种)》,第163页。

沈瑜庆注意到当时流行的外国将占据吴淞炮台及上海制造局之"谣言",主张由江、鄂两督饬令北洋舰队转驻江阴,实出于保存海军实力的考虑。至五月二十七日(6月23日),南下北洋舰只已全数抵沪,沈瑜庆再次呼吁:

> 现存各船不足御各国,靖匪则愿竭其力。团匪召外衅、杀无辜,得罪天下。可否布告各国:请暂作壁上观,中国水师情甘剿匪。如果不效,再请协助剿匪。即所以自解于各国也。[60]

刘坤一依议而行,调北洋舰队驶离上海,开赴江阴。这一措施也受到租界当局的欢迎。五月二十九日(6月25日),日本领事小田切万寿之助向外务省报告说:

> 刘坤一已下令目前碇泊本港之北洋舰队向江阴转移。此一措施大获本地民众赞赏。[61]

除上述六舰外,不久北洋水师帮统萨镇冰也率"海圻"舰南下,一并开往江阴驻泊,加入"东南互保"的行列。有研究者认为:"就海军而言,这是它第一次不执行朝廷命令,在某些实力人物支持下,擅自行动。"[62]刘坤一入奏覆陈"筹办防务情形",提及"一面调集各项兵轮、雷艇、蚊船,暨北洋驶来之海圻、海筹、海琛、海天、复济、通济、飞鹰七兵舰,分泊江阴等处,俾收水陆夹击之效"。[63] 在这里,他是把北洋水师的临时安顿当作布置江海要隘防务的业

⑥ 《沈瑜庆、陶森甲致刘坤一电》,光绪二十六年五月二十七日,上海图书馆藏"盛宣怀档案",档号:045984。

⑥ 《上海在勤小田切総领事代理ヨリ青木外務大臣宛・北洋艦隊ヲ江陰ニ出向方發令ノ件》,明治三十三年六月二十五日,《日本外交文書・第三十三卷 別冊二・北清事变中》,第202页。

⑥ 姜鸣:《龙旗飘扬的舰队——中国近代海军兴衰史》,生活·读书·新知三联书店,1994,第481页。

⑥ 《覆陈筹办防务情形折》,光绪二十六年六月十五日,《刘坤一遗集》第3册,第1221页。

绩来叙说的,当然隐去了迫于压力而为之的内情。这一性质模糊的行为当时部分化解了外人的质疑声音,为"东南互保"的成功增加了一个不大不小的筹码,事后也得到了朝廷默认。盛宣怀出奏奖叙"在沪出力华洋官绅",沈瑜庆亦赫然在其列:

> 吴淞为上海门户,彼时各国兵轮于吴淞口外鳞次栉比,兵轮水手不时登陆,该员联络邦交,措置得宜。⑭

(二) 刘、张周边:幕僚表现

刘坤一、张之洞最终定议"互保",多经曲折,而周边环绕陈说者不乏其人。按诸史书记录,或各自偏重,莫衷一是,或张冠李戴,难作对证。因此有必要一一列举,稍作厘清。

最为人所熟知的劝刘主力是张謇。张謇之子张孝若(1898—1935)为父作传,涉及"东南互保"一节,便径以"为刘坤一定策"为题,且言:"刘公(坤一)到没办法的时候,每每找到我父和陈三立、汤寿潜、沈曾植、何嗣焜诸公去商量应付内外大局的办法。我父在这几个月里,在南京的时候很多,一回到通、沪,刘公催促之电又同雪片而至。我父亲帮他策划种种,先定保卫东南的大计,再商公推李相统兵入卫的办法。"⑮《啬翁自订年谱》对"定策"一幕有过极具现场感的描述,后来引证者颇夥:

> 与眉孙、爱苍、蛰先、伯严、施理卿炳燮议合刘、张二督保卫东南。余诣刘陈说后,其幕客有沮者。刘犹豫,复引余问:"两宫将幸西北,西北与东南孰重?"余曰:"虽西北不足以存东南,为其名不足以存也;虽东南不足以存西北,为其实不足以存也。"刘蹶然曰:"吾决矣。"告某客曰:

---

⑭《义和团时期在沪出力华洋官绅职名折》,光绪二十六年,上海图书馆藏"盛宣怀档案",档号:057611。

⑮ 张孝若:《南通张季直先生传记》,中华书局,1930,第84页。

"头是姓刘物。"即定议电鄂约张,张应。⑥⑥

文中"眉孙",即何嗣焜,沈瑜庆(字蔼苍)、施炳燮(字理卿)、汤寿潜(字蛰先)、陈三立(字伯严),皆刘幕宾客。此段情节绘声绘影,交代前因后果则稍显简略。刘厚生撰有《张謇传记》,据此浓墨重彩大加发挥,称盛宣怀为难之际,何嗣焜举出两人,"请张謇说服刘坤一,赵凤昌说服张之洞",并以急电将张謇由南通召至上海;又据前引《啬翁自订年谱》条文,进而解释"此条系张謇与何、沈、汤、陈、施五人在上海共同决议之意见,而由张謇一人至宁说服刘坤一也",其后张謇于沪、宁之间两次往返、两次面说刘坤一,关于游说情景,传记内亦有大段对话式的细节描述。⑥⑦

刘厚生系张謇忘年交,一生过从甚密,但庚子时尚未侍事张謇近旁,所记并非亲见,只是糅合了张謇自述年谱和其他一些耳食的传闻,或有心为传主饰美,笔下不免虚构成分。也有学者不以为然,相信刘、张自主决断,所谓"说服"云云本系乌有,是"刘厚生的夸张"。⑥⑧不管有无承认张謇游说之功,两方面的说法其实都忽略了一个前提——细考史实可以发现——当时张謇本人正在南京。

据张謇日记,五月十九日(6月15日)由南通启程,次日抵南京,其后一直在当地活动,直至六月初四日(6月30日)离宁赴沪。⑥⑨庚子事变适于此时而起,张謇一直在考虑如何应对时变,充任刘坤一的谋士。《啬翁自订年谱》记:

> 五月,北京拳匪事起,其势炽于黄巾、白波。二十二日,闻匪据大沽

---

⑥⑥ 张謇研究中心、南通市图书馆编:《张謇全集》第6卷,第861页。

⑥⑦ 刘厚生:《张謇传记》,龙门联合书局,1958,第93—94、187—188页。刘厚生,名垣,江苏武进人,何嗣焜之婿,长期辅佐张謇从事实业、政治活动。

⑥⑧ 李国祁:《张之洞的外交政策》,第153页。

⑥⑨ 张謇研究中心、南通市图书馆编:《张謇全集》第6卷,第436—438页。

口,江南震扰,江苏巡抚李秉衡北上。言于新宁招抚徐怀礼,免碍东南全局。爰苍至宁,与议保卫东南。⑩

则"保卫东南"议论出台前后,张謇尚有另一建言,主要劝说幕主刘坤一招抚长江盐枭徐怀礼(徐老虎)。⑪章开沅指出:"张謇把招抚徐宝山看作于帝国主义达成'互保'协定的前提条件",所谓'外应'就是策划"东南互保。"⑫

查五月二十五日(6月21日)张謇日记有"北信益警"语,二十六日至二十八日记录空缺,二十九日(6月25日)记:"蔼苍来,议保卫东南事,属理卿致此意。"⑬日记空缺的数天,正是盛宣怀等人在沪酝酿策划,并去电江、鄂倡议"东南互保"的时间。如前引《张謇传记》所述,短短几天内张謇奔走于南通、上海、南京多处,两度游说刘坤一(行程记载并无明确系日),不仅就当时交通条件而言是一绝大难题,印证于日记,张謇之行也不可能由南通始,而其间有无离开过南京仍然悬疑。⑭由于史料缺失,张謇是否到过上海难

---

⑩ 张謇研究中心、南通市图书馆编:《张謇全集》第6卷,第861页。文中"江苏巡抚李秉衡",不确,其时苏抚为鹿传霖。

⑪ 《为招抚徐宝山致刘督部函》(光绪二十六年),《张謇全集》第1卷,第46页。原函未署日期,查照张謇日记五月二十四日(6月20日)条:"上新宁书,论招抚宜开诚布公,昭示威信,不可使疑,不可使玩。"(《张謇全集》第6卷,第437页)则此函呈递时间即在当日。

⑫ 章开沅:《开拓者的足迹——张謇传稿》,第117—118页。

⑬ 张謇研究中心、南通市图书馆编:《张謇全集》第6卷,第437页。

⑭ 日本学者藤冈喜久男以《张謇传记》为信史,据此与张謇日记对照,排列出活动日程表:五月二十五(6月21日)或二十六日(22日),何、盛"商量",招张謇由南通赴沪;二十六日(22日),张至沪,与何商量赴南京说刘;二十七日(23日),第一次游说刘,刘仍犹疑,张"当晚即回上海";二十八日(24日),"到上海的第二天",刘召张再赴南京,"当晚启行至南京",做第二次游说;二十九日(25日),刘复电盛,同意互保。(参看《张謇与辛亥革命》,第246页)藤冈以事涉敏感,张謇事后故意将五月二十六至二十九日记删去。此时间表最大问题在于误认张謇在南通应召赴沪,而安排五月二十八日(6月24日)当天往返沪宁,也过于勉强,似有强史料就我之嫌。实际上,复按《艺风老人日记》五月二十八日条,时在南京的缪荃孙尚有"拜……张季直"的记录。参看张廷银、朱玉麒主编:《缪荃孙全集·日记》第2册,凤凰出版社,2014,第78页。

以确论,他与盛宣怀之间有无直接联络也无据可寻。考虑到张、何二人系至交⑦,通款殷勤,最有可能通过此管道得到盛的授意;由沪返宁的沈瑜庆奉有使命,也会带来最新消息。可以肯定的是,五月二十九日,即刘坤一复电同意"东南互保"当天,张謇正在南京,并做过游说。此外,当时同在刘身边的施炳燮、汤寿潜、陈三立等人也发挥了一定作用。所谓上述诸人在上海"共同决议"一说,显系错误。历史上并不存在这样的"碰头会",各人只在当时所处位置上,为赞助"互保"各出了一份力。

陈三立,湖南巡抚陈宝箴之子,原史部主事,是维新变法的活跃人物,因政变株连,与其父同遭罢职,归乡息居。庚子四月,携家移居江宁,赁居珠宝廊。⑦ 其与刘坤一时有往来,虽未正式入刘幕,但对时事多有建言。时在南京的刘景侨,与陈三立交密,对其庚子年的作为非常了解,事后记载:

> 予随交游三十年,有以悉其深。近游吴下,与参营幕,尤征其实。
> 抑余尤服公独有以识微而见远。……庚子夏,北拳事起,即电请江督
> 曰:"直东拳匪不剿办,将成流寇,不但各国借保护为名,因利乘便,内地
> 伏莽,将闻风回应,变证百出,应接不暇,请密商政府,速图之。"此五月
> 十日事也。阅七日而复有"事变如此,请密备北援"之电。戒日赴宁,即
> 条陈十四事,首请密饬沪道,与各国领事会议,力任保护长江一带西商
> 身家性命,以杜外人生心干预之渐。当时议论纷庞,予亦在座,颇滋疑
> 虑,以亲爱故,恐其冒大不韪也。公谓非此不足以保东南大局,北省所

---

⑦ 张、何论交始于光绪二年(1876),长期共事,相知甚深。光绪二十七年初,何在上海突然病故,张痛心疾首,自谓:"与梅生交,始自丙子,至今二十六年矣。学识练达,器局深稳,非余所及。比年以来,每有一事,必就梅生决之。与论世事,十常同八九。"(张謇研究中心、南通市图书馆编:《张謇全集》第6卷,第448页)据本年郑孝胥日记正月十四日条:"得子培(沈曾植)、季直自沪来电云:'梅生猝故,即来沪,盼切。植、謇。元。'……吾党为之短气,失一巨子矣,伤哉!"(劳祖德整理:《郑孝胥日记》第2册,中华书局,1993,第786页)郑将何归入"吾党"行列,可旁证此辈人意气相投,当时思想见解多近似。

⑦ 陈三立《先府君行状》:"二十六年四月,不孝方移家江宁,府君(陈宝箴)且留峤庐,诚曰:'秋必往。'是年六月廿六日,忽以微疾卒,享年七十。"见《散原精舍诗文集》下册,第856页。

为乃糜烂办法也。东南保护之约，造创宏大，而不知其发端于微，尚有人焉。⑦

所谓"戒日赴宁"，据李开军考证，时在五月二十四日（6月20日）。⑧ 则尚在盛宣怀自沪来电之前，刘坤一幕府中人已有"保东南大局"的建言，而且"饬沪道与各国领事会议"的形式，也与后来实行者契合。刘坤一一逝后，陈三立为撰神道碑铭，记"东南互保"事云：

> 盖公在江南，斡旋大计，与国为体，功泽所被，有不能忘。往者乱民既发难畿辅，二三亲贵，朋劫皇太后，骤与八海国构衅，因诏各行省悉备战，势岌岌。公忧境土糜烂，国遂覆，痛哭而定东南互保之策，守盟约如故，江海晏然。⑨

陈三立另作有《祭刘忠诚公文》，亦大力彰扬刘坤一在戊戌、庚子两大事变中所建功业，激赏其对内"驭控"、对外"旋斡"的手段，而将庚子肇乱者喻作"蛇龙之孽"，下笔辛辣，可见反感于那拉氏主持之政府，溢于言表。⑩ 本年五月，陈三立借悼念亡友吴樵的文字，有对政治时局更为直截犀利的批评："畿辅之变，义和团之起，猥以一二人恣行胸臆之故，至驱骏竖顽童，张空拳战两洲七八雄国，弃宗社，屠人民，莫之少恤。而以朝廷垂拱之明圣，亦且熟视而无如何。其专制为祸之烈，剖判以来，未尝有也。余意民权之说转当萌芽其

---

⑦ 刘景侨：《海岳轩丛刻书后》，转引自李开军《陈三立年谱长编》中册，中华书局，2014，第543页。

⑧ 据杜俞《上瞿侍郎》："接奉钧函，并闻刘令景侨归述种切，仰见大人筹度精审，明大计，曷胜钦佩。……二十四日奉调赴宁，又复剀切陈之。"（《采菽堂书牍》卷下）同时并指出："杜俞实亦为当时提议之一人也。而时下对东南互保之研究，似极少提及此人。"参见李开军：《陈三立年谱长编》中册，第544页。按"瞿侍郎"，瞿廷韶，同治九年举人，时为江海关道，官至湖北布政使。

⑨ 陈三立：《刘忠诚公神道碑铭》，《散原精舍诗文集》下册，第989页。

⑩ 陈三立：《祭刘忠诚公文（代）》，《散原精舍诗文集》下册，第866页。

间,而并渐以维君权之敝。"㉛下文还将叙及,陈三立瞩望刘坤一者实不止"东南互保"一端,在当时并未能完全实现自己的政治理想。

汤寿潜与刘坤一并非旧识,只是事变期间临时参与了刘幕活动。㉜约过十年后,汤本人对庚子年事尚津津乐道:"寿潜最顾外交,光绪二十六年五月下旬,东南互保,寿潜实为刘忠诚倡议。"㉝乡人马一浮(1883—1967)为其作传记,谓:"庚子拳乱,召八国之师,国之不亡者,仅君往说两江总督刘坤一、两湖总督张之洞,定东南互保之约,所全者甚大,其谋实发于君。"㉞文章指明传主谋划"互保"的形迹,确是少为人知的事实,但径推为首倡者,似嫌表彰太过。庚子事变前,汤寿潜应聘于湖州南浔浔溪书院,任山长,主讲经史、策论。㉟考汤寿潜入刘坤一幕府之契机,乃出于盛宣怀直接推荐。本年五月间,汤在上海。五月二十五日(6月21日),盛致刘坤一电称:

> 时局至此,公砥柱东南,统筹军国,须得忠亮宏达之士参谋左右,前青阳知县汤寿潜其人也。此君现在沪,公以为然,当代敦劝来宁。其人

㉛ 陈三立:《清故光禄寺署正吴君墓表》,《散原精舍诗文集》下册,第 844—845 页。

㉜ 汤寿潜,原名震,字蛰先、蛰仙,浙江山阴(今绍兴)人。早年以《危言》一书知名于世,有疏通知远之目。光绪十八年(1892)进士,授翰林院庶吉士,二十年(1894)任安徽青阳知县,旋以亲老乞归。甲午后人强学会,鼓吹变法维新,1906 年与张謇、郑孝胥等创立预备立宪公会,为立宪派领袖之一。辛亥革命后,任浙江军政府第一任都督。已有学者注意到汤寿潜发起参与"东南互保"的事实,并予以积极评价:"萌生于救国利民的初衷,并收到了实际的效果。"参看戴东阳:《"东南互保"与汤寿潜》,政协萧山市委员会文史工作委员会编《汤寿潜研究》,团结出版社,1995,第 217—224 页。

㉝《汤蛰先学使演说词》(1910 年 5 月 18 日),政协浙江省萧山市委员会文史工作委员会编:《汤寿潜史料专辑·萧山文史资料选辑(四)》,1993,第 586 页。

㉞ 马一浮:《汤蛰先先生家传》,钟碧容、孙彩霞编:《民国人物碑传集》,四川人民出版社,1997,第 197 页。并见张謇:《汤蛰先先生家传》(民国十四年十二月),《汤寿潜史料专辑·萧山文史资料选辑(四)》,第 126 页。按此文系马一浮代张謇作。又,宋慈抱《汤寿潜传》作:"二十六年义和团之变,寿潜往说两江总督刘坤一、两湖总督张之洞,定东南互保之约,所全者甚大。"(见钱仲联主编:《广清碑传集》,第 1177 页)该传原刊于 20 世纪 40 年代《浙江通志馆馆刊》,成文较马一浮文为晚,而文字雷同,似有因袭。

㉟ 陈志放:《汤寿潜年谱》,《汤寿潜史料专辑·萧山文史资料选辑(四)》,第 619 页。

之详可问季直殿撰,乞裁示。⑧⑥

"季直殿撰",即张謇,与汤素相善。⑧⑦刘坤一很快表示接纳,复电推许"汤君著作颇富,久闻其名,祈转致来宁为盼"⑧⑧。汤寿潜旋即由沪至宁,除担负游说之命外,还有其他表现。本年李秉衡奉命南下巡阅长江水师,义和团变作,闻英舰将入江,即由苏州赴江阴,欲以武力拒阻。赵凤昌《纪实》一文称:

> 李秉衡素偏执,不达外情,其时奉调北上,欲巡阅沿江炮台,江督刘虑其贸然与长江外舰开衅,密饬台官预将各炮炮闩取去,杜其遄愤。
> (第291页)

其记闻近谵。按,刘坤一闻警后,以为"力任保护,稳住各国,实委曲求全、保东南至计,而鉴帅意见未融",遂电商张之洞会奏,"请饬李毋得干预防务,以一事权而免贻误"⑧⑨。其意在削夺李秉衡干预防务之权,可见维持"互保"、联手应变之志。六月初一日(6月27日),张謇记:"蛰先来深谈。"初二日(6月28日)续记:

> 蛰先谒新宁,新宁以甫闻德使被戕,京师焦烂,终夜不寐。与伯严定蛰先追谒李帅,陈安危至计。⑨⑩

---

⑧⑥《寄刘岘帅》,光绪二十六年五月二十六日,《愚斋存稿》卷三十六,总第843页。
⑧⑦《啬翁自订年谱》光绪十五年(1889)记:"九月……始识山阴汤蛰潜与为友。"此为张、汤结交之始。关于二人交谊,张謇晚年亦有总结:"予获交汤君,垂三十年,粗能详其志事。方是时,朝野汹汹,争欲致力革新之业,予与君亦各树议立事,国人并称之曰'张汤'。"参看章开沅:《张汤交谊与辛亥革命》,《历史研究》2002年第1期。
⑧⑧《刘岘帅来电》,光绪二十六年五月二十七日,《愚斋存稿》卷三十六,总第843页。
⑧⑨《寄张制军》,光绪二十六年五月二十七日,《刘坤一遗集》第6册,第2566页。
⑨⑩张謇研究中心、南通市图书馆编:《张謇全集》第6卷,第438页。《啬翁自订年谱》作:"(庚子)五月,北京拳匪事起,……蛰先至宁,议追说李秉衡以安危大计,勿为刚、赵所误,不及。"同上书,第861页。

张謇、陈三立、汤寿潜等人聚商，有意劝李秉衡以“安危至计”，免蹈北方政府之覆辙，也可视作应刘坤一之指示、落实“东南互保”的一环。复按《艺风老人日记》六月初二日条：“晚诣恽心云、张季直谈，晤汤蛰先、刘聚卿、陈百年。制军以招抚徐老虎事略见示，与季直上制军书，借小轮送蛰先追李鉴帅。”(91)则北行追说李秉衡，系张、汤等主动请缨。唯六月初三日(6月29日)，李秉衡已由江阴北上，汤寿潜追说未及，旋即返回上海。(92)

汤寿潜在南京停留时间很短，前后不超过十天。但他加入刘幕应该说是有备而往，表现也是不辱使命。张一麐(1868—1943)言：“时东南数省刘坤一、张之洞、袁世凯、盛宣怀与外人定保护南数省商教章程、保护上海章程，得以无事。奔走其间者为汤寿潜，文稿多出其手。”(93)更有论者将他在庚子年的事迹，与其生平最为辉煌的领导浙江保路风潮相提并论，以为“保障东南之惠实不亚于浙路之功勋也”“当时汤寿潜见识，虽不独高于南中他人，而其任奔走、为说客，较他人为烈”。(94)

施炳燮，浙江会稽(今绍兴)人，以监生随办洋务，久居刘坤一幕府，以主持水师学堂得力，屡蒙嘉奖，可谓最受刘倚重的洋务干将之一。(95) 区别于其他几位幕僚，或有科名家世的背景，或有文学撰述的特长，施可谓典型的“绍兴师爷”，纯以实干起家，勤于任事而严守职分，因此深得幕主信任。(96) 谙熟

(91) 张廷银、朱玉麒主编：《缪荃孙全集·日记》第2册，第78页。并参祁龙威：《张謇日记笺注选存》，广陵书社，2007，第112—113页。

(92) 张謇初三日记：“与蛰先、莘丈(杨崇伊)同行，候蛰先故失船，莘丈先行。与蛰先同寓下关江岸。”初四日，张、汤即由江宁附轮起航，次日抵上海，当天日记有“晚与蛰先别，诵‘无几相见之’诗”之语。参见张謇研究中心、南通市图书馆编：《张謇全集》第6卷，第438页。

(93) 张一麐：《心太平室集》，中国社会科学院近代史研究所《近代史资料》编辑组编《义和团史料》下册，中国社会科学出版社，1982，第843页。

(94) [日]支南钰一郎：《浙路风潮汤寿潜》，《汤寿潜史料专辑·萧山文史资料选辑(四)》，第175页。

(95) 施炳燮，字理卿，由监生随办南洋洋务，1894年加捐县丞，指分江苏省试用。1896、1900年于江南水师学堂奖叙案内，经奏保以知县补用。后升道员，署理湖北交涉使。秦国经主编：《中国第一历史档案馆藏清代官员履历档案全编》第8册，第595—596页。

(96) 周作人在《鲁迅的故家》一文中回忆，鲁迅考入南京水师学堂时，有一位“专办洋务的施师爷”，即指施炳燮，说他“一直在两江总督衙门里，东家换了，这位西席总是不动的”。参看止庵编：《关于鲁迅》，新疆人民出版社，1997，第67页。

文案事务、后以整理张之洞档案闻名的许同莘,曾从施炳燮习幕府事,对其有很高评价:"会稽施理卿先生在幕府数十年,南洋交涉之事,一手擘画,不习洋文,而条约章程,研究独为透彻。……刘忠诚以庚子保护东南,辛丑参与和议,壬寅癸卯会议商约,其文笔议论,推勘入微,六通四辟,大率先生稿也。我经江海,仅见此人。"[⑰]事过经年,施炳燮去世后,张謇作挽词悼念,仍不忘表彰其功:

> 光绪庚子拳匪之乱,东南互保议,倡于江南,两湖应焉。欧人称刘总督临大事有断,如铁塔然,虽不可登眺,而巍巍屹立,不容亵视,亦人物也。施君佐刘幕久,是役助余为刘决策,尤有功,亦为两湖总督张公所重。[⑱]

论史者多谓刘坤一止一"粗才俗吏"[⑲],气质平庸,不想其晚年在政治上却屡有非凡表现,又有人怀疑其"才非过人",谋略当不及至此,故作评论:"刘岘庄后半世,手眼声名,俱稍胜者,闻皆幕僚之力。"[⑳]合上观之,就刘坤一定计"互保"而论,"幕府有大功"之说应为事实之一面。

至于张之洞方面,同样不乏异说。前揭《张謇传记》引述何焜嗣之言,"可请张謇说服刘坤一,赵凤昌说服张之洞",又称"凤昌一诺无辞",嗣后得张之洞复电,谓"即派辜鸿铭到上海办理此事"。[㉑] 赵凤昌与武昌督署函电畅通,应属事实。《纪实》文称:

> 予即每日到盛宝源祥宅中,渠定一室为办事处,此室祇五人准入,盛

---

⑰ 许同莘:《公牍学史》,王毓、孔德兴校点,档案出版社,1989,第238—239页。
⑱ 张謇:《施监督挽词(有序)》(民国七年二月),《张謇全集》第5卷(下),第218页。
⑲ 此亦刘坤一本人早年的自谦语,见《复李若农》,光绪七年三月二十九日,《刘坤一遗集》第4册,第1933页。
⑳ 黄濬:《花随人圣庵摭忆》,"刘坤一之为人"条,第194页。
㉑ 刘厚生:《张謇传记》,第98页。

及何梅生、顾庭缉、杨彝卿与予五人，负责接收京津各电报消息，有关系者，勿稍泄露，共筹应付，此即创议东南互保成立之事实也。（第291页）

按"宝源祥"，盛宣怀办公之处，其地在上海租界外滩，即民国时期之客利饭店。顾缉庭，即顾肇熙（1841—1910），号缉庭，江苏吴县人，同治三年举人，曾署台湾布政使，甲午战败后内渡，以士绅身份接任轮船招商局会办，庚子互保之役，"实与其议"。[102] 杨彝卿，浙江人，时供职于上海电报局。"互保"发起后，浙江省欲仿江、鄂办法，在沪参与中外会议，盛宣怀曾向浙抚建议"速派杨彝卿就近会办"。[103] 关于赵凤昌"说服"张之洞一节，则无由证明，至于亲身赴武昌面说，绝无此事。征诸《纪实》，对相关情节毫无所述，该文意在自我表彰，事涉重要而故意遗漏，似不可能。而辜鸿铭（1857—1928）奉派至上海办理外交之说，应属无稽——一则张之洞正式派沪与议的代表为道员陶森甲（1855—?），且此举系谋定而后动，时已在定计"互保"之后[104]；二则辜鸿铭当时只是一督署洋文案，专务随同翻译，按其身份、地位不足以担当外交代表。[105]

---

[102] 曹允源：《顾方伯传》，《复盦续稿》卷五，民国刊本，转见马忠文《从顾肇新家书看戊戌前后的朝局与政情》《福建论坛》人文社会科学版，2017年第9期。

[103] 六月初，盛宣怀致浙江巡抚刘树棠电称："顷已将尊函及虞电交沪道，送总领事。江、鄂两督均派候补道在此，公可速派杨彝卿就近会办，先电后札。"参见《寄浙抚刘景帅》，《愚斋存稿》卷三十六，总第859页。

[104] 《致江宁刘制台、上海盛京堂电》，光绪二十六年五月二十八日亥刻发，《张之洞全集》第10册，第8029页。

[105] 辜鸿铭在庚子年间的活动，限于文献，尚难完整重建，因若干种后出的基于虚构而非记忆的"自述"（回忆），使事实面目更加扑朔。影响较大者，如沈来秋《略谈辜鸿铭》（《文史集萃》第4辑，文史资料出版社，1984），述及辜鸿铭赴沪与英国总领事霍必澜三次会谈的大致情形；兆文钧《辜鸿铭先生对我讲述的故事》（《文史资料选辑》第8辑，中国文史出版社，1986），则直接认定辜鸿铭为"东南互保"的创议人。朱维铮曾专文加以订正，参其《辜鸿铭生平及其它非考证》，《读书》1994年第4期。黄兴涛所著辜传，辟专章对其人与"东南互保"关系有所说明，可资参考。（黄兴涛：《文化怪杰辜鸿铭》，中华书局，1995，第108—112页）辜鸿铭作为洋文案，除草拟、翻译对外函电及传译张之洞与外国领事会谈外，在事变期间一项重要活动是促成张之洞向英国借款，这也构成维持"互保"一大助力。说详拙文《湖广总督与汇丰银行借款合同——"东南互保"的一个脚注》，《明清论丛》第8辑，紫禁城出版社，2008，第315—325页。

沈曾植是另一个屡被提及的人物。沈在"交涉"方面的才华，为张之洞所器重[106]，但二者关系也有些许疏离处。[107] 据刘垣《张謇传记》："(张)之洞当初颇迟疑不决，遂由张謇、沈瑜庆等公请沈曾植到武昌向之洞面陈。"[108]王尔敏前揭文说，上海各官绅议定办法后，"武昌方面由沈曾植前往陈说"。[109] 其说未注出处，大约来源自刘书。沈曾植行迹究竟如何？王蘧常所撰沈寐叟年谱称：

> 五月，自里北征，而辇毂拳乱卒作，公停于上海主沈涛园，痛北事不可救，以长江为虑，与督办商务大臣盛杏荪、沈涛园、汪穰卿密商中外互保之策，力疾走金陵，首决大计于两江总督刘岘庄，来往武昌，就议于两湖总督张香涛，而两广总督李少荃实主其成，订东南保护约款凡九条，其后大局转危为安，乘舆重返，公之力为多。[110]

---

[106] 按沈曾植于光绪二十四年(1898)入张幕，掌教两湖书院史学。张之洞誉之为"凤麟"，赠诗有"平原宾从儒流少，今日天骄识凤麟"句。见《送沈乙盦上节赴欧美两洲二首》，《张之洞全集》第 12 册，第 10583 页。辛丑(1901)上折保荐人才，谓："刑部郎中沈曾植，该员思力深沉，学问淹雅。向充总署章京，究心交涉事务。现管南洋公学，上海议论过杂，该员教士于变通广博之中，独能行宗圣教，训戒诸生，禁其沾染恶习，可谓中流砥柱矣。"见《胪举人才折》，光绪二十七年十二月初一日，《张之洞全集》第 2 册，第 1466 页。

[107] 沈曾植在京师交游圈子，近翁同龢、张荫桓一系，其应聘至鄂，曾引起张之洞幕府中人的猜嫌。参看茅海建：《戊戌变法期间张之洞之子张权，之侄张检、张彬的京中密信》，《中华文史论丛》2010 年第 3 期，第 57 页。又，以张之洞为中心的武昌学人圈子交游酬唱盛极一时，沈固为其中一员，但学术取向、诗学观念与张仍有不契处。参看陆胤：《政教存续与文教转型——近代学术史上的张之洞学人圈》，北京大学出版社，2015，第 240—244 页。故沈在张幕的位置并不稳定。庚子十月，其家书谓："今日又将译书局二百金送来，抱冰似无留客意矣。"(《海日楼家书第六十三函》，许全胜：《沈曾植年谱长编》，中华书局，2007，第 235 页)则不久后沈投盛宣怀，就南洋公学教席，亦有其隐衷。

[108] 刘厚生：《张謇传记》，第 99 页。

[109] 王尔敏：《拳变时期的南省自保》，《中国近代现代史论文集第十三编·庚子拳乱》，第 132 页。

[110] 王蘧常：《清末沈先生曾植寐叟年谱》，台湾商务印书馆，1982，第 36—37 页。又，许全胜以"北征事"，《王谱》系在五月，"误"，应作"四月，自里北征，时义和团事起，遂留上海与盛宣怀、沈瑜庆、汪康年商中外互保"。(见《沈曾植年谱长编》，第 226 页)此说仍误。按沈于四月一日(4 月 29 日)由嘉兴启行，十三日(5 月 11 日)至上海，四月下旬转居扬州。五月初七日(6 月 3 日)，自扬州北上赴武昌。而留上海商中外互保，事在五月末，其已由鄂返沪，与"北征"并非一事。

按此年谱,"互保"发轫之际沈曾植正在上海,后奔走于南京、武昌两地,多有建言。据郑孝胥(1860—1938)日记,本年五月十二日(6月8日)"沈子培自扬州来";十四日,"谒广雅,留与子培、中弢同饭"。⑪此后,除十六、十七日短暂到沪一行,⑫直至二十四日(6月20日),沈曾植都在武昌,与张之洞幕府中人共筹应变。郑孝胥时为芦汉铁路南段总办⑬,客张幕,而多与机要。十九日,闻"北方警报益恶",有谓"如诸报皆确,则京师必亡,太后必将西幸,皇上其危矣,伤哉! 自古亡国未有若是之速也"。其后两天,记载如下:

> (二十日)夜,南皮召饭,商应办之事。余请力保汉口,于武昌增练兵令满万人。至二点始退。
>
> (廿一日)南皮邀饭,座有子培、星海、中弢。是日,英领事见南皮,询何部署,南皮以保商务、靖内乱自任。夜既寝,南皮复来召,至二点乃出。⑭

所谓"英领事见南皮",即英国驻汉口领事法磊斯(E. D. H. Fraser, 1859—1922)奉政府训令,通知张之洞:"如果他采取维持秩序的措施,他将得到女王陛下军舰的支持。"⑮张之洞与刘坤一商议,迅速达成"力任保护,稳住各

---

⑪ 劳祖德整理:《郑孝胥日记》第2册,第759、760页。按"广雅",张之洞;"中弢",黄绍箕。

⑫ 郑孝胥十六日记:"梁星海饯子培,约予,未赴。"十八日记:"子培来,示《同登大别山》律诗二首。"(劳祖德整理:《郑孝胥日记》第2册,第760页)按"梁星海",梁鼎芬。十七日,王同愈在上海见到沈曾植,记:"沈子培比部来谈,云赫德有电致合肥,各国调兵,危亡在即等语。(意请合肥速奏请自剿。)日来京津消息日紧,密谕不准剿办。赵至保定,刚至津,均宣抚。合肥、新宁密奏,均主剿。"参见王同愈:《栩缘日记》卷二,顾廷龙编《王同愈集》,上海古籍出版社,1998,第363页。又,沈弟曾桐时在京师围城中,陈衍寄诗"用苏盦韵送子培时子培有弟余有兄有兄子均在北方乱中",沈有和章。参见许全胜:《沈曾植年谱长编》,第229页。

⑬ 《黄河南北两路拟派总办两员片》,光绪二十五年九月十五日,《张之洞全集》第2册,第1351页。

⑭ 以上两段均见劳祖德整理:《郑孝胥日记》第2册,第760页。

⑮ 《索尔兹伯里侯爵致霍必澜代总领事电》(1900年6月15日发自外交部),《英国蓝皮书有关义和团运动资料选译》,第42页。

国"的共识，可与日记中"以保商务、靖内乱自任"之部署相对应。

至五月二十四日，沈曾植离鄂赴沪，借寓沈瑜庆宅邸。⑯ 六月，返归扬州。⑰ 按沈在武昌为时短暂，⑱回沪后，与沈瑜庆、盛宣怀、汪康年等人往来密切，必与闻"互保"事，张之洞后来定计，有其助力在焉。《清末沈先生曾植寐叟年谱》引述盛宣怀之语，谓"岘帅意识坚定，香帅则志尚游移，非子培为香涛所素服，犹未能速决也"。⑲

此外，岑春蓂（1860—1944）⑳、梁敦彦（1857—1924）㉑、汪凤瀛（1854—1925）㉒等人，皆当时张之洞在对外交涉方面的主要助手或参谋。张之洞接盛宣怀来电后，于五月二十八日（6月24日）晚连发数电，均与定计"互保"相关。㉓

<hr>

⑯ 郑日记五月廿四日条："作诗送子培，来客不绝，未就。夜，送子培登江裕。"参见劳祖德整理：《郑孝胥日记》第2册，第761页。另据《沈敬裕公年谱》："六月，沈寐叟由京南下，主公上海虹口沈家湾汤恩路六号寓所。"（《涛园集（外二种）》，第163页）与王谱"公停于上海，主沈涛园"说合，唯时间作六月，亦误。

⑰ 《海日楼题跋》卷一云："是岁六月，复至广陵，检理行箧，因记篇末。"参见许全胜：《沈曾植年谱长编》，第229页。

⑱ 沈在鄂日程属预先确定，据其五月十三日家书："十二日十钟抵鄂。……今日尚未见香老。在此止能住七八日之说，已属梁、黄转致，大约归期总不过廿二后。"见《海日楼家书第七十四函》，许全胜：《沈曾植年谱长编》，第228页。

⑲ 谢凤孙《学部尚书沈公墓志铭》较年谱更早成文，亦谓："至庚子拳匪乱作，两宫西狩，先生恐东南有变，乃奔走宁鄂，密与刘忠诚、张文襄谋中外互保之策，长江赖以无事，事定而人不知其谋多出于先生。"参见汪兆镛辑：《碑传集三编》，第403页。

⑳ 岑春蓂，字尧阶，广西西林人，岑春煊弟。监生出身，时任湖北汉黄德道兼管江汉关。

㉑ 梁敦彦，字崧生，广东顺德人。1872年入选第一批幼童赴美留学，肄业于美国耶鲁大学。1881年回国，分发北洋电报学堂英文教习，1884年入两广总督张之洞幕，随办军务文报。1889年张调督湖广，随同赴鄂，充任洋务文案，总管电报翻译差。1899年奉派专办交涉所文案，兼充工艺局提调。

㉒ 汪凤瀛，字荃台，苏州元和人。1885年拔贡，随其兄汪凤藻出使日本，归国以知府分发湖北，入张幕。1897—1907年长期负责湖广督署总文案，庚子时期奉管洋务局事务，外交事件由其总其成。章太炎撰墓志铭云："光绪末，八国联军入宛平，东南戒严，总督张之洞闻君达治体，召置幕府。之洞卧起无几式，午夜或有所召命，虽监司必揽衣奔赴之，而君于参佐尤亲，治奏牍，论文史，几无寐时。"《前总统府高等顾问汪君墓志铭》，钟碧容、孙彩霞编：《民国人物碑传集》，第347页。

㉓ 《致轮墩罗钦差》、《致上海领袖大西洋总领事》、《致江宁刘制台、上海盛京堂》两通、《致上海上海道余道台》、《致上海日本总领事小田切》，光绪二十六年五月二十八日亥刻发，《张之洞全集》第10册，第8027—8030页。

复按郑孝胥当天日记:"夜,复入督署,商拟数电,至三点半乃出。"[124]可旁证张之洞与亲信幕僚聚商筹谋并连夜复电的情状。次日,"帅命偕岑尧阶、梁松生诣英、美、日领事署,商保护长江事"[125],即派郑孝胥、岑春蓂、梁敦彦诸人分赴各国驻汉口领事馆,宣布中外保护之决意,欲先取得外部谅解。

综上,江、鄂决策"东南互保"之曲折过程,大略如此。

三、 出位之思:"互保""迎銮"辨

《啬翁自订年谱》记庚子五月事言:

> 蔼苍至宁,与议保卫东南。陈伯严三立与议迎銮南下。[126]

前者即指地方保护之倡议,已详前文,后者则拈出另一重要题目——"迎銮南下",实已入勤王运动范围。刘厚生《张謇传记》谓:

> 当初张謇与何嗣焜、陈三立、沈瑜庆、汤寿潜、施炳燮六人,决定拉拢刘坤一、张之洞两个总督,联合起来以东南互保为名,而以推倒那拉氏政权为最大目标。预闻此计划者,只有赵凤昌,而盛宣怀并不在内。[127]

按此解说,"东南互保"似仅为张謇等人应对事变手段之一端,而最终指向则在解决帝后政争之大问题。从戊戌到庚子,一系列政治风波前后相继,朝野

---

[124] 劳祖德整理:《郑孝胥日记》第2册,第761页。
[125] 劳祖德整理:《郑孝胥日记》第2册,第761页。并参《汉口在勤瀨川领事ヨリ青木外务大臣宛·南清秩序维持及匪徒剿定ニ関スル各督撫ノ连署上奏并张总督ノ態度ニ付报告ノ件》,明治三十三年六月二十五日,《日本外交文书·第三十三卷 别册二·北清事变中》,第206—207页。
[126] 张謇研究中心、南通市图书馆编:《张謇全集》第6卷,第861页。
[127] 刘厚生:《张謇传记》,第100页。

势力之分化组合空前剧烈,论者对于北方拳变、东南互保和勤王运动鼎足而三的政治格局予以特别关照。如果不把"勤王"作偏狭的理解,这一运动与"东南互保"实有错综复杂的连带关系。在庚子语境中,"勤王"应该是一个复意词。现下引用最多、论证最详者,系指以与当时朝廷对立的以康、梁为领袖,以民间力量为重心的"勤王举义"。[⑫] 其实,在战时应朝廷之召,地方各省督抚派兵入卫京师,立意与前者相反,而名称同样号为"勤王"。更有甚者,意欲借用地方勤王之师,专为成全"助(光绪)帝复辟"之谋,在这里两种意义上的"勤王"实已合二为一。上述张謇、陈三立所谓"迎銮南下"之议,也应在这一层面上进行解释。查张謇日记,五月三十日(6 月 26 日),即中外会议"互保"当天,有如下记载:

> 与伯严议易西而南事。江以杜云秋俞为营务处,鄂以郑苏龛为营务处,北上。[⑫]

"杜云秋",杜俞(1855—1923),时以道员统带江南防营。[⑬] "郑苏龛",郑孝胥,时为芦汉铁路南段总办,湖北铁路护军营归其总制调遣。[⑬] 当时北京形势告急,已出现宫廷西迁的各路传闻。信息灵通的盛宣怀从蛛丝马迹最早嗅出形势不妙。[⑬] 刘坤一对"西迁说"则全然不抱乐观,以为此事果确,则全

---

⑫ 参看桑兵:《庚子勤王与晚清政局》,北京大学出版社,2004。

⑫ 张謇研究中心、南通市图书馆编:《张謇全集》第 6 卷,第 437 页。

⑬ 杜俞,字云秋,湖南湘乡人,"以书生善言兵,为东南督抚所推重"。庚子五月《上瞿侍郎书》有谓:"勤王一节,职道于五月十九日即电禀督宪,以为事势如此,宜密备北援,二十四日奉调赴宁,又复剀切陈之。当时督宪欲令招五营……(言长江一带兵防之情)月梢仍拟晋谒宪辕,无穷之忧,不尽之怀,将一吐之。"参见李开军:《陈三立年谱长编》中册,第 544 页。

⑬ 本年四月,"派护军营分防铁路,凡两哨,名铁路护军营,归总办铁路汉局道员郑孝胥调遣"。(许同莘:《张文襄公年谱》,商务印书馆,1946,第 132 页)七月中旬,"奉督宪札,委充湖北全省营务处"。(劳祖德整理:《郑孝胥日记》第 2 册,中华书局,1993,第 765 页)按时已在湖北勤王军北上后,其委办营务的重心尚在弹压"匪党"。

⑬ 《盛京堂来电并致江宁广东成都济南安庆督署》,光绪二十六年五月二十五日酉刻到,《张之洞全集》第 10 册,第 8011 页。

局瓦解。⑬ 张謇、陈三立等人惟恐那拉氏挟持光绪帝迁逃内地,与政治保守势力合流,故有密议"易西而南事"。迎帝南下的力量则欲借重江、鄂北上勤王之师,而设想与彼辈政治意识接近的杜、郑等人督办营务,也是为操纵军事、便宜行事做有利于己的安排。

接奉勤王之旨后,刘坤一借口勤王之师"非得威望素著之大臣总制调度"⑭,有意将李秉衡调离北上。后者于五月三十日拜折决定北上,旋即渡江,由南京抵扬州,启程赴京。⑮ 复按张謇日记六月初二日(6月28日)条:"与伯严定蛰先追谒李帅,陈安危至计。"即前述汤寿潜追说李秉衡事,出于张、陈合谋,所谓"安危至计",极可能与"迎銮南下"相关。尽管李秉衡本人为"急君父之难",志甚殷切,其北上一行客观上却被寄予了多重希望,只因追赶失时,终于游说不及。至于两湖方面,张之洞固不乏"入卫之忧",但虑及地方实情,诉诸行动时已多虚应故事的成分。时人邹代钧观察到:

> 鄂宁虽允保东南,以我观之,都系空言搪塞,幸无蠢动,聊贪天之功耳。设有窃发,不知何以应之?又遑问其举兵讨贼耶?即入卫之兵,亦属乌合,虑其半途散尽,不助匪为虐,则幸甚。可笑已极。⑯

至于外人方面,亦有类似观察,日本驻汉口领事有报告称:"因北京政府向各省屡发诏旨,要求派兵保护京师,而各督抚也陆续遣送勤王部队北上,若唯独湖南、湖北不派兵队,恐招致嫌疑。张之洞将训练有素的护军营及恺字营专门留用,担当地方保护之责。派遣北上者,为湖南新募兵五营,湖北半数

---

⑬《江督致鄂督电》,光绪二十六年五月二十五日,《庚辛史料》,《河北月刊》第3卷第1期,1935。

⑭《寄李鉴帅》,光绪二十六年五月二十八日,《刘坤一遗集》第6册,第2567页。

⑮《巡阅长江水师李秉衡折》,光绪二十六年六月初三日,国家档案局明清档案馆编:《义和团档案史料》上册,中华书局,1959,第204页。

⑯《邹代钧致汪康年函》九十四,上海图书馆:《汪康年师友书札》第3册,上海古籍出版社,1987,第2804页。

为新募兵,半数为固有之兵,两省合计大约五千人。湖南统带之员为素以顽固排外著称的布政使锡良。张之洞有意将与义和团臭味相投的锡良调离出省。此任命颇有深意。"[133]查当时刘、张的工作重心,仍在经营地方保护,对欲在此基础上更进一步甚而干预中央政局的激进建言,意态则多有保留。张謇日记透露"易西而南事",商之于刘坤一的细节已不可考,然计划夭折,终无下文。

又,海外学者周康燮曾披露同时期陈三立致张之洞幕僚梁鼎芬(1859—1919)的一通密札,该札作于六月十三日(7月9日),有谓:

> 窃意方今国脉民命,实悬于刘、张二督之举措[原旁注:刘已矣,犹冀张唱而刘可和也]。顾虑徘徊,稍览即逝,独居深念,讵不谓然?顷者陶观察之说词,龙大令之书牍,伏希商及雪澄,斟酌扩充,竭令赞助。且由张以劫刘,以冀起死于万一。[134]

其内容指向庚子事变时期一部分趋新士绅游说南方大吏"题外作文、度外举事"的情节,周康燮跋语指出:"文中隐寓别辟蹊径,乘势举事,廓除障碍,以为扭转枢机之图,欲谋拥帝复辟之情,盎然活跃于纸上。如此艰巨任务,唯有寄望于炙手可热之刘坤一与张之洞。"陈三立意欲"题外作文",原与"东南互保"系同一时期之产物,也是与张謇等人共鸣的结果,此辈中人身份相似,皆为与东南督抚关系亲近的地方士绅,而政治意识上亦有浓厚的"帝党"色彩。[135]密札提及"陶观察之说词""龙大令之书牍",论者多谓皆不可考,而从文脉推测,立意应与陈三立相合。"龙大令",龙泽厚,康有为弟子,时列名中

---

⑬ 《漢口在勤瀬川領事ヨリ青木外務大臣宛·張總督ノ北京派兵内情報告ノ件》,明治三十三年七月九日,《日本外交文書·第三十三卷 別冊二·北清事変中》,第236—237頁。

⑬ 周康燮:《陈三立的勤王运动及其与唐才常自立会的关系——跋陈三立与梁鼎芬密札》,《明报月刊》第9卷第10期,1974年10月,第61—63页。

⑬ 章开沅:《开拓者的足迹——张謇传稿》,第115—116页。

国国会;"陶观察",即陶森甲,刘坤一主要幕僚,时以道员作为湖北代表在沪与议"东南互保",亦为中国国会成员之一。其人游说刘坤一的情节,可据日文史料获得线索,事详东亚同文会上海支部会员报告书。⑩ 又据旁注"刘已矣,犹冀张唱而刘可和也",陈三立、陶森甲等人应对刘坤一有过劝说,但未奏功,于是转而向张之洞运动,试图通过张幕要人梁鼎芬破路,然后"由张以劫刘",成就勤王事业。⑪

值得注意的是,当时对地方督抚抱有期待者颇不乏其人。六月下旬,中国国会成立于上海,其宗旨所在:一、不认通匪矫诏之伪政府;二、联络外交;三、平内乱;四、保全中国自主;五、推广支那未来之文明进化。⑫ 而它内部山头林立,亦不免派系之争,如张之洞旧属汪康年即以"借资鄂帅"为其政治方针的鲜明特色。⑬ 汪康年"赞助上海各官绅",商请"互保东南"之举,已如前述,几乎同时其人"特至湖北,以剿拳匪、劲政府之说上诸张孝达制军,又至江宁托人将其说上诸刘岘庄制军"。⑭ 这一动向,反映他在政治上欲有所作为,也包含了与日本在华人士如宗方小太郎、井上雅二等人秘密共谋的潜因。⑮ 上述活动与"互保"的酝酿策动同时发生,彼此内容也多有重合、互补之处。因此也就不必奇怪,在当时相当数量的江南士绅眼里,对"东南互保"本有一体两面的观感,顺此思路再往前走远一步或数步,确有逻辑可循。

前述张謇等人谋"迎銮南下"未果,后来仍未放弃努力,据张謇日记七月

---

⑩ 《長江一帯の形勢上海通信》(七月五日)、《秘(在上海田鍋幹事通信)》(七月十三日),近衛篤麿日記刊行會编:《近衛篤麿日記》第3卷,第232—233、246页。

⑪ 关于此札文背景及内涵的解说,详拙文《"题外作文、度外举事"与"借资鄂帅"背后——陈三立与梁鼎芬庚子密札补证》,收入本书。

⑫ 孙宝瑄:《日益斋日记摘抄》,中华书局编辑部编《孙宝瑄日记》下册,童杨校订,中华书局,2015,第1384页。

⑬ 参看廖梅:《汪康年:从民权论到文化保守主义》,上海古籍出版社,2001,第255—269页。

⑭ 汪诒年纂辑:《汪穰卿先生传记》,第96—97页。据《艺风老人日记》庚子五月二十三日条,有"汪穰卿……来"之记录。参看张廷银、朱玉麒主编:《缪荃孙全集·日记》第2册,凤凰出版社,2014,第77页。

⑮ 参看《号外报告第六十九号附录·义和团事件私信》,明治三十三年六月十二日,神谷正男编:《宗方小太郎文書:近代中國秘錄》,原書房,1975,第85页。

二十八日(8月22日)条:"与新宁书,请参政府速平乱匪,为退敌迎銮计。"⑭

当时北京城破,情势已然翻转,"退敌迎銮"作为应对新局势的方案,实则还处在原来"迎銮北上"议论的延长线上。此外,中国国会成立后,汪康年"复至江宁,欲与同志上书刘制军(刘坤一),力陈宜即举兵入都、护卫两宫,因以弹压西兵,主持和议"。⑭ 及李鸿章奉召北上,滞留海上、徘徊观望之际,郑观应、汪康年等沪上维新名士十四人联署陈情书,"拟请会商各督抚,速行遴派劲兵,协筹饷项,并公举统兵大臣一人,率以北上",并布兵西道,防范"贼臣谋拥两宫西走山陕"。⑭ 然其说皆未见采用。后汪康年牵连于自立会起事,上书刘坤一辩解称"勾结革命党人""勾通江湖中人"诸情事均系被人"污蔑",此或为自解之辞,但强调此前所为"大率归重于朝廷,致望于督抚",则确有实迹可证。⑭

四、 余论

戊戌政变发生后,新旧异途,双水分流之势显然。清廷对新党实行雷厉风行的清算、重用满洲贵族,张扬排外姿态,乃至掀起以废立为阴谋的建储风波,这一连串动作无疑阻碍了曾寄望于中央改革的趋新人士再建信心,而北京政府近于倒行逆施的形象也严重戕损自身合法性基础,将越来越多人推向自己的对立面。利用通商口岸便利的舆论条件,南方推出新的民意代表,新/旧、满/汉、南/北、保守/改良这些畛域的分野日益被重视和宣讲,及庚子事起,又有大批新学士人避乱南下,以上海为中心的东南区域俨然为维

<hr>

⑭ 张謇研究中心、南通市图书馆编:《张謇全集》第 6 卷,第 440 页。"新宁",刘坤一,湖南新宁人。

⑭ 汪诒年纂辑:《汪穰卿先生传记》,第 97 页。

⑭ 《上海通信・上海维新党中重なる人士の李鸿章伯に呈したる意见书(1900 年 7 月 23 日)》,《東亞同文會第十回報告》,1900 年 9 月 1 日。全件另录于前揭廖梅书,第 275—276 页。

⑭ 《上江督刘岘庄制军书》,汪林茂编校:《汪康年文集》下册,浙江古籍出版社,2011,第 580—581 页。

新运动的一大策源地。在前文排比诸多人物与事实后，我们可以发现，为数不少的江浙沪士绅直接参与了"东南互保"的酝酿、策划过程，这批人物或为直接为东南督抚服务的幕僚，或为地位相对超脱的赋闲绅士，几乎无一例外具有趋新取向，多数人后来列名中国国会，如果将他们大致归类为新党，似不算大误。鲁迅注意到："戊戌变政既不成，越二年即庚子岁而有义和团之变，群乃知政府不足与图治，顿有掊击之意矣。"⑭罗志田揭出这里的"群"是指士大夫，而一些封疆大吏与士人的看法相类，"互保"局面的出现，就是那些曾在清廷与太平天国之间选择了前者的疆臣，这次却在清廷与列强之间选择了中立所致。⑮坊间流传《东南立约》诗，赞曰"联盟岂第全商务，抗命方能保圣朝"，立意与地方大吏"留东南以救社稷"的初衷相当一致。⑯列名中国国会副会长的严复，对与闻其役的沈瑜庆亦有"一约公传支半壁"之激赏语。⑰黄遵宪作《述闻》系列记时事，其第五韵咏叹"联盟守约连名奏，赖有维持半壁才"⑱，也是标榜"互保"之举的明智与稳健。由地方督抚主导的"中外保护"，在江南士民绅商中得到了拥护，当面对华北的千万义和团拳民，两者的界限似已非常模糊，他们中的多数确可被划入"自强变法和维新变法的局中人与同路人"⑲。唯须稍作申论的是，东南督抚和维新士人在"互保"一点上达成暂时的共识，但在后者应对时局的设想中，"互保"也仅是一折中手段，或曰阶段性方案，甚而在趋新的士绅群体内部，对政局的总体判断及应变的目标设定也各有分野。

检索当时海内舆论，不以"东南互保"为然者，"一则称为不遵朝命，斥为

---

⑭ 鲁迅：《中国小说史略》，《鲁迅全集》第9卷，人民文学出版社，2005，第291页。

⑮ 罗志田：《异端的正统化：庚子义和团事件表现出来的历史转折》，载氏著《裂变中的传承：20世纪前期的中国文化与学术》，中华书局，2003，第17页。

⑯ 汪诗侬辑：《清华集》上卷，收入陆保璿辑《满清稗史》，沈云龙主编《近代中国史料丛刊》第53辑，文海出版社，1967年影印本，总第1313页。

⑰ 《送沈涛园备兵淮扬》，《严复集》第2册，第363页。

⑱ 钱仲联笺注：《人境庐诗草笺注》下册，上海古籍出版社，1981，第892页。

⑲ 杨国强：《1900年：新旧消长和人心丕变》，载氏著《晚清的士人与世相》，生活·读书·新知三联书店，2008，第217页。

海外叛臣;一则称为坐视叛逆挟制朝廷,而不声罪致讨,斥为雌伏东南作壁上观"⑮。前者与站在正统立场的清流辞气遥相呼应,均以"君父战于西北,臣子和于东南"之类"市恩夷狄"的行为而不齿,大致同属保清一线,这类批评尚不构成舆论主流。⑰ 更值得注意的,是后一种严厉的批评。事实上,这一批评恰是以承认"东南互保"为前提,鲜明反对排外,视义和团为"匪",其锋芒所向直指清朝政府,不满东南督抚"徒恃成约"而图苟安,无论拥光绪复辟,或割据南方自立,这两方面实在都比东南督抚要走得远得多。

除言论表现,上述观念也落实于行动。前述张謇、陈三立等人企图策动督抚,谋"迎銮南下"而未果,这可算是戊戌政变以后帝后党争之余绪;汪康年、陶森甲游说地方权力人物,为"勤王"试探道路,其背后或隐或显已有外国势力的推手。郑观应希望东南大帅在"联络自守疆土"之上更进一步,不仅自外于战事,且"设一公共政府,以期联为一气,为将来与外人讲和地步"。⑱ 即稳健平正如张元济,亦视"剿团匪"为当务之急,甚至有以"犒劳""抚恤"的手段"少平外人之气",以便"将来洋兵入京,办理各事,于极不平和之中,或可望其稍留体面"的言论。⑲ 如此种种,以后起标准衡之,或多可议之处,但在当时语境中却不能划定为"非常"。前有研究认为,这些活动"都起了严重的消极作用,无形中为当时帝国主义列强和地方督抚间紧锣密鼓

---

⑮ 王尔敏:《拳变时期的南省自保》,《中国近代现代史论文集第十三编·庚子拳乱》,第166—167页。

⑰ "东南互保"事出非常,随后也引发"谗慝"之言,张謇特上书刘坤一,为之做政治合理化的解释:"行台承制,晋代有之。盖申命以系人心,保疆土而尽臣节,非独反经合道之权宜,实亦扶危定倾之至计也。公忠勋著于王室,信义孚于列强。伏愿坚持初计,慨然自任,以待不测之变,坚明约束,以固东南之疆圉。"而为消弭朝廷对于"互保"的误解,他进而建议:"合肥倘旦夕北上,公亦宜具安折,专差一道员随行。即昨与各国订保护长江之约,湖北派陶,江南派沈,固名臣之后,亦借与陶见都人士陈说保护订约之本末也。若获入觐上陈,犹可消弭谗慝。"(《为拳乱致刘督部函》[清光绪二十六年],《张謇全集》第1卷,第45—46页)按"陶",即陶森甲,"沈",即沈瑜庆,皆为沪与议"互保"之要角也。

⑱ 《郑观应致盛宣怀函》,光绪二十六年六月十四日,上海图书馆藏"盛宣怀档案",档号:063942。

⑲ 《张元济札(二十一)》,《近代名人手札真迹——盛宣怀珍藏书牍初编》第一册,第216页。

加紧策划的'东南互保'打了掩护,在某种程度上造成了'东南互保'顺乎民心的假象"。⑩ 其实,这恰恰不说明"顺乎民心"的一面,而体现出精英士绅与普罗大众的观念差异。总体而言,当时主流舆论基本不以东南督抚与北方朝廷立异为错,因中央政府被顽固重臣把持已不复有合法性,其不满者恰在于主持"互保"的地方督抚独立得不够彻底,不欲或不敢"剿拳匪、劾政府"。⑯

相当数量的趋新士绅(一度包括后趋向激烈革命的一派)的主要关怀之一,是推动以地方大吏为主导的地方自立运动(在是否"尊王"上则又有观念差异)。无独有偶,1900年夏,孙中山(1866—1925)也正谋求有力疆臣的合作,他发现因为反对义和团可能使李鸿章割断与北京之间的联系,而英国人正"有意充当李、孙间诚实的掮客"。⑫ 孙中山的举动多被理解为因其一贯灵活的斗争策略使然,但无论如何,这对他自我塑造(并被后人继续塑造)的始终如一的"共和革命者"形象是一个巨大的冲击。⑬ 当年为张之洞派赴日本游历的两湖书院学生黄兴(1874—1916),在致其师黄绍箕的信中,虽信义和团"固犹是忠君爱国之忱",但言下更多露出不满,喟叹"以一团匪之变,竟

---

⑩ 骆宝善、桑兵:《民族资产阶级与义和团运动》,义和团运动史研究会编《义和团运动史论文选》,中华书局,1984,第490页。

⑯ 同时应注意到,本文论及的官绅群体,因出身、履历、学养、职业及交游圈子等诸多差异,各自与督抚的亲疏关系、对清朝政治的直接观感,乃至其后政治道路的选择也不尽相同。与刘、张关系相对较近的张謇、汤寿潜、郑孝胥、沈曾植等人,庚子事变时曾一度合作,新政发轫之初又连手为江、鄂二督草拟变法复奏,可谓声气相求,而清末十年已渐见群体内的分化,及至民国肇兴,或投身共和革命,或甘为亡清遗民,莫逆终成陌路。辛亥革命后,郑孝胥日记写道:"武汉乱后,国人多以排满为心理,士君子从而和之,不识廉耻为何物,于黎元洪何责焉;宜作书一正张謇、汤寿潜之罪,他不足道也。"(劳祖德整理:《郑孝胥日记》第3册,第1361页)批评措辞之严厉,观念割裂之决绝,前后对照,令人感慨系之! 此条史料承沈洁提示。

⑫ [美]史扶邻:《孙中山与中国革命的起源》,邱权政、符致兴译,黄沫校,中国社会科学出版社,1981,第174—187页。

⑬ 已有研究者注意到这一国父"革命"神话与现代中国"革命"话语之间的纠缠关系,提示孙中山早期的反清运动,因后来革命意识的流行,也有被长期"革命化"的趋向。参见陈建华:《孙中山与现代中国"革命"话语关系考释》,收入氏著《"革命"的现代性与中国革命话语考论》,上海古籍出版社,2000。

致掣动全局,此诚所不能解、所不及料也";相反,他将支撑时局的希望寄托在刘、张等东南大吏身上:

> 回首西瞻,欲东南半壁之持,其惟张师帅与刘岘帅二人乎!刘之精力恐不及师帅。近在钱先生(湖北游日学生监督钱恂)处,略闻师帅电音急召回吴、张各武弁,一面添集兵械,老成深算,已见一斑。
>
> 窃谓长江一带,久为匪徒潜踪之所,平日既任其优游,此时必群相响应,非严惩其巨魁,解散其胁从,其为患有不可胜言者。联络各省督抚,肃清内匪,力保外商,使各国之师不入长江一步,则时事庶可有为。师帅与吾师想早见及此,毋庸刍议者也。⑱

可见后来被定义的各种政治派别,在当时所持的观念和行为并未如意识形态教条那般鲜明分野,反而呈现出某种趋同性。

"中国国会"基本上可被视作当时背景各异而总体趋新的各派人士的一次集结,地方督抚起初也基本持不置可否的默认态度,但两者之间实有难以逾越的鸿沟。在国会内部,因近似目的而合作的各类群体,思想往往呈现发展不同步的状况,虽以"勤王"为旗号示外,实则充斥观念的歧异和竞争。汪

---

⑱ 汪谦:《黄兴留日与上师书》(庚子五月二十三日),田伏隆主编《忆黄兴》,岳麓书社,1996,第178—179页。按黄兴时名"黄轸",本年四月以"两湖书院学生"身份由湖北派往日本短期游历。参看《札北善后局垫发选派各员生赴日本游历游学费用(附单)》,光绪二十六年四月初四日,《张之洞全集》第5册,第4004—4006页。有谓当年自立军发难,黄兴曾回国参与其役,"协助他们运动清军中的湘籍军人不加阻碍"。(周震麟:《关于黄兴、华兴会和辛亥革命后的孙黄关系》,《辛亥革命回忆录》第1册,中华书局,1961,第331页)实则黄兴在是否依靠东南督抚问题上,与态度转向激烈的唐才常有所分歧,据其自陈:"及闻拳匪滋事,各国有瓜分中国之言,心甚忧危,思图补救。以为义和团在北方如此野蛮,南方当可以独立。因在日本会议数次。然同志太少,孤掌难鸣,乃遄返祖国,借察形势。既至湖北,适唐君才常密谋起义,友人因以相告,兄弟以北方虽乱,而南方之势力尚坚,且军队未及联络,实不可冒昧起事,谈论之间,意旨不合,兄弟遂回湖南举办团练,乃未几得武汉之恶(噩)耗,唐君竟至败死。"《在湖南学界欢迎会上的演说》(1912年11月8日),湖南省社会科学院编:《黄兴集外集》,湖南人民出版社,2002,第213页。

康年等倾向于"借权"有实力的地方督抚"剿匪迎銮",若复辟不成则自建联邦;而唐才常派在行动方略上主联络会党武装勤王,已为参与议会的士绅名流所难梦见。章太炎在反满道路上走得更远。在义和团事起之初,他曾经上书李鸿章,鼓励"明绝伪诏、更建政府","示列强以藩镇之可恃"。⑯ 中国国会成立时,"割辫与绝",正式选择排满;及自立会事败以后,又写出《分镇匡谬》,匡正过去幻想之"谬":

> 怀借权之谋,言必凑是。今督抚色厉中干,诸少年意气盛壮,而新用事者,其蒽畏又过于大耋旧臣,虽属以一道,弗能任。⑯

文中对于"借权之谋"痛下针砭,反省当初寄望于督抚的错误,以为此辈人无论"大耋""少年",均"畏蒽"不足道,将之一概划入清政府的反动阵营。短短不到半年,心态如此急遽转折,可见东南督抚在维新士人心目中地位的前后落差。

在"反对排外"一点上,一般认为中国国会、自立会与"东南互保"宗旨相合。其实,在情势变动下,各自的理解多有分歧,或者说也是"为我所用"的。自立会起事之初订立的方针是,一旦成功,"可与外人订约,行西律西法,一面分兵北上勤王,助外人攻团匪以救上";在对外宣言中也对义和团进行了指责,声明要"借以驱逐排外篡夺之妄举"。⑯ 而具有反讽意味的是,张之洞后来痛下杀手,却将自立会引为臂助的长江会党与义和团笼统归属一类,特别强调具虚拟性质的"滋事排外"一条,借以吁求外国的谅解,而全然无视此前自立会自觉与义和团撇清关系的努力。在这里,从既往较为单一的分析思路出发,确实很难厘清已经打结的历史关系,重新认识的前提,恐怕必须先将原本实体化的历史对象分解为若干层次,再仔细区分各层次因叠加产

---

⑯ 《庚子拳变与粤督书》(一九〇〇年六月),《章太炎政论选集》上册,第145—146页。
⑯ 汤志钧编:《章太炎年谱长编》上册,中华书局,1979,第111页。
⑯ 冯自由:《自立会起事始末》,杜迈之等辑《自立会史料集》,岳麓书社,1983,第18、22页。

生的吻合与歧异。面对庚子世变中枢将倒的前景，东南督抚和维新士人群体因应时局的宗旨和手段不乏重合处，又各有其严守的界限，虽持有"相类的看法"，一旦落实为具体举措仍有着不小的差距，加以外国因素以隐蔽曲折的形式大肆渗入其中，二者之间迎拒离合、牵缠往复的情态殊堪再三体味。

"题外作文、度外举事"与"借资鄂帅"背后
——陈三立与梁鼎芬庚子密札补正

20世纪70年代,海外学者周康燮披露陈三立(1853—1937)写作于庚子年六月十三日(1900年7月9日)的一通密札,内容重要,文录下:

> 读报见电词,乃知忠愤识力,犹曩日也。今危迫极矣,以一弱敌八强,纵而千古,横而万国,无此理势。若不投间抵隙,题外作文,度外举事,洞其症结,转其枢纽,但为按部就班,敷衍搪塞之计,形见势绌,必归沦胥,悔无及矣。窃意方今国脉民命,实悬于刘、张二督之举措[原旁注:刘已矣,犹冀张唱而刘可和也]。顾虑徘徊,稍览即逝,独居深念,讵不谓然?顷者陶观察之说词、龙大令之书牍,伏希商及雪澄,斟酌扩充,竭令赞助。且由张以劫刘,以冀起死于万一。精卫之填,杜鹃之血,尽于此纸,不复有云。节庵老弟密鉴。立顿首。

周先生附跋语,有谓:"文中隐寓别辟蹊径,乘势举事,廓除障碍,以为扭转枢机之图,欲谋拥帝复辟之情,盎然活跃于纸上。如此艰巨任务,唯有寄望于炙手可热之刘坤一与张之洞。"①该密札收件人为当时湖广总督张之洞的亲

---

① 周康燮:《陈三立的勤王运动及其与唐才常自立会的关系——跋陈三立与梁鼎芬密札》,《明报月刊》第9卷第10期,1974年10月,第61—63页。按该书札系黄荫普(1900—?)旧藏,收入《近代名人翰墨》(番禺黄氏忆江南馆藏),为其中陈三立函札之第四件。影印件见《近代名人翰墨》,沈云龙主编《近代中国史料丛刊续编》第63辑,文海出版社,出版年不详,第94—96页。

信幕僚梁鼎芬(1859—1919),内容指向庚子事变时期一部分趋新士绅游说刘坤一、张之洞等南方大吏"题外作文、度外举事"的情节,事涉重大而语多机密,故引起研究者的注意。此札后收入吴天任所撰《梁节庵先生年谱》。②有关庚子事件或人物的研究,亦多征引之,而解读存异。有论者将此与中国国会游说清朝督抚的活动相联系,视为"借资鄂帅"策略之一部。③ 还有论者据此反向推导,认为"围绕清廷最高权力的转换,张之洞和他的亲信幕僚曾在私下多方筹划",证明张之洞实具有强烈的"独立称王的情结"。④ 笔者以为,迄今此密札之背景语境尚未充分廓清,而就文句释读,也留有剩意。本文拟综合利用中外史料,对密札略做补证,以期丰富对于这段历史的理解。

一、 "题外作文"与"东南互保"系同一时期产物

周康燮跋文指认"陈三立的勤王运动"为唐才常自立会的呼应队:"从文义以臆测,'商及雪澄,斟酌扩充,竭令赞助'诸语,之洞于勤王复辟运动,似已默许。"⑤吴天任复作按语:"自立军勤王,事属非常,香涛巧宦,岂肯造次为之?"⑥以上两说结论对立,而失误则一,就是将时间上先出之事实引申为后发生历史的证据,换言之,即混淆了陈三立意欲"题外作文"与唐才常自立

---

② 吴天任撰:《梁节庵先生年谱》,台湾艺文印书馆,1979,第 139—140 页。并见陈三立:《与梁鼎芬书》,《散原精舍诗文集》下册,李开军校点,上海古籍出版社,2003,第 1187—1188 页。

③ 桑兵:《庚子勤王与晚清政局》,北京大学出版社,2004,第 134 页。

④ 孔祥吉:《张之洞在庚子年的帝王梦——以宇都宫太郎的日记为线索》,《学术月刊》2005 第 8 期。

⑤ 周跋所提供证据为:"刘禺生有记容闳保国会事,足资此一默许之佐证。"复按刘著《世载堂杂忆》,记中国国会会长容闳语:"当去岁八国联军攻京、津时,我曾单名电张之洞,劝其联合长江各省,召集国中贤俊,设立类似国会之保国会,成中国独立政府,与八国议善后事宜。……张之洞未答我电,汪康年且往说之,乃派人告我,自有办法。未几,与两江总督宣言共保长江,不奉北京诏令。"(刘成禺:《世载堂杂忆》,"纪先师容纯父先生"条,辽宁教育出版社,1997,第 96 页)验诸事实,宣言"共保长江"实有其事,组建"独立政府"则无从谈起,"默许"一说,似难落实。

⑥ 吴天任撰:《梁节庵先生年谱》,第 141 页。

军起事之间的时间差。其实，前者与"东南互保"系同一时期之产物，所指向一种"勤王"举措，原是陈三立、张謇（1853—1926）等人共鸣的结果。此辈中人身份相似，皆为与东南督抚关系亲近的幕府僚属或赋闲士绅，而在政治意识上亦有着浓厚的"帝党"色彩。⑦

"东南互保"的酝酿与决策过程中，"上海中外官绅"以及江、鄂两处督署幕僚出力尤多，刘坤一、张之洞最终定计，"幕府有大功"之说应为事实之一面。⑧ 陈三立前因戊戌政变株连，与其父湖南巡抚陈宝箴同被罢职，归乡息居。庚子年春，陈三立移居江宁，⑨与两江总督刘坤一往来频繁，虽未正式入刘幕，但对时事政局多有建言。光绪二十八年（1902）刘坤一病逝后，陈三立曾作《祭刘忠诚公文》，彰扬其人在戊戌、庚子两大事变中所立功业，文曰：

> 维公之兴，始率偏旅，儒素奋扬，建威边鄙，遂领名疆，为国藩辅。坐镇东南，前后持节，垂二十年，有炜其烈。戊戌首难，朝野危疑，公矢精诚，抒义陈规，匡于未形，天日回移。亦越庚子，中外骚然，蛇龙之孽，吹沫掀天，海沸江翻，声虩垓埏。几几我公，不愸不恫，阴阖阳开，以施驭控，卒所旋斡，万灵伛俯，天地再清，咸有宁宇。⑩

祭文将庚子肇乱者喻作"蛇龙之孽"，下笔辛辣，可见陈三立对那拉氏主持之清廷的反感，而刘坤一对内"驭控"、对外"旋斡"的手段，则为其所激赏。事实上，当时瞩望刘坤一者远不止于此。刘厚生《张謇传记》曾谓："当初张謇

---

⑦　参看章开沅：《开拓者的足迹——张謇传稿》，中华书局，1986，第115—116页。
⑧　说详拙文《"上海中外官绅"与"东南互保"——〈庚子拳祸东南互保之纪实〉笺释及"互保""迎銮"之辨》，收入本书。
⑨　吴宗慈：《陈三立传略》，钱仲联主编《广清碑传集》，苏州大学出版社，1999，第1131页。
⑩　陈三立：《祭刘忠诚公文（代）》，《散原精舍诗文集》下册，第866页。复按陈三立所撰《刘忠诚公神道碑铭》，有云："往者乱民既发难畿辅，二三亲贵，朋劫皇太后，骤与八海国构衅，因诏各省悉备战，势岌发。公忧境土糜烂，国遂覆，痛哭而定东南互保之策，守盟约如故，江海晏然。"（同上书，第989页）则语气相对改轻，归罪于"二三亲贵"，更加突出表彰刘坤一主持"互保"的功业。

与何嗣焜、陈三立、沈瑜庆、汤寿潜、施炳燮六人，决定拉拢刘坤一、张之洞两个总督，联合起来以'东南互保'为名，而以推倒那拉氏政权为最大目标。"[11] 按此解说，"东南互保"似仅为因应时局手段之一端，而最终指向则在于解决帝后政争之大问题。《啬翁自订年谱》记庚子五月事：

> 爱苍至宁，与议保卫东南。陈伯严三立与议迎銮南下。[12]

前者即指地方保护之倡议，后者则拈出另一重要题目——"迎銮南下"，此已入勤王运动范围。复按张謇日记庚子五月三十（6 月 26 日）条：

> 与伯严议易西而南事。江以杜云秋俞为营务处，鄂以郑苏龛为营务处，北上。[13]

其时北京形势告急，已出现"六飞（銮舆）有西幸之说"的各路传闻。[14] 信息灵通的盛宣怀从蛛丝马迹最早嗅出形势不妙。[15] 刘坤一对"召拳匪入卫"

⑪ 刘厚生（垣）：《张謇传记》，龙门联合书局，1958，第 100 页。

⑫ 张謇研究中心、南通市图书馆编：《张謇全集》第 6 卷，江苏古籍出版社，1994，第 861 页。按"蔼苍"，沈瑜庆（1858—1918），字蔼苍，刘坤一幕僚，时以道员督办吴淞清丈工程局，往返沪宁之间。

⑬ 张謇研究中心、南通市图书馆编：《张謇全集》第 6 卷，第 437 页。按"杜云秋"，杜俞，字云秋，刘坤一幕僚，时以道员统带江南防营。其人"以书生善言兵，为东南督抚所推重"，曾随陈宝箴赴河北道。宣统三年（1911）简任湖南布政使，未履任而清亡。有《海岳轩丛刻》等传世。参见李开军：《陈三立年谱长编》下册，中华书局，2014，第 1593 页。"郑苏龛"，郑孝胥，时为芦汉铁路南段总办，七月"奉督宪札，委充湖北全省营务处"。参见劳祖德整理：《郑孝胥日记》第 2 册，中华书局，1993，第 765 页。

⑭《恽毓鼎庚子日记》，北京大学历史系中国近现代史教研室编：《义和团运动史料丛编》第 1 辑，中华书局，1964，第 49 页。《东抚袁来电》，光绪二十六年五月二十四日酉刻到，顾廷龙、戴逸主编：《李鸿章全集》第 27 册，安徽教育出版社，2008，第 57 页。

⑮ 五月下旬，盛宣怀致各省电谓："銮驾仍回淀园，传工部造布篷八百架，此意须深思。"虽未点破，所指宫廷预备西巡事，心照不宣，语多深意。见《盛京堂来电并致江宁、广东、成都、济南、安庆督署》，光绪二十六年五月二十五日酉刻到，苑书义、孙华峰、李秉新主编：《张之洞全集》第 10 册，河北人民出版社，1998，第 8011 页。

"内有西迁说"则全然不抱乐观,以为此事果确,必至决裂,"则全局瓦解矣"。[16] 张謇、陈三立等人唯恐那拉氏挟持光绪帝迁逃内地,与政治保守势力合流,故有密议"易西而南事",并欲借重江、鄂北上勤王之师迎帝南下,其设想让与彼辈政治意识接近的郑孝胥(1860—1938)、杜俞(1855—1923)等人督办营务,也是为操纵军事、便宜行事,做有利于己的安排。

商于刘坤一的细节已难复原,前揭陈三立密札,却可提供一道佐证。据旁注"刘已矣,犹冀张唱而刘可和也",陈三立似对刘坤一有过劝说,但未奏功,于是转而向张之洞运动,试图通过张之洞的主要幕僚梁鼎芬破路,[17] 托其筹商王秉恩(1845—1928),一道说服幕主,然后"由张以劫刘",成就勤王事业。[18] 后来,他们谋"易西而南"虽然未果,但仍未放弃努力。据张謇日记七月二十八日(8月22日)条:

> 与新宁书,请参政府速平乱匪,为退敌迎銮计。[19]

当时北京城为八国联军攻破,两宫西逃,情势已然翻转。"退敌迎銮"作为应

<hr/>

[16]《江督致鄂督电》,光绪二十六年五月二十五日,《庚辛史料》,《河北月刊》第3卷第1期,1935。

[17] 前揭孔祥吉论文引述黄濬《花随人圣盫摭忆·补编》所载梁鼎芬致张之洞函,证明张对自立军"若即若离的、徘徊缠绵的"立场,从而认为其对清朝不忠,且有"独立称王"的非分之想。实此函立意在于劝张勿对"贼"容忍,故婉责"执事顾忌游移,心慈手软,但切殷忧于私室,不能昌论于公廷,徘徊一月,缠绵千语,计尚未定,贼已渡河",函内且自谓"手办一大贼",联系梁撰《康有为事实》一节,则此"贼"殊难遽认为唐才常自立军,而更可能是指逃亡海外的康有为。又,此函末署"四月三十日"。左松涛注意到庚子年四月乃是小月,只有二十九日,并无所谓"四月三十日",指出此函"似写于1898年"。参看氏著《变动时代的知识、思想与制度——中国近代教育史新探》,武汉出版社,2011,第140页,注释2。

[18] 按王秉恩,字雪澄,四川华阳(今双流)人,同治十二年(1873)举人,光绪十年(1884)入两广总督张之洞幕府,后随同赴鄂,先后主理多项实业,被幕主所倚重。光绪二十六年(1900)初赴上海办理采购,庚子事变起后,兼充坐探以通耳目。参看《张之洞全集》第10册,第7959、7969、7983、8001、8003页。

[19] 张謇研究中心、南通市图书馆编:《张謇全集》第6卷,第440页。"新宁",两江总督刘坤一,湖南新宁人。

对新局势的方案,实则还处在原来"迎銮北上"议论的延长线上。不过时机转瞬即逝,历史上的这一页很快就被翻过去了。

二、 "陶观察之说词"的日本背景

从戊戌到庚子,一系列政治风波前后相继,朝野势力之分化组合空前剧烈,论者对于北方拳变、东南互保和勤王运动鼎足而三的政治格局予以特别关照。如果不把"勤王"作偏狭的理解,其在庚子语境中应该是一个多义词。现下引用最多、论证最详者,系指以与当时清朝对立的康、梁为领袖、以民间力量为重心的"勤王举义"。[20] 在战时应朝廷之召,各省督抚派兵入卫,立意与前者相反,而名目同样号为"勤王"。更有甚者,意欲借用地方勤王之师,专为成全"助(光绪)帝复辟"之谋,在这里两种"勤王"实已合二为一。上述张謇、陈三立所谓"迎銮南下",也应在这一层面上理解,其所"勤"之"王"已显然有那拉氏与光绪皇帝之别。刘成禺(1876—1952)尝谓:

> 刘坤一、张之洞长江两督,始终抱不受命共保长江为主旨,保皇党人,多旧朝官,与张尤善。派人说刘坤一独立,不动;又派汪康年等说张之洞,不动。而保皇党唐才常,始有运用哥老会长江起事之举。[21]

这里叙述的同为"保皇"的事实,也可分解出两层意义:面对"旧朝官"的进说,刘、张均不为所动,中间尚缠绕着戊戌政变以后帝后党争之余绪;汪、唐一派的表现,则提示中国国会与南方督抚之间隐而未显的多重联系,这背后又多了外国势力的推手。

---

[20] 这方面力作参看前揭桑兵《庚子勤王与晚清政局》,唯桑书在使用"勤王"概念时,未做明确界定,在描述不同性质的"勤王"事件时混用此词。某种意义上,这也是造成一些读者就"勤王事件的缘起",始终无法在桑书中找到"清晰的说明"的原因(朱宗震:《评桑兵先生对百年来中国史学的挑战——读〈庚子勤王与晚清政局〉》,《二十一世纪》[网络版]2006年第6期)。

[21] 刘成禺:《世载堂杂忆》,"述戴翼翚生平"条,第131页。

密札提及"陶观察之说词""龙大令之书牍",论者多谓皆不可考,而从文脉推测,立意应与陈三立相合。"龙大令",即龙泽厚,字积之,广西临桂人,光绪优贡,以知县引见,故称"大令"。龙为康有为弟子,列名中国国会[22],所作"书牍"不详,待考。"陶观察",即陶森甲[23],字渠林,湖南宁乡人。早年佐刘锦棠、左宗棠、刘铭传军幕,后随洪钧出使俄、德两国,回国后以道员加二品衔,分发陕西,寻改归江南候补,入刘坤一幕府,总理两江营务处。[24] 其人游说刘坤一的情节,可据日文史料获得线索。当时东亚同文会报告书中,对以上海为中心的趋新士人群体的活动有所反映。报告之一:

> 就刘坤一的态度而论,他与张之洞、李鸿章及其他王之春等人一起,完全反对政府意向,屡次进言诤谏,时至今日,已有骑虎之势,如果政府视拳匪为义民,采取对外开战之态度,想必刘坤一有保全南清半壁江山、不令致其瓦解的决心。尽管如此,以屡受恩遇之老臣,对维系北京朝廷尚存一线希望,是故陶森甲等维新派人士四五人,为使其早日定计实现南清半壁鸿图,合张、李等之力起而运动,进行了百般劝言,可惜毫无反应。[25]

㉒ 参看桑兵:《庚子勤王与晚清政局》,第 109 页。

㉓ 按陈、陶有旧谊。陈作于壬寅(1902)之《榘林五十生日赋赠六首》,其一云:"初忆逢君蜕宅边[长沙周氏蜕园,即唐刘蜕故宅],琼琚玉佩接华筵。江南再见垂垂老,各抚头颜五十年。"参见《散原精舍诗文集》上册,第 50 页。长沙蜕园,即陈三立故宅花园。

㉔ 关于陶森甲早期履历,参看秦国经主编:《中国第一历史档案馆藏清代官员履历档案全编》第 5 册,华东师范大学出版社,1997,第 200 页。庚子夏,陶以道员代表湖北赴上海与议"东南互保"。戊戌至庚子期间,在很多重大历史事件中多见其身影,但呈现出来的面目却模糊不清:在代表官方办理对外交涉的同时,又以个人身份加入中国国会;因与日本的渊源而备受江、鄂两总督倚重,为对日联络牵线搭桥,又有证据表明曾受日人驱使,不断反向供给情报。无怪有论者称呼他为"十分活跃的诡秘人物"。关于像陶森甲这类游走中日之间,同时为双方所用的两面性人物所涉关系较繁,史实层面的情节尚待厘清,不易轻易定性。说详拙文《陶森甲:近代中日关系史上的"双面人"》,收入本书。

㉕ 《长江一带的形势(七月五日)上海通信》,近卫笃麿日记刊行会编:《近卫笃麿日记》第 3 卷,鹿岛研究所出版会,1968,第 231—233 页。

报告之二：

> 汪康年前被派往张之洞处，游说迎接光绪帝，宗方（小太郎）通信前已述及。现在得知结果，张之洞听闻汪康年之说，大惊失色，言总督之责只在服从政府命令、镇守所辖之地足矣。若此事被刚毅辈听说，则祸不可测。对汪康年冷淡处之。

> 又，陶森甲、罗治霖作为刘坤一的部下，向刘游说应乘机起事，刘无所反应。陶等向人抱怨，刘不足以成事。㉖

本年七月初，中国国会成立于上海。该会基本上可视作当时背景各异而总体趋新的各派人士的一次集结。陶森甲即为会员之一。㉗ 无独有偶，同样作为张之洞旧属的汪康年（1860—1911），一度也以"借资鄂帅"为其政治方针的鲜明特色。㉘ 中国国会成立之前，他就奔走江、鄂之间，"五月至鄂，以剿拳、劾政府之说，干南皮制军（张之洞），旋又至江宁，亦以其说请同志达诸台座（刘坤一）"；七月，"又至江宁，与同志商量，欲请公举兵入都，护卫两宫，因以弹压西兵，主持和议，以为时已迟，不及上达而止"㉙。这些行动反映了他欲在政治上有所作为的心态，同时也包含了与日本在华人士密谋的潜因。据宗方小太郎（1864—1923）致日本海军省军令部报告（第六十

㉖ 《秘（在上海田锅干事通信）》（七月十三日），《近卫笃麿日记》第3卷，第246页。罗治霖，前江苏留日学生监督。

㉗ 《井上雅二日记——唐才常自立军起义》，郑大华译，薛军力校，《近代史资料》总74号，中国社会科学出版社，1989，第104页。

㉘ 朱维铮、姜义华选注：《章太炎选集（注释本）》，上海人民出版社，1981，第115页。按汪康年在庚子前后的事迹，研究成果颇夥，其政治实践有着从借重督抚到投向民间力量的重心转变，先行各说均已注意及此，而各自定位有异。参看廖梅《汪康年：从民权论到文化保守主义》，上海古籍出版社，2001，第255—269页；桑兵《庚子勤王与晚清政局》，第115—137页。

㉙ 《上江督刘岘庄制军书》，汪林茂校点：《汪康年文集》下册，浙江古籍出版社，2011，第580—581页。并参汪诒年纂辑：《汪穰卿先生传记》，中华书局，2007，第96—97页。据《艺风老人日记》五月二十三日条，有"汪穰卿……来"之记录。参看张廷银、朱玉麒主编：《缪荃孙全集·日记》第2册，凤凰出版社，2014，第77页。

九号附录）：

> 因义和团事件之故，北支那局面日坏，如一旦溃裂，日本或独立行动，或与英、美联合，拥光绪帝至湖北武昌，开立新都，组织新政府，满洲出身大臣及汉族固陋有碍新政者一概排除，幽闭皇太后及宗室以下大员，剥夺其干预政事之权，在日本等一二国监督帮助之下，施行各项新政，如能一洗旧貌，卓有实绩，则不啻以革命倾覆满洲政府，极利于名正言顺收揽南方支那人心。……此际拥皇帝迁都至中原要地号令天下，即使只是表面文章，亦有利于料理眼前时局，收束天下人心。张之洞、刘坤一二人为长江一带最具势力之人物，必预先说服此二人，做好迎驾皇帝之准备。本日派汪康年（张之洞信任之人）前赴湖北劝说迎驾之事，一面派人向刘坤一游说，与有志之支那人士商议，以定手续大略。只是张之洞胆怯，刘过于老成，能否应承此事，殊难预料。③⁰

　　宗方小太郎③¹是日本近代史上著名的大陆浪人、"中国通"，也是东亚同文会的骨干成员，与汪康年交密，在政治见解上互有影响，而不尽相同。③²

---

③⁰ 《号外报告第六十九号附录·义和团事件私信》，明治三十三年六月十二日，神谷正男编：《宗方小太郎文书：近代中国秘录》，原书房，1975，第85页。

③¹ 宗方小太郎，字大亮，号北平，肥后宇土藩（今熊本县）人。1884年初次来华，以汉口乐善堂药铺为基地，历游北方九省，收集情报。1890年，协助荒尾精创立上海日清贸易研究所，任学生监督。甲午战争时，从事军事情报工作，并充日军翻译，以业绩卓著在广岛大本营获天皇召见殊遇。1896年接办《汉报》，任社长，后筹办《闽报》。1898年参与发起东亚同文会，任汉口支部长。宗方在华活动前后将近四十年，长期从事新闻事业。其另一隐蔽身份为日本海军省情报人员，1894至1923年向军令部总计呈送报告七百余篇，内容涉及中国政治、经济、军事、文化各个方面。今有大量日记存世（1887—1923），主要藏于上海社会科学院历史研究所。参详拙文《宗方小太郎与近代中国——上海社科院历史所藏宗方文书阅读札记》，《中山大学学报（社会科学版）》2013年第4期。

③² 按宗方与汪康年初识于上海，时为1897年3月5日，据其日记："下午至《时务报》馆，见汪康年进士。浙江钱塘人，一代高士也。谈话移时。"12月3日续记："《时务报》馆汪康年进士来访……盛论当世要务。此人有于支那别立新国之意，予与其见解几乎相同。"次年4月9日，宗方在汉口接受汪康年来访，"共谈立国要务。予问曰：湖广总督张之洞、湖南巡（转下页）

当时与闻密议，此外还有井上雅二（1876—1947）③、井手三郎（1862—1931）④等人，他们无一例外，也都是东亚同文会会员。庚子事变期间，日本东亚同文会各在华支部不同程度地卷入到"东南互保"、中国国会、自立会起事以及革命派领导的惠州起义中，在"联邦保全"的政治理念之下，无论策略或实践层面均呈现出极为驳杂的成色。⑤ 部分在华会员在与中国维新人士的接触中，政治态度愈趋向激进，先是推动地方督抚"自立为国"，后来干脆抛开无可指望的旧官僚，直接期待南方秘密结社等民间势力。其行动目标固然服务于日本国家的利益，却因与日本官方主流方针不尽相合，多受到国内力量的制约。宗方小太郎等人在此时期的活跃，即为东亚同文会"南清工

（接上页）抚陈宝箴二公负天下重望，我辈宜说以大义，使之为我所用，如此则甚多便益。足下有此意否？汪（康年）曰：陈、张二人，目前难以为我所用，值时机来到之日，或将联辔并驰，共同致力于中原云"。4月11日，宗方向汪康年面交《清国时事话片十二则》，大要为"窥时机，举义兵，据湖南、湖北、江西、四川、贵州并广东一部，以建立新国"，并列举相关之方法手段。1900年，义和团事起，宗方于6月11日由上海北上窥视时局，临行记："汪康年来访。其虽有意约往北清同行，但因与张之洞交涉故，须急赴武昌，待归沪后再行北上。"就革新清朝政治的理想而言，其或与汪康年之辈有所共鸣，但对华所图远不至于此，读他的1900年7月26日日记，其翻手为云覆手为雨的手法令人惊异："扶植、保全支那，其事甚善。然依据日本的地位，我对待支那，既不可使其过强，亦不可使其过弱。不知感恩为支那人之特色。我若助其强大，反为我害。故维持不强不弱之支那存在，使其畏我、敬我，无力拒我，此为我帝国之至计。是以我待支那之道，应以恩威并施，七分威力用以挟制，三分恩惠借以羁縻。"以上均见《宗方小太郎文书·日记》第二、三册，上海社会科学院历史研究所藏，编号：B02、B03。末段并见東亞同文會編：《对支回顧錄》下卷，原書房，1968，第388页。
③ 井上雅二，日本兵库县人。1893年入海军机关学校，旋肄业。1895年赴台，在台湾总督府任翻译。1896年入东京专门学校（早稻田大学前身）英语政治课，与康有为门生罗普、徐勤结识。1898年4月，东亚会成立，任干事。同年7月，赴华游历，在北京之际，适逢戊戌政变发生，协助梁启超、王照避难日本。东亚同文会成立后，任上海支部干事，《同文沪报》记者。1900年10月归国，翌年赴欧游学。后任海外兴业株式会社社长、东亚同文会理事、东洋协会评议员、众议院议员。其生平参看永见七郎：《兴亞一路·井上雅二》，刀江書院，1942。
④ 井手三郎，号素行，日本熊本县人。早岁入济济黌学校支那语科。1887年赴华游历，参加荒尾精主持的汉口乐善堂。甲午战时作为陆军翻译参战。战后，应台湾总督乃木希典所招赴台，于福州创办《闽报》。1898年东亚同文会成立后，任评议员、上海支部长。1900年创办《同文沪报》，后主办《上海日报》，长期在华从事新闻事业。参看東亞同文會編：《对支回顧錄》下卷，第529—540页。
⑤ 参看翟新：《近代以来日本民间涉外活动研究》，中国社会科学出版社，2006，第97—109页。

作"之一部。

　　汪康年游说张之洞之行并未成功。而与之抱有相似目的、对刘坤一有所试探者,正是陶森甲。他们行动的时机,刚好在义和团运动兴起、"东南互保"亦尚未定型之际,由于受到日本人影响,汪康年等人"劾政府"的主张,又与"自立联邦"的意向相纠结。至中国国会成立,内部"所执不同""离心复甚"[36],唐才常另组建自立会,一部分志向激进的东亚同文会会员如井上雅二卷入其中,而陶森甲也曾与闻其事。[37] 复按密札,"陶观察之说词"被同样对东南督抚有所企图的陈三立等人引为同调,但后者原欲在"东南互保"基础上再进一步,阻西幸而"迎銮南下",乘此事变为帝后党争做一了结,而陶森甲所为,基调殆同于汪康年以"剿拳匪、劾政府"为主旨的游说行动,且背后均有日本在华人士推波助澜。可知,双方"勤王"名目虽然近似,但究其底蕴,已不尽相符。

　　作为后话,壬寅(1903)年秋,陶森甲五十岁生日之际,陈三立赠贺诗六章,其四有句云:

> 滔天祸水龙蛇动,歃血盟言鸡犬安。
> 毕竟功成不受赏,后人端作鲁连看。[38]

这里咏唱庚子事,仍以"龙蛇"比拟酿造"祸水"之清廷,蕴含了沉郁的愤懑,"歃血盟言"显指中外议约互保事,既然"功成",则喻陶森甲为游说列国之间的鲁仲连,表彰的大概也是他赞助"互保"的劳绩。至于"题外作文"之谋,虽然功败垂成,但是否也在"受赏"之列,自属言外之意,须待有心人意

---

[36] 朱维铮、姜义华选注:《章太炎选集(注释本)》,上海人民出版社,1981,第115页。

[37] 《井上雅二日记——唐才常自立军起义》,《近代史资料》总74号,第121、124页。

[38] 陈三立:《槃林五十生日赋赠六首》,《散原精舍诗文集》上册,第50—51页。按此诗可与陈三立作于辛丑(1901)之《陶槃林、杜云秋、罗顺循由日本阅操还,适易实甫亦归自西安》一诗中"一驾鼋鼍恣挥斥,一呼鹦鹊共啁喧"句并看。参见潘益民、李开军辑注:《散原精舍诗文集补编》,上海人民出版社,2007,第257页。

会了。

三、 张之洞之于"勤王"的反应

在庚子年,面临中枢将倒的前景,中国国内各政治派系空前活跃,而权重一时的东南督抚也成为外界寄望的对象。"东南互保"局面甫成后,东亚同文会汉口支部致东京本部报告书称,甲午乙未后"天下人视张氏(之洞)为北斗,维新之士皆聚集其麾下,隐然推为领袖",报告列举了张之洞、刘坤一等因应庚子时局的诸多举措,分析了"将来北方一旦决裂,南方自行分立"的前景,以为"北事愈坏、现政府愈瓦解,则于南方局面为最大快人心之事"。㊵日本驻上海代理总领事小田切万寿之助(1868—1934),也是东亚同文会成员,当观察到东南督抚同声宣布清廷之排外谕旨为"矫诏",公然以地方保护与中枢立异,不禁惊呼为"当朝开国以来一大异观",他向东亚同文会会长近卫笃麿鼓动:"此际若予以刘(坤一)、张(之洞)、李(鸿章)暗中辅助,使彼等之决心得以彻底实现,将来定会为我邦带来许多利益。"㊶

义和团运动初起、南北政局动荡之际,也被陈三立等人视为策动东南督抚的最佳时机。吴天任指出:"观此密札,而知陈伯严曾参密谋,而先生(梁鼎芬)亦与闻其事,且亦反证香涛于先生之特予信任。故伯严密函与商,然以先生之慎于处变,此何等事,而可以轻言乎?故其结果亦终如事实之演变而已。"㊷张之洞幕府当时有无相应活动,难考其详。前揭孔祥吉论文进而论证张氏及亲信幕僚的"私下多方筹划"实系围绕"清廷最高权力的转换"而展开。那么,张之洞真实反应究竟如何?

由于缺少直接的证据,一般论说多由结果反推,言张之洞之于勤王"瞻前顾后,犹豫不决",或谓对唐才常自立军采取"若即若离、模棱两可"的态

㊵《張之洞氏の態度(六月二十七日)漢口通信》,《近衞篤麿日記》第 3 卷,第 227—228 頁。宗方小太郎时任东亚同文会汉口支部长,应即该通信之作者。

㊶《来状·小田切寿之助(七月六日)》,《近衞篤麿日記》第 3 卷,第 222 頁。

㊷ 吴天任撰:《梁节庵先生年谱》,第 142 页。

度。㊷诸如此类,本系心证,原可见仁见智。今据史料,至少能够确知,就谏
阻宫廷西迁事,张之洞视同"莱公孤注之举"㊸,不敢置一词。而在接奉朝廷
号召勤王的上谕后,他曾对亲信幕僚有如下表白:

> 现派兵北上,系奉旨调赴京听用,未言何用,各省皆有,鄙意以扈卫
> 圣驾为主。假如外省若不遵旨,则朝廷不令在鄂矣,何以保全东南乎?
> 此理甚明。㊹

按张之洞所言"奉旨",系指本年五月初一日上谕:"近因民教寻仇,匪徒乘机
烧抢,京城内外扰乱已极,着各直省督抚迅速挑选马步队伍,各就地方兵力
饷力,酌派得力将弁,统带数营,星夜驰赴京师,听候调用。根本之地,情形
急迫,勿得刻延。将此由六百里加紧各谕令知之。"㊺谕内仅言"听候调用",
并未明言是为剿匪,抑或御外,故给了张之洞自行解释发挥的空间。湘、鄂
两省经过互商,决定湖南派出新军劲字五营步队两千五百名,由布政司锡良
统带,湖北派出武功武恺等五营步队两千五百名,由前南韶连镇总兵方友升
统带,两省合成五千人,在武昌集合,以锡良为总统,六月二十一日(7 月 17
日)起陆续开拔,取道河南信阳州等处北上,以达直隶。㊻当时湖北省内最

㊷ 唐才常在自立军起事前劝说张之洞的情节,已多为先行研究所注意,关于张氏的态度也不
乏异说。近有研究在梳理先行诸说的基础上,重考此事,指出:"自立军虽然对'拥张独立'
有过企望、计划,或许也有过行动,但却没有收到如期效果是显而易见的,更谈不上张之洞
对自立军活动有过默契合作。"参看张小强:《自立军事件中唐才常与张之洞关系考》,《史学
月刊》2007 年第 4 期。

㊸ 《致上海李中堂盛京堂、江宁刘制台、成都奎制台绰将军、福州善将军、西安端抚台、济南袁
抚台》,光绪二十六年七月二十日亥刻发,《张之洞全集》第 10 册,第 8223 页。

㊹ 《急致东京钱念劬》(庚子六月十三日巳刻发),《张之洞庚子年发电摘钞》第一函第二册,中
国社会科学院近代史研究所藏,档号:甲182 - 32。

㊺ 《军机处寄各省督抚上谕》,光绪二十六年五月二十一日,国家档案局明清档案馆编:《义和
团档案史料》上册,中华书局,1959,第 147 页。

㊻ 《湖南巡抚俞廉三折》《湖广总督张之洞等折》,光绪二十六年六月二十一日、二十五日,《义
和团档案史料》上册,第 331—333、357—358 页。

精锐部队是仿德国军制编练的护军营,张之洞不肯轻易将它置于危地。据日本驻汉口领事濑川浅之进(1861—?)观察:

> 张氏目前为派兵北上事颇感棘手。……因北京政府向各省屡次发出诏旨,要求派兵保护京师,而各督抚也陆续遣送勤王部队北上,若唯独湖南、湖北不派兵队,恐招致嫌疑。张之洞将训练有素的护军营及恺字营专门留用,担当地方保护之责。派遣北上者,为湖南新募兵五营,湖北半数为新募兵,半数为固有之兵,两省合计大约五千人。湖南统带之员为素以顽固排外著称的布政使锡良。张之洞有意将与义和团臭味相投的锡良调离出省。此任命颇有深意。⑰

无独有偶,英国驻汉口领事法磊斯(E. D. H. Fraser,1859—1922)也有相似的观感:

> 有五千名部队奉命北上,其中大多数是新兵,未经外国人训练。道台简单地宣称他们系遵照谕旨去帮助镇压义和拳。⑱

在外人看来,张之洞明智地打发走了第二流的地方部队,这些只是受过短短两个月训练的新兵,并且武器很差,而保留下来的富有战斗力的新式军队,则担负起了维持地方秩序的任务。

从奉旨商议派兵,到部队实际起程,差不多花了一个多月的时间,而锡良一军在路途上迂回缓进,旷废时日,屡奉旨催。直到七月十九日(8月13

---

⑰《漢口在勤瀬川領事ヨリ青木外務大臣宛·張之督ノ北京派兵内情報告ノ件》,明治三十三年七月九日,外務省編纂:《日本外交文書·第三十三卷　別冊二·北清事變中》,日本國際連合協會,1957,第236—237頁。

⑱《代总领事霍必澜致索尔兹伯里侯爵电》(1900年8月5日发于上海),《英国蓝皮书有关义和团运动资料选译》,胡滨译,中华书局,1980,第157页。

日），距离启程又过去了将近一月，八国联军已逼近京师，锡良军队仍未到京，清廷不得不严旨申饬："现在敌氛逼近都城，各省援兵到者不多。锡良等所部各营，据报起程多时，尚无到京消息，难免无沿途逗留情事。即着各该督抚飞饬各军，无分星夜，迅即兼程前进。并着沿途经过各省随时查催，如有意耽延，应即严参，以军法从事。"⑭庚子事变平息许久后，仍有言官严词奏劾，不满其热衷"互保"、勤王不力之非：

> 张之洞、刘坤一谬请北援，实无行意，所遣偏师，或未见敌而已先奔，或神京已亡而犹未至，入卫之忧何其缓，和夷之情何其急？保护则昼夜勤劳，勤王则疲癃应命。⑮

张之洞陷于清议包围，深恐因此见责于朝廷，曾经私下向前江苏巡抚、时任军机大臣的鹿传霖（1836—1910）辩白：

> 此次鄂省入卫之兵，原奉谕旨只调武功、武恺一千五百人。鄙意以人少兵杂，断无丝毫之益，乃选募各营湘勇，足成步队五营、炮队两哨，共二千七百五十人。犹恐单薄，又与湖南商之，与锡清弼之湘勇劲军五营合为一军，奏派锡为总统，共计此军有湘军步队十营，炮队两哨，尚可成偏师一枝，到北后当能一战。又不敢以杂凑枪械充数，选配精枪、利炮，赶制药弹，势不能草草成行，沿途车艰率病，洞复致以重赏。
>
> 自问平生事君报国，惟以诚实为本，事事必求实济，固不敢欺朝廷，

⑭《着各省督抚飞饬各军迅即援京上谕》，光绪二十六年七月十九日，中国第一历史档案馆编辑部编：《义和团档案史料续编》上册，中华书局，1990，第 736 页。

⑮《都察院左都御史溥良等奏呈翰林院编修王龙文夏寿田请代奏条陈时务折》，光绪二十六年十一月二十日，中国第一历史档案馆编：《庚子事变清宫档案汇编》第 4 册，中国人民大学出版社，2003，第 1365 页。

亦不敢自欺。乃闻京师议论，责鄙人发兵迟缓，难免不竟以上闻。徒抱愚诚，无由自达。洞身为疆吏，不能为国家破敌定难，咎责深重，无地自容。然何至硬诬以不发兵，实可惶骇。数月以来，万分悚惧，不能自明，聊为公一言之。顷有上荣相书，亦及此事，并录稿附呈一览。公曾到近畿，一切皆所目睹。试问各省市人乌合之兵有何益处？且到直略早者，皆近省之兵，且皆现成原有将卒械饷之兵也。何以独苛责于鄂省？可为抚膺长叹！[51]

函内所谓"不敢欺朝廷"，是张之洞自辩之词，但对各省"乌合之兵"的根本不信任，则确实反映了他的部分真实想法。

由此观之，张之洞本人固不乏"入卫之忱"，而诉诸行动已多虚应故事的成分，当时其重心仍在经营地方"互保"，而对于在此基础上更进一步甚而直接干预中枢政局的激进建言，意态则更多保留。笔者从日本外交档案文书中，检出张之洞与幕僚会议的一份记录，正与陈三立密札写作时间相符，可以作为较有力的旁证。7 月 13 日，日本驻沙市领事二口美久致外务省报告称：

> 张之洞就北京骚乱事召集同志秘密会议。本地道台应电召，于本月三日向武汉出发。道台今晨未明时分还归沙市，直接来访，告知会议始末概要。此次召集同志为张之洞所信任之员，有荆州江陵知县候补道朱滋泽、本地道台秉良及张幕府各员，密议事项为针对时局之措置办法及善后策。最极端之意不外两点：一、打倒现政府，组织纯然由汉人领导的新政府；二、联合同志实行中央支那独立计划。目前北京政府之真意及京畿实况尚不明朗。张之洞说，现政府执权者先不必言，李鸿章、王之春一意依托俄国，袁世凯表里不一、反复无常，李秉衡则思想顽

---

[51]《致鹿滋轩》，光绪二十六年，《张之洞全集》第 12 册，第 10230—10231 页。

迷专意排外，此等附和政府之人尚多。必须制定最为慎重周密的计划，故稍待时局变化，再行会议决定。㉜

该会议发生在公历 7 月初，尚在"东南互保"交涉期间，东南督抚也才奉到"宣战诏书"不久，适值政治局势最为混乱、敏感的阶段。由上述史料看，张之洞召集亲信部属、幕僚聚会，讨论应对危机的办法，会上不乏否认现政府、排斥满人以至"地方独立"的激进主张，但张之洞本人态度仍然保守。他对于"拳党"把持的北京政府固然没有信任，但对于建立排斥满人的"新政府"尚无概念，而一道经营"东南互保"的各省督抚仍存在各种意见分歧，能否被引为"同志"，也同样存疑。所谓"慎重周密的计划"，其实已将前述种种冒险主张排斥在外，幕僚会议无果而终，证明张之洞确无自立的勇气。后来镇压自立会起事，其时形势已趋明朗，张之洞行事更无顾忌可言，他反对"勤王"的态度可谓一贯。从现有证据看，尚不能表明庚子时期张之洞有异动之意，结合措手"东南互保"到镇压自立会的表现，其对于两种性质（入卫/迎銮）的勤王的态度，尽显作为政治官僚保守与圆熟的一面。

㉜ 二口美久报告对朱泽滋、奭良两人背景情况有所透露："前记朱泽滋，小官前年赴任之际，由汉口同船交谈，此人热衷经国时事，痛恨于本国弊政，最为主张革新之人。奭良历任河东及奉天兵备道，去冬就任荆宜施道，对于交通机关、贸易扩张策最为留意，凡有泰西诸书汉译版本，必购来一读，为值得注意之人才。两人前年蒙伊藤（博文）侯亲炙，聆听政谈。奭良在京时与林权助多有往还，共同研究时事问题。"（《沙市在勤二口领事ヨリ青木外务大臣宛·張總督ノ秘密會議開催ノ模樣並同總督ノ真意ニ付報告ノ件》，明治三十三年七月十三日，《日本外交文書·第三十三卷　別冊二·北清事变中》，第 242—243 頁）按奭良（1851—1930），镶黄旗，荫生出身。光绪四年，补奉天复州知州。光绪十六年，授奉天东边道，光绪二十四年，经直隶总督荣禄奏调直隶差委。光绪二十五年，授湖北荆宜施道。朱滋泽，四川崇庆州人。同治三年，由监生投效江西防军，历经奏保留于湖北补用。光绪十七年，报捐同知，历办芦汉铁路汉口专局、汉口劝工劝商局，嗣因总办宜昌、施南会匪事宜，经张之洞等奏保以道员仍留湖北，尽先补用。光绪二十五年，委总办善后局、农务局兼总办全省营务处。参见秦国经主编：《中国第一历史档案馆藏清代官员履历档案全编》第 6 册，第 588、644 页。

《王湘绮年谱》辨误一则
——兼论庚子前后王闿运的思想动态

光绪二十五年(1899)十二月,王闿运(1832—1916)至杭州访人,游西湖并在当地度岁。他的长子王代功后为其父撰作《年谱》,光绪二十六年正月十二日(1900 年 2 月 11 日)条云:

> 梁卓如来访,论公法及时事,有出位之言,语以不忘名利者必非豪杰,尚未教以思不出位也。盖能忘名利,又当思不出位,然初学必自孟子所谓大丈夫始矣。[1]

后人论史,径引此说而未暇省察,如陶先淮所制《王闿运生平大事年表》即载:"(光绪二十六年)正月在杭州,梁启超来访,论公法及时事。"[2]湘籍学人杨树达(1885—1956)读《王湘绮年谱》,颇能贯彻"开卷有疑"之旨,特就前引一条提出疑问:

---

[1] 长子代功述:《清王湘绮先生闿运年谱》,收入王云五主编《新编中国名人年谱集成》第 6 辑,台湾商务印书馆,1978,第 209 页。复按《湘绮楼日记》庚子正月十二日条作:"梁新学来,言公法,盖欲探我宗旨,答以不忘名利者必非豪杰,尚不屑教以思不出位也。盖能忘名利,又当思不出位,然初学必自孟子所谓大丈夫者始。"(马积高主编:《湘绮楼日记》第 4 卷,吴容甫点校,岳麓书社,1996,第 2267 页)则日记原文中并未出现梁启超之名。王代功作年谱时,底本据此日记,但行文有自行发挥之嫌。

[2] 该表附记:"此表是在王代功《王湘绮年谱》基础上作的。"参看陶先淮:《王闿运生平大事年表》,《中国文学研究》1985 年第 1 期。

庚子年记先生在杭州，梁卓如来访。梁先生戊戌政变后亡命海外，何能在杭州访人乎？[3]

那么，历史实相究竟如何？当时王闿运之思想动态又如何？

一、 庚子正月王闿运不可能在杭州见梁启超

查戊戌政变发生后，梁启超（1873—1929）追随康有为一同逃亡海外。自光绪二十四年九月初二日（1898 年 10 月 16 日）抵日，至次年十一月十七日（1899 年 12 月 19 日）离日转往美洲，总计在那里待了一年零两个多月。[4]十一月二十九日（12 月 31 日），梁启超到达檀香山。檀香山是赴美中途的一站，梁启超后来解释："其地华商二万余人，相萦留，因暂住焉，创夏威夷维新会。适以治疫故，航路不通，遂居夏威夷半年。"[5]丁文江等人据此，也相信"先生这次出游原是应美洲华侨之邀游历美洲的，后来因为经过檀香山时为防疫所阻，所以才滞留该岛半年之久"[6]。不过，后世研究辛亥革命史的学者多从保皇、革命两派对立的视角出发，谴责梁启超实有"鹊巢鸠占"之野心，其檀香山之行以"保皇为名，革命为实"为幌子，真正目的在为夺取兴中会的地盘和群众。[7]郭世佑对此说专加考辨，指出"梁氏在檀岛发展保皇会组织和全力筹款时，也不曾中断继续谋求与孙中山合作之念"，不能简单定

③ 杨树达：《积微翁回忆录》，日记 1942 年 1 月 4 日条，北京大学出版社，2007，第 127 页。

④ 丁文江、赵丰田编：《梁启超年谱长编》，上海人民出版社，1983，第 187—188 页。

⑤ 梁启超：《三十自述》，《饮冰室合集》第一册，文集之十一，中华书局，1989，第 18 页。此行旅途见闻以及在檀岛之行踪，参看梁启超：《新大陆游记》，湖南人民出版社，1981。

⑥ 丁文江、赵丰田编：《梁启超年谱长编》，第 187 页。按孔祥吉据日本外务省档案指出："即使梁启超坐船到了旧金山，也可能由于清朝驻旧金山总领事的捣乱，而无法登岸。因此《年谱长编》采用流行的说法为'防疫所止'，亦应提出疑问。"参看孔祥吉、［日］村田雄二郎：《戊戌政变后梁任公之二三事》，载《罕为人知的中日结盟及其他——晚清中日关系史新探》，巴蜀书社 2004 年，第 248—249 页。

⑦ 章开沅、林增平主编：《辛亥革命史》上册，人民出版社，1980，第 106 页。金冲及、胡绳武：《辛亥革命史稿》第 1 卷，上海人民出版社，1980，第 101—103 页。

义为"政治骗子";至于最终取消北美之行,实属一波三折,亦非由"恋栈"所致。⑧

梁启超至檀香山未到一月,十二月二十四日(1900年1月24日),清廷发表上谕,宣布光绪帝以病告退,封端郡王载漪之子溥儁为皇子,于旧历元旦改元"保庆"。⑨ 是为"己亥建储"。立储上谕一经发布,薄海震动,舆论沸腾。梁启超撰《书十二月二十四日伪上谕后》,痛斥"逆后贼臣",文登载于东京《清议报》第三十九册,后有"附记":

> 作者越在檀岛,电信不通。经一月始得见内地报章,始确悉此事,著论以诛伐之。论之出于世,当在事后四五十日矣。报名"清议",而于此事久阙焉,诚不足以谢天下。然事变之起,未始有艾。今之此论,固未可以六日菖蒲、十日黄菊目之也。正月廿一日,作者附记。⑩

本年十一月十三日(12月15日),王闿运由长沙航船出行,沿途经岳州、汉口、芜湖、丹阳、常州、无锡、苏州、湖州、嘉兴,十二月二十日(1900年1月20日)抵杭州。与当地官绅相过从,并度新年,直至正月二十三日(2月22日)离杭,三月初返抵衡阳。⑪ 前引"附记",梁启超作于正月二十一日(2月20日)建储上谕发布一个月以后,此段时间均在"檀岛",绝不可能有杭州一行,访王闿运"论公法及时事"更无从谈起。在国内的王闿运,较梁启超闻知建储消息要早,私下亦有所议论,据《湘绮楼日记》己亥十二月二十九日条记:"得京报,用吴可读旧议,别封皇嗣,私忖久之,未知礼意,想孝达亦当悔

---

⑧ 郭世佑:《梁启超庚子滞留檀香山之谜》,《浙江学刊》2002年第2期

⑨ 中国第一历史档案馆编:《光绪宣统两朝上谕档》第25册,广西师范大学出版社,1996,第396—398页。

⑩ 梁启超:《书十二月二十四日伪上谕后》,夏晓虹辑《〈饮冰室合集〉集外文》上册,北京大学出版社,2005,第70页。

⑪ 马积高主编:《湘绮楼日记》第4卷,吴容甫点校,岳麓书社,1996,第2255、2260、2272、2282页。

其前奏。"⑫

　　庚子正月间,清廷以康、梁在海外开设报馆,肆行簧鼓,种种悖逆"罪大恶极",谕令南北洋、闽浙、广东各督抚悬赏购线,严密缉拿;同时要求两广总督李鸿章"将康有为、梁启超广东本籍坟墓铲平,以儆凶邪"。⑬揆诸情理,正值缇骑四出、风声正紧之际,梁启超没有理由冒险一逞,回国自投罗网。而且,当时梁尚联络国内同人,以"肥贼、刘豚(刘学询)在粤颇增我辈之阻力",密谋刺杀之;驻美公使伍廷芳奉国内指令,饬各领事查办,梁行动自由因此受限,又"两次致书于伍秩庸,劝他勿为已甚"。⑭

　　再翻检梁、王两方面文献,也都没有能够支持二人会面一说的记录。《湘绮楼日记》己亥正月二十日条记:"看《经世文编》,梁启超之作也。以余为不谈洋务,盖拾筠仙唾余而稍变者。康、梁师弟私淑郭、王,不意及身而流弊至此。"⑮梁启超著文批评王"不谈洋务",而王提及康、梁的场合,观感亦明显不佳。

二、　庚子六月梁启超曾短暂回国

　　杨树达读《王湘绮年谱》,而疑梁启超"在杭州访人"不可信,确有所见。不过,应加补书的是,梁启超在庚子年夏取道日本,潜赴国内,曾做短暂一行。此行又与本年突发之政治变故相关。据梁事后自述:

　　　　庚子六月,方欲入美,而义和团变已大起,内地消息,风声鹤唳,一

---

⑫ 马积高主编:《湘绮楼日记》第4卷,第2263页。按吴可读(1818—1879),甘肃皋兰人,道光三十年进士,吏部主事,光绪五年(1879)请为穆宗(同治帝)立嗣,以死谏殉国。"孝达",张之洞,字孝达,时官国子监司业,对立嗣问题亦有封奏。参见《遵旨妥议折》,光绪五年四月初十日,苑书义、孙华峰、李秉新主编:《张之洞全集》第1册,河北人民出版社,1998,第9—13页。

⑬ 参看雷禄庆编:《李鸿章年谱》,台湾商务印书馆,1977,第614页。

⑭ 丁文江、赵丰田编:《梁启超年谱长编》,第206、198页。

⑮ 马积高主编:《湘绮楼日记》第4卷,第2195页。"筠仙",郭嵩焘(1818—1891),字筠仙,湖南湘阴人,洋务思想家,清朝首位驻外公使。

日百变。已而屡得内地函电,促归国,遂回马首而西,比及日本,已闻北京失守之报。七月急归沪,方思有所效,抵沪之翌日,而汉口难作,唐(才常)、林(圭)、李(炳寰)、蔡(钟浩)、黎(科)、傅(慈祥)诸烈,先后就义,公私皆不获有所救。留沪十日,遂去。⑯

据此可知,这次回国目的是趁义和团之变,组织内地起事。返国首途,梁启超赋《东归感怀》一诗,有"极目中原暮色深,蹉跎负尽百年心,那将涕泪三千斛,换得头颅十万金"句。⑰ 新党同仁狄葆贤(1873—1941)作有《任公逸事》,记"庚子七月,任公曾在上海虹口丰阳馆十日"⑱。日本东亚同文会会员井上雅二(1876—1947),曾介入唐才常自立会活动,本年 8 月 22 日在上海见到梁启超,据其日记:

> 唐才常等三十人被逮捕,计划大受挫折。……傍晚,唐才常的弟弟来,为去东和洋行的事请我帮助。我们一起来到东和,一进楼上的一间屋子,岂料梁启超和另外一个人在这里。……梁启超突然请求我发电报给近卫(笃麿)公,尽力营救唐才常等。但是,我和宗方(小太郎)大致商量后认为,这不会有什么效果。我们决定给与伊藤(博文)关系密切的佐佐友房、片冈谦吉二人打电报,请伊藤给张之洞打电报。……同时,我们也以陶森甲为张之洞所信任,劝说陶也进行营救。我们请陶与小田切万寿之助会面,并请小田切打电报营救唐等。……十时半,辞别小田切再到东和会见梁启超,告诉他小田切答应的结果。但他们似乎知道不会有作用。

---

⑯ 梁启超:《三十自述》,《饮冰室合集》第一册,文集之十一,第18—19页。
⑰ 梁启超:《饮冰室诗话》,《饮冰室合集》第四册,文集之四十五(下),第10页。
⑱ 丁文江、赵丰田编:《梁启超年谱长编》,第255页。按丰阳馆为当时著名的日本旅馆,为旅沪日人停驻、聚会经常选择的地点,其址在西华德路(今长治路)。梁启超在此停留期间,还与陈景韩、吴禄贞等人见面。

梁启超由横滨乘法国邮船今天中午达到上海。他来上海的事不能和任何人说起。……康有为现在暂时处于不能有所活动的地步。梁启超也没有通知我方政府就来了。事实上美国、英国不愿梁等进行活动。[19]

则梁启超此次回国,极为机密,不巧的是刚到上海,在汉口的自立会机关恰被张之洞破获,唐才常等多人被捕。他在沪与诸同志及日本友人商议,做了多方面营救的努力。井上雅二进而了解到:

梁本打算在长江一带活动,一到上海,突然接到这样的消息,所以今夜速派秦鼎彝去汉口,探明真实情况。待有电报后,考虑离开上海去某地方。或也许是赴两广,似和两广的唐景崧等联系已很密切。在两广起义,眼下尚未和孙文派联合,将来一定要联合,这话梁说得很明白。

第二天,即8月23日,井上雅二得到唐才常在汉口被杀的消息,"立刻访梁启超,狄平(狄葆贤)在座,皆长叹,不发一语"。事情至此,已无可补救,此即梁所谓"公私皆不获有所救"的实情。井上因而感叹:"昨天以来的苦心俱成泡影,现在对他们更是感到悲伤。"[20]梁启超在上海停留约十日,即往新加坡与康有为见面。八月间,应澳大利亚保皇会之邀,乘英国轮船,作澳大利亚之游。[21]

另值得一提的是,梁启超此次回国之前,曾致函在檀香山的孙中山之兄孙眉(1854—1915),内称"弟此行归去,必见逸仙,随机应变,务求其合,不令

---

⑲ 以上两段见《井上雅二日记——唐才常自立军起义》,郑大华译、薛军力校,《近代史资料》总74号,中国社会科学出版社,1989,第124—125页。

⑳ 《井上雅二日记——唐才常自立军起义》,《近代史资料》总74号,第124—126页。

㉑ 丁文江、赵丰田编:《梁启超年谱长编》,第260页。

其分"㉒,言下表露出与孙中山合作的意愿。井上雅二在上海见梁启超时,也得到印象:

> 梁启超和孙中山不久前似在东京会见。以梁启超、孙中山的才能,没有成为同志,实在可惜。㉓

本年 6 月间,孙中山抵香港海面,并派宫崎寅藏(1871—1922)、内田良平(1874—1937)等人赴广州,与李鸿章幕僚刘学询(1855—1935)会谈,有意推动"两广独立",并与康有为一派联盟。㉔ 后宫崎、内田前往新加坡,因所谓"刺康案"的发生,孙、康关系至此完全破裂。故论者谓"这是革命派与改革派结盟的最后尝试"㉕。不过,约至 8 月中旬,孙中山本人在日本横滨接受访问时,尚有如下表示:

> 我决定乘二十二日启碇的"神户丸"前往上海。……在中国的政治改革派的力量中,尽管分成多派,但我相信今天由于历史的进展和一些感情因素,照理不致争执不休,而可设法将各派很好地联成一体。……根据这种考虑,我个人准备从中尽力,故匆匆决定回国。我并不抱任何危险激烈的企图,而是考虑始终采取温和的手段和方法,视情况还是有最终赴北京的打算。已离神户前往上海的梁启超,大概也是抱着类似

㉒ 梁启超:《致孙中山函三通》,夏晓虹辑《〈饮冰室合集〉集外文》上册,第 67 页。

㉓ 《井上雅二日记——唐才常自立军起义》,《近代史资料》总 74 号,第 125 页。

㉔ 宫崎寅藏事后回忆:"当时我也提出一个建议道:'现在应该联合康有为,共同协力办事。'我知道当时康在新加坡。孙中山赞成这个意见,大家也都主张有大同团结的必要,而同意这个建议。"参看[日]宫崎滔天:《三十三年之梦》,林启彦译,花城出版社、生活·读书·新知三联书店香港分店,1981,第 182 页。关于日本人作为"孙的代理人前往广东"一节,以及"李鸿章的目的在于不让孙、康两派和衷共济",并参看[日]内田良平:《中国革命》,丁贤俊译,《近代史资料》总 66 号,中国社会科学出版社,1987,第 47—48 页。

㉕ [美]马里厄尔·詹逊:《日本人与孙中山》,吴伟明译,商务印书馆(香港)有限公司,2015,第 76—77 页。

的想法而成行的。㉖

　　长期流亡海外的孙中山,选择在义和团事变时期潜回国内,仍有意谋求与国内各政治派系的联合,并以为梁启超抱有"类似的想法"。㉗他在上海停留的时间为8月29至9月1日,其间曾访问英国驻沪总领事,且与刘学询有所会晤。㉘然而,当时八国联军已攻入北京,南方唐才常起事失败,孙中山对同行的日本人表示:"发起这样危险的行动,万一失败,就会使我党趋于灭亡。因此,非停止不可。"㉙情势突变之下,机会转瞬即逝,孙中山很快返回了日本。㉚

　　庚子年夏,梁、孙二人回国一行,不约而同,且皆来去匆匆,原来预期中的联合之举无果而终。

三、 王闿运对于庚子事变的观感

　　至此反观王闿运,当庚子事变做何感想? 据王代功所撰《年谱》,庚子四

㉖ 《与横滨某君的谈话》(一九○○年八月中旬至二十一日间),中国社科院近代史研究所民国史研究室等编:《孙中山全集》第1卷,中华书局,1981,第198—199页。

㉗ 行前,孙向日人岛田经一密示"我这次是打算独自渡清,在上海入境,一边慢慢关注南清形势,一边等待时机和张、刘等会面,在听取他们意见的基础上再决定今后的方向";事后,他承认"这次计划瓦解有各种原因,但毕竟是实施计划之运动方法拙劣的后果"。参见《孙逸仙计划之相关事宜》(福冈县知事深野一三,明治三十三年九月二日),章开沅、罗福惠、严昌洪主编:《辛亥革命史资料新编》第6册,湖北人民出版社2006,第61页。

㉘ 参看陈锡祺主编:《孙中山年谱长编》上册,中华书局,1991,第235页。

㉙ 〔日〕内田良平:《中国革命》,丁贤俊译,赵息黄校,《近代史资料》总66号,第49页。

㉚ 据日本外务省档案,明治三十三年九月四日福冈县知事报告:"翌日(8月29日)夜,孙上岸与英领事密会,并视察当地情形。适值康有为派属下的唐才常等在汉口阴谋暴露,纷扰之际,上海奉刘、张等命令搜查非常严密,早已探知孙返国途中预定在上海登岸,误以为孙、康首尾相应举事。刘坤一严令上海道台,在孙登岸后,连同当地革命党十九人,指名逮捕。据此英领事劝告,当此之际赶快逃走,以避不测。上述十九人于三十一日晚狼狈逃往英领香港及新加坡。孙鉴于归国后大势如此,原定计划不能实行,多留一日亦有危险,因而上陆仅两夜,乃于本月一日晚从上海出发,返回日本。"参见《孙逸仙南清计划之有关事宜》,《辛亥革命史资料新编》第6册,第62—63页。

月,王闿运再次出湘,五月时在济南,"十四日,游历山(千佛山),始闻北警"。③ 复按《湘绮楼日记》,五月十一日(6月7日)条即有关于义和团运动的记载:

> 畿东拳徒生事,毁电线铁路,且戕执吏将,朝廷不敢公捕讨,示弱如此。②

此处记直隶义和团最初公开毁坏电杆、铁路,并与护路清军冲突。王闿运言下颇不以"拳徒生事"为然,对清廷政策不明、剿捕不力也有批评。至十六日(6月12日),从他人处听说,"得京电,兵事急,人心慌"③。次日(6月13日),即启程还乡。二十七日(6月23日)过盐河,时津、京两处皆已开战,王闿运记:

> 道路传言甚凶,云大沽炮台炸裂,京城焚教堂,袁抚北援,新军急调。④

六月初一日(6月27日)到扬州,记:

> 当往陈家,因过看柯逊庵(柯逢时)运司,亦有老派,议论不离官话,云六百里加紧调李鉴堂(李秉衡)为大将,可叹也,小坐而出。……陈郎渔文,亦有官话,观此夷患可无虑,以天下官犹多也。讹言汹汹,云京中已无一鬼矣。⑤

---

③ 长子代功述:《清王湘绮先生闿运年谱》,第212页。
② 马积高主编:《湘绮楼日记》第4卷,第2301页。
③ 马积高主编:《湘绮楼日记》第4卷,第2303页。
④ 马积高主编:《湘绮楼日记》第4卷,第2305页。
⑤ 马积高主编:《湘绮楼日记》第4卷,第2306页。

初四日(6月30日)至江宁,记:

> 上海还者纷纷,云北信甚佳,夷人失势,诸帅亦失势,恐来索战也。[36]

初七日(7月3日)将启船离宁,记:

> 午后仲麓来,言北事未悉。岳生来问讯,甚周至,将开船乃去,亦云北信未确,但闻北洋(裕禄)死,南洋(刘坤一)吓欲死,孝达(张之洞)亦不能不惶然也。[37]

初十日(7月6日)至长沙,记:

> 看电报,真决战矣,不顾刘、张吓死,乃征于(荫霖)、锡(良)入卫,亦奇计也。[38]

十六日(7月12日)在长沙,记:

> 送寄谕来,复决战矣。衡阳应命毁教堂七处,督抚惧怒,而无如何,无纲纪至如此。[39]

近世掌故大家黄濬(1891—1937)引述王闿运所撰《道咸以来所见闻录》中答问时事语,评论其"言庚子北京拳变者,最为迂阔","盖是年湘绮居长

---

[36] 马积高主编:《湘绮楼日记》第4卷,第2307页。
[37] 马积高主编:《湘绮楼日记》第4卷,第2308页。
[38] 马积高主编:《湘绮楼日记》第4卷,第2309页。
[39] 马积高主编:《湘绮楼日记》第4卷,第2310页。

沙,于拳变之由来、宫廷之积隙、王公之昏纵、强吏之用意,皆不甚了了,仍一秉其轻视夷务之心理"。⑩ 今观王闿运庚子日记,其初记义和团事多据"道路传言",确多轻视之意,包括周边喜持"官话"诸人士,皆以为"此夷患可无虑",同时对刘坤一、张之洞等南方大吏之时局因应,语出不屑。王闿运回到长沙后,亲见电报、上谕,始知朝廷决意言战,当时"衡州教案"已经发生,省内应者蜂起,⑪而他尚以地方入卫勤王为"奇计",而所忧心者在于"纲纪"之存无。

五月十七日,王闿运由长沙起行,二十七日(7月23日),还抵衡阳东洲。《年谱》记:

> 七月朔日,与院生开课讲书。时衡州已毁教堂,士民嚣甚,众议多以毁夷馆、筹兵饷为急,府君因与诸生论通经致用,及致用当通春秋之义。曰:四方归化,与夷狄交侵,无以异也,浅识之士喜盛恶衰,遭时晏平,偃然自肆,及见侮辱,愤泣而已,故庄周以箕子、比干为役人之役,以其因人忧乐也。然《春秋》不能正之,五经所言皆圣明事也。身居篡夺之中,日有修平之乐,恒见己之不足,岂计人之顺逆,故握要以图,不下席而天下治。……此通经致用,莫切《春秋》,非谓其政法多也。⑫

---

⑩ 黄濬复举其例数则:"其中有云'通商本不必战,则不成和。弃燕暗得上策,无所用战'。此二语尤可笑。湘绮之意,诚夷意求通商,故本不必与之战,不知庚子之役,围馆杀使,下谕与各国宣战,非道咸间五口通商之比也。湘绮于上节明言'宛平非可都之地,便令夷国据有燕地,于我形势亦无所损',故曰:弃燕暗得上策。于尔时情势,及全国地形,皆不肯考求,此诚可见彼时学者对于国事主张之一斑,亦缘湘绮于咸丰末即出都,久不谙朝政,邀游诸帅间,倨傲自大,故有此奇论也。"参看黄濬著,李吉奎整理:《花随人圣庵摭忆》上册,中华书局,2008,第210—211页。

⑪ 本年六月初七日,衡州英国福音堂被焚,十一日天主教主教范怀德、司铎安守仁(均意大利人)被杀害,随后数日衡州所属衡阳、清泉两县天主、耶稣教堂、圣心医院、慈幼院等均遭焚毁。"衡州教案"对"英法帝国主义策划下张之洞等所倡导的'东南互保'也是一个有力的冲击"。参看杨世骥:《辛亥革命前后湖南史事》,湖南人民出版社,1982,第61—66页。

⑫ 长子代功述:《清王湘绮先生闿运年谱》,第213—214页。

王闿运在衡阳船山书院开课，用"春秋之义"责以学生，鼓吹通经致用，其说针对庚子时事，执着夷夏之辨甚明，然宗旨仍归于读书致用、反求诸己。值得注意的是他对于张之洞的批评。《湘绮楼日记》七月初一日（7 月 26 日）记：

> 始开课点名，殊有城阙之感。论读书致用，不读书如张之洞，陷篡杀而不自知，犹自以为读书多如王伟也。[43]

则当时王闿运以为"不读书"、徒以"政法多"而不切世用的反面典型，即为张之洞。此一番评论，与张之洞本人"生性疏旷，雅不称为外吏，自愿常为京朝官，读书著述以终其身"[44]的读书人认同，以及同时代之政坛士林群趋推崇"南皮之学"体用兼备、于晚清变局独能"开物成务，究极原本"[45]，实大异其趣，颇堪体味。此后日记中，王闿运对张之洞仍多口诛笔伐，一无恕词。七月四日（7 月 29 日）记：

> 盛衡阳来，言督索夷尸甚急，此又不智之甚，所谓苟患失之，无所不至，功名士末路至此，余甚悔不知人也。[46]

八月二日（8 月 26 日）记：

> 陈清泉来诉冤，余告以教案将反，保护又有罪矣。汉口教堂亦毁，张真张也。[47]

---

[43] 马积高主编：《湘绮楼日记》第 4 卷，第 2313 页。
[44] 《抱冰堂弟子记》，《张之洞全集》第 12 册，第 10632 页。
[45] 孙诒让：《张广雅尚书六秩寿序》，徐和雍、周立人辑校《籀庼遗文》下册，中华书局，2013，第 369 页。
[46] 马积高主编：《湘绮楼日记》第 4 卷，第 2314 页。
[47] 马积高主编：《湘绮楼日记》第 4 卷，第 2318 页。

六日(8月30日)记：

> 李傅相之余恩犹在天津，比桧贼故胜，孝达晚出，乃遗笑柄。读书人反不及八股人，此则安分不安分之别。桧亦安分，侂胄则不安分，荣祸所以异也。近日大搜康党，云宦裔士林竟至放飘，同会匪之为，殊可怪叹。㊽

十七日(9月10日)记：

> 久不见五彝，与论国事，乃云西行的实，拳勇护驾，故可出也。颇言张孝达顾全大局。余言非疆臣之义，且亦不中情事，假令不保护，亦无事也。㊾

从以上日记中可见，王闿运以"功名士""读书人"刺讽张之洞，实不以其主持之"东南互保"为然。在他看来，所谓"保护"，不仅不是顾全大局，而且"非疆臣之义，且亦不中情事"，显与自身宣扬的春秋之义相悖。甚而，王闿运以秦桧(1090—1155)、韩侂胄(1152—1207)比拟李鸿章、张之洞，"桧贼"固不足论，但韩侂胄更等而下之，以其"不安分"也。"大搜康党"，指张之洞镇压自立会起事后大肆追捕余党。张坚持自立会所为与"盗贼土匪"无异，以此吁求外部对其镇压行动的谅解，而全然无视此前唐才常自觉与义和团"滋事排外"撇清关系的努力，故王闿运以为"殊可怪叹"。

《年谱》庚子八月条记：

> 八月闻京师危急，传言异词，议告道府，遣使入京问讯，且附奏外

㊽ 马积高主编：《湘绮楼日记》第4卷，第2319页。
㊾ 马积高主编：《湘绮楼日记》第4卷，第2322页。

事，以通隔阂。夏午诒拟赴行在，曾重伯亦自桂林来，言奉巡抚命入京，府君告以君父危急，义在往赴，不必问有益无益。(50)

其时八国联军已经入京，两宫西逃。但直至八月十三日（9月6日），在湖南的王闿运仍不知宫廷确切去向，遂有“遣人入京问讯”之议。(51) 按“道府”，夏献铭，时为衡永郴桂道。其时王门弟子、编修夏寿田（1870—1935）欲奔赴行在，过衡州相见，成为可遣“入京问讯”之合适人选。八月十九日（9月12日），王闿运记：

黄元吉来送文相质，问西幸事。余云凡夷狄侵我，犹乡中抄抢，虽宜报官，非家所由兴衰，不足问也。又与夏（寿田）言君父危急，义当往赴，不必问有益否。(52)

除夏寿田外，在广西任官之曾广钧（1866—1929），奉巡抚黄槐森（1829—1902）之命，北上赴行在“问安”，过湘亦与相见。(53) 王闿运感义和团事，以“乱逾三月，乘舆西出，外臣曾无释位之义，忧心靡投。曾、夏两编修僻在桂、渝，衔命奔问，过衡相见，感而有赠”为题，作诗寄怀：

---

(50) 长子代功述：《清王湘绮先生闿运年谱》，第213—214页。

(51) 马积高主编：《湘绮楼日记》第4卷，第2321页。

(52) 马积高主编：《湘绮楼日记》第4卷，第2323页。夏寿田，字午诒，湖南桂阳人，早年于江西豫章书院从王闿运读，后随王转入船山书院，光绪二十四年中一甲二名进士，授翰林院编修。时人称“王绮楼高弟，学行炳然，为众仰瞩，夙抱经世之才，遭时多变，屡起屡踬，郁郁不得伸其志”。参看高毓浵：《夏太史墓铭》，卞孝萱、唐文权编：《民国人物碑传集》，凤凰出版社，2011，第116页。

(53) 本年八月二十五日条：“外报曾姓人从广西来，疑为游学者，又疑是震伯，遣侦之，果曾太守也。喜问何来，云广西抚遣问安，喜植庭之知礼。”（马积高主编：《湘绮楼日记》第4卷，第2325页）按“震伯”，曾广钧，字重伯，湖南湘乡人，曾国藩长孙（曾国藩第三子曾纪鸿长子），光绪十五年进士，时任广西武鸣府知府；“植庭”，黄槐森，号植庭，广东香山人，咸丰十二年进士，时任广西巡抚。

皇纲偶失统，夷盗戏交兵。
辅相固不臧，方镇谬连横。
坐井而观天，智小恶遂成。
谁无父母忧，愤起两儒生。
精卫赴东海，万里各孤征。
天颜在咫尺，所贵达我诚。
三仁昔计利，董生用讥抨。
求得有何愿，长风送秋行。
君子勉于役，慰尔饥渴情。[54]

四、 结语

今据王闿运日记、诗文等史料相互参订，可略窥庚子前后王闿运思想的实际动态。王代功所作《王湘绮年谱》谓“思不出位”，与谱主当时处境及政治言论的表现大体接近，而庚子年初在杭州面晤梁启超一说，则绝难凭信。梁启超于本年夏间确有过短暂回国一行，其目的在于趁义和团事变召集起事，并有联合孙中山等革命力量的意愿。唯适逢汉口唐才常自立军事败，受此波及，回国之行无果而终。查究梁启超此行的政治性质，与王闿运“君父危急，义在往赴，不必问有益无益”的勤王心情，可谓南辕北辙。

作为后话，奉王闿运嘱托“入京问讯、附奏外事”的夏寿田，于本年末抵达西安行在，以“荆楚鄙儒，谬蒙微禄，恭闻西幸，奔赴行在，不敢避位卑言高之罪，敬陈所见”。奏折辞气犀利无比，所痛劾的正是张之洞、刘坤一、李鸿章三人：

伏观五月夷兵内犯以来，君父战于西北，臣子和于东南，乘舆播迁，

[54] 马积高主编：《湘绮楼诗文集》第2卷，岳麓书社，1996，第1602页。

而天下不知急难，疆臣乞降，而士民不知耻辱。必有致此，孰尸其咎？两湖督臣张之洞、两江督臣刘坤一、直隶督臣李鸿章三臣者，归过朝廷而有忧国之名，市恩夷狄而无降敌之罚，抑天下之忠愤，道仇雠以觊觎，此其志在苟全以为愉快者也。……保护则昼夜勤劳，勤王则疲癃应命，三臣之意，亦可哀矣。既不能尊主于前，又不能同仇于后，但为护夷之文告，保教之条约，议论荒谬，骇人听闻。

以上一段，批评"东南互保"可谓不遗余力。值得注意者，夏寿田一折大力发挥"春秋"之义，指出："夷人欲保护，则三臣禁天下不得勤王，夷人欲进兵，则三臣禁将士不得守险，此非春秋所云将则必诛者乎？"攻击的锋芒尤其集中在张之洞身上：

> 张之洞昔在翰林，力劾崇厚，以直言见称，及身任封圻，外朝廷而内夷狄，且百倍崇厚之所为，此尤不忠之甚者也。春秋之义，内中夏而外夷狄，拨乱百端，要归自治。然则，四夷交侵，外患也，疆臣不忠，内忧也，顺逆不明，赏罚不行，不能以治疆臣，疆臣不知感恩，不知畏法，不能以御外侮。上下一心，恐惧兢业，战可自立，和亦可自立。如其不然，和未可恃，战亦未可恃也。⑤⑤

夏寿田对所谓"疆臣不忠"深为不满，即就"人臣无外交，保护商教之约非疆臣所得自专，尤不可施之仇敌"而言，这大概正是王闿运"非疆臣之义，且亦不中情事"心情的表达；而屡引"春秋大义"指责张之洞等人突破君臣伦理大限，深以"内忧"大于"外患"，也可与王闿运"通经致用，莫切《春秋》"之言相互发明；至于直指"护夷之文告，保教之条约，议论荒谬"，很容易让我们联想

---

⑤⑤ 以上两段见《都察院左都御史溥良等奏呈翰林院编修王龙文夏寿田请代奏条陈时务折》，光绪二十六年十一月二十日，中国第一历史档案馆编：《庚子事变清宫档案汇编》第4册，中国人民大学出版社，2003，第1364—1365、1368—1369页。

起王闿运临别赠诗中"方镇谬连横"一句，两者形成了极强的呼应。当光绪初年，边疆不靖，清流突起，王闿运固对翰林名流之"议论风生"观感复杂，但尚嘉许"孝达吾党也"[56]；到了庚辛之际，遭逢事变，张之洞已历任封疆，独当一面，而二人对于"疆臣之义"的理解与应用，实在大相径庭。黄濬见王氏庚子时论，以为"于尔时情势，及全国地形，皆不肯考求，此诚可见彼时学者对于国事主张之一斑，亦缘湘绮于咸丰末即出都，久不谙朝政，邀游诸帅间，倨傲自大，故有此奇论也"[57]。杨树达读《王湘绮年谱》，亦有"王先生长于文学，而论世事则迂疏可笑，而自许特甚，殊可哂也"之叹。[58] 后世议论，固不免后见之明的成分，然返回历史现场来看，新旧分野的趋势确实相当清晰。[59] 夙好纵横之学的王闿运接谈"新学"，尚不至于格格不入，然因应时变的思想资源，已经显出狭隘与不足。

---

[56] 马积高主编：《湘绮楼日记》第2卷，光绪六年三月十九日条，第901页。

[57] 黄濬著、李吉奎整理：《花随人圣庵摭忆》上册，第211页。

[58] 杨树达：《积微翁回忆录》，第127页。

[59] 有论者曾论历史上的"王闿运的时代"："大概是从1851到1881年这三十年，严格地说，是清代咸丰、同治两朝，接着便是'康有为的时代'和'孙中山的时代'接踵而至。"参看萧艾：《王湘绮评传》，岳麓书社，1997，第233页。

张佩纶政治生涯的最后一幕
——辛丑议约期间复出史实考论

张佩纶(1848—1903),字幼樵,一字绳庵,号箦斋,直隶(今河北)丰润人。同治九年(1870)中举,次年(1871)联捷进士,授编修。光绪元年(1875)擢侍讲学士,官至署都察院左副都御史、总理衙门大臣。中法战争时,奉旨会办福建海疆事宜,兼署船政大臣,以马江战败,遭褫职戍边处分。张佩纶一生与李鸿章有着非同一般的"交情",不仅两家有世谊,二人亦以私淑师生对待,后来更一变为翁婿关系。[1] 在其生前,曾三入李鸿章幕府:先是光绪五年至七年(1879—1881)丁母忧期间,为直隶总督李鸿章延入幕府,在天津参议海防事务。甲申(1884)马江之败后,遭遣流戍张家口,至光绪十四年(1888)戍边期满返津,复入李鸿章幕,并续弦娶李女经璹(小名菊耦)为妻。甲午战争期间,被劾"干预公事",旨令回原籍,遂迁居金陵。光绪二十七年(1901),即八国联军之役后,北上京师佐全权大臣李鸿章办理议和,是为第三度入李幕,也完成了他政治生涯的最后一幕。

由于张佩纶晚年无日记传世,我们对他生命中最末几年的事迹了解很少,而相关研究也多未能就此问题展开,或偶有论及,亦语焉不详。如沈云龙先生所言:"《涧于日记》止于乙未三年(1895年),以下无可考……其与鸿章意见不合,及以后未能大用,迄于没世。"[2]相比于张佩纶前两次入李鸿章

---

① 参看王维江:《张佩纶:悲情"清流"》,《史林》2008年第5期。
② 沈云龙:《张佩纶及其〈涧于日记〉》,《近代史料考释》,传记文学出版社,1986,第155页。

幕府的情形已多为人知,他在辛丑议约时期短暂复出的来龙去脉,迄今未充分廓清。据笔者不广的见闻,陈勇勤先生曾专门讨论"张佩纶离京回宁原因",可能是与本题关联度最高的一篇论文,而它也只是依据笔记材料做有限的推论。③ 最近上海图书馆历史文献研究所编《历史文献》陆续刊布了张佩纶的一批亲笔书札,总题《张佩纶致朱澒书札》④,对了解张氏晚年活动情况大有裨益,惜似未引起足够充分的重视。本文拟利用这批第一手史料,并结合清宫档案、李鸿章文集等材料,具体考察张佩纶参与辛丑议约的活动及其与李鸿章的关系,以冀丰富对于这段历史的理解。

一、 复出非由李鸿章主动奏请

张佩纶娶李鸿章爱女后,一直住天津直隶总督行署。至甲午战争爆发,遭人弹劾,清廷有旨:"革员张佩纶获咎甚重,乃于发遣释回后,又在李鸿章署中,干预公事,屡招物议,实属不安本分。着李鸿章即行驱令回籍,毋许逗留。"⑤随后,他并未回祖籍直隶丰润,而是偕妻子南下,定居金陵,在那里度过了晚年的岁月。辛丑年(1901)入京随办和约事宜,应该是他生命最后几年当中唯一一次复出。陈宝琛(1848—1935)为其撰墓志铭,曾经述及此节:

> 君生长吴越,爱南中山水,卜居金陵,筑屋著书,不与世人接。顾忧伤君国,往往中夜起立,或被酒泣下,寝以成疾。拳匪祸起,闻外兵犯阙,遽咯血升许。然独累电趣文忠勤王,为画和戎之策,日数千言。刘忠诚亦常使人就决疑事。上在西安念及君,称其心术端正,命以编修入

---

③ 陈勇勤:《张佩纶辛丑议约中离京回宁原因辨误》,《南京社会科学》1994 年第 12 期。
④ 这批信札由陈秉仁整理,连载于《张佩纶致朱澒书札》,《历史文献》第 13 辑,上海古籍出版社,2009,第 155—177 页;《张佩纶致朱澒书札(续)》,《历史文献》第 15 辑,上海古籍出版社,2011,第 182—220 页。总计有一百六十二通。
⑤ 参看张桂素:《〈李鸿章为已革侍讲学士张佩纶剖辨奏折〉浅析》,《历史档案》2002 年第 1 期。

都,随文忠治和约。⑥

张佩纶举家移居金陵后,与李鸿章暌违多年,但仍时有书函往来,互通声息。⑦ 陈夔龙(1857—1948)尝谓"学士自军台释回,一至北洋,旋作金陵寓公。饱经忧患,绝口不谈时事"⑧。"饱经忧患",诚为实情;"绝口不谈时事",则不尽然。庚子义和团事起,张佩纶对朝政时局不仅保持着关注,且有所建言。关于张佩纶北上契机的发端,今存在相异的说法。据上引陈宝琛的记述,乃先有"上在西安念及君",继而"命以入都",随同李鸿章办理和谈。《清史稿·张佩纶传》则说张佩纶之复出,系由李鸿章率先主动奏荐,即所谓"庚子议和,鸿章荐其谙交涉,诏以编修佐办和约"⑨。后来的相关史著,似多数沿用后说,并续有发挥,如谓李鸿章对张佩纶之建议"一一采纳,据以电奏朝廷,保荐张佩纶熟于交涉,可以充任他的随员"云云⑩。那么,事实究竟如何?

查清宫电寄档,光绪二十六年十二月二十日(1901年2月8日),西安行在军机处寄有电旨:

> 张佩纶虽经获咎,其心术尚属端正,办理交涉事宜是否熟谙? 当此用人之际,着李鸿章据实具奏。钦此。⑪

---

⑥ 陈宝琛:《张箦斋学士墓志铭》,钱仲联主编《广清碑传集》,苏州大学出版社,1999,第1083页。

⑦ 光绪二十五年(1899),李鸿章外放两广总督后,张佩纶在家事处理上似仍表现出性格执拗的特征,故李在私信中有"幼樵等不通世故,动辄怨人"之言。参见《致李经方》,光绪二十六年五月十三日,顾廷龙、戴逸主编:《李鸿章全集》第36册,安徽教育出版社,2008,第260页。

⑧ 陈夔龙:《梦蕉亭杂记》,山西古籍出版社,1996,第83页。

⑨ 赵尔巽等撰:《清史稿》卷四四四列传二三一,中华书局,1977,第41册,第12456页。

⑩ 欧阳跃峰:《人才荟萃——李鸿章幕府》,岳麓书社,2001,第121—122页。

⑪ 《军机处奉电旨着李鸿章据实奏明张佩纶是否熟谙交涉事宜》,光绪二十六年十二月二十日,中国第一历史档案馆编:《庚子事变清宫档案汇编》第9册,中国人民大学出版社,2003,第253页。

按此电旨先发上海，由中国电报局总办盛宣怀(1844—1916)转寄北京，交议和全权大臣李鸿章。盛宣怀在转发电内并有附言："闻出自慈意，因无人用，自可乘机切实奏保。"⑫

李鸿章接旨后，于十二月二十二日(2月10日)致电西安军机处：

> 奉号电旨谨悉。张佩纶前在闽省以船政木船当法国铁甲快船，宜其败绩。嗣在天津并未参谋戎幕，言者妄加诬陷，其获咎实有可原。谕旨称其心术尚属端正，仰见知人之明。臣以至戚未便保荐，今蒙垂询，该员曾在总署行走，交涉事宜，尚肯究心。现年逾五旬，阅历深稳，意气已平。若及时起用，不致蹈书生迂腐之习，或于时局稍有俾助。请代奏。李鸿章。养。⑬

复核目前可见此前李鸿章致西安行在相关电、奏各件，均未见有言及张佩纶者，再结合盛宣怀转电之附语，及李鸿章复电内"今蒙垂询"数语，基本可以判定李鸿章之奏请"及时起用"张佩纶，系属对于清廷旨询的一种顺应策略。按，光绪二十六、二十七年之交，列强单方面拟定《议和大纲》十二款，并就"重治首祸"一节向清政府施加极大压力。⑭值此西安、京师两地函电交驰、疲于应付之际，消息灵通的盛宣怀透露和谈"无人用"的窘境，确为实情，而起用张佩纶系"出自慈意"，恰与陈宝琛所说"上在西安念及君"相合，这里的"上"，应指掌握实权的慈禧太后。当时身为议和全权大臣、处在对外交涉第一线的李鸿章，对于干才兼爱婿的张佩纶重获起用、襄助和谈，当然是求之不得。

---

⑫ 《沪转行在号电旨》，光绪二十六年十二月二十二日午初到，《李鸿章全集》第27册，第562页。

⑬ 《李鸿章致军机处电》，光绪二十六年十二月二十二日，陈旭麓、顾廷龙、汪熙主编：《义和团运动——盛宣怀档案资料选辑之七》，上海人民出版社，2001，第528—529页。

⑭ 《全权大臣奕劻李鸿章电报》，光绪二十六年十一月初一日，国家档案局明清档案馆：《义和团档案史料》下册，中华书局，1959，第832页。

清廷准其所奏,十二月二十三日(2月11日),发下上谕:

> 张佩纶着赏给翰林院编修,随同李鸿章办理交涉事宜。钦此。⑮

二、 奉召后的最初反应

颁发上谕的同一日,西安军机处即寄电驻辖金陵之两江总督刘坤一,令将旨意传达张佩纶,并嘱:"希贵督传知该员迅即赴京可也。"⑯在北京的李鸿章也在奉旨后第一时间,即十二月二十四日(2月12日)通知张佩纶:"开年望即北来襄助。"⑰然而,在宦途上已经历过大起大伏的张佩纶,对北上一行似乎已失却了热情。其复李鸿章电称:

> 复奏感愧。漾旨赏编修,随公办交涉,翁婿例应回避,自夏徂冬,咳血未愈,交涉万紧,势难舆(愈)疾迅行,请收回恩命。恳公代奏。纶。敬。⑱

回电婉辞的外在理由,一则"翁婿例应回避",二则身体不佳。皆以私故,但均未被李鸿章所接受。后者仍坚持令张佩纶尽早北上,复电中谆谆劝诱:

> 敬电悉。内意似怜我老病,派来襄助,义不可却,时艰,交涉有何回避可言?未便代奏收回,北上迟早惟便。⑲

---

⑮ 《军机处奉电旨着赏张佩纶翰林院编修随同李鸿章办理交涉事宜》,光绪二十六年十二月二十三日,《庚子事变清宫档案汇编》第9册,第256页。

⑯ 《军机处为传知翰林院编修张佩纶迅即赴京事致两江总督刘坤一电》,光绪二十六年十二月二十三日,《庚子事变清宫档案汇编》第9册,第257页。

⑰ 《寄南京张学士》,光绪二十六年十二月二十四日未刻,《李鸿章全集》第27册,第567页。

⑱ 《南京张学士来电》,光绪二十六年十二月二十五日到,《李鸿章全集》第27册,第567页。

⑲ 《寄南京张学士》,光绪二十六年十二月二十五日巳刻,《李鸿章全集》第27册,第569页。

此后南北往复,几经电商,张佩纶迟迟未能动身北上。越年正月初二日(2月20日),李鸿章接张来电称:"岘代辞旨,毋庸回避。上紧医痊,迅赴京难。再渎,去何益?黼。"[20]"岘",两江总督刘坤一,字岘庄。据此,可知张佩纶曾通过刘坤一以回避例辞旨,而未获准。对于李鸿章,他仍以体病未痊为理由,延缓行程。当日,李鸿章致有复电:

> 前电奏有"阅历深稳,意气已平"八字,原冀再跻朝列,或有裨益,不谓忌者仍摈之外。来京多一谈客,亦可破寂。何日行,先电闻。[21]

"前电奏",指去年十二月二十二日电奏。此复电语气诚恳,颇见推心置腹之谈。其中言及起初奏请起用,原意在令张佩纶有机会赴西安行在任事,即所谓"再跻朝列",开启宦途新机,但没想到"忌者仍摈之外",获旨到京随同"办理交涉事宜",这也只能是退而求其次、聊胜于无的一个结果了。不过,张佩纶本人的"意气"似仍未平,而心存犹疑。事后,他曾向另一友人、军机大臣鹿传霖做有如下说明,也是对其后半生身世消沉的解释:

> 佩纶不愿随办交涉者,其故有三:以战败获咎,以议和起用,有乖素守,一也。昔以婿逐,今以婿随,始终目为之准婿,不能自立,二也。译署颇能争持,今须摧刚为柔,始能稍有赞助,徒损生平,无补时局,三也。
>
> 甲午之役,合肥以刘省三不出,环顾诸将无可属,约至密室,欲以侍督卫汝贵一军往驻平壤。非不欲慷慨请缨,一洗马江之耻,而政府既有嫌隙,合肥方蹈危疑,骤举败将,又是姻亲,必骇物听,遂力辞之。然傅相坚不许回里。端坐悒悒,卒因此招忌,盛宣怀及李□□,以五百金赂

⑳《张学士来电》,光绪二十七年正月初二日辰刻,《李鸿章全集》第28册,第11页。
㉑《复张学士》,光绪二十七年正月初二日辰刻,《李鸿章全集》第28册,第11页。

参驱逐,从此鄙人颓然自放,不复萌用世之想,诚以时势如江河日下,不可谈兵,决无雪耻图功之会也。②

又过了将近两个月,直到二月二十五日(4 月 13 日),由金陵迟迟北上的张佩纶,终于重返京师故地。㉓

三、 张佩纶书札所见之庚辛时局

有关庚子事变时期张佩纶之于时局的观察与建言的史料极少,故以往论者难述其详。《历史文献》披露张佩纶致亲戚朱潴(1859—?)㉔上百通书札,其中数通对庚辛之际清朝政局及张佩纶本人的活动有所反映,尽管篇幅有限,然吉光片羽,洵属珍贵。本节对这几通信的写作时间和背景略做考订。

《张佩纶致朱潴书札》编号第一二六通云:

> ……昨夕得傅相复电,西兵官、公使均无议约之权,已电各外部,请派全权,俟复到即北行,住津到都,亦须商定一地,以便开议。闻两宫到

---

② 张佩纶:《复鹿菼砚尚书》,《涧于集·书牍》卷六,《续修四库全书·集部·别集类》第 1566 册,上海古籍出版社,2002,总第 598 页。按"李□□"当为李经方。并参姜鸣:《张佩纶与李鸿章的关系》,《文汇报·文汇学人》2017 年 2 月 17 日。

㉓ 张佩纶到京后,通过李鸿章代奏谢恩折,内称:"伏念佩纶早蒙拔擢,未报涓埃,孤负生成,分甘沦弃。抚怨尤之丛集,愧湔祓之无从,何期疏遂之姓名,犹荷圣明之记忆。特除谪籍,仍点清班。自维梼昧,何济艰难,当国家多事之秋,念臣下致身之义,既不许以私嫌引避,更何容以久疾稽延。遵于二月十三日勉力北来,二十五日到京。此后遇有交涉事宜,当随同李鸿章认真办理,不敢少存诿谢,庶几稍答恩知。"参见《代奏张佩纶谢恩折》,光绪二十七年三月十四日,《李鸿章全集》第 16 册,第 263 页。

㉔ 朱潴,浙江仁和(今杭州)人,朱学勤次子,由贡监生报捐入仕,在顺天府地方办事多年,1891 年升江苏候补道,委办金陵下关掣验卡务、皖岸盐局。按张佩纶一生三娶,初配著名藏书家朱学勤之女(芷芗),继配闽浙总督边宝泉之女(粹玉),再娶李鸿章之女(经璹,小名菊藕)。故张佩纶与朱潴系有郎舅关系,古谚云"至亲莫如郎舅",可以说两者关系非常亲近。这一批书札亦多涉及朱学勤结一庐藏书的流转去向。

易小住，车仅四十两（辆），已电廷护督代奏云云。即转达并细问潜儿行辕布置，皆北行事宜。傅相焦劳万状，寝馈俱忘，既虑洋将贪功，轻骑追驾，又恐荣相下狱，和议中变，内外无一把鼻，真大难事。八十老翁，亦深防其不支也，如何如何？杨运司电，潜儿带来，有赵展如已到此语。驾在易，而赵到保，行在枢臣何以不随跸行，殊不可解，岂赵乃私行耶？是留庆、留端两说，不知谁是。确闻董军廿一尚在都城外拒敌，今则不知何往矣，能不随驾方妙。㉕

据文意，此札应作于七月下旬联军入京后不久。李鸿章在两广总督任上奉召，继调任直隶总督兼北洋大臣，六月二十五日（7月21日）抵上海，随后滞留观望，迟迟未晋京。七月十三日（8月7日），清廷旨授李鸿章为议和全权大臣。李在上海连续寄电驻外公使，商请外国"即行停战，会议善后"㉖。但停战呼吁反响寥寥。函内所引"李复电"所言外国公使、军官以"均无议约之权"为由拒绝和谈，正体现各国兵临城下、不肯轻易就范的情状。七月二十一日（8月15日）晨，八国联军攻入北京，慈禧太后偕光绪帝仓促西逃。外界与中枢的联络暂时中断，当时消息皆得自传闻，"两宫到易（州）小住"一说，不确。"廷护督"，廷雍（1853—1900），直隶布政使，于李鸿章到任前护理直隶总督。李鸿章在北上前，与廷雍就宫廷去向、直隶"剿匪"等事多有电报往来。㉗

"潜儿"，张志潜（1879—？），张佩纶次子，字仲昭，为丁宝桢女婿，时为招商局董事，住在上海。张佩纶除与李鸿章有函电往来外，还通过其儿子了解李在上海"行辕"的动态。据札中之言，李鸿章忧虑有内外两事：一则"洋将

㉕ 陈秉仁整理：《张佩纶致朱潜书札（续）》，《历史文献》第15辑，第210页。

㉖ 《寄伦敦罗使日本李使》《寄伦敦罗使》，光绪二十六年七月二十五日、二十七日，《李鸿章全集》第27册，第207、213页。

㉗ 参看《廷雍存抄李鸿章刘坤一为议和事来电（计三件）》《廷雍为议和事致李鸿章刘坤一去电汇抄（计四件）》，中国第一历史档案馆编辑部编《义和团档案史料续编》上册，中华书局，1990，第753—755页；《复廷护直督》，光绪二十六年七月二十日、八月初二日、初四日，《李鸿章全集》第27册，第210、228、234页。

贪功,轻骑追驾",指联军由直入晋,继续西进,可能威胁到宫廷安全;二则"荣相下狱,和议中变",指大学士、军机大臣荣禄(1836—1903)所部武卫军曾经围攻东交民巷使馆,战后列强拒绝接纳其为议和代表,并有指其为"祸首"的呼声。李鸿章深虑荣禄因此获罪,导致中枢权力失衡。在他看来,荣禄是当时能够在中枢制衡"拳党"、使战后和谈顺利推进的重要力量。八月十七日(9月10日)他致电尚在保定的荣禄:

> 慰廷来电,接十二日尊函,谓内廷无人主持,赞襄必多掣肘,拟由获鹿赴晋,深佩荩筹周密。但前据日本来电奏请添派,公即奉旨,尽可以各国谓围攻使馆有甘军在内为词,恐设嫌疑,自请暂留行在。盖各国既将其所以愤恨之故大声叫破,是旋乾转坤,仍在圣明内断于心。如深宫默念倾危宗社是谁所为,即办谁之罪,或议亲议贵,分别轻重,则开议后亦有词可措。鸿不能趋行在面陈,又非奏牍所能尽言,读公五月三十日寄各督抚公电,痛哭流涕,忠贯金石,辅翊两宫,再造社稷,仍不能不仰望于公。务请速赴行在,披沥独对,以冀挽回圣听,国脉存亡,实系乎此!并乞随时电示,庶使开议稍有把握。㉘

在"内廷无人主持、赞襄必多掣肘"一层上,李、荣实有共鸣,这也就是张佩纶所谓"内外无一把鼻(柄)"之具体所指。又,"杨运司",杨宗濂(1832—1905),时为长芦盐运使;"赵展如",赵舒翘(1847—1901),字展如,刑部尚书

㉘《李中堂寄荣中堂电》,光绪二十六年八月十七日,《愚斋存稿》卷四十一,沈云龙主编《近代中国史料丛刊续编》第13辑,文海出版社,1975,总第946—947页。按"慰廷",山东巡抚袁世凯。"十二日尊函",指八月十二日荣禄发自保定函,内有"傅相添派自无辞理,但内里无人主持赞襄,掣肘堪虑,拟先至获鹿小住布置,即赴太原"之语,交袁世凯电寄上海。往来电文见《东抚袁来电》,光绪二十六年八月十六日到,《李鸿章全集》第27册,第277页;《复东抚袁慰帅》,光绪二十六年八月十六日午刻,《李鸿章全集》第27册,第279页。后李鸿章以外国拒绝接待为由,奏请行在召回荣禄。清廷旨令"荣禄前来行在,入值办事"。参见《军机处寄直隶总督李鸿章等上谕》,光绪二十六年闰八月十三日,《义和团档案史料》下册,第678页。至九月二十日,荣禄抵达西安,入值军机处。

兼总理衙门大臣；"董军"，董福祥（1840—1908）所部甘军。时局混乱之下，张佩纶对于临危受命之李鸿章深有同情，唯恐"八十老翁"力有不支，又担心政治情势进一步恶化，极留意亲拳之赵舒翘及董军是否随扈，留守王大臣之人选究为庆王奕劻（1838—1917），抑或端王载漪（1856—1922）。此均体现对于议和前景的关心。总体而言，张佩纶持论悲观，然出于公谊私情，对身处困局之中的李鸿章施以襄助，仍属义不容辞：

> 顾八十高年，与十一国使臣斗智，而又环之以数万甲兵，衰病颓唐，精神岂能无疏忽？恃公谊私情，但有所见，自当就遗漏之处竭诚补救，强谏不纳，出以婉词，而使傅相曲从，易使洋人就范。㉙

《张佩纶致书札》第一二七通云：

> 闻庆邸已留[今早有人送来]，何傅相犹未知耶？事本极难，然都城已不守，而祈请使犹装怀于沪上，恐外人亦必齿冷矣。潜儿京口书云，晤季皋，有月杪月初必北上之说[送母回扬]。季当随行也。㉚

"庆邸"，即庆亲王奕劻（1838—1917），联军入京后，追随宫廷出逃。八月初

㉙ 据张佩纶当时所见："合肥左右由粤到沪，实无一正人。……刘学询在沪临行畏险脱卸，与王存善均未入都。随员中有三杨，一杨崇伊，一杨文骏，一杨士骧。崇伊志在迁官；文骏志在开复，借救济会为名，兼图渔利，去岁封河前均已回沪；士骧仅司缮奏，似不长于洋务。究竟左右用事何人，亦不详悉见。闻调周藩司馥，徐太仆寿朋入都随办款约。周是淮人，傅相凤所赏识，心思尚细密，徐亦旧幕，人却颟顸。论其心术，周近张翼，姻家颇望开府，不至作奸，徐则理路不清，操守难信，同役未必同心，正不敢保耳。……惟此次屈己求和，视城下之盟尤耻，所亏必巨，决难惬心。傅相受两宫恩眷，谤满天下，尚能共谅。佩纶则废人复起，何难索垢求瘢，事定后，不以为始终改节，附和私姻，即以为战则败绩，和则受亏，忌者方据要津，尔时积毁销骨，即鄙人亦何颜自辩？"参见《复鹿菇砚尚书》，《涧于集·书牍》卷六，《续修四库全书·集部·别集类》第1566册，总第598—599页。
㉚ 陈秉仁整理：《张佩纶致朱潜书札（续）》，《历史文献》第15辑，第210页。

三日(8月27日)奉旨："着奕劻即日驰回京城,便宜行事,毋庸再赴行在。"㉛初十日(9月3日),在英、日军队迎护下由怀来返京。㉜"季皋",李经迈(1876—1938),字季皋,一字季高,李鸿章次子,时在沪随侍其父左右。李鸿章于八月二十一日(9月14日)由上海启程,航海北上,二十六日(9月19日)抵大沽,闰八月十八日(10月11日)入京,寓贤良寺,李经迈亦随行。㉝

书札第一二八通云:

> 别后悃悃,初拟节后即行,傅相谓可少缓。廿后复电,而相躬不适。廿五出门答客,过尊居小坐,犹觉头眩。廿八后感风温,七日始退热。今日始答艺棠方伯,并诣岘帅,述及廷尉交情夔相痕迹,于弟颇有许可语,纯是应酬耳。西图极思作一诗,奈竟不能如愿,拟日内即行,止能将图暂缴。俄约过吃亏,各国不许画押,江、鄂主英、日,傅相主俄。都中则鹿主江、鄂,王主李,荣欲李挡利害,恐此事即是波澜。岘帅颇愿鄙人弥缝,力薄权轻,何能副时望也?……[初十本拟起程,以艺翁云昭为月令将军占尽,改为今日,而小孩作热未退,兹又改为十三,竟未知如何耳,闷闷。]㉞

按"节后",当指辛丑年春节(1901年2月19日)后。前引正月初二李鸿章收张佩纶来电"上紧医痊,迅赴京难"云云,正与札内"少缓"行程诸节符合。"艺棠方伯",恩寿(?—1911),字艺棠,时为江苏布政使,故称"方伯";"夔相",军机大臣王文韶(1830—1908),字夔石。函中言及,张佩纶由刘坤一处

㉛《军机处寄庆亲王奕劻等上谕》,光绪二十六年八月初三日,《义和团档案史料》上册,第513页。

㉜《庆亲王奕劻折》,光绪二十六年八月十三日,《义和团档案史料》上册,第550页。

㉝ 雷禄庆编:《李鸿章年谱》,台湾商务印书馆,1977,第629—631页。

㉞ 陈秉仁整理:《张佩纶致朱潘书札(续)》,《历史文献》第15辑,第211页。按原断句为"都中则鹿主江、鄂,王主李,荣,欲李挡利害",误,照文意改。

获知,时在中枢的王文韶对其复出颇有"许可"之意。

　　"俄约"事,指中俄两国之间展开的东三省交收谈判。事变期间,俄国趁机出兵东北,军事占领东三省。先是光绪二十六年十二月三十日(1901 年 2 月 18 日),向清朝提出条约草案十二款,名曰"交还",实际欲将军事占领长期化,并侵"兵权、利权,以图自便";在中方抗议及国际压力下,次年正月二十二日(3 月 12 日)提出条约修正案,并限十五天之内必须画押。⑤ 当时清朝内部对于是否同意俄约意见不一:湖广总督张之洞、两江总督刘坤一相信国际干预的效力,尤其对英国、日本等国寄望甚殷,倾向于拒绝;作为议和全权大臣的李鸿章则反之,倾向于签约,认为英、日在关键时刻不会施之援手,更何况此时北京的议和谈判陷于困局,不愿也不敢开罪俄国。此即"江、鄂主英、日,傅相主俄"实指所在。⑥ 双方严重分歧,达到水火不容的程度,这背后不免有外国力量的作用,有学者甚至认为:"当时在中国外交上已形成一奇特现象,张之洞、刘坤一已成为英、日意见的代言人。"⑦而西安行在

---

⑤ 《电李鸿章、奕劻》,光绪二十六年十二月三十日、光绪二十七年正月二十三日,中国社会科学院近代史资料编辑组编:《杨儒庚辛存稿》,中国社会科学出版社,1980,第 72—74、83—84 页。

⑥ 辛丑正月二十日孙宝瑄记:"薄午,访盛京卿。谈及东三省密约云:列强啧有烦言,以为如许俄,则我诸国皆欲效尤。而俄人坚持谓不尽诺,则不退兵。……合肥以为各国不可信,而俄人可信,乃请政府许俄。东南刘、张二督,闻之力争,谓俄约当废,否则立致瓜分。合肥不谓然,曰:此二公皆中英、日之毒者也。"参见孙宝瑄:《忘山庐日记》上册,上海古籍出版社,1983,第 309—310 页。不止于俄约谈判一端,庚辛交涉之际,作为"全权大臣"的李鸿章与负有"会商"之责的东南二督刘坤一、张之洞,在诸多问题上意见不一,以致冲突,当时李鸿章之女、张佩纶之妻李经璹(菊耦)致其父私函亦谈论及此:"敌兵踞京开讲,口众我寡,吃亏自不待言。而香(张之洞号香涛)、杏(盛宣怀字杏荪)均有微词,最奇者香密电都,不知作何议论,内密询张,欲商各国移沪议约,令刘、张、盛与之面议,必可挽回,抑似各国可任意指挥者。香、杏密商,以有碍全权电复行在,若辈明知事甚棘手,即竭其才智,岂能办出好处?无非巧为播弄,以见其心思精密,高出全权之上,落得置身事外,以大言结主,知收清议而已。……并闻大人电内有讥香语,杏即电鄂,香甚惧,以后乞留意。香、杏交甚密,小人最不宜结怨耳。"(《李经璹致李鸿章》,光绪二十六年十一月二十九日,上海图书馆编:《张佩纶家藏信札》第 3 册,上海人民出版社,2017,第 1288—1290 页)此函当然是倒向李鸿章的立场,但批评张之洞辈"置身事外""以大言结主",确能体现李、张因位置差异而导致的发言偏向,另透露盛宣怀与二者私交的变化,也很能反映人际关系作用于晚清内政外交之一斑。

⑦ 李国祁:《张之洞的外交政策》,第 321 页。

能做的,也只是用模糊的"折衷一是、勿得两歧"之旨居间调停:

> 李鸿章误以为画约为刘坤一、张之洞所阻,至有江、鄂为日人所愚
> 之言。刘坤一、张之洞又以李鸿章为偏执己见,亦有全权为俄人所愚之
> 言。彼此积疑,负气争论,究于国事何补? 国步至此,同心勠力犹惧不
> 济,何忍自相水火,贻忧君父,见笑外人? 平心而论,李鸿章身处其难,
> 原多委曲,然时有不受商量之失。刘坤一、张之洞虑事固深,而发言太
> 易,亦未免责人无已。㊳

时在西安行在当值军机处的三位大臣,分别为荣禄、王文韶和鹿传霖
(1836—1910),荣禄为领班大臣。辛丑议约之际,凡军机处发北京及地方电
信,署名顺序为荣、王、鹿。某军机章京对当时情形有形象的描述:

> 三大臣上朝,先由一太监手捧一圆盘,上盖黄绫,引三大臣前进,王
> 中堂先行,荣中堂第二,鹿尚书第三。……人谓每召见,总是荣中堂一
> 人说话,王中堂本重听,鹿中堂近来亦甚重听,全恃荣中堂在军机处宣
> 示,而鹿尚书多请教于荣幕樊云门,否则莫知底蕴也。㊴

据张佩纶观察:"鹿主江、鄂,王主李,荣欲李挡利害。"按鹿传霖(1836—
1910)为娶张之洞三姐为妻,为姻亲关系。鹿入军机后,常与湖北通声气。
张之洞与李鸿章因俄约发生矛盾,也向鹿抱怨:"鄂每次电奏,皆电庆、李、
刘,因合肥从来不商,但电奏后转知。昨见合肥电有'定约画押'之语,万分

㊳《奉电旨东三省之事着庆亲王奕劻等合衷筹商商务臻妥善》,光绪二十七年六月十四日,《庚子
事变清宫档案汇编》第 10 册,第 620—621 页。

㊴ 王彦威:《西巡大事记》卷首,外交史料编纂处,民国二十二年(1933)刊本,第 34 页。按"樊
云门",樊增祥。王闿运日记光绪二十八年九月二十四日条:"樊增祥在行在私事滋轩,同人
呼为孟浩然,取夜归鹿门谑之。"吴容甫点校:《湘绮楼日记》第 4 卷,岳麓书社,1997,第 2494
页。

焦急,故请电旨饬下全权,并请枢廷电告之也。"㊵诚如黄濬所言:"鹿与文襄有姻连,故当时南皮、定兴,实为一气也。"㊶张佩纶还受到刘坤一的嘱托,北上后行"居间弥缝"之责。不过,他也有自知之明,中枢政治关系极复杂,非外臣所能解纷,故自谓"力薄权轻,何能副时望也"。

至二月初七日(3月26日),即最后期限的当日,驻俄公使杨儒(?—1902)收到清廷初五日发出的电旨:"着杨儒婉告俄外部,中国为各国所迫情形,非展限改妥无碍公约,不敢遽行画押,请格外见谅。"㊷杨儒据此拒签俄约。直到本年六月,双方重启谈判。但不久后李鸿章在京病故,中俄谈判暂告中辍。

四、 离京回宁的真实原因

辛丑二月二十七日(4月15日),即张佩纶到京两天后,李鸿章寄电西安行在军机处称:

> 编修张佩纶因病耽搁,现于二十五日抵京,遇有交涉事宜随同办理。请代奏。李。沁。㊸

至六月初三日(7月18日),李鸿章电告盛宣怀,谓"幼樵昨已假归,过沪时乞饬局速为搭船,并加照拂"㊹。如此算来,张佩纶此行在北京停留的时间,大约不过三个月。千呼万唤,始肯出山,而在京住不多时,又匆匆告假

㊵《致西安鹿尚书》,光绪二十六年十一月十一日亥刻发,苑书义、孙华峰、李秉新主编:《张之洞全集》第10册,河北人民出版社,1998,第8474页。

㊶ 黄濬:《花随人圣盦摭忆》,上海古籍书店,1983年影印本,第295页。

㊷《盛宣怀电》,光绪二十七年二月初七日,《杨儒庚辛存稿》,第97页。

㊸《寄西安行在军机处》,光绪二十七年二月二十七日,《李鸿章全集》第28册,第138—139页。《直隶总督李鸿章为编修张佩纶现已抵京遇有交涉事宜随同办理事电》(二月二十八日缮递),《庚子事变清宫档案汇编》第10册,第450页。

㊹《寄盛宗丞》,光绪二十七年六月初三日,《李鸿章全集》第28册,第344页。

而归,这是为何? 此前学界谈论张佩纶离京回宁的原因,多认为出于他与李鸿章在外交问题上的矛盾。如陈旭麓先生主编《中国近代史词典》中"张佩纶"条,有谓"因在对俄态度上与李意见不合,旋回南京,遂称病不出"[45]。姜鸣写张佩纶的一篇很有名的文章也持相似论点,认为"在处理交涉事务中,二人观点不同,张佩纶遂乞假归去,从此不再复出"[46]。追溯史源,这一说法其来有自。更早的出处应该就是陈宝琛撰《张篑斋学士墓志铭》,其中说道:

> 政务处立,当事欲畀君参议。君既以俄约与文忠龃龉,时论变法又不合素恉,而朝野上下泄沓如故,日以悲愤,遽投劾去。比和议成,懿旨以四五品京堂用,固辞不许,遂称疾不出。[47]

陈勇勤对此说尝有所怀疑,指出"根本就不存在所谓张、李对外态度的冲突最终导致二人绝交这回事",用张佩纶返宁来说明李鸿章的对俄外交搞得众叛亲离,明显是想当然之论,至于真正的原因,"完全是因为他对督办政务处有关人事安排的反感心态所致"[48]。其出示的主要证据,为陈夔龙《梦蕉亭杂记》里的一段记述:

> 朝廷议行宪政,行在政府奏设政务处,派某某充提调,某某充总会办,学士亦在奏派中。电信传来,文忠喜甚,谓可徐图大用。学士怫然不悦。时仁和王文勤、善化瞿文慎均直军机,充政务处大臣。于君晦若(式枚)、孙君慕韩(宝琦),并在会办之列。学士拟就辞差电稿,嘱余代达荣文忠公,稿中有句云"某亦曾近侍三天,忝居九列,岂能俯首王、瞿,

---

[45] 陈旭麓主编:《中国近代史词典》,上海辞书出版社,1982,第406页。

[46] 姜鸣:《清流·淮戚——关于张佩纶二三事》,载氏著《天公不语对枯棋:晚清的政局和人物》,生活·读书·新知三联书店,2006,第92页。

[47] 陈宝琛:《张篑斋学士墓志铭》,《广清碑传集》,第1083—1084页。

[48] 陈勇勤:《张佩纶辛丑议约中离京回宁原因辨误》,《南京社会科学》1994年第12期,第5—6页。

比肩于、孙"等语。笔锋犀利,咄咄逼人,犹是当日讲筵气概。和局未经
签字,学士已请假回宁。⑭

陈夔龙原任顺天府丞,自庚子五月十七日(6月13日)起,署理顺天府
尹。⑳ 七月,署太仆寺卿。八国联军入京时,他未随扈出逃。㉑ 八月,被钦派
为八位留京办事大臣之一。㉒ 当年在京中,他与张佩纶多有往来,据其事后
回忆:

> 庚子两宫西狩,李文忠公入京议款,特约学士(张佩纶)入幕。时余
> 以府尹充留京办事大臣,襄办和议,与学士哲嗣仲昭,同为平远丁氏婿。
> 学士行辈居长,讵晤余时,即谓与余先后出兰轩师门下。同门之义甚
> 古,琐琐姻娅不足计也。学士天资英挺,自经迁谪,学养愈复深邃,与余
> 倾盖如故。㉓

按陈、张同出于"兰轩师"㉔即张清华门下,陈与张志潜(字仲昭,张佩纶次
子)又为连襟。辛丑年两人见于京师,"倾盖如故"而有"贤良寺内挑灯煮茗"
之雅。因为这几层关系,陈对张为人了解很深,所谈自然非为无根。这里补

---

⑭ 陈夔龙:《梦蕉亭杂记》,第83—84页。

⑳ 中国第一历史档案馆编:《光绪宣统两朝上谕档》第27册,广西师范大学出版社,1996,第
265页。

㉑ 《太仆寺卿陈夔龙等奏陈道路梗阻未能随扈折》,光绪二十六年八月初七日,《庚子事变清宫
档案汇编》第7册,第65页。

㉒ 《军机处寄大学士崑冈等上谕》,光绪二十六年八月初三日,《义和团档案史料》上册,第
514页。

㉓ 陈夔龙:《梦蕉亭杂记》,第83页。"仲昭",张志潜,字仲昭。

㉔ 按张清华,字兰轩,广东番禺人,同治四年进士,授编修,同治九年(1870)顺天乡试考官,光
绪元年(1875)贵州乡试副考官。据陈夔龙自述:"丰润张幼樵学士,庚午乡试中式,出番禺
张兰轩师之房。乙亥,兰轩师典试黔中,余获售,与学士为前后同门。丙子入京会试,曾见
于上斜街番禺会馆兰轩师邸,匆匆未交谈。丁丑春,师病没密云,学士往吊,并撰挽联……
措词极其哀痛,余心折之。"见《梦蕉亭杂记》,第83页。

充出于张佩纶本人的材料,以便两相对照。《张佩纶致朱潊书札》第一二九
通云:

> ……政务处既欲变法,而所用全非人望。令表弟为夔所引,慰亭迎
> 合保荐,召对后候旨录用,意气飞扬。……政务处,兄在拟中,闻欲别立
> 名目,不侪诸人之列。然侍郎云当差,五品卿曰为差委,兄将置之何地?
> 且上七下十,即以兄为大臣,亦不过随行逐队而已,况未必大臣耶? 已
> 设法力辞,冀可摆脱。行在已发号施令,都中三督办徒拥虚名。庆邸甚
> 悃,傅相明知是借作门面,付之一笑。惟崑小峰则犹望回跸发挥耳。
> [朱古薇云,行在只派陈瑶圃、樊云门作提调,亦无明文,与前电派者又
> 小异。云门甚用事,屠聋即所引。政务处有三聋,须大故挝之。]⑤

按清政府宣布设立"督办政务处",时在辛丑三月初三日(1901 年 4 月 21
日)。这一新机构作为"专责成而挈纲领"的新政"统汇之区","派庆亲王奕
劻,大学士李鸿章、荣禄、崑冈、王文韶,户部尚书鹿传霖为督办政务大臣,刘
坤一、张之洞亦着遥为参预",要求各政务大臣"于一切因革事宜,务当和衷
商榷,悉心平议,次第奏闻。俟朕上禀慈谟,随时更定,俟回銮后切实颁
行"。⑥ 关于大臣以下提调人员的最初派定情况,可见军机处在四月初致李
鸿章的一通电报:

> 变法一诏已奉旨派办政务处,禄等叨陪末座,诸赖教益。查中外各
> 官条奏到者甚多,日久积存,愈难清理,自应奏派妥员,随时拟议,分别

---

⑤ 陈秉仁整理:《张佩纶致朱潊书札(续)》,《历史文献》第 15 辑,第 211—212 页。"夔",军机
大臣王文韶;"慰亭",山东巡抚袁世凯;"崑小峰",大学士崑冈;"朱古薇",朱祖谋(1857—
1931),侍读学士;"陈瑶圃",陈邦瑞(1855—?),军机章京;"樊云门",樊增祥(1846—1931),
时以皖北兵备道留"行在"办事,荣禄幕僚。
⑥《上谕》,光绪二十七年三月初三日,《义和团档案史料》下册,第 1049 页。

弃取，以备汇齐，酌定请旨施行。昨已奏请钦颁关防，因思在京如张佩纶、于式枚均请派入，以资襄助。行在则拟派樊增祥、徐世昌、孙宝琦及军机处章京陈邦瑞、郭曾炘。此外尊意中尚有通才可派者，祈酌定电示，以便会衔具奏，望即电复。禄、韶、霖。东。⑤

接此电报后次日，奕劻、李鸿章联名回电，表明：

> 奉东电，以派办政务处襄助需人，除拟派行在各员外，在京之张佩纶、于式枚均拟派入。该二员才识俱优，堪备顾问。崑拟派御史陈璧一员，庆拟俟回銮后再行酌派。条奏到者虽多，而谋定后动，俟汇齐斟酌，复奏尚须时日，希卓裁。庆、李。⑧

以上奕劻、李鸿章、崑冈三位在京中的督办政务大臣提名的"襄助"人选，实际有着各自引用私人的意味。前揭张佩纶书札内所言"行在已发号施令，都中三督办徒拥虚名"，即指行在军机处荣禄等人先已自行提名，再令庆、李、崑于此名单外"酌定"，实有自说自话、先斩后奏的意味，当然引起后者的不满。至于张佩纶本人，尽管在所拟人选名单之中，但他亦自知地位尴尬，难有实际作为。陈勇勤注意到，同样为李鸿章幕僚的于式枚（1853—1916）和孙宝琦（1867—1931），一为御史，一为直隶候补道，官衔均不高，而张佩纶一度官至总理衙门大臣，"生性自负"加上不俗的资历，"显然就决定了其不甘心与于、孙二人平起平坐"。从其致朱潽书札来看，张佩纶对督办政务处用人大肆抨击，以为"所用全非人望"，他的主要考虑倒还不在与于、孙诸人争

---

⑤ 《盛宗丞转荣相等来电》，光绪二十七年四月初二日到，《李鸿章全集》第28册，第205页。电末署名"禄"，荣禄；"韶"，王文韶；"霖"，鹿传霖。

⑧ 《复西安行在军机处》，光绪二十七年四月初三日辰刻，《李鸿章全集》第28册，第209页。按奕劻随即也指定了人选，见同日《寄西安行在军机处》："庆本拟回銮后商派，因各堂业经派人，即须汇奏，拟派徐寿朋，仍希卓裁。"（《李鸿章全集》第28册，第207页）

胜,而是自身在政务处行政序列当中的等级与名分。虽然他听说李鸿章有"别立名目"的打算,使之区别于普通提调人员,但还是对个人前途不抱乐观态度。所谓"上七下十",指上有督办政务七大臣,下有十余名提调,夹处中间,势必无能为力,故抱怨:"即以兄为大臣,亦不过随行逐队而已,况未必大臣耶?"经过如此严厉的一番自我审视与逼问,其做出的决定就是"设法力辞,冀可摆脱"。此外,张佩纶倦于宦场的一个潜在或更深层的原因,还在于他对清朝新政的前景本无信心可言。在致朱潜书札中的一番话,包蕴了一种深刻的无奈:

> ……都城善后工程,木厂钻谋如故,回銮供张,官员钻谋又如故,承平景象,可云骤复。以此观之,心术不变,习气不变,徒变法无益也。⑨

五、 结语

辛丑六月初,张佩纶离京返宁。在北京的这短短三个月中,他作为"随同李鸿章办理交涉事宜",究竟有何作为呢? 笔者幸运地从清宫档案中检出奕劻、李鸿章联署的一通奏片,恰好对张佩纶在京活动有所反映。文录下:

> 再,和议大纲第十一款,凡通商行船条约以及关乎通商各项事宜,各国以修改为有益者,在中国认与商议更改,等语。虽经臣等辩驳,必须彼此有益,始认更改,而有益于彼者,必有损于此。求为华洋俱益,深恐未易办到。迭奉电谕饬令盛宣怀来京会办,该宗丞既未能速来,而商筹国计实不仅在上海一隅,必当先事绸缪,临时议约,始可徐图抵制。张佩纶随办交涉,倏已三月有余,于赔款出入,时以上下交困为虑,颇有见地,赫德甚重其语,至其才优品洁,即臣奕劻亦深器之。拟令驰赴江

---

⑨ 陈秉仁整理:《张佩纶致朱潜书札(续)》,《历史文献》第15辑,第212页。

南一带,将税课盈虚、商情疲旺,逐处咨访考核,以备采择。且新政尤重理财,于东南商民生计了然胸中,亦足为变法之一助。除饬该编修即日航海南行外,理合附陈,伏乞圣鉴。谨奏。⑥

此奏片未具日期,但奉有光绪二十七年六月十九日(1901年8月3日)朱批:"知道了。"据正常奏批程序推算,入奏时间应该就在张佩纶离京前后。由奏片反映,张佩纶在京襄助和谈的具体工作,主要围绕赔款问题展开,总税务司赫德(Robert Hart,1835—1911)"甚重其语,至属才优品洁",全权大臣奕劻亦"深器之",评价似均颇不俗。⑥ 而趁张佩纶南下返宁之际,派给"赴江南访核税课商请"的差使,应该是李鸿章的主意。既然见留不住,就顺水推舟,名义是为将来在上海进行的中外商约谈判提前准备,实际上也是向朝廷提供一个有关张佩纶南归原因的貌似合理的解释。

张佩纶在《辛丑条约》谈判过程中间出力,事后清廷论功行赏,也有他的一份。⑥ 当年十月二十八日(12月8日),慈禧太后发下懿旨:

---

⑥ 《庆亲王臣奕劻等奏请饬令张佩纶赴江南访核税课商请以备采择片》(未具日期),《庚子事变清宫档案汇编》第5册,第1944页。

⑥ 张佩纶书札中亦谈及赔款谈判:"赔款四百五十兆,息四厘,分年多则力稍纾而银数增,分年少则数稍减而财力挤。德使所送之表分四十四年,其意以旧债新债合算,共四十二兆,欲旧债减时匀入新债,总不逾此数,俾中国不过窘乏。江、鄂改为还廿二兆,则前四年还本四兆,利自可省。其实此间已连作五表,各使均不肯允。江、鄂经枢转数又不符,见又另创一表,较德使表可略省。实则所争皆毫末,即此十八兆,中国欲另筹十八兆之款以供国用亦不易矣。"陈秉仁整理:《张佩纶致朱潽书札(续)》,《历史文献》第15辑,第211—212页。

⑥ 查李鸿章曾专门入奏,为之请奖,奏曰:"再,前翰林院侍讲学士张佩纶上年奉旨赏给编修,随同办理交涉事宜,辨难折衷,诸多襄助,和议既定,奏派前赴江南一带考核商务情形。近因患病请假,呈请代奏销差。伏查张佩纶前官侍从,以直言极谏,早荷特达之知,由庶子超权宪垣,兼筦译署。旋赏三品衔,会办福建军务,马江之役,以船政局木质轮船当西洋铁甲兵舰,固宜不敌,虽蒙失律之咎,论者以为可原。罢官十余年闭户读书,不预外事,阅历深,气平,而年力未衰,正堪驱策。朝廷起之废籍,试以要差,前蒙谕旨垂询,称其心术端正,仰见知人之哲,不弃沉沦。现值和约告成,在事各员均拟一律邀恩,张佩纶自以旧列大臣坚辞奖叙。窃念时事方艰,人材难得,该员品学、识见久在圣明洞鉴之中此中外需材,可否量与恩泽,俾得及时自效于时局,深有裨益。理合附片陈明,伏乞圣鉴训示,谨奏。"《附奏随办议约之张佩纶请量与恩施由》,光绪二十七年十月二十二日,总理各国事务衙门清档,"中央研究院"近代史研究所藏,档号:01-14-005-01-048。

奕劻等奏，酌保随办议约人员，开单恳请奖励各折片。现在和局已定，在事出力各员，或随同议约，或办理交涉，均属著有劳勋，自应量予奖励。……翰林院编修张佩纶，着以四、五品京堂补用。[63]

然而张佩纶坚辞不受，甚而通过庆亲王奕劻呈请收回成命。十二月十六日(1月25日)军机处交片："军机大臣面奉谕旨：毋庸固辞。相应传知贵亲王转传该员钦遵可也。"[64]

当年《辛丑条约》签订后不久，李鸿章因心力交瘁，病死于京师贤良寺。至此张佩纶已经无心复出。他生命中的最后几年，是在金陵度过的。光绪二十九年正月七日(1903年2月4日)，因肝疾病逝，享年五十六岁。张佩纶的侄子、时任河南巡抚的张人骏(1846—1927)听闻这一消息后，念及其六叔政治生涯之坎坷顿挫，在日记中颇抒发了一通感慨：

接子涵电，六叔竟于初七寅时逝世，得信后悲痛集胸郁闷。……六叔自甲申为闽人所谗，坐废十余年，上年特恩起用，以为尚可收效桑榆，而竟止于是耶！自□□年乱时迁居金陵，杜门不出。心窃忧之，屡劝其游观山水，以舒郁勃之气，迄未见。今竟赍志以殁，何天之厄其遇者至于此，极诚难索解矣。[65]

近世史家瞿兑之(1894—1973)论及光宣朝政局，尝说过这样一段话：

张佩纶本为光绪初年清流领袖，作直喜大言，尝屡劾鸿章，而晚年反附鸿章为门婿，翁婿交相称誉。辛丑和议，且随鸿章为幕客。是清流

---

[63]《着奖励联芳等议约各员事上谕》，光绪二十七年十月二十八日，中国第一历史档案馆编辑部编：《义和团档案史料续编》下册，中华书局，1990，第1234页。

[64]《交庆亲王奕》，光绪二十七年十二月十六日，《光绪宣统两朝上谕档》第27册，第265页。

[65]《张人骏日记》，光绪二十九年正月初八日条，张守中编：《张人骏家书日记》，中国文史出版社，1993，149—150页。

与洋务二党有兼之者矣。盖清流多疏于才,而佩纶以经世才自负,故与鸿章合,又鸿章亦欲收人望也。⑯

因中法之役中马江一败,张佩纶的仕宦生涯由顶峰急遽掉落,遂转入沉寂,尽管其后曾经几度短暂复出,然作为"前清流"的思想底色已显得苍白,他本人与这个愈变愈亟的时代的主流渐行渐远。张佩纶自负有"经世才",而李鸿章长期以来也对他多有特别的眷顾。⑰ 只是到庚辛之际,从主、客观两方面来看,供张佩纶在政治舞台上表现的空间已经非常之逼仄了,所谓"收效桑榆"也只是他人良好的愿望而已。张佩纶在金陵度过的晚年岁月中,"恒常恨无力靖献,速死为幸"⑱。有谓哀莫大于心死,这位今人眼中的"悲情清流",生命里最后一抹色彩也难以跳脱悲剧性的宿命⋯⋯

---

⑯ 瞿兑之:《杶庐所闻录》,山西古籍出版社,1995,第 87 页。

⑰ 高阳(许晏骈)在多个场合,谈到一个"似乎研究近代史的人尚未谈过"但是"铁样的事实",也就是说张佩纶固然"清流"出身,但以"洋务"著闻的李鸿章"早就选定了张佩纶为衣钵传人,这一个念头,甚至在张佩纶获严谴后,亦未放弃"。"找替手,亦有好些条件,第一是资格,第二是才具,第三是对李鸿章个人的忠诚,而合此三条件者,唯有张佩纶。"参看高阳:《杀贼书生纸上兵》,《同光大老》,华夏出版社,2007,第 13 页;高阳:《翁同龢传》,黄山书社,2008,第 90 页。

⑱ 陈宝琛:《张箦斋学士墓志铭》,《广清碑传集》,第 1084 页。

"志士"与"离心"：
庚辛之际趋新士人的时局因应
——偏于"言"的部分

> 有一个残忍的西方才子，以一种过分简化的口吻说：不论发生什么事情，我们有马克西姆重机枪，而他们没有。
>
> ——［英］艾瑞克·霍布斯鲍姆：《帝国的时代：1875—1914》

"总要改革才好。但改进最快的还是火与剑。"①这句话很适合用来解释中国近代史。中国近代社会的变迁，每次都是因为战争而深入：鸦片战争促成了最初一部分人开眼看世界，第二次鸦片战争促成了洋务运动，中法战争促成了北洋海军，中日战争促成了大变法。② 光绪二十六年（1900），庚子，亦为战争之年。这是奇怪的一年。新世纪开启之际，一种以帝国主义驱动的全球化正蔓延而来，清朝政府却恬然以空前保守的面目示人，当千万拳民的洪流在华北土地上席卷，似有时空错置之感，蓦然回首，距离鸦片战争已经整整一个甲子了。历史导向了一场以一敌八的匪夷所思的战争，更令人触目惊心的是，当北方战事方兴之际，东南各省宣布中立，演出一幕与列强议约互保的活剧，统一版图下的南北分野，意志与行为的双重落差，内外

---

① 鲁迅：《两地书》，《鲁迅全集》第 11 卷，人民文学出版社，2005，第 40 页。
② 参看石剑峰：《杨国强谈"甲午战争前后的中国士大夫"》，《东方早报》2014 年 7 月 25 日。

有别而终于打成一片，历史以一种诡异且纠结的面目呈现出来。待事变尘埃落定，清政府选择改弦更张，"新政"和"革命"成为清末十年的政治主题词。梁启超（1873—1929）在八国联军之役翌年写道：

> 中国数千年来，外侮之辱，未有甚于此时者也。反动之潮，至斯而极，过此以往，而反动力之反动力起焉。十九世纪与二十世纪交点之一刹那顷，实中国两异性之大动力相搏相射，短兵紧接，而新陈嬗代之时也。③

从戊戌（1898）到庚子（1900），一系列政治风波前后相继。今人回顾历史，已经可以看到南北朝野之间势力的分化组合，鼎足而三的政治格局逐渐形成，"北方拳变、东南互保和勤王运动局面的出现，正是那一历史时期错综复杂的政治生态演化的产物"④。的确，庚子前后，清朝历史已经清晰显现出政治版图的分化，并为更为长远的走势埋下伏笔。美国学者芮玛丽（Mary Wright）在考察辛亥革命背景的一篇文章中指出："历史上没有哪一年能像1900年对于中国那样具有分水岭般的决定性意义。"⑤用一种连续性的视角看，庚子事变以一种最极端的方式，集中展示了清朝政治外交的意义与局限。1900年是一个终结，也是一次总结。

"新党"之名由甲午战争催生，借变法维新而起，因庚子事变而显。事变期间，以上海为中心的东南区域有一批士绅空前活跃，他们不仅介入"中外保护"的酝酿策划，而且对时局走势多所谋划，在观念与行动两个层面均有表现。这批人物或为直接为地方督抚服务的幕僚，或为地位相对超脱的赋

---

③ 梁启超：《清议报一百册祝辞并论报馆之责任及本馆之经历》（光绪二十七年），《饮冰室合集》第一册，文集之六，中华书局，1989，第56页。

④ 桑兵：《庚子勤王与晚清政局》，北京大学出版社，2004，第55页。

⑤ ［美］芮玛丽：《导言》，载［美］柯文《历史三调——作为事件、经历和神话的义和团》，杜继东译，江苏人民出版社，2000，第2页。

闲绅士,他们之中的一部分具有功名,由清流变身新党,曾为戊戌强学会中人;又有一部分为口岸知识分子,本身操持报业、工商等新式产业。不少人在后来列名中国国会,如果将他们大致归类为趋新一路,似不算大误。鲁迅(1881—1936)注意到:"戊戌变政既不成,越二年即庚子岁而有义和团之变,群乃知政府不足与图治,顿有掊击之意矣。"⑥罗志田揭出这里的"群"是指士大夫,而一些封疆大吏与士人的看法相类,"东南互保"局面的出现,就是那些曾在清廷与太平天国之间选择了前者的疆臣,这次却在清廷与列强之间选择了中立所致。⑦ 杨国强尝以冷峻的史家笔触指出:"庚子年间长江流域的'东南互保'虽然旨在'留东南以救社稷',而由此形成的南方颉颃北地,则显然地昭示了三十年新陈代谢之后的分化与分野。"⑧刘学照留意到庚子年间上海报刊时论中凸现出的以往所罕见的"东南意识",对至尊的清廷来说,带有一种"抗命"的特征,唯又加但书,以为这一话语的主流"还是在'延宗社'的框子里做文章,它对当时清朝统治的'向心力'仍大于'离心力'"。⑨

　　本文关心的问题在于,如果说当时趋新士人与封疆大吏存在某种共识,那么所"相类"者的内涵是什么? 边际在哪里? 在总体上以"抗命"为特征的政治选择中,士人如何摆放"社稷"与"列强"的位置? 在绝非铁板一块的趋新士人内部,对于时局的观察及因应策略,有着怎样的分化与分野? 在庚子年这样一个具有转折意味的年份,当时士人的思考承前者、启后者又分别为何? 本文相对偏重对观念和言说部分的考察,而实际上欲处理上述问题,不仅要把研究对象视作观念人,同时也要视作行动人,并注意其运思和发言的外部结构,即语境。也即是说,观念部分的讨论必须结合大量政治、外交及

---

⑥ 鲁迅:《中国小说史略》,《鲁迅全集》第 9 卷,第 291 页。

⑦ 罗志田:《异端的正统化:庚子义和团事件表现出来的历史转折》,载氏著《裂变中的传承:20 世纪前期的中国文化与学术》,中华书局,2003,第 17 页。

⑧ 杨国强:《1900 年:新旧消长和人心丕变》,载氏著《晚清的士人与世相》,生活·读书·新知三联书店,2008,第 217 页。

⑨ 刘学照:《上海庚子时论中的东南意识述论》,《史林》2001 年第 1 期。

社会层面的史实重建工作。西谚云，从一颗沙砾可以照见海洋的形状。今日重新检讨故事，不在于执着某一事情本身的得失，或加诸事情之上的毁誉，更想探听一般历史的消息，真实触摸在事件的暗礁周旁流动着的海水方向，故尽量做一些溯源探流的工作，以为有的放矢。

一、 南北分野与新旧殊途

庚子五月十九日（1900 年 6 月 15 日），浙江绍兴，城里人心惶惶，天津开仗的消息早就传开，都说"义和拳"有了不得的法术，很多人担心会再来一次"长毛之乱"。十六岁的周作人（1885—1967）"听说乡间有一个洋鬼子被'破脚骨'打落铜盆帽，甚为快意，写入日记"，同时还有评论："此等教匪，虽有扶清灭洋之语，然总是国家之顽民也。"⑩几天后，他在南京求学的兄长来信说："拳匪滋事是实，并无妖术，想是谣传也。"⑪这一年，鲁迅——那时叫周树人——还是刚由江南水师学堂转入矿务铁路学堂的新学生，他得到家信的报告，知道绍兴谣言甚盛，所以回信有这样纠正的话。

义和团事变，"事"非寻常，而"变"出多端，对时人冲击是巨大的。上海各报热衷于"原祸""原乱"，汪康年（1860—1911）主办、代表趋新一线的《中外日报》发表社说，以为义和团之变当从戊戌以来"新旧两党之关系"中求理解，盖"旧党既胜，尚有余恐，乃举新党而殄灭之，又误以为新党皆外人所唆使，乃并外人而殄灭之，积此思想，乃组织出义和团一事"，结论为"义和拳者，非国事之战争也，乃党祸之战争也"。⑫ 不久后，同报谈祸起之由，有更

⑩ 张菊香、张铁荣编著：《周作人年谱》，天津人民出版社，2000，第 24 页。

⑪ 周作人：《鲁迅小说里的人物·旧日记里的鲁迅（庚子二）》，河北教育出版社，2002，第 22 页。另参看鉴湖逸民：《论匪术与鬼戏相同》，《新闻报》，光绪二十六年九月十五日（1900 年 11 月 6 日），路遥主编《义和团运动文献资料汇编·中文卷（下）》，山东大学出版社，2012，第 563—574 页。

⑫ 《论义和拳与新旧两党之相关》，《中外日报》，光绪二十六年六月十九日，中国史学会主编：《中国近代史资料丛刊·义和团》（以下简称《丛刊·义和团》）第 4 册，上海人民出版社、上海书店出版社，2000，第 180—181 页。

加直截和精炼的表述："盖起于守旧,成于训政,迫于废立,终于排外,四者相因,而大祸遂作。"⑬《中外日报》由"肇祸诸臣"溯源至"建储立嗣",进而反思戊戌变法,视八国联军之役为一场植根于"党祸"的战争。恽毓鼎(1862—1917)《崇陵传信录》中的一段话立意与之近似,因为富于警句特质,被人引征最多："甲午之丧师,戊戌之变政,乙亥之建储,庚子之义和团,名虽四事,实一贯相生,必知此而后可论十年之朝局。"⑭当时客居沙头的湖北士人甘云鹏(1862—1941年),对事变第一反应,即"此戊戌变法之反响耳"："戊戌八月以前,一维新之局也;戊戌八月以后,一守旧之局也。……人则守旧之人也,思想则守旧之思想也,政策则守旧之政策也。守旧之极,遂至恃邪匪以卫中国,仗妖术以敌列强。"⑮事变次年,翰林院侍讲学士叶昌炽(1849—1917)慨于清廷惩办"肇祸诸臣",也在日记中写下这样一段话:

> 戊戌所杀者,除杨侍御外,皆南人也,今皆北人。戊戌皆汉人,今除天水尚书外,皆旗人也。戊戌皆少年新进,今则皆老成旧辅,反手覆手,顷刻间耳。今日之祸,党祸也。⑯

与恽、甘等人同,叶昌炽对戊戌至庚子史事也持一种贯通理解,承认有"党

---

⑬《原乱二》,《中外日报》,光绪二十六年十月十七日,《丛刊·义和团》第4册,第226页。

⑭ 恽毓鼎:《崇陵传信录》,《丛刊·义和团》第1册,第47页。

⑮ 甘云鹏:《潜庐随笔》,中国社会科学院近代史研究所《近代史资料》编辑组编《义和团史料》下册,中国社会科学出版社,1982,第846页。甘云鹏,号药樵,晚号息园老人,湖北潜江人,从学于两湖书院,光绪辛丑科(1901)举人,次年联捷成进士,分工部主事。旋派赴日留学,归国后入度支部。辛亥后,避居沪上,后历任山西、吉林等处公职。参见甘永悖:《潜江甘药樵先生行状》,收入刘家平、苏晓君主编《中华历史人物别传集》第89册,线装书局,2003。《潜庐随笔》十三卷是作者的读书笔记,其中《沙头问讯》记载其1900年初夏客居沙头时,与一些文人对义和团的议论,反映义和团对南方地区的影响,据编者按"本文有为东南互保辩护之说"。

⑯ 叶昌炽:《缘督庐日记钞》,《丛刊·义和团》第2册,第477页。"杨侍御",杨锐(1855—1898),官内阁侍读戊戌变法时期充军机章京,政变后被杀,为"戊戌六君子"之一;"天水尚书",赵舒翘(1847—1901),陕西长安人,刑部尚书兼充总理衙门大臣、军机大臣,辛丑议约时列强追索"祸首",被清廷下诏"赐死"。

祸"成分,而特别的是,他将戊戌政变中被杀之"少年新进"与酿庚子之祸端而被杀之"老成旧辅",直接对应于"南人"与"北人",在区别新旧的同时,流露出南北分野的鲜明意识。

证诸时人记载,不仅多有区分南北的议论,且往往强调义和拳与"北人"的共生关系。翰林院编修黄曾源(1857—1935)作庚子时事诗,有句云"好假清凉医热客,细论泾渭到桑干",自注"时缙绅分两派,一懑一热""近来南北之见,过于分明",深以"热衷"于用拳抗洋者为"不可恕"。[17] 郭则沄(1882—1946)《庚子诗鉴》记:"是役,北人多信拳,而南人辟之。……南士稍明时势,又畏祸,不敢廷争,相率私忧窃叹而已。叶鞠裳避地昌平,尝著《阳九录》,以伸其口诛笔伐。"[18]文中"叶鞠裳",即叶昌炽,庚子事变作,出京赴昌平避难。按其日记,确多对北人的"口诛笔伐"。庚子五月十八日(1900 年 6 月 14日),记义和团入京师:"闻宣武门人如潮涌,喊杀之声鼎沸,市肆皆焚香以迎,乃知北人无一非混小子也。……端邸传谕,迎拳匪首领进城抵御,此亦北人之言也。"[19]同月二十六日(6 月 22 日),记中外战衅既开:"大劫骤临,天荆地棘,北人憨然若寐,南人则不待知者,而知其不可为矣。"[20]至八国联军入京城后,居民有向日、英、美军"公送万民伞"之举,叶昌炽深为不齿:"昔则挟刀寻仇,灭此朝食,今乃忝颜媚敌,载道口碑,北人真无心肝矣。"[21]辛丑正月初四日(1901 年 2 月 22 日),祸首已一一问罪,议和大纲渐就端绪,叶昌炽仍表不满:"北人执迷不悟,街谈巷议,依然如醉如狂,杞人之忧,仍未能稍释耳。"[22]在叶氏笔下,常常发挥"南北畛域牢不可破"[23]一说,这类言说在解释

---

[17] 黄曾源:《义和团事实》,北京大学历史系中国近现代史教研室编《义和团运动史料丛编》第 1 辑,中华书局,1964,第 130 页。
[18] 龙顾山人(郭则沄):《庚子诗鉴》,《义和团史料》上册,第 134 页。
[19] 叶昌炽:《缘督庐日记钞》,《丛刊·义和团》第 2 册,第 443 页。
[20] 叶昌炽:《缘督庐日记钞》,《丛刊·义和团》第 2 册,第 445 页。
[21] 叶昌炽:《缘督庐日记钞》,《丛刊·义和团》第 2 册,第 469 页。
[22] 叶昌炽:《缘督庐日记钞》,《丛刊·义和团》第 2 册,第 477 页。
[23] 叶昌炽:《缘督庐日记钞》,《丛刊·义和团》第 2 册,第 455 页。

学上兼具有印证与自白的双重意味。翰林院给事中高枬(1852—1904)日记中也多"土人之愚,大率如此""北人狡狯如此""北方愚民如此,安得不乱""北人好张'王八'声势"的风评。[24] 在他们看来,"北人"的特征在于非愚即诈,而此正为孕育义和拳之乱的土壤。叶昌炽总结说:

> 今兹北方蠢蠢之民,皆疯人也,执政亦疯人也。始为瘈狗,继为黔驴,卒至鼠窜猬缩,七(八)国之师,长驱直入,无能以一矢加遗,殆疯人之不若矣。[25]

庚子被杀五大臣中,吏部左侍郎许景澄(1845—1900)、太常寺卿袁昶(1846—1900)、兵部尚书徐用仪(1826—1900)均隶浙籍,时人并号为"浙江三忠"。其三人被害不仅关乎政局,亦加剧了东南社会对中央政府的不满。汪康年表弟、时任安徽祁门县令的夏曾佑(1863—1924)记其事:"南北相争,至于今日,其争弥烈……庚子义和团之乱,朝中大戮南人,至江表自守,不复助匪,而北人愈益侧目。"[26]夏氏对"朝中大戮南人"的印象,亦为宋恕(1862—1910)、刘体智(1879—1962)所共有。不过,宋恕从斩许、袁朱谕联想到戊戌党祸,以为"观此谕语意,与前办康、梁一案语意半相近,可见矣"[27]。刘体智则将此片段与有清一朝"亲北而疏南"的长期态势联系起来,指出:

> (本朝)入关之初,以异族入主中华,其视各省,一视同仁。迨居京已久,渐染北俗,遂亲北而疏南。……当戊戌之变,礼部六堂,同时夺

㉔ 参见《高枬日记》七月廿二、廿六、廿八日及八月十六日诸条,收入中国社会科学院近代史研究所《近代史资料》编辑室编:《庚子记事》,中华书局,1978,第 174、177、178、189 页。

㉕ 叶昌炽:《缘督庐日记钞》,《丛刊·义和团》第 2 册,第 467 页。

㉖ 夏曾佑:《论中国有南北分裂之兆》(1904 年 10 月 17 日),杨琥编《夏曾佑集》上册,上海古籍出版社,2011,第 267 页。

㉗ 《致孙仲恺书》(1900 年 8 月),胡珠生编:《宋恕集》下册,中华书局,1993,第 705 页。

职,朝贵汹惧,咸虑自及。……未及两年而至庚子,言事诸臣均遭其祸,而南人为多。㉘

其时沪上舆论也抓住事件不放,报上连篇累牍,屡发"大臣被戮"之"感言""愤言",又穷究"被戮缘由",其基调在于证明宣战诏书、许袁被害以及所有与东南利益相悖之事,均系"乱命""矫诏"所为,许、袁之死印证两宫被端王集团所挟持,这恰为"东南互保"的合法性提供了有力依据。事变后,借"三忠"灵榇返乡之机,上海展开规模浩大的祭奠活动。有学者指出,以"浙江三忠"为悼念对象,表面上凸显的是浙江一省,更深层的意涵则是体现整个东南区域的地位,及东南官绅阶层与媒体极力鼓吹的东南意识。㉙ 在这里,"三忠"成了"东南意识"的象征,而表彰"三忠"的仪式化行为对于厘清与中央界限、强化东南区域认同有重要意义。

当然,今人看待上述言论,一个不能忽略的前提是,言论作者本身为南省人,或与南省多有利害瓜葛。人分南北,针锋相对,地域歧视,由来已久。论南北不同,不自庚子始,㉚事关乎语言风尚、地理人文、种族习俗种种,又与科考、铨叙、派系、党争、政潮等现实性因素不可分。㉛ 此处论点值得注意的是南/北与新/旧两分论的接榫。戊戌政变发生后,新旧异途,双水分流之势显然。清朝政府对新党群体展开雷厉风行的清算,重用满洲皇族与权贵,掀起以废立为阴谋的建储风波,排外姿态张扬,这一连串动作无疑阻碍了曾经寄望于中央政府自改革的维新人士再建信心,北京政府近于倒行逆施的形象也严重戕损自身合法性基础,将越来越多人推向自己的对立面。效西

㉘ 刘体智:《异辞录》,"清廷亲北疏南"条,中华书局,1988,第165—166页。

㉙ 彭淑庆:《分野与认同:清季东南社会对"浙江三忠"的祭奠活动述论》,《山东大学学报(哲学社会科学版)》2009年第3期。

㉚ 徐凌霄、徐一士:《凌霄一士随笔》(三),"南北歧视由来已久"条,山西古籍出版社,1997,第749—750页。

㉛ 对于同、光时期清朝派系政治中"南北因素"的探讨,参看林文仁:《南北之争与晚清政局(1861—1884):以军机处汉大臣为核心的探讨》,中国社会科学出版社,2005。

法以自强的洋务运动本发轫于东南沿海,在这个被称作"欧风美雨驰而东"的激荡过程中,东南沿海成先入中西交汇之域,中国财赋出于东南,外国资本聚于东南,中外贸易的重心在东南,西学东渐的灌入在东南,中外之间的冲突和缠结深化于东南,遂使变法起于东南,革命也起于东南。积数十年,一变再变,东南地方造就无数开新的人物与思潮,而与之相因果的,是同属一个中国的东南与西北、沿海与内地的脱节,"这个过程以一种直观可见的方式显示了古今中西之变,以及古今中西之变所带来的深度离析"[32]。戊戌前后,利用上海作为通商口岸便利的舆论条件,趋新、趋变的社会共同意识被不断强化,新/旧、满/汉、南/北、保守/改良这些畛域的分野日益被重视和宣讲,并辐射东南乃至全国。及庚子义和团事变起,又有一大批新学士人避乱南下,以上海为中心聚集起一批"自强变法或维新变法中的局中人或同路人",东南社会隐然已为变政革新运动的一大策源地。时人认知赋予东南地方在国家复兴层面上的特殊意义,正所谓"东南为朝廷他日兴复之资,诚不可不为之早计也"[33]。

二、 "互保"面面观

戊戌政变后,张元济(1867—1959)因同情变法遭"革职永不叙用"处分,携家眷离京南旋,主持南洋公学译书院,从此投身文教出版事业,开始了一场被后人称为"从翰林到出版家"的深刻转变。张氏自谓"以被罪逐臣侨居海上",不得不"隐晦"处世,[34]实际仍颇留意政治,不能说完全自外于世局。庚子五月二十二日(6月18日)读《新闻报》,知大沽炮台被列强舰队夺占的消息,当晚即致函上司盛宣怀(1844—1916)云:

---

[32] 杨国强:《衰世与西法:晚清中国的旧邦新命和社会脱榫》自序,中华书局,2014,第9—10页。

[33] 《为拳乱致刘督部函》(光绪二十六年庚子),张謇研究中心、南通市图书馆编:《张謇全集》第1卷,江苏古籍出版社,1994,第45页。

[34] 张树年、张人凤编:《张元济书札(增订本)》下册,商务印书馆,1997,第1005页。

今督两江、粤、鄂诸公,皆负时誉。阅报并知先生昨有联衔电奏请救危局之举,惟现在事变更急,断非寻常举动所能挽回。我公负天下重望,且为各国所引重,似宜速与各省有识督抚联络,亟定大计,以维持东南大局,祷甚,盼甚!援匹夫有责之义,贡千虑一得之愚,冒率上陈,伏祈鉴察。⑤

时居沙头的甘云鹏也听说外舰纷集海口,将入据长江,南方很可能蹈大沽覆辙。他与身边朋友辩论时事,却仍抱一种乐观情绪,相信疆臣如江督刘坤一(1830—1902)、鄂督张之洞(1837—1909)会有"妥善办法"保全东南,五月二十八日(6月24日)作"答客问":

刘、张二公保障东南,诚未悉其办法如何,但以愚见推测,亦无他妙巧,不过惩中央庇匪之失,联合东南各省,先清内匪而已。清内匪之法亦无他巧妙,不过严禁造谣,查缉匪徒,凡有教堂洋人处所,多派兵役认真保护而已。如果防范周密,内匪不滋事生端,洋人生命财产无意外之虞,西人军舰自不至有闯入长江之举,则东南之安全可保矣。以予浅陋所推测者,止此大略而已。⑥

张元济的"上陈"与甘云鹏的"推测"并不是凌空蹈虚,差不多同一时间,"保障东南"的议程已经发轫,上海、南京、武昌三地之间围绕"会议互保"的往复磋商正在紧张进行当中。盛宣怀在五月二十七日致李鸿章、刘坤一、张之洞的那封著名电报中,有如下表述:

如欲图补救,须趁未奉旨之先,岘帅、香帅会同电饬地方官上海道

⑤ 《张元济札(二十八)》,王尔敏、陈善伟编:《近代名人手札真迹——盛宣怀珍藏书牍初编》第1册,香港中文大学出版社,1987,第232—233页。
⑥ 甘云鹏:《潜庐随笔》,《义和团史料》下册,第847页。

与各领事订约，上海租界准归各国保护，长江内地均归督抚保护，两不相扰，以保全商民人命产业为主。一面责成文武弹压地方，不准滋事，有犯必惩，以靖人心。北事不久必坏，留东南三大帅以救社稷苍生，似非从权不可，若一拘泥，不仅东南同毁，挽回全局亦难。[37]

当时盛宣怀得到总署照会公使离京的情报，意识到中外决裂、大兵压境，可能造成全局崩坏的结果，在他看来，"留东南"是为"救社稷苍生"，为"挽回全局"，因之东南三大帅"从权"取舍朝旨也就具备政治正确性。事实上，"东南互保"进入操作程序后，刘坤一、张之洞向朝廷奏报备案时，也是就这层意思发挥的，表示"但就目前计，北事已决裂至此，东南各省若再遭蹂躏，无一片干净土，饷源立绝，全局瓦解，不可收拾矣。惟有稳住各国，或可保存疆土"[38]。

"互保"既成事实，在当时谈不上是秘密，京城中下级官僚也有所耳闻，且有过议论。七月初五日（7月30日），杨典诰在京师已听说南方"立互保之约"，"使沿海七行省、沿江五千里，安然无兵革之事"。[39] 高枬日记七月十五日（8月9日）条记：

> 昨夜，闻东南保境之约，由上海道电寄北五省。乃电过晋，晋主者以为骇人听闻，密上之。小臣论事，大臣论心，此乃不揣诸大臣之心而自以为忠。且不管上之能办与否，而贸然为此讦发之言，是乡村小妇之枕头状也。大臣乌得如此？[40]

---

[37] 《寄李中堂刘岘帅张香帅电》，光绪二十六年五月二十八（七）日，《愚斋存稿》卷三十七，沈云龙主编《近代中国史料丛刊》续编第13辑，文海出版社，1975年影印本，总第844页。

[38] 《会衔电奏》，光绪二十六年五月三十日巳刻发，苑书义、孙华峰、李秉新主编：《张之洞全集》第3册，河北人民出版社，1998，第2151页。

[39] 杨典诰：《庚子大事记》，《义和团运动史料丛编》第1辑，第17页。

[40] 《高枬日记》七月十五条，《庚子记事》，第167页。

"晋主者",山西巡抚毓贤(1842—1901),系主张对外强硬者,由盛宣怀来电获悉"长江、川、东、苏、浙、闽、粤各省,已与各国议明中外互相保护,两不相扰","接阅之余,不胜骇异",遂向朝廷参奏一本。[41] 毓贤代表的意见是希望"上能办之",这与朝中主战大臣的呼声非常一致,高枬因讥之为"乡村小妇之枕头状"。事实上朝廷终究未"办"其罪,在相当长时间内持一默许态度,后随战局演变,不仅不"办",反将"保护"意思接到自己手里,谕示"朝廷本意,原不欲轻开边衅……与该督等意见正复相同"[42]。

南省互保,在历史上很难找到前例,可谓创举。但当时人要尽量去寻找历史的根据。盛宣怀自拟为"庚申议约",以庆亲王奕劻(1838—1917)比恭亲王奕䜣(1832—1898)之主持和议,以刘坤一、张之洞比曾国藩(1811—1872)之主持东南,以立约互保比之上海防守。[43] 他作为经营"互保"的直接当事者,倾向于援引本朝故事,是为这一政治行为提供合理化解释。相较而言,官界以外可以利用的历史资源更为丰富,也更为大胆。湘绅李肖聃(1881—1953)赞"南服宴然,上下不惊,此不世之功也",所谓"督抚专擅"一方面是今朝政治紊乱的产物,一方面可由经典训谕中求解:"传曰:'将在外,君命有所不受。'《春秋》传曰:'大夫出境,有可以安社稷者,专之可也。'清世督抚,本得专征。出镇于外,等于出境。人讥李、刘诸公专擅,吾谓可援《春秋》以自解也。"[44]刘坤一幕下的张謇(1853—1926)则将此举喻为东晋的"行台"旧制:"行台承制,晋代有之。盖申朝命以系人心,保疆土而尽臣节,非独反经合道之权宜,实亦扶危定倾之至计也。"[45]

---

[41] 参见《山西巡抚毓贤折》,光绪二十六年六月十一日,国家档案局明清档案馆编:《义和团档案史料》上册,中华书局,1959,第257页。

[42] 《军机处寄两江总督刘坤一等上谕》,光绪二十六年六月二十八日,《义和团档案史料》上册,第365页。

[43] 王尔敏以此喻为"似乎近迂":"大体上可以说得过去,但实质上还是有相当距离,所以推为历史的创局并不为过。"参其《拳变时期的南省自保》,收入中华文化复兴运动推行委员会主编:《中国近代现代史论文集第十三编·庚子拳乱》,台湾商务印书馆,1986,第165页。

[44] 李肖聃:《星庐笔记》,载《李肖聃集》,岳麓书院,2008,第576—577页。

[45] 《为拳乱致刘督部函》(光绪二十六年庚子),《张謇全集》第1卷,第45页。

检索海内舆论,施于"东南互保"的评论,可谓毁誉参半。誉之者,以为重要当事人沈曾植(1850—1922)作传的王蘧常(1900—1989)一语最具代表性:

> 诸公之保东南,实所以保中朝,与外人互保,实所以保中国也。不然,清社之屋,何待于辛亥乎?[46]

其时坊间流传的《庚子时事杂咏》中有一首《东南立约》诗,赞曰:"北海鲸鲵跋怒潮,奔腾杀气直冲霄。联盟岂第全商务,抗命方能保圣朝。半壁河山资保障,满天风雨几漂摇。尽教协力支残局,鸡犬无惊静斗刁。"[47]有论者便以为只有用一种冒"抗命"之嫌的办法才能保障"半壁河山"从而保存清廷统治,此中立意表达了张謇等东南绅商人士对时局的看法,也与盛宣怀所说东南督抚要"保东南挽全局"非"从权"是一个意思。[48] 蛰居广东的黄遵宪(1848—1905)作《述闻》系列,记庚子时事,第五韵有云:"拔帜先登径上台,炮声震地忽轰雷。一齐扰扰嗟鱼烂,万目眈眈看虎来。铁铸六州成大错,衣香七市付沉灰。联盟守约连名奏,赖有维持半壁才。"[49]末句咏叹东南疆吏合奏阻开兵端,经营互保,所标榜者,也是此举的明智与稳健。严复(1854—1921)对与闻其役的沈瑜庆(1858—1918)亦有"一约共传支半壁[庚子东南互保之约,君实发其议]"之激赏语。[50] 前南学会会长皮锡瑞(1850—1908)作《东南互保》感时诗,赞颂"东南安半壁,胜算贵先操",而谀称刘坤一、张之洞"张浚声名久,刘宏器量高"。[51] 胡思敬(1869—1922)记咏时事,有"吴楚

㊽ 王蘧常编著:《清末沈先生曾植寐叟年谱》,台湾商务印书馆,1982,第37页。

㊼ 汪诗侬辑:《清华集》上卷,收入陆保璇辑《满清稗史》,沈云龙主编《近代中国史料丛刊》第53辑,文海出版社,1967年影印本,总第1313页。

㊽ 参看刘学照《张謇庚子年间东南意识略议》,《华东师范大学学报(哲学社会科学版)》2007年第2期。

㊾ 钱仲联笺注:《人境庐诗草笺注》下册,上海古籍出版社,1981,第892页。

㊿ 《送沈涛园备兵淮扬》,王栻主编:《严复集》第2册,中华书局,1986,第363页。

[51] 皮名振编:《皮鹿门年谱》,民国二十八年长沙商务印书馆铅印本,引自来新夏《近三百年人物年谱知见录》,上海人民出版社,1983,第242页。张浚(1097—1164),南宋名将,(转下页)

连疆两重臣,露章驰谏血痕新。徙薪曲突终无补,苦作焦头烂额人"句,自注"海上用兵,而长江晏然,二公之力也",对刘坤一、张之洞不吝揄扬。[52] 当年赴日本游历的两湖书院学生黄兴(时名黄轸,1874—1916),在致其师黄绍箕(1854—1908)的信中,亦将支撑时局的希望寄托在刘、张等东南大吏身上,"回首西瞻,欲东南半壁之持,其惟张师帅与刘岘帅二人乎"。[53]

不以"东南互保"局面为然者,大致有两种取向:一则怪东南督抚不遵朝命,斥作海外叛臣;一则称其坐视叛逆挟制朝廷,而不北上声罪致讨,斥为雌伏东南,徒作壁上观。鹿传霖一离江南北上,即谓"保护之约,为海外逆臣一派议论"[54]。最早揭批"互保"行为的山西巡抚毓贤,有"接阅之余,不胜骇异"的反应,正与站在正统立场发言的清流辞气遥相呼应。庚子事变平息后,仍有言官指名道姓,追论东南督抚之罪:

> 伏观五月夷兵内犯以来,君父战于西北,臣子和于东南,乘舆播迁,而天下不知急难,疆臣乞降,而士民不知耻辱。必有致此,孰尸其咎?两湖督臣张之洞、两江督臣刘坤一、直隶督臣李鸿章三臣者,归过朝廷而有忧国之名,市恩夷狄而无降敌之罚,抑天下之忠愤,道仇雠以觊觎,此其志在苟全以为愉快者也。

(接上页)以经略有方著称,曾平定刘、苗之乱。刘宏(434—458),南朝宋建平王,为人谦俭周慎,礼贤接士,明晓政事。

[52] 吴鲁、胡思敬:《百哀诗·驴背集》,北京古籍出版社,1990,第 128—129 页。

[53] 《黄兴留日与上师书》(庚子五月二十三日),田伏隆主编:《忆黄兴》,岳麓书社,1996,第178—179 页。萧致治已注意及此,认为"1900 年是黄兴思想转变的关键一年"——"在此之前,黄兴明显还是一位忠君爱国者。从他给黄绍箕的信中提出的保护东南半壁的主张看,几乎和张之洞等人策划的'东南互保'如出一辙。直到 8 月回国,和唐才常策划起事意见不合之后,他还打算回到湖南举办团练,效法太平天国时期曾国藩、罗泽南等人的老办法,参与镇压人民的反抗斗争。"参看萧致治:《黄兴首次赴日时间及其思想转变小考》,《历史研究》1999 年第 1 期。

[54] 《刘制台来电》,光绪二十六年六月二十一日酉刻到,《张之洞全集》第 10 册,第 8142 页。

言下颇以"市恩夷狄"之举为不齿，直斥"保护则昼夜勤劳，勤王则疲癃应命……但为护夷之文告、保教之条约，议论荒谬，骇人听闻"。⑤更有甚者，抨击"互保"行为已经突破君臣伦理大限，绝非臣下所当为："人臣无外交，保护商教之约非疆臣所得自专，尤不可施之仇敌。""刘坤一、张之洞听盛宣怀之言，惟与各国立约保护东南商务、教堂，未闻出一言以力阻洋人之入京，弃宗社于度外，委君父于死地，臣节之亏大矣。"⑤反观东南督抚，对于朝中对"东南互保"的态度，其实一直颇为紧张。本年九十月间，张之洞派出湖北督粮道谭启宇押运贡品至西安，同时一个重要使命即探听各路政治情报，去电内即特别嘱咐："随扈诸君于东南督抚保护一节，是何议论？如有论及鄂事者，望切实相告。"⑤至年底，清廷有旨将"五月二十四日以后、七月二十日以前谕旨汇呈听候查明，将矫擅妄传各谕旨提出销除。"⑤刘坤一闻信"不禁拍案叫绝"，认为"西狩以来，惟此次纶音最为得体，而运量妙于无形，中外固结之冤，以片言解释，上下昏浊之气，以一笔扫除，不仅外人之责我围攻使馆系奉内谕等语可以消弭，即持异议者，以东南保护之约为不遵朝命，甚至指为海外叛臣，亦无所施其毒螫矣"。⑤

需要指出的是，以上批评尚不构成舆论的主流，更应注意的是后一种认为"京畿匪乱，则东南不起勤王之师，反与外人互保，为非顺"⑥的严厉批评。

---

⑤《都察院左都御史溥良等奏呈翰林院编修王龙文夏寿田请代奏条陈时务折》，光绪二十六年十一月二十日，中国第一历史档案馆编：《庚子事变清宫档案汇编》第4册，中国人民大学出版社，2003，第1364—1365页。

⑤《工部学习主事夏震武奏陈要盟不可曲从改约必移熟计》，光绪二十六年十一月十九日，《庚子事变清宫档案汇编》第9册，208页。

⑤光绪二十六年十月十五日亥刻发，《张之洞电稿丙编》第九十册，中国社会科学院近代史研究所藏，档号：甲182-97，转引自茅海建《张之洞的别敬、礼物与贡品》，《中华文史论丛》2012年第2期，第51页。

⑤《谕内阁着查明五月二十四日至七月二十日间妄传各谕旨提出销除以昭信史》，光绪二十六年十二月二十六日，《庚子事变清宫档案汇编》第4册，第1454页。

⑤《复盛杏荪》，光绪二十七年正月十六日，中国科学院历史研究所第三所主编：《刘坤一遗集》第5册，中华书局，1959，第2281页。

⑥王蘧常编著：《清末沈先生曾植寐叟年谱》，第37页。

事实上，这一种批评恰恰是以承认"东南互保"为前提，视义和团为"匪"，不奉"矫诏"，锋芒直指顽固权贵重臣把持的北方政府，其不满者恰恰在于主持"互保"的督抚"徒恃成约"而图苟安，不欲或不敢剿拳匪、劾政府，甚而拥光绪帝复辟。如张謇所见："南中各帅正宜声罪致讨，稍尽臣节，若惟是拥兵自守，非独负国家，且恐自误耳。"⑥直到庚子下半年，《中外日报》社论仍在检讨"东南安宴之非"：

> 尔时东南督抚，为一时权宜之计，与外人立约互保，以保境宁人，未为不是。虽然，为一方计可也，为全局计不可也；为一时计可也，为长久计不可也。何以言之？夫使东南督抚，诚以安社稷、救民生为己任，则六月间一面立约，一面纠合诸侯，厚集勤王之兵，公举一大将统之，以剿匪自任，拜表即行，最上则天津可以不失，其次北仓不战，其次京师不破，然迁延至两月，而兹事无能为矣。……诚使一闻北京警信，疆臣中有一人自率劲旅，间道奔赴，沿途聚集诸路之师，亲率以迎，让两宫执端、刚、毓、董诸人以谢外人，则合肥一入京师，而和议便当就绪，而两宫亦不至再入西安，是一举而外人办罪魁、请回銮两大难题，皆消归无有。不幸事机坐失，而大局遂不可为，此又可为长叹者也。⑥

由地方督抚主导的"中外保护"，在江南士民绅商中得到了拥护，当面对华北的千万义和团拳民，两者的界限似已非常模糊，他们中的多数确可被划入"自强变法或维新变法中的局中人或同路人"。唯须稍做申论的是，东南督抚和维新士人在"互保"一点上达成暂时的共识，但在后者应对时局的设想中，"与外人立约互保，以保境宁人"也仅是"一时权宜之计"，或

---

⑥《致黄绍箕函》，光绪二十六年七月二十九日，李明勋、尤世玮主编：《张謇全集2·函电（上）》，上海辞书出版社，2012，第109页。

⑥《论东南安宴之非》，《中外日报》，光绪二十六年十月二十日，《丛刊·义和团》第4册，第215页。

曰折中手段、阶段性方案,无论为"全局计"或"长久计",皆不可恃。甚而,在趋新的士绅群体内部,对政局的总体判断及应变的目标设定也各有分野。

三、 "借权督抚": 层次与限度

(一)"权变说"的伸缩性

仅从字面上看,前揭盛宣怀致李鸿章、刘坤一、张之洞五月二十八日同文电报中"似非从权不可"的呼声,与张元济所谓"断非寻常举动所能挽回"、张謇所谓"反经合道之权宜",若合符节。但细绎其内涵,则大有差异。六月十八日(7月14日),张元济再度致函盛宣怀,以为"祸患至亟,事变至奇,固非寻常举动所能支此危局也",力劝以"破除成说,统筹全局"。[63] 同一日,汪康年主办的《中外日报》发表社论《筹南十策》,开首即谓:

> 盖今日之事,为创局,非因局,是变例,非正例,非有绝大布置,非常权变,则不足保太平、御奇祸,而所谓保境恤民者,亦几成虚语矣。……就最要之数大端言之,则如何联络外交,如何平治内乱,如何分议防守,如何互通饷械,必令划一而能通融大要,合诸省为一联邦,是为第一要着。[64]

庚子事变,创巨痛深,当由最初的震撼冷静下来,时人各自拟议因应方案,往往从"从权""权宜""权变"着眼,强调不必拘泥于正例、常情。"东南互保"作为一个动态的进程,不仅仅是李、刘、张几位大帅一言而决的结果,当时有相当数量集结于沪、江、鄂三地的致仕官员与士绅直接或间接卷入到其酝酿、策划及施行的过程。这一群人数量众多,关系松散,背景也较复杂,他

㊳《张元济札(十一)》,《近代名人手札真迹——盛宣怀珍藏书牍初编》第一册,第212—213页。

㊴《筹南十策》,《中外日报》,光绪二十六年六月十八日,《丛刊·义和团》第4册,第189页。

们在近代历史上本有着各自的特殊位置和人生轨迹,但却在时空纵横的这一具体交汇点形成罕见的交集。[65] 如果说,"互保"是他们与督抚合作及内部彼此合作的基线,那么,一旦超出其外,则不复有稳定的共识。"权"由何来?"变"至何种程度?"非寻常举动"究竟何指?理解与预期皆因人而异。仍以张謇为例,《啬翁自订年谱》记庚子五月事言:

> 蔼苍至宁,与议保卫东南。陈伯严三立与议迎銮南下。[66]

按"与议保卫东南",指张謇等人在南京游说刘坤一,力行地方互保的情节;"迎銮南下"则拈出另一重要题目,实已入勤王运动范围。刘厚生谓:"当初张謇与何嗣焜、陈三立、沈瑜庆、汤寿潜、施炳燮六人,决定拉拢刘坤一、张之洞两个总督,联合起来以东南互保为名,而以推倒那拉氏政权为最大目标。"[67]按此解说,"东南互保"似仅为手段之一端,而最终指向则在解决帝后政争之大问题。海外学者曾披露同时期陈三立(1853—1937)致张之洞幕僚梁鼎芬(1859—1919)的一通密札,内容指向一部分趋新士绅游说南方大吏"题外作文、度外举事"的秘情,并附跋语:"文中隐寓别辟蹊径,乘势举事,廓除障碍,以为扭转枢机之图,欲谋拥帝复辟之情,盎然活跃于纸上。如此艰巨任务,唯有寄望于炙手可热之刘坤一与张之洞。"[68]陈三立欲由"题外""度外"所作的大文章,可据"迎銮南下"点题,此文与"东南互保"系同一时期之

---

⑥⑤ 参与其事者,至少包括盛宣怀、余联沅、赵凤昌、何嗣焜、张謇、沈瑜庆、汤寿潜、沈曾植、陈三立、施炳燮、福开森(John. C. Ferguson)、郑孝胥、梁敦彦、汪凤瀛、汪康年、陶森甲诸人。说详参拙文《"上海中外官绅"与"东南互保"——〈庚子拳祸东南互保之纪实〉笺释及"互保""迎銮"之辨》,收入本书。

⑥⑥ 张謇研究中心、南通市图书馆编:《张謇全集》第6卷,第861页。"蔼苍",沈瑜庆(1858—1918),字爱苍、蔼苍,沈葆桢子;刘坤一幕僚,时以道员督办吴淞清丈工程局。

⑥⑦ 刘厚生(垣):《张謇传记》,龙门联合书局,1958,第100页。

⑥⑧ 周康燮:《陈三立的勤王运动及其与唐才常自立会的关系——跋陈三立与梁鼎芬密札》,《明报月刊》第9卷第10期,1974年10月,第61—63页。对此密札背景与内涵的补充考证,看看拙文《"题外作文、度外举事"与"借资鄂帅"背后——陈三立与梁鼎芬庚子密札补证》,收入本书。

产物,也是与张謇诸人共鸣的结果。此辈中人具有相似背景,与东南督抚关系亲昵,而在政治意识上近清流,带有极浓厚的"帝党"色彩。

《中外日报》揭出"非常权变",又设定目前"一定政策","既曰勤王,便实宜尊王,名为讨逆,方不至从逆,此方睦邻,则不得攻邻,明其剿匪,必不许助匪"。[69] 除言论表现外,上述观念也落实于行动。自北祸之起,汪康年频月奔走江表,本年五月"至鄂,以剿拳、劾政府之说干南皮制军,旋又至江宁,亦以其说请同志达诸台座(刘坤一);李傅相至申,则合同志上书,请即率兵入都,以剿匪为议和之根本";七月,"又至江宁,与同志商量,欲请公举兵入都,护卫两宫"。[70]

刘成禺(1876—1953)记事变中保皇、革命两党动员督抚事,谓:

> 会庚子事变,江、鄂不奉朝命,保皇、革命两党,各动员西南督抚,宣布独立。中山先生先派人致书于两广总督李鸿章。刘坤一、张之洞长江两督,始终抱不受命共保长江为主旨。保皇党人,多旧朝官,与张尤善;派人说刘坤一独立,不动;又派汪康年等说张之洞,不动。而保皇党唐才常,始有运用哥老会长江起事之举。[71]

此处叙述的同为"保皇党"的事实,也可分解出多层意义:张謇、陈三立等"旧朝官"谋"题外作文、度外举事",刘坤一、张之洞皆不为所动,这中间尚缠绕着戊戌政变以后帝后党争之余绪;汪康年试图通过游说实力人物,为南方自建"联邦"试探道路,显示中国国会与地方大吏之间隐而未显的多重联系,且其背后或隐或显已有外国势力的推手;至于唐才常(1867—1900)派在行动方略上主联络会党武装勤王,已为士绅名流所难梦见。尤值得注意的是,

---

[69] 《筹南十策》,《中外日报》,光绪二十六年六月十八日,《丛刊·义和团》第4册,第190页。

[70] 《上江督刘岘庄制军书》,汪林茂编校:《汪康年文集》下册,浙江古籍出版社,2011,第580—581页。

[71] 刘成禺:《世载堂杂忆》,"述戡翼翚生平"条,辽宁教育出版社,1997,第131页。

汪康年等人行动包含与日本在华民间人士共谋的因素。与闻密议的东亚同文会会员宗方小太郎(1864—1923)记其事：

> 因义和团事件之故，北支那局面日坏，如一旦溃裂，日本或独立行动，或与英、美联合，拥光绪帝至湖北武昌，开立新都，组织新政府，满洲出身大臣及汉族固陋有碍新政者一概排除，幽闭皇太后及宗室以下大员，剥夺其干预政事之权，在日本等一二国监督帮助之下，施行各项新政，如能一洗旧貌，卓有实绩，则不啻以革命倾覆满洲政府，极利于名正言顺收揽南方支那人心。……张之洞、刘坤一二人为长江一带最具势力之人物，必预先说服此二人，做好迎驾皇帝之准备。本日派汪康年〔张之洞信任之人〕前赴湖北劝说迎驾之事，一面派人向刘坤一游说，与有志之支那人士商议，以定手续大略。只是张之洞胆怯，刘过于老成，能否应承此事，殊难预料。⑫

而唐才常也一度试图"借日本人为通殷勤于鄂督张之洞，讽以自立军将拥之挈两湖宣布独立"，但张"无表示"。⑬

如循着由"言"及"行"的线索，细考时人（大致趋新的一面）政治因应的思路，恰似映射于光谱的多重驳杂色调，因身份与语境的差异，对于"从权"的各自考虑亦有相当不同，甚或对立。无论北上清君侧、拥光绪复辟，或是割据南方、"自建帅府"，均公然以现任政府为敌人，并不主排外，积极与外国势力联络，这几方面实在都比东南督抚要走得远得多。在这里，"权变说"显示出它的伸缩性。

（二）复数的"勤王"概念

庚子事变前一年，游寓台湾的章太炎(1869—1936)作有《客帝论》，以满

---

⑫ 《号外报告第六十九号附录·义和团事件私信》，明治三十三年六月十二日，神谷正男编：《宗方小太郎文书：近代中国秘录》，原书房，1975，第85页。

⑬ 冯自由：《自立会起事始末》，杜迈之等辑《自立会史料集》，岳麓书社，1983，第18—19页。

洲入主中国为"客帝",中国"共主"为"仲尼之世胄",只要清帝承认孔子统绪,即可平息反满情绪,可防止"逐加于满人,而地割于白人"。㉔吕思勉(1884—1957)对此评述说:

> 这不是他在这时没有革命性质,不过凡事须有其可能,在当时情势之下,革命自无从谈起,所以他们不期然而然,同走上希望朝廷变法之路罢了。自戊戌政变之后,至庚子拳乱之前,中国士大夫的思想,都还是如此的。这时候,是康长素的保皇党得势的时代。㉕

至庚子年七月,中国国会成立时,章太炎选择"割辫与绝",正式倾向排满。他手校《訄书》,写了一条眉校:"余自戊、己违难,与尊清者游,而作《客帝》。弃本崇教,其流使人相食。终寐而颖,著之以自劾录,当弃市。"㉖然而,如章太炎这种敢于自匡其"保皇"之谬者,在当时绝无仅有,在他眼里观察到的国会场景,仍然是迎跸派的意见纷呈:

> 海上党锢,欲建国会。然所执不同,与日本尊攘异矣。或欲迎跸,或欲□□(排满),斯固水火。就迎跸言,信国(文廷式)欲借力东西(日本、欧美列强),铸万(唐才常)欲翁(翁同龢)、陈(陈宝箴)坐镇,梁公(狄葆贤)欲密召昆仑(康有为),文言(汪康年)欲借资鄂帅(张之洞)。志士

㉔ 章太炎:《客帝论》(一八九九年五月二十日),汤志钧编《章太炎政论选集》上册,中华书局,1977,第84—89页。

㉕ 吕思勉:《从章太炎说到康长素梁任公》,《吕思勉论学丛稿》,上海古籍出版社,2006,第394页。

㉖ 章太炎续作《客帝匡谬》,作为"前录"收入1902年"删革"的《訄书》,文字续有增损:"余自戊、己违难,与尊清者游,而作客帝,饰苟且之心,弃本崇教,其违于形势远矣。……故联军之陷宛平,民称'顺民',朝士以分主五城,食其廪禄,伏节而死义者,亡一于汉种,非人人阘茸佣态,同异无所择,孰甘其死? 由是言之,满洲弗逐,欲士之爱国,民之敌忾,不可得也。浸微浸削,亦终为欧、美之陪隶已矣。今弗能昌言自主,而以责宣尼之主祐,面欺。箸之以自劾录,而删是篇。"参看汤志钧编:《章太炎政论选集》上册,第90页。

既少,离心复甚,事可知也。⑦

中国国会可以说是当时背景各异而总体取向趋新的各派人士的一次集结,各方山头林立,不免派系纷争。尽管多数人尚无法完全摆脱与光绪帝的联系,但在加速度发展的形势驱迫下,因近似目的而合作的各类群体的思想,往往呈现发展不同步的状况,国会以"勤王"为旗号示外,而内部始终充斥着观念的歧异和竞争。若不把"勤王"做偏狭的理解,其在庚子语境中应该是一个多义词。章太炎一针见血地指出:"勤王者,则汗漫兼容之辞耳,剿匪者得举是以为号,助匪者亦得举是以为号。"⑧现下引用最多、论证最详者,系指以与当时朝廷对立的康、梁为领袖,以民间力量为重心的"勤王举义"。各省督抚奉朝廷谕令,先后派兵北援入卫,立意与前者完全相反,而名目同样号为"勤王"。更有甚者,如国会中人意图借地方勤王之师,专为清君侧、剿团匪,成全助(光绪)帝复辟之谋,在这里,两种"勤王"实已合二为一。

前述张謇、陈三立等所商"迎銮南下",也应在此层面上理解。他们希望在"共保长江"基础上更进一步,所欲"勤"之"王"显然有那拉氏与光绪帝之别。因恐那拉氏挟光绪帝迁逃内地,与政治保守势力合流,故密议"易西而南事"⑨,通过张之洞幕府要人梁鼎芬,"由张以劫刘",以及安插与彼辈政治意识接近的郑孝胥(1860—1938)督办营务处,皆是为操纵军事、便宜行事的安排。时居上海,与帝党交密的吴保初(1869—1913)五月二十六日致书李鸿章,劝率重兵入卫,斩端刚,剿拳民,与各国议和;又与袁世凯书云:"今日急务,首在勤王,速诛君侧之小人,复皇上之大位,还我圣君,速行新政,或有

⑦ 《再致夏曾佑》(一九〇〇年),朱维铮、姜义华选注:《章太炎选集(注释本)》,上海人民出版社,1981,第115—116页。关于引文中隐语的说明,并参考朱维铮:《〈訄书〉发微》,载氏著《求索真文明》,上海人民出版社,1996,第279页,注12。

⑧ 《庚子拳变与粤督书》(一九〇〇年六月),《章太炎政论选集》上册,第145—146页。

⑨ 《张謇日记》,庚子年五月卅日条,《张謇全集》第6卷,第437页。按郑孝胥时以道员充芦汉铁路南段总办,至七月中旬"奉督宪札,委充湖北全省营务处"。参看劳祖德整理:《郑孝胥日记》第2册,中华书局,1993,第765页。

重睹天日之一日。"⑧

李鸿章奉召北上,到沪后留滞观望,徘徊不前。张謇上书刘坤一,请"公推合肥总统各路勤王之师,入卫两宫",而其私心窃计,"以张魏公戡定苗刘之功,望之合肥也"。㉛ 约略同时,在上年"己亥建储"事件中领衔电谏并因而流寓海外的经元善(1840—1903),也曾电禀刘坤一,请"电联各帅并约李相合兵入卫,或竟率所部先行,力请皇帝亲政,一面痛剿拳匪,以靖内乱而格外人,迟则殆矣"㉜。当时《中外日报》发表社论《固南援北策》,公开指出:

> 拳匪之扰也,互保之立约也,中国不能不南北分疆,而离立乃自然之势,亦必然之理也。惟是欲固南疆必先外纾党禁,内集民守,公布新政,而后可图自立之有基。然不乘此东西大兵尚未云集之时,提劲旅以北援,而外助邻战,内讨国贼,则亦未能树独立之义声也,此固南亦当以援北为先也。㉝

---

⑧ 祁龙威:《张謇日记笺注选存》,广陵书社,2007,第117页。吴保初,字彦复,安徽庐江人,淮军将领、广东水师提督吴长庆之子,官刑部主事。

㉛ 张謇以南宋名将张浚(1096—1164)比附李鸿章,表示"张魏公戡定苗刘事,实为今日定乱之圭臬。惜内无朱胜非,外无吕颐浩、韩世忠、刘光世诸人耳"。(《为拳乱致刘督部函》[光绪二十六年],《张謇全集》第1卷,第44页)按建炎三年(1129年)苗傅、刘正彦发动兵变,诛宋高宗赵构宠臣及宦官以清君侧,并迫赵构将皇位禅让于皇太子赵旉,时被贬驻防平江之张浚得到消息,起兵讨伐,与吕颐浩(1071—1139)、刘光世(1089—1142)、韩世忠(1090—1151)等联名传檄天下勤王,宰相朱胜非(1082—1144)善事斡旋,在内保护之功居多,最后入京平乱,刘、苗兵败被杀。张謇这一意思,在同时期致黄绍箕函中,有更为清晰直接的表达:"北事遂已糜烂至此,当事乃绝无吕颐浩、张浚、朱胜非、韩世忠其人,可胜悲愤? 乘舆既西,议结延宕,民生又须涂炭,惟愿端、刚诸贼留守京师,两宫无恙,合肥早日北上耳。万一变生椒殿,则端、刚之罪益大。南中各帅正宜声罪致讨,稍尽臣节,若惟是拥兵自守,非独负国家,且恐自误耳。"参看《致黄绍箕函》,光绪二十六年七月二十九日,李明勋、尤世玮主编:《张謇全集2·函电(上)》,第112页。

㉜ 《上南洋大臣刘宫保电禀》(1900年7月7日),虞和平编:《经元善集》,华中师范大学出版社,1988,第320页。

㉝ 《固南援北策》,《中外日报》,光绪二十六年六月十六日,路遥主编:《义和团文件资料汇编·中文卷(上)》,第369页。

是在南方舆论看来,"固南"尚不足,"援北"才是正办。六月二十七日(7月23日),即李鸿章到沪后第三日,以招商局总办郑观应(1842—1921)为首,联合汪康年等沪上维新名士十四人集体上书李鸿章,主张"欲安社稷,必须速缓客兵,欲缓客兵,即在自剿北匪",进而建议:

> ……惟某等尚有虑者,现在匪党遍布宫禁城厢,内外半系乱兵,万一西师猝入,彼党计穷,与二三贼臣谋拥两宫西走山陕,则大局愈不可为。若能于勤王诸将中择一明干精警而又稍习京朝情形者,令统一大队,驻守西道,以防贼众狡谋,亦一要着。[84]

郑观应等要求"自剿北匪"及防止"二三贼臣"挟持宫廷西逃,均延续了事变以来的一贯思路。他大概可被归入"迎跸"一派,不以义和团为然,力主排斥北方政府,拥光绪帝复辟,皆以存续清室为前提,后来参与中国国会,也是出于对"勤王"旗帜的认同。

各省提兵北援,名义上背负的"勤王"之责,用张之洞的解释是:"现派兵北上,系奉旨调赴京听用,未言何用,各省皆有,鄙意以扈卫圣驾为主。"[85]然而,外部寄托于勤王军的额外任务,有可以明说的"外助邻战,内讨国贼",也有不可以明说的"迎帝南下"。诉诸实际,各省所派军队数量有限、素质参差,而行动尤其迟缓,"勤王"多有虚应故事的成分。时人邹代钧(1854—1908)观察到:

> 鄂、宁虽允保东南,以我观之,都系空言搪塞,幸无蠢动,聊贪天之功耳。设有窃发,不知何以应之?又遑问其举兵讨贼耶?即入卫之兵,

---

[84] 《上海通信·上海維新黨中重なる人士の李鴻章伯に呈したる意見書》(1900 年 7 月 23 日),《東亞同文會第十回報告》,明治三十三年九月一日,第 47—49 頁。

[85] 《急致东京钱念劬》(光绪二十六年六月十三日巳刻发),《张之洞庚子年发电摘钞》第 1 函第 2 册,中国社会科学院近代史研究所藏,档号:甲 182 - 32。

亦属乌合，虑其半途散尽，不助匪为虐，则幸甚。可笑已极。⑧⑥

邹代钧不看好入卫之兵可以"讨贼"，反而顾虑其"助匪为虐"。章太炎直言像北上之李秉衡（1830—1900）、鹿传霖（1836—1910）之流，"名曰勤王，其实助匪也"⑧⑦。张元济也有同样的担心，以仇外之官兵勤王，"假忠义之名，以泄其一时之忿，则官军、洋兵、土匪必至融成一片，参互错综，乱无已时"，势必导致中外冲突，引发更加复杂的局面，"恐此勤王之举非徒无益，而又有害者也"。⑧⑧

（三）从"可恃"到"匪谬"：藩镇论的变容

当事变高潮期，张之洞派往东京的幕僚、湖北留学生监督幕僚钱恂（1853—1927）对日本陆军参谋本部宇都宫太郎（1861—1922）大尉说了这样一段话："张某曾有言，若天子一旦蒙尘［可能为长安］，清国将处无政府境地，其时南部二三总督不得不于南京成立一政府。"⑧⑨有学者据此引申出"帝王梦"这样具有争议性的话题，并认为它"为我们探索张之洞庚子年独立称王的内心世界，提供了相当有力的证据"。⑨⑩ 然而，如留意钱恂本人履历、个性、政见、交游诸方面，以及他发言的具体时空环境，对这样的结论则不得不存疑。⑨① 实际上，无论身处东京感受到的政治空气，还是与友朋往复函电中不断被强化的国内舆论，都支持钱恂做出某些出位的事情，他与宇都宫所论"新政府"事，不出于张之洞本意，而属于他的个人发挥。

---

⑧⑥《邹代钧致汪康年函》九十四，上海图书馆编：《汪康年师友书札》第 3 册，上海古籍出版社，1987，第 2804 页。

⑧⑦《庚子拳变与粤督书》（一九〇〇年六月），《章太炎政论选集》上册，第 145 页。

⑧⑧《张元济札（十一）》，《近代名人手札真迹——盛宣怀珍藏书牍初编》第一册，第 214—215 页。

⑧⑨ 宇都宮太郎關係資料研究會編：《日本陸軍とアジア政策：陸軍大將宇都宮太郎日記》(1)，岩波書店，2007，第 88 页。

⑨⑩ 孔祥吉：《张之洞在庚子年的帝王梦——以宇都宫太郎的日记为线索》，《学术月刊》2005 第 8 期。

⑨① 说详拙文《钱恂：晚清外交史上的"异才"——兼证"张之洞在庚子年的帝王梦"说难以成立》，收入本书。

返回庚子语境看，以"新政府"寄望于地方督抚者，绝不止钱恂一人，其挚友汪康年即为同调中人。用钱恂当时的话说："华人梦醒者，海内诚有兄，然海外尚有恂，正不能谓一人而已。"[32]可见二人交谊之固、共鸣之深。作为张之洞旧属的汪康年在选择政治手段时，以"借资鄂帅"为鲜明方针，他向刘坤一、张之洞游说以剿拳匪、劾政府、迎銮诸节，均为因应"创局"而祭出之"变例"，但要追究其"绝大布置、非常权变"的内涵，则尚不止于此。六月十一、十二日（7月7—8日）《中外日报》刊发以《论保东南宜创立国会》为题的"论说"，指出"八国之兵，毁一国之都，而国亡，而政府倒"，国民沦为"无国无主之民"，"故今日策保东南者，不可不自立代政之体，而立国会者此也"，继而主张"七省督抚立公共政府，布设国宪"。[33] 十六日（7月14日），《筹南十策》言各省既欲联合，则应订立公共章程，就"如何联络外交，如何平治内乱，如何分议防守，如何互通饷械"形成条款，"必令划一而能通融大要，合诸省为一联邦"。[34] 对于汪康年来说，"联邦论"并非突兀的想法。早在戊戌年间，他已有比较通盘的思考：

> 今日之事，宜以尽易枢掖、别选贤良为第一要义；否则游说海内有闻望之督抚，使之联数省以变法自强；又不能，则风气强悍之省分，由督抚奏请便宜行事，因聚豪杰，筹自固之方；最下则凡形势可扼守之省分，其贤豪绅士约各府县同志自行设法清户口、理财赋、阜农工、办团练、利器械以待变[中国政体不甚干预民间之事，故民间可自办之事甚多，惜少才干耳]。又应集巨款为购船械、练人才之用。如是，五年或可有济。然为之甚难，同志又少，不知此愿能偿否也。[35]

---

[32]《钱恂致汪康年函》二十九，《汪康年师友书札》第3册，第3012页。

[33]《论保东南宜创立国会》，《中外日报》，光绪六月十一、十二日，转引自李守孔：《唐才常与自立军》，《中国近代现代史论集第十二编·戊戌变法》，台湾商务印书馆，1986，第613—614页。

[34]《筹南十策》，《中外日报》，光绪二十六年六月十六日，《丛刊·义和团》第4册，第189页。

[35]《致欧阳云衢先生书》（光绪二十四年三月），汪林茂编校：《汪康年文集》下册，第569页。

这是变法更张之初，汪康年设计的政改路线。廖梅从中分析出四种方案：一、最上策，朝廷进行自改革；二、中策，数省督抚共同变法自强；三、中下策，一省督抚联合豪杰，自筹改革；四、最下策，若督抚也无意改革，则民间贤豪绅士，自行改革。[36] 戊戌政变发生后，《中外日报》刊登《论救大国之弱莫若行封建之制》一文，主张中国采用封建之制，认为："为之计者，莫若区其土地，择亲与贤而错封之。凡其疆内一切政治均听其统辖措置，天子惟得调赋征兵而已。若是则地小易治，权专易行。有不治者，天子得黜而更封之，则不数年而皆强国矣。"[37] "封建"，"列爵曰封，分土曰建"，原指殷周分封制度，秦汉以下多指帝王以爵、土赐子弟功臣，令建邦国，又有从"封建"古义引申"分治"之论，以弥补专制集权下郡县制之失。[38] 此处"封建"，意在调适中央和地方的关系模式，除"调赋征兵"以外，清朝中央不应干涉地方政治，允许其"自行统辖措置"。如廖梅所见，在此"封建"制下，主持政务者为"受封"的地方大吏，该建议实属由督抚主持的第二、三种改革方案。

如果说戊戌政变意味着清廷自改革的一次失败，那么，义和团事变等于宣示清廷已流失作为自改革主体的合法性。汪康年的目光由"中枢"移向"督抚"，由"联数省以变法自强"转为"合诸省为一联邦"，正在其"封建"思路的延长线上。据孙宝瑄（1874—1924）庚子五月二十八日（6 月 24 日）记："是日晡，津电又至，云西人瓜分事定，诸同志速筹良法。于是佛尘、小沂、叔雅诸人议立国会，欲奉陈右铭、刘岘庄等为首领，据南省自立。"[39] 则中国国会在酝酿之初，目标即定位为以督抚为首的"南方自立"。类似内容的建策还见于靠近官界的郑观应。六月中旬，郑观应致盛宣怀函云："翘首北方，必

_____

[36] 廖梅：《汪康年：从民权论到文化保守主义》，上海古籍出版社，2001，第 246 页。

[37] 《论救大国之弱莫若行封建之制》，《中外日报》，光绪二十四年十一月十三日，转引自廖梅：《汪康年：从民权论到文化保守主义》，第 246—247 页。

[38] 参看冯天瑜：《封建考论（修订版）》，中国社会科学出版社，2010，第 8—70 页。

[39] 孙宝瑄：《日益斋日记摘抄》，中华书局编辑部编《孙宝瑄日记》下册，童杨校订，中华书局，2015，第 1383 页。按"佛尘"，唐才常；"小沂"，沈士孙；"叔雅"，丁惠康；"陈右铭"，陈宝箴，前湖南巡抚；"刘岘庄"，刘坤一，两江总督。

有一场大战，情形不堪设想，东南大帅虽已联络自守疆土，似宜设一公共政府，以期联为一气，为将来与外人讲和地步。未知有当高深否？"[100]郑观应的"公共政府"设计，未必是要取消清朝政府地位，只是在中央名义上破产、事实上瘫痪的前提下，南方官绅暂时自主处理南方事务，并寻求与外国合作。[101]

值得一提的是，与汪康年交往密切的宗方小太郎长期酝酿着"新国"的想法。早在戊戌时期，他就开始向本国军方游说：

> 以小生鄙见，收揽清国志士之心，待时机到来，助此辈成立一新国，我国或明或暗助长其势力，如同属国置于保护国的地位。极为必要。福建、浙江等沿海地区归我所有，助支那志士在与此二省相邻之江西起事，连同湖南、湖北、贵州、四川五省一举开立新国。[102]

待义和团事变起，宗方小太郎认为这是实现"联邦案"的大好时机，为国家大计，日本政府应速制大势之机先。他以"衰朽腐败之大老屋"譬喻日本

---

[100] 《郑观应致盛宣怀函》，光绪二十六年六月十四日，上海图书馆藏"盛宣怀档案"，档号：063942。

[101] 同时可留意的是，本年郑观应改定八卷本《盛世危言》，将原有"议院"上下篇放在更加突出的位置，又增订"原君"与"自强论"两篇。参见夏东元编：《郑观应集》上册，上海人民出版社，1988，第 311—318、331—339 页。今人研究郑观应政治思想，多从《盛世危言》的文本出发，尤喜就其民权、议会等"先进理念"发挥。村田雄二郎在检讨思想史研究中"文献"与"语境"关系时，提示应注意郑观应著作多次改写背后的现实政治因素，作为口岸知识分子代表的郑氏，面对左右国家命运的战争，是"在流动的政治状况中具体地思考与行动，这些经验又直接地反映在了《盛世危言》各篇各版当中"。参看村田雄二郎：《王韜と鄭觀應——開港場中の新型知識人》，趙景達［ほか］编《講座東アジアの知識人》第 2 卷，有志舍，2013，第 267 页。

[102] 《号外·列國の中國侵略と日本の進路》，明治三十一年四月十五日，《宗方小太郎文書：近代中國秘錄》，第 34—35 页。据宗方日记，当时曾至《时务报》馆，有《清国时事谈片十二则》交汪康年，提出"待机兴义兵，择湘、鄂、赣、川、黔及粤一部，另立新国"，并列举相关方法。参看《宗方小太郎文书·日记》第二册，明治三十一年四月十一日，上海社会科学院历史研究所藏，编号：B02。

所毗邻之中国,以为"姑息弥缝之改革,不仅于大局毫无裨益,且贻深患于将来……我日本之危险无甚于此,故为自家安稳计,应适时打坏此老屋,搜集新材而改造之"。在中央层面,他大力鼓吹"宜趁此机会,事实上颠覆满洲政府,驱逐太后,一扫满员中之顽劣者",谋清朝政府之"根本改造"。¹⁰³ 在地方层面,他提出有关中国省份划分联邦的方案,更趋大胆和细致:

> 黄河以南分为七联邦,联邦政府设于武昌,如此可使各联邦联络统一。以湖南、湖北为一邦,四川为一邦,云南、贵州两省为一邦,广西、广东两省为一邦,福建、浙江、江西三省为一邦[在此邦极力注入日本势力,要求置于日本保护之下],江苏、安徽为一邦,山东、河南为一邦,如此组织七联邦,其他直隶、山西、陕西、甘肃四省暂由满洲占据,待东南局势稍加整顿,再取直隶以下四省合为一邦,为时未晚。¹⁰⁴

与宗方小太郎同时介入汪康年、唐才常等政治活动的,还有井手三郎(1862—1931)、井上雅二(1876—1947)等人,他们无一例外都是东亚同文会会员。已有学者对该会在义和团事变前后对华活动进行了细致的梳理和排比,提炼出"联邦保全策"的政策宗旨¹⁰⁵。就对华政治观察而言,东亚同文会自觉区分"北京政府"和"南方有力者"两股势力,这不仅是一个地域概念,也带有政治层面的价值判断意味。正如日本政府以"北清事变"命名义和团运动,实际上是与长江一带的"南清"相对立的概念,该会的主流意见一直视慈

---

¹⁰³ 以上均见《宗方小太郎文书·日记》第三册,明治三十三年七月二十六日,上海社会科学院历史研究所藏,编号:B03。

¹⁰⁴ 《报告第七十六号·南北杂事》,明治三十三年七月二十六日,《宗方小太郎文書:近代中國秘錄》,第 92 頁。

¹⁰⁵ 所谓"联邦保全策",指"因判断北京占领后列强将强制瓜分中国,从而利用民间团体的地位在南方尝试推进分离工作。这个分离工作的核心内容是劝告、援助似与慈禧等对立的南方诸政治势力在中国南部成立可视为日本势力范围的所谓'联邦'国家"。参看翟新:《近代以来日本民间涉外活动研究》,中国社会科学出版社,2006,第82—83页。

禧及顽固党把持的清廷为守旧的、亲俄派的总后台,把刘坤一、张之洞看作"温和改革派"的首领,这与同样寄予了相当期待的外务省观点是大体一致的。[106] 不过,部分会员在与维新群体的结合中,政治态度趋向激进,先是推动地方省份"自立为国",后来干脆抛开无可指望的旧官僚,直接联合南方会党等民间势力,其行动目标虽然服务于日本利益,却因与官方主流方针不尽相合,多受制约。

由"封建"的思路,我们很容易联想到同时期章太炎所写《藩镇论》《分镇》这两篇文章。章太炎认为"板荡之世,非得藩镇以尊攘,则宪政不立",这里可分内、外两层讲:对外而言,在外患侵扰、民族危机严重的情况下,"犹赖有数镇稍自奋厉,是以扶危而定倾",因此不能削藩镇,而"甘心于白种之蹂藉";对内而言,重藩镇和行立宪不矛盾,"板荡之世,非得藩镇以尊攘,则宪政不立",以明治维新为例:"若皇德贞观,廓夷旧章,示民版法,陶冶天下,而归之一宪,藩镇将奔走趋令,如日本之萨、长二藩,始于建功,而终于纳土,何患自擅?"[107]章太炎批判过度的中央集权,"分镇"借权的对象还是地方督抚,故言:"瓜分而授之外人,孰与瓜分而授之方镇?"[108]

汤志钧认为"分镇"与"客帝"一样,都是太炎"割辫前思想矛盾的产物","他反对满洲贵族的昏庸衰朽、丧权辱国,但对汉族地主阶级还有幻想"。[109]义和团事变起后,"幻想"有了付诸实践的冲动。六月间,章太炎上书李鸿

---

[106] 戊戌后,日本驻沪代理总领事小田切万寿之助与刘坤一、张之洞交往频密,他曾向外务省发出机密报告,专门论证张氏其人政见及地位,所做评价甚高。参看茅海建、郑匡民译编:《日本政府关于戊戌变法的外交档案选译(二)》,《近代史资料》总113号,中国社会科学出版社,2006,第66—68页。如日本学者伊原泽周所论:"小田切这份关于张之洞的报告书,对日本朝野的影响极大,使外务省及东亚同文会认为可与日本交往的当时中国的高官中,除张外,似无他人。"参看氏著《从"笔谈外交"到"以史为鉴"——中日近代关系史探研》,第242页。

[107] 《藩镇论》(一八九九年十月),《章太炎政论选集》上册,第101—102页。

[108] 《分镇》(一八九九年),《章太炎政论选集》上册,第104—107页。

[109] 汤志钧:《章太炎的"割辫"和〈解辫发〉》,载氏著《乘桴新获——从戊戌到辛亥》,江苏古籍出版社,1990,第124页。

章称：

> 自公电咨群帅谓五月二十五日以后之诏，不当遵奉，然后群帅内有
> 所恃，始立保护长江之约，然于政府则隐拒而非明绝，于列强则私约而
> 非公盟，西邻责言，祸且未艾。……夫群帅所惮于列强与政府者，其贤
> 者为民命，不肖者即为爵位要领焉耳！今龌龊为两可之谋，而爵位要
> 领，卒不可保，外有责言，进退罪也；内有谴诃，始终罪也。二者皆穷，孰
> 与明绝政府，示列强以藩镇之可恃乎？[⑩]

很明显，章太炎对"东南互保"的局面是不满的，他视督抚在"政府"与
"列强"之间谨慎地选择中立为"龌龊为两可之谋"，而两者利害相权，"疆臣
犹与列强交通"是可行的，遂径直鼓励"明绝伪诏，更建政府""示列强以藩镇
之可恃"。这是"藩镇论""分镇论"的延续，也包含迫于时势的调适成分。章
太炎原倡导在"白种之蹂躏"的时代，有实力的汉族地方督抚"扶危而定倾"，
像日本明治维新一样，完成攘夷大义。而庚子年的现实是，"政府"因为"奸
回倒柄"已失掉合法性，"列强特与南方委蛇"，相约保护长江，"疆臣"需要在
两者间做出一定取舍。章太炎不得不暂将"攘夷"置于次要位置，而以地方
自立为第一步，他要求督抚切割与政府的关系，予列强以信心，"绝诏建府，
以纾近祸，延擢材骏，以为后图"，亦即"瓜分而授之外人，孰与瓜分而授之方
镇"的具体化。

汪康年后来牵连于自立会起事，上书刘坤一辩解称"勾结革命党人""勾
通江湖中人"诸情事均系"污蔑"，凡此或为自解之辞，但强调前所作为"大率
归重于朝廷，致望于督抚"[⑪]，则确有实迹可证。不过，从"督抚"的一面看，
其努力殆属无望。"东南互保"固然在江南士民绅商中获得良好反响，中国

---

⑩ 《庚子拳变与粤督书》(一九〇〇年六月)，《章太炎政论选集》上册，第145—146页。
⑪ 《上江督刘岘庄制军书》，《汪康年文集》下册，第581页。

国会中也有不少人为张、刘、李等大吏的旧僚,政治上有一定程度的共识。然而,两者间实有难以逾越的鸿沟,最大的分歧则在于对待那拉氏的态度。张之洞早就表示:"总须慈圣安稳为第一义,不然中国断不能久存矣。"[112]这代表了督抚对政局的基本见解与行事出发点。夏曾佑听说汪康年至湖北游说,大不以为然:"武昌之行本无谓,赤股本是烧料,刘表必不能听先主之言,而其左右之人无一可商者,不独大胡子也。此等事岂可与名士老爷商者。"[113]汉末刘表(142—208)雄踞荆州而多疑无决,向被史家认为非霸王之才,此处类比坐拥两湖而毫无自立勇气的张之洞。汪康年的另一好友钱恂闻信,同样不抱乐观:"所言某公向负众望者,殆指南皮。言剿匪、劾罪两事失机,诚可惜。然南皮中国学问渊深,岂肯出此? 兄为江鄂游,未免冯妇矣。"[114]汪康年自鄂返沪后,向日本人交代会谈结果,据井上雅二日记:"(六月)让唐才常一派的人探询南京刘(坤一)的意图。汪康年与张之洞商谈,无结果而归。"[115]东亚同文会会长近卫笃麿(1863—1904)也记录了报告结果:

> 汪康年前被派往张之洞处,游说迎接光绪帝。今日得知结果,张之洞闻汪康年之说,大惊失色,言总督之责只在服从政府命令,镇守所辖之地足矣。若此事被刚毅辈听说,则祸不可测。对汪康年冷淡处之。

与汪康年抱有相似目的、对刘坤一做实际试探者为陶森甲、罗治霖,结果"刘无所反应,陶等向人抱怨,刘不足以成事"。[116]近卫笃麿与刘坤一一向有私交,

---

[112] 《致东京钱念劬》,光绪二十六年五月二十九日,《张之洞全集》第10册,第8038页。

[113] 《致汪康年书》五十二,杨琥编:《夏曾佑集》上册,上海古籍出版社,2011,第469页。"大胡子",指梁鼎芬。

[114] 《钱恂致汪康年函》三十一,《汪康年师友书札》第3册,第3014页。

[115] 《井上雅二日记——唐才常自立军起义》,郑大华译,薛军力校,《近代史资料》总74号,中国社会科学出版社,1989,第104页。

[116] 《秘(在上海田鍋幹事通信)》(七月十三日),近衛篤麿日記刊行會编:《近衛篤麿日記》第3卷,第246頁。

曾通函赠送《东亚同文会主意书》，并以"联邦案"相动员，后者回复但言"重荷慈圣仍莅旧治"，自己又老又病，只怕"无以副深宫之倚毗，慰联邦之愿望"。[117] 而李鸿章接前述郑观应、汪康年等十四人联名上书，斥以"乳臭小儿，焉可置喙国家大事，不知天高地厚，简直岂有此理"，汪康年因而"长叹"李难以大用。[118] 井上雅二记录下对三大帅政治态度的观感：

> 刘坤一仅保全自己的辖区，而且还有卸职还乡的打算。是自立还是北上，没有表示。对西太后仍是拥护的。张之洞大概也一样。他声称只有列强准备瓜分时，将坚决抵抗。李鸿章与太后关系紧密，不可能分道扬镳。[119]

同时获得情报的宗方小太郎，也得出三大帅绝不可恃的结论：

> 以李鸿章之精明，尚不能出皇太后之彀中，况刘坤一、张之洞之辈乎？支那遍国，独具只眼者竟无一人，迄至今日，极矣。若不得已，则驱全国于大乱之域，一洗天下之污秽伏毒，于杀伐干戈之间，养成崭新气象，然后再造国家，舍此别无他法。[120]

---

[117] 《(十九)刘坤一》(1900 年 7 月 11 日)，李廷江编著：《近衞篤麿と清末要人：近衞篤麿宛来简集成》，原書房，2004，第 89—92 頁。

[118] 《上海通信・上海維新黨中重なる人士の李鸿章伯に呈したる意見書》(1900 年 7 月 23 日)，《東亞同文會第十回報告》，明治三十三年九月一日，第 47 頁。按此通信作者即井上雅二，其由汪康年处得到上李鸿章意见书的抄本，报告给东亚同文会东京本部。

[119] 《井上雅二日记——唐才常自立军起义》，《近代史资料》总 74 号，第 105 页。

[120] 《宗方小太郎文书・日记》第三册，明治三十三年七月二十六日，上海社会科学院历史研究所藏，编号：B03。按宗方小太郎的情报源之一为当时在华游历的日本国会议员佐佐友房(1854—1906)，7 月 26 日佐佐在沪访问李鸿章，就其北上及事变善后等展开话题。(参详拙文《1900 年李鸿章与佐佐友房会晤考论》，收入本书)据宗方日记，事后当天即与佐佐有过会面。

居于旁观地位的外人，所见或更清醒。当庚子变作，国内士人众以藩镇为"可恃"之际，像夏曾佑那样一开始就不看好，屡言"各省分办此事甚大，而公若言之甚易者，将有何条理乎""将来南方糜烂，必南皮尸之""江南亦恐未为乐土，观诸镇之用心可知矣"的人，可谓绝无仅有。[⑳] 直到对东南督抚自立会痛下杀手，与国会诸人破脸，张之洞等人才真正成了众矢之的，一变为"鄙夫""佞人""巧宦""逆党""贼党"，"巧处乎新与旧间，善存于中与西之际，弥缝于君与后之事，心如鬼蜮，术似妖狐"。[㉑] 连钱恂也私下抱怨："鄂省下半年昏昏，往岁声名坏于一举，可惜！"[㉒]日本报纸尚以为"支那改革，推刘坤一、张之洞为领袖"，章太炎却讽刺这是"党碑误凿"，痛责其人"外托维新，而其志不过养骄恃宠"。本年，章氏公然我与我战，作《客帝匡谬》《分镇匡谬》二篇"鉴言之荟"，以为"自匡其谬，稍已纯粹，无复保皇、变法之謷言矣"。[㉓]他对昔日"怀借权之谋"痛下针砭，深悔"偷取"督抚之谬，且断言"今督抚色厉中干，诸少年义气盛壮，而新用事者，其慈畏又过大蠹旧臣，虽属以一道，弗能任"。[㉔] 短短未及半年，心态如此急遽转折，略可勾勒由明治维新式的"革政"到反清"革命"的滑行线，也可窥见东南督抚在维新士人心目中地位的前后落差。[㉕]

光绪二十七年(1901)初，基本代表商人立场的《新闻报》上有两篇醒目的"论说"，先是"论变政责在督抚"，不久一变为"论变政宜自士大夫始"，基

---

⑳ 《致汪康年书》五十四、五十六、五十七，《夏曾佑集》上册，第471—472页。

㉑ 见《张之洞论》《张之洞逆贼定案议》《张之洞诛捕新党论》《书湖北大狱》《逆贼张之洞罪案》诸文，《清议报》第五十八、五十九、六十、六十三册，光绪二十六年闰八月初一日、十一日、二十一日，九月二十一日。

㉒ 《钱恂致汪康年函》二十六，《汪康年师友书札》第3册，第3009页。

㉓ 汤志钧：《章太炎年谱长编(增订本)》下册，中华书局，2013，第615页。

㉔ 汤志钧编：《章太炎政论选集》上册，第107页。

㉕ 到1906年，苏报案刑狱满后章太炎至东京，更注重申说《分镇匡谬》的见解，见诸《革命知之道》《在〈民报〉纪元节大会上的演说》《箴新党论》等文，说明他以为当时的主要危险，已不再是"保皇"论，而是"借权"论。参看朱维铮：《〈訄书〉发微》，载氏著《求索真文明》，上海人民出版社，1996，第281页，注42。

调转换差堪玩味。[127] 有人走得更远。汪康年发表于《中外日报》的四种变政方案,到庚子下半年后,前三种皆已入穷途,一部分新派人士不得不眼光朝下,回向民间,祭出依赖"贤豪绅士"的最后一法,这也是"吾人"将要"有所为于乡党之间"的具体尝试。[128] 同年,一直关心中国局势的内藤湖南(1866—1934)写有《清国改革难》一文,在列举时势、政情、社会种种不利后表示:"支那社会组织之弊,诚如前述,然亦绝非无可言利,即其地方自治体之完备是也。故苟能善为利用,以一乡足以为天下矣。"[129]内藤的时事论移植了明末清初的顾炎武(1613—1682)、黄宗羲(1610—1695)至晚清冯桂芬(1809—1874)一线的"封建"立场,同时如岸本美绪所提示,也可能受到清末变法派有关地方自治言论的直接启发,他们共持的"中间团体论"以传统封建论为根底,同时贯彻了对中国将来政治实践的关心,流风所及,影响深远。[130] 数年后,有欧榘甲(1870—1911)《新广东》(1902)、杨毓麟(1872—1911)《新湖南》(1902)等相继问世,其以"各省先行自图自立"为大势所趋,又主张由"中等社会"领导革命,引起共鸣者甚众。有论者谓,约在庚子义和团之役后,越来越多的士人感觉到中央政府在救亡图存方面不可靠,于是中国民族主义思想中产生了通过地方自立这一看似"分裂性"的举措来完成全国的救亡这样一种曲折的思路。[131] 或不必及此,时间可更往前推,不过从庚子前士人观念来看,同样是以地方自立为途径,对于"疆臣"与"列强"(帝国主义)的认知

[127]《论变政责在督抚》《论变政宜自士大夫始》,《新闻报》,光绪二十七年二月十一、十九日,路遥主编:《义和团运动文献资料汇编・中文卷(下)》,第 686—697、700—701 页

[128]《论团练》,《中外日报》,光绪二十五年五月二十日,转引自廖梅:《汪康年:从民权论到文化保守主义》,第 248 页。

[129] 内藤湖南:《清國改革難》,《内藤湖南全集》第 3 卷,築摩書房,1971,第 283—304 页。

[130] 岸本美绪注意到 1899 年当时流亡日本的梁启超有《论中国人种之将来》一文发表在犬养毅领导的进步党机关刊物《大帝国》第 3 号上,详论中国人之自治习惯,"面向日本人强烈暗示了中国改革的可能性"。参看岸本美绪:《中國中間团体論の系谱》,《"帝國"日本の学知:岩波講座》第 3 卷《東洋学の磁場》,岩波书店,2006,257—263 页。

[131] 罗志田:《近代中国民族主义的史学反思》,载氏著《二十世纪的中国思想与学术掠影》,广东教育出版社,2001,第 122—123 页。

较后来强调"反帝"的思路有明显不同。

四、 内省的民族主义

"西潮"拍岸下的近代中国，仿佛受到一个持续冲击的耐受性试验，先是边缘被浸濡，继而本土结构松脆化，最后尽失故垒，茫然不知身之所至、身之所向。甲午战争对中国影响最巨者，或即"中国自我形象在中国人心中开始破碎"[131]。战后，"变法"成为朝野共同的呼声。变法逻辑是除旧布新，以西方改变中国自身。这一逻辑扩展的结果，一变为凡西方有中国没有的，是中国的毛病，凡西方没有中国有的，也是中国的毛病。戊戌年，康有为(1858—1927)引《尚书·仲虺之诰》中"兼弱攻昧，取乱侮亡"一语，反问道："吾既自居于弱昧，安能禁人之兼攻？吾既日即于乱亡，安能怨人之取侮？"[132]这是用儒学反求诸己的精神考虑国家间关系的力学原理。谭嗣同(1865—1898)喜谈国际法，迥异于一般为弱者辩护的逻辑："即如万国公法，为西人仁至义尽之书，亦即《公羊春秋》之律。惜中国自己求亡，为外洋所不齿，曾不足列于公法，非法不足恃也。"[133]这两段话貌似皆出以激愤，实贯彻了深刻的自我批判，可与严复所谓"惟中国之积弱，至于今为已极矣。此其所以然之故，由于内治者十之七，由于外患者十之三耳，而天下汹汹，若专以外患为急者，此所谓为目论者也"[134]一语相互发明。今人王树槐检讨戊戌时期维新

---

[131] 杨国强最近在检讨甲午战争对中国的影响时指出，晚清洋务运动借法自强，标榜"师夷长技以制夷"，尚守卫中国本位，甲午后士大夫群体的主要特征已表现为变法与求新相表里，求新与西学相表里，在"中国自我形象在中国人心中开始破碎"的过程中，"中国知识分子一再分化，最后是中国社会的分化，整个中国20世纪前50年，都是理想的冲突。自我形象破碎，才可能有五四全盘反传统全盘西化。"参看石剑峰：《杨国强谈"甲午战争前后的中国士大夫"》，《东方早报》2014年7月25日。

[132] 康有为：《上清帝第五书》(1898年1月)，汤志钧编《康有为政论集》上册，中华书局，1981，第203页。

[133] 谭嗣同：《报贝元徵》(乙未秋七月)，蔡尚思、方行主编《谭嗣同全集(增订本)》上册，中华书局，1981，第225页。

[134] 《拟上皇帝书》(光绪二十四年正月)，王栻主编：《严复集》第1册，中华书局，1986，第61—62页。

派的观念,总结说:"一般说来,维新分子痛恨侵略者固多,但归根结底亦多怨恨自己国家不强。"⑬这一判断,直到庚子事变发生,似仍然适用。当时人"怨恨"自己国家的,不仅是"不强",简直是"不对"!夏曾佑致汪康年信中说:

> 此次北方事起,全体震动,竟将全国中隐微深锢之情形和盘托出。仔细思之,必至无救。盖一种人而曾为各种人所管辖者,往往有如此习气。此习气可谓之灭种之习气。⑬

钱恂亦有信致汪康年,同样放言无忌:

> 近今中国人声声言白种必奴隶黄种,几几有不甘奴隶之心。然试问,我中国人以前能自伸黄种之权乎?以前既甘为奴隶,以后何必不甘?窃恐白种究胜满洲也。……然则瓜分者正彼人,所谓逼列国以不

---

⑬ 王树槐:《外人与戊戌变法》,上海书店出版社,1998,第160页。按,其时亦有从反思此种观念的立场而立论者,如湘人吴熙阅《湘报》,而感"诸人议论多可骇异",上书陈宝箴谓:"诚以激宕偏驳之词,亦自古生所恒有,然危亡苦语出自忠愤,其心可谅,其理亦仅止失中,识者犹有取焉。从未有肆口狂谭、毫无顾忌如今日之甚者。……洋人藐视中国,然不过窃笑之尔、明讥之尔,初未尝连篇累牍、大书深刻,举吾朝野上下日日垢詈,不值一钱也。不谓吾华之人反忍肆行诋毁,上而至尊,下而宿学,内而政府,外而封疆,奋其笔札,刺讥笑骂。而推尊彼族,如帝如天,夸其富强,且美以文明,果皆然乎?……推诸人之意,以为今日燕雀处堂,如醉如梦,不如此耸动,不足以振聩觉聋,其意亦良是也。然士大夫议论必须出人意表,仍复入人意中,然后闻者感悦兴奋,群焉向往。如诸说云云,其策既多碍不能行,其说又或狂而且悖(多说十成话),徒令阅者感愤。不愤中华之衰弱,而惟愤极言衰弱者之轻亵中华,尚安望能激励人心,联络民会乎?吾恐所谓热力者,不热而反冷矣。所谓合群者,不合而愈难矣。(陈宝箴批:此秉三[熊希龄]所谓前明气象者,盖亦有之。)故诸人以此夸张文胆、博取才名可耳,于事安见其有益耶,且此惟无益而已。"参见柳岳梅整理:《陈宝箴友朋书札(四)》,上海图书馆历史文献研究所编:《历史文献》第六辑,上海古籍出版社,2004,第168—169页。吴熙并非简单反对维新之人,然其不满维新者"多说十成话"而偏于狂、悖的极端方式,导致"其策既多碍不能行",终无益于实事。这说明戊戌前后此一类"推尊彼族""轻亵中华"的言论策略自下而上已然流行,但问其实际效果,则不易言。

⑬ 《致汪康年书》五十七,《夏曾佑集》上册,第472页。

得不分也。⑬

　　论夏、钱二人性格、观念，皆偏于诡谲、沉郁，所言或不免"气话"成分，不能全数当真。而素来以稳健、平正、理性形象示人的张元济，致盛宣怀信中竟持类同论调："南方主保护之义，自是应为之职。然使北方糜烂至此，此咎实在我顽固政府。我既不能遣兵靖难，致外人受此荼毒，复劳各国兴师动众代平内乱。返躬自思，能无愧愧？"不由使人惊讶。出于这一种颇具"自反"性质的激烈心态，张元济进而建议：

　　　　鄙意南方今日交涉，似不宜仅以保护为事。各国何以征兵？为我珍孽也，则宜有以飨劳之。外人何以受困？由我之无道也，则宜有以抚恤之。南方各省似宜勉力互筹数百万金，充此两项之用。明知巨款虚糜，然未始不可少平外人之气，将来洋兵入京，办理各事，于极不平和之中，或可望其稍留体面。即至不堪设想之时，而东南遗民亦可稍免压抑之苦。⑭

中央对外宣战，而地方实行自保，事情已属非常，至于筹集巨款"飨劳""抚恤"外来征伐之师，以今日眼光视之，似乎太过"出格"了。然而，在张元济当日看来，衅自我开，是理屈在我，外兵代为平乱，则功劳在人，南省以巨款酬之，不仅为赎罪理所应当，并且有益于将来平情办理外交。张元济本心当然是为了救亡，而以近乎"媚外"的手段出之，提示了近代民族主义在具体历史语境中的适用度。

　　外患达到一个极点，时人皆有濒于"灭种"的焦灼感，偏向自省的国家观念也达到极点和临界点。与之相反相成者，利用外国势力以"图存""救亡"

---

⑬　《钱恂致汪康年函》二十九，《汪康年师友书札》第 3 册，第 3012 页。
⑭　《张元济札（二十一）》，《近代名人手札真迹——盛宣怀珍藏书牍初编》第一册，第 215—216 页。

的思想也盛行一时，而被寄托期待最多的是英日两国。戊戌时期，唐才常公开发表"中国宜与英日联盟""日人实心保华论"，具有相当代表性。[⑩]义和团事起，康有为以为是打倒慈禧、归政光绪的大希望，为达目的不惜诉诸外国武力干涉，自称："臣奉循衣带，仰天痛心，蹈日本而哭廷，走英伦而号救。"[⑪]前述主张"平外人之气"的张元济也倾向于以夷制夷，对列强区分对待。他示意盛宣怀说："各国调兵，现以日本为最多，似宜暗与联络，由是而英、而美，以为外交之根基，以为后日斡旋之地步。此我公之所亟宜商办者也。"[⑫]这一见解为盛氏所赞赏，同样在刘坤一、张之洞等大员身上有所反映，他们主持停战交涉及善后谈判，屡屡强调"讽日本维持大局""长江各省断不可说联俄"的基本方针。[⑬]叶恭绰（1881—1968）后来从一连续性的视角指出："义和团事件与甲午、戊戌各事件，实皆是帝、后暗斗的延续，其后更有英、俄国际竞争的存在。当时帝、后两方实分拥英、俄为援……以夷制夷之策深入人心，朝野均有此倾向，故帝国主义得售其技。"[⑭]其判断政局不一定切真，但确反映时人对外的一般性观念。

有意思的是，不满于"东南互保"，循激进政治线路欲有所作为、谋出位之思者，也一样重视外援。国会诸人固"所执不同"，但办事宗旨"与日本尊攘异矣"。夏曾佑致汪康年密信，屡说"公此时宜深求日本二党之权势与政策""为今之计，与英、美、日相商定策，以兵力退□□，请□□亲政，再行新政，此事有数好处：形势极便，一也；全体振动，二也；下合人心，三也；少杀

---

⑩《论中国宜与英日联盟》《日人实心保华论》，湖南省哲学社会科学研究所编：《唐才常集》，中华书局，1980，第148—153、192—194页。

⑪ 汪荣祖对此评价说："这种效秦庭之哭的做法，就近代国家主权观点视之，固然十分可议；不过透露他的保皇救国，又何等心切！"参其《康有为研究》，载氏著《从传统中求变——晚清思想史研究》，百花洲文艺出版社，2002，第386页。

⑫《张元济札（二十一）》，《近代名人手札真迹——盛宣怀珍藏书牍初编》第一册，第217页。

⑬ 许同莘：《张文襄公年谱》，商务印书馆，1946，第132页。《致安庆王抚台》，光绪二十六年六月初九日子刻发，《张之洞全集》第10册，第8087—8088页。

⑭ 叶恭绰：《往事回忆·一九〇〇年五月廿一日汪嘉棠致刘坤一函稿书后》，《近代史资料》总74号，中国社会科学出版社，1989，第163—164页。

人，四也"。⑭汪康年、郑观应、陶森甲、唐才常、经元善等分别游说实力人物，力劝北上勤王清君侧，或迎銮南下设立新政府，或脱离中央政权组建联邦，这些行动背后都不乏外人穿梭策应的身影。不过，必须看到的是，怀抱理想的国人"通殷勤"于外人，得到的往往是极端现实主义的回馈。康有为的"效秦庭之哭"，终究流于自我感动的表演。国会成立后发表的"热情的亲西方声明"，同样未能被外国人接受。⑯原因很简单，列强出于对中国的"稳定"与"合法"统治的偏爱，宁愿把最大的赌注押在有权势且乐于合作的总督身上。当南方督抚同声宣布排外谕旨为"矫诏"，公然以南省互保与朝廷立异，日本驻上海代理总领事小田切万寿之助(1868—1934)惊呼为"当朝开国以来一大异观"，并向东亚同文会会长近卫笃磨鼓动："此际若予以刘(坤一)、张(之洞)、李(鸿章)暗中辅助，使彼等之决心得以彻底实现，将来定会为我邦带来许多利益。"⑯事变期间，东亚同文会在华各支部不同程度地卷入到东南互保、中国国会、自立军起义及革命派主导的惠州起义中，无论策略或实践层面均呈现出驳杂成色。宗方小太郎的活跃，即该会"南清工作"之一部。就革新中国政治的理想而言，他与汪康年辈或有共鸣，但对华所图远不至此。读他的日记，不能不惊异于其翻手为云覆手为雨的手法：

> 夫扶植、保全支那，其事甚善。然据我日本的立场而言，对待支那，既不可使其过强，亦不可使其过弱。不知感恩，支那人之特色也。我若助其强大，反为我害，使其太弱，亦于我有损。故维持支那存立于不强不弱之间，常使其畏我、敬我，无力拒我，此乃我帝国之至计也。是以，

---

⑭《致汪康年书函》五十二，《夏曾佑集》上册，第469—470页。

⑯ 周锡瑞评论说："这份通篇塞满基督教用语的宣言，似乎出于改良派的手笔。这些改良派早就把他们的灵魂出卖给西方，而现时却打算更多呈献一点什么，以换取英国的支持，使自己跻身当权者的行列。"参看［美］周锡瑞：《改良与革命——辛亥革命在两湖》，杨慎之译，江苏人民出版社，2007，第30页。

⑰《来状·小田切万寿之助(七月六日)》，《近衞笃磨日记》第3卷，第222頁。

我待支那之道，应以恩威并施，七分威力用以挟制，三分恩惠借以羁縻。⑭

　　无独有偶，光绪二十六年夏天，孙中山与汪康年、章太炎不谋而合，同样在谋求强有力疆臣的合作。上年(1899)，章在日本面晤孙中山，函告汪："兴公亦在横滨，自署中山樵，尝一见之。聆其议论，谓不瓜分不足以恢复，斯言即浴血之意，可谓卓识。"⑭前述章太炎策动李鸿章开府两广，"示列强以藩镇之可恃"，脱胎于"藩镇""分镇"理论，也体现孙中山"浴血之意"，与后者推动"两广独立"实有共通之处。⑮孙中山也发现义和团之变有可能成为联合国内政治势力并割断两广与北京联系的契机。⑮他的运动对象同样指向地方督抚，⑮只是在行动策略上更习惯也更擅长利用外援，而英国香港当局确一度"有意充当李、孙之间诚实的掮客"⑮。孙中山的此类行为，多被理解为

---

⑭ 《宗方小太郎文书·日记》第三册，明治三十三年七月二十六日，上海社会科学院历史研究所藏，编号：B03。

⑭ 《又致汪康年》(一八九九年七月十七日)，《章太炎政论选集》上册，第 92 页。

⑮ 参看[日]久保田文次：《关于义和团时期孙中山依靠外国势力的政策及义和团评价问题》，载苏位智、刘天路主编《义和团运动 100 周年国际学术讨论会论文集》上册，山东大学出版社，2002，第 1314—1315 页。

⑮ 孙中山在事变期间接受某外人访问，表示："在中国的政治改革派的力量中，尽管分成多派，但我相信今天由于历史我的进展和一些感情因素，照理不致争执不休，而可设法将各派很好地联成一体。……对国内的李鸿章等各总督以及康有为一派也应重视，暗中联络。"参看《与横滨某君的谈话》(一九○○年八月中旬至二十一日间)，中国社科院近代史研究所民国史研究室等编：《孙中山全集》第 1 卷，中华书局，1981，第 198 页。

⑮ 1900 年 6 月间，孙中山抵香港海面，派宫崎寅藏、内田良平等人赴广州，与李鸿章幕僚刘学询密谈，有意推动"广东独立"，并提出"一、特赦孙(中山)，保障其生命安全，二、李(鸿章)借贷给孙资金六万元"等两个条件。参见葛生能久监修，黑龙会编：《東亞先覺志士記伝》上卷，原書房，1966，第 653—655 页。同年 8 月，复潜至上海，希图"等待时机和张(之洞)、刘(坤一)等会面，在听取他们意见的基础上再决定今后的方向"。参见《孙逸仙计划之相关事宜》(福冈县知事深野一三，明治三十三年九月二日)，章开源、罗福惠、严昌洪主编《辛亥革命史资料新编》第 6 册，湖北人民出版社 2006，第 61 页。两事均未果。

⑮ 英国资料提供了港英总督卜力(Henry Arthur Blake)在李、孙之间斡旋联络的证据，但没有迹象表明"李鸿章已卷入到革命派所宣扬的那种程度"。参看[美]史扶邻：《孙中山与中国革命的起源》，邱权政、符致兴译，黄沫校，中国社会科学出版社，1981，第 157—187 页。

一贯灵活的革命斗争策略使然，但无论如何，这对于他自我塑造（并被后人继续塑造）的始终如一的"共和革命者"形象是一个巨大且无法回避的冲击。[⑩] 实际上，后来被定义的各种政治派别，在当时所持的观念和行为并未如意识形态教条那般鲜明分野，反而呈现出某种趋同性。

中国国会第一次大会上"宣读联合之意"，基本可以反映各路新派主张叠合后的共同项："一、不认通匪矫诏之伪政府；二、联络外交；三、平内乱；四、保全中国自主；五、推广支那未来之文明进化。"[⑮]桑兵认为，国会是政局大乱的特定情况下民意浮生、民权提高的表现，它以勤王为旗号，要通过北上清君侧或南方割据实现变政目的，"除反对排外一点，与东南互保承认西太后、保全大清一统天下及地方安定之旨格格不入"。[⑯] 虽然，在"反对排外"一点上，各方初无异议，但变动情势下的各自解说往往凸显分歧，或者说也是"为我所用"的。自立会起事之初订立的方针是，一旦成功，"可与外人订约，行西律西法，一面分兵北上勤王，助外人攻团匪以救上"；对外发布之宣言也对义和团进行了指责，声明要"借以驱逐排外篡夺之妄举"，颁布军令八条，明确包括"勿侵害外人之生命财产""勿惊动教堂""保护租界"等内容。[⑰] 更可注意的是，梁启超主张在长江散发富有票的重要目的，就是为改变哥老会的排外宗旨。与闻其役的狄葆贤（1873—1941）记：

> 按长江一带，自蜀至苏数千里，其中只哥老会一种，已不下数十万
> 人。会名不一，山名不一，每会有一票，……有曰灭洋者，有曰杀尽洋鬼

---

⑩ 美国学者马里乌斯·詹森（Marius B. Jansen）把在义和团运动时期活跃在南方的孙中山和他的伙伴们称为"机会主义者（Opportunists）"。参看 Marius B. Jansen. *Opportunists in South China during the Boxer Rebellion*，pp. 241—250. 也有研究者特别注意到这一国父"革命神话"与现代中国"革命话语"之间的纠缠关系，提示孙中山早期反清运动，因后来革命意识的流行，也有被长期"革命化"的趋向。参见陈建华：《孙中山与现代中国"革命"话语关系考释》，载氏著《"革命"的现代性与中国革命话语考论》，上海古籍出版社，2000。

⑮ 孙宝瑄：《日益斋日记摘抄》，《孙宝瑄日记》下册，第 1384 页。

⑯ 桑兵：《庚子勤王与晚清政局》，第 135 页。

⑰ 冯自由：《自立会起事始末》，《自立会史料集》，第 17—18、21—22 页。

者,其宗旨实则排外与义和团相等,于是吾人以状告任公,任公深以其票为虑,谓如果杀戮外人者,将有亡国之祸。嘱专以改其宗旨为第一要图。于是不能不以票易票,票既多,票名亦多,固不止富有一种也。……然庚子北方闹得如此,而南方不杀一外人者,实皆赖此宗旨之既改也。此事全属任公之力,当以加入英法战团事同一伟迹。⑮

同时,唐才常在汉口借日本人通款于张之洞,"讽以自立军将拥之挈两湖宣布独立"而无果,因扬言于外人:"倘张之洞奉清廷之命以排外,吾必先杀之,以自认保护外人之事。"⑯然而,尤有反讽意味的是,不久后张之洞对自立会痛下杀手,将其引为臂助的长江会党与义和拳笼统归属一类,恰恰强调的是实具虚拟性质的"滋事排外"一条。他事后奏称:"该会匪等以自立为名号,以焚戮劫掠为条规,以富有票为引诱,以哥老会、红教会及各省各种会匪为羽翼,意欲使天下人心同时摇动,天下民生同时糜烂,实为凶毒已极。"⑯张之洞借此吁求外部的谅解,而全然无视此前自立会自觉与义和团撇清关系的努力。⑯ 外国领事在"互保"利益的驱使下,也与之达成默契,表示:"南方有所谓大刀会、哥老会、维新党诸种,皆与北方团匪相仿佛,有为乱者,即速

⑮ 丁文江、赵丰田编:《梁启超年谱长编》,上海人民出版社,1983,第246页。

⑯ 冯自由:《自立会起事始末》,《自立会史料集》,第18—19页。

⑯ 《擒诛自立会匪头目分别查拿解散折》,光绪二十六年八月三十日,《张之洞全集》第2册,第1376页。坚持唐才常所为与"盗贼土匪"无异,也是张之洞对外辩护、争取支持的主要理由:"所以获唐者,因皖、湘、鄂富有票蜂起……乃外人尚称唐为志士,其规条章程,大率皆戕官据城、焚戮劫掠等语,其簿信勾串者,皆哥老会匪。种种皆盗贼土匪举动,此岂志士所为乎?"参看《致东京钱念劬》,光绪二十六年闰八月初八日亥刻发,《张之洞全集》第10册,第8316页。

⑯ 时在湖南衡阳的王闿运(1833—1916)听闻张之洞之举动,便大不以为然:"近日大搜康党,云官裔士林竟至放飘,同会匪之为,殊可怪叹。"参看马积高主编:《湘绮楼日记》第4卷,吴容甫点校,岳麓书社,1996,第2319页。康有为后来反驳张之洞,特别指出"唐才常主《湘报》多年,至今其文犹在,通达外事,又岂肯为野蛮之举动,以激外国之怒",以为这是张之洞"加悖逆之言以欺天下,而借巧词曲说以弥缝文饰",从而"以此得行其志于西人矣"。参看《惜张之洞劝戒文措词未善》(一九〇〇年十二月),上海文物保管委员会编:《康有为与保皇会》,上海人民出版社,1982,第80—81页。

擒捕，敝国决不保护。"⑯

对 20 世纪初抱变政理想的趋新士人来说，帝国主义，或手握权柄的封疆大吏都是可能的权力来源，然而，事实证明其不可靠。于是，"在他们的中国，剩下来的一个明星——一股独立的力量，就是秘密会党。这就是他们最后转向的所在"⑯。只是，这一转向蕴含了一种危险，使得中国国会与"东南互保"之间有限的、在"反对排外"一点上原有的共识，也变得可疑。当时新派中已有人意识到某种不和谐，夏曾佑直言道：

> 民会魁桀必皆旧党，因稍新者必不能与众相合也。故前所著之论云云[在申所呈者]，今日观之，都是废话。总之，我辈所志之事，与小民所乐从者，其中尚隔十余重，如何做得到！⑭

孙宝瑄后来总结"自立军失败之故"，也指出：

> 今者南部大吏，方与外联和同之约，镇卫长江一带，而土民又无蠢动者，新党竟先为祸首，乱太平之局。⑯

面对庚子世变中枢将倒的前景，东南督抚和维新士人群体因应时局的宗旨和手段不乏重合处，又各有其严守的界限，虽持有"相类的看法"，一旦落实为具体举措仍有着不小的差距。加上外国因素以隐蔽曲折的形式大肆渗入其中，二者之间迎拒离合、牵缠往复的情态殊堪再三体味。总体而言，当时主流舆论基本不以东南督抚与北方朝廷立异为病（中央政府因顽固重臣把持而不复有合法性），旗帜鲜明地反对义和团（不排除有少数同情义和

---

⑯ 孙宝瑄：《日益斋日记摘抄》，《孙宝瑄日记》下册，第 1385 页。
⑯ ［美］周锡瑞：《改良与革命——辛亥革命在两湖》，第 36—37 页。
⑭ 《致汪康年书》五十七，《夏曾佑集》上册，第 472 页。
⑯ 孙宝瑄：《日益斋日记摘抄》，《孙宝瑄日记》下册，第 1385 页。

团的言论,出发点多赞赏其爱国热诚,绝少或几乎没有以义和团为救亡手段者),其不满者恰在于主持"互保"的地方督抚独立得不够彻底,不欲或不敢剿拳匪劾政府,拥立光绪帝复辟,或在南方自行建立联邦。当时趋新士人(一度包括后来趋向激烈革命的一派)的主要关怀之一是推动以地方大吏为主导的地方自立运动,其背后或隐或显都有外国势力介入。较早的研究认为"这些活动,都起了严重的消极作用,无形中为当时帝国主义列强和地方督抚间紧锣密鼓加紧策划的'东南互保'打了掩护,在某种程度上造成了'东南互保'顺乎民心的假象",唯因当事人头顶"民族资产阶级"的帽子,又力图挖掘其同情义和团的个别言论。⑩ 其实,这恰恰不说明"顺乎民心"的一面,而体现出精英士绅与普罗大众的观念差异。后起批评将这一切归于民族资产阶级与生俱来又无所不包的"软弱性",反以近乎怒其不争的语气责怪他们与义和团运动结合得不够。如果以农民为主力军的民主革命逻辑推论,对义和团"以匪目之"的改革/革命派,无例外地都是"反革命",而一旦衡之以近代主权标准,发现他们在勾结外国、出让权利方面,往往比政府和督抚走得更远。

基于现代民族主义的立场,对"东南互保"加以通敌、媚外、封建割据、分裂国家等评价,适与历史发生之际最趋保守的政治言论暗合,不过不同于后者的逻辑自洽,今人放言高论的姿态背后有其自身难以克服的思想矛盾:一方面,从民族国家主权观出发,规定维护统一为有守土之责的地方大吏应尽之义务;另一方面,又将清朝国家铆定在革命对象的位置上,不承认其政治合法性。在这种逻辑圈套中间,可能趋向两极结果:或者地方督抚和中央亦步亦趋,利用义和团与整个外部世界为敌,这无疑是逆潮流的反动;或者干脆和北方政府划清界限,独立为国,自行外交(正如趋新派所鼓吹和设想的),这样又何啻最露骨的分裂行径? 后世论家实太过决绝,基本没有给当事人留什么理想的出路。事后演绎的逻辑路线,当然不可能指导前人的

---

⑩ 论者经常举的一个事例,即自立会成员秦力山(1877—1906)到天津游说义和团首领,甚至被骂为"二毛子"。参看骆宝善、桑兵:《民族资产阶级与义和团运动》,义和团运动史研究会编《义和团运动史论文选》,中华书局,1984,第476、490页。

思考,不过历史行动者处在当时结构中,可能面临多种可能。地方督抚刚好处在政府与列强中间的一个状态,他们被两旁的人群所瞻望,自身也禁不住朝两面旁顾。令人尤感兴味的是,他们当时选择的恰恰是"叩其两端而竭"之后的中间道路。或许正因为"东南互保"这种模糊不定的中间性质,激发了众说纷纭、莫衷一是的解释学泡沫,也为其获得适当的历史定位增添了难度。⑯

民族主义是贯穿整个近代中国史的一大主题,有论者总结说:"20 世纪几乎所有积极参与政治的中国人都是民族主义者,在某种意义上说,他们试图在现代世界恢复中国的尊严、地位和主权。他们的主要分歧在于如何实现这一目标。"⑱自被迫打开国门,清王朝在近代化的道路上蹒跚而行,进入20 世纪初时,新旧两股力量拼力撕扯,人心国力的凝聚反而变得不可得。八国联军兵临城下,国家面临巨大的危机,如果说保守者的反应属于空洞,那么趋新者的意态则十足暧昧,形形色色的"志士"为了实现某一"民族主义"的目标,提出各自的"救亡"方案,实际以对现有国家政权不同程度的"离心"为代价。庚子年预示的危机与其说是受迫于帝国主义的"亡国",不如说是为因应帝国主义而成长的民族主义在塑成国家的同时,也同时销蚀着民族国家应有的统一意志,也暗示了清朝政治分裂的事实。

五、 余论: 迎接"帝国的时代"

东南督抚终于还是选择和清王朝站在一起,以一种他们所理解的"权宜"

---

⑯ 20 世纪 80 年代以后,国内对于义和团运动的认知,连带对于"东南互保"的理解,也发生了剧烈的,甚至带有戏剧性的倒转,或如有论者指出的那样,这也是一种"语境"的切换。(王学典:《语境、政治与历史:义和团运动评价 50 年》,《史学月刊》2001 年第 3 期)以挑战传统论点姿态出现的一方,一度占据了更多的话语空间,不过,争议仍是持续性的,因为"语境"也同样在反复变化。检索"东南互保"相关文献,一部研究史基本上也是观念的交锋史,而较近的研究综论的视点在于判别两种对立观点"均欠妥切",应当"一分为二"地评价"东南互保"历史作用的双重性。(参看黎仁凯:《义和团时期的中外关系研究》,载中国义和团研究会编《义和团运动一百年》,齐鲁书社,2000,第 189—191 页)此节所涉较宽,此处只能点题,拟另文专论。

⑱ 郑诗亮、孟繁之:《周锡瑞谈近代以来中国民族主义思潮》,《东方早报·上海书评》2014 年 8月 24 日。

或"折中"的方式扛过了庚子年的危机。但，问题还是没有解决。就个人言，这或许是他们政治生涯暮年最可称道的业绩，然将眼光稍放远看，1900 年却成为中国近代史上的一道分水岭。开启新政以"穷变"的清朝领导人知道"法令不更，锢习不破，欲求振作，当议更张"⑩的迫切，但以后知之明，作为变法主体的清政府同时正进入覆亡的倒计时。新政启动之初，张之洞宣示"鄙意以仿西法为主"，对变西法之不可缓、不可逆，说出了一段堪谓沉痛的话：

> 大抵各国谓中国人懒滑无用而又顽固自大，其无用可欺，其自大尤可恶。于是视中国为一种讨人嫌之异物，不以同类相待，必欲蹂践之、制缚之，使不能自立而后已。此时非变西法，不能化中国仇视各国之见；非变西法，不能化各国仇视中国之见；非变西法，不能化各国仇视朝廷之见。必变西法，人才乃能出，武备乃能修，教案乃能止息，商约乃能公平，矿务乃能开辟，内地洋人乃不横行，乱党乃能消散，圣教乃能久存。⑩

这段话可当作晚清士大夫整体自我否定的表征，也是中西文野互易的典型写照。约七十年前，蒋廷黻（1895—1965）检讨中国近代史，已意识到 19 世纪的世界一分成"东方的亚洲"与"西方的欧美"两个，中华民族面临前所未有的"特殊时期"，他那震撼人心的追问迄今犹有余响："近百年的中华民族根本只有一个问题，那就是中国人能近代化吗？能赶上西洋人吗？……能的话我们的民族的前途是光明的；不能的话，我们这个民族是没有前途的。"⑪近代中国出现一个区别于"古代"的根本性转变，即国家目标的外倾，罗志田用"走向世界的新中国"⑫来表述这一趋向。时人认知的世

---

⑩《上谕》，光绪二十六年十二月初十日，《义和团档案史料》下册，第 915 页。
⑩《致江宁刘制台》，光绪二十七年二月十二日辰刻发，《张之洞全集》第 10 册，第 8533—8534 页。
⑪ 蒋廷黻：《中国近代史》，上海古籍出版社，1999，第 2 页。
⑫ 罗志田：《走向世界的近代中国》，《文化纵横》2010 年 6 月号。

界版图中，大致接受以强弱分文野的新标准，既然胜者为文明，被"列强"欺凌歧视的中国已偏于"夷狄"一边，"诸夏"已是欧美，出于这种心理，"进入"它那个世界显得更加迫切，也带来许多难以言表的苦衷。20世纪80年代，钟叔河整理出版晚清出使日记，即以"走向世界丛书"冠名，为之作序的钱锺书俏皮地反问道："'走向世界'？那还用说！难道能够不'走向'它而走出它吗？哪怕你不情不愿，两脚仿佛拖着铁镣和铁球，你只好走向这世界，因为你绝没有办法走出这世界，即使两脚生了翅膀。"[13]中国人"走向世界"似为大势所趋，不可阻抗，只是如何定义那关键性的一步众说纷纭，[14]至少这不是一个瞬间完成的动作，而是持续的，甚或仍在进行时当中。而且，完成这个动作，既关系到行动主体取"被动"或"自觉"的姿态，也必须考虑为我向往的那个"世界"或"国际社会"是否准备欣然接受。今人有将"走向"的过程解释为"文明国化"的倾向，唯"文明国"既指具备国际社会完全成员资格（full member）的国家，要做到这一点，就必须满足西方意义上的"近代"要素，[15]这一前提已经提示了"化"绝非一个单向的行为。

庚子后的中国固然无所逃于"世界"，但在"走向"的时刻，国人心态却有无数的曲折。在朝的张之洞寄希望于变西法"化各国仇视中国之见"，在野的梁启超已意识到新世纪的国际社会迈进"民族帝国主义和帝国主义的时代"，当务之急应是培养在中国"犹未胚胎"的"民族主义"。他引用某位西哲语，揭露国际政治的惨酷现实：

　　　　两平等者相遇，无所谓权力，道理即权力也；两不平等者相遇，无所

---

[13] 钟叔河：《走向世界——近代中国知识分子考察西方的历史》钱锺书序，中华书局，2000，第2页。

[14] Immanuel Chung-yueh（徐中约），*China's Entrance into the Family of Nations: the Diplomatic Phase*, 1858—1880. Harvard University Press, 1960, p. 209. Zhang Yongjin（张勇进），*China in the International System*, 1918—1920, The Middle Kingdom at the Periphery, St. Martin Press, 1991, p. 135.

[15] 佐藤慎一：《近代中國の知識人と文明》，東京大学出版會，1996。

谓道理,权力即道理也。[⑯]

面对奉行弱肉强食规则的"世界",在"进入"之前如何求生存,这是许多中国人不得不思考的问题。辛丑七月,孙宝瑄日记写道:"今日之欧西,待国内之人则文明矣,驭国外之人犹野蛮也。"[⑰]越一年后,"观饮冰室自由书",他对梁启超前引西哲一语尤感戚戚,特别摘录,复加按语:"此数语,盖近日物竞世界中,万国交涉之公例。"[⑱]无独有偶,杨度文章中也专门引用过同一句话,他评论道:"今日欧洲各国之自为交,与其交于他洲之国,则二者之区别也。……今各国所施于我国政策,由瓜分主义,一变而为领土保全主义、门户开放主义。保全、开放云者,扶植我政府,命令我人民。……吸其精髓而遗其骨骼,其意愈恶,而其名愈美,其心愈狠毒,而其言愈慈祥。"[⑲]

帝国主义时代,"灭国"为天演公例。《辛丑条约》既成,清朝似逃过"灭国"危机,梁启超却不以为然,以为"灭国之有新法也,亦由进化之公例使然"——

> 昔之灭人国也,以挞之伐之者灭之。今之灭人国也,以噢之咻之者灭之。昔之灭人国也骤,今之灭人国也渐。昔之灭人国也显,今之灭人国也微。昔之灭人国也,使人知之而备之;今之灭人国也,使人亲之而引之。昔之灭国者如虎狼,今之灭国者如狐狸,或以通商灭之,或以放债灭之,或以代练兵灭之,或以设顾问灭之,或以通道路灭之,或以煽党争灭之,或以平内乱灭之,或以助革命灭之。[⑳]

---

⑯ 梁启超:《国家思想变迁异同论》(光绪二十七年),《饮冰室合集》第一册,文集之六,第20页。

⑰ 孙宝瑄:《孙宝瑄日记》上册,第417页。

⑱ 孙宝瑄:《孙宝瑄日记》中册,第599页。

⑲ 杨度:《"游学译编"叙》,张枬、王忍之编《辛亥革命前十年间时论选集》第一卷上册,生活·读书·新知三联书店,1960,第255页。

⑳ 梁启超:《灭国新法论》(光绪二十七年),《饮冰室合集》第一册,文集之六,第32—33页。

北京使馆之围始解,时任议和顾问的赫德(Robert Hart,1835—1911)连续写了六篇文章,就中国问题发表意见,其中第一篇《北京使馆:一次全国性的暴动和国际事件》,讨论如何对待外国军队占领下的清朝,指出三个办法:瓜分中国、改换朝代和维持清朝统治。逐一分析之后,以末一个为最现实而有效的办法。[⑱] 赫德此文即梁启超笔下译作《中国实测论》者,所列"分割其国土""变更其皇统""扶植满洲政府"三大善后处置案,末一案为"策之最易行者"。梁启超形容灭国新法"造妙入神,至是而极","故尤以扶植现政府为独一无二之法门",正与时人指出"列强之亡中国也,视向者领澳割非,专恃强力者异矣,其用无形瓜分之手段,愈巧而愈密"[⑱]、"保全派无形之灭亡,更甚于侵略派有形之灭亡······中国灭亡之祸,不在有形、狼贪之侵略派,转危于无形、狐媚之保全派"[⑱],是一个意思。对于列强对华政策在庚子前后的不同,进而有人分梳如下:

> 故列强对我之政策,庚子以前概用威逼,威逼者,得尺则尺、得寸则寸之意也;庚子以后概用恩诱,恩诱者,策其必死,而惟恐其不绝于吾之膝也。其用心有深浅之殊,其面目遂有狞婉之异。[⑱]

此处对列强用心之"深"的体悟,不仅表现在其"扶植政府",亦适用于对待新党的态度。在野的新党人士寄望于"变",且是"大变",外国则偏爱于为其所用"稳定"与"合法",两者诉求实存落差,尽管在事变的非常时期一度有过交集,但稍纵即逝。夏曾佑当时就预计到"新党见疾于西人,此是定理,和局若果成,必有大不便于此党人者",而"尤为支那忧之,支那必为埃及、印度

[⑱] [英]赫德:《这些从秦国来——中国问题论集》,叶凤美译,天津古籍出版社,2005,第31—32页。

[⑱] 《二十世纪之中国》,《辛亥革命前十年间时论选集》第一卷上册,第66页。

[⑱] 《日法、日俄、英俄协约关系中国及西北之危机》(1907),收入丁守和主编:《辛亥革命时期期刊介绍》第三集,人民出版社,1983,第417页。

[⑱] 《论外人干预内乱》(1903),《辛亥革命前十年间时论选集》第一卷上册,第327页。

之续矣"。⑱ 从前相信"中西人程度之不同"、相信"西人虽偶失之躁,而不欲没真理,必白之而后快,若惟恐误人者"的汪康年,经历事变后亦有反思:"近人以忿于旧俗故,不免有过信外人之处,于是遇有国俗之不慊于怀者,辄谓外人必无是,见西俗之合于己者,又以为吾国必不能如是。"⑱至《辛丑条约》告成,中外权势合作的新格局建立,"新党"一变而为"乱党",活动空间则愈发逼仄。时人对外国手段的灵活和自身处境的尴尬,做过颇到位的总结:

> 世变至繁,岂可逆料,自其常而观之,则其对我政府也,保存其对人民之主权,而削夺其对他国之主权;其对我乱党也,于空言则奖借之,于实事则遏抑之,使上与下永如今日而已。……惟养成其相怒不相下之势,而精持其或予或不予之机,离合操纵,使我自毙,遂晏然而享此殖民地矣。⑱

清末十年,海外革命派加入空前激烈的言论竞争,并渐据优势。广泛的反帝主题使义和团恢复名誉,排满革命的矛头则转向了清政府。被认为留日学生创办的第一个具有"革命倾向"的刊物《开智录》,最早在《论帝国主义之发达及二十世纪之前途》一文中宣示"今日之世界,是帝国主义最盛,而自由败灭之时代也",将西洋人的行为斥为"狰狞之恶鬼""酷毒之猛兽""强盗主义""帝国主义之恶相",要打倒帝国主义,"非高摇自由自主之旗,大鼓国民独立不羁之气,必不能"。⑱ 个中基调,与"改良派"的分野尚不鲜明。稍后《义和团有功于中国说》一文谓"世界上最令人可惊、可惑、可憎、可恶者,

---

⑱ 《致汪康年书》五十八,《夏曾佑集》上册,第473页。
⑱ 汪康年:《汪穰卿笔记》,上海书店出版社,1997,第70、127页。
⑱ 《论外人干预内乱》(1903),《辛亥革命前十年间时论选集》第一卷上册,第328页。
⑱ 《论帝国主义之发达及二十世纪世界之前途》(1901),《辛亥革命前十年间时论选集》第一卷上册,第53—56页。

莫如今日之所谓文明国也"，虽易"帝国主义"为"文明国"，而两者之不受欢迎，并无二致。其说较前不同者，在于排外不仅指向文明国，且指向清朝，"我国人日言外人之奴隶之耻，而不知为满洲奴隶之耻，日言外种，而不知排满洲之外种"；相应的，义和团运动一变为"中国民气之代表，排外之先声"，得到前所未有的表彰，其著有"功劳"，在于使国民"始知有国耻"，使列强瓜分势力范围之企图"未胆敢如前之猖獗"，由此，"扭转乾坤，开共和之善政，民权独立，扫专制之颓风，则此际之排外灭洋者为义和团，安知顺手倾满洲政府、大倡改革者非义和团耶？"[18]《开智录》虽然"专发挥自由、平等真理"，但"排外"与"排满"两种论调同时包含在内，按小野川秀美的解读："无论如何，排外亦不限于外人之排斥，毋宁着重于排满。"[19]

排外与排满同时并举，如此情势下，清政府极易因外交不当流失合法性，与帝国主义的任何"暧昧"都会导致与初衷不符甚至相反的舆论反应。经过义和团事变，清政府在外交上改弦更张，旨在"将来中外必能益加修睦，与各大国永享无穷之利益"[20]，但在国际权力格局中处于弱势，并不能掌握主动，良好企图往往适得其反，导致大面积地暴露传统外交方式的局限，同时外国势力在华权重进一步增强，此前较少出现的"侵犯内政"现象几乎变为常态，这种趋势持续放大，深刻改造了中外交往的面貌。[21]清亡后，有人总结说：

> 清之亡实亡于庚子，而非亡于辛亥，八国联军之后，一切内政无不牵及外交，人必自侮而后人侮之，国必自伐而后人伐之，此定律也，不可

---

[18] 《义和团有功于中国说》(1901)，《辛亥革命前十年间时论选集》第一卷上册，第58—62页。

[19] 小野川秀美：《清末政治思想研究》，みすず書房，1975，第242—243頁。

[20] 《军机处拟为请酌减赔款数目宽定年限事致各国国书稿》，光绪二十六年十二月二十三日，中国第一历史档案馆编辑部编：《义和团档案史料续编》下册，中华书局，1990，第930页。

[21] 说详拙文《中国外交近代转型的节点——简论庚子事变前后若干外交问题(1900—1901)》，《社会科学战线》2011年第12期。

逃也。⑬

这一方面积毁而至于销骨,实不必待革命派的口诛笔伐。梁启超所谓"灭国新法"的最核心内容,即"但以政府官吏为登场傀儡,而列强隐于幕下,持而舞之",他无法不怀疑:"政府者,外国之奴隶,而人民之主人也。主人既见奴于人,而主人之奴,更何有焉?"⑭杨度也认为:"扶植满洲政府,使其代我行令,压制其民,民有起而抗者,则不能得义兵排外之名,而可以叛上之名诛之,我因得安坐以收其实利,此即无形瓜分之手段也。"他的质疑与梁启超如出一辙:"依赫德之言,则今日所行之政,犹得为我国自有之内政乎?殆已为各国实有之内政矣。"⑮循此逻辑延伸,作为"外国的奴隶"的清朝为臣民所唾弃,实属咎由自取——

> 朝廷私求外国之庇,是先弃其臣民,臣民亦何不可求外国之庇,而弃朝廷乎?是相率而亡国耳。⑯

以上这类议论,抓住清王朝"出主入奴"的本相不放,可以说是后来对它做"洋人的朝廷"之政治指控的滥觞。

再者,极端依赖和受制于外国的,中央而外,还有地方。在国家目标外倾的大前提下,地方政府也无法自外于帝国主义体系。一般集权体制下的政治运作,以上行下效为常态,然而,即使从变态角度说,有机会和能力同中央作对的地方,也都是得到外国支持的。⑰不必要再列举加诸清末中央/地方政府"媚外""卖国"一类的指控,我们只要看有关"东南互保"的评价在新

⑬ 张一麐:《五十年来国事丛谈》,见《古红梅阁笔记》,上海书店出版社,1998,第 56 页。
⑭ 梁启超:《灭国新法论》(光绪二十七年),《饮冰室合集》第一册,文集之六,第 45 页。
⑮ 杨度:《"游学译编"叙》,《辛亥革命前十年间时论选集》第一卷上册,第 254 页。
⑯ 叶恩:《上振贝子书》,《辛亥革命前十年间时论选集》第一卷上册,第 209 页。
⑰ 参看陆建德、罗志田、沈渭滨、许纪霖、杨国强、周武:《山雨欲来:辛亥革命前的中国》,上海书店出版社,2011,第 109 页。

时期语境下的变异,即可推知一斑。梁启超在庚子事变后第二年,这样说道:

> 团匪变起,东南疆臣,有与各国立约互保之举,中外人士,交口赞之,而不知此实为列国确定势力范围之基础也。……为一时之私利,一己之私益而已。而不知冥冥之中,已将长江一带选举、黜陟、生杀之权,全移于外国之手。于是扬子流域之督抚,生息于英国卵翼之下,一如印度之酋长,盖自此役始矣。⑱

这番话引起孙宝瑄的共鸣,其日记壬寅(1902)八月十一日条记:"庚子一役,东南督抚有敢抗朝旨、擅与他国立约者,东南浮浅之夫遂认为中央、地方两权消长之证,其实不然也。饮冰所见,竟与余同,谓此有特别原因,决不可与汉牧唐镇为比例。"⑲

作为清朝权势格局的组成部分,"东南互保"因其暧昧不明的双重性质——一、公然违抗朝命,但却始终维护两宫;二、极力经营地方自保,但以与帝国主义妥协为前提——很自然地成为反帝/反清者挞伐的目标,虽然,其地方自治的思想遗产又以另一种曲折的形式在清季立宪运动乃至辛亥革命中得以继承。⑳夏曾佑在1904年著文反对清朝中央集权,鉴于南北分裂的长期态势与现实,他预期将会出现以南抗北的冲突,但新的担心是,冲突之际南方省份"必各假一外国之为援,而外国于此,必借以干预之谋而锐身

---

⑱ 梁启超:《灭国新法论》(光绪二十七年),《饮冰室合集》第一册,文集之六,第42—43页。

⑲ 孙宝瑄:《孙宝瑄日记》中册,第611页。

⑳ 梁启超在后来著述中论及"东南互保",相较于特定时期的外部因素,更侧重在咸同以降督抚坐大、内轻外重的长时段脉络中强调这一事件对于清朝中央与地方关系变化的深刻影响,指出:"东南互保,为地方对中央独立开一先例,此后封疆权力愈重,尾大不掉,故辛亥革命起于地方而中央瓦解,此趋势直至今日而愈演愈烈。"参看氏著《中国历史研究法》,上海古籍出版社,1998,第136页。

自任，印度之覆辙为不远矣"[201]。

八国联军之役让人印象至深的，不止清室存亡于一线，更多是庙堂与民众之间如荒漠一般的隔阂，很多人在反思：

> 团匪飙起，联军骈入，车驾蒙尘，宗社荆棘，此不过一姓之存亡而已，于我国民何关哉？……所痛者，二千万里山河已为白种殖民之地，四万万黄种已为欧人注籍之奴，而我国国民愚蒙如故，涣散如故，醉生梦死，禽视鸟息，以为中国即亡，亦不过十七朝之寻常鼎革而已。嘻！今日之事，岂复往古之例所可同日语乎！[202]

欧榘甲批评今日中国之人尚存南北成见，然"北方则贪于权势""南方则习于奢淫"，"以国家为身外之物，危亡不足以动其念者，则一也"。[203]甘云鹏径直指出："以人民为政府后盾，此说诚然，然以义和团作后盾，则大误。……麇聚无数乌合之众，舞刀执戟，横行都市，毁铁路，抗官兵，恣肆猖狂，目无法纪，此大乱之道也。恐将为政府蛊毒，焉能作政府后盾？"[204]在社会舆论基调渐趋高扬的泛革命时代，仍有不少人持一种从开发民智、养成国民入手，着力于培育民族国家基本因子的渐进路线。梁启超鼓吹"新民"一说，动因即在"探求我国民腐败堕落之根原"，谋求存在于"今日世界"之竞争力，故谓"以一国之民，治一国之事，定一国之法，谋一国之利，捍一国之患，其民不可得而侮，其国不可得而亡，是之谓国民"[205]。庚子以后，固相信中国现状"殆无一不当从根柢处摧陷廓清，除旧而布新者也"，但面对"徒艳羡他

---

[201] 夏曾佑：《论中国有南北分裂之兆》(1904年10月17日)，《夏曾佑集》上册，第267页。

[202] 《中国灭亡论》，《辛亥革命前十年间时论选集》第一卷上册，第78页。

[203] 太平洋客（欧榘甲）：《新广东》(1902)，《辛亥革命前十年间时论选集》第一卷上册，第284—285页。

[204] 甘云鹏：《潜庐随笔》，《义和团史料》下册，第845页。

[205] 梁启超：《论近世国民竞争之大势及中国前途》(光绪二十五年)，《饮冰室合集》第一册，文集之四，第56页。

国之发达进步,而所以躐而齐之者,其道何由"的问题,他的答案仍然是"国民之责任,不可以不自勉,报馆之天职,不可以不自认。不揣梼昧,欲更为实事之理论,以与爱群爱国之志士相商榷、相策厉"[206],故有《新民议》之作也。与之同调的黄遵宪根本不信以"神拳之神、义民之义","能用之行革命、类族、分治",坚持认为"由野蛮而文明,世界之进步,必积渐而至,实不能躐等而进、一蹴而几(就)也。……平生所最希望,专欲尊主权以导民权,以为其势较顺,其事稍易"[207]。张元济一反尚武、尚力的时风,指出今日世运已由"力争"进于"智争",对国家如何立于地球之上,有其定见:

> 国家之政治全随国民之意想而成,今中国民智过卑,无论如何措施,终难骤臻上理。国民教育之旨,即是尽人皆学,所学亦无取高深,但求能知处今世界所不可不知之事,便可立于地球之上。否则未有不为人奴,不就消灭者也。

> 今日世运已由力争而进于智争。力争之世,不必开民智也,取用其力而已足也。智争之世,则不得不集全国之人之智以为智,而后其智始充。中国号称四万万人,其受教育者度不过四十万人,是才得千分之一耳。……今设学堂者,动曰造就人才。元济则以为此尚非要,要者在使人能稍稍明白耳。人果明白,令充兵役,则知为求独立也,令纳租税,则知为谋公益也,则无不欣然乐从矣。盖如是而后善政乃可得也。今试执常人而问之,其能知此意者有几人乎?嗟乎!大厦将倾,群梦未醒,病者垂毙,方药杂投。彼言练兵,此言理财,试问前途岂能有济,行之数年亦不过如梦幻泡影耳。[208]

---

[206] 梁启超:《新民议》(光绪二十八年),《饮冰室合集》第一册,文集之七,第104—107页。

[207] 黄遵宪:《致梁启超书(七)》(光绪二十八年十一月),吴振清、徐勇、王家祥编校整理《黄遵宪集》下卷,天津人民出版社,2003,第551—552页。

[208] 《张元济札(二四)》([辛丑]八月二十三日),《近代名人手札真迹——盛宣怀珍藏书牍初编》第一册,第224—228页。

庚辛之际，否极而泰未来，尚是众声喧哗的时代。故章太炎叹息"志士既少，离心复甚，事可知也"[209]。"士"出于救国之忧，有许多方案，而终无可避讳的，是与"民"的隔阂。辛丑正月十一日，夏曾佑从安徽祁门到上海，与孙宝瑄对饮，醉后谈道，谓"余在祁门筹饷练兵，无丝毫之权尽诸绅士。盖纯用君权压服其下，治今日之民，不得已也，居今日苟稍假民权，必为民所杀而后已。……今日之民，堕黑暗久矣。吾治之，吾惟潜引之光明之处，骤用高等治法，未有不崩溃者"，孙氏"皆以为然"[210]。同年，夏曾佑致汪康年函，逐层批驳逐满、民权两说：

> 年来此派议论亦实有可憎者。如逐满之说、民权之说、流血之说是也。……夫逐满之说，谓满不同种乎？则满亦黄种也。日本可联，安在满洲不可联？谓满愚民之政乎？则愚民者我之旧制，不创自满人也。谓满为曾暴吾民乎？则革命之际何人不暴？既不能因朱元璋而逐淮北人，因洪秀泉［全］而逐广东人，而独逐满，亦非持平之道矣。民权之说，众以为民权立而民智开，我以为民智开，而后民权立耳。支那而言民权，大约三百年内所绝不必提及之事也[211]。

在那个时代，夏曾佑大概算不上标准的"志士"，但是一个带有浓厚"异人"气质的知识人。[212] 约比他小一个世代的周作人，自述拳民起义之际还是激烈的"尊王攘夷"思想，"后来读了《新民丛报》《民报》《革命军》《新广东》之类，一变而为排满［以及复古］，坚持民族主义者计有十年之久，到了民国元

---

[209] 《再致夏曾佑》（一九〇〇年），《章太炎选集（注释本）》，第116页。
[210] 孙宝瑄：《孙宝瑄日记》上册，第329—330页。
[211] 《致汪康年书》六十六，《夏曾佑集》上册，第477页。
[212] 梁启超谓其人"厌世的色彩很深"，但也佩服他"思想的深刻和卓越"，许他为"晚清思想界革命的先驱者""我少年做学问最有力的一位导师"。梁启超：《亡友夏穗卿先生》（1924），《饮冰室合集》第三册，文集之四十四上，第18—24页。

年这才软化"㉓。周氏眼中的"夏穗卿","在以前也是'新党',但民初看了袁世凯的政治很是灰心"。㉔ 他们,都亲眼见证了辛亥革命的起落。"逐满"不消十年,而告功成,然到了民国,"开民智、立民权",尚远不可及。今朝回首,又已过了百年,细味"支那而言民权,大约三百年内所绝不必提及"这番话,不知道是夏氏的气话,抑或谶言?

㉓ 周作人:《元旦试笔》,《雨天的书》,河北教育出版社,2002,第55页。
㉔ 周作人:《夏穗卿》,《鲁迅小说里的人物》,河北教育出版社,2002,第215页。

附录　原发表出处一览

初编：

1. 《"嘉定之变"与上海小刀会起义诸问题考论》，《上海师范大学学报（哲学社会科学版）》2014 年第 5 期，第 126—135 页。

2. 《甲午后"商办"铁路的一例实证——姚锡光日记所见之刘鹗》，《社会科学》2012 年第 7 期，第 156—165 页。

3. 《张之洞与德国军事教习》，上海中山学社编：《近代中国》第 21 辑，2011 年 12 月，第 326—357 页。

4. 《庚子事变时期张之洞的对日交涉》，《历史研究》2010 年第 4 期，第 118—131 页。

5. 《庚子年张之洞对日关系的若干侧面——兼论所谓张之洞的"帝王梦"》，《学术月刊》2010 年第 11 期，第 144—154 页。

6. 《钱恂：晚清外交史上的"异才"——兼证"张之洞在庚子年的帝王梦"说难以成立》，《江海学刊》2013 年第 2 期，第 177—185 页。

7. 《钱恂事迹补说——从张遵逵先生的来信谈起》，《中国文化》第 47 期（2018 年春季号），第 114—126 页。

8. 《也说义和团运动中的奕劻》，《近代史研究》2013 年第 1 期，第 138—150 页。

9. 《〈乱中日记残稿〉是否为"信史"？——兼谈〈袁京卿日记〉的史料价

值》,《史林》2014 年第 6 期,第 97—112 页。

10.《〈庚子北京避难记〉的作者及其史料价值》,《文献》2014 年第 6 期,第 103—112 页。

11.《也说 1908 年美国大白舰队访问厦门——为马幼垣先生补充》,《史林》2013 年第 6 期,第 96—111 页。

二编:

12.《庚子年李鸿章北上史实补正——兼及李鸿章与日本的关系》,《福建论坛(人文社会科学版)》2012 年第 3 期,第 85—90 页。

13.《"误国之忠臣"?——再论庚子事变中的李秉衡》,《清史研究》2011 年第 3 期,第 105—115 页。

14.《"种族"与政治:晚清宗室寿富之死及其回响》,《民族研究》2014 年第 3 期,第 89—101 页。

15.《庚子事变中的张元济》,《社会科学研究》2011 年第 6 期,第 139—147 页。

16.《再论"东南互保"时期的郑观应》,《华东师范大学学报(哲学社会科学版)》2014 年第 3 期,第 59—68 页。

17.《余联沅:从"铁面御史"到"洋务干员"——上海道研究的一个个案》,《华东师范大学学报(哲学社会科学版)》2012 年第 3 期,第 23—30 页。

18.《陶森甲:近代中日关系史上的"双面人"》,《史林》2012 年第 3 期,第 119—127 页。

19.《"两收海军余烬":甲午、庚子时期沈瑜庆事迹钩沉》,《福建师范大学学报(哲学社会科学版)》2018 年第 4 期,第 77—86 页。

20.《"上海中外官绅"与"东南互保"——〈庚子拳祸东南互保之纪实〉笺释及"互保"、"迎銮"之辨》,《中华文史论丛》2013 年第 2 期(总第一一〇号),第 37—78 页。

21.《"题外作文、度外举事"与"借资鄂帅"背后——陈三立与梁鼎芬庚子密札补证》,《近代史研究》2011年第2期,第124—130页。

22.《庚子前后王闿运的思想动态——〈王湘绮年谱〉辨误一则》,《船山学刊》2012年第4期,第66—68页。

23.《张佩纶政治生涯的最后一幕——辛丑议约期间复出史实考论》,《中国文化》第36期(2012年秋季号),第196—204页。

24.《庚辛之际趋新士人的时局因应——偏于"言"的部分》,《新史学》(台北)第27卷第4期,2016年12月,第167—228页。